Akten zur Vorgeschichte der Bundesrepublik Deutschland

1945–1949

Akten zur Vorgeschichte
der Bundesrepublik Deutschland
1945–1949

Herausgegeben von

Bundesarchiv

und

Institut für Zeitgeschichte

R. Oldenbourg Verlag München Wien 1979

Akten zur Vorgeschichte der Bundesrepublik Deutschland 1945–1949

BAND 2

Januar – Juni 1947

bearbeitet von

WOLFRAM WERNER

R. OLDENBOURG VERLAG MÜNCHEN WIEN 1979

CIP-Kurztitelaufnahme der Deutschen Bibliothek

Akten zur Vorgeschichte der Bundesrepublik Deutschland : 1945 - 1949 / hrsg. von: Bundesarchiv u. Inst. für Zeitgeschichte. — München, Wien : Oldenbourg.

NE: Bundesarchiv ⟨Koblenz⟩; Institut für Zeitgeschichte ⟨München⟩

Bd. 2. Januar - Juni 1947 / bearb. von Wolfram Werner. — 1979.
ISBN 3-486-44551-0

NE: Werner, Wolfram [Bearb.]

© 1979 R. Oldenbourg Verlag GmbH, München

Das Werk ist urheberrechtlich geschützt. Die dadurch begründeten Rechte, insbesondere die der Übersetzung, des Nachdrucks, der Funksendung, der Wiedergabe auf photomechanischem oder ähnlichem Wege sowie der Speicherung und Auswertung in Datenverarbeitungsanlagen, bleiben, auch bei nur auszugsweiser Verwertung, vorbehalten. Werden mit schriftlicher Einwilligung des Verlages einzelne Vervielfältigungsstücke für gewerbliche Zwecke hergestellt, ist an den Verlag die nach § 54 Abs. 2 Urh.G. zu zahlende Vergütung zu entrichten, über deren Höhe der Verlag Auskunft gibt.

Druck- und Bindearbeiten: R. Oldenbourg, Graphische Betriebe GmbH, München
ISBN 3-486-44551-0

Inhaltsverzeichnis

Einleitung

I. ELEMENTE DER POLITISCHEN UND WIRTSCHAFTLICHEN
   ENTWICKLUNG DES ERSTEN HALBJAHRES 1947 7
   1. *Die Moskauer Außenministerkonferenz und ihre Auswirkungen* 7
   2. *Die Krise der Wirtschafts- und Ernährungslage* 10
II. DIE ENTWICKLUNG DER ZONALEN UND BIZONALEN INSTITUTIONEN 18
   1. *Länderrat der US-Zone* 18
   2. *Zonenbeirat der britisch besetzten Zone* 21
   3. *Die bizonalen Verwaltungen* 25
      a. Das Scheitern des bizonalen Zusammenschlusses in der ersten Phase 25
      b. Die Bemühungen der Ministerpräsidenten um eine Koordination
         und Kontrolle 30
      c. Die Reorganisation der Bizone durch die Militärregierungen 32
III. DIE MEHRZONALEN MINISTERPRÄSIDENTENKONFERENZEN 36
   1. *Ruhrreise, Konferenz in Wiesbaden* 36
   2. *München* 37
IV. DIE VORARBEITEN ZU EINER „BUNDESVERFASSUNG" IN DER US-ZONE ... 45
V. BEMERKUNGEN ZUR DOKUMENTENAUSWAHL UND QUELLENLAGE 49
   1. *Allgemeines* 49
   2. *Länderrat* 51
   3. *Zonenbeirat* 52
   4. *Mehrzonale Ministerpräsidentenkonferenzen* 53
   5. *Verwaltungsrat für Wirtschaft* 53
   6. *Besprechungen über Fragen der künftigen deutschen Verfassung* 53

Verzeichnis der Dokumente 55

Verzeichnis der Abkürzungen 67

Dokumente 75

Quellen- und Literaturverzeichnis 627

Personenregister 636

Sachregister 643

Einleitung

I. ELEMENTE DER POLITISCHEN UND WIRTSCHAFTLICHEN ENTWICKLUNG DES ERSTEN HALBJAHRES 1947

1. Die Moskauer Außenministerkonferenz und ihre Auswirkungen

In der Deutschlandpolitik der vier Siegermächte war im Frühjahr 1947 das herausragende Ereignis die Moskauer Außenministerkonferenz vom 10. März bis zum 24. April. Nach Vorgesprächen der stellvertretenden Außenminister in London vom 14. Januar bis zum 25. Februar 1947[1] wurde in Moskau erstmals seit der Konferenz von Potsdam auf der Ebene der Außenminister (Marshall [USA], Bevin [Großbritannien], Bidault [Frankreich] und Molotow [Sowjetunion]) eingehend und konkret über die politische Zukunft Deutschlands, über seine künftige Verfassung, seine Grenzen und die zu leistenden Reparationen gesprochen. In vielfältiger Weise wurden Atmosphäre und politisches Geschehen in den vier Besatzungszonen Deutschlands durch dieses Treffen beeinflußt[2]. Doch seine Bedeutung liegt nicht zuletzt auch in seinem Scheitern begründet und in den Konsequenzen, die daraus gezogen wurden.

Zu den zentralen Fragen der Konferenz sahen sich die noch jungen Parteien in den vier Zonen und die deutschen Politiker veranlaßt, in der Vorbereitungsphase und auch noch danach Positionen zu beziehen[3]. Hierdurch begann sich die politische Szene, die zunächst durch den in fast allen Ländern praktizierten Gedanken der Allparteien-Regierung und durch die Maxime der „rein sachlichen" Politik unter Vermeidung von „Parteienhader" gekennzeichnet war, zu akzentuieren und schärfere Konturen zu gewinnen. Insbesondere die Diskussion über die Verfassung für ein künftiges Gesamtdeutschland nahm konkretere Formen an[4].

Eine Beteiligung der deutschen Seite an den Gesprächen in Moskau, wie sie von den USA vorgeschlagen[5] und von den Deutschen immer wieder gefordert worden war[6], fand nicht statt. Deutsche Politiker und Beamte wurden lediglich hin und wieder inoffi-

---

[1] Europa Archiv 2 (1947) S. 490–499.
[2] Zur Moskauer Außenministerkonferenz vgl. Europa Archiv 2 (1947), S. 671–758; Deuerlein, Einheit Deutschlands, S. 142–148; Schwarz, vom Reich zur Bundesrepublik, S. 119–120; Gimbel, Amerikanische Besatzungspolitik, S. 163–167. Dokumente amerikanischer Provenienz abgedr. in: Foreign Relations 1947/II, S. 139–576.
[3] Eine umfassendere Darstellung der Stellungnahmen deutscher Politiker in der Neuen Zeitung vom 17. 3. 1947, S. 6, Artikel „Deutsche Stimmen zu Moskau". Zur Erklärung der SED siehe Dok.Nr. 11, Anm. 8a.
[4] Siehe die Ausführungen in Kap. IV dieser Einleitung.
[5] Vgl. Foreign Relations 1947/II, S. 24–26, Proposals by the United States Delegation to the Deputies for Germany of the Council of Foreign Ministers vom 10. 2. 1947. „The Deputies would invite the submission of the views of competent German authorities and experts at the committee level. In the absence of a central German Government such German authorities may include, for example, leaders of approved democratic parties, trade union officials, and officials of the several state or provincial governments."
[6] Vgl. z. B. die Erklärung Ehards zur Moskauer Außenministerkonferenz, Dok.Nr. 10 B, Anm. 10.

ziell von Mitarbeitern der Militärregierungen, die für ihre Regierungen Stellungnahmen vorbereiteten und Papiere für die Konferenz erarbeiteten, in Gesprächen über ihre Ansichten zu einzelnen Problemen befragt.[7] Nur spärlich gelang es, allenfalls durch halb- oder nichtamtliche Kanäle, bereits erarbeitete Materialien über den deutschen Standpunkt – etwa zur Frage der Abtretung der Gebiete jenseits der Oder-Neiße-Linie – den Militärregierungen zukommen zu lassen.[8]

Die zunächst nicht unbegründete Annahme, daß die Deutschen an den zu erwartenden Verhandlungen über einen Friedensvertrag in irgendeiner Form beteiligt werden würden, veranlaßte die Ministerpräsidenten der amerikanischen und der britischen Zone, ein bizonales Deutsches Büro für Friedensfragen zu planen.[9] Einerseits wollten die Landesregierungen für die erwarteten Gespräche gerüstet sein und Aktivitäten einiger ehemaliger Diplomaten und sonstiger nicht legitimierter Kreise[10] unterlaufen, andererseits wollten sie den Anspruch dokumentieren, auch in außenpolitischen Fragen die deutschen Interessen wahrzunehmen, was ihnen von den politischen Parteien nachdrücklich bestritten wurde.

Dieser Konflikt wiederum stand im Zusammenhang mit der seit Beginn des Jahres zunächst intern, später auch öffentlich diskutierten Forderung nach einer „nationalen Repräsentation" des deutschen Volkes.[11] Wer sollte sie darstellen, wer war legitimiert dazu? Die Parteien, die Landesregierungen, oder ein Gremium, das von beiden Seiten zu beschicken sein würde? Die Frage war vor allem deswegen so heftig umstritten, weil mit ihrer Beantwortung zugleich Konsequenzen für den künftigen Aufbau Deutschlands in der Auseinandersetzung föderalistischer und zentralistischer Vorstellungen verbunden wurden.

Obwohl die SPD und die SED jeweils die Auffassung vertraten, daß die Repräsentation nur durch die Parteien und keinesfalls durch die Ministerpräsidenten der Länder erfolgen dürfe, weil nur die Parteien die legitimen Vertreter nationaler Interessen sein könnten, blieb diese Übereinstimmung doch ohne praktische Konsequenzen. Die SPD lehnte – unter Hinweis auf die in der sowjetischen Zone nicht ohne Zwang erfolgte Vereinigung ihrer Partei mit der KPD im Jahre 1946 – Gespräche mit der SED rigoros ab, so daß die besonders von Jakob Kaiser ausgehenden Bemühungen um die Bildung einer Nationalen Repräsentation zum Scheitern verurteilt waren.

Während somit einerseits die bevorstehende Moskauer Außenministerkonferenz die deutsche politische Szene *aktivierte,* so wirkte sie andererseits zugleich auch *retardierend,* vor allem hinsichtlich der Fortentwicklung der Organisation der Bizone.[12] Um die sowjetischen Verhandlungspartner nicht herauszufordern und um die Verhandlungen nicht unnötig zu belasten, vermieden es die Briten und Amerikaner, vor der Moskauer Konferenz die zonale und bizonale Organisationsstruktur in irgendeiner Form durch

---

[7] Dok.Nr. 1 C, Anm. 10 und 11.

[8] Dok.Nr. 8, Anm. 33.

[9] Dok.Nr. 1 A, TOP 4; 1 C, TOP 3; 3, TOP 7; 4, TOP 5; 8, TOP 3; 10 A, TOP 16; 10 C, TOP 1. Siehe Piontkowitz, Deutsches Büro für Friedensfragen.

[10] Dok.Nr. 1 C, Anm. 5

[11] Dok.Nr. 33, Anm. 3 und Foelz-Schroeter, Föderalistische Politik, S. 108–114 und Conze, Jakob Kaiser, S. 133–149.

[12] Siehe Kap. II 2 und II 3 B dieser Einleitung.

Ausbau zu verändern. Sie beendeten daher ziemlich abrupt die Bemühungen der Länderchefs um eine Koordinierung der bizonalen Verwaltungen und verhinderten die Schaffung eines Deutschen Büros für Friedensfragen auf bizonaler Ebene. Doch trotz dieser betont vorsichtigen Haltung der amerikanischen und britischen Militärregierungen war bereits an der Atmosphäre im Kontrollrat abzulesen, daß die Siegermächte sich mittlerweile mißtrauisch gegenüberstanden. Kurz vor Beginn der Moskauer Konferenz attackierte Marschall Sokolowski im Kontrollrat die anglo-amerikanischen Vertreter wegen der bizonalen Vereinigung,[13] und auf der Konferenz selbst setzte Molotow diese Angriffe unter Hinweis auf das Potsdamer Abkommen fort.

Während der in Moskau geführten Diskussion um den künftigen Aufbau Deutschlands schienen die Differenzen in den Auffassungen der Alliierten zunächst durchaus überbrückbar zu sein, denn Molotow befürwortete mehrfach die Weimarer Verfassung als ein mögliches Vorbild, in der das föderative Moment, das besonders die Franzosen, aber auch die Amerikaner betonten, durchaus seinen Platz hatte. Doch im Laufe der Verhandlungen ergab sich eine Differenz nach der anderen. Eine von Molotow vorgeschlagene Volksabstimmung, ob das künftige deutsche Regierungssystem zentralistisch oder föderalistisch sein solle, wurde von den drei Westmächten abgelehnt. Molotow bestand weiter auf einer mit ausreichenden Kompetenzen ausgestatteten Zentralregierung, damit Deutschland für die Verpflichtungen aus den Reparationsleistungen an die Alliierten verantwortlich gemacht werden könne. Unter Berufung auf die in Jalta gemachten Zusicherungen forderte er für die Sowjetunion von Deutschland Reparationsleistungen in Höhe von insgesamt 10 Milliarden Dollar. Marshall verweigerte seine Zustimmung mit dem Argument, die wirtschaftliche Lage Deutschlands sei katastrophal und die Bizone erhalte bereits beträchtliche finanzielle Kredite von den USA, so daß zu fürchten sei, daß weitere Verluste an der wirtschaftlichen Substanz Deutschlands erfolgen würden, für die dann letztlich der amerikanische Steuerzahler aufkommen müsse.[14]

Die Verhandlungen liefen sich schließlich auch in der Frage der Zusammensetzung eines geplanten deutschen Konsultativrates fest, der drei Monate nach Schaffung der bereits in Potsdam beschlossenen Zentralverwaltungen eingesetzt werden sollte. Bidault verlangte zudem, daß die Zentralverwaltungen als kollegiale Verwaltungsbehörden aus Vertretern der Länderregierungen gebildet und daß die Zonenbefehlshaber zugleich ermächtigt würden, in ihrem Bereich in die Tätigkeit der Zentralverwaltung einzugreifen. Das wurde von der Sowjetunion abgelehnt.

Unüberbrückbare Gegensätze zeigten sich schließlich in der Grenzfrage, bei der die USA über die Rückgabe von Gebieten östlich der Oder-Neiße-Linie an Deutschland verhandeln wollten. Molotow erklärte, die Potsdamer Regelung sei inhaltlich kein Verhandlungsgegenstand mehr.

Alles in allem zeigte die Moskauer Konferenz eine zunehmende Entfremdung unter den Siegermächten in der deutschen Frage. Sie stand mit einer umfassenderen Verschlechterung in den Beziehungen zwischen den USA und der Sowjetunion in Zusammenhang. In den ersten Tagen der Konferenz hatte Präsident Truman am 12. März

---

[13] Dok.Nr. 9, Anm. 20.

[14] Clay berichtete den Länderchefs der US-Zone am 15. 4. 1947 unter dem Siegel der strengsten Verschwiegenheit: „Deutschland könne sich jede Regierungsform kaufen, je nach dem Preis, den es dafür zahlen wolle" und fügte hinzu, „aber Amerika sei nicht willens, dafür sein Geld einzusetzen" (Dok.Nr. 14 C, TOP 1).

Einleitung

1947 als Antwort auf den sowjetischen Druck auf die Türkei und die Kämpfe in Griechenland die nach ihm benannte Doktrin verkündet, in der die USA „allen Völkern, deren Freiheit von militanten Minderheiten oder durch einen von außen geübten Druck bedroht wird", Beistand zusagten.[15]

Den deutschen politischen Kräften konnte die Veränderung in den Beziehungen der Siegermächte nicht verborgen bleiben. Wenn auch Clay und Robertson in ihren Ansprachen an den Länderrat bzw. an den Zonenbeirat sowie ihren Gesprächen mit deutschen Politikern jede Kritik an den Partnern im Alliierten Kontrollrat peinlich vermieden, so hatte die deutsche Öffentlichkeit den Klimaumschwung in den Beziehungen der Großmächte doch längst registriert und gelegentlich sogar in Gerüchte über eine bevorstehende kriegerische Auseinandersetzung zwischen den Vereinigten Staaten und der Sowjetunion umgemünzt.[16] Als Präsident a.D. Hoover den Ministerpräsidenten der US-Zone im Februar sagte, es gehe darum, in Deutschland die westliche Zivilisation gegen die asiatische Flut zu retten, zeigten sich die Länderchefs „sehr beeindruckt".[17]

Die Reaktionen der amerikanischen und englischen Öffentlichkeit auf die Ergebnisse der Moskauer Konferenz machten deutlich, daß nach deren Scheitern die Bizone schnell ausgebaut werden würde. General Clay, der den Ministerpräsidenten der US-Zone bereits am 15. April 1947 angekündigt hatte, daß er, wenn in Moskau keine gemeinsame Grundlage erzielt werde, eine politische Vereinigung beider Zonen empfehlen werde,[18] erhielt von Außenminister Marshall auf dessen Rückflug aus Moskau am 25. April 1947 grünes Licht für Verhandlungen mit den Engländern über die Reorganisation der bizonalen Verwaltungen. Durch die Einberufung einer vierzonalen Konferenz der Länderchefs wurde bald darauf auch die deutsche Seite aktiv. In der deutschen Bevölkerung jedoch, die in ihrer Mehrheit von einem Friedensvertrag, unter welchen Bedingungen er auch immer zustande käme, eine Besserung ihrer Lage erwartet hatte,[19] bewirkte der Ausgang der Konferenz eine tiefe Stimmungskrise.[20]

2. Die Krise der Wirtschafts- und Ernährungslage

Die wirtschaftliche Zukunftsperspektive für die amerikanische und britische Zone konnte zu Beginn des Jahres 1947 optimistisch gesehen werden. Das am 2. Dezember 1946 unterzeichnete und am 1. Januar 1947 wirksam gewordene Byrnes-Bevin-Ab-

---

[15] Die Berichterstattung über die Botschaft Trumans an den Kongreß war in der Neuen Zeitung, die von der amerikanischen Militärregierung herausgegeben wurde, auffallend intensiv und umfangreich und mußte den deutschen Lesern den Eindruck eines sehr bedeutsamen Ereignisses der Weltpolitik vermitteln. Nach einer kurzen Inhaltsangabe auf Seite 1 der Ausg. vom 14. 3. 1947 wurde sie als Aufmacher der Ausgabe vom 17. 3. 1947 benutzt; zugleich wurden auf Seite 5 auszugsweise Teile der Rede und auf Seite 7 ein umfangreicher Artikel über das Weltecho abgegeben. In der Ausg. vom 24. 3. 1947 wurde die Botschaft noch einmal analysiert.

[16] Siehe E. Budde, Deutsche Außenpolitik, S. 17. Im Monatsbericht der KK für Juni 1947 (Monthly Report, Vol. 2, Nr. 6, S. 36) war sogar die Rede von einer „Kriegspsychose"; bei der Vorankündigung der Bekanntmachung des Abkommens über die Reorganisation der Bizone habe man in Hamburg allgemein angenommen, es werde die Kriegserklärung Großbritanniens und der USA an die Sowjetunion verkündet werden.

[17] Dok.Nr. 10 C, Anm. 10.

[18] Dok.Nr. 10 C, TOP 1.

[19] Merrit, Public Opinion, Report 62 und 63, S. 164–167.

[20] Foreign Relations 1947/II, S. 867. Murphy an den Secretary of State, 11. 5. 1947.

kommen[21] sah vor, daß die Bizone nach einem Dreijahresplan bis Ende 1949 wirtschaftlich auf eigenen Füßen stehen würde. Nahrungsmittel in beträchtlichem Umfang sollten durch eine eigens für diese Zwecke errichtete britisch-amerikanische Joint Export-Import Agency (JEIA) eingeführt werden, deren Tätigkeit den wirtschaftlichen Wiederaufbau fördern sowie Seuchen und Unruhen verhindern sollte. Die JEIA war zugleich dazu ausersehen, den deutschen Außenhandel abzuwickeln. Sobald die Welternährungslage es zuließ plante man, die Rationen für Normalverbraucher von 1550 auf 1800 Kalorien zu erhöhen, denn längerfristig gesehen würden Rationen unter 2000 Kalorien die Gesundheit des deutschen Volkes und damit den wirtschaftlichen Aufbau gefährden.[22]

Die Hoffnungen auf eine wirtschaftliche Belebung durch den Zusammenschluß beider Zonen zu einem Wirtschaftsraum zerschlugen sich jedoch, das Gegenteil trat ein. Während die industrielle Produktion in allen Zonen im Jahre 1946 noch merklich von 20–25 auf 35–40 Prozent des Standes von 1936 angestiegen war,[23] folgte im Winter/Frühling 1947 auf Grund einer mehrwöchigen extremen Kältewelle, die einen Zusammenbruch des Verkehrs verursachte und eine Ernährungskrise auslöste, ein schwerer wirtschaftlicher Rückschlag. Die industrielle Produktion der Bizone sank von 39 Prozent des Standes von 1936 im November 1946 auf 28 Prozent im Februar 1947.[24] Das Verwaltungsamt für Wirtschaft resümierte die desolate Lage der Volkswirtschaft in seinem Tätigkeitsbericht für Februar 1947 mit den Worten: „Unter dem allgemeinen Druck, den künstlichen und natürlichen Hemmungen, ist es beinahe ein Wunder zu nennen, daß auf vielen Gebieten immer noch Energien aufleben, daß immer wieder Versuche gemacht werden, die Dinge zu meistern und trotz aller Widerstände voranzukommen. Diese Ansätze haben leider in der weitaus größten Mehrheit der Fälle die Aussicht, sich an den Hindernissen des Besatzungsregimes und der Verwaltungsbürokratie, des Wirrwarrs infolge mangelnder staatsrechtlicher Grundlagen der Wirtschaftsverwaltung, der widerspruchsvollen Vorschriften und unmöglichen Direktiven [...] an der trostlosen Rohstofflage festzulaufen, sofern sie nicht in Kanäle des grauen und schwarzen Marktes ausweichen können. Die Gesamtlage scheint am besten ausgedrückt mit dem Wort: ‚Die Lage ist hoffnungslos, aber wir arbeiten weiter.'"[25]

Ähnlich pessimistisch analysierte der Bericht für Mai 1947[26] die wirtschaftliche Lage: „Gegen die schlimme Entwicklung der drei grundlegenden Wirtschaftsfaktoren Ernährung, Kohleerzeugung und Transportmöglichkeiten vermögen sich die jahreszeitlich zu erwartenden Auftriebstendenzen nicht durchzusetzen. Die verderblichen Wirkungen der Krisenursachen fressen sich immer tiefer ein, sowohl in die Arbeitsleistung des einzelnen wie in die Gesamtverfassung des Wirtschaftslebens."

Die nach dem Byrnes-Bevin-Abkommen geplante Ankurbelung der deutschen Exporte blieb in den bescheidensten Anfängen stecken. Die Geschäftsabschlüsse durch

---

[21] Abdruck in: Documents on Germany, S. 195–199.
[22] Food and Agriculture, Summary and Conclusion, sowie S. 46. Ebenda, S. 25 Aufstellung über die tatsächliche Entwicklung der Rationen für 1945 – Febr. 1947 in der amerik. und brit. Zone.
[23] Dok.Nr. 32 A, TOP 8.
[24] Die Wirtschaftslage der Vereinten Zone Mai/Juni 1947, Z 8/204, Bl. 4.
[25] Tätigkeitsbericht des VAW für Februar 1947, Z 8/67, hier Bl. 63.
[26] Tätigkeitsbericht des VAW für Mai 1947, Z 8/67, hier Bl. 34.

Einleitung

die JEIA wurden durch äußerst komplizierte bürokratische Formen behindert[27], die nur langsam und in kleinen Schritten abgebaut und vereinfacht wurden.[28] Angesichts der Knappheit aller Waren auf dem Inlandsmarkt waren die im Export zu erzielenden Gewinne nicht attraktiv genug, um die Unternehmen zu Ausfuhranstrengungen zu veranlassen. Ausfuhrprämien in Höhe eines Bonus von 15% des Deviseneloses sollten daher Abhilfe schaffen. Nur zu bald zeigte sich, daß der Industrie Rohstoffe fehlten und nicht in ausreichendem Umfang eingeführt werden konnten, nachdem die Reserven aus der Zeit vor dem Zusammenbruch verbraucht waren.[29] Infolgedessen erreichte die Warenausfuhr in den Monaten Januar–Mai 1947 aus der Bizone in das Ausland lediglich einen Wert von 58 Millionen Dollar, von denen 80% auch noch aus Rohstoffen, vor allem aus Kohle und Holz bestanden[30], deren Export unerwünscht war.

An den abgedruckten Dokumenten läßt sich deutlich ablesen, wie sehr die Belebung der deutschen Wirtschaft und des deutschen Exports ein Ziel der Politik Clays war.[31] Mit den Deviseneloses aus den ersten Ausfuhren sollte die Initialzündung für den weiteren wirtschaftlichen Aufschwung gegeben werden[32], um in einer längerfristigeren Perspektive die Bezahlung der von den Alliierten kreditierten Lebensmitteleinfuhren zu ermöglichen. Wie die Ministerpräsidenten der US-Zone von Clay erfuhren, hatten diese Einfuhren für die Bizone im Mai 1947 bereits einen Gegenwert von rund 550 Millionen Dollar erreicht.[33]

In seinen Berichten nach Washington über die deutsche Wirtschaftslage[34] gebrauchte Clay ein Argument, das sich bereits im Verlaufe des Jahres 1946 bei Mitarbeitern von OMGUS durchzusetzen begann[35]: Der Wiederaufbau Deutschlands sei für den Wiederaufbau Europas notwendig. Gelinge er nicht, so habe die Kosten letzten Endes der amerikanische und britische Steuerzahler zu begleichen, falls man Deutschland nicht dem Chaos überlassen wolle. Aus diesen Gründen wies er auch Diskriminierungen des deutschen Außenhandels durch die Nachbarstaaten zurück.[36]

---

[27] Die Wirtschafts-Zeitung berichtete (Ausg. vom 9. 5. 1947, S. 11) daß ein Verlag für das Zustandekommen eines kleinen Exportgeschäfts mit Büchern nicht weniger als 220 Bl. Papier benötigt habe.

[28] Im April 1947 wurde ein dezentralisiertes Ausfuhrverfahren eingeführt. Anweisung Nr. 1 der JEIA in, Abdr. in: MittBl. VAW 1947, S. 88–92. Vgl. auch die Ausführungen im Monatsbericht des VAW Juni 1947, Z 8/67, Bl. 56.

[29] Tätigkeitsbericht des VAW für Juni 1947, Z 8/67, hier Bl. 27.

[30] Z 8/204, Bl. 65–66.

[31] Dok.Nr. 14 C, TOP 2; 18 C, TOP 3; Clay-Papers Bd. 1, Dok.Nr. 212, Clay an das War Department vom 20. 4. 1947, S. 339.

[32] Dok.Nr. 18 C, TOP 3.

[33] Ebenda.

[34] Clay-Papers Bd. 1, Dok.Nr. 196, Teleconference mit Ass. Secretary Petersen vom 18. 2. 1947, S. 318–319; Dok.Nr. 213, Clay an das War Department vom 20. 4. 1947, S. 338–340; Dok.Nr. 217, Clay an Marshall vom 2. 5. 1947, S. 346–349; Dok.Nr. 232, Clay an Petersen vom 29. 6. 1947, S. 377–381.

[35] Clay-Papers Bd. 1, Dok.Nr. 167, S. 282, Clay an Byrnes, Nov. 1946.

[36] Clay-Papers Bd. 1, Dok.Nr. 217, Clay an Marshall vom 2. 5. 1947, S. 346–349. Er nannte dabei u. a. die Bemühungen der Niederlande und Belgiens, Hamburg und Bremen als Exporthäfen zugunsten von Rotterdam und Antwerpen zurückzudrängen; die Weigerung der CSSR, für die Nutzung deutscher Eisenbahnen und Hafeneinrichtungen zu bezahlen und die Besoldung deutscher Kriegsgefangener in zivilem Arbeitsverhältnis mit Reichsmark, die die Deutschen beim Rückzug in Frankreich hinterlassen hätten.

Auch der Interzonenhandel nahm nicht die erhoffte Entwicklung. Das Verwaltungsamt für Wirtschaft sah sich in dem Dilemma, einerseits die durch die Zonengrenzen eingetretene Zerreißung der arbeitsteiligen deutschen Volkswirtschaft durch Lieferabkommen zwischen den Zonen überbrücken zu wollen, andererseits durch interzonale Abkommen und die mit ihnen verbundenen Kontrollen die Zonengrenzen stärker markieren zu müssen. Der interzonale Handel nahm somit zunehmend den Charakter eines Außenhandels an.[37]

Zwischen der Bizone und der französischen Zone wurde am 25./26. Februar 1947 ein Handelsabkommen ratifiziert, das ein gegenseitiges Austauschvolumen von 39 Millionen RM vorsah. Seine Ausführung verlief zunächst aber sehr unbefriedigend. Wichtige Positionen der vereinbarten Lieferungen, wie z. B. Tabakwaren, wurden in Form von Kompensationsgeschäften gegen Fertigerzeugnisse aus Eisen und Stahl unter Umgehung des Abkommens auf dem Schwarzen Markt verschoben.

Mit der sowjetischen Zone schloß man am 18. Januar 1947 in Minden zwei Handelsverträge ab, von denen das „Warenabkommen Nr. 1" für das erste Vierteljahr 1947 aus der Bizone Lieferungen im Wert von 13,89 Millionen RM und aus der sowjetischen Zone Lieferungen im Wert von 15,24 Millionen RM vorsah. Für die restlichen neun Monate des Jahres 1947 war im „Warenabkommen Nr. 2" ein Handelsaustausch von jeweils ca. 88 Millionen RM vereinbart worden, der im Schwerpunkt Lieferungen aus der sowjetischen Zone von Rohstoffen und Lebensmitteln wie Holz, Zucker, Kartoffeln, Buna vorsah. Aus der Bizone hingegen sollten vor allem hochwertige industrielle Erzeugnisse aus Eisen und Stahl geliefert werden. Infolge der krisenhaften Zuspitzung der Wirtschaftslage wurden die Verträge jedoch nicht planmäßig erfüllt und beide Vertragspartner gerieten in erheblichen Verzug.[38]

Neben diesen offiziellen Zahlen des Interzonenhandels gab es einen unkontrollierbaren Schwarzen Markt unbekannten Ausmaßes über die Zonengrenzen hinweg, der so umfangreich war, daß das Verwaltungsamt für Wirtschaft befürchtete, der legale Handel unter Verwendung der vorgeschriebenen Warenbegleitpapiere könnte zur Ausnahme werden. Insgesamt bedeuten die Zonengrenzen dennoch ein beträchtliches Hemmnis für die Wiederbelebung der deutschen Wirtschaft.

Die zukunftsschwere Frage, wie die Eigentumsverhältnisse in der deutschen Wirtschaft einmal gestaltet werden würden, begegnet in den Dokumenten nur sehr am Rande. Das erklärt sich dadurch, daß die Gremien, deren Protokolle abgedruckt werden, entsprechende entscheidungsreife Gesetzesvorlagen im ersten Halbjahr 1947 nicht beraten haben. Das bedeutet aber nicht, daß die Vergesellschaftung der Produktionsmittel in der politischen Diskussion dieser Zeit keine Rolle gespielt hätte. Vor allem in den Landtagen der britischen Zone fanden über die Sozialisierung grundsätzliche Debatten

---

[37] Die folgenden Ausführungen nach dem zusammenfassenden Bericht über die Entwicklung des Interzonenhandels im ersten Halbjahr 1947 im Rahmen der Ausarbeitung der Hauptabteilung Planung und Statistik des VAW „Die Wirtschaftslage der Vereinten Zone Mai/Juni 1947" (Z 8/204, Bl. 54–64).

[38] Aus der sowj. Zone wurde z. B. lediglich ein Drittel der für die Versorgung der englischen und amerikanischen Sektoren Berlins vorgesehenen 150 000 t Kartoffeln geliefert. Die Bizone hatte am 30. 6. 1947 erst Waren im Wert von 29,5 Mill. von den insgesamt vorgesehenen Warenmengen im Wert von 102,6 Mill. RM geliefert.

statt[39], während sie auf der Ebene der Militärregierungen in den Verhandlungen über die Reform der Bizone, über die an anderer Stelle berichtet wird[40], ein wichtiger Verhandlungspunkt war.

Amerikanische und britische Militärregierung waren sich mit dem Verwaltungsrat für Wirtschaft darin einig, daß eine Steigerung der Kohleförderung eine zentrale Aufgabe und entscheidende Voraussetzung für die Wiederankurbelung der deutschen Wirtschaft darstellte. Obwohl bis zur Errichtung der deutschen Kohlebergbauleitung die britische North German Coal Control Group für die Fragen des Ruhrbergbaus zuständig war, befaßten sich der Verwaltungsrat für Wirtschaft, der eigens eine Arbeitsgemeinschaft Kohle errichtet hatte[41], und auch General Clay in seinen Gesprächen mit den Ministerpräsidenten der US-Zone immer wieder mit dem Problem der Kohleförderung[42]. Im Januar 1947 organisierte die amerikanische und die britische Militärregierung eine Reise der Länderchefs und ihrer Wirtschafts- und Arbeitsminister an die Ruhr, um in Gesprächen mit den Militärgouverneuren die zentrale Bedeutung der Ruhrkohle für den Wiederaufbau vor Augen zu führen[43]. Mit einem Programm zur Gewinnung von Bergarbeitern aus der US-Zone sollten personelle Engpässe im Ruhrbergbau überwunden werden[44]. Gleichzeitig wurde eine Reihe sozialer Maßnahmen eingeleitet, um den Beruf des Bergmanns attraktiv werden zu lassen[45]. Hervorzuheben ist vor allem das Punktsystem für Bergarbeiter[46], mit dem dieser Berufsgruppe eine bevorzugte Versorgung mit Nahrungsmitteln und Konsumgütern ermöglicht wurde. Die damit erzielten Anfangserfolge waren bemerkenswert. Die tägliche Förderung stieg von 200 000 Tonnen im Dezember 1946 auf 238 000 Tonnen Ende März. Die folgende Ernährungskrise im Ruhrgebiet allerdings ließ die Ergebnisse in den folgenden Wochen wieder auf tägliche 215 000 Tonnen sinken[47].

Trotz der angedeuteten Maßnahmen aber fehlten im Vergleich zu den Möglichkeiten und Verlockungen des Schwarzen Marktes die wirtschaftlichen Anreize für eine erhöhte Produktion. In anekdotischer Verdichtung berichtete die Wirtschafts-Zeitung von einem Kumpel, der zwangsweise zur Arbeit geholt werden sollte[48]. Sein Fehlen begründete er damit, daß sein Schichtlohn 8,40 RM betrage. Davon benötige er für seine täglichen Ausgaben 3,40 RM. Für die verbleibenden fünf Mark könne er sich auf dem Schwarzen Markt zwei Zigaretten im tatsächlichen Wert von zwölf Pfennig kaufen. Daher betrage sein effektiver Schichtverdienst nicht 8,40, sondern nur 3,52 RM. Andererer-

---

[39] Zur Frage der Sozialisierung vgl. Ambrosius, Soziale Marktwirtschaft, sowie Westdeutschlands Weg, S. 90–117. Über die Landtagsdebatten berichtete zusammenfassend der Informationsdienst des ZB Nr. 59 vom 29. 3. 1947 (Z 21/120, Bl. 79–80).

[40] Vgl. Kap. II 3 c.

[41] Zur Arbeitsgemeinschaft Kohle siehe Dok.Nr. 2, TOP 7.

[42] Dok.Nr. 6 C, TOP 2.

[43] Dok.Nr. 4.

[44] Dok.Nr. 4, TOP 4. Zur Errichtung der Leitstelle für die Freiwilligen für den Ruhrbergbau siehe Dok.Nr. 6 B I; 10 B II, TOP 11; Dok.Nr. 28 A, TOP 7.

[45] Dok.Nr. 2, TOP 7.

[46] Zum Punktsystem Dok.Nr. 2, TOP 7 und Dok.Nr. 12, Anm. 10.

[47] Eine Übersicht über die Entwicklung der arbeitstäglichen Produktion im Kohlenbergbau für 1946–1947 in: Dok.Nr. 4, Anm. 22a.

[48] Wirtschafts-Zeitung vom 28. 1. 1947, S. 2, Artikel „Das Ei des Kumpels".

seits legten seine vier Hühner täglich drei Eier, die am Schwarzen Markt mit 15 RM bewertet würden; sie verdienten also mehr als er. Solange sein Schichtlohn niedriger sei als der seiner Hühner, werde er der Arbeit fernbleiben.

Die katastrophale Ernährungslage führte schließlich zu Bergarbeiterstreiks, in deren Folge es zu Auseinandersetzungen um die Anrechnung von Punkten im Punktsystem nach einer Streikschicht kam, die nur mit erheblichen Schwierigkeiten geschlichtet werden konnten[49]. Psychologisch wenig günstig für eine Steigerung der Arbeitsproduktivität wirkte sich auch die weit verbreitete Ansicht aus, erhöhte Förderleistungen dienten lediglich der Erfüllung von Reparationsforderungen[50]. Nicht minder ungünstig wirkte sich die Ungewißheit hinsichtlich der künftigen Eigentumsverhältnisse im Ruhrbergbau aus[51].

Die Wirtschaft hatte im Frühjahr 1947 einen Tiefstand erreicht, der das aus dem Dritten Reich überkommene wirtschaftspolitische Instrumentarium, die Produktion und Verteilung über eine strikte Bewirtschaftung und die Festsetzung der Preise zu lenken, wirkungslos werden ließ. Es gelang nicht einmal mehr, ein „Gleichgewicht des Mangels" zu planen[52].

Der Kompensationshandel, eine Form der Naturalwirtschaft, bei der Ware gegen Ware getauscht wurde, nahm verheerende Ausmaße an. „Von Kompensationslust ist nicht nur der einzelne ergriffen, sondern auch Verbände und Verwaltungen und dies ebenso sehr in der vereinten Zone wie bei den Partnern im französischen und sowjetischen Besatzungsgebiet."[53] Als Folge dieser Ausweitung des Tauschhandels und der Naturalwirtschaft verringerte sich die Warenmenge, die dem allgemeinen Handel zu festgelegten Preisen und der Bewirtschaftung zur Verfügung standen. Die Besatzungsmächte[54] verhinderten schließlich eine vom Verwaltungsrat für Wirtschaft in einem beschränkten Maße vorgesehene Freigabe des Kompensationshandels, die eine Bankrotterklärung für das Bewirtschaftungssystem bedeutet hätte.[55]

Die Ernährungslage wurde im April/Mai 1947 in den Industriegebieten der britischen Zone zu einem Problem, das zeitweilig alle anderen Fragen in den Schatten stellte. Statt der von den Militärregierungen für die Bizone vorgesehenen täglichen 1550 Kalorien für den Normalverbraucher gelangten in einigen Städten des Ruhrgebietes weniger als 1000 Kalorien zur Ausgabe[56]. Hungerdemonstrationen und Streiks waren die Folge[57].

---

[49] Dok.Nr. 16, Anm. 20 und 37.
[50] Dok.Nr. 14 C, Anm. 8.
[51] Auf der ersten Interzonenkonferenz des Industrieverbandes Bergbau am 28./29. Jan. 1947 war einstimmig eine Entschließung angenommen worden, in der die „in den Bestrebungen zur Sozialisierung der Bergbauwirtschaft aufgetretenen Hemmungen" bedauert wurden und in einer weiteren Verzögerung „eine ernste Gefährdung der sich allmählich anbahnenden Produktionsbesserung im Bergbau" gesehen wurde (BT PA 1/204). Vgl. auch Kleßmann, Streiks und Hungermärsche.
[52] Zitat aus dem Referat von Sen. Borgner auf der Münchener Ministerpräsidentenkonferenz, Dok.Nr. 32 A, TOP 8.
[53] Die Wirtschaftslage der Vereinten Zone Mai/Juni 1947 (Z 8/204, Bl. 54).
[54] Dok.Nr. 16, Anm. 31.
[55] Dok.Nr. 16, Anm. 27.
[56] Dok.Nr. 14 C, Anm. 9.
[57] Dok.Nr. 16, Anm. 20.

Einleitung

Die Verantwortung für die Katastrophe schoben sich Deutsche und Alliierte gegenseitig zu, wie die mit bemerkenswerter Offenheit geführte Aussprache über die Ernährungslage auf der 11. Sitzung des Zonenbeirats zeigt[58]. In dieser Debatte betonte Schlange-Schöningen, der wesentliche Grund für die Krise liege im Ausbleiben der in Aussicht gestellten Einfuhren[59]; Robertson wies hingegen auf das Versagen des deutschen Verteilungsapparates und des Verkehrssystems hin. Die Engländer zogen daraufhin die Zuständigkeiten für die Transporte der Lebensmitteleinfuhren kurzfristig wieder an sich.

Amerikanische und britische Militärregierung kritisierten, die Erfassung der landwirtschaftlichen Erzeugnisse sei nicht hundertprozentig gelungen, obwohl sie von der Berechtigung der Vorwürfe selbst nicht überzeugt sein konnten[60]. Die deutschen Politiker verwiesen auf den Verlust der vorwiegend agrarisch genutzten Gebiete jenseits der Oder-Neiße-Linie, die für die Ernährung Deutschlands traditionell von besonderer Bedeutung waren. Stattdessen mußten nunmehr auch noch mehr als zehn Millionen Flüchtlinge und Vertriebene[61] aus diesen Gebieten zusätzlich ernährt werden.

Die katastrophale Zuspitzung der Ernährungslage bewirkte in der deutschen Bevölkerung eine Vertrauenskrise gegenüber der Politik der Besatzungsmächte. Im Monatsbericht der Britischen Kontrollkommission für April 1947 hieß es beispielsweise[62]: Wenn man auch eine Mitverantwortung der eigenen Verwaltung und der deutschen Bauern nicht ausschließe, so halte man doch an einer Verantwortung der Briten fest. Man sei nunmehr äußerst mißtrauisch gegenüber Versprechungen und Zusicherungen der Engländer geworden, und selbst wenn man nicht durchweg die guten Absichten der Briten leugne, so zweifele man an deren Fähigkeiten, sie auszuführen. Vielfach werde angenommen, die Lebensmittelkürzungen seien Teil einer bewußten englischen Politik, und Gerüchte gingen um, in Jalta sei ein geheimes Abkommen getroffen worden, das vorsehe, Deutschland drei Jahre lang hungern und unter den Bedingungen der Konzentrationslager leben zu lassen. Der deutschen Bevölkerung blieb verborgen, wie intensiv sich General Clay und sein Stab im Benehmen mit den Engländern um Lebensmitteleinfuhren bemühten[63]. Bei einer monatlichen Einfuhr von 300 000 t waren von Januar bis April allerdings an die 330 000 t Getreide weniger geliefert worden als OMGUS für die Bizone gefordert hatte. Gründe dafür waren Mangel an Schiffsraum, aber auch Meinungsverschiedenheiten mit den Engländern[64]. „The crises come too thick and fast", meinte Clay am 13. Mai resignierend in einer Teleconference mit dem Assistant Secretary of State Petersen und anderen in Washington; er bot seinen Rücktritt an, als er Kri-

---

[58] Dok.Nr. 15, TOP 262, 264, 265.

[59] Ebenda.

[60] Dok.Nr. 18 B, Anm. 7. Vgl. auch Food and Agriculture, S. 39, wo es heißt, das Erfassungssystem in der Landwirtschaft funktioniere bemerkenswert gut.

[61] Dok.Nr. 32 A, TOP 3. Eine Ausarbeitung der Food and Agriculture Banch (OMGUS) über die Auswirkungen der Verluste der Gebiete östlich der Oder/Neiße auf die Ernährungslage (undatiert) in: Nachl. Dietrich/491, Bl. 132–140.

[62] Monthly Report, vol. 2, Nr. 5, Mai 1947, S. 37.

[63] Clay-Papers Bd. 1, Dok.Nr. 222, Teleconference mit Assistant Secretary Petersen u. a. vom 13. 5. 1947, S. 354–363; Dok.Nr. 223, Clay an Petersen vom 17. 5. 1947, S. 364–365. Foreign Relations 1947/II, S. 1144–1146. Heath an den Secretary of State, 3. 4. 1947.

[64] Clay-Papers Bd. 1, Dok.Nr. 222, Teleconference mit Assistant Secretary Petersen vom 13. 5. 1947, ferner Dok.Nr. 32 A, TOP 3.

tik zu vernehmen glaubte. Seine Leute hätten während der Ernährungskrise Tag und Nacht bis zur totalen Erschöpfung gearbeitet[65].

Anders als in seiner dienstlichen Korrespondenz mit Washington betonte er in seinen Ansprachen[66] und Unterredungen im Länderrat[67], daß es sich lediglich um Verteilungsprobleme handeln müsse, und ermahnte die Deutschen, bei der Erfassung der Agrarproduktion noch größere Anstrengungen zu unternehmen. Ministerpräsident Ehard mußte sich sagen lassen, Bayern habe nicht das getan, was es hätte tun müssen, um anderen Teilen Deutschlands zu helfen[68].

Der Spielraum der deutschen Instanzen, insbesondere des Verwaltungsrates für Ernährung und Landwirtschaft, zur Behebung der Krise war letztlich gering, denn über Einfuhren von Lebensmitteln konnten sie nicht entscheiden. In Angriff genommen wurde eine grundsätzliche Reform des Erfassungssystems für Agrarprodukte, die drakonische Maßnahmen vorsah, wenn das Abgabesoll nicht erfüllt werden würde[69]. Zur Reduzierung des Bestandes an Schweinen und Rindern wurde ein bei den Bauern verständlicherweise unpopuläres Schlachtprogramm beschlossen, denn angesichts der Wertlosigkeit des Geldes lag es nahe, umfangreiche Viehbestände zu erhalten, zumal sich die Produkte der Viehwirtschaft besonders gut auf dem Schwarzen Markt handeln ließen[70]. Die deutschen Forderungen, Fett auf dem Weltmarkt einkaufen, am Walfang teilnehmen zu dürfen und die Düngemittelversorgung zu verbessern[71], ließen sich alle nur längerfristig verwirklichen.

Auch die seit 1946 viel diskutierte Gesetzgebung über die Bodenreform kam noch nicht zu einem Abschluß, wenn der Zonenbeirat auch einen revidierten Verordnungsentwurf der Militärregierung auf seiner 12. Sitzung beraten konnte[72].

Die Möglichkeit eines wirtschaftlichen Wiederaufstiegs zeichnete sich mit Marshalls Ankündigung eines Hilfsprogramms für Europa am 5. Juni 1947 ab[73]. Am selben Tage, an dem Marshall diese Rede hielt, begann in München die Konferenz der deutschen Ministerpräsidenten, die die katastrophale wirtschaftliche Lage Deutschlands in ihren Referaten eindringlich analysieren und der Welt vor Augen führen wollte. Dieser Silberstreif am politischen Horizont wurde von den deutschen Verantwortlichen gesehen. „Die kommenden Monate müssen zeigen, welche Impulse Marshall-Plan und neue Ernte bei diesem Tiefstand der Wirtschaftslage zu geben vermögen", hieß es bereits im Monatsbericht des Verwaltungsamtes für Wirtschaft für Juni 1947[74].

---

[65] Ebenda.
[66] Dok.Nr. 10 B I, 14 B I, 28 B I.
[67] Dok.Nr. 6 C, TOP 5; 10 C, TOP 6; 14 C, TOP 3.
[68] Dok.Nr. 14 C, TOP 3.
[69] Dok.Nr. 15, Anm. 89.
[70] Dok.Nr. 5, TOP 243; Dok.Nr. 6 C, Anm. 13; ferner Food and Agriculture, S. 7.
[71] Siehe insbes. die Referate von RMin. a.D. Dietrich und Min. Lübke auf der Münchener Ministerpräsidentenkonferenz (Dok.Nr. 32 A, TOP 3 und 4) und die Resolution zum Ernährungsproblem (Dok.Nr. 32 B, TOP 4 b).
[72] Dok.Nr. 34, TOP 277. Siehe Trittel, Bodenreform.
[73] Zur Vorgeschichte des Marshall-Plans vgl. Gimbel, Marshall-Plan.
[74] Z 8/67, Bl. 24.

Einleitung

II. DIE ENTWICKLUNG DER ZONALEN UND BIZONALEN INSTITUTIONEN

1. Länderrat der amerikanischen Besatzungszone

Der Länderrat der amerikanischen Besatzungszone geriet zu Beginn des Jahres 1947 in eine Krise. Nachdem die ihm angehörenden Länder der US-Zone im November/Dezember 1946 Verfassungen und durch freie und geheime Wahlen geschaffene Landtage erhalten hatten, war nicht mehr recht deutlich, welche Funktionen der Länderrat noch wahrzunehmen hatte. Anstelle der von der Militärregierung ernannten Ministerpräsidenten amtierten nunmehr Landesregierungen, die von ihren Landtagen gewählt und ihnen verantwortlich waren. Allgemein wurde angenommen, daß die in der Proklamation Nr. 2[75] niedergelegte Befugnis der Ministerpräsidenten, Gesetze ohne Beteiligung ihrer Parlamente zu erlassen, nunmehr erloschen und die Gesetzgebungskompetenz auf die Landtage übergegangen sei; denn die Vorbehalte, die OMGUS in der Direktive vom 30. September 1946 betreffend die Beziehung zwischen der Militärregierung und der Zivilregierung nach Annahme der Landesverfassung[76] gemacht hatte, bezogen sich lediglich auf internationale Abkommen, Viermächteentscheidungen und allgemein auf die Besatzungsziele. Ein Vorbehalt hinsichtlich zoneneinheitlicher Gesetze war nicht formuliert worden.

Diese verfassungsrechtliche Unsicherheit wurde durch die Frage verschärft, inwieweit die bizonalen Verwaltungsräte ab Januar 1947 eine Gesetzgebungs- und Verordnungskompetenz gegenüber den Ländern auf ihren jeweiligen Fachgebieten beanspruchen dürften[77].

Grundlage für die Diskussion dieses verfassungsrechtlichen Komplexes war zunächst nur die Ansprache Clays in der Plenarsitzung des Länderrates vom 8. Januar 1947[78]. Der General hatte zwar gesagt, die Militärregierung fühle sich auch nach der Errichtung der Landesparlamente für eine nationale Gesetzgebung verantwortlich, jedoch hinzugefügt, eine genauere Abgrenzung dieses Komplexes sei nicht möglich, solange es nicht eine „nationale Verfassung" gebe. Er hatte seine Ausführungen mit den Worten beendet: „Zusammenfassend kann gesagt werden, daß der Länderrat weiterhin die Aufgabe hat, Gesetze auszuarbeiten, die offensichtlich einheitlich innerhalb der US-Besatzungszone angewendet werden müssen. Er muß weiterhin die vorgesehene Viermächte-Gesetzgebung, die für ganz Deutschland in Kraft gesetzt werden soll, überarbeiten und seine Stellungnahme und Vorschläge hierzu abgeben. Die einzelnen Mitglieder des Länderrats, als Ministerpräsidenten der drei Staaten, werden die Ansichten jedes Staates in Angelegenheiten der bizonalen Wirtschaft durch ihre Vertreter bei den bizonalen Ämtern zum Ausdruck bringen. Jeder Ministerpräsident wird für die Durchführung von bizonalen wirtschaftlichen Richtlinien verantwortlich sein." Die Umsetzung von Clays Ausführungen in die Praxis der Länderratsarbeit bereitete erhebliche Schwierigkeiten, zumal es sich um eine Ansprache und nicht um eine konkrete Anweisung der Militärregierung handelte. Letztlich wollte man die Illusion, nach der Annahme von

---

[75] Abdr. der Proklamation Nr. 2 vom 19. 9. 1945 in: LRGS, S. VII. Vgl. auch Akten zur Vorgeschichte 1, S. 30–31.
[76] Abdr. in: Germany 1947–1949, S. 155–157, siehe auch Dok.Nr. 9, Anm. 10.
[77] Vgl. Kap. II 3a dieser Einleitung.
[78] Dok.Nr. 1 B I.

Verfassungen und nach der Errichtung von Parlamenten nunmehr einen demokratischen Aufbau und eine weitgehende politische Autonomie auf der Ebene der Länder erreicht zu haben, nicht ohne Not aufgeben. Infolgedessen wurde zwar in den internen Länderratssitzungen vom 22. Januar[79] und 11. Februar 1947[80] überlegt, wie die Parlamente der Länder in die Arbeit des Länderrates einbezogen werden könnten, die Plenarsitzung vom 4. Februar 1947[81] lief im übrigen aber ab, als habe es die Ansprache von General Clay nicht gegeben: Fast alle Tagesordnungspunkte wurden den Landesparlamenten zur Beschlußfassung zugewiesen.

In all diesen Diskussionen vertrat insbesondere der bayerische Ministerpräsident Ehard die Meinung, man müsse „eindeutig den Standpunkt einnehmen, der Landtag ist das einzige Gesetzgebungsorgan. Der Landtag müßte immer eingeschaltet werden, auch dort, wo die Militärregierung Gesetze gibt."[82] Obwohl Generalsekretär Roßmann mahnte, diese Auffassung entspräche nicht den Intentionen der Militärregierung, und obwohl das Regional Government Coordinating Office wiederholt drängte, ein Konzept für die künftige Arbeit des Länderrates vorzulegen, in dem die Ausführungen der Ansprache Clays vom 8. Januar berücksichtigt würden, wurden die Ministerpräsidenten nicht aktiv.

In der Hoffnung, zunächst einmal zusammen mit ihren Kollegen aus der britischen Zone die bizonalen Ämter durch einen zu errichtenden Rat der Ministerpräsidenten koordinieren zu können, glaubten sie die Frage, wie der Länderrat künftig arbeiten solle, dilatorisch behandeln zu können[83]. Bald aber ergriff General Clay die Initiative und zitierte die Ministerpräsidenten eine Woche nach der Konferenz in Wiesbaden für den 23. Februar, einen Sonntag, nach Berlin[84]. Er stellte klar, daß ihre Befugnisse, gemäß Proklamation Nr. 2 Gesetze zu erlassen, trotz der inzwischen gebildeten Länderparlamente noch bestünden. Eine Revision der Proklamation werde vorbereitet[85]. Er begründete die Entscheidung mit dem Argument, es sei der Militärregierung nicht möglich, den Landtagen Fragen vorzulegen, die eine zoneneinheitliche Gesetzgebung erforderten. „Wir wären dadurch in die unmögliche Lage versetzt, entweder die Willenserklärung eines Landtages abzulehnen oder es zu erleben, daß wünschenswerte einheitliche Gesetze nicht erlassen werden, weil ein Landtag sie abgelehnt hat."[86] Ob ein zu erlassendes Gesetz unter die der Militärregierung vorbehaltenen Materien falle, werde von einem Verfassungsgerichtshof bei der Militärregierung entschieden werden. Damit war die Hoffnung der süddeutschen Ministerpräsidenten, für sich und ihre Länder eine fast uneingeschränkte politische Autonomie erreicht zu haben, zunichte. Zugleich waren die Unklarheiten über die Funktionen des Länderrates geklärt; seine Aufgaben blieben im bisherigen Umfang erhalten, und die während der Phase der staatsrechtli-

---

[79] Dok.Nr. 3.
[80] Dok.Nr. 7.
[81] Dok.Nr. 6 B II.
[82] Dok.Nr. 6 A, TOP 2.
[83] Dok.Nr. 7, TOP 2.
[84] Dok.Nr. 9.
[85] Sie wurde als Proklamation Nr. 4 am 1. 3. 1947 verkündet. Siehe Dok.Nr. 10 A, Anm. 6.
[86] Dok.Nr. 9, TOP 1.

Einleitung

chen Unsicherheit aufgelaufenen zahlreichen Gesetzesvorhaben wurden nunmehr auf der Tagung vom 10./11. März 1947 erledigt[87].

Um die Parlamente der Länder an der Arbeit des Länderrates zu beteiligen, wurde ein Parlamentarischer Rat beim Länderrat aus insgesamt 24 Vertretern der Landtage geschaffen, der zu den im Länderrat behandelten Fragen beratend Stellung nehmen sollte und sich am 10. März 1947 konstituierte[88]. Nach einer mühsam ausgehandelten Kompromißformel waren in ihm Bayern, Hessen, Württemberg-Baden mit je sieben, Bremen mit drei Parlamentariern vertreten. Bayern hatte zunächst eine größere Anzahl von Sitzen für sich gefordert, der Regelung aber schließlich zugestimmt unter dem Vorbehalt, daß damit für die Zukunft eine Vorentscheidung nicht getroffen werde.[89] Der Parlamentarische Rat stimmte länderweise ab, eine Gruppierung nach Parteien war also nicht möglich[90]. Trotz seiner unpolitischen Konstruktion bedeutete er eine Belebung der Länderrats-Szene, denn seine Abgeordneten nahmen an den Plenarsitzungen teil, ergriffen dort gelegentlich das Wort[91], und sein jeweiliger Präsident wohnte den vertraulichen Gesprächen der Ministerpräsidenten mit General Clay bei. Obgleich die Parlamentarier anfangs ohne eingehendere Vorbereitung zu den Sitzungen erschienen[92] und die zu beratenden Gesetzesentwürfe gelegentlich erst kurz vor Beginn der Sitzung erhielten, gab der Parlamentarische Rat doch fast immer klare und eindeutige Stellungnahmen ab, die bei den Ministerpräsidenten, denen an konstruktiven Beziehungen zu ihren Parlamenten gelegen sein mußte, stets Beachtung fanden. Sobald die Abgeordneten meinten, ihre Beteiligung werde umgangen, reagierten sie recht heftig und selbstbewußt[93].

Nach der erwähnten Konferenz in Berlin führte der Länderrat seine Arbeit als Koordinierungsorgan der Länder der US-Zone für die Gesetzgebung und als Beratungsgremium der Militärregierung mit gewohnter und unverminderter Effektivität fort. Die Arbeit in seinen Ausschüssen, im Direktorium, in den internen und Plenarsitzungen hatte sich bereits im Verlauf des Jahres 1946 eingespielt. Vielfach galt der Länderrat den süddeutschen Politikern als mögliches Vorbild für Organisation und Arbeitsweise künftiger mehrzonaler Gremien[94]. Vor allem auf der Ebene der Minsterpräsidenten läßt sich deutlich erkennen, wie weitgehend ihre Zusammenarbeit auf zonaler Ebene gedieh. Ihre internen Länderratssitzungen, die zunächst lediglich für die Behandlung unwichtiger Organisations- und Haushaltsangelegenheiten gedacht waren, nahmen geradezu den Charakter von Kabinettssitzungen an, in denen auch über die Tagesordnungspunkte der Plenarsitzungen bereits Entscheidungen getroffen wurden[95]. Aller-

---

[87] Vgl. die umfangreichen Protokolle der internen und der Plenarsitzung des LR vom 10./11. 3. 1947, Dok.Nr. 10 A und B.

[88] Dok.Nr. 10 A, Anm. 10.

[89] Dok.Nr. 10 B, TOP 4.

[90] Abdruck des § 15a des LR-Statuts über den Parl. Rat in: Dok.Nr. 10 A, Anm. 12.

[91] Siehe z. B. die Debatte über den Gesetzentwurf über die Aufhebung und Änderung von Vorschriften der Sozialversicherung (Dok.Nr. 14 B II, TOP 6).

[92] Dok.Nr. 10 B, Anm. 19.

[93] Vgl. das Prot. der LR-Tagung vom 3. 6. 1947, Z 1/189, Bl. 183 und 186.

[94] Dok.Nr. 8.

[95] Hierzu Kap. V, 2 dieser Einleitung.

dings verloren die Plenarsitzungen des Länderrats dadurch an Bedeutung; vermutlich spielte auch die Anwesenheit der Mitglieder des Parlamentarischen Rates eine Rolle, vor deren Augen Auseinandersetzungen vermieden werden sollten.

In der Organisation des Länderrats-Sekretariates traten nur noch geringe Veränderungen ein. Die Schaffung einer Dienststelle für Kriegsgefangenenfragen[96] scheiterte am Einspruch der Militärregierung, die aus politischen Gründen nur ein erweitertes Referat zuließ; ein Ausbau des kulturpolitischen Ausschusses[97] fand bei den Ländern keine Zustimmung. Auch das zonale Büro für Friedensfragen wurde nicht in den Länderrat integriert, obwohl Generalsekretär Roßmann versuchte, es organisatorisch in eine enge Verbindung zum Länderrat zu bringen[98].

Bremen wurde, nachdem es durch die Proklamation Nr. 3 vom 22. Januar 1947[99] ein Land des amerikanischen Besatzungsgebietes geworden war, in den Länderrat als reguläres Mitglied integriert. Im Bewußtsein seiner fehlenden wirtschaftlichen und politischen Potenz erklärte Senatspräsident Kaisen sich jedoch bereit, Bremens Stimmrecht bei Fragen, die nur süddeutsche Angelegenheiten betrafen, ruhen zu lassen[100].

Mit der Schaffung des Wirtschaftsrates in Frankfurt verlor der Länderrat der US-Zone an Bedeutung. Clays anerkennende Worte in seiner Ansprache vom 3. Juni 1947[101] wurden bereits in dem Sinn ausgelegt, „daß man einem Toten nichts Schlechtes nachreden dürfe"[102]. Jedoch der Anschein, daß die Tage des Länderrats bereits gezählt seien, trog. Abgesehen davon, daß der Wirtschaftsrat lediglich für Wirtschaftsfragen im weiteren Sinne zuständig wurde, und so wichtige Sachgebiete wie Justiz, Sozialpolitik, Flüchtlingswesen, Kultur und Statistik weiterhin zu den Aufgaben des Länderrats gehörten, gedachte die amerikanische Militärregierung, auch weiterhin auf dieses eingearbeitete oberste deutsche Organ für ihre Zone nicht zu verzichten[103]. Grundsätzlich besuchte Clay auch weiterhin die monatlichen Länderratssitzungen und besprach sich in vertraulichen Unterredungen mit den Ministerpräsidenten, wenn er sich auch gelegentlich von General Hays vertreten ließ[104]. Den Zenit seines Wirkens hatte der Länderrat im Juni 1947 allerdings überschritten.

2. Zonenbeirat der britisch besetzten Zone

Auf der ersten Plenarsitzung des Jahres 1947, am 29./30. Januar, hatte der Zonenbeirat über Reformvorschläge zu entscheiden, die seine eigene Organisation betrafen und

---

[96] Dok.Nr. 1 A, TOP 2; 10 A, TOP 10; 10 C, TOP 2.
[97] Dok.Nr. 10 B II, TOP 13; 14 A, TOP 1 i.
[98] Dok.Nr. 14 A, TOP 4.
[99] Dok.Nr. 1 C, Anm. 2.
[100] Dok.Nr. 10 A, TOP 6.
[101] Dok.Nr. 28 B I.
[102] Dok.Nr. 28 B I, Anm. 6.
[103] Vgl. die Ansprache Roßmanns in der Sitzung des Parlamentarischen Rates des LR vom 4. 8. 1947 über die künftigen Aufgaben des Länderrates (Nachl. Roßmann/32, Bl. 59–69) sowie das Manuskript seines Rundfunkvortrages für Radio Stuttgart (28. 8. 1947) zum gleichen Thema (ebenda, Bl. 48–58).
[104] Die letzte dieser Zusammenkünfte mit Gen. Clay aus Anlaß einer Länderrats-Tagung fand am 1. 6. 1948 statt. Die Auflösung des Länderrates vollzog sich nur ganz allmählich. Vgl. Härtel, Länderrat, S. 76–87.

die der Hauptausschuß am 14. Dezember 1946 in Bad Godesberg beschlossen und am 28. Januar 1947 nochmals überarbeitet hatte[105].

Zentrales Organ des Zonenbeirats sollte künftig ein Politischer Rat werden, der aus Vertretern der politischen Parteien gebildet werden und „den politischen Gesamtwillen der Deutschen in der britischen Zone" zum Ausdruck bringen sollte. Darüber hinaus war beabsichtigt, im Rahmen des Zonenbeirats einen Länderrat, bestehend aus den Ministerpräsidenten der Länder sowie den Bürgermeistern von Hamburg und Bremen, letzterer ohne Stimmrecht, ferner einen Ausschuß der Zentralämter sowie einen Ausschuß nach Art des früheren Reichswirtschaftsrates, zu bilden.

Mit der geplanten Reorganisation, die den politischen Charakter des Zonenbeirats verstärken und den Einfluß der Parteien steigern sollte, sollte auch eine Vermehrung seiner Wirkungsmöglichkeiten einhergehen. Alle Zuständigkeiten, die nicht gemäß Verordnung Nr. 57 den Ländern zukamen[106], sowie auch die Beratung der Militärregierung bei der Viermächtegesetzgebung, wurden für den Politischen Rat gefordert. Darüber hinaus verlangte man die Freiheit in der Wahl der Baratungsgegenstände sowie eine Beteiligung bei der Koordinierung und Überwachung der bizonalen Verwaltungen.

Den Ministerpräsidenten der britischen Zone war bei dieser Reformkonzeption im Zonenbeirat nur eine periphere Rolle zugedacht worden. Die Beschlüsse, die gutachtlichen Stellungnahmen sowie die Initiativanträge ihres Länderrates sollten, soweit sie Fragen betrafen, die nicht ausschließlich in die Zuständigkeit der Länder gehörten, vor Weitergabe an die Militärregierung oder an die Zentralämter zunächst dem Politischen Rat zugeleitet und von diesem dann mit einer Stellungnahme weitergereicht werden.

Es war nur folgerichtig, wenn die Länderchefs der britischen Zone daraufhin unter Führung von Ministerpräsident Steltzer, der erklärt hatte, er würde den Zonenbeirat am liebsten „abmurksen"[107], auf die Anregung ihrer Kollegen aus der amerikanischen Zone eingingen, in der äußerst wichtigen Frage der Koordinierung der Zweizonenämter die Initiative zu ergreifen und mit ihnen zusammenzuarbeiten. Nach den Vermutungen von Generalsekretär Weisser stimmten die Ministerpräsidenten der britischen Zone der Reform des Zonenbeirats in der beschlossenen Fassung überhaupt nur zu, weil sie hinsichtlich der Koordinierung der bizonalen Ämter bereits eine bizonale Lösung unter Umgehung des Zonenbeirats im Auge gehabt hatten[108]. In der Auseinandersetzung über diese Frage brachen die seit Bestehen des Zonenbeirats vorhandenen Spannungen zwischen den Länderchefs und den Vertretern der politischen Parteien offen aus. Mitarbeiter des britischen Verbindungsstabes legten Weisser nahe, er solle nicht einseitig Partei gegen die Gruppe der Ministerpräsidenten ergreifen, als Generalsekretär müsse er an den Zonenbeirat als Ganzes denken[109].

Für den Zonenbeirat wurde es eine herbe Enttäuschung, daß die Entscheidung über seine Reorganisation unerwartet lange hinausgezögert wurde. Denn nachdem dem

---

[105] Dok.Nr. 5, TOP 228.
[106] Abdr. in: Amtsbl. brit. MilReg. Nr. 15, S. 344–346. Vgl. Dok.Nr. 9, Anm. 11.
[107] Dok.Nr. 4, TOP 5.
[108] Dok.Nr. 5, Anm. 24.
[109] Dok.Nr. 8, Anm. 2.

Hauptausschuß bereits am 14. Februar 1947 in einer Sitzung in Berlin mitgeteilt worden war, die Reform werde im großen und ganzen nach den eingereichten Vorschlägen gebilligt[110], trat nunmehr der Allgemeine Rat – so sollte der Politische Rat bezeichnet werden – in der vorgesehenen Zusammensetzung am 20. Februar 1947 zusammen und begann mit seiner Arbeit: Minister Blücher wurde zum Vorsitzenden gewählt, Generalsekretär Weisser in seinem Amt bestätigt und die Zusammensetzung der neuen Ausschüsse festgesetzt. In diesem Augenblick wurde die Reorganisation plötzlich gestoppt. Am folgenden Tag, dem 21. Februar 1947, teilte General Bishop ganz überraschend mit, die Reorganisation werde aufgeschoben.[111] Das Foreign Office hatte interveniert, da vermutlich wegen der bevorstehenden Moskauer Außenministerkonferenz die politische Struktur der britischen Zone nicht geändert werden sollte[112]. Für das spannungsgeladene Verhältnis zwischen nord- und süddeutschen Politikern in den Wochen vor der Moskauer Außenministerkonferenz ist es bezeichnend, daß in Kreisen des Zonenbeirats zunächst angenommen wurde, der Aufschub sei auf eine Intervention der süddeutschen Ministerpräsidenten bei den Amerikanern zurückzuführen[113].

Die am 20. Februar 1947 abgehaltene Sitzung des Allgemeinen Rates wurde daraufhin im Nachhinein zu einer „informellen Sitzung" deklariert, und Plenum und Ausschüsse lebten, nachdem sie auf die Sitzung im März verzichtet hatten, in alter Form wieder auf.

Erst nach dem Ende der Moskauer Außenministerkonferenz konnte General Robertson auf der Zonenbeirats-Tagung vom 29./30. April die Entscheidung über die Neuorganisation bekanntgeben[114]. Mit der Begründung, man habe bei der Gestaltung des Zonenbeirats die Zusammensetzung des in Moskau diskutierten deutschen Beirates berücksichtigen wollen, waren an dem Reformkonzept einige Änderungen vorgenommen worden: Der Politische Rat wurde genehmigt. Er sollte aus dreißig, von den Länderparlamenten nach den Ergebnissen der Landtagswahlen vom 20. April 1947[115] gewählten Mitgliedern bestehen, wobei diese nicht den Parlamenten anzugehören brauchten. Als Angehörige des Zonenbeirats kamen infolgedessen auch Politiker in Frage, die nicht in der Landespolitik engagiert waren. Auf Bitten der deutschen Seite wurde die Zahl seiner Mitglieder auf 37 erhöht, von denen die SPD 14, die CDU 12, die KPD 4, das Zentrum 2, die FDP 3, die NLP (DP) 2 Vertreter stellte[116]. Nicht genehmigt wurde hingegen ein Länderrat im Rahmen des Zonenbeirats mit der Begründung, die Koordinierung der Länderaufgaben könne außerhalb des Zonenbeirats erfolgen. Die Ministerpräsidenten formierten sich infolgedessen zu einer vom Zonenbeirat unabhängigen Konferenz als loses Koordinationsorgan[117].

Einen nicht gering zu schätzenden Fortschritt bedeutete in diesem Zusammenhang die Tatsache, daß dem neuen Zonenbeirat die Freiheit, seine Tagesordnung selbst zu be-

---

[110] Dok.Nr. 5, Anm. 25.

[111] Dok.Nr. 15, Anm. 54.

[112] In dem gleichen Bezugsrahmen ist das Verbot von Clay zu sehen, die Bemühungen um die Koordinierung der Bizone durch die Ministerpräsidenten fortzuführen. Vgl. Kap. II 3, b dieser Einleitung.

[113] Vermerk von Elmenau vom 28. 2. 1947 in: GStA München MA 130 435.

[114] Dok.Nr. 15, TOP 261.

[115] Ergebnisse siehe Dok.Nr. 34, Anm. 8a.

[116] Dok.Nr. 15, Anm. 56. Zur Sitzverteilung siehe Anm. 57.

[117] Dok.Nr. 15, Anm. 55.

Einleitung

stimmen, weitgehend zugesichert und die Öffentlichkeit seiner Sitzungen eingeführt wurde. Die verlangten Funktionen bei der Überwachung und Koordinierung der bizonalen Ämter wurden ihm jedoch verweigert. Die Bildung eines Ausschusses der Zentralämter, für den sich insbesondere Generalsekretär Weisser eingesetzt hatte, sowie ein Ausschuß nach Art des Reichswirtschaftsrates wurden ebenfalls abgelehnt.

Die Zentralämter setzten allerdings ihre informellen Besprechungen unter Leitung Weissers fort, um in dieser zwanglosen Form gemeinsam interessierende Fragen zu diskutieren und Informationen auszutauschen, wodurch eine inoffizielle Koordinierung in der Praxis erreicht wurde. Gegenüber den Zentralämtern und den bizonalen Verwaltungen erhielt der Zonenbeirat das Recht, einzelne ihrer Vertreter zu seinen Sitzungen zu laden und Informationen von ihnen zu verlangen[118]. Darüber hinaus gab es aber keine rechtlichen Beziehungen zwischen dem Zonenbeirat und den bizonalen Ämtern.

In Süddeutschland wurde die neue Form des Zonenbeirats mit Enttäuschung aufgenommen. Die Ministerpräsidenten der britischen Zone – und damit das föderative Element – waren aus der Institution ausgeschieden. Somit war eine Art Zonenparlament entstanden, das seine Entschlüsse nicht im Wege der Koordination der Länder, wie es im Länderrat der US-Zone üblich war, sondern durch einfache Mehrheit seiner Mitglieder fassen konnte[119]. Die Unterschiede in der staatsrechtlichen Konstruktion zwischen den zonalen Spitzengremien beider Zonen waren damit nicht – wie man in Süddeutschland gehofft hatte – verringert, sondern vertieft worden. Da die Aufgaben des Zonenbeirats – im Gegensatz zu denen des Länderrats der US-Zone – ausschließlich beratender Natur waren und jegliche legislative und exekutive Funktion ihm fehlte, ließ sich der vielfach verbal bekundete Wunsch nach einer engeren Zusammenarbeit beider Gremien künftig noch schwerer realisieren. Die beiden Generalsekretäre Roßmann und Weisser unterzeichneten zwar am 14. April 1947 ein Abkommen, in dem für die Kooperation auf gesetzgeberischem Gebiet Formen des Schriftverkehrs geregelt wurden, die Vereinbarung blieb jedoch ohne jegliche Bedeutung[120].

Die lange währende Ungewißheit über die künftige Organisation des Zonenbeirats war nicht ohne Einfluß auf seine Wirkungsmöglichkeiten geblieben. Zwischen der 10. Sitzung vom 29./30. Januar und der 11. Sitzung vom 29./30. April verstrichen nicht weniger als drei Monate, in denen er als Beratungsorgan der britischen Militärregierung ausfiel, weil er nicht einberufen wurde. Auf dieser 11. Sitzung folgte dann allerdings innerhalb der Debatte über die Ernährungslage[121] eine Aussprache mit der Militärregierung, die wegen ihrer großen Freimütigkeit und offenen Kritik zu den Höhepunkten seiner Geschichte zu zählen ist.

Als am 11./12. Juni 1947 der Zonenbeirat erstmals in seiner neuen Zusammensetzung tagte, dürfte allen Beteiligten deutlich gewesen sein, daß das Gewicht und der politische

---

[118] Als das Sekretariat des Zonenbeirats dieses extensiv auslegen wollte und einen Vertreter zu Besprechungen in das VA für Wirtschaft entsandte, erlebte Weisser eine glatte Abfuhr. Der Leiter des VA für Wirtschaft, Agartz, schrieb auf Weissers Beschwerde: „Rechtliche Beziehungen des Zonenbeirats zum Verwaltungsamt für Wirtschaft sind dem Unterzeichnenden unbekannt" (Z 8/42, Bl. 36–40 und BT PA 1/198).

[119] Dok.Nr. 15, Anm. 60; Dok.Nr. 18 A, TOP 11.

[120] Das Abkommen, das lediglich von den beiden Generalsekretären unterschrieben, nicht aber den jeweiligen Gremien vorgelegt wurde, in: BT PA 1/57.

[121] Dok.Nr. 15, TOP 262, 264–266.

Einfluß zonaler Spitzengremien durch die Schaffung des bizonalen Wirtschaftsrates in Frankfurt fortan nicht unerheblich beeinträchtigt werden würden. Dennoch verblieben zahlreiche Aufgaben, vor allem in den Bereichen der Verfassungs-, Sozial- und Kulturpolitik, sofern sie nicht wirtschaftlicher Natur waren, weiterhin in seiner Zuständigkeit. Weisser definierte die Abgrenzung der Aufgaben zwischen Wirtschaftsrat und Zonenbeirat mit einer für sein Verständnis der Funktion des Zonenbeirats bezeichnenden Kurzformel: „Frankfurt ist Wirtschaft, hier ist Politik."[122]

Doch mit dem Ausscheiden der in den Sachfragen der Tagespolitik bewanderten Ministerpräsidenten geriet der Zonenbeirat noch mehr als bisher in die Gefahr, daß seine „Politik" lediglich theoretischen und deklamatorischen Wert besitzen würde.[123]

3. Bizonale Verwaltungen

a. Das Scheitern des bizonalen Zusammenschlusses in der ersten Phase

Die Arbeit der im Herbst 1946 gebildeten fünf bizonalen Verwaltungen für Wirtschaft, Finanzen, Post, Ernährung und Landwirtschaft, Verkehr, die mit Wirkung vom 1. Januar 1947 ihre in den „vorläufigen Abkommen" festgelegten Befugnisse erhielten[124], begann unter den größten Schwierigkeiten. Diese konnten letztlich bis zum Zeitpunkt ihrer Reorganisation im Juni 1947 nicht überwunden werden. Spätestens nach der Ernährungs- und Wirtschaftskrise des Frühjahrs 1947 war kaum noch ein Zweifel möglich, daß der Versuch, durch die wirtschaftliche Vereinigung von amerikanischer und britischer Zone den weiteren Verfall beider Zonen aufzuhalten, gescheitert war. Auf die Gründe wird im einzelnen einzugehen sein: 1. Die Kompetenzen der auf fünf Orte verstreuten bizonalen Verwaltungsämter und ihrer aus den Ministern der Länder gebildeten Verwaltungsräte blieben zunächst unklar und waren für die Praxis kaum geeignet; 2. die süddeutschen Länder, deren Ernährungslage infolge ihrer stärker landwirtschaftlich geprägten Wirtschaftsstruktur günstiger war als die der britischen Zone, fürchteten von den norddeutschen Ländern insbesondere bei der Verteilung der knappen Lebensmittel majorisiert zu werden. Sie mißtrauten der bizonalen Bürokratie, deren Arbeit politisch nicht koordiniert und überwacht wurde.

Bereits zu den Geburtsfehlern der bizonalen Ämter gehörte es, daß in den sie begründenden Abkommen nicht deutlich geklärt worden war, ob ihnen gegenüber den Ländern, die in Kürze Verfassungen und Parlamente erhalten würden (in der US-Zone im Spätherbst 1946; in der britischen Zone Landtage im Frühjahr 1947), eine Gesetz- und Verordnungsbefugnis zustünde oder nicht. Während diejenigen Deutschen, die an den Vorarbeiten und der Formulierung der Abkommen beteiligt gewesen waren[125], wie auch die Verwaltungsämter und ihre Leiter[126] davon überzeugt waren, daß die Verwaltungsräte diese Kompetenz besäßen, wurde eine solche Auslegung in der US-Zone, insbesondere von Bayern und seinem Ministerpräsidenten Ehard, unter Bezug auf den

---

[122] BT PA 1/261, Bl. 7.
[123] Hierzu auch Dorendorf, der Zonenbeirat, S. 37.
[124] Grundzüge der Vorgeschichte in: Akten zur Vorgeschichte 1, S. 79–84.
[125] Dok.Nr. 3, TOP 1, Ausführungen von Min. Köhler.
[126] Dok.Nr. 4, TOP 6, Ausführungen über die Meinung von Agartz.

Wortlaut der Abkommen bestritten[127]. Denn neben Paragraphen, die besagten, daß die Verwaltungsräte „Weisungen" (enact directives) an alle Länder und Verwaltungseinheiten geben dürften, fand sich die Bestimmung, daß die Verkündung durch die Länder erfolgen solle[128]. Um diese Unklarheit zu umgehen, hatten die Vorsitzenden der Verwaltungsräte auf ihrer Zusammenkunft vom 25. November 1946 beschlossen, die Rechtsetzung in Form von Rechtsverordnungen vorzunehmen und den Ausdruck „Gesetz" zu vermeiden. Damit sollten zugleich solche Schwierigkeiten überwunden werden, die von einer Gesetzgebung ohne Einschaltung der in der US-Zone im Entstehen befindlichen Länderparlamente verursacht würden. Als die Verwaltungsämter nun daran gingen, auf ihren Sachgebieten Verordnungen vorzubereiten, mit denen den Vorsitzenden ihrer Verwaltungsräte beträchtliche Kompetenzen übertragen werden sollten, folgten Einsprüche von Bayern mit der Begründung, es fehle dafür an rechtlichen Voraussetzungen.

In der Auseinandersetzung um diese für die Arbeit der bizonalen Verwaltungen sehr wichtige Frage wurde eine ganze Reihe sich widersprechender Gutachten erstellt[129] und Beschlüsse gefaßt[130], ohne daß von der britischen und amerikanischen Militärregierung eine eindeutige Entscheidung getroffen wurde. Es hat den Anschein, daß auch in den Militärregierungen die Meinung zunächst geteilt war. Clay hatte in seiner Ansprache vor dem Länderrat am 8. Januar 1947 ziemlich unklar formuliert: „Es werde erwartet, daß von den Ämtern erreichte Übereinkommen von den Ländern durchgeführt werden."[131] Prof. Bode, amerikanisches Mitglied der Bipartite Economic Control Group, äußerte nicht ganz zwei Wochen später, nach seiner Ansicht bestünde eine Gesetzes- und Verordnungsbefugnis der bizonalen Räte[132].

Erst am 23. Februar 1947 kündigte Clay eine Entscheidung an. Als am 12. März 1947 dem Verwaltungsrat für Wirtschaft mitgeteilt wurde[133], eine Gesetz- und Verordnungsbefugnis der bizonalen Verwaltungen gegenüber den Ländern bestehe nicht, löste der Beschluß dort große Enttäuschung aus. Der einzuschlagende Weg, Gesetze lediglich über die Militärregierung nach den in ihren Zonen üblichen Verfahren zu erlassen, wurde als zu unbeweglich und zu langwierig kritisiert. Unter diesen Voraussetzungen sei die bizonale Zusammenarbeit, die den Planungen und Entwürfen des Verwaltungsamtes für Wirtschaft zugrunde gelegt sei, in ihren praktischen Fortschritten geringfügig, bemerkte der Tätigkeitsbericht des Verwaltungsamtes für Wirtschaft für März 1947[134].

---

[127] Siehe insbes. Ehards Ausführungen in: Dok.Nr. 7, TOP 2.

[128] Dok.Nr. 3, TOP 1. Zum Wortlaut ebenda, Anm. 19.

[129] Zum Gutachten des RA des LR, das auf einer Entschließung der Justizministerkonferenz der Länder der US-Zone beruhte, siehe Dok.Nr. 2, Anm. 45. Zum Gutachten des interzonalen Wirtschaftsrechtsausschusses siehe Dok.Nr. 12, Anm. 15.

[130] Vgl. den Beschluß des VRW vom 30. 1. 1947, Dok.Nr. 12, Anm. 15.

[131] Dok.Nr. 1 B I.

[132] Dok.Nr. 4, Anm. 6. Auch die britische Haltung war in dieser Frage nicht klar. Entwürfe einer VO über „Establishment of a German Economic Administration" und einer VO „Transfer of Powers from the Central Economic Office to the Executive Agency for Economics" vom Dez. 1946, die Werkmeister von einem brit. Mitglied der BECG zur persönlichen Kenntnisnahme erhielt, waren alles andere als eindeutig (Z 8/1965, Staff Memorandum on Establishment of a German Economic Administration, 18. 12. 1946; dort auch eine Stellungnahme von Joel von der Rechtsabteilung des VAW vom 31. 12. 1946).

[133] Dok.Nr. 12, Anm. 15.

[134] Z 8/67, Bl. 53.

Die Gründe für die Entscheidung gegen das Gesetz- und Verordnungsrecht sind nicht ganz klar. Glaubte Clay einen Verwaltungsrat für Wirtschaft, der inzwischen einen sozialistisch orientierten Vorsitzenden erhalten hatte und nur noch aus Vertretern der SPD bestand, nicht stärken zu sollen?[135] Oder wollte er eine Schwächung der verfassungsrechtlichen Stellung der Länder nicht hinnehmen? Nicht auszuschließen ist auch, daß die Entscheidung mit Rücksicht auf die bevorstehende Moskauer Außenministerkonferenz getroffen worden war, wie der Verwaltungsrat für Wirtschaft gegenüber den Vertretern der BECG äußerte[136].

Clays ernste Mahnung, die bizonale Organisation „nunmehr zum Klappen zu bringen", bewirkte, daß die Ministerpräsidenten der umstrittenen Warenverkehrsordnung, die dem VRW und seinem Vorsitzenden beträchtliche Kompetenzen in der Lenkung von Produktion und Verteilung von industriellen Gütern zubilligte, auf der 19. Tagung des Länderrates[137] grundsätzlich zustimmten. Sie wurde dann allerdings doch in abgeänderter Form erst im Zusammenhang mit der Reorganisation der Bizone durch die Militärregierungen erlassen[138].

Mit dem Problem der Kompetenzen der Verwaltungsräte eng verknüpft war die Frage, welche Stellung ihre Mitglieder einnahmen. Ab Januar 1947 waren dies auch aus der britischen Zone die jeweiligen Fachminister der Länder und nicht länger die Leiter der Zentralämter für die britische Zone[139]. Während die Länderchefs beider Zonen im Verlauf der Ruhrreise übereinkamen, daß die Mitglieder der Verwaltungsräte ihren jeweiligen Kabinetten verantwortlich seien[140] und der Länderrat sogar einen diesbezüglichen formellen Beschluß faßte[141], betonten Vertreter der Militärregierungen mehrfach, daß darüber hinaus auch eine Verantwortung für das Ganze bestehe[142]. Unter den gegebenen Umständen war im politischen Alltag jedoch kaum zu erwarten, daß ein Landesminister übergeordnete Gesichtspunkte vertrat; denn wie hätte er gegen die Interessen seines Landes stimmen sollen, wenn er diesem letztlich doch verantwortlich war? Ein Minister, der im Auftrag seines Kabinetts eine bestimmte Position in einem Verwaltungsrat vertrat, mußte, wenn er dort unterlag, hinterher gegebenenfalls im Parlament das Gegenteil der vom Kabinett beschlossenen Politik verteidigen.

Ein anderes Problem bestand darin, daß die süddeutschen Länder nach der Eingliederung der Hansestädte Hamburg und Bremen in die bizonalen Räte fürchteten, durch die norddeutschen Länder in den entscheidenden Fragen der Wirtschaftspolitik und der Bewirtschaftung der Lebensmittel majorisiert zu werden[143], denn die Länder der britischen Zone würden längerfristig durch ihr stärkeres Industriepotential ein Übergewicht erhalten, und ihre Vertreter standen, wie man in Süddeutschland argwöhnte, in einer

---

[135] Siehe Gimbel, Amerikanische Besatzungspolitik, S. 161–163.
[136] Dok.Nr. 12, TOP 1 und 3.
[137] Dok.Nr. 14 B II, TOP 11.
[138] Dok.Nr. 14 B, Anm. 43.
[139] Dok.Nr. 2, TOP 6a.
[140] Dok.Nr. 4, TOP 2.
[141] Dok.Nr. 6 B II, TOP 9 sowie 6 A, TOP 4.
[142] Dok.Nr. 4, Anm. 45.
[143] Dok.Nr. 10 A, TOP 7.

größeren Abhängigkeit von ihrer Militärregierung[144]. Bemühungen, den Stadtstaaten Hamburg und Bremen im Verwaltungsrat für Wirtschaft nur eine einzige gemeinsame Stimme zu verleihen, scheiterten[145] ebenso wie die Überlegungen, ein qualifiziertes Stimmrecht einzuführen[146]. Bremen versprach jedoch, sich in den Verwaltungsräten der süddeutschen Stellungnahme anzuschließen, falls die süddeutschen Vertreter einig wären[147].

Die Länder der US-Zone, die auf ihren Vorsprung in der Entwicklung zu demokratischen Staatswesen stolz waren, sahen ihre gerade erst erworbene Souveränität durch die Bürokratie der bizonalen Ämter gefährdet, die mit den süddeutschen Verhältnissen kaum vertraut war, weil sie in der Regel aus den Zentralämtern der britischen Zone stammte. Die Verwaltungsämter strebten Leitungskompetenzen an, wie sie die Zentralämter besessen hatten, die auf Wirtschaftsverwaltungen der Länder in der britischen Zone keine Rücksicht zu nehmen brauchten. Trotz der Bemühungen General Clays und der amerikanischen Militärregierung, die Länder ihrer Zone zur Entsendung fähiger Mitarbeiter in die bizonalen Verwaltungsämter zu veranlassen, gelang dies nicht[148]. Mit nicht weniger als 1700 Mitarbeitern[149] stellte das Verwaltungsamt für Wirtschaft einen beachtlichen bürokratischen Apparat dar, der politisch nur unzulänglich von seinem Verwaltungsrat kontrolliert werden konnte.

Furcht und Mißtrauen gegenüber der Verwaltung für Wirtschaft in Minden waren vor allem gewachsen, nachdem der erste Leiter des Verwaltungsamtes und Vorsitzende des Verwaltungsrates, Mueller, ein anerkannter Fachmann aus der Wirtschaft, der von den süddeutschen Ländern im Herbst 1946 gewählt worden war[150], durch ein vom SPD-Parteibüro in Hannover arrangiertes politisches Manöver gestürzt worden war. Schumacher wollte auf diese Weise die Durchsetzung des wirtschaftspolitischen Kurses der SPD gewährleisten. Der Nachfolger Muellers, der ideologisch geprägte Agartz, hatte keinen Zweifel daran gelassen, daß es sein Ziel sein werde, die Sozialisierung voranzutreiben[151]. Er erklärte, daß Sozialismus und Föderalismus unvereinbar miteinander seien. Sozialismus bedeute zentrale Planung auf allen Gebieten[152].

Der Sturz von Mueller, der insofern legal war, als die SPD inzwischen alle Wirtschaftsministerien in den Ländern beider Zonen innehatte, bewirkte in Süddeutschland dennoch eine schwere Vertrauenskrise gegenüber den bizonalen Verwaltungen und vergiftete die viel beschworene Atmosphäre der „sachlichen Politik" und der politischen Zusammenarbeit über die Grenzen der Parteien hinweg[153].

---

[144] Siehe die Ausführungen von Seelos ebenda.
[145] Dok.Nr. 2, TOP 4.
[146] Dok.Nr. 10 A, TOP 7.
[147] Ebenda.
[148] Dok.Nr. 6 B I; 6 C, TOP 4, insbes. Anm. 11.
[149] Dok.Nr. 4, TOP 6. Ende Febr. 1947 hatte das VAW einen Personalbestand von 1521 Angestellten und 379 Arbeitern (Z 8/67, Bl. 72).
[150] Zur Wahl von Mueller siehe Akten zur Vorgeschichte 1, S. 872–873.
[151] Dok.Nr. 2, Anm. 56.
[152] Dok.Nr. 4, TOP 6.
[153] Dok.Nr. 2, Anm. 53.

Vielleicht auch unter der Wirkung solcher Eindrücke herrschte über die Notwendigkeit einer Reform der Bizone bald allgemeine Übereinstimmung. Hinsichtlich der Ursachen für den Fehlschlag der ersten Phase der Vereinigung beider Zonen allerdings schwankten die Meinungen beträchtlich. General Clay sah als Grund des Scheiterns vor allem das Streben des bizonalen Amtes für Wirtschaft nach einer vollständigen Lenkung der deutschen Wirtschaft an, das dabei die wohlwollende Unterstützung (sympathy) der Briten gehabt habe. Als Apparat, der die großen Linien der Politik bestimme, sei das Amt aber viel zu groß, als Behörde mit Kontrollfunktionen viel zu klein gewesen[154]. Eine Besserung der wirtschaftlichen Lage sei nur durch Dezentralisierung zu erreichen. Die einflußreiche britische Zeitung »The Economist« (Ausgabe 26. April 1947) benannte in einem viel beachteten Artikel, „The Battle of Minden", als Ursache die fehlenden Kompetenzen gegenüber den Ländern, deren Positionen von den Amerikanern aufgrund ihrer politischen Ziele in der „Decentralisation" gestützt würden. Eine wirtschaftliche Vereinigung beider Zonen habe im Grunde gar nicht stattgefunden. Die Kräfte des deutschen Separatismus, namentlich in Bayern, seien zu stark und hätten überdies Verbündete in den konservativen und liberalen Kreisen gefunden, die den aus Sozialdemokraten bestehenden Verwaltungsrat für Wirtschaft fürchteten[155]. Auch deutsche Politiker, vor allem wenn sie, wie Staatssekretär a. D. Passarge, aus der Tradition der Zentralämter der britischen Zone kamen, sahen die Gründe primär in den mangelhaften Kompetenzen der Ämter und in der fehlenden Kooperationsbereitschaft der süddeutschen Länder: „Die wirtschaftliche Zusammenfassung der beiden Zonen – economical merger – sollte alles bessern und heilen. Sie hat alles verschlechtert, verdorben, unlösbar gemacht."[156] „Es ist in Stuttgart *ständig* der gleiche Vorgang. Welcher Plan, welcher Vorschlag, welche Idee auch aufs Tapet kommt, Bayern legt sich sofort quer und erklärt: ‚Wir machen nicht mit.' Oft geschieht das, ehe Bayern den Vorschlag überhaupt kennt, Württemberg-Baden schließt sich ebenso ständig bedingungslos an, Hessen mit einigen Arabesken stützt die beiden süddeutschen Staaten".[157]

Folgt man jedoch einer bayerischen Aufzeichnung, so wurde nach süddeutscher Auffassung *keine* Obstruktionspolitik betrieben. Auf ernährungswirtschaftlichem Gebiet habe Bayern und Württemberg-Baden zwar gelegentlich gegen Beschlüsse des Verwaltungsrates für Ernährung und Landwirtschaft gestimmt, die ausschließlich zu Lasten der süddeutschen Viehwirtschaft gingen; doch ein Minderheitsvotum sei von bayerischer Seite nicht abgegeben worden. Wenn in einigen Fällen Bayern gegen Gesetzesvorlagen des Verwaltungsamtes für Wirtschaft ein Minderheitsvotum abgegeben habe,

---

[154] Clay-Papers Bd. 1, Dok.Nr. 209, Clay an Draper vom 11. 4. 1947, S. 333–334.

[155] Eine kritische Analyse des Artikels von Prof. Friedrich in: NA RG 260 OMGUS 166–3/3, folder 9. Aus einer Bemerkung in Pakenhams Memoiren, Born to believe, S. 180 läßt sich erkennen, daß Clay sich über diesen Artikel geärgert hat. Als er in einer Teleconference mit Washington von Gen. Noce am 13. Mai auf den Artikel angesprochen wurde, antwortete er sarkastisch: „Obviously, the British press have played up heavily Bizonal disagreements. However, it is obvious that the situation is serious and that each press observer cannot help knowing it and drawing conclusions as to its cause. Acting on what I understood Secretary Marshall's wishes I have refrained from publicly stating American position. However, if you did not mean a decentralized Government as a part of U.S. policy, I would appreciate having my instructions to this end changed. It should be remembered that these administrative failures have taken place in the UK zone where there have been mass demonstration and riots in spite of which the British now appear to have done such a superb job that we should accept their administrative procedures." (Clay-Papers Bd. 1, Dok.Nr. 222, S. 359).

[156] Nachl. Passarge/9, Bl. 50, Aufzeichnung vom 18. 3. 1947.

[157] Ebenda, Bl. 17.

so sei dieser Einspruch „gegen Methoden einer an die totalitäre Wirtschaftspolitik erinnernden Übertragung von Generalvollmachten an das Verwaltungsamt gerichtet, wobei der angestrebte Wirtschaftszweck durch eine andere, die Länderinteressen einseitig ausschließende Gestaltung der Vorlagen ebenfalls hätte erreicht werden können".[158]

b. Die Bemühungen der Ministerpräsidenten um Koordination und Kontrolle

Eine politische Koordination und Kontrolle der bizonalen Verwaltungen war bereits bei ihrer Schaffung im Herbst 1946 gefordert, von den Militärregierungen jedoch abgelehnt worden[159]. In Ansätzen erfolgte eine „Koordination" jedoch durch regelmäßige Treffen der Vorsitzenden der Verwaltungsräte, die noch von Mueller eingeführt worden waren[160]. Wenn auch die Protokolle dieser Besprechungen, die den Ländern zunächst bewußt vorenthalten wurden, fast nur Fragen der Personal- und Dienststellenverwaltung enthalten, so ist es doch wahrscheinlich, daß darüber hinaus zumindest in den privaten Unterhaltungen am Rande der offiziellen Verhandlungen auch über materielle Fragen von Gewicht gesprochen wurde. Daß diese unverbindliche Gesprächsrunde nach Ansicht der Ministerpräsidenten eine wirkliche politische Koordination nicht ersetzen konnte, bedurfte keiner Diskussion.

Einen Versuch, diese Frage voranzutreiben, unternahm der bayerische Ministerpräsident Ehard während der Gespräche mit den Ministerpräsidenten der britischen Zone auf der Ruhrreise vom 23.–25. Januar 1947, indem er vorschlug, einen bizonalen Länderrat aus den Ministerpräsidenten beider Zonen zur Koordinierung der bizonalen Verwaltungen zu schaffen[161]. Um die Aktionsfähigkeit dieser Institution zu stärken, sollte ein Rat von Länderbevollmächtigten aus je einem ständigen Vertreter der Ministerpräsidenten und einem Stellvertreter errichtet werden, der von einem Generalsekretär geleitet werden sollte. Die Ministerpräsidenten Kopf und Amelunxen verweigerten jedoch ihre Zustimmung mit dem Argument, sie hielten sich vor den Landtagswahlen dafür nicht für kompetent. Die Süddeutschen hielten dieses Argument, zumal da Ministerpräsident Steltzer und Bürgermeister Brauer das Vorhaben unterstützten, für vorgeschoben und sahen als eigentliche Ursache für die Ablehnung eine Abhängigkeit vom Parteibüro der SPD und von Kurt Schumacher. Doch die Gründe waren zum größeren Teil in der Selbsteinschätzung der norddeutschen Länderchefs zu suchen. Denn obwohl sie sich alle in der Kritik am Zonenbeirat einig waren, vermochten sie sich dem Anspruch der Parteien, über den geplanten Politischen Rat des Zonenbeirats an der Koordination der bizonalen Ämter mitzuwirken, letztlich nicht zu entziehen, zumal nach der VO Nr. 57[162] die Ministerpräsidenten der britischen Zone für diese Dinge auch nicht zuständig waren.

Für die Süddeutschen freilich war der künftige Politische Rat des Zonenbeirats, der lediglich beratende Funktionen erhalten würde, kein akzeptabler Partner bei der politi-

---

[158] BHStA Abt. II MA 130 437, Landesdienststelle des LR an den Stellv. MinPräs. vom 9. 4. 1947.
[159] Akten zur Vorgeschichte 1, Dok.Nr. 36, S. 886–890, S. 897–899.
[160] Dok.Nr. 2, TOP 3.
[161] Dok.Nr. 4, TOP 2 und 5.
[162] Zur VO Nr. 57 vgl. Dok.Nr. 9, Anm. 11.

schen Kontrolle und Koordination der bizonalen Verwaltungen. Das Scheitern der Gespräche während der Ruhrreise in Düsseldorf und Minden wurde nicht als endgültig angesehen, zumal die Gespräche mit Vertretern der Militärregierungen erkennen ließen, daß von dort ein Einspruch gegen diese Pläne nicht zu erwarten sein würde. Bereits in Minden wurde daher eine weitere Konferenz der Länderchefs über diesen Fragenkomplex beschlossen, die nach mehreren Terminverschiebungen schließlich am 17. Februar 1947 in Wiesbaden stattfand[163]. In die Vorbereitung dieser Zusammenkunft schaltete sich besonders intensiv der Generalsekretär des Zonenbeirats ein[164]. Weisser war, wie bereits ausgeführt[165], sich der Loyalität der Ministerpräsidenten der britischen Zone keineswegs sicher und befürchtete, die Länderchefs würden unter Umgehung des Zonenbeirats mit den Ministerpräsidenten der US-Zone und deren Besatzungsmacht in Fragen der Koordinierung vollendete Tatsachen schaffen.

Für Weisser war es jedoch unabdingbar, die politischen Parteien an der Koordinierung der bizonalen Ämter zu beteiligen. Die Verwaltungen sollten nach seinen Vorstellungen politische Beiräte erhalten, die von Zeit zu Zeit zur Koordinierung ihrer Politik zusammenzutreten hatten[166]. In einem späteren Gespräch am 15. April 1947 mit General Parkman und Prof. Friedrich (OMGUS), in dem es in einer etwas umfassenderen Perspektive zugleich um seine Vorstellungen über die Reorganisation der Bizone im allgemeinen ging, regte er an, ein zunächst auf drei Monate befristetes Organ aus den acht Ministerpräsidenten der Länder und aus führenden Persönlichkeiten beider Zonen zu bilden, das die bizonalen Ämter politisch überwachen und ein Programm für die endgültige Organisation der politischen Lenkung der vereinten Zonen ausarbeiten sollte[167].

Ein drittes Modell stammte vom Zonenbeirat. Er hatte am 29./30. Januar 1947[168] gefordert, die Koordinierung durch Zusammenwirken von Politischem Rat mit dem politischen Zentralorgan der US-Zone, dem künftigen Parlamentarischen Beirat, zu bewirken. Eine Koordinierung durch die Ministerpräsidenten war dabei ausdrücklich abgelehnt worden.

Die bizonale Ministerpräsidentenkonferenz in Wiesbaden am 17. 2. 1947 ergab letztlich dieselbe Konfrontation, die schon während der Gespräche auf der Ruhrreise eine Einigung unmöglich gemacht hatte[169]. Die Ministerpräsidenten Kopf und Amelunxen verweigerten wiederum ihre Zustimmung zu einem Rat der Ministerpräsidenten als

---

[163] Dok.Nr. 8.

[164] Dok.Nr. 8, Anm. 2.

[165] Siehe Kap. II, 2.

[166] Weisser an Alan Flanders vom 18. 1. 1947 in: Z 2/75, Bl. 156.

[167] Vermerk Weisser vom 18. 4. 1947 in: BT PA 1/57. Nachdem Weisser aus der ablehnenden Reaktion seiner amerikanischen Gesprächspartner erkennen mußte, daß sein Vorschlag nicht angenommen werden würde, schlug er in einem Schreiben an Blücher vor, den Ausschuß folgendermaßen zu bilden: Acht MinPräs., je ein bis zwei Mitglieder der Verwaltungsräte, ein oder zwei Leiter bizonaler Ämter, je ein Gewerkschaftsvertreter, je ein Vertreter der Handelskammern der brit. und amerik. Zone, je ein Vertreter der politischen Parteien der US- und britischen Zone, der GS des Zonenbeirats und des Länderrats, je ein Professor des Staatsrechts nach Vorschlägen des Zonenbeirats und des Länderrats (Weisser an Blücher vom 22. 4. 1947, ebenda).

[168] Dok.Nr. 5, TOP 228.

[169] Dok.Nr. 8, Anm. 21.

Koordinationsorgan für die bizonalen Ämter unter Hinweis auf den staatsrechtlichen Aufbau ihrer Zone und die begrenzten Zuständigkeiten ihrer Länder. Ministerpräsident Steltzer und die anderen Länderchefs hielten hingegen zumindest eine inoffizielle bizonale Koordination durch die Ministerpräsidenten für möglich, und man war allgemein davon überzeugt, daß in der Praxis sich die Länderchefs gegenüber den Vorsitzenden der Verwaltungsräte mit ihrem Anspruch auf Koordinierung und Kontrolle durchsetzen würden[170].

Eine Einigung scheiterte, weil – wie Minister Menzel es ausdrückte – die SPD in dem süddeutschen Plan „eine Gefährdung der gesamten politischen Entwicklung für den Reichsaufbau" sah[171]. Ministerpräsident Kopf bestätigte dies, wenn er im Gespräch mit seinem Militärgouverneur sagte: „Es war offensichtlich, besonders von bayerischer Seite, daß eine Konföderation der Länder gewünscht wurde."[172]

Die Vorgänge in Wiesbaden dürften insofern ein Scheingefecht gewesen sein, als nicht anzunehmen ist, daß ein bizonaler Länderrat kurz vor Beginn der Moskauer Außenministerkonferenz durch die Militärregierungen noch gebilligt worden wäre. Bereits auf der internen Besprechung am Rande der 13. Länderratstagung vom 4. Februar 1947 hatte General Clay angedeutet, daß organisatorische Änderungen in der Struktur der Bizone zur Zeit nicht möglich seien[173]. Folglich wurde auch die in Wiesbaden – als notdürftig kaschierter Kompromiß beschlossene – einmalige Sitzung der Ministerpräsidenten mit den Vorsitzenden der Verwaltungsräte nicht genehmigt, nachdem es in der Presse über diese Konferenz zu Gerüchten über die baldige Bildung einer Zweizonenregierung gekommen war[174]. Clay begründete das Verbot damit, daß die Zweckmäßigkeit eines Koordinierungsorganes von Robertson und ihm zwar voll anerkannt werde, jedoch wolle man niemandem gestatten, der britischen und amerikanischen Zone den Vorwurf zu machen, daß mit der Errichtung einer politischen Organisation in den zwei Zonen eine vollendete Tatsache geschaffen würde. Der „einzige Grund, warum wir die Verschmelzung aufhalten, ist unser Gefühl, daß es Ihrer eigenen Zukunft von Nachteil ist."[175]

c. Die Reorganisation der Bizone durch die Militärregierungen

Unbeschadet der bisherigen strikten Entschlossenheit der beiden Militärgouverneure – besonders angesichts der Moskauer Konferenz – nichts zur Straffung und damit zur unvermeidlichen Politisierung der wirtschaftlichen Zusammenarbeit der Zonen beizutragen, hatte bei OMGUS und der britischen Kontrollkommission längst die Erkenntnis Platz gegriffen, daß um der Effektivität willen eine Verbesserung der Gesamtstruktur notwendig sei.

Unmittelbar nach dem Ende der Moskauer Außenministerkonferenz wurden zwischen

---

[170] Ebenda.
[171] Dok.Nr. 8, Anm. 20.
[172] Dok.Nr. 8, Anm. 17.
[173] Dok.Nr. 6 C, TOP 4.
[174] Dok.Nr. 9, Anm. 21.
[175] Dok.Nr. 9, TOP 1.

Clay und Robertson Verhandlungen über die Reorganisation der bizonalen Ämter und ihre Koordinierung aufgenommen, jedoch ohne daß die Deutschen beteiligt wurden. Zwar informierte Clay die Ministerpräsidenten der US-Zone auf internen Besprechungen über die in seinen Gesprächen mit Robertson erreichten Fortschritte[176] und sie bekamen auch die Proklamation Nr. 5 vor Ihrer Verkündung zu sehen[177]; in einem engeren Sinne – wie im Herbst 1946 – mitwirken konnten sie jedoch an den Verhandlungen nicht[178]. Clay hatte bereits am 15. April 1947 den Ministerpräsidenten gesagt, als sie auf ihre Bemühungen anspielten, die bizonalen Ämter zu koordinieren: „Ich glaube, daß ich und die Engländer rascher zu Stuhle kommen als Sie mit Ihren Freunden aus der britischen Zone."[179]

Auf der anderen Seite waren eine Reorganisation der Bizone und die Zusammenfassung der fünf Verwaltungen an einem Ort von der Öffentlichkeit seit Anfang Januar 1947 geradezu erwartet worden. Ein Beschluß der Frankfurter Stadtverordnetenversammlung, den Magistrat zu ermächtigen, mit der Militärregierung über den Ankauf des I.G.-Farbenhochhauses zu verhandeln, hatte bereits zu entsprechenden Gerüchten geführt[180].

Bei den Verhandlungen Clays mit Robertson ging es vor allem um die Grundsätze der künftigen Wirtschaftspolitik. Während die Engländer eine starke deutsche zentrale Wirtschaftsbehörde wünschten, welche die Wirtschaft bis in die Einzelheiten kontrollieren, planen und lenken sollte, glaubte Clay, daß dieser Weg längerfristig nicht zum gewünschten Ziele einer wirtschaftlichen Wiederbelebung führen würde. Es mangele an qualifiziertem Personal und an Verwaltungskapazität; auch der inzwischen erreichte politische Aufbau der Länder stünde dem entgegen[181].

Zur Frage der Sozialisierung hatte Clay am 1. Mai 1947 für die Verhandlungen vom State Department Instruktionen erhalten[182]. Verstaatlichungen sollten demnach nur nach einer vollständigen und freien Äußerung des Volkswillens möglich werden, die durch eine Volksbefragung, eine verfassungsmäßige Gesetzgebungsmaßnahme, eine eindeutige Parteienplattform oder ähnliches erfolgen konnte. Ausländische Interessen dürf-

---

[176] Dok.Nr. 18 C, TOP 4.

[177] Dok.Nr. 28 C, Anm. 8.

[178] Im Nachhinein wurde das von MinPräs. Ehard heftig kritisiert. In seiner Ansprache auf der Tagung Deutscher Juristen in Bad Godesberg (Abdr. der Reden und Vorträge als „Sonderveröffentlichung des Zentral-Justizblattes für die britische Zone" 1947, S. 24) führte er aus: „Die Regierungen der Länder sind weder gefragt worden, ob sie einer Aufhebung der vorläufigen Abkommen von 1946 zustimmen, noch ob sie die jetzt in Kraft gesetzte Form der Verwaltung der Bizone für richtig halten, noch – und das ist für den Juristen das entscheidende – haben sie bei dem formellen Zustandekommen der neuen Regelung irgendwie mitgewirkt. Das was jetzt an die Stelle der zwischen den einzelnen deutschen Regierungen, wenn auch unter dem maßgebenden Einfluß der beiden Besatzungsbehörden geschlossenen Abkommen getreten ist, ist ein einseitiger Akt, ein Befehl der beiden Militärgouverneure, den sie in Ausübung der ihnen durch ihre Regierungen übertragenen Vollmachten erlassen haben. Daraus ergibt sich, nüchtern gesehen, die Erkenntnis: Die Form des Zustandekommens der neuen Regelung bedeutet, vom deutschen Standpunkt aus gesehen, politisch einen Rückschritt in der Besatzungspolitik, die bisher eine stetig fortschreitende Entwicklung in der Richtung zunehmender Selbstverantwortung der deutschen Regierung erhoffen ließ."

[179] Dok.Nr. 14 C, TOP 2.

[180] Informationsdienst des Zonenbeirats vom 25. 1. 1947, Z 21/120.

[181] Clay-Papers Bd. 1, Dok.Nr. 216, Clay an Noce vom 29. 4. 1947, S. 343–346.

[182] Foreign Relations 1947/II, Noce an Clay vom 1. 5. 1947, S. 914–915.

ten nicht geschädigt und sollten angemessen entschädigt werden. Staatsbesitz unterhalb der nationalen Ebene stimme mit den politischen Zielen der Militärregierung bezüglich Entnazifizierung, Entflechtung (Deconcentration), Inneren Restitutionen überein, sofern es sich nicht um Post, Eisenbahn usw. handele. Während diese Instruktionen durchaus einen weiten Spielraum zur Verwirklichung von Sozialisierungsmaßnahmen gaben, läßt sich aus Clays Berichten über die Verhandlungen mit den Engländern klar erkennen, daß er die von den Briten geförderten Sozialisierungsbestrebungen im allgemeinen und hinsichtlich des Bergbaus im besonderen ablehnte. Die Gründe dafür waren eher pragmatischer Natur und lagen weniger in einer ideologisch geprägten Haltung[183]. Für eine zentralistisch und sozialistisch orientierte deutsche Wirtschaft würde die amerikanische Geschäftswelt kaum die Kredite gewähren, die für die Entwicklung des deutschen Exports benötigt würden[184]. Clay war der Überzeugung, das deutsche Volk werde längerfristig, wenn die politische Lage sich stabilisiert habe, die Vorzüge eines freien Unternehmertums erkennen, wenn auch die Sozialisierung in der jetzigen Krisenlage als wünschenswert erscheine.

Hinsichtlich der bizonalen Reorganisation liefen Clays Vorstellungen darauf hinaus, eine volle politische Vereinigung beider Zonen anzustreben, die er im Grunde für günstiger hielt als halbherzige Maßnahmen, die weder die Deutschen befriedigen noch die Kritik und Propaganda der Sowjetunion verhindern würden. Doch die politische Großwetterlage ließ eine politische Vereinigung beider Zonen als verfrüht erscheinen.[185] Der britische Verhandlungspartner General Robertson schlug zunächst vor, einen Wirtschaftsrat aus einer jeweils gleichen Anzahl von Vertretern aller Länder beider Zonen zu errichten. Damit hätte, wie Clay sich ausrechnen konnte, die SPD die Mehrheit in dem neuen Organ erhalten und mit Unterstützung der britischen Besatzungsmacht, mit der Schumacher nach Geheimdienst-Informationen Clays eng zusammenarbeitete, die Nationalisierung der Industrie, eine Planwirtschaft und eine starke Zentralgewalt anstreben können. Die Folge wäre gewesen, daß die amerikanische Militärregierung entweder die Entwicklung zu einer sozialistischen Bizone hätte hinnehmen oder gegen eine von den Briten geförderte deutsche Mehrheit angehen müssen. Bei einer Realisierung dieser Vorstellungen wäre auch mit Sicherheit eine Übereinkunft mit Frankreich über einen Anschluß seiner Zone an die Bizone unmöglich geworden[186].

Clay bestand daher auf einer Vertretung der Länder im Verhältnis zu ihrer Bevölkerungszahl, denn die CDU/CSU und die LDP waren vor allem in den bevölkerungsreichen Ländern Bayern und Nordrhein-Westfalen stark. Ein Vorschlag der Briten, weitere Zentralisierungsmaßnahmen zuzulassen, falls sie vom geplanten Wirtschaftsrat gewünscht würden, wurde von Clay abgelehnt, da hiermit das Programm der „Decentralisation" Deutschlands gefährdet werden könnte[187].

---

[183] Clay-Papers Bd. 1, Dok.Nr. 215, S. 341–343; Dok.Nr. 216, S. 343–346; Dok.Nr. 228, S. 371–373; Dok.Nr. 230, S. 375–376.

[184] Clay-Papers Bd. 1, Dok.Nr. 215, Clay an Noce vom 28. 4. 1947, S. 343. Ende Dez. 1946 hatte der amerikanische Industriellenverband bereits beim State Department gegen die britischen Sozialisierungsbestrebungen in Deutschland protestiert. (Meldung des DPD vom 4. 1. 1947 in: Pressespiegel des ZA für Ernährung und Landwirtschaft vom 8. 1. 1947, Nachl. Dietrich/488).

[185] Clay-Papers Bd. 1, Dok.Nr. 213, Clay an das War Department vom 20. 4. 1947, S. 338–340.

[186] Vgl. Anm. 181, S. 346.

[187] Clay-Papers Bd. 1, Dok.Nr. 221, Clay an Noce, 12. 5. 1947, S. 353. Foreign Relations 1947/II, Murphy an den Secretary of State vom 13. 5. 1947, S. 920–921.

Die Verhandlungen gestalteten sich in ihrer Schlußphase noch einmal schwierig. Die Engländer forderten, als sie spürten, daß man in Washington einen erfolgreichen Abschluß wünschte, zusätzlich 1 3/4 Mill. Tonnen Holz aus ihrer Zone, die nicht nur in Pfund Sterling bezahlt werden, sondern auch überwiegend von dänischen Firmen geschlagen werden sollten, um dem dänisch-britischen Handel Auftrieb zu verleihen[188].

Das Abkommen über die Neugestaltung der zweizonalen Wirtschaftsstellen wurde von Clay und Robertson am 29. Mai 1947 unterzeichnet, in der US-Zone im Rahmen der Proklamation Nr. 5 und in der britischen Zone als VO Nr. 88 veröffentlicht[189]. Kernstück der Reform war ein bizonaler Wirtschaftsrat, dessen 54 (später 52) Mitglieder nach dem Schlüssel von 750 000 Einwohnern pro Sitz – entsprechend der Stärke der politischen Parteien bei den letzten Landtagswahlen – von den Länderparlamenten gewählt werden sollten. Seine Entscheidungen sollten durch einfache Mehrheitsvoten herbeigeführt werden. Die durch den Wirtschaftsrat beschlossenen Gesetze und Verordnungen waren in jedem Falle durch ein Bipartite Board der amerikanischen und britischen Militärregierungen zu genehmigen. Es oblag den Ländern, die vom Wirtschaftsrat erlassenen Gesetze unverzüglich zur Ausführung zu bringen. Als Aufgabe war dem Wirtschaftsrat ganz allgemein die „Leitung des zulässigen wirtschaftlichen Wiederaufbaus der beiden Zonen, vorbehaltlich der Genehmigung des Bipartite Boards" zugeschrieben worden, ferner war er in etwa für die Tätigkeitsbereiche der bisherigen fünf bizonalen Verwaltungen zuständig.

Ein dem Wirtschaftsrat beigegebener Exekutivausschuß aus je einem Vertreter eines jeden Landes sollte Gesetze vorschlagen und empfehlen können, Ausführungsbestimmungen erlassen und deren Durchführung koordinieren und überwachen. Die einzelnen Abteilungen des Wirtschaftsrates sollten von Direktoren geleitet werden, die vom Exekutivausschuß auszuwählen und vom Wirtschaftsrat zu benennen und zu entlassen waren. Sie sollten ihre Tätigkeit unter der unmittelbaren Aufsicht des Exekutivausschusses ausüben, für ihre gesamte Amtsführung aber dem Wirtschaftsrat verantwortlich sein. Wenn der Wirtschaftsrat sie dazu bevollmächtigte, durften sie auch Ausführungsverordnungen erlassen. Während der Anhang A zur Proklamation Nr. 5 das Abkommen über die Neugestaltung der zweizonalen Wirtschaftsstellen zwischen Clay und Robertson veröffentlichte, wurde mit dem Anhang B die Verordnung Nr. 14 über Erzeugung, Zuteilung und Verteilung von Waren und Rohstoffen, die unter der Bezeichnung Warenverkehrsordnung monatelang im Verwaltungsrat für Wirtschaft und im Länderrat debattiert worden war, in Kraft gesetzt.

Obwohl die amerikanischen und britischen Vertreter der Militärregierungen in offiziellen Stellungnahmen darauf beharrten, daß der Wirtschaftsrat nicht eine politische Körperschaft darstelle[190], so war man sich doch allgemein dessen bewußt, daß nunmehr ein Ansatz zu einer politischen Vereinigung beider Zonen geschaffen worden war. General Clay lehnte es im internen Gespräch mit den Ministerpräsidenten der US-Zone zwar ab, hinsichtlich des Exekutivrates von einem politischen Organ zu sprechen, in derselben Unterhaltung meinte er aber, er hoffe, daß sich aus dem Exekutivrat allmählich eine „Art Oberhaus entwickle"[191].

---

[188] Clay-Papers Bd. 1, Dok.Nr. 224, Clay an Noce vom 24. 5. 1947, S. 365–367.
[189] Wortlaut der Proklamation Nr. 5 in: Amtsbl. MilReg. (US), Ausgabe E, S. 1–15.
[190] Vgl. die Ansprache Clays vor dem Länderrat vom 3. 6. 1947, Dok.Nr. 28 B I.
[191] Vgl. Dok.Nr. 28 C.

Einleitung

Nach der Stagnation in der Entwicklung der Bizone und der Enttäuschung über die Ergebnisse der Moskauer Außenministerkonferenz wurde die Reorganisation von den Ministerpräsidenten der US-Zone allgemein begrüßt, wenn auch Befürchtungen, daß die Rechte der Länder nicht ausreichend berücksichtigt worden wären, sofort laut wurden[192]. Clay beschwichtigte derlei Bedenken mit dem Hinweis, es bestehe eine Stelle, die eine besondere Garantie für die Interessen der Länder darstelle und das sei er selbst[193].

Die Auseinandersetzung zwischen föderalistischen und zentralistischen Zielvorstellungen hatte mit dem Wirtschaftsrat und dem Exekutivrat einen neuen Schauplatz erhalten. Anders als noch beim Parlamentarischen Rat des Länderrats der US-Zone, in dem länderweise abgestimmt wurde, und anders als im Zonenbeirat, der nur beratende Funktion besaß, konnten nunmehr die zentralen Parteiorganisationen darangehen, ihren Einfluß auf die Gestaltung der Politik jetzt auch oberhalb der Länder geltend zu machen und auszubauen.

III. DIE MEHRZONALEN MINISTERPRÄSIDENTENKONFERENZEN

1. Ruhrreise, Konferenz in Wiesbaden

Die Gespräche der Ministerpräsidenten der britischen und amerikanischen Zone wurden nach der Bremer Konferenz vom 4./5. Oktober 1946[194] im Januar 1947 im Rahmen der von den Militärregierungen organisierten Ruhrreise und auf der Konferenz in Wiesbaden am 17. Februar 1947[195] wieder aufgenommen. Weil den Ministerpräsidenten der britischen Zone nach der VO Nr. 57[196] die Zuständigkeiten für die Mitwirkung an zentralen Angelegenheiten fehlten, ließen sich in diesen Unterredungen konkrete Erfolge kaum erzielen. Ein anderer Umstand kam hinzu: Während die süddeutschen Ministerpräsidenten gewählt und von der amerikanischen Militärregierung zur Wahrnehmung dieser zentralen Zuständigkeiten ermächtigt worden waren, sahen sich die Länderchefs der britischen Zone dem nachdrücklich gestellten Anspruch der Parteien ihrer Zone gegenüber, die sich für die einzigen legitimen Wahrer der „Reichsinteressen" hielten. Daran änderte sich grundsätzlich auch nichts, als nach den Landtagswahlen in der britischen Zone am 20. April 1947[197] die Ministerpräsidenten eine demokratische Legitimation erhalten hatten. Die Süddeutschen führten das Zaudern der Norddeutschen, in den Gesprächen über die Frage der Koordinierung der bizonalen Ämter zu konstruktiven politischen Lösungen zu kommen[198], weniger auf die verfassungsrechtlich tatsächlich nicht vorhandenen Kompetenzen zurück; sie sahen darin vielmehr ein Nachgeben gegenüber dem Anspruch der Parteien, der bereits in dem Konzept zur Reorganisation des Zonenbeirats evident geworden war[199].

---

[192] Dok.Nr. 28 C, Anm. 8.
[193] Dok.Nr. 28 C.
[194] Akten zur Vorgeschichte 1, Dok.Nr. 36, S. 878–941.
[195] Dok.Nr. 4.
[196] Dok.Nr. 9, Anm. 11.
[197] Ergebnisse siehe Dok.Nr. 34, Anm. 8a.
[198] Vgl. Kap. II, 3.
[199] Dok.Nr. 4, TOP 1 sowie Anm. 50; Dok.Nr. 8, TOP 2.

Bei den Besprechungen während der Ruhrreise und bei der Konferenz in Wiesbaden taucht diese Differenz wie ein Leitmotiv bei verschiedenen Sachfragen, am deutlichsten bei den Bemühungen um die Koordinierung der bizonalen Ämter, aber auch bei der Planung eines bizonalen Büros für Friedensfragen immer wieder auf[200].

Während die norddeutschen Ministerpräsidenten die Parteien an der Organisation und Auswertung der Arbeit des geplanten Friedensbüros partizipieren lassen wollten, lehnten das die süddeutschen mit dem Argument ab, dann müßten auch Gewerkschaften und andere gesellschaftliche Organisationen beteiligt werden. Kompromisse wären bei der Errichtung des Friedensbüros vermutlich möglich gewesen, weil die Parteien der britischen Zone bereit waren, in diesem Fall ihre Ansprüche zurückzustellen, um nicht die KPD an einer politisch so heiklen Institution beteiligen zu müssen[201]. Weil die Militärregierungen ein Büro auf bizonaler Basis aus Rücksicht auf die Moskauer Außenministerkonferenz untersagten[202] und die Ministerpräsidenten der US-Zone infolgedessen eine eigenständige Organisation nach ihren Vorstellungen aufbauen konnten, wurden die Meinungsverschiedenheiten zunächst nicht ausgetragen[203]. Sie wurden aber sofort wieder akut, als man nach dem Ende der Moskauer Konferenz überlegte, das Friedensbüro nunmehr auf eine bizonale Basis zu stellen[204].

2. München

Als Ministerpräsident Ehard nach einem Gespräch mit General Clay am Rande der Länderrats-Tagung vom 6. Mai 1947 und nach einer Vorinformation der Länderchefs der US-Zone am 7. Mai 1947 zu einer vierzonalen Ministerpräsidentenkonferenz aufrief[205], befand sich die deutsche Bevölkerung, demoralisiert durch die Ernährungs- und Wirtschaftskrise und enttäuscht über das Scheitern der Hoffnungen auf positive Ergebnisse der Moskauer Außenministerkonferenz, in einer Stimmung der Hoffnungslosigkeit und Verzweiflung[206].

Am 15. April 1947 hatte Senatspräsident Kaisen bereits im Länderrat unter Hinweis auf diese Lage für die folgende Sitzung ein „Programm für Deutschland" gefordert, weil das deutsche Volk eine Antwort auf die Situation nach der Moskauer Konferenz erwarte[207]. Auch Clay hatte ein „patriotisches Programm" verlangt, um die Leistungsbereitschaft der deutschen Bevölkerung, die durch die Stimmungskrise beeinträchtigt wurde[208], zu steigern. In der Analyse der Ergebnisse der Moskauer Konferenz wurde allgemein die Ansicht vertreten, daß nunmehr die Bizone reorganisiert werden müsse, und Clay vertraute den Ministerpräsidenten während der Länderratssitzung vom

---

[200] Dok.Nr. 4, TOP 5; Dok.Nr. 8, TOP 3.

[201] Dok.Nr. 8, Anm. 24.

[202] Dok.Nr. 10 C, TOP 1.

[203] Dok.Nr. 10 A, TOP 16; Dok.Nr. 14 A, TOP 4.

[204] Vgl. insbes. das Prot. der Sitzung der Regierungsvertreter während der Sachverständigen-Besprechung in Ruit vom 10./11. 7. 1947 (Z 35/21) sowie Materialien in: Z 35/4.

[205] Dok.Nr. 19.

[206] Dok.Nr. 20, Anm. 2.

[207] Dok.Nr. 14 C, TOP 2.

[208] Ebenda.

6. Mai 1947 an, daß bereits an einer Reform der bizonalen Verwaltungen gearbeitet werde[209].

In dieser politischen Konstellation entwickelte der Bayerische Bevollmächtigte beim Länderrat, Seelos, den Plan, eine vierzonale Konferenz der Ministerpräsidenten einzuberufen, mit der er vor allem zwei Ziele verbinden wollte[210]: 1. Die Stimmung in der Bevölkerung sollte durch eine bewußt groß aufgezogene Konferenz, mit dem Leitthema „Wie kommen wir über den nächsten Winter?" gebessert werden. 2. In der bevorstehenden Reorganisation der Bizone, von der man noch nicht wußte, ob sie nicht vielleicht bereits eine politische Vereinigung beider Zonen bewirken würde, von der man aber erwarten konnte, daß mit ihr über einen künftigen Staatsaufbau Gesamtdeutschlands wichtige Vorentscheidungen fallen würden, sollten die föderalistischen Vorstellungen und Interessen gewahrt werden. Indem Bayern und die im Länderrat vereinten Länder die Initiative zu einer Konferenz von nationaler Bedeutung ergriffen, würden föderalistische Prinzipien besser zu vertreten und durchzusetzen sein, als wenn man auf eine Initiative aus einer anderen Richtung nur reagiere. Dabei spielte die Hoffnung eine Rolle, daß die französische Zone der Bizone bald angeschlossen werden würde; denn von deren Ministerpräsidenten war bei der föderalistischen Gestaltung des deutschen Gesamtstaates Beistand in der Auseinandersetzung mit den von „zentralistischen Elementen beherrschten Zweizonenämtern" und den „unitaristischen Tendenzen der norddeutschen Sozialdemokratie" zu erwarten. Eine Teilnahme der Ministerpräsidenten aus der sowjetischen Zone hielt Seelos für ausgeschlossen, weil die Sowjetunion ihre Teilnahme nicht erlauben würde.

Inwieweit die bayerische Staatsregierung sich diesen Gedanken vorbehaltlos anschloß, ist nicht erkennbar. Eine Reihe seiner Vorstellungen über die Gestaltung der Konferenz, wie z. B. sein Vorschlag, gegenüber den Besatzungsmächten einen aggressiven Ton anzuschlagen[211], wurde nicht übernommen; der Grundgedanke einer vierzonalen Konferenz der Ministerpräsidenten wurde von Ehard aber aufgegriffen.

Neben diesen föderalistischen, von Seelos niedergelegten Motiven ist auch eine allgemeine nationalpolitische Zielsetzung der Konferenz ersichtlich, die durch den Leiter der niedersächsischen Staatskanzlei v. Campe formuliert wurde, nachdem er von Senatspräsident Kaisen über den Konferenzplan informiert worden war: „Die Trennungslinie zwischen der östlichen und der westlichen Welt könnte eines Tages mitten durch Deutschland gehen. Angesichts dieser Situation wollen die Einberufer der Konferenz von München deutscherseits alles tun, um diese Entwicklung zu verhindern – soweit es überhaupt in unserer Macht steht. Die Länderregierungen wollen im Bewußtsein ihrer Verantwortung vor dem deutschen Volke mit dieser Konferenz den äußersten Beitrag zur Vereinigung der Zonen und die Wiedergewinnung der deutschen Einheit versuchen. Auf dem Programm der Konferenz wird dieser letzte Punkt vermutlich nicht gesondert und ausdrücklich hervorgehoben werden."[212] In der von Ehard ausgesprochenen Einladung an die Ministerpräsidenten lagen die politischen Ziele verborgen hinter den Worten „und durch diese Tagung den Weg zu ebnen für eine Zusam-

---

[209] Dok.Nr. 18 C, TOP 4.
[210] Dok.Nr. 17.
[211] Dok.Nr. 32 A, Anm. 5.
[212] Dok.Nr. 27, Anm. 1.

menarbeit aller Länder Deutschlands im Sinne wirtschaftlicher Einheit und künftiger politischer Zusammenfassung[213]." Der Entwurf zeigt, daß diese Formulierung sehr genau überlegt worden war[214].

Die Vorbereitungen der Konferenz, insbesondere die Vermerke von Seelos über seine Gespräche auf der Rundreise durch die französische und britische Zone[215], lassen ihr politisches Nahziel erkennen: Eine ständige Konferenz der Ministerpräsidenten sollte errichtet werden, indem die in München versammelten Länderchefs ihre Tagung als „in Permanenz" befindlich[216] erklären würden. Die neue Institution sollte durch eine Reihe von Ausschüssen stabilisiert werden und durch sie ein zusätzliches organisatorisches Gerüst erhalten. An diesem Konzept wurde bis zuletzt festgehalten, denn noch die von den Arbeitskommissionen während der Konferenz erarbeiteten Entwürfe zu den Resolutionen sahen für zahlreiche Sachgebiete die Einsetzung von Ausschüssen vor[217].

Angesichts solcher Zielsetzung mußte es naheliegen, Tagesordnungspunkte auszuwählen, bei denen eine Einigung im Rahmen der Konferenz möglich sein würde; konflikthaltige Themen waren nach Möglichkeit zu vermeiden, um der geplanten neuen Einrichtung einen erfolgversprechenden Anfang zu sichern. Im Grunde handelte es sich um eine Fortsetzung und Modifizierung der alten, durch die Moskauer Konferenz unterbrochenen Bemühungen, einen Rat der Ministerpräsidenten zu schaffen, durch den man die Interessen der Länder im Hinblick auf die bevorstehende Reorganisation der Bizone und den künftigen Aufbau Deutschlands koordinieren und aktiv vertreten konnte. Das zeigt auch deutlich die Unterstützung, die Ehards Initiative in indirekter Form durch den Parlamentarischen Rat des Länderrates erhielt. Am 6. Mai 1947, einen Tag vor der Versendung der Einladung, forderte dieser anläßlich seiner Stellungnahme zur Warenverkehrsordnung: „Die Ministerpräsidenten der US-Zone sollten mit den Ministerpräsidenten der britischen Zone möglichst bald in Verhandlungen darüber eintreten, in welcher Form die demokratische Grundlage und Kontrolle bei den Verwaltungseinrichtungen der britischen Zone sowie die gleichzeitige politische Koordinierung auch mit den Ländern der britischen Zone hergestellt werden kann."[218]

In der Vorbereitungsphase der Münchener Konferenz wurde von der im Deutschen Büro für Friedensfragen tagenden „Expertengruppe für Leitlinien einer Deutschen Verfassung" ein Vorschlag entwickelt, der der oben ausgeführten Konzeption durchaus nahestand. Als Zwischenlösung bis zur Schaffung einer gesamtdeutschen Staatsgewalt sollte ein „Verband deutscher Länder" gegründet werden[219]. Ursprünglich von Staatssekretär Brill im Gedankenaustausch mit Prof. Friedrich (OMGUS) als Denkmodell erarbeitet, um die Stagnation der bizonalen Verwaltungen zu überwinden, wurde dieser Plan nach Beratung und Umarbeitung in der benannten Gesprächsrunde von Hoegner an Ehard herangetragen, um gegebenenfalls auf der Münchener Konferenz verhandelt

---

[213] Dok.Nr. 19.
[214] Ebenda, Anm. 2.
[215] Dok.Nr. 22.
[216] Dok.Nr. 29, Anm. 2.
[217] Dok.Nr. 32 B, Anm. 29, 31, 36, 39.
[218] Dok.Nr. 14 B II, Anm. 42.
[219] Dok.Nr. 23, TOP 1.

Einleitung

zu werden[220]. Daß ein derartiges Vorhaben ohnehin nur für die drei westlichen Zonen denkbar war, war den Beteiligten wohl bewußt, obgleich sie das Projekt neutral formulierten: Ein Volksrat aus Abgeordneten der Landtage sowie ein Staatenrat, auch Verwaltungsrat genannt, sollten für die bislang von den bizonalen Verwaltungen wahrgenommenen Sachgebiete zuständig werden und sie koordinieren. Die Gesetzgebungsbefugnis sollte beim Volksrat, die laufende Geschäftsführung, die Vorbereitung und der Vollzug der Gesetze und Beschlüsse beim Staatenrat liegen.

Offensichtlich berücksichtigte dieser Vorschlag, an dem auch Staatsrat Schmid aus der französischen Besatzungszone mitgewirkt hatte[221], in starkem Maße die föderalistischen französischen Vorstellungen über den Aufbau eines deutschen Gesamtstaates[222], in dem das Parlament (Volksrat) aus Abgeordneten, die von den Landtagen zu wählen waren, bestehen sollte, und die Länder an der Bundesgewalt nicht nur partizipierten, sondern sie bildeten. Ehard hat diesen Plan offensichtlich auch der französischen Militärregierung zur Kenntnis gegeben[223].

Seine Behandlung auf der Münchener Konferenz wurde durch den kurz zuvor erfolgten Erlaß der Proklamation Nr. 5 über die Schaffung des Wirtschaftsrates jedoch obsolet, denn damit wurden derartige staatsrechtliche Zwischenlösungen überflüssig. Die Durchführung des Planes wäre aber auch mit Sicherheit auf massiven Widerstand der SPD gestoßen, die ihn im Nachhinein auch scharf verurteilte, obwohl die Gesprächsrunde im Deutschen Büro für Friedensfragen überwiegend aus der SPD angehörenden Persönlichkeiten bestand[224].

Doch alle oben benannten ursprünglich vorhandenen politischen Zielsetzungen für die Konferenz waren bereits überholt, als am Abend des 5. Juni 1947 auf höchster Ebene die Tagesordnung in einer Chefbesprechung festgelegt werden sollte. Es sei „anders gekommen, [...] als man es eigentlich gewollt hat", gab Ehard zu, als er am 2. Juni 1947 den Präsidenten des Parlamentarischen Rates beim Länderrat über die Entwicklung des Konferenzvorhabens telefonisch informierte[225]. Nicht weniger als vier Entwicklungen und Ursachen waren dafür bestimmend:

1. Die Ministerpräsidenten der britischen Zone hatten am 30. Mai 1947 auf einer Besprechung in Hannover, gleichsam im Vorgriff auf die Beschlußfassung der SPD, die am 31. 5./1. 6. 1947 auf der Konferenz in Frankfurt erfolgte, vereinbart, die Tagesordnung der Münchener Konferenz soll „unter allen Umständen" von „rein politischen Themen" freigehalten werden[226]. Es ist zwar von den zur Verfügung stehenden Dokumenten her nicht nachzuweisen, jedoch wahrscheinlich, daß dieser Beschluß bereits auf Einwirkungen der SPD zurückzuführen ist.

2. Die SPD stand der Konferenz von Anfang sehr skeptisch, ja ablehnend gegenüber, Schumacher hatte die zeitlich parallel mit den Vorbereitungen der Ministerpräsiden-

---

[220] Dok.Nr. 23, Anm. 4.
[221] Dok.Nr. 26, Anm. 7.
[222] Dok.Nr. 26.
[223] Dok.Nr. 26, Anm. 7.
[224] Vgl. Anwesenheitsliste von Dok.Nr. 21.
[225] Prot. der Sitzung des Parl. Rates vom 2. 6. 1947 in: Z 1/197, hier Bl. 187.
[226] Dok.Nr. 31.

tenkonferenz laufenden Verhandlungen über die Bildung einer Nationalen Repräsentation durch die Parteien am 28. Mai endgültig scheitern lassen[227], weil er Gespräche mit der SED wegen der nicht ohne Zwang erfolgten Vereinigung der SPD mit der KPD in der sowjetischen Zone im Jahre 1946 grundsätzlich ablehnte. Nunmehr fürchtete er, daß durch die Konferenz der Ministerpräsidenten seine Position unterlaufen würde; auf der vorgesehenen Tagesordnung hatte schließlich zunächst u. a. die Frage eines „Burgfriedens der Parteien" gestanden[228]. Schumacher – und hierin bestand Übereinstimmung mit der SED – sprach den Ministerpräsidenten überhaupt die Legitimation ab, Fragen von nationalem Interesse zu vertreten[229]. Die SPD hatte auf der Konferenz in Frankfurt am 31. 5./1. 6. 1947[230] beschlossen, daß ihre Ministerpräsidenten zwar mit den Länderchefs der sowjetischen Zone, falls diese erscheinen würden, sprechen könnten, aber nicht über Fragen des künftigen deutschen Staatsaufbaus, sondern nur über die konkreten Probleme der Bewältigung der täglichen Not. Ferner war vereinbart worden, daß nicht ein durch die Länder geschaffenes Organ über die Länder gesetzt werden dürfe.

3. Den Ministerpräsidenten der französischen Zone war die Teilnahmegenehmigung nur für die Behandlung wirtschaftlicher Fragen erteilt worden, so lautete jedenfalls die in Paris der Weltöffentlichkeit bekanntgegebene Entscheidung[231]. Allerdings sahen die Instruktionen für Präsident Wohleb und Ministerpräsident Boden anders aus[232], denn sie lassen erkennen, daß die französische Militärregierung sehr wohl davon ausging, daß über den politischen Aufbau Deutschlands gesprochen würde. Wohleb und Boden wurden lediglich verpflichtet, streng föderalistische Positionen zu vertreten. Die Teilnahmegenehmigungen für Wohleb und Boden machen deutlich, daß Ehard den Franzosen Zusicherungen gegeben hatte, daß die Konferenz unter eindeutigem föderalistischem Vorzeichen ablaufen werde.

4. Wenige Tage vor der Eröffnung der Konferenz war am 2. Juni 1947 die Proklamation Nr. 5 über die Schaffung des Wirtschaftsrates veröffentlicht worden[233]. Die Verhandlungen zwischen Clay und Robertson über die Reorganisation der Bizone hatten konkrete Ergebnisse gebracht, an denen die Deutschen nichts mehr zu ändern vermochten. Somit war es fraglich geworden, ob eine erst noch zu schaffende ständige Konferenz der Ministerpräsidenten samt ihren Ausschüssen Tätigkeitsbereiche und Funktionen in dem neuen Organisationsgefüge der Bizone wahrnehmen konnten. Nicht von ungefähr sprach Ministerpräsident Maier hinsichtlich der Proklamation Nr. 5 von einer „Schockwirkung" auf die Konferenz, von der sie sich erst erholen müsse, obwohl er die Reorganisation der Bizone als solche begrüßte[234].

---

[227] Dok.Nr. 33, Anm. 33.

[228] Dok.Nr. 27.

[229] Siehe Schumachers Ansprache vom 31. 5. 1947 in Radio Frankfurt (zitiert bei Grünewald, Münchener Ministerpräsidentenkonferenz, S. 144) und seine Ansprache auf dem Römerberg am 1. 6. 1947 (ebenda, S. 145–146). Ehard setzte sich in seiner Begrüßungsansprache mit der Frage der Legitimation der Konferenz auseinander (Dok.Nr. 32 A).

[230] Dok.Nr. 31, Anm. 16.

[231] Dok.Nr. 26, Anm. 5.

[232] Dok.Nr. 26.

[233] Dok.Nr. 28 B, Anm. 4.

[234] Dok.Nr. 31, Anm. 31.

Einleitung

Es ist hier nicht der Ort, im einzelnen nachzuzeichnen, wie der Entscheidungsprozeß in der sowjetischen Zone zugunsten der Teilnahme ihrer Ministerpräsidenten an der Konferenz ablief[235]. Als diese jedoch am 5. Juni 1947 gegen 22.00 Uhr vorschlugen, nachdem sie buchstäblich in letzter Minute erschienen waren, als ersten Punkt auf die Tagesordnung zu setzen[236]: „Bildung einer deutschen Zentralverwaltung durch Verständigung der demokratischen Parteien und Gewerkschaften zur Schaffung eines deutschen Einheitsstaates", stand man dieser Forderung wie einer „liegen gebliebenen Mine"[237] gegenüber. Bereits die vorbereitenden Gespräche von Generalsekretär Roßmann mit den Ministerpräsidenten der sowjetischen Zone wie auch die Unterredung zwischen Ehard und Friedrichs (Sachsen) hatten die tiefe Kluft in den politischen Auffassungen deutlich werden lassen. Von der sowjetischen Zone war nicht nur angeregt worden, den Teilnehmerkreis durch Hinzuziehung von Vertretern der Parteien und Gewerkschaften zu erweitern, um der Konferenz eine „breitere demokratische Grundlage" zu verschaffen, sondern es war auch bereits gefordert worden, in den Mittelpunkt der Tagesordnung die Schaffung einer wirtschaftlichen und politischen Einheit zu stellen[238].

Auf alle diese Wünsche hatte Ehard ausweichend reagiert; die Vertreter der Parteien könnten als Begleiter der Ministerpräsidenten teilnehmen, und die Tagesordnung werde endgültig erst auf der Besprechung der Regierungschefs am 5. Juni abends festgelegt. Als aber jetzt über die Tagesordnung beraten wurde, konnte eine Konfrontation der gegensätzlichen Meinungen nicht länger mehr vermieden werden.

Bereits die Formulierungen in dem genannten Antrag mußten auf die süddeutschen föderalistischen Vorstellungen wie eine Provokation und auf die Konferenz, die Ehard unter ganz anderer politischer Zielsetzung angestrebt hatte, wie ein Sprengsatz wirken. Nicht einer der Ministerpräsidenten der drei westlichen Zonen wünschte ein Gesamtdeutschland als Einheitsstaat oder eine Zentralverwaltung als Folge der Verständigung von Parteien und Gewerkschaften. Insbesondere aber die der SPD angehörenden Ministerpräsidenten mußten sich provoziert fühlen. Schließlich hatte Schumacher für die SPD Gespräche mit der SED aus den bekannten Gründen strikt abgelehnt und sich den Bemühungen Jakob Kaisers um die Bildung einer Nationalen Repräsentation durch die Parteien wenige Tage vor Konferenzbeginn endgültig versagt[239]. Dennoch scheute man sich, den Konflikt offen auszutragen und in aller Deutlichkeit auszusprechen, daß die SPD beschlossen habe, die Gäste aus der SBZ nur für den eng begrenzten Kreis der Sachfragen, die zur Überwindung der wirtschaftlichen Misere gehörten, nicht aber für Fragen des künftigen Reichsaufbaus als legitime Gesprächspartner anzuerkennen.

Ohne entsprechende Hintergrundinformation ist das für die Münchener Konferenz zentrale Protokoll der abendlichen Chefbesprechung[240] daher nur schwer verständlich, schien der Streit doch vordergründig nur um die Tagesordnung zu gehen. „Wenn unsere Enkel die Protokolle lesen, werden sie mal sagen: Was müssen das für Tölpel gewe-

---

[235] Gniffke, Jahre mit Ulbricht, S. 235–241; vgl. auch Dok.Nr. 24.
[236] Dok.Nr. 31.
[237] Dok.Nr. 33.
[238] Dok.Nr. 25.
[239] Dok.Nr. 33, Anm. 3.
[240] Dok.Nr. 31.

sen sein, daß sie sich nicht einigen konnten!" meinte Kaisen, als er in Bremen über die Konferenz berichtete[241]. Ehard wußte, daß die ursprüngliche Konzeption für die Konferenz, die Zusammenarbeit der Länder durch eine Ministerpräsidentenkonferenz mit einer Reihe von Ausschüssen zu institutionalisieren, nicht mehr zu verwirklichen war. Eine auf scheinbar unpolitische Themen wie Wirtschafts-, Ernährungs- und Flüchtlingsfragen reduzierte Konferenz konnte zumindest atmosphärisch für eine künftige Kooperation mit den Ministerpräsidenten der britischen und französischen Zone einen positiven Anfang bedeuten und in einzelnen Sachfragen vielleicht Erfolge bringen.

Auch die Ministerpräsidenten der französischen Zone waren schließlich zum ersten Mal auf einer mehrzonalen Konferenz der Länderchefs anwesend, und trotz der offensichtlich noch vorhandenen Differenzen der Franzosen mit den Engländern und Amerikanern über die Deutschlandpolitik konnte man im Zeichen des beginnenden Kalten Krieges doch hoffen, daß diese Zone in absehbarer Zeit der Bizone angenähert, vielleicht sogar angeschlossen werden würde. Die Gefahr, daß die französische Zone bei einer Politisierung der Konferenz künftig von „gesamtdeutschen Dingen" wieder ausgeschlossen werden könnte, wurde von ihren Vertretern mehrfach geäußert[242]. Den Franzosen hatte Ehard schließlich auch zugesichert, daß die Konferenz in einem föderalistischen Rahmen stattfinden werde[243].

Für Ehard gab es folglich kaum einen Anlaß, auf die Forderung aus der sowjetischen Zone einzugehen. Ihm fehlte nach den Frankfurter Beschlüssen der SPD und infolge der französischen Teilnahmebedingungen jeder Verhandlungsspielraum für Kompromisse, und es ist kaum sinnvoll, darüber zu spekulieren, ob letztlich die französischen Vorbehalte oder die Haltung der SPD das Scheitern der Konferenz verursacht haben, denn jeder der beiden Faktoren für sich genommen reichte bereits, um die Konferenz als gesamtdeutsches Unternehmen in Frage zu stellen, da die Länderchefs der sowjetischen Zone auf Grund ihrer Instruktionen[244] *ebenfalls* ohne Verhandlungsspielraum erschienen waren.

Mit Nachdruck sei darauf hingewiesen, daß Einschränkungen der Tagesordnung seitens der amerikanischen Militärregierung nicht vorgenommen worden sind, auch wenn das von der Presse der sowjetischen Zone umgehend[245] und in der Literatur über die Münchener Konferenz im Nachhinein behauptet worden ist[246]. Die Beschränkungen hatten sich die Deutschen zum guten Teil selbst auferlegt. Von den Länderchefs der sowjetischen Zone standen zumindest die Ministerpräsidenten Paul[247] und Hübener[248] dem Konferenzgedanken positiv gegenüber.

---

[241] IfZ ED 125/3, Tagebuch Spitta, S. 467.
[242] Dok.Nr. 31.
[243] Dok.Nr. 26.
[244] Dok.Nr. 31, Anm. 56.
[245] Neues Deutschland, Berliner Ausg. vom 7. 6. 1947 sowie Tägliche Rundschau, Ausg. vom 7. 6. 1947.
[246] Deuerlein, Einheit Deutschlands, S. 262. Auch Ehard selbst sprach im Nachhinein von Beschränkungen durch die Alliierten hinsichtlich der TO. Vgl. seinen Vortrag vom 10. 4. 1957 über „Die Politik der Bayerischen Staatsregierung bis zur Gründung der Bundesrepublik Deutschland". Abdr. in: Die Regierungen 1945-1962, S. 501-515.
[247] Dok.Nr. 24, Anm. 8.
[248] Dok.Nr. 24, Anm. 21.

Einleitung

Die Rumpfkonferenz, die wie die Bremer Interzonenkonferenz für sich in Anspruch nahm, auch für die sowjetische Besatzungszone zu handeln[249], wurde dann, wie es Ehard in seiner Begrüßungsansprache formulierte, zu einer Art von Bestandsaufnahme. Die Referate über Probleme der Wirtschaft, der Ernährung und der Flüchtlinge und die jeweiligen Resolutionen gaben ein eindringliches und ungeschminktes Bild der krisenhaften Lage in den drei westlichen Zonen[250]. In einer längerfristigen Perspektive gewann vor allem die Frage eines Besatzungsstatuts Bedeutung, das in München zum ersten Mal ausführlich begründet in der Öffentlichkeit gefordert wurde[251].

Einige der Resolutionen wurden zwar noch eine Zeitlang in der politischen Diskussion erwähnt, eine tatkräftige Durchsetzung und Verfolgung der proklamierten Ziele fand jedoch nicht mehr statt. Die erhobenen Forderungen waren auch zu komplexer Natur, um in absehbaren Zeiträumen Verwirklichung zu finden und die Dynamik der politischen Entwicklung, die mit dem Beginn der Arbeit des Wirtschaftsrates einsetzte, nahm der Konferenz schneller als erwartet ihre Aktualität.

Die Konferenz hatte beschlossen, die Resolutionen durch eine Delegation aus den Ministerpräsidenten der drei Zonen und einem Vertreter Berlins dem Alliierten Kontrollrat zu überreichen, obwohl man sich dessen bewußt war, daß der Kontrollrat dieses ablehnen würde, was dann ja auch geschah. Man wollte jedoch die Chance zu einem geschlossenen Auftreten der drei Zonen gegenüber den Alliierten nicht versäumen und sah darin bereits einen „positiven Plan"[252].

Die Münchener Konferenz der Ministerpräsidenten ist alsbald zu einem bevorzugten Thema zeitgeschichtlicher Forschung geworden[253], da sie die einzige Zusammenkunft aller Länderchefs in der deutschen Nachkriegsgeschichte blieb und sich in ihrem Geschehen schlagartig einige wichtige Entwicklungstendenzen zeigten: 1. Die Auseinandersetzung zwischen Parteien und Ministerpräsidenten um die Legitimation für die Vertretung nationaler Interessen; 2. der Konflikt zwischen föderalistischen und zentralistischen Auffassungen über den Aufbau des künftigen deutschen Gesamtstaates; 3. die Reduzierung der politischen Gesprächsmöglichkeiten mit Vertretern der sowjetischen Zone durch die Weigerung der SPD, eine demokratische Legitimation der SED und als Konsequenz deren Verhandlungsfähigkeit anzuerkennen.

Der Gedanke einer mehrzonalen Ministerpräsidentenkonferenz als Einrichtung zur Koordinierung der Länderinteressen war durch München alles andere als gestärkt worden. Während der Münchener Konferenz hatte überdies erstmals eine besondere Sitzung der der SPD angehörenden Länderchefs stattgefunden[254], ein Vorgehen, das den Vorstellungen der Süddeutschen vom Sinn und Zweck derartiger Zusammenkünfte zutiefst widersprach[255].

---

[249] Dok.Nr. 32 A.
[250] Dok.Nr. 32 A und 32 B.
[251] Dok.Nr. 32 B, TOP 3.
[252] Dok.Nr. 33, Anm. 15.
[253] Siehe die im Literaturverzeichnis genannten Arbeiten.
[254] Dok.Nr. 31, Anm. 49.
[255] Reinhold Maier wußte später (Erinnerungen, S. 59) zu der Koblenzer Konferenz im Juli 1948 zu bemerken: „Auch auf dem ‚Rittersturz' wurde der seit einem Jahr eingerissenen schlechten Sitte der Ministerpräsidenten-Fraktionssitzungen gefrönt."

Ein süddeutscher Versuch, anläßlich der Londoner Außenministerkonferenz im Herbst 1947 nochmals eine mehrzonale Konferenz im Stile der Münchener zustande zu bringen, scheiterte bereits im Stadium der Vorbereitung an der Weigerung der Ministerpräsidenten aus der britischen Zone[256].

IV. DIE VORARBEITEN ZU EINER „BUNDESVERFASSUNG" IN DER US-ZONE

Über den verfassungsmäßigen Aufbau eines künftigen deutschen Staates waren bereits im Jahre 1946 Diskussionen geführt worden[257], und längst hatten sich – jenseits der Grenzen der Parteien – Fronten zwischen Anhängern zentralistischer und föderalistischer Vorstellungen formiert. Zu konkreten Positionen und Festlegungen von politischer Relevanz kam es jedoch erst im Frühjahr 1947, und zwar im Zuge der Vorbereitungen für die Moskauer Außenministerkonferenz und in der Auseinandersetzung mit ihren Ergebnissen[258], nachdem die Siegermächte hier erstmals ihre Pläne und Vorstellungen für die künftige staatsrechtliche Gestaltung Deutschlands entwickelt hatten.

Die nunmehr von den deutschen politischen Kräften formulierten Ansichten waren – trotz aller vorhandenen Differenzierungen – denjenigen ihrer jeweiligen Besatzungsmacht zumindest in den Grundtendenzen in überraschendem Maße ähnlich, d. h. die norddeutschen Politiker vertraten überwiegend ein gemäßigt zentralistisches Konzept wie die britische Besatzungsmacht, die süddeutschen Politiker der US-Zone tendierten wie die USA zu einer föderalistischen Lösung, die der französischen Zone neigten zu extrem föderalistischen Vorstellungen, und in der sowjetischen Zone wurden eindeutig zentralistische Lösungen favorisiert.

Aber nicht allein nur für den Kampf um die Verwirklichung verfassungspolitischer Vorstellungen, wie ein künftiger deutscher Gesamtstaat zu bilden sei, war die Frontenbildung von Bedeutung. Sie bestimmte auch bereits maßgeblich die Diskussionen um die zwischenzeitlichen staatsrechtlichen Provisorien. Jeder Schritt in der Fortentwicklung der zonalen und bizonalen Organisationsstruktur wurde daran gemessen, ob er Konsequenzen für den künftigen Staatsaufbau mit sich bringen könnte, weil man sich dessen bewußt war, daß mit der Gestaltung der Provisorien bereits Vorentscheidungen für die Zukunft getroffen werden könnten.

Unter den Parteien war die SED bereits im November 1946 mit einem vom süddeutschen Standpunkt aus gesehen sehr zentralistischen Verfassungsentwurf an die Öffentlichkeit getreten[259]. Sie propagierte seither diese ihre Vorstellungen von einem künftigen deutschen Staat mit sehr großem Aufwand. In der SPD war seit Ende September 1946 ein verfassungspolitischer Ausschuß an der Arbeit, dessen Ergebnisse im März 1947 in Form von Richtlinien für den Aufbau der Republik erstmals der Öffentlichkeit

---
[256] Materialien hierzu in: Nachl. Roßmann/41 sowie Z 35/32.
[257] Akten zur Vorgeschichte 1, die unter dem Stichwort „Deutsches Reich, Verfassung" angegebenen Fundstellen.
[258] Kap. I, 1. dieser Einleitung.
[259] Zum Verfassungsentwurf der SED siehe Dok.Nr. 11, Anm. 8.

Einleitung

mitgeteilt wurden[260]. Etwa zur gleichen Zeit entstand ein erstes verfassungspolitisches Konzept der CDU/CSU[261].

Doch auch im Rahmen des Länderrats der US-Zone zeigten sich frühzeitig erste Ansätze zu einer Beschäftigung mit dem Verfassungskomplex. Die Länderrats-Bevollmächtigten waren in einer Besprechung am 29. Oktober 1946 übereingekommen, die Ministerpräsidenten sollten sich Gedanken über den Inhalt einer Reichsverfassung machen und Richtlinien erstellen[262]. Doch zeitigte der Beschluß zunächst keine Konsequenzen; lediglich in Bayern erarbeitete der in der Staatskanzlei für Verfassungsfragen zuständige Ministerialdirigent Professor Glum zusammen mit Professor Nawiasky einen, als privat gekennzeichneten, Entwurf einer Bundesverfassung[263] und nutzte Besuche anderer Ministerpräsidenten und Politiker, um mit ihnen den Problemkreis zu diskutieren[264].

Ab Mitte März 1947 wurde die Verfassungsfrage nach einer Besprechung mit Staatssekretär Brill und Staatssekretär Eberhard in der bayerischen Staatskanzlei[265] energischer in Angriff genommen. Wie sich aus dem Gesprächsprotokoll ergibt, waren die bayerischen und hessischen Vorstellungen, so sehr sie sich in Einzelheiten hinsichtlich der Organisation des künftigen Bundesstaates auch unterschieden, stark von föderalistischen Vorstellungen geprägt. Professor Glum, der für Bayern sprach, äußerte gegen ein aus allgemeinen Wahlen hervorgegangenes Parlament Bedenken und forderte nicht nur eine starke Länderkammer, sondern auch einen unmittelbaren Einfluß der Einzelstaaten auf die Politik des Bundes.

Eine Art Bundesrat, aus den Ministerpräsidenten der einzelnen Staaten bestehend, sollte in der Funktion des ehemaligen Reichskanzlers die Richtlinien der Politik bestimmen. Die Bundesminister sollten Bevollmächtigte der Regierungen der Staaten sein, wobei an eine schlüsselmäßige Verteilung nach Art der Schweizer Verfassung gedacht war. Als besonders wichtig wurde von ihm das Verschwinden der Bedarfs- und Grundsatzkompetenz für den Bund bezeichnet. Die Verwaltung müsse ausschließlich, von wenigen Ausnahmen abgesehen, Sache der Länder sein. Staatssekretär Brill stimmte darin überein, daß die Länder als Staaten anzusprechen seien. Die „Omnipotenz der Parteien" müsse in einem zukünftigen deutschen Staat vermieden werden; ein echter Bundesstaat mit einer klaren Trennung zwischen Bund und Einzelstaaten solle angestrebt werden. Entsprechend dem alten Reichstag solle ein Unterhaus und ein Oberhaus gebildet werden, die beide aus Wahlen hervorzugehen hätten. Zur Überraschung und Enttäuschung der bayerischen Gesprächspartner war das Oberhaus in Brills Konzept jedoch nicht als Gremium der Ländervertreter gedacht.

Daß föderalistisches Gedankengut im deutschen Volk in seiner Gesamtheit nach der Übersteigerung des Nationalstaatsgedankens während des Dritten Reiches nicht popu-

---

[260] Dok.Nr. 8, Anm. 16.
[261] Dok.Nr. 13, Anm. 3a.
[262] Z 1/20, Bl. 239.
[263] Dok.Nr. 11, Anm. 12.
[264] Siehe Vermerke Glums über ein Gespräch mit MinPräs. Kopf vom 14. 1. 1947 und eine Unterredung mit StS Strauß vom 4. 2. 1947 in: GStA München MA 130 859.
[265] Dok.Nr. 11.

lär sein konnte, war den Süddeutschen bewußt. Es ist daher nicht verwunderlich, daß insbesondere Ministerpräsident Ehard jede Gelegenheit nutzte, um für einen künftigen föderativen Staatsaufbau Deutschlands zu werben: In seiner Antrittsrede bei der Übernahme des Vorsitzes im Länderrat im Januar 1947[266] gab er ein Bekenntnis zur Mitarbeit Bayerns an der Gestaltung eines föderalistischen Gesamtdeutschlands ab. Auch außerhalb Bayerns sprach er auf Wahlkundgebungen der CDU über dieses Thema[267]. Im vertraulichen Gespräch der Ministerpräsidenten mit Clay versuchte er sogar, Zusicherungen für eine föderalistische Lösung der Verfassungsfrage zu erhalten[268]. Bezeichnend für die Argumentation der süddeutschen Föderalisten war es, daß sie Föderalismus mit Demokratie gleichzusetzen bestrebt waren und das Dritte Reich als Konsequenz zentralistischer Staatlichkeit zu erklären suchten[269]. Es sei gefährlich, so argumentierten sie, zunächst eine zentrale Macht zu schaffen und anschließend dezentralisieren zu wollen. Der staatliche Aufbau von Deutschland müsse von vornherein von den Ländern aus erfolgen, die entsprechende Befugnisse an die Bundesregierung abtreten sollten. Die föderative Lösung werde den Frieden besser sichern als eine zentralistische, bei der jeder nationale Gedanke in die Gefahr gerate, eine nationalsozialistische Färbung zu erhalten[270].

Vier Wochen nach dem oben erwähnten Gedankenaustausch in der bayerischen Staatskanzlei fand auf Einladung von Staatssekretär Eberhard im Deutschen Büro für Friedensfragen eine Besprechung in größerem Rahmen statt, bei der „Vorschläge für eine Verfassungspolitik des Länderrates", die von Brill konzipiert worden war, im Beisein der Ministerpräsidenten der US-Zone diskutiert werden sollten[271]. Diese Vorschläge enthielten eine Reihe grundsätzlicher Gedanken über den Aufbau der künftigen Zentralgewalt, hier Bund bzw. Bundesstaat genannt, über die Zuständigkeitsabgrenzung mit den Bundesstaaten sowie über das Gesetzgebungsverfahren. Die Ministerpräsidenten scheuten sich jedoch, in eine Sacherörterung der Vorlage und der umstrittenen Verfassungsfrage überhaupt einzutreten. Sie deklarierten das Diskussionspapier sofort als „Entwurf Brill" und die ganze Zusammenkunft als „unverbindlich" und „rein privat" und verließen nach wenigen Minuten die Sitzung.

Die Verbliebenen beschlossen, die weitere Arbeit in einem kleineren Kreise fortzuführen und eine Kommission zu bilden, in der neben einzelnen, nur zu bestimmten Sachfragen herangezogenen Fachleuten, mitwirkten: Justizminister Hoegner, Ministerialdirigent Professor Glum (Bayern); Rechtsanwalt Küster (Württemberg-Baden); Staatssekretär Brill (Hessen); Länderratsbevollmächtigter Schütte (Bremen) und Staatssekretär Eberhard (Büro für Friedensfragen). Auch die französische Zone war in der Kommission mit Eschenburg, der die Protokolle der Gesprächsrunde erstellte, und

---

[266] Dok.Nr. 1 B II, TOP 1.
[267] Vgl. Ehards Rede auf einer Großkundgebung der CDU in Krefeld vom 16. 4. 1947: „Bayern und der Neubau Deutschlands", Wortlaut in: Nachl. Kaiser/122.
[268] Dok.Nr. 10 C, TOP 5.
[269] Besonders deutlich wird dies in der Begründung zum Entwurf einer Verfassung der Vereinigten Staaten von Deutschland, die – nach „Motiven" von Hoegner und Ehard – von Prof. Glum ausgearbeitet worden war (Nachl. Brill/10a, Bl. 181 ff). Zur Gleichsetzung von Föderalismus mit Demokratie vgl. Foelz-Schroeter, Föderalistische Politik, S. 148–149.
[270] Siehe Ehards Ausführungen in: Dok.Nr. 10 C, TOP 5.
[271] Dok.Nr. 13.

Staatsrat Schmid (Württemberg-Hohenzollern) vertreten, obwohl beide in den Protokollen nicht aufgeführt wurden; vermutlich, um Schwierigkeiten mit der französischen Besatzungsmacht zu vermeiden.

Diese Arbeitsgruppe, die jeweils im Deutschen Büro für Friedensfragen zusammenkam, begann ihre Arbeit am 8. Mai 1947 anhand einer Ausarbeitung von Hoegner über die zentrale Frage der Zuständigkeitsabgrenzung zwischen Bund und Ländern[272], deren Beratung drei der insgesamt sieben Sitzungen[273] in Anspruch nahm.

Man war sich darüber einig, daß den Ländern eine eigene Staatsgewalt zukommen sollte und der künftige Gesamtstaat – nach Vorschlag von Staatsrat Schmid „Deutsche Bundesrepublik" benannt – sehr genau abgegrenzte Zuständigkeiten erhalten sollte. Man einigte sich schließlich auf eine Kompetenzverteilung, die nicht allzu sehr von den in den Artikeln 6 (Ausschließliche Gesetzgebung) und 7 (Konkurrierende Gesetzgebung) der Weimarer Verfassung getroffenen Regelungen abwich.

Zu einer besonders intensiven Diskussion kam es allerdings über die Steuergesetzgebung und die Verteilung des Finanzaufkommens[274]. Die bayerischen Vertreter wollten dem Bund lediglich die Gesetzgebung über die Verbrauchssteuern und Zölle übertragen und ihm zunächst nur diese als Finanzquelle zukommen lassen; sie konzedierten dann noch den Ertrag aus der Umsatzsteuer sowie aus den erhofften Überschüssen aus Bundesbahnen und Bundespost. Im übrigen sollte der Bund aber auf Matrikularbeiträge verwiesen werden, die nach der Einwohnerzahl berechnet werden sollten. Vor allem Staatsrat Schmid und der Bremer Vertreter, aber auch die Teilnehmer aus Hessen und Württemberg-Baden strebten hingegen eine stärkere Stellung für den Bund an. Staatsrat Schmid meinte in dieser Auseinandersetzung, zwei Orkane hätten die Verhältnisse vor 1914 hinweggefegt, und man könne die frühere Biedermeierzeit mit Mätzchen nicht wiederherstellen. Das Reich habe den Krieg verloren, und man werde ihm das für den Aufbau benötigte Kapital geben müssen[275].

Das Ergebnis der Diskussionen war ein Kompromiß, der dem Bund die Zuständigkeit für die Gesetzgebung über die Verkehrssteuer einschließlich der Erbschaftssteuer, über die Einkommens- und die Vermögenssteuern zubilligte. An Finanzquellen sollten ihm zukommen: Die Einnahmen aus Zöllen und Verbrauchssteuern, die Überschüsse aus Bundesbahnen, der Bundespost, dem Fernmeldewesen und sonstigen Erwerbsunternehmungen sowie die Verwaltungseinnahmen. Fehlbeträge sollten von den Ländern nach Maßgabe ihrer Leistungsfähigkeit gedeckt werden, die vor allem durch das Aufkommen an Umsatzsteuern und Realsteuern festgestellt werden sollte.

Die Beratungen mündeten im November 1947 in „Vorschläge für eine Bundesverfassung"[276], von deren Existenz die Öffentlichkeit erfuhr, und die von Glum auch den Amerikanern, Briten und Franzosen zur Kenntnis gegeben wurde[277]. Grundsätzlich

---

[272] Dok.Nr. 21, Anm. 4.
[273] Alle Prot. liegen vor in: Nachl. Brill/10a sowie in: Z 35/178. Kurze Erwähnung findet die Arbeit der Kommission bei Foelz-Schroeter, Föderalistische Politik, S. 233, Anm. 76 und Pikart, Auf dem Weg zum Grundgesetz, S. 157–159. Ausführlicher behandelt sie Piontkowitz, Das Deutsche Büro für Friedensfragen.
[274] Dok.Nr. 35.
[275] Ebenda.
[276] Nachl. Brill/10a, Bl. 99–102.
[277] Prot. der 6. Sitzung in: Z 35/178, hier Bl. 52.

wurde immer betont, daß es sich um unverbindliche und unvollständige Überlegungen von Fachleuten handele, nicht aber um einen Verfassungsentwurf des Büros für Friedensfragen[278]. Im Juli 1948 wurden die Arbeitsergebnisse von einem mittlerweile gebildeten Verfassungsausschuß des Deutschen Büros für Friedensfragen noch einmal überarbeitet und firmierten in der weiteren Diskussion als „Vorschläge der süddeutschen Sachverständigenkommission für eine deutsche Verfassung"[279]. Die Gesprächsrunde gewann vor allem auch dadurch an Bedeutung, daß ihre Mitglieder zugleich an den verfassungspolitischen Entwürfen der Parteien beteiligt waren; Professor Glum wirkte seit Herbst 1947 an den Arbeiten des Ellwanger Kreises anhand der Ergebnisse dieser Gesprächsrunde mit[280], Justizminister Hoegner und Staatsrat Schmid waren an den Arbeiten des verfassungspolitischen Ausschusses der SPD beteiligt, Staatsrat Schmid, Staatssekretär Brill und Rechtsanwalt Küster wurden schließlich Mitglieder des Verfassungskonvents von Herrenchiemsee. Viele Überlegungen und Formulierungen, auf die man sich in der Gesprächsrunde im Friedensbüro geeinigt hatte, wirkten somit auf die spätere Arbeit am Grundgesetz nach.

In der britischen Zone begannen die Überlegungen zur Gestaltung einer deutschen Verfassung mit einer zeitlichen Verzögerung von mehreren Monaten erst im Herbst 1947 im Rahmen des Rechts- und Verfassungsausschusses des Zonenbeirats[281].

V. BEMERKUNGEN ZUR DOKUMENTENAUSWAHL UND QUELLENLAGE

1. Allgemeines

Das Spektrum der in diesem Band der Edition abgedruckten Provenienzen brauchte im Verhältnis zu dem des ersten Bandes nur geringfügig verändert zu werden, denn wie im ersten Band bilden die Protokolle des Länderrates der US-Zone, des Zonenbeirates der britischen Zone und der mehrzonalen Ministerpräsidentenkonferenzen den Grundstock der abgedruckten Hauptdokumente. Das zur Kommentierung verwendete Material stammte wiederum weitgehend aus staatlichen Schriftgutbeständen und Nachlässen in den Staatsarchiven der Länder, im Bundesarchiv und im Parlamentsarchiv des Deutschen Bundestages.

Die inzwischen erschienenen Quelleneditionen aus amerikanischen Archiven[282] sowie ein Arbeitsaufenthalt in den National Archives im Rahmen der Vorbereitung eines Projektes zur Verfilmung der OMGUS-Akten[283] ermöglichten die Verarbeitung einiger besonders relevant erscheinender Dokumente in der Kommentierung aus den Überlieferungen der US-Militärregierung in Deutschland (OMGUS). Wenn auch methodische Probleme bei diesem Verfahren nicht zu übersehen sind – denn die Auswertung des Bestandes RG 260 OMGUS in den National Archives konnte keineswegs sy-

---

[278] Z 35/388, Bl. 80, Vermerk vom 9. 1. 1948.
[279] Z 35/178, Bl. 4–5.
[280] Siehe Foelz-Schroeter, Föderalistische Politik, S. 234.
[281] Dok.Nr. 34, Anm. 15.
[282] Siehe Literaturverzeichnis unter Foreign Relations 1947/II, Clay-Papers, Merrit, Public Opinion.
[283] Eine Bestandsanalyse von James J. Hastings in: VjH. Zeitgesch. 24 (1976), S. 75–101.

stematisch erfolgen, und für die anderen Besatzungsmächte sind vergleichbare Quelleneditionen weder greifbar noch sind ihre Akten aus Besatzungsbehörden bereits in gleicher Weise zugänglich – so erschien es dennoch lohnend und weiterführend, die in den Hauptdokumenten behandelten Themen gelegentlich in der Kommentierung mit Dokumenten aus der Perspektive der US-Militärregierung zu kontrastieren.

Die OMGUS-Überlieferung ist zwar nur eine von mehreren amerikanischen Quellenbereichen zur Besatzungspolitik in Deutschland, die in ihren Grundzügen vor allem durch das War Department und das State Department entschieden worden sein dürfte. Für den Bezugsrahmen dieser Edition, die vornehmlich die Tätigkeit der zentralen deutschen Instanzen dokumentieren soll, ist sie jedoch von besonders hohem Interesse, weil General Clay und die Mitarbeiter von OMGUS für die US-Zone die Instanz darstellten, die die konkreten Entscheidungen des politischen Alltags zu fällen hatten, soweit die Deutschen nicht in eigener Zuständigkeit entscheiden durften. Ebensowenig wie es möglich und sinnvoll wäre, die Beschlußfassung im Länderrat der US-Zone jeweils bis in die Kabinette der Länder und bis in einzelne Ressorts zurückzuverfolgen, lassen sich in der Regel bei der Kommentierung einzelner Entscheidungen der amerikanischen Besatzungspolitik die Akten der einzelnen Abteilungen des RGCO Stuttgart und von OMGUS Berlin heranziehen. Dafür müßte der OMGUS-Bestand erst archivarisch aufbereitet und erschlossen vorliegen, wofür ein Zeitraum von mehreren Jahren anzusetzen sein wird.

Für die Entscheidung, diese Überlieferung, wenn auch nur bruchstückhaft, entsprechend den Fortschritten des OMGUS-Projektes, mit zu berücksichtigen, war das Argument bestimmend, daß die Verfügbarmachung der Quellen für zeitgeschichtliche Editionen zur Zonenzeit ohnehin ein langwieriger und schrittweiser Prozeß ist, die während der Bearbeitung eines Bandes aber greifbaren Akten einbezogen werden sollten.

Zum Quellenwert der in der Gesamtreihe der Edition abgedruckten Dokumente wurden bereits in der Einleitung zum ersten Band einige Ausführungen gemacht[284]. Man wird sich davor hüten müssen, hier allzu pauschale Urteile zu fällen. Die Tatsache, daß die Protokolle der deutschen Gremien in aller Regel den Instanzen der Militärregierungen vorgelegt wurden, weist divergierende Aspekte auf: Einerseits konnten Ausführungen aus diesem Grunde „geschönt" werden oder wichtige, jedoch heikle Dinge nur kurz wiedergegeben oder weggelassen werden[285]. Andererseits konnte das dazu führen, daß die Protokolle gelegentlich bewußt als Instrument genutzt wurden, um deutsche Auffassungen an die Besatzungsmächte heranzutragen[286].

---

[284] Akten zur Vorgeschichte 1, S. 87.

[285] Siehe die Teilnehmerverzeichnisse der Gespräche im Deutschen Büro für Friedensfragen (Dok.Nr. 21, 23, 35) sowie der Abdruck der Ausführungen von StR Schmid (Dok.Nr. 32 A, TOP 6).

[286] Siehe die Ausführungen des Vorsitzenden des VR für Verkehr in der Ämterchefbesprechung vom 28. 1. 1947 (BT PA 1/286, Bl. 35). Die Protokolle seien ein Mittel zur Koordinierung der Verwaltungsämter und eine Möglichkeit „unsere Rechtsauffassung" zur Kenntnis der MilReg. zu geben, die sich die Sache in Ruhe überlegen könne, ohne eine plötzliche Entscheidung treffen zu müssen. Wenn er hingegen bei der MilReg. schriftlich anfrage, müsse er auf Antwort warten. Komme diese nicht, könne er nicht handeln.

Hinsichtlich der Editionsgrundsätze wurde nach den in der Einleitung zu Bd. 1 der Edition dargestellten Prinzipien verfahren[287]. Bei der Nennung der Redner entfallen die Amtsbezeichnungen, sofern es sich um Wortprotokolle handelt. Bei anderen Protokollfassungen werden sie in normierter abgekürzter Form wiedergegeben. Akademische Titel wurden grundsätzlich fortgelassen, unterschiedliche Abkürzungen von Amtsbezeichnungen vereinheitlicht.

2. Länderrat

Für den Grad der politischen Organisation und Zusammenarbeit der amerikanischen Zone ist es bezeichnend, daß im ersten Halbjahr 1947 neben den monatlich stattfindenden sechs offiziellen Tagungen des Länderrates weitere zwei interne Sitzungen stattfanden, in der britischen Zone im gleichen Zeitraum jedoch insgesamt nur drei Sitzungen des Zonenbeirates.

Die offizielle monatliche Länderrats-Tagung läßt sich in drei Elemente gliedern: 1. Interne Sitzung, 2. Plenarsitzung mit einer Ansprache von General Clay, 3. Besprechung Clays (und Mitarbeiter des RGCO) mit den Ministerpräsidenten.

Es ist nicht zu übersehen, daß die internen Sitzungen des Länderrates, die ursprünglich nur für die Behandlung unwichtiger Probleme und von Haushaltsfragen vorgesehen waren, seit Ende 1946 zunehmend an Bedeutung gewannen und schließlich Kabinettssitzungen gleichkamen. Sie fanden in der Regel vor und nach der Plenarsitzung statt, Roßmann faßte beide Sitzungsteile jedoch in einem einzigen Protokoll zusammen.

Demgegenüber verloren die Plenarsitzungen des Länderrates an Bedeutung und ihre Protokolle vermitteln gelegentlich den Eindruck, daß in ihnen – abgesehen von den Ansprachen Clays – bereits abgelaufene Entscheidungsprozesse noch einmal nachgespielt wurden. Infolgedessen waren bei der Wiedergabe der im Wortprotokoll vorliegenden Plenarsitzungen erhebliche Kürzungen möglich; in zwei Fällen wurden nur die Tagesordnungspunkte wiedergegeben. Die Aufzeichnungen über die Sitzungen des Direktoriums, das in internen Länderratstagungen vorbereitete und über Routineangelegenheiten auch abschließend entschied, wurden ebenso zur Kommentierung herangezogen wie die Protokolle des Parlamentarischen Rates beim Länderrat. Die im Rahmen der Länderrats-Tagung regelmäßig stattfindenden internen Unterredungen Clays (und Mitarbeiter des RGCO) mit den Ministerpräsidenten, die bereits im Jahre 1946 üblich waren, können in diesem Editionsband durch den Abdruck ihrer Protokolle wiedergegeben werden, da Roßmann den Inhalt seit der Januartagung des Länderrats in Aufzeichnungen festhielt. Diese Besprechungen wurden zu einer von Deutschen und Amerikanern gern genutzten Einrichtung, um Meinungen und Informationen über beide Seiten bewegende Probleme auszutauschen. Die Themen, über die sich die deutschen Gesprächsteilnehmer, soweit es erforderlich erschien, abstimmten und die dem RGCO vorher mitgeteilt werden konnten[288], reichten von allgemeinen Fragen der Entwick-

---

[287] Akten zur Vorgeschichte 1, S. 88–91.
[288] Roßmann an Kaisen vom 7. 2. 1947, in: StA Bremen 3-R 1 m Nr. 131/40. Man könne die zu besprechenden Fragen ein bis zwei Tage vorher beim RGCO nennen. Gen. Clay könne dann eingehender und präziser antworten.

lungen in der Politik der Großmächte bis zu einzelnen Sachproblemen, deren geschäftsmäßige Durchführung Schwierigkeiten bereitete oder die sich für eine offizielle Behandlung nicht eigneten.

Roßmann charakterisierte die Gesprächsrunde in seiner Abschiedsrede vor dem Länderrat mit den Worten[289]: „Noch stärker als die vor den Augen der Öffentlichkeit ausgetragenen deutsch-amerikanischen Diskussionen sind die vertraulichen Besprechungen zu bewerten, die General Clay jeden Monat mit den Herren Ministerpräsidenten und dem Präsidenten des Parlamentarischen Rates gepflogen hat. Ich selbst konnte ihnen beiwohnen. Die Eindrücke, die ich dabei gewann, gehören zu den lehrreichsten Erinnerungen meines langen politischen Lebens. In diesen Konferenzen sind nicht nur die Finger auf manche Wunde gelegt worden, die das Verhältnis zur Besatzungsmacht belastete, sondern es konnte auch von wertvollen Informationen Kenntnis genommen werden, die die Führung der deutschen Politik erleichterte." Und auch General Clay äußerte sich im Nachhinein in seinen Memoiren sehr befriedigt über diese Gesprächsrunde[290].

Ein für die politische Entwicklung der US-Zone besonders wichtiges Dokument stellt das Protokoll der Besprechung der Ministerpräsidenten der US-Zone bei General Clay in Berlin am 23. Februar 1947 dar[291], auf der der General verkündete, daß die Befugnis der Ministerpräsidenten, Gesetze zu erlassen, fortbestehe und daß eine Gesetzgebungskompetenz der bizonalen Verwaltungsräte nicht bestünde. Zugleich untersagte er, die Bemühungen fortzusetzen, die Verwaltungsämter durch die Ministerpräsidenten zu koordinieren.

3. Zonenbeirat

Vom Zonenbeirat wurden wie bereits im Band 1 der Edition die Beschlußprotokolle der Plenarsitzungen unter Einfügung von Teilen aus den ebenfalls vorliegenden Wortprotokollen abgedruckt. Wegen der Verzögerung in der Reform des Zonenbeirats und auch als Folge der extremen klimatischen Verhältnisse des Winters 1946/1947, durch die der Verkehr zeitweise fast vollständig zusammenbrach, fanden statt der zu erwartenden sechs monatlichen Sitzungen des Zonenbeirats im ersten Halbjahr 1947 lediglich drei Zusammenkünfte statt.

Gesprächsrunden nach Art der Teegespräche mit General Clay haben beim Zonenbeirat nicht stattgefunden. Allerdings hat es wohl auf den Cocktail-Parties, die von den Engländern im Anschluß an die Sitzungen des Zonenbeirats veranstaltet wurden, ebenfalls einen privaten Meinungsaustausch mit den Vertretern des Verbindungsstabes gegeben[292], und es dürfte bezeichnend sein, daß Adenauer bei der Beurteilung des Zo-

---

[289] Wortlaut der Abschiedsrede Roßmanns vom 28. 9. 1948 in: Z 1/65, hier Bl. 22.
[290] Clay, Entscheidung in Deutschland, S. 114–115.
[291] Dok.Nr. 9.
[292] GS Weisser erzählte dem Bearbeiter in einem Gespräch am 23. 5. 1975, er habe den Eindruck gehabt, daß die Engländer bei diesen Empfängen gelegentlich bewußt die alkoholische Stimmung benutzt hätten, um deutsche Gesprächspartner, die infolge der mangelhaften Ernährung wenig Alkohol vertrugen, auszuhorchen.

nenbeirats in seinen Memoiren hervorhob, daß durch den Kontakt mit der Besatzungsmacht und die regelmäßigen Gespräche ein Vertrauenskapital geschaffen wurde[293]. Wenn auch der Informationsaustausch und das Gespräch zwischen den Persönlichkeiten des Zonenbeirats und dem Militärgouverneur nicht in gleicher Weise institutionalisiert war wie in der US-Zone, so argumentierten die Ministerpräsidenten der britischen Zone gelegentlich doch ebenfalls mit dem, was sie im privaten Gespräch mit Robertson erfahren hatten[294].

4. Mehrzonale Ministerpräsidentenkonferenzen

Im Zeitraum des ersten Halbjahres 1947 fanden insgesamt drei mehrzonale Ministerpräsidentenkonferenzen statt, die – soweit möglich – durch den Abdruck ihrer offiziellen Protokolle, ansonsten durch Aufzeichnungen der Beteiligten dokumentiert wurden. Wie schon bemerkt, wurde zur Münchener Ministerpräsidentenkonferenz auch eine Reihe zusätzlicher Dokumente zur Vorbereitung und zur Analyse des Geschehens mit abgedruckt.

5. Verwaltungsrat für Wirtschaft

Der Verwaltungsrat für Wirtschaft war die wichtigste unter den im Herbst 1946 geschaffenen bizonalen Institutionen. Seine Tätigkeit mußte im Rahmen der Edition schon allein aus dem Grunde Beachtung finden, weil die schwere Krise der Wirtschaft neben der katastrophalen Ernährungslage ein dominantes Problem des Frühjahrs 1947 war. Ein Abdruck der Protokolle aller Sitzungen des Verwaltungsrates für Wirtschaft, dessen Beratungen weitgehend der Klärung wirtschaftlicher Detailfragen dienten, war nicht zuletzt aus Gründen des Bandumfangs nicht möglich. Ausgewählt wurde das Protokoll der wichtigen 7. Sitzung vom 16./17. Januar 1947, auf der Mueller als Vorsitzender gestürzt wurde; von der 10. und 11. Sitzung wurden die Aufzeichnungen über die gemeinsamen Sitzungen mit Vertretern der Bipartite Economic Control Group (BECG) herangezogen, in denen Agartz jeweils in sehr komprimierter Form über die Verhandlungen des Verwaltungsrates berichtete und die englischen und amerikanischen Vorsitzenden der BECG zu den angeschnittenen Fragen Stellung nahmen.

6. Besprechungen über Fragen der künftigen deutschen Verfassung

Die Bedeutung dieser Verfassungsgespräche in der US-Zone wurde im Kap. IV der Einleitung bereits eingehend behandelt. Zweifellos fällt diese Gesprächsrunde nach ihrer Zusammensetzung und ihren Aufgaben her aus dem Rahmen der ansonsten in der Edition berücksichtigten Organe.

Die Überlegung, daß die Verfassungsfrage für die Vorgeschichte der Bundesrepublik Deutschland von zentraler Bedeutung war, ließ die Aufnahme dieser Dokumentengruppe als wünschenswert und notwendig erscheinen, zumal die inoffizielle Form des

---

[293] Adenauer, Erinnerungen, S. 68 ff.
[294] Siehe Dok.Nr. 8, TOP 2.

Einleitung

Expertengesprächs vermutlich auf Rücksichten gegenüber den politischen Parteien zurückzuführen ist. Zum Abdruck gelangten zwei Protokolle von Vorgesprächen, die zu den Gesprächen im Deutschen Büro für Friedensfragen hinführen sowie Aufzeichnungen über drei Besprechungen dieses Gremiums.

Gerne erfülle ich die Aufgabe, den Damen und Herren in den Archiven und Institutionen, deren Schriftgutbestände für diesen Band der Edition von Bedeutung waren, für die stets freundliche und zuvorkommende Beratung zu danken. Der Sachkundige weiß, wie wichtig eine gutwillige Betreuung bei der Archivbenutzung für das Gelingen einer Arbeit sein kann.

Mein Dank gilt auch den Bearbeitern des ersten Bandes der Edition, Herrn Ltd. Archivdir. i. R. Dr. Walter Vogel und Herrn Dr. Christoph Weisz (Institut für Zeitgeschichte), denen ich für eine kritische Durchsicht des Manuskripts zu danken habe, sowie Herrn Prof. Dr. Thilo Vogelsang † für seine Ratschläge hinsichtlich der Einleitung. Daß meine Freistellung von anderen dienstlichen Aufgaben, die die Erstellung des Bandes erst ermöglichte, sich letztlich in Mehrarbeit für die Kollegen im Bundesarchiv auswirkte, ist mir bewußt.

Für die Überlassung seines Manuskriptes über die Anfänge westdeutscher Außenpolitik bin ich Herrn Heribert Piontkowitz (Göttingen) verbunden; die Kenntnis des Tagebuchs Spitta verdanke ich Herrn Dr. Wolfgang Jacobmeyer, der dem „OMGUS-Team" vom Herbst 1975 angehörte, dessen Mitglieder mich bei der täglichen Aktendurchsicht und -erfassung ebenfalls auf Dokumente hinwiesen, die für mein Editionsvorhaben bedeutsam waren.

Koblenz, im Dezember 1977   Wolfram Werner

Verzeichnis und Dokumente

Nr. 1   8. 1. 1947   Stuttgart
16. Tagung des Länderrates des amerikanischen Besatzungsgebietes

A Interne Sitzung

1. Verlängerung der Geltungsdauer des Direktoriums. 2. Schaffung einer Dienststelle für Kriegsgefangene beim Länderrat. 3. Dekartellisationsgesetz. 4. Schaffung einer deutschen Stelle zur Vorbereitung des Friedensvertrages. 5. Diskussion der Ansprache von General Clay

B Sitzung des Plenums

I Ansprache des Generals Clay – II Sitzung des Länderrates: 1. Ansprache von MinPräs. Ehard: Rückblick auf die politische Entwicklung des vergangenen Jahres, Ausblick auf das Jahr 1947. 2. Berichte und Anträge der Ausschüsse, I Rechtsausschuß: a) Gesetz über den Nachweis der Ehetauglichkeit vor der Eheschließung, b) Übertragung leichter Strafsachen auf Friedensrichter und Friedensgerichte. II Wirtschaftsrat: a) Treuhändergesetz, b) Gesetz über die Wiedererrichtung von Verbrauchergenossenschaften (Konsumvereine). 3. Gesetzgebungsverfahren nach einem Beschluß im Länderrat. [Fortsetzung von TOP 2: Berichte und Anträge.] III Arbeitsausschuß Statistik: Bizonale Organisation der Statistik. IV Sozialpolitischer Ausschuß: Rentengewährung nach § 5 Abs. 2 des Gesetzes über Leistungen an Körpergeschädigte. V Kulturpolitischer Ausschuß: Satzung des kulturpolitischen Ausschusses. VI Sozialpolitischer Ausschuß 2.: Entwurf einer Verordnung über Vergünstigungen für Schwerbeschädigte im öffentlichen Personenverkehr

C Interne Besprechung der Ministerpräsidenten mit General Clay

1. Verhältnis von Landesregierungen, Länderrat und Zentralgewalt. (Interpretation der Ansprache des Gen. Clay). 2. Status von Bremen. 3. Schaffung einer deutschen Stelle zur Vorbereitung des Friedensvertrages. 4. Ruhrreise der Ministerpräsidenten. 5. Kriegsgefangenenfrage

Nr. 2   16./17. 1. 1947   Minden
7. Sitzung des Verwaltungsrats für Wirtschaft

1. Neuwahl des Vorsitzenden und seines Stellvertreters. 2. Fragen der TO. 3. Verbindung mit den vier anderen Zweizonenverwaltungsräten. 4. Vertretung der Hansestädte im VRW. 5. Benennung von stellvertretenden Mitglie-

dern. 6. Mitteilungen der Militärregierung. 7. Bericht der Arbeitsgruppe Kohle. 8. Bericht über die Energieversorgung. 9. Bericht über die Kohleverteilung. 10. Vorbereitungsarbeiten der Zweizonenfachkommissionen. 11. Verordnung über die Warenbewirtschaftung. 12. Bewirtschaftung von Eisen und Stahl. 13. Preisrechtsverordnung. 14. Gründung einer Einkaufsgenossenschaft für den Bedarf der Besatzungsarmee. 15. Gründung eines Verlages für das Mitteilungsblatt. 16. Verschiedenes: a) Gestaltung der Industrie- und Handelskammern. b) Übernahme der Verantwortung für die Kohlenproduktion durch das VAW ab 1. April 1947. c) Hauptabteilungsleiter Produktionsgüterindustrien. d) Materialprüfungsamt Dortmund, Zuschuß. e) Presseinformation über die Abberufung des Vorsitzenden Mueller und des stellv. Vorsitzenden Rasch. 17. Entkonzernierung des süddeutschen Kohlenhandels. 18. Dekartellisierungsgesetz der amerik. Militärregierung. 19. Öffentlicher Anzeiger. 20. Gemeinsame Sitzung mit Vertretern der Militärregierungen am 16. 1. 1947. 21. Dank an Mueller

Nr. 3   22. 1. 1947   Stuttgart
Interne Sitzung des Länderrates des amerikanischen Besatzungsgebietes

1. Einschaltung der Parlamente in die Arbeit des Länderrates, Gesetzgebungsbefugnis der bizonalen Verwaltungsräte. 2. Rückerstattungsgesetz. 3. Verordnung zur Durchführung der Weihnachtsamnestie. 4. Vollmacht Bauer. 5. Vollmacht Arfas. 6. Dollarguthaben für Kriegsgefangene in den USA. 7. Vorbereitungen für den Friedensvertrag. 8. Auswanderungen. 9. Bizonaler Ausschuß für Beamtenfragen

Nr. 4   23.–25. 1. 1947   Düsseldorf, Essen, Minden
Ruhrreise der Ministerpräsidenten, Wirtschafts- und Arbeitsminister der amerikanischen und britischen Zone

1. Fahrt nach Düsseldorf, Empfang. 2. Besprechung der Ministerpräsidenten über die Stellung der Mitglieder der bizonalen Verwaltungsräte, Schaffung eines bizonalen Länderrates zur Koordinierung der Verwaltungsräte. 3. Kriegsgefangenenfrage, Kommunique über die Besprechungen. 4. Besprechung mit Gen. Clay und Gen. Robertson in Essen über die Kohlenfrage. 5. Fahrt nach Minden, Besprechung über die Errichtung einer Leitstelle zur Vorbereitung eines Friedensvertrages, Schaffung eines bizonalen Länderrats. 6. Besuch beim VAW

Nr. 5   29./30. 1. 1947   Hamburg
10. Sitzung des Zonenbeirats

224. Bestätigung von MinPräs. Steltzer als Vorsitzenden. 225. Gedenken an Theodor Tantzen. 226. Genehmigung des Prot. der 9. Sitzung. 227. Mitteilungen des Generalsekretärs. 228. Reorganisation des ZB. 229. Bericht des Ausschusses für Staatsbürgerliche Aufklärung. 230. Bericht des Finanzausschusses: a) Dezentralisation der deutschen Finanzen; b) Weiterbestehen der Postsparkassen; c) Aussetzung der Auszahlung von Entschädigungen für beschlagnahmte Gegenstände; d) Abhebung von Vermögen, die durch Gesetz 152 der MilReg. gesperrt sind; e) Finanzverordnungen der MilReg. Nr.

58–63; f) Vorschußzahlungen an die Kriegsgeschädigten und Vertriebenen; g) Grundsteuerbeihilfen für Arbeiterwohnstätten; h) Ausdehnung der Gewerbesteuer auf die freien Berufe; i) Auszahlungen an Ostflüchtlinge aus Guthaben bei Landschaftlichen Banken. 231. Bericht des Rechts- und Verfassungsausschusses: Ausgrabung und Wiederbestattung deutscher Toter. 232. Bericht des Ernährungsausschusses: a) Einbeziehung der Studentenschaft in die Schulspeisung; b) Bekämpfung der Wild- insbes. der Schwarzwildschäden durch verstärkten Einsatz deutscher Jäger. 233. Bericht des Flüchtlings- und Wohlfahrtsausschusses: Hilfe für Flüchtlingskinder in den deutschen Flüchtlingslagern. 234. Bericht des Sozialpolitischen Ausschusses: a) Pensionszahlungen an pensionsberechtige ehemalige Wehrmachtsangehörige; b) Lastenverteilung in der Invaliden- und Angestelltenversicherung; c) Preisermäßigung der Angestellten-Wochenkarten für die Eisenbahn. 235. Bericht des Forstausschusses. 236. Bericht über die Verkehrslage. 237. Bedeutung des tierischen Eiweißes und des Fettes für die Ernährung. 238. Zonenfinanzausschuß. 239. Bauprogramm für Niedersachsen. 240. Wiedererrichtung des Rundfunksenders Köln. 241. Errichtung eines Zentralamtes für Inneres. 242. Errichtung einer Leitstelle für öffentliche Gesundheit. 243. Schutz des deutschen Schweine- und Rindviehbestandes. 244. Freigabe der auf Grund der Verordnung Nr. 60 von den Gemeinden erhobenen Kriegsbeiträge an das Reich für eine umfassende Flüchtlingshilfe. 245. Errichtung einer Leitstelle für öffentliches Wohlfahrtswesen. 246. Radioapparate für die Bevölkerung. 247. Versorgung mit Verbandstoffen. 248. Beantwortung von Fragen durch GenMaj. Bishop: a) Wiederaufnahme des Schuldendienstes der Gemeinden. b) Verbot einer übergroßen Machtkonzentration in der deutschen Industrie. c) Export von Kohle und Elektrizität. d) Auskünfte über das Demontageprogramm. e) Demontage der Maschinenfabrik Wagner & Co. f) Nochmalige Erwägung der Demontage gewisser Fabriken. g) Druckerlaubnis für H. B. Gisevius „Bis zum bitteren Ende". h) Bevorzugte Papierzuteilung für ernste Literatur. i) Durchführungsverordnungen zum Betriebsrätegesetz. j) Gültigkeit des Betriebsrätegesetzes für alle Verwaltungsbezirke. k) Maßnahmen der Kontrollkommission zur Sicherstellung von Hausbrand und Lebensmitteln bei Anhalten der Kälte. l) Gefahren der Abholzung im Ruhrgebiet. m) Evakuierung von 25 000 Deutschen aus dem Regierungsbezirk Arnsberg. n) Beschränkung der seefahrenden Handelsflotte. o) Maßnahmen gegen Werkspionage durch Mitglieder der Besatzungsmächte. p) Aufhebung des Verbots für deutsche Schiffsmakler, für ausländische Reedereien zu arbeiten. 249. Schlußworte von GenMaj. Bishop.

Nr. 6   4. 2. 1947   Stuttgart
17. Tagung des Länderrates des amerikanischen Besatzungsgebietes

A Interne Sitzung

1. Fragen der Tagesordnung. 2. Überprüfung der Landesgesetzgebung durch den LR. 3. Treuhändergesetz. 4. Abruf und Neubestellung der Vertreter bei den bizonalen Ämtern durch den LR. 5. Bizonale Koordinierungsfragen. 6. Parlamentsvertretung beim LR und bizonale Koordinierungsfragen; Vorbereitung der Konferenz der Ministerpräsidenten

Verzeichnis der Dokumente

B Sitzung des Plenums

I Ansprache des Generals Clay – II Sitzung des Länderrates: 1. Ausführungsververordnung zum KRGes. Nr. 52 (Schlichtungsordnung). 2. Gesetz zur Durchführung und Ergänzung des KRGes. Nr. 22 (Betriebsrätegesetz). 3. Arbeitsgerichtsgesetz, Wahlordnung für die Wahl von Betriebsräten, Gesetz über die Bildung von sozialrechtlichen Gemeinschaften der Arbeitgeber: Modus der Inkraftsetzung. 4. Verordnung über die beratenden Ausschüsse beim Landesarbeitsamt und den Arbeitsämtern, Änderung. 5. Treuhändergesetz. 6. Gesetz über den Nachweis der Ehetauglichkeit. 7. KRGes. über die Nichtigkeit nachträglicher Eheschließungen. 8. Gesetz über die Versicherungsaufsicht in der amerikanischen Besatzungszone. 9. Rechtsstellung der Vertreter bei den bizonalen Räten und die Koordinierung der bizonalen Räte

C Interne Besprechungen der Ministerpräsidenten mit General Clay

1. Stellung der Wirtschaftsminister im VRW, Schaffung eines Parlamentarischen Rates beim LR. 2. Kohleproduktion. 3. Entnazifizierungs-Programm. 4. Personal für die bizonalen Verwaltungsämter, Koordinierung der Verwaltungsämter. 5. Ernährungslage, Verringerung des Viehbestandes. 6. Zulassung einer Parteipresse

Nr. 7   11. 2. 1947   Stuttgart
Interne Sitzung des Länderrates des amerikanischen Besatzungsgebietes
1. Vorbereitung der Ministerpräsidentenkonferenz in Wiesbaden. 2. Zuständigkeiten von Landtagen, Ministerpräsidenten und LR in der Gesetzgebung. 3. Zusammensetzung des Parlamentarischen Rates beim LR

Nr. 8   17. 2. 1947   Wiesbaden
Konferenz der Ministerpräsidenten der britischen und amerikanischen Zone
1. Teilnehmer, Tagesordnung, Begrüßung. 2. Länder, Zonen und bizonale Verwaltungen. 3. Leitstelle zur Vorbereitung eines Friedensvertrages. 4. Versorgungsnotprogramm. 5. Auswanderstelle in Bremen

Nr. 9   23. 2. 1947   Berlin
Besprechung des Generals Clay mit den Ministerpräsidenten der US-Zone und mit Senatspräsident Kaisen
1. Beziehungen zwischen den bizonalen Ämtern und den Ländern. Gesetzgebungsbefugnis der Ministerpräsidenten. 2. Entnazifizierung in den bizonalen Ämtern. 3. Schlußworte, geplante Konferenz der Ministerpräsidenten

Nr. 10   10./11. 3. 1947   Stuttgart
18. Tagung des Länderrates des amerikanischen Besatzungsgebietes

A Interne Sitzung

1. Besprechung der Tagesordnung für die ordentliche Sitzung: a) Dollarguthaben der Kriegsgefangenen, Verrechnung zugunsten des Außenhandels. b) Bestellung des Reichsbankdirektors Könnecker zum kommissarischen Ge-

neraltreuhänder für die Deutsche Reichsbank in der US-Zone. c) Rückerstattungsgesetz. 2. Proklamation Nr. 4 der amerikanischen Militärregierung. 3. Verlängerung der Geltungsdauer des § 15 des Länderratsstatus (Direktorium). 4. Überprüfung der Parlaments-Gesetzgebung durch den LR. 5. Länderratsstatut § 15 a, Parlamentarischer Rat beim LR. 6. Eingliederung des Landes Bremen in den LR. 7. Stimmrecht der Städte Hamburg und Bremen in den bizonalen Verwaltungsräten. 8. Einberufung des Wirtschaftsrates beim LR. 9. Übernahme der Kosten des Arbeitsstabes „Kohle" in Mannheim auf den LR. 10. Errichtung einer Dienststelle für Kriegsgefangene beim LR. 11. Auflösung der Ausschüsse Verkehr und Post- und Fernmeldewesen. 12. Versorgungsnotprogramm. 13. Stellungnahme zu dem Vorschlag an OMGUS über die Anerkennung von Problem-Industrien. 14. Stellungnahme zum Entwurf für eine Preisrechtsverordnung und zum Entwurf einer Verordnung über die Energie- und Wasserwirtschaft des VRW Minden. 15. Berichterstattung über die Errichtung eines 6. bizonalen Verwaltungsrates. 16. Errichtung eines Büros für den Friedensvertrag. 17. Verschiedenes: a) Stellungnahme des Länderrats zum US-Plan zur Aufteilung der Eigentumsrechte am Vermögen des IG-Farben-Konzerns. b) Versicherungsaufsichtsgesetz, Änderung der Präambel. c) Zuziehung der Vertreter von Zoneneinrichtungen der britischen Zone zu den Sitzungen der Unterausschüsse des Finanzrates mit Stimmrecht. d) Stellungnahme der MinPräs. zu dem Schreiben des VR für Verkehr vom 20. 2. 1947 betr. Rechtssetzung im Verkehrswesen. e) Schlichtungsordnung und Verordnung über die beratenden Ausschüsse beim Landesarbeitsamt und bei den Arbeitsämtern. f) Aufteilung der Tagesordnung des LR in legislative und administrative Angelegenheiten

B Sitzung des Plenums

I Ansprache des Generals Clay – II Sitzung des Länderrates: 1. Nachruf auf Oberst Dawson. 2. Erklärung zur Moskauer Außenministerkonferenz. 3. Erklärung zur Arbeit des Parlamentarischen Rates. 4. § 15 a des Länderratsstatus, Parlamentarischer Rat. 5. Bildung eines Sonderfonds für Wiedergutmachung. 6. Verordnung zur Durchführung des Wohnungsgesetzes. 7. Gesetz über die Erfassung von Hausrat. 8. Verordnung über die Registrierung von Buchhandels- und ähnlichen Betrieben. 9. Ausführungsbestimmungen zur VO zur Regelung der Papierzuweisung an Buch- und Zeitschriftenverlage. 10. Freilassung von Kriegsgefangenen. 11. Errichtung einer Leitstelle für die Arbeitslenkung zum Ruhrbergbau. 12. Gesetz zur Ergänzung des Verschollenheitsgesetzes. 13. Kulturpolitischer Ausschuß. 14. Rückerstattungsgesetz. 15. Freigabe von Wehrmachtsvermögen zur Bezahlung rückständiger Löhne und Gehälter. 16. Gesetz zur Verlängerung der Ergänzungsverordnung über eine vorläufige Regelung der Arbeitslosenunterstützung für den Winter 1946/1947. 17. Schlußwort

C Interne Besprechung der Ministerpräsidenten mit General Clay

1. Büro für Friedensfragen. 2. Kriegsgefangenen-Fürsorgestelle beim LR. 3. Beschlagnahme von Wohnungen und Hausrat. 4. Statut des Parlamentari-

Verzeichnis der Dokumente

schen Rates beim LR. 5. Künftige staatsrechliche Konstruktion Deutschlands. 6. Lebensmittelversorgung, Hoover-Plan

Nr. 11   14. 3. 1947   München
Besprechung über Verfassungsfragen in der bayerischen Staatskanzlei

Nr. 12   21. 3. 1947   Minden
Besprechung des Verwaltungsrats für Wirtschaft mit Vertretern der Militärregierungen anläßlich seiner 10. Sitzung
1. Bericht über die Beratungen des VRW: Ablauf der Sitzungen des VRW, Warenverkehrsordnung, Elektrizitätsbewirtschaftung, Punktsystem für Bergarbeiter, Außenhandelsbeirat, Bewirtschaftung von Leder und Schuhen, Verordnungs- und Gesetzgebungsbefugnis der bizonalen Ämter, Bericht der Arbeitsgruppe Kohle, Kohlenverteilung. 2. Ansprache von Brig. Cowley: Bedeutung des Exports, Verordnungs- und Gesetzgebungsbefugnis des VRW. 3. Ansprache von McComb: Verordnungs- und Gesetzgebungsbefugnis des VRW

Nr. 13   14. 4. 1947   Stuttgart
Besprechung über Verfassungsfragen im Deutschen Büro für Friedensfragen

Nr. 14   15. 4. 1947   Stuttgart
19. Tagung des Länderrates des amerikanischen Besatzungsgebietes

A Interne Sitzung

1. Besprechung der Tagesordnung für die ordentliche Länderratssitzung: a) Verordnung über den Warenverkehr in der gewerblichen Wirtschaft. b) Entwurf eines Gesetzes über die Behandlung wiederkehrender Leistungen bei der Zwangsvollstreckung in das unbewegliche Vermögen. c) Entwurf eines Gesetzes über die Anerkennung freier Ehen rassisch Verfolgter. d) Entwurf eines Ergänzungsgesetzes zum Gesetz zur Ahndung nationalsozialistischer Straftaten. e) Entwurf eines Ergänzungsgesetzes zum ersten Gesetz zur Wiedergutmachung nationalsozialistischen Unrechts in der Strafrechtspflege. f) Entwurf eines Gesetzes über die Verwaltung von Personenvereinigungen. g) Entwurf eines Gesetzes über die Aufhebung und Änderung von Vorschriften der Sozialversicherung. h) Auflösung der Dienststelle des Generaldirektors des Verkehrswesens in Frankfurt/Main. i) Satzung des Sonderausschusses für Kulturpolitik beim LR. k) Entwurf des Arbeitsverpflichtungsgesetzes. l) Entwurf eines Gesetzes zur Änderung und Ergänzung des Gesetzes über die Beschäftigung Schwerbeschädigter. 2. Einleitungsformeln für im LR bearbeitete Gesetze. 3. Beratung über die mit Gen. Clay in der internen Besprechung zu erörternden Fragen. 4. Büro für Friedensfragen. 5. Verlängerung der Vollmacht für den Beauftragten für Importabnahme. 6. Versorgungsnotprogramm. 7. Gesetz zur Verhütung des Mißbrauchs ausländischer Liebesgaben. 8. Gesetzentwurf über die Versicherungsaufsicht. 9. Einrichtung eines erweiterten Referates für die Bearbeitung von Kriegsgefangenen-

fragen beim Sekretariat des LR. 10. Teilnahme von Beamten der bizonalen Verwaltungsräte an Sitzungen der Leiter der Zonenämter der britischen Zone. 11. Verschiedenes, Zuständigkeit des VR für Verkehr für die Seehäfen

B Sitzung des Plenums

I Ansprache des Generals Clay – II Sitzung des Länderrates: 1. Gesetz über die Behandlung wiederkehrender Leistungen bei der Zwangsvollstreckung in das unbewegliche Vermögen. 2. Entwurf eines Gesetzes über die Anerkennung freier Ehen rassisch Verfolgter. 3. Entwurf eines Ergänzungsgesetzes zum Gesetz zur Ahndung nationalsozialistischer Straftaten. 4. Entwurf eines Ergänzungsgesetzes zum ersten Gesetz zur Wiedergutmachung nationalsozialistischen Unrechts in der Strafrechtspflege. 5. Entwurf eines Gesetzes über die Verwaltung von Personenvereinigungen. 6. Entwurf des Gesetzes über die Aufhebung und Änderung von Vorschriften der Sozialversicherung. 7. Auflösung der Dienststelle des Generaldirektors des Verkehrswesens in Frankfurt/Main. 8. Genehmigung der Satzung des Sonderausschusses für Kulturpolitik beim LR. 9. Entwurf eines Arbeitsverpflichtungsgesetzes. 10. Gesetz zur Änderung und Ergänzung des Gesetzes über die Beschäftigung Schwerbeschädigter. 11. Entwurf einer Verordnung über den Warenverkehr in der gewerblichen Wirtschaft

C Interne Besprechung der Ministerpräsidenten mit General Clay

1. Moskauer Außenministerkonferenz. 2. Wirtschaftslage, Exporte. 3. Ernährungskrise. 4. Kriegsgefangenenfrage.

Nr. 15 29./30. 4. 1947 Hamburg
11. Sitzung des Zonenbeirats

250. Begrüßung der Vertreter der süddeutschen Länder. 251. Genehmigung des Protokolls der 10. Sitzung. 252 Mitteilungen des Generalsekretärs. 253. Bericht des Finanzausschusses: 1.a) Reorganisation des Bankensystems und Kontrolle des Notenumlaufs. b) Zinsendienst der Gemeindeanleihen. c) Zonenfinanzausgleich. d) Eingegangene Schreiben und Eingaben. 2.a) Kriegsschäden-Feststellungsbehörden. b) Gutachten zur Verordnung Nr. 60 MilReg. über den Finanzausgleich. c) Entschließung über den Zonenfinanzausschuß. d) Dezentralisierung der deutschen Finanzen. e) Beschlußvorschlag für die Währungsdebatte. 3. Gemeinsame Sitzung der Ausschüsse für Finanzen, Wirtschaftspolitik, Sozialpolitik und Recht und Verfassung. 254. Bericht des Sozialpolitischen Ausschusses: a) Preisermäßigung der Angestellten-Wochenkarten für die Eisenbahn. b) Schutz der Frau im Erwerbsleben. c) Vorlage der Kontrollkommission „Entwurf für ein Verordnung über die Neuorganisation der Arbeitsvermittlung". 255. Bericht des Wirtschaftspolitischen Ausschusses: 1.a) Erhaltung von 30 Munitionsbunkern. b) VO zur Änderung der Vertragshilfe-VO und Erweiterung der Vertragshilfe. c) Jetziger Stand der deutschen Küstenmotorschiffahrt und ihre Bedeutung für den Aufbau der deutschen Wirtschaft. d) Gesetz über den Aufbau zerstörter Städte. 2.a) Wohnungsbaufinanzierung. b) Bizonaler Verwaltungsrat für Aufbau. c) Grundsteuer auf kriegszerstörtem Grundbesitz, Grundsteuerbei-

Verzeichnis der Dokumente

hilfen für Arbeiterwohnstätten. 256. Bericht des Kulturpolitischen Ausschusses: a) Errichtung von deutschen Stellen für Aufklärung und Kultur in der britischen Zone. b) Denkmalschutz. c) Sammlung nationalsozialistischer Dokumente. d) Bildung eines Beirates beim Nordwestdeutschen Rundfunk. 257. Errichtung eines Zonenausschusses für Flüchtlingsfragen. 258. Rechtliche Stellung der deutschen leitenden Beamten in den verschiedenen Zweizonen-Ämtern. 259. Doppelte Sommerzeit. 260. Begrüßung des Stellv. Militärgouverneurs Robertson und von GenMaj. Bishop. 261. Ansprache von GenLt. Robertson über die Moskauer Konferenz der Außenminister und die Reorganisation der Bizone. 262. Erklärung zur Ernährungslage. 263. Beantwortung von Fragen der Ratsmitglieder durch GenLt. Robertson: a) Inventuraufnahme beim Bochumer Verein. b) Stillegung und Demontage des Werkes Krefeld der Deutschen Edelstahlwerke AG und der Firma Johann Kleinwefers Söhne. c) Versorgung mit dem Herzmittel Strophantin. d) Versorgung der Diabetiker in Hamburg mit Insulin. e) Deutsche Frauen und Mädchen in Rußland. f) Reform des Zonenbeirats und künftiger politischer Aufbau Deutschlands. 264. Min. Schlange-Schöningen spricht über die Ernährungssituation. 265. Min. Lübke nimmt zu den Ausführungen von Gen. Bishop und Min. Schlange-Schöningen Stellung. 266. Diskussion über die Ausführungen von Schlange-Schöningen und Lübke. 267. Pensionsregelung für Beamte und Pensionäre in den Ostgebieten. 268. Auszahlung an Ostflüchtlinge. 269. Aufhebung des Verbots für die Gründung von Vereinigungen der Ostvertriebenen in der britischen Zone. 270. Ersatz der Entnazifizierungsausschüsse durch Spruchkammern. 271. Schlußwort

Nr. 16   2. 5. 1947   Minden
Besprechung des Verwaltungsrates für Wirtschaft mit Vertretern der Militärregierungen anläßlich seiner 11. Sitzung

1. Bericht über die Beratungen des VRW: Richtlinien für die Zusammenarbeit zwischen VAW und den Ländern, Zuständigkeitsabgrenzung zwischen VAW und VAE, Außenhandelsbeirat, Preisbeirat, Reparaturlage der Reichsbahn, Beschaffungs-GmbH, Kugellager-Industrie, Konsumgüter für Berlin, Exportmesse Hannover, Dekartellisierungs-Gesetz, Kohlenförderung, Bergarbeiter-Punktsystem, Bericht der Arbeitsgruppe Kohle, Warenverkehrsordnung, Energiewirtschaftsverordnung, Exporte, Kompensationsgeschäfte, Hausbrand. 2. Ansprache von Sir Cecil Weir: Hausbrand, Punktsystem, Kohle für Exportindustrie. 3. Ansprache von Gen. Draper: Hausbrand, Exportprogramm und -verfahren, Warenverkehrsordnung. 4. Exportmesse Hannover

Nr. 17   3. 5. 1947   Stuttgart
Einladung der bayerischen Regierung zu einer Vierzonenkonferenz der deutschen Ministerpräsidenten. Vermerk und Einladungsentwurf

Nr. 18   5./6. 5. 1947   Stuttgart
20. Tagung des Länderrates des amerikanischen Besatzungsgebietes

A Interne Sitzung

1. Besprechung der Tagesordnung für die ordentliche Länderratssitzung: a) Arbeitsverpflichtungsgesetz. b) Gesetz zur Änderung und Ergänzung des Gesetzes über die Beschäftigung Schwerbeschädigter. c) Statut und Gebührenordnung der Auftragslenkungsstelle „Glas". d) Zuziehung der Wirtschaftsminister bei der Bearbeitung der Währungsreform. e) Bildung eines Ausschusses für Kriegsgefangenenfragen. 2. Beratung über die mit Gen. Clay in der internen Besprechung zu erörternden Fragen. 3. Länderratsvertretung Berlin. 4. Arbeitermangel in der Textilindustrie. 5. Widerspruch Bayerns gegen die Abänderungsvorschläge zum Gesetz über die Bildung eines Sonderfonds zum Zwecke der Wiedergutmachung. 6. Gesetz über den Nachweis der Ehetauglichkeit vor der Eheschließung. 7. Gesetz über Wirtschaftsprüfer, Bücherrevisoren und Steuerberater; Antrag Württemberg-Badens zum Gesetzgebungsverfahren. 8. Einheitliche Verkündungsformel für Gesetze, die durch die Ministerpräsidenten erlassen werden. 9. Organisation der Sonderverwaltung Binnenschiffahrt. 10. Verbindung des Bremer Referats „Reparationen" mit dem Büro für Friedensfragen. 11. Teilnahme von Beamten der bizonalen Verwaltungsräte an Sitzungen der Leiter der Zonenämter der brit. Zone, Bericht über die Reform des Zonenbeirats. 12. Haushaltsplan des LR für 1947. 13. Verschiedenes: a) Verlängerung des Statuts für den Beauftragten für Preisbildung und Preisüberwachung. b) Warenverkehrsordnung

B Sitzung des Plenums

I Ansprache des Generals Clay – II Sitzung des Länderrates: 1. Entwurf eines Arbeitsverpflichtungsgesetzes. 2. Entwurf eines Gesetzes zur Änderung und Ergänzung des Gesetzes über die Beschäftigung Schwerbeschädigter. 3. Genehmigung des Statuts und der Gebührenordnung der Auftragslenkungsstelle „Glas". 4. Warenverkehrsordnung. 5. Einführung der Sommerzeit

C Interne Besprechung der Ministerpräsidenten mit General Clay

1. Unverkündete Länderratsgesetze, Sicherung der Ernährung. 2. Entnazifizierung. 3. Deutscher Export und Import, Warenverkehrsordnung. 4. Reform der bizonalen Verwaltungen, Errichtung des bizonalen Wirtschaftsrates

Nr. 19   7. 5. 1947   München
Einladung des bayerischen MinPräs. zu einer Ministerpräsidentenkonferenz für alle vier Zonen

Nr. 20   7. 5. 1947   München
Verlautbarung der bayerischen Staatsregierung zur Einladung an die Ministerpräsidenten der deutschen Länder zu einer Vierzonenkonferenz in München

Nr. 21   8. 5. 1947   Ruit
Erste Besprechung über Verfassungsfragen im Deutschen Büro für Friedensfragen
Zuständigkeitsabgrenzung zwischen Bund und Ländern

Verzeichnis der Dokumente

Nr. 22   15.–18. 5. 1947
Rundreise des bayerischen Bevollmächtigten beim LR, MinDir. Seelos zur Vorbereitung der Münchener Ministerpräsidentenkonferenz
I Unterredung mit dem hessischen Ministerpräsidenten Christian Stock. II Unterredung mit des hessischen Finanzminister Werner Hilpert. III Unterredung mit Konrad Adenauer, Vorsitzender der CDU in der brit. Zone. IV Unterredung mit dem niedersächsischen Ministerpräsidenten Hinrich Wilhelm Kopf

Nr. 23   20. 5. 1947   Ruit
Zweite Besprechung über Verfassungsfragen im Deutschen Büro für Friedensfragen
1. Entwurf eines Vertrages über die Bildung eines Verbandes Deutscher Länder. 2. Kompetenzverteilung zwischen Bund und Ländern in der Steuergesetzgebung

Nr. 24   27. 5. 1947
Bericht von Generalsekretär Roßmann über seine Reise in die sowjetische Zone vom 15.–20. 5. 1947 zur Vorbereitung der Münchener Ministerpräsidentenkonferenz

Nr. 25   28. 5. 1947
Die Ministerpräsidenten der sowjetischen Zone an den bayerischen Ministerpräsidenten Ehard über die geplante Ministerpräsidentenkonferenz in München

Nr. 26   29. 5. 1947
Der Oberste Delegierte für die badische Militärregierung Pène an den Präsidenten des badischen Staatssekretariats Wohleb über dessen Teilnahme an der Ministerpräsidentenkonferenz in München

Nr. 27   30. 5. 1947
Beschlüsse der Ministerpräsidenten der britischen Zone in Hannover zur Tagesordnung der Münchener Ministerpräsidentenkonferenz

Nr. 28   2./3. 6. 1947   Stuttgart
21. Tagung des Länderrates des amerikanischen Besatzungsgebietes

A Interne Sitzung

1. Besprechung der Tagesordnung für die ordentliche Länderratssitzung. 2. Beratung über die mit Gen. Clay in der internen Besprechung zu erörternden Fragen. 3. Weiterführung des UNRRA-Suchdienstes auf Zonenbasis durch den LR. 4. Stellungnahme der Arbeitsminister der US-Zone zum Vorschlag der Manpower Division OMGUS zur Errichtung eines bizonalen Verbindungsausschusses für Arbeitsfragen. 5. Exportmesse Hannover. 6. Nachtragshaushalt des LR. 7. Verschiedenes: a) Leitstelle für Freiwillige für den Ruhrbergbau in Frankfurt/Main. b) Verteilung von Asbest. c) Arbeitsge-

richtsgesetz. d) Verkehrslage. e) Teilnahme des LR an der konstituierenden Sitzung des Zonenbeirats in Hamburg am 11. und 12. 6. 1947. f) Form der internen Länderratssitzungen

B Sitzung des Plenums

I Ansprache des Generals Clay – II Sitzung des Länderrates: 1. Stellungnahme des LR zum Entwurf einer Preisrechtsverordnung. 2. Entwurf eines Gesetzes zur Aufhebung des Gesetzes zur Verhütung mißbräuchlicher Ausnutzung von Vollstreckungsmöglichkeiten. 3. Gesetz zur Aufhebung des Gesetzes über die Bereinigung alter Schulden. 4. Gesetz zur Aufhebung des Gesetzes über die Mitwirkung des Staatsanwalts in bürgerlichen Rechtssachen. 5. Entwurf eines zweiten Abänderungsgesetzes zum Strafgerichtsverfassungsgesetz 1946. 6. Ergänzungsgesetz zum Gesetz zur Ahndung nationalsozialistischer Straftaten. 7. Außerkraftsetzung der Erlasse des Reichsministers der Finanzen betr. Angestellte über 65 Jahre. 8. Errichtung des Landwirtschaftlichen Forschungs- und Beratungs-Ausschusses beim LR. 9. Satzungsänderung des Zentralausschusses für die Verteilung ausländischer Liebesgaben beim LR. 10. Neufassung des Statuts der Baumwollabrechnungsstelle für die US-Zone. 11. Errichtung eines Hauptausschusses für Wohnungswesen

C Interne Besprechung der Ministerpräsidenten mit General Clay

Verkehrslage, Holzeinschlag der Engländer, Sportgeräte aus amerikanischen Heeresbeständen, Schaffung des Wirtschaftsrates

Nr. 29   4. 6. 1947   München
Erste Vorbesprechung zur Münchener Ministerpräsidentenkonferenz

Nr. 30   5. 6. 1947   München
Zweite Vorbesprechung zur Münchener Ministerpräsidentenkonferenz

Nr. 31   5./6. 6. 1947   München
Vorbesprechung der Ministerpräsidenten über die Tagesordnung der Münchener Ministerpräsidentenkonferenz

Nr. 32   6./7. 6. 1947   München
Ministerpräsidentenkonferenz in München

A Erster Sitzungstag 6. Juni 1947

1. Begrüßungsansprache von MinPräs. Ehard. 2. Kundgebung für die Kriegsgefangenen. 3. Die deutsche Ernährungsnot, Referat von RMin. a.D. Dietrich. 4. Korreferat von Min. Lübke über die deutsche Ernährungsnot. 5. Auswirkungen der Unterernährung auf die Volksgesundheit. 6. Die Ernährungslage in der französischen Zone. 7. Verlesung des Pressekommuniques betr. den Auszug der Ministerpräsidenten der sowjetischen Zone. 8. Die deutsche Wirtschaftsnot. 9. Finanz- und Steuerfragen. 10. Diskussion über die Referate zur deutschen Wirtschaftsnot: a) Eröffnung der Diskussion. b)

Wald- und Holzfrage. c) Kohlenfrage. d) Bergarbeiterfrage. e) Produktionsfragen. f) Interzonenhandel. g) Preisfrage. h) Wirtschaftsrat

B Zweiter Sitzungstag 7. Juni 1947
1. Die deutsche Flüchtlingsnot, Referat von StS Jaenicke. 2. Korreferat von Ministerpräsident Lüdemann. 3. Schaffung eines Besatzungsrechtes. 4. Entschließungen und Resolutionen: a) Erklärung über die beängstigende Lage des deutschen Volkes und die Dringlichkeit raschen Handelns. b) Entschließung zum Ernährungsproblem. c) Entschließung zu den Grundsatzfragen der Wirtschaft. d) Zweite Wirtschaftsresolution – Einzel- und Sofortmaßnahmen. e) Entschließung zur Kohlenfrage. f) Entschließung zur Erhaltung des deutschen Waldes. g) Entschließung zur Finanzpolitik. h) Entschließung über die Regelung des Besatzungsrechts. i) Entschließung zur politischen Befreiung. j) Entschließung zur Kriegsgefangenenfrage. k) Aufruf an die deutsche Emigration. l) Erklärung zur deutschen Einheit. 5. Schlußansprache von Ministerpräsident Ehard

Nr. 33   9. 6. 1947   Stuttgart
Bericht von Generalsekretär Roßmann an Oberstleutnant Winning (RGCO) über die Münchener Ministerpräsidentenkonferenz

Nr. 34   11./12. 6. 1947   Hamburg
12. Sitzung des Zonenbeirats
272. Eröffnung und Begrüßung. 273. Mitteilungen des Generalsekretärs. 274. Erklärung von GenLt. Robertson über die Aufgaben des Zonenbeirats in seiner neuen Form. 275. Entgegnung des Vorsitzenden, Aussprache. 276. Grüße des LR der US-Zone. 277. Bodenreform. 278. Einsetzung der Ausschüsse und Wahl ihrer Mitglieder. 279. Bericht des Sozialpolitischen Ausschusses: 1. Errichtung eines bizonalen Amtes für Arbeit und einer bizonalen Anstalt für Arbeitsvermittlung und Arbeitslosenversicherung; 2. Neuregelung der Arbeitslosenversicherung; 3. Benennung ständiger Sachverständiger für den Sozialpolitischen Ausschuß. 280. Bericht des Hauptausschusses. 281. Bericht des Sonderausschusses für Agrarreform. 282. Bericht des Kulturpolitischen Ausschusses. 283. Volkswirtschaftliche Planung und Bauplanung. 284. Bizonales Amt für Aufbau. 285. Gemischte Deputationen. 286. Haushaltsplan der zonalen Zentralämter. 287. Aufhebung der Beschlagnahme von 2000 Morgen Ackerland für militärische Zwecke der Besatzungsmacht. 288. Ausgleich für nicht gelieferte Kartoffeln durch Brot und Nährmittel. 289. Fürsorge-Richtsätze. 290. Papierzuweisung an den Zonenbeirat. 291. Termine

Nr. 35   14. 6. 1947   Ruit
Dritte Besprechung über Verfassungsfragen im Deutschen Büro für Friedensfragen
Zuständigkeitsabgrenzung zwischen Bund und Ländern hinsichtlich der Steuergesetzgebung, Verteilung des Steueraufkommens

Verzeichnis der Abkürzungen

Abdr.	Abdruck
Abg.	Abgeordneter
abgez.	abgezeichnet
Abs.	Absatz
Abt.	Abteilung
AbtL	Abteilungsleiter
AbtPräs.	Abteilungspräsident
amerik.	amerikanisch
AGK	Arbeitsgemeinschaft Kohle
Amtsbl.	Amtsblatt
Anh.	Anhang
Anl.	Anlage
ao.	außerordentlich
ArbMin.	Arbeitsminister, Arbeitsministerium
Art.	Artikel
ASD	Archiv der Sozialen Demokratie
Ass.	Assessor
Aufz.	Aufzeichnung
Ausf.	Ausfertigung
Ausg.	Ausgabe
BA	Bundesarchiv
Beauftr.	Beauftragter
BECG	Bipartite Economic Control Group
BeschlProt.	Beschlußprotokoll
Bespr.	Besprechung
Bevollm.	Bevollmächtigter
Bgm.	Bürgermeister
Bl.	Blatt
BrigGen.	Brigadegeneral
brit.	britisch
BT	(Deutscher) Bundestag
CAD	Civil Adminstration Division (OMGUS)
CC	Control Commission
CCG/BE	Control Commission for Germany / British Element
Col.	Colonel (Oberst)
Cpt. (auch: Capt.)	Captain (Hauptmann)

Abkürzungsverzeichnis

DGB	Deutscher Gewerkschaftsbund
Dir.	Direktor
Diss.	Dissertation
Dok.	Dokument
dt.	deutsch
eigenh.	eigenhändig
Entw.	Entwurf
ErgVO	Ergänzungsverordnung
Ernähr.	Ernährung
ErnährMin.	Ernährungsminister, Ernährungsminsterium
FESt.	Friedrich-Ebert-Stiftung
FinA	Finanzausschuß
FinDiv.	Financial Division
FinMin.	Finanzminister, Finanzministerium
FinRat	Finanzrat (bizonales Gremium)
FlA	Flüchtlingsausschuß
GehRat	Geheimrat
gem.	gemäß
Gen.	General
GenDir.	Generaldirektor, Generaldirektion
GenLt.	Generalleutnant
GenMaj.	Generalmajor
GenOb.	Generaloberst
GenRef.	Generalreferent
GesRat	Gesandtschaftsrat
GS	Generalsekretär, Generalsekretariat
GStA	Geheimes Staatsarchiv (Abteilung des Hauptstaatsarchivs München)
GVBl	Gesetz- und Verordnungsblatt
handschr.	handschriftlich
HptA	Hauptausschuß
HStA	Hauptstaatsarchiv
IfZ	(Archiv des) Institut(s) für Zeitgeschichte
IMin.	Innenminister, Innenministerium
Jg.	Jahrgang
Justizmin.	Justizminister, Justizministerium
Kap.	Kapitel
KK	Kontrollkommission
komm.	kommissarisch
kulturpol.	kulturpolitisch
KR	(Alliierter) Kontrollrat

KRGes.	Kontrollratsgesetz
KultusMin.	Kultusminister, Kultusministerium
Landesdir.	Landesdirektor
Landespräs.	Landespräsident
Landesreg.	Landesregierung
LandgerRat	Landgerichtsrat
Landtagspräs.	Landtagspräsident
LandwDir.	Landwirtschaftsdirektor
LandwMin.	Landwirtschaftsminister, Landwirtschaftsministerium
LDP	Liberal-Demokratische Partei
LegRat	Legationsrat
LR	Länderrat
Lt.	Lieutenant
lt.	laut
LtCol.	Lieutenant Colonel (Oberstleutnant)
MGR	Military Government Regulation
MilGouv.	Militärgouverneur
MilReg.	Militärregierung
MilRegVO	Militärregierungsverordnung
Min.	Minister, Ministerium
MinDir.	Ministerialdirektor
MinDirig.	Ministerialdirigent
MinPräs.	Miniterpräsident
MinRat	Ministerialrat
MittBl.	Mitteilungsblatt
Ms.	Manuskript
NA	National Archives (Washington D.C.)
Nachl.	Nachlaß
nat.-soz.	nationalsozialistisch
nds.	niedersächsisch
NGCC	North German Coal Control
NLP	Niedersächsische Landespartei
OB	Oberbürgermeister
Oberltn.	Oberleutnant
Oberstltn.	Oberstleutnant
o. Bl.	ohne Blattzählung
o. D.	ohne Datum
OFinPräs.	Oberfinanzpräsident
OLandesgerPräs.	Oberlandesgerichtspräsident
OMGUS	Office of Military Government, United States
o. O.	ohne Ort
OPräs.	Oberpräsident
ORegRat	Oberregierungsrat
o. Sign.	ohne Signatur

Abkürzungsverzeichnis

PA	Parlamentsarchiv
Parl.	Parlament
parl.	parlamentarisch
Pg.	Parteigenosse (NSDAP)
Pol. Befr.	Politische Befreiung (Entnazifizierung)
Präs.	Präsident
Prot.	Protokoll
RA	Rechtsausschuß
RAnw.	Rechtsanwalt
RArbMin.	Rechsarbeitsminister, Reichsarbeitsministerium
RBankDir.	Reichsbankdirektor
Rdschr.	Rundschreiben
Rechtsabt.	Rechtsabteilung
RegAmtm.	Regierungsamtmann
RegBl.	Regierungsblatt
RegDir.	Regierungsdirektor
RegPräs.	Regierungspräsident
RegRat	Regierungsrat
RFinMin.	Reichsfinanzminister, Reichsfinanzministerium
RG	Record Group
RGBl.	Reichsgesetzblatt
RGCO	Regional Goverment Coordinating Office
RM	Reichsmark
RMin.	Reichsminister, Reichsministerium
RuVA	Rechts- und Verfassungsausschuß
RVerkMin.	Reichsverkehrsminister, Reichsverkehrsministerium
Sen.	Senator
SenDir.	Senatsdirektor
SenPräs.	Senatspräsident
SenSynd.	Senatssyndikus
SMAD	Sowjetische Militäradministration Deutschlands
Sonderbevollm.	Sonderbevollmächtigter
SpA	Sozialpolitischer Ausschuß
StA	Staatsarchiv
StEG	Amtliche Erfassungsgesellschaft (für öffentliches Gut)
StK.	Staatskanzlei
StMin.	Staatsminister, Staatsministerium
StR	Staatsrat
StS	Staatssekretär
t	Tonne
TO	Tagesordnung
TOP	Tagesordnungspunkt
UdSSR	Union der sozialistischen Sowjetrepubliken
u. d. T.	unter dem Titel

Umdr.	Umdruck
UNRRA	United Nations Relief and Rehabilitation Administration
US	United States
VA	Verwaltungsamt
VAE	Verwaltungsamt für Ernährung und Landwirtschaft
VAV	Verwaltungsamt für Verkehr
VAW	Verwaltungsamt für Wirtschaft
vervielf.	vervielfältigt
Verw.	Verwaltung
Vizepräs.	Vizepräsident
vorl.	vorläufig
VR	Verwaltungsrat
VREL	Verwaltungsrat für Ernährung und Landwirtschaft
VRV	Verwaltungsrat für Verkehr
WiMin.	Wirtschaftsminister, Wirtschaftsministerium
Wortprot.	Wortprotokoll
WpA	Wirtschaftspolitischer Ausschuß
ZAC	Zonal Advisory Council (Zonenbeirat)
ZAW	Zentralamt für Wirtschaft
ZB	Zonenbeirat
ZdA	Zu den Akten
ZEL	Zentralamt für Ernährung und Landwirtschaft
ZfA	Zentralamt für Arbeit

Dokumente

Länderrat US-Zone 8. 1. 1947 Nr. 1A

Nr. 1
16. Tagung des Länderrates des amerikanischen Besatzungsgebietes in Stuttgart
8. Januar 1947

A Interne Sitzung

BA Z 1/18, Bl. 93–99. Prot. vom 9. 1. 1947, von Roßmann gez. maschinenschr. vervielf. Ausf.[1]
TO: Ebenda, Bl. 100

Anwesend: MinPräs. Ehard (Vorsitz), stellv. MinPräs. Hoegner, StS Pfeiffer, Konsul Seelos, RegRat v. Elmenau (Bayern); SenPräs. Kaisen (Bremen); MinPräs. Stock, MinPräs. a. D. Geiler, Min. Koch, Min. Hilpert, StS Brill, StS Strauß, Graf v. Wedel (Hessen); MinPräs. Maier, StS Gögler, StR Wittwer (Württemberg-Baden); GS Roßmann, Wutzlhofer (Länderrat)

[1. Verlängerung der Geltungsdauer des Direktoriums]

[...] Die Herren Ministerpräsidenten beschließen einstimmig, die Geltungsdauer des § 15 des Länderratsstatutes (Tätigkeit des Direktoriums) bis 31. März 1947 zu verlängern. Nach Möglichkeit soll schon bis zu diesem Zeitpunkte das neue Länderratsstatut ausgearbeitet sein.[2]

[2. Schaffung einer Dienststelle für Kriegsgefangenenfragen beim Länderrat[3]]

MinPräs. Stock schlägt vor, festzustellen, wieviel Gefangene uns überhaupt noch fehlen.
GS Roßmann antwortet, daß das alles geschehen soll; vor allem sei beabsichtigt, auf

---

[1] Unter der Datumzeile von Roßmann mit Rotstift gez., handschr. das Diktatzeichen von Frl. Busch, der Sekretärin und Sachbearbeiterin von Roßmann.

[2] Abdr. des Statuts in: LRGS, S. X–XI. Die Neufassung des § 15 des LR-Statuts wurde am 11. 3. 1947 angenommen. Vgl. Dok. Nr. 10 A, TOP 5. Über die Formen der Mitarbeit der Länderparlamente war im Dez. 1946, (vgl. Akten zur Vorgeschichte 1, S. 1124–1129), und zuletzt auf der Sitzung des Direktoriums vom 7. 1. 1947 beraten worden, ohne daß es bereits zu einem weiterführenden Beschluß gekommen wäre (Prot. in: Z 1/20, Bl. 178–187). Während StS Strauß in der Besprechung vom 7. 1. 1947 dafür plädierte, die Parlamentarier innerhalb des Direktoriums des LR mitarbeiten zu lassen und auf ein gesondertes Gremium für die Parlamentarier zu verzichten, sprach sich die Mehrheit, insbes. der Bayer. LR-Bevollm. Seelos entschieden dagegen aus. Seelos meinte, die Regierungsvertreter würden allein eher zu gemeinsamen Entscheidungen kommen. „Wenn ihre Arbeit unter den Augen von Politikern vor sich ginge, würde die ganze Diskussion leicht politisiert werden" (ebenda, Bl. 182).

[3] Das Direktorium hatte nach Vorarbeiten im Nov.–Dez. 1946 auf seiner 19. Tagung die Satzung einer Dienststelle für Kriegsgefangenenfragen beim LR gutgeheißen und sie wegen Eilbedürftigkeit den Minpräs. zur Annahme auf schriftlichem Wege empfohlen. (Statut und Auszüge aus den Protokollen in: B 150/340). Nach § 2 des Statuts sollte die Aufgabe der Dienststelle sein, „1. die Arbeit für Kriegsgefangene, die von nichtstaatlichen Organisationen und sonstigen Stellen sowie von den Ländern geleistet wird, soweit erforderlich, zusammenzufassen. 2. Die Tätigkeit der Dienststelle erstreckt sich insbes. darauf, a) auf eine baldige Entlassung der Kriegsgefangenen hinzuwirken, b) sich im Rahmen der gegebenen Möglichkeiten für das Wohl der Kriegsgefangenen in jeder Weise einzusetzen, c) die Verbindung zwischen Kriegsgefangenen und ihren Angehörigen zu fördern. 3. Vordringliche Aufgabe der Dienststelle ist es, nazistischem und militärischem Geist unter den Kriegsgefangenen entgegenzuwirken, die Kriegsgefangenen mit den neuen Verhältnissen in der Heimat vertraut zu machen und sie auf ihre Staatsbürgerrechte und -pflichten im demokratischen Staate vorzubereiten. 4. Die Dienststelle erhält von den staatlichen Stellen das erforderliche statistische Material und die zur Durchführung ihrer Aufgaben notwendigen Auskünfte sowie jede sonstige Unterstützung." Die Richtlinien für die Arbeit sollte ein Verwaltungsrat geben. Dieser sollte im Auftrag des LR die Aufsicht führen und durch einen Beirat beraten werden.

eine baldige Entlassung der Kriegsgefangenen hinzuwirken, wobei besonders das Studium der Rechts- und Tatfragen, die zu Maßnahmen baldiger Entlassung führen können, notwendig sei. Weitere Aufgaben dieser Dienststelle würden in der Bearbeitung von Einzelfällen (Antifaschisten, weibliche Kriegsgefangene in Rußland usw.) bestehen. Solche Anträge würden jetzt laufend von Einzelpersonen gestellt, ohne daß die sachlichen Unterlagen, z. B. für die antifaschistische Einstellung, vorlägen. Weiter solle die Vorbereitung von Anträgen auf *Entlassung von bestimmten Kategorien* der Kriegsgefangenen, wie Landwirte, Bergarbeiter, Binnenschiffer usw. getroffen werden. Hierbei sei wiederum eine politische Prüfung vorher notwendig. Das Einsetzen für das augenblickliche Wohl der Kriegsgefangenen sei ein weiterer wichtiger Gesichtspunkt; hierbei sei an die Verbesserung des Post- und Paketverkehrs gedacht, an eine Rechtshilfe in Angelegenheiten der Kriegsgefangenen, an die Versorgung mit Literatur und die Mitwirkung bei ärztlicher Betreuung. Die Verbindung mit den Angehörigen müßte gefördert werden, wobei ein Anschriftenverzeichnis und eine Suchkartei anzulegen wären und bei der Vermittlung von Urkunden Hilfe geleistet werden könnte. Ein besonders ernster Punkt sei auch die Beseitigung des nazistischen und militaristischen Geistes unter den Kriegsgefangenen, vor allem sei die Mitwirkung an der Beseitigung des Zustandes notwendig, daß SS-Leute und Militaristen, die nicht entlassen werden, für die Verwaltungsaufgaben in Kriegsgefangenenlagern verwendet werden. Eine Organisation von Vorträgen und sonstiger Aufklärung der Kriegsgefangenen über die neuen Verhältnisse in der Heimat, sowie über ihre Staatsbürgerrechte und -pflichten im demokratischen Staat müßte durchgeführt werden. Die Kontrollmächte müßten immer wieder auf die tatsächlichen Verhältnisse hingewiesen und dadurch dazu gebracht werden, sich der Dienststelle zu bedienen. Man sollte versuchen, möglichst Deutsche in die Läger zu bringen, vielleicht als Helfer des IRK, den privaten Stellen müßte die notwendige amtliche Unterstützung gegeben werden. Die wichtigsten politischen Gründe zur Errichtung einer derartigen Dienststelle wären der Zweifel der Kriegsgefangenen und ihrer Angehörigen an der Fähigkeit der Demokratie, die Verzweiflung der Kriegsgefangenen, die aus den vorgenannten Gründen erschwerte Eingliederung von vier bis fünf Millionen Kriegsgefangenen in eine deutsche Demokratie. Diese Millionen Kriegsgefangener sollen wertvolle Aufbauglieder werden.

MinPräs. Ehard bezeichnet es als sehr wichtig, daß ein Wechsel in den Aufsichtsorganen der Kriegsgefangenen eintrete. Man höre es immer wieder und zu oft aus zuverlässigsten Quellen, daß diese Aufsichtsorgane den SS-Kreisen angehörten, so daß es sich hier nicht um Gerüchte handeln könne. Man müßte auf Grund entsprechenden Materials die Besatzungsmächte auf diese unhaltbaren Zustände hinweisen.

MinPräs. Stock schließt sich diesen Ausführungen an und berichtet über einen besonders krassen Fall.[4]

GS Roßmann schlägt vor, diese Angelegenheit in der internen Besprechung mit General Clay an diesen heranzutragen[5] unter gleichzeitiger Betonung der großen politischen Gründe, die die Kriegsgefangenenfrage in sich trage; diese fünf Millionen Kriegsgefangenen wären z. Z. ohne jede politische Betreuung, es sei nicht ungefährlich, diese Menschen ohne entsprechende vorherige politische Betreuung in die Heimat zu entsenden. Es müßte also sofort eine Betreuung im Sinne demokratischer Geisteserziehung erfol-

---

[4] Vgl. hierzu Dok.Nr. 1 C, Anm. 19.
[5] Vgl. Dok.Nr. 1 C, TOP 5.

Länderrat US-Zone 8.1.1947 Nr. 1A

gen. Die Herren Ministerpräsidenten beschließen, General Clay die Bitte um Errichtung dieser Dienststelle vorzutragen.

[3. Dekartellisationsgesetz[6]]

Min. Hilpert führt hierzu aus, daß das Gesetz in seiner jetzigen Form[7] den größten Bedenken begegne. Anstelle dieses amerikanischen Gesetzes sollte ein deutsches Gesetz treten, das eine vernünftige Überprüfung der Kartelle und eine vernünftige Entflechtung der Wirtschaft vorsehe, unter Berücksichtigung der Verhältnisse, wie sie in Deutschland seien. Der Grundgedanke des Gesetzes, die Machtbildung in der Wirtschaft zu verhindern, müsse absolut bejaht werden. Es seien auch bereits weitgehende Vorbereitungen von einer vom Wirtschaftsrat eingesetzten Kommission geleistet worden,[8] auf Grund deren es möglich sei, der Militärregierung und den Parlamenten bald einen Entwurf vorzulegen. Die Angelegenheit sei äußerst eilig, da das amerikanische Gesetz bereits am 15. Januar erlassen werden soll. Ursprünglich sollte das Gesetz von allen vier Mächten herausgebracht werden, jetzt bestehe diese Absicht jedoch nur noch für die britische und amerikanische Zone. Bis zum 15. Januar wäre keine Zeit, eine nochmalige Entscheidung herbeizuführen. Wichtig sei es vor allem, die Präambel zu ändern.[9] Diese gehe davon aus, daß die wirtschaftliche Machtzusammenballung in Deutschland diskriminiert wird, auch wenn sie wirtschaftlich unbedingt notwendig sei. Hier seien wesentliche Änderungsvorschläge von der vom Wirtschaftsrat eingesetzten Kommission, eine ad hoc Kommission des Länderrates, ausgearbeitet worden.[10] Von

---

[6] Dieser Punkt stand nicht auf der TO, er wurde auf Bitten von GS Roßmann vordringlich behandelt.

[7] Eine überaus reiche Überlieferung mit Vorentwürfen und Materialien in: Z 1/649, 650. Unterlagen der Decartellisation Branch der Economics Division von OMGUS in: NA RG 260 OMGUS 12-1/11, folder 2. Ursprünglich sollte das Dekartellisationsgesetz ohne jede Beteiligung deutscher Stellen erlassen werden (Z 1/650, Bl. 100, Schreiben der Abt. Wirtschaft des LR an die Wirtschafts- und Justizmin. der Länder der US-Zone vom 26.11.1946, in dem Bezug auf eine Unterredung mit Major Mahder vom RGCO genommen wird). Der amerik. Entwurf wurde unter dem 19.11.1946 dem LR übersandt mit dem Bemerken, daß das Gesetz demnächst als Gesetz der MilReg. erlassen werde und Abänderungsvorschläge bis Ende Nov. 1946 vorliegen müßten (Z 1/650, Bl. 138, RGCO an den LR). Mit Schreiben vom 30.11.1946 (ebenda, Bl. 59) verlängerte das RGCO die Frist für die Stellungnahme bis zum 7.12.1946. Eine vorläufige Stellungnahme des Wirtschaftsrates des LR wurde am 12.12.1946 an das RGCO übersandt (ebenda, Bl. 21–24). Darin wurde die Notwendigkeit einer gesetzlichen Regelung zwar bejaht, an dem Entwurf inhaltlich und formal jedoch heftige Kritik geübt und eine weitere Stellungnahme nach erschöpfender Prüfung angekündigt.

[8] Die vom Wirtschaftsrat des LR am 5./6.12.1946 eingesetzte Kommission bestand aus WiMin. Hilpert, Prof. Boehm, Josten, WiMin. Erhard und Bauer; Protokolle in: Z 1/650.

[9] Die Präambel des Entwurfs der MilReg. (Z 1/650, Bl. 195) lautete: „Gemäß Absatz 12 der Potsdamer Beschlüsse wird hiermit nachfolgendes Gesetz erlassen, um zu verhindern, daß Deutschland die Sicherheit seiner Nachbarstaaten gefährdet oder diese Nachbarstaaten oder den internationalen Frieden von neuem bedroht, und um das für Kriegszwecke verwendbare Wirtschaftspotential Deutschlands zu vernichten und Deutschlands Wiederaufbau auf friedlicher und demokratischer Grundlage zu fördern. Dazu ist es wesentlich, die deutsche Wirtschaft durch Beseitigung jeder übermäßigen wirtschaftlichen Machtzusammenballung – wie sie insbes. Kartelle, Konsortien, Trusts, Konzerne und alle sonstigen Arten von Vereinbarungen monopolistischer oder beschränkender Natur, welche von Deutschland als Mittel politischer oder wirtschaftlicher Angriffshandlungen benutzt werden könnten, darstellen – zu dezentralisieren und Deutschland die Teilnahme an internationalen Kartellen und ähnlichen Vereinbarungen zu untersagen."

[10] Der Vorschlag der Kommission lautete (Z 1/649, Bl. 219): „Gem. Abs. 12 der Potsdamer Beschlüsse wird hiermit nachfolgendes Gesetz erlassen: Das Gesetz soll Machtbildungen in der Wirtschaft zerstören, verhindern oder unter straffe Staatsaufsicht stellen. Es soll die Voraussetzung für eine Leistungs- und Wettbewerbswirtschaft schaffen. Es soll verhindern, daß Personen mit wirtschaftlichen Mitteln politische Macht ausüben und den Gesetzen der Demokratie zuwiderhandeln. Es soll zugleich verhindern, daß wirtschaftliche Machtzusammenballungen als Instrumente von Kriegsvorbereitung und Friedensbedrohung benützt werden."

den Vorschlägen, wie der drohenden Gefahr der Veröffentlichung des amerikanischen Gesetzes in seiner jetzigen Fassung am 15. Januar begegnet werden könnte, meinte *Min. Hilpert,* müßte in jedem Falle die Anregung verwirklicht werden, das Gesetz befristet zu erlassen, damit evtl. die Möglichkeit gegeben sei, das veröffentlichte amerikanische Gesetz durch ein deutsches Gesetz zu ersetzen. Die vom Wirtschaftsrat eingesetzte Kommission müßte dann sofort ihre Arbeit aufnehmen. *Min. Hilpert* schlägt vor, den Beschluß der Herren Ministerpräsidenten in Form eines Briefes an General Clay weiterzugeben.[11]

MinPräs. a. D. Geiler: Grundsätzlich müßte also bei der Besprechung mit General Clay ausgedrückt werden, daß seitens der Herren Ministerpräsidenten Bedenken bestehen, wenn jetzt im Zwangswege das Gesetz uns aufoktroiert wird.[12] Es könnte zugesagt werden, binnen vier bis sechs Wochen ein neues Gesetz vorzulegen.

MinPräs. Ehard machte seine Bedenken gegen die Frist von sechs Wochen geltend, indem er auf die vielen zu bewältigenden Aufgaben der neu anzulaufenden Parlamente hinweist. Man dürfe General Clay nicht etwas zusagen, was dann nicht gehalten werden könnte.

Der Vorschlag von *Min. Hilpert,* gemeinsam mit dem Referenten Strauch den Brief an General Clay vorzubereiten, wird für zweckmäßig gehalten.[13]

[4.] Schaffung einer deutschen Stelle zur Vorbereitung des Friedensvertrages

GS Roßmann führt aus, daß sich das Direktorium bereits zweimal mit der Frage befaßt habe,[14] ob es nicht zweckmäßig sei, einen Vorstoß zur Schaffung einer Stelle zur Vorbereitung des Friedens, zu unternehmen. Seit einiger Zeit beschäftigen sich die verschiedensten privaten und öffentlichen Stellen intensiv mit dieser Frage, wodurch die Gefahr entstehe, daß Personen aktiv handelnd in das wichtigste Problem eingreifen, die hierzu absolut nicht legitimiert seien,[15] Handlungen, die unbedingt den politisch aktiven Instanzen vorbehalten bleiben müßten.

Zur Zeit gäbe es in Deutschland keine Stelle, die über eine größere Legitimation verfüge, sich mit diesem Problem zu befassen, als der Rat der drei Ministerpräsidenten der süddeutschen Länder; sie seien legitimiert und seien wie niemand sonst in Deutschland berechtigt, im Namen ihrer Bevölkerung zu sprechen. Es dürfe angenommen werden, daß ein solcher Wunsch noch am ehesten bei der amerikanischen Besatzungsmacht Entgegenkommen finden würde; denn diese habe als Erste vor Monaten den Grundsatz vertreten, die „deutsche Stelle" – und für sie ist die „deutsche Stelle" der Länderrat – vor wichtigen Entscheidungen des Kontrollrates zu hören. Es sei deshalb anzunehmen,

---

[11] Korrigierter Entwurf und Durchschrift des Schreibens an Clay, datiert 8. 1. 1947, von Ehard, Maier und Stock gez. in: Z 1/649, Bl. 215–222. Die MinPräs. bedauerten u. a., daß „ein Gesetz von solch weittragender und einschneidender Bedeutung" von der MilReg. erlassen werden solle. Sie bäten um die Möglichkeit, es als deutsches Gesetz zu verkünden. Wenigstens solle die Präambel geändert werden und ein gleichzeitiger Erlaß in der brit. Zone gewährleistet werden.

[12] In der Besprechung der MinPräs. mit Clay vom gleichen Tage (vgl. Dok. Nr. 1 C) wurde das Thema nicht berührt.

[13] Vgl. Anm. 11.

[14] Dies war in der Sitzung des Direktoriums vom 12. 12. 1946 (Prot. Z 1/20) und in der internen Sitzung des Direktoriums vom 19. 12. 1946 (Abdr.: Akten zur Vorgeschichte 1, S. 1154) geschehen.

[15] Vgl. hierzu Dok. Nr. 1 C, Anm. 5.

daß die Besatzungsmacht in dieser wichtigsten deutschen Frage, in der Frage des Friedensvertrages, evtl. bereit sein würde, deutsche Stellen zu hören. Stimmen aus Amerika deuteten in der gleichen Richtung. Der politische Berater General Clays habe am Rundfunk ähnliche Bemerkungen gemacht und gesagt, daß ihm von den verschiedensten deutschen Stellen in dieser Frage bereits Material zugeleitet worden sei.[16] Der Generalsekretär gibt den Anwesenden u. a. den vor einigen Tagen erfolgten Besuch des Oberbürgermeisters der Stadt Stuttgart, Klett, bekannt, der im Auftrag des Städtetages sich in dieser Frage ebenfalls einzuschalten wünscht.[17] Die zu schaffende Zentralstelle soll zunächst die Aufgabe haben, zerstreutes Material zu sammeln, den alliierten Mächten auf Anfrage zu ihrer Unterrichtung informatorisches Material über deutsche Fragen zur Verfügung zu stellen, ferner informatorisches Material über gesamtdeutsche Fragen für eine zukünftige deutsche Friedensdelegation, bzw. für die von den Alliierten in Aussicht genommene Zentralregierung vorzubereiten.

Die Vormittagssitzung wird an diesem Punkte unterbrochen durch die Mitteilung, daß General Clay seine Rede vor dem Länderrat zu halten wünsche.[18]

Nachmittags Fortsetzung der internen Besprechung.

[5. Diskussion der Ansprache von General Clay]

StS Pfeiffer bemerkt zu den Ausführungen General Clays in der offiziellen Länderratssitzung am Vormittage, daß eine Stellungnahme zu der sehr bedeutsamen Rede erst möglich sei, wenn eine ordentliche Übersetzung von ihr vorliege.[19]

Min. Hilpert meint, daß nach der Rede Clays das staatsrechtliche Bild nicht klarer geworden sei, es müsse jetzt versucht werden, in dieses Bild unter Berücksichtigung der Rede Clays Klarheit zu bekommen. Staatsrechtlich und politisch müsse sorgfältigst abgewogen werden, man müsse versuchen, aus der gegenwärtigen Quasi-Demokratie herauszukommen. Er schlage vor, daß sich zunächst die drei Staatskanzlei-Sekretäre der süddeutschen Länder mit den Direktoriumsmitgliedern, die praktische Erfahrungen in den Länderratsangelegenheiten besitzen, an Hand einer authentischen Übersetzung der Rede, zusammensetzen, um sich über diese Dinge auszusprechen. Dies sei notwendig, bevor man, im Hinblick auf die vorhandenen Widersprüche zwischen der Rede Clays und der durch die Verfassung geschaffenen Demokratie, zu einem Entschluß komme.

MinPräs. Ehard stimmt diesen Ausführungen zu mit der Ergänzung, daß es dann noch notwendig sei, sich mit der britischen Zone darüber auseinanderzusetzen.

[*SenPräs.*] *Kaisen* [...] schlägt vor, in das von Min. Hilpert vorgeschlagene Gremium auch die Länder der britischen Zone mit einzubeziehen. Er sei Mitglied beider Organisationen. Im Zonenbeirat sei eine Konzeption angenommen worden, die ganz anders

---

[16] U. a. dürfte es sich dabei um Ausarbeitungen der Forschungsgemeinschaft für ernährungswissenschaftliche Fragen gehandelt haben (vgl. Dok.Nr. 1 C, Anm. 8), die an Murphy geschickt wurden.

[17] Hinter der Aktivität des Deutschen Städtetages stand Legationsrat a. D. Dr. Budde (vgl. Dok. Nr. 1 C, Anm. 5). Der Städtetag hatte auf seiner dritten interzonalen Städtekonferenz am 16. 11. 1946 eine Resolution gefaßt, in der die Länder aufgefordert wurden, „das ihre zu tun, um bei den alliierten Mächten die Notwendigkeit einer schnellen Lösung dieses Problems der Herbeiführung des Friedenszustandes und der Anhörung von Vertretern des deutschen Volkes nachdrücklich zu vertreten (StA Hamburg, Senatskanzlei II, Az.: 038. 20, Bd. 6, Rundschreiben des Deutschen Städtetages vom 15. 1. 1947).

[18] Vgl. Dok. Nr. 1 B I.

[19] Vgl. Dok. Nr. 1 B, Anm. 1.

aussähe als der Länderrat: während hier in Süddeutschland eine parlamentarische Struktur vorläge, sei es im Zonenbeirat umgekehrt. Wenn das so weitergehe, erfolge eine wirtschaftliche Vereinigung, aber eine politische Auseinanderlebung, was man verhindern müsse. Er habe von diesem letzten Standpunkt aus im Zonenbeirat immer beantragt, daß der Generalsekretär des Länderrats zu den Zonenbeiratssitzungen hinzugezogen werde. Er beobachte mit Sorge die Entwicklung eines gewissen Zonenbeiratspatriotismus, der sehr gefährlich für die weitere Entwicklung werden könne. Von der Militärregierung aus den Kreisen Clays habe er gehört, daß beide Konzeptionen dort gebilligt seien. Die Zeit sei reif, daß sich der Länderrat direkt an den Zonenbeirat wende, er, Kaisen, könnte als Mitglied des Zonenbeirats den Antrag zu einer gemeinsamen Sitzung dort vertreten; man müßte dann versuchen, aus den beiden ganz verschiedenen Konzeptionen eine gemeinsame Konzeption zu bekommen.

MinPräs. Ehard ist der Meinung, daß wir uns zunächst klar werden müssen, wie wir uns die Einschaltung der Parlamente vorstellen, denn der Länderrat solle ja ein Muster sein.

Min. Hilpert ging im einzelnen auf die staatsrechtlichen Fragen ein, die die Rede Clay's aufgeworfen hat.

MinPräs. Ehard schlägt genauestes Studium der Rede vor und Überlegungen, welche Möglichkeiten gegeben seien; er gäbe zu, daß er noch nicht klar sehe.

Min. Hilpert erklärt, daß er dem Vorschlage Bürgermeister *Kaisens,* so sehr begrüßenswert er sei, noch nicht nähertreten möchte. Man sollte erst in der US-Zone zu einer gewissen Klarheit kommen und dann sich erst mit der britischen Zone zusammensetzen, zumal die britische Zone erst immer einige Schritte später zu dem Niveau komme, in dem die US-Zone sich bereits befände.

MinPräs. a. D. Geiler verbreitet sich im einzelnen über die politische Untermauerung der bizonalen Ausschüsse und äußert seine großen Bedenken, den Beschlüssen dieser Ausschüsse ohne jeden Zusammenhang mit den Parlamenten bindende Kraft zuzubilligen.

Min. Hilpert erklärt, daß bisher die Meinung bestand, daß Länderratsbeschlüsse, Gesetzentwürfe als Länderratsgesetze behandelt werden müßten, also nach der hessischen Verfassung dem Landtag vorzulegen seien. Nach seiner Meinung könne die bizonale Gesetzgebung auf keinen Fall mehr für sich in Anspruch nehmen als die Länderratsgesetze, im Gegenteil. Wenn schon Länderratsgesetze der Zustimmung der Landtage bedürfen, müsse das noch viel mehr für bizonale Gesetze der Fall sein.

GS Roßmann bemerkt hierzu, daß dann die politische Überwachung um so notwendiger werde.

Min. Hilpert hält es für notwendig, bereits vor dem Zusammentreffen am 23. Januar in Minden[20], wenn auch zu keinem Entschlusse, so doch zu einer gewissen Vorklärung zu kommen.

Einstimmig wird beschlossen, am Dienstag, dem 21. Januar, vormittags 10 Uhr, eine Sitzung der Ministerpräsidenten, der Direktoriumsmitglieder und sachverständigen Persönlichkeiten der Länder abzuhalten.[21]

MinPräs. Ehard rät, für diese Sitzung
1. die Rede genauestens zu studieren und zu überlegen, welche Möglichkeiten beste-

---

[20] Zur Ruhrreise der MinPräs. vgl. Dok. Nr. 4.
[21] Die Sitzung fand am 22. 1. 1947 statt, Abdr. des Prot. als Dok. Nr. 3.

hen, Gesetze auf dem normalen, verfassungsmäßigen Wege zu erlassen und ob die Notwendigkeit bestehe, Gesetze außerhalb dieses Weges zu erlassen;
2. Die Frage der bizonalen Übereinstimmung.
Hierbei wäre eine gewisse Gleichschaltung der US-Zone mit der britischen Zone anzustreben. Man müsse eine entsprechende Einschaltung der Parlamente in der US-Zone anstreben.
3. Die bizonalen Ausschüsse.

MinPräs. a. D. Geiler meint, daß alles mit der dringlichen Frage zusammenhänge: „Wie soll der Länderrat mit den Parlamenten koordiniert werden?" Daß dies gemacht werden muß, darüber seien sich alle klar, die Frage sei lediglich „wie es gemacht werden müsse". Von der Lösung dieses Problems würde die Gestaltung der anderen Dinge wesentlich beeinflußt werden. Wenn ein Länderrat mit einer politischen Untermauerung da sei, könnten diesem Länderrat auch mehr Möglichkeiten gegeben werden.

GS Roßmann erklärt, daß wir uns in einem wahren staatsrechtlichen Labyrinth befänden, aus dem wir uns irgendwie herauszuwinden versuchen müßten. Alle unsere Bemühungen müßten in der Richtung einer Abstimmung mit der britischen Zone verlaufen, damit bei einem wirtschaftlichen und politischen Zusammenschluß nicht unüberwindliche Schwierigkeiten entstünden. Die Haltung einzelner Mitglieder des Zonenbeirates sei immer bedingt von der Tatsache, daß andere Zuständigkeiten in der britischen Zone gegeben seien, als in der amerikanischen Zone. GS Roßmann verliest die Stelle eines Briefes des GS Weisser, aus dem deutlich hervorgeht, wie man sich die Entwicklung der Dinge in der britischen Zone denkt.[22] Die in dem Briefe zum Ausdruck kommende Tendenz werde verstärkt durch die Haltung der englischen Militärregierung. Auch die Rede General Clays scheine von diesen Tendenzen etwas beeinflußt zu sein. Man ginge in der britischen Zone immer von einer beratenden Aufgabe aus, nicht von einer beschließenden, wie wir sie in der amerikanischen Zone haben. Wenn da kein Ausgleich in der Richtung der Verhältnisse in der amerikanischen Zone erfolge, sähe er hinsichtlich der Angleichung der beiden Zonen schwarz. Bedauerlicherweise werde die britische Militärregierung zu ihrer Tendenz zum Zentralismus von der deutschen Seite unterstützt. Wir müßten zweifellos zur politischen Untermauerung des Länderrates und der bizonalen Einrichtungen kommen. GS Roßmann erklärt, daß, obgleich er seit 40 Jahren leidenschaftlicher Parteimann sei, er es doch für falsch halte, die Parteien als die Träger des politischen Willens gegenüber den zonalen Einrichtungen einzuschalten. Es müssen die vom Volke gewählten Parlamente eingeschaltet werden und nicht die Parteien. Merkwürdigerweise seien sich in der Forderung nach Einschaltung der Parteien alle Parteien in der britischen Zone einig; in dieser Beziehung bestehe hier eine merkwürdige Übereinstimmung auch mit den gleichen Bestrebungen in der Ostzone. Dort bestehe das Bestreben, eine Art pseudorevolutionäre Situation zu erhalten, in welcher man schon vor der Wahl der Nationalvertretung Probleme vorweg erledigen wolle, die

---

[22] Weisser hatte Roßmann mit Schreiben vom 17. 12. 1946 (Nachl. Roßmann/24, Bl. 177) über die in Godesberg gefaßten Beschlüsse (vgl. Dok. Nr. 5, TOP 228) zur Reorganisation des ZB informiert, nachdem er ihn bereits mündlich am 8. 12. 1946 bei einem Treffen in Berlin von seinen Vorstellungen unterrichtet hatte. Roßmann äußerte Bedenken, weil der politische Zusammenschluß der amerik. und brit. Zone erschwert und die staatsrechtlichen Verschiedenheiten vertieft würden. (Nachl. Roßmann/4, Bl. 31, Aufzeichnung vom 8. 12. 1946.)

in der Form niemals die Zustimmung der gewählten Parlamente fänden; das verstoße nach seiner Auffassung gegen den Geist der Demokratie.[23]

MinPräs. Ehard erklärt, daß die US-Zone in der Verwirklichung einer demokratischen Regierung am weitesten sei. Sollen wir uns nunmehr von diesem Wege abdrängen lassen oder ihn weitergehen? Er habe den Eindruck, daß wir bei unseren Bestrebungen, die Demokratie weiter zu entwickeln, von amerikanischer Seite unterstützt würden.

[*SenPräs.*] *Kaisen*, [...], berichtet über die Schwierigkeiten, die es bei der Umbildung des Zonenbeirates bei der Tagung in Godesberg gegeben habe.[24]

Min. Hilpert faßt zusammen, daß es zunächst nur eine Zielsetzung gäbe: nämlich, daß die amerikanische Zone nicht von der Beletage in das Souterrain herunterfallen dürfe, umgekehrt müßten die Unteren nach oben gezogen werden. Es handle sich um die Klärung: Bizonale Abkommen, Länderverfassungen und die Rede Clays. Erst wenn die eine staatsrechtliche Konstruktion geschaffen sei, kann man die Frage untersuchen, inwieweit eine Heranziehung der britischen Zone beim Länderrat möglich sei. Erst wenn die vorgenannte Konstruktion klar sei, komme man zum Weiterbau: „Was ist Legislative beim Länderrat?" Er bitte, sich zunächst wirklich nur auf diese Grundlage zu beschränken, denn von diesem Gerippe hinge es ab, zu welchem wirklichen Wege man komme. Wenn man soweit sei, gehe man dann zur britischen Zone. [...]

[Schluß: 16.30 Uhr[25]]

---

[23] Roßmann bezog sich auf Eindrücke aus einem ausführlichen Gespräch mit Grothewohl am 10. 12. 1946 in Berlin, über das er in seinem Tagebuch berichtete (Nachl. Roßmann/4, Bl. 34): „Zum Schluß warf Grothewohl die Frage auf, ob ich wohl glaube, daß es möglich sein werde, vor Schaffung einer neuen Reichsverfassung eine Volksabstimmung über die folgenden Fragen herbeizuführen: 1. die künftigen Grundlagen der deutschen Wirtschaft sollen sozialistisch sein, 2. Bodenreform, 3. Enteignung der Nazikriegsverbrecher und der Großfinanz. Ich antwortete, es sei zunächst fraglich, ob die Kontrollkommission eine solche Abstimmung überhaupt gestatten würde. Im übrigen sähe ich sehr wohl, was mit einer solchen Aktion beabsichtigt sei. Man wolle offenbar vor der Schaffung einer neuen Rechts- und Verfassungsgrundlage des künftigen Reiches einige Fragen vorweg entscheiden. Im allgemeinen sei dies ein Weg, der im Westen und Süden nicht populär sei. Man empfinde, daß man eine Art pseudorevolutionäre Situation erhalten wolle, um während ihrer Herrschaft Tatbestände zu schaffen, die vielleicht durch die gewählten Volksvertretungen nicht zu schaffen wären."

[24] Abdr. des Prot. der Tagung des HptA des ZB in Bad Godesberg vom 14. 12. 1946 in: Akten zur Vorgeschichte 1, S. 1130–1150.

[25] Für den Abend des 8. 1. 1947 hatte Gen. Clay die MinPräs. zu einem Abendessen eingeladen. Maier berichtet darüber (Grundstein, S. 331–333): „Ein Abendessen fand im Länderratssaal (heute Gobelinsaal) der Villa Reitzenstein statt. Hauptsächlich der Länderrat war anwesend. Dazu kamen amerikanische Offiziere hoher Dienstgrade und Militärverwaltungsbeamte. Die dazu gehörigen Damen saßen ebenfalls am Tisch. Meine Tischnachbarin war Mrs. Clay, mit der ich eine gute Unterhaltung hatte. Rechts von General Clay saß meine Frau. Soweit er ihr Oxford-Englisch, das bekanntlich in amerikanischen Ohren ähnlich klingt wie einem Hannoveraner Schwäbisch, verstand, ging das Gespräch sehr gut. Auf der anderen Seite meiner Frau war ein amerikanischer General von der Truppe plaziert, ein jovialer Mann, der jedoch schon angesäuselt gekommen war. Die Amerikaner genierten sich etwas. General Clay schickte ihm empörte Blicke zu. Uns Deutsche amüsierte er. Dann erhob sich General Clay zu einer Rede, weniger politischen als persönlichen Inhalts. Es war das erste Mal, daß er mit uns Deutschen in dieser Form zusammenkam. [...] Er dankte den aus dem Amt geschiedenen Herren und wünschte den neugewählten Glück und gab einen Ausblick auf das Jahr 1947. Dann kam der große Augenblick, in dem der tags zuvor vom stellvertretenden Militärgouverneur zum Militärgouverneur avancierte General einen Toast ausbrachte. Heute noch sehe ich, wie dieser Mann mit überaus korrekten, strengen Bewegungen und Gesten das Sektglas auf die Uniformknöpfe seines Waffenrocks ausgerichtet, nicht etwa hoch, sondern steil vor seine Brust hielt und auf das Wohl der Deutschen, natürlich auch aller distinguished guests, trank. Man hatte den Eindruck, es koste ihn eine gewisse Überwindung. Aber er tat es, und darin lag wohl die Aufhebung des noch bestehenden Fraternisierungsverbots. Wir waren sozusagen wieder in die zivilisierte Welt aufgenommen."

Länderrat US-Zone   8. 1. 1947   Nr. 1B

B Sitzung des Plenums

I BA Z 1/65, Bl. 254–261. Ungez. und undat. Wortprot., im Umdr. vervielf. Ausf. des RGCO[1]
II BA Z 1/189, Bl. 9–14. Ungez. und undat. Wortprot., maschinengeschr. vervielf. Ausf.
TO sowie zwei Nachträge: Z 1/181, Bl. 52–77; Kurzprot. Z 1/181, BL. 49–51

Anwesend: MinPräs. Ehard (Vorsitz), Justizmin. Hoegner, StS Pfeiffer, Konsul Seelos (Bayern); SenPräs. Kaisen (Bremen); MinPräs. Stock, MinPräs. a.D. Geiler, StS Strauß, StS Brill, StMin. Binder, Graf v. Wedel (Hessen); MinPräs. Maier, Min. Ulrich, Min. Kamm, Min. Veit, Min. Koch, Min. Beyerle, Min. Simpfendörfer, Min. Steinmayer, StS Gögler, StR Wittwer, Dir. Hof, ORegRat Mühlberger (Württemberg–Baden); GS Roßmann, Wutzlhofer, Wegmann, Preller (Länderrat); GenDir. Fischer (Sonderbevollmächtigter).

---

[1] Von der Rede liegen zwei Übersetzungen vor; die eine wurde vermutlich vom LR erstellt (Z 1/189, Bl. 2–15, Abdr. nach einer anscheinend nochmals überarbeiteten Fassung bei Deuerlein, Einheit Deutschlands, S. 408–411 und Die Regierungen 1945–1962, S. 406–410), die andere ließ StS Strauß in der Hessischen StK anfertigen (Z 1/237, Bl. 258–264). Sie wurde als „juristisch einwandfrei" bezeichnet. Clays Rede spielte in der staatsrechtlichen Diskussion der Monate Jan./Febr. 1947 über die Frage des Verhältnisses von Länder-, Zonen-, mehrzonaler und alliierter Gesetzgebung eine sehr wichtige Rolle. Beim Anhören erschien sie „ziemlich unverständlich" (vgl. Z 21/160, Bl. 29, Vermerk vom 17.1.1947). Zur Interpretation vgl. die Ausarbeitung von StS Brill vom 20.1.1947 über die staatsrechtliche Lage nach der Rede von Gen. Clay vom 8.1.1947 Z 1/15, Bl. 60–70), ferner dessen Vorschläge betr. die Reorganisation des LR, Anlage zur Sitzung des hess. Kabinetts vom 26.2.1947 (HStA Wiesbaden, Nachl. Geiler/20, Bl. 244–245) sowie Vermerk von RegRat v. Elmenau über die staatsrechtliche Lage Bayerns nach der Stuttgarter Rede des Gen. Clay vom 8.1.1947 (BHStA Abt. II MA 130 859).
Die inhaltlichen Aussagen der Ansprache beruhten auf einer Unterredung Clays mit Dawson (RGCO) vom 22.12.1946, deren Ergebnisse letzterer in einem Schreiben an Clay vom 23.12.1946 resümiert hatte (NA RG 260 OMGUS 34–2/11, folder Länderrat correspondence; ferner Clay an Dawson vom 11.1.1947, ebenda). Dawson hatte geschrieben:
"1) The Laenderrat will continue as presently constituted with the same jurisdiction, i.e., it will continue to consider those matters in which zonal uniformity seems desirable by either OMGUS or by the governments of the Laender. No attempt will be made at this time to make more specific this sphere of jurisdiction.
2) When agreement is reached by the Laenderrat on any legislation, it will be forwarded to OMGUS for consideration. If such legislation is approved, it will be returned to the Laenderrat with specific authority to the Ministers President to promulgate it by executive decree in each Land. This procedure is required since under the Laender constitution the Minsters President have no decree-making power. In the future they will be acting under Military Government authority, and not under the constitution.
3) Directives of the Bizonal Agencies, when required, will be promulgated in the Laender as laws and legal orders by the same procedure, except that general authority may be given to the Ministers President since the fields are sufficiently well defined.
4) OMGUS will determine those matters on which zonal uniformity is desirable and hence will control jurisdiction of the Laenderrat. Insofar as is possible, the Laenderrat will be consulted on such jurisdictional questions. The tendency, however, will be to increase the competency of the Laender.
5) The RGCO will scrutinize legislation of the Laender to determine whether zonal unity is violated by such legislation. The RGCO will make such reorganization, as is necessary, within its present personnel to accomplish this mission.
6) The Laenderrat will cooperate with its counterpart in the British Zone so that bizonal economic unification may be facilitated.
7) The Laenderrat will recommend some internal reorganization to permit representation of the parliaments in Laenderrat discussions.
I shall discuss this procedure with Dr. Maier who will give me the reactions of German government and I shall keep you informed."

Nr. 1B   8. 1. 1947   Länderrat US-Zone

I Ansprache des Generals Clay

[Beginn: 10.40 Uhr]

Mr. Chairman, Ministers President, Ladies and Gentlemen:
I am sorry that I had to miss the December meeting of the Laenderrat.[2] This was due to my absence in the United States to attend the discussion between the representatives of the United States and the United Kingdom, looking to the economic fusion of the two zones of occupation in Germany. I know that you are familiar with the detail agreed in Washington[3] which has led to the economic integration of the two zones, effective on the first of January. General Robertson, the British Deputy Military Governor, has invited me to join him in Minden on January 23rd to discuss problems pertaining to the economic fusion. The Ministers President in the British Zone will be present and I wish now to extend an invitation to the Ministers President in the U.S. Zone to also attend the meeting.[4]

In the United States it is our custom at the beginning of a New Year to look back at the work of the past year so that we may profit from our experience to establish an even higher goal for the year ahead. I am sure that the Laenderrat, in looking back over the past year, may take satisfaction in many accomplishments. However, I am equally sure that the year ahead offers the opportunity for even greater accomplishment in the progress of self-goverment and in improving the German economy.

This meeting, the first of the New Year, is another landmark in the progress of German government under democratic procedures. The return of government responsibility to the German people was started at the village, in the local elections held throughout the U.S. Zone in January of 1946. Systematically since then, city, county, and state elections have been held. Today, the first meeting of the New Year, is also the first meeting in which the Laenderrat ist composed of representatives selected by the elected Parliaments of the three states of the American Zone.[5]

I would be remiss at this time if I did not express my appreciation of the work which has been accomplished during the past year under the three Ministers President appointed by Military Government. Manifestly, they have had to cooperate with Military Government. However, they have been steadfast to what they considered the best in-

---

[2] Gen. Clay hatte sich auf der Tagung vom 3.12.1946 durch Gen. Keating vertreten lassen (vgl. Akten zur Vorgeschichte 1, S. 1104).

[3] Das Abkommen vom 2.12.1946 zwischen Byrnes und Bevin regelte Fragen des ab 1.1.1947 wirksam werdenden wirtschaftlichen Zusammenschlusses der amerik. und brit. Zone; u. a. den Kostenanteil beider Staaten für die Unterhaltung der gemeinsamen Überwachungsinstitution sowie Probleme des deutschen Imports und Exports. Abdr. in: Documents on Germany, S. 195–199.

[4] Zur Ruhrreise vgl. Dok. Nr. 4.

[5] Die Wahlen zu den Landtagen hatten in Württemberg-Baden am 24.11.1946, in Bayern und Groß-Hessen am 1.12.1946 stattgefunden. Die Ergebnisse (vgl. Schachtner, Nachkriegswahlen) lauteten in Prozent der abgegebenen Stimmen:

Württ.-Baden		Bayern		Hessen	
CDU	36,26	CSU	52,27	CDU	30,88
SPD	30,07	SPD	28,59	SPD	42,77
KPD	9,66	KPD	6,09	KPD	10,68
DVP	18,45	FDP	5,66	LDP	15,67
		WAV	7,39		

terests of the German people and have presented their views with courage and with obvious sincerity. Their work has contributed much to progress during the past difficult year.

However, Military Government welcomes the Laenderrat as it is now formed of representatives selected by the German people. It recognizes the responsibility which each Minister President has to his state Parliament. This responsibility may necessitate some changes in the procedural functioning of the Laenderrat although not in the general purposes for which it was established.

Military Government, in approving the constitutions adopted by the three states in its zone, stated that it would not interfere with the state governments established under these constitutions as long as they are conducted to accord with our basic objectives. At the same time, Military Government pointed out the necessity for it to continue its responsibility for national legislation until some type and form of German national government comes into existence.

The rights of the states are clearly defined in the state constitutions. However, although these constitutions provide for the requisite ceding of state power to a national or federal government[6], the exact powers which will be so ceded, have not and can not be formulated until a constitutional convention or congress has developed the final form of national government.

The Potsdam Protocol did provide for the establishment of central administrative agencies for communication, transportation, finance, industry, trade and commerce; and subsequently, American Military Government has announced its support of a central administrative agency for food and agriculture.[7]

While these agencies have not yet materialized for Germany as a whole, they have been established in the American and British Zones as a result of their economic fusion.

Each of the states in the American Zone is represented by a responsible state official on the established bi-zonal agencies, and each, therefore, has an appropriate voice in the determination of over-all policy. Obviously, in these fields, it will no longer be necessary for the Laenderrat to exercise direct responsibility, although Military Government favors a continuing interchange of views in the Laenderrat. However, when the bi-zonal agencies have reached agreement, it is expected that these agreements will be executed in good faith in all of the states and each Minister President is granted the authority of Military Government and will have the responsibility for such execution. Military Government will not permit the bi-zonal agencies to assume state responsibilities[8] and will insist that the responsibility for the execution of bi-zonal policies remains with state government. Military Government decrees will be utilized only in the last instance when

---

[6] Gemeint sind hier Paragraphen der Länderverfassungen, die es ermöglichen sollten, ggf. Kompetenzen an eine noch zu schaffende zentrale Reichs- oder Staatsgewalt abzutreten. Im einzelnen handelt es sich um § 180 der Bayerischen Verfassung vom 2.12.1946, §§ 105, 106 der Württ.-Badischen Verfassung vom 28.12.1946 (Abdr. vom § 106 vgl. Dok.Nr. 3, Anm. 9); § 152 der Hessischen Verfassung vom 11.12.1946 (Abdr. Dok.Nr. 10 B, Anm. 17). Abdr. der Verfassungen der Länder in: Wegener, Neue deutsche Verfassungen.

[7] Vgl. hierzu Vogelsang, Zentralverwaltung.

[8] In der Übersetzung des LR (vgl. Anm. 1) völlig mißverständlich übersetzt mit „Staatsaufgaben". Ein Mitarbeiter im Zentraljustizamt der brit. Zone meinte dazu: „Mit diesem Wortlaut hat der Satz keinen Sinn, da zweifellos alle bizonalen Verwaltungsämter [...] staatliche Funktionen ausüben. [...] Gen. Clay als Amerikaner hat den Unterschied zwischen Reich und Ländern sprachlich verglichen mit dem Verhältnis, das in Amerika zwischen der Union und den Federal States besteht" (Vermerk vom 18.1.1947, Z 21/160, Bl. 30).

and if a minority of the states proves unwilling to execute bi-zonal policy as determined by the bi-zonal agencies.

However, it is clear that there will be other matters in which uniformity is desirable throughout Germany if possible, and throughout the U.S. Zone of occupation in any event. I refer to such matters as restitution, social insurance, financial reform, decartelization, and similar measures, which can be succesful only if applied uniformly. It will continue to be the policy of Military Government to consult with the Laenderrat to the fullest extent possible in the preparation of quadripartite legislation. When such legislation is enacted, it must be issued by Military Government decree or ordinance for application in each of the states. When possible, supplementing regulations will be left to state administrations

If uniform legislation which can not be obtained by quadripartite agreement is required for measures in the U.S. Zone of occupation, Military Government will continue to ask the Laenderrat to prepare such legislation for the approval of Military Government. Legislation of this type may be issued in each state by the Ministers President through the exercise of powers specifically granted by Military Government; or, if the Laenderrat prefers, in specific cases as ordinances of Military Government.

I wish that I could give you a clear-cut formula which would distinguish between the character of legislation to be enacted by the Laenderrat and the character of legislation to be enacted by the State Parliaments. Unfortunately, such a formula can not be clearly defined now and will prove difficult to develop in practice in the absence of a national constitution. However, I assure you that it is our policy to maintain a high degree of local responsibility and to hold national legislation to the essential minimum. Therefore, we shall avoid uniform legislation unless it is clear that uniformity is essential to successful application. Each law presented to the Laenderrat for consideration or proposed by the Laenderrat will be examined with this in mind.

It is equally clear that state legislation must not extent into the field of, nor conflict with, national legislation. Hence it is equally important that state legislation be confined to state matters, and state legislation must be examined prior to its formal approval by Military Government to make sure that it does not conflict with quadripartite measures either enacted or under consideration, or with uniform measures adopted in the American Zone. Likewise, we shall expect the Laenderrat to examine such matters to place your views before Military Government with respect to possible impingement of state legislation upon national legislation, and with respect to national or zonal legislation encroaching upon state legislation.[9]

It would also seem to me that as Minister President of the state which you represent, you may frequently desire to interchange views with other Ministers President in the Laenderrat in the interests of close coordination. This is your privilege. However, what you do in this field is your own responsibility and will not require consideration or approval by Military Government.

Military Government believes that the procedures which I have outlined will give you

---

[9] Ein auf Grund dieser Ausführungen vom LR eingeführtes Verfahren, die Landesgesetzgebung durch den LR zu überwachen und durch das Direktorium jeweils festzustellen, ob Zoneneinheitlichkeit erwünscht oder erforderlich ist, wurde von OMGUS am 11.7.1947 als illegal bezeichnet. Dieses sei nicht mit den Rechten der Länder vereinbar und auf Anfrage des Legislation Review Boards habe Gen. Clay erklärt, seine Ausführungen hätten nicht beabsichtigt, daß der LR die Landtagsgesetzgebung überprüfe (NA RG 260 OMGUS 156-3/3, folder 336 Civil Administration Div. 1947).

full responsibility for state legislation which does not conflict with our basic objectioves, without preventing the enactment of national or zonal legislation which must still remain a responsibility of Military Government.

Summarizing, the Laenderrat continues to be charged with responsibility for preparing legislation that obviously must be applied uniformly throughout the U.S. Zone of occupation. It must continue to study, comment, and recommend on proposed quadripartite legislation to be made applicable to Germany as a whole. The individual members of the Laenderrat, acting in their capacities as Ministers President of the three states, will express the views of each state in matters of bi-zonal economy through their representatives on the bi-zonal agencies. Each Minister President will be responsible for the execution of bi-zonal economic policies.

Thus, it seems to me that you have been given now the full measure of self-responsibility which is possible until some form of provisional government is established for Germany as a whole. I must remind you that in placing this responsibility for government back in your hands, we have exacted as a condition the satisfactory execution of the Law for Liberation from National Socialism and Militarism. It continues to be the view of Military Government that through denazification is essential to democratization and to restoration of self-government.

Recently, in response to the solicitation of responsible German officials, General McNarney has extended the youth amnesty to thousands of "little" Nazis in the expressed hope that it will encourage them to democratic ways.[10] In doing so, he has eased substantially the administrative load now carried by the denazification ministries and tribunals which you felt too large for satisfactory administration.

In return, it is expected that full advantage will be taken of this reduction in administrative work to seek out aggressively and to punish adequately the active Nazis and their associates who profited from the Nazi regime. That challenge still lies before you as the representatives of the German people in the U.S. Zone of occupation. Your real determination to seek the ways of democracy and to re-gain a place in the family of nations will be judged by the people throughout the world from the success with which you meet this challenge.

Finally, I wish to reiterate that Military Government welcomes its new relationship with a Laenderrat which is composed of Ministers President selected by the German people as their representatives. We shall expect you to represent the German people and we shall give utmost consideration to your views. I propose to meet with you monthly and I shall be glad at any time to receive your comments and recommendations. I shall expect your cooperation and your prompt execution of any decrees which Military Government may find it necessary to issue. Your task is difficult. The daily life of your people during the coming year will not be easy. I trust, however, that through your efforts, the New Year will bring a measurable improvement in the economic conditions which prevail in Germany, accompanied by continued progress in democratic self-government. You will habe the full support of Military Government to these ends.

[Schluß: 11.12 Uhr]

---

[10] Zur Jugendamnestie und Weihnachtsamnestie vgl. Dok.Nr. 6 C, Anm. 4 und 5.

Nr. 1 B   8. 1. 1947   Länderrat US-Zone

II Sitzung des Länderrates

[Beginn: 10.00 Uhr[10a]]

[**1. Ansprache von MinPräs. Ehard: Rückblick auf die politische Entwicklung des vergangenen Jahres, Ausblick auf das Jahr 1947**[11]]

[*Ehard* übernimmt den Vorsitz und gibt einen Rückblick auf die politische Entwicklung des vergangenen Jahres, die durch die Entstehung von Verfassungen und die Schaffung von Parlamenten der Länder gekennzeichnet sei]

Die Entwicklung fand in wohl abgewogenem Zeitmaß statt; aber rückblickend mutet sie beinahe wie im Sturmschritt durcheilt an, gemessen an dem Chaos und der Katastrophe, woraus wir gekommen sind.

Nun ist wiederum rascher als mancher vorausgeschaut haben mag, die Wahl unserer staatlichen Lebensform uns selbst überantwortet worden. Im amerikanischen staatlichen Denken kommt der Verfassung eine zentrale Bedeutung zu, denn die Geburt der Vereinigten Staaten ist gleichbedeutend mit der Geburt ihrer Verfassung. Die freie amerikanische Republik vollzog, indem sie sich konstituierte, ihre Loslösung vom Mutterlande. Die Prinzipien der Freiheit, des Rechtes und des Individuums haben sie zugleich begründet und auf den glückhaften Weg geleitet, der sie im Laufe von 150 Jahren von einem kleinen Kolonialland zu so großer Höhe auf dieser Erde geführt hat. Möge die geistige Patenschaft unserer neuen Verfassungen ein glückliches Omen für unsere drei Staaten sein.

Uns hier in Süddeutschland ist verfassungsmäßiges Denken ja nicht fremd. [Ausführungen über die traditionsreiche Verfassungsgeschichte von Bayern, Württemberg und Hessen-Kassel] So haben wir das Recht zu hoffen, daß die jungen demokratischen Freiheiten alte Saiten im Herzen unseres Volkes zum Tönen bringen werden. Freilich, vorerst urteilt dieses Volk – der politischen Freiheit und Schulung entwöhnt –, mehr nach der Sinnfälligkeit des Alltags, als nach theoretischen Formulierungen. Es ist schwer, ihm begreiflich zu machen, daß die Rede- und Pressefreiheit noch nicht jenen Mächten gegenüber gelten kann, die den größten Krieg der Geschichte soeben gegen uns gewonnen haben. Die schönen Grundsätze etwa der bayerischen Verfassung über das Recht auf angemessene Wohnung, die für jedermann eine Freistatt und unverletzlich sein soll, wirken wie eine Ironie gegenüber der Wucht der Tatsachen und den harten Maßnahmen des Flüchtlingskommissars. Wenn die Grundsätze des Völkerrechts als Bestandteil der Staatsverfassungen der Zone gelten, jenes Völkerrechts, dessen Mißachtung uns in so namenloses Unglück gestürzt hat, so ist es nicht leicht, auf tausende gequälter Fragen zu antworten, wie sich z. B. die Zurückbehaltung der Kriegsgefangenen zu Arbeitszwecken 20 Monate nach endgültiger Einstellung der Feindseligkeiten mit den Grundsätzen des Völkerrechts verträgt.

Gewaltig klangen einst die vier Freiheiten an unser Ohr, mit denen die damaligen Leiter der Geschicke der angelsächsischen Völker auf einsamen Schlachtschiffen im Atlantik sich treffend den Willen zu einer gerechteren Ordnung der Dinge in der Atlantik-

---

[10a] Die Sitzung wurde, nachdem Gen. Clay von 10.40 – 11.12 Uhr seine Rede gehalten hatte, bis 12.25 Uhr unterbrochen.

[11] Entwurf der Ansprache Ehards, im folgenden zitiert als „Entwurf Ansprache" in: Z 1/121, Bl. 252-257, 262 (verheftet!).

Charta verkündeten.[12] Wenn wir auch wissen, daß die Freiheit von Not, Zwang, Furcht und Gefahr für uns noch kein unmittelbar vor der Verwirklichung stehender Anspruch ist, so dürfen wir doch in dieser bedeutungsvollen Stunde an alle vier Besatzungsmächte die Bitte richten: Helft uns die neuen Verfassungen im Herzen der Bewohner unserer Länder zu verankern, indem ihr Ethos und ihr Geist Sieger und Besiegte in gleicher Weise erfüllt und in höherem Sinn vor dem Forum der Humanität verbindet.

Wenn die Besatzungsmacht mit der Formung von Verfassungen uns den Weg in eine rechtsstaatliche Ordnung unseres inneren Lebens ermöglicht hat, so dürfen wir hoffen, daß ihre Normen des Rechts und nicht die der Vergeltung die kommenden internationalen Regelungen auch hinsichtlich der deutschen Grenzen bestimmen. Die alliierten Mächte und die Welt werden zu der Überzeugung kommen, daß die Freiheit von Not nicht herrschen kann, wenn im Herzen Europas ein Lebensstandard aufgerichtet wird, der auf manchen Gebieten 50 Jahre gedrängter technischer Entwicklung für Deutschland ungeschehen machen und uns zum Teil auf das Niveau von 1890 verweisen will. Drum kann ich nicht glauben, daß ein Industrieplan, der eine Stahlerzeugung von fünf Millionen Tonnen für Deutschland vorsieht, Wirklichkeit werden wird.[13] Diese Fragen sind unserer Entscheidung vorerst wahrscheinlich entzogen. Doch nach der verfassungsmäßigen Konsolidierung der drei Staaten der US-Zone entsteht für uns die Aufgabe, dem Bau des neuen Deutschlands in seiner Gesamtheit ein stärkeres Augenmerk zuzuwenden. Dieser Aufbau unseres Vaterlandes ist sicher die wichtigste innerpolitische Aufgabe, er ist eine Lebensfrage für alle, die das Schicksal im deutschen Raum zusammengeführt hat. Alle die grundsätzlichen Fragen, die erörtert und gelöst werden müssen, beschäftigen jedes der Länder für sich und im Zusammenspiel, und sie werden auch in die Beratungen des Länderrats ausstrahlen. Wir Deutsche müssen allmählich aus dem Stadium allgemeiner Erwägungen und Vorstellungen herauskommen. Wir dürfen uns nicht mehr begnügen mit schlagwortartigen Begriffen, unter denen sich zuweilen weit voneinander abweichende Wünsche und Vorstellungen verbergen. Wir müssen darangehen, konkret zu denken und zu sagen was wir wollen, die Grenzen der Mindestforderungen und äußerste Möglichkeiten zu finden suchen. In freier sachlicher Aussprache werden sich die Meinungen klären und eine demokratische Verständigung wird sich finden lassen. Mißverständnisse und Mißdeutungen werden so am ersten ausgeräumt und manche Entstellungen und Vorurteile entkräftet.

Im Länderrat braucht der Ruf nach sachlicher Zusammenarbeit nicht erst erwogen zu werden, denn gerade der Länderrat hat in der schweren Zeit seines Bestehens in vorbildlicher Weise bewiesen, daß auch schwierige Probleme in praktischer Zusammenarbeit befriedigend gelöst werden können.

Wenn wir nun die Prüfung der großen Aufgaben des gesamtdeutschen Aufbaues beginnen, werden wir notwendigerweise von den Grundsätzen ausgehen müssen, die von der Besatzungsmacht selbst programmatisch festgelegt und uns hier in einer Länderratssitzung feierlich überreicht worden sind, ich meine die Direktive vom 30. September 1946

---

[12] Vgl. Dok.Nr. 27, Anm. 9

[13] Der Industrieplan war am 28.3.1946 vom Alliierten Kontrollrat angenommen worden. Abdr. in: Documents on Germany, S. 113-118; in deutscher Übersetzung in: Harmssen, Reparationen, Sozialprodukt, Lebensstandard, Heft 1, 91–94. Siehe auch das Gutachten Deutsche Wirtschaft und Industrieplan, hrsg. vom Institut für Weltwirtschaft Kiel u. a., Essen 1947; Latour/Vogelsang, Okkupation und Wiederaufbau, S. 146-150. Zur Revision für die Bizone siehe Dok.Nr. 9, Anm. 4.

über die Beziehungen zwischen Militärregierung und Zivilregierung nach der Annahme der Länderverfassung.[13a] Diese Direktive hat eine bedeutsame Ergänzung erfahren durch die heutigen Ausführungen von General Clay, die bis zur endgültigen Klärung der deutschen Frage die staatsrechtliche Grundlage für unsere weitere Arbeit bilden.

In der Direktive vom 30. September 1946 heißt es: „Die Struktur der deutschen Regierungen soll in ihrem Charakter föderalistisch sein (Bundesstaat) und die einzelnen Bestandteile sollen Staaten (nicht Länder) sein. Die Funktionen der Regierung sollen innerhalb dieser Struktur dezentralisiert sein bis zu dem äußersten Grade, der mit dem modernen Wirtschaftsleben vereinbar ist."

Es wurden anschließend weiter folgende Grundsätze festgelegt: daß das Volk in erster Linie den Staaten Vollmachten erteilt und erst später und nur in speziell aufgeführten und beschränkten Fällen der Bundesstaatsregierung und daß alle anderen Regierungsvollmachten von Seiten des Volkes den Staaten erteilt werden sollen. Damit ist der wesentliche Grundsatz eines echten föderativen Aufbaues eines bundesstaatlichen Gebildes anerkannt, wie es das zukünftige Deutschland sein soll. Die Vollmachten des Bundes und seiner Organe kommen durch Übertragungen durch die Staaten und nicht umgekehrt zustande.[14] Ich darf hier vielleicht erwähnen, daß die in vielem so vorbildliche amerikanische Verfassung Rechtskraft erlangte, indem der Verfassungsvorschlag der Nationalversammlung von sämtlichen damaligen 13 Staaten der Union ratifiziert worden ist. Als gute Deutsche, als gute Demokraten, als gute Föderalisten bejahen wir in Bayern diesen Weg und die Verfassung, zu der er führt. Wir glauben, daß eine solche Staatsform dazu beiträgt, die schwer aufgehende Gleichung, in der Freiheit und Herrschaft, Kultur und Staatsmacht, lokale Verantwortlichkeit und Regierung eines Großstaates auf *einen* Nenner zu bringen sind, zu lösen. So wenig wir das Erfordernis zentraler Steuerung[15] auf vielen Gebieten verkennen, sind wir doch von starkem Mißtrauen gegen den bürokratischen Hang zu Kompetenzenmehrung erfüllt, gegen die Häufung neuer Zuständigkeiten nicht um des Volkes und der Sache, sondern einer Zentralverwaltung willen. Weil wir den tief inneren Zusammenhang zwischen Föderalismus und Demokratie kennen, weil wir gute Demokraten sind, wollen wir auch gute Föderalisten sein. Denn nur so wird die Demokratie in unserem Volk von unten nach oben sich aufbauend organisch werden und in der Seele des Volkes Wurzel schlagen. Bittere Erfahrungen der Vergangenheit mahnen uns, dem zukünftigen Deutschland eine staatsrechtliche Gestalt zu geben, die gleichzeitig die beste Gewähr für eine friedliche Entwicklung im Herzen Europas bietet.

So wollen wir an die Länderratsarbeit des Jahres 1947 mit der festen Zuversicht herangehen, daß es heuer womöglich noch besser gehen wird als im Vorjahr und daß der Länderrat nach Anpassung an die neuen Gegebenheiten seinen Aufgaben auf zonalem und überzonalem Gebiet voll gewachsen ist. Der freudigen Mitarbeit Bayerns können Sie, meine Herren, voll versichert sein und wenn ich den Dank für die geleistete Arbeit

---

[13a] Siehe Dok. Nr. 9, Anm. 10.

[14] Im „Entwurf Ansprache" wurde folgender Satz gestrichen: „Weil nun Bayern gerade wegen seiner föderalistischen Bestrebungen sehr oft mißverstanden, zuweilen geradezu angefeindet wird, möchte ich doch folgendes anfügen in der Hoffnung, dadurch hier einer sachlichen Diskussion den Boden zu ebnen."
Der folgende Satz „Ich darf..." nachträglich eingefügt.

[15] Handschr. korrigiert aus „Steuer".

des Vorjahres ausspreche, so darf ich damit zum Schluß herzliche Wünsche für den besten Erfolg des neuen Jahres gleichzeitig aussprechen. (Lebhafter Beifall und Händeklatschen.)
[...]

[2.] **Berichte und Anträge der Ausschlüsse**

I Rechtsausschuß

[a)] Gesetz über den Nachweis der Ehetauglichkeit vor der Eheschließung[16]
[Der TOP wird zurückgestellt]

[b) Übertragung leichter Strafsachen auf Friedensrichter und Friedensgerichte[17]]
[...]

---

[16] Materialien und Entwürfe in: Z 1/1252, 1079. Die Vorarbeiten zu dem Gesetzesentwurf und einer Durchführungsverordnung begannen bereits im Sommer 1946, nachdem im Rechtsausschuß des LR festgestellt worden war, daß die einschlägigen Bestimmungen des Gesetzes zum Schutz der Erbgesundheit vom 18.10.1935 (RGBl. 1935 I, S. 1246) und seine Duchführungsverordnungen nicht mehr gültig waren. Von Dr. Guradze (RGCO) war eine sehr rigorose Ergänzung zum Ehegesetz vorgeschlagen worden; die Erlaubnis zur Eheschließung sollte nur gegeben werden, „auf Grund eines von einem approbierten und eingetragenen Arzt ausgestellten Zeugnisses in dem bescheinigt wird, daß der Antragsteller innerhalb einer kürzeren Frist als 30 Tage vor der Eheschließung untersucht worden ist, daß eine Blutprobe für Syphillis gemacht worden ist, und daß die Untersuchung keinen Befund für das Vorhandensein einer Geschlechtskrankheit in ansteckendem Zustand ergeben hat." (Z 1/1252, undat. Aufzeichnung „überreicht von Herrn Dr. Guradze am 6.11.1946 Gesundheitsausschuß.") Die deutschen Vorstellungen liefen darauf hinaus, das Zeugnis nicht auf Geschlechtskrankheiten zu begrenzen, vielmehr Tuberkulose und erbliche Geisteskrankheiten mit einzubeziehen. Ein negatives Zeugnis sollte auch nicht per se ein Ehehindernis bedeuten. Nach Beratungen im Rechts- und Gesundheitsausschuß des LR sowie im Direktorium wurde in der internen LR-Sitzung vom 4.2.1947 beschlossen, die MilReg. zu bitten, beim Kontrollrat diesbezüglich ein Gesetz zu erwirken (Kurzprot. in: Z 1/181; in Roßmanns Prot. über diese Sitzung (Dok.Nr. 6 A) ist der Punkt nicht erwähnt). Die MilReg. lehnte den Antrag unter dem 9.4.1947 ab (RGCO an den LR vom 9.4.1947 in: Z 1/1252) mit der Begründung, daß man das Gesetz nicht als eine Angelegenheit betrachte, für welche Verhandlungen auf Viermächtebasis erforderlich seien. Es könne von den zuständigen deutschen Behörden erlassen werden. Nachdem es um die Frage, ob das Gesetz nunmehr unter die vom LR eingeleitete Gesetzgebung falle – der LR hatte ja darüber bereits beschlossen – zu einer Kontroverse mit Bayern und Hessen gekommen war, wurde auf der internen LR-Sitzung vom 6.5.1947 (vgl. Dok. 18 A, TOP 6) beschlossen, daß der Erlaß des Gesetzes Ländersache sei. Dennoch wurde der LR auf Drängen des Ausschusses für Gesundheitswesen nochmals mit dem Gesetzesvorhaben befaßt, da zumindest eine „zonengleiche" Gültigkeit erforderlich sei. Auf der Sitzung vom 3.3.1948 wurde das Gesetz vom LR angenommen. Nunmehr wollte die MilReg. jedoch die Notwendigkeit der Zoneneinheitlichkeit nicht anerkennen und sprach daher die Ermächtigung für die Ministerpräsidenten nicht aus, es zu erlassen. Schließlich wurde das Gesetzesvorhaben 1949 in die Liste der vom Bund zu erlassenden Gesetze aufgenommen.

[17] Materialien und Entwürfe Z 1/1282. Abdr. in: LRGS, S. 61. Der Diskussion lag ein Antrag des Rechtsausschusses des LR zugrunde, nach dem die MilReg. gebeten werden solle, der Landesgesetzgebung die Möglichkeit zu geben, die Verhandlung und Entscheidung bestimmter leichter Strafsachen, die zur Zuständigkeit der Amtsgerichte gehörten, auf Friedensrichter oder Friedensgerichte zu übertragen (Antrag in: Z 1/181, Bl. 52). In der Begründung wurde u. a. angeführt, die Friedensgerichtsbarkeit könne einen wertvollen Beitrag zur Demokratisierung der Rechtspflege leisten sowie zur Entlastung der ordentlichen Gerichtsbarkeit führen.
Das RGCO teilte unter dem 10.3.1947 mit, eine Genehmigung des Antrages durch die MilReg. sei nicht erforderlich, da eine einheitliche Gesetzgebung hierbei nicht notwendig sei (Z 1/1282, Bl. 74). Die Entscheidung der MilReg. beruhte auf einem Irrtum: „Nicht für die Einsetzung der Friedensgerichte wird eine einheitliche Gesetzgebung innerhalb der Länder der US-Zone für notwendig gehalten, sondern umgekehrt er-

II Wirtschaftsrat

[a) Treuhändergesetz]

Roßmann: [...] Es handelt sich um den Entwurf des Gesetzes über die Bestellung von Treuhändern für Personen unter politischer Vermögenssperre.[18] Der Wortlaut ist aus Anlage 3 ersichtlich.[19] Das Direktorium hat hierzu beschlossen, dem Länderrat erneut die Überweisung des Treuhändergesetzes an den Rechtsausschuß zu empfehlen.[20] Das Gesetz ist in Bayern und Hessen noch nicht mit der dortigen deutschen Verwaltung der Vermögenskontrolle abgestimmt worden. Außerdem sind die zuständigen amerikanischen Stellen der Property-Control in den drei Ländern noch nicht gehört worden. Es erscheint daher zweckmäßig, daß diesen Stellen Gelegenheit zur Stellungnahme gegeben wird, bevor das Gesetz dem Länderrat zur endgültigen Beschlußfassung vorgelegt wird. Der Rechtsausschuß soll daher zu seinen Beratungen die Vertreter der amerikanischen und deutschen Stellen der Vermögenskontrolle zuziehen.

[Ehard:] Es wird beantragt, dieses Treuhändergesetz neuerdings zurückzustellen und einer Neubearbeitung zu unterziehen. Über dem Treuhändergesetz leuchtet kein guter Stern, so notwendig es ist und so überaus wichtig es wäre, daß wir endlich zu einer Lösung kommen; aber sie soll auch so sein, daß wir damit einverstanden sein können. Ich glaube also, wir werden es zurückstellen müssen. [...]

[Ehard:] Die Notwendigkeit der treuhänderischen Tätigkeit nach innen und außen, welcher seither Schwierigkeiten begegneten, wird klargestellt werden müssen, bevor das Treuhändergesetz zu einer entsprechenden Lösung geführt werden kann. Wir brauchen uns wohl jetzt nicht weiter darüber zu verbreiten, der Punkt ist *zurückgestellt.*[21]

[b)] Gesetz über die Wiedererrichtung von Verbrauchergenossenschaften (Konsumvereine)[22]

[Vorbehaltlich der Zustimmung der Kabinette von Hessen und Württemberg-Baden wird dem Entwurf zugestimmt]

3. Gesetzgebungsverfahren nach einem Beschluß im Länderrat

[Ehard:] Vielleicht ist es notwendig, einmal grundsätzlich zu der Frage ein paar Worte zu sagen, wie diese Dinge weiter behandelt werden sollen. Wenn ein Gesetz im Länderrat beschlossen ist, dann wird es künftig dem Einzellandtag zugeleitet werden müssen.

---

scheint diese einheitliche Gesetzgebung erforderlich, um den Ländern einzelne Landesgesetze zu ermöglichen" (Z 1/1282, Bl. 71). Die Frage gelangte demnach nochmals in Form eines Gesetzes zur Abänderung des Gerichtsverfassungsgesetzes vor das Rechtsausschuß, das Direktorium und am 4.11.1947 vor den LR. Da die MilReg. darauf bestand, die den Friedensrichtern zu übertragenden Fälle ausdrücklich auf einen Streitwert von 150.00 RM zu begrenzen, mußte der LR sich erneut mit dem Gesetz befassen. Es wurde am 8.4.1948 vom LR verabschiedet.

[18] Materialien zum Treuhändergesetz in: Z 1/271, 641; Abdr. in: LRGS, S. 494–507.

[19] Z 1/181, Bl. 63–65.

[20] Beschluß der Sitzung vom 7.1.1947 (Prot. Z 1/155, hier Bl. 273). Die folgenden Ausführungen Roßmanns beruhen auf dem Wortlaut des Beschlusses des Direktoriums.

[21] Das Treuhändergesetz wurde auf der LR-Tagung vom 4.2.1947 verabschiedet (vgl. Dok.Nr. 6 A, TOP 3).

[22] Entwurf in: Z 1/181, Bl. 66–69. Materialien und Vorentwürfe Z 1/427, 1225. Abdr. in: LRGS, S. 536–541. Der Gesetzentwurf wurde im wesentlichen in der Arbeitsgruppe Konsumgenossenschaften des Wirtschaftsrates des LR vorbereitet. Umstritten war insbesondere die Frage, für welchen Zeitraum den Konsumgenos-

Ein Gesetz, das vorher schon irgendwie unterzeichnet ist, und bei dem nur etwa die Genehmigung der Militärregierung vorbehalten ist, wird ohne weiteres verkündet werden können. Es kann also sehr wohl der Fall eintreten, daß beispielsweise in dem einen Lande ein Gesetz sofort veröffentlich werden kann, während es in einem anderen Lande noch nicht unterzeichnet ist, weil die Annahme der Verfassung inzwischen eingetreten ist und das Länderparlament mit der Sache befaßt werden muß. Ich glaube, darüber ist man sich einig. Also hier können wir sagen, daß im Länderrat die Billigung dieses Gesetzes ausgesprochen wird mit Ausnahme des Vorbehalts von Hessen und Württemberg. Es wird natürlich überall notwendig sein, daß die Länderparlamente zustimmen. Es gibt Einzelfälle, in denen ein Gesetz bereits unterzeichnet ist und nur die Genehmigung der Militärregierung noch aussteht und wenn die nachträglich kommt, glaube ich, kann das Gesetz an sich veröffentlicht werden, denn es ist ja schon unterzeichnet. In anderen Fällen aber ist es nicht möglich. Praktisch werden es nicht sehr viele sein.

Beyerle: Darf ich mir erlauben, ein Bedenken anzuknüpfen: Es ist nach unserer Verfassung so, daß ein Gesetz durch die Annahme der bisherigen Regierung plus Verkündigung perfekt wird. Wenn nun zwischen der Annahme und Verkündigung die Verfassung hereinkommt, also die neue Grundlage der Gesetzgebung, dann glaube ich, daß wir das Gesetz nicht mehr verkünden können, sondern daß wir es dann den verfassungsmäßigen Weg gehen lassen müssen, weil eben diese Verkündigung zuerst noch gefehlt hat und jetzt eben ein Zwischenakt gekommen ist.

[*Ehard:*] Die Frage ist nicht ganz geklärt. Sie wird in manchen Ländern auf Grund der Verfassung verschieden zu behandeln sein, aber wir brauchen ja diese Frage hier nicht zu entscheiden, sondern es ist die Absicht, daß das einzelne Land sie mit seinem Parlament selbst austragen kann.

Maier: Wir haben schon in der letzten Länderratssitzung[22a] auf diese Gesetzgebung, wie sie der Herr Justizminister vorgetragen hat, Bezug genommen. Also für uns ist das verbindlich. Aber der Herr Ministerpräsident Ehard hat vollkommen recht, daß das eine Angelegenheit ist, die nun in der Ausführung des Länderratsbeschlusses liegt.

Geiler: Vielleicht darf ich noch, ohne dem Herrn Vorsitzenden voranzugreifen, sagen, daß wir in Hessen einen andern Standpunkt vertreten haben, indem wir sagten, der Schwerpunkt der Gesetzesberatung liegt in der Zustimmung des Kabinetts und in der Unterzeichnung durch den Ministerpräsidenten. Die Verkündigung ist ein Appendix und wir waren der Auffassung, daß derjenige, der das Gesetz noch unterschrieben hat, auch die Befugnis zur Verkündung hat, und daß diese Befugnis der Verkündung, weil

---

senschaften der freie Verkauf an Nichtmitglieder gestattet werden sollte. Als Wiedergutmachung für die im Dritten Reich erlittenen Einbußen wurde zunächst eine großzügige Frist bis Ende 1952 gefordert, der Wirtschaftsrat beschloß jedoch, den Zeitraum bis Ende 1949 zu begrenzen (Z 1/427, Bl. 319). Ein weiteres wichtiges Problem war die Rückerstattung des ehemaligen Vermögens der Konsumvereine, das bei der Auflösung der Vereine im Jahre 1941 zum Vermögen der Deutschen Arbeitsfront geschlagen worden war. Gemäß Kontrollratsgesetz Nr. 2 war dieses Vermögen beschlagnahmt und unterstand der Verfügungsgewalt des Kontrollrates. Die MilReg. erklärte (Schreiben vom 20.5.1947; ebenda, Bl. 286), eine einheitliche Gesetzgebung sei in dieser Frage zwar erwünscht, aber nicht erforderlich; die Regelung könne daher den Ländern überlassen bleiben. Die Bestimmungen über das Vermögen seien zu streichen. Ein Versuch der Wirtschaftsabteilung des LR, daraufhin die Landesgesetzgebung zu koordinieren, wurde von Bayern rigoros abgelehnt (ebenda, Bl. 256-257). Die Ländergesetze wurden mit Ausnahme Hessens (16.12.1947) erst im 1. Halbjahr 1949 erlassen.

[22a] Vgl. Akten zur Vorgeschichte 1, S. 1095 und 1108.

sie sich unmittelbar an den Gesetzesakt anschließt, nicht durch die inzwischen in Kraft getretene Verfassung weggenommen werden kann, sondern wir stehen auf dem Standpunkt, wir haben das Recht, das vom Kabinett angenommene und vom Ministerpräsidenten unterzeichnete Gesetz zu verkünden.
[...]
[Fortsetzung von TOP 2: Berichte und Anträge der Ausschüsse]

III Arbeitsausschuß Statistik
Bizonale Organisation der Statistik
[*Der Vorschlag des Ausschusses für Statistik beim LR wird angenommen*[23]]

IV Sozialpolitischer Ausschuß
[*Rentengewährung nach § 5 Abs. 2 des Gesetzes über Leistungen an Körpergeschädigte*[24]]
[...]

V Kulturpolitischer Ausschuß
[*Satzung des Kulturpolitischen Ausschusses*[25]]
[Auf Antrag Bayerns wird der TOP zurückgestellt]

[*VI*] *Sozialpolitischer Ausschuß 2*
[...]

[*Entwurf einer Verordnung über Vergünstigungen für Schwerbeschädigte im öffentlichen Personenverkehr*[26]]
[Ein Beschluß des Direktoriums, der Länderrat solle den Länderregierungen empfehlen „für den Erlaß von Bestimmungen über Vergünstigungen für Schwerbeschädigte im öffentlichen Personenverkehr entsprechend der in der Anlage 1 zur Nachtragstages-

---

[23] Vorschlag für die bizonale Organisation der Statistik, Z 1/181, Bl. 70–72. Weiteres Material in: Z 1/819, 820. Da bei der Schaffung der bizonalen Verwaltungsämter ein Statistisches Amt nicht gebildet worden war, war eine Koordinierung der Arbeit der in beiden Zonen vorhandenen Einrichtungen für Statistik notwendig geworden. In der US-Zone waren die Statistischen Landesämter im Statistischen Ausschuß beim LR zusammengefaßt, in der brit. Zone gab es ein Zonenamt für Statistik.
Der o.g. Vorschlag sah vor, einen Zwei-Männer-Ausschuß zu schaffen, der die einheitliche Durchführung der statistischen Arbeit in beiden Zonen in die Wege leiten sollte. Ein ständiges Sekretariat, das verwaltungsmäßig dem Finanzrat in Frankfurt/Main angegliedert werden sollte, war zur Unterstützung des Ausschusses vorgesehen. Für die fünf bizonalen Verwaltungsämter waren jeweils Unterausschüsse geplant, die dem o.g. Zwei-Männer-Ausschuß unterstehen sollten.

[24] Mit dem Gesetz wurde bestimmt, daß die Rente der Körpergeschädigten bereits bei 30% der Erwerbsminderung beginnen sollte. Abdr. LRGS, S. 168. Diese Regelung war bereits im Entwurf des Kriegsbeschädigten-Leistungsgesetzes vorgesehen gewesen; sie war von OMGUS aber unter dem 4.12.1946 abgelehnt worden und stattdessen war eine 40% Erwerbsbeschränkung als Voraussetzung für eine Rente festgesetzt worden. Vgl. Begründung zum Antrag in: Z 1/1240.

[25] Vgl. Dok.Nr. 10 B II, TOP 13.

[26] Schwerbeschädigte sollten im öffentlichen Personenverkehr Preisermäßigungen von mindestens 50% erhalten; die Benutzung von Straßenbahnen und Verkehrsmitteln im Ortsverkehr sollte unentgeltlich sein.

ordnung des Direktoriums[27] beigefügten Entwurf Sorge zu tragen", wird angenommen, nachdem er von MinPräs. Ehard erläutert wurde]

[*Ehard* schließt die Sitzung mit einem Dank an die scheidenden MinPräs. und der Hoffnung auf weitere gute Zusammenarbeit]

[Schluß: 13.00 Uhr]

---

[27] Z 1/138, Bl. 187.

Nr. 1C   8. 1. 1947   Länderrat US-Zone

C Interne Besprechung der Ministerpräsidenten mit General Clay

BA Nachl. Roßmann/25, Bl. 197–205. Ungez. und undat. Prot.[1]

Anwesend: Gen. Clay, Botschafter Murphy, Gen. Keating und einige weitere Amerikaner; MinPräs. Ehard, SenPräs. Kaisen, MinPräs. Stock, MinPräs. Maier, GS Roßmann

[1. Verhältnis von Landesregierungen, Länderrat und Zentralgewalt. (Interpretation der Ansprache des Generals Clay)]

Gen. Clay erklärt, er habe, so gut es ihm möglich war, die Beziehungen zwischen dem Länderrat und den Länderregierungen einerseits und zu einer künftigen Nationalverfassung andererseits aueinanderzusetzen versucht. Ohne eine solche Verfassung sei es beinahe unmöglich, ein solches Verhältnis auseinanderzusetzen. Jedes Gesetz, das von einem Lande stamme, und jedes Gesetz, das vom Länderrat komme, müsse von Fall zu Fall mit größter Sorgfalt beurteilt werden. Er würde gern die Meinungen der Herren hierüber hören.

MinPräs. Ehard [...] meint, trotz aller Schwierigkeiten komme man vielleicht mit einer einfachen Formel weiter, die die Begriffe verdeutliche. Im Grunde handele es sich doch nur um die alte Frage: Wie kann die Zuständigkeit zwischem dem Reich und den Ländern zuverlässig abgegrenzt werden und wie kann man diese Zuständigkeitsabgrenzung sichern? Er glaube, es bestehe bei allen Ländern – auch bei Bayern – vollkommene Einstimmigkeit darüber: Es müssen dem Reich alle die Möglichkeiten und Zuständigkeiten zur Verfügung gegeben werden, die notwendig sind, um überhaupt einen Gesamtrahmen zu haben, um zu regieren und dabei zu leben. Diese Zuständigkeiten solle man sofort gewähren und sie sich nicht abhandeln lassen. Er mache diese Bemerkung eben deshalb, weil ihm viel daran liege, gewisse Mißverständnisse mit Bezug auf Bayern auszuräumen. Bayern sei der Meinung – wobei er wohl grundsätzliche Übereinstimmung bei allen Ländern voraussetzen dürfe –, daß man ihnen insbesondere lassen müsse, was man den kulturellen Sektor nenne, und die Verwaltung. Werde eine solche Zuständigkeitsabgrenzung im Großen vorgenommen und gleichzeitig in einer vernünftigen Weise gesichert, so glaube er, daß das Ganze und die einzelnen Glieder vernünftig arbeiten könnten. Er wolle in einer Schlußbemerkung diese Stellung kurz begründen:
Man sei, durch sehr bittere Erfahrungen gewitzigt, zu der Erkenntnis gekommen, daß nur durch einen Aufbau des Reichs, bei welchem die Länder maßgebend mitbestimmen können, der Friede Europas gesichert werden kann. Wenn man die Länder vollständig ausschalte in Dingen, die lebenswichtig seien, so entstehe erneut die Gefahr einer Überzentralisierung, durch die Diktatur und Militarismus erwachsen. Die Folgen seien allgemein bekannt.

Gen. Clay [1a]: Obwohl wir alle die Bildung einer Zentralregierung so rasch als möglich wünschten, vermöge kein Mensch zu sagen, wann eine solche Zentralregierung gebildet

---

[1] Verfasser des als Entwurf gekennzeichneten Prot. war zweifellos GS Roßmann. Von seiner Hand einzelne Verbesserungen im Text; auf Bl. 197 vermerkt „Frl. Busch", Sekretärin und Sachbearbeiterin von Roßmann. Als „Streng vertraulich! Nur für die Hand des Empfängers bestimmt" bezeichnet. Eine maschinenschr. vervielf., von Roßmann gez. Ausf. in: Z 35/1, Bl. 60–65. Mit Schreiben vom 9.1.1947 (Nachl. Roßmann/25, Bl. 196) erhielten die LR-Bevollmächtigten jeweils drei Exemplare des Prot. mit dem Hinweis, daß „streng vertrauliche Behandlung" vorausgesetzt werde. Parallelüberlieferung: Aufzeichnung von SenPräs. Kaisen vom 4.1.1947 in: StA Bremen 3-R 1m Nr. 126 [1].

[1a] Nach „Aufzeichnung Kaisen" führte Gen. Clay aus: „Wir erkennen grundsätzlich eine deutsche Zentralregierung an, können aber noch nichts über den Zeitpunkt sagen, wann sie kommen wird. In Moskau wird im

werden könne. Wenn eine solche Zentralregierung entstehe, so sei die Einberufung einer deutschen Nationalversammlung nötig, die eine Nationalverfassung beschließe. Einer solchen Verfassung könne man hier nicht präjudizieren. Alles, was man tun könne, sei, jetzt ein Muster zu erstellen, das allen Interessen und Wünschen der deutschen Bevölkerung und der Besatzungsmacht entspreche, und zwar ein Muster, das für die amerikanische Zone gelte. Aus diesem Grunde glaube er, daß dem Länderrat die Aufgabe zufalle, die Ländergesetze zu überprüfen, inwieweit sie der Länderverfassung widersprächen. In eine Prüfung der einzelnen gesetzgeberischen Maßnahmen könne er nur eintreten, wenn es sich um solche Gesetze handele, die gleichmäßig in der ganzen Zone durchgeführt werden müßten. Bis zur Errichtung einer Nationalregierung werde sich die amerikanische Militärregierung allen Vier-Mächte-Beschlüssen widersetzen, wenn sie der Überzeugung sei, daß solche Gesetze für Deutschland als Ganzes nicht notwendig seien.[1b]

[2. Status von Bremen]

Gen. Clay teilt weiter mit, daß in den nächsten Tagen eine Proklamation erlassen werde, in der Bremen als „Land" erklärt werde.[2] Die amerikanische Militärregierung werde den Länderrat darum bitten, den Vertreter von Bremen als gleichberechtigtes Mitglied des Länderrates aufzunehmen und Bremen auch eine Vertretung in den bizonalen Stellen zuzusprechen.[3] Clay hofft, daß durch diese Maßnahmen die Stellung Bremens deutlicher und klarer umrissen werde, als es in der Vergangenheit der Fall gewesen sei. [SenPräs.] *Kaisen* dankt General Clay für diese Mitteilung.

März als erster Punkt die Errichtung einer Zentralregierung besprochen werden. Wie soll sie aussehen? Nach Meinung der Amerikanischen Militärregierung wird die erste provisorische Zentralregierung der Rat der Ministerpräsidenten der Länder sein. Diese Regierung wird den Rahmen schaffen, in dem man weiter kommen kann. [...] Bis zur Schaffung der Zentralregierung sind Behelfslösungen notwendig. Wir müssen so arbeiten, als ob eine ungeschriebene Reichsverfassung gilt. Die bizonalen Behörden sind der erste Prüfstein für diese Arbeit."

[1b] In der OMGUS-Staff Conference vom 11.1.1947 (Prot. in: IfZ Fg. 12), in der Clay den Inhalt seiner LR-Ansprache vorgetragen hatte, kam es auch zu einer, teils scherzhaft geführten Diskussion über die amerikanische Haltung zur „nationalen Gesetzgebung" im Koordinationsausschuß des KR. Clay wies dabei auf die lange amerikanische Tradition eines „Federal Government" hin. Die anderen alliierten Mächte, insbes. die eine voll zentralistische Regierung anstrebende Sowjetunion, seien nur dadurch zu „erziehen" (re-educate), daß man „Nein" sage. "If you say it long enough and repeatedly enough, they begin to to think we mean it." Clay betonte dabei noch einmal, daß es nicht möglich sei, schwarz auf weiß niederzuschreiben, welche Dinge zur Gesetzgebung des LR und welche zur Gesetzgebung der Länder gehörten.

[2] Mit der Proklamation Nr. 3 vom 22.1.1947 wurde Bremen voll in die US-Zone eingegliedert, nachdem am gleichen Tage zwischen Clay und Robertson in Abkommen über die Zuständigkeit der amerik. MilReg. im Land Bremen abgeschlossen worden war (Z 1/237, Bl. 42–48). Der LR wurde über die kommenden Veränderungen am 27.1.1947 in einem Gespräch zwischen Oberst Winning (RGCO) und Wutzlhofer informiert (Vermerk vom 27.1.1947 in: Z 1/237, Bl. 31–32). „Schließlich teilte Oberst Winning mit, daß Gen. Clay fernmündlich mitgeteilt habe, daß Bremen endgültig viertes Land der US-Zone sei. Er stellte dazu die Frage, ob bisher der Senatspräsident von Bremen und sein Vertreter als vollgültiges Mitglied zu den Tagungen des Länderrates eingeladen worden wäre. Ich teilte mit, daß die Vertreter Bremens bei allen Länderratstagungen bisher vertreten waren, jedoch ein Stimmrecht nicht ausgeübt haben. Oberst Winning stellte fest, daß Bremen nunmehr ordentliches Mitglied sei."

[3] Vgl. hierzu auch Dok.Nr. 9, Anm. 9; ferner Dok.Nr. 10 A, TOP 7.

[3. Schaffung einer deutschen Stelle zur Vorbereitung des Friedensvertrages]

MinPräs. Maier [...]: Wenn man sich die Diskussion über die künftige staatsrechtliche Gestaltung Deutschlands überlege, so sähe man einen Zusammenhang mit dem Frieden. Es werde nicht allein auf uns ankommen, wie der künftige deutsche Staat aussehen werde. Es würden auch von Seiten des Kontrollrates wohl nach dieser Richtung bestimmte Bedingungen als Bestandteil des Friedensvertrages gestellt werden. Die deutsche Seite bewege nun aber vor allem die akute Frage, was eigentlich die Länder im einzelnen und in ihrer Gesamtheit und was der Länderrat für Schritte ergreifen könnten, sich auf diese wichtige Frage vorzubereiten. Er würde dankbar sein, wenn uns in näherer Zukunft Gelegenheit gegeben werden könnte, den ganzen Fragenkomplex mit Herrn General Clay oder seinem Beauftragten zu besprechen.

Gen. Clay glaubt nicht, daß durch eine solche Verhandlung viel gewonnen werden könnte vor dem Stattfinden der Moskauer Konferenz.[4] Er möchte damit nicht sagen, daß die Herren nicht bereit sein würden, eine solche Konferenz mit den Herren Ministerpräsidenten oder dem Länderrat abzuhalten, aber er glaube, daß es keinen Wert habe, wenn sie vor Moskau stattfände, da man erst nach der Moskauer Konferenz klarer sehen werde.

MinPräs. Maier glaubt auch, daß man nach der Moskauer Konferenz klarer sehen wird, aber ihn bewege der Gedanke einer Verständigung unter uns, einer Vorbereitung für den Fall einer geforderten Meinungsäußerung der Ministerpräsidenten und des Länderrats. Es sei klar, daß diese Frage die deutsche Seite außerordentlich interessiere und auch im gewissen Sinne beunruhige. Es sei keine Stelle in Deutschland da, welche legitimiert wäre, diese Frage zu bearbeiten und die Vorbereitungen zu übernehmen. Auf der anderen Seite erfülle die verantwortlichen deutschen Stellen mit Sorge die Gefahr, daß unlegitimierte Kräfte sich dieser Angelegenheit annehmen. Man beobachte eine starke Tätigkeit früherer Beamten des Auswärtigen Amtes.[5] Man begegne Vorwürfen

---

[4] Die Moskauer Außenministerkonferenz begann am 10.3.1947.

[5] Besonders aktiv war Legationrat a.D. Dr. Eugen Budde, Mitglied des außenpolitischen Ausschusses der CDU der brit. Zone und Leiter der Abteilung Frieden in der Geschäftsstelle des Deutschen Städtetages. Seit dem Frühjahr 1946 schuf er sich systematisch durch Veröffentlichungen von Artikeln in Zeitungen, Rundschreiben (von April – Aug. 1946 nicht weniger als 50!) und Publikationen mit politischen Analysen und Informationen von Gewährsleuten ein Image als Experte für Fragen des Friedensvertrages, wobei er nicht versäumte, die Landesregierungen wegen ihrer vermeintlichen Untätigkeit heftig zu kritisieren und das Fehlen wirklicher Fachleute zu beklagen. Vgl. z. B. das Manuskript seines Vortrages in Radio Stuttgart vom 26.11.1946 „Deutschlands Weg zum Friedensvertrag" in: Z 1/899, Bl. 281–286 und sein Buch: Gibt es noch eine deutsche Außenpolitik? Betrachtungen zur Politik und Diplomatie eines geschlagenen Staates. Stuttgart, 2. Aufl., Mai 1947. Eine Zusammenstellung seiner friedenspolitischen und völkerrechtlichen Aufsätze von Aug. 1946 – März 1947 in: HStA Stuttgart EA 1/11, Nr. 1. Eine spezielle Kartei gab ihm Aufschluß, welche Zeitungen seine Artikel brachten und welche die Aufnahme verweigerten (Z 35/428, Bl. 206). Ein Teil seiner Rundschreiben, die vornehmlich an Spitzenpolitiker der CDU gingen in: Nachl. Pünder/228. Freilich gelang es ihm nicht, sich ein Friedensbüro zu etablieren, da seine Person einmütig abgelehnt wurde (Vermerk StS Eberhard vom 3.3.1947 in: Z 35/79, Bl. 68). Immerhin dürfte die von ihm immer wieder gestellte Forderung nach einem Besatzungsstatut nicht wenig dazu beigetragen haben, daß dieses Thema auf der Münchener Ministerpräsidentenkonferenz behandelt (vgl. Dok.Nr. 32 B, TOP 3) und schließlich eine allgemein anerkannte deutsche Forderung wurde (vgl. Ipsen an Budde vom 2.7.1947 in: StA Hamburg Senatskanzlei II Az.: 038.00-3). Ferner ist vor allem der ehem. Botschafter Herbert v. Dirksen zu nennen, der im Rahmen einer Forschungsgemeinschaft für ernährungswissenschaftliche Fragen mit zwei Arbeitskreisen in Bad Nenndorf und Göttingen führend aktiv war. Diese Arbeitskreise sammelten Materialien und erarbeiteten Denkschriften über die Auswirkungen des Verlustes der deutschen Ostgebiete. Sie wurden zunächst von Firmen mit In-

in der Bevölkerung, daß seitens der verantwortlichen Regierungen nichts unternommen werde, daß man die Dinge auf sich beruhen lasse, und plötzlich unvorbereitet vor großen Entscheidungen stehe.

Gen. Clay bemerkt hierzu, daß er provisorisch und ganz unverbindlich dazu nur sagen könne, daß die Bearbeitung und Behandlung dieser Frage Sache einer provisorischen deutschen Regierung sein werde. Die amerikanische Stellungnahme sei selbstverständlich davon abhängig, wie eine solche provisorische Regierung aussehen werde. Nach amerikanischer Auffassung soll die künftige deutsche Regierung eine Art Rat der Ministerpräsidenten, etwa in Form eines deutschen Länderrats, sein, der im Auftrage ganz Deutschlands handele. Ob sich die amerikanische Ansicht durchsetzen werde, könne er natürlich nicht sagen. Er glaube jedoch, daß diese Frage einer der ersten Punkte sein werde, über die in Moskau eine Entscheidung zu treffen sei. Diese Entscheidung werde den Rahmen schaffen, innerhalb dessen man arbeiten könne. Botschafter Murphy sei der amerikanische Vertreter im Rat der nach Moskau abgesandten Persönlichkeiten, die sich mit den Bedingungen des Vertrages zu beschäftigen hätten. Er glaube annehmen zu dürfen, daß Herr Murphy sich freuen würde, jederzeit die Ansichten der im Länderrat vereinigten Herren Ministerpräsidenten zu hören. Er glaube aber nicht, daß solche Besprechungen mehr sein könnten als die Entgegennahme der Ansichten der Herren Ministerpräsidenten.

MinPräs. Maier meint, er sei bis zu einem gewissen Grade mißverstanden worden. Es sei in diesem Stadium nicht beabsichtigt gewesen, in die materiellen Dinge der Zukunft einzusteigen. Zunächst sei lediglich daran gedacht, die Quellen zu erschließen, die notwendig seien. Es könne unter Umständen viel Zeit vergehen, wenn man mit dieser Arbeit bis nach der Moskauer Konferenz zuwarte.

Gen. Clay bemerkt in diesem Zusammenhange, daß die amerikanische Militärregierung im Laufe von 1 1/4 Jahren sehr viel statistisches und sachliches Material über die Frage gesammelt habe.

[*SenPräs.*] *Kaisen* [...] bemerkt, daß seiner Verwaltung statistisches Material zur Verfügung stehe, aus dem hervorgehe, daß der wirtschaftliche Rahmen, den man Deutschland zubilligen wolle[6], dem Stande der deutschen Wirtschaft von 1883 entspreche. Man wolle also Deutschlands wirtschaftliche Entwicklung um 60 Jahre zurückwerfen. Dabei müsse man bedenken, daß Deutschland damals einen Bevölkerungsstand von 42 Millionen Menschen aufwies, während heute mit über 60 Millionen zu rechnen sei, die man mit einer Wirtschaft vom Stande von 1883 unmöglich ernähren könne. Er werde das Material als eine Eingabe an die amerikanische Militärregierung weiterleiten.

Gen. Clay erklärt, eine solche Eingabe sei sehr nützlich und interessant, jedoch glaube er, daß der amerikanischen Regierung diese Vorgänge mehr oder weniger bekannt sei-

---

teressen in Schlesien unterstützt, bis MinPräs. Kopf sich im Winter 1946 ihrer annahm und ihre Finanzierung im Benehmen mit den Länderchefs beider Zonen regelte. (Vgl. auch Akten zur Vorgeschichte 1, S. 799–800). Ein Versuch von MinPräs. Kopf, die Forschungsgemeinschaft mit einem Kuratorium von Politikern zu versehen und ihre Aufgaben zu erweitern, scheiterte am Einspruch Schumachers. Mit den Bemühungen der Länder um die Schaffung eines bizonalen Friedensbüros schwand bei Kopf das Interesse an der Forschungsgemeinschaft; sie verlor an Bedeutung, da ihre Aufgaben im wesentlichen auf das Büro für Friedensfragen übergingen. (Material in: Nachl. Dietrich/492; HStA Hannover NdS Z 50 Acc. 32/63 Nr. 45 I; dabei auch ein Bericht über einen Informationsbesuch von Prof. Friedrich (OMGUS) beim Arbeitskreis in Göttingen).

[6] Dabei handelt es sich vermutlich um Ergebnisse aus den Vorarbeiten von Sen. Harmssen zu seinem Gutachten über Reparationen. Vgl. Dok.Nr. 4, Anm. 54.

en. Sie sei sehr wohl orientiert über die gesamte Wirtschaftslage Deutschlands. Es stehe ihr auch das meiste Material der früheren deutschen Regierung zur Verfügung.[7] Gen. *Clay* glaubt mit Sicherheit sagen zu können, daß man im weiteren Fortschreiten der Angelegenheit sehr oft mit den deutschen Herren zusammenkommen werde. Er selbst und Botschafter Murphy würden von sich aus Gelegenheit nehmen, die Herren zu hören.

Botschafter Murphy erklärt, er habe gar keine Bedenken gegen solche Besprechungen und würde gern etwas Näheres hören über die Beamten des früheren Auswärtigen Amtes, die sich mit Friedensangelegenheiten befaßt hätten.[8]

MinPräs. Maier: Die Beamten des früheren Auswärtigen Amtes machten sich teilweise bemerkbar in der Presse und in Zeitschriften, teilweise in Zuschriften an die einzelnen Regierungen und an einzelne Personen, wodurch in der Öffentlichkeit der Eindruck entstehe, daß es schlechterdings unbegreiflich sei, daß die Landesregierungen sich um diese Dinge überhaupt nicht kümmern. Andererseits sei es aber klar, daß es zunächst nicht Angelegenheit der Landesregierungen sei, sich der Dinge zu bemächtigen, daß es unter Umständen für sie sehr gefährlich werden könne, wenn sie sich an Dinge heranmachten und eine Aktivität entwickelten, die gefährlich werden könne. Infolge dieses Tatbestandes glaubten nun andere Kreise, die Initiative ergreifen zu müssen, weil es die Landesregierungen nicht täten. Die Landesregierungen aber müßten den Nachweis führen, daß sie alles versucht hätten, die deutschen Interessen zu wahren jedoch mit Zurückhaltung, weil sonst unter Umständen Schaden gestiftet werden könne. Man hat die Idee, beim Länderrat eine Stelle zu schaffen, deren Aufgabe es sei, statistisches Material zu sammeln und bestimmte Tatbestände sachkundig zu prüfen. Als Beispiel nenne er nur die Verträge, die über die Kraftversorgung zwischen Württemberg-Baden und Österreich abgeschlossen worden seien. Ähnlich verhalte es sich auch mit Bayern. Württemberg habe im Laufe der Zeit Hunderte von Millionen Mark in den Ausbau der entsprechenden Werke gesteckt.[9] Alles hänge in dieser Beziehung in der Luft. Einzelheiten müßten zusammengesucht werden, um bei den Friedensverhandlungen die entsprechenden Interessen wahren zu können.

Clay und vor allem Botschafter *Murphy* erkennen die Berechtigung solcher Überlegungen an, meinen aber, daß man jetzt noch nicht so weit sei.

MinPräs. Ehard glaubt, das Wesentliche kurz dahin zusammenfassen zu können:

1. Man möchte gern wissen, was man bearbeiten müsse, bis der Zeitpunkt kommen werde, an welchem man seine Ansicht zu äußern habe;
2. Man möchte nichts, aber auch gar nichts tun ohne das ausdrückliche Einverständnis der Besatzungsmacht, um absolut korrekt zu sein;
3. Man möchte in den Ländern auch nichts versäumen und sich keine Vorwürfe zuzie-

---

[7] Zur Auswertung der von den Amerikanern erbeuteten deutschen Schriftgutüberlieferung vgl. die Beiträge in dem Sammelband Captured German und Related Records, A National Archives Conference, ed. by Robert Wolfe, Ohio University Press, Athens, Ohio 1974.

[8] Murphy hatte zu diesem Zeitpunkt bereits Kontakte zu Botschafter a.D. Herbert v. Dirksen, dem er am 28.10.1946 sein Interesse an Materialien über Schlesien bekundet hatte (Murphy an v. Dirksen vom 28.10.1946, Abschrift in: BHStA Abt. II MA Abg. 1973, Büro für Friedensfragen Bd. 2).

[9] Die Württembergische Elektrizitätswirtschaft war auf Betreiben von Eugen Bolz bereits vor 1933 im Alpenraum durch die Gründung der Vorarlberger Illwerke aktiv geworden. Vgl. Maier, Grundstein, S. 145; Max Miller, Eugen Bolz, Staatsmann und Bekenner, Stuttgart 1951, S. 304. Vgl. auch Materialien in: B 120/315.

hen, die kommen könnten, wenn man nichts unternehme und die Fragen gar nicht behandele;
4. Man möchte unter allen Umständen vermeiden, daß unkontrollierbare Stellen sich bilden, Auskunftstellen errichtet werden, die eine Tätigkeit entfalten, bei der die Vertreter der Länder nicht eingeschaltet werden.
Gen. Clay: Die Herren könnten sicher sein, daß die amerikanische Militärregierung ihre Auskünfte nur vom Länderrat oder den einzelnen Zentralstellen der Länder einholen werde.[10] Psychologisch sei es aber richtiger, noch eine Weile zu warten. Zunächst seien einmal in der kommenden Woche die Außenminister versammelt, um die Vertreter der Deutschland benachbarten Länder zu hören. Die amerikanische Regierung müsse diese Länder um ihre Ansichten bitten, bevor die deutschen Stellen um ihre Meinung befragt würden. Aus gewissen verständlichen Gründen müsse die amerikanische Regierung zuvor die Vertreter der benachbarten Staaten um Auskunft bitten. Man werde die gehabten Eindrücke überdenken und sich dann mit den deutschen Stellen in Verbindung setzen.[11]
Damit wurde dieser Gegenstand der internen Besprechung verlassen.

[4. Ruhrreise der Ministerpräsidenten]

MinPräs. Stock [...] kommt auf die am 23. Januar des Jahres in Minden geplante Zusammenkunft der Wirtschaftsminister zu sprechen.[12] Er drückt seine Befriedigung über diese Absicht aus und bemerkt, daß der Kredit, den sie als Regierung von der Bevölkerung erhalten hätten, sich nur auf Monate beschränke und kaum erneuert werde, wenn uns nicht auf wirtschaftlichem Gebiete die größte Hilfe zuteil werde. Die Demokratie könne sich nur entwickeln, wenn zugleich die wirtschaftliche und die Magenfrage[13] gelöst werde. Es wäre von Interesse, zu hören, was auf wirtschaftlichem Gebiete geplant sei, damit man mit dem entsprechenden Material hervortreten könne.
Gen. Clay: Es bestehe die Absicht, die Herren Ministerpräsidenten und die Wirtschaftsminister mit dem Aufbau der wirtschaftlichen Verwaltung in Minden bekannt zu machen, insbesondere mit dem Plan, das Kohlenproblem zu lösen. Bevor nicht das Kohlenproblem gelöst sei, könne kein anderes Problem gelöst werden. Es müßten dem

---

[10] In der Praxis wurde dieser Grundsatz freilich von den Mitarbeitern von OMGUS nicht immer eingehalten. So berichtete MinRat Holzhausen von der Berliner LR-Vertretung am 17.2.1947, daß er mehrfach von Mitarbeitern von OMGUS, die die Moskauer Konferenz vorbereiteten, zu Fragen der deutschen Ostgrenze, des künftigen deutschen Staatsaufbaus, des Friedensvertrages usw. in Unterhaltungen verwickelt worden sei, und bat um Instruktionen, wie er sich dabei verhalten solle (Nachl. Roßmann/39, Bl. 14). Kurz zuvor hatte er bereits von angeblichen Plänen von OMGUS berichtet, nach denen ein deutscher Konsulardienst aufgebaut werden solle (Schreiben vom 30.1.1947, das Roßmann auch MinPräs. Kopf zur Kenntnis gab (HStA Hannover, NdS Z 50 Acc. 32/63, Nr. 40) in: Nachl. Roßmann/39, Bl. 14). Im Direktorium meinten StS Strauß und StR Wittwer, mann solle die Angelegenheit nicht zu ernst nehmen, während Roßmann der Berliner LR-Vertretung die Erteilung weiterer Auskünfte untersagen wollte. Es wurde beschlossen, nichts weiter zu unternehmen (Prot. in: Z/20, hier Bl. 13; Roßmanns Antwort an Holzhausen, Nachl. Roßmann/39, Bl. 10–14).

[11] Eine Konsultation der deutschen Seite bei der Vorbereitung der Moskauer Außenministerkonferenz durch OMGUS fand allenfalls in Einzelgesprächen von Mitarbeitern von OMGUS mit deutschen Politikern statt. So unterhielt sich beispielsweise Prof. Friedrich am 25.2.1947 mit Kaisen über die Gestaltung einer künftigen Zentralregierung in Vorbereitung einer amerik. Stellungnahme für die Moskauer Konferenz. Zum Inhalt des Gesprächs vgl. Dok.Nr. 7, Anm. 10 a.

[12] Vgl. Dok.Nr. 4.

[13] Korrigiert aus „Markenfrage".

Bergbau mehr Arbeitskräfte zugeführt werden. Die Bergarbeiter müßten davon überzeugt werden, daß der größte Teil dessen, was sie produzieren, der deutschen Bevölkerung zugute komme. Es müsse ferner den Bergarbeitern gewisse materielle Ermächtigungen gegeben werden in Bezug auf Ernährung, Unterbringung usw., damit sie ihre Arbeit fortsetzen und verstärken. Es sei geplant, eine deutsche Stelle zu errichten, die die Verantwortung für die Entwicklung des Kohlenproblems übernehme.[14] Die gegenwärtige Kohlenförderung betrage etwa 200.000 t pro Tag. Sie müßte auf 300.000 t pro Tag heraufgesetzt werden, wenn eine vernünftige wirtschaftliche Entwicklung gewährleistet werden soll. Soweit man der deutschen Wirtschaft auch immer mit Importen entgegenkommen wolle – Kohlen könnten jedenfalls nicht importiert werden.[15] Die Militärregierung könne das Kohleproblem nicht lösen, das können nur deutsche Stellen schaffen. Entweder schafft es die deutsche Stelle oder die Probleme könnten überhaupt nicht gelöst werden.

MinPräs. Maier regt an, zu dieser Reise auch die Arbeitsminister der Länder einzuladen.

Gen. Clay erklärt das als einen ausgezeichneten Gedanken, der seine volle Sympathie genieße, aber man werde es verstehen, daß er sich hierüber zunächst mit General Robertson verständigen müsse.[16]

[*SenPräs.*]*Kaisen* [...] erörtert einen Plan, der darauf basiert, durch Mehrlieferung von Fleisch die Bergarbeiter zu einer erhöhten Kohlenproduktion zu ermuntern.[17]

MinPräs. Stock meint, die Bergarbeiterfrage sei nicht nur eine Lebensmittelfrage, sondern eine Frage der Hebung der Lage der Bergarbeiter im allgemeinen, also auch in Bezug auf Wohnung, Kleidung usw. MinPräs. Stock bringt in diesem Zusammenhange die Kriegsgefangenenfrage zur Sprache. Aus dem Reservoir der Kriegsgefangenen könnten im Bergbauwesen bewanderte Kräfte noch in großer Zahl herausgeholt werden.

[**5. Kriegsgefangenenfrage**]

MinPräs. Ehard schnitt anschließend die Kriegsgefangenenfrage im allgemeinen an. Er weist auf die ungeheure psychologische Bedeutung dieser Frage im deutschen Volke hin. Es werde als außerordentlich dankenswert empfunden, daß die amerikanische Militärregierung in dieser Frage überaus großzügig vorgegangen sei. Hierzu habe man zwei Bitten vorzutragen:

1) Man bittet herzlich um Unterstützung bei dem Bestreben, eine bessere Verbindung zwischen den Kriegsgefangenen und der Bevölkerung herbeizuführen;[18]

2) Man hält es für zweckmäßig, wenn uns eine Stelle zur zusammenfassenden Wahr-

---

[14] Vgl. Dok.Nr. 4, TOP 4.

[15] Von „Soweit" – „werden" von Roßmann nachträglich am Rand handschr. eingefügt.

[16] Die Arbeitsminister der Länder nahmen an der Ruhrreise teil. Vgl. Dok.Nr. 4.

[17] Zum Punkteprogramm vgl. Dok. Nr. 2, TOP 7 und Dok.Nr. 12, Anm. 10.

[18] Vielfach war den Kriegsgefangenen nur ein sehr beschränkter Kontakt mit ihren Angehörigen erlaubt. MinPräs. Stock führte auf der Pressekonferenz vom gleichen Tag als Beispiel seinen Sohn an, der aus franz. Kriegsgefangenschaft nur einmal im Jahr eine Postkarte habe schreiben dürfen (Z 1/121, Bl. 244). Die MinPräs. der US-Zone und SenPräs. Kaisen hatten zu Weihnachten 1946 Grußadressen an die Kriegsgefangenen gerichtet, die in einer Auflage von 100 000 gedruckt und im wesentlichen über das YMCA verteilt worden waren. Versuchsweise waren auch einige Exemplare nach Rußland geschickt worden (vgl. Z 1/121, Bl. 258–261).

nehmung aller Angelegenheiten gestattet würde, die mit Kriegsgefangenenfragen zusammenhängen. Aufgabe dieser Stelle werde sein die Fürsorge für die Kriegsgefangenen, Betreuung bei Einschaltung in den Arbeitsprozeß, kurzum, auf diese Weise eine flüssige Gestaltung aller Fragen zu ermöglichen, die im Zusammenhange mit Kriegsgefangenenfragen auftreten.

Gen. Clay erklärt, es würde ihn sehr freuen, wenn die Regierungen ihre diesbezüglichen konkreten Pläne unterbreiten würden. Soweit die amerikanische Gewahrsamsmacht in Betracht komme, seien fast alle Kriegsgefangenen freigelassen worden. Wegen der Freigabe schwebten auch Verhandlungen mit den Mächten, denen Kriegsgefangene, die sich in amerikanischer Kriegsgefangenschaft befanden, von Amerika abgegeben worden seien. In dieser Sache, äußerte Botschafter *Murphy,* sei an Frankreich und Belgien die Frage gerichtet worden, zu welchem Zeitpunkte diese Gefangenen nach Deutschland zurückgeführt werden sollen. Als Termin seien genannt worden der 1. Juli und 1. Oktober des Jahres. Darüber schwebten aber noch Verhandlungen. Wenn Schwierigkeiten in dieser Frage auftauchten, würde man den Länderrat unterrichten. Gen. Clay und er selbst würden sich selbstverständlich freuen, die Ansichten der Deutschen hierüber zu hören.

MinPräs. Stock macht darauf aufmerksam, daß in den Kriegsgefangenenlagern noch vielfach Nazi- und SS-Elemente die Verwaltung in Händen hätten und eine Art Terrorherrschaft über alle ausübten, die dem Nazi-System ablehnend gegenüberstanden.[19]

MinPräs. Ehard weist darauf hin, daß ein konkreter Vorschlag auf Errichtung einer Fürsorgestelle beim Länderrat für deutsche Kriegsgefangene bereits ausgearbeitet und der Militärregierung zur Entscheidung vorgelegt sei.[20] Es müsse versucht werden, den Kriegsgefangenen eine Brücke in die Heimat zu bauen, sowohl nach der materiellen als auch nach der geistigen Seite.

Gen. Clay sagt zu, sich der Angelegenheit anzunehmen, aber was dabei herauskommen werde, könne er jetzt noch nicht mit Sicherheit versprechen.[21]

---

[19] Auf der Pressekonferenz der MinPräs. mit Vertretern der alliierten Presse wurde diese Frage eingehend besprochen und als Beispiele Lager in Heidelberg und Dachau benannt (vgl. Auszug aus der Pressekonferenz vom 8.1.1947, Z 1/121, Bl. 243–245).

[20] Der Antrag vom 27.12.1946 (Z 1/52, Bl. 38–42) beinhaltete lediglich das Statut der vorgesehenen Dienststelle des LR. Vgl. Dok.Nr. 1 A, Anm. 3.

[21] Zum Fortgang vgl. Dok.Nr. 10 C, TOP 2 und Dok.Nr. 18 A, TOP 1e.

Nr. 2
7. Sitzung des Verwaltungsrates für Wirtschaft in Minden
16./17. Januar 1947

BA Z 8/51, Bl. 55–65, Anlagen Bl. 66–73. Ungez. und undat. Prot., im Umdr. vervielf. Ausf.
TO und Erläuterungen zur TO: Z 1/753, Bl. 107–111

Anwesend:
Mitglieder des VRW: Mueller (Vorsitzender), Min. Diekmann[1], Min. Koch[2], Min Kubel, Min. Nölting, Min. Veit, Min Zorn
Stellv. Mitglieder des VRW: Rasch (stellv. Vorsitzender), MinDir. Potthoff, MinDir. Magnus, MinDir. Kaufmann, StS Geiger
Vertreter der Hansestädte als zukünftige Mitglieder des VRW: Sen. Borgner, Sen. Harmssen
Sachverständige der Länder und des LR: Landesdir. Kuhnert[3], RegDir. Sureth, RegDir. Haverbeck, RAnw. Gerke, Gerrads, Sichler[4], Miersch, Wegman, Bauer[5]
Vom VAW: Keiser[6], Lemmer[7], Reinauer[8], Wolff[9], Möller, Dörr, Frl. Mann

Prot. Beginn: 9.00 Uhr

[1. Neuwahl des Vorsitzenden und seines Stellvertreters[10]]

Vor Eintritt in die Tagesordnung fand eine Sitzung der VRW-Mitglieder ohne Hinzuziehung der Stellvertreter und Sachverständigen unter dem Vorsitz von Mueller statt. Der stellvertretende Vorsitzende, Rasch, nahm an dieser Besprechung teil.

---

[1] Nur am 16. 1. 1947 anwesend.

[2–9] Nur zeitweise anwesend.

[10] Zur Ablösung von Mueller vgl. Girndt, Zentralismus, S. 165–166. Zum Werdegang von Mueller, der am 24. 9. 1946 zum Vorsitzenden des VR gewählt worden war, vgl. Vogel, Westdeutschland II, S. 125, Anm. 4. Zur Wahl Muellers vgl. auch Akten zur Vorgeschichte 1, S. 872. Eine Darstellung des Geschehens aus der Sicht Muellers vom Febr. 1947 in: Nachl. Dietrich/459, Bl. 34–48, künftig zitiert als „Darstellung Mueller". Dort berichtete er auch über seine Wahl zum Vorsitzenden des VR im Herbst 1946 und über die Vorgeschichte seiner Abwahl.
„Der Grund der Ablehnung von Agartz lag in der doktrinären, zu einseitig zentralistischen und persönlich wenig gewinnenden Haltung von Agartz, ebenso wie in der Beurteilung seiner bisherigen Tätigkeit als Leiter des ZAW, eine Behörde, die es nicht verstanden hatte, das Vertrauen der Wirtschaft und der Landeswirtschaftsbehörden zu erwerben. [...] Um dem SPD-Wunsch nach Leitung entgegenzukommen, hatte ich zunächst Senator Borgner, Hamburg, SPD, vorgeschlagen, den Vorschlag aber wieder zurückgezogen, nachdem sich herausstellte, daß Borgner, ein ausgezeichneter Fachmann, früher der NSDAP angehört hatte und deshalb politisch in Süddeutschland nicht zu vertreten war. Wir boten schließlich Minister Nölting den Vorsitz an, der ablehnte. Agartz erklärte mir, daß die SPD seine Wahl verlange und daß kein Mitglied der SPD die Erlaubnis erhalte, an seiner Stelle anzunehmen.
Damit blieb nun allerdings nichts anderes übrig, als eine nicht der SPD angehörige Person zu wählen. Minister Köhler schlug mich vor, nach einem von ihm von vornherein gehegten Plan. Ich wurde gewählt, bei meiner Stimmenthaltung gegen die Stimmen von Agartz und Minister Nölting. Die Wahl nahm ich an, nach einem persönlichen Vertrauensvotum von Nölting und einer ähnlichen, aber etwas gewundenen Erklärung von Agartz. Meine Wahl wurde vom Länderrat einstimmig gebilligt."
In der Folgezeit habe er sich vergeblich um einen Stellvertreter aus den Reihen der SPD bemüht.
„In einem darauf folgenden Kongreß der SPD in Köln [Sept. 1946] in dem die Partei zur Frage der Übernahme einer Verantwortung für die deutschen Verwaltungen Stellung nahm, geißelte sie die Besetzung der bizonalen Ämter durch Vertreter des „Kapitalismus". Der zunächst gewählte Ausdruck, „ausbeuterische Kapitalisten", wurde auf Antrag von Agartz im Hinblick auf meine Person, fallen gelassen. Ein Versuch von Minister Nölting, eine schiefe Abstempelung meiner Person zu verhindern, lehnte Schumacher mit dem

Verwaltungsrat für Wirtschaft 16./17. 1. 1947 Nr. 2

Der Vorsitzende eröffnete die Sitzung und begrüßte die Erschienenen, insbesondere die Vertreter der Hansestädte (Senator Borgner und Senator Harmssen). Er erklärte, daß die Vertreter der Hansestädte noch nicht stimmberechtigt seien, weil dafür erst eine Änderung des Statuts erforderlich sei. Dieses sei gem. Ziffer [4] der TO vorgesehen, müsse jedoch erst durchgeführt werden. *Prot.*

Sen. Borgner, Hamburg, erklärte als erster im Alphabet[11] die folgende von ihm selbst und von den Vertretern der Länder

Hessen (*Koch*)
Niedersachsen (*Kubel*)
Nordrhein-Westfalen (*Nölting*)
Württemberg-Baden (*Veit*)
Schleswig-Holstein (*Diekmann*)
Bayern (*Zorn*)

unterzeichnete Erklärung[12] verlesen zu wollen.

„Nach den Satzungen des Verwaltungsrates für Wirtschaft ist die Wahl des Vorsitzenden des Verwaltungsrates, der zugleich der Leiter des Verwaltungsamtes ist, und dessen Stellvertreters eine Angelegenheit des Verwaltungsrates, der aus den Wirtschaftsministern der Länder beider Zonen besteht.

Durch die Wahlen in den süddeutschen Ländern und durch die Entscheidung der britischen Militärregierung, als Vertreter der britischen Zone ebenfalls die Wirtschaftsminister der Länder der britischen Zone in den Verwaltungsrat zu entsenden,[12a] hat sich die Zusammensetzung des Verwaltungsrates entscheidend geändert. Die Voraussetzun-

---

Hinweis darauf ab, daß es nicht um Personen gehe, sondern um das System, wobei persönliche Freundschaften zu schweigen hätten."

Von Schumacher und der SPD sei der Kampf gegen ihn fortgesetzt worden, indem während der Englandreise Schumachers und Agartz' Anfang Dez. 1946 über ihn und seine Politik entstellende Äußerungen verbreitet worden wären.

[11] Nach „Darstellung Mueller" sollte zunächst Min. Nölting die Erklärung verlesen; dieser habe das unter dem Hinweis auf seine persönliche Einstellung zu ihm ablehnen können. Sen. Borgner sei dies nicht möglich gewesen, weil er wegen seiner früheren Mitgliedschaft zur NSDAP eine schwache Stellung in der SPD habe.

[12] Kopie der Erklärung mit vollz. Unterschriften in: Z 1/755, Bl. 146. Zur unmittelbaren Vorgeschichte berichtet Mueller: „Wie üblich lud ich alle Mitglieder am Vorabend zum Essen ein, erhielt aber Absagen, weil die VR-Mitglieder nach Hannover zur Parteileitung bestellt waren.

Diese SPD-Sitzung in Hannover von 15. 1. 1947 wurde offiziell geleitet durch Kriedemann, Schumacher war anwesend, Agartz nicht. Alle SPD-Minister, außer Zorn, Bayern, waren anwesend. Die vermutlich bestellte Anregung zu meiner Abberufung hat Minister Kubel in einem Brief an Schumacher gegeben. Meine Person wurde charakterisiert in Anlehnung an eine Beschreibung des englischen Journalisten Delmer, die Klingelhöfer mit nach Hannover genommen hatte: herzloser, gewandter Rechtsanwalt, der es sehr geschickt mit den Besatzungsmächten kann; dazu die alten Behauptungen über meine kapitalistische Einstellung.

Meine Ausschaltung wurde beschlossen in Form eines Rücktritts auf Grund eines einstimmigen Mißtrauensvotums der Verwaltungsrats-Mitglieder, das gleiche für Rasch. Als Ersatz sollte Agartz gleich gewählt werden.

Minister Nölting, der diese Auffassung innerlich nicht teilte und daran glaubte, daß ich mich bei den Mitgliedern persönlich ohne weiteres durchsetzen würde, schlug vor, die Mindener Sitzung erst einmal ablaufen zu lassen, damit die[se] mich und meine wirtschaftspolitische Einstellung überhaupt erst kennen lernen könnten. Dieser Antrag wurde, vermutlich aus eben diesen Gründen von Schumacher abgelehnt.

Nach anfänglicher Ablehnung wurde ein weiterer Antrag von Minister Nölting angenommen, daß Minister Nölting mich vorher über den Beschluß unterrichten durfte. Die Mißtrauenserklärung wurde in der Sitzung formuliert und niedergeschrieben und wäre mir beinahe mit der Ortsangabe „Hannover" übergeben worden; dies wurde in Minden aber noch rechtzeitig bemerkt und geändert."

[12a] Vgl. TOP 6a.

Nr. 2   16./17. 1. 1947   Verwaltungsrat für Wirtschaft

Prot. gen, unter denen Mueller und sein Stellvertreter, Rasch, seinerzeit gewählt wurden, bestehen demnach nicht mehr.
Die unterzeichneten Wirtschaftsminister halten es für ihre Pflicht, die Frage der Leitung neu zur Entscheidung zu stellen. Sie erklären, daß sie nicht in der Lage sind, dem bisherigen Leiter und seinem Stellvertreter ihr Vertrauen auszusprechen. Die wirtschaftspolitische Einstellung und bisherige Tätigkeit der beiden Herrn bieten nicht mehr die Gewähr für eine vertrauensvolle Zusammenarbeit.
Die entscheidende Stelle, die der Vorsitzende des Verwaltungsrates für Wirtschaft beim Neuaufbau der deutschen Wirtschaft innehat, sowie die hohe Bedeutung, die dem Verwaltungsamt für die Wirtschaftspolitik in den einzelnen Ländern zukommt, verlangt an der Spitze einen Mann, der das uneingeschränkte Vertrauen der Mitglieder des Verwaltungsrates besitzt. Die unterzeichneten Wirtschaftsminister sind der Überzeugung, daß mit der Leitung des Verwaltungsrates Persönlichkeiten betraut werden müssen, die in ihren wirtschaftspolitischen Ansichten und in der Durchführung der praktischen Aufgaben des Amtes den wirtschaftlichen Notwendigkeiten für den Aufbau Deutschlands und Europas entsprechen."
Sen. Harmssen [...] erklärte, daß er eine andere Auffassung vertrete. Da er jedoch kein Stimmrecht besitze, sei dies ohne praktische Bedeutung.[13]
Mueller nahm die Erklärung zur Kenntnis, behielt sich eine persönliche Stellungnahme dazu vor und stellte mit Zustimmung der Mitglieder des VRW fest, daß die Abgabe der Erklärung als Beschluß über die Abberufung des Vorsitzenden und seines Stellvertreters anzusehen ist.
Auf die Frage [von] Mueller, wer zu seinem Nachfolger bestellt werden solle, erklärten die Mitglieder des VRW zunächst, hierüber noch nicht beschließen zu wollen.[14] Mueller wies darauf hin, daß die Stelle des Vorsitzenden und Leiters des VAW *sofort* wieder besetzt werden müsse.
Min. Kubel schlug als Nachfolger Agartz vor.
Min. Zorn beantragte die Verschiebung der Wahl des Nachfolgers, da diese Angelegenheit in den Kabinetten besprochen werden müsse.
Min. Veit sprach sich gegen diesen Antrag aus.
Min. Kubel widersprach den Bedenken von Minister Zorn, zumal die anderen süddeutschen Vertreter offenbar keine Bedenken hätten.
Min. Nölting trat für eine sofortige Wahl des Nachfolgers ein.
Beschluß: Der Antrag Zorn wird mit den Stimmen von Württemberg-Baden, Hessen, Nordrhein-Westfalen, Niedersachsen und Schleswig-Holstein abgelehnt.
Beschluß: Der Antrag Kubel (Bestellung von Agartz zum Vorsitzenden des VRW) wurde mit den Stimmen der Länder Württemberg-Baden, Hessen, Nordrhein-Westfalen, Schleswig-Holstein und Niedersachsen bei Stimmenthaltung von Bayern angenommen.[15]

---

[13] Nach „Darstellung" Mueller erklärte Harmssen auch, daß Sen. Borgner nicht antragsberechtigt sei, da die Hansestädte noch nicht stimmberechtigt wären.

[15] Mueller berichtet, die Mitglieder des VR seien nach einer Aussprache von Min. Nölting und Sen. Borgner mit ihm hinsichtlich der Neuwahl schwankend geworden, nachdem er sie darauf hingewiesen habe, daß mit Rücksicht auf die Einstellung der süddeutschen Länder die Wahl von Agartz gut zu überlegen sei und die SPD neben Agartz auch weitere Persönlichkeiten bereitstellen müsse.

[15] „Darstellung Mueller": „Inzwischen hatte der SPD-Pressedienst schon am 16. 1. 1947, mittags, von Hannover aus meinen angeblichen Rücktritt auf Grund eines einstimmigen Mißtrauensvotums des VRW veröffentlicht, in der Annahme, daß alles nach Programm verlaufen sei."

Mueller wies auf die Notwendigkeit einer Interimsgeschäftsführung hin.
Min. Nölting beantragte, den bisherigen Vorsitzenden zu bitten, die Sitzung weiterzuleiten und die Geschäfte solange zu führen, bis die Wahl von Agartz von der Militärregierung bestätigt sei und dieser sein Amt angetreten habe.[16]
Beschluß: Der Antrag Nölting wurde *einstimmig* angenommen.
Mueller nahm den Auftrag an und erklärte mit Zustimmung der Mitglieder des VRW, daß sich dieser Beschluß auch auf seinen Stellvertreter beziehe.
Er erklärte: „Unter Zurückstellung meiner persönlichen Gefühle werde ich um der Sache willen, auf die es mir allein ankommt, weitermachen. Ich danke Ihnen wenigstens insoweit für Ihr Vertrauen."
Mueller verlas dann eine Rücktrittserklärung von Werkmeister[17] und beantragte den Rücktritt von Werkmeister anzunehmen und bis zur Amtsübernahme von Agartz interimistisch einen Vertrauensmann des VRW als Leiter der Personalabteilung zu benennen, der vielleicht aus einem der Wirtschaftsministerien vorübergehend abgestellt werden könnte.
Nach eingehender Diskussion nahm der VRW den Rücktritt von Werkmeister an und bat Mueller, interimistisch auch die Verantwortung für die Personalangelegenheiten zu übernehmen.
Mueller erklärte sich dazu bereit, weil keine andere Möglichkeit bestand und bat den VRW, die Amtsübernahme von Agartz[18] mit allen Mitteln zu beschleunigen.
Mueller wies zu diesem Punkt abschließend darauf hin, daß die personelle Zusammensetzung des Amtes mancherlei Veränderungen erfahren müsse und bat die Mitglieder des VRW, Agartz bei der Gewinnung neuer Mitarbeiter zu unterstützen.

[2. Fragen der Tagesordnung]
[...][19]

[*Plenarsitzung,*] *Beginn 10.30 Uhr* [...]

---

[16] Nach „Darstellung Mueller" traten Min. Nölting und ein anderer, von ihm nicht genannter SPD-Vertreter noch am 16. 1. 1947 abends an ihn heran, um ihm die Stellvertretung von Agartz anzubieten. Die offizielle Bestätigung von Agartz als Nachfolger durch die MilReg. erfolgte am 31. 1. 1947 (Z 8/21, Bl. 99).

[17] Karl Werkmeister, 1898–1976, war stellv. Leiter des ZAW und Leiter der Personalabteilung gewesen. Der Rücktritt hatte mit dem Wechsel des Vorsitzes im VRW nichts zu tun.

[18] Am 18. 1. 1947 verabschiedete sich Mueller von seinen Mitarbeitern (Wortlaut der Ansprachen in: Nachl. Dietrich/459, Bl. 15–18). Über die Geschäftsübergabe an Agartz schrieb er („Darstellung Mueller"): „Am 20. 1. 1947 hatte ich die Übernahmebesprechungen mit Agartz. Er beteuerte nochmals von der ganzen Sache überrascht worden und im Begriff gewesen sei, sich anderweitig beruflich zu binden. Auf meine Bemerkung, daß ich dann den „Mut" der Wirtschaftsminister bewundern müsse, bei dieser Wirtschaftslage einen Wechsel vorzunehmen ohne seine Zusage und ohne Ausweichslösung, erklärte Agartz folgendes: Vermutlich habe Schumacher den Ministern gesagt, daß er, Agartz, sich einem Parteibeschluß unter Zurückstellung seiner persönlichen Interessen fügen würde. Ich habe persönlich keinen Zweifel, daß man in der ganzen Frage seiner Erklärungen einen Unterschied zwischen technischer und substantieller Wahrheit machen muß. Wir vereinbarten dann, ohne daß noch von Bedingungen die Rede war, die Amtsübernahme von Agartz auf den 23. 1. 1947, den Tag des Besuches der Ministerpräsidenten und der stellvertretenden Militärgouverneure. Agartz führte ich noch mündlich und schriftlich in die schwebenden Fragen ein."

[19] Eine ganze Reihe von Tagesordnungspunkten wurde abgesetzt.

Prot. **[3.] Verbindung mit den vier anderen Zweizonenverwaltungsräten**

Rasch berichtete über die inzwischen stattgefundenen vier Sitzungen der Vorsitzenden der Zweizonenverwaltungsräte (Koordinierungsausschuß).[20] Der Ausschuß hat sich bisher hauptsächlich mit *technischen Fragen* (Kurierdienst, Fernschreibverkehr, Zugverbindungen, Besoldungsfragen, Haushaltsangelegenheiten u. ä. m.) sowie *organisatorischen Problemen* (Zuständigkeitsabgrenzung zwischen den Verwaltungsräten in Fragen der Preisbildung, Holzwirtschaft usw., Rechtsnatur und Vollmachten der Verwaltungsräte, Gesetzgebungsrecht der Verwaltungsräte u. a. m.) befaßt.[20a]

Mueller berichtete ergänzend über die Bildung eines sechsten Verwaltungsrats für Beamtenrecht und Besoldungsfragen.[21]

[4.] Vertretung der Hansestädte im VRW

Der VRW beschloß, im Zuge der Neugliederung der Gebietskörperschaften in der britischen Besatzungszone eine Änderung des „vorläufigen Abkommens zur Bildung einer deutschen Wirtschaftsverwaltung vom 5./11. September 1946" zu beantragen:

Beschluß: Die Mitglieder des VRW werden an die zuständige Stelle in ihren Ländern herantreten, um die Ermächtigung zur Vornahme nachstehender Änderungen des „Vorläufigen Abkommens" zu erhalten und ermächtigen den Vorsitzenden, gleichzeitig die Zustimmung der Militärregierung einzuholen:

a) der Artikel 2 des „Vorläufigen Abkommens", 1. Satz, soll folgende Fassung erhalten: „Der VRW besteht aus den Wirtschaftsministern der sechs Länder des amerikanischen und britischen Besatzungsgebiets und aus je einem vom Senat bestimmten Senator der Hansestädte Bremen und Hamburg."

Angenommen mit einer Mehrheit von fünf Stimmen, bei Stimmenthaltung des Bayrischen Vertreters.

b) der Artikel 3 des „Vorläufigen Abkommens", 1. Absatz, soll folgende Fassung erhalten[22]: „Beschlüsse des VRW werden mit einer Mehrheit von fünf Stimmen getroffen. Die übereinstimmende Entscheidung der Senatoren der beiden Hansestädte wird hierbei als eine Stimme gerechnet."

Angenommen mit einer Mehrheit von vier Stimmen. Der Vertreter Württemberg-Badens enthielt sich seiner Stimme, der Vertreter Bayerns stimmte gegen den Antrag. Die Vertreter der beiden Hansestädte forderten volles Stimmrecht.[23]

---

[20] Prot. der Sitzungen der Vorsitzenden der Verwaltungsräte vom 12. 11., 25. 11., 9. 12. 1946, 13. 1. 1947 in: Z 8/50, Entwürfe und Versendungsschreiben Z 28/17. Die Sitzungen waren von Mueller „zwecks Koordinierung aktueller Fragen [...] absichtlich ohne vorher festgelegte Tagesordnung abgehalten worden". (Vgl. Prot. der 6. Sitzung vom 24. 2. 1947, ebenda, Bl. 91). Daneben gab es regelmäßige Besprechungen der Referenten für Beamtenrechtsfragen der Zentralbehörden (Prot. ab Jan. 1947 in: Z 10/570).

[20a] Vgl. hierzu auch Dok.Nr. 6 A, TOP 5.

[21] Vgl. Dok.Nr. 3, TOP 9.

[22] Die bisherige Fassung hatte gelautet: „Beschlüsse des Wirtschaftsrates werden mit einfacher Mehrheit der abgegebenen Stimmen getroffen" (Z 1/1276, Bl. 10). Die geänderte Fassung wurde nach Genehmigung der MilReg. auf der 10. Sitzung des VRW ohne die Beschränkung für die Hansestädte beschlossen (Z 8/52, Bl. 2).

[23] Die Hansestädte erhielten das volle Stimmrecht, nachdem die MilReg. mit Schreiben vom 6. 2. 1947 dies verfügt hatte (Z 8/51, Bl. 14). Vgl. hierzu auch Dok.Nr. 10 A, TOP 7.

Nach Durchführung dieser Änderungen des „vorläufigen Abkommens" wäre § 5 der *Prot.*
Geschäftsordnung des VRW, wie folgt zu ändern: Der Nachsatz des ersten Absatzes ist
zu streichen („Sie bedürfen einer Mehrheit von vier Stimmen").

[5.] Benennung von stellvertretenden Mitgliedern
[...]

[6.] Mitteilungen der Militärregierung

Mueller gab folgende Mitteilungen der Militärregierung bekannt:

a) Die Wirtschaftsminister der britischen Zone werden künftig von der britischen Militärregierung automatisch als Mitglieder des VRW benannt werden. Dieses Verfahren wird entsprechend für das neugeschaffene Land Bremen und die Hansestadt Hamburg angewendet werden.[24]

b) Der Rücktritt von Agartz als Mitglied des VRW[25] wird mit Bedauern zur Kenntnis genommen.

c) An die Stelle von Agartz hat das Land Niedersachsen Herrn Alfred Kubel als Mitglied des VRW benannt.[26]

d) Die dem Zentralamt für Wirtschaft mit Ordinance Nr. 52 der britischen Militärregierung übertragenen Befugnisse[27] (z. B. zum Erlaß von Verordnungen) [werden] zeitweise auf das Verwaltungs*amt* für Wirtschaft übertragen werden. Die bisher unter der Verordnung über den Warenverkehr vom 4. Oktober 1946 (für das brit. Besatzungsgebiet) ausgeübten Befugnisse werden auf das VAW übertragen.

e) Genehmigung des geschäftlichen Briefverkehrs mit dem Ausland unter der Bedingung, daß damit keine Geschäftsabschlüsse erfolgen dürfen (nontransactional business correspondance).[28]

f) Zum Gesundungsplan[29] wird insbesondere darauf hingewiesen, daß die Reparationspolitik Angelegenheit des Kontrollrats ist und von der brit. und amerikanischen Militärregierung nicht allein entschieden werden kann.

g) Die Darlegung des VRW zum Abbau von Stahlwerken in der britischen Zone werden ausführlich erörtert, wobei die vom VRW vorausgesagten wirtschaftlichen Folgen bezweifelt werden.[30]

---

[24] Schreiben der BECG vom 13. 1. 1947 in: Z 8/20, Bl. 87.

[25] Agartz hatte auf der 6. Sitzung des VRW vom 23. 11. 1946 zum 31. 12. 1946 seinen Sitz im VRW niedergelegt (Prot. in: Z 1/753, hier Bl. 18).

[26] Schreiben der BECG vom 21. 12. 1946 in: Z 8/20, Bl. 179.

[27] Ordinance Nr. 52, Abdr. in: Amtsbl. brit. MilReg. S. 319. Die Übertragung der Befugnisse auf das VAW wurde mit Schreiben vom 8. 1. 1947 mitgeteilt (Z 8/20, Bl. 101).

[28] Das VAW hatte unter dem 16. 12. 1946 ausführliche Vorschläge für Richtlinien für den geschäftlichen Briefverkehr mit dem Ausland an die BECG eingesandt (Z 8/21, Bl. 155–163). Mit Schreiben vom 28. 12. 1946 wurden vorläufige Bestimmungen durch die BECG erlassen, die eine erste Auflockerung bedeuten (Z 8/20, Bl. 161).

[29] Der Gesundungsplan für die deutsche Wirtschaft war auf der 4. Sitzung des VRW vom 29./30. 10. 1946 angenommen worden, verabschiedete Fassung Z 1/753, Bl. 55–57; Abdr. in: MitBl. VAW, 1947, S. 4–5; ferner Akten zur Vorgeschichte 1, S. 1070–1071.

[30] Der VRW hatte auf seiner 6. Sitzung vom 23. 11. 1946 (Prot. Z 1/753, hier Bl. 19–20) den Leiter des VAW beauftragt, den Militärregierungen umgehend nochmals die im Falle einer endgültigen Stillegung des Bochumer Vereins der Mannesmann Röhrenwerke AG und der Hoesch AG eintretenden Folgen für das deutsche Wirtschaftsleben darzulegen. Die Antwort der BECG vom 5. 12. 1946 in: Z 8/20, Bl. 184–185.

Prot. h) Knappschaftsrenten werden an die Bergarbeiter mit Wirkung vom 1. Dezember 1946 bis zu 80% des Niveaus vom Mai 1945 ausbezahlt.[31]
i) Die Einrichtung einer Untersuchungskommission über Produktion und Verteilung von Walzwerkerzeugnissen wurde genehmigt. Die Kommission darf keine Kritik an den Maßnahmen der Militärregierung üben.[32]
k) Die Verteilung der Rohtabakernte 1946 nach Beschluß des VRW wurde genehmigt.
l) Die Vertretung der bizonalen Verwaltungsräte in Berlin, die nach dem Beschluß des Koordinierungsausschusses vom 9. Dezember 1946 errichtet werden soll, darf nicht als Verbindungsstelle zum OMGUS und dem britischen Hauptquartier dienen. Der Verkehr zwischen allen Verwaltungsämtern und den Berliner Dienststellen der Militärregierungen hat ausschließlich über die Bipartite Control Groups zu erfolgen.[33]

[7.] Bericht über Arbeitsgruppe Kohle

Mueller wies auf die überaus ernste Wirtschaftslage infolge der Kohlenknappheit hin, die durch Transportschwierigkeiten noch verschärft wurde, und erwähnte die kürzlich von ihm einberufene Pressekonferenz in Frankfurt/M., über die ein gesonderter Bericht den Mitglieder des VRW bereits zugegangen ist.[34]
Min. Nölting berichtet über die Tätigkeit der Arbeitsgruppe Kohle lt. Anlage 1 [...]

Anlage Die Arbeitsgruppe Kohle hat seit der letzten Verwaltungsratssitzung[35] eine außerordentlich intensive Tätigkeit entwickelt und hat sich, nachdem ihre Gründung insbesondere auch von den alliierten und deutschen mit dem Bergbau befaßten Stellen zunächst mit einem gewissen Mißtrauen und großer Zurückhaltung aufgenommen worden war, sehr rasch bei den maßgebenden Stellen des Reviers durchgesetzt. Nachdem noch vor vier Wochen die Militärregierung und die NGCC der Arbeitsgruppe Kohle allerhand Schwierigkeiten und Hindernisse in den Weg gelegt haben, ist heute die AGK die federführende Stelle, bei der alle Bestrebungen zur Hebung oder Steigerung der Kohlenförderung zusammengefaßt

---

[31] Schreiben der BECG vom 31. 12. 1946 in: Z 8/20, Bl. 155.
[32] Schreiben der BECG vom 30. 12. 1946 in: Z 8/20, Bl. 157–158.
[33] Über die Umwandlung der Berliner LR-Vertretung in eine Vertretung der bizonalen Verwaltungsräte hatte es bereits im Dez. 1946 Gespräche zwischen GS Roßmann und Mueller gegeben. (Vgl. Tagebucheintragung Roßmann vom 5. 12. 1946 in: Nachl. Roßmann/4, Bl. 41, 45–46).
Auf der 10. Sitzung des VRW vom 20./21. 3. 1947 wurde die Errichtung einer Vertretung des VRW in Berlin beschlossen (Prot. Z 8/52, hier Bl. 9), die mit Schreiben der BECG vom 21. 5. 1947 genehmigt wurde (Z 8/26, Bl. 9). Die Funktionen der Vertretung wurden begrenzt auf die Verbindungen zu den deutschen Zentralverwaltungen der sowj. Zone, zur sowjetischen Militärverwaltung in Berlin in Fragen von Interzonenhandelsabkommen und zum Magistrat der Stadt Berlin. Vgl. auch Dok.Nr. 18 A, Anm. 17.
[34] Auf der Pressekonferenz vom 11. 1. 1947 berichtete Mueller über Fragen der Kohlenproduktion und -verteilung und kündigte die Einführung des Punktsystems für Bergarbeiter an. (Wortlaut der Ausführungen von Mueller in: Z 8/60, Bl. 33–34).
Vgl. auch den Hauptartikel der Frankfurter Rundschau vom 14. 1. 1947, der kritisch resümierte: „Der Gesamteindruck dieser Konferenz ließ erhebliche Bedenken zurück, umso mehr, als kein positiver Vorschlag bekanntgegeben wurde, wie in Zukunft die Kontrolle der Kohlenverteilung intensiver betrieben werden soll."
[35] Die 6. Sitzung des VRW hatte am 23. 11. 1946 stattgefunden (Prot. in: Z 1/753).

und deutscherseits vor der Militärregierung und den höchsten deutschen Verwaltungsstellen vertreten werden. Der Vorsitzende der Arbeitsgruppe Kohle, Wirtschaftsminister Erik Nölting, und der Geschäftsführer wurden ständig auch während der Weihnachtsfeiertage zu fortgesetzten Verhandlungen auf die Villa Hügel gebeten, zusammen mit Sprechern der Gewerkschaften, Zechenverwaltungen, der Versorgungszentrale für den Deutschen Bergbau und anderer deutscher Instanzen.

Dieser Umschwung in der ursprünglich ablehnenden Haltung der höchsten militärischen Stellen setzte ein durch einen Auftrag von Sir Cecil Weir, dem Vorsitzenden der Economic Sub-Commission, den Brigadier Gilman am 5. 12. 1946 dem Vorsitzenden der Arbeitsgruppe Kohle übermittelte. Es sollten Vorschläge ausgearbeitet werden, die ohne weitere Beeinträchtigung der Industrieversorgung eine *bessere Versorgung mit Hausbrand* ermöglichten und gleichzeitig *eine Mehrförderung zur besseren Versorgung der Industrie und der sonstigen Bedarfsträger* gestatteten. Dieser Auftrag und die anschließenden Verhandlungen mit den höchsten englischen Stellen machten andererseits fortgesetzte Verhandlungen und Abstimmungen mit den verschiedenen deutschen Stellen erforderlich, so daß der Vorsitzende der AGK und die Geschäftsführung fast ständig unterwegs waren.

Nachdem die zunächst von der Gewerkschaftsseite ins Auge gefaßten Pläne eines erneuten Versuchs der Einführung von Sonntagsschichten unter verbesserten Bedingungen sich als undurchführbar erwiesen, berief die AGK nach sorgfältiger Vorbereitung am 20. Dezember ihre zweite große Arbeitstagung in Düsseldorf ein, wo nochmals mit allen maßgebenden Instanzen und Sachverständigen des Bergbaus, insbesondere unter starker Beteiligung der Gewerkschaften, verschiedene von der Arbeitsgruppe Kohle zur Diskussion gestellte Vorschläge beraten wurden. Das Ergebnis dieser Sitzung war eine Festlegung auf das Punktsystem als das im wesentlichen erfolgversprechende Mittel zur Erzielung einer Förderungssteigerung.[35a]

Die in diesem Zusammenhang vom Vorsitzenden der Arbeitsgruppe Kohle den Engländern gemachten Vorschläge wurden von der NGCC nach Berlin weitergegeben und fanden in immer wieder erneuten Verhandlungen die endgültige Form, die dann in der Sitzung vom 10. Januar 1947 zur *Einführung des Bergarbeiter-Punktsystems* führten. Die Verhandlungen gestalteten sich deshalb außerordentlich schwierig, weil die mit dem Punktsystem aufgeworfenen Fragen des Imports, des freien Devisenkontos, der Verwendung der Mehrförderung und Anteil des Hausbrands an der Mehrförderung auf alliierter Seite an grundsätzliche Fragen der hohen Politik rührten, die dort wieder mit Minden, Berlin und London verhandelt und abgestimmt werden mußten.

Angesichts der einschneidenden Bedeutung der Mehrförderung erklärte sich Herr Minister Nölting bereit, in einer großen Rundfunkansprache einmal einen Rechenschaftsbericht über den Verbleib der Kohle zu geben und zum anderen das Punktsystem anzukündigen und einen Appell an die Bergarbeiter zu richten.[36]

Der Entwurf dieser Rede mußte binnen weniger Stunden vorgelegt werden; die Rede wurde alsdann in Berlin und London zum Gegenstand von Verhandlungen und Abänderungswünschen gemacht, die in letzter Minute dem Vorsitzenden übermittelt wurden. Die ganzen Verhandlungen standen unter einem außerordentlichen Zeitdruck. Die ursprüngliche

---

[35a] Vgl. Dok.Nr. 12, Anm. 10.
[36] Manuskript der am 11. 1. 1947 gehaltenen Rundfunkrede über das Thema „Wo bleibt unsere Kohle?" in: Z 8/1938, Bl. 92–93. Vgl. auch die im Druck erschienene Broschüre: Erik Nölting, Wo bleibt unsere Kohle? Düsseldorf: 1947 (Schriftenreihe der staatsbürgerlichen Bildungsstelle der Landesregierung Nordrhein-Westfalen).

Nr. 2   16./17. 1. 1947   Verwaltungsrat für Wirtschaft

Anlage   Absicht, die Rundfunkrede am Silvester-Abend oder zu Neujahr zu halten, ließ sich nicht durchführen, da die Voraussetzungen noch nicht geschaffen waren. Eine längere Hinauszögerung war andererseits nicht möglich, da die Enttäuschung in Bergarbeiterkreisen bereits negative Folgen zeigte und in der Presse behandelt wurde. Schließlich ist es dann, unter Aufbietung aller Kräfte in einer in ihren Schwierigkeiten im einzelnen nicht zu beschreibenden Verhandlungsfolge gelungen, wenige Stunden vor dem für die Rundfunkaufnahme festgesetzten Termin zu einer Einigung zu kommen, nachdem die Engländer es durchgesetzt hatten, daß 140 t Speck, außerdem Bohnenkaffee und Zucker zum Anlaufen des Punktsystems zur Verfügung stehen und die von der UNRRA eingekauften Textilien Ende des Monats verschifft werden können. Die Rundfunkrede des Vorsitzenden der Arbeitsgruppe Kohle am Sonnabend, den 11. Januar abends, hat ein außerordentlich großes und gutes Echo gefunden. Die Pressekonferenz des Verwaltungsamtes in Frankfurt wurde mit den gleichlaufenden Bestrebungen der Arbeitsgruppe Kohle koordiniert.[37] Der Text der Rundfunkrede und die Ankündigung des Bergarbeiter-Punktsystems wurde der Presse wenige Stunden, bevor die Rede gehalten wurde, bekanntgegeben. Obwohl das Punktsystem offiziell erst am 16. Januar anläuft, stieg die Förderung am ersten Tage nach der Rundfunkrede auf die Rekordhöhe von 210 000 t.

Die ursprünglich sehr optimistischen Erwartungen des Bergbaus über die Bereitschaft der alliierten MilReg., zur Finanzierung des Punktsystems großes Entgegenkommen im Import und in Devisenfragen zu zeigen, haben sich leider als unbegründet erwiesen, da es an der dringend erforderlichen Koordinierung der im Revier verfolgten Bestrebungen mit den Gegebenheiten der zentralen Wirtschaftsführung fehlte.[38] Diese Koordinierung ist erst durch die Arbeitsgruppe Kohle erreicht worden, und schon dieser Umstand allein würde die Gründung der AGK gerechtfertigt haben. Es bedarf nunmehr aller Anstrengungen, das Punktsystem trotz der schwachen Basis, auf der es steht, zum Erfolg zu bringen. Neben diesen außerordentlich schwierigen Verhandlungen über die Einführung des Punktsystems hat die Arbeitsgruppe Kohle in der Berichtszeit auf zahlreichen anderen Gebieten eingegriffen und mit Erfolg versucht, Engpässe zu beseitigen und schwierige Fragen vorwärtszutreiben. Es fanden zwei Besprechungen des *Arbeitskreises Verkehr* statt, in denen die dringendsten *Engpässe des bergmännischen Berufsverkehrs* und des Güterverkehrs behandelt wurden. Die notwendigen Maßnahmen wurden sofort ergriffen und die Verbindungsstelle der AGK im Verwaltungsamt in Minden hat sich der einzelnen Fragen laufend angenommen – ob es sich nun um die Glühlampenproduktion für den Straßenbahnverkehr im Ruhrgebiet handelt, oder um Stromsperren im Berufsverkehr, Engpässe im Reparaturprogramm der Reichsbahn und der Straßenbauverwaltung, oder um Dringlichkeitsstufen in der Berücksichtigung der bergbaulichen Zulieferungsgüter. Der Grundsatz der Arbeitsgruppe Kohle, in solchen Spezialfragen die maßgebenden Fachleute jeweils ad hoc zusammenzufassen, hat sich durchaus bewährt.

Eine außerordentlich intensive Tätigkeit hat die Arbeitsgruppe Kohle auf dem Gebiet der *Bergarbeiterernährung* entwickelt, wo Herr Seibold als Mitglied der AGK in Süddeutschland die Dinge vorangetrieben und zum Erfolg geführt hat. Zusätzliche Lieferungen an Fett, Fleisch und Käse wurden erreicht, ebenso die Lieferung von 10% der gesamten Fischzuteilung der US-Zone an die Bergarbeiter zur Durchführung des Punktsystems. Weiter wurden zur Verfügung gestellt 250 000 Liter Wein und erhebliche Mengen von Spirituosen. Weitere Bemühungen der Arbeitsgruppe Kohle richteten sich auf die Kartoffelbevorratung und Verhandlungen mit den höchsten deutschen und englischen Ernährungsstellen in Hamburg. Die in der ersten Arbeitstagung der AGK in Angriff genommenen Gebiete wurden weiter behandelt und gefördert, insbesondere die Holzlieferungen für das *Bergarbeiter-Woh-*

nungsprogramm. Zahlreiche Einzelwünsche und Anträge von Zechen, Gewerkschaften und Organisationen des Bergbaus, so z. B. Freimachung von Jugendherbergen für Berglehrlingskurse wurden behandelt. Die Aufbesserung der *bergmännischen Renten* gelang zunächst nur bis zu einer Höhe von 80%. Die Arbeitsgruppe Kohle ist jedoch bemüht, ihr Ziel, die Renten auf 100% des alten Standes zu bringen, durchzusetzen.

Anlage

Die Informationsstelle der Arbeitsgruppe Kohle wurde inzwischen eingerichtet und durch Herrn Herbert F. Müller besetzt. Die notwendigen Vorarbeiten für eine großzügige Propaganda wurden in die Wege geleitet und sollen im Anschluß an die Einführung des Punktsystems anlaufen. Insbesondere wird dann die Frage der Nachwuchswerbung eine hervorragende Rolle spielen. Die NGCC hat bereits der Arbeitsgruppe Kohle den Auftrag erteilt, neue Formen der Werbung vorzuschlagen.

Die Arbeitsgruppe Kohle ist in den kurzen Wochen ihres Bestehens, obwohl sie bewußt selbst keinerlei Pressemeldungen über ihre Tätigkeit lanciert hat, so bekannt geworden, daß bereits heute so viele Dinge an die Arbeitsgruppe herangetragen werden, daß eine klar durchgeführte Beschränkung auf gewisse wesentliche, schrittweise zu erreichende Ziele erforderlich ist.

[Personelle Zusammensetzung]

Zusammenfassend ist zu sagen, daß die Gründung der Arbeitsgruppe Kohle sich durch die Entwicklung der ersten Wochen bereits voll und ganz gerechtfertigt und als dringend erforderlich herausgestellt hat.[38a]

[8.] Bericht über die Energieversorgung

Prot.

Hauptabteilungsleiter *Reinauer* berichtete an Hand eines bei der Sitzung verteilten Exposés über die Lage der elektrischen Energieversorgung in den vereinigten Zonen Ende Dezember 1946. Es wird auf die Unterlagen verwiesen.[39]

[9.] Bericht über die Kohleverteilung

Hauptabteilungsleiter *Keiser* erstattete an Hand von statistischen Unterlagen, die während der Sitzung verteilt wurden, einen ausführlichen Bericht, der in Anlage 2 – kurz zusammengefaßt – wiedergegeben ist.[40]

---

[37] Vgl. Anm. 34

[38] Im Klartext hieß das, daß die für die Honorierung er Punkte erforderlichen Waren, insbes. der notwendige Speck, nicht zur Verfügung standen. (Vgl. Agartz an Schumacher 4. 2. 1947 (Abschrift), Kl. Erw. 633-14: „Der Erfolg des angekündigten Punktsystems ist unbestreibar. Umso katastrophaler wird der Rückfall sein, wenn dieses Punktsystem nicht gedeckt werden kann.") Siehe auch Dok.Nr. 5, TOP 243.

[38a] Über die weitere Entwicklung der Arbeitsgemeinschaft Kohle informieren die dem VRW regelmäßig vorgelegten Tätigkeitsberichte, die jeweils als Anlage den Prot. der Sitzungen des VRW beigefügt sind.

[39] Das Exposé ließ sich nicht ermitteln. Ein Jahresbericht für 1946 der Zentrallastverteilung der Elektrizität in: Z 8/1448.

[40] Der Bericht (Z 8/51, Bl. 68) resümierte: „Die entscheidende Ursache für diese katastrophale Unterversorgung wichtigster Verbrauchergruppen mit Kohle sah Dr. Keiser darin, daß die für die Verteilung von Kohle verantwortlichen Stellen in der Hoffnung auf eine steigende Produktion während der Sommer- und Herbstmonate keine Vorräte für den zusätzlichen Winterverbrauch angelegt, sondern sogar die vorhandenen Bestände restlos aufgebraucht hatten, und daß zum anderen auch die Verbraucher ihren mit dem zunehmenden Produktion wachsenden Kohlenverbrauch in den Herbstmonaten in beträchtlichem Umfange aus ihren eigenen Vorräten gedeckt haben und bei dieser wenig vorsichtigen Politik von den verschiedensten Seiten auch sogar noch begünstigt worden sind.
Die durch den harten Winter bedingten zusätzlichen Störungen (Verkehrsstörungen, geringere Leistungen der Wasserkraftwerke, Einfrieren der Braunkohlengruben usw.) und Anfangsmängel in der Verteilung bei den zum Teil noch ungeübten deutschen Stellen taten ihr übriges, um die Versorgungslage in einzelnen Gebieten und bei einzelnen Verbrauchergruppen noch besonders zuzuspitzen."

Prot. Anschließend wurden die Berichte zu Punkt [7–9] der TO eingehend besprochen, wobei insbesondere folgende Gesichtspunkte hervorgehoben wurden:

Die Notwendigkeit einer strengen Beaufsichtigung der Gruben zur Verminderung von Verstößen gegen die Bewirtschaftungsanordnungen, Kontrolle der Reichsbahn im Hinblick auf Kohlenverbrauch und Kohlenverwendung, großzügige Verwirklichung des Punktsystems, Steigerung des Kohlenbedarfs zur Durchführung der Exportprogramme der gewerblichen Wirtschaft, die Auswirkungen der gegenwärtigen Transportschwierigkeiten, das Sortenproblem, die Möglichkeit der Gewinnung neuer Bergarbeiter, die Wichtigkeit der Hausbrandversorgung.

Die Kohlenversorgung der eisenschaffenden Industrie wurde ausführlich behandelt, wobei das VRW eine Erhöhung der Kohlenzuteilungen an die eisenschaffende Industrie im Februar 1947 für wünschenswert bezeichnete.

Beschluß: Die Kohlenzuteilungen an die Eisenindustrie der britischen Zone werden im Monat Februar 1947 von 280 000 t auf 350 000 t erhöht. Die Mehrzuteilung von 70 000 t geht je zur Hälfte zu Lasten der beiden Besatzungszonen. Die britische Zone gibt demgemäß statt der vorgesehenen 100 000 t nur 65 000 t an die US-Zone ab. Jede verfügbare Mehrförderung ist zunächst für die Wiederauffüllung der durch diese Umdisposition verminderten Kontingente zu verwenden, wobei beide Zonen gleichmäßig zu berücksichtigen sind.

Um eine gerechtere Verteilung der Kohlenkontingente in den Ländern sicherzustellen, vereinbarte der Verwaltungsrat, daß vor allem im Rahmen der Wirtschaftsverwaltungen der Länder besondere Zuteilungsausschüsse für Kohle eingerichtet werden sollen, zu denen Vertreter aller wichtigen Kohlenverbrauchergruppen aus den Fachreferaten, Landesstellen oder anderen Verwaltungen hinzuzuziehen sind. Diesem Zuteilungsausschuß ist seitens der Fachabteilungen Kohle der endgültige Verteilungsvorschlag auf die verschiedenen Kontingentsträger sowie auf die einzelnen Firmen vorzulegen. Die Fachabteilung Kohle ist ihrerseits gehalten, bei der Aufstellung ihres Vorschlages die Vertreter der NGCC bzw. des Kohlenhandels – soweit zweckmäßig – hinzuzuziehen.

Weiterhin wurde von VRW festgelegt, daß die Zuteilungen an die Gaswerke nicht als zentrales Kontingent gehandhabt werden sollen, sondern von den Ländern im Rahmen des zulässigen Spielraums von 10% abgeändert werden können.

Es wurde weiter festgestellt, daß bei offizieller Proklamation eines Notstandes in einem Land die Weisungen des VAW an dieses Land nicht ohne weiteres bindend sein können. Dieser Grundsatz sei kürzlich auch von der BECG anerkannt worden.

Der Verwaltungsrat ermächtigte den Vorsitzenden die für die Nachprüfung des Kohlenverbrauchs der Reichsbahn entstehenden Kosten auf das VAW zu übernehmen.

Min. Kubel wies im Zusammenhang mit diesen Erörterungen darauf hin, daß das VAW einmal zusammenstellen müsse, wie weit die Zuständigkeit und Verantwortlichkeit deutscher Wirtschaftsbehörden tatsächlich reicht. Er habe den Eindruck, daß diese noch immer sehr begrenzt seien.

Die Einrichtung eines zentralen Kontingentsträgers „Kohlenbergbau" für beide Besatzungszonen für alle Zuteilungen durch das VAW wurde ausführlich erörtert, ohne daß ein Beschluß zustande kam.

[10.] Vorbereitungsarbeiten der Zweizonenfachkommissionen

Mueller berichtete über die Einrichtung, die Zusammensetzung und die Leistung der

bizonalen Fachkommissionen.[41] Er stellte fest, daß die bizonalen Fachkommissionen in ihrer gegenwärtigen Zusammensetzung und mit ihrer Aufgabenstellung weder den Erfordernissen der Zusammenarbeit zwischen VAW und Wirtschaftsministerien der Länder noch den Notwendigkeiten eines engen Zusammenwirkens zwischen Behörden, Gewerkschaften und industriellen Fachvereinen entsprechen. Eine organisatorische Umgestaltung der bizonalen Fachkommissionen würde die Arbeitsweise seines Nachfolgers präjudizieren und könne deshalb im Augenblick nicht beschlossen werden. Da die bisherigen Aufgaben der bizonalen Fachkommissionen zunächst erfüllt seien, schlug er vor, diese aufzulösen. Der VRW schloß sich dieser Auffassung an. Die vom VRW beauftragten Vertreter beider Besatzungszonen für jedes Fachgebiet haben im Zusammenwirken mit den bizonalen Fachkommissionen ihre Berichte über die künftige Arbeitsweise der Fachabteilungen im VAW vorgelegt. Diese Berichte sind vom VAW ausgewertet worden, dabei tauchten immer wieder zwei Probleme auf:
Die Zusammenarbeit zwischen VAW und Wirtschaftsministerien der Länder; die Zusammenarbeit zwischen VAW, Gewerkschaften und industriellen Fachvereinen.
Was die Zusammenarbeit mit den Wirtschaftsministerien der Länder anlangt, so sind regelmäßige Zusammenkünfte der Abteilungsleiter im VAW mit den zuständigen Fachreferenten in den Landeswirtschaftsverwaltungen unbedingt notwendig. Aber auch mit den Vertretern der Gewerkschaften und der industriellen Fachvereine müssen laufend Besprechungen stattfinden. Diese Frage sei kürzlich mit den Gewerkschaften in Frankfurt/M. erörtert worden. Mueller verwies in diesem Zusammenhang auf ein ausführliches Schreiben zu dieser Frage mit Anlagen, das den Mitgliedern des VRW überreicht wurde.[42]
Eine Entscheidung dieser Probleme kann nur von Agartz zusammen mit dem VRW getroffen werden.[43]

[11.] **Verordnung über die Warenbewirtschaftung**

Es wurde festgestellt, daß die Annahme der Verordnung über die Warenbewirtschaftung in ihrer neuen Fassung durch den Eingang von vier schriftlichen Zustimmungen beschlossen worden sei.[44] Rechtsanwalt *Wolff*, Leiter der Rechtsabteilung des VAW, schlug folgende zwei Änderungen vor, deren Notwendigkeit sich in der Zwischenzeit ergeben haben:

1) Streichung des § 10, der die bisher geltenden Verordnungen über den Warenverkehr bzw. über wirtschaftliche Lenkungsmaßnahmen für nicht mehr anwendbar erklärte. Den Ländern müsse für eine gewisse Übergangszeit noch die Möglichkeit gelassen werden, in Notfällen wie bisher eine selbständige Regelung der Bewirtschaftung auf einzelnen Gebieten vorzunehmen.
2) Einfügung eines zweiten Satzes an § 4 mit folgendem Wortlaut: „Die Oberste Lan-

---

[41] Die bizonalen Fachkommissionen, deren Errichtung auf der Interzonenhandelstagung mit Vertretern des ZAW vom 9. 8. 1946 beschlossen worden war (Prot. in: Z 1/367, Bl. 54–62), sollten für ihren jeweiligen Arbeitsbereich die Warenmengen festlegen, die im 4. Quartal 1946 aus der US-Zone in die brit. und aus der brit. Zone in die US-Zone geliefert werden sollten. Protokolle einzelner Fachkommissions-Sitzungen in: Z 8/1963, ferner in: Z 1/367, 368.

[42] Dieses Schreiben ließ sich nicht ermitteln.

[43] Zum Fortgang siehe Dok.Nr. 16, Anm. 4.

[44] Der VO-Entwurf als Anlage zum Prot. in: Z 8/51, Bl. 69–70.

Prot. desbehörde kann das Recht zum Erlaß allgemeinverbindlicher Anordnungen auf eine für das Gesamtgebiet des Landes zuständige obere Landesbehörde übertragen." Außerdem Einfügung eines zweiten Satzes an § 5 Abs. 1 mit folgendem Wortlaut: „§ 4, Satz 3 gilt entsprechend."
Diese Änderungen erscheinen angebracht, um der Organisation der Wirtschaftsverwaltung im Lande Bayern Rechnung zu tragen. Die Verordnung über die Warenbewirtschaftung wurde in dieser abgeänderten Fassung mit 5 Stimmen gegen die Stimme des bayerischen Vertreters angenommen, der unter Hinweis auf die vom Rechtsausschuß des Stuttgarter Länderrats gegen die Gesetzgebungsbefugnis des VRW[45] und insbesondere gegen die vorliegende Verordnung über die Warenbewirtschaftung geltend gemachten Bedenken eine Beratung der Vorlage durch den bayerischen Landtag für erforderlich hält.[46] [...]

[12.] Bewirtschaftung von Eisen und Stahl

[Der Bewirtschaftungsplan Süd II wird nach längeren Diskussionen mit den Stimmen der drei Länder der US-Zone und Min. Kubels angenommen.[46a]

[13.] Preisrechtsverordnung

Bei der Erörterung des vom VRW vorgelegten Entwurfs einer Preisrechtsverordnung[47] wurden von Prof. Nölting und anderen Mitgliedern des VRW vor allem Bedenken ge-

---

[45] Der Rechtsausschuß des LR hatte auf seiner Sitzung vom 9./10. 1. 1947 ein Votum der Justizministerkonferenz der drei Länder der US-Zone sich zu eigen gemacht (Z 6 I/73, Bl. 81), in dem festgestellt wurde, die „interzonalen Ämter" besäßen kein eigenes Gesetzgebungsrecht. In der Begründung hieß es: „Die im September 1946 abgeschlossenen vorläufigen Abkommen über die Errichtung interzonaler Ämter sollten und wollten die wirtschaftliche, nicht eine politische Einheit vorbereiten. Zur Gesetzgebung kann jedoch nur ein Staatswesen zuständig sein, während das amerikanische und britische Besatzungsgebiet weder je für sich noch zusammen einen Staat bilden. [...]
Die einzelnen interzonalen Ämtern in den Abkommen eingeräumte Befugnis, Grundsätze für die ihrerseits dezentralisiert bleibende Gesetzgebung, z. B. auf dem Gebiet des Wirtschaftsrechts oder des Staatshaushalts, „aufzustellen", ist sachlich auf die Aufgabe einer Vereinheitlichung bestimmter Verwaltungen beschränkt. Zur Zeit der nur als vorläufig gewollten und bezeichneten Abkommen waren in der amerikanischen Zone die Ministerpräsidenten, in deren Vollmacht die Fachminister als oberste Landesbehörde handelten, zugleich Träger der Exekutive und Legislative [...]".

[46] Die bayer. Bedenken gegen die Warenverkehrsordnung wurden in einem ausführlichen Schreiben von Wi-Min. Zorn vom 4. 2. 1947 an die BECG erläutert (Z 8/23, Bl. 111–112). Sie zielten insbes. darauf ab, dem VRW eine VO- und Gesetzgebungskompetenz abzusprechen; inhaltlich stimme Bayern der VO durchaus zu. Agartz leitete das Schreiben am 25. 2. 1947 an den Vorsitzenden der BECG mit dem Bemerken, die Schaffung von bizonalen Verwaltungsräten sei sinnlos, „wenn sie nicht auf den von ihnen vorbehaltenen Gebieten das Recht haben, Verordnungen zu erlassen, die in den acht Ländern bindend sind. [...] Zu der Zeit, als die Abkommen geschlossen wurden, bestanden hierüber bei niemand irgendwelche Zweifel" (ebenda, Bl. 114). Die BECG ließ sich mit ihrer Antwort Zeit, bis auf höherer Ebene entschieden wurde, daß den Verwaltungsräten eine VO- und Gesetzgebungsbefugnis nicht zukomme (vgl. Dok.Nr. 12, TOP 1). Somit war auch über den Einspruch entschieden (ebenda, Bl. 113, Schreiben der BECG vom 11. 3. 1947).

[46a] Zur Debatte standen ein Bewirtschaftungsplan „Nord" und ein Plan „Süd II", die beide ein vertikales Kontingentierungssystem vorsahen. (Ausführliches Prot. einer Besprechung von Sachverständigen der brit. und amerik. Zone über Vor- und Nachteile beider Pläne sowie weiteres Material in: Z 1/756; Abdr. der Verfahrensregelung der Eisenbewirtschaftung des VAW vom 23. 5. 1947 in: MittBl. VAW 1947, S. 103–106).

[47] Entwurf der Preisrechtsverordnung als Anlage zum Prot. in: Z 8/51, Bl. 71–72.

gen die weite Fassung des § 1 geltend gemacht.⁴⁸ Es wurde darauf hingewiesen, daß der Vorsitzende damit diktatorische Vollmachten erhält und auf dem Gebiet der Preisbildung an keinerlei Beschränkungen gebunden sei.

Demgegenüber erklärten Mueller und Rechtsanwalt Wolff (Leiter der Rechtsabteilung im VAW), daß jede Einschränkung der Vollmachten durch die Ergänzung des § 1 die Wirksamkeit der Preisrechtsverordnung gegenüber der Öffentlichkeit beeinträchtigt, was im Interesse einer geordneten Preispolitik nicht tragbar erscheint. Die Bindung des Vorsitzenden an die Richtlinien und Weisungen des VRW bestehen laut vorläufigem Abkommen ganz allgemein und damit auch auf dem Gebiet der Preisbildung. Die Preisrechtsverordnung ändert an diesem Zustand nichts. Der Vorsitzende muß selbstverständlich bei grundlegenden Preisänderungen vorher den VRW um Genehmigung bitten. Es wurde vom VRW demgegenüber festgestellt, daß diese allgemeinen Bindungen des Vorsitzenden an die Weisungen des VRW nicht ausreichen und daß deshalb die Ausarbeitung einer speziellen Geschäftsanweisung für den Vorsitzenden⁴⁹ erforderlich erscheint.

Beschluß: Der VRW beschloß gegen die Stimme Bayerns die Annahme des vorgelegten Entwurfs einer Preisrechtsverordnung [...] Die Anwendung der Preisrechtsverordnung soll erst dann erfolgen, wenn gleichzeitig eine interne Geschäftsanweisung des VRW für den Leiter des VAW erlassen worden ist, die im einzelnen regelt, bei welchen Maßnahmen und Entscheidungen der Leiter des VAW die vorherige Stellungnahme des VRW einzuholen hat. Diese Geschäftsanweisung wird im Mitteilungsblatt des VAW veröffentlicht.

Der VRW faßte auf Antrag von Mueller folgenden Beschluß über die Bildung eines Ausschusses beim VAW zur Beratung in Fragen der Preispolitik: [...]

1) Beim VAW soll ein Ausschuß gebildet werden, der die Aufgabe hat, die Hauptabteilung Preisbildung und Preisüberwachung auf dem Gebiet des Preiswesens zu beraten. Der Ausschuß soll vor Erlaß wichtiger allgemeiner Preisanordnungen gehört werden; wenn die Stellungnahme des Ausschusses in besonderen Eilfällen nicht vorher eingeholt werden kann, soll hierzu bei der nächsten Sitzung nachträglich Gelegenheit gegeben werden.

2) Der Ausschuß tritt unter dem Vorsitz des Leiters der Hauptabteilung Preisbildung und Preisüberwachung oder seines Vertreters zusammen.
Dem Ausschuß gehören weiterhin an:
    2 Industrielle, 2 Großhändler und
    2 Einzelhändler, die von den Arbeitsgemeinschaften der Industrie- und Handelskammer vorgeschlagen werden;
    2 Handwerker, die von den Handwerkskammern vorgeschlagen werden;
    6 Vertreter der Gewerkschaften, die von dem Gewerkschaftlichen Zonensekretariat in Bielefeld und gemeinsam von der hessischen, bayerischen und württemberg-badischen Gewerkschaft vorgeschlagen werden;

---

[48] Nach § 1 sollte der Vorsitzende des VRW ermächtigt werden, „Preise und Entgelte für Güter und Leistungen jeder Art, ausgenommen Löhne, festzusetzen und zu überwachen sowie alle sonstigen zur Sicherung volkswirtschaftlich gerechtfertigter Preise und Entgelte erforderlichen Maßnahmen zu treffen" (ebenda).

[49] Die Ausarbeitung dieser Geschäftsordnung ließ sich nicht nachweisen. Zum weiteren Schicksal der Preisrechtsverordnung vgl. Dok.Nr. 10 A, TOP 14.

Prot.   1 Vertreter des sozialen Fürsorgewesens, insbesondere der Flüchtlingsfürsorge, vorgeschlagen von der zuständigen Organisation;
1 Hausfrau, vorgeschlagen von den Hausfrauenorganisationen;
1 Vermieter, vorgeschlagen von den Haus-und Grundbesitzerverbänden;
1 Mieter, vorgeschlagen von den Mieterschutzverbänden;
2 Vertreter der Konsumgenossenschaften, die von deren obersten Zusammenschlüssen vorgeschlagen werden;
2 Vertreter der landwirtschaftlichen Genossenschaften, die von deren obersten Zusammenschlüssen vorgeschlagen werden.

Die Mitgliedschaft in dem Ausschuß ist von der Bestätigung durch den VRW abhängig; das VAW wird darauf achten, daß durch die Auswahl der Mitglieder eine möglichst gleichmäßige Vertretung der Gebietsteile verwirklicht wird.

3) Dem Vorsitzenden steht es frei, außerdem als Sachverständige andere Angehörige des VAW sowie Vertreter aus den Verwaltungsämtern für Ernährung und Landwirtschaft, Verkehr und Finanzen sowie aus den obersten Behörden der Arbeitsverwaltung zur Behandlung einzelner Fragen hinzuzuziehen.

4) Der Ausschuß gibt sich seine Geschäftsordnung selbst, die der Genehmigung des VAW bedarf.

[14.] Gründung einer Einkaufsgenossenschaft für den Bedarf der Besatzungsarmee

Mueller berichtete über die Notwendigkeit, eine kaufmännisch organisierte Einrichtung zu schaffen, die die Bestellungen der Besatzungsarmeen entgegennimmt und die Durchführung der Aufträge regelt. Er habe zunächst eine Genossenschaft für diesen Zweck vorgesehen, sei inzwischen aber zu der Überzeugung gekommen, daß eine GmbH zweckmäßiger wäre. Nach Besprechung einiger Punkte des den VRW-Mitgliedern übergebenen Memorandums betr. Armeebedarf, PX-Stores und Giftshops wurde nachstehender Beschluß einstimmig gefaßt[50]: [...]

Um den Bedarf der britischen und amerikanischen Besatzungsarmee zu beschaffen, wird eine „Beschaffungs-GmbH" gegründet. Die Beschaffungs-GmbH hat die Aufgabe, alle Güter, die die beiden Besatzungsarmeen in Deutschland beanspruchen, zu beschaffen und den Besatzungsarmeen zuzuleiten. Sie muß hierbei auf das engste mit der Planungs- und Bewirtschaftungs-Abteilung des VAW sowie nach näherer Festlegung zwischen dem VAW und den Wirtschaftsverwaltungen der Länder mit diesen zusammenarbeiten.

Die Geschäftsanteile werden vom VAW und den Ländern übernommen.

Die Höhe des Kapitals wird vom VRW nach näherer Prüfung der notwendigen Höhe festgesetzt.

Die Geschäftsführung wird von dem Leiter des VAW im Einverständnis mit dem VRW berufen; der Sitz der Gesellschaft wird in Vereinbarung mit den beiden Besatzungsmächten bestimmt.

---

[50] Obwohl die Gründungsversammlung der Beschaffungs-GmbH am 16. 6. 1947 in Minden stattfand, scheiterte die Schaffung der Gesellschaft am Einspruch des FinMin. von Nordrhein-Westfalen. Vgl. hierzu Vogel, Westdeutschland II, S. 203. Materialien in: Z 8/158.

Verwaltungsrat für Wirtschaft 16./17. 1. 1947 Nr. 2

[15.] Gründung eines Verlages für das Mitteilungsblatt *Prot.*

Das VAW wurde ermächigt, einen Druck- und Vertriebsvertrag mit einem privaten Verlage abzuschließen.[51]

[16.] Verschiedenes

a) [Gestaltung der Industrie- und Handelskammern]
[...]

b) Übernahme der Verantwortung für die Kohlenproduktion durch das VAW ab 1. 4. 1947

Mueller bat den VRW um eine Entscheidung darüber, ob die deutschen Wirtschaftsbehörden sich bereit erklären sollen, ab 1. 4. 1947 die Verantwortung für die Kohlenproduktion von der britischen Militärregierung zu übernehmen. Die britische Militärregierung sei bereit, die Zuständigkeiten auf deutsche Behörden zu übertragen. Er empfahl dringend die Annahme, da dies einer wiederholten Forderung deutscher Stellen entspreche. *Min. Kubel* sprach sich für die Übernahme der Verantwortung aus.
Sen. Borgner und *Min. Nölting* baten um eine Verschiebung der Entscheidung bis zur Tagung der Ministerpräsidenten mit den Militärgouverneuren in Essen am 23. 1. 1947.[52] Ein Beschluß kam nicht zustande.

c) Hauptabteilungsleiter Produktionsgüterindustrien

[Die Einsetzung von Werner Schubart wird gebilligt]

d) [Materialprüfungsamt Dortmund, Zuschuß]
[...]

e) Presseinformation über die Abberufung des Vorsitzenden Mueller und des stellvertretenden Vorsitzenden Rasch

Mueller teilte dem VRW mit, daß er die vom VRW abgegebene Erklärung der Presse übergeben werde. Nach anfänglichen Bedenken schlugen Min. Nölting und Zorn eine abgekürzte Pressefassung vor. Mueller und Rasch erklärten, daß sie der Presse die volle Fassung nicht vorenthalten werden.[53]

---

[51] Das Mitteilungsblatt wurde beim Phoenix-Verlag Minden gedruckt, ohne daß ein schriftlicher Vertrag abgeschlossen wurde. Vertragsentwurf und Materialien über die Herausgabe des Blattes in: Z 8/189.

[52] Vgl. Dok.Nr. 4, TOP 6.

[53] Die Abberufung Muellers entfachte in der nicht der SPD nahestehenden Presse einen Sturm der Entrüstung. Schlagworte wie „Machtergreifung" (die „Zeit" vom 23. 1. 1947) und „Sozialistisches Mißtrauen" (Hamburger Allgemeine vom 24. 1. 1947) fielen. Theodor Heuss schloß seinen Kommentar (Rhein-Neckar-Zeitung vom 25. 1. 1947) mit den Worten: „Es ist schon das böse Wort gefallen, daß die „Befehlsausgabe" von München nach Hannover übergesiedelt sei. Wie denn nun, wenn sich in Köln eine Dependence für solches Verfahren der Demokratie etabliert?" In fast allen Parlamenten der Länder der brit. und amerik. Zone kam es zu Anfragen der CDU betr. das Verhalten der Wirtschaftsminister.
Die Heftigkeit der Reaktion ist sicher auch darauf zurückzuführen, daß die nach 1945 vielfach beschworene und geforderte Norm, eine „Politik der Sachlichkeit" anzustreben, mit der Ablösung Muellers verletzt worden war. (Vgl. hierzu Foelz-Schroeter, Föderalistische Politik, S. 147–148). StS Strauß resümierte im Nachhinein die Folgen der Abwahl: „Ohne jede Leidenschaft, aber mit vollem Ernst muß festgestellt werden, daß

Nr. 2 16./17. 1. 1947   Verwaltungsrat für Wirtschaft

Prot.   **[17.] Entkonzernierung des süddeutschen Kohlenhandels**
[...]

[18.] Dekartellisierungsgesetz der amerikanischen Militärregierung

Bauer berichtete ausführlich über die von den Herren Ministerpräsidenten im Länderrat des amerikanischen Besatzungsgebietes am 8. 1. 1947 abgegebene Stellungnahme zum Dekartellisierungsgesetz der amerikanischen Militärregierung.[54] Die Stellungnahme wurde verlesen. Es wurde darauf hingewiesen, daß die britische Militärregierung nach den vorliegenden Nachrichten beabsichtigt, ebenfalls ein ähnliches Gesetz herauszubringen. *Mueller* berichtete über seine Besprechungen mit dem stellvertretenden Leiter der Dekartellisierungsabteilung im OMGUS, Mr. Hawkins, am 11. 1. 1947 in Frankfurt/M.[54a] und wies darauf hin, daß auch in der britischen Zone bereits die ersten Dekartellisierungsmaßnahmen eingeleitet worden seien (Konzernentflechtung in der eisenschaffenden Industrie). In der Diskussion betonte Min. Nölting, daß er die süddeutsche Einstellung zum Problem der Entkonzernierung nicht teilen könne. Die

---

dieser Vorgang zu einer Vertrauenskrise gegenüber der bizonalen Verwaltung führte und namentlich die bis dahin bestehende Atmosphäre sachlicher Arbeit einfach zerstört hat. Es kann vermutet werden, daß ohne diesen Vorgang des 16. Januar 1947 eine formelle Reorganisation der bizonalen Verwaltung hätte vermieden werden können. Es wäre nur notwendig gewesen, allmählich eine stillschweigende Koordinierung der Verwaltungen herbeizuführen und sie zu einem von den internationalen Verhältnissen bestimmten Zeitpunkt später einer parlamentarischen Kontrolle zu unterstellen, einem Zeitpunkt, der ebenso im Frühjahr 1948 hätte eintreten können." (Denkschrift vom 12. 8. 1947 über die allgemeine Entwicklung seit der Kapitulation sowie über Organisation und Aufgaben bizonaler Wirtschaftsverwaltung. Abdr. bei Vogel, Westdeutschland II, S. 401–402). Zur amerik. Reaktion vgl. Anm. 56.
Auch innerhalb der SPD war der Vorgang umstritten. Roßmann meinte in einer Ansprache vor den Landesvorständen der SPD von Bayern, Hessen und Württemberg-Baden vom 2. 2. 1947 zum Geschehen in Minden (Nachl. Roßmann/32, Bl. 96): „Wenn auch die Entscheidung in Minden, die ich in personeller Hinsicht verstehe, als ein sozialdemokratischer Sieg anmutet, so habe ich doch das Gefühl, daß es ein Pyrrhussieg sein könnte. Bereits bestehen gewisse Anzeichen, daß der sozialdemokratische Einfluß, rein von außen gesehen, dadurch nicht gewonnen, sondern verloren hat. Man kann nicht im Wirtschaftsamt, wo alle Ausschußmitglieder Sozialdemokraten sind, nur sozialdemokratische Politik, man kann nicht im Finanzrat, wo alle Vertreter Mitglieder der CDU sind, eine reine CDU-Politik machen. Das kann auf die Dauer nicht gut gehen und würde den Gedanken der Koalitionspolitik tödlich kompromittieren. Gut, wenn man keine Koalitionspolitik will, aber dann auch mit aller Konsequenz. Es erscheint mir aber sehr fraglich, daß wir bei der gegenwärtigen Lage in Deutschland diese Konsequenz auf uns nehmen können, und wie die Dinge nun einmal, real gesehen, liegen, kann man die Koalitionspolitik in Deutschland für die nächste Zeit nicht entbehren."
Roßmanns Gegenpart, GS Weisser kommentierte die Absetzung Muellers in einem privaten Schreiben vom 18. 1. 1947 an Alan Flanders, Director des German Political Branch der KK: „Der Vorfall in Minden muß meines Erachtens folgendermaßen gesehen werden: Das föderale Prinzip hatte dazu geführt, daß die Leiterposten der Zweizonen-Ämter ohne jede Rücksicht auf die politische Zusammensetzung der Bevölkerung besetzt worden waren. Es ist nur natürlich, daß die neue Zusammensetzung des Verwaltungsrates des Mindener Amtes zu einer Korrektur dieses damaligen Fehlers führte. Aber es ist bedauerlich, daß dies gerade jetzt geschieht, daß es eine an und für sich tüchtige und kenntnisreiche Persönlichkeit trifft und daß die Öffentlichkeit den tieferen Zusammenhang dieser notwendigen Korrektur nicht erfahren wird." (Z 2/75, Bl. 156, ähnlich Weisser auch in einem Artikel „Demokratie oder Föderalismus" in: „Die Welt", 23. 1. 1947, S. 2).

[54] Vgl. Dok.Nr. 1 A, TOP 3.

[54a] Über die Unterredung ließen sich Unterlagen nicht ermitteln. Mueller hatte bereits am 6. 1. 1947 der BECG mitgeteilt, nach seiner Ansicht sei der VRW und nicht der Länderrat für eine verbindliche Stellungnahme zuständig; der Erlaß eines nur zonalen Gesetzes sei zu bedauern und bedeute hinsichtlich der Zonenvereinigung einen Rückschritt. Die Bestimmungen des Entwurfs entsprächen nicht den deutschen Verhältnissen und könnten von einer deutschen Stelle nicht ausgeführt werden. Er werde die Argumente im Einzelnen im Gespräch mit Mr. Hawkins (OMGUS) begründen (Z 8/59, Bl. 83).

Entkonzernierung hänge eng mit der Sozialisierung zusammen. Beide Maßnahmen *Prot.*
könnten in der Regel nicht zugleich angewendet werden. Vielmehr müsse man sich entscheiden, ob man sozialisieren oder entkonzernieren wolle. Er selbst vertrete die Auffassung, daß häufig die Sozialisierung der Entkonzernierung vorzuziehen sei. Bei dieser Sachlage dürfe der VRW keine definitive Stellungnahme in der Frage der Entkonzernierung einnehmen.
Diese Auffassung wurde von der Mehrheit der Mitglieder im VRW nicht anerkannt. Die Stellungnahme der süddeutschen Wirtschaftsminister war durch die Erklärung ihrer Ministerpräsidenten im Länderrat bereits festgelegt. Min. Kubel und Min. Diekmann erkannten diese Stellungnahme trotz der Bedenken von Min. Nölting an. Der VRW schloß sich mit einer Mehrheit von fünf Stimmen der Stellungnahme des Länderrats grundsätzlich an.[54b] Mueller wurde ermächtigt, BECG in diesem Sinne zu unterrichten und zu bitten, nach Möglichkeit die vom süddeutschen Länderrat erhobenen Einwendungen gegen das Dekartellisierungsgesetz zu berücksichtigen.
Der VRW erörterte schließlich in diesem Zusammenhang auch die Frage, welche organisatorischen Vorbereitungen getroffen werden müßten, wenn die Entkonzernierung deutschen Behörden übertragen werden sollte. Für den Fall, daß deutsche Behörden die Entkonzernierung durchführen wollen bzw. müssen, wurde die Errichtung eines selbständigen Amtes unter dem VRW neben dem VAW für zweckmäßig gehalten.

[19.] Öffentlicher Anzeiger

Der Entwurf eines Beschlusses wurde vom VRW vorgelegt und kurz besprochen. Die Entscheidung wurde bis zu nächsten Sitzung vertagt.[55]

[20.] Gemeinsame Sitzung mit Vertretern der Militärregierungen am 16. 1. 1947

Anwesend von den Militärregierungen: McComb [USA], Brig. Cowley [Brit.], Brodnitz [USA], Fliess [Brit.]
Mueller eröffnete die gemeinsame Sitzung des VRW mit den Herren von BECG und führte folgendes aus:
Entsprechend der bisherigen Gepflogenheit werde ich die Beschlüsse bekanntgeben, die bis jetzt gefaßt worden sind. Vielleicht darf ich vorweg, da eine Vorstellung wohl nicht stattgefunden hat, dies jetzt nachholen… (folgt Vorstellung). [Bericht über die Beschlüsse des VRW]
McComb: Ehe ich einige Bemerkungen zu anderen Gegenständen mache, möchte ich sagen, daß wir Ihren Entschluß bezüglich des Vorsitzenden und Stellvertreters zur Kenntnis genommen haben, und unverzüglich an die stellvertretenden Militärgouverneure bekanntgeben werden.[56]

[54b] Es stimmte lediglich Prof. Nölting gegen den Beschluß (Z 8/59, Bl. 80). Agartz teilte die Entschließung der BECG unter dem 28. 11. 1947 mit (ebenda, Bl. 81).

[55] Der Beschluß sah vor, einen „Öffentlichen Anzeiger" durch das VAW herauszugeben. Ferner sollte in Frankfurt ein „Wertpapieranzeiger" publiziert werden. Dem hier vorgelegten Beschluß wurde auf der 8. Sitzung des VRW (Prot. in: Z 8/51, Bl. 51) zugestimmt.

[56] Daß sich ein Wechsel in der Leitung des VRW anbahnte, wußten die Amerikaner bereits Mitte Dezember, vielleicht auf Grund von Berichten ihrer Geheimdienste (s. u.).
Am 15. 12. 1946 wurde Roßmann bei einem Aufenthalt in Berlin von Major Mahder (RGCO) darauf angesprochen, daß ggf. vier Wirtschaftsministerien in den Ländern von Sozialdemokraten besetzt werden würden

Nr. 2   16./17. 1. 1947   Verwaltungsrat für Wirtschaft

Prot. Außer Prof. Nölting sind die Herren hier alle neue Mitglieder im VR. Wir betrachten Sie gemäß den Grundsätzen der Militärregierung auch als Ländervertreter des vereinigten Gebietes. Sie werden sich wie die Herren von der Kontrollgruppe darüber im klaren sein, daß Sie die Verantwortung im VR in einem Augenblick der schwierigsten Krise übernehmen. Inmitten der Krise war die Verbindung und Verschmelzung der beiden Zonen begonnen worden. Ein guter Anfang ist in einer höchst schwierigen Zeit gemacht worden. Wir können Ihnen nicht eindringlich genug sagen, daß jetzt keinerlei Hemmung oder Verzögerung in dieser Entwicklung eintreten darf. Es ist Ihre Aufgabe, die Besetzung des VA mit den besten zur Verfügung stehenden Verwaltungsbeamten durchzuführen. Meine Herren, wir begrüßen Sie und hoffen, Sie bald näher kennenzulernen und mit Ihnen auf enger Grundlage zusammenzuarbeiten. Sie können unserer Hilfe und auch der unserer Vorgesetzten versichert sein, solange die Entwicklung und Ausführung Ihrer Pläne in den Richtlinien der englischen und amerikanischen Militärregierungs-Politik erfolgt.

Brig. Cowley: Ich begrüße die Herren. Ich möchte an das, was Mr. McComb sagte, anschließen; auch ich werde Ihren Beschluß an den stellvertretenden Militärgouverneur weitergeben. Ich möchte ein Wort über die wichtige Aufgabe des VAW sagen. Der Ausschuß, in dem Sie sitzen, trifft sich einmal im Monat und fällt wichtige Entscheidungen. Die laufende Arbeit wird vom VAW geleistet. Wenn diese Arbeit richtig geleistet werden soll, muß dieses Amt mit den besten und einer hinreichenden Anzahl tüchtigster Leute ausgerüstet sein. Nie mußte eine Gruppe von Menschen eine so schwierige Aufgabe übernehmen, wie das VAW. Es werden die besten, fähigsten Köpfe notwendig sein, um diese Probleme zu bewältigen. Die Probleme hängen zusammen mit der Erhöhung der Produktion und der Anpassung der Verteilung. Diese Hauptprobleme müssen Ihnen zu jeder Zeit vor Augen stehen. Sie haben den ersten Rang und sie dürfen nicht überdeckt werden von anderen Fragen, die nicht so im Vordergrund stehen und von Zeit zu Zeit auftauchen. Es liegt bei Ihnen, dafür zu sorgen, daß die besten Köpfe gefunden werden, um diese Aufgaben zu bewältigen, von denen die Zukunft Deutschlands abhängt.

Sen. Borgner erklärte, daß er in Anwesenheit der Militärregierung das Bedürfnis habe, Mueller einige Worte des Dankes zu sagen. Die erfolgreiche Arbeit Muellers unter den bekannten schwierigsten Umständen verdiene die Anerkennung und Achtung aller,

---

und für diesen Fall Schwierigkeiten für Mueller zu befürchten seien. „Mahder ließ erkennen, daß die Ansprüche Schumachers nicht den Beifall der Amerikaner finden" (Tagebuchaufzeichnung Roßmanns vom 15. 12. 1947 in: Nachl. Roßmann/4, Bl. 40). In einem Bericht an Gen. Noce, CAD War Department, vom Ende April 1947 schrieb Gen. Clay im Rückblick: "It is interesting to note that shortly after the bi-zonal economic agency was formed, the SPD Party, through very astute political maneuvering, succeeded in ousting Doctor Muller (a non-political figure) and replacing him with Doctor Agartz who has announced frequently that his principal mission is socialization. Our intelligence reports have indicated that Schumacher and Agartz received British support in making their political maneuver successful, and that Schumacher head of SPD in British zone was promised that Agartz would receive a much greater authority than he has actually been given." (Foreign Relations 1947/II, S. 910. Vgl. auch Gimbel, Amerikanische Besatzungspolitik, S. 161–163). Clay reagierte im übrigen mit einem Interview in der New York Herold Tribune, Pariser Ausgabe 31. 1. 1947 (in deutscher Übersetzung in der Frankfurter Rundschau vom 1. 2. 1947), in dem er sagte, Agartz werde es nicht gestattet werden, seinen neuen Posten dazu zu benutzen, um die Sozialisierung der Schwerindustrie in der amerik. und brit. Zone durchzuführen.

insbesondere auch die hervorragende menschliche Haltung, die er immer und insbesondere in diesen Tagen gezeigt habe.

Mueller dankte und schloß die Sitzung um 13 Uhr.

[21. Dank an Mueller][57]

Nölting dankte Herrn *Mueller* zum Schluß der Sitzung mit folgenden Worten. (Stenogramm unvollständig):

Ich kam gestern nicht dazu, bzw. Senator Borgner kam mir zuvor in der Absicht, Ihnen noch einiges zu sagen.

Sie wissen, daß ich zweimal gegen Sie gestimmt habe, ich habe gegen Sie gestimmt damals, als Sie diesen Vorsitz übernahmen und gestern wieder. Zwischen diesen beiden Abstimmungen liegt ein Stück guter Weggefährtschaft. Sie verstanden damals, daß ich gegen Sie stimmen mußte und Sie werden es auch dieses Mal verstehen.

Unsere Beziehungen waren immer gut, die Weltanschauung spielt aber eine Rolle. Ein Politiker wird meist nicht alt in seiner Stelle.

Senator Borgner fand gestern das so passende Wort „Haltung". Ich möchte Ihnen für Ihre ritterliche und chevareske Art danken. Ganz besonders imponiert hat mir immer, in welch vorbildlicher Haltung Sie gegenüber den Engländern und Amerikanern auftraten und welch großes Ansehen Sie sich bei ihnen erwarben. Sie können wirklich für sich buchen, daß Sie große Stücke aus der englisch-amerikanischen Verwaltung herausbekommen haben. Wenn ich an den Anfang denke und an den gegenwärtigen Zustand, wie jetzt die Kompetenzen auf deutsche Seite verlagert wurden, welche wichtige Arbeit geleistet wurde, muß ich sagen, wir sind vorwärtsgekommen.

Das Zweite, für das ich Ihnen danken möchte bei aller weltanschaulichen Verschiedenheit, ist der menschliche Rahmen, den Sie immer unserer Arbeit zu geben verstanden. Wir danken Ihnen auch besonders dafür, daß Sie die Verhandlungen dieser beiden Tage noch geführt haben. Es wäre ein großer Schaden für unsere Wirtschaft gewesen, wenn man hätte abreisen müssen, ohne irgendeine sachliche Arbeit zu leisten. Es ist dies für uns ein musterhaftes Beispiel, wie man sachliche Dinge für wichtiger hält als persönliche. Wie Sie andeuteten werden Sie im politischen Leben bleiben[58], vielleicht treffen wir uns dort wieder. Bis dahin gewähren wir Ihnen nicht nur ein gutes, sondern auch ein dankbares Gedächtnis.

Mueller erwiderte mit folgenden Worten (Stenogramm unvollständig): Ich danke Ihnen außerordentlich für Ihre guten Worte und die Versicherung, daß sich an unseren Beziehungen nichts ändern soll. Ich habe hier Aufgaben und die Menschen gesehen und man kann mit Menschen aus ganz anderen Lagern, wie man gesehen hat, die sachlichen Dinge befriedigend lösen. Ich danke Ihnen allen für Ihre sehr konstruktive Arbeit dieser beiden Tage und hoffe, daß die weitere Arbeit im VR mit der gleichen Schnelligkeit

---

[57] Die Dankesworte müssen am Ende der Sitzung des VRW gefallen sein, nicht am Ende der Sitzung mit den Vertretern der Militärregierungen.

[58] Mueller arbeitet nach seinem Ausscheiden als Rechtsanwalt und Notar in Frankfurt und gründete die Wirtschaftspolitische Gesellschaft von 1947. Auf der Tagung Deutscher Juristen in Bad Godesberg vom 30. 9./1. 10. 1947 hielt er ein viel beachtetes Referat über Dekartellisierung und Konzernentflechtung. Abdr. in: Tagung Deutscher Juristen Bad Godesberg 30. Sept./1. Okt. 1947, Reden und Vorträge, hrsg. vom Zentral-Justizamt der Britischen Zone, Hamburg 1947, S. 42–62.

Nr. 2   16./17. 1. 1947   Verwaltungsrat für Wirtschaft

Prot.   verläuft. Es ist keine Zeit zu verlieren. Das Wechseln der Pferde im Strom ist eine schwierige Sache. Sie dürfen versichert sein, daß ich immer und überall die Arbeit des bizonalen Amtes unterstützen werde.[59]

---

[59] In der Schlußbemerkung seiner Darstellung schrieb Mueller: „Im Grunde ist die Meinung der SPD oder der hinter ihr stehenden Kräfte folgende: Deutschland liegt zwischen dem kommunistischen Osten und dem sozialistischen Frankreich, in dem die Kommunisten bereits die führende Rolle spielen. Deutschland muß zur Befriedigung der europäischen Verhältnisse sehen, möglichst rasch wenigstens eine gewisse Sozialisierung durchzuführen. Das ist nicht möglich, wenn man auf die Entscheidung des deutschen Volkes selbst warten will. Es ist dagegen möglich mit Hilfe interessierter Besatzungsmächte und das war der Weg, der vor der Zonenverschmelzung in der britischen Zone beschritten werden sollte. [...]
Die SPD geht weiter von der irrigen Auffassung aus, daß nach der Zonenverschmelzung und der ganz anderen Auffassung der Vereinigten Staaten eine solche Politik überhaupt noch durchführbar sei. Bewußt nimmt die SPD ihre Meinung kurzerhand als die herrschende in Deutschland in Anspruch. Diese Auffassung wird leider mit großer Raffinesse und verhältnismäßig wenig Widerstand durchgespielt, wenn nicht endlich die Andersdenkenden sich auf die intelligente und konsequente Führung eines Widerstandes hiergegen und auf die Durchsetzung ihrer der eigenen anderen Meinung zusammenfinden.
Praktisch glaube ich, daß Minden für die SPD im Grunde eine verlorene Schlacht ist, denn die gekennzeichneten Pläne lassen sich nicht mehr durchführen. Die neue Verwaltung in Minden wird nichts anderes tun können, was die alte eingeleitet und in Gang gebracht hat. Die klaren Verpflichtungen des Washingtoner Abkommens werden die Wirtschaft privatwirtschaftlich, selbst unter den heutigen schwierigen Verhältnissen wieder für die Außenmärkte interessieren. Die von Agartz verlangte konsequente Planwirtschaft hat ihre natürlichen Grenzen überall da, wo man auf die differenzierte Initiative der Wirtschaft nicht verzichten kann. Das ist in der heutigen Volkswirtschaft sehr viel. Eine soziale Wirtschaft kann von der Eigentumsseite her nach den Gedanken der neunziger Jahre nicht realisiert werden. Diese doktrinäre Auffassung übersieht, daß wirtschaftliche Macht längst von der Geschäftsführung in der Wirtschaft und nicht vom Eigentum ausgeht. Man wird erfahren, daß die öffentliche Hand als Besitzer gewerblichen Eigentums ebenso und mit sehr viel größeren Schwierigkeiten der Kontrolle wirtschaftlicher Macht unterworfen werden muß. Gewiß wird die neue Leitung in Minden der alten gegenüber den Vorteil haben, eine willige Presse verfügen zu können. Sie wird aber größere Schwierigkeiten haben, zu einem verständigen Frieden zwischen Wirtschaft und Arbeit zu kommen, weil die doktrinären Sozialisten darin diese Dinge in ihrer traditionellen Schwarz-Weiß-Zeichnung sehen."
Tatsächlich kamen Agartz schon sehr bald Zweifel an den Möglichkeiten einer effektiven Amtsführung. Die Probleme der Beschaffung von Waren für das Punktsystem, die Weigerung der MilReg., aus Holland Gemüse einzuführen, insbes. aber ein Interview Gen. Clays, in dem dieser erklärt hatte, Agartz dürfe sein neues Amt nicht ausnutzen, um die Sozialisierung voranzubringen (vgl. Anm. 56), veranlaßten ihn bereits nach ca. zwei Wochen Amtszeit, am 4. 2. 1947 Schumacher vorzuschlagen, der Parteivorstand möge sich mit dem Wirksamwerden der Kölner Beschlüsse befassen. Auf der Tagung des Parteivorstandes der SPD in Köln am 24.–26. 9. 1946 war in einer Resolution erklärt worden, die neuen Zentralämter seien Vertretern kapitalistischer Auffassung übertragen und die SPD sei nicht willens, die politische Verantwortung für die Zustände zu tragen, die ihr aufgezwungen würden. Sie mache daher ihre politische Mitarbeit von verbindlichen Zusagen abhängig (Foelz-Schroeter, Föderalistische Politik, S. 135. Siehe auch Anm. 10).
Während die brit. Erklärungen und Zusicherungen hinsichtlich der Sozialisierung bisher „reichlich vage" gewesen seien, liege nunmehr eine klare und unmißverständliche Äußerung Gen. Clays vor. Falls er nicht in kürzester Zeit von der brit. MilReg. eine verbindliche Erklärung erhalte, werde er die Kölner Beschlüsse auf seine Person allein anwenden (Kl. Erw. 633 – 14, Agartz an Schumacher vom 4. 2. 1947, Abschrift).

Länderrat US-Zone   22. 1. 1947   Nr. 3

Nr. 3
Interne Sitzung des Länderrates des amerikanischen Besatzungsgebietes in Stuttgart
22. Januar 1947

BA Z 1/18, Bl. 89–91. Prot. vom 23. 1. 1947, von Roßmann gez. Ausf.[1]

Anwesend: MinPräs. Ehard (Vorsitz), stellv. MinPräs. Hoegner, Konsul Seelos, StS Ankermüller, RegDir. v. Herwarth, MinDirig. Glum, MinRat Römer, ORegRat v. Elmenau, Frh. v. Ritter zu Groenesteyn (Bayern); SenSynd. Stier tom Moehlen, Schütte (Bremen); MinPräs. Stock, stellv. MinPräs. Hilpert, StS Strauß, Graf v. Wedel, Pressechef der StReg. Bartsch (Hessen); MinPräs. Maier, stellv. MinPräs. Köhler, WiMin. Veit, ArbMin. Kohl, StS Gögler, StR Wittwer, StS Eberhard, ORegRat Mühlberger (Württemberg-Baden); GS Roßmann, Wutzlhofer (Länderrat)

[1. Einschaltung der Parlamente in die Arbeit des Länderrates, Gesetzgebungsbefugnis der bizonalen Verwaltungsräte[2]]

MinPräs. Ehard eröffnet die Sitzung und macht zunächst genaue Ausführungen über die Frage der Einschaltung der Parlamente in die Länderratsarbeit. Er stellt fest, daß zuerst einmal die Zuständigkeiten, angefangen von den Ländern bis hinauf zum Kontrollrat, geklärt werden müßten, da die Lage hier im Augenblick ziemlich unübersichtlich sei. Es müßte zunächst ein rechtlich einwandfreier Boden gesucht werden. Zur Zeit gäbe es nur eine staatsrechtlich, verfassungsrechtlich und demokratisch einwandfreie Grundlage: die Verfassungen der drei süddeutschen Länder.[3] Alles andere sei noch vollkommen im Werden und zum Teil noch durchaus unentwickelt. Besonders unklar seien die Verhältnisse auf der bizonalen Ebene. Es erhebe sich die Frage, wer auf bizonaler Ebene Gesetzgebungsbefugnis habe. Seiner Ansicht nach sei hier nach dem Inkrafttreten der Verfassungen nur eines möglich: Was von den bizonalen Räten beschlossen wird und wovon man wünscht, daß es auf der Ebene der beiden Zonen gemeinsam angewendet werden soll, muß, wenn es Gesetzeskraft für die süddeutschen Länder erlangen soll, von den Landtagen als den alleinigen Gesetzgebungsorganen beschlossen werden. Verließe man diesen Boden, so fiele alles ins Leere.

MinPräs. Ehard legt im folgenden weiter dar, welche Konsequenzen sich ergeben können, zunächst auf der Länderratsebene. Hier sei es politisch zweckmäßig, vielleicht sogar notwendig, die Parlamente in irgendeiner Form einzuschalten. Es gäbe nur zwei Möglichkeiten: entweder man erweitere das Direktorium durch die Hinzuziehung von Parlamentariern oder man stelle neben das Direktorium einen Sonderausschuß, bestehend aus Vertretern der drei Landtage. Verfassungsmäßig klar sei nur die zweite Möglichkeit, da hier – entsprechend der Handhabung in den Ländern – die Regierungsvertreter dem Parlamentsausschuß gegenüber Gesetzesvorschläge vertreten, nur daß es

---

[1] Als „vertraulich" gekennzeichnet und mit handschr. Vermerk „Generalsekretär" versehen.

[2] Über die Diskussion zu diesem TOP liegt im HStA Stuttgart ein ungez. und undat. Aktenvermerk „Zur Frage des Einbaues einer parlamentarischen Vertretung im Länderrat und zum Aufbau der Gesetzgebung nach der Rede von General Clay vom 8. Januar 1947" vor, der stichwortartig Verlauf und Ergebnisse der Diskussion wiedergibt (HStA Stuttgart, EA 1/2 Bü 51).

[3] Die Verfassungen der Länder der US-Zone wurden Ende November, Anfang Dezember 1946 durch Volksabstimmungen angenommen. Vervielfältigungen der Texte in: Z 1/1277, Abdr. bei Wegener, Neue deutsche Verfassungen.

sich hier um eine beratende Tätigkeit der Parlamentarier handele, die eine Koordinierung unter den Ländern herbeiführen solle. Der Einwand gegen diesen Vorschlag, daß der Apparat dadurch zu schwerfällig würde, könnte dann gegen den demokratischen Apparat überhaupt angeführt werden und sei deshalb nicht stichhaltig.

MinPräs. Ehard stellt fest, daß auf bizonaler Ebene unter allen Umständen ein Umbau erfolgen und der Einfluß der Ministerpräsidenten hier gestärkt und sichergestellt werden müsse. Die Vertreter der Länder in den bizonalen Räten müßten an die Weisungen ihrer Kabinette gebunden sein.[4] Der Umbau sei auch deshalb notwendig, weil durch die Verfassungen die Situation sich grundlegend geändert habe und außerdem Bremen und Hamburg Stimmrecht in den Räten bekommen sollten. Wenn Zuständigkeiten an die bizonalen Räte abgetreten werden müßten, so müßte dies auf eine Weise geschehen, die demokratisch und verfassungsmäßig einwandfrei sei. Die Zuständigkeiten könnten im übrigen nur abgetreten werden mit Zustimmung der Landtage. Dies sei der einzige Weg, der durch die Anweisungen der Besatzungsmacht[5] und durch die Rede von General Clay[6] vorgezeigt sei.

Dazu komme noch eine Variation, die sehr bedeutsam sein könne, nämlich das Eingreifen der Besatzungsmacht beim Erlaß von Gesetzen. Bei für alle vier Zonen einheitlichen Gesetzen sei die Lage klar, da sie durch den Kontrollrat erlassen würden und dann von den deutschen Behörden sofort ausgeführt werden müßten. Wie werde aber die Lage sein, wenn die Militärregierung den Ministerpräsidenten den Auftrag erteilen würde, ein Gesetz mit sofortiger Rechtskraft für die Länder zu veröffentlichen? Wie werden sich die Ministerpräsidenten hier ihren Parlamenten gegenüber verhalten müssen? Er persönlich würde in diesem Falle den Auftrag der Besatzungsmacht sofort ausführen, aber im selben Augenblick das Parlament verständigen, das dann seine Meinung äußern könne und solle. Wenn das Parlament in dieser Angelegenheit eine andere Meinung vertrete, so habe es die demokratische Befugnis, darauf – natürlich in sachlicher und korrekter Form – hinzuweisen. Diese Stellungnahme würde er dann der Militärregierung zur Kenntnisnahme weiterleiten.

MinPräs. Stock führt aus, daß er die Angelegenheit jetzt nicht mehr so schwarz sehe wie in den ersten Tagen nach der Rede von General Clay[7], jedoch der Meinung sei, daß auch durch die von MinPräs. Ehard vorgeschlagene Handhabung nicht alle Schwierigkeiten aus dem Wege geräumt werden könnten. Dies treffe besonders auf alle Anordnungen bizonaler Art zu. Es sei gerade das Entscheidende, daß die Anordnungen und Beschlüsse der bizonalen Räte als militärische Anordnungen gelten und auszuführen seien. Man könne wohl die Anordnungen oder Gesetze dem Landtag vorlegen, aber die Ausführung müsse trotzdem sofort erfolgen. Nehme nun der Landtag eine andere Stellung ein als der Ministerpräsident, der ja sofort seine Zustimmung zu den Anordnungen geben müsse, so könne der Ministerpräsident seinem Landtage gegenüber in eine unangenehme Lage kommen. Es erhebe sich wieder die Frage, wie man den Länderrat parlamentarisch untermauern könne. Beachtet werden müsse vor allem, daß keine Möglichkeit der Majorisierung bestehen dürfe.

---

[4] Es gelang Ehard und den anderen süddeutschen MinPräs., diese Auffassung auf den Besprechungen während der Ruhrreise durchzusetzen (vgl. Dok.Nr. 4, TOP 5).

[5] Gemeint ist vermutlich die Direktive der amerik. MilReg. vom 30. 9. 1946. Dok.Nr. 9, Anm. 10.

[6] Es handelt sich um die als Dok.Nr. 1 B I abgedruckte Rede von Gen. Clay vom 8. 1. 1947 vor dem LR.

[7] Vgl. Anm. 6.

MinPräs. Stock vertritt weiter die Auffassung, daß das Ziel – Einheit Deutschlands – durch keinen Bau, wo er auch entstehen möge, irgendwie beeinträchtigt werden und kein Hemmnis auf dem Wege dorthin bedeuten dürfe. Der Länderrat habe zwar seine Vorteile, aber er werde und müsse aufhören zu existieren in dem Augenblick, in dem Deutschland wieder eine Einheit darstelle. Es sei deshalb nicht nötig, mehr zu tun als erforderlich sei. Erforderlich sei aber, daß mehr als bisher die Parlamente eingeschaltet werden. Es müßten Parlamentarier als beratende Körperschaft, nicht als beschließende, hinzugezogen werden. Im übrigen sei er mit den Ausführungen von MinPräs. Ehard, die sehr klar die Lage umrissen hätten, einverstanden.

MinPräs. Ehard fügt seinen Ausführungen, um von vornherein Mißverständnisse zu vermeiden, hinzu, daß dieser politisch-parlamentarische Ausschuß natürlich keine Gesetzgebungsbefugnis haben könne, so daß also eine Majorisierung gar nicht in Betracht käme. Bezüglich der Zusammensetzung des Ausschusses gäbe es seiner Ansicht nach nur zwei Wege: entweder es wird nach der Größe der Bevölkerungszahl der Länder eine gewisse Anzahl von Parlamentariern aus den Parlamenten entnommen oder man bildet einen Ausschuß, der ein Spiegelbild der Parlamente darstellt, wobei die Zahl keine Rolle spielt. Daß der Ausschuß keine beschließende Funktion habe und der Einheit des Reichs nicht vorgreifen solle und nicht vorgreifen könne, sei klar. Die US-Zone sei nun einmal die kleinere Ebene, aber er sei der Ansicht, daß, wenn hier eine Koordinierung zustandekomme, diese dem Einheitsgedanken mehr nützen als schaden könne.

MinPräs. Maier erklärt, daß über die Frage, die hier zur Debatte stehe, gestern eine eingehende Unterhaltung im Württ.-Bad. Ministerrat stattgefunden habe. Man habe versucht, den Standpunkt von Württemberg-Baden genau zu formulieren, um dann heute mit den anderen Herren Ministerpräsidenten zu einer Einigung zu kommen. Seiner Ansicht nach begehe man einen grundsätzlichen Fehler, wenn man die Ministerpräsidenten nach Bildung der Landtage weiterhin in dieser starken Form wie bisher herausstelle. Dies sei vor 1933 nie der Fall gewesen, und man habe sich in Württemberg-Baden schon immer bemüht, von diesem Begriff herunterzukommen, und man habe nur in sehr eiligen Fällen die Gesetzgebung des Ministerpräsidenten in Gang gesetzt, in den meisten Fällen jedoch vom Ministerrat beschließen und unterzeichnen lassen. Es seien unbedingt Beratungen mit der Militärregierung notwendig, um klarzulegen, daß an die Stelle der Ministerpräsidenten jetzt die Landesregierungen getreten sind, was ja auch dem Sinne der Demokratie entspreche. Er bittet die Herren, sich hierüber in nächster Zeit einmal eingehend zu unterhalten. Nach der Rede von General Clay müsse man auf alle Fälle zu einer Regelung kommen, die eine arbeitsfähige Gesetzgebung garantiere und die verfassungsmäßige Mitwirkung der Landtage zulasse.

Bei Gesetzen des Kontrollrates sei die Sache klar, da hierbei die Landtage nicht in Betracht kämen. Die zweite Möglichkeit sei, daß nicht die vier Besatzungsmächte, sondern die amerikanische Besatzungsmacht allein eine einheitliche Regelung auf Zonenbasis für wünschenswert halte. Hierbei sei die Gesetzgebungsbefugnis der Landtage entweder ausgeschaltet oder eingeschränkt. Der dritte Fall, in dem die drei Länder eine Gesetzgebung auf Zonenbasis für erforderlich halten, dürfte keinen Schwierigkeiten begegnen, denn es werde keinen Ministerpräsidenten geben, der eine zonale Gesetzgebung anrege, befürworte oder ausführe, wenn er nicht wisse, ob er in Übereinstimmung mit dem Landtage handele. Praktisch scheide dieser Fall als Konfliktsfall also aus. Schwieriger sei die Lage auf bizonalem Gebiet. Es sei im Württ.-Bad. Kabinett die Auffassung vertreten worden, daß zweifellos dem Verkehrsrat ein Gesetzgebungsrecht in dem Abkommen übertragen worden sei.⁸ Dies sei auch nach der Verfassung von Württemberg-Baden möglich, in der eine Ausnahme-Vorschrift enthalten sei, nach der die bizonale Gesetzgebung neben der Gesetzgebung des Landes zulässig ist.⁹ Es sei nicht klar, ob auch das Wirtschaftsabkommen ein unmittelbares Gesetzgebungsrecht umfasse. Nach Ansicht des stellv. Ministerpräsidenten Köhler sei dies der Fall.¹⁰

MinPräs. Ehard stellt fest, daß man sich darüber einig sei, daß der Einbau eines politischen Ausschusses notwendig sei. Er habe aber auf die Ausführungen von MinPräs. Maier noch einiges zu erwidern.

Seiner Ansicht nach könnten die Vertreter der Länder in den bizonalen Räten ihre Befugnisse nur schöpfen aus dem, was ihnen durch die verfassungsmäßigen Organe übertragen worden sei. Er könne die in dem Verkehrsabkommen niedergelegte Gesetzgebungsbefugnis nicht anerkennen, denn es sei ihm bisher noch nicht gelungen, den authentischen Wortlaut der Abkommen zu erhalten und zu erfahren, wie die Änderungen zustande gekommen sind und wer sie unterzeichnet habe.¹¹ Dies sei ein Grund, weshalb er eine Bereinigung und Änderung für notwendig halte.

MinPräs. Maier teilt mit, daß sowohl der frühere als auch der jetzige Wirtschaftsminister von Württemberg-Baden¹² die Auffassung vertreten, daß eine Gesetzgebungsbefugnis des bizonalen Wirtschaftsrats bestehe. Man sei sich also über die Auslegung des Wortlauts nicht klar. Er bittet Herrn Min. Köhler, kurz über das Zustandekommen dieser Auffassung zu berichten.

Stellv. MinPräs. Köhler erklärt, daß er überrascht gewesen sei zu hören, daß durch das Statut des Wirtschaftsrats ein Gesetzgebungsrecht nicht zustandegekommen sei. Es sei bei den Beratungen hierüber nie ein anderer Gedanke vorherrschend gewesen. Er war der Meinung, und wurde darin durch die Haltung der Militärregierung bestärkt, daß hier für bestimmte Gebiete ein Gesetzgebungsrecht des bizonalen Wirtschaftsrats geschaffen sei. Man sei der Ansicht gewesen, daß die Gesetze, wenn sie vom Wirtschaftsrat angenommen worden seien, von den Ländern veröffentlicht werden müßten.

MinPräs. Ehard legt dar, daß, wenn es noch eines Beweises bedurft hätte, daß eine Änderung der Abkommen nötig sei, diese Debatte den Beweis dafür erbracht hätte. Es sei ein unmöglicher Zustand, daß man überhaupt darüber debattieren müsse, ob ein Gesetzgebungsrecht bestehe oder nicht und wie weit es sich ausdehne. All diese Fragen müßten sofort klargestellt werden.

GS Roßmann macht darauf aufmerksam, daß der Länderrat sich in vielen internen Sit-

---

⁸ Vorläufiges Abkommen über die Bildung einer deutschen Verkehrsverwaltung vom 10. 9. 1946 (Z 1/27, Bl. 106–108). Zur Vorgeschichte und Entstehung des Abkommens siehe Akten zur Vorgeschichte 1, S. 751–763. Vgl. auch Pünder, Interregnum, S. 77–79.

⁹ Die Ausnahme-Vorschrift findet sich im § 106 der Verfassung vom 28. 11. 1946: „Werden für eine Übergangszeit interzonale Organisationen geschaffen, mit der Berechtigung, Gesetze und Verordnungen für mehrere Zonen insbes. auf den Gebieten der auswärtigen Beziehungen, der Wirtschaft, der Ernährung, des Finanzwesens und des Verkehrs, zu erlassen, so steht die Verfassung der gesetzgeberischen Zuständigkeit dieser Organisation nicht im Wege. Die Regierung ist jedoch dem Landtag für die Tätigkeit und die Abstimmung ihrer Bevollmächtigten in diesen Organisationen verantwortlich." (Wegener, Neue deutsche Verfassungen, S. 117).

¹⁰ Siehe unten die Ausführungen des stellv. MinPräs. Köhler.

¹¹ Vgl. Anm. 19.

¹² In der ersten Regierung Maier (14. 9. 1945–16. 12. 1946) war Joseph Andre (CDU), in der zweiten (16. 12. 1946–11. 1. 1951) Hermann Veit (SPD) Wirtschaftsminister.

zungen mit seinem Verhältnis zu den bizonalen Einrichtungen beschäftigt habe.[13] Dies gehe auch aus einem Brief vom 30. 8. 1946 an Oberst Dawson[14] und aus dem Beschluß der internen Länderratssitzung vom 10. 9. 1946 (siehe Protokoll dieser Sitzung) hervor.[15] Außerdem sei in Marktheidenfeld[16], zwar nicht offiziell durch einen Beschluß, aber dem Sinne nach, zum Ausdruck gekommen, daß sich der Länderrat, also die drei Ministerpräsidenten, auf bizonalem Gebiet ein Vetorecht vorbehalten. Es sei vor allem an die Bestellung und Abberufung der Leiter und Stellvertreter der bizonalen Einrichtungen gedacht gewesen. Außerdem gehe aus einem Schreiben des Coordinating Office vom 4. 11. 1946 hervor[17], daß der Länderrat das Recht habe, die Mitglieder der bizonalen Räte im Sinne der allgemeinen Länderratspolitik zu informieren. Diese Anweisung sei nicht zurückgezogen worden; es sei allerdings nicht ganz klar, ob diese nach den Ausführungen von General Clay in seiner letzten Rede noch voll anwendbar sei.

Stellv. MinPräs. Hoegner führt aus, daß fast in allen Abkommen die Rede davon sei, daß die Länder verpflichtet seien, die Beschlüsse der bizonalen Räte auszuführen. Beschlüsse können verschiedenen Inhalt haben. Es könne notwendig sein, auf Grund eines Beschlusses ein Gesetz oder eine Verordnung zu erlassen. In diesem Falle würden für die Gesetzgebung die Vorschriften der Verfassung Anwendung finden, sonst kämen die Ministerpräsidenten in eine unhaltbare Lage, denn sie können ja nach dem Inkrafttreten der Verfassung von sich aus keine Gesetze mehr erlassen. Anders sei es, wenn eine Anweisung der Besatzungsbehörde vorliege. Die Lage sei also wie folgt: Beinhaltet ein bizonaler Beschluß die Notwendigkeit, ein Gesetz zu erlassen, dann ist nach dem Abkommen der Ministerpräsident verpflichtet, dies seinem Landtag vorzulegen. Ist die MilReg. der Meinung, daß eine solche Handhabung auf bizonaler Ebene nicht in Frage kommen könne, so müsse sie eine entsprechende Anweisung geben. Was die parlamentarischen Beiräte anlange, so glaube er, daß es zweckmäßig sei, dem Direktorium einen solchen Beirat zu geben, der für alle Länder aus der gleichen Zahl von Abgeordneten bestehen könne. Dies entspreche dem Länderratsgedanken. Eine Majorisierung käme natürlich nicht in Frage, da es sich nur um eine beratende Körperschaft handle. Man könne sich vielleicht auf eine Zahl von sieben Vertretern je Land einigen und dann vielleicht eine Zusammensetzung wählen, die ein Spiegelbild der Parlamente ergebe.

MinPräs. Ehard ist der Ansicht, daß eine Debatte hierüber überhaupt nicht nötig sei, da es in Abs. 2 des Art. 9 des Wirtschaftsabkommens heiße[18]: „Gesetze und Rechtsverordnungen werden von den zuständigen Länderregierungen verkündet."

---

[13] Zuletzt noch am 8. 1. 1947 in der internen Sitzung nach der Ansprache Clays (vgl. Dok.Nr. 1 A, TOP 5), im übrigen vgl. Akten zur Vorgeschichte 1, u. a. Dok.Nr. 28 und 42.

[14] Ein Schreiben an Dawson vom 30. 8. 1947 ließ sich nicht ermitteln, gemeint ist vermutlich eine „Stellungname zu von Oberst Dawson am 30. 8. 1946 aufgeworfenen grundsätzlichen Fragen betr. das Verkehrsstatut" (Z 1/15, Bl. 157–158; auszugsweise in: Akten zur Vorgeschichte 1, S. 762, Anm. 42).

[15] Abdr. in: Akten zur Vorgeschichte 1, S. 797–800.

[16] Ebenda, Dok.Nr. 35, S. 871–877.

[17] Das Schreiben (Z 1/27, Bl. 28–29) betraf die Kompetenzabgrenzung zwischen den bizonalen Organisationen und den Organisationen der Länder.

[18] Absatz 2 des Artikels 9 des Vorläufigen Abkommens über die Bildung einer Wirtschaftsverwaltung vom 5./11. 9. 1946 lautete wörtlich: „Die Gesetze, Rechtsverordnungen und Ausführungsbestimmungen werden in der amerikanischen Zone durch die Länder und in der britischen Zone in der dort vorgeschriebenen Art und Weise erlassen" (Z 1/27, Bl. 5).

MinPräs. Maier erwidert, daß die Notwendigkeit durch die heutige Debatte bewiesen sei. Er persönlich sei der Ansicht, daß man den bizonalen Räten Gesetzgebungsbefugnisse geben müsse.

MinPräs. Ehard entgegnet, daß eine solche Übertragung nur durch die Landtage vorgenommen werden könne.

Stellv. MinPräs. Hilpert macht darauf aufmerksam, daß die Abkommen bereits entstanden seien, als es in der US-Zone noch keine Verfassungen gab.

Die Ministerpräsidenten einigen sich dahin, daß zuerst einmal der authentische Wortlaut, die erste Fassung und die nachträglichen Änderungen der Abkommen festgestellt werden.[19] Dann wären evtl. Differenzen herauszuziehen und daraus Folgerungen zu ziehen. Es wird vorläufig für notwendig erachtet, daß die Ministerpräsidenten die seinerzeit gefaßten Beschlüsse für die Übergangszeit bis zu einer Klärung zueigen machen. Aus den Verhandlungen wisse man, daß die Abkommen nicht endgültig seien und sowieso nach abgeschlossener Länderbildung in der britischen Zone neu abgeschlossen werden sollten.

SenSynd. Stier tom Moehlen [...] teilt mit, daß in der britischen Zone die Tendenz vorherrsche, ein Zonenparlament zu bilden. Dieser Wunsch der Parteiführer werde auch von der brit. Militärregierung unterstützt. Es werde wichtig sein, mit den Ministerpräsidenten der brit. Zone zu einer Entschließung in der Richtung zu kommen, wie sie in der heutigen Sitzung zu Tage getreten sei, um das dort herrschende Übergewicht der Parteiführer wieder auszubalancieren. Die Ministerpräsidenten der brit. Zone werden eine Unterstützung der Ministerpräsidenten der US-Zone brauchen und begrüßen.

MinPräs. Maier erinnert daran, daß auf der Tagung der Ministerpräsidenten der brit. und amerikanischen Zone in Bremen[20] Beschlüsse des Inhalts gefaßt wurden, die bizonalen Einrichtungen mit Parlamentsausschüssen zu umgehen. Es sei aber von Seiten der Besatzungsmächte erklärt worden, daß sie dies nicht zulassen würden, und zwar aus dem Grunde, weil nur wirtschaftliche und keine politischen Dinge in den bizonalen Räten behandelt werden sollten und weil man ein weiteres Auseinanderleben zwischen der brit. und amerik. Zone einerseits und der franz. und der russischen Zone andererseits vermeiden wollte. Es sei auch klar zum Ausdruck gekommen, daß ein Parlament beim Länderrat unerwünscht sei. Es würden neue Verhandlungen mit den beiderseitigen Militärregierungen über diesen Punkt unumgänglich notwendig sein.

MinPräs. Ehard faßt die Ausführung zusammen und stellt fest, daß man sich darüber einig sei, daß die Gesetzgebungsbefugnis der bizonalen Räte geklärt werden müsse. Er stellt weiter fest, daß die Minister, die in die bizonalen Räte entsandt werden, ihren Kabinetten verantwortlich sein müssen und von ihnen Weisungen erhalten. Es müsse vermieden werden, daß Tagungen so plötzlich angesetzt werden, daß eine Instruktion nicht mehr möglich sei. Ihn habe vor allem der Wechsel der Vorsitzenden im Verwaltungsrat für Wirtschaft in Minden zu dieser Nachprüfung veranlaßt.[21]

---

[19] Bereits am 23. 1. 1947 ging ein Schreiben des LR an die Verwaltungsräte ab mit der Bitte, entsprechende Abschriften der Abkommen zu übersenden (Z 1/243, Bl. 39). Dabei stellte sich heraus, daß das Vorläufige Abkommen über die Bildung einer deutschen Wirtschaftsverwaltung nur in einer englischen Fassung unterzeichnet worden war. (vgl. Z 1/244, Bl. 243, das Abkommen Bl. 245–248). Eine vielfach überlieferte Zusammenstellung der Texte der vorläufigen Abkommen über die Bildung von Zweizonenverwaltungen wurde von StS Strauß erstellt, datiert unter dem 28. 1. 1947 (Z 1/27, Bl. 2–23).

[20] Vgl. Akten zur Vorgeschichte 1, Dok.Nr. 36, S. 878–941.

[21] Zur Ablösung des Vorsitzenden des VR für Wirtschaft vgl. Dok.Nr. 2.

MinPräs. Stock hält es für notwendig, mit den Ministerpräsidenten der brit. Zone in diesen Punkten zu einer Einigung zu kommen. Er stellt weiter fest, daß es notwendig sei, mehr Einfluß auf die bizonalen Räte zu haben. Ein Beschluß könne heute nicht gefaßt werden, da man vorher mit den Ministerpräsidenten der brit. Zone sprechen müsse. Die Angelegenheit würde dadurch nicht verzögert, da ja ein Treffen in den nächsten Tagen sowieso stattfinde.[22]

MinPräs. Stock ist außerdem der Meinung, daß es wahrscheinlich gut sein werde, die Parlamentarier nicht nur im Endergebnis mitberaten zu lassen, sondern bereits in den wichtigsten Ausschüssen, damit sie schon dort ihre Meinung zum Ausdruck bringen könnten.

GS Roßmann führt die Schwierigkeiten auf die verschiedene Struktur der brit. und amerik. Zone zurück. Die Länder der brit. Zone seien zwar gebildet, ihre Befugnisse seien aber nach wie vor im Unklaren. Man begegne außerdem in der brit. Zone dem Bestreben der Parteien, für eine Reihe von Kompetenzen die Befugnis an sich zu nehmen und sich alles unterzuordnen, was an politischen Instrumenten geschaffen werde.[22a] Dies könne die amerik. Zone nicht mitmachen, da hier die Länder mit einem verfassungsmäßigen Unterbau bestünden. Es könne auf diesem Gebiet keine Kompromisse geben. Die Ministerpräsidenten der brit. Zone seien bestrebt, ihre Kompetenzen denen der Ministerpräsidenten der amerik. Zone anzugleichen.

Es wird die Frage aufgeworfen, ob der Parlamentarierausschuß neben dem Länderrat oder nebem dem Direktorium bestehen solle. Wenn er neben dem Länderrat stehe, so entspräche dies dem Verhältnis zwischen Regierung und Landtag in den Ländern. Es wird die Auffassung vertreten, den Ausschuß „Parlamentarischer Beirat beim Länderrat" zu nennen. Eine Zuziehung zu den Beratungen des Diektoriums sei damit nicht ausgeschlossen. – Außerdem wird debattiert über die Zahl der zu entsendenden Mitglieder. Man hält den Vorschlag von insges. 30 Personen für zu hoch, da damit zu rechnen sei, daß die MilReg. bei einem so großen Ausschuß annehmen könne, es solle ein Zonenparlament werden. Man hält eine Zahl von 21 Personen für ausreichend.

MinPräs. Ehard bittet um präzise Stellungnahme zu folgenden Fragen:
1. Soll der parlamentarische Ausschuß als beratender Ausschuß neben dem Direktorium oder neben dem Länderrat geschaffen werden?
2. Soll er
   a) in einem entsprechenden Verhältnis zur Bevölkerungszahl der Länder stehen oder

---

[22] Gemeint sind die Besprechungen der MinPräs. während der Ruhrreise (vgl. Dok.Nr. 4).

[22a] Sehr ähnlich auch Roßmanns Ausführungen am 2. 2. 1947 in einem Grundsatzreferat über die Politik der amerikanischen Besatzungsmacht, die Tätigkeit des Länderrates und der bizonalen Verwaltungen vor den Landesvorständen der SPD von Bayern, Hessen, Württemberg-Baden und Vertretern einzelner Landtagsfraktionen (Z 1/15, Bl. 39–50). „In parteigenössischen Kreisen der britischen Zone hält man die Steuerung der bizonalen Ämter durch Länderminister überhaupt für unerträglich. Man sagt, das sei die Praktizierung eines staatenbündlerischen Prinzips, das bei der Fortentwicklung zum Reich nicht Schule machen dürfe. Kontrollieren, ja, aber nicht dirigieren. Man verlangt autoritative, selbstverantwortliche Leiter. Da es aber in der Welt niemanden gibt, der niemandem untersteht, wem sollen dann solche Leiter, die praktisch in den Rang von Reichsministern erhoben würden, unterstehen? Kabinettsartig können und dürfen sie noch nicht zusammengeschlossen werden. Ein Reichsparlament, dem sie politisch verantwortlich zu sein hätten, besteht nicht. [...] Notwendig ist vor allem eine Koordination der Ämter, eine zusammengefaßte Führung und Weisung. Diesem Bedürfnis könnte durch einen Länderrat für beide Zonen, dem ein politisch/parlamentarischer Rat zur Seite zu stellen wäre, am besten entsprochen werden."

b) aus der Zahl nach gleichen Mitgliedern der einzelnen Länder?
3. In welcher Form soll die Abstimmung erfolgen?

Da eine einheitliche Stellungnahme nicht zustande kommt, schlägt *GS Roßmann* vor, die Fragen zunächst einmal intern mit dem Coordinating Office zu besprechen, danach mit den Länderparlamenten und später einen Ausschuß zu bilden, der sich mit dem Entwurf eines neuen Länderratsstatuts beschäftigen solle, in dem alle notwendigen Änderungen enthalten seien.[23]

2. Rückerstattungsgesetz[24]

Hierzu berichtet *MinRat Römer,* Bayern, über den Stand der augenblicklichen Verhandlungen.

Nach längerer Debatte stellen die Ministerpräsidenten folgendes fest:
1. Die drei Ministerpräsidenten weisen darauf hin, daß sie es für zweckmäßig halten, daß dieses Gesetz als Vier-Zonengesetz und nicht als Ein-Zonengesetz erlassen wird.
2. Die Ministerpräsidenten sind nicht befugt, das Gesetz von sich aus zu erlassen. Es muß vorher von den Landtagen beraten und beschlossen werden.
3. Sollen die Ministerpräsidenten das Gesetz von sich aus erlassen, so müßte eine besondere autoritative Anordnung der Militärregierung erfolgen, die der Öffentlichkeit zugänglich gemacht werden könne, sonst könnte das Gesetz keine Gesetzeskraft erlangen.

3. Verordnung zur Durchführung der Weihnachtsamnestie

GS Roßmann verliest zunächst den Text der Durchführungsverordnung, der den Herren bereits übergeben worden war.[25]

Die Ministerpräsidenten erklären sich mit dem Inhalt einverstanden, vorbehaltlich der Zustimmung ihrer Kabinette.

4. Vollmacht Bauer

Die Vollmacht für Herrn Walter Bauer als interimistischen Treuhänder der Kölnischen Braunkohlenzentrale[26] wird bis zum 30. 6. 1947 verlängert.

5. Vollmacht Arfas

Die Vollmacht für den Bevollmächtigten für Importabnahme beim Länderrat, Herrn Arfas[27], wird bis zum 31. März 1947 verlängert.

6. Dollarguthaben für Kriegsgefangene in USA

Hierzu verliest *GS Roßmann* den Entwurf eines Schreibens an General Clay[28], das sich damit befaßt, den ehem. deutschen Kriegsgefangenen in amerik. Gefangenschaft die Möglichkeit zu geben, für einen Teil ihres Guthabens Carepakete zu beziehen.

---

[23] Zur weiteren Behandlung dieser Frage siehe Dok.Nr. 7, TOP 3.
[24] Zum Rückerstattungsgesetz vgl. insbes. Dok.Nr. 10 B II, TOP 14.
[25] Vgl. Dok.Nr. 5 C, Anm. 5.
[26] Zur Funktion der Braunkohlenzentrale vgl. Vogel, Westdeutschland II, S. 247, Anm. 2.
[27] Vgl. Vogel, Westdeutschland II, S. 51, Anm. 1.
[28] Der Entwurf ließ sich nicht ermitteln, lediglich eine spätere Fassung vom 11. 2. 1947, vgl. folgende Anm.

Die Ministerpräsidenten beschließen, über die Frage Rücksprache mit den Ministerpräsidenten der brit. Zone zu nehmen.[29] Eine endgültige Stellungnahme sei daher hierzu noch nicht möglich.

7. Vorbereitungen für den Friedensvertrag

GS Roßmann legt ein Schreiben von Josten[30] in dieser Angelegenheit vor.
Die Ministerpräsidenten beschließen, die Angelegenheit heute nicht mehr zu behandeln und vorläufig zurückzustellen.

8. Auswanderungen

SenSynd. Stier tom Moehlen führt aus, daß es notwendig sein dürfte, die Lenkung der Auswanderung nicht nur durch die Besatzungsmacht vornehmen zu lassen. Die deutschen Stellen müßten eine Übersicht über die Auswanderung deutscher Staatsangehöriger und eine Einflußnahme in diesen Angelegenheiten haben, um zu vermeiden, daß Deutsche, die man hier dringend für den Aufbau benötige, Deutschland verließen. Der Senat der Stadt Bremen beabsichtige, zu einer Konferenz einzuladen, auf der diese Fragen besprochen werden sollen.[31]
Die Ministerpräsidenten werden auch diese Frage mit den Ministerpräsidenten der brit. Zone besprechen.[32]

9. Bizonaler Ausschuß für Beamtenfragen

StS Strauß berichtet kurz über den Stand der Verhandlungen auf diesem Gebiet und legt einen Entwurf eines Abkommens für diesen 6. bizonalen Verwaltungsrat vor.[33]
MinPräs. Ehard stellt dazu fest, daß er eine Entscheidung nicht treffen könne, ohne vorher die Angelegenheit mit dem Landtag besprochen zu haben. Er habe nach dem vorgelegten Entwurf den Eindruck, daß man ein neues Reichsbeamtengesetz schaffen wolle. Eine Diskussion sei unmöglich. Die Frage müsse erst von den Kabinetten beraten und dann den Landtagen vorgelegt werden.[34]
[*Stock* und *Maier* schließen sich Ehards Auffassung an]

---

[29] Die MinPräs. der brit. Zone müssen während der Ruhrreise (Dok.Nr. 4) dem Vorschlag zugestimmt haben, wie sich aus einem Schreiben Roßmanns vom 11. 2. 1947 an Gen. Clay ergibt (B 150/340). Das Prot. der Ruhrreise vermerkt nur, daß Roßmann die Angelegenheit vorgetragen habe.

[30] Das Schreiben vom 7. 12. 1946 (Z 35/355, Bl. 115–116) behandelte unter Bezugnahme auf Besprechungen mit Dr. Wutzlhofer die Frage der Sammlung von Materialien über die wirtschaftlichen Fragen eines Friedensvertrages in Zusammenarbeit mit dem VAW. Dr. Josten war ab Sept. 1947 Leiter der Hauptabteilung II im VAW/VfW; vgl. Vogel, Westdeutschland II, S. 54, Anm. 2.

[31] Die Konferenz über Auswanderungsfragen, an der Vertreter der brit. und amerik. Zone teilnahmen, fand am 19. 3. 1947 in Bremen statt; sie beschloß, in Bremen ein kleines Sekretariat für die Bearbeitung von Fragen der Auswanderung zu schaffen (Prot. in: Z 1/883).

[32] In den Protokollen über die Ruhrreise (vgl. Dok.Nr. 4) sind die Gespräche über diese Frage nicht belegt, jedoch wurde das Thema auf der Wiesbadener Konferenz der MinPräs. behandelt (vgl. Dok.Nr. 8, TOP 5).

[33] Entwurf eines Vorläufigen Abkommens über die Bildung einer deutschen Verwaltung für Personalfragen in: Z 1/28, Bl. 191–193. Ebenda, Bl. 181–185 Protokolle der Sitzungen des Ausschusses zur Bildung eines VR für das Personalwesen. Prot. der Sitzung vom 9. 1. 1947 in: BHStA Abt. II MA 130 653.

[34] Zum weiteren Fortgang vgl. Dok.Nr. 6 A, TOP 6.

Nr. 4
Ruhrreise der Ministerpräsidenten, Wirtschafts- und Arbeitsminister der amerikanischen und britischen Zone
23.–25. Januar 1947

BHStA Abt. II MA 130 859, o. Bl., 8 Seiten und 5 Anlagen. Vermerk[1] vom 26. 1. 1947, durch v. Elmenau gez. Ausf.[2]

Teilnehmer[3]:

US-Zone: MinPräs. Ehard, WiMin. Zorn, ArbMin. Roßhaupter, ORegRat v. Elmenau, Konsul Seelos (Bayern); stellv. SenPräs. Stier tom Moehlen, Sen. Harmssen, Sen. Wolters (Bremen); MinPräs. Stock, WiMin. Koch, ArbMin. Arndgen, StS Strauß, LR-Bevollm. Graf v. Wedel (Hessen); stellv. MinPräs. Köhler[4], WiMin. Veit, ArbMin. Kohl, StS Gögler (Württemberg-Baden); GS Roßmann (Länderrat)[5]; Gen. Clay, Gen. Draper, Pabsch und andere (US-MilReg.)

Brit. Zone: Bgm. Brauer, Sen. Borgner (Hamburg); MinPräs. Kopf, WiMin. Kubel, ArbMin. Seebohm, v. Campe (Niedersachsen); MinPräs. Amelunxen, WiMin. Nölting, ArbMin. Halbfell, RegDir. Ewers (Nordrhein-Westfalen); MinPräs. Steltzer, WiMin. Diekmann, ArbMin. Arp (Schleswig-Holstein), Landespräs. Drake[6]; Gen. Robertson, Gen. Bishop, Sir Cecil Weir und andere (Brit. MilReg.)

---

[1] Das Dokument hat die Überschrift „Vormerkung. Reise von Ministerpräsident Ehard an die Ruhr und nach Minden." Unter dem 27. 1. 1947 wurde der Vermerk MinPräs. Ehard vorgelegt. Anlagestriche sowie am Rande vermerkte Tagesdaten wurden beim Abdruck nicht berücksichtigt. In der Vorlage sind die Namen der Sprecher weder gesperrt geschrieben noch unterstrichen.

[2] Parallelüberlieferung: 1. Vermerk von StS Gögler, künftig zitiert als „Vermerk G", HStA Stuttgart 1/2 Nr. 210, Bl. 111–116, 2. Report of the Meeting of the Ministers President, the Ministers of Economics and the Ministers of Labour… vom 29. 1. 1947 von A. F. Pabsch, künftig zitiert als "Report P", NA RG 260 OMGUS 34–2/11, folder "Unification". Gen. Clay berichtet über seine Eindrücke von der Reise auf der OMGUS-Staff Conference vom 25. 1. 1947 (Prot. in: IfZ, Fg. 12). Dabei äußerte er sich sehr befriedigt über die sich aufwärtsbewegende Tendenz in der Kohlenproduktion, die er auf die verbesserte Lage der Bergarbeiter und das anlaufende Punktsystem zurückführte und betonte die Notwendigkeit, Arbeitskräfte aus der US-Zone für die Ruhr bereitzustellen. Auf amerikanischen Drängen hin habe man den Gedanken an Zwangsarbeit im Bergbau, zumindest für den Augenblick, aufgegeben. Ein offizielles Protokoll, das alle Besprechungen umfaßt, wurde offensichtlich nicht verfertigt. Zum organisatorischen Ablauf, u. a. Planung und Abrechnung des Sonderzuges von Stuttgart, Programmgestaltung, vgl. Z 1/230, ferner BHStA Abt. II MA 130 019, Bevollm. Stuttgart 174, HStA Stuttgart EA 1/2 Nr. 205. Zur Interpretation des Geschehens siehe auch Gimbel, Konferenzen, S. 10–11.

[3] Das Teilnehmerverzeichnis wurde anhand der vorliegenden Teilüberlieferungen erschlossen; lediglich für die US-Zone kann es den Anspruch auf Vollständigkeit erheben, da hier eine Aufstellung als Anl. 1 des hier abgedruckten Berichtes vorliegt, die auf eine vom LR erstellte Liste zurückgehen dürfte (Z 1/230, Bl. 179).

[4] MinPräs. Maier ließ sich mit Rücksicht auf seinen angegriffenen Gesundheitszustand durch den stellv. MinPräs. Köhler vertreten. (Vgl. Prot. der 2. Sitzung des StMin. vom 16. 1. 1947, HStA Stuttgart EA 1/20, Az.: C 1/32, 1947).

[5] Roßmann mußte um seine Teilnahme an der Reise kämpfen, da zunächst nur die MinPräs. und die Wirtschafts- und Arbeitsminister fahren sollten. In einem Schreiben an das RGCO vom 16. 1. 1947 (Z 1/75, Bl. 164) wurde als Argument für die Teilnahme Roßmanns u. a. angeführt, die MinPräs. von Bayern und Hessen und auch ein Teil der sie begleitenden Minister seien erst wenige Tage im Amt und die Bedeutung des Amtes des GS des LR mache die Teilnahme erforderlich; bislang sei dieser auch grundsätzlich zu derartigen Veranstaltungen mit hinzugezogen worden. Bei einer Rücksprache von Col. Winning mit OMGUS wurde entschieden, daß Roßmann wie auch die LR-Bevollmächtigten inoffiziell teilnehmen dürften (RGCO an Roßmann vom 20. 1. 1947, Z 1/230, Bl. 195).

[6] Landespräs. Drake nahm auf Einladung von MinPräs. Amelunxen an den Besprechungen in Düsseldorf (23. 1. 1947) teil. Vgl. seinen Bericht an die MilReg. in Detmold im Umfang von einer halben Seite in: StA Detmold L 80 I a Gr. II Tit. 1, Nr. 28, Bd. II.

Ruhrreise US-/brit. Zone   23.–25. 1. 1947   Nr. 4

[1. Fahrt nach Düsseldorf, Empfang]

Mit dem von Stuttgart am 22. 1. abends abgehenden Schlafwagenzug fuhren die in Anlage 1 aufgeführten Herren nach Düsseldorf, wo der Zug am 23. 1. gegen 7.30 Uhr[7] einlief.
Von den süddeutschen Ministerpräsidenten waren MinPräs. Ehard und MinPräs. Stock persönlich erschienen, während sich Maier durch stellv. MinPräs. Köhler vertreten ließ. Die Reisegesellschaft wurde mit Kraftwagen in das Yorkhaus, ehemaliges Parkhotel[8] Düsseldorf gebracht, wo sich herausstellte, daß die Landesregierung Nordrhein-Westfalen für den Vormittag des 23. 1. nichts vorgesehen hatte, da dort der Landtag eben tagte.[9] Andernteils ergab sich, daß das für den Vormittag des 23. 1. von englischer Seite überreichte Programm sich lediglich auf den Empfang der Militärgouverneure durch die Besatzungsmacht bezog und für die deutschen Teilnehmer keine Bedeutung hatte.[10] Die Herren waren deshalb am Vormittag sich selbst überlassen und benutzten die Zeit zu internen Besprechungen.[11] Mittags hatte die Landesregierung Nordrhein-Westfalen zu einem Essen auf dem Dampfer „Mainz" geladen, an dem zahlreiche Gäste, u. a. auch Adenauer teilnahmen.[12] Auf die Begrüßungsansprache von Amelunxen erwiderte Ehard.

[2. Besprechung der Ministerpräsidenten über die Stellung der Mitglieder bizonaler Verwaltungsräte, Schaffung eines bizonalen Länderrates zur Koordinierung der Verwaltungsräte]

Anschließend fand eine Besprechung der süddeutschen Ministerpräsidenten mit Amelunxen, Ministerpräsident Kopf, Hannover, Bürgermeister Brauer, Hamburg und Senats-Syndikus [Stier] tom Moehlen statt.[13] Die Besprechung war zunächst intern, später wurden die übrigen Delegationsmitglieder zugezogen.[14] Es wurde besonders die Frage erörtert, welches die Stellung der Mitglieder der bizonalen Räte gegenüber ihren

---

[7] Nach "Report P" erreichte der Zug erst 8.55 Uhr Düsseldorf.

[8] Das Yorkhaus war das Quartier der Delegation aus der US-Zone.

[9] "Report P" verzeichnete noch: "At 10.00 hours the Ministers President from the U. S. Zone made a formal call on Mr. Ashbury, Reg. Commissioner for Land Northrhine-Westphalia."

[10] Die Generäle Clay und Robertson trafen am 23. 1. 1947 um 10.00 Uhr in Essen ein und führten dort bereits Gespräche mit den Gewerkschaften (vgl. Anm. 22).

[11] Über den Inhalt dieser Besprechungen ließen sich Aufzeichnungen nicht ermitteln.

[12] Einladungsschreiben zu dem Empfang und Sitzordnung in: HStA Düsseldorf NW 53/352. Geladen waren neben den Delegationen vor allem Vertreter der Parteien und Mitglieder des nordrhein-westfälischen Kabinetts.

[13] Gespräche zwischen den MinPräs. der US-Zone und der brit. Zone im Zusammenhang mit der Ruhrreise waren bereits am 13. 1. 1847 von MinPräs. Kopf vorgeschlagen worden. Als TO hatte Kopf drei Themenkreise angeregt (BHStA Abt. II MA 130 959, Vermerk von Herwarth vom 14. 1. 1947, sowie Roßmann an Ehard vom 15. 1. 1947 in: MA 130 019): 1. Bizonale Angleichung (Schaffung eines Länderausschusses, gebildet aus Vertretern der Parlamente der einzelnen Länder); 2. Zukünftige deutsche Verfassung. Aussprache über die Grundzüge und nach Möglichkeit Festlegung eines gemeinsamen Grundprogramms ohne auf Einzelheiten einzugehen; 3. Schaffung einer Leit- und Koordinierungsstelle der Staaten und Länder der amerik. und brit. Zone zwecks Bereitstellung von Unterlagen für das Friedensinstrument.
Mit Fernschreiben vom 17. 1. 1947 wurden die MinPräs. dann von Kopf für den 25. 1. 1947 nach Hannover eingeladen; am 20. 1. 1947 sagte Kopf das Treffen unter Hinweis auf die Gesprächsmöglichkeiten während der Ruhrreise ab. (Vgl. HStA Hannover NdS Z 50 Acc. 32/63 Nr. 60; ferner LR an die LR-Bevollmächtigten vom 21. 1. 1947 in: Z 1/230, Bl. 185).

[14] Nach „Vermerk G" befaßte sich der interne Teil der Besprechung auch noch mit den Vorgängen um die Abberufung Muellers als Vorsitzenden des VRW (vgl. Dok.Nr. 2). "Report P" vermerkt zum Ergebnis dieser

Landesregierungen ist, wobei *Amelunxen* die Meinung vertrat, daß die Herren der britischen Zone ad personam delegiert seien und nicht ihren Landesregierungen verantwortlich.

Ehard trat für die Angleichung der britischen an die US-Zone hinsichtlich der Stellung der bizonalen Vertreter ein: Sie sollen Vertreter der Kabinette sein und diesen sowie den Landtagen gegenüber verantwortlich.

Bgm. Brauer erklärte, daß Hamburg seinen Vertreter in diesem Sinne instruiert habe, deutete aber an, daß die politischen Parteien auch nach den Wahlen in der Nordzone (Ende März 1947) es sich nicht gefallen lassen würden, daß die Ministerpräsidenten sich ihrer Kontrolle entziehen. Es wird seitens der norddeutschen Zone die Auffassung vertreten, daß der Zonenbeirat eben die Befugnisse wahrzunehmen hat, die der in der britischen Zone besonders beschränkten Länderzuständigkeit entzogen sind. Darum sei der Zonenbeirat unentbehrlich und den Weisungsbefugnissen der Ministerpräsidenten und ihrer Kabinette an die Vertreter in den bizonalen Räten seien eben dadurch Grenzen gesetzt, daß die bizonalen Organisationen solche Aufgaben wahrzunehmen hätten, die der Länderzuständigkeit entzogen sind.

[*Stier*] *tom Moehlen* schlägt einen bizonalen Länderrat vor, dessen Mitglieder aus der US-Zone einem parlamentarischen Länderratsausschuß, die Mitglieder aus der britischen Zone jedoch einem umgebildeten Zonenbeirat verantwortlich sind.

Ehard weist wiederholt darauf hin, daß das kommende parlamentarische System in der britischen Zone die Stellung der Kabinette und der bizonalen Vertreter im gleichen Sinn gestalten wird, wie derzeit in der US-Zone.

Schließlich wird einhellig die Auffassung vertreten, daß die Vertreter in den bizonalen Räten als Ländervertreter zu gelten haben und ihren Kabinetten bzw. Landtagen verantwortlich sind.[15]

Ehard wirft die Frage der bizonalen Koordination auf, über die sich längere Auseinandersetzungen entspinnen. Ehards Vorschlag, einen bizonalen Länderrat zu schaffen, stößt auf Bedenken Amelunxens und auf Unentschlossenheit Ministerpräsident Kopfs.

Es wird deutlich, daß

1. die Herren aus der norddeutschen Zone mit dem Zonenbeirat höchst unzufrieden sind und seine Umbildung anstreben[16],

2. daß sie mehr oder minder unter dem Einfluß Schumachers stehen und sich gerade

---

Unterredung sowie zu einer Besprechung der Arbeitsminister: "Nothing positive came out of these two conferences which can be attributed mainly to the fact that most of the participating officials either were complete strangers or had grown apart in their thinking to a point where complete and quick understanding was impossible."

[15] Nach „Vermerk G" wurde die Übereinstimmung erst nach Hinzuziehung der Begleiter der MinPräs. erzielt.

[16] GS Weisser schilderte die Genese der Auseinandersetzungen zwischen den MinPräs. und den politischen Vertretern und ihm als GS aus seiner Sicht folgendermaßen (BT PA 1/85, Vermerk vom 27. 1. 1947): „Als der Zonenbeirat seine Arbeit aufnahm, zeigte sich schon bald, daß die Landeschefs durchaus das Übergewicht hatten. Sie waren aufeinander eingespielt und verfügten über die Kenntnisse ihres behördlichen Apparates." Sie hätten immer die Tendenz verfolgt, den ZB und die GS nicht zu stark werden zu lassen, ein gleiches Verhalten hätten sie gegenüber den Zentralämtern verfolgt, deren Koordinierung in informellen Sitzungen er (Weisser) mit Billigung der Parteien angestrebt hätte. Sein Verhältnis zu einigen Landeschefs habe sich zugespitzt als die wirtschaftliche Vereinigung der beiden Zonen und die Reorganisation des ZB anstand. Seit den Godesberger Beschlüssen (vgl. Akten zur Vorgeschichte 1, S. 1130 ff.) hätten einige Landeschefs auf bizonale Lösungen gesetzt.

wegen der bevorstehenden Wahlen nicht für kompetent halten, der Errichtung eines deutschen Länderrates zuzustimmen.[17]

Da ein einstimmiger Beschluß infolgedessen nicht zustandekommt, wird vereinbart, daß ein Entwurf ausgearbeitet werden soll, der den Herren aus der britischen Zone vorzulegen ist.[18]

Ehard schlägt vor, daß bei der Abgrenzung der Zuständigkeiten zwischen Reich und Ländern dem Gesichtspunkt einer dauernden Sicherung des föderativen Systems verfassungsmäßig Rechnung getragen werden soll. Entsprechende Vorschläge sollen von jedem Land ausgearbeitet und auf einer demnächstigen Zusammenkunft erörtert werden. Dieser Anregung wird zugestimmt.[19] Die weitere Sitzung findet wiederum intern statt, worauf Amelunxen trotz eines Protestes von Staatssekretär Gögler großen Wert legt.

[3. Kriegsgefangenenfrage, Kommuniqué über die Besprechung]

Es wird u. a. auch über die Kriegsgefangenenfrage gesprochen und anschließend das als Anlage 2 beigefügte Kommuniqué gegeben.
Am Abend fand ein Essen statt, welches der englische Militär-Gouverneur von Nordrhein-Westfalen Ashbury den Gästen und der Landesregierung im Yorkhaus gab.[20]

[4. Besprechung mit General Clay und General Robertson in Essen über die Kohlenfrage]

Am Morgen des 24. 1. wurden die Delegationsmitglieder mit Kraftwagen in die Villa Hügel, Essen, gebracht.[21] Dort fanden sich alsbald die Generale Clay und Robertson ein. General Robertson, welcher am Vortage bereits mit den Gewerkschaften und Industriellen konferiert hatte[22], gab einen kurzen ausgezeichneten Überblick über die Probleme des Ruhrbergbaus und der Förderungssteigerung.

---

[17] So auch „Vermerk G": „Die Debatte kreiste immer wieder um die Frage, inwieweit ein Rat der Ministerpräsidenten in die bizonalen Angelegenheiten und ihre Organe eingreifen solle und dürfe, inwieweit die Selbständigkeit der Stimmführer in den bizonalen Verwaltungsausschüssen reiche, inwieweit eine parlamentarische Kontrolle stattfinden könne und solle. Eine Übereinstimmung der Auffassungen scheiterte immer wieder an der Stellung und Funktion des Zonenbeirates der britischen Zone und in dem sichtlich in Erscheinung getretenen Anspruch der SPD und ihres Führers Dr. Schumacher, sich maßgebend einzuschalten."

[18] Vgl. Anlage 4 dieses Dokumentes.

[19] Diese Erörterung fand im Rahmen der folgenden Ministerpräsidentenkonferenzen in der hier vorgeschlagenen Form nicht statt. Die Länder der US-Zone nahmen Gespräche über diese Frage jedoch auf. Vgl. Dok.Nr. 11.

[20] "Report P": "Mr. Ashbury gave a dinner for the party at 20.00 hours at the York House. He addressed the German officials by pointing out some of the differences between the two zones and that they could be resolved. He asked the German officials to make their contributions at the meeting scheduled for the following day to alleviate the suffering of their people and to benefit generations unborn."

[21] Die Villa Hügel beherbergte die North German Coal Control Group.

[22] Nach einem Bericht in der Neuen Zeitung (Ausg. vom 27. 1. 1947, S. 1) hatte Gen. Robertson auf dieser Besprechung eine Erhöhung der Knappschaftsrente angekündigt und Einzelheiten des Punktsystems für die Bergleute erörtert. „Der Vorsitzende des Industrieverbandes Bergbau, August Schmidt, begrüßte als erster der deutschen Gewerkschaftsvertreter die Einführung des Punktsystems, das allerdings erst einen Teil der Forderungen der Bergarbeiter erfülle. Für neue Arbeitskräfte müßten auch neue Wohnungen geschaffen werden. Er regte an, aus der erhöhten Kohlenförderung ein größeres Kontingent für die Baustoffindustrie abzuzweigen und sprach die Bitte aus, dem Ruhrgebiet die deutschen kriegsgefangenen Bergarbeiter zurück-

Die augenblickliche Förderung beträgt 200 000 Tonnen pro Tag. Es müssen heuer noch 300 000 Tonnen erreicht werden und das Endziel ist 400 000 Tonnen Tagesförderung im Ruhrgebiet. (Vergleichsweise die bayerische Förderung: 200 000 Tonnen im Monat).[22a]

Die Hauptschwierigkeiten sind:

1) Das Bergarbeiter-Problem. Es fehlen 100 000 Bergfacharbeiter und 50 000 Hilfsarbeiter.
2) Das Wohnungsproblem für die vorhandenen und die fehlenden Arbeiter.
3) Die Ernährung.
4) Bergbaugeräte und Maschinen.
5) Das Transportproblem.

Die Verantwortung für die Lösung all dieser Fragen soll auf die Deutschen übergehen, da das North German Coal Office, bisheriger Sitz Villa Hügel, demnächst aufgelöst und mit Wirkung vom 1. 4. 1947 die Aufgaben durch deutsche Behörden übernommen werden sollen.[22b]

Die Ruhrkohlenförderung ist in langsamem Steigen begriffen (in den letzten Tagen Zunahme von etwa 1000 bis 3000 Tonnen Förderung pro Tag), was offenbar auf stärkste Forcierung der Zufuhr von Arbeitskräften zurückzuführen ist. In letzter Zeit sind etwa wöchentlich 1000 bis 1200 Arbeitskräfte dem Ruhrbergbau neu zugeführt worden.

Bemerkenswert waren General Robertsons Äußerungen über die Kriegsgefangenenfrage. Er wolle, sagte er, ein Problem selbst erwähnen, das sonst von deutscher Seite angeschnitten würde, nämlich das der kriegsgefangenen Bergarbeiter. Wenn es nach ihm und General Clay ginge, würden diese noch morgen zurückgeschickt, aber er und General Clay hätten darüber nicht zu entscheiden und darum müsse es auch ohne Kriegs-

---

zugeben, die bisher in französischen und belgischen Gruben beschäftigt wurden. Valentin Schürhoff vom Industrieverband Bergbau forderte die verstärkte Belieferung des Ruhrbergbaus mit Material und Werkzeugen. Der Vorsitzende des Gewerkschaftsausschusses für Nordrhein-Westfalen, Hans Böckler, dankte im Namen aller Gewerkschaften für die Gelegenheit zu dieser offenen Aussprache und versicherte, daß die deutsche Arbeiterschaft keinen sehnlicheren Wunsch hege, als nicht mehr ‚Unterstützungsempfänger der Welt' zu sein."

[22a] Die tägliche Förderleistung an Steinkohle entwickelte sich 1947 in der brit. Zone folgendermaßen (in Klammern die Zahlen für 1946). Angaben in Tonnen nach Monthly Report, Dez. 1947, Anhang 2 d. Vgl. auch Abelshauser, Wirtschaft in Westdeutschland, S. 139.

Jan.	211 512	(179 546)
Febr.	227 262	(180 067)
März	232 652	(158 351)
April	210 466	(161 351)
Mai	215 785	(168 511)
Juni	218 409	(175 138)
Juli	224 345	(178 529)
Aug.	237 147	(177 490)
Sept.	240 904	(179 626)
Okt.	246 631	(183 203)
Nov.	279 761	(192 436)
Dez.	262 676	(198 900)

[22b] Die Übergabe der Verantwortung für die Kohlenproduktion erfolgte erst im Nov. 1947 durch die VO der MilReg. Nr. 19 (US) und 112 (Britisch), mit der mit Wirkung vom 18. 11. 1947 eine „Deutsche Kohlenbergbau-Leitung" mit Sitz in Essen errichtet wurde. Innerhalb der Verwaltung für Wirtschaft wurde eine Abteilung Bergbau und Kohlewirtschaft errichtet (vgl. Unterlagen in: Z 4/58).

gefangene gehen. Schließlich erbat der General die Vorschläge der deutschen Herren.

Unter den Rednern[23] zeichnete sich besonders der Arbeitsminister von Nordrhein-Westfalen Halbfell durch große Sachkenntnis aus.[24] Wesentlich neue Gesichtspunkte wurden nicht vorgebracht.

Sen. Harmssen, Bremen, betonte den circulus vitiosus Eisen - Kohle - Transportmittel.

Die Kriegsgefangenenfrage wurde trotz der Bemerkung General Robertsons mehrmals erwähnt. Auch die Ausführungen des Wirtschaftsministers *Nölting,* Nordrhein-Westfalen, der sich gegen den Export von Grundstoffen wie Kohle und Holz wandte, fielen auf. Von bayerischer Seite wurde das Wort nicht ergriffen, obgleich General Robertson die „Kohlenkönige des Südens" dazu aufgefordert hatte. Doch erwähnte Wirtschaftsminister *Koch,* Hessen, daß der süddeutsche Bergbau bereits 80% seiner Vorkriegsmenge erreicht hätte. In Bayern werden bereits 110% der Vorkriegsmenge gefördert.

Gen. Clay wandte sich anschließend gegen den in der Debatte zum Ausdruck gekommenen Pessimismus.[25] Er verurteilte die vielen if (Wenns), an welche die deutschen Leistungsvorschläge geknüpft waren. Man müsse ohne Kriegsgefangene auszukommen suchen. Ganz besonders betonte General Clay, daß nicht ein Pfund Kohle auf Reparationskonto ins Ausland gegangen sei, sondern der Gegenwert des deutschen Kohlenexports in Höhe von 60 Millionen t auf Importkonto nun der deutschen Wirtschaft für Beschaffung von Rohstoffen zur Verfügung stünde. Gegen Schluß der Sitzung wurde noch ein weiteres Ansteigen der Kohlenförderung vom vergangenen Freitag von 219 000 auf 221 000 Tonnen unter Beifall bekanntgegeben.[26]

[5. Fahrt nach Minden, Besprechung über die Errichtung einer Leitstelle zur Vorbereitung eines Friedensvertrages, Schaffung eines bizonalen Länderrates]

Anschließend fuhren die Delegationsmitglieder zum Sonderzug der Generale Clay und Robertson, mit welchen gemeinsam sie die Fahrt nach Minden antraten.[27] Im Sonderzug waren die Teilnehmer Essensgäste der Generale. Der Sonderzug besteht aus Wagen ehemaliger nationalsozialistischer Parteiführer; so konferierten nach dem Essen die Ministerpräsidenten im Salonwagen der Frau Göring und des Dr. Goebbels. Die Fahrt zeigte schreckliche Bilder der Zerstörung ganz besonders bei der Durchfahrt

---

[23] Nach „Vermerk G" sprachen die deutschen Teilnehmer in folgender Reihenfolge: der ArbMin. von Nordrhein-Westfalen Halbfell, MinPräs. Steltzer, ein nicht näher bezeichneter Vertreter Niedersachsens, der niedersächsische WiMin. Kubel, der hessische WiMin. Koch, MinPräs. Stock im Namen aller drei MinPräs. der US-Zone, der hessische ArbMin., der schleswig-holsteinische ArbMin. sowie Sen. Harmssen. "Report P." faßte die deutschen Beiträge folgendermaßen zusammen: "A number of German officials replied to the General's speech by stating the difficulties confronting them at the present time. No concrete proposals were advanced by anyone, however, they all stated that they fully realized the importance of the program and they assured the Deputy Military Governors of their full cooperations."

[24] Nach „Vermerk G" sprach Halbfell insbes. über die Bereitstellung von Arbeitskräften für den Ruhrbergbau.

[25] "Report P": "General Clay closed the meeting by telling the Germans that further discussions will not produce coal. He recommended more action on the part of the Germans and more confidence in their own leadership."

[26] Die Ergebnisse dieser Besprechung in Essen wurden in einem Schreiben von Gen. Draper und Sir Cecil Weir an die BECG vom 30. 1. 1947 noch einmal zusammengefaßt. (Behändigte Ausfertigung in: Z 8/21, Bl. 50–51).

[27] Nach "Report P" fuhr der Zug um 13.50 Uhr ab.

durch Dortmund, wo stellenweise bis zum Rand des Blickfeldes nichts als Ruinen zu überschauen waren.

An der auf das Essen folgenden Besprechung nahmen teil: [Ehard, Köhler, Stock, Steltzer, Kopf, Brauer, Harmssen, Roßmann, Graf v. Wedel, Gögler, Seelos, v. Campe, v. Elmenau].

Beratungsgegenstand war zunächst die Errichtung einer Leitstelle für Friedensvertragsvorbereitungen, die in Form einer Koordinationsstelle errichtet werden soll. *Amelunxen* hatte am Vortage vorgeschlagen, diese Stelle in Nordrhein-Westfalen zu errichten.[28] *MinPräs. Kopf* schlug zunächst vor, eine Leitstelle zu errichten, für die die Länder nur Zubringerdienste leisten sollten. Ihm widersprach *Ehard*: Zum mindesten für einige Monate, bis einmal eine Entscheidung über den Reichsaufbau ergehe, müssen die Länder auch das Material auswerten. *Herr von Campe* schildert die Aufgabe und Art der Koordinationsstelle. Der Ort kommt zur Debatte. *Sen. Harmssen* spricht sich für Hannover aus. Als Leiter wird Herr Lukaschek[29] benannt. Als zweiter Mann soll ein Süddeutscher gewählt werden, der der SPD nahesteht, so etwa Staatssekretär Eberhard, Stuttgart. Es besteht aber Einstimmigkeit, daß die Leitstelle nicht ganz in die Hände der Parteien gegeben werden darf.

Ehard: „Es darf keinen Adenauer-Frieden und keinen Schumacher-Frieden geben."

MinPräs. Kopf schlägt ein aus Parteileuten gebildetes Kuratorium vor. Schließlich einigt man sich auf den Raum Frankfurt/Main.

MinPräs. Steltzer regt an, die neue Stelle dem künftigen deutschen Länderrat zu unterstellen.

MinPräs. Kopf bemerkt, daß Amelunxen Herrn Dr. Spiecker[30] als Leiter vorgeschlagen habe, gegen den MinPräs. Steltzer starke Bedenken anmeldet.

MinPräs. Kopf betont, daß die Ministerpräsidenten ein Weisungsrecht über die Aufgaben und die der Leitstelle zuzuweisenden Wirkungskreise haben müßten.

GS Roßmann schlägt vor, daß die Satzung der Leitstelle von den Ministerpräsidenten ausgearbeitet wird.

Schließlich wird die als Anlage 3 beigefügte Niederschrift genehmigt und von allen Ministerpräsidenten mit Ausnahme des abwesenden Amelunxen sowie von Bürgermei-

---

[28] Amelunxen hatte – in fast zeitlichem Gleichklang mit den Überlegungen in der US-Zone – bereits am 4. 1. 1947 in einem Rundschreiben an die MinPräs. und Parteiführer der brit. Zone vorgeschlagen, eine „bürokratische Stelle ins Leben zu rufen, in der die notwendigen Materialien, Denkschriften, Gutachten und Untersuchungen systematisch angeregt und gesammelt werden, die dann auf Abruf den Parteiführern zur Verfügung stehen würden" (HStA Düsseldorf NW 53, Bd. 665, Schreiben vom 4. 1. 1947). Er erklärte die Bereitschaft der Landesregierung, eine derartige „Kulminationsstelle durch den Ausbau eines der Landeskanzlei angegliederten Sonderreferates für politische und wirtschaftliche Koordinierung zu schaffen."
MinPräs. Kopf hatte hingegen gewisse Hoffnungen gehegt, daß die zu schaffende Leitstelle nach Niedersachsen, ggf. nach Bückeburg, gelegt werden würde. (Vgl. Punkt 13 der Unterredung von Kopf mit dem Regional Commissioner vom Jan. 1947, HStA Hannover Nds Z 50 Acc. 32/63, Nr. 92 I).

[29] Hans Lukaschek (1885–1960), bis 1933 Mitglied des Zentrums, 1919–1933 OPräs. von Oberschlesien, Angehöriger des Kreisauer Kreises, 1945 Mitbegründer der CDU in Berlin, war bis Sep. 1946 Land- und Forstwirtschaftsminister sowie Vizepräs. des Landes Thüringen gewesen.

[30] Carl Spiecker war von 1923–1925 MinDir. in der Presseabteilung der Reichsregierung gewesen, emigrierte nach der nationalsozialistischen Machtergreifung und beteiligte sich 1946 an der Gründung der Deutschen Zentrumspartei. Er war Lizenzträger der „Rhein-Ruhrzeitung". Handakten Spieckers über die geplante Errichtung eines Büros für Friedensfragen in: Kl. Erw. 147-4. Dabei u. a. eine stichwortartige Aufzeichnung seiner Ansichten über die Probleme eines künftigen Friedensvertrages für die Hand Schumachers von Anfang Januar 1947.

ster Brauer und Senator Harmssen am nächsten Tag in Minden unterzeichnet. Anschließend kommen im Zuge die bizonalen Fragen zur Erörterung.

MinPräs. Steltzer betont die Notwendigkeit der bizonalen Koordination durch einen deutschen Länderausschuß (Länderrat). Er wendet sich heftig gegen den Zonenbeirat in seiner jetzigen Form und würde ihn – als gegenwärtiger Vorsitzender des Zonenbeirates – am liebsten „abmurksen".[31] Die Herren aus der norddeutschen Zone stimmen ihm bei, bezweifeln jedoch – offenbar mit Bedauern – seine Fähigkeit hierzu.

MinPräs. Kopf meldet Bedenken gegen den deutschen Länderausschuß an, besonders im jetzigen Zeitpunkt, kurz vor der Moskauer Konferenz, und im Hinblick auf die englische Militärregierung.

[*Stier*] *tom Moehlen* (später hinzugekommen) hat aus seiner Mittagsunterhaltung mit General Robertson entnommen, daß solche Bedenken bei der Besatzungsmacht nicht bestehen. General Robertson habe betont, die Deutschen könnten diesbezgl. nach ihrem Ermessen handeln. MinPräs. Kopf hält jedoch offenbar seinen anläßlich der Münchner Besprechungen[32] eingenommenen Standpunkt nicht aufrecht; man fühlt bei ihm wie bei Amelunxen politische Einwirkungen von anderer Seite.[33]

Anschließend wird die Frage des Zonenbeirates erörtert, wobei vorgeschlagen wird, ihn zu einem Parlamentsausschuß zu machen, der dem parlamentarischen Direktoriumsbeirat[33a] entspricht.

Ehard betont, daß die Entwicklung in der britischen Zone durch die Märzwahlen sich dem staatsrechtlichen Stand der US-Zone nähern würde.

Ferner berichtet *GS Roßmann* über die Frage der Guthaben der Kriegsgefangenen[34] und *Herr von Elmenau* über die bizonale Wasserstraßenverwaltung.[35] Beschlüsse in beiden Angelegenheiten können wegen des Eintreffens in Minden nicht mehr gefaßt werden.[36]

---

[31] Vgl. auch die Äußerung des GS Weisser gegenüber RegDir. v. Herwarth vom 11. 2. 1947, „die MinPräs. der englischen Zone führten zum Teil einen erbitterten Kampf gegen den Zonenbeirat" (Vermerk v. Herwarth 11. 2. 1947, BHStA Abt. II MA 130 019; vgl. auch Anm. 16).
Bezeichnend für die Spannungen zwischen den MinPräs. und den Parteipolitikern im ZB auch ein von Weisser in einem Schreiben an Menzel zitierter Ausspruch Adenauers (BT PA 1/85, Schreiben vom 11. 7. 1947): „Herr Weisser, täuschen Sie sich nicht! Das Gift der Landesfürstenschaft wirkt nicht erst nach Wochen, es wirkt nach Stunden."

[32] MinPräs. Kopf weilte in der zweiten Januarwoche 1947 in München; dabei hatte er u. a. auch Gespräche über die zukünftige deutsche Verfassung mit Glum geführt. (Vgl. dessen Vermerk vom 14. 1. 1947, BHStA Abt. II MA 130 859).

[33] Auch "Report P" spricht in diesem Zusammenhang von politischem Einfluß.

[33a] Gemeint ist der Parlamentarische Rat des LR.

[35] Siehe unten, Anlage 5.

[36] Nach "Report P" wurden während der Fahrt auch von den Wirtschafts- und Arbeitsministern Besprechungen abgehalten. Die Wirtschaftsminister konferierten mit Gen. Draper und Sir Cecil Weir. Dabei wurden sie darüber informiert, daß die VRW ab 1. 4. 1947 die Verantwortung für die Kohlenproduktion erhalten solle (vgl. Anm. 22b). Weitere Gesprächsthemen waren der Einsatz der Kohle und der Umfang der Reparationen. Agartz erklärte, daß er künftig eine Verzettelung bei der Verteilung der Kohle nicht mehr zulassen werde. Die Grundindustrien müßten gefördert werden und andere Industrien wären gegebenenfalls kategorisch stillzulegen oder zu beschneiden, sofern sie nicht lebenswichtig seien. (Vermerk Harmssen vom 27. 1. 1947 in: StA Bremen 3 – R 1 m Nr. 51 [26]). Die Arbeitsminister sprachen mit Mr. Woertz und Luce, u. a. über die Versorgung des Ruhrbergbaus mit Arbeitskräften.

In Minden waren die Ministerpräsidenten mit ihren Begleitern Gäste des Verwaltungsamtes für Wirtschaft. Am Abend des Eintreffens fand ein Cocktail-Empfang bei der Bipartite Economic Control Group statt[37], in dessen Verlauf Brodnitz[38] von diesem Amt und andere Herren Ehard gegenüber bemerkten, daß die Deutschen nunmehr den Ball, der ihnen hinsichtlich der weiteren innerdeutschen Entwicklung (bizonaler Länderrat) zugeworfen worden sei, auffangen müßten.

Am Abend wurde versucht, eine Vereinbarung in dieser Richtung zustande zu bringen, doch scheiterte die inhaltliche Festlegung an dem Widerspruch von MinPräs. Kopf. Der materielle Inhalt wurde immer mehr reduziert, bis schließlich nur die als Anlage 4 beigefügte grundsätzliche Feststellung übrig blieb, die jedoch nur von Ehard, Köhler, MinPräs. Stock, MinPräs. Steltzer, Bgm. Brauer und Sen. Harmssen unterzeichnet wurde, während MinPräs. Kopf sich nicht dazu entschließen konnte. Ein Vertreter von Nordrhein-Westfalen war nicht anwesend. Hinsichtlich der bizonalen Wasserstraßenverwaltung wurde die als Anlage 5 beigefügte Eingabe an die beiden Militärregierungen beschlossen.

[6. Besuch im Verwaltungsamt für Wirtschaft[39]]

Am 25. 1. empfing vormittags Agartz die Generale Robertson und Keating im Verwaltungsamt für Wirtschaft. Die Ministerpräsidenten wurden hierbei von Agartz nicht begrüßt und nicht erwähnt, obgleich sie anwesend waren.

Anschließend wurden die Abteilungsleiter des VAW den Generalen vorgestellt, was etwa eine Stunde dauerte, während niemand sich um die Ministerpräsidenten kümmerte. *MinPräs. Ehard* benutzte die Gelegenheit, sich einige Informationen über die VAW zu verschaffen, dessen Personalstand auf 1700 Personen angewachsen ist. Mueller[40] hatte 800 Personen als notwendigen Stand bezeichnet. Die außerordentliche grundsätzliche Gefahr für die süddeutschen Staaten besteht darin, daß das VAW die Aufgaben des Zentralamtes für Wirtschaft der britischen Zone übernommen hat, da dort die Befugnisse der Wirtschaftsministerien nicht annähernd so weit gehen, wie in der US-Zone. Es wird in der englischen Zone sozusagen der letzte Hosenknopf in Minden verplant. Die vorhandene Bürokratie beansprucht nun die gleichen Zuständigkeiten auch für die US-Zone. Es wurde uns mitgeteilt, daß Agartz beabsichtige, die beiden Abteilungsleiter aus der süddeutschen Zone, Lemmer[41] und von Maltzan[42] zu entfernen, obwohl ersterer Mitglied der SPD ist und letzterer rassisch verfolgt [worden war]. Als weiterer Abteilungsleiter soll Keiser[43] entfernt werden, welcher der SPD nahesteht, jedoch gleichfalls auf föderativem Standpunkt stehen soll. Er wurde in verschiedenen Unterredungen als der beste Kopf in Minden bezeichnet. Die Einsetzung und Abberufung der Abteilungsleiter kann jedoch nur durch Beschluß des Verwaltungsrates erfolgen.

---

[37] Nach "Report P" ging die Einladung von Gen. Clay und Gen. Robertson aus, und sie wurde auch von den Mitgliedern der Bipartite Control Group besucht.

[38] Otto W. Brodnitz war in der BECG zuständig für das Sachgebiet "Economic Organisation (US)".

[39] Ein Minutenprogramm für den Aufenthalt der Reisegruppe in Minden in: Z 8/20, Bl. 30–33. Von diesem Empfang berichtete auch die Wochenschau Welt im Film (Ausgabe Nr. 89).

[40] Rudolf Mueller, Amtsvorgänger von Agartz in der Leitung des VRW.

[41] Friedrich August Lemmer, Hauptabteilungsleiter Grundsatzfragen.

[42] Frh. Vollrath von Maltzan, Hauptabteilungsleiter Außen- und Interzonenhandel.

[43] Günther Keiser, Hauptabteilungsleiter Planung.

Im späteren Vormittag fand eine Sitzung statt[44], in welcher General Draper und Sir Cecil Weir mit den Mitgliedern des VRW den Übergang der Befugnisse des North German Coal Office besprachen. Es wird zu diesem Zwecke eine Bergbauabteilung im VAW errichtet werden, die geneigt sein wird, auch auf den süddeutschen Bergbau überzugreifen. Im Laufe der Aussprache entspann sich eine teilweise erregte Debatte über die Stellung der Mitglieder des VRW.[45] Vom hessischen *WiMin. Koch*[46], welcher erst kürzlich aus Oldenburg nach Hessen gekommen ist, wurde die Auffassung vertreten, daß die Mitglieder des Verwaltungsrates nur ihrem Gewissen unterworfen seien und nicht die Länderinteressen, sondern die des deutschen Volkes zu vertreten hätten.

---

[44] Von dieser Sitzung des VRW liegt ein vom VRW erstelltes Prot. in: Z 1/755 vor.

[45] Nach dem Prot. VRW, das fast nur süddeutsche und alliierte Stimmen festhielt, lief diese Diskussion folgendermaßen ab:
MinPräs. Kopf: [...] Er glaube, daß in diesem Kreise noch die Frage geklärt werden müsse, ob die Wirtschaftsminister der Länder im Verwaltungsrat als Vertreter der Länder oder als Persönlichkeiten säßen, die durch das Vertrauen der Militärregierungen berufen worden seien. [...]
Sir Cecil Weir erklärte, daß die Wirtschaftsminister der Länder im Verwaltungsrat eine Verantwortung hätten, die über die bloße Verantwortung für die Länder hinausgehe. Er schlug vor, daß die Frage von Ministerpräsident Kopf durch eine eindeutige Erklärung beantwortet werde, die nach Besprechungen von General Draper und ihm mit General Robertson und General Clay erfolgen solle.
Gen. Draper führte aus, jedes Land ernenne seinen Wirtschaftsminister, der das Vertrauen seines Ministerpräsidenten und seiner Regierung haben müsse. Die Militärregierung verweigere ihre Zustimmung zur Ernennung eines Wirtschaftsministers nur dann, wenn politische Gründe aus der Vergangenheit gegen ihn sprächen. Die Wirtschaftsminister seien im Verwaltungsrat also Vertreter ihrer Landesregierung. Sie hätten jedoch in dem Verwaltungsrat die Verantwortung für 40 Millionen Deutsche, weshalb man von ihnen erwarten müsse, daß sie sowohl die Interessen ihrer Länder als auch das Wohlergehen von zwei Zonen vor Augen hätten.
Stellv. MinPräs. Köhler betonte, daß diese Frage für Süddeutschland klar beantwortet werden könne. In dem Statut heiße es, daß die Wirtschaftsminister die Vertreter der Ministerpräsidenten der Länder seien. Er glaube, daß die Frage so gestellt werden müsse, ob ein Wirtschaftsminister unabhängig von seinem Ministerpräsidenten und seinem Lande nach seinem freien Willen im Verwaltungsrat abstimmen könne, oder ob er an Instruktionen seines Kabinetts und auch seines Landes gebunden sei. Er stehe auf dem letzteren Standpunkt, da das Kabinett dem Lande verantwortlich sei.
Gen. Draper betonte, daß der Schutz für die Länder darin liege, daß im Verwaltungsrat zwar Majoritätsentscheidungen getroffen werden könnten, daß jedoch die Ansicht einer Minderheit der Militärregierung vorgelegt werden könne, bevor endgültige Entscheidungen getroffen würden. Außerdem könnten die Länder ihre Wirtschaftsminister abberufen, wenn diese sich nicht an die gegebenen Richtlinien hielten.
Min. Veit führte aus, daß seiner Ansicht nach die Wirtschaftsminister nicht Vertreter der Ministerpräsidenten seien. Die Fassung des Statuts sei darauf zurückzuführen, daß früher die Länder noch keine Verfassungen hatten und infolgedessen durch die Ministerpräsidenten repräsentiert worden seien. Nach der Verfassung in Württemberg-Baden bestimme jetzt zwar der Ministerpräsident die Richtlinien der Politik. Innerhalb dieser Richtlinien sei jedoch jeder Minister für seine Arbeit dem Kabinett allein verantwortlich.
Gen. Draper wies darauf hin, daß in der amerikanischen Zone immer der Standpunkt vertreten worden sei, daß die Ministerpräsidenten zwar allgemeine Richtlinien festlegen, daß jedoch auf technischem Gebiet die Wirtschaftsminister allein Entscheidungen treffen.
Sir Cecil Weir betonte, daß die Wirtschaftsminister in der Lage sein müßten, in der zentralen Körperschaft Beschlüsse zu fassen, andernfalls diese eine wertlose Organisation darstelle.
MinPräs. Stock erklärte, daß die Politik in den süddeutschen Ländern wohl durch den Ministerpräsidenten geführt, letzten Endes aber doch durch die Regierung bestimmt werde. Die Regierungen müßten daher wünschen, daß ihre Politik im Verwaltungsrat durch die Wirtschaftsminister vertreten werden. Selbstverständlich könne nicht bei jeder kleinen Angelegenheit ein Kabinettsbeschluß herbeigeführt werden. Auf alle Fälle müßten aber die großen Richtlinien – und dazu gehöre die Leitung der Verwaltung eines Zweizonenamtes – durch die Kabinette festgelegt werden. Im Einzelnen müßten die Wirtschaftsminister es mit ihrem Gewissen vereinbaren, inwieweit sie bei ihren Fragen selbständig entscheiden könnten oder nicht."

[46] Im Prot. VRW fehlen Äußerungen von WiMin. Koch.

Letztere Formulierung unterstützte *Sir Cecil Weir*, wenn auch mit gewissen Vorbehalten.

Am Nachmittag stand Agartz auf Ersuchen den Herren Ministerpräsidenten zu einer Aussprache zur Verfügung, doch waren wegen der Abreise der Herren Steltzer, Kopf, Brauer und Harmssen nur noch Ehard, MinPräs. Stock und in Vertretung Köhlers StS Gögler anwesend. Es wurden folgende Fragen besprochen:

1. Legislative des VRW

Agartz stellte sich eindeutig auf den Standpunkt, daß dem VRW legislative Befugnis zukommt und die Länder dann die Gesetze und Rechtsverordnungen lediglich zu verkünden haben. Auch diese Befugnis stünde den Ländern nur mangels des Vorliegens eines bizonalen Gesetzblattes zu. *Ehard* widersprach mit den bekannten Argumenten, worauf Agartz eine Klärung bei der Militärregierung vornehmen wollte.[47]
Bereits am Vormittag des gleichen Tages hatte Professor *Bode*[48] Herrn Ehard gegenüber erwähnt, daß nach seiner und seiner Behörde Auffassung eine Legislativbefugnis des VRW vorliegt. In diesem Zusammenhang wurde auch mit Agartz über die Notwendigkeit einer Neufassung der bizonalen Abkommen gesprochen, die sich aus dem Inkrafttreten der Verfassungen und auch aus der Zuziehung Hamburgs und Bremens ergibt.[49]

2. Koordinierung der fünf bizonalen Räte durch das VAW. *Ehard* betonte, daß eine gewisse Koordinierung durch die Ministerpräsidenten in Zukunft wird stattfinden müssen, da es sich um grundsätzliche Fragen des deutschen bundesstaatlichen Aufbaues handelt. *Agartz* nahm dies zur Kenntnis und erwiderte, daß die Koordination der fünf Verwaltungsämter durch das VAW ihm im Einzelnen noch nicht bekannt sei.

3. *Ehard* betonte die Notwendigkeit einer rechtzeitigen Informierung über die Tagesordnung des VRW. Es muß eine Beschlußfassung durch die Kabinette häufig vorhergehen, um Konflikte in den Kabinetten und mit dem Landtag zu vermeiden. Vorlagen von Gesetzen und Verordnungen sind schon im Stadium der Referentenentwürfe den Ländern zuzuleiten. Agartz erhob hiergegen keine grundsätzlichen Einwendungen.

GS Roßmann erzählte dem Unterzeichneten von starken Angriffen, denen er wegen seiner föderalistischen Haltung ausgesetzt sei, besonders seitens des niedersächsischen Wirtschaftsministers Kubel und des großhessischen Wirtschaftsministers Koch. Man habe ihm vorgeworfen, er hätte „das sozialdemokratische Vaterland verraten". Er habe sich mit dem Einwand verteidigt, daß Föderalismus und Demokratie untrennbar sind. Dem habe Agartz scharf entgegengehalten, daß Sozialismus und Föderalismus unvereinbar seien, da Sozialismus heute zentrale Planung auf allen Gebieten bedeute.

Am Abend des 25. 1. wurde die Rückreise nach München angetreten. Es wurde vereinbart, daß in der zweiten Hälfte, spätestens gegen Ende des Monats Februar eine Konferenz der Ministerpräsidenten beider Zonen und der Vertreter der Hansestädte über Fragen des deutschen Länderrates und der bizonalen Koordination in München

---

[47] Zur Entscheidung, die zugunsten der süddeutschen Auffassung ausfiel, vgl. Dok.Nr. 12, Anm. 15.
[48] Prof. Karl F. Bode war zuständig für die Gebiete "Planning and Statistics US" bei der BECG.
[49] Vgl. hierzu Dok.Nr. 10 A, TOP 7.

stattfinden soll.⁵⁰ Hierüber wird auf der Stuttgarter Länderratstagung am 4. 2. verhandelt werden. Die Verhandlungen der Herren Wirtschafts- und Arbeitsminister in Düsseldorf, Essen und Minden sind vorstehend nicht berücksichtigt.

Anlage 1

Teilnehmerliste US-Zone

[...]

Anlage 2

Pressekommuniqué über die Düsseldorfer Besprechungen am 23. Januar 1947[51]

Aus Anlaß des Treffens der stellvertretenden Militärgouverneure der britischen und amerikanischen Zone General *Clay* und General *Robertson* haben sich die Ministerpräsidenten und leitende Beamte der beiden Zonen in Düsseldorf zu gemeinsamen Beratungen zusammengefunden. Den Vorsitz der Verhandlungen führte MinPräs. *Amelunxen*.

Aus der amerikanischen Zone nahmen teil:

MinPräs. *Ehard*, Bayern,
MinPräs. *Stock*, Hessen,
stellv. MinPräs. *Köhler*, Württemberg-Baden,
stellv. SenPräs. [Stier] tom *Moehlen*, Bremen,
GS des Länderrats *Roßmann*.

Die britische Zone war vertreten durch:

MinPräs. *Amelunxen*, Nordrhein-Westfalen,
MinPräs. *Kopf*, Niedersachsen,
MinPräs. *Steltzer*, Schleswig-Holstein,
Bgm. *Brauer*, Hamburg.

---

[50] Diese Konferenz fand am 17. 2. 1947 nicht in München, sondern in Wiesbaden statt (Dok.Nr. 8). "Report P" nannte als Termin bereits die Zeit um den 15. 2. 1947 und resümierte als Ergebnis der Reise: "However, the trip and the meetings had other very definite, although somewhat imponderable results. The exposure of our highest German officials to the different conditions prevailing in the British Zone was beneficial, and will do much towards better understanding and cooperation. This was the first such meeting in many months, and this observer could sense that the atmosphere was not as friendly and cordial at first, as it has been at previous meetings in Stuttgart and Bremen. The main reason for this condition is attributable to the tremendous influence the political parties exercise over public officials in the British Zone. This was felt very strongly by many of our officials; perhaps too strongly, if viewed in the light of recent developments (appointment of Agartz and removal of Mueller). However, this atmosphere of distrust was considerably cleared up on the second and third day. An attitude of understanding, helpfulness and cooperation was adopted by most of those present, and it is believed that the Ministers President could resolve most of their differences if such meetings would be encouraged more frequently. It must also be said that the number of officials participating in similar meetings should be held to a minimum, in order to achieve the best results. The Chiefs of Government should meet by themselves to discuss political and policy questions. If economic or labor problems have to be settled, then the respective Ministers should do it."

[51] Das Pressekommuniqué liegt in einer, vermutlich nachträglich noch einmal leicht überarbeiteten, von MinRat W[andersleb] paraphierten Fassung auch im HStA Stuttgart (EA 1/ Bü. 205) und im HStA Hannover (Nds Z 50 Acc. 32/63 Nr. 60) vor.

Im Vordergrund der Verhandlungen standen Fragen der Ernährung und Wirtschaft. Es wurde festgestellt, daß die katastrophale Lage der Bevölkerung baldige Abhilfe verlangt. Entsprechende Vorschläge wurden erörtert. Weiter wiesen die Regierungschefs erneut nachdrücklich auf die Notwendigkeit der Freilassung der Millionen von deutschen Kriegsgefangenen hin, die 20 Monate nach Einstellung der Feindseligkeiten und der totalen Besetzung noch immer zurückgehalten werden. Die Rückkehr dieser Gefangenen stellt einen unerläßlichen Beitrag zur Befriedung der Völker, zum deutschen Wiederaufbau und zur Wiedergesundung der internationalen Rechtsordnung dar.

Eingehende Beratungen galten der Stellung und der Koordinierung der fünf Zweizonenverwaltungsräte, die in Wirtschaft, Ernährung und Verkehr wichtige Aufgaben der beiden Zonen zu lösen haben.

Darüber hinaus wurde die Ausgestaltung des Länderrats der amerikanischen Zone und der Umbau des Zonenbeirats der britischen Zone mit dem Ziel einer fruchtbaren Zusammenarbeit beider Körperschaften besprochen.

Anlage 3

Niederschrift über eine Besprechung der Ministerpräsidenten der amerikanischen und britischen Besatzungszone über die Einrichtung einer Leitstelle zur Vorbereitung der Friedensverhandlungen[52]

Die Ministerpräsidenten der amerikanischen und britischen Besatzungszone halten es angesichts der begonnenen Verhandlungen der Alliierten über das künftige Schicksal Deutschlands und der bisherigen zusammenhängenden Arbeiten verschiedener Organisationen auf diesem Gebiet für dringend geboten, bis zur Schaffung einer einheitlichen deutschen Organisation eine Leitstelle einzurichten, deren Aufgabe es ist, alle derartigen Bestrebungen aufzufangen und Material für die künftigen Verhandlungen nach einheitlichen Gesichtspunkten zu erarbeiten. Die politische Auswertung des Materials gehört nicht zu den Aufgaben der Leitstelle.

Die Erarbeitung des Materials erfolgt durch Arbeitskreise, die für die einzelnen Fragenkomplexe gebildet werden. Hierbei ist zunächst folgende Aufgabenverteilung vorgesehen:

in Niedersachsen soll die Bearbeitung der Ostfragen,
in Rheinland-Westfalen [!] soll die Bearbeitung der Westfragen,
in Schleswig-Holstein soll die Bearbeitung der Nordfragen,
in Bayern soll zusammen mit Hamburg die Bearbeitung der völkerrechtlichen Fragen,
in Württemberg-Baden soll die Bearbeitung der Südostfragen,
in Bayern soll die Bearbeitung der Südostfragen erfolgen.[53]

---

[52] Diese Niederschrift ist in Abschriften vielfach überliefert; die vollz. Ausf. in Akten des Deutschen Büros für Friedensfragen (Z 35/2, Bl. 82–83), künftig zitiert als „vollz. Ausf." GS Roßmann hatte sie zunächst zu seinen Handakten genommen, im Aug. 1947 jedoch an das Deutsche Büro für Friedensfragen gesandt (Nachl. Roßmann/39, Bl. 8).

[53] In der „vollz. Ausf." steht das Prädikat „erfolgen" hinter jedem Land, und es fehlt die Zuweisung der Südostfragen an Württemberg-Baden und Bayern.

Die Bearbeitung der Reparationsfragen[54] wird Senator Harmssen, Bremen, in die Wege leiten.

Die Leitstelle untersteht den Weisungen der Ministerpräsidenten der amerikanischen und britischen Besatzungszone.

Als Sitz der Leitstelle wird wegen der verkehrsgünstigen Lage ein Ort bei Frankfurt/Main, voraussichtlich Bad Homburg vor der Höhe, in Aussicht genommen.

Für die Leitung der Stelle liegen bisher folgende Vorschläge vor:

1) Oberpräsident a. D. Lukaschek[55],

2) Ministerialdirektor a. D. Spiecker[56],

3) Dr. Gerhard Luettgens[57].

Etwaige weitere Vorschläge sollen schriftlich ausgetauscht werden, damit spätestens auf der Konferenz der Ministerpräsidenten, die baldmöglichst in Stuttgart stattfinden soll, die Entscheidung der Personalfragen, die äußerst dringlich ist, getroffen werden kann.[58]

Den politischen Parteien ist von den in Angriff genommenen Arbeiten und der Einrichtung der Leitstelle Kenntnis zu geben, damit sie das hier erarbeitete Material für ihre politischen Aufgaben nutzbar machen können.

Die am weitesten fortgeschrittenen Arbeiten über die Ostgebiete[59] werden vordringlich weitergeführt werden. Für bereits fertiggestellte Denkschriften ist unverzüglich der amtliche Druckauftrag zu erteilen. Die Finanzierung dieser Arbeiten erfolgt, wie bereits früher vereinbart, durch die Länder mit einem Beitrag von RM 50.000 pro Land.[60] Die Beiträge sollen nunmehr – soweit noch nicht erfolgt – unverzüglich voll eingezahlt werden.

Die Ministerpräsidenten Steltzer und Kopf werden gebeten, den leider an der Teilnahme verhinderten Ministerpräsidenten Amelunxen zu informieren und seine Zustimmung einzuholen.[61]

gez.: Ehard, Köhler, Stock, Harmssen, Kopf, Steltzer, Brauer.

---

[54] In der „vollz. Ausf." korrigiert aus „Die Koordinierung bei der Erarbeitung von Reparations-, Finanz- und Wirtschaftsfragen". Das von Sen. Harmssen erarbeitete Gutachten „Reparationen, Sozialprodukt, Lebensstandard, Versuch einer Wirtschaftsbilanz" erschien im Nov. 1947. Korrespondenz mit dem Deutschen Büro für Friedensfragen über Vorwort, Endredaktion und Verteilung der 1000 Druckexemplare in: Z 35/441. Bereits im Frühjahr 1948 war eine 2. Auflage (Friedrich Trüjen Verlag, Bremen) in Höhe von 5000 Stück erforderlich.

[55] Vgl. Anm. 29

[56] Zur Person Spieckers vgl. Anm. 30, zu seiner Kandidatur siehe auch Dok.Nr. 10 A, Anm. 51.

[57] „Vollz. Ausf.": Luettgens, nachträglich verbessert aus Lüttgen. Gemeint ist vermutlich Dr. Gerhard Lütkens, geb. 1893 in Pinneberg; in den Jahren 1920–1937 im Dienste des Auswärtigen Amtes, 1938–1947 in der Emigration in England, nach 1945 außenpolitischer Berater der SPD.

[58] Zur Lösung der Personalfrage vgl. Dok.Nr. 10 A, Anm. 51.

[59] Dabei handelte es sich insbes. um die Arbeiten der Forschungsgemeinschaft für ernährungswissenschaftliche Fragen. Vgl. Dok.Nr. 1 C, Anm. 5.

[60] An der Finanzierung der Arbeiten über die Ostgebiete waren beteiligt Württemberg-Baden, Bayern, Hessen, Hamburg, Schleswig-Holstein und Niedersachsen (Kopf an Schumacher vom 18. 12. 1946; HStA Hannover, Nds Z 50 Acc. 32/63, Nr. 45 I), nachdem sie anfänglich von Firmen, die in Schlesien besondere Interessen hatten, gefördert worden waren (Vermerk v. Herwarth über eine Besprechung über die Forschungsgemeinschaft für ernährungswissenschaftliche Fragen vom 13. 9. 1946 in: BHStA Abt. II MA Abg. 1973, Büro für Friedensfragen Bd. 2). Bayern beteiligte sich an der Finanzierung erst nach Rücksprache mit der MilReg..

[61] Amelunxen scheint gegen die gefaßten Beschlüsse keine Einwendungen erhoben zu haben.

Anlage 4

Vereinbarung zwischen den Ministerpräsidenten der amerikanischen und britischen Zone[62]

Die Ministerpräsidenten der amerikanischen und britischen Zone, einschließlich der Senatspräsidenten der Freien Hansestädte Bremen und Hamburg vereinbaren anläßlich der Tagung in Düsseldorf am 23. 1. 1947 folgendes:

I. Die Ministerpräsidenten sind sich darüber einig, daß die Stimmführer der Länder und ihre Stellvertreter in den bizonalen Verwaltungsausschüssen ihre Weisungen von ihren Ländern[63] empfangen.

II. Die Koordinierung der Verwaltungsausschüsse und Verwaltungsämter, die durch die bizonalen Abkommen[64] auf den Gebieten
der Ernährung und Landwirtschaft,
der Wirtschaft,
des Verkehrs,
der Post und
der Finanzen
eingerichtet wurden, erfolgt[65] durch die Ministerpräsidenten und Regierungschefs bzw. die von ihnen bestellten Vertreter.

gez.: Ehard, Köhler, Stock. Steltzer, Brauer, Harmssen. Minden, den 25. Januar 1947.

Anlage 5

Antrag an die Militärregierungen[66]

Betreff: Bizonale Wasserstraßenverwaltung

Die Ministerpräsidenten der Länder und regierenden Bürgermeister der Freien Städte des amerikanischen und britischen Besatzungsgebietes bitten die amerikanische und britische Militärregierung, die Verwaltung der Wasserstraßen im Auftrag des Verwal-

---

[62] Der Text dieser Vereinbarung ist vielfach überliefert, u. a. Z 1/15, Bl. 59 als Durchschrift mit vollz. Unterschriften; HStA Hannover Nds Z 50 Acc. 32/63, Nr. 61; HStA Stuttgart EA 1/2 Nr. 210, Bl. 103, dort (Bl. 104) auch Vorentwurf im folgenden zitiert als „Vorentwurf"; Zwischenfassung in: BHStA Abt. II MA 130 437.

[63] „Vorentwurf": Ministerpräsidenten, bzw. ihren Ministerräten.

[64] „Vorentwurf": Abkommen der Ministerpräsidenten.

[65] „Vorentwurf": ‚treten die Ministerpräsidenten für die vorgenannten bizonalen Angelegenheiten zu einem „Bizonalen Rat der Ministerpräsidenten" zusammen.
2) Um die Aktionsfähigkeit des „Bizonalen Rates der Ministerpräsidenten" zu stärken wird ein „Rat der Länderbevollmächtigten" errichtet, bestehend aus je einem ständigen Vertreter des Ministerpräsidenten und einem Stellvertreter dieses ständigen Vertreters.
3) An der Spitze der Verwaltung steht ein Generalsekretär.
4) Der Sitz des „Bizonalen Rates der Ministerpräsidenten" und des „Rats der Länderbevollmächtigten" soll in den Raum von Frankfurt/M. gelegt werden.
5) Der „Bizonale Rat der Ministerpräsidenten" gibt sich und dem „Rat der Länderbevollmächtigten" ein Statut.
6) Die Vereinbarung tritt am ... in Kraft.'

[66] Die Entschließung wurde unter dem 30. 1. 1947 vom Sekretariat des LR an das RGCO mit der Bitte um Weiterleitung an OMGUS gesandt (Z 1/28, Bl. 194). Ungez., undat. Ausf. mit Streichung des folgenden Schlußsatzes in: Stk. Wiesbaden Az.: 1a 08-Nr. 3, Bl. 4: „Nur bei einer Verwaltung durch die Länder wird den Grundsätzen eines bundesstaatlichen Aufbaues Rechnung getragen und auf dem Gebiet der Wasserstraßen

tungsrats für Verkehr bzw. seiner Hauptverwaltung für Wasserstraßen und Binnenschiffahrt durch Länderbehörden und nicht durch eine von den Ländern unabhängige Sonderverwaltung führen zu lassen. Das letztere System wurde erst unter dem nationalsozialistischen Generalinspekteur für Wasser und Energie, Speer, eingeführt, während trotz Übergangs des Eigentums an den Wasserstraßen im Jahre 1921 auf das Reich[67] bis zu der durch Speer getroffenen Regelung die Wasserstraßen im Auftrage des Reichs von den Ländern verwaltet worden sind.[68]

gez. Unterschriften, Minden, den 25. Januar 1947.

---

ein wesentlich höheres Maß von Zentralismus vermieden, als jenes, das nicht nur vor 1933, sondern auch noch lange unter dem nationalsozialistischen Regime bestanden hat." Die Frage, inwieweit die Wasserstraßenverwaltung als Sonderverwaltung oder inwieweit sie durch die Länder mitbestimmt werden sollte, war insbes. nach der Bildung des VR für Verkehr im Herbst 1946 akut geworden. Vgl. die Protkolle des VR für Verkehr Z 1/765, Materialien in: Z 1/772. Siehe auch Akten zur Vorgeschichte 1, S. 762–763.

[67] Staatsvertrag betreffend den Übergang der Wasserstraßen der Länder auf das Reich, RGBl. 1921, S. 962–969.

[68] Überführung der für die Reichswasserstraßenverwaltung tätigen Beamten der Länder auf den Reichshaushalt; VO vom 23. 6. 1941, RGBl. I, S. 349. Zum Fortgang vgl. Dok.Nr. 18 A, TOP 9.

Nr. 5
10. Sitzung des Zonenbeirats der britisch besetzten Zone in Hamburg
29./30. Januar 1947

BA Z 2/56, Bl. 24–37, Anlagen Bl. 38–71. BeschlProt., undat. und ungez. Ausf. im Umdr. vervielf.

Inserate aus: BT PA 1/255. Ungez. und undat. Wortprot., 126 Bl.

Anwesend:

Politische Vertreter: Meitmann, Henßler (SPD); Adenauer, Naegel (CDU); Schramm, Hoffmann (KPD); Heile, Blücher (FDP); Hellwege (NLP); Spiecker (Zentrum)

Vertreter der Verwaltung: Min. Menzel, MinPräs. Kopf, MinPräs., Steltzer (Vorsitz), Bgm. Brauer

Vertreter der Sachgebiete: Agartz (Handel und Industrie); Schlange-Schöningen (Ernährung und Landwirtschaft); Lingemann (Rechtswesen); Schneider (Post, Telegrafie und Telefon); Degkwitz (Gesundheitswesen); Spliedt (Arbeitseinsatz); Groth (Öffentliche Sicherheit); Schwering (Transportwesen); Andrée (Flüchtlingswesen)

Vertreter der Gewerkschaften: Karl

Vertreter der Genossenschaften: Schlack, Everling

Landtagspräs. Lehr

Bgm. a. D. Petersen

Vertreter des Süddeutschen LR: GS Roßmann

Deutsches Sekretariat: GS Weisser

Britischer Verbindungsstab: Pares, Winmill, Thonger, Steger, Popper

[Beginn: 14.45 Uhr]

BeschlProt. **224.** *Ministerpräsident Steltzer* wird auf Vorschlag des Hauptausschusses bis zur Umbildung des Zonenbeirats als *Vorsitzender* bestätigt.

225. *Die Versammlung* erhebt sich im Gedenken an das verstorbene Zonenbeiratsmitglied *Theodor Tantzen*[2] von den Plätzen. *Der Vorsitzende* würdigt die Verdienste des Verstorbenen [...] *Der Vorsitzende* begrüßt den Vertreter des Süddeutschen Länderrats, Herrn Generalsekretär Roßmann.

226. Das Protokoll der 9. Sitzung wird genehmigt.[3]

---

[1] Nach der „Zeitfolge für die 10. Tagung des ZB" (Fassung vom 25. 1. 1947 in: BT PA 1/38) waren für den 27. und 28. 1. 1947 bereits eine Reihe von Ausschußsitzungen vorgesehen. Die erste Plenarsitzung sollte am 29. 1. von 14.30–18.30 Uhr stattfinden, die folgenden am 30. 1. 1947 von 9.00–12.30 Uhr und von 14.30–17.00 Uhr. Das BeschlProt. hält sich nicht genau an den Ablauf der Sitzungen, wie sich aus dem Wortprot. erkennen läßt. Die MilReg. hatte dem späten Termin der Januarsitzung mit Rücksicht auf die schwierigen winterlichen Reisebedingungen zugestimmt und dabei verlauten lassen, der ZB möge seine Zeit nicht mit dem Abfassen von Entschließungen zu laufenden Schwierigkeiten, die voll anerkannt würden, hinbringen. (Schreiben vom 20. 1. 1947 in: HStA Hannover Nds Z 50 Acc. 32/63 Nr. 77 i).

[2] Im Wortprot. fehlt dieser Punkt. Der ehem. MinPräs. von Oldenburg Theodor Tantzen, geb. 14. 6. 1877 war am 11. 1. 1947 plötzlich an einem Herzschlag verstorben; an der 9. Sitzung des ZB hatte er noch teilgenommen.

[3] Abdr. in: Akten zur Vorgeschichte 1, S. 1043–1094

Zonenbeirat brit. Zone 29./30. 1. 1947 Nr. 5

227. Mitteilungen des Generalsekretärs[4] *Beschl Prot.*

I [*Stellungnahme der KK zu einer Reihe von Punkten des Prot. der 9. Sitzung*]
[...]

II [*Stellungnahme der KK zu einer Reihe von neuen Anträgen*[5]]
[...]

III [*Weitere Vorlagen der KK*]
[...]

228. Reorganisation des Zonenbeirats

Dem Zonenbeirat liegt das Schreiben ZAC/P (46) 100, Anweisung der Kontrollkommission vom 19. 11. 1946 – HQ/14109/ZAC[6] – sowie der Beschluß des Hauptausschusses auf seiner Sitzung in Godesberg am 14. 12. 1946 vor.[7]
Lehr berichtet: Auf der Godesberger Sitzung des erweiterten Hauptausschusses seien folgende grundsätzliche Fragestellungen maßgebend gewesen:
1. Es habe Einmütigkeit darüber geherrscht, daß eine politische Vereinigung der britischen und der amerikanischen Zone zur Zeit nicht angestrebt werden könne.
2. Es sei die übereinstimmende Auffassung des Ausschusses gewesen, daß der Zonenrat in erster Linie ein politisches Gremium sein müßte;
3. sei die Frage diskutiert worden, wie das Verhältnis des politischen Zonenrates zu dem aus den Ministerpräsidenten der britischen Zone zu bildenden Länderrat zu gestalten sei;
4. sei die Frage erörtert worden, ob sich der Politische Rat aus Mitgliedern zusammensetzen solle, die von den Landtagen oder von den Parteien der Zone entsandt werden.
Hierzu seien im einzelnen noch folgende Vorschläge eingegangen:
Ein Vorschlag des *Generalsekretariats*[8], daß die Länderchefs dem Politischen Rat angehören sollten, dort aber auf die Parteien, denen sie angehören, anzurechnen seien;

---

[4] Die Ausführungen von GS Weisser wurden bei den jeweiligen Tagesordnungspunkten der 9. Sitzung in den Anmerkungen berücksichtigt.

[5] Die Behandlung eines Antrages Adenauer/Otto betr. Maßnahmen zur Verhinderung des wirtschaftlichen Zusammenbruchs wurde von der KK als „nicht zweckmäßig" bezeichnet, da sich die KK der wirtschaftlichen Schwierigkeiten voll bewußt sei und stets vom bizonalen VR für Wirtschaft beraten lasse. Die Erörterung eines Antrages Hellwege auf Einfuhr von Schwedenerzen wurde abgelehnt, da das Defizit der Einfuhr dadurch gesteigert werde. Ein Protest gegen polnische Ausweisungsmethoden (Antrag Andrée) sollte nicht erörtert werden, da er Kritik an einer befreundeten Macht enthalte. Die Beratung eines Antrags Drake betr. die Düngemittelversorgung wurde abgelehnt, da er keine neuen konstruktiven und praktischen Anregungen enthalte.

[6] Als Anlage 23 zum Prot. in: Z 2/56, Bl. 43; Abdr. in: Akten zur Vorgeschichte 1, S. 1130.

[7] Als Anlage 24 zum Prot. in: Z 2/56, Bl. 43; Abdr. in: Akten zur Vorgeschichte 1, S. 1147. Das Prot. der Sitzung des HptA vom 14. 12. 1947 ebenda als Dok.Nr. 48 abgedruckt.

[8] Dieser Vorschlag des GS lag bereits der Godesberger Sitzung des HptA vor; er wurde unter dem 10. 12. 1946 an den Vorsitzenden des ZB, MinPräs. Steltzer (BT PA 1/34) mit dem Bemerken gesandt, es solle damit eine „Synthese der Länderratsidee und der rein politischen Gestaltung des Rates" erreicht werden. (Vgl. dazu auch Akten zur Vorgeschichte 1, S. 1134, Anm. 11). Auf der Godesberger Tagung wurde er von Blankenhorn vorgetragen und erläutert (ebenda, S. 1140–1141).

BeschlProt. ein Vorschlag *Kopf,* der Trennung des Politischen Rates von dem Ausschuß der Länderchefs vorsieht;[9]
ein Vorschlag *Spliedt* auf nichtparteigebundene Vertretung der Arbeiterschaft durch die Gewerkschaften.[10]

Für den Hauptausschuß sei auf seiner Godesberger Tagung schließlich ein Antrag *Henßler*[11] maßgebend gewesen, in welchem die Bildung eines Politischen Rates, eines Länderausschusses und eines Ausschusses der Zentralämter gefordert worden sei. Dieser Vorschlag sei noch durch die Anregung zur Bildung eines Ausschusses nach Art des früheren Reichswirtschaftsrats ergänzt worden. Dieser vom Hauptausschuß in Godesberg mit neun zu vier Stimmen angenommene Vorschlag sei vom Hauptausschuß am 28. Januar erneut beraten worden.[12] Das Ergebnis dieser Beratungen sei der folgende Antrag:

I. Als Organ zu Beratung der Militärregierung in allen Fragen, die das öffentliche Leben betreffen, wird ein *Politischer Rat*[13] aus politischen Persönlichkeiten gebildet. Er soll zugleich den politischen Gesamtwillen der Deutschen in der britischen Zone zum Ausdruck bringen.

Seine Mitglieder werden von den politischen Parteien, die in den Länderparlamenten der Zone vertreten sind, der Militärregierung zur Bestätigung vorgeschlagen.

Das Stärkeverhältnis ergibt sich zunächst aus den Kreis[tags]wahlen vom 13. 10. 1946. Auf die erste und jede weitere volle Million Stimmen entfällt ein Vertreter, über 500 000 wird nach oben aufgerundet. Nach den Landtagswahlen ändert sich die Zusammensetzung entsprechend dem Ergebnis dieser Wahlen.

II. Daneben wird ein *Länderrat* aus den Ministerpräsidenten der drei Länder und den Bürgermeistern von Hamburg und Bremen, letzterer ohne Stimmrecht, gebildet. Seine Beschlüsse und gutachtlichen Stellungnahmen sowie Initiativ-Anträge, soweit sie Fragen betreffen, die nicht ausschließlich zur Zuständigkeit der Länder gehören, werden vor der Weitergabe an die Militärregierung oder an die Zentralämter dem Politischen Rat zugeleitet und von diesem mit seiner Stellungnahme weitergereicht.

---

[9] MinPräs. Kopf hatte noch am 22. 1. 1947, also eine Woche vor dieser Sitzung des ZB, eingehend mit GS Weisser über seine Vorstellungen einer Neuorganisation des ZB gesprochen, die er bereits in Bad Godesberg vertreten hatte. Weisser erarbeitete auf Grund dieser Unterredung einen sehr ausführlichen Lösungsvorschlag, der davon ausging, daß die Aufgaben der Koordinierung der Politik der Länder sorgfältig von der Aufgabe der Beratung der MilReg. zu trennen wäre. Man solle demnach auch zwischen beschließenden und ausführenden Organen unterscheiden. Die Ratschläge, die der ZB der MilReg. erteilt, sollten vom Politischen Rat und vom Rate der Länder beschlossen werden. Ausgearbeitet würden sie in der Regel von den Zentralämtern (BT PA 1/34, Vorschlag Kopf, Bemerkungen des GS zur Ausführung vom 24. 1. 1947 mit schematischer Darstellung). Noch am 1. 2. 1947 übersandte Weisser eine Durchschrift seiner Ausarbeitung an Adenauer, obwohl das Schriftstück durch die Beschlüsse des Plenums vom 29. 1. 1947 überholt war. Der Entwurf gehe auf einige Punkte ein, die bei der weiteren Arbeit des ZB im Auge behalten werden sollten (ebenda). Vorarbeiten zum Entwurf von Kopf und Entwurf mit Vermerk vom 30. 1. 1947 „nicht vorgelegt" in: HStA Hannover Nds Z 50 Acc. 32/63, Nr. 75.

[10] Vgl. die Ausführungen von Spliedt in Bad Godesberg in: Akten zur Vorgeschichte 1, S. 1137.

[11] Vgl. Akten zur Vorgeschichte 1, S. 1139–1140.

[12] Prot. der Sitzung des HptA vom 28. 1. 1947 in: BT PA 1/261.

[13] Im Godesberger Beschluß hatte es noch geheißen „Politischer Beirat". Die Änderung wurde auf o. g. Sitzung des HptA vom 28. 1. 1947 beschlossen (ebenda, Bl. 7 des Prot.). Der folgende Satz „Er soll zugleich..." wurde auf Anregung Adenauers eingefügt. Beiden Änderungen lag ein Vorschlag von Henßler vom 10. 1. 1947 (BT PA 1/34) zugrunde.

Zonenbeirat brit. Zone 29./30. 1. 1947 Nr. 5

III. Aus den Leitern der zonalen Zentralämter und aus Beauftragten der bizonalen Zentralorgane wird ein „Ausschuß der Zentralämter" gebildet.[14] Seine Beschlüsse und gutachtlichen Stellungnahmen sowie Initiativ-Anträge werden zunächst dem Länderrat zur Stellungnahme und von diesem dem Politischen Rat zugeleitet, der sie an die Militärregierung weiterleitet.

BeschlProt.

Die Zentralämter sollen den Politischen Rat und den Länderrat laufend über wichtige Arbeiten unterrichten. Zu Vorlagen der bizonalen Organe nimmt der Politische Rat in der Regel im Zusammenwirken mit den deutschen Zentralorganen der amerikanischen Zone Stellung.

IV. Es wird ein Ausschuß gebildet, der zusammengesetzt sein soll nach Art des früheren Reichswirtschaftsrates. Dieser unterbreitet durch den Länderrat dem Politischen Rat seine Gutachten und Anträge.

Gleichzeitig habe der Hauptausschuß einstimmig die nachstehenden Vorschläge der Vertreter der sechs politischen Parteien hinsichtlich der Funktionen des Zonenbeirats nach seiner Umgestaltung angenommen, die hiermit dem Rat vorgelegt würden:

Vorschläge hinsichtlich der Funktionen des Zonenbeirates nach seiner Umgestaltung[15]

1. Der Zonenbeirat wurde im März 1946 als reines Beratungsorgan der Militärregierung gegründet. In der Ansprache des Stellvertretenden Militärgouverneurs in der

---

[14] In Bad Godesberg war ein Ausschuß der Zentralämter nicht beschlossen worden; vielmehr sollten die Leiter der Zentralämter und die Mitglieder der bizonalen Ämter von Fall zu Fall an den Politischen Rat herantreten. Die Leiter der Zentralämter hatten daraufhin auf ihrer 4. Besprechung unter Teilnahme von Vertretern bizonaler Ämter am 28. 1. 1947 in einer Resolution ihre Ansicht noch einmal bekräftigt, der ZB sei im Benehmen mit dem politischen Zentralorgan der amerik. Zone das für ihre politische Überwachung zuständige Organ und die informellen Besprechungen der Zentralämter müßten zu einem offiziellen Organ für die Koordinierung ihrer Arbeiten und Aufgaben ausgestaltet werden (Prot. der Besprechung in: BT PA 1/286; Resolution, korrigierte, verabschiedete Fassung mit Unterschriften BT PA 1/250). Die Übersendung eines entsprechenden Antrags der Fachvertreter vom 27. 12. 1946 (Abdr. in: Akten zur Vorgeschichte 1, S. 1149, Anm. 33) an Adenauer hatte Weisser genutzt, um seine Auffassung von der Bedeutung eines derartigen Ausschusses noch einmal darzulegen. „Die bisher rein persönliche Einwirkung in Bezug auf die politische Verantwortung, auf die Vermeidung von Ressort-Partikularismus und auf die Zusammenarbeit mit den Ländern wird dann offiziell in der Zusammenarbeit mit dem politischen Beirat und dem Rat der Länder zum Ausdruck kommen und dadurch wesentlich gekräftigt werden. [...] Wie ich es auch betrachte; ich komme immer wieder zu dem Ergebnis, daß besonders vom Standpunkt der Parteien aus ein Rat der Zentralämter durchaus erwünscht ist und zwar auch vom Standpunkt der Parteien aus – die wie die meisten vorhandenen Parteien – für die Länder ein gesundes, kräftiges Eigenleben fordern. (Weisser an Adenauer, 28. 1. 1947, BT PA 1/250). Auf der Sitzung des HptA legte Henßler einen Antrag vor, der die Errichtung des Ausschusses der Zentralämter vorsah (BT PA 1/261, Prot. vom 28. 1. 1947, S. 19–23). Adenauer stellte nach längerer Diskussion fest, daß alle drei Vorschläge inhaltlich übereinstimmten, und legte der Abstimmung den Antrag Henßlers zugrunde, da dieser am kürzesten gefaßt sei (ebenda, S. 23). Ohne die Entscheidung der MilReg. über die Reorganisation des ZB abzuwarten, übersandte GS Weisser bereits am 30. 1. 1947 dem brit. Verbindungsstab Vorschläge für die Organisation des Ausschusses und seine Aufgaben (BT PA 1/250).

[15] Der Vorsitzende des ZB, MinPräs. Steltzer, hatte ursprünglich vorgesehen, auf der Sitzung vom 29./30. 1. 1947 eine Denkschrift auszuarbeiten, in der „aus Anlaß der Neubildung des ZB eine kritische Übersicht über die Wirkungen der bisherigen Tätigkeit des Rates und Mindestforderungen zur Behebung der gegenwärtigen Krise" enthalten sein sollten. (Steltzer an Brauer vom 13. 1. 1947, StA Hamburg, Senatskanzlei II, Az.: 000.23-3). Die von den Mitgliedern des ZB eingegangenen Anregungen für diese Denkschrift waren außerordentlich mannigfaltig (BT PA 1/64) und reichten von Detail-Vorschlägen zur Verbesserung der wirtschaftlichen Lage bis zu politischen Forderungen hinsichtlich der Stellung des ZB und seiner Kompetenzen. Soweit die Vorschläge die politischen Funktionen des ZB und seine Aufgaben betrafen, wurden sie in

Nr. 5   29./30. 1. 1947   Zonenbeirat brit. Zone

BeschlProt. Gründungssitzung[16] wurde jedoch erklärt, daß es die Absicht der Militärregierung sei, daß „das Verwaltungssystem ... fortschreitend immer mehr ... die indirekte Form der Überwachung der deutschen Verwaltung annehmen soll." Es seien „die Deutschen, die am besten wissen, wie die vielen schwierigen Probleme Deutschlands gelöst werden können." Bisher waren die Wirkungsmöglichkeiten des Zonenbeirats gering, da die Militärregierung ihn bei einer Reihe von wichtigen Anordnungen nicht vorher gehört hat.

Die von der Militärregierung beabsichtigte Umgestaltung des Zonenbeirats zu einem politischen Organ dürfte der richtige Zeitpunkt sein, um nunmehr auch ihm ein wesentlich gesteigertes Maß an Verantwortung zu übertragen. Die Vorschläge des Zonenbeirats für seine Umgestaltung machen den Einfluß der politischen Kräfte der Bevölkerung in ihm ausschlaggebend; die Verwirklichung dieser Vorschläge würde die im Sinne der Demokratisierung einstweilen erreichbaren Vorbedingungen für die Übernahme gesteigerter Verantwortung schaffen.

Der Zonenbeirat sollte demgemäß künftig das politische Zentralorgan für alle Angelegenheiten sein, die nicht den Ländern zur Erledigung übertragen worden sind.[17]

2. Demgemäß sollen die Entwürfe für alle Gesetze und Anordnungen, die für die ganze Zone gelten sollen und von den Zentralämtern auf Anordnung der Militärregierung oder aus eigener Initiative oder auf Veranlassung des Zonenbeirats selbst bearbeitet werden, dem Zonenbeirat rechtzeitig und im Wortlaut zur Stellungnahme zugeleitet werden.

3. Auch die Arbeit der Zweizonen-Ämter soll von dem Zonenbeirat kontrolliert werden[18], und zwar im laufenden Zusammenhang mit dem politischen Zentralorgan der amerikanischen Zone. Hinsichtlich der Formen dieser Kontrolle wird auf die Vorschläge über die Umgestaltung des Zonenbeirats verwiesen.

4. Die Kontrollkommission hat bisher im allgemeinen auf dem Standpunkt gestanden, daß Entwürfe zu Kontrollratsgesetzen nicht zur Zuständigkeit des Zonenbeirats als ei-

---

obige Resolution zum Teil übernommen; die zahlreichen wirtschaftlichen Forderungen (Stop der Demontagen, Verbesserung der Ernährung, Ende des Raubbaus am Walde) fanden dagegen keine Berücksichtigung. Eingehende Vorarbeiten für die Denkschrift waren von GS Weisser bereits geleistet worden (BT PA 1/34, Notizen für das der MilReg. zu überreichende Memorandum, 11 Seiten). Weisser stellte u. a. fest, der politische Stil der brit. Besatzungsmacht, der allzu raschen und radikalen Maßnahmen abgeneigt sei, habe sich unerachtet vieler auch von der deutschen Seite empfundenen Vorzüge als ein Hemmschuh erwiesen. Eine deutsche Organisation mit größeren Vollmachten als sie der ZB besitze, hätte der MilReg. Verantwortung abnehmen können. Neben einer umfassenden Reform des ZB hinsichtlich seiner Kompetenzen und seiner Arbeit sei ein Umbau der bizonalen Verwaltungen erforderlich. Letztere müßten vollverantwortliche Leiter haben; die Länder sollten nur hinsichtlich regionaler Gesichtspunkte beraten dürfen: Die eigentliche Überwachung soll durch politische Beiräte aus Beauftragten der Parteien erfolgen. Diese Beiräte sollten von Zeit zu Zeit zusammen mit den Leitern der Ämter zu einem Organ zur Erörterung der allgemeinen Grundsätze der Wirtschaftslenkung zusammenkommen.

[16] Abdr. in: Akten zur Vorgeschichte 1, S. 340–346.

[17] Adenauer betonte bei der Besprechung im HptA (BT PA 1/261) die Wichtigkeit dieses Absatzes. „Der Zonenbeirat bekommt dadurch einen vollständig anderen Charakter, als er bisher gehabt hat. Bisher war er nur ein Rat der britischen Militärregierung, nach diesen Vorschlägen soll er in Zukunft das politische Zentralorgan für alle Angelegenheiten sein, die nicht den Ländern übertragen sind, also eine grundlegende Änderung in der Zuweisung der Aufgaben."

[18] IMin Menzel hatte konstatiert (vgl. Anm. 15), „Die Tätigkeit des Zonenbeirats konnte deshalb nicht von ausschlaggebender Bedeutung sein, weil er keine Macht hatte, eine Kontrolle über die Zentralämter auszuüben."

nes zonalen Organs gehören. Demgegenüber bezeichnet es die amerikanische Besatzungsmacht ausdrücklich als Sache des Stuttgarter Länderrats, „Viermächte-Gesetzesvorschläge, die für ganz Deutschland einheitlich gelten sollen, zu studieren, zu erörtern und zu empfehlen." Diese Praxis sollte nunmehr auch für den Zonenbeirat zur Regel gemacht werden, und zwar auch im Sinne der Möglichkeit von Empfehlungen aus eigener Initiative des Zonenbeirats.

5. Der Charakter des Zonenbeirats als oberstes deutsches politisches Organ der Zone erfordert zwingend für seine Arbeitsweise und den Verkehr der Kontrollkommission mit ihm das Folgende:

a) Öffentlichkeit seiner Beratungen, wenigstens für einen Teil der Sitzungen, durch Zulassung der Presse.

b) Freiheit des Zonenbeirats bei der Wahl seiner Beratungsgegenstände.

c) Vermehrung der Möglichkeiten des *mündlichen* Austauschens der Meinungen zwischen den Vertretern der Militärregierung und dem Zonenbeirat. Nur mündliche Verhandlung kann Mißverständnisse verhüten, wie sie in einer Reihe von Fällen, so z. B. bei der schroffen Ablehnung der Vorschläge bzgl. der Kriegsversehrten, zweifellos entstanden sind.[19]

d) Bei Stellungnahme zu Kontrollratsangelegenheiten Erleichterung der mündlichen Verständigung mit den deutschen Stellen anderer Zonen. Es besteht der Eindruck, daß die britische Militärregierung solcher Fühlungnahme im Prinzip wohlwollender als andere Besatzungsmächte gegenübersteht; doch scheinen hier und da auch eigene Stellen der britischen Militärregierung solche Fühlungnahme mindestens bisher nicht zu wünschen.

e) In Anbetracht der natürlichen Solidarität aller Deutschen Zulassung auch von Erörterungen über die Lage der Deutschen anderer Zonen, wie z. B. über die Durchführung der Ausweisungen aus deutschen Gebieten des Ostens[20] u.dgl.

f) Schaffung einer Berliner Vertretung des Zonenbeirats in der Art der Vertretung des Länderrats in Berlin.

In der sich anschließenden Erörterung beantragt *Hellwege,* in I Absatz 3 des Beschlusses des Hauptausschusses über die Reorganisation des Zonenbeirats den Satz „Auf die erste und jede weitere volle Million Stimmen entfällt ein Vertreter, über 500 000 wird nach oben aufgerundet" folgendermaßen beginnen zu lassen: „Auf die erste und jede weitere angefangene Million..."[21]

Von verschiedenen Seiten wird die Frage aufgeworfen, ob die Mitglieder des Länderrats und die Chefs der Zentralämter berechtigt seien, an den Sitzungen des Politischen Rates teilzunehmen. Man entscheidet sich dafür, daß die Länderchefs zweckmäßig nur an denjenigen Sitzungen teilnehmen sollen, auf denen Themen aus ihrer Zuständigkeit behandelt werden.

---

[19] Vgl. Akten zur Vorgeschichte 1, S. 1092, Anm. 96.

[20] Vgl. Anm. 5.

[21] Hellwege begründete den Antrag, er habe ihn bereits am Morgen im HptA gestellt. Dabei habe Min. Blücher versehentlich mit abgestimmt, wodurch er abgelehnt worden sei (Wortprot. Bl. 19–20). Der Antrag Hellweges fiel wiederum durch.

Nr. 5   29./30. 1. 1947   Zonenbeirat brit. Zone

Wortprot.   *Roßmann:* Es wäre für mich sehr verlockend, Ihnen die grundsätzlichen Unterschiede noch einmal auseinander zu setzen, die zwischen der Konstruktion des Länderrates in der amerikanischen Zone und der des neuen Zonenrates bestehen. Ich kann nur der Hoffnung Ausdruck geben, daß diese Verschiedenheit nicht dazu führen wird, uns eines Tages zu große Schwierigkeiten zu bereiten, wenn es darum geht, beide Organe zu gemeinschaftlicher Arbeit zusammen zu führen.
Ich möchte mir bei der Ziffer 3 Ihrer Anträge nur die Frage erlauben: Sind unter den bizonalen Organen, die hier genannt sind, die neuen fünf bizonalen Verwaltungsämter gemeint. Das darf ich wohl ohne weiteres voraussetzen. Ich möchte dazu feststellen, daß die Vertreter dieser Ämter, oder wie es hier heißt, die Beauftragten der bizonalen Ämter in einem Organ in der britischen Zone vereinigt werden, während eine ähnliche Einrichtung in der amerikanischen Zone nicht bestehen soll. Das kann selbstverständlich auch zu erheblichen Unzuträglichkeiten in der Praxis führen.
Ich mache weiter darauf aufmerksam, daß mit der Ziffer 3 das sehr schwierige Problem der politischen und administrativen Überwachung der bizonalen Ämter nicht gelöst ist. Diese Ämter sind nur ein Ausschuß der Zentralämter, was nicht bedeutet, daß sie in irgend einer Form der politischen Überwachung und Koordinierung unterworfen werden. Die letztere ist aber nach der Entwicklung, die wir seither in den bizonalen Ämtern erlebt haben, eine unausbleibliche Notwendigkeit.
Die bizonalen Ämter sind im Begriffe, ein Eigenleben zu entwickeln, das zu einer starken Verbürokratisierung unserer gesamten Einrichtungen führen wird, wenn sie nicht einer Kontrolle und Koordinierung unterworfen werden. Das wissen Sie so gut wie ich. Die amerikanische Militärregierung hat vorläufig die politische Kontrolle dieser Ämter abgelehnt, weil sie in der Errichtung einer solchen Kontrolle unangenehme Rückwirkungen auf die Stellung der beiden anderen Besatzungszonen hinsichtlich des wirtschaftlichen und politischen Zusammenschlusses fürchtet.
Ich habe aber Anlaß zu der Vermutung, daß sich hierin vielleicht schon jetzt eine grundsätzliche Änderung vollzogen hat. Ich mache darauf aufmerksam, daß eine solche Koordinierung der bizonalen Verwaltungsämter sich schon jetzt gewissermaßen illegal vollzieht. Die Chefs dieser Ämter treffen sich allmonatlich ein- bis zweimal und machen auf diesen Konferenzen ihre eigene Politik, insbesondere hinsichtlich der gegenseitigen Verwaltung und vor allem in der Gestaltung der Rechts- und Gehaltsverhältnisse der in den bizonalen Ämtern beschäftigten Personen.[22]
Deshalb glaube ich, wäre es an der Zeit, sich mit der Frage der politischen Kontrolle dieser Ämter in beiden Zonen ernstlich zu beschäftigen. Die Ministerpräsidenten beider Zonen haben sich in ihrer großen Mehrheit bereits dahin ausgesprochen, daß sie eine politische Überwachung durch den Ministerpräsidenten für wünschenswert halten, und daß insbesondere der Grundsatz anerkannt wird, daß die als Beiräte entsandten Zonenratsmitglieder ihre Weisungen von ihren Landesregierungen erhalten.[23] Ich glaube nicht, daß das ein Problem ist, das in den Besprechungen der Ministerpräsidenten aufgeworfen worden ist und durch ihre neue Fassung in Ihrer neuen Verfassung des Zonenrats endgültig geregelt ist. Ich wäre aber dankbar, hierüber Ihre Ansichten zu hören.
[*Steltzer*]: Bitte, Herr Adenauer!
Adenauer: Ich darf eines vorausschicken. Der Hauptausschuß war sich eigentlich darüber

---

[22] Vgl. Dok.Nr. 2, TOP 3.
[23] Vgl. hierzu Dok.Nr. 4, TOP 2.

klar, daß die Dinge im Fluß sind, und daß man deswegen an die Vorlage, die Ihnen heute unterbreitet wird, nun nicht den allerstrengsten Maßstab anlegen sollte. In einem Monat oder zwei, drei Monaten wird man voraussichtlich, oder sogar ziemlich sicher zu Änderungen kommen.

Wortprot.

Zu diesen erwünschten Änderungen gehört auch die politische Kontrolle der bizonalen Stellen. Aber mein Herr Vorredner hat ja erklärt, daß einstweilen die beiden Zonen politisch getrennt bleiben müssen; schon aus dem Grunde kann man eine politische Kontrolle aus der britischen Zone für diese bizonalen Stellen nicht vorsehen. Das muß man der Zukunft überlassen.

[*Steltzer*]: Das muß ich auch unterstreichen, daß hier bewußt eine gewisse Unklarheit in Kauf genommen wurde mit Rücksicht auf die ungeklärte Entwicklung. Ich persönlich kann sagen, daß ich es lieber gesehen hätte, wenn man diesen Absatz zurückgelassen hätte.

[...]

Ich möchte Herrn Generalsekretär Roßmann erinnern, daß die Frage der Koordinierung hier absichtlich aus diesem Punkt 3 herausgelassen wurde, weil wir vorschlagen wollen, daß diese Frage schon jetzt unmittelbar ohne Rücksicht auf die Beschlußfassungen zunächst durch Besprechungen mit dem Länderrat der süddeutschen Zone in die Wege geleitet wird, und daß zu diesem Zweck baldmöglichst eine Besprechung mit den Chefs der bizonalen Ämter stattfinden wird.

Henßler: Wenn wir auch heute noch keine genaue Formulierung bringen können über die Form der Kontrolle der bizonalen Ämter, dann möchte ich, nachdem Herr Roßmann hier gesprochen hat, eine negative Feststellung machen, daß man auf keinen Fall damit einverstanden sein würde, daß die Ministerpräsidenten diese politische Kontrolle der bizonalen Ämter bestimmen.

Wir sind der Auffassung, daß das Angelegenheit der politischen Beiräte ist. Ich hoffe, daß auch in der amerikanischen Zone über kurz oder lang ein solcher politischer Beirat kommen wird. Dann wäre die Zusammenarbeit der beiden politischen Beiräte und die Kontrollmöglichkeit für die bizonalen Organe ohne weiteres leicht gegeben.

Schlange-Schöningen hält es für unbedingt erforderlich, daß die Arbeit der bizonalen Organe einer politischen Kontrolle unterzogen werde. Die Verantwortung für die Entschließung der Zentralämter werde damit auf breitere Schultern gelegt. Wesentlich sei es, daß die Öffentlichkeit durch die Presse über die Rechenschaft eingehend unterrichtet werde, die die Zentralämter vor den politischen Kontrollorganen abzulegen hätten.

BeschlProt.

Karl beantragt, den Absatz IV des Beschlusses des Hauptausschusses zu streichen und durch folgende Fassung zu ersetzen:

„Zur Beratung des Zonenrates in wirtschaftspolitischen und sozialpolitischen Fragen werden zu den betreffenden Ausschüssen des Rates Vertreter der Gewerkschaften und Genossenschaften als ständige Mitglieder zugezogen."

Zur Begründung dieses Antrages weist Karl in Übereinstimmung mit Everling darauf hin, daß das in Punkt IV vorgesehene Verfahren zu kompliziert sei. Wenn man diesen Ausschuß in der Art des früheren Reichswirtschaftsrates zusammensetzen wolle, so würde das unvermeidbar zu einem sehr großen Gremium führen, dessen Arbeitsfähigkeit wahrscheinlich nur gering sei. Auf der anderen Seite hätten Gewerkschaften und Genossenschaften im bisherigen Zonenbeirat wertvolle Mitarbeit geleistet, die ihre weitere Beteiligung an den Arbeiten der Ausschüsse rechtfertige.

Adenauer hebt hervor, daß, wenn der Absatz IV einen Ausschuß nach Art des Reichs-

BeschlProt. wirtschaftsrates vorsehe, dies nicht notwendigerweise bedeute, daß der Ausschuß etwa dem Umfange nach dem früheren Reichswirtschaftsrat entsprechen solle. In diesen Ausschuß sollten neben den Vertretern der Gewerkschaften und Genossenschaften auch Vertreter des Handwerks, der Landwirtschaft, der Industrie- und Handelskammern entsandt werden.

Heile erklärt, daß der Gedanke der Demokratie preisgegeben werde, wenn einseitig die Vertreter der Gewerkschaften und Genossenschaften zugezogen würden. Die Interessen der Bauern, Handwerker, des Einzelhandels usw. sollten jedoch auch vertreten sein.

Schramm erklärt, die Gewerkschaften machten den größten Teil der schaffenden Bevölkerung aus, er befürworte deshalb den Antrag Karl.

Adenauer führt zu der Vorlage über die Funktionen des Zonenbeirats nach seiner Umgestaltung aus, daß sich die politische Struktur in der britischen Zone seit der Gründung des Zonenbeirats im März vergangenen Jahres wesentlich geändert habe. Die Vorschläge bezweckten nichts anderes, als den neuen Rat dem Fortschritt des politischen Lebens innerhalb der Zone anzupassen. Es sei in diesen Vorschlägen namentlich Wert darauf gelegt, daß in Zukunft die Verhandlungen des Zonenbeirats öffentlich sein sollten und daß der Zonenbeirat selbst über seine Tagesordnung bestimmen solle. Der ursprüngliche Zonenbeirat sei lediglich als beratendes Organ der Militärregierung gegründet worden. Nach den der Versammlung vorliegenden Vorschlägen solle der Zonenbeirat in Zukunft das politische Zentralorgan für alle Angelegenheiten sein, die nicht den Ländern zur Erledigung zu übertragen seien.

Die Versammlung

a) lehnt den Antrag Hellwege mit Mehrheit ab,
b) lehnt den Antrag Karl mit 14 zu 14 Stimmen ab,
c) nimmt die Vorlage des Hauptausschusses über die Reorganisation des Zonenbeirats mit 17 zu 11 Stimmen an,
d) nimmt den Vorschlag der Parteivertreter hinsichtlich der Funktionen des Zonenbeirats nach seiner Umgestaltung einstimmig an[24] und
e) beschließt, die Vorlagen zu c und d an die Kontrollkommission weiterzuleiten.[25]

---

[24] Zur Abstimmung bemerkte Weisser in einem Vermerk vom 11. 2. 1947 (BT PA 1/34): „Hinsichtlich der Zustimmung der Länder hatte ich folgenden Eindruck gewonnen: Ministerpräsident Steltzer als Vorsitzender hatte in den Vorbesprechungen in Godesberg und hier zu erkennen gegeben, daß er die Beschlüsse als nicht wesentlich erachte, da ja bizonale Lösungen angestrebt werden müssen. Ich hatte schließlich den Eindruck, daß er überhaupt nur deswegen zustimmte, weil er bereits mit den süddeutschen Ministerpräsidenten eine Tagung vereinbart hatte, bei der das Schwergewicht der politischen Arbeit von deutscher Seite auf einen offiziellen oder inoffiziellen Rat der Länder der beiden Zonen übergehen sollte. Ich hatte ferner den Eindruck, daß Ministerpräsident Kopf bei Herrn Steltzer die gleiche Absicht vermute und sie vielleicht selbst hege. Bei Bürgermeister Brauer war die Abneigung gegen die Zentralämter ebenfalls bis zuletzt deutlich erkennbar gewesen. Wenn dennoch die Landeschefs zustimmten, so lag also der Vermutung nahe, daß sie sich in keinen Gegensatz zu den Parteien begeben wollten, aber auf der anderen Seite entschlossen waren, ihre Absicht, das Stuttgarter Länderratsprinzip zum Modell auch einer zweizonalen Verwaltung zu machen, festzuhalten. Sie glaubten, sich in einen Konflikt mit den Parteien der britischen Zone nicht mehr einlassen zu müssen, weil sie sich der Mitwirkung der süddeutschen Ministerpräsidenten und im Hintergrund der Mitwirkung der stärksten Besatzungsmacht bei der Verfolgung ihres Plans weitgehend sicher waren."

Zonenbeirat brit. Zone 29./30. 1. 1947 Nr. 5

229. Bericht des Ausschusses für Staatsbürgerliche Aufklärung *BeschlProt.*

[*Naegel* verliest den Bericht über die Auswertung des Nürnberger Prozeßmaterials[26]]
[...]

Die Versammlung

a) stimmt dem Bericht einmütig zu und
b) beschließt, ihn an die Kontrollkommission weiterzuleiten.[27]

---

[25] Gen. Robertson persönlich teilte dem HptA am 14. 2. 1947 in Berlin eine vorläufige Antwort mit (Prot. von Weisser in: BT PA 1/261).
„*A Organisation:*
1. Der „Politische Rat" wird unter der Bezeichnung „*Allgemeiner Rat*" genehmigt. [...]
2. Der *Länderrat* wird genehmigt. Bildung der Ausschüsse aus den Ressortministern der Länder empfohlen. Der Zonenbeirat besteht aus diesen beiden Räten.
B Zuständigkeiten:
[...]
1. Koordinierung der Länder bei Wahrnehmung der ihnen zugewiesenen eigenen Aufgaben.
2. Beratung der Militärregierung in Angelegenheiten der britischen Zone, die den Ländern nicht zur selbständigen Erledigung überwiesen sind.
3. Beratung der Militärregierungen der britischen und amerikanischen Zone in Angelegenheiten, die den beiden Zonen gemeinsam sind.
[...]
C Verkehr des AR mit den zonalen Ämtern:
Die Vertreter der Zentralämter sollen angewiesen werden, dem AR jede gewünschte Auskunft zu geben. „Nichts sollen sie dem AR vorenthalten". Jedoch behalten sie ihren Charakter als Hilfsorgane der MilReg. Sie werden dem AR in keiner Weise unterstellt.
D Verhältnis der Zweizonen-Ämter zum Zonenbeirat
Die Zweizonen-Ämter sollen dem Zonenbeirat gewünschte Auskünfte geben. Der Zonenbeirat kann auch aus eigener Initiative Anregungen an sie richten. [...]
E Stellungnahme zu den Wünschen, die in dem Schreiben der Parteiführer zum Ausdruck gekommen sind:
1. Presse darf teilnehmen. [...]
2. Tagesordnungsfreiheit:
Zugesagt mit folgenden Vorbehalten:
a) Die Besprechungsgegenstände müssen innerhalb der Funktionen der beiden Räte liegen.
b) Gewisse Gegenstände sollen nicht behandelt werden und zwar: Angelegenheiten anderer Mächte, Grenzänderungen, Grundsätze der allgemeinen Politik der Alliierten auf folgenden Gebieten [...]
F Sonstiges
a) Wenngleich ein besonderer Wirtschaftsrat nicht beabsichtigt sei, so sei es doch erforderlich, daß in wirtschafts- und sozialpolitischen Fragen die zuständigen Verbände gutachtlich gehört werden.
b) Eine Berliner Vertretung erscheine als nicht nötig. [...]"
Daraufhin trat am 20. 2. 1947 der „Allgemeine Rat" zusammen, um die Ausschüsse zu bestimmen und Weisser zum Generalsekretär des neuen ZB zu wählen (Wortprot. in: BT PA 1/45, BeschlProt. in: BT PA 1/286). Die Zusammenkunft wurde nachträglich zu einer „informellen Sitzung" deklariert, nachdem am folgenden Tag GenMaj. Bishop überraschend erklärte, die Reorganisation des ZB werde aufgeschoben. Zum weiteren Fortgang siehe Dok.Nr. 15, TOP 261.

[26] Zur Vorgeschichte vgl. Akten zur Vorgeschichte 1, S. 1092. Der Ausschuß befürwortete die von der KK angeregte Auswertung und bejahte auch die von der KK bereits benannten Autoren und Verleger. Der Namensliste der KK über Autoren, die für eine Mitarbeit gewonnen werden sollten, fügte er u. a. hinzu W.E. Süskind, Ernst Gläser, Frank Thieß, Erich Kästner, Ernst Wiechert und Eugen Kogon (BT PA 1/96).

[27] Die KK erklärte sich mit Schreiben vom 5. 3. 1947 mit dem vorgelegten Bericht im großen und ganzen einverstanden (Z 2/57, Bl. 15–16). Am 28. 4. 1947 teilte sie mit, daß 1250 Exemplare der Dokumentensammlung des Internationalen Gerichtshofes in Kürze zur Verfügung stehen würden (Z 2/58, Bl. 34).

Nr. 5   29./30. 1. 1947

BeschlProt.   **230. Bericht des Finanzausschusses**[28]

Lehr berichtet:

a) *Dezentralisation der deutschen Finanzen*[29]

Die Ansichten des Ausschusses zu dieser Frage seien geteilt gewesen. Auf der einen Seite sei die Grundidee der Erzbergerschen Steuerreform vertreten worden, wonach eine einheitliche Finanzverwaltung die stärkste Klammer um die auseinanderfallenden Reichsteile und Verwaltungen sei. Hiernach müßten dem Reich die gesamte Gesetzgebung und die Finanzverwaltung verbleiben. Nach der anderen Auffassung soll die Einheitlichkeit der Reichsfinanzgesetzgebung und ihre Handhabung dadurch gewährt werden, daß die Grundsatzgesetzgebung beim Reich zu belassen, alles übrige aber im Wege der Auftragsverwaltung den Ländern zuzuweisen sei. Die Beratungen des Ausschusses zu dieser schwerwiegenden Frage seien noch nicht abgeschlossen.[30][...]

b) *Weiterbestehen der Postsparkassen*
[...]

c) *Aussetzung der Auszahlung von Entschädigungen für beschlagnahmte Gegenstände*
[...]

d) *Abhebung von Vermögen, die durch Gesetz 152 der Militärregierung gesperrt sind*
[...]

e) *Finanzverordnungen der Militärregierung Nr. 58–63*[31]
[...]

f) *Vorschußzahlungen an die Kriegsgeschädigten und Vertriebenen*
[...]

g) *Grundsteuerbeihilfen für Arbeiterwohnstätten*
[...]

---

[28] Prot. der Sitzung vom 27. 1. 1947 in: BT PA 1/176.

[29] Die Frage war bereits auf der Sitzung des Finanzausschusses vom 24. 11. 1946 ohne abschließendes Ergebnis diskutiert worden (Prot. ebenda).

[30] Im März 1947 wurde der Punkt wieder im Finanzausschuß behandelt (Prot. in: BT PA 1/177) und ein Gutachten hierzu angenommen (vgl. Dok.Nr. 15, TOP 253, 2).

[31] Im einzelnen betrafen die Verordnung Nr. 58 die Errichtung eines Haushaltsamtes für die brit. Zone; Nr. 59 Bestimmungen für die Haushalte öffentlicher Behörden; Nr. 60 Finanzielle Zuständigkeit der Länderregierungen und Abschaffung der Reichsfinanzanweisungen; Nr. 61 Vorschriften über die Kassen in der brit. Zone; Nr. 62 Errichtung eines Zonen-Rechnungshofes; Nr. 63 Errichtung einer Zonen-Schuldenverwaltung. Abdr. in: Amtsbl. brit. MilReg. S. 347–358.
Die Verordnungen waren von brit. Finanzsachverständigen ohne Mitwirkung deutscher Dienststellen ausgearbeitet worden und wiesen daher für die deutsche Gesetzgebungstechnik ungewohnte Formulierungen auf. (Prot. der 6. Sitzung des FinA vom 27. 1. 1947, S. 16 in: BT PA 1/176; ausführliche Stellungnahmen der Länder BT PA 1/182.

Zonenbeirat brit. Zone   29./30. 1. 1947   Nr. 5

h) *Ausdehnung der Gewerbesteuer auf die freien Berufe*[32]   BeschlProt.
[...]
Die Stellungnahme der Kontrollkommission enthalte ein Mißverständnis.[33] Ein deutsches Gesetz, nach welchem die Gewerbesteuer zwei Jahre nach Beendigung des Krieges grundsätzlich in Wegfall komme, liege nicht vor. Es bestehe vielmehr eine Verordnung aus der Kriegszeit,[34] nach der die Erhebung der Gewerbesteuer während des Krieges durch die Finanzämter und nicht durch die Gemeinden erfolgen dürfe. Zwei Jahre nach Kriegsende sollten jedoch die Gemeinden für Veranlagung und Erhebung der Gewerbesteuer wieder zuständig sein. Im übrigen sei der Ausschuß der Auffassung, daß die steuerliche Belastung schon so groß sei, daß keine zusätzlichen Steuern mehr geschaffen werden sollten. Er empfehle dem Zonenbeirat daher die Ablehnung des Antrages Brauer.
Die Versammlung lehnt den Antrag Brauer einstimmig ab.

i) *Auszahlungen an Ostflüchtlinge aus Guthaben bei Landschaftlichen Banken*

Der Ausschuß habe sich mit der Notlage der Ostflüchtlinge befaßt, die ihre Mittel gänzlich aufgebraucht hätten, aber noch über Guthaben verfügten, die sie bei Landschaftlichen Banken des Ostens eingezahlt hätten, und von denen sie in der britischen Zone abzuheben wünschten, um nicht die öffentlichen Wohlfahrtseinrichtungen in Anspruch nehmen zu müssen. Die Zweigstellen der Landschaftlichen Banken des Ostens in der britischen Zone verfügten auf Grund von Überweisungen ihrer Zentralinstitute, die kurz vor der Besatzung erfolgt seien, über genügend Mittel, um Auszahlungen vorzunehmen (im Ganzen etwa 15 Millionen Reichsmark). Von Seiten der Militärregierung und der Reichsbank sei eingewendet worden, daß es sich bei Überweisungen der Landschaftsbanken des Ostens an ihre Zweigstellen in der britischen Zone nur um buchmäßige Überweisungen handele. Eine Auszahlung an die Ostflüchtlinge stelle ferner eine Ungerechtigkeit denen gegenüber dar, die in der Ostzone verblieben seien und deren Guthaben von der sowjetischen Militärregierung für erloschen erklärt worden seien.
Der Ausschuß hebe demgegenüber hervor, daß der Einleger in Zeiten der Not einen Rechtsanspruch auf Abhebung seines Guthabens besitze. Der Ausschuß empfehle dem Zonenbeirat daher die Annahme folgenden Antrages:
„Der Zonenbeirat bittet die Kontrollkommission, zur Linderung der Flüchtlingsnot den Flüchtlingen aus der Ostzone, welche bei den in der Zentrallandschaftsbank zusammengefaßten Landschaftlichen Banken [...] Guthaben unterhalten, die Verfügung über ihre Werte zu gestatten.

[...]

[*Beschluß*: Weiterleitung an die KK[35]]

---

[32] Bgm. Brauer hatte unter dem 30. 12. 1946 vorgeschlagen, die KK zu bitten, eine der Gewerbesteuer entsprechende Berufssteuer für die „freien Berufe" zu schaffen (Anlage 27 a des Prot. Z 2/56, Bl. 45).
[33] Stellungnahme vom 20. 1. 1947 als Anlage 27 b des Prot. Z 2/56, Bl. 46. Darin erklärte sich die KK mit der Behandlung der Frage im ZB einverstanden, wies jedoch darauf hin, daß der Gemeinsame Deutsche Finanzrat am 14. 12. 1946 die Einführung der Steuer zum gegenwärtigen Zeitpunkt abgelehnt habe.
[34] Es handelt sich um die VO zur Vereinfachung der Gewerbebesteuerung vom 19. 3. 1943, RGBl. I, S. 150.
[35] Die KK teilte hierzu mit, daß angesichts der Streichung der Reichsschuld in der Ostzone Banken, die ehemals dort ihren Sitz hatten, als insolvent angesehen würden (Z 2/57, Bl. 18–19).

BeschlProt. **231. Bericht des Rechts- und Verfassungsausschusses**

Ausgrabung und Wiederbestattung deutscher Toter[36]

[...]

232. Bericht des Ernährungsausschusses[37]

a) *Einbeziehung der Studentenschaft in die Schulspeisung*

Der Generalsekretär berichtet, der Ausschuß schlage dem Zonenbeirat vor, er möge die Einbeziehung der Studentenschaft in die Schulspeisung in zweckmäßiger Form empfehlen, unter der Voraussetzung, daß dadurch nicht andere mindestens ebenso wichtige Versorgungsgebiete geschädigt werden.

[Weiterleitung an die KK wird beschlossen.[38]]

b) *Bekämpfung der Wild- insbesondere der Schwarzwildschäden durch verstärkten Einsatz deutscher Jäger*

[...]

233. Bericht des Flüchtlings- und Wohlfahrtsausschusses[39]

Hilfe für Flüchtlingskinder in den deutschen Flüchtlingslagern
[...]

234. Bericht des Sozialpolitischen Ausschusses[40]

a) *Pensionszahlung an pensionsberechtigte ehemalige Wehrmachtangehörige*

[...]

Karl berichtet: Der Sozialpolitische Ausschuß sei grundsätzlich für eine Gleichstellung der pensionsberechtigten Wehrmachtangehörigen mit den Zivilbeamten. Sondervergünstigungen, die Wehrmachtangehörigen hinsichtlich ihrer Versorgung gewährt worden seien, müßten allerdings aufgehoben werden. Die Verhandlungen hätten ergeben, daß mindestens die Wehrmachtbeamten und sonstige Wehrmachtangehörige, die vor 1933 der Wehrmacht angehörten, durch Versorgungszahlungen berücksichtigt werden

---

[36] Vom RuVA war eine ausführliche rechtliche Regelung dieser Frage nach einer Ausarbeitung seines Mitgliedes Groth angenommen worden, nachdem die KK eine Vereinheitlichung der Bestimmungen für die brit. Zone angeregt hatte. Groths Entwurf beruhte im wesentlichen auf dem „alten preußischen Recht unter Anlehnung an die von der Kontrollkommission gewünschten Änderungen" (Prot. der Sitzung des RuVA vom 27. 1. 1947, BT PA 1/263, Bl. 1–2).

[37] Prot. der Sitzung vom 27. 1. 1947 in: BT PA 1/279.

[38] Mit Schreiben vom 10. 4. 1947 lehnte die KK die Einbeziehung der Studentenschaft in die Schulspeisung ab. „Angesichts der kürzlichen Erhöhung der Lebensmittelzuteilungen für die Bewohner der Großstädte in der britischen Zone auf 1550 Kalorien ist beschlossen worden, daß außer in ganz besonderen Fällen Anträge auf eine weitere Ausdehnung der Verbrauchergruppen, denen zusätzliche Rationen zugebilligt werden, nicht genehmigt werden können" (Z 2/57, Bl. 20).

[39] Prot. der gemeinsamen Tagung des Flüchtlings- und Wohlfahrtsausschusses vom 29. 1. 1947 in: BT PA 1/270.

[40] Prot. der Sitzung des SpA vom 29. 1. 1947 in: BT PA 1/267.

müßten. Es sei nicht vertretbar, sie ohne Pensionszahlungen der Wohlfahrt zu überlassen. Die Frage sei schwierig, da man nicht eindeutig zwischen Angehörigen der Wehrmacht vor 1933 und nach 1933 unterscheiden könne. Der Sozialpolitische Ausschuß empfehle deshalb, die gesamte Frage dem bizonalen Ausschuß für Beamtenrecht und Beamtenbesoldung zur Erstattung eines Gutachtens zu überweisen. Um aber die große Not der in Frage kommenden Kreise zu lindern, befürworte der Ausschuß die Annahme des folgenden Antrages:

BeschlProt.

„Der Zonenbeirat wolle beschließen, die Kontrollkommission zu bitten, daß die Pensionszahlungen an die pensionsberechtigten ehemaligen Wehrmachtangehörigen, die aufgrund des Offizier-Pensionsgesetzes von 1905[41] und des Wehrmachtversorgungsgesetzes von 1925[42] (nicht auch aufgrund des Wehrmachtfürsorge- und Versorgungsgesetzes von 1938[43]) aus der Wehrmacht ausgeschieden sind, in Anlehnung an die ‚finanztechnische Anweisung Nr. 88' der CCG(BE) – Finance Division – vom 18. November 1946[44] wieder aufgenommen werden, soweit es sich nicht um belastete Nationalsozialisten und belastete Militaristen handelt.

Begründung: Es ist von englischer Seite betont worden, daß mit der Abschaffung der Kriegsrenten ein System beseitigt werden solle, das dem Soldatenstand Sondervergünstigungen verlieh, die die Zivilisten nicht erhielten. Die Entziehung der Militärpension bedeutet jedoch eine wesentliche Benachteiligung der pensionsberechtigten, ehemaligen Wehrmachtangehörigen gegenüber den zivilen Beamten. Unbeschadet einer endgültigen Regelung des gesamten Fragenkomplexes ist es unbedingt notwendig, eine vorläufige Sonderregelung für die Angehörigen der alten Wehrmacht (einschließlich der Wehrmachtbeamten) zu treffen, um einem akuten Notstand zu steuern. Es wird gebeten, diese Sonderregelung in Anlehnung an die „finanztechnische Anweisung Nr. 88" vorzunehmen, die in Absatz 3 vorsieht, daß Versorgungsbezüge an Ruhestandsbeamte, die seit dem 8. 5. 1945 in die britische Zone gekommen sind, in Höhe von mindestens monatlich RM 100,–, zuzüglich RM 20,– für jeden Angehörigen, höchstens monatlich RM 300,– für einen Ruhestandsbeamten und RM 200,– für eine Witwe zu zahlen sind."

Die Versammlung

a) beschließt, den bizonalen Ausschuß für Beamtenrecht und Beamtenbesoldung um ein Gutachten zur Frage der Pensionszahlung an pensionsberechtigte ehemalige Wehrmachtangehörige zu ersuchen,[45]
b) nimmt den Antrag des Sozialpolitischen Ausschusses einstimmig an und
c) beschließt, ihn an die Kontrollkommission weiterzuleiten.[46]

---

[41] Richtig 1906. Siehe RGBl., S. 565.
[42] RGBl. 1925 I, S. 349.
[43] RGBl. 1938 I, S. 1077.
[44] Die Finanztechnische Anweisung Nr. 88 regelte die Zahlung von Versorgungsbezügen an deutsche Beamte. Abdr. in: Haushalts- und Besoldungsblatt für das deutsche Besatzungsgebiet 1947, S. 14.
[45] Das Gutachten ließ sich nicht ermitteln.
[46] Mit Schreiben vom 9. 3. 1947 wies die KK darauf hin, daß das Offiziers-Pensionsgesetz von 1905 durch Art. 3 des KRGes. Nr. 34 aufgehoben worden sei. Ausnahmen wären denkbar für bekannte Anti-Nazis oder Personen, die wesentliche Beiträge für die Sache des Friedens, der Menschlichkeit, der Wissenschaft oder der Demokratie geleistet haben (Z 2/57, Bl. 20).

Nr. 5   29./30. 1. 1947   Zonenbeirat brit. Zone

BeschlProt. b) *Lastenverteilung in der Invaliden- und Angestelltenversicherung*
[...]

c) [*Preisermäßigung der Angestellten-Wochenkarten für die Eisenbahn*]
[...]

235. Bericht des Forstausschusses

Lehr verliest einen ausführlichen Bericht des Forstausschusses über die Auswirkungen der Holzeinschläge in der britischen Zone (Anlage 29).[47]

Lehr unterbreitet ferner dem Zonenbeirat eine Meldung, daß dem Regierungsbezirk Düsseldorf die sofortige Lieferung von 25 000 cbm Pappelholz auferlegt worden sei. Das bedeute, daß sämtliche Pappeln des Regierungsbezirkes Düsseldorf geschlagen werden müßten, ohne daß damit das Lieferungssoll erfüllt werden könne. Er bittet den Zonenbeirat, die Kontrollkommission zu ersuchen, dem Regierungsbezirk Düsseldorf die Lieferung der 25 000 cbm Pappelholz zu erlassen.[48]

[*Beschluß*: Weiterleitung an die KK]

236. Bericht über die Verkehrslage

Schwering gibt einen eingehenden Bericht über die gegenwärtige außerordentlich schwere Krise des Verkehrswesens, besonders im Hinblick auf den großen Ausfall an Lokomotiven. (Anlage 30).[49]

Die Versammlung nimmt Kenntnis.

237. Bedeutung des tierischen Eiweißes und des Fettes für die Ernährung[50]
[...]

238. Zonenfinanzausschuß

Dem Zonenbeirat liegt die Vorlage der Kontrollkommission vor.[51]

Lehr berichtet: Der Finanzausschuß habe die Vorlage der Kontrollkommission aus-

---

[47] Anlage 29 des Prot. Z 2/56, Bl. 49–52. Der Bericht führte vor allem zwei Argumente gegen die Abholzung an: Erstens die zu befürchtenden ökologischen Schäden eines Raubbaus am Wald und zweitens den für den Ruhrbergbau sehr wichtigen Bedarf an Grubenholz. In der ausführlichen Antwort der KK vom 25. 4. 1947 (Z 2/57, Bl. 27) hieß es, der Bericht entspräche nicht den Tatsachen und weise eine Anzahl von Übertreibungen und irrtümlichen Feststellungen auf. Die deutsche Forstwirtschaft habe ihre Berechnungen immer auf sehr konservativer Basis vorgenommen; die sogenannten Opfer seien illusorisch.

[48] Die KK bestritt in ihrer Antwort vom 11. 3. 1947, daß die geforderte Menge von Pappelholz zu groß sei. Damit werde die Anforderung für das ganze Jahr 1947 gedeckt (Z 2/57, Bl. 20).

[49] Der Bericht (Z 2/56, Bl. 52–54) sagte eine bald eintreffende Krise der Verkehrslage voraus, die dadurch ausgelöst werde, daß Lokomotiven wegen fehlender Ersatzteile nicht in ausreichender Anzahl repariert und überholt werden könnten.

[50] Hierzu waren Gutachten von Prof. Rein (Göttingen) und Prof. Kühnau (Hamburg) angefordert worden, nachdem sich Meinungsverschiedenheiten zwischen dem KR und deutschen Stellen ergeben hatten. Vgl. Akten zur Vorgeschichte 1, S. 1068. Die Gutachten als Anlagen 31–33, Z 2/56, Bl. 54–58. Die Stellungnahme der KK, die einige Ergebnisse der Gutachten modifizierte, in: Z 2/57, Bl. 21–22.

[51] Mit Schreiben vom 15. 1. 1947 hatte die KK die Errichtung eines Finanzausschusses für die brit. Zone vorgeschlagen, bestehend aus den vier Finanzministern der Länder, einem vom ZB zu bestellenden Vorsitzenden und einem Vertreter der Reichsbank-Leitstelle, des Haushaltsamtes, der Leitstelle der Finanzverwaltung, des Rechnungshofes und der Schuldenverwaltung (Z 2/56, Bl. 58).

führlich erörtert, sei aber zu dem Schluß gekommen, daß diese Frage nicht von dem Problem der Reorganisation des Zonenbeirats getrennt werden könne. Er habe daher die Vorlage an den Hauptausschuß weitergeleitet, der dem Zonenbeirat die Annahme des folgenden Beschlusses empfehle: „Der Vorschlag der Kontrollkommission entspricht nicht der neuen Konstruktion des Zonenbeirats. Wenn die Vorschläge über die Reorganisation des Zonenbeirates von der Kontrollkommission genehmigt werden, dann muß für diese Fragen der Finanzausschuß des Zonenbeirates zuständig sein. Die Finanzminister bilden einen Ausschuß des zukünftigen Länderrats. Beide Ausschüsse sollen bei Bedarf zusammentreten. Die fünf Ämterchefs sollen als Sachverständige zugezogen werden können."

Die Versammlung

a) nimmt den Beschluß des Hauptausschusses einstimmig an und
b) beschließt, ihn an die Kontrollkommission weiterzuleiten.[52]

239. Bauprogramm für Niedersachsen
[...]

240. Wiedererrichtung des Rundfunksenders Köln

Dem Zonenbeirat liegt der Antrag Amelunxen[53] sowie die Stellungnahme der Kontrollkommission[54] vor.
[...]

Adenauer: Sie lachen! – Ich habe mit Köln nichts mehr zu tun und stehe den Dingen neutral gegenüber. (Zuruf: Na, na?) Aber das eine möchte ich doch sagen, daß Hamburg das Personal in Köln bestimmt, und wenn Köln miserable Dinge beisteuert, dann geht das von Hamburg aus. Zweitens möchte ich mit allem Nachdruck sagen, daß man im ganzen Westen, am gesamten Rhein, mit dem nordwestdeutschen Rundfunk denkbar unzufrieden ist und daß man dort mit aller Energie verlangt, daß die Eigenart dieses Gebietes besser berücksichtigt wird. Auch gegen die ganze Tonart, die aus dieser Antwort spricht, möchte ich für die Millionen Deutscher am Rhein, die es verdammt schwer haben, Einspruch einlegen und verlangen, daß deren Interessen und Wünsche besser berücksichtigt werden als bisher.

[*Steltzer*]: Wir können uns diesen Ausführungen anschließen.
[...]

---

[52] Die KK bedauerte mit Schreiben vom 27. 2. 1947 die Stellungnahme des ZB, da es zwischen Länder- und Zonenbehörden viele Finanzfragen gäbe und bat um Gegenvorschläge des ZB, die auf der 11. Sitzung angenommen wurden. Vgl. Dok. Nr. 15, TOP 253, 2c.

[53] Amelunxen hatte unter dem 3. 12. 1946 einen Antrag auf Wiedererrichtung eines Rundfunksenders Köln gestellt unter Hinweis auf die Tradition eines eigenen Kölner Senders von 1926–1945. Das Funkhaus in Köln sei nur mit 30% des Gesamtprogramms des NWDR beteiligt. „Angesichts der starken Bevölkerungszahl sowie der wirtschaftlichen und kulturellen Bedeutung des Westdeutschen Raumes ist dieser Zustand unbefriedigend. Das Rheinland ist Ursprungsland der christlich-kulturellen Mission in Deutschland. Es hat auch als Grenzland immer eine besondere Rolle gehabt." (Z 2/56, Bl. 60).

[54] Die Stellungnahme der KK vom 11. 1. 1947 wies darauf hin, daß eine selbständige Frequenz für einen Kölner Sender nicht verfügbar sei, da die frühere Kölner Frequenz von den deutschen Sendungen der BBC benötigt werde. Es fehle an Studiogerät und schließlich sei der Rundfunk eine zonale Einrichtung. Sarkastisch wurde anheim gestellt, Köln möge Programm-Material von besserer Qualität bringen, denn das zur Zeit von Köln beigesteuerte Material sei im ganzen „unter dem Durchschnitt" (Z 2/56, Bl. 60).

Nr. 5 29./30. 1. 1947 Zonenbeirat brit. Zone

Wortprot. **Petersen:** Ich glaube, ein Weg, diesen geäußerten Bedenken zu steuern, wird für den Rundfunk sein, daß ein deutscher Leiter eingesetzt wird. Bisher liegt die Leitung nicht in deutschen Händen, sondern nur die wirtschaftliche Leitung, aber ich glaube, der Zonenbeirat sollte den Wunsch äußern, daß für den Norddeutschen Rundfunk ein deutscher Leiter eingesetzt wird.
[*Steltzer*]: [...] Ich darf diesen Punkt als erledigt ansehen.[55]
[...]

BeschlProt. **241. Errichtung eines Zentralamtes für Inneres**

Dem Zonenbeirat liegt der Antrag Groth[56] und die Stellungnahme der Kontrollkommission[57] vor. [...]
Die Versammlung verweist den Antrag an den Hauptausschuß.[58]

242. Errichtung einer Leitstelle für öffentliche Gesundheit

Dem Zonenbeirat liegt der Antrag Degkwitz[59], die Stellungnahme der Kontrollkommission[60] sowie eine Stellungnahme des deutschen ärztlichen Beratungsausschusses vor. [...]
Degkwitz führt zur Begründung seines Antrages aus, daß im Hinblick auf die Wichtigkeit der Gesundheitsfürsorge auf eine zentrale Steuerung des Gesundheitswesens gedrungen werden müsse. Fragen wie z. B. die Ausbildung von Krankenschwestern, die Herstellung und Verteilung von Medikamenten dürften nicht den einzelnen Ländern überlassen bleiben. Es genüge auch nicht, daß die Belange der Gesundheitsfürsorge innerhalb der Zone zentral geregelt würden, es müsse auch Übereinkunft mit den anderen Zonen, vor allem mit der russischen angestrebt werden.
Der *Vorsitzende* empfiehlt, den Antrag an den zukünftigen Länderrat zu verweisen.
[...]

---

[55] Zur Schaffung des WDR vgl. die Dissertation von Eva-Maria Freiburg, die Geschichte des Rundfunks in Nordrhein-Westfalen 1945–1955. Vom NWDR/Köln zum WDR, Hannover, Phil. Diss. 1973.

[56] Der Antrag Groth vom 2. 1. 1947 (Anlage 37 a in: Z 2/56, Bl. 60–61) wurde damit begründet, daß die innere Verwaltung zum festen Bestand jeder zentralen Verwaltung gehöre. Die vorgeschlagene Organisationsform lehnte sich eng an den Aufbau des Reichsministeriums des Innern der Zeit bis 1945 an.

[57] Die KK hatte die Behandlung des Antrages unter dem 27. 1. 1947 genehmigt, dabei jedoch klargestellt, daß sie nicht in der Lage sei, der Schaffung einer zonalen Körperschaft oder zonaler Körperschaften zuzustimmen, die Angelegenheiten behandeln sollen, die durch Verordnung Nr. 57 zur Zuständigkeit der Länder gehörten (Z 2/56, Bl. 61).

[58] Der Antrag wurde nicht im HptA, sondern im RuVA weiterbehandelt anhand eines vom Sekretariat des ZB modifizierten Antrages zur Errichtung eines Zentralamtes für Verwaltung (BT PA 1/251). Auf der 13. Sitzung des ZB wurde dieser Beschluß angenommen, von der KK jedoch unter dem 25. 8. 1947 abgelehnt (ebenda).

[59] Degkwitz hatte unter dem 3. 1. 1947 den Antrag gestellt, die KK zu ersuchen, in den Anhang D der VO Nr. 57 das öffentliche Gesundheitswesen aufzunehmen und eine Leitstelle für öffentliche Gesundheit in der brit. Zone zu errichten. „Wenn überhaupt die gesundheitliche Bedrohung unseres Volkes aufgehalten werden soll, so muß die Möglichkeit geschaffen werden, die gesundheitliche Arbeit in den Einzelländern der britischen Zone einheitlich zu gestalten" (Z 2/56, Bl. 62).

243. Schutz des deutschen Schweine- und Rindviehbestandes   *BeschlProt.*

Dem Zonenbeirat liegt der Antrag Everling sowie die Stellungnahme der Kontrollkommission[61] dazu vor.

[Antrag Everling]

Der Zonenbeirat möge beschließen, die Kontrollkommission zu bitten, von ihrem Plan, von   Anlage
dem im September 1946 vorhandenen Bestand von 3 375 000 Schweinen und von 400 000
Zuchtsauen und -ebern bis zum 31. 3. 1947 1 975 000 Schweine und 140 000 Zuchtschweine abzuschlachten, so daß nur ein Restbestand von 1 400 000 Mastschweinen und
260 000 Zuchtschweinen übrig bleibt, Abstand zu nehmen.

Begründung: [...]

Everling betont, daß die Maßnahmen der Militärregierung in dieser Frage von so ver-   *BeschlProt.*
hängnisvoller Wirkung seien, daß sie sich in Zukunft sicher rächen würden. Der
Schweinebestand solle so stark reduziert werden, daß Schweine nur noch dem Selbstversorger blieben. Die Abschlachtung einer Milchkuh ergäbe nur so viel Schlachtgewicht an Fett und Fleisch, wie die Kuh in einem Jahr produziere, während die Aufzucht
einer Milchkuh vier bis fünf Jahre erfordere.

Schlange-Schöningen stellt fest, die Maßnahme zur Abschlachtung der Rindvieh- und
Schweinebestände gehe auf die Schwierigkeiten in der Futtermittelbeschaffung zurück.
Die Militärregierung sei der Auffassung, sie könne es dem englischen Wähler gegenüber nicht verantworten, wenn für die britische Zone Getreide gekauft würde, das nicht
unmittelbar der menschlichen Ernährung zugeführt werde. Er habe der Militärregierung gegenüber nicht nur mit aller Deutlichkeit zum Ausdruck gebracht, daß durch die
Abschlachtung der Schweine und des Rindviehs die deutsche Fett- und Milchversorgung auf das schwerste gefährdet werde, er habe auch immer wieder darauf hingewiesen, daß, wenn der Viehbestand in dieser Weise dezimiert werde, der deutsche Boden
mangels ausreichender tierischer Düngemittel nicht zum vollen Tragen gebracht werden könne.

Aus englischen und amerikanischen Zeitungen gehe hervor, daß sich die Weltgetreidelage bereits sehr gebessert habe. Die argentinische Maisernte liege um 100% über der
Normalernte. Auch in Nordamerika seien sehr gute Ernteergebnisse erzielt worden.
Der deutsche Bedarf an Futtermitteln könne also gedeckt werden.

Adenauer stellt die Frage, ob durch die beabsichtigte Abschlachtung des Rindviehs die
Versorgung der kleinen Kinder und der Kranken mit Milch nicht gefährdet werde.

Schlange-Schöningen erklärt, daß die Gefahr durchaus bestehe, daß aber über kurz
oder lang unsere Milchleistung und damit auch die Fettversorgung weiter absinke.

Es werde ihm vorgeworfen, daß er kein Produktionsprogramm aufstelle. Hierzu müßten aber erst gewisse Produktionsvoraussetzungen gegeben sein. Solange man die
Viehbestände quantitativ und qualitativ nicht auffüllen könne, sei er hierzu nicht imstande. Allgemein sei zu bemerken, daß nach acht Jahren Zwangswirtschaft das deutsche Rationierungs- und Erfassungssystem sich überlebt habe. Er weigere sich ent-

---

[60] Die KK schlug unter dem 20. 1. 1947 vor, die Koordinierung der Gesundheitsverwaltungen durch beratende Ausschüsse zu gewährleisten (Z 2/56, Bl. 62).

[61] Die KK hatte unter dem 23. 1. 1947 der Beratung des Antrages zwar zugestimmt, aber einen Kommentar abgelehnt, da sie sich schon zu früheren Zonenbeiratsanträgen in dieser Frage geäußert habe (Anlage 29 b, Z 2/56, Bl. 63). Zum Viehabschlachtungsprogramm vgl. auch Dok.Nr. 6 C, Anm. 13.

Nr. 5   29./30. 1. 1947   Zonenbeirat brit. Zone

BeschlProt. schieden, zur Erzielung besserer Ablieferungsleistungen in stärkerem Maße auf die Polizei zurückzugreifen. Man dürfe nicht in dieselbe Lage kommen wie in der russischen Zone. Pressemitteilungen ergäben, daß Bauern und Neusiedler ihre Höfe verließen. Das Ablieferungssoll werde nicht mehr erfüllt. Das Saatgut für das nächste Jahr werde heute bereits den Bauern fortgenommen. Kein Mensch wisse, wovon die Ernte im nächsten Jahr erstellt werden solle. Das Zentralamt für Landwirtschaft plane, die Erfassung auf eine neue Grundlage zu stellen.[61a] Für jedes Dorf solle ein Ablieferungssoll aufgestellt werden, bei dessen Überschreitung Prämien in Gestalt von landwirtschaftlichen Maschinen und Gerät, von künstlichem Dünger, von Kleidung und Schuhwerk gegeben werden sollten. Die notwendige Voraussetzung dafür sei jedoch, daß die Industrie zur Lieferung dieser Waren imstande sei. Seine Besprechungen mit der deutschen Wirtschaftsverwaltung in Minden haben ergeben, daß die Aussichten für Bereitstellung von Geräten etwas besser seien als für Bekleidung.

Henßler hebt hervor, daß – so schlecht auch die Ablieferung in der Landwirtschaft sei – sie doch der bestfunktionierende Teil unserer öffentlichen Bewirtschaftung genannt werden müsse. Man müsse den Landwirten nicht bloß für die Überschreitung des Ablieferungssolls Bezugsmöglichkeiten für Geräte, Kleidung usw. geben. Es sei wünschenswert, daß die Landwirte schon für die ordnungsgemäße Ablieferung das einkaufen könnten, was sie für ihren Betrieb benötigten. Das bizonale Wirtschaftsamt müsse die notwendigen Erzeugnisse sicherstellen, damit diese nicht auf dem schwarzen Markt verschwänden, sondern auch wirklich über die genossenschaftlichen Organe den Landwirten zugute kämen.

Die Gefährdung der Fettversorgung werde verheerende Wirkungen auf die Lage im Ruhrbergbau haben. Den Bergarbeitern sei für eine Erhöhung ihrer Leistungen ein Zusatz von Speck und Fett (Punktsystem) versprochen worden.[62] Könne dies Versprechen nicht gehalten werden, so seien die psychologischen Auswirkungen auf den Bergmann und damit auf die lebenswichtige Kohlenförderung nicht abzusehen.

Schlange-Schöningen: Das Versprechen der zusätzlichen Zuteilung von Speck und Fett an die Bergarbeiter sei gegeben worden, ohne daß das Zentralamt für Ernährung und Landwirtschaft hierzu vorher gehört worden sei. Er sei aber der Auffassung, daß, wenn dies den Bergarbeitern in Aussicht gestellt worden sei, man das Menschenmögliche versuchen müsse, um Enttäuschungen zu vermeiden, die nicht wieder gutzumachen seien. Die Einführung des Punktsystems für die Bergarbeiter habe zunächst eine Speckeinfuhr vorgesehen, die aus der Kohlenmehrausfuhr bezahlt werden sollte. Da aber bisher die notwendige Menge an Speck nicht eingeführt werden konnte, habe man zunächst 500 t Schweinefleisch aus Kühlhäusern, die als Reserve zurückgehalten worden waren, für die Verarbeitung zu Bacon freigegeben. Nach dem Punktsystem sollten 1000 gr Bacon je Bergarbeiter pro Kartenperiode ausgegeben werden. Bei 400 000 Bergarbeitern mache das 400 t in der Periode aus. Diese Zuteilung gehe auf Kosten der Fleischbilanz. Wenn der Vorrat an Schweinefleisch erschöpft sei, müsse – sofern keine Einfuhr möglich sei – Bayern einspringen, um die Weiterlieferung sicherzustellen. Wie lange Bayern dazu in der Lage sei, sei nicht zu übersehen.

Zur Sicherung der Belieferung der Landwirtschaft mit dringend benötigten industriellen Erzeugnissen bemerkt *Schramm,* daß man nicht nur bei den Bauern, sondern auch

---

[61a] Zur Reform der Erfassung von Agrarprodukten vgl. Dok.Nr. 15, Anm. 89.
[62] Zum Punktsystem vgl. Dok.Nr. 2, TOP 7 sowie Dok.Nr. 12, Anm. 10.

Zonenbeirat brit. Zone   29./30. 1. 1947   Nr. 5

bei der Industrie kontrollieren müsse. Es sei eine bekannte Tatsache, daß Kleidung und Industrieerzeugnisse zu hohen Geldpreisen oder im Tausch gegen Lebensmittel verschoben würden. Den Betriebsräten müßten deshalb Kontrollbefugnisse für Produktion und Verteilung erteilt werden.   *BeschlProt.*

Die sich aus der Erörterung des Antrages Everling und der Stellungnahme der Kontrollkommission ergebenden Gesichtspunkte werden von Eberling, Schlange-Schöningen, Naegel und Henßler in einer Entschließung zusammengefaßt.[63]

Entschließung   Anlage
Der Zonenbeirat ist tief enttäuscht über den ablehnenden Bescheid zu dem Antrag Everling für die 10. Tagung des Zonenbeirats „Schutz des deutschen Schweinebestandes".
Der Zonenbeirat erhebt in letzter Stunde nochmals seine warnende Stimme um zu versuchen, die beabsichtigten Maßnahmen der Militärregierung, die sich für die gesamte Wirtschaft in der britischen Zone verhängnisvoll für die Zukunft auswirken werden, aufzuhalten.
Die den Bergarbeitern zustehenden Speckmengen und die an die übrige Bevölkerung zu verteilenden Fettrationen, um das deutsche Volk in seiner Mehrheit vor dem Verhungern zu bewahren, machen nach erfolgter Abschlachtung der vorgesehenen Viehmengen eine immer größer werdende Einfuhr von Fett und Fleisch erforderlich. Die sowieso schon tief gesunkene Milcherzeugung wird die größte Gefahr bringen.
Die Verhinderung der Selbsterzeugung von Vieh und Fleisch im Inland und statt dessen die Einfuhr von Fertigprodukten – wenn solche überhaupt im Rahmen des In- und Exportplanes erfolgen kann – verursachen eine immer stärkere Verschuldung Deutschlands an das Ausland.
Die heimischen Viehbestände werden zum Teil aus eigenen Futtermitteln erhalten; daneben ist jedoch die Einfuhr von Futtermitteln aus dem Ausland erforderlich. Nach den vorliegenden englischen und amerikanischen Statistiken gestattet die letzte Getreide- und Futtermittelernte einen ausreichenden Export nach Deutschland, um die vorgesehenen Abschlachtungen über das zulässige Maß hinaus zu verhindern. Namentlich Argentinien meldete fast verdoppelte Ernte.
Durch die Einfuhr von Vieh und Fleisch, also von Fertigprodukten, anstelle von Rohstoffen, geht die Stalldüngererzeugung immer mehr zurück und führt dazu, daß der deutsche Boden nur noch einen Teil der Erzeugung hervorbringt, die bei regulärer Natur- und Kunstdüngerzuführung möglich wäre. Dadurch wird das notwendige Aufleben der Landwirtschaft auf lange Zeit zurückgeworfen. Darüber hinaus muß mit aller Energie dafür gesorgt werden, daß die Landwirtschaft die dringend benötigten Betriebsmittel auf regulärem Wege im ausreichenden Maße erhält.
Die immer fühlbarer werdende Not des deutschen Volkes erfordert wirksamere Maßnahmen, als sie von der Besatzungsmacht in Anwendung gebracht werden sollen. Es handelt sich hier neben der Kohlenförderung um den entscheidenden Punkt der deutschen Erzeugung; darum bitten wir die Kontrollkommission dringend um nochmalige Erwägung.

[Die Entschließung und der Antrag Everling werden angenommen und sollen an die KK geleitet werden[64]]   *BeschlProt.*

---

[63] Entwurf mit handschriftlichen Korrekturen in: BT PA 1/157.
[64] In ihrem Schreiben vom 4. 3. 1947 bestritt die KK die vorgebrachten Einwände im einzelnen und kam zusammenfassend zu dem Schluß, „daß die Durchführung des Schlachtprogramms weder auf die Menge der zur

Zonenbeirat brit. Zone 29./30. 1. 1947 Nr. 5

BeschlProt. **244. Freigabe der auf Grund der Verordnung Nr. 60 von den Gemeinden erhobenen Kriegsbeiträge an das Reich für eine umfassende Flüchtlingshilfe**
[...]

245. Errichtung einer Leitstelle für öffentliches Wohlfahrtswesen[65]
[...]

246. Radioapparate für die Bevölkerung[66]
[...]

247. Versorgung mit Verbandstoffen[67]
[...]

248. Beantwortung von Fragen[68] **der Zonenbeiratsmitglieder durch den Stellvertretenden Chef des Stabes des Militärgouverneurs Major General W.H.A. Bishop, C.B., O.B.E.**

Anlage [a)] *Frage Blücher: Wiederaufnahme des Schuldendienstes der Gemeinden.*
Antwort: Das Verbot dieser Zinsleistung trat in der britischen Zone für das Reich, die Länder und Gemeinden nach den von den alliierten Oberbefehlshabern zur Zeit der Besetzung erlassenen Richtlinien in Kraft. Es ist stets die Ansicht der britischen Militärregierung gewesen, daß dies eine vorübergehende Maßnahme sei, eine Maßnahme, die gelockert werden müßte, sobald günstige Umstände es erlaubten.
Darüber hinaus haben wir bis jetzt die Meinung vertreten, daß der gegebene Moment für eine solche Lockerung mit der Einführung der Finanzreform kommen würde.

Verfügung stehenden Nahrungsmittel noch auf die Fruchtbarkeit des Bodens eine nachteilige Wirkung haben wird, vorausgesetzt, daß das Programm gewissenhaft eingehalten und venünftig durchgeführt wird. Wenn es dagegen nicht durchgeführt wird, so ist anzunehmen, daß die Milchversorgung zurückgehen und auf Grund des mangelhaften Ernährungszustandes unter dem Milchvieh der Nachwuchs des deutschen Viehbestandes von geringerer Qualität sein wird, außerdem werden für den Verbraucher geringere Mengen an Getreide und Kartoffeln zur Verfügung stehen, da diese ihren Weg in die Mägen des Rindviehs und der Schweine finden werden" (Z 2/57, Bl. 23–25).

[65] Der Antrag vom 18. 1. 1947, durch Andrée gestellt, argumentierte ähnlich dem unter TOP 242 behandelten Antrag auf Errichtung einer Leitstelle für öffentliche Gesundheit mit der Notwendigkeit, die Fragen der Wohlfahrtspolitik in den einzelnen Ländern der brit. Zone zu koordinieren (Z 2/56, Bl. 65).

[66] In dem Antrag von Amelunxen vom 24. 1. 1947, der ohne Aussprache an den Nordrhein-Westfälischen Landtag verwiesen wurde, wurde eine verstärkte Zuweisung von Rundfunkapparaten und Rundfunkröhren für die Bevölkerung der stark zerstörten Industriegebiete gefordert (Z 2/56, Bl. 65).

[67] Unter Berufung auf die Dezember-Ausgabe des amtlichen Mitteilungsblattes der Apothekenkammer forderte der von Adenauer/Otto gestellte Antrag Maßnahmen gegen die katastrophale Versorgungslage mit Verbandstoffen. „Es wird vorgeschlagen, aus dem für England bestimmten Holzeinschlag ausreichende Mengen den deutschen Zellstoff-Fabriken zur Verfügung zu stellen" (Z 2/56, Bl. 66). Die KK lehnte den Antrag ab, stellte aber in Aussicht, Verbandsmaterial in England zu kaufen und Bestände der UNRRA zu verteilen (Z 2/57, Bl. 35).

[68] Die Anfragen von Mitgliedern des ZB liegen in vollem Wortlaut in: BT PA 1/50 vor. Gemäß Zeitplan fand die Beantwortung der Fragen am 30. 1. 1947, 16.30 Uhr statt. Die Zeitangabe im Wortprot. 10.30 Uhr dürfte ein Tippfehler sein.

Die Militärregierung erkennt jedoch an, daß dies Verbot in seiner augenblicklichen Form sich zum Nachteil der Gemeindeverwaltungen auswirkt, besonders im Zusammenhang mit ihren industriellen und Handels-Verpflichtungen.

Anlage

Die Kontrollkommission wäre daher gern bereit, Vorschläge des Zonenbeirats über die entweder teilweise oder gänzliche Lockerung dieses Verbotes entgegenzunehmen, soweit sich diese Vorschläge auf die Obligationen der Länder und Gemeinden beziehen.[69]

[b)] Frage Everling: Verbot einer übergroßen Machtkonzentration in der deutschen Industrie[70]

Antwort: Die britische und amerikanische Militärregierung haben über die Frage der Auflösung der Kartelle in den beiden Zonen Besprechungen geführt. Ich kann Herrn Everling dahin versichern, daß für die zwei Zonen auseinandergehende Maßnahmen nicht beabsichtigt und auch nicht wahrscheinlich sind. Die Frage ist jedoch im Augenblick Gegenstand von Viermächtebesprechungen und kann daher dem Zonenbeirat zu einer Meinungsäußerung nicht vorgelegt werden.

[c)] Frage Lehr: Export von Kohle und Elektrizität.[71]

Antwort: [...]

[d)] Frage Everling: Auskünfte über das Demontageprogramm[72]

Antwort: Die Einschließung von Werken in die Reparationsleistungen und ihre Bestimmung zur Demontage ist ein fortdauernder Prozeß, und aus diesem Grunde ergeben sich die anscheinenden Unstimmigkeiten in den von Herrn Everling erwähnten Erklärungen. [...]

[e)] Frage Henßler: Demontage der Maschinenfabrik Wagner & Co in Dortmund

Antwort: Ich kann Herrn Henßler sagen, daß Wagner & Co als Reparation für Indien zugeteilt ist mit Ausnahme von fünf Maschinen, die an das Vereinigte Königreich gefallen sind und jetzt schon abmontiert werden. [...]

Ich möchte noch abschließend die Aufmerksamkeit des Herrn Henßler und des ganzen Zonenbeirates auf den wichtigen Satz, der in der vorhergehenden Frage beantwortet war, lenken, und zwar auf den Satz, der sich mit der Abgabe einer Erklärung über die weitere

---

[69] Diese Vorschläge wurden vom FinA ausgearbeitet und auf der 11. Sitzung des ZB angenommen. Dabei wurde „die gänzliche Aufhebung des Leistungsstops für Schuldverpflichtungen der Gemeinden, Gemeindeverbände, Länder usw. aus der Zeit vor der Besetzung – mit Ausnahme von Reichsschulden – angeregt (Z 2/57, Bl. 37). Mit Schreiben vom 5. 6. 1947 wurden diese Vorschläge von der KK gebilligt (Z 2/58, Bl. 37).

[70] Everling fragte, ob eine Gesetzgebung zu dieser Frage zu erwarten sei, wie diese Gesetzgebung mit dem Plan der wirtschaftlichen Vereinigung der brit. und amerik. Zonen in Einklang gebracht werden könne und ob der ZB ggf. zur Stellungnahme aufgefordert werde.

[71] Lehr hatte ein ganzes Bündel von Daten über die Ausfuhr von Kohle, Strom und Gas vorgelegt und um Auskunft gebeten, ob diese Zahlen, die er aus englischen und deutschen Presseorganen entnommen hatte, korrekt seien (BT PA 1/50, Anfrage vom 4. 1. 1947). Die ausführliche Antwort modifizierte einige in der Frage enthaltene Zahlen.

[72] Die Frage lautete in Kurzfassung: „Ist es möglich, die Widersprüche aufzuklären, die zwischen den einzelnen von alliierter Seite gemachten Erklärungen über die Demontage deutscher Industrieanlagen bestehen und können der deutschen Presse zur Unterrichtung und Aufklärung der deutschen Bevölkerung einheitliche Erklärungen über die beabsichtigten Demontage-Maßnahmen gegeben werden?" Vollständige Fassung der Frage vom 4. 1. 1947 mit Zeitungsausschnitten über die sich widersprechenden Äußerungen von Mitgliedern der MilReg. in: BT PA 1/50.

Nr. 5 29./30. 1. 1947 Zonenbeirat brit. Zone

Anlage Demontage in dieser ganzen Frage befaßt. Die Kontrollkommission versteht vollkommen den natürlichen Wunsch der deutschen Bevölkerung, über dieses Thema genau orientiert zu sein, und wir tun, was wir können, um Ihnen diese Information zugehen zu lassen. Meiner Ansicht nach ist es nicht im Interesse des deutschen Volkes, diese Bekanntgabe zu sehr zu betreiben. Es wäre vielleicht besser, wenn wir mehr Zeit haben, um diese Liste in Ruhe vorzubereiten.

Zusatz Henßler: Ich habe über den Wirtschaftsminister von Nordrhein-Westfalen zu derselben Frage eine kurze Erklärung der Entwaffnungsgruppe bei der englischen Dienststelle in Minden bekommen. Diese Antwort ist völlig verneinend mit der für uns alle außerordentlich beunruhigenden Begründung, daß man entsprechend den Potsdamer Beschlüssen die Werkzeugindustrie auf einen bloßen Schatten ihrer früheren Größe herabsetzen müsse.

Ich glaube, der Wunsch, die Betriebe insoweit zu erhalten, daß sie Reparaturen vornehmen können, findet in der Lage der deutschen Industrie eine volle Begründung. Ich weiß nicht, wie wir zu einer wirtschaftlichen Entfaltung kommen sollen, wenn uns sogar die Möglichkeit der Reparaturen des vorhandenen Apparates genommen wird.

General Bishop: Ich werde Mr. Power als technischen Sachverständigen bitten, seine Meinung darüber zu äußern, welchen Einfluß die Schließung dieser Fabrik auf den allgemeinen Stand der Werkzeugindustrie haben wird.

Power: Ich glaube, daß ich sagen kann, daß die Ansicht von Sachverständigen auf diesem Gebiete dahin gehen würde, daß die Schließung dieser Fabrik keine furchtbaren Folgen für die Industrie haben würde, und daß der geplante Wiederaufbau des deutschen Wirtschaftslebens dadurch nicht besonders beeinflußt werden wird. Es wird aber eingesehen, daß es nötig ist, die Werkzeugmaschinenindustrie auf dem nötigen Niveau zu halten, um den Stand der deutschen Industrie ebenfalls auf der ihm zukommenden Höhe erhalten zu können.

Petersen: Ich wollte sagen, daß die Äußerung von Herrn Henßler nach meiner Ansicht noch nicht weit genug geht. Ich glaube, es kommt nicht nur darauf an, genügend Werkzeugmaschinen zu behalten, um Reparaturen auszuführen, sondern auch um genügend Werkzeugmaschinen zu fabrizieren, um das uns zugebilligte Niveau des Industrieplanes tatsächlich durchführen zu können. Ich bin der Meinung, daß das im Augenblick vorhandene Quantum an Werkzeugmaschinen nach den beabsichtigten Demontagen zu diesem Zwecke nicht ausreichen wird.

Henßler: Es geht mir bei dem Entwurf der Entwaffnungsgruppe nicht bloß um den Betrieb von Wagner & Co, es geht hier um die grundsätzliche Feststellung, daß die Werkzeugmaschinenindustrie künftig bloß noch ein Schatten ihrer früheren Größe sein darf. Ich sehe in dieser Feststellung einen großen Widerspruch gegenüber früheren Versprechen, dem deutschen Volk wieder die Möglichkeit auch zu industriellem Schaffen zu geben.

General Bishop: Wir haben die Ansicht des Sachverständigen gehört, daß nach seiner Ansicht die Werkzeugmaschinenkapazität augenblicklich für die Lage in Deutschland ausreichend sei.

Petersen und Henßler: Wir sind nicht der Meinung.

General Bishop: Ich bin sicher, daß sich der Zonenbeirat darüber im klaren ist, daß die Frage der Demontage von solchen Fabriken eine sehr schwierige ist. Es handelt sich hier um die Durchführung der Abmontage der Kriegsindustrie in Deutschland.

Ich möchte jedoch den Herren Petersen und Henßler versichern, daß die von ihnen abgegebene Erklärung in Minden noch einmal überprüft wird. Wir werden die Lage in der Maschinenwerkzeugindustrie noch einem genaueren Studium unterziehen.

[f)] Frage Lehr: Nochmalige Erwägung der Demontage gewisser Fabriken[73]   Anlage
Antwort: [...]

[g)] Frage Groth: Druckerlaubnis für H.B. Gisevius „Bis zum bitteren Ende"
Antwort: Das Buch des Herrn Gisevius ist am 2. September dem Verleger der Buchzensurstelle vorgelegt worden. Der Verleger ist im vergangenen Oktober dahin verständigt worden, daß die Entscheidung eine gewisse Verzögerung erfahren wird, weil gegen die politische Verläßlichkeit des Herrn Gisevius und seine Betätigung in der Vergangenheit[73a] Einwände erhoben worden sind. Es ist noch nicht endgültig entschieden, ob das Buch veröffentlicht werden darf. Es ist anzunehmen, daß in der näheren Zukunft eine Entscheidung erreicht werden wird. Herr Groth wird sobald wie möglich davon in Kenntnis gesetzt werden.[74]

[h)] Frage Degkwitz: Bevorzugte Papierzuteilung für ernste Literatur
Antwort: Wie den Herren des Zonenbeirats bekannt ist, ist die gesamte Papierproduktion in der britischen Zone sehr beschränkt, ebenso die Versorgung mit Druckpapier. Die Möglichkeit, die Lesebedürfnisse der beinahe 25 Millionen Deutschen in der britischen Zone und dem britischen Sektor in Berlin zu befriedigen, ist sehr gering.
In der Vergangenheit war es gelegentlich möglich, Papier aus England herüberzubekommen, aber auch in England herrscht Mangel an Papier. Es ist sehr zweifelhaft, ob es in Zukunft möglich sein wird, wieder Papiervorräte aus England zu bekommen. Bei der vorhandenen Papierknappheit müssen die Ansprüche für Erziehung, Industrie und amtliche Zwecke den Vorrang erhalten.
Für die Verteilung des nach der Befriedigung dieser Ansprüche verbleibenden Restes besteht bereits ein sehr strenger Plan. Die Zeitungen haben den ersten Vorrang, da sie unentbehrlich sind, um die Öffentlichkeit über die laufenden Tagesereignisse zu unterrichten. Die lizenzierten Zeitungen nehmen daher fast das gesamte Druckpapier auf.
Der Rest wird unter die einzelnen Verleger verteilt, die ihre Lizenzen auf Grund des vorgelegten Veröffentlichungsprogrammes erhalten.
Eine weitere Papierzuteilung geht dann noch an Verleger von Zeitschriften. Die Zeitschriftenlizenzen werden nach einer allgemeinen Vorrangliste vergeben. Den ersten Vorrang bekommen praktische Zeitschriften wie z. B. medizinische Zeitschriften oder aber Zeitschriften der Körperschaften, wie Kirchen, Gewerkschaften und ähnliche Institutionen, um ihnen die Möglichkeit zur Meinungsäußerung zu sichern.
Die Kontrollkommission ist der Ansicht, daß die Zuteilung von Papier nach dem Grundsatz des Wertes der einzelnen Veröffentlichungen einen sehr komplizierten Verwaltungsapparat benötigen und ein unerwünschtes Moment des subjektiven Urteils in die Kontrolle der Lizenzen hineintragen würde. [...]

[i)] Frage Karl: Durchführungsverordnungen zum Betriebsrätegesetz
Antwort: Es besteht keine Absicht, Durchführungsverordnungen zum Kontrollratsgesetz Nr. 22 (Betriebsrätegesetz)[75] herauszugeben. Die Kontrollkommission ist der Ansicht, daß

---

[73] Die Frage bezog sich auf das Werk Sterkrade der Gutehoffnungshütte A.G. und die Henckels-Zwillingswerke Solingen, Schneidewarenfabrik und Stahlwerk.

[73a] Gisevius war von Jan. 1934–Juni 1935 in der Polizeiabteilung des Reichs- und Preußischen Ministeriums des Innern und anschließend im Berliner Polizeipräsidium tätig gewesen.

[74] Das Buch von Gisevius, eine der ersten Darstellungen über den deutschen Widerstand im Dritten Reich, war 1946 in Zürich erschienen. Eine zweite, überarbeitete Auflage in deutscher Sprache erschien erst 1960.

[75] Vgl. Dok.Nr. 6 B II, TOP 2.

Anlage das Gesetz in seiner jetzigen Form klar genug in der Anführung der Gegenstände ist, über die Arbeitgeber und Betriebsräte zu einem freien Übereinkommen gelangen können. Wenn in einem besonderen Falle Schwierigkeiten auftreten, so kann die Aufmerksamkeit der Militärregierung auf diese Schwierigkeiten gelenkt werden. Auf diese Weise können Schritte unternommen werden, um die vorliegenden Mißverständnisse aufzuklären.

[j)] *Frage Karl: Gültigkeit des Betriebsrätegesetzes für alle Verwaltungsbezirke*
Antwort: Das Kontrollratsgesetz Nr. 22, das sich auf die Bildung und das Wirken von Betriebsräten bezieht, hat in allen besetzen Zonen Deutschlands Gültigkeit. [...]

[k)] *Frage Reimann/Schramm: Maßnahmen der Kontrollkommission zur Sicherstellung von Hausbrand und Lebensmitteln bei Anhalten der Kälte*
Antwort: Zwischen der Militärregierung und dem Exekutivausschuß [Verwaltungsrat] für Wirtschaft ist ein Übereinkommen über die Hausbrandzuteilung an Braunkohle erreicht worden, das sowohl für die britische als auch für die amerikanische Zone gilt.[76] Diese Zuteilung belief sich auf einen halben Zentner Steinkohlegegenwert für den Haushalt von vier Personen monatlich. Diese Zuteilung soll ohne Rücksicht auf den Stand der Kohlenproduktion gegeben werden. Sie sollte auf einen dreiviertel Zentner erhöht werden, sobald die Kohlenproduktion 212 000 t pro Tag erreicht hätte. Diese erhöhte Kohlenproduktion ist erreicht worden, so daß heute dreiviertel Zentner zugeteilt werden können. Man nimmt an, daß diese Zuteilung durch den ganzen Winter wird aufrecht erhalten werden können. Das deutsche Zentralamt für Wirtschaft teilt jedoch mit, daß weitere Erhöhungen während dieses Winters nicht in Aussicht gestellt werden könnten.
In Bezug auf andere Brennstoffe ist eine feste Quote mit den deutschen Stellen ausgearbeitet worden, die ja jetzt die Verantwortung für die Aufrechterhaltung dieses Zieles haben. Die deutschen Behörden stehen vor sehr großen Schwierigkeiten, die sich der Erfüllung des gesetzen Zieles auf den verschiedensten Gebieten entgegenstellen. Die Militärregierung wird den deutschen Stellen alle nur mögliche Hilfe zuteil werden lassen. Die Verteilung liegt, wie die Herren des Zonenbeirats wissen, vollkommen in deutschen Händen. Es sind aber Maßnahmen getroffen worden, die es garantieren, daß die Transportmittel für den Hausbrand 100%ig zur Verfügung gestellt werden, wie wenig Transportmittel auch zur Verfügung stehen sollten. Für den nächsten Winter bestehen bereits Pläne, und Maßnahmen sind bereits ergriffen worden.

Zusatzfrage Schramm: Ist es nicht möglich, von den für den Export bereitgestellten 715 000 t Kohle für den dringensten Notbedarf noch etwas für die Bevölkerung freizugeben? Wenn hunderttausende von deutschen Menschen in notdürftig hergerichteten Wohnungen und Baracken hausen, dann sind dreiviertel Zentner pro Monat vollständig unzureichend, selbst um die notwendigen Speisen zu kochen.
Es ist heute bereits so, daß große Bevölkerungsteile sich selbst Kohlen besorgen. Ehrliche Menschen werden aus der Not heraus dazu getrieben, wenn sie nicht sterben wollen und ihre Kinder nicht sterben lassen wollen. Werden diese Leute erwischt, dann werden solche an und für sich ehrlichen Menschen mit Gefängnis und Geldstrafen bestraft. Es muß alles getan werden, um diesen Notstand zu beseitigen.

General Bishop: Ich kenne die Lage sehr genau. Es wird dem Zonenbeirat bekannt sein, daß wir tatsächlich gewisse Herabsetzungen im Kohlenexport vorgenommen haben. Das war nicht einfach.

---

[76] Das Abkommen ließ sich nicht ermitteln.

Zonenbeirat brit. Zone   29./30. 1. 1947   Nr. 5

Anlage

Der Zonenbeirat muß sich darüber im klaren sein, daß Kohle und Kraftstrom nicht als Reparationen aus Deutschland herausgehen und als Exporte, sondern dafür benötigt werden, um wichtige Lebensmittelimporte nach Deutschland ermöglichen zu können. Es ist dies eine Frage, die außerhalb des Kompetenzbereiches des Zonenbeirates, ja sogar außerhalb des Kompetenzbereiches der Kontrollkommission liegt. Die Ansichten des Zonenbeirates werden jedoch sicherlich zur Kenntnis genommen. Ich wende mich nun dem zweiten Teil der Frage Reimann/Schramm zu, der Lebensmittelversorgung.

Die Kontrollkommission hat seit Bestehen der Besetzung alles in ihrer Macht Stehende getan, um die Lebensmittelversorgung sicherzustellen. Dies wurde erreicht nicht nur durch eine Erhöhung der einheimischen Lebensmittelerzeugung auf ein Maximum, durch eine größtmögliche Erzeugung auf den Bauernhöfen und die Sicherstellung einer gerechten Verteilung, sondern auch durch Importe aus dem Ausland, hauptsächlich von Brotgetreide. Die getroffenen Maßnahmen schließen die Einführung der Brotrationierung in England, die zum ersten Mal durchgeführt wurde, ein. Die Kontrollkommission wird auch weiterhin zusammen mit der amerikanischen Militärregierung und dem deutschen Zweizonenausschuß für Ernährung und Landwirtschaft alle durchführbaren Maßnahmen ergreifen, um die Lebensmittelversorgung der Bevölkerung in der britischen und amerikanischen Zone sicherzustellen. Die Lebensmittelversorgungslage ist augenblicklich in der britischen Zone weniger verzweifelt als in den letzten Monaten, hauptsächlich als Folge der größeren Sendungen von Brotgetreide aus Übersee. Die Möglichkeit vorübergehender Schwierigkeiten infolge von Verkehrsstockungen, die durch besonders kaltes Wetter hervorgerufen werden, ist jedoch nicht ausgeschlossen. Nach Ansicht der Kontrollkommission sollte es aber möglich sein, den Nahrungsmittelzustand in der Zone aufrecht zu erhalten.

[*l)*] *Frage Amelunxen: Gefahren der Abholzung im Ruhrgebiet*[77]

Antwort: Ich weiß, daß auch eine Anzahl anderer Herren an diesem Problem ein lebhaftes Interesse haben. Ich kann Herrn Amelunxen und seinen Freunden mitteilen, daß die Auswirkungen der Abholzung im Ruhrgebiet von Fachleuten untersucht werden, und daß ich ihm eine weitere Antwort auf seine Frage geben möchte, sobald ich diese Berichte in Händen habe.

[*m)*] *Frage Henßler: Evakuierung von 25 000 Deutschen aus dem Regierungsbezirk Arnsberg*[78]

Antwort: [...]

[*n)*] *Frage Amelunxen: Beschränkung der seefahrenden Handelsflotte*[79]

Antwort: Eigentum und Verteilung der Deutschland verbleibenden Flotte in der britischen und amerikanischen Zone ist Angelegenheit des deutschen Verwaltungsausschusses für

---

[77] Zunächst hatte Amelunxen diese Frage als Antrag einbringen wollen; das war von der KK jedoch abgelehnt worden. Die KK regte an, das Problem als Frage zu stellen und lieferte sogar eine Fassung des Wortlautes (BT PA 1/50, Weisser an Amelunxen vom 14. 1. 1947).

[78] Um Familien belgischer Soldaten unterbringen zu können, sollten deutsche Familien umgesiedelt werden (vgl. Z 2/57, Bl. 29; ebenda klarstellende Pressenotiz). Abdr. der Antwort in: Akten zur Vorgeschichte 1, S. 1049.

[79] Amelunxens Frage lautete: Ist die Militärregierung bereit, der besonderen Notlage der Gemeinde Heren (Ems) Rechnung zu tragen und alles zu tun, um zu verhüten, daß durch den Abzug ihrer Schiffe (gemäß Beschränkung der Gesamttonnage der seegehenden Handelsflotte auf 175 000 Ladetonnen) die gesamte Gemeinde ruiniert wird?

Anlage Verkehr, der Vorschläge machen kann. Wenn diese Vorschläge sich in einem vernünftigen Rahmen halten, werden sie wahrscheinlich angenommen werden.

[o)] Frage Hellwege: Maßnahmen gegen Werkspionage durch Mitglieder der Besatzungsmächte[79a]

Antwort: Nach Artikel 12 der zusätzlichen Übergabebedingungen[80] und nach den Verordnungen der Militärregierungen sind deutsche Firmen verpflichtet, Aufklärung über den technischen Prozeß zu geben, wenn sie von ordnungsmäßigen – ich betone ordnungsmäßigen Besatzungsmitgliedern aufgefordert werden. Es sind kürzlich Maßnahmen ergriffen worden, die erreichen sollen, daß Fabrikbesuche von unbefugten Personen nicht mehr vorgenommen werden können. Zu diesem Zwecke müssen alle britischen Offiziere, die die Fabrik betreten, sich eintragen, auch müssen sie den Zweck ihres Besuches und die Organisation, der sie angehören, anführen. Die Fabrikleitung wird ersucht, bei unbekannten Offizieren die in das Gästebuch eingetragenen Namen mit dem auf der Ausweiskarte verzeichneten Namen zu vergleichen.[81]

[p] Frage Petersen: Aufhebung des Verbots für deutsche Schiffsmakler, für ausländische Reedereien zu arbeiten.

Antwort: Herr Petersen hat vielleicht den Bericht gelesen über eine Debatte, die im House of Commons stattfand. Dort wurde erklärt, daß der "Trading with the enemy"-Act[82] für die britische Zone Deutschlands noch zutrifft. Es haben bereits Lockerungen stattgefunden und im Augenblick sind Unterredungen im Gange, die der Wiedereröffnung des Handels in der britischen und amerikanischen Zone dienen sollen. In dieser Angelegenheit müssen wir natürlich vereinigt vorgehen.

Zusatz [Steltzer]: Die von Bürgermeister Petersen geschilderten Verhältnisse liegen auch in Schleswig-Holstein vor, insbesondere auch an der Ostsee. Wir werden deshalb Herrn Petersen unterstützen.

BeschlProt. **249. Schlußworte des Stellvertretenden Chefs des Stabes des Militärgouverneurs, Major General W.H.A. Bishop, C.B., O.B.E.**

„Aus Anlaß der letzten Tagung des Zonenbeirats in seiner gegenwärtigen Zusammensetzung benutze ich diese Gelegenheit, um den Dank des Oberkommandierenden, des Stellvertretenden Militärgouverneurs und der Kontrollkommission an alle Mitglieder

---

[79a] Das VAW hatte bereits in einem Schreiben vom 7. 1. 1947 an die BECG (Z 8/59, Bl. 119–121) auf Mißstände in der Werksspionage aufmerksam gemacht. Häufig seien es Inhaber oder leitende Angestellte ausländischer Konkurrenzfirmen, die sich mit Versprechungen oder massiven Drohungen Zeichnungen, Werkzeuge oder Maschinen aus einzelnen Fabriken beschaffen. Man empfinde einen Widerspruch darin, daß der deutsche Export in Gang gesetzt werden solle, während andererseits die Industrie beeinträchtigt würde. Das Ansehen der Besatzungsmächte, der Militärregierungen und die Autorität der deutschen Verwaltungsstellen seien gefährdet. Zur Klärung des unbefriedigenden Zustandes sei ein Verfahren für derartige Eingriffe, bei dem auch deutsche Behörden beteiligt sein müßten, erforderlich.

[80] Vgl. Declaration Regarding the Defeat of Germany and the Assumption of Supreme Authority by the Allied Powers vom 5. 6. 1945, Abdr. in: Documents on Germany, S. 29–35. Art. 12 lautete: The Allied Representatives will station forces and civil agencies in any or all part of Germany as they may determine.

[81] Zur Verwertung deutschen industriellen „Know-hows" vgl. Gimbel, Marshall Plan, S. 146–173, zur Nutzung deutscher Wissenschaftler durch die Alliierten Clarence G. Lasby, Project Paperclip: The German Scientists and the Cold War, New York 1971.

[82] Der Trading with the Enemy Act wurde mit Wirkung vom 4. 3. 1947 aufgehoben. Vgl. „Die Welt", Ausg. vom 25. 2. 1947, S. 1.

des Zonenbeirats für die wertvolle Arbeit zu übermitteln, die Sie in den vergangenen elf Monaten geleistet haben. Wir leben heute alle in sehr schwierigen Zeiten, ganz gleichgültig, in welchem Lande wir leben. Die Kontrollkommission war außerordentlich beeindruckt von der Energie, der Loyalität und der Arbeitskraft, mit welcher der Zonenbeirat die Bemühungen um den Wiederaufbau Deutschlands unterstützt hat. Wir alle verstehen die Enttäuschung, die den Zonenbeirat darüber gelegentlich erfüllt hat, daß er nicht über Exekutivbefugnisse verfügt. Ich möchte aber feststellen, daß die beratende Tätigkeit des Zonenbeirats auf die Kontrollkommission großen Einfluß hatte. Die Vorschläge, die Sie für die Reorganisation des Zonenbeirats der Kontrollkommission vorgelegt haben, werden im Großen und Ganzen wahrscheinlich angenommen werden. Diese Vorschläge werden jetzt einem genauen Studium unterzogen, und ich glaube versprechen zu können, daß die Stellungnahme der Kontrollkommission in einigen Tagen dem Vorsitzenden zugehen wird. Dann werden die Maßnahmen zur Einsetzung des neuen Rats mit größtmöglicher Beschleunigung ergriffen werden, und ich hoffe, daß die Ernennung der neuen Mitglieder bis zum 21. Februar, dem Tage des Wiederzusammentretens des Rats, erfolgt sein wird.[83] An diesem Tage wird General Robertson persönlich das Wort an Sie richten.

Ich darf nochmals betonen, daß die Zusammenarbeit und die Hilfe, die Sie durch uns Ihrem Vaterland haben zuteil werden lassen, sehr viel zum besseren Verständnis der beiden Seiten beigetragen haben. Wenn einmal die Geschichte der letzten vergangenen elf Monate geschrieben werden sollte, so wird die große Bedeutung der Arbeit des Zonenbeirats in dieser schwierigen Übergangsperiode gewürdigt werden, und ich hoffe, daß in Zeiten der Enttäuschung es Ihnen ein Trost sein wird, daß Sie zu dieser Arbeit das Ihre beigetragen haben. Ich möchte Sie bitten, unsere besten Wünsche für die Zukunft entgegenzunehmen und zwar nicht nur für den Zonenbeirat, sondern für Sie alle persönlich."

[*Steltzer*] entgegnet: „Ich danke Ihnen, Herr General, im Namen des Zonenbeirats für Ihre Worte und für Ihre guten Wünsche. Wir begrüßen besonders Ihre Erklärung, daß die Vorschläge des Zonenbeirates nach der prinzipiellen Seite jedenfalls schon die Zustimmung der Kontrollkommission gefunden haben. Ich sage auch bei dieser Gelegenheit im Namen des Zonenbeirats unseren Dank für die Zusammenarbeit mit der Kontrollkommission und mit dem Verbindungsstab, und ich glaube, versichern zu können, daß auch in Zukunft die Mitglieder des zukünftigen Rates alle Kräfte einsetzen werden, um in Zusammenarbeit mit der Militärregierung ihre Pflicht zu tun."[84]

[Schluß: 17.05 Uhr]

---

[83] Vgl. Anm. 25.
[84] Im Anschluß an diese Worte fand gemäß Wortprot. im internen Kreise noch eine kurze Aussprache über Termin und Tagungsräume der nächsten Sitzung des ZB statt. Die Besprechung endete um 17.05 Uhr. Für 18.00 Uhr war für die Ratsmitglieder ein Cocktailempfang des Brit. Verbindungsstabes vorgesehen.

Nr. 6A 4. 2. 1947 Länderrat US-Zone

Nr. 6
17. Tagung des Länderrates des amerikanischen Besatzungsgebietes in Stuttgart
4. Februar 1947

A Interne Sitzung

BA Z 1/18, Bl. 74–80. Prot. vom 7. 2. 1947, von Roßmann gez. Ausf.[1]
TO: Ebenda, Bl. 81; Kurzprot. Z 1/181, Bl. 5–6

Anwesend: MinPräs. Ehard (Vorsitz), Konsul Seelos, ORegRat v. Elmenau (Bayern); SenPräs. Kaisen, Sen-Synd. Stier tom Moehlen (Bremen); MinPräs. Stock, StS Brill, StS Strauß, Graf v. Wedel (Hessen); MinPräs. Maier, StS Gögler, StR Wittwer, Landtagspräs. Keil (zeitweise), Min. Köhler, Min. Steinmayer, StS Eberhard (Württemberg-Baden); GS Roßmann, Wutzlhofer (Länderrat); GS Weisser (zeitweise) (Zonenbeirat)

[Beginn: 9.30 Uhr[2]]

[1. Fragen der Tagesordnung]

MinPräs. Ehard eröffnet die Sitzung mit dem Vorschlag, zunächst die Tagesordnungspunkte zu behandeln, die in der offiziellen Länderratssitzung am Nachmittag Gegenstand der Beratungen sein werden. Man stimmt dem Vorschlag zu [...]

[2.] Überprüfung der Landesgesetzgebung durch den Länderrat

[...] Es lagen Gesetzentwürfe des „Sozialpolitischen Ausschusses", des „Rechtsausschusses" und des „Hauptausschusses für Finanz- und Kreditwesen" vor[3], über die laut anliegendem Kurzprotokoll[4] entschieden wurde. Bei der allgemeinen Debatte um diese Gesetzentwürfe vertrat *MinPräs. Ehard* den Standpunkt, daß es nur eine Möglichkeit gäbe, Gesetze zu verkünden: durch den Landtag. Bei Gesetzen, deren Veröffentlichung eilig wäre, müßte man die amerikanische Seite aufmerksam machen, daß Gesetze auf ihre Rechtsgültigkeit zu prüfen seien. Man müsse eindeutig den Standpunkt einnehmen, der Landtag ist das einzige Gesetzgebungsorgan. Der Landtag müßte immer eingeschaltet werden, auch dort, wo die Militärregierung Gesetze gibt. Wenn die letztere die Veröffentlichung eines Gesetzes wünscht, müßte außerdem dann diese Tatsache bei der Veröffentlichung klar zum Ausdruck gebracht werden. Die Gefahr, daß der Landtag praktisch ausgeschaltet werde, sei nicht zu leicht zu nehmen; man müßte unter allen Umständen anstreben, daß der Landtag in seinen Rechten nicht geschmälert werde. Hinsichtlich der vorliegenden Gesetzentwürfe schlägt *MinPräs. Ehard* vor, zu sagen, daß die Gesetzentwürfe in der vom Länderrat vorgelegten Form von den drei Ländern übernommen werden können, und daß die Entwürfe dem Landtag in dieser Form nur zur Beschlußfassung vorgelegt werden.

MinPräs. Maier war grundsätzlich der Auffassung, daß die Gesetze den durch die Landesverfassung vorgeschriebenen Weg gehen müßten. Im allgemeinen sollte man aber

---
[1] Von Roßmann mit einigen wenigen Korrekturen versehen. Mit Rotstift als vertraulich gekennzeichnet. Unter der Datumszeile das Diktatzeichen der Sekretärin und Sachbearbeiterin Roßmanns, Irmgard Busch.
[2] Der Beginn der Sitzung läßt sich nur aus der TO (Z 1/18, Bl. 81) ersehen.
[3] Dabei handelte es sich um die Tagesordnungspunkte der Plenarsitzung (Dok.Nr. 6 B II).
[4] Kurzprot. in: Z 1/181, Bl. 5–6.

nicht so sehr viel Theorie in diese Dinge hineinbringen, es komme auf die praktisch zu leistende Arbeit an und praktisch handle es sich um Länderratsgesetze. Wenn in Nebenpunkten keine Koordinierung stattfinde, so seien dies Schönheitsfehler, die man unter den heutigen Verhältnissen in Kauf nehmen müßte.

GS Roßmann verweist auf einen vorliegenden Aktenvermerk, wonach Col. Winning, der Stellvertreter von Oberst Dawson, den Standpunkt vertrat, daß alle vom Landtag verordneten Gesetze vom Länderrat zu überprüfen seien.[5] Der Generalsekretär schlägt vor, erst dann auf diese Anregung einzugehen, wenn eine schriftliche Anweisung des Coordinating Office über diese wichtige Frage eingegangen sei.[6]

[3. Treuhändergesetz]

Bei dem unter anderem zur Beratung gekommenen Treuhändergesetz[7] bat *StS Gögler* im Auftrag des Leiters der Property Control, den Entwurf gemäß den Wünschen der deutschen Vertreter (Bayern, Hessen, Württemberg-Baden) noch einmal zurückzustellen. Der Ausschuß habe Richtlinien in Ausarbeitung, die bis Mitte Februar fertig sein sollen und die Struktur des Gesetzes wesentlich ändern würden.[8]

In der anschließenden Debatte kam zum Ausdruck, daß das Treuhänderwesen sich zu einem Treuhänderunwesen herausgebildet habe, daß die fremden, gänzlich betriebsunerfahrenen Treuhänder kaum einer Haftung unterliegen. Es bestand der Eindruck, daß gewisse Kreise sich bestimmte Unternehmen heraussuchten, die sie auf dem Treuhänderwege an sich zu bringen versuchten. Ungeheure Vermögenswerte würden durch nicht richtige Führung verschleudert.[9] Bereits vor einem Jahr sei der Gesetzentwurf in einer Länderratsvollsitzung besprochen worden[10], wenn auch andererseits in der rückliegenden Zeit eine wesentliche Änderung der Gesetzgebung, schon allein durch die Übernahme der Property Control durch deutsche Hände erfolgt sei. Man hätte auf

---

[5] Vermerk von Wutzlhofer vom 27. 1. 1947 (Z 1/15, Bl. 55): „Oberst Winning stellte die Frage, was vom Länderrat in Bezug auf die Vorprüfung der von den Länderparlamenten erlassenen Gesetze geschehen sei. Der Länderrat wie das Direktorium sollen sich mit dieser Frage einstweilen beschäftigen. Voraussichtlich werde ein Befehl der Militärregierung kommen, daß alle von den Landtagen beschlossenen Gesetze daraufhin zu prüfen seien, ob ihr Inhalt den Rahmen von Landesgesetzen überschreite und diese als Zonen- bzw. als gesamtdeutsche (nationale) Gesetze anzusehen sind. Oberst Winning gibt in dieser Beziehung folgenden Vorschlag zur Erwägung:
Alle vom Landtag erlassenen Gesetze müssen vor ihrer Verkündigung vom Länderrat überprüft werden, ob es sich um Landesgesetze, Zonengesetze oder gesamtdeutsche Gesetze handelt. Kommt der Länderrat bzw. das Direktorium zu der Auffassung, daß es sich um keine bloßen Landesgesetze handelt, so soll das Direktorium bzw. der Länderrat diese seine Auffassung an OMGUS über das Coordinating Office bekanntgeben. Auch beim Coordinating Office würde ein Ausschuß gebildet, der sich um diese Fragen kümmern wird und der seine Auffassung ebenfalls an OMGUS weitergeben wird. Ausdrücklich machte Oberst Winning darauf aufmerksam, daß es sich hierbei nur um einen Vorschlag handele, daß aber ein Befehl der Militärregierung in nächster Zeit zu erwarten sei, wie die Gesetze überprüft werden sollen. Das Direktorium und der Länderrat sollen sich bis zum Erlaß dieses Befehls auf die Klärung dieser Frage vorbereiten."

[6] Zum Fortgang vgl. Dok.Nr. 7, TOP 2.

[7] Zur Vorgeschichte siehe Dok.Nr. 1 B II, TOP 2 II a.

[8] Die Richtlinien wurden vermutlich nicht fertiggestellt, da das Gesetz auf dieser Sitzung verabschiedet wurde.

[9] Nach einem Artikel von Ludwig Florian in der Wirtschafts-Zeitung über Treuhänderschaft und Vermögenskontrolle vom 9. 5. 1947, S. 11 (Z 1/271, Bl. 27) standen mindestens 60 Prozent der deutschen Wirtschaft in der Verwaltung oder Beaufsichtigung von Treuhändern oder unter Vermögenskontrolle.

[10] Das Gesetz war in der Plenarsitzung vom 4. 6. 1946 besprochen worden. Vgl. Akten zur Vorgeschichte 1, S. 562–563.

Grund der bisherigen Erfahrungen nicht den Eindruck, daß der Gesetzentwurf tatsächlich in 14 Tagen fertig vorliegen würde. Im Hinblick darauf, daß der Entwurf, wenn man der 14tätigen Wartezeit tatsächlich zustimmen wollte, erst in der April-Länderratssitzung zur Vorlage käme und dann wesentlich später zur Veröffentlichung, wurde einstimmig beschlossen, den Entwurf in der vorliegenden Form anzunehmen. Wenn später noch etwas zu ändern oder hinzuzufügen sein sollte, könnte man über den Generalsekretär des Länderrats Angleichungen vorschlagen.

[4.] Abruf und Neubestellung der Vertreter bei den bizonalen Ämtern durch den Länderrat

Aus der allgemeinen Debatte über diesen Tagesordnungs-Punkt kristallisierte sich der einmütige Standpunkt heraus, daß die Vertreter der Länder in den bizonalen Räten Exponenten ihrer Regierungen seien, von denen sie mit Instruktionen versehen werden, die sie zu befolgen haben. Verantwortlich seien sie ihrer Regierung, die Regierungen wiederum seien ihren Parlamenten politisch verantwortlich.[11]

[5.] Bizonale Koordinierungsfragen

Man war sich darüber klar, daß es Aufgabe der nahen Zukunft sei, eine Koordination der einzelnen Verwaltungsräte herbeizuführen. Wie diese Koordination gestaltet sein soll, soll Gegenstand interner Besprechungen sein. *GS Roßmann* gibt u. a. davon Kenntnis, daß illegal koordiniert werde, dadurch, daß die Leiter der bizonalen Ämter regelmäßig zusammenkommen und verwaltungsmäßige und sogar politische Fragen besprechen.[12] *StS Strauß* widerspricht dieser Mitteilung und erklärt, daß von den Sitzungen regelmäßig Protokolle angefertigt und versandt worden seien, worauf *GS Roßmann* antwortete, daß die Leiter der bizonalen Ämter keinerlei Rechtsgrundlage dafür hätten, regelmäßige Sitzungen zur Besprechung der vorgenannten Fragen abzuhalten, die Protokollzusendung sei außerdem erst in der letzten Zeit erfolgt.[13] *MinPräs. Ehard* stellt hierzu fest, daß diese Zusammenkünfte allermindestens den Regierungen bekanntgegeben werden müßten. Er müsse hierzu auch feststellen, daß eine merkwürdige Art, Tagesordnungspunkte festzusetzen, durchgeführt werde.[14]

Absichtlich oder unabsichtlich werden wichtige Tagesordnungspunkte so kurz vor der Sitzung auf die Tagesordnung gesetzt, daß die Regierungen keinerlei Möglichkeit hätten, sich mit der vorliegenden Materie zu befassen. Es müsse verlangt werden, daß die

---

[11] Dieser Standpunkt war bereits in der internen LR-Sitzung vom 22. 1. 1947 eingenommen worden (Dok. Nr. 3, TOP 1); vgl. auch die Gespräche mit den MinPräs. der brit. Zone während der Ruhrreise (Dok. Nr. 4, TOP 2). Vom RGCO kam am 8. 2. 1947 eine Anfrage, ob man die Vereinbarungen über die Einrichtung der bizonalen Verwaltungsräte nicht dahingehend abändern solle, daß eine feste Amtszeit von ein oder zwei Jahren für die Vorsitzenden der Verwaltungsräte festgesetzt würde (Z 1/237, Bl. 8). Nachdem das RGCO am 24. 3. 1947 die Antwort angemahnt hatte (ebenda, Bl. 1), teilte Roßmann unter Berufung auf Beratungen des LR vom 11. 3. 1947 mit, den MinPräs. erscheine eine Abänderung der Vereinbarungen nicht notwendig. In der internen LR-Sitzung vom 11. 3. 1947 stand die Frage zwar auf der TO, protokolliert wurde sie jedoch nicht.

[12] Vgl. hierzu auch Dok.Nr. 2, TOP 3.

[13] Auf der zweiten Zusammenkunft vom 25. 11. 1946 war ausdrücklich beschlossen worden, daß Protokolle der Sitzungen nur den beteiligten Zweizonenverwaltungen und ihren entsprechenden Kontrollorganen der Militärregierungen zugestellt werden (Z 1/243, Bl. 200).

[14] Gemeint sind hier und im folgenden die Sitzungen der einzelnen Verwaltungsräte und nicht mehr die Zusammenkünfte der Vorsitzenden der Verwaltungsräte.

Tagesordnung so rechtzeitig abgefaßt und den Regierungen zur Kenntnis gebracht werde, daß man genau wisse, worum es sich handle und Zeit habe, sich mit der Angelegenheit zu befassen. Man könne auf diese Weise nicht versuchen, die süddeutschen Länder in die Ecke zu setzen. Den Ländervertretern müsse Anweisung gegeben werden, jeweils die Absetzung der Punkte zu beantragen, die nicht den selbstverständlichen vorgenannten Voraussetzungen entsprechen.

GS Roßmann gibt weiterhin davon Kenntnis, daß nach einer Mitteilung der MinPräs. Steltzer und Kopf die Regierungschefs der britischen Zone in der Frage der Koordinierung von der Stellung des Zonenbeirats abweichen und den Wunsch geäußert haben, möglichst bald mit den Regierungschefs der süddeutschen Länder zu einer internen, informellen Besprechung zusammenzukommen.[15] Da *MinPräs. Maier* auf Grund einer heutigen Bemerkung General Clay's[16], im Hinblick auf die Moskauer Konferenz keine derartigen Zusammenkünfte zu arrangieren, auch gegen eine informelle Zusammenkunft Bedenken äußert, wird GS Roßmann gebeten, beim Coordinating Office anzufragen, ob von amerikanischer Seite gegen die vorgenannte Zusammenkunft Bedenken bestehen.[17] Man einigt sich dahin, daß, falls die erwähnten Bedenken nicht bestünden, die Zusammenkunft am 13. und 15. 2. 1947 in Garmisch-Partenkirchen stattfinden soll, und zwar nur dann, wenn *alle* Regierungschefs der britischen Zone ihre Zusage geben.[18]
[...]

[6. Parlamentsvertretung beim Länderrat und bizonale Koordinierungsfragen; Vorbereitung der Konferenz der Ministerpräsidenten]

[*GS Roßmann*] gibt von der Anwesenheit Weissers, Generalsekretär des Zonenbeirats der britischen Zone, Kenntnis. Herr Weisser habe den Wunsch, an den Verhandlungen der beiden vorgenannten Tagesordnungspunkte teilzunehmen und den Standpunkt des Zonenbeirates zu diesen Fragen vorzutragen.[19] GS Roßmann bat, dem Wunsch zu entsprechen, zumal ihm selbst als Vertreter des Länderrats bei der kürzlich erfolgten Tagung des Zonenbeirats Gelegenheit gegeben worden war, an den Sitzungen teilzuneh-

---

[15] Diese Konferenz war bereits während der Ruhrreise beschlossen worden (Dok.Nr. 4, TOP 6). Dennoch regte MinPräs. Steltzer nochmals formell (Schreiben vom 3 2. 1947) ihre Einberufung an. Sie sollte vor der für den um den 21. 2. 1947 zu erwartenden Reorganisation des ZB stattfinden (Z 1/242, Bl. 132). Er unterstrich unter Hinweis auf die geplante Bildung eines Länderrates der brit. Zone die notwendige Koordination der beiden Länderräte. „Wir beabsichtigen nicht, den britischen Länderrat mit einem umfangreichen Generalsekretariat zu verbinden, sondern möchten schon jetzt den Schwerpunkt auf eine bizonale Zusammenarbeit legen, auch wenn eine endgültige organisatorische Form noch nicht vorliegt. Hierbei erscheint es uns wesentlich, daß versucht wird, eine Form vertrauensvoller Zusammenarbeit mit den Chefs aller bizonalen Organe zu finden und damit die Aufgabe einer besseren Koordinierung der Exekutivaufgaben einfach in die Hand zu nehmen."

[16] Maier bezog sich auf eine Bemerkung Clays in der internen Besprechung mit den MinPräs. Vgl. Dok. Nr. 6 C, TOP 4.

[17] Dies geschah offensichtlich mündlich durch Roßmann, da er am Ende der Sitzung (s. u.) bereits von einer positiven Entscheidung berichten konnte. Schriftlich erfolgte die Genehmigung unter dem 7. 2. 1947 (Z 1/242, Bl. 130); auszugsweise zitiert in: Dok.Nr. 8, Anm. 4.

[18] Die Einladungen an die MinPräs. der brit. Zone wurden noch am gleichen Tag um 14.00 Uhr versandt (Wortlaut in: Z 1/242, Bl. 131. Antworttelegramme ebenda). Zum weiteren Fortgang der Konferenzplanung vgl. TOP 6.

[19] Die Besprechung dieses TOP war der eigentliche Grund für den Besuch von GS Weisser. Vgl. Vermerk von Weisser vom 11. 2. 1947 in: BT PA 1/34, S. 2–3; siehe auch Dok.Nr. 8, Anm. 2.

men und den süddeutschen Standpunkt zu diesen Fragen vorzutragen.[20] Die Frage sei, welche Regeln für das künftige Zusammenspiel mit der britischen Zone festgesetzt werden. Dem Wunsch von Herrn *Weisser* wird stattgegeben.

Über die Parlamentsvertretung beim Länderrat entspinnt sich eine längere Debatte, zumal die Situation durch das Hinzukommen des vierten Länderratsmitgliedes, dem Staat Bremen, etwas kompliziert geworden ist. *MinPräs. Ehard* erklärte sich für Bayern mit dem Vorschlag der drei Landtagspräsidenten, wonach Bayern 13, Hessen und Württemberg-Baden je acht und Bremen zwei Vertreter, insgesamt also 31 Parlamentarier in den Ausschuß entsenden sollen, einverstanden. *MinPräs. Stock* und *MinPräs. Maier* lehnen für ihre Länder den Vorschlag ab, zumal beide Länder ihren Kabinetten den ursprünglich bayerischen Vorschlag, wonach jedes Land sieben Vertreter entsenden sollte, bereits bekanntgegeben haben. *Landtagspräs. Keil* stellt richtig, daß in der Sitzung der Landtagspräsidenten *kein* Beschluß gefaßt worden sei. Der bayerische *Landtagspräs. Horlacher* hielt eine Einigung im bayerischen Landtag auf der Basis 7–7–7 als vollkommen aussichtslos, weil Bayern auf Grund seiner Größe und Bevölkerungszahl glaubt, einen Anspruch zu haben, mehr Vertreter in den Ausschuß zu entsenden. Aufgrunddessen sei man nach langem Hin und Her zu keinem Entschluß gekommen. Eine Festlegung sei aber in keiner Weise erfolgt.

MinPräs. Maier weist darauf hin, daß der Ausschuß stehe und falle durch die Tatsache, ob es gelänge, die Oppositionsparteien vertreten zu sehen; der Sinn würde sonst fehlen. Wenn die Oppositionsparteien ausgeschlossen werden, käme man nicht zu dem gesteckten Ziel. Wenngleich heute vieles unlogisch und holperig sei, so müsse doch mindestens ein praktischer Zweck darin stecken; es müsse möglich sein, dem Parlament das klar zu machen. Der Ausschuß müsse zustande kommen, damit das Mißtrauen der Abgeordneten gegen den Länderrat, den sie für eine Art Hexenküche hielten, verschwindet. Selbst gewiegte alte Parlamentarier scheuen sich nicht, hier Schlagwörter zu gebrauchen. Es sei unbedingt notwendig, die Tür des Länderrates den Parlamentariern in irgendeiner Form zu öffnen, weil sonst die Gesetzgebungsmaschine nicht in Gang kommen würde. Einstimmig war man der Ansicht, alles zu vermeiden, durch das der Eindruck eines Zonenparlamentes hervorgerufen werden könnte.

Während des weiteren Verlaufes der Debatte, während welcher Vorschläge gemacht wurden, die den Ausschuß sehr groß und andere Vorschläge wieder, die ihn sehr klein gestalten würden, macht *GS Roßmann* mit Nachdruck darauf aufmerksam, daß bei der praktischen Durchführung der Idee der Grundgedanke nicht vergessen werden sollte, nämlich, eine unmittelbare Mitwirkung der Parlamentarier der drei Länder in allen Fragen der Legislative zu erreichen. Wenn man dieses Ziel erreichen will, dürfe der Ausschuß nicht zu groß und nicht zu klein sein. Bei einem zu kleinen Ausschuß sei es schwierig ein Spiegelbild der Parlamente zu schaffen, während ein großer Ausschuß durch seine Größe arbeitsunfähig sei. Weiterschauend hätte man auch daran zu denken, daß der Zeitpunkt kommen werde, wo dieser Ausschuß die Fühlung aufnehmen muß mit dem entsprechenden Organ der britischen Zone zum gemeinsamen Zusammenwirken auf wirtschaftlichem und politischem Gebiet. Diese Funktion könne aber ein zu kleiner, aus den Parlamenten zusammengesetzter Ausschuß nicht ausüben. Grundsätzlich sei die Frage zu entscheiden: Wollen wir gleiche Zahlen oder wollen wir eine Progression, die den Stärkeverhältnissen der einzelnen Länder entgegenkommt,

---

[20] Vgl. die Tagung des ZB vom 29./30. 1. 1947, Dok.Nr. 5, TOP 228.

zur Grundlage unserer Entscheidung machen. Bei der britischen Zone sei die Struktur eine andere, dort werde nach Mehrheitsergebnissen abgestimmt, während wir hier ja nur koordinieren wollen. Diese Aufgabe würde sich in dem Augenblick wenden, wo wir zu gemeinsamer Arbeit zusammentreten.

Von hessischer und württembergischer Seite wurde vorgeschlagen, die Zahl für die drei süddeutschen Länder mit je sieben und für Bremen mit drei Vertretern festzusetzen. *SenPräs. Kaisen* war für Bremen damit einverstanden. *MinPräs. Ehard* erklärte sich außerstande, für Bayern eine bindende Zusage zu geben, erklärte aber, mit dem Parlament zu verhandeln und schnellstens telefonische Nachricht zu geben.[21]

Im weiteren Verlauf der Sitzung entwickelte *StS Strauß* die Gründe, welche die Schaffung eines Verwaltungsrates mit einem eingebauten Personalamt für alle bizonalen Ämter nach seiner Ansicht notwendig machen. Bei den bizonalen Ämtern handele es sich um 2500 bis 3000 Menschen, für deren Anstellungsverhältnisse jede Rechtsgrundlage und Einheitlichkeit fehle. Lediglich in sachlicher Hinsicht soll die Besetzung der einzelnen Posten durch das jeweilige bizonale Amt selbständig erfolgen, während alle anderen Anstellungsbedingungen durch den neuen Verwaltungsrat einheitlich festgelegt werden. *GS Weisser* bemerkt zu den Ausführungen von StS Strauß, daß es sich bei der Bildung dieses Verwaltungsrates zweifellos um ein Stück vorweggenommener Koordinierung handele. Auf seine Frage, wer von der britischen Zone für diesen Rat vorgesehen sei, antwortete *StS Strauß,* daß hierfür zwei Herren aus Nordrhein-Westfalen und Ministerialrat Meyer vom Zentralamt für Haushaltsaufgaben in Hamburg vorgesehen seien. Nach längerer Debatte wird beschlossen, den von StS Strauß vorgelegten Entwurf[22] zunächst den Militärregierungen vorzulegen, wodurch aber ein Beschluß zur Bildung des Verwaltungsrates *nicht* ausgesprochen sei. Nach der Entscheidung durch die Militärregierungen wolle man dann weiter sehen, was aus der Angelegenheit gemacht werden könnte.[23]

[*StS Strauß* berichtet über die Schwierigkeiten beim Aufbau des bizonalen Amtes für Post und Fernmeldewesen hinsichtlich der Besetzung der Leitung und der Unterkunft in Frankfurt. Es wird beschlossen, daß die drei süddeutschen Länder für die Errichtung des Bürohauses sorgen werden. „Die Kosten gehen zu Lasten der Post."]

GS Roßmann hatte in der Zwischenzeit festgestellt, daß seitens des Coordinating Office keine Bedenken gegen die geplanten Zusammenkünfte der Regierungschefs bestünden. Bei der Debatte über diese Zusammenkunft macht *GS Weisser* darauf aufmerksam, daß die Regierungschefs der britischen Zone auf Grund ihrer wesentlich geringeren Machtbefugnisse keine entsprechenden Partner zu den Regierungschefs der süddeutschen[24] Länder seien. Er schlägt vor, auch den politischen Beirat des Zonenbeirates zu dieser zwanglosen Aussprache mit einzuladen. Im Hinblick auf die dann außerordentliche Ausweitung der Konferenz und das nicht beabsichtigte Aufsehen, das ein derartig großer Aufmarsch mit sich bringen würde, wurde dieser Vorschlag abge-

---

[21] Der Vorschlag wurde schließlich in der hier skizzierten Form angenommen. Vgl. Dok.Nr. 10 A, Anm. 9.
[22] Entwurf in: Z 1/28, Bl. 191–193.
[23] Zum Fortgang vgl. Dok.Nr. 10 A, TOP 15.
[24] Vorlage irrtümlich „norddeutschen". Vgl. zu der Frage des Teilnehmerkreises auch Dok.Nr. 8, Anm. 2.

lehnt.[25] *MinPräs. Ehard* schlägt aber vor, GS Weisser hierzu einzuladen.[26]
Hier wurde die Sitzung durch die unangnehme Nachricht unterbrochen, daß das bizonale Amt für Verkehr in Bielefeld jeden Kohlentransport nach Süddeutschland ab sofort gesperrt habe. Die Ministerpräsidenten, die über diese Maßnahme ihrer Empörung Ausdruck verliehen, beauftragten Staatssekretär Strauß im Namen der Ministerpräsidenten und des Senatspräsidenten von Bremen sofort über den BASAH-Apparat[27] des Länderrates zu protestieren.

MinPräs. Maier erklärte, daß dieser Vorfall neben anderen Vorkommnissen uns eindringlich warnen sollte; man stünde jetzt, nach den Ausführungen von Staatssekretär Strauß sozusagen einem sechsten bizonalen Amt gegenüber. Die bizonalen Ämter werden sich ausweiten, konzentrieren und an Bedeutung gewinnen. Der Vorsprung der britischen Zone dadurch, daß die Ämter in ihrer Zone liegen, müsse durch besondere Aktivität in bizonalen Dingen eingeholt werden.[28] Man dürfe sich nicht durch Formalien, die durch die bestehenden Landtage gegeben seien, zurückhalten lassen, man müsse sich eben unter Umständen dann die Genehmigung der Landtage verschaffen. Es bestünde die große Gefahr, daß durch die neue Form, uns mit den Landtagen zu bewegen, wir sozusagen zu schüchtern und nicht genügend aktiv werden.

SenPräs. Kaisen weist hinsichtlich des schwierigen Transportproblems darauf hin, daß die Desorganisation durch das blindwütige Eingreifen der Militärregierung verschärft worden sei. General Clay habe erklärt, daß die deutschen Stellen für die Transportangelegenheiten verantwortlich seien. Es sei unbedingt erforderlich, daß sich die Herren Ministerpräsidenten hier einschalten, wenn nicht eine sehr böse Situation entstehen soll. Die Frage müßte geklärt werden, welche deutsche Stelle bindende Entscheidungen und Anordnungen geben könne, vorläufig sei dies die Militärregierung. Wenn den verantwortlichen Männern Fragen vorgelegt werden, müßte deutscherseits eine Stelle sein, die sachlich verantwortlich sei und die Fragen beantworten könne.

MinPräs. Stock weist darauf hin, daß die ganzen bizonalen Verwaltungen dringend einer einheitlichen Führung und Lenkung bedürfen. Wenn General Clay von uns Führung und Verantwortung verlange, müssen wir selbst die notwendigen Instanzen, die uns verantwortlich seien, schaffen. Schnellstes Handeln wäre erforderlich. Wenn in der englischen Zone nicht die gleiche Lage und Weisungsbefugnis zur Schaffung der not-

---

[25] Der Vorschlag wurde in modifizierter Form von Bgm. Brauer unter dem 11. 2. 1947 für den vorgesehenen TOP Errichtung einer Leitstelle für die Vorbereitung des Friedensvertrages im Namen der MinPräs. der brit. Zone noch einmal wiederholt. Roßmann lehnte die Ausweitung des Teilnehmerkreises mit dem Hinweis darauf ab, daß die MilReg. nur eine vertrauliche Besprechung der MinPräs. gestattet habe (Z 1/230, Bl. 155).

[26] GS Weisser wurde von Ehard auch noch gebeten, ein zunächst geplantes Referat über die Unterschiede der staatsrechtlichen Konstruktion in der brit. und amerik. Zone und die daraus resultierenden Unterschiede zwischen Zonenbeirat und Länderrat schriftlich zu hinterlassen. Vermerk Weisser vom 11. 2. 1947 in: BT PA 1/34, S. 6; die Ausarbeitung Weissers, die er noch in Stuttgart fertigstellte, in: Z 1/225, Bl. 425–431.

[27] Der LR war, wie auch die bizonalen Verwaltungsräte, an das Fernsprechnetz der Reichsbahn angeschlossen, um nicht auf die häufig unzulänglichen Fernsprechverbindungen der Post angewiesen zu sein.

[28] Statistische Stichproben ergaben beispielsweise, daß die vom VA Minden in jedes der drei Länder der engl. Zone abgehende Post zehnmal so umfangreich war, wie die nach Bayern, Württemberg-Baden oder Hessen. Zum Teil lagen die Ursachen dafür allerdings in der anderen Struktur der Wirtschaftsverwaltung in der brit. Zone. (Vgl. Vermerk vom 2. 6. 1947 über ein Gespräch zwischen Prof. Bode, Gümbel und StMin. Pfeiffer vom 31. 5. 1947 in: BHStA Abt. II MA 130 435).

wendigen Instanzen bestehe, müsse man sich eben an die englische Militärregierung wenden und die gleichen Machtbefugnisse geben lassen; es sei erforderlich, daß dort die gleichen Männer (Ministerpräsidenten) sein müssen, die handeln können. *StS Strauß* berichtet über das Ergebnis seines Bielefelder Telefonates dahin, daß Prof. Kittel, der stellv. Vorsitzende, keine Ahnung von der Sperrung der Transporte hatte, die Angelegenheit könne nur selbständig von einem Beamten ausgegangen sein. Es könne aber auch eine Verwechslung vorliegen dadurch, daß beide Militärregierungen erklärt haben, daß den Getreidelieferungen vor allen anderen Transporten der Vorrang einzuräumen sei. Prof. Kittel versprach, die Angelegenheit sofort zu untersuchen.[29] [...]

[Schluß: 19.30[30] Uhr]

---

[29] Eine Ladesperre für alle Güter außer Kohle, Lebensmittel und Treibstoff wurde von der Reichsbahn mit sofortiger Wirkung am 17. 2. 1947 verfügt, um genügend Wagen für die Kohlenreviere stellen zu können. Vgl. DPD-Meldung vom 17. 2. 1947 in: „Die Welt", Ausg. 18. 2. 1947, S. 3.

[30] Es ist nicht ersichtlich, wann die interne Sitzung unterbrochen wurde und wann sie nach dem Ende der Plenarsitzung (16.00 Uhr) wieder aufgenommen wurde.

Nr. 6B   4. 2. 1947   Länderrat US-Zone

B Sitzung des Plenums

I BA Z 1/65, Bl. 244–246. Ungez. und undat. Wortprot., im Umdr. vervielf. Ausf. des RGCO[1]
II BA Z 1/189, Bl. 39–59. Ungez. und undat. Wortprot., maschinenschr. vervielf. Ausf.
TO: Z 1/181, Bl. 10–20; Nachtrags-TO: Ebenda, Bl. 21–46; Kurzprot.: Z 1/181, Bl. 5–6
Anwesend:[1a] MinPräs. Ehard (Vorsitz), RegDir. v. Herwarth, Konsul Seelos, ORegRat v. Elmenau (Bayern); SenPräs. Kaisen (Bremen); MinPräs. Stock. StMin. Binder, StS. Brill, StS Strauß (Hessen); MinPräs. Maier, Justizmin. Beyerle, StS Gögler, StS Eberhard, RegRat Mühlberger (Württemberg-Baden); GS Roßmann, Wutzlhofer, MinRat Goldschmidt, Preller, von Arnim (Länderrat); GS Weisser[1b] (Zonenbeirat)

I Ansprache des Generals Clay

Mr. Ministers President, Ladies and Gentlemen:
I have no major item to take up with you, but a number of minor items which together will aggregate considerable importance. First, however, I would like to welcome Land Bremen here today in its new capacity as a land or state.[2] This, I think, materially clarifies the position which Bremen has in its political control and relationship with the American an British Zones. At least, Land Bremen will no longer feel that it is subject to taxation without representation.

Another matter which I do want to bring to the personal attention of the Ministers Presidents: We are receiving increasing reports of the hostility and harsh treatment by the German population of the refugees who have been received from Czechoslovakia and Hungary.[3] These people are with you. They must be absorbed and your good citizenship in the future depends on the manner in which you absorb them. If it continues as at present, you will be establishing a minority group fostering hatred and hostility for years. You should know the difficulties that minority groups have caused in the past. It seems to me that a real measure of your determination to solve this problem must be shown now. I urge your consideration of a program specifically designed to receive and accept these people under favorable conditions.[4]

---

[1] Deutsche Übersetzung Z 1/189, Bl 33–35.

[1a] Anwesenheitsliste mit Unterschriften, Z 1/189, Bl. 62–63.

[1b] GS Weisser bemerkte zu der Rede Gen. Clays, sie ginge an Bestimmtheit und Schärfe des Tones weit über das hinaus, was man in der brit. Zone bei entsprechenden Erklärungen Gen. Robertsons gehört habe. „Es ist also wohl nicht ganz so weit her mit der Autonomie, die die Amerikaner dort unten den deutschen Verwaltungen zugestehen." (BT PA 1/34, Vermerk von Weisser vom 11. 2. 1947, S. 4).

[2] Vgl. Dok.Nr. 1 C, TOP 2.

[3] Vermutlich war Gen. Clay über die Unzufriedenheit der Flüchtlinge durch Ergebnisse der von OMGUS durchgeführten Meinungsumfragen und aus Erkenntnissen der Briefzensur informiert worden. Die Meinungsumfragen zeigten, daß zwischen März und Sept. 1946 der Prozentsatz der Flüchtlinge, die in Württemberg-Baden sich über ihre Aufnahme zufrieden äußerten, von 75% auf 60% gesunken war. Zwei Fünftel der Unzufriedenen meinten, die Einheimischen sähen sie nicht als Deutsche an, sondern hielten sie für Menschen geringeren Wertes, für Fremde oder sogar Bettler. Vgl. Merrit, Public Opinion, Bericht Nr. 28, S. 112.

[4] Diese Kritik veranlaßte den Ausschuß für Flüchtlingsfragen des LR nach Aufforderung durch das RGCO (Z 1/76, Bl. 329) eine umfassende Denkschrift über das Flüchtlingsproblem zu erarbeiten, die dem Direktorium auf seiner Sitzung vom 10. 4. 1947 im Druck vorgelegt wurde. Da Inhalt und Aufbau Anlaß zu einer Fülle von Beanstandungen gaben, wurde der Bericht zurückgezogen und von einem Arbeitsausschuß, in dem auch Fachkräfte aus den Flüchtlingsverwaltungen vertreten waren, neu erstellt. Zurückgezogene Druckfassung in: HStA Stuttgart EA 1/2, Nr. 53, Neufassung vom 22. 5. 1947 in: Z 1/709, Bl. 62–104 mit Materialien zu „Feststellungen außenpolitischer Art" im Anhang (Z 1/156, Bl. 43–91), die auf den Direktoriumssitzungen vom 22. 5. 1947 und 27. 5. 1947 besprochen wurde. Endgültige Fassung, die auf der internen Sitzung des LR

In the agricultural field I must also ask that you give your consideration now to helping Dr. Dietrich and his staff to see that there is an increase in spring planting to make up for the failure to meet fall quotes. He also will require your assistance in seeing that the livestock reduction program is met, and, finally, he will need your help in getting an adequate and competent staff to enable him to accomplish his mission. Having made those remarks about the Food and Agriculture Committee, I must also make it apply to all the Bizonal Agencies.

I am chagrined to have to say that the participation of capable German administrators from the American Zone on the Bi-zonal Committees is chiefly distinguished by their absence. The economic future of both Zones rests in the hands of those committees. The representatives on these committees from the American Zone are responsible to you as Ministers President. The committee cannot do their job without adequate representation from south Germany. Their staff must have people on it who are familiar with the resources and facilities of south Germany. I urge and request your assistance in getting adequate staffs for these agencies.[5]

With respect to denazification, I have only a minor request to make of you today. I see a perceptible strengthening of will to do the job. All of the good will in the world is of little avail without personnel and facilities. I urge the Ministers President to give consideration to legislation which will enable the drafting of personnel where such legislation is not already enacted.[6] Where the authority exists, as in Bavaria, I urge the drafting of

---

vom 30. 6. 1947 angenommen und unter dem gleichen Tag an das RGCO übersandt wurde (Z 1/77, Bl. 1) in: Z 1/709, Bl. 11–53. Anfang Januar 1948 erschien sie im Druck.
Der Bericht gliedert sich in vier Abschnitte: A. Ausführungen über Entstehung und Ablauf der Flüchtlingsbewegung, die in einem Teil B. mit Statistiken im einzelnen belegt werden; ein Teil C. beschäftigt sich mit der Kritik der Flüchtlinge an ihrer Aufnahme; der Schlußabschnitt D. erläuterte eine Reihe von Vorschlägen zur Erleichterung und Lösung des Flüchtlingsproblems. In der Schlußbemerkung hieß es: „Mit über 12 Millionen, von ihrer angestammten Heimat ausgewiesenen Deutschen, drängt der bisher größte Flüchtlingsstrom, den die Welt je gesehen hat, in ein vom Krieg zerstörtes, verkleinertes und verarmtes Deutschland. Die Erkenntnis ist aber noch nicht überall durchgedrungen, daß es sich um das schwerwiegendste Problem handelt, dem sich Deutschland in seiner Geschichte gegenüber gestellt sieht. Ein Problem, gegenüber dem die anderen der Ernährung, der Wirtschaft, der Währung, der Entnazifizierung und der staatlichen Neugestaltung deshalb zurücktreten, weil sie alle nicht so tief wie dieses an den Wesenskern unseres Vaterlandes rühren, nämlich an eine völlige Änderung seiner durch ein Jahrtausend hindurch entwickelten Struktur in wirtschaftlicher, sozialer und politischer Hinsicht" (Z 1/709, Bl. 51).

[5] Vgl. auch die Besprechung der MinPräs. mit Gen. Clay vom gleichen Tag (Dok.Nr. 6 C, TOP 4). Möglicherweise ging die Behandlung dieses Themas auf ein Schreiben Gen. Drapers an das RGCO und die Militärregierungen der Länder vom 18. 1. 1947 zurück, in dem auf die Notwendigkeit hingewiesen wurde, gutes Personal aus der US-Zone für die Verwaltungsämter zu gewinnen (NA RG 260 OMGUS, Adjudant General, Decimal Files 1947, Az.: 014.1): "The present staff at Minden is largely derived from the former German Economy Advisory Board of the British Zone and therefore is apt to be more familiar and naturally more sympathetic with the problems of British Zone than with those of American Zone. It is requested that you impress most strongly upon the members of the Laenderrat that urgent necessity of aiding in and pressing for the selection of the best qualified administrative, economic and industrial specialists available to become a part of the Minden organization."

[6] Gesetzliche Regelungen zur Rekrutierung von Personal für die Durchführung der Entnazifizierung gab es zum Zeitpunkt der Ansprache Gen. Clays in Bayern (Gesetz Nr. 53 über die staatsbürgerliche Pflicht zur Mitarbeit an wichtigen Staatsaufgaben vom 20. 11. 1946, Bayer. GVBl. 1946, S. 370–371) und in Württemberg-Baden (Gesetz Nr. 25 über Dienstpflicht aus Anlaß des Befreiungsgesetzes vom 5. 3. 1946 (RegBl. Württemberg-Baden 1946, S. 151; abgeändert durch Gesetz Nr. 251 zur Änderung des Gesetzes Nr. 25 über Dienstpflicht aus Anlaß des Befreiungsgesetzes vom 8. 5. 1947, RegBl. Württemberg-Baden 1947, S. 41). In Hessen wurde erst mit dem Gesetz vom 18. 4. 1947 über die staatsbürgerliche Pflicht zur Mitarbeit bei der

personnel. In addition, we must ask the Ministers President to give a priority to the denazification tribunals and prosecutors for the facilities and equipment to do the job.

Military Government will aid in every way possible in providing such facilities and assistance. We think it of equal importance that the administrative load be expedited so that those who are exonerated under the law will receive notification at the earliest possible date, thus leaving in the hand of the prosecutors and Spruchkammern only those cases subject in trial. It is when we have accomplished this that we shall be able to evaluate the remainder of the load.

The only other matter that I have to take up with you today is the problem of recruiting for the coalmines which I took up with you at Minden.[7] I might say that the increased coal production which was recorded at Minden while you were there has continued. Unfortunately, as a result of the extremly cold weather and with the waterways frozen, the railroads have been unable to carry the increased burden. This is a temporary condition which will no longer exist when we have warm weather and the waterways and canals are open. It does not lessen, but, in fact, increases our need for labour in the mines. As you know, the point system[8] now in effect in the mines offers a considerable incentive. I, therefore, urge that you work out as quickly as possible a coordinated, directed program to accomplish this purpose. You know that fifty thousand coal miners from the south are the immediate and urgent need. While it has not been very long since we were in Minden together, there have not been very many recruits obtained since then. This is a matter of urgency and I wish that you would give it your immediate attention.[9] Again, Military Government will render any assistance it can.

Thank you very much.

II Sitzung des Länderrates

[Beginn: 15.00 Uhr]

[1. Ausführungsverordnung zum Kontrollratsgesetz Nr. 52 (Schlichtungsordnung)]

[Empfehlung, den Entwurf[10] den Länderparlamenten vorzulegen]

Durchführung des Gesetzes zur Befreiung von Nationalsozialismus und Militarismus vom 5. 3. 1946 (GVBl. Hessen 1947, S. 17–18) eine rechtliche Grundlage geschaffen.
In der internen Besprechung der MinPräs. mit Gen. Clay vom 5. 8. 1947 (Prot. in: Nachl. Roßmann/25, hier Bl. 107) wurde für Württemberg-Baden die Zahl von rund 600 Verpflichtungen benannt. Insgesamt wurden die Probleme, für die Spruchkammern geeignetes Personal zu finden, auch durch diese Gesetzgebung nicht gelöst.

[7] Vgl. Dok.Nr. 4, TOP 4.

[8] Zum Punktsystem vgl. Dok.Nr. 2, TOP 7 und Dok.Nr. 12, Anm. 10.

[9] Am 6. 2. 1947 forderte das RGCO unter Hinweis auf Clays Ansprache den LR auf, in dieser Angelegenheit „alle notwendigen Schritte zu unternehmen" (Z 1/76, Bl. 342). Gen. Clay erachte dies als eine sehr dringliche Angelegenheit. Am 19. 3. 1947 konnte Roßmann dem RGCO die Richtlinien für die Errichtung und Arbeit der Leitstelle für Freiwillige für den Ruhrbergbau übersenden (ebenda, Bl. 12–14).

[10] Entwurf Z 1/181, Bl. 12–13, Abdr. in: LRGS, S. 624–627. Nur Württemberg-Baden erließ eine Schlichtungsordnung, nachdem mit Schreiben vom 26. 6. 1947 das RGCO die Notwendigkeit eines zoneneinheitlichen Gesetzes verneint hatte.

Länderrat US-Zone   4. 2. 1947   Nr. 6 B

[2. Gesetz zur Durchführung und Ergänzung des Kontrollratsgesetzes Nr. 22 (Betriebsrätegesetz)[11]]

[Empfehlung, den Entwurf den Länderparlamenten vorzulegen]

[3. Arbeitsgerichtsgesetz, Wahlordnung für die Wahl von Betriebsräten, Gesetz über die Bildung von sozialrechtlichen Gemeinschaften der Arbeitgeber: Modus der Inkraftsetzung]

[Empfehlung, die Entwürfe den Länderparlamenten vorzulegen[12]]

[4. Verordnung über die beratenden Ausschüsse beim Landesarbeitsamt und den Arbeitsämtern, Änderung]

[Empfehlung, den Entwurf den Länderparlamenten vorzulegen[13]]

[5. Treuhändergesetz]

[Empfehlung, den Entwurf den Länderparlamenten vorzulegen[14]]

[6. Gesetz über den Nachweis der Ehetauglichkeit]

[Der Entwurf eines vom Kontrollrat zu erlassenden Gesetzes wird gutgeheißen[15]]

[7. Kontrollratsgesetz über die Nichtigkeit nachträglicher Eheschließungen[16]]

[Der Entwurf wird nach längerer Diskussion gutgeheißen, vorbehaltlich der Stellungnahme der Länderparlamente]

[8. Gesetz über die Versicherungsaufsicht in der amerikanischen Besatzungszone[17]]

[Die Annahme durch die Länderparlamente wird empfohlen, München als Sitz des Versicherungsaufsichtsamtes wird gebilligt]

---

[11] Entwurf vom 15. 1. 1947 in: Z 1/181, Bl. 14–20; Materialien und Vorentwürfe Z 1/958, 720. Das RGCO teilte unter dem 17. 4. 1947 mit, daß eine weitere einheitliche Durchführung und Ergänzung des Kontrollratsgesetzes Nr. 22 nicht erforderlich sei, die Gesetzgebung daher den Länderparlamenten zukomme. Abdr. der von den Ländern erlassenen Gesetze in: LGRS, S. 562–611.

[12] Die Gesetze waren bereits 1946 vom LR verabschiedet worden (vgl. Akten zur Vorgeschichte 1, S. 1109). Der Antrag des sozialpolitischen Ausschusses hatte vorgesehen, die MilReg. zu bitten, die MinPräs. zu ermächtigen, die Gesetzesentwürfe zu erlassen (Z 1/181, Bl. 21).

[13] Die VO war vom LR am 5. 11. 1946 gebilligt worden (vgl. Akten zur Vorgeschichte 1, S. 1020). Der Antrag des sozialpolitischen Ausschusses hatte vorgesehen, die MilReg. zu bitten, die MinPräs. zu ermächtigen, die VO mit einigen Änderungen zu erlassen (Z 1/181, Bl. 21–22).

[14] Vgl. Dok.Nr. 6 A, TOP 3.

[15] Zur Vorgeschichte vgl. Dok.Nr. 1 B II, TOP 2 I a.

[16] Der Gesetzentwurf betraf die Gültigkeit der Eheschließungen, die auf Grund eines Führererlasses vom März 1942 nachträglich von Frauen mit gefallenen Wehrmachtsangehörigen geschlossen worden waren (Entwurf Z 1/155, Bl. 208). Darin wurde zwar bestimmt, daß es sich um „Nichtehen" handele, die Frauen wurden aber sozial- und versicherungsrechtlich abgesichert; sie sollten auch grundsätzlich den Namen des Mannes beibehalten dürfen.
Eine Stellungnahme des IMin. von Württemberg-Baden vom 31. 1. 1947 (Z 1/181, Bl. 8–9), in der auch der Wortlaut des Führererlasses zitiert wurde, plädierte für eine Gleichstellung der nachträglich geschlossenen Ehen mit den rechtgültig geschlossenen Ehen. Dieses Votum sollte der grundsätzlich befürwortenden Stellungnahme des LR beigefügt werden. Ein Gesetz des KR wurde in dieser Sache nicht erlassen.

[17] Vgl. Dok.Nr. 14 A, TOP 8.

Nr. 6B   4. 2. 1947   Länderrat US-Zone

[9. Rechtsstellung der Vertreter bei den bizonalen Räten und die Koordinierung der bizonalen Räte[18]]
[...]
[Schluß: 16.00 Uhr]

---

[18] Das Ergebnis der Beratung in der internen Sitzung (vgl. Dok.Nr. 6 A, TOP 4) wurde noch einmal bestätigt.

Länderrat US-Zone 4. 2. 1947 Nr. 6 C

C Interne Besprechung der Ministerpräsidenten mit General Clay

BA Nachl. Roßmann/25, Bl. 192–195. Undat., von Roßmann gez. Prot.[1]

Anwesend: Gen. Clay und einige Mitarbeiter des RGCO[2]; MinPräs. Ehard, SenPräs. Kaisen, MinPräs. Stock, MinPräs. Maier, GS Roßmann

[1. Stellung der Wirtschaftsminister im Verwaltungsrat für Wirtschaft, Schaffung eines Parlamentarischen Rates beim Länderrat]

Gen. Clay erklärt, die Wirtschaftsminister als Mitglieder des Verwaltungsamtes für Wirtschaft seien verantwortlich für das, was sie dort tun. Wenn sie ihre Arbeit nicht tun, dann würden die Ministerpräsidenten dafür verantwortlich gemacht. Es sei nicht ganz sicher, ob alle Minister dies verstanden hätten. Er habe gehört, daß die Absicht der Errichtung eines „Parlamentarischen Ausschusses" bestehe. Dafür sei die Militärregierung sehr. Ein solcher Ausschuß werde in jeder Form angenommen werden, die vorgeschlagen werde.

[2. Kohleproduktion]

Das Kohle-Problem wirke sich augenblicklich schlecht aus, werde sich aber mit der Änderung der Witterung bessern. Gegenwärtig lägen 30–40 000 t Kohlen auf der Halde, Transportschwierigkeiten verhinderten ihren Abtransport. Sobald warmes Wetter eintreten werde, werde sich die Lage schnell verbessern.[3]

[3. Entnazifizierungs-Programm]

Das Denazisierungs-Programm bestehe jetzt elf Monate, aber nur sechs Millionen seien informiert worden, was in ihrem Falle geschehe; fünf Millionen seien hierüber noch im Unklaren. Man wisse immer noch nicht, wieviel junge Leute von der Amnestie[4] betroffen würden. Es lägen nur Schätzungen vor. Dasselbe gelte für die Weihnachts-

---

[1] Mit vereinzelten Korrekturen und undatiertem ZdA-Vermerk von Roßmann als „Streng vertraulich! Nur für die Hand des Empfängers bestimmt" bezeichnet.
Parallelüberlieferung: Eine elf Punkte umfassende Aufzeichnung von A.F. Pabsch (RGCO) "Highlights of the Internal Meeting of General Clay and the Minister Presidents 4. February 1947" in: Nachl. Pollock/87. Im folgenden zitiert als „Prot. Pabsch." Bei Roßmann nicht oder nur ganz knapp aufgeführtes Gesprächsthema war die Transportlage: "Dr. [!] Kaisen cited the present transportation difficulties as the most serious problem and stated the German officials are not satisfied with their transportation administration. General Clay pointed out that this was a German problem and should be solved by the Germans, however, Military Government was doing all they could in order to alleviate the situation."
Ferner vermerkte Roßmann nicht eigene Ausführungen über die Reform des ZB: "Dr. [!] Roßmann informed the General about the planned reorganization of the zonal advisory council. He objected to any representation of bi-zonal agencies in this council as proposed by German officials of the British zone. Such representation would be onesided and could not be accepted by the US zone. General Clay agreed to discuss the matter with British Military Government."

[2] In der Anwesenheitsliste wurden von Roßmann nur die deutschen Gesprächspartner benannt. Es ist sehr wahrscheinlich, daß auf amerikanischer Seite wie üblich neben Gen. Clay Mitarbeiter des RGCO anwesend waren.

[3] Zu den Folgen der extremen Witterung siehe auch Dok.Nr. 10 B I, Anm. 7.

[4] Gemeint ist die am 6. 8. 1946 erlassene Jugendamnestie, die sich auf Jugendliche bezog, die nach dem 1. 1. 1919 geboren worden waren, sofern sie nicht Hauptschuldige, Belastete oder Minderbelastete waren. Abdr. in: LRGS, S. 115.

amnestie.⁵ Er halte es daher für notwendig, in den nächsten drei Monaten das erforderliche Verwaltungs-Personal bereitzustellen und diejenigen Arbeiten zu bewältigen, die einen klaren Überblick über den Stand der Entnazifizierung gestatten. Es sei sicher, daß keine weitere Amnestie erfolgen werde, solange man nicht wisse, wieviel Leute von dem Gesetz betroffen würden.

MinPräs. Stock schätzt in Hessen die Zahl der von der Amnestie Betroffenen auf 250 000, das sei ein Drittel aller Fälle. MinPräs. Stock verweist darauf, daß im Jahre 1943 infolge Überzeit, Nachtarbeit, Sonntagsarbeit die Einkommensverhältnisse vieler Menschen sich sehr nach oben entwickelt hätten, so daß viele die in der Weihnachtsamnestie vorgesehene Grenze von RM 3600.-- überschritten und wider Erwarten nicht unter die Amnestie fielen. Die hessische Regierung beabsichtige, ein vereinfachtes Verfahren einzuführen, es zunächst in den drei größten Städten des Landes anzuwenden, und es im Falle des Erfolges auf das ganze Land auszudehnen.

[Er] verweist weiter darauf, daß die verschiedenen Methoden der Entnazifizierung im französischen Gebiet unangenehme Rückwirkungen auf Hessen hätten.⁶ Er macht nur darauf aufmerksam, daß in der eben neugegründeten Universität Mainz 4000 Studenten immatrikuliert seien, davon sei ein großer Teil solche Jugendliche, denen in der amerikanischen Besatzungszone der Besuch von Hochschulen nicht gestattet sei. Weiter sei die Aufmerksamkeit des Herrn Generals darauf zu lenken, daß in den bizonalen Verwaltungen – besonders im englischen Sektor – Personen in leitenden Stellen beschäftigt seien, die nach dem amerikanischen Gesetz als schwerbelastet gelten müßten. Das sei der Bevölkerung nicht unbekannt geblieben. Es wäre daher zweckmäßig, alle Maßnahmen des amerikanischen Besatzungsgebietes auch auf andere Zonen auszudehnen.

Gen. Clay bemerkt hierzu, daß das Gesetz als Vier-Mächte-Gesetz angenommen sei und einheitlich für alle Zonen gelte.⁷ Das Gesetz werde auch für alle Zonen Anwendung finden. Sobald dieser Zeitpunkt komme, werde die amerikanische Besatzungszone besonders ausgezeichnet sein, weil sie ihre Arbeit bereits getan habe. In der letzten Zeit sei das Gesetz viel kritisiert worden, wenn es aber durchgeführt sein werde, so glaube er, daß damit viel mehr zur Herbeiführung des Friedens beigetragen worden sei, als durch jede andere Maßnahme, die bisher in Deutschland getroffen wurde. Er gebe zu, daß sich die Herren augenblicklich gegenüber anderen Zonen in einer ungünstigen Lage befänden, weil sie hier die Verantwortung für diese Maßnahmen zu tragen hätten, die in anderen Zonen der Militärregierung auferlegt sei. Was die Bemerkungen des Herrn MinPräs. Stock über die bizonalen Stellen betreffe, so könne er mitteilen, daß

---

⁵ VO zur Durchführung der Weihnachtsamnestie vom 15. 1. 1947. Behändigte Ausf. mit den Unterschriften der Min. Loritz, Binder und Kamm in: Z 1/219, Bl. 342. Die Amnestie bezog sich auf Körperbeschädigte und Personen, deren steuerpflichtiges Einkommen in den Jahren 1943 und 1944 nicht höhrer als 3600 RM gewesen war und deren Vermögen am 1. 1. 1945 weniger als 20 000 RM betragen hatte. Zu den Hintergründen der Amnestie und ihrer Durchführung vgl. Niethammer Entnazifizierung in Bayern, S. 436–441. Insgesamt wurden auf Grund der Weihnachtsamnestie allein in Bayern bis März 1949 856 847 Fälle vom Kläger und 115 768 Fälle von den Spruchkammern eingestellt (ebenda, S. 439).

⁶ Zur Entnazifizierung in der franz. Zone vgl. Fürstenau, Entnazifizierung, S. 134–147. Fürstenau resümiert: „Im Gegensatz zu den Amerikanern haben die Franzosen der politischen Säuberung keine übergroße Bedeutung beigemessen" (ebenda, S. 134).

⁷ Abdr. der Kontrollratsdirektive Nr. 24 vom 12. 1. 1946 „Entfernung von Nationalsozialisten und Personen, die den Bestrebungen der Alliierten feindlich gegenüberstehen, aus Ämtern und verantwortlichen Stellungen" in Auszügen in: Documents on Germany, S. 102–107.

nach einem Übereinkommen zwischen den beiderseitigen Militärregierungen sämtliche bei den bizonalen Ämtern beschäftigten Personen nach den Bestimmungen des Denazisierungsgesetzes in der amerikanischen Zone durchgeprüft werden sollen. Die Frage der „Mitläufer" habe die Militärregierung stets tolerant behandelt. Es genüge ihr, wenn die kleinen „Mitläufer" eine Buße zahlen, die sie zahlen können und danach wieder als vollberechtigte Bürger in die Gemeinschaft eingegliedert würden. Die Militärregierung sei auch Willens, das Problem der „Mitläufer" noch einmal zu überprüfen, sobald sie klar sehen könne, in welchem Maße die Bevölkerung von dem Gesetz betroffen werde.[8]

MinPräs. Stock erkundigt sich, ob sich hinsichtlich des Eintrags in die Personalausweise etwas geändert habe.[9]

Gen. Clay: Wir haben die Absicht, nur die Entscheidungen für die ersten drei Gruppen einzutragen.[10]

MinPräs. Ehard erklärt, es sei der Wunsch der Ministerpräsidenten, die Entnazifizierung so schnell als möglich durchzuführen. Der allgemeine Personalmangel wirke sich auch hier störend aus. Einer Befriedigung stehe ferner störend im Wege die Tatsache, daß eine große Anzahl von Fällen, die bereits entschieden seien, von irgendeiner Stelle erneut aufgegriffen würden. Es entstehe dadurch eine große Beunruhigung. Die neuerliche Untersuchung falle meistens negativ aus. Über die Auswirkungen der Amnestie seien in allen Ländern zuverlässige Unterlagen vorhanden.

[4. Personal für die bizonalen Verwaltungsämter, Koordinierung der Verwaltungsämter]

Bezüglich der bizonalen Ausschüsse sei man besonders dankbar für die Erklärung, daß die in den Ausschüssen vertretenen Minister Beauftragte ihrer Ministerpräsidenten und damit auch diesen verantwortlich seien. Das sei immer die Meinung der Ministerpräsidenten gewesen, die aber von den Herren, vor allem in der englischen Zone, bestritten worden sei. Dem Ersuchen, Fachkräfte aus Süddeutschland in stärkerem Maße den bizonalen Ämtern zuzuführen, werde man entsprechen, soweit es möglich sei.[11]

Gen. Clay erklärt, die wirtschaftlichen Sorgen seien so dringend, daß er die aktivste Mitwirkung der amerikanischen Zone bei Aufbau der bizonalen Stellen und die Bereitstellung des Personals für diese für unbedingt notwendig halte, wenn nicht die Interessen der Zone in den Hintergrund gelangen sollen.

---

[8] Dies geschah erst durch das Erste Änderungsgesetz zum Befreiungsgesetz vom 7. 10. 1947; vgl. Niethammer, Entnazifizierung in Bayern, S. 506–514.

[9] Gemäß Artikel 51 des Befreiungsgesetzes sollte nach rechtskräftiger Entscheidung durch die Kammern die Einreihung des Betroffenen und die von ihm erwirkten Sühnemaßnahmen im Personalausweis und in ein hierfür angelegtes Register eingetragen werden. Hiergegen hatte der Entnazifizierungsausschuß des LR bereits am 9. 7. 1946 durch Vorlage einer Neufassung von Artikel 51 Stellung bezogen und vorgeschlagen, in den Personalausweis lediglich eintragen zu lassen, bei welcher Spruchkammer die politische Überprüfung erfolgte. (Prot. in: Z 1/1208, hier Bl. 44–45, Gesetzentwurf Bl. 50–51).

[10] Entgegen der hier bekundeten Absicht sollten auf Grund eines Befehls von Gen. Clay die Personalausweise der Nichtbetroffenen gelocht werden. (Vgl. Prot. der 22. Sitzung des Entnazifizierungsausschusses des LR vom 29. 4. 1947, Z 1/1208, hier Bl. 134–135).

[11] Auf der internen Sitzung des Direktoriums vom 13. 2. 1947 (Prot. Z 1/20, hier Bl. 160) wurde daraufhin beschlossen, die Länder um die Entsendung fähiger Beamter zu bitten. Dieser Aufruf zeitigte allerdings keinen Erfolg. StS Strauß berichtete über das Ergebnis bezüglich Hessens: „Ich bin leider überzeugt, daß die Entsendung fähiger Beamter aus den Länderministerien in die bizonalen Ämter von Anfang an auf bestimmte Einzelfälle beschränkt war und im gegenwärtigen Zeitpunkt ganz aussichtslos geworden ist." (Strauß an den LR vom 9. 4. 1947; Z 1/236, Bl. 237).

MinPräs. Ehard regt an, eine bessere und schnellere ständige Verbindung mit den Regierungen dadurch herzustellen, daß man zu den Ämtern ständige Vertreter entsende, ähnlich der Vertretung beim Länderrat.

Gen. Clay: Im Augenblick habe er keine Einwendungen gegen einen solchen Vorschlag zu machen; die Angelegenheit müsse aber noch mit den beiderseitigen Militärregierungen besprochen werden.

MinPräs. Maier erklärt den von MinPräs. Ehard gemachten Vorschlag für sehr gut, daneben halte er aber einen Erfahrungsaustausch über die bizonalen Angelegenheiten im Rahmen des Länderrats für zweckmäßig.

Gen. Clay möchte noch einmal sagen, daß er glaube, daß die bizonalen Ämter ohne ständige Aufsicht einer über ihnen stehenden Stelle sehr gefährlich werden können. Es müsse daher so bald als möglich ein Länderrat oder eine ähnlich organisierte Stelle über die bizonalen Ämter gesetzt werden.[12]

MinPräs. Ehard wirft die Frage auf, ob die Ministerpräsidenten in ihrer Vereinigung im Länderrat eine formlose Koordinierung ausüben könnten. Das sei seiner Ansicht nach möglich, bevor ein eigentlicher Länderrat für beide Zonen gebildet werde.

Gen. Clay: Die Bevollmächtigten der Länder könnten nützliche Arbeit im Sinne einer besseren Verbindung der Regierungen zu den bizonalen Einrichtungen leisten, da die Minister als Mitglieder der Ausschüsse nur zu den Beratungen dieser Ausschüsse vorübergehend am Sitze der Ämter weilten. Mit informellen Besprechungen bitte er, aus verständlichen[12a] Gründen in den nächsten Monaten noch etwas zurückzuhalten. Aus denselben Gründen glaube er, daß es für die nächste Zeit so verbleiben müsse wie es gegenwärtig stehe.

[5. Ernährungslage, Verringerung des Viehbestandes]

Im weiteren Verlaufe der Aussprache verwies *Gen. Clay* besonders auf die Notwendigkeit, das Augenmerk auf eine rechtzeitige Frühjahrsbestellung zu richten, wobei besonders darauf geachtet werden müsse, daß die Saatausfälle des Winters wieder gutgemacht werden. Die Situation in Bezug auf Düngemittel und Saatgut werde nach seiner Ansicht günstiger sein als im Vorjahr.

Gegenwärtig bestehe eine gewisse Brotknappheit, aber es sei kein Grund zu der Befürchtung vorhanden, daß die Rationen gekürzt werden. Die gegenwärtigen Schwierigkeiten in der Brotversorgung hingen mit Kohlen- und Transportschwierigkeiten zusammen. Er sei vielmehr so optimistisch, anzunehmen, daß in der nächsten Zeit noch mit einer gewissen Erhöhung der Rationen gerechnet werden könne.

In diesem Zusammenhange weist *Gen. Clay* nochmals auf die Notwendigkeit einer Verringerung des Viehbestandes auf den Stand von 1938 hin.[13] Wenn die Reduzierung sich in dem gleichen Tempo vollziehe wie augenblicklich, so werde es bis 1968 dauern, bis dieses Ziel erreicht sei.

---

[12] „Prot. Pabsch": "The General admitted that the present organization of the bi-zonal agencies without democratic control was very dangerous and that Military Government did not intend to permit the situation to exist for any length of time. He said that a bi-zonal Länderrat or some other form of political control would be permitted as soon as possible."

[12a] Nachträglich korrigiert aus „den gleichen" Gründen.

[13] Auf der 6. Sitzung des Ernährungs- und Landwirtschaftsrates vom 7. 2. 1947 wiesen die Vertreter der MilReg. eindringlich auf die Notwendigkeit dieser seit Sommer 1946 geplanten Maßnahme hin: „Wir sind uns dessen selbstverständlich bewußt, daß der Abbau des Viehbestandes bei den Landwirten jedes Landes eine Politik ist, die sehr unbeliebt ist. Aber in Zeiten wie der heutigen müssen drastische Maßnahmen ergrif-

Auf die Klage von *MinPräs. Ehard,* daß den Bauern das notwendige Schuhwerk fehle, um auf die Felder gehen zu können, erwiderte *Gen. Clay,* daß durch die Abschlachtung des Viehs Leder für die notwendigen Schuhe geschafft werde. Im übrigen sei ein Plan ausgearbeitet, daß deutsches Kalbfell, das das beste der Welt sei, im Wege des Export-Austausches gegen Rindsleder gegeben werden könne, dessen Nutzeffekt für die Schuhfabrikation viermal größer sei als der des Kalbfelles.

[6. Zulassung einer Parteipresse]

MinPräs. Stock wirft in Übereinstimmung mit den anderen Ministerpräsidenten die Frage auf, ob nicht bald mit der Zulassung einer Parteipresse gerechnet werden könne.[14] Ohne Parteipresse sei die demokratische Erziehung des Volkes nicht befriedigend zu verwirklichen.

Gen. Clay meint hierzu, die Frage liege sehr einfach. Es bestünden keinerlei Einwendungen gegen eine Parteipresse als solche, er glaube freilich nicht, daß ausschließlich eine Parteipresse bestehen müsse; es müßte auch unabhängige Zeitungen geben. Die Zulassung der Parteipresse sei eine Papierfrage, die jetzt noch prekärer geworden sei als vorher, weil im Zuge der wirtschaftlichen Vereinigung beider Zonen 800 t Papier pro Monat für die US-Zone verloren gehen. Er mache den Vorschlag, durch Aktivierung der Wirtschaft so viel Geld zu verdienen, daß das Papier importiert werden könne, das für die Parteipresse erforderlich sei.

Auf die Einwendung der Ministerpräsidenten, daß es dann noch lange Zeit dauern werde, bis die Parteipresse Tatsache sei, erklärte *Gen. Clay,* daß er in dieser Beziehung durchaus optimistisch sei. Es werde im Programm der Papierbeschaffung für die Parteipresse die Priorität gegeben werden müssen. *MinPräs. Maier* sieht in der Frage der Zulassung der Parteipresse geradezu ein Kernproblem der Demokratie. Jetzt bestehe nur eine halbe Demokratie. Da die sogenannte unabhängige Presse ausschließlich im Sinne der Opposition arbeite, hätten die politischen Kräfte, die die Verantwortung zu tragen hätten, keinerlei Möglichkeit, ihre Grundsätze, ihre Handlungen und ihr Ziel wirksam zu erläutern und zu verteidigen. In den letzten beiden Wochen sei er persönlich Mittelpunkt heftigster Angriffe in der sogenannten unabhängigen Presse gewesen.[15] Umfangreiche Leitartikel seien gegen ihn losgelassen worden. Von seiner Erwiderung in einer

---

fen werden, wenn die Allgemeinheit die Notzeit überleben soll. Das Vieh steht heute im direkten Wettbewerb mit den Menschen um die Erträge des Bodens" (Nachl. Dietrich/491, hier Bl. 272). Es wurde ein Abbau um 7,50% nach dem Stand von Dez. 1945 beschlossen (ebenda, Bl. 259), auf der 7. Sitzung wurden diese Zahlen jedoch modifiziert auf einen zehnprozentigen Abbau unter Berücksichtigung des Viehbestandes von 1938 (ebenda, Bl. 225, der Abbauplan Bl. 230–233). Zur Behandlung der Frage im ZB vgl. Dok.Nr. 5, TOP 243. Materialien in: Nachl. Dietrich/497.

[14] Vgl. hierzu ausführlich Hurwitz, Stunde Null, S. 153–160.

[15] Es handelte sich um eine Pressekampagne, in der MinPräs. Maier und KultMin. Simpfendörfer wegen ihrer Zustimmung zum Ermächtigungsgesetz vom 23. 3. 1933, die sie als Reichstagsabgeordnete gegeben hatten, angegriffen wurden. Ein Stuttgarter öffentlicher Ankläger, Franz K. Maier, hatte sogar gegen MinPräs. Maier ein Verfahren eingeleitet. Vgl. hierzu die ausführliche apologetische Darstellung bei Maier, Grundstein, S. 327–330, 338–346.
Der Rechtsausschuß des LR erstellte zu dieser Frage ein Gutachten (Z 1/133, Bl. 130–131), dem eine eingehende Ausarbeitung des hess. Min. der Justiz zugrunde lag (Z 1/1208, Bl. 70–80), in dem die Tatsache, ob jemand die NS-Gewaltherrschaft unterstützen *wollte,* als entscheidend angesehen wurde. Auf der Sitzung vom 29. 4. 1947 nahm der Entnazifizierungsausschuß das Gutachten mit der Gegenstimme von Min. Loritz an (Prot. in: Z 1/1208, hier Bl. 14). Vgl. zu den Auswirkungen des Falles auch Fürstenau, Entnazifizuierung, S. 194–198.

öffentlichen Kundgebung im Staatstheater seien jedoch nur 15 Zeilen, von der Rede des Ministers a.D. Dr. Dietrich nur sieben Zeilen und von der Rede des Herrn Dr. Heuss nur drei Zeilen wiedergegeben worden. Von dieser Kritik nehme er den Stuttgarter Sender aus, der sich absolut loyal benommen habe.
Gen. Clay bemerkt, er sei persönlich 1½ Jahre lang von der amerikanischen Presse auf das heftigste kritisiert und angegriffen worden. Das seien Erscheinungen, mit denen man sich abfinden müsse. Im übrigen glaube er, daß Dr. Maier recht habe[16], aber es handele sich um eine deutsche Angelegenheit.

---

[16] Maier hatte in dieser Angelegenheit an Clay geschrieben und ihn gebeten, die MilReg. möge Radio Stuttgart und die Presse veranlassen, seine und Simpfendörfers Entgegnungen im Wortlaut zu veröffentlichen. Clays ausführliche und belehrende Antwort stellte eine eindeutige Abfuhr für Maier dar (Schreiben vom 12. 2. 1947 in: Clay-Papers Bd. 1, Dok.Nr. 192, S. 310–312). Er wies darauf hin, daß mit einer Erfüllung seines Anliegens wesentliche Grundsätze der Stellung der Presse und Radio in einer Demokratie verletzt würden. Sowohl bei Radio Stuttgart als auch in der Presse seien die gegensätzlichen Auffassungen zur Geltung gekommen. "You cannot expect otherwise in a democracy in which an independent press flourishes. Nor can it be expected that a prominent government official will not be subject to attack in the columns of a free press. On the contrary such attacks may be anticipated, and should be welcomed, even though sometimes they may seem unfair in their character, as evidence of a healthy public opinion in formation through the medium of competing views fully expressed and widely disseminated. If truth and falsehood grapple in the open, my philosophy is that one should never be afraid of the result.
If military government should do as you request and intervene directly to require that Radio Stuttgart be instructed to use its time to broadcast certain specific speeches you desire to be broadcasted, or to insist that the Stuttgarter Zeitung and other newspapers publish certain statements which you desire to have published, in my opinion military government would be doing you, the new elected government of Wuerttemberg-Baden and the cause of democracy a serious disservice. Government in a democracy cannot control the press and other media of information without destroying them, as has been so disastrously demonstrated during the Nazi regime. I feel sure that you will recognize this essential principle after a little further consideration."

Länderrat US-Zone 11. 2. 1947 Nr. 7

Nr. 7
Interne Sitzung des Länderrates des amerikanischen Besatzungsgebietes in Stuttgart
11. Februar 1947

BA Z 1/18, Bl. 65–72. Prot. vom 11. 2. 1947, von Roßmann paraph.[1] Ausf.

Anwesend: MinPräs. Ehard [Vorsitz], MinDirig. Glum, ORegRat v. Gumppenberg, Frh. v. Ritter zu Groenesteyn, Landtagspräs. Horlacher (Bayern); SenPräs. Kaisen (Bremen); MinPräs. Stock, Graf v. Wedel, Landtagspräs. Witte (Hessen); MinPräs. Maier, StS Gögler, StR Wittwer, Landtagspräs. Keil (Württemberg-Baden); GS Roßmann, Wutzlhofer (Länderrat)

[1. Vorbereitung der Ministerpräsidentenkonferenz in Wiesbaden]

GS Roßmann berichtet kurz über die Vorbereitungen zur Tagung der Ministerpräsidenten der amerikanischen und britischen Zone, die jetzt am Montag, den 17. 2. 1947, im Landtagsgebäude in Wiesbaden stattfinden soll. Es wird festgestellt, daß die Sitzung nur dann stattfindet, wenn auch sämtliche Ministerpräsidenten der britischen Zone an ihr teilnehmen. Die Vorverlegung mußte deshalb erfolgen, weil die Besprechung nur dann ihren Zweck erfüllen kann, wenn sie vor der nächsten Sitzung des Zonenbeirats abgehalten wird.[2]

[2. Zuständigkeiten von Landtagen, Ministerpräsidenten und Länderrat in der Gesetzgebung]

Sodann berichtet *GS Roßmann* über die Unterredung, die er vor einigen Tagen mit Prof. Pollock hatte.[3] Prof. Pollock habe ihm erklärt, daß er wenig befriedigt sei über die Aussichten, die der Länderrat bei der gegenwärtigen Praxis der Empfehlung der Gesetze an die Landtage habe. Er neige zu der Auffassung, daß bei Angelegenheiten, die auf einer über den Ländern liegenden Ebene durchgeführt werden müßten, eine Einschaltung der Landtage nicht erfolgen dürfe. Er verwies in diesem Zusammenhange auch auf die Rede von General Clay vor dem Länderrat am 8. 1. 1947.[4]

Er (GS Roßmann) habe ihm darauf erklärt, daß man eine Rede nicht als Grundlage für so wichtige staatsrechtliche Fragen nehmen könne.[5] Es sei notwendig, daß die Militärregierung eine genaue Anweisung gebe, wie sie sich die Lösung dieser Frage denke. Prof. Pollock habe ihm darauf geantwortet, daß von deutscher Seite eine Vorlage

---

[1] Neben der Paraphe Roßmanns maschinenschr. „gez. Roßmann". Auf Bl. 65 vermerkt „Gen. Sekr. Roßmann" und als vertraulich gekennzeichnet. ZdA-Vermerk, undat. von Roßmann; im Text vereinzelte Korrekturen von ihm. Unter der Datumszeile am Schluß das Diktatzeichen der Sekretärin S[eidel].

[2] Diese Sitzung des ZB, die für den 21. 2. 1947 vorgesehen war, fand wider Erwarten erst am 29./30. 4. 1947 statt (vgl. Dok.Nr. 5, Anm. 25). Zur Terminplanung und allgem. Vorbereitung der Konferenz der MinPräs. siehe auch Dok.Nr. 8, Anm. 2.

[3] Ein Vermerk über die Unterredung ließ sich nicht ermitteln.

[4] Abdr. als Dok.Nr. 1 B I.

[5] Das Fehlen klarer Anweisungen der MilReg. erschwerte auch das Gespräch mit den MinPräs. der brit. Zone in Wiesbaden. Min. Menzel mokierte sich: „Es ist bezeichnend, daß die süddeutschen Länder immer wieder behaupten, eine viel größere Souveränität als die norddeutschen Länder zu haben und sich gleichzeitig dann, wenn es ihnen gegenüber der norddeutschen Auffassung paßt, plötzlich auf mündliche Erklärungen von General Clay stützen, selbst wenn mit diesen Erklärungen die Souveränität stark eingeschränkt wird" (StA Hamburg, Senatskanzlei 2, Az.: 000.21-9, Vermerk vom 19. 2. 1947).

kommen müsse, wie von hier aus die Rede aufgefaßt würde und was man zu unternehmen beabsichtige.[6]

MinPräs. Ehard ist der Ansicht, daß General Clay in seiner Rede ausgeführt hat, daß die Gesetzgebungsbefugnis bei den Ländern bleibe und nur in Sonderfällen sich die Militärregierung eine andere Handhabung vorbehalte. Im übrigen müsse man auch erst die Entwicklung in der englischen Zone abwarten. Solange dort keine verfassungsmäßige Regelung erfolgt sei, müsse die Gesetzgebungsbefugnis bei den Ländern bleiben.

StR Wittwer schlägt folgende Lösungsmöglichkeiten vor: Der Länderrat übergibt den Präsidenten der Landtage laufend Berichte über die in Vorbereitung befindlichen Gesetze. Die Landtage können dann entscheiden, an welchen sie beteiligt zu werden wünschen. Darauf muß die Militärregierung entscheiden, ob dem Wunsche der Landtage auf Mitsprache entsprochen werden könne oder nicht.

[SenPräs.] Kaisen schneidet die Frage an, mit welchem Recht die Ministerpräsidenten den Landtagen überhaupt Aufgaben zuweisen, die auf der Länderratsebene liegen. Die Ministerpräsidenten seien doch in der amerikanischen Zone zu einem Teil die Vollstrecker der Reichsgewalt. Durch die Ermächtigung der amerikanischen Militärregierung sei im Länderrat ein übergebietliches Instrument geschaffen worden, mit dem man Sachen, die in die Zuständigkeit des Reiches fielen, erledigen könne. Logischerweise müßte dem Länderrat ein Parlament zur Seite stehen, das die Gesetze zum Beschluß erheben würde. Man habe jetzt den Länderparlamenten die Beschlußfassung zugestanden. Wer hat das angeordnet? Damit geben die Ministerpräsidenten einen Teil der Vollmachten freiwillig auf, die sie von der Militärregierung für das Reich bekommen haben. Man mache die Länderparlamente einzeln für Reichssachen zuständig. Vielleicht sei dies der Punkt, den die Militärregierung als nicht richtig ansehe. Es würde doch allgemein die Auffassung vertreten, daß man über die Länderebene hinaus zum Reich kommen müsse. Mit welchem Recht könne man dann den Länderparlamenten das Recht einräumen, über Länderratsentwürfe zu entscheiden?

MinPräs. Ehard erwidert, daß man diese Frage von zwei Seiten betrachten könne.
1. Alle Zuständigkeiten sind beim Reich und die Länder erhalten das, was ihnen zusteht, zugeteilt. Tatsächlich sei dies nicht geschehen und habe nicht geschehen können, weil es kein Reich gebe, sondern man habe den
2. Weg beschritten und von unten angefangen. Man habe die Länder aufgebaut und ihnen zunächst alle Zuständigkeiten gegeben, soweit die Militärregierung sie auf der Kontrollratsebene oder auf der Zonenebene nicht in Anspruch nahm. Eine andere Möglichkeit gab es nicht. Es sei eine Utopie, zu glauben, daß es bereits eine Reichszu-

---

[6] Eine derartige Vorlage wurde trotz nochmaliger schriftlicher Mahnung Roßmanns vom 18. 2. 1947 nicht entwickelt. (Z 1/15, Bl. 28; hieraus die folgenden Zitate). Man wollte zunächst die Entwicklung in der brit. Zone abwarten und erregte damit den Unwillen des RGCO. Roßmann wurde nach seiner Rückkehr von der Wiesbadener Ministerpräsidentenkonferenz zum RGCO gerufen und man teilte ihm mit, es bestehe eine „lebhafte Besorgnis" über das Schicksal des LR. „Man bedauert es ungemein, daß den in dem Protokoll aufgeworfenen Problemen zu wenig Aufmerksamkeit geschenkt wird und keinerlei deutsche Initiative im Sinne der Flottmachung der Länderratsgeschäfte zu erkennen sei." OMGUS arbeite an einer Ausarbeitung genauerer Anweisungen auf der Grundlage der Rede Clays vom 8. 1. 1947. „Es wurde mir auseinandergesetzt, daß die deutsche Seite den größten Vorteil zu verlieren drohe, wenn sie in der Frage der Gesetzgebungszuständigkeit in ihrer bisherigen Passivität verharre." Roßmanns Mahnungen kamen jedoch zu spät. Wenige Tage später wurden die Ministerpräsidenten überraschend zum 23. 2. 1947 nach Berlin zu einer Konferenz mit Gen. Clay gerufen (vgl. Dok.Nr. 9).

ständigkeit gebe. Bisher wünsche man nur, daß sie einmal in irgendeiner Form geschaffen werde.

Er weist weiter darauf hin, daß der Länderrat bisher auch noch keine Zonengesetze erlassen habe. Die drei Ministerpräsidenten haben sich geeinigt, und dann hat jeder für sein Land die Gesetze verkündigt. Da die Ministerpräsidenten keine Gesetzgebungsbefugnis mehr haben, sei automatisch an ihre Stelle das Parlament getreten. Die Parlamente müßten nun zusammentreten und sich, genau so wie früher die Ministerpräsidenten, einigen. Man könne doch nicht deshalb, weil in dem augenblicklichen Übergangsstadium die staatsrechtlichen Verhältnisse nicht klar seien, alles wegwerfen, was man auf der Länderratsebene habe.

Die Militärregierung nehme, wie man wisse, einen Teil der Zuständigkeiten auf der Kontrollratsebene für sich in Anspruch. Im übrigen bestehe die Zuständigkeit der Parlamente. Jetzt wisse man ein Drittes: Daß die Militärregierung für sich das Recht in Anspruch nimmt, in irgendeiner Form ein Gesetz unter Umgehung aller Instanzen für die Zone zu verkünden, wobei sie sich vorbehält, sich in irgendeiner Form der Ministerpräsidenten bei der Verkündung zu bedienen. Als Viertes komme noch dazu: das Gesetzgebungsrecht auf bizonaler Ebene. Hier wisse man bisher nur eines, daß die Verwaltungsräte für sich ein Gesetzgebungsrecht in Anspruch nehmen. Sie beziehen sich dabei auf gewisse Zuständigkeiten, die meist im Artikel 3 enthalten seien, übersehen aber dabei den Artikel 9.[7]

Der Zustand, wie er jetzt sei, sei auf die Dauer nicht haltbar. Richtig sei, wenn man für die Übergangszeit sage: Länderzuständigkeit besteht, soweit keine andere Zuständigkeit besteht. Es müsse der Militärregierung überlassen werden, die Grenze zu ziehen.

MinPräs. Stock stellt fest, daß Klarheit darüber bestehe, daß die Ministerpräsidenten und die Regierungen nicht mehr in der Lage sind, Gesetze ohne Hinzuziehung der Landtage zu erlassen, es sei denn, es handele sich um Anordnungen der Militärregierung. Alles andere müsse durch die Parlamente gehen. Dies sei ein schwieriger Weg, besonders wenn es sich um Reichszuständigkeiten handele. Da müßten aber die Parlamente Verständnis für die Situation gewinnen. Man muß ihnen erklären, daß es Dinge gibt, die sie genehmigen müssen in dieser Übergangszeit, ohne daß sie auf den Inhalt größeren Einfluß nehmen können. Er habe deshalb vorgeschlagen, in die einzelnen Ausschüsse bereits Vertreter zu entsenden, damit die Auffassung der Parlamente dort schon zum Ausdruck kommen könne. Jetzt noch einmal einen Kommentar von deutscher Seite zur Rede von General Clay zu machen, halte er nicht für richtig, da ja auch General Clay gesagt habe, daß er sich über die Abgrenzung nicht klar sei. Er schlage folgende Handhabung vor: Gesetze, die eindeutig Reichszuständigkeiten seien, sollte man nicht in die Parlamente geben, sondern der Militärregierung zuleiten und sie bitten, eine Anordnung zum Erlaß der Gesetze zu geben. Man sollte der Militärregierung die Schwierigkeiten, die aus der Zoneneinteilung entstehen, nicht abnehmen, indem man Gesetze auf Zonenebene erlasse. Es gebe ganz bestimmte Dinge, denen man vom deutschen Standpunkt aus nicht zustimmen könne. Diese Dinge müssen von der Mili-

---
[7] Vgl. die Zusammenstellung der Texte der Vorläufigen Abkommen über die Bildung von Zentralverwaltungen, erstellt von StS Strauß (Z 1/27, Bl. 2–23). Die Artikel 3 der einzelnen Abkommen bezogen sich auf die Zuständigkeiten und besagten, daß von dem jeweiligen Verwaltungsausschuß „Weisungen" herausgegeben werden sollten, die „für alle beteiligten Länder und Verwaltungseinheiten maßgebend" wären. Die Artikel 9 der Abkommen bestimmten jedoch, „Die Gesetze, Rechtsverordnungen und Ausführungsbestimmungen werden in der amerikanischen Zone durch die Länder und in der britischen Zone in der dort vorgeschriebenen Art und Weise erlassen."

tärregierung verordnet werden. Man dürfe sich dann aber auch nicht an der Beratung beteiligen, denn dann würde man viele Einwände zu machen haben. Man müsse der Militärregierung erklären, daß man mit dem Inhalte nicht einverstanden sei. Diese Schwierigkeiten könne man der Militärregierung nicht abnehmen.

MinPräs. Ehard erklärt, daß ihm dieser Weg auch deshalb gefiele, weil damit einer künftigen Reichszuständigkeit in keiner Weise vorgegriffen werde. Sie werde damit weder ausgedehnt noch eingeschränkt. Wenn die Militärregierung für Einzelfälle einen anderen Weg vorschreibe, so möge sie es tun.

MinPräs. Maier faßt seine Auffassung wie folgt zusammen: Die Ministerpräsidenten haben nur ein Gesetzgebungsrecht zusammen mit den Landtagen. Ihre persönliche Stellung haben sie auch nur vom Landtag her. Er glaubt, daß der Fragenkomplex von einer anderen Seite angesehen werden muß. Man müsse sich entscheiden, ob man von sich aus den Weg vorzeichnen oder ob man die Militärregierung Vorschläge machen lassen wolle. Er ist für die erste Möglichkeit.

GS Roßmann führt aus, daß das Bild, das MinPräs. Ehard und MinPräs. Stock entworfen haben, von ihrem Standpunkte aus gesehen sehr logisch und klar sei, aber er wisse aus seinen Erfahrungen und besonders aus seiner Unterredung mit Prof. Pollock, daß dies nicht das Bild sei, das die amerikanische Militärregierung sich gemacht habe. Es sei ein Irrtum, zu glauben, daß die Militärregierung alle Zuständigkeiten in die Länder gegeben habe. Man unterscheide zwischen drei bis vier Zuständigkeiten:

1. Reine Ländergesetze,
2. Länderzuständigkeiten, die sich als Ländergesetze ausdrücken, bei denen aber ein Koordinierungsbedürfnis bei den drei Ländern bestehe, die Militärregierung aber keine unbedingte Notwendigkeit der Koordinierung vorschreibe. Hierzu sei der Länderrat geeignet.
3. Zuständigkeiten, die auf Zonenebene zu erledigen sind. Hier handele es sich, wie er besonders betonen möchte, nicht um Einzelfälle, sondern um eine Kategorie von Fällen. Innerhalb dieser Kategorie gebe es Fälle, bei denen der Länderrat, wenn er es für zweckmäßig halte, an die Militärregierung herantreten könne mit der Bitte, die Gesetze zu verkünden.
4. Der Länderrat soll prüfen, inwieweit die Landtage und die Länder sich Dinge aneignen, die nicht in ihre Zuständigkeit gehören.

Danach käme die bizonale Ebene und dann die Kontrollratsebene. Wenn man von deutscher Seite so tue, als bestände dies alles nicht, was man von amerikanischer Seite in dieser Richtung vorgetragen habe, und gewissermaßen mit Scheuklappen weiterarbeitete, so befürchte Pollock, daß der Länderrat zusammenbrechen werde, weil er ja dann praktisch nichts mehr zu tun habe, wenn seine Tätigkeit nur darin bestehe, die im Länderrat beschlossenen Gesetze von den Landtagen auseinanderpflücken zu lassen. Pollock habe ihn beauftragt, in diesem Sinne mit den Herren zu sprechen.

Es erhebe sich auch die Frage, von wem die Landtage diese Gesetze nach ihrer Zustimmung genehmigen lassen. Von den Landesmilitärregierungen? Die Koordinierung unter den drei Ländern war nie Sache der Landesmilitärregierungen, sondern ging über das Coordinating Office. Die Landesmilitärregierungen hatten lediglich die Genehmigung zur Veröffentlichung zu geben.

Man sehe, daß eine Reihe von Problemen wirksam sei, die man nicht mit geschlossenen Augen betrachten dürfe. Es sei so, daß es wohl für uns sehr erwünscht wäre, wenn General Clay Anweisungen gebe, aber auch in der Vergangenheit habe man nicht immer klare Anweisungen gehabt. Er schlage vor, diese Frage mit Prof. Pollock anläßlich der nächsten Länderratssitzung zu besprechen.⁸

MinPräs. Ehard erklärt, daß man zunächst einmal, um weiterzukommen, folgende Fragen herausstellen müsse:
1. Wie grenzt sich die Zuständigkeit zwischen der Länder- und der Länderratsebene ab und wer bestimmt diese Zuständigkeitsabgrenzung?
2. Wer ist, wenn wir zu einer Gesetzgebungszuständigkeit auf der Länderratsebene kommen wollen, im Augenblick außer der Militärregierung berechtigt, dem Länderrat eine solche Gesetzgebungsbefugnis zu erteilen?

MinPräs. Maier führt aus, daß der Länderrat sich jetzt in einer Situation befinde, aus der er nur herauskommen könne, wenn er der Militärregierung Vorschläge unterbreite. Wie die Sache bei der jetzigen Handhabung laufe, habe in Württemberg-Baden, wenn auch in milder Form, die Behandlung des Betriebsrätegesetzes, der Schlichtungsordnung und der Wahlordnung im Landtag gezeigt.⁸ᵃ

Die Amerikaner haben folgenden Pläne:
1. Es soll ein Länderratsgesetz entstehen, wenn es von amerikanischer Seite gewünscht wird,
2. Es soll ein Länderratsgesetz entstehen, wenn es die drei Ministerpräsidenten wollen.

Dieser letzte Fall scheide praktisch aus, weil die Ministerpräsidenten nur einen diesbezüglichen Beschluß fassen werden, wenn sie der Zustimmung der Parlamente gewiß sein können.

MinPräs. Ehard erklärt, daß es nur zwei Probleme gebe:
1. Die Militärregierung hat den Wunsch, ein Gesetz für die Zone zu erlassen. Frage: Wer soll es erlassen unter Umgehung der Landtage? Antwort: Nur die Militärregierung kann eine Anordnung treffen.
2. Was geschieht, wenn man zu der Erkenntnis kommt, daß ein Gesetz, das auf der Länderratsebene erlassen werden soll, durch die Landtage nicht beschlossen wird? Den Weg, die Militärregierung zu bitten, eine Ermächtigung zu erteilen, halte er in der jetzigen Übergangszeit nicht für gangbar. Man müßte versuchen, auf der Länderratsebene zurecht zu kommen.

StR Wittwer ist der Auffassung, daß man den Vorschlag von MinPräs. Stock, bei Gesetzen, von denen man erkenne, daß sie von den Ministerpräsidenten und von den Landtagen nicht angenommen werden würden, nicht durchführen könne, denn es sei schwer, dies im Anfang schon zu erkennen.

MinPräs. Ehard hält die Ansicht von MinPräs. Stock auch nicht für richtig, denn es werde in vielen Fällen möglich sein, durch Verhandlungen Verbesserungen zu erreichen.

---

⁸ Die nächste LR-Tagung fand am 11. 3. 1947 statt (vgl. Dok.Nr. 10). Die Probleme waren zu diesem Zeitpunkt durch die Besprechung mit Gen. Clay in Berlin (vgl. Dok.Nr. 9) bereits entschieden worden.

⁸ᵃ Bei der Behandlung der Entwürfe eines Durchführungsgesetzes zum Betriebsrätegesetz, einer Wahlordnung und einer Schlichtungsordnung im Landtag war es zu einer sehr heftigen Kritik gegen die vom LR angenommenen Entwürfe und das Gesetzgebungsverfahren gekommen (Württemberg-Baden, Landtag, Verhandlungen, Bd. 1, S. 86–99). Mehrfach wurde von Rednern betont, es sei für den Landtag unzumutbar, Gesetze zu beschließen, an denen er nicht mitgewirkt habe und die er nicht mehr ändern könne. Landtagspräs. Keil kommentierte die Debatte: „Aus dieser Aussprache hat sich ergeben, daß der Landtag entschlossen ist, eifrig darüber zu wachen, daß seine gesetzgeberischen Befugnisse gewahrt werden [...] Das ist er sich selbst und das ist er dem Volke, das ihn hierher entsandt hat, schuldig" (ebenda, S. 99).

MinPräs. Maier ist der Meinung, daß man zu einem praktischen Resultat kommen müsse. Man könne von den Landtagen nicht verlangen, daß sie Dinge beraten und beschließen, die weder von ihnen noch von den Regierungen entworfen worden sind, sondern vom Kontrollrat. Das sei eine gefährliche Sache. Die Abgeordneten sind verpflichtet, die Verfassung, und nur die Verfassung anzuwenden und nur das zu tun, was sie aus ihren politischen Gesichtspunkten heraus für richtig halten. Dies sei nicht der Fall, wenn sie Dinge beschließen müßten, die sie nicht billigen können. Er glaube, daß man sich zu folgender Lösung durchringen müsse:
Wenn von Seiten der Militärregierung in einem bestimmten Falle eine zonale Gesetzgebung für notwendig gehalten werde, so solle sie diese anordnen. Es müßte den Ministerpräsidenten oder besser den Regierungen ein Gesetzgebungsrecht in die Hand gegeben werden in ähnlicher Weise, wie dies früher in der Notstandsgesetzgebung (Artikel 48) der Fall war.
MinPräs. Ehard ist der gleichen Auffassung.
MinPräs. Stock spricht sich gegen die Schaffung eines solchen zonalen Gesetzgebungsorgans aus. Damit würde bestimmten Dingen vorgegriffen werden. Er sei der Auffassung, daß, solange eine Reichsgesetzgebung nicht bestehe, die Erledigung von Reichsangelegenheiten Sache der Militärregierung sei. Wo käme man hin, wenn man die Dinge verewige? Der Länderrat sei eine gute Einrichtung gewesen, um Dinge zu beraten, die über ein Land hinausgingen. Die Militärregierung müsse immer darauf hingewiesen werden, daß die Schuld bei der Zoneneinteilung liege. Er glaube, daß man schneller zu einer bizonalen Verwaltung kommen werde, als es im Augenblick erscheine. Lieber sollten die Parlamente es auf sich nehmen, Gesetzen zuzustimmen, die gebraucht werden, auch wenn sie nicht mit dem Inhalt einverstanden sind. Im übrigen müsse der Schwerpunkt bei der Militärregierung gelassen werden. Er sei gegen die vorgeschlagene Regelung, weil die Gefahr bestehe, daß eine Verewigung dessen erfolge, was man als Notgebilde geschaffen habe.
Bei der Zusammenlegung der Zonen habe man gesehen, wie schnell man sich auseinander gelebt hatte und wie schwer es ist, eine Angleichung zu schaffen. Wie viel schwerer werde es erst mit der russischen Zone sein. Wenn keine Zonenvereinigung komme, bleibe Deutschland ein zerrissenes Land. Die Vereinigung werde länger dauern, wenn man Länderratsregierungen usw. schaffe. „Meine Herren, überlegen Sie sich den Schritt. Ich kann ihn zur Stunde noch nicht mitgehen."
MinPräs. Ehard weist darauf hin, daß ja nicht beabsichtigt sei, von deutscher Seite aus ein eigenes Zonengesetzgebungsrecht zu schaffen, sondern daß die Militärregierung von Fall zu Fall in Form einer Direktive den Auftrag erteilen soll, die Gesetze anzunehmen.

GS Roßmann kommt auf die Ausführungen von MinPräs. Stock zurück. Zunächst möchte er bitten, nicht zu warten, bis die britische Zone ihre Angelegenheiten geordnet habe. Die amerikanische Militärregierung sei für diese Zone verantwortlich. In das System ihrer Verantwortung sei der Länderrat eingebaut als ein Instrument für die Militärregierung sowohl als für die deutschen Stellen. Der Länderrat müsse funktionieren. Man hätte schon im vorigen Jahre einmal eine schwere Krisis gehabt, die schließlich durch gegenseitige Verständigung überwunden werden konnte.[9] Die Verhältnisse seien

---

[9] Gemeint ist die auf Grund heftiger amerik. Kritik an der Arbeit des LR erfolgte Schaffung des Direktoriums im Mai 1946. Vgl. Akten zur Vorgeschichte 1, Dok.Nr. 21.

gegenwärtig ähnliche. Es müsse unbedingt Fühlung mit der Militärregierung aufgenommen werden hinsichtlich der Abgrenzung der Zuständigkeiten. Auch müsse der parlamentarische Beirat so schnell als möglich auf die Beine kommen.

Er führt aus, daß die Erklärungen vom MinPräs. Stock aus Ressentiments kämen, die besonders in Hessen gegen den Länderrat wirksam seien und von Voraussetzungen und Befürchtungen ausgingen, die nicht zutreffend seien. Man fürchte, der Länderrat, der ja nur als Vorstufe für die Einheit gedacht gewesen sei, könnte zu einem Dauerzustand werden. Man dürfe aber nicht vergessen, daß man in einer Zeit der Provisorien lebe, in der eben alles provisorisch sei. Man müsse sich immer vergegenwärtigen, daß der Länderrat keine Schöpfung von deutschen Stellen sei. Er sei den Ministerpräsidenten gewissermaßen von seinen Erzeugern in die Wiege gelegt worden, und man habe ihn nur annehmen oder ablehnen können. In Norddeutschland sei ihm vorgehalten worden, der Länderrat sei ein Rückschritt. Das einzige, was geschehen wäre, sei, daß man die Ministerpräsidenten mit diktatorischen Befugnissen ausgestattet habe, was undemokratisch sei. Er persönlich halte aber die Erteilung von diktatorischen Befugnissen an deutsche unbelastete Persönlichkeiten immer noch für besser als eine 100%ige Zuständigkeit der Militärregierung. Die Herren standen damals vor der Frage, ob sie von dem Instrument Gebrauch machen wollten oder nicht. Sollten sie es ablehnen und warten, bis ihnen in allen Punkte genehme Einrichtungen geschaffen würden? Er glaube, daß der deutschen Bevölkerung durch die Einrichtung des Länderrats ein großer Dienst erwiesen worden sei.[10]

[SenPräs.] *Kaisen* betrachtet die ganze Frage: „Länder – Länderrat – Reich" nicht so sehr von der juristischen Seite, sondern wie der Weg praktisch ist. Er habe aus allen den Verhandlungen seit 1½ Jahren den Eindruck gewonnen, daß das, was sich hier in Süddeutschland gestaltet habe, der Weg zu einer höheren Ebene sein könnte. Es scheine ihm, daß, wenn in jeder Zone dieser Weg gegangen würde, es möglich wäre, zu einem zentralen Punkt zu kommen.[10a] Er sei der Meinung, daß ein Parlamentarischer Beirat

---

[10] Roßmann hatte diese Gedanken, z. T. bis in einzelne Formulierungen übereinstimmend, bereits eine Woche zuvor in einer Ansprache vor den Landesvorständen der SPD von Bayern, Hessen und Württemberg-Baden sowie vor Vertretern der einzelnen Landtagsfraktionen der SPD am 2. 2. 1947 geäußert (Manuskript in: Z 1/15, Bl. 39–50).

[10a] Diese Auffassung über den Weg zu einem künftigen Gesamtstaat vertrat Kaisen auch in einem Gespräch mit Prof. Friedrich (OMGUS) 14 Tage später, am 25. 2. 1947, als dieser ihm die Frage der Gestaltung einer deutschen Zentralregierung in Vorbereitung einer Stellungnahme von OMGUS zu diesem, auf der TO der Moskauer Außenministerkonferenz stehenden Punkt eingehend erörterte (StA Bremen 3–R. 1. n. Nr. 1): „Meine persönliche Meinung wäre die, daß bei der Beibehaltung der Zonen kein anderer Weg übrig bleibe, als in jeder Zone, ähnlich wie in der USA-Zone schon geschehen sei, Länderräte gebildet würden und daß diese vier Länderräte der Zonen sich einen gemeinsamen Rat gäben als Zentralrat. Die gleiche Entwicklung müßte vor sich gehen in Bezug auf den parlamentarischen Beirat, der jetzt in der USA-Zone entstehe neben dem Länderrat. Auch diese parlamentarischen Beiräte könnten sich konstituieren zu einem Zentralrat neben dem Zentralrat der Länder. Es wären dann zwei anerkannte Körperschaften, die zunächst als politische Organ neben die jetzt schon sich entwickelnden fünf Zentralverwaltungen treten könnten. Alle diese Stellen wären Platzhalter natürlich für ein kommendes, aus allgemeinen Wahlen hervorgehendes Reichsparlament, das mit einer aus diesem Parlament hervorgegangenen Regierung die endgültige staatsrechtliche Konstituierung Deutschlands vornehmen könnte. Sollten entgegen meinen Erwartungen in Moskau die vier deutschen Zonen verschwinden, dann könnten auch die Länderräte für die Zonen verschwinden und es bliebe dann eine Lösung, die wie folgt aussehe: Die zwölf Ministerpräsidenten der deutschen Länder treten zusammen zu einem Bundesrat als die oberste Reichsgewalt und daneben tritt ein Parlament, anerkannt nach der Stärke der Parteien und delegiert aus allen Landesparlamenten. Auf die Zahl käme es nicht an, das Stärkeverhältnis der Parteien müßte in diesem Parlament bewahrt bleiben. Diese Konstitution wäre dann auch nur der Vorläufer der künftigen Reichsgewalt."

gebildet werden müßte, der die gleichen Befugnisse haben müsse, wie die Ministerpräsidenten.

[**3. Zusammensetzung des Parlamentarischen Rates beim Länderrat**]

In der Debatte über die Bildung des Parlamentarischen Beirats beim Länderrat kristallisieren sich folgende Standpunkte heraus:

Hessen und Württemberg-Baden sind für Bildung des Beirats mit der Zusammensetzung: je sieben Abgeordnete von Bayern, Hessen und Württemberg-Baden und drei Abgeordnete von Bremen. Sie vertreten die Auffassung, daß eine Differenzierung zwischen den einzelnen Ländern nicht notwendig und auch unerwünscht sei, da der Beirat nur beratende Funktion haben solle und nicht abzustimmen brauche.

Bayern besteht dagegen zunächst auf einer differenzierten Zusammensetzung, da es nicht tragbar sei, daß das große Land Bayern sieben und Bremen drei Vertreter entsende. Im übrigen hält *Präs. Horlacher* die Frage erst für diskutabel, wenn auch in der britischen Zone verfassungsmäßige Einrichtungen bestehen.

[*SenPräs.*] *Kaisen* [...] stimmt der von Hessen und Württemberg-Baden vorgeschlagenen Lösung zu, und zwar besonders deshalb, weil die Lösung dieser Frage auch wichtig sei für die zukünftige Gestaltung des Reichs. Man müsse bei einer künftigen Regelung vermeiden, daß man den größeren Ländern die Entscheidung in die Hand gebe. Es sei unmöglich, mit der Lösung dieser Frage zu warten, bis man in der englischen Zone auch so weit sei.

MinPräs. Stock weist noch besonders darauf hin, daß es sich doch nur um eine Übergangsregelung handeln könne. Es müsse aber auch dort schon vermieden werden, eine Vormachtstellung zu schaffen. Das Ziel sei die Bildung eines Bundesstaates, in dem es keine Überstimmung der Länder geben dürfe.

MinPräs. Maier schlägt, um besonders zum Ausdruck zu bringen, daß es sich um ein Provisorium handelt, eine Begrenzung der Geltungsdauer des vorgesehenen § 17 des Länderratsstatuts[11], in dem die Bildung des Beirats verankert sein solle, bis zum 30. 6. 1947 vor.

Es wird beschlossen, mit den Landtagen im folgenden Sinne zu verhandeln:

Es wird vorgeschlagen, daß die Landtage der Länder Bayern, Hessen und Württemberg-Baden je sieben Vertreter, Bremen drei Vertreter in den Parlamentarischen Beirat entsenden. Es wird festgestellt, daß der Beirat nur beratende und keine beschließenden Funktionen haben soll, daß damit in keiner Weise, weder auf der Länderrats-, noch auf der bizonalen Ebene, einer künftigen Entwicklung vorgegriffen werden soll und insbesondere durch eine etwaige Zustimmung zu dieser Regelung keine Festlegung für künftige Regelungen auf der Ebene des Reiches erfolge. Außerdem soll dieser Vorschlag vorerst begrenzt sein bis zum 30. 6. 1947. Eine Rückwirkung auf die englische Zone werde damit nicht erreicht. Wenn eine Zusammenfassung für die amerikanische und britische Zone notwendig werde, müßten neue Abmachungen getroffen werden.

---

[11] Die Bestimmungen über den Parl. Rat im LR-Statut wurden in der Endfassung als § 15 a eingefügt. Vgl. Dok.Nr. 10 A, TOP 5.

Konferenz MinPräs. US-/brit. Zone   17. 2. 1947 Nr. 8

Nr. 8
Konferenz der Ministerpräsidenten der britischen und amerikanischen Zone in Wiesbaden
17. Februar 1947

BHStA Abt. II MA 130 019, o. Bl., 8 Seiten und 5 Anlagen. Prot. vom 19. 2. 1947, ungez. Ausf.[1]

Anwesend[2]*:*
US-Zone: MinPräs. Ehard, MinDir. Seelos, ORegRat v. Elmenau (Bayern); SenPräs. Kaisen, SenSynd. Stier tom Moehlen, Schütte (Bremen); MinPräs. Stock (Vorsitz), stellv. MinPräs. Hilpert (zeitweise), Min Zinn, StS Brill, StS Strauß, Graf v. Wedel, Presseref. Bartsch (Hessen); MinPräs. Maier, StS Gögler, StS Eberhard (Württemberg-Baden); GS Roßmann (Länderrat)

Britische Zone: MinPräs. Kopf, GesRat v. Campe (Niedersachsen); MinPräs. Amelunxen, Min. Menzel, LegRat Nansen, ORegRat Schröder (Nordrhein-Westfalen); MinPräs. Steltzer, RegDir. Praetorius (Schleswig-Holstein)

Beginn: 9.30 Uhr

[1. Teilnehmer, Tagesordnung, Begrüßung]

An der Tagung der Ministerpräsidenten und Regierenden Bürgermeister der amerikanischen und britischen Besatzungszone in Wiesbaden am 17. 2. 1947 nahmen die in Anlage 1 aufgeführten Herren teil. Der Bürgermeister von Hamburg Brauer hatte sich wegen der besonderen Schwierigkeit der derzeitigen Verhältnisse in Hamburg entschuldigen lassen.

Den Vorsitz führt Ministerpräsident Stock, Hessen.

---

[1] Parallelüberlieferung: 1. Prot. vom 18. 2. 1947, von Roßmann gez., vervielf. Ausf. künftig als „Prot. Roßmann" zitiert; HStA Stuttgart EA 1/2, Nr. 205, Bl. 144–153. 2. Vermerk von Min. Menzel vom 18. 2. 47, „Sitzung der Länderchefs der amerikanischen und britischen Zone am 17. 2. 1947" in: StA Hamburg, Senatskanzlei 2, Az.: 000. 21-9, künftig als „Vermerk Menzel" zitiert.
Verfasser des hier wiedergegebenen Vermerks war ORegRat v. Elmenau, bayer. StK.; die Überschrift lautet „I. Vormerkung. Betr.: Ministerpräsidententagung in Wiesbaden am 17. 2. 47." Auf Bl. 1 ungez. handschr. verfügt „Interz. Verhandlg. z[um] A[kt]." Am Schluß die Verfügungen II. Herrn Ministerpräsidenten, III. Herrn Staatsminister Dr. Pfeiffer vorgelegt. Zum Presseecho der Konferenz vgl. Dok.Nr. 9, Anm. 21. Zur Interpretation des Konferenzgeschehens siehe Gimbel, Konferenzen, S. 12.

[2] Die Anwesenheitsliste ist im „Prot. Roßmann" gegliedert nach Zonen und Ländern, bei v. Elmenau nach der Sitzordnung.
Zeitpunkt und Teilnehmerkreis der Konferenz waren lange strittig geblieben. Zunächst war als Konferenzort Garmisch und als Termin der 13. 2. 1947 vorgesehen worden (vgl. Einladungsschreiben Z 1/230, Bl. 163). Wegen einer am 14. 2. 1947 stattfindenden Sitzung des HptA des ZB in Berlin (vgl. Dok.Nr. 5, Anm. 25) wurde dann der 28. 2. 1947 in Aussicht genommen. Weil für den 22. 2. 1947 jedoch bereits die Umorganisation des ZB erwartet wurde, einigte man sich schließlich auf den 17. 2. 1947 und wählte mit Wiesbaden einen verkehrsgünstiger gelegenen Tagungsort (Z 1/230, Bl. 161–162).
Insbes. GS Weisser hatte sich außerordentlich intensiv darum bemüht, die süddeutschen MinPräs. von seiner Auffassung zu überzeugen, daß die norddeutschen Länderchefs für die in Wiesbaden geplanten Gespräche über die Koordinierung der bizonalen Ämter nicht die zuständigen Gesprächspartner wären; vielmehr könne das nur der geplante Politische Rat des ZB sein und daher sei dieser zu der Konferenz einzuladen. Weisser nutzte seine Anwesenheit bei der 17. Tagung des LR (vgl. Dok.Nr. 6 A) zu zahlreichen Gesprächen mit Min Präs. und Parlamentariern (vgl. den eingehenden Vermerk Weissers vom 11. 2. 1947 in: BT PA 1/34, ferner Vermerk von Weisser vom 27. 2. 1947 in: BT PA 1/85), in denen er immer wieder darauf hinwies, daß die „Zentralangelegenheiten" in der brit. Zone nicht zur Zuständigkeit der Länder gehörten. Die süddeutschen Gesprächspartner hielten es dagegen für ausgeschlossen, entsprechende Einladungen an ihre Parteipolitiker auszusprechen, da der Parl. Rat beim LR noch nicht gebildet sei. Weisser resümierte als Eindruck aus diesen

205

Nr. 8   17. 2. 1947   Konferenz MinPräs. US-/brit. Zone

*Tagesordnung*³:
1. Länder, Zonen und bizonale Einrichtungen,
2. Leitstelle Friedensvertrag,
3. Versorgungsnotprogramm.

Die Teilnehmer wurden durch den Hausherrn, den Präsidenten des Hessischen Landtags *Witte* begrüßt, der einen kurzen Überblick über die Geschichte des jetzigen Landtagsgebäudes, das ehemalige kurfürstlich hessen-nassau'sche Schloß, gab, in welchem oftmals die Zaren und deutsche Kaiser geweilt hatten. Sodann gab *GS Roßmann* den Genehmigungsbescheid der Militärregierungen⁴ zur Wiesbadener Tagung bekannt, in welchem betont war, daß über bizonale Fragen vor der Moskauer Konferenz nicht entscheidend verhandelt werden sollte.

[2. Länder, Zonen und bizonale Verwaltungen]

[...] *MinPräs. Steltzer* [...] [gab] einen Bericht über die voraussichtliche Organisation der britischen Zone.⁵ Der dortige Zonen[bei]rat soll aus zwei Abteilungen bestehen:
a) Allgemeiner Rat der politischen Parteien, für je ½ Million Wähler 1 Stimme, also etwa 11 CDU, 11 SPD, 2 KPD, 4 kleinere Parteien; der Allgemeine Rat kann „Reichsfragen" behandeln.
b) Länderrat der Ministerpräsidenten für die reinen Länderangelegenheiten der britischen Zone mit Koordinationsfunktionen. Die Räte zu a) und b) sind getrennte Gre-

---

Unterredungen: „Die von uns für selbstverständlich gehaltene bundesratsähnliche Mitwirkung der Länder in den Zentralangelegenheiten genügt allen diesen Vertretern [...] nicht, und man gewinnt den deutlichen Eindruck, daß mindestens für einen großen Teil der Beteiligten staatenbundliche Formen des Provisoriums gefühlsmäßig betont gefordert werden, so daß die bekundete Bevorzugung bundesstaatlicher Formen für die Endlösung durch diesen gefühlsbetonten Eifer bei der Verteidigung staatenbündlerischer Provisorien an Gewicht ziemlich verliert." Einen Aufenthalt in München nutzte Weisser zu weiteren Gesprächen mit Ehard, Hoegner und v. Herwarth (vgl. auch BHStA Abt. II MA 130 019, Vermerke vom 11. und 12. 2. 1947). Wenigstens er als GS des ZB und der in Aussicht genommene Vorsitzende des Pol. Beirates, Blücher, müßten eingeladen werden. In seinen Bemühen wurde er durch Anrufe von Min. Menzel, Düsseldorf und v. Campe, Hannover in der bayer. StK unterstützt. Daß er dennoch eine Einladung nach Wiesbaden nicht erhielt, führte er auf eine Einwirkung von MinPräs. der brit. Zone zurück. (Vermerk Weisser vom 27. 2. 1947 in: BT PA 1/85). Weisser gab seinen Kampf nicht auf. Für eine Vorbesprechung der Parteivertreter im ZB vom 20. 2. 1947 bereitete er ein Schreiben an Robertson vor (BT PA 1/85), in dem staatenbündlerischen Formen sowohl als Provisorium als auch als Ziel für die Gestaltung einer Zentralregierung abgelehnt wurden. In eindeutiger Stellungnahme gegen die von den süddeutschen MinPräs. in Wiesbaden vertretenen Auffassungen hieß es: „Eine Zentralregierung in Form eines Direktoriums, gebildet aus den Ministerpräsidenten der Länder würde den künftigen Aufgaben eines demokratischen Deutschlands nicht gewachsen sein." Die Parteivertreter lehnten seinen Entwurf jedoch ab (ebenda, Vermerk vom 17. 3. 1947). Diese Aktivitäten brachten ihm seitens der MilReg. den Vorwurf ein, er ergreife einseitig Partei gegen die Gruppe der MinPräs. im ZB (Vermerk Weisser vom 22. 2. 1947 in: BT PA 1/85; ebenda ausführliche apologetische Stellungnahme Weissers vom 27. 2. 1947). Weisser dachte an Rücktritt. Er hätte seine schwierige Aufgabe als GS überhaupt nicht übernommen, wenn er nicht überzeugt wäre, daß die auf das ganze Deutschland gerichtete Politik der Parteien die im deutschen Interesse weiterblickendere sei.

³ „Prot. Roßmann" nennt als TO: 1. Koordinierung der bizonalen Ämter, 2. Schaffung einer Leitstelle für die deutsche Vorbereitungsarbeit zum Friedensvertrag.

⁴ RGCO an Roßmann vom 7. 2. 1947 (Z 1/242, Bl. 130, Übersetzung in: Z 1/76, Bl. 334). Darin hieß es: „Es dürfte Ihnen jedoch klar sein, daß es bei einer solchen inoffiziellen Konferenz unzulässig ist, organisatorische Maßnahmen zu treffen oder Beschlüsse zu fassen, die die jetzt bestehenden bizonalen Beziehungen berühren."

⁵ Im folgenden referiert MinPräs. Steltzer das Ergebnis der Besprechung vom Gen. Robertson mit dem HptA des ZB vom 14. 2. 1947 in Berlin (vgl. Dok.Nr. 5, Anm. 25).

mien. Der Länderrat kann auch zu allgemeinen Fragen Stellung nehmen, aber dann wird seine Stellungnahme über den Allgemeinen Rat weitergeleitet. Einschränkungen bestehen auch hinsichtlich der Zuständigkeiten der Militärregierung, die vom politischen Rat nicht behandeln lassen will, u. a.
Beziehungen zu anderen Mächten,
Reparationsfragen,
Wiedergutmachung,
Kriegsschulden,
Eigentumskontrolle,
Besatzungskosten,
Grenzfragen und dergl.[6]

MinPräs. Steltzer betont eine Andeutung Robertsons[7], daß die Westzonenorganisation rasch weiter entwickelt werden soll, wenn es in Moskau zu keiner Einigung kommt. Auch jetzt kann die Zusammenarbeit der beiden Zonen schon eingeleitet werden. Steltzer wirft die Frage nach gemeinsamer Planung auf dem Gebiet des Gesundheitswesens auf, wofür ein norddeutscher Antrag vorliegt.[8]

MinPräs. Ehard stellt fest[9], daß nach dem Bericht Steltzers die Zuständigkeit des Allgemeinen Rates nur beratender Natur ist. Er stellt dem die Lage in der US-Zone gegenüber, wo die Landtage unbeschränkt zuständig sind, eingeschränkt nur durch die für die Militärregierung gemachten Vorbehalte. Der Parlamentarische Rat [des LR] der US-Zone wird nur beratender Natur sein, er ist ohne Rücksicht auf politische Stärkeverhältnisse zusammengesetzt. Ehard bemängelt die Unverantwortlichkeit des Allgemeinen Rates der britischen Zone und wirft die Frage der Gesetzgebungsbefugnis der Zweizonenräte auf. Hierzu weist der bayer. Ministerpräsident darauf hin, daß nicht die fünf Räte jeder für sein Gebiet gesetzgebungsbefugt sein könnten. Wir hätten sonst fünf Gesetzgebungsapparate, von welchen jetzt schon zwei z. B. ein Lizenzierungsgesetz[10] erlassen zu wollen erklären.

MinPräs. Kopf[11] [...] betont, daß der Länderrat in der britischen Zone nur koordinierende Funktion auf dem wenig umfangreichen Gebiet der Länderzuständigkeiten habe. Was hierüber hinausgeht, könne nur zusammen mit dem Allgemeinen Rat behandelt

---

[6] Nach „Prot. Roßmann" wurde ferner genannt: Fragen der allgemeinen alliierten Politik, Entmilitarisierung, Vermögenssperre und alle Fragen, die in die Zuständigkeit der Militärgouverneure gehörten.

[7] Nach „Prot. Roßmann" bezog sich Steltzer hier auf private Besprechungen mit Gen. Robertson.

[8] Vgl. Dok.Nr. 5, TOP 242.

[9] Im „Prot. Roßmann" sind Ehards Ausführungen wesentlich ausführlicher wiedergegeben und enden mit einem konkreten Vorschlag. „Ein völlig unerträglicher Zustand würde es sein, wenn fünf verschiedene Gesetzgebungsorgane in den bizonalen Räten vorhanden seien, wobei man noch bedenken müsse, daß die Zuständigkeitsgrenzen bei diesen Räten sehr labil seien. Man müsse zu einer Rechtseinheit kommen. Man wolle ein künftiges Reich nicht von vornherein zerstören, sondern vorbereiten. Das Aufspalten der Gesetzgebung sei keine Vorbereitung des künftigen Reiches. Man müsse sich ganz klar darüber werden, daß irgendeine Koordination der Verwaltungsräte stattfinden müsse. Das sei das Ziel. Gegenwärtig befinde man sich im Hinblick auf Moskau in einem schwierigen Übergangsstadium. Dennoch müsse auch heute schon irgendeine Koordination stattfinden, vielleicht in der Form einer Zusammenkunft der Ministerpräsidenten mit den Leitern der bizonalen Verwaltungsämter; der Weg zu einer Koordination könne aber nur über die Ministerpräsidenten führen."

[10] Vermutlich ist u. a. die geplante Warenverkehrsordnung des VRW gemeint.

[11] Nach „Prot. Roßmann" folgte auf die Ausführungen Ehards zunächst MinPräs. Stock, der unterstrich, „daß man unter allen Umständen zu einem Ergebnis kommen könne. Dies wäre möglich in der Form eines Koordinationsausschusses für beide Zonen."

werden. *Dies würde sich auch nach den Wahlen nicht ändern.*[11a] Auch die Minister in den bizonalen Räten sind, soweit sie aus der britischen Zone stammen, nicht den Länderkabinetten verantwortlich, sondern sie sind Beauftragte der Militärregierungen.
MinPräs. Maier [...] weist darauf hin, daß man inkongruente Einrichtungen zu koordinieren habe.[12]
MinPräs. Amelunxen[13] [...] erwidert hierauf, daß die Herren aus der britischen Zone über die bizonalen Organisationen gar nicht reden könnten, denn das sei allein eine Zuständigkeit des Allgemeinen Rates.
StS Strauß[14] befürchtet unter diesen Umständen, daß eine bizonale Koordination nur länderintern möglich sei, während *GS Roßmann* vorschlägt, daß die Länderratssekretariate beider Zonen eine solche Koordination zunächst für das Gebiet der gemeinsamen Zuständigkeiten der Länderebene, später dann vielleicht für das bizonale Gebiet versuchen sollten.[15]
MinPräs. Kopf wirft ein, letzteres könnten die Herren der britischen Zone nicht, [*SenPräs.*] *Kaisen* erwidert ihm „Ihr könnt schon, aber ihr wollt nicht".

[11a] Die Landtagswahlen fanden in der brit. Zone am 20. April 1947 statt. Zu den Ergebnissen vgl. Dok.Nr. 34, Anm. 8a.

[12] „Prot. Roßmann": „Man dürfe bei allem nicht nur die Hindernisse sehen, sondern müsse erkennen, daß man vor einer praktischen Aufgabe stünde. Die bizonalen Einrichtungen seien da. Es sei unsere Aufgabe, die bizonalen Dinge mehr in die Kontrolle der Länder zu bringen. Es müßten gewisse Wege in beiden Zonen gefunden werden, damit es einigermaßen gehe. Wir seien alle gegenwärtig in unsere Methode verliebt, damit komme man aber nicht weiter. Man müsse einen rein praktischen Weg finden. Nach seiner Ansicht müsse man prüfen, inwieweit die beiden verschiedenen Konstruktionen aneinander und aufeinander passen. Da finde er den Gedanken sehr gut, daß die Länderräte der britischen und der US-Zone sich einander näherten. Er sehe es nicht für absolut unmöglich an, den parlamentarischen Rat der britischen Zone grundsätzlich als gleichwertig anzusehen und zu gemeinsamer Arbeit zusammen zu bringen. Doch sei dies nicht so absolut entscheidend. Die Verfassungen aller drei Länder sehen vor, den bizonalen Einrichtungen die Lebensmöglichkeit zu geben. Bei der Frage, wie man die beiden Länderräte vereinige, sei daran zu denken, alle bizonalen Einrichtungen so zu gestalten, daß die Ministerpräsidenten beider Zonen die Verantwortung für sie übernehmen könnten."

[13] Ganz anders die Ausführungen von Amelunxen im „Prot. Roßmann": „die Bildung eines ständigen Sekretariates des Länderrates der britischen Zone stände bevor. Er sehe einen Weg darin, daß die beiden Sekretariate in bizonalen Angelegenheiten zusammenwirkten und sich aus diesem Zusammenwirken ein Koordinierungsausschuß entwickeln könne."

[14] In „Prot. Roßmann" folgen Ausführungen des hess. Min. Zinn.

[15] Nach „Prot. Roßmann" führte Strauß ferner aus: „Man solle nicht so viele Bedenken haben, denn den Ministerpräsidenten der amerikanischen Zone sei in der schärfsten Form die Verantwortung der bizonalen Einrichtungen auferlegt worden. Es verstieße gegen alle moralischen Grundsätze, jemanden eine solche Verantwortung aufzuerlegen, wenn man ihm nicht zugleich Mittel in die Hand gebe, diese Verantwortung auch tatsächlich zu tragen. Im Grunde sei es in der britischen Zone auch so, denn im Falle des Versagens würde die Bevölkerung für etwaige Versäumnisse in erster Linie die Regierung verantwortlich machen. Daß durch Leitung und Koordinierung an sich nicht mehr Brot und Kohle geschaffen werde, wüßten wir alle. Darum ginge es auch nicht. Es ginge darum, Stockungen zu beseitigen und Vorkehrungen zu treffen, daß notwendige bizonale Gesetze und Verordnungen so schnell wie möglich bis zur letzten Instanz in beiden Zonen durchdringen. Man solle eine Zusammenkunft der Ministerpräsidenten und der Leiter der bizonalen Stellen organisieren und mit der Koordination praktisch anfangen. Angesichts des politischen Gewichts, das den Ministerpräsidenten innewohne, glaube er nicht, daß es einen Leiter der bizonalen Ämter geben werde, der sich gemeinsamer Wünsche der Ministerpräsidenten widersetze. Auf diese Weise werde auch ohne offiziellen Auftrag und ohne schriftlich formulierte Ermächtigung die tatsächliche Koordinierung auf Grund politischer Machtverhältnisse erreicht."

Es ist hier zu erwähnen, daß der stellv. MinPräs. Menzel, Nordrhein-Westfalen[16], welcher zwischen dem MinPräs. Kopf und Amelunxen sitzt, während der ganzen Verhandlungen auf die beiden letztgenannten Herren heftig eingewirkt hat und sie ständig unter einer unmittelbaren, nahezu körperlichen Kontrolle hielt.

MinPräs. Ehard betont, daß eine lose Koordination in offizieller Art unbedingt möglich sein müsse und befürwortet eindringlich einen Versuch in dieser Richtung, da die bizonalen Räte endlich arbeitsfähig werden müßten.

MinPräs. Steltzer [...] der sich im Gegensatz zu seinen beiden Kollegen der gleichen Zone befindet, glaubt, daß eine solche Möglichkeit gegeben ist. Trotz des Fehlens einer ausdrücklichen Zuständigkeit würden die schleswig-holsteinischen Minister, welche Vertreter in den bizonalen Räten sind, vom Kabinett angewiesen und koordiniert.

MinPräs. Maier [...] wirft die Frage eines gemeinsamen Länderratsdirektoriums für beide Zonen auf, das zunächst mehr oder minder inoffiziell alle zwei Wochen zusammentritt und koordiniert.

MinPräs. Kopf lehnt ab[17], da der Länderrat der englischen Zone sich mit bizonalen Fragen nicht befassen dürfe.

Steltzer widerspricht und betont, daß Robertson ihm gesagt habe, gegen eine inoffizielle Koordination sei nichts einzuwenden.[18] Die Auseinandersetzung droht ergebnislos zu werden, weshalb vor der Mittagspause eine Sonderbesprechung beider Zonen eingeschaltet wird.[19]

---

[16] Die Bemerkung gewinnt an Bedeutung, wenn man berücksichtigt, daß Min. Menzel in einem Vermerk vom 12. 2. 1947, der ORegRat v. Elmenau zur Kenntnis gegeben worden war, als „Exponent Dr. Schumachers" bezeichnet worden war. (BHStA Abt. II MA 130 019, vgl. auch Anm. 20 und die Charakterisierung seiner Person bei Foelz-Schroeter, Föderalistische Politik, S. 122). Menzel war auch der führende Kopf in der staatsrechtlichen Diskussion im Rahmen des verfassungspolitischen Ausschusses der SPD, der seit Sept. 1946 „Richtlinien über den Aufbau der Republik" erarbeitete, die vom Parteivorstand am 13. 3. 1947 gebilligt und vom Parteitag in Nürnberg Ende Juni 1947 nach Erläuterungen von Menzel angenommen wurden (Materialien in: FESt/ADS Best. Schumacher, J. 99, Verfassungsfragen nach 1945). In diesen Richtlinien, die zum Zeitpunkt dieser Konferenz bereits weitgehend ausgearbeitet vorlagen, wurde der Gedanke eines Staatenbundes als Staatsform für ein Gesamtdeutschland strikt abgelehnt und ein Bundesstaat mit einem auf Grund eines allgemeinen, gleichen, unmittelbaren und geheimen Wahlrechts gewählten Reichstag und von den Landtagen gewählten Reichsrat gefordert. (Abdr. der Richtlinien in: Flechtheim, Dokumente III, 2. Teil, S. 31–34; siehe auch Sörgel, Konsensus und Interessen, S. 59–62).

[17] In seiner Unterredung mit dem Regional Commissioner vom 25. 2. 1947 begründete Kopf seine ablehnende Haltung mit dem Bemerken: „Es war offensichtlich, besonders von bayerischer Seite, daß eine Konföderation der Länder gewünscht wurde" (HStA Hannover Nds Z 50 Acc. 32/63 Nr. 92 II). Im Kabinettsprot. vom 19. 2. 1947 (Nds Z 50 Acc. 32/63 Nr. 61) hieß es: „Der von süddeutscher Seite ausgehende Vorschlag, die Leiter der bizonalen Ämter unter die Kontrolle der Ministerpräsidenten zu stellen, ist nach Ansicht des Kabinetts mindestens in der jetzigen Zeit noch abzulehnen." v. Campe unterstrich „mindestens in der jetzigen Zeit" und setzte ein Fragezeichen an den Rand.

[18] Nach „Prot Roßmann" bezog sich Steltzer wiederum auf eine private Unterredung mit Gen. Robertson. Er habe den unzweifelhaften Eindruck gewonnen, daß es der brit. MilReg. sehr angenehm wäre, wenn die Deutschen die Angelegenheiten in die Hand nehmen und einen gangbaren Weg finden würden. Menzel meint dazu: „Ich glaube, daß Robertson mißverstanden worden sein muß, denn diese Erklärung würde im völligen Gegensatz zu der bisherigen Politik der brit. Besatzungsmacht und der VO. 57 stehen" (vgl. „Vermerk Menzel").

[19] Über diese Sonderbesprechung ließen sich Aufzeichnungen nicht ermitteln.

Ein daraus sich ergebender Vorschlag Menzels[20] wird nach der Mittagspause diskutiert und im wesentlichen abgelehnt.

Die *MinPräs. Kopf* und *Amelunxen* bestreiten nunmehr ausdrücklich die Möglichkeit, an einer bizonalen Koordination mitzuwirken. Es wird die Frage einer Zusammenkunft der Ministerpräsidenten beider Zonen mit den Vorsitzenden der fünf bizonalen Verwaltungsämter erörtert.

MinPräs. Ehard hält einen etwa 10–12 Minuten langen äußerst eindrucksvollen Vortrag, in dem er überzeugend folgende Auffassung vertritt. Die zwischen den heutigen Zuständigkeiten der Länder der britischen Zone und den heutigen Zuständigkeiten des Allgemeinen Rates (Zonenrat) gezogenen Grenzen seien völlig willkürlich und könnten in keiner Weise die Abgrenzung zwischen der künftigen Länderzuständigkeit und künftigen Reichszuständigkeit präjudizieren, vielmehr seien es lediglich Abgrenzungen zwischen den jetzigen Länderzuständigkeiten und den Rechten, die sich die Militärregierung zur Zeit noch vorbehält, sich bei ihrer Ausübung aber vom Allgemeinen Rat (Zonenbeirat) beraten läßt. Nun würden gewisse Leute in der britischen Zone diese Situation dazu benutzen wollen, um die Kompetenzen der Länder zu schmälern und dadurch ein richtiges Fungieren der Zweizonenräte verhindern. Die heute willkürlich gezogene Grenze zwischen Länderzuständigkeiten und den Zuständigkeiten des Allgemeinen Rates könne sich jede Stunde ändern.

Daraufhin wird die Notwendigkeit *einer* Konferenz zwischen den Ministerpräsidenten und den Vorsitzenden der Zweizonenräte beschlossen.[21]

GS Roßmann und StS Strauß arbeiten die als Anlage 2 beigefügte Entschließung aus, welche angenommen wird. Kurz vor der Beschließung dieser Erklärung äußert *Menzel* gegen Absatz 2 Bedenken, da die Zweizonenverwaltungen doch nicht auf die Länder angewiesen sein könnten, nachdem sie den Ländern übergeordnet seien und die Länder ihnen gegenüber den Rang von Mittelinstanzen einnehmen.

Ehard verwahrt sich mit starkem Nachdruck und in aller Form gegen diese Auffassung und erklärt unter diesen Umständen der Entschließung (Anlage 2) nur zustimmen zu

---

[20] Der Inhalt dieses Vorschlags wird in seinen Einzelheiten auch im „Prot. Roßmann" nicht deutlich. Min. Menzel informierte am 19. 2. 1947 den SPD-Parteivorstand in Hannover über die Wiesbadener Besprechung und berichtete über dessen Reaktion: „Alle Genossen stimmten mir bei, daß alles getan werden müsse, damit die süddeutsche Auffassung nicht zum Siege komme, weil sie eine Gefährdung der gesamten politischen Entwicklung für den künftigen Reichsaufbau darstelle". (Menzel an IMin. Lüdemann, SenPräs. Kaisen, Bgm. Brauer und Agartz vom 22. 2. 1947 in: StA Hamburg, Senatskanzlei 2, Az: 000. 21–9). Im Namen der hannoverschen Genossen bat er, auf der in Aussicht genommenen Besprechung der MinPräs. mit den Leitern der Zentralämter der süddeutschen Meinung energisch entgegenzutreten. Zu den Bemühungen von GS Weisser, die süddeutschen Pläne zu torpedieren vgl. Anm. 2.

[21] Menzel (vgl. Vermerk) beschrieb diesen Kompromiß folgendermaßen: „Die Absicht der süddeutschen Länderchefs, sofort einen Beschluß der Chefs beider Zonen herbeizuführen, wonach sich die Länderchefs beider Zonen zum übergeordneten Koordinierungsausschuß der bizonalen Zentralämter erklären sollten, wurde im letzten Augenblick durch den sehr energischen Hinweis Norddeutschlands verhindert, daß ein solcher Beschluß weder gegenüber dem neuen politischen Zonenbeirat in Hamburg, noch gegenüber der britischen Militärregierung effektuiert werden könnte. Es gelang, die endgültige Klärung dieser Frage auf eine demnächst in Stuttgart stattfindende gemeinsame Sitzung der Länderchefs beider Zonen und der Leiter der bizonalen Zentralämter zu vertagen. [...] es besteht kein Zweifel, daß man von Süddeutschland aus mit aller Energie auf eine Unterordnung der bizonalen Zentralämter hinarbeiten wird und zwar auch unter Ausnutzung sehr erheblicher Druckmittel. So erklärte der GS Roßmann [...], daß man den 'Herren' – gemeint waren die Herren der bizonalen Zentralämter – mit aller Deutlichkeit klarmachen müsse, welche Konsequenzen sie auch persönlich auf sich nähmen, wenn sie der süddeutschen Auffassung sich nicht beugten und die Länder demnächst die restlose Gewalt über alle Fragen der bizonalen Zentralämter erhalten würden."

können, wenn zu Protokoll genommen wird, daß die Länder den Zweizonenverwaltungen nicht untergeordnet sind, sondern lediglich auf gewissen Gebieten gehalten sind, die Entschließungen der Zweizonenräte auszuführen. Der Wortlaut des Einspruchs Ehards[22] wird zu Protokoll genommen.

Als Ort für die Zusammenkunft der acht Regierungschefs mit den Leitern der fünf bizonalen Ämtern wird Stuttgart bestimmt, als Termin der 27. 2. in Aussicht genommen.[23]

[3. Leitstelle zur Vorbereitung eines Friedensvertrages]

Im Laufe der Vormittagsverhandlungen über die Zweizonenräte hatten sich die Sachbearbeiter für Fragen der Leitstelle zu einer Sonderbesprechung zurückgezogen. Über ihren Verlauf wird *Seelos* Bericht nachreichen.[24]

Am Nachmittag berichtet *StS Brill,* Hessen, über den Stand der Vorarbeiten in den verschiedenen Ländern. In Bayern sei eine interministerielle Konferenz[25] ins Leben gerufen worden, in Württemberg-Baden ein Staatssekretariat[26] geschaffen, in Hessen Generalreferenten im Wirtschaftsministerium, Finanzministerium und in der Staatskanz-

---

[22] „Prot. Roßmann": „Ich möchte sagen, daß ich dieser Formulierung als äußerstes nur dann zustimmen kann, wenn gleichzeitig Einverständnis darüber besteht, daß darin nicht in irgendeiner Form ausgesprochen wird, daß die Zweizonenverwaltungen befugt seien, den Ländern Weisungen zu geben."

[23] Der Termin wurde zunächst um einen Tag, auf den 28. 2. 1947 verschoben, am 21. 2. 1947 wegen Verhinderung der MinPräs. aus der brit. Zone auf den 1. 3. 1947 verlegt. Am 24. 2. 1947 untersagte das RGCO die Besprechung überhaupt. (Unterlagen zur Vorbereitung der Tagung in: Z 1/230, das Verbot des RGCO ebenda, Bl. 118). Den MinPräs. der US-Zone war das Verbot bereits am Tag zuvor während der Konferenz in Berlin von Gen. Clay mitgeteilt worden (vgl. Dok.Nr. 9).
Die Vorsitzenden der Verwaltungsräte wollten die Besprechung auf ihrer 6. Sitzung am 24. 2. 1947 vorbereiten, als sie zu Beginn ihrer Tagung telefonisch von StS Strauß die Nachricht erhielten, die Konferenz mit den MinPräs. werde nicht stattfinden. Der Leiter des VA für Wirtschaft, Dr. Agartz, (vgl. Anm. 20) hatte diese Sitzung nicht besucht. (Ergänzungsbericht zum Prot. über die 6. Sitzung der Vorsitzenden der Verwaltungsräte in: Z 8/50, Bl. 91).

[24] Aufzeichnung über die Besprechung in Wiesbaden am 17. 2. 1947 über die Einrichtung einer Leitstelle zur Vorbereitung der Friedensverhandlungen vom 19. 2. 1947: Entwurf von Seelos mit Korrekturen BHStA Abt. II Bevollm. Stuttgart 161; Ausfertigung in: BHStA Abt. II MA 130 021. Eine nicht sehr ergiebige Parallelüberlieferung: Vermerk von StS Eberhard vom 19. 2. 1947 in: Z 35/2, Bl. 109–113.
In dieser Besprechung wurde zunächst über die bereits bestehenden Aktivitäten der einzelnen Länder berichtet. SenSynd. Stier tom Moehlen informierte über die im Rahmen des ZB von den Parteiführern getroffenen Beschlüsse: Die Parteiführer hätten zugestimmt, daß zunächst die Länder die Arbeiten der Leitstelle führten und auch die personelle Besetzung vornähmen. „Daß die Parteien der Besetzung der Leitstelle mit geeignetem Personal den Ländern zugestanden haben, sei vor allem darauf zurückzuführen, daß man nicht die KPD und damit russischen Einfluß an einer solchen Stelle zur Geltung kommen lassen wolle."

[25] Die erste dieser Koordinierungsbesprechungen fand am 3. 2. 1947 statt; sie sollten wöchentlich jeweils montags 9.00 Uhr stattfinden. (Vermerk von Elmenau vom 7. 2. 1947 in: BHStA Abt. II MA 130 437; dort auch Material zur Errichtung dieser Konferenz. Prot. einzelner Zusammenkünfte in: MA 130 859 sowie AZ.: 0201, Bd. 2). In einem Memorandum über Zweizonenorganisationen und bayer. Regierungspolitik wurden den Ressorts zugleich Leitlinien für ihr Verhalten an die Hand gegeben. Die Rechtsvermutung der Zuständigkeit zu Gunsten der Staaten wurde unterstrichen und darüber hinaus empfohlen, bei Beschlüssen, die wichtige Interessen des bayer. Staates außer acht lassen, jedoch nicht zu verhindern sind, vom Recht eines Minderheitsvotums Gebrauch zu machen (BHStA Abt. II MA 130 437).

[26] Leiter war StS Eberhard, der spätere Leiter des Deutschen Büros für Friedensfragen.

lei²⁷ vorgesehen, in Niedersachsen die bekannte Arbeitsgemeinschaft²⁸ ins Leben getreten, in Schleswig-Holstein eine Kommission von Geographen, Juristen und Historikern²⁹ gebildet worden, in Bremen ein Plan³⁰ aufgestellt und in Nordrhein-Westfalen Arbeiten durch *Budde* und ?³¹ eingeleitet worden. Bedeutsamer aber als dies alles sei, daß in Berlin eine Konferenz der Zentralämter der sowjetischen Zone gemeinsam mit den Vertretern der vier politischen Parteien, des FDGB und der Frauenverbände einberufen worden sei.³² Diese Konferenz hat sich zu befassen mit der Aufstellung eines Komités, welches beschäftigt ist

1. einen deutschen Verfassungsvorschlag auszuarbeiten,
2. eine Vertretung auf der Moskauer Konferenz zu planen,
3. Vorschläge für eine deutsche Reichsregierung hinsichtlich Organisation und personeller Zusammensetzung zu machen. Dieses Komité würde rasche Arbeit tun und, wenn die Richtung feststehe, würde man den Parteien der anderen Zonen die Akklamation gestatten.

Brill unterbreitet den von dem Arbeitsausschuß am Vormittag unterbreiteten Plan (Anlage 3), der auf starke Bedenken besonders der Herren Kopf und Amelunxen stößt. Beide Herren schlagen andere Sitze vor, nämlich Göttingen bzw. Düsseldorf. Das auch genannte Stuttgart wird abgelehnt, um sich nicht dem Vorwurf von russischer Seite auszusetzen, daß diese Hochburg des amerikanischen Kapitalismus (!) in der neuen Organisation maßgebend sei.

MinPräs. Kopf fragt, wer denn die Auswertung übernehmen soll. Die *MinPräs. Ehard* und *Maier* vertreten die Auffassung, daß dies ein späteres Problem sei, daß aber die Auswertung nicht Angelegenheit der Länder sein könne. *Kopf* protestiert nun dagegen, daß Herr v. Dirksen und Herr v. Herwarth Material angefordert hätten.³³ Es wird klar-

---

[27] In der Vorbesprechung (vgl. Anm. 24) hatte StS Brill erklärt, die Anfänge der Arbeiten gingen in Hessen auf den Aug. 1946 zurück. Im WiMin. sei ein Generalreferent für Reparationsfragen, im FinMin. ein Generalreferent für die Kriegsschulden ernannt worden. Diese verschiedenen Stellen würden nunmehr im StMin. als dem politischen Zentrum zentralisiert werden.

[28] Zur Arbeitsgemeinschaft vgl. Dok.Nr. 1 C, Anm. 5.

[29] Führend tätig war in der Kommission Prof. Wilhelm Gülich (1895–1960), Leiter der Bibliothek des Instituts für Weltwirtschaf Kiel, Landrat in Ratzeburg und Vorsitzender des Schleswig-Holsteinischen Landkreistages.

[30] Es handelt sich vermutlich um einen Arbeitsplan für die Bearbeitung von Reparationsfragen unter Leitung von Sen. Harmssen. Vgl. Dok.Nr. 4, Anm. 54.

[31] Gemeint ist MinDir. a. D. Carl Spiecker (vgl. Dok.Nr. 4, Anm. 30). Dessen Arbeiten wie auch die von Budde (vgl. Dok.Nr. 1 C, Anm. 5) waren in der Expertenbesprechung vom Vertreter Nordrhein-Westfalens jedoch als privat bezeichnet worden.

[32] Vgl. die Neue Zeitung, Nr. 13, 14. 2. 1947, S. 1, Artikel: Pläne der Parteien für Moskau: „Am 10. Februar hat in Berlin auf Einladung des Präsidenten der Zentralverwaltung für Justiz in der Sowjetzone eine erste Fühlungnahme der Parteiführer der Ostzone stattgefunden, um die Einreichung gemeinsamer Vorschläge für die Moskauer Konferenz zu beraten." Es sei ein Ausschuß vorgeschlagen worden, der politische und wirtschaftliche Fachleute zur eventuellen Teilnahme an der Moskauer Konferenz vorschlagen solle. Ferner solle der Ausschuß einen Verfassungsentwurf für Gesamtdeutschland und eine Ministerliste für eine provisorische Regierung vorbereiten. Zu den Bemühungen um die Bildung einer nationalen Repräsentation durch die Parteien vgl. im übrigen Dok.Nr. 33, Anm. 3.

[33] Kopf bezog sich vermutlich auf eine telegrafische Bitte Ehards vom 21. 1. 1947 um Übermittlung von weiterem Material der Forschungsgemeinschaft, nachdem bereits im Januar 1947 dem amerikanischen Generalkonsulat in München die Schlesiendenkschrift und der Atlas über die schlesische Landwirtschaft übergeben worden waren, die einen „günstigen Eindruck" gemacht hätten. (Vgl. HStA Hannover Nds Z 50 Acc. 32/63,

gestellt, daß das von Herrn von Herwarth angeforderte Material an den amerikanischen Generalkonsul hätte gehen sollen. *Menzel* protestiert hier nachdrücklich und erklärt, die Übergabe an einen USA-Vertreter sei gleichbedeutend mit einer Auswertung. Letztere müßte aber nach den Hamburger Beschlüssen[34] eine Sache der Parteien unter allenfallsiger Zuziehung der Ministerpräsidenten bleiben.
Auch [*SenPräs.*] *Kaisen* will die politischen Parteien an der Auswertung führend beteiligen.
Ehard und *Stock* wenden ein, daß die Parteien in der US-Zone keine Zonenparteien seien. Wenn man die Parteien beteilige, müsse man auch die Bauern, die Gewerkschaften usw. heranziehen. Es ergibt sich eine eingehende, teilweise heftige Debatte über die Beteiligung der Länder bzw. der Parteien an der Auswertung des Materials. In eine Einzelberatung der Anlage 3 wird eingetreten. Schon beim Sitz macht die Einigung Schwierigkeiten, für Frankfurt stimmen die drei süddeutschen Ministerpräsidenten, Steltzer und Kaisen, Amelunxen und Kopf enthalten sich. Als in der Beratung fortgefahren werden soll, verlangt *Amelunxen* plötzlich, daß die Beratung nur in Anwesenheit der Ministerpräsidenten und [SenPräs.] Kaisens weitergeführt werden solle. Trotz Widerspruchs von Stock und Ehard bleibt Amelunxen auf seiner Forderung. Die genannten Herren ziehen sich zurück. Mit ihnen aber auch Menzel. Als Hilpert dies sieht, erklärt er, auch teilnehmen zu wollen, da er ebenso wie Menzel stellv. Ministerpräsident sei. Nach kurzer Zeit kommt er jedoch aus der Klausur, wenige Minuten später auch Menzel.
Nach längeren Beratungen wird die als Anlage 4 beigefügte Entschließung bekanntgegeben.[35]

---

45 I sowie BHStA Abt. II, MA Az.: 0201 Bd. 1.) Ehard bat, die Bedenken gegen die Übergabe des Materials durch die bayer. StK. wegen der Dringlichkeit der Sache, wenn irgend möglich, zurückzustellen. In Hannover wurde jedoch entschieden, Prof. Obst, der Leiter der Forschungsgemeinschaft, solle das Material als privates übersenden. (Ebenda, Vermerk v. Campe vom 26. 2. 1947, vgl. auch BHStA Abt. II MA 130 021.) Darunter befand sich auch eine Denkschrift „Braucht das polnische Volk die deutschen Ostgebiete", in der die Frage u. a. mit dem sehr fragwürdigen Argument verneint wurde, daß Polen im Kriege mehrere Millionen Menschen, darunter auch zwei bis drei Mill. Juden, verloren habe (BHStA Abt. II MA Abg. 1973 Büro f. Friedensfragen Bd. 2, v. Herwarth an v. Wietersheim, 25. 1. 1947).
Die Möglichkeit den Amerikanern Material über die Ostgebiete zuzuspielen, das die deutschen Interessen vertrat, hatte sich insbes. aus der Tätigkeit des Political Advisors bei OMGUS, Robert Murphy, ergeben, in dessen Dienststelle im Jan./Febr. 1947 Denkschriften über die künftige Grenzziehung zwischen Deutschland und Polen in Vorbereitung der Moskauer Konferenz erarbeitet wurden, die die Bedeutung der Ostgebiete für die deutsche Ernährungslage heraushoben. (Vgl. hierzu Foreign Relations 1947/II, S. 173, Murphy an den Secretary of State vom 20. 2. 1947.)

[34] Vgl. Anm. 24.

[35] Gegen diese Entschließung wandte sich der nicht anwesende Bgm. Brauer unter dem 25. 2. 1947 (StA Hamburg, Senatskanzlei II, Az.: 038.20-1): „Ich halte die jetzt vorgesehene Konstruktion nicht für richtig. Es handelt sich bei der Leitstelle nicht um ein politisches Gremium, sondern gewissermaßen um ein Archiv für die *Sammlung des Materials für Verhandlungen über einen Friedensvertrag*. An die Spitze dieses Archivs gehört ein im internationalen Recht erfahrender Jurist, der einen Arbeitsplan aufstellen soll, der alsdann den Ministerpräsidenten der Länder, die im Verwaltungsausschuß sind, zur Genehmigung unterbreitet wird. Das auf diese Weise erarbeitete Material steht alsdann den politischen Führern, die später die Verhandlungen zu führen haben, zur Verfügung.
Selbstverständlich werden der Verwaltungsausschuß und der Leiter der Leitstelle während ihrer Arbeit mit den Führern der Parteien Fühlung zu halten und von dort aus Anregungen entgegenzunehmen haben. Aber ich halte es für falsch und sogar für gefährlich, daß die Leitstelle und der Verwaltungsausschuß als solcher parteipolitisch besetzt werden. Ich bin strikt dagegen, dem Verwaltungsausschuß die Befugnis zu geben, Vorschläge über den Umfang der Verteilung der Mandate und die Bestimmung der Aufgaben eines politischen

Die erste Sitzung des Verwaltungsausschusses (Ziff. 3 von Anl. 4) findet am 27. 2. 1947 in Düsseldorf statt.[36]

[4. Versorgungsnotprogramm]

Es wird das in Anlage 5 beigefügte Versorgungsnotprogramm[37] beschlossen. Mit seiner Durchführung sollen die beteiligten Stellen unverzüglich beauftragt werden.

[5. Auswandererstelle in Bremen]

Außerhalb der Tagesordnung stellte [*SenPräs.*] *Kaisen* den Antrag, der Errichtung einer Auswandererstelle in Bremen zuzustimmen. Die Ministerpräsidenten willigen ein. Bremen wird in Kürze nähere Vorschläge unterbreiten.[38]

Ende der Besprechung: 18.30 Uhr

Zum äußeren Verlauf der Tagung wird noch bemerkt, daß die Teilnehmer Gäste der hessischen Staatsregierung waren, welche es trotz der Zerstörungen Wiesbadens und trotz der durch die letzten Faschingstage bedingte starke Inanspruchnahme der dortigen Hotels ermöglicht hat, den Besprechungen einen angenehmen äußeren Rahmen zu geben. Am Abend des 17. 2. fand ein Empfang mit Essen beim Direktor des Amtes der Militärregierung von Hessen, Oberst Newman, statt.[39]

Anlage 1

[Teilnehmerliste]

Anlage 2

[Entschließung[40]]

Der Erfolg der wirtschaftlichen Verschmelzung der amerikanischen und britischen Zone hängt davon ab, daß die Zweizonenverwaltungen miteinander und mit den Län-

---

Ausschusses zu machen. Eine solche Kompetenz geht weit über die Aufgaben hinaus, die dem Ausschuß ursprünglich zugedacht waren."

[36] Vgl. Dok.Nr. 10 A, Anm. 51.

[37] Das beschlossene Programm hatte – wie StR Wittwer in der 13. Sitzung des Württemberg-Badischen StMin. betonte – lediglich „deklaratorische Bedeutung" (HStA Stuttgart EA 1/20, Az.: C 1/32, 1947).

[38] Vgl. Dok.Nr. 3, Anm. 31.

[39] Eine zusammenfassende Darstellung über den Ablauf der Konferenz aus der Sicht der MilReg. für Hessen im Historical Report für Jan.–März (Kl. Erw. 336-8, Bl. 13–14): "From the very start the viewpoints of the Minister Presidents in the British and U.S. zones revealed differences of opinion ascribable to the different structural developments of their zones. All of them agreed on the anomaly of their position as heads of states yet subject to the orders of bizonal bodies composed of their subordinate ministers. The conception of the whole as greater than the sovereign parts was alien to them. A different view was held by some of the British-zone Presidents who pointed out that the bizonal agencies and the individual ministers on them are not representatives of the Laender, but are agents of the two Military Governments on economic questions. The agencies, they pointed out, are more than a mere sum total of the individual ministers' jurisdictional powers. They argued that the chairmen of the Agencies, independent of the Laender, are more truly representatives of the bodies than the individual ministers and that there is no direct or indirect channel between the Minister Presidents and these chairmen. On these grounds they opposed the formation of a Council of Minister Presidents".

[40] Entwurf mit geringfügigen Korrekturen in: HStA Hannover Nds Z 50 Acc. 32/63 Nr. 60 sowie HStA Stuttgart EA 1/2 Nr. 205.

dern der beiden Zonen harmonisch zusammenarbeiten. Die Regierungschefs der beiden Zonen und die durch sie vertretenen Kabinette sind sich ihrer Verantwortung gegenüber den Zweizoneneinrichtungen im Hinblick auf die hohe Bedeutung der diesen obliegenden Aufgaben voll bewußt; sie fühlen sich daher verpflichtet, alles zu tun, daß die Arbeit der Zweizonenverwaltungen so wirksam wie möglich gestaltet wird. Sie wissen, daß jedes Versagen der Zweizonenverwaltungen nicht nur die Ziele der Besatzungsmächte gefährden, sondern auch praktisch politische Rückwirkungen auf die Länder und die Landesregierungen auslösen würde.

Um das Ziel einer höchsten Leistungsfähigkeit der Zweizonenverwaltungen sicherzustellen, bedarf es von vornherein der Mitwirkung der Landesregierungen[41], zumal die Zweizonenverwaltungen bei der Ausführung ihrer Maßnahmen auf die Länder angewiesen sind.

Diese grundsätzlichen Fragen müssen gegenüber den Zweizonenverwaltungen besonders in ihrer arbeitstechnischen Bedeutung klargestellt werden; daher erachten es die Regierungschefs der amerikanischen und britischen Zone für dringend erwünscht, zu einem möglichst nahen Zeitpunkt eine gemeinsame Aussprache zwischen den Regierungschefs und den Leitern der Zweizonenverwaltungen herbeizuführen.

Der Generalsekretär des Länderrates wird beauftragt, sofort die notwendigen Vorbereitungen für das Zustandekommen der Zusammenkunft zu treffen.

Wiesbaden, den 17. 2. 1947

Anlage 3

Erster Entwurf betr. Friedensvertrag Leitstelle (nicht genehmigt, überholt)

Es wird beschlossen, eine Leitstelle für die deutschen Vorbereitungsarbeiten zum Friedensvertrag einzurichten. Als Sitz der Leitstelle wird Frankfurt a. M., Eschersheimer Anlage 35, bestimmt.

Für die Leitstelle wird folgende Organisation festgesetzt: Die Leitstelle besteht aus einem Leiter, einem stellvertretenden Leiter und vier Referaten. Die Sachgebiete der Referate sollen den von Botschafter Murphy in London vorgeschlagenen Hauptausschüssen entsprechen.[42] Es bleibt vorbehalten, Unterreferate nach den von Murphy genannten 12 Unterausschüssen einzurichten.

Die Zahl der Bediensteten soll möglichst klein gehalten werden.

Zur allgemeinen Organisation der Arbeit wird ein Verwaltungsrat gebildet, der aus acht Vertretern der Ministerpräsidenten bzw. Bürgermeister besteht.

Die Länder sollen innerhalb von zehn Tagen dem hessischen Ministerpräsidenten, der die Einrichtung übernimmt, Vorschläge für die Hauptreferenten und das sonstige Personal machen. Der Verwaltungsrat soll innerhalb von 14 Tagen die Auswahl des Perso-

---

[41] Im Entwurf: Länder, vertreten durch ihre Regierungschefs.
[42] Vgl. Foreign Relations 1947/II, S. 24–26, Proposals by the United States Delegation to the Deputies for Germany of the Council of Foreign Ministers vom 10. 2. 1947. Darin waren folgende Kommissionen vorgeschlagen worden: 1. Committee on the Political and Constitutional Structure fo Germany, 2. Committee on Territorial Adjustments and Problems, 3. Committee on the Economic Organization of Germany and Reparations, 4. Committee on Disarmament and Demilitarization. Zu diesen vier Ausschüssen sollten 12 von Murphy ebenfalls benannte Unterausschüsse gebildet werden.

nals vornehmen. Für die Auswahl soll nicht die Vertretung bestimmter Interessen einzelner Länder, sondern die fachliche Eignung ausschlaggebend sein. Jedoch ist auf eine angemessene Vertretung aller Länder Rücksicht zu nehmen. Die Durchführung der Arbeiten der Leitstelle soll nach den den einzelnen Ländern zur Verfügung stehenden Kräften dezentralisiert werden.
Bei der Auswertung der Ergebnisse sind die politischen Parteien zu beteiligen.
Die Kosten der Leitstelle werden zu gleichen Teilen auf die acht Länder bzw. Freien Städte der britischen und amerikanischen Zone umgelegt.

Anlage 4
[Entschließung]

In Verfolg des Protokolls vom 25. 1. 47[43] (im Zuge Essen-Minden) wird beschlossen:
1. eine Leitstelle für die deutschen Vorbereitungsarbeiten zum Friedensvertrag einzurichten;
2. als Sitz der Leitstelle wird Frankfurt/Main bestimmt;
3. es wird ein Verwaltungsausschuß aus folgenden Herren bestimmt:
   Minister Menzel, Nordrhein-Westfalen,
   Staatsminister Pfeiffer, Bayern,
   Staatssekretär Eberhard, Württemberg-Baden,
   Staatssekretär Brill, Hessen,
   Minister Andresen, Schleswig-Holstein,
   Minister Ellinghaus, Niedersachsen,
   Senator van Heukulum, Bremen,
   Der Vertreter für Hamburg wird später benannt;
4. es wird ein politischer Ausschuß eingesetzt;
5. Die Aufgaben des Verwaltungsausschusses sind folgende:
   a) der Verwaltungsausschuß stellt einen Arbeitsplan auf;
   b) Der Verwaltungsausschuß wählt den Leiter der Leitstelle und seinen Stellvertreter;
   c) Der Verwaltungsausschuß macht Vorschläge über den Umfang, die Verteilung der Mandate[44] und die Bestimmung der Aufgaben des politischen Ausschusses.[45]

Wiesbaden, den 17. 2. 1947

---

[43] Vgl. Dok.Nr. 4, Anlage 3. Nach dem Vermerk von StS Eberhard (vgl. Anm. 24) wurde diese Entschließung als Ergebnis der internen Sitzung bei Wiederaufnahme der Plenarsitzung von MinPräs. Stock „diktiert".

[44] Hierzu in der Vorlage eine Anmerkung „gemeint ist die Verschlüsselung unter den politischen Parteien".

[45] Auf der ersten Sitzung des Verwaltungsausschusses, die am 27. 2. 1947 in Düsseldorf stattfand (Prot. in: Z 35/2, Bl. 58–63), wurden drei in ihrer Substanz sehr divergierende Vorschläge erarbeitet, über die die Min Präs. jedoch nicht zu verhandeln brauchten, nachdem Gen. Clay die Errichtung eines bizonalen Friedensbüros am 11. 3. 1947 (vgl. Dok.Nr. 10 C, TOP 2) untersagt hatte.
Nach dem ersten Vorschlag sollte die Ministerpräsidentenkonferenz das zuständige Organ der außenpolitischen Fragen zur Behandlung der Angelegenheiten für den künftigen Frieden sein. Daneben sollte ein politischer Ausschuß, gebildet aus den Vertretern der in den beiden Zonen bestehenden politischen Parteien gebildet werden. Der zweite Vorschlag sah einen politischen Ausschuß aus Vertretern der Länder und der politischen Parteien vor; der dritte einen einheitlichen politischen Rat aus 20 Personen, der für jede Zone aus den vier MinPräs. und sechs Parteivertretern bestehen sollte.

Konferenz MinPräs. US-/brit. Zone 17. 2. 1947 Nr. 8

Anlage 5

Versorgungsnotprogramm[46]

Die Versorgung der Bevölkerung im zweiten Winter nach der Kapitulation hat zu einer Notlage geführt, die alle anderen politischen Fragen überragt. Während im Winter 1945/46, der im übrigen ungewöhnlich milde war, noch gewisse Reserven der Bevölkerung an physischer Kraft vorhanden waren, befand sich die Bevölkerung im Winter 1946/47 bereits in einem stark geschwächten Gesundheitszustand. Sie ist seit Jahren nicht in der Lage gewesen, sich auch nur in geringstem Umfange mit Schuhwerk und Kleidung zu versehen. Mindestens ein Drittel der Bevölkerung besteht aus Ausgebombten und mittellosen Flüchtlingen, denen es am notwendigsten Lebensbedarf mangelt. Die Gefahr fortschreitender Verelendung und Verkümmerung der Bevölkerung und der daraus folgenden Schwächung ihrer Arbeitskraft ist so groß geworden, daß sofort ein Versorgungsnotprogramm nicht nur aufgestellt, sondern mit allen Mitteln und aller Energie durchgeführt werden muß. Das ist umso notwendiger, weil es sich nicht nur darum handelt, die physische Gesundheit der Bevölkerung zu bewahren, sondern ihr auch den psychologischen Antrieb zu geben, mit irgendeiner Aussicht auf Besserung der Zukunft entgegenzusehen.

Die Chefs der Länder und Freien Städte der amerikanischen und britischen Zone haben daher folgende Richtlinien für ein solches Versorgungsnotprogramm aufgestellt, wobei die Sicherung der Ernährung als selbstverständlich vorausgesetzt wird.

1. Die Hausbrandversorgung für den Winter 1947/48 muß rechtzeitig und in ausreichendem Umfange bereitgestellt werden. Dabei ist von Holz abzusehen, da der Heizwert des frischgeschlagenen Holzes ungenügend ist und die daraus folgende Verschwendung um so weniger verantwortet werden kann, als die übermäßigen Holzeinschläge die Zukunft der deutschen Forst- und Agrarwirtschaft auf das schwerste gefährden. Die Versorgung muß mit Koks und Kohle erfolgen, die rechtzeitig an die Verteilerplätze geleitet und an die Bevölkerung verteilt werden müssen.

2. Die Versorgung der arbeitenden Bevölkerung und der Kinder mit Schuhwerk und mit Strümpfen muß mit allen Mitteln vor dem Einbruch des nächsten Winters wesentlich verbessert werden.

3. Bei den Bekleidungsfragen ist die Versorgung der Kinder und ebenso diejenige der Flüchtlinge und Ausgebombten in den Vordergrund zu stellen.

4. Bei den Gegenständen des lebensnotwendigen Haushaltsbedarfs besteht gleichfalls eine absolute Mangellage. Sie muß im Hinblick auf die Volksgesundheit vor allem bei Seife und Waschmitteln behoben werden, daneben ist in erster Linie die Versorgung mit Nähmitteln, Küchengeräten und Notbeleuchtungen (Kerzen) zu berücksichtigen.

Dieses Notprogramm, das im einzelnen noch zu ergänzen wäre, ist mit Vorrang vor allen anderen wirtschaftlichen Aufgaben durchzuführen. Jedes Wirtschaftsprogramm und jede wirtschaftliche Planung muß scheitern, wenn nicht zuvor die lebensnotwendige Mindestversorgung der Bevölkerung sichergestellt wird.

---

[46] Das Versorgungsnotprogramm ging auf eine Ausarbeitung von StS Strauß zurück, die weitgehend wörtlich übernommen wurde. (Vgl. Vermerk vom 13. 1. 1947 von StS Strauß in: Stk Wiesbaden Az.: 1a 08 Nr. 4, Bl. 24–25.)

Nr. 9
Besprechung des Generals Clay mit den Ministerpräsidenten der US-Zone und mit Senatspräsident Kaisen in Berlin
23. Februar 1947

BA Z 1/182, Bl. 141–161. Ungez. und undat. Prot.[1], im Umdr. vervielf. Ausf.

Anwesend[2]: Gen. Clay, Lt. Col. Edwards, Parkman und weitere Mitarbeiter von OMGUS[3], die Direktoren der Landesmilitärregierungen; MinPräs. Ehard, MinPräs. Maier, MinPräs. Stock, SenPräs. Kaisen

[1. Beziehungen zwischen den bizonalen Ämtern und den Ländern, Gesetzgebungsbefugnis der Ministerpräsidenten]

Clay: Vor allem möchte ich mich für meine Verspätung entschuldigen. Ich komme soeben von der Viermächte-Tagung, die sich mit Aufstellung des Berichtes für die Zusammenkunft des Rates der Außenminister befaßte. Ich bitte weiterhin um Verzeihung, daß ich Sie an einem Sonntag hierher gebeten habe. Jedoch war ich der Ansicht, daß dieser Tag für uns alle am geeignetsten sein würde.

Ich habe Sie hierher berufen, um mit Ihnen die Probleme und Beziehungen zwischen den bizonalen Ämtern und den Ländern zu besprechen. Diese Sachlage macht mir

---

[1] Während der Besprechung scheint es nach einem Bericht von Schweizer (Liaison Officer OMG Bavaria) auf Grund eines schlechten Dolmetschers zu Verständigungsschwierigkeiten gekommen zu sein. "The Germans who returned from the meeting seemed confused and attributed this to an incapable interpreter. General Clay promised a written report" (Nachl. Pollock/91, Prot. des Liaison Meetings vom 27. 2. 1947). Diese zugesagte Übersetzung erhielten mit Schreiben vom 17. 3. 1947 (Z 1/182, Bl. 140) die MinPräs. der Länder der US-Zone und SenPräs. Kaisen (vgl. StA Bremen 3-R 1 m Nr. 125 [15], BHStA Abt. II MA 130 859). Materialien und handschr. Notizen über die Konferenz von Parkman in: NA RG 260 OMGUS 166-2/1, folder 2. Zur Beurteilung der Konferenz siehe Gimbel, Amerikanische Besatzungspolitik, S. 152–153. Jedes weitere Blatt des Prot. trägt oben und unten den Vermerk "Restricted" sowie über dem Text "Translation by Liaison et Protocol Section, OMGUS, G-1544" mit der jeweiligen Seitenzahl. Daneben existiert eine vermutlich vom LR erstellte vielfach überlieferte Übersetzung, die sprachlich glatter ist (Nachl. Roßmann/25, Bl. 178–191). Eine von SenPräs. Kaisen gefertigte Aufzeichnung über den Ablauf der Konferenz in: StA Bremen 3-R 1 m Nr. 125 [15]. Eine sehr eigenwillige Darstellung der Konferenz gibt Maier, Grundstein, S. 365: „Es fuhr ein Dieselzug mit eingebauten Schlafkojen von München über Stuttgart nach Frankfurt, wo jeweils die Direktoren der Landesmilitärregierungen in Uniform mit den zugehörigen Ministerpräsidenten einstiegen, nach Berlin. Wir kamen am 25. Februar an, einem glasklaren, echt Berliner Wintertag, einem Sonntag. Mit unseren Begleitern wurden wir nach Dahlem in das Gebäude des einstigen Luftgaukommandos Berlin gefahren. In einen Sitzungssaal wurden wir gesetzt, jeweils ein Militärdirektor und neben ihm ein Ministerpräsident und dazu der ganze politische Stab von OMGUS. Der sonst überpünktliche Militärgouverneur ließ alle lange warten. Unter der Hand hörte man, er sei beim „Frühstück" bei den Russen in Karlshorst. Als er erschien, sah man, daß er, der grundsolide Mann, mit Wodka traktiert worden war. Er übernahm den Vorsitz. Niemand meldete sich zum Wort. Keineswegs überzeugt, daß ich den richtigen Vorschlag zur Hand habe, sondern mich eben bemühend, der peinlichen Situation ein Ende zu setzen, machte ich einen Kompromißvorschlag. Er war mehr als simpel: ‚Ändern Sie die Proklamation Nr. 2 ab. Erlassen Sie eine neue.' General Clay nickte, stimmte zu. Der Groschen war anscheinend gefallen. Der Zorn war verraucht. Die Konferenz war aus. Am 1. März 1947 erschien die Proklamation Nr. 4. Ihre Anwendung hat nicht ein einziges Mal Unzuträglichkeiten bereitet."

[2] Eine Anwesenheitsliste ließ sich nicht ermitteln.

[3] Nach Maier, Grundstein, S. 365 der „ganze politische Stab" von OMGUS.

große Sorgen. Auf meine Verantwortung haben wir augenblicklich 40 Millionen Dollar für den Aufbau der Industrie geborgt. Wie Sie wissen, ersuchen wir den amerikanischen Kongreß ferner um Bewilligung von 300 Millionen Dollar als Anteil der Vereinigten Staaten an der Beschaffung von notwendigen Lebensmitteln für die Zonen.[3a] Zur eventuellen Beschaffung der Geldmittel ist es wichtig zu beweisen, daß wir imstande sind, die Industrie erfolgreich neu aufzubauen, und daß dies durch den wirtschaftlichen Zusammenschluß der beiden Zonen ermöglicht wird. Ein Mißlingen dieser wirtschaftlichen Vereinigung oder ein Mangel an gemeinsamer Unterstützung innerhalb der beiden Zonen zum Ziele eines solchen Zusammenschlusses, würde jetzt eine ernste Gefahr für die Beschaffung solcher Geldmittel bedeuten. Ereignisse der jüngsten Zeit deuten darauf hin, daß eine vollständige Einigkeit hinsichtlich dieser Unterstützung nicht besteht.[4] Ich glaube nicht, daß dies an einer Unwilligkeit, eine solche Unterstützung zu leisten, liegt, sondern an den Meinungsverschiedenheiten über die Durchführung dieser wirtschaftlichen Vereinigung. Ich werde nun versuchen, die Ereignisse, die dazu geführt haben, zu schildern. Da ich vielleicht sehr lange sprechen werde, möchte ich Sie bitten, mich zu jeder Zeit zu unterbrechen, um Fragen zu stellen.

Zunächst muß ich auf die Potsdamer Abmachungen zurückgreifen, welche in Anerkennung der Notwendigkeit, Deutschland als Wirtschaftseinheit zu behandeln, die Errichtung von fünf Zentralämtern vorsahen.[5] Das hat sich so ausgewirkt, daß diese jetzt durch die bizonalen Ämter dargestellt sind, denen das für Ernährung und Landwirtschaft hinzugefügt ist. Nach den Potsdamer Abmachungen sollten dies deutsche Ver-

---

[3a] Die ausführliche mit Hoover abgesprochene Begründung für die Anforderung der Mittel beim Appropriations Committee des Kongresses in: Clay-Papers Bd. 1, Dok.Nr. 196, S. 317–319 im Rahmen einer Teleconference zwischen Gen. Clay mit Assistant Secretary Petersen und Gen. Noce vom War Department. In ihr hieß es u. a.: "The funds requested for the support of a minimum German economy are to be utilized only to purchase food, fertilizer, seed and petroleum. The entire amount requested for this purpose is sufficient only to permit an increase in the present ration to the minimum deemed essential by nutritional experts to support a working population. [...] The request for these funds is not based on sympathy for the German people. Realistically, it is a sound investment to provide sufficient food within the American and British zones to permit the redevelopment of an economic life which will obviate the necessity of continued financial support beyond a three-year period, and over a long period of time will provide funds to be applied to repayment of past deficits." Unter dem Hinweis auf die krisenhafte Lage der Wirtschaft und Ernährungslage wurde auch auf die Gefahr des Kommunismus angespielt: "The result is that the German people are almost without hope, and people without hope respond easily to false promise and implanted ideologies. [...] We cannot have a stable Europe without a stable Germany. We are better out of Germany than in Germany without the means to accomplish our objectives, because in either event we will witness the fall of western democracy in central Europe."

[4] Nach Maier (Prot. der Sitzung des StMin. vom 27. 2. 1947, HStA Stuttgart EA 1/2, Bü. 220) sollten durch die Besprechung Verstimmungen ausgeräumt werden, die bei Gen. Clay und der MilReg. durch die irreführenden Zeitungsmeldungen über die bizonale Konferenz der MinPräs. in Wiesbaden (vgl. Anm. 21) und wegen der mangelhaften Ergebnisse der letzten Sitzung des VRW entstanden seien. Maier meint vermutlich die Sitzung des VRW vom 30. 1. 1947 (Prot. in: Z 8/51, Bl. 43–52), auf der es bei zahlreichen TO-Punkten wegen verfahrensrechtlicher Fragen nicht zu einer Einigung zwischen den Ministern aus der brit. und amerik. Zone kam. In der Aussprache über die Berliner Konferenz im Rahmen des Direktoriums (Prot. vom 27. 2. 1947, Z 1/20, hier Bl. 132–133) meinte StR Wittwer noch pointierter, „es sei bei Clay der Eindruck entstanden, daß eine interne Abmachung unter den Ministerpräsidenten der amerikanischen Zone bestehe und daß das Nichtfunktionieren des Apparates in Minden darauf zurückzuführen sei."

[5] Im Potsdamer Abkommen, Abt. II, Punkt 14 (vgl. Faust, Potsdamer Abkommen, S. 389) wurden in der engl. Fassung des Prot. als zu schaffende deutsche Zentralverwaltungen ausdrücklich benannt: Finanzen, Verkehr (Transport), Post (Communications), Außenhandel, Industrie. In der deutschen Fassung wurden lediglich Finanzwesen, Außenhandel und Industrie aufgeführt (ebenda, S. 376). Vgl. zu den folgenden Ausführungen auch Vogelsang, Zentralverwaltung.

waltungsstellen sein, und da keine provisorische Regierung vorhanden war, sollten sie der Alliierten Kontrollbehörde (ACA) unterstehen.

Da die Potsdamer Lösung nicht zustande kam, wie vorgesehen, errichteten wir in der amerikanischen Zone zunächst Länder, wobei wir zeitweilig die Amtsgewalt in den oben genannten Gebieten dem Länderrat als einer koordinierenden Behörde übertrugen. Dann gingen wir an die Entwicklung von Verfassungen heran. Bei Genehmigung dieser Verfassungen behielten wir uns das Recht vor, daß die Militärregierung auch weiterhin die Verantwortung und gesetzliche Verfügungsgewalt für alle Maßnahmen behalten sollte, die Bezug auf Viermächte-Abkommen haben oder jeweils zur Erreichung alliierter Ziele notwendig sind. Unsere Vorbehalte bei Genehmigung der Verfassungen waren sehr allgemein gehalten.[6] Wir haben absichtlich davon abgesehen, die der Militärregierung oder einer künftigen provisorischen deutschen Regierung vorbehaltenen Machtbefugnisse im einzelnen festzulegen. Dies geschah aus zwei Gründen: Erstens wollten wir nicht im voraus ein Urteil über die zukünftige deutsche Verfassung fällen, und zweitens hätte die Festlegung solcher Vorbehalte sehr ausgedehnte Vorbehalte notwendig gemacht, um alle eventuellen Gegebenheiten mit Gewißheit zu sichern, so es doch unsere Absicht war, nur dort einzuschreiten, wo es absolut nötig ist.

Später haben wir gemeinsam mit der britischen Zone Zentralverwaltungsstellen einheitlich für beide Zonen geschaffen. Damit und auf unser Bestehen hin haben wir sowohl in der britischen als auch in der amerikanischen Zone die ausführende Gewalt in die Hände der Länder gelegt und haben daher keine örtlichen Behörden geschaffen, die den bizonalen Ämtern unterstellt sind. Unsere Absicht dabei war, das Entstehen einer sich über alles hinwegsetzenden Bürokratie zu verhindern. Zur weiteren Sicherung bedingten wir die Zusammensetzung des Verwaltungsrats aus den Wirtschaftsministern der Länder. Was die amerikanische Zone anbetrifft, haben wir es sehr klar ausgedrückt, daß die Wirtschaftsminister den Ministerpräsidenten gegenüber verantwortlich sind.[7] Dabei war es nicht etwa unsere Absicht, daß der Wirtschaftsminister in jedem einzelnen Falle Rücksprache mit dem Ministerpräsidenten halten sollte. Selbstverständlich muß er in gutem Einvernehmen mit dem Ministerpräsidenten arbeiten; andernfalls wäre der Ministerpräsident vollauf berechtigt, diesen seines Amtes zu entheben. Andererseits, wenn wir das Wirtschaftsamt als Beispiel nehmen, können wir nicht hoffen, ein auf 350 Millionen Dollar abgezieltes Ausfuhrprogramm zu verwirklichen, ohne daß diesem Amt ziemlich breite Machtbefugnisse übertragen werden. Weiterhin muß der Vorsitzende ausreichende Vollmachten zur Erledigung laufender Geschäfte erhalten. Auch er kann vom Verwaltungsrat abgesetzt werden und selbstverständlich können alle ihm vom Verwaltungsrat erteilten Vollmachten ihm auch wieder vom Verwaltungsrat im Falle eines Mißbrauches entzogen werden. Jedoch sehe ich nicht ein, wie ein Minister in einem solchen Amt seinem Landtag gegenüber für seine Handlungen im einzelnen verantwortlich gemacht werden kann, trotzdem ich zugebe, daß auf die Dauer bestimmte Handlungen seinerseits zum Sturz des Kabinetts, dem er angehört, führen können.

Nach meiner Ansicht gibt es nur zwei Möglichkeiten für eine erfolgreiche Arbeit dieser Ämter:

Erstens, daß die bizonalen Ämter als Behörden der Militärregierung aufgestellt werden, die volle Verantwortung für ihre Tätigkeit gegenüber der Militärregierung tragen,

---

[6] Zur Direktive vom 30. 9. 1946 vgl. Anm. 10.
[7] Vgl. Unterredung der MinPräs. mit Gen. Clay vom 4. 2. 1947 (Dok.Nr. 6 C, TOP 1).

mit der Erlaubnis, gegebenenfalls örtliche Behörden zu bilden. Zweifellos könnten sie als Übergangsmaßnahme auf diese Weise ihre Tätigkeit weit wirksamer ausüben. Ich würde dies jedoch für einen Schritt nach rückwärts halten, der auf die Dauer eine nachteilige Wirkung auf die zukünftige deutsche Verfassung und auf demokratische Einrichtungen haben dürfte. Jedoch, die von der Militärregierung übernommene Verantwortung, indem sie eine Einfuhr vom 300 Millionen Dollar fordert und einen Kredit aufnimmt, der sich zweifellos auf mehrere hundert Millionen Dollar belaufen dürfte, macht den Erfolg dieser wirtschaftlichen Vereinigung unbedingt notwendig. In dieser Hinsicht bin ich mir meiner dem amerikanischen Steuerzahler gegenüber übernommenen Verantwortung durchaus bewußt.

Die zweite Möglichkeit besteht darin, unsere gegenwärtigen Einrichtungen erfolgreich zu benutzen. Diese Einrichtungen werden leistungsfähig sein, wenn Sie, meine Herren, bereit sind, Ihren Vertretern bei den bizonalen Ämtern weitgehende Vollmachten zu gewähren, und wenn Sie gewillt sind, diese zu unterstützen, indem Sie dem Vorsitzenden die gewünschte Vollmacht zur Bewältigung der Aufgaben geben.

Auf dem Gebiet der Gesetzgebung war der amerikanische Standpunkt bisher noch nicht mit dem britischen in Einklang zu bringen.[8] Es ist unsere Meinung, daß, wenn die Beschlüsse der bizonalen Ämter eine Gesetzgebung erforderlich machen, die empfohlenen gesetzlichen Verordnungen Herrn General Robertson und mir vorzulegen sind. Ich glaube, ich habe Ihnen versprochen, daß, wenn solche Gesetzgebung vorgelegt wird, ich sie mit dem Länderrat besprechen werde, und daß dann eine Entscheidung getroffen werden wird, ob es als Länderratsgesetz oder als Verordnung der Militärregierung erlassen werden soll. In der britischen Zone erlassen die Engländer ihre Gesetze weiterhin nach eigenem Verfahren. Es gibt innerhalb der Militärregierung oder der deutschen Regierung keine Behörde, die ein für beide Zonen bindendes Gesetz erlassen kann. Wir können jedoch jeder in seiner Zone ein und dasselbe Gesetz nach unserem festgesetzten Verfahren erlassen. Mir scheint, daß dieses recht einfache Verfahren dem Problem der Gesetzgebung gerecht wird, und daß eine solche Gesetzgebung einwandfrei innerhalb unserer Vorbehalte liegt, die wir bei der Genehmigung der Verfassung gemacht haben.

In Bezug auf die Beschlüsse der Ämter, die eine Gesetzgebung nicht erfordern, habe ich den Eindruck, daß Sie reichlich geschützt sind. In den Statuten dieser Ämter ist es vorgesehen, daß, wenn eine Minderheitsansicht mit einer Mehrheitsansicht nicht in Einklang zu bringen ist, beide Ansichten den zwei Militärregierungen vorzulegen sind, wo die endgültige Entscheidung dann getroffen wird. Wie ich Ihnen bereits zugesagt habe, würden wir uns in wichtigeren Angelegenheiten bestimmt mit den Ministerpräsidenten beraten, deren Wirtschaftsminister eine Minderheitsansicht vorgelegt haben. Andererseits müssen wir mit Vernunft arbeiten und dürfen es nicht zulassen, daß geringfügige Angelegenheiten wichtige Arbeit auf die Dauer verzögern.

Es würde für Sie leichter sein, wenn wir das erste Verfahren anwenden würden. Sie würden dadurch von der politischen Verantwortung für Maßnahmen der Ämter befreit werden, die sich als unpopulär erweisen könnten. Jedoch würde es die volle Entfaltung der demokratischen Einrichtungen verzögern. Ich habe Sie heute hierher berufen, weil Sie letzten Endes selbst diese Wahl treffen müssen.

---

[8] Die im folgenden von Clay dargelegten Auffassungen wurden von den Engländern akzeptiert (vgl. Dok.Nr. 12, Anm. 15).

Ich möchte nur noch einen Punkt hinzufügen, und zwar, daß durch die Schaffung des Landes Bremen dieses dieselben Befugnisse und Vorrechte erhält wie die anderen Länder, bis eine deutsche Verfassung den zukünftigen Stand aller Länder festgelegt hat.[9]

Ich habe noch einige weniger wichtige Punkte zu erörtern, z. B. die Entnazifizierung der bizonalen Ämter, um welche, wie ich weiß, Sie sich Sorgen machen. Ich ziehe jedoch vor, dies aufzuschieben, bis wir dieses erste Besprechungsthema abgeschlossen haben.

[*Ehard:*] Es werden zwei Möglichkeiten für die Schaffung bizonaler Ämter angegeben, entweder die Schaffung von Ämtern der Militärregierung für beide Zonen, wodurch die deutschen Behörden ausgeschaltet werden, oder die Beibehaltung der gegenwärtigen Organe. Ich möchte nun im Namen aller anwesenden Herren (der Ministerpräsidenten) feststellen, daß wir sehr gern den zweiten Vorschlag annehmen und auf jede mögliche Weise in seinem Sinne weiterarbeiten werden. Wir fassen die Worte des Herrn Generals so auf, daß, wenn eines der bizonalen Ämter es für nötig hält, einen Gesetzvorschlag zu machen, dieser Vorschlag der britischen und amerikanischen Militärregierung zu unterbreiten ist. Ich weiß nicht, ob ich die Ansicht des Herrn Generals genau verstanden habe.

Clay: So sollte es sein.

[*Ehard:*] Die britischen Militärbehörden würden von sich aus handeln, während in der amerikanischen Zone der Länderrat zur Mitarbeit herangezogen würde. Für uns entsteht nun die Frage, wie diesen Ämtern in Übereinstimmung mit den süddeutschen Verfassungen die Befugnis, Gesetze vorzuschlagen, verliehen werden kann. Es bestehen nur zwei Möglichkeiten: Entweder verleihen die Landtage der drei süddeutschen Länder jedem solchen Amt gewisse Gesetzgebungsbefugnisse, ohne Rücksicht darauf, um welches Amt es sich handelt, oder aber die Militärregierung überträgt ihre Befugnisse irgendeiner anderen Dienststelle. Beide Verfahren sind durchführbar. Es entsteht nun die folgende Frage: Für welche bestimmten Zwecke sollte dieses Amt Gesetzgebungsbefugnis haben? Und zweitens: Wir haben jetzt fünf Ämter auf der bizonalen Ebene, von denen ein jedes mehr oder weniger die Gesetzgebungsbefugnis auf seinem eigenen Gebiet beansprucht. Ich halte es für unmöglich, allen diesen Ämtern die Gesetzgebungsbefugnis einzuräumen. Irgendwelche Anpassung muß eingeführt werden, da sonst eines dieser Ämter die Grenzen seiner Befugnisse überschreiten und in die Zuständigkeit irgendeines anderen Amtes eingreifen würde. Möglicherweise würde es Gesetze erlassen, die in die Befugnisse und Zuständigkeiten der anderen Ämter eingreifen und ihnen widersprechen würden. Ich glaube, daß dies die Gesichtspunkte des Herrn Generals sind, und ich habe mir erlaubt, kurz zu umreißen, wie sich das auswirken würde. In der amerikanischen Zone können diese Schwierigkeiten meines Erachtens verhältnismäßig leicht überwunden werden. Bei einem Zusammenschluß der beiden Zonen würden anfänglich Schwierigkeiten entstehen, die überwunden werden müssen. Ich würde dankbar sein zu wissen, ob ich den Herrn General richtig verstanden habe.

---

[9] Kaisen vermerkte (vgl. Anm. 1): „Eine sehr wichtige Erklärung gab General Clay noch für Bremen ab. Es war ihm bekanntgeworden, daß in den einzelnen bizonalen Ämtern über das Stimmrecht Bremens verschiedene Auffassungen bestehen. Er erklärte wörtlich: ‚Bremen ist ein Staat und hat als Land dieselben Rechte und dieselbe Verantwortlichkeit wie jedes andere Land, und zwar solange, bis eine neue Verfassung die Zukunft aller Länder bestimmt.' General Clay glaubt, damit wohl alle Bedenken ausgeräumt zu haben."

Clay: Ich möchte zunächst klarstellen, daß diese Ämter nicht ermächtigt sein würden, Gesetze zu erlassen. Sie hätten nur die Befugnis Gesetze vorzuschlagen, und das ist normalerweise eine Befugnis, die jede Regierungsbehörde haben muß. Die von einem Amt vorgeschlagenen Gesetze, deren Erlaß in beiden Zonen auf dem für die betreffende Zone geeigneten Wege in Erwägung gezogen wird, würden zweifellos nur solche Gesetze sein, die wir bei der Genehmigung der Verfassungen für die Militärregierung vorbehalten haben.[10]

[*Ehard:*] Mit anderen Worten: Die Militärregierung ist die entscheidende Behörde?

Clay: Ja. Ich ziehe es jedoch vor, diese Vorbehalte nicht im einzelnen zu formulieren. Tatsächlich legt die Militärregierung auf diese Entscheidungsbefugnis keinen Wert, andererseits aber muß sie bis zur Einrichtung einer provisorischen Regierung für ganz Deutschland diese Zentralgewalt ausüben, und zwar aus Gründen, die ich angeführt habe, und die Sie sicherlich verstehen. Die Errichtung einer allgemeinen deutschen Koordinierungsbehörde für beide Zonen, die in der Tat eine provisorische Regierung darstellen würde, erscheint zur Zeit nicht wünschenswert. Die Koordinierung dieser Dienststellen zur Vermeidung unerwünschter gesetzlicher Verordnungen muß deshalb in den Händen der Militärregierung bleiben. Mit dieser Lösung, die, wie wir zugeben, ihre Nachteile hat, machen wir den Versuch, Ihnen als Ministerpräsidenten eine Beteiligung an der Verantwortung zu gestatten, wie wir es unter den gegenwärtigen Bedingungen nur eben zulassen können. In der britischen Zone, in der die Militärregierung ihre Vorbehalte genau formuliert hat, sind den Ländern weit weniger Machtbefugnisse zugestanden worden als in der amerikanischen Zone.[11]

Parkman: Gerade darin liegt der Unterschied, Herr General, der deutlich in Besprechungen mit den Engländern über diese Angelegenheit hervortritt. Eben weil sie ihren Ländern keine Befugnisse gegeben, sondern alle Befugnisse auf diesen Gebieten höheren Stellen vorbehalten haben, beabsichtigen die Engländer, den bizonalen Ämtern beträchtliche gesetzgebende Befugnisse einzuräumen.

Clay: Damit können wir leicht fertig werden. Wir haben unsern Vertreter im bizonalen Vorstand (bizonal board) – er braucht mir nur die Angelegenheit vorzulegen.

[*Stock:*] Mir ist die Lage vollkommen klar. Die Schwierigkeit liegt darin, die volle Zusammenarbeit der beiden Zonen zu erreichen, was angesichts der Verfassung der Länder in der amerikanischen Zone unmöglich ist. Zur Zeit haben wir keinen anderen Weg, als in jeder Weise so zusammenzuarbeiten, wie der Herr General es beschrieben hat. Wir werden mit unseren Landtagen Schwierigkeiten haben. Die Landtage werden der Auffassung sein, daß sie ebenfalls berechtigt sind, in diesen Fragen Befugnisse gegenüber ihren Ministerpräsidenten auszuüben. Es würde unsere Pflicht sein, den Landta-

---

[10] Gemäß der Direktive der MilReg. vom 30. 9. 1947 betr. Beziehungen zwischen der MilReg. und der Zivilregierung in der US-Zone nach Annahme der Landesverfassung waren dies: Internationale Abkommen, Viermächteentscheidungen, grundsätzliche Entscheidungen des amerik. und brit. Zweimächteausschusses auf dem Gebiete zentraler Einrichtungen, Befugnisse der Besatzungsmacht nach dem internationalen Recht sowie die spezifischen Besatzungsziele. (Wortlaut der Direktive in: Z 1/237, Bl. 268–271, Abdr. in: Germany 1947–1949, S. 155–157. Vgl. auch Akten zur Vorgeschichte 1, S. 1104 f.).

[11] Die Zuständigkeitsabgrenzung erfolgte in der brit. Zone durch die VO Nr. 57 der brit. MilReg. vom 1. 12. 1946. Abdr. in: Amtsbl. brit. MilReg, Nr. 15, S. 344–346 sowie in: Documents on Germany, S. 192–195. Siehe auch Akten zur Vorgeschichte 1, S. 49 f.. Eine sehr eingehende, inoffizielle Ausarbeitung der brit. MilReg. über die „Verantwortlichkeiten, die nach der mit Anordnung Nr. 1 abgeänderten VO Nr. 57 auf das Land und die Kommunalverwaltungen übertragen sind" in: HStA Düsseldorf NW 179 I Bd. 345.

gen klar zu machen, daß sie in Reichsfragen ihren Ministerpräsidenten gegenüber keine Rechte geltend machen können. Die Demokratie ist etwas schwerfällig in solchen Angelegenheiten. Wir müssen jedoch den Versuch machen, sie in Kraft zu setzen. Die Ministerpräsidenten müßten in diesen Angelegenheiten die Unterstützung der Militärregierung haben, um die Landtage davon zu überzeugen. Ich hoffe, daß, was heute nicht ist, auch in der Zukunft nicht eintreten wird.

[*Maier:*] Wichtig ist folgende Frage. – Die Frage, die ich zur Sprache bringen möchte, ist weder den Ministerpräsidenten noch den Landtagen klar. Es besteht ein Kontrollratgesetz, welches die Verfassungen aufgestellt hat, und welches den Ministerpräsidenten Befugnis zur Gesetzgebung verliehen hat. Ist es richtig, daß solch ein Kontrollratgesetz besteht?

Clay: Nein, es ist nicht ein Kontrollratgesetz. Es war eine Proklamation, die von den Oberbefehlshabern der amerikanischen und britischen Streitkräfte erlassen worden ist.[12] Soviel ich weiß, ist diese noch in Kraft.

[*Maier:*] Hat die Befugnis der Ministerpräsidenten, Gesetze zu erlassen, mit dem Inkrafttreten der Verfassungen aufgehört?

Clay: Nein, sie besteht noch, außer in den Sachgebieten, die den Landtagen zugestanden worden sind.

[*Maier:*] Es bliebe also noch zu bestimmen, wo die Gesetzgebungsbefugnis der Ministerpräsidenten aufhört und die der Landtage anfängt.

Clay: Ja; in dieser Beziehung habe ich mich von Anfang an bemüht klarzustellen, daß jedes Gesetz einzeln zu bewerten ist. Wenn es sich bei Prüfung eines vorgeschlagenen Gesetzes ergibt, daß seine gemeinsame Gültigkeit in der britischen und amerikanischen Zone erforderlich ist, dann handelt es sich um Reichsgesetzgebung. In solchem Fall könnte das Gesetz in der amerikanischen Zone nur über den Länderrat durch Verordnung der Ministerpräsidenten oder durch Anordnung der Militärregierung erlassen werden.[13]

[*Maier:*] Wir Ministerpräsidenten sowohl als auch die Landtage haben uns sehr mit dem Gedanken beschäftigt, einen Weg zu finden, wie dieses Verfahren anzuwenden und Gesetze zu erlassen wären, und wir sind zu dem Ergebnis gekommen, daß die Ministerpräsidenten der Verfassung nach keine Befugnis zum Erlaß von Gesetzen haben.[14] Könnte uns die Militärregierung jetzt bestätigen, daß wir Gesetzgebungsbefugnisse haben, oder sollen wir die Militärregierung ersuchen, uns diese Befugnis einzuräumen?

Clay: Nein, diese Befugnis besteht schon. Die Befugnis der Ministerpräsidenten, Verordnungen zu erlassen, ist niemals aufgehoben worden. Wir sind gerade dabei, diese Befugnis durch eine Revision der Proklamation, durch die sie erteilt wurde, abzuändern;[15] dadurch wird sie auf den genauen Wortlaut der Briefe der Militärregierung beschränkt werden, mit denen die Verfassungen genehmigt wurden. Wir sind aber ganz offenbar nicht in der Lage, eine Frage den Landtagen zur Entscheidung vorzulegen, die wir als wichtig für die Wiederbelebung der deutschen Wirtschaft erkannt haben, und die

---

[12] Es handelte sich um die Proklamation Nr. 2 vom 19. 9. 1945. Abdr. in: LRGS, S. VII; Härtel, Länderrat, S. 201.

[13] Dieser Abschnitt von „Wenn" ab in der Vorlage von unbekannter Hand unterstrichen und am Rande mit einer „1" versehen.

[14] Vgl. z. B. die Diskussionen in: Dok.Nr. 7, TOP 2.

[15] Neufassung der Proklamation Nr. 2 als Proklamation Nr. 4 vom 1. 3. 1947. Abdr. in: LRGS, S. VIII; Härtel Länderrat, S. 204; auszugsweiser Abdr. auch Dok.Nr. 10 A, Anm. 6.

eine einheitliche Gesetzgebung verlangt. Wir wären dadurch in die unmögliche Lage versetzt, entweder die Willenserklärung eines Landtages abzulehnen oder es zu erleben, daß wünschenswerte einheitliche Gesetze nicht erlassen werden, weil ein Landtag sie abgelehnt hat.[16]

[*Maier:*] Ich möchte den Hauptgrund für das jetzt in den drei Ländern herrschende Durcheinander und für das Versagen der gesetzgebenden Volksvertretungen in den Ländern erwähnen. Der Hauptgrund ist, daß die Ministerpräsidenten nicht wissen, welches Maß von Gesetzgebungsbefugnis ihnen zusteht.

Clay: Wie ich schon sagte, die Befugnis besteht noch. Andererseits habe ich in meiner Erklärung vom 8. Januar[17] darauf hingewiesen, daß jedes Gesetz zuerst von Ihnen geprüft und beschlossen werden muß und dann von uns, und daß es überall in unserer Zone unbedingt einheitlich zur Anwendung kommen muß, oder daß es die Ausführung eines Viermächte-Gesetzes darstellen muß. In diesen Fällen besteht die Befugnis der Ministerpräsidenten weiter, Gesetze durch Verordnungen zu verkünden. Als Schutz bieten wir Ihnen oder dem Länderrat selbst dann noch einen Ausweg. Wenn Sie glauben, ein Gesetz wird so unpopulär sein, daß Sie die Verantwortung dafür nicht übernehmen möchten, und wir dennoch seine Einführung beschließen, so würden wir es als eine Anordnung der Militärregierung erlassen. Aber Sie werden immer die Wahl haben.

[*Ehard:*] Man müßte versuchen, eine Lösung zu finden, die das folgende Problem berücksichtigt: Wir könnten nicht an unseren Landtag herantreten mit der Zumutung, ein unpopuläres Gesetz zu erlassen. Das Parlament würde es nicht tun. Andererseits können wir aber nicht an die Militärregierung herantreten und sagen: „Bitte geben Sie uns die Ermächtigung, das Gesetz zu erlassen, denn unser Landtag will sie uns nicht geben." Könnte man es vielleicht nicht so machen – dies ist nur eine Idee von mir – die bizonalen Ämter melden, daß sie die betreffende Gesetzgebung für ihre Zonenstelle benötigen, der Länderrat der amerikanischen Zone prüft den Fall, und wenn nach Meinung des Länderrates diese Gesetzgebung in beiden Zonen erforderlich ist – das heißt, eine Gesetzgebung der Militärregierung – dann müssen die britischen und amerikanischen Militärregierungen sich entscheiden, ob sie eine solche Gesetzgebung genehmigen wollen oder nicht. Wenn diese beiden Militärregierungen dann der Meinung sind, eine Gesetzgebung sei erforderlich und stimmen ihr zu, dann könnte die amerikanische Militärregierung die Ministerpräsidenten ihrer Zone anweisen, solche Gesetze zu erlassen. So, glaube ich, könnten wir die fortwährenden politischen Schwierigkeiten mit unserem Landtag vermeiden.

Clay: Grundsätzlich entspricht das sehr meinem Vorschlag. Verwaltungsmäßig jedoch, glaube ich, wird der Verlauf etwas von Ehards Anregung abweichen müssen.

[*Ehard:*] Das bedarf gewisser Richtlinien.[18]

---

[16] Dieser Abschnitt wurde in der Vorlage von unbekannter Hand am Rand angestrichen, teils auch unterstrichen und mit einer „2" versehen.

[17] Vgl. Dok.Nr. 1 B I

[18] Diese Richtlinien wurden im LR in einer umfassenden Ausarbeitung „Das Gesetzgebungsverfahren in der US-Zone", bei deren Fertigstellung seitens des RGCO insbes. Haller mitwirkte, erstellt. Vorentwürfe und Materialien in: Z 1/220, am 9. 9. 1947 beschlossene Fassung ebenda, Bl. 254–260. Für das Gesetzgebungsverfahren waren bestimmend 1. die Länderverfassungen, 2. die Proklamation Nr. 2 vom 19. 9. 1945 und die Proklamation Nr. 4 vom 1. 3. 1947, 3. die Mil.Gov. Regulation Titel V, Abs. B „Deutsche Gesetzgebung" in der Fassung vom 1. 3. 1947 (Verhältnis von MilReg. zur deutschen Gesetzgebung), 4. die Direktive des Amtes der MilReg. für Deutschland (US) vom 30. 9. 1946.

Clay: Meiner Anschauung nach würde man so verfahren: Das bizonale Amt faßt einen Beschluß. Auf gesetzmäßigem Wege, entweder durch seine eigenen Rechtsberater oder durch die Länder, stellt es fest, daß der Beschluß nicht im Rahmen der bestehenden Gesetze liegt, und empfiehlt dann die Gesetzesänderung der britischen und der amerikanischen Militärregierung, indem es der britischen Militärregierung überlassen bleibt, wie die Entscheidung für die britische Zone herbeizuführen ist. Für die US-Zone würde ich empfehlen, den Vorschlag des Länderrates einzuholen. Wir würden dann mit der britischen Militärregierung einen gemeinsamen Beschluß darüber fassen, ob wir die Einführung des Gesetzes wünschen oder nicht. Geht der Beschluß dahin, daß wir sie wünschen, würden wir den Länderrat auffordern, die Maßnahme zum Gesetz zu erheben und durch Verordnung zu erlassen. Sagt der Länderrat anderenfalls: „Nein, wir ziehen es vor, ein solches Gesetz nicht zu beschließen", würden wir es als Anordnung der Militärregierung erlassen.

[*Kaisen:*] Ich möchte hervorheben, daß wir vor allem die praktische Seite des ganzen Problems betrachten müssen. Wir erhofften für unsere Zone wie auch die anderen Zonen eine günstige wirtschaftliche Weiterentwicklung. Wenn ein Programm, wie das jetzt in Aussicht genommene Export- und Importprogramm durchgeführt werden soll, muß unsere Verwaltung viel rühriger werden. Hätten wir eine zentrale deutsche Regierung, so würde dies keinerlei Problem bedeuten. So aber müssen wir von der untersten Stufe nach oben arbeiten. Zur Zeit müssen wir uns von der Länderstufe bis zum bizonalen Amt emporarbeiten und müssen auf diese bizonalen Ämter gewisse Befugnisse übertragen, um ihnen die Arbeit überhaupt zu ermöglichen. Die ganze Frage besteht darin, ob die Handelsbefugnisse von den Landtagen oder der Militärregierung erteilt werden sollen. Die Ministerpräsidenten müssen die Ermächtigung haben, Gesetze, die die bizonalen Ämter benötigen, zu erlassen. Nach der Moskauer Konferenz müßte entschieden werden, ob eine solche Maßnahme nur für die beiden Zonen oder für ganz Deutschland Anwendung findet.

Clay: Ich bin leider nicht der Ansicht, daß wir darauf bald mit einer Antwort rechnen sollten. Hoffentlich können Sie es; wir müssen uns darauf gefaßt machen, daß Moskau zu einer Reihe von Konferenzen führen wird, und es könnte noch etliche Monate dauern. Es ist auch durchaus möglich, daß die Ereignisse es als äußerst ratsam erscheinen lassen werden, die politische Verschmelzung der beiden Zonen nicht zu bewerkstelligen. Der einzige Grund, warum wir die Verschmelzung aufhalten, ist unser Gefühl, daß es Ihrer eigenen Zukunft von Nachteil ist. Wir müssen daher die wirtschaftliche Vereinigung ganz unabhängig davon betreiben, ob es zu einer politischen Vereinigung kommt oder nicht.

[*Kaisen:*] Andererseits sind aber wirtschaftliche Probleme auch politische Probleme.

Clay: Ja, das ist leider wahr, wir dürfen aber aus ihnen augenblicklich keine politisch-organisatorische Frage werden lassen.

[*Kaisen:*] Ich neige zur Ansicht, daß dies die Schwierigkeit aufbringt, die einer Handhabung der Gesetzgebung der bizonalen Ämter durch die gesetzgebenden Körperschaften entgegenstehen – und daß es nur von den Ministerpräsidenten erledigt werden kann.

Clay: Sie sind in einer unglücklichen Lage. Sie sind nun mal auf die Militärregierung angewiesen. – Wir sind für Sie die einzige Hoffnung und, was diese Zweizonen-Einrichtung betrifft, so ist sie weder Ihre noch meine Schuld. Es ist etwas, was wir augenblicklich nicht verhindern können.

[*Stock:*] Ich habe eine Frage, die, wie ich annehme, indirekt beantwortet wurde. Der Herr General kennt die Bemühungen der Ministerpräsidenten, einen Koordinierungsausschuß zu errichten.[19] Offensichtlich besteht die Befürchtung, daß sich dieser Koordinierungsausschuß zu einem politischen Ausschuß entwickeln könnte, was den Koordinierungsausschuß zur Zeit unerwünscht macht.

Clay: Ich fürchte, wir können zur Zeit an einen solchen Koordinierungsausschuß nicht denken. Er würde tatsächlich als eine provisorische Zweizonenregierung aufgefaßt werden. Ich muß mich ohnehin schon gegen genug Anklagen verteidigen, als daß ich diese noch auf mich nehmen wollte. Ich möchte es Ihnen versichern, daß sowohl General Robertson wie auch ich selbst die Zweckmäßigkeit eines Koordinierungsausschusses oder eines politischen Organs, das die Verantwortung für alle diese Behörden übernimmt, voll anerkennen. Wir wollen jedoch niemandem gestatten, der britischen und der amerikanischen Zone den Vorwurf zu machen, daß sie mit der Errichtung einer politischen Organisation in den zwei Zonen eine vollendete Tatsache geschaffen haben.[20]

[*Stock:*] In unseren Besprechungen haben wir keine Zweizonenregierung erwähnt. Die Bemühungen zielten einzig und allein auf eine einheitliche Ausrichtung der fünf Ämter.[21]

---

[19] Vgl. u. a. Dok.Nr. 8, TOP 2.

[20] Nur zwei Tage später, am 25. 2. 1947 erfolgte im Alliierten Kontrollrat ein massiver Angriff des sowjetischen Vertreters Marschall Sokolovsky gegen die vermeintliche Schaffung von politischen bizonalen Organisationen und gegen die bizonale Vereinigung überhaupt, der entgegen bestehender alliierter Abmachung in Rundfunk und Presse der Sowjetzone veröffentlicht wurde. (Abdr. in: Documents on Germany, S. 211–217; die brit. Entgegnung von Sir Sholto Douglas ebenda, S. 217–219; Bericht des Political Advisor for Germany an das State Department über die Kontrollratssitzung vom 25. 2. 1947 in: Foreign Relations 1947/II, S. 853–855). Sokolovsky bezog sich zunächst auf Äußerungen der MinPräs. Stock und Steltzer über die Wiesbadener Ministerpräsidentenkonferenz (vgl. Anm. 21), um dann gegen die bizonale Integration allgemein anzugehen. Dabei warf er u. a. Amerikanern und Engländern vor, Deutschland zu spalten und durch Föderalisierung die Unabhängigkeit zerstören zu wollen zugunsten von Junkern und Monopolen; damit würden auch die Reparationsverpflichtungen Deutschlands gefährdet. Gen. Clays Reaktion auf Sokolovskys Angriffe in: Clay-Papers Bd. 1, S. 319–321, Draft Memorandum vom 26. 2. 1947, das dann allerdings nicht verwendet wurde. Clay wies die Angriffe mit dem Argument zurück, die sowjetische Zone könne sich jederzeit der Bizone anschließen, eine politische Vereinigung beider Zonen gebe es nicht, und fuhr ironisch fortzufahren: "Marshal Sokolovsky's memory is very good regarding the coal resources and steel capacities of the Ruhr, but very bad regarding the surplus food area that was separated from Germany by unilateral Soviet action. Industrial potential does not feed people. The Soviets wish a voice in the management of the Ruhr and a share in the product, but they are unwilling to share the responsibility for feeding the miners and industrial workers in that area. Marshal Sokolovsky is not even willing to share the food resources of his own zone which produces about two-thirds more per person than the rest of Germany.
Marshal Sokolovsky refers to the 'credits of servitude' in connection with the money which the people of the United States and Great Britain are spending to prevent starvation and disease in their zones of occupation. He does not refer to the large fraction of current production that is being taken as reparations from the Soviet zone contrary to the Potsdam Agreement and wholly unauthorized by the Allied Control Council. I think that the world knows that the credits extended by the United States, for example, Land Lease, have not become 'credits of servitude'."

[21] Nach der Wiesbadener Ministerpräsidentenkonferenz vom 17. 2. 1947 war in der Stuttgarter Zeitung vom 19. 2. 1947 ein Artikel unter Bezugnahme auf eine Meldung der Associated Press mit der Überschrift „Regierung für Westdeutschland?" erschienen, der von einer Bereitschaft sprach, ein bizonales Parlament zu errichten, falls auf der Moskauer Außenministerkonferenz eine Einigung über die Bildung einer deutschen Regierung nicht erreicht würde. Roßmann beeilte sich umgehend, den Artikel, den er vor seinem Erscheinen bereits als falsch bezeichnet hatte, beim RGCO zu dementieren (Z 1/76, Bl. 237) und veranlaßte auch ein energisches Dementi bei der Stuttgarter Zeitung (Z 1/121, Bl. 58). Die Stuttgarter Zeitung ging in ihrer Ausgabe vom 22. 2. 1947 (Artikel „Ein Zweizonen-Direktorium?") darauf ein, schwächte ihre Aussagen ab und zi-

Clay: „Was ist ein Name? Was uns Rose heißt, wie es auch hieße, würde lieblich duften."[22]
[*Ehard:*] Wir sind nun auf dem Wege zu einer solchen Koordination. Wir wissen, daß wir uns nicht bemühen sollten, etwas Unerwünschtes zu schaffen. Über die Ministerpräsidenten der zwei Zonen kann augenblicklich keine Koordinierung herbeigeführt werden. Deshalb ist es meine persönliche Meinung, daß die britische Zone und die amerikanische Zone, was die Gesetzgebung betrifft, ihre eigenen Wege gehen sollten, und daß die Koordinierung über die beiden Militärregierungen herbeigeführt werden sollte. Für die Zwischenzeit ist das die Lösung.
Clay: Das ist die einzige Lösung.
[*Ehard:*] Bis jetzt konnten wir noch so vorgehen, weil, obgleich wir es erhofften, wir es nicht wußten. Ich glaube, daß wir die Schwierigkeiten auf diesem Wege überwinden werden.
Clay: Ich erwarte nicht, daß dieses Vorgehen sehr viel Gesetzgebung erfordern wird.
Edwards: Eine Schwierigkeit wird sich ergeben, wie es bereits in Württemberg-Baden der Fall ist, wenn zwischen Gesetzen und Verwaltungsmaßregeln unterschieden werden muß. Es kann eine Frage der Auslegung sein.
Clay: Das ist eine Rechtsfrage. Man muß sich in solchen Sachen immer auf rechtliche Grundsätze berufen.
[*Ehard:*] Ich glaube, nach deutschem Recht ist es sehr einfach, den Trennungsstrich zu ziehen. Ein Gesetz wird immer dann benötigt werden, wenn alle Bürger eine gewisse Verpflichtung auf sich nehmen müssen. Eine Verwaltungsanordnung dagegen ist immer an Beamte und nicht an den einzelnen Staatsbürger gerichtet.
Clay: Ich glaube nicht, daß das in der Praxis Schwierigkeiten machen wird. Das müßte vielleicht erst noch geklärt werden. Es dürfte Sie interessieren, daß wir innerhalb der Militärregierung einen Verfassungsgerichtshof errichtet haben, der darüber zu entscheiden hat, ob ein Gesetz, das nach unserem Erachten erlassen werden muß, unter die von uns bei Genehmigung der Verfassungen vorbehaltenen Rechte fällt.[23] Ich erwähne das nur, um Ihnen zu zeigen, daß wir bemüht sind, den Länderverfassungen die gleiche Geltung und Wirksamkeit zu geben, wie Sie es wünschen. Andererseits können wir es jedoch nicht zulassen, daß ein Vorschlag, der für den Erfolg unseres Wirtschaftsprogrammes wesentlich und unerläßlich ist, von einem Landtage zu Fall gebracht wird, und ich möchte unter keinen Umständen in die Lage versetzt werden, einen Landtagsbeschluß abzulehnen. Ich bin davon überzeugt, daß es demokratischer ist, nie eine solche Vorlage dem Landtag zu unterbreiten. Damit haben wir, glaube ich, diesen Teil der Beratung erschöpft, es sei denn, daß einer von den Herren noch etwas hinzufügen will.

---

tierte eine „nichtamtliche amerikanische Stelle": „Das Projekt der Ministerpräsidenten würde ihnen Gemeinschaft und wirtschaftliche Überwachung der beiden Zonen ermöglichen, ohne dadurch eine formelle Zweizonen-Regierung mit einem Zweizonen-Parlament zu schaffen."
Auch andere Gerüchte waren über die Wiesbadener Tagung verbreitet worden. So wurde MinPräs. Ehard mehrfach befragt, ob man in Wiesbaden tatsächlich beschlossen habe, einen Friedensvertrag von deutscher Seite nicht zu unterzeichnen? (Bayer. StK. an Seelos vom 20. 2. 1947 in: BHStA Abt. II Bevollm. Stuttgart/32). Die bayer. StK. meinte, die pressemäßige Behandlung der Wiesbadener Tagung sei unzureichend gewesen. Es sei erforderlich, ein etwas weniger nichtssagendes Kommuniqué auszugeben, als dies geschehen sei, da die Presse doch erfahren habe, daß man über die Fragen des Friedensvertrages und der Zweizonen-Koordination gesprochen habe (ebenda).

[22] In der vom LR erstellten Übersetzung lautet der Ausspruch von Gen. Clay: „Auch wenn eine Rose einen anderen Namen hat, duftet sie genau so lieblich" (Nachl. Roßmann/25, Bl. 187).

[23] Unterlagen über Organisation und Funktion des Legislation Review Board in: Nachl. Pollock/85.

[2. Entnazifizierung in den bizonalen Ämtern]

[*Clay:*] Die einzige andere Angelegenheit, über die ich noch zu Ihnen sprechen wollte, dürfte sehr einfach sein. Es wird vielfach behauptet, die Verschmelzung nötigt Deutsche aus der amerikanischen Zone zur Zusammenarbeit mit Mitgliedern der Nazi-Partei aus der britischen Zone. Wir haben eine gemeinsame Überprüfung aller Angestellten dieser Ämter bis hinab zum Abteilungsleiter eingerichtet, und ich bin überzeugt, daß diese gemeinsame Überprüfung wirksam sein wird. In den unteren Stellen sind wir übereingekommen, was die Militärregierung betrifft, die in der jeweiligen Zone gemachten Feststellungen anzuerkennen. Das bedeutet jedoch nicht, daß alle bizonalen Ämter so vorgehen müssen. Die ganze Personalbesetzung liegt in den Händen des Vorsitzenden des Verwaltungsrates. Der Vorsitzende des Rates hat das Recht, jeden für den Rat tätigen Deutschen abzulehnen. Falls Sie in dieser Beziehung Bedenken haben, so würde es meiner Meinung nach sehr richtig sein, Ihre Vertreter in diesen Ämtern anzuweisen, es zum Ausdruck zu bringen und auf einer ausreichenden Überprüfung zu bestehen.

[*Ehard:*] Wir haben stets den Eindruck gehabt, und es ist uns mit Nachdruck erklärt worden, daß die Entnazifizierung in der britischen Zone in mancher Hinsicht verschieden ist.[24] Ich möchte nicht sagen wie – aber sie ist verschieden. Darf ich ein Beispiel anführen, obwohl es vielleicht übertrieben ist! In der britischen Zone kann ein Mann Ministerialdirektor werden, den wir nicht einmal als Briefträger einstellen könnten. Beim Vergleich der kürzlich in der britischen Zone veröffentlichten Verfügungen[25] mit den Entnazifizierungsbestimmungen auf Grund des Gesetzes vom 5. März 1946 in der amerikanischen Zone muß ich gestehen, daß darin ein Körnchen Wahrheit liegt. Ich muß aber auch sagen, daß die uns zur Verfügung stehenden Leute hinsichtlich ihrer fachlichen Kenntnisse sehr geeignet sind. In der amerikanischen Zone sind die verfügbaren Kräfte jedoch wesentlich geringer als die in der britischen Zone. In der britischen Zone werden Leute, wenn sie fachlich geeignet sind, in Stellungen eingesetzt, selbst wenn sie politisch nicht unbelastet sind. Das macht es für uns schwierig, ausreichendes Fachpersonal zu finden.

Clay: In diesem Zusammenhang möchte ich nur eines sagen: Was die britische Zone im Hinblick auf ihr eigenes Gebiet macht, ist etwas, worauf ich keinen Einfluß habe. Aber mit Bezug auf bizonale Ämter ist der deutsche Vorsitzende und der Verwaltungsrat weder der einen noch der anderen Militärregierung gegenüber verpflichtet, eine bestimmte Person anzunehmen. Sie unterliegen einer Beschränkung insofern, als sie niemanden als Abteilungsleiter oder höher einstellen können, der nicht gemeinsam von der amerikanischen und britischen Militärregierung geprüft worden ist. Selbst hierbei liegt die Entscheidung, ob ein Mann zufriedenstellend ist, völlig in Händen der deutschen Verwaltung.

[*Ehard:*] Mit anderen Worten, wir könnten Leute beim bizonalen Verwaltungsrat einstellen, die wir in den Ländern nicht einstellen könnten?

---

[24] Vgl. zu den Unterschieden Fürstenau, Entnazifizierung, S. 103–104.
[25] Gemeint ist die Zonenexekutivanweisung Nr. 54 vom 30. 11. 1946, Kategorisierung und Behandlung von Kriegsverbrechern und Nazis, die Anf. Febr. 1947 bekannt gegeben wurde. Zum Inhalt vgl. Fürstenau, Entnazifizierung, S. 105. Abdr. in: Entnazifizierung in Nordrhein-Westfalen, S. 269–296. StS Passarge notierte dazu unter dem 8. 2. 1947 in seinem Tagebuch (Nachl. Passarge/9, Bl. 15): „Heute – 8. 2. 1947 – erscheinen die endgültigen Denazifizierungs-Vorschriften der Britischen Militärregierung. Es hat weiß Gott unendlich lange gedauert, bis sie da sind. Ein ganzes Jahr länger als in der USA-Zone. Aber wieviel ruhiger, überlegter, menschlicher, vornehmer sind sie als die Wildwest-Methoden im USA-Teil Deutschlands!"

Clay: Nein, das will ich damit nicht sagen. Es könnte sich vielleicht so auswirken. Wir haben uns zwar mit den Engländern dahingehend geeinigt, daß wir nicht Leute in Frage stellen, deren Unbedenklichkeit die Engländer festgestellt haben und umgekehrt. Damit haben wir aber nicht unsere Zustimmung gegeben, und es steht dem Verwaltungsrat völlig frei, in jedem einzelnen Falle zu sagen, ob ein Mann genehm ist.
[*Ehard:*] Kürzlich kam eine Anzahl Beamte der bizonalen Räte aus der britischen Zone nach Stuttgart zum Ernährungs- und Landwirtschaftsrat, und die Unterschiede in den Anstellungsmöglichkeiten dieser Beamten zeigten sich sehr deutlich.[26]
Clay: Warum haben Sie sie nicht abgelehnt – warum hat Ihr Ernährungsminister nicht darauf bestanden, daß Sie sie ablehnten?
[*Maier:*] Er konnte sich weigern, diese Leute anzunehmen, aber dann hätte er überhaupt niemanden gehabt.
[*Stock:*] Ähnliche Verhältnisse herrschen in der Organisation des Postamtes Frankfurt. Die Behörden in Hessen griffen jedoch ein. Der Entnazifizierungsminister in Hessen verlangte die Personalakten von 63 höheren Beamten, und 60 von ihnen waren Nazimitglieder gewesen. Der Minister ist noch bei der Prüfung.
Clay: Ich glaube nicht, daß einer dieser Verwaltungsräte sich gegen den Vorwurf selbst eines einzigen Mitgliedes behaupten könnte, daß die Ämter Nazis beschäftigen, und ich denke, daß sie es völlig in der Hand haben, ihr Haus zu säubern. Es wäre uns sehr viel angenehmer, wenn Sie das tun würden. Kommen Sie jedenfalls nicht zu mir mit Vorhaltungen, daß Ihre Leute heute mit Nazis arbeiten müssen.

[3. Schlußworte; geplante Konferenz der Ministerpräsidenten]

[*Clay:*] Meine Herren, ich denke, damit ist wohl alles erledigt, zu dessen Besprechung ich Sie hierher gebeten habe. Wie ich schon sagte, tut es mir leid, daß ich Sie bitten mußte, an einem Sonntag hierher zu kommen, aber ich empfand wirklich, daß die Zustände durchaus kritisch sind und eine Besserung erfordern. Wir dürfen diese wirtschaftliche Vereinigung nicht mißlingen lassen. Niemand würde es mehr bedauern als ich, wenn wir irgendwelche unserer demokratischen Ideale opfern müßten, nur um die Vereinigung zum Erfolg zu bringen.
Wir werden zweifellos von der Presse nach dem Zweck dieser heutigen Zusammenkunft gefragt werden. Ich schlage vor, wir alle sagen, daß die Versammlung abgehalten [worden] war, um uns die Möglichkeit zu geben, die Beziehungen zwischen den bizonalen Ämtern und den Ländern ausführlich zu besprechen, und daß die Zusammenkunft die bisherigen Unklarheiten beseitigt hätte.
[*Maier:*] Wird die Konferenz in Stuttgart am 1. März abgehalten?
Clay: Es mag sein, daß ich die Konferenz um eine Woche verschieben lassen muß.[27] Sie fällt ungefähr auf das Datum, zu dem wir die Ankunft unseres Außenministers in Berlin erwarten.[28] ...O, Sie meinen die gemeinsame Zusammenkunft der Ministerpräsidenten in der amerikanischen und britischen Zone?

---

[26] Passarge schrieb dazu in seinem Tagebuch unter dem 24. 2. 1947 (Nachl. Passarge/9, Bl. 25): „Über 60 Leute habe ich bisher nach Stuttgart abgeschoben. Noch nicht einer davon ist übernommen und angestellt worden, weil der letzte Denazifizierungsfragebogen immer noch aussteht."

[27] Gen. Clay dachte an die monatliche Tagung des LR. In der vom LR gefertigten Übersetzung hieß es höflicher: „Es kann sein, daß ich Sie bitten muß, diese um eine Woche zu verschieben."

[28] Außenminister Marshall unterbrach seine Reise zur Außenministerkonferenz in Moskau für den 7.–9. 3. 1947 in Berlin. Vgl. Neue Zeitung vom 10. 3. 1947, S. 1, Artikel „Marshall steht zu Byrnes' Pakt-Idee".

[*Maier:*]²⁹ Die gemeinsame Konferenz der Ministerpräsidenten mit den bizonalen Verwaltungsräten.
Clay: Ich möchte Sie bitten, sich mit den Ministerpräsidenten in der britischen Zone erst nach der Moskauer Konferenz zu treffen. Es wäre ein großer Fehler, denke ich, eine solche Zusammenkunft vor der Moskauer Konferenz abzuhalten.³⁰
[*Maier:*] Wir werden bewußt davon absehen, einen bizonalen Koordinierungs-Ausschuß zu bilden. Wir wollten nur festsetzen, wie die acht Länderregierungen mit den fünf bizonalen Ämtern zusammenarbeiten sollen. Es gibt da einige grundsätzliche Meinungsverschiedenheiten. Einige bizonale Ämter denken, sie stünden über den Länderregierungen. Zwei Ministerpräsidenten der britischen Zone behaupten, daß die bizonalen Ämter der Länderregierung übergeordnet sind.³¹ Diese Ansichten haben zur Folge, daß die bizonalen Ämter sich wie Reichsministerien denken [!], während die Regierungschefs die bizonalen Ämter als gemeinsame Dienststellen der Länder betrachten, und daß die Länderregierungen andererseits sich den gemeinsamen Ämtern unterwerfen. Tatsächlich sind diese Meinungsverschiedenheiten von sehr geringer Bedeutung, und wir wollten bei unseren Konferenzen nur das Verhältnis dieser bizonalen Ämter zu den Länderregierungen festlegen.
Clay: Ich würde Ihnen dringend empfehlen, das bis nach der Moskauer Konferenz aufzuschieben; es sind nur einige Wochen. Ich bin durchaus für Ihre Zusammenkunft mit den Ministern der britischen Zone, und ich bitte Sie nur, es für eine kleine Weile zu lassen.³²

---

²⁹ In der Vorlage statt des Namens hier nur Punkte.

³⁰ Das geplante Treffen wurde schließlich auch formell unter Bezugnahme auf Clays Ausführungen durch ein Schreiben des RGCO untersagt (RGCO an Roßmann vom 24. 2. 1947 Z 1/1, Bl. 131). Prof. Glum berichtete nach Gesprächen mit Mitarbeitern von OMGUS in Berlin, die er vom 24.–28. 2. 1947 geführt hatte: „Mit Rücksicht auf die Empfindlichkeit der Russen wird zur Zeit alles vermieden, was Reibungen hervorrufen könnte. Infolgedessen ist auf Wunsch der Russen die Benutzung des amerikanischen Militärzuges nach Berlin außerordentlich erschwert, und es wird nicht gewünscht, daß die Ministerpräsidenten der amerikanischen Zone mit den Ministerpräsidenten der britischen Zone zusammentreffen." (BHStA Abt. II MA 130 859, Vermerk vom 4. 3. 1947).

³¹ Es handelt sich um die MinPräs. Kopf und Amelunxen (vgl. Dok.Nr. 8).

³² Die nächste mehrzonale Ministerpräsidentenkonferenz fand erst am 5.–7. 6. 1947 in München statt. Prof. Glum berichtete nach einer Unterredung mit Gen. Parkman, man sei bei OMGUS mit dem Ergebnis der Konferenz vom 23. 2. 1947 sehr zufrieden (BHStA Abt. II MA 130 859, Vermerk vom 4. 3. 1947).

Nr. 10
18. Tagung des Länderrates des amerikanischen Besatzungsgebietes in Stuttgart
10./11. März 1947

A Interne Sitzung

BA Z 1/18, Bl. 2–19. Von Roßmann gez.[1] Prot. vom 12. 3. 1947, maschinenschr. vervielf. Ausf.[2]
TO: Z 1/18, Bl. 44–62; Kurzprot.: Z 1/18, Bl. 35–42

Anwesend: MinPräs. Ehard (Vorsitz), StMin. Pfeiffer, Konsul Seelos, ORegRat v. Elmenau, Frh. v. Ritter zu Groenensteyn (Bayern); SenPräs. Kaisen (11. 3. 1947), Schütte (Bremen); MinPräs. Stock, StS Strauß, Graf v. Wedel (Hessen); MinPräs. Maier, StS Gögler (11. 3. 1947), StR Wittwer, ORegRat Mühlberger (Württemberg-Baden); GS Roßmann, Wutzlhofer, Möller, Ass. Strauch (Länderrat)

[1.] Besprechung der Tagesordnung für die ordentliche Sitzung

[*a) Dollarguthaben der Kriegsgefangenen, Verrechnung zugunsten des Außenhandels*]

[Die Frage wird, da sie „sehr heikel sei" von der TO der Plenarsitzung gestrichen. GS Roßmann soll an das RGCO schreiben[3] und dabei betonen, „daß es sich zum Teil um erspartes Geld" handele. Da die amerik. MilReg., wie Maier ausführt, es nicht wünsche, daß mit der Einlösung der Dollarguthaben gewartet werde, findet ein vorliegendes Schreiben, nach dem die Guthaben gegen Carepakete einzulösen sind, keine Billigung[4]]

[*b)*] *Bestellung des Reichsbankdirektors Könnecker zum kommissarischen Generaltreuhänder für die Deutsche Reichsbank in der US-Zone*

[...]

[*c)*] *Rückerstattungsgesetz*

[Die] vom Direktorium entworfene Stellungnahme wird vom Länderrat am Schluß des ersten Absatzes noch etwas abgeändert und in der dem Kurzprotokoll über die interne Länderratssitzung als Anlage 1 beigefügten Fassung angenommen, nachdem Württemberg-Baden den Gegenentwurf seines Justizministeriums zu dieser Stellungnahme zurückgezogen hatte.[5]

---

[1] Die Zeichnung erfolgte durch Namensstempel.

[2] Als „streng vertraulich" bezeichnet, auf Bl. 2 rechts oben undat. ZdA-Verfügung von Roßmann, darüber handschr. von unbekannter Hand „Generalsekretär". Unter der Datumszeile das Diktatzeichen der Sekretärin Seidel.

[3] Schreiben vom 24. 3. 1947 an das RGCO in: Z 1/77, Bl. 425–427.

[4] Von Roßmann unter dem 11. 2. 1947 gez. Ausf. in: B 150/340. Aus dem Schreiben geht hervor, daß der Leiter der amerik. Care-Vertretung in Deutschland, Mr. Randolph, bereits den Eintausch von Dollarguthaben gegen Carepakete vorgeschlagen hatte, jedoch bei Gen. Clay keine Zustimmung gefunden hatte.

[5] Vgl. Dok.Nr. 10 B II, TOP 14.

Länderrat US-Zone　　　　　　　　　　　　　　10./11. 3. 1947　　Nr. 10 A

[2.] Proklamation Nr. 4 der amerikanischen Militärregierung

[Nicht besprochen, da eine authentische Übersetzung[6] nicht vorlag]

[3.] Verlängerung der Geltungsdauer des § 15 des Länderratsstatuts [Direktorium]

Der Länderrat beschließt, die Geltungsdauer des § 15 bis zum 30. 6. 1947 zu verlängern.[7]

[4.] Überprüfung der Parlaments-Gesetzgebung durch den Länderrat

GS Roßmann erklärt, daß der Grund für die Behandlung dieser Frage ein Vorwurf des Coordinating Office sei, daß die Gesetze, die im Länderrat angenommen und den Parlamenten zugeleitet worden sind, nicht den richtigen Weg zurück über den Länderrat und das Coordinating Office an OMGUS nehmen. Das Coordinating Office habe gefordert, daß ein derartiger Zustand beseitigt werde. Er habe die Überprüfung hier einer Stelle übertragen, die genau den Weg der Gesetze verfolgen und sich, wenn sich eine Stockung bemerkbar mache, mit den Staatskanzleien in Verbindung setzen und mahnen werde.[8] Er regt an, daß auch durch die Landesdienststellen eine Kontrolle durchgeführt werde.

Die Ministerpräsidenten und der Senatspräsident von Bremen sagen zu, daß in ihren Ländern Kontrollstellen eingerichtet werden, die den Lauf dieser Gesetze und Verordnungen ebenfalls überwachen werden.

---

[6] Die am 1. 3. 1947 in Kraft getretene Proklamation Nr. 4 wurde dem LR unter dem 10. 3. 1947 vom RGCO übersandt; sie ging gemäß Präsentationsstempel erst am 12. 3. 1947 beim LR ein und wurde am 13. 3. 1947 vom Dolmetscherbüro des LR übersetzt (Z 1/219, Bl. 311; vervielf. Fassung ebenda, Bl. 336–337; Abdr. LRGS S. VIII). Zur Vorgeschichte vgl. Dok.Nr. 9. Die inhaltlich wichtigen Artikel lauten:
Artikel I
Gemäß ihren Verfassungen haben die Länder Hessen, Württemberg-Baden und Bayern volle gesetzgebende, vollziehende und richterliche Gewalt, die lediglich durch die folgenden, von dem stellvertretenden Militärgouverneur in den die Verfassungen bestätigenden Schreiben gemachten Vorbehalte eingeschränkt ist:
a) Internationale Vereinbarungen, an denen die Vereinigten Staaten beteiligt sind;
b) Vier-Mächte-Gesetzgebung;
c) Befugnisse, die der Militärregierung zur Verwirklichung grundlegender Ziele der Besatzungspolitik vorbehalten sind.
Artikel II
Auf den nach Artikel I dieser Proklamation der Militärregierung vorbehaltenen Gebieten, und nur auf diesen, bleibt die Machtbefugnis der Militärregierung und der von ihr ermächtigten Ministerpräsidenten wie in Proklamation Nr. 2 der Militärregierung vorgesehen, bestehen.
Artikel III
Gesetzgebung auf den der Militärregierung vorbehaltenen Gebieten, die von den Ministerpräsidenten auf Grund des Artikels II dieser Proklamation genehmigt und verkündet wird, bedarf vor ihrer in Artikel III der Proklamation Nr. 2 der Militärregierung vorgesehenen Verkündung der Genehmigung der Militärregierung.
Artikel IV
[Geltung für Bremen]

[7] Die Geltungsdauer des § 15 des LR-Statuts war bei Erlaß des Statuts auf den 30. 12. 1946 begrenzt worden, dann lediglich bis zum 31. 1. 1947 verlängert worden (vgl. Z 1/1, Bl. 146–149).

[8] Verfügung von Roßmann an Dr. von Arnim vom 18. 2. 1947 (Z 1/219, Bl. 304). Demnach sollte der Gang des Gesetzgebungsverfahrens in den Ländern durch den LR verfolgt werden, um eine Basis für eine fortlaufende Berichterstattung an das RGCO zu schaffen. Vom Referat Dr. Kerschensteiner sollte zu diesem Zweck eine Kartei geführt werden (ebenda, Bl. 306–310).

[5. LR-Statut § 15 a], **Parlamentarischer Rat beim Länderrat**

Der vom Direktorium gemeinsam mit den Landtagspräsidenten der drei Länder der US-Zone ausgearbeitete Entwurf für den § 15 a (Bildung des Parlamentarischen Rates) wird vom Länderrat unverändert angenommen.[9]

GS Roßmann berichtet in der Vormittagssitzung am 11. 3. 1947 kurz über die konstituierende Sitzung des Parlamentarischen Rates am Vortage.[10] Der Entwurf des § 15 a wurde auch vom Parlamentarischen Rat angenommen. Er habe den Herren des Parlamentarischen Rates mitgeteilt, daß er den Entwurf des § 15 a General Clay bereits vor einigen Tagen habe übermitteln lassen, damit die Möglichkeit geschaffen würde, daß er die Genehmigung schon heute ausspreche. Die Frage der Aufwandsentschädigung sei

---

[9] Über die Eingliederung der Länderparlamente in die Arbeit des LR war seit Dez. 1946 diskutiert worden (Material in: Z 1/225, ferner die internen Sitzungen des Direktoriums vom 19. 12. 1946 (Abdr. in: Akten zur Vorgeschichte 1, S. 1151 ff.); 7. 1.; 30. 1.; 20. 2. 1947; Prot. in: Z 1/20).
Am 3. 2. 1947 trafen sich die Landtagspräs. der drei Länder der US-Zone und einigten sich im Beisein der LR-Bevollmächtigten auf eine Formulierung für den Entwurf des § 17 (später 15 a) des LR-Statuts (Vermerk vom 7. 2. 1947 in: Z 1/225, Bl. 422). Schließlich war noch die zahlenmäßige Zusammensetzung des Parl. Rates strittig, da Bayern sich mit einer paritätischen Vertretung aller Länder zunächst nicht einverstanden erklärte. (Vgl. auch Dok.Nr. 6 A, TOP 6 und Dok.Nr. 7, TOP 3). Die Schlußberatungen fanden in einer internen Sitzung des Direktoriums mit den Landtagspräsidenten am 27. 2. 1947 (Prot. in: Z 1/20, Bl. 131–140) und auf der Direktoriumssitzung vom 6. 3. 1947 statt (Prot. Z 1/20, Bl. 127–129). Dabei war noch umstritten, ob im Parl. Rat grundsätzliche politische Fragen verhandelt werden sollten. Lediglich der bayer. LR-Bevollm. Seelos plädierte gegen dieses Recht mit dem Argument, die Aufgaben sollten nur in der Koordination liegen. Ferner fürchtete Bayern, daß bei Abstimmungen, die unter den bayer. Abgeordneten durchgeführt werden würden, die CSU, die im Parlament die Mehrheit hatte, mit ihren drei Abgeordneten, durch die Vertreter von SPD, WAV und FDP, die zusammen vier Stimmen erhalten sollten, überstimmt werden könnte. Hierzu wurde vorgeschlagen, daß eine interne bayer. Regelung getroffen würde. Wortlaut des § 15 a siehe Anm. 12.

[10] Wortprot. der Sitzung vom 10. 3. 1947 in: Z 1/197, Bl. 1–58. Nach einer Begrüßung durch GS Roßmann referierte Min. Pfeiffer als derzeitiger Vorsitzender des Direktoriums über die Zuständigkeiten des LR und erläuterte in einem kurzen geschichtlichen Abriß die staatsrechtliche Entwicklung der US-Zone nach 1945. In der Aussprache über das Statut (§ 15 a) äußerte lediglich der Abg. Fisch namens der zwei Vertreter der KPD grundsätzliche Bedenken (vgl. auch seine Erklärung in der Plenarsitzung des LR). Wie unsicher man in Regeln der Geschäftsordnung noch war, zeigte die Abstimmung, die nach einer Beratung im Rahmen der Parteifraktionen zunächst fraktionsweise begann; ein Verfahren, das nicht angängig war, da grundsätzlich nach Länderdelegationen abzustimmen war.
Nach erfolgter Konstituierung wurde Horlacher, Bayern, zum Vorsitzenden gewählt, der in längeren Ausführungen auf die Aufgaben und Zielsetzungen des Parl. Rates einging. Er führt u. a. aus: „Unsere Aufgabe ist es, die Provinzstelle auszufüllen, da wir kein Zonenparlament sind. Meine Herren, bedenken wir, wir sind nicht eine selbständige parlamentarische Körperschaft, sondern wir sind ein Organ des Länderrats und sind in seine Struktur verflochten, mit der Maßgabe, daß wir nur beratend zu den legislativen Arbeiten Stellung nehmen, dagegen zu den übrigen verwaltungsmäßigen Arbeiten des Länderrats nehmen wir überhaupt nicht Stellung." Die Arbeit des Parl. Rates sei aufzufassen als „Baustein zu der von uns so heiß erstrebten Aufbauarbeit für das gemeinsame deutsche Vaterland." Zum Schluß der Vormittagssitzung informierte GS Roßmann über die von der MilReg. in der Prokl. Nr. 4 vorgenommene Kompetenzabgrenzung hinsichtlich der Gesetzgebungsbefugnisse. In der Nachmittagssitzung wurden bereits Gesetzes- und VO-Entwürfe beraten. Der Beobachter des RGCO, Pabsch, berichtete (NA RG 260 OMGUS, 34–1/11, folder Parl. Council): „In all major issues the PAC split up into parties rather than Laender. Its activities will probably hinder and delay Laenderrat action as the parliamentary representation appear anxious to preserve the influence of their parties and their Land parliaments. This observer believes that the PAC will recommend all important laws to be referred to the Parliaments by the Laenderrat. The Ministers President will not oppose such recommendations even though Proclamation No. 4 delegates sufficient power to the Ministers President. It appears that it must be made apparent to the Land Parliaments that their chief executives serve in al dual capacoty of the people's agents and Military Government's agents, and that the powers of self-government have been modified to that extent."

so geregelt, daß sie von den Landtagen der einzelnen Länder getragen werde. Hier beim Länderrat müsse aber ein Kontrollapparat eingerichtet werden, der seine Meldungen dann an die einzelnen Landtage zu geben hätte. Der Parlamentarische Rat habe den Wunsch geäußert, daß von dem Zeitpunkt der Aufnahme seiner praktischen Tätigkeit an alle Gesetze und Verordnungen, die beim Länderrat behandelt werden, numeriert werden, wie dies in den Parlamenten allgemein üblich sei.[11] In der Nachmittagssitzung am 11. 3. 1947 wird festgestellt, daß eine offizielle Genehmigung des § 15 a durch General Clay in der öffentlichen Sitzung noch nicht erfolgt sei, er jedoch mitgeteilt habe, man könne so verfahren, als läge die Genehmigung bereits vor.[12]

[6.] Eingliederung des Landes Bremen in den Länderrat

Der Länderrat stimmt der vom Direktorium in seiner Sitzung vom 20. 2. vorgeschlagenen Regelung zu.[13]

---

[11] Ein neues Kennzeichnungssystem für die Beschlüsse aller Gremien des LR wurde durch Schreiben des RGCO an den LR vom 2. 4. 1947 eingeführt (Z 1/1303, Bl. 38).

[12] Die offizielle Genehmigung erfolgte mit Schreiben des RGCO vom 16. 4. 1947 (Z 2/216, Bl. 165). Der § 15 a des LR-Statuts hatte folgenden Wortlaut (Z 1/1304, Bl. 38–39, Abdr. LRGS, S. XII, Vorentwürfe Nachl. Roßmann/24, Bl. 166–177):
„1. Um die notwendige Angleichung der Gesetzgebung der Länder zu fördern, wird ein Parl. Rat am Sitz des Länderrates gebildet.
2. Der Parl. Rat besteht aus 24 Mitgliedern. Je sieben Mitglieder werden von den Volksvertretungen von Bayern, Hessen und Württemberg-Baden, drei von der Volksvertretung Bremens bestellt. Bei Auflösung einer Volksvertretung scheiden die von dieser bestellten Mitglieder erst aus, wenn die neugebildete Volksvertretung andere Mitglieder bestellt hat. Für jedes Mitglied können jeweils Stellvertreter vorgesehen werden. Auswahl und Bestellungsverfahren werden durch die Volksvertretungen der Länder geregelt.
3. Der Parl. Rat hat eine beratende Aufgabe; er nimmt Stellung zu
a) allen Entwürfen von Gesetzen und Rechtsverordnungen, die dem Länderrat vorgelegt werden,
b) Kontrollratsmaßnahmen, die dem Länderrat durch das Coordinating Office vorgelegt werden,
c) Fragen von grundsätzlicher Bedeutung.
4. Vorlagen der in Absatz 3 bezeichneten Art sind dem Parl.Rat durch den Generalsekretär zuzuleiten, nachdem das Direktorium dazu Stellung genommen hat.
5. Der Parl. Rat tagt regelmäßig gleichzeitig mit dem Länderrat, demgegenüber er seine Stellungnahme zu den einzelnen Vorlagen vertritt, im übrigen nach Bedarf.
6. [Vorsitz, Abstimmung auf Länderbasis, Erfordernis der Einstimmigkeit].
7. Die Ministerpräsidenten, der Senatspräsident von Bremen und die Mitglieder des Direktoriums können an jeder Sitzung des Parl. Rats teilnehmen. Der Rat kann verlangen, daß der Generalsekretär und die Länderratsbevollmächtigten bei seinen Sitzungen anwesend sind.
8. Die Mitglieder des Parl. Rats oder ihre Stellvertreter können zu ihrer Unterrichtung an den Sitzungen der Ausschüsse und Unterausschüsse des Länderrates (§ 14) teilnehmen.
9. Die Vorschriften des § 15 a gelten bis zum 30. 6. 1947. Durch einstimmigen Beschluß der Ministerpräsidenten kann ihre Geltungsdauer verlängert werden."

[13] Nach Vorgesprächen zwischen Roßmann und dem Bremer LR-Bevollm. Schütte (vgl. Z 1/1, Bl. 9–10) war die Frage zunächst in der internen Direktoriumssitzung vom 13. 2. 1947 (Prot. Z 1/20, Bl. 157–162) besprochen worden, ohne daß es zu materiellen Beschlüssen kam. Bremen sollte „bei den freundschaftlichen Beziehungen, die zwischen dem Länderrat und Bremen bestehen" um Vorschläge gebeten werden. In der internen Direktoriumssitzung vom 20. 2. 1947 (ebenda, Bl. 147–149) wurden die inzwischen erreichten Verhandlungsergebnisse gebilligt. Die am 27. 2. 1947 beschlossene endgültige Fassung lautete:
„1. Ausschüsse
Der Bürgermeister von Bremen ernennt als Vertreter Bremens für die Hauptausschüsse entsprechend den Länderministern den zuständigen Senator und einen Vertreter, in den anderen Ausschüssen bevollmächtigte Vertreter und auch je einen Stellvertreter.
2. Direktorium
Der Bürgermeister von Bremen entsendet in das Direktorium entsprechend den anderen Ländern einen Sonderbeauftragten und den Länderratsbevollmächtigten.

Nr. 10 A   10./11. 3. 1947   Länderrat US-Zone

SenPräs. Kaisen gibt zusätzlich folgendes zu Protokoll: „Das Stimmrecht Bremens ruht in allen Fragen, die nur süddeutsche Angelegenheiten betreffen."
Er kündigt außerdem an, daß er diese Erklärung den drei Ministerpräsidenten der Länder Bayern, Hessen und Württemberg-Baden noch schriftlich bestätigen werde.

[7.] **Stimmrecht der Städte Hamburg und Bremen in den bizonalen Verwaltungsräten**[14]

MinPräs. Maier führt aus, daß in dieser Frage unter allen Umständen eine Klärung erfolgen müsse. Die augenblickliche Lage sei entstanden durch die Vorgänge im Finanzrat, wo sich die Vertreter der Länder auf den Standpunkt gestellt hätten, daß ein Stimmrecht Hamburgs und Bremens erst nach Änderung der Abkommen bestehen könne.[15] Darauf hätten die anwesenden amerikanischen und britischen Offiziere den Befehl gegeben, daß Hamburg und Bremen eine Stimme bekommen. Sie hätten erklärt, daß die Herren, die auf einem anderen Standpunkt ständen, das Recht einer Beschwerde hätten. Es sei natürlich klar, daß die beiden Städte das Stimmrecht haben müßten. Eine schwierige Situation sei nur dadurch entstanden, daß in gewissen Fragen, in denen ein natürlicher Zusammenhang zwischen den norddeutschen Ländern und den Städten Hamburg und Bremen bestände, eine ständige Überstimmung der süddeutschen Länder eintreten könne, was zu ernsten Konflikten führen könne.[16]

---

3. Länderrat
Bremen ist im Länderrat durch seinen Bürgermeister vertreten.
Zu 1 – 3
Bei Abwesenheit von Bremer Vertretern in den Ausschüssen, im Direktorium und im Länderrat entscheiden die Länder ohne Bremen, sofern Bremen nicht einen ausdrücklichen Vorbehalt anmeldet.
4. Kosten
Bremen übernimmt 4% der Länderratskosten. Die finanzielle Beteiligung Bremens beginnt mit dem neuen Haushaltjahr am 1. 4. 1947.
Die Änderungen werden in das Statut des Länderrats bei seiner Neufassung eingebaut.
Bürgermeister Kaisen wird wegen der Beschränkung des Bremer Stimmrechts die im Protokoll vom 20. 2. 1947 festgelegten Einschränkungen als Zusicherung zu Protokoll geben."
Vgl. hierzu StA Bremen 3–R 1 m Nr. 131 [40]; ferner SenPräs. Kaisen an StS Goegler über die Entwicklung der Zugehörigkeit Bremens zum LR, Bemerkungen zur Darstellung bei Härtel, Länderrat, S. 58–59 in: Z 1/116, Bl. 46.

[14] Die Frage war in der internen Sitzung des Direktoriums vom 27. 2. 1947 vorbesprochen und an die nächste Tagung der MinPräs. verwiesen worden (Prot. in: Z 1/20, Bl. 131–140). Dabei war man sich darüber einig, daß es vermieden werden müsse, daß bei Abstimmungen in den bizonalen Räten die amerik. Zone überfahren werde; denn es werde in vielen Fällen so sein, daß die Interessen Bremens sich mit denen der brit., und nicht mit denen der amerik. Zone decken würden.

[15] Vgl. die Sitzung des Finanzrates vom 3. /4. 3. 1947 (Prot. in: Z 28/3). Dabei wurde von den alliierten Vertretern auf ein Schreiben der Bipartite Finance Control Group vom 28. 2. 1947 verwiesen, in dem mitgeteilt wurde, das Bipartite Board in Berlin habe am 30. 12. 1946 entschieden, daß den Ländern Bremen und Hamburg vom Tage der Errichtung des Landes Bremen ab die Vertretung in den bizonalen Räten gewährt worden sei. Als dieser Tag sei der 25. 1. 1947 anzusehen. Die Vorsitzenden der Verwaltungsräte waren auf ihrer 6. Sitzung vom 24. 2. 1947 (Prot. in: Z 8/50, hier Bl. 96) der Auffassung, daß diese Entscheidung als eine Anordnung der MilReg. anzusehen sei, durch welche die vorläufigen Abkommen eine Ergänzung erfahren hätten. Am 22. 4. 1947 unterzeichneten die im Finanzrat vertretenen Minister ein „Sonderprotokoll", in dem sie dem Eintritt von Bremen und Hamburg zustimmten und zugleich beschlossen, einen fünften Unterausschuß „Vermögenskontrolle" zu errichten. Die Finanzsenatoren von Hamburg und Bremen erklärten ihren Beitritt zum „Vorläufigen Abkommen über die Bildung eines Gemeinsamen Deutschen Finanzrates" (Z 28/28).

[16] Auf der 10. Sitzung des Württemberg-Badischen StMin. vom 5. 3. 1947 hatte Maier noch wesentlich positiver zugunsten Bremens und Hamburgs Stellung bezogen und dabei geäußert, es handele sich um eine Frage des künftigen Reichsaufbaus. Nachdem Preußen aufgelöst sei, wolle man auch kein Übergewicht Bayerns. (Prot. in: HStA Stuttgart EA 1/20, Az.: C 1/32, 1947).

MinPräs. Ehard ist der Ansicht, daß vor Änderung der Abkommen eine Festlegung des Abstimmungsverhältnisses erfolgen müsse, und zwar in der Form, daß eine Überstimmung der süddeutschen Länder in jedem Falle ausgeschlossen sei.
MinPräs. Maier regt an, daß zu Beschlüssen eine Zweidrittelmehrheit notwendig sein müsse, dann könne schon keine Überstimmung mehr erfolgen.
SenPräs. Kaisen erklärt[17], daß Bremen ein sehr großes Interesse daran habe, als selbständiges Land zu fungieren, und deshalb auch Wert auf das Stimmrecht lege. Eine Zweidrittelmehrheit bei Abstimmungen hält er für undurchführbar, weil eine solche Regelung der Bürokratie einen starken Rückhalt geben würde. Die augenblicklichen Einrichtungen auf bizonalem Gebiet könnten doch überhaupt nur als Provisorien gelten. Er warne davor, ein demokratisches Prinzip schon jetzt im Anfang durch bürokratische Regelungen zu zerstören. Er fürchte, daß die Einführung der Zweidrittelmehrheit alles auf eine schiefe Ebene bringen würde. Dies sei aber seiner Ansicht nach viel schlimmer als wenn manche Angelegenheiten nicht so durchgeführt würden, daß alle damit einverstanden seien.
MinPräs. Ehard fürchtet bei dem Bestehenlassen der einfachen Mehrheit eine dauernde Majorisierung der süddeutschen Länder durch die norddeutschen Länder mit Hamburg und Bremen.
SenPräs. Kaisen führt dagegen aus, daß Bremen mit den süddeutschen Ländern durch engste Beziehungen viel mehr verbunden sei als mit den norddeutschen. Die beiden Zonen würden auch wirtschaftlich immer mehr zusammenwachsen, weil sie aufeinander angewiesen seien. Im übrigen warne er vor der Unterscheidung zwischen „norddeutsch" und „süddeutsch".
MinPräs. Ehard erwidert hierauf, daß diese Betonung stärker von Norddeutschland als von Süddeutschland ausgehe. Was hier im Süden als unangenehm empfunden werde,

---

[17] Nach einer Aufzeichnung Kaisens über die interne LR-Sitzung vom 10. 3. 1947 (StA Bremen 3–R 1 m Nr. 131 [5], Nr. 18) waren seine Ausführungen noch wesentlich eindringlicher: „Für Bremen erklärte ich, daß ich sofort gegen eine solche gegen Bremen und Hamburg gerichtete Stellungnahme Einspruch erhebe. Die Herren hätten nicht überlegt, welche Folgen ein solches Abstimmungsverhältnis hervorrufe. Was sie nicht wollten, würde nun gerade eintreten. Die Verwaltungsbürokratie der bizonalen Ämter würde stark gefestigt, jede Maßnahme der Verwaltung, die Kritik hervorrufe im Verwaltungsrat und zur Abstimmung komme, könne nur mit sechs Stimmen abgelehnt werden. Jeder Vorschlag des Verwaltungsrates und jede Weisung an die Verwaltung bedürfe sechs Stimmen, also 3/4-Mehrheit, um Geltung zu erlangen. Eine bessere Position könne sich eine Verwaltungsbürokratie gar nicht wünschen. Wir Deutsche kennen in unserem parlamentarischen Verfahren nur eine Abstimmung, die 2/3-Mehrheit vorsehe – die der Änderung der Verfassung. Die Abstimmung im Verwaltungsrat stehe noch höher im Kurs, also 2/3-Mehrheit. Hinzu komme, daß diese Beiräte Teile eines Verwaltungsausschusses seien, die ohne jede parlamentarische Kontrolle für sich ein Eigenleben führten. Die Verwaltungsratmitglieder seien in ihrer Bewegungsfreiheit stark behindert. Sie müßten ständig Weisungen von ihren Kabinetten einholen, wenn sie abstimmten. Sie hätten dann nur eine Stimme, wenn sie zur 3/4-Mehrheit gehörten. Das ganze laufe darauf hinaus, bewußt oder unbewußt die Arbeitsfähigkeit dieses Apparates stark herabzusetzen. Es gebe nur eine Begründung für den Vorschlag der süddeutschen Staaten, die hier nicht zum Ausdruck gekommen sei, aber doch genannt werden müsse. Es werde von ihnen befürchtet, daß der Verwaltungsrat einseitige Beschlüsse fassen könnte für die Bewirtschaftung, Erfassung und Verteilung der Bedarfsgüter in den einzelnen Ländern. Ob Klagen oder Beschwerden hier berechtigt seien oder nicht, könne unerörtert bleiben. Die Politik sei aber immer die schlechteste, die nur nach rückwärts blicke. Was vor uns liege, sei maßgebend und vor uns liege die Liquidierung der Kriegswirtschaft. Der Prozeß vollziehe sich jetzt schon Tag für Tag in der Praxis und in einem Jahr werde er sicher schon viel weiter gediehen sein, als es heute noch manche ahnten. Deshalb könne doch um einer stürzenden Sache wegen nicht eine wichtige Regel der demokratischen Entscheidung verletzt werden. Sie schafften doch dadurch Berufungsfälle und öffneten durch Ermächtigung oder Einengung des Stimmrechts eine verhängnisvolle Entwicklung. Daher wäre es besser, die Herren ließen ihre Vorschläge fallen."

sei das offensichtliche Bestreben der norddeutschen Länder, eine absolute Beherrschung des Süddeutschen und des Ganzen in Anspruch zu nehmen. Es würden Vollmachten angestrebt, mit denen man alles machen könne. Gerade das müsse von Anfang an verhütet werden, weil man zweimal erlebt habe, wohin das führe. Was in einer überspitzten zentralistischen Weise festgelegt werde, könne man sehr schwer dezentralisieren. Er sei im übrigen sehr skeptisch bezüglich der kurzen Übergangszeit, für die diese Regelungen gelten sollten, denn diese Übergangszeit könne seiner Ansicht nach sehr lange dauern.

MinPräs. Stock regt an, erst einmal die Praxis abzuwarten und dann eventuell eine andere Regelung einzuführen.

MinPräs. Maier ist der Ansicht, daß man mit einem Protest gegen die Einführung des Stimmrechts von Hamburg und Bremen wenig erreichen werde. Deshalb halte er eine zu weitgehende Diskussion über diese Frage für überflüssig. Er habe trotz des Wunsches des Württ.-Bad. Finanzministeriums, Protest gegen die Entscheidung einzulegen, nach näherer Betrachtung und Diskussion, auch mit Col. Winning, den Eindruck gewonnen, daß eine Änderung nicht erreicht werden könnte.

MinPräs. Ehard schlägt für den Fall, daß man jetzt zu keinem Ergebnis über eine Änderung des Abstimmungsverhältnisses kommen sollte, vor, daß man die Dinge vorläufig erst einmal laufen läßt, sich aber ausdrücklich eine Änderung der vorläufigen Abkommen vorbehält und erklärt, daß durch den derzeitigen Abstimmungsmodus kein Vorgriff auf eine künftige Stellungnahme erfolgen solle.

MinPräs. Maier weist darauf hin, daß vom Länderrat aus die Möglichkeit bestünde, die Vertreter der US-Zone einheitlich zu instruieren. Damit werde wohl auch Bremen einverstanden sein.

GS Roßmann führt aus, daß die Mitwirkung des Länderrats bei bizonalen Angelegenheiten nach den Erläuterungen zur Proklamation Nr. 4 viel größer sein werde als bisher angenommen worden sei.[18] Die amerikanische Zone laufe übrigens nicht nur Gefahr, durch Mehrheitsbeschlüsse überspielt zu werden, sondern [auch] dadurch, daß das wirtschaftliche Übergewicht der britischen Zone viel größer sei.

Seelos erinnert daran, daß bei der seinerzeitigen Beratung der vorläufigen Abkommen[19] immer darauf hingewiesen worden sei, daß das Abstimmungsverhältnis 4 : 2 eine qualifizierte Mehrheit bedeute. Wenn jetzt 5 : 3 genüge, um einen Beschluß zu fassen, wäre dies keine qualifizierte Mehrheit mehr. Er sehe die größte Gefahr in der Tatsache, daß die Vertreter der britischen Zone stärker von der Militärregierung abhängig sind als die der US-Zone. Sie würden einer einheitlichen Instruktion durch die Militärregierung unterliegen, während in der US-Zone erst eine Koordinierung stattfinden müsse. Da also die vier Vertreter der britischen Zone immer einheitlich abstimmen würden, sei nur die Stimme von Bremen nötig, um eine Mehrheit herzustellen. Bremen erhielte damit eine entscheidende Stellung, deren Gewicht im Vergleich zu den ca. 40 Millionen Einwohnern der beiden Zonen zu groß sei. Er glaube, daß irgendein Vorbehalt jetzt schon festgelegt werden müßte. Er schlage folgende Lösung vor: Wenn die drei süddeutschen Staaten zu einer Koordinierung gekommen sind, so wird der Vertreter Bremens angewiesen, mit den süddeutschen Staaten zu stimmen.

SenPräs. Kaisen erklärt, daß er bereit sei, den Senat dahingehend zu unterrichten, daß

---

[18] Zur Proklamation Nr. 4 vgl. Anm. 6.

[19] Vgl. Akten zur Vorgeschichte 1, S. 739.

in Fragen, wo Differenzen zwischen den norddeutschen und den süddeutschen Ländern bestehen, sich Bremen der Stimme enthält. Da eine Stimmenthaltung nicht den gewünschten Erfolg haben würde, gibt er folgendes zu Protokoll: „Bremen erklärt sich bereit, sich bei Beratung der bizonalen Angelegenheiten in den bizonalen Verwaltungsräten der süddeutschen Stellungnahme anzuschließen, wenn die süddeutschen Vertreter einig sind."[20]

[8.] Einberufung des Wirtschaftsrates beim Länderrat

MinPräs. Ehard führt hierzu aus, daß seiner Ansicht nach eine Auflösung des Wirtschaftsrates nicht in Frage kommen könne.[21] Er bekomme eine besondere Bedeutung durch die Tatsache, daß eine Koordinierung zwischen den beiden Zonen nicht stattfinden dürfe, sondern nur von dem britischen und dem amerikanischen Oberbefehlshaber vorgenommen werde. Die Koordinierung in der Zone müsse aber beibehalten werden, schon um zu vermeiden, daß eines der süddeutschen Länder in den Verdacht komme, Gegensätze hervorzurufen. Auf dem Gebiet der Wirtschaft werde diese Koordinierungstätigkeit vom Wirtschaftsrat ausgeführt werden, was ihm in der jetzigen Übergangszeit sehr zweckmäßig erscheine.

Der Länderrat nimmt folgende Stellung ein:
1. Der Wirtschaftsrat beim Länderrat bleibt bestehen.
2. Der Wirtschaftsrat ist ein Organ des Länderrats. Die bestehenden Satzungen des Länderrats sind einzuhalten. Die Einhaltung der Satzungen hat der Generalsekretär zu überwachen. Der Wirtschaftsrat ist insbesondere verpflichtet, dem Länderrat Kenntnis zu geben von vorgesehenen Sitzungen.

[9.] Übernahme der Kosten des Arbeitsstabes „Kohle" in Mannheim auf den Länderrat[22]
[...]

[10.] Errichtung einer Dienststelle für Kriegsgefangenenfragen beim Länderrat

Mommer vom Sekretariat des Länderrats berichtet kurz über den Lauf der Angelegenheit. Am 27. 12. 1946 seien die Satzungen dem Coordinating Office zur Weitergabe an

---

[20] Als im VR für Ernährung und Landwirtschaft Bremen bei einzelnen Beschlüssen in Detailfragen der Lebensmittelzuteilung einmal mit den Ländern der brit. Zone stimmte, wurde Kaisen an sein Versprechen erinnert. (Vgl. Prot. der int. LR-Sitzung vom 30. 6. /1. 7. 1947 in: Z 1/19, hier Bl. 249).

[21] Der Wirtschaftsrat des LR, dessen Geschäftsführung bei der Abteilung Wirtschaft des LR-Sekretariats lag, wurde unter der Bezeichnung „Hauptausschuß Wirtschaft" auf der 3. Tagung des LR am 4. 12. 1945 konstituiert, auf der 11. Tagung des LR vom 6. 8. 1946 in „Wirtschaftsrat des Länderrats" umbenannt und schließlich auf der 23. Tagung des LR vom 5. 8. 1947 in „Hauptausschuß Wirtschaftsrat" umbenannt, um Verwechslungen mit dem Wirtschaftsrat für das amerikanische und britische Besatzungsgebiet, Frankfurt, zu vermeiden. Seine Protokolle, Satzungen usw. in: Z 1/749, 750. Vgl. auch Vogel, Westdeutschland II, S. 44–48. Durch die Schaffung des bizonalen VR für Wirtschaft im Herbst 1946 hatte er bereits wesentliche Teile seiner Aufgaben verloren; wie schwierig die Zusammenarbeit beider Organe verlief, zeigt eine Weisung an die Referenten der Abteilung Wirtschaft beim LR, in der gebeten wurde, mit dem VAW „in sachlicher Form ohne alle Schärfe und ohne ständige Berufung auf den Wirtschaftsrat des LR und seiner Einrichtungen" zu korrespondieren (Z 1/755, Bl. 79, Schr. vom 7. 5. 1947).

[22] Der Arbeitsstab Kohle hatte die Aufgabe, nach Weisungen und unter Aufsicht des Wirtschaftsrates des LR und des Arbeitsausschusses Kohle das Kohlenkontingent der US-Zone nach fachlichen und regionalen Gesichtspunkten aufzuteilen und für OMGUS Berlin die kohlestatistischen Unterlagen zu liefern (Prot. und sonstige Unterlagen in: Z 1/44, 613–615; vgl. auch Vogel, Westdeutschland II, S. 48–49).

General Clay überreicht worden.²³ Am 8. 1. 1947 haben die Herren Ministerpräsidenten in ihrer Unterredung mit General Clay auf ihr Gesuch aufmerksam gemacht, von dem General Clay zu diesem Zeitpunkt noch nichts bekannt war.²⁴ Darauf sei beschlossen worden, daß der Generalsekretär noch einmal ein Schreiben an General Clay richtet unter Darlegung aller Motive, die zu dem Antrag geführt haben. Dieser Brief sei am 21. 1. 1947 an General Clay abgegangen.²⁵ Auf alle diese Schreiben sei bisher eine Antwort nicht eingegangen. Inzwischen ergab sich die Möglichkeit, beim Coordinating Office auf die Angelegenheit zurückzukommen, und zwar durch die Nachricht, daß in Hamburg eine Dienststelle gegründet sei, die die gleichen Aufgaben erfüllen wolle und angeblich bereits von der britischen Militärregierung genehmigt worden sei.²⁶ Der Unterschied bestand darin, daß es eine nichtstaatliche Einrichtung sein und für das ganze Reichsgebiet tätig sein sollte. Ein diesbezüglicher Antrag sei durch diese Stelle an den Alliierten Kontrollrat gestellt worden.

Mommer verliest im weiteren Verlauf der Sitzung ein Antwortschreiben des Coordinating Office vom 26. 2. 1947 auf den Antrag des Direktoriums vom 30. 1. 1947 betr. die zusätzliche Entlassung von 500 Kriegsgefangenen monatlich aus englischer Gefangenschaft auch für die amerikanische Zone.²⁷

„[...] 1. Eine Genehmigung dieses Antrages ist überflüssig.
2. Im Dezember 1946 haben die britischen Behörden bekanntgegeben, daß sie aus Mitgefühl monatlich insgesamt 500 Kriegsgefangene entlassen wollen, und zwar 125 für jede der vier Zonen einschl. der US-Zone. Den britischen Behörden wurde mitgeteilt, daß die US-Zone die Freilassung von zusätzlichen 125 Kriegsgefangenen per Monat mit Freuden begrüße, daß sie jedoch eine namentliche Anforderung weder für notwendig noch für praktisch durchführbar halte.
Die Vereinigten Staaten verfolgen das Prinzip, alle Kriegsgefangenen so schnell als möglich zu entlassen. Eine Auswahl von 125 verdienten Kriegsgefangenen aus der großen Menge der Kriegsgefangenen ist höchst schwierig und steht im allgemeinen auch im Widerspruch zu den Richtlinien der Vereinigten Staaten, wonach Einzelanträge für die Entlassung von Kriegsgefangenen unberücksichtigt bleiben sollen."
Nachdem in der britischen Zone monatlich 500 Kriegsgefangene zusätzlich entlassen

---

[23] Der Antrag vom 27. 12. 1946 in: Z 1/52, Bl. 38–42. Siehe auch Dok.Nr. 1 C, TOP 5.
[24] Siehe Dok.Nr. 1 C, TOP 5.
[25] Durchschrift in: Z 1/75, Bl. 122–124.
[26] Schreiben an das RGCO vom 13. 2. 1947 (Z 1/76, Bl. 273) in dem berichtet wurde, in Hamburg sei eine „Deutsche Kriegsgefangenenhilfe" errichtet worden, die eine ähnliche Aufgabenstellung wahrnehme wie die vom LR beantragte Dienststelle.
[27] Der Antrag hatte gelautet (Z 1/155, Bl. 188–189): „Das Direktorium bittet die amerikanische Militärregierung, der britischen Militärregierung den Wunsch zu unterbreiten, die zur Zeit in der britischen Zone laufende Sonderaktion für die Entlassung von Kriegsgefangenen aus Großbritannien auch auf solche Kriegsgefangene, die in der amerikanischen Besatzungszone beheimatet sind, auszudehnen.
Begründung:
In der britischen Zone findet eine Sonderentlassung von monatlich 500 Kriegsgefangenen statt, die von den Länderregierungen vorgeschlagen werden. Durch irreführende Zeitungs- und Rundfunkmeldungen (Neue Zeitung v. 13. 1. 47) ist in der amerikanischen Zone der Eindruck entstanden, als ob diese Aktion auch in dieser Zone stattfände. Die Enttäuschung, die bei der Bevölkerung hervorgerufen wird, wenn sie erfährt, daß nur die britische Zone von dieser Sonderaktion betroffen wird, führt zu einer ernsthaften Beunruhigung. [...]"

würden, hätten offenbar die anderen drei Besatzungsmächte den Plan abgelehnt, so daß die gesamte Quote der britischen Zone zugute komme.
Der Länderrat nimmt die Entscheidung der Militärregierung zur Kenntnis.
Außerdem berichtet *Mommer,* daß die Frage erörtert worden sei, ob es zweckmäßig sei, über OMGUS an den Internationalen Gerichtshof heranzutreten mit der Bitte um Klärung der Rechtslage unserer Kriegsgefangenen. Es läge ein Gutachten von Herrn Prof. Kaufmann vor, der einen solchen Weg für möglich halte.[28] Es erhebe sich die Frage, ob ein solches Vorgehen bei OMGUS auf Sympathie stoßen würde. Es regt an, bei der internen Besprechung mit General Clay zu versuchen, in Erfahrung zu bringen, ob ein solches Vorgehen die Billigung der Militärregierung finden würde.[29] Für den Fall, daß die Sowjetunion auf der Moskauer Konferenz auf den zu erwartenden Antrag der Vereinigten Staaten und Englands auf Entlassung der Kriegsgefangenen negativ reagiere[29a], wäre es möglich, daß ein solcher Antrag des Länderrats sehr gelegen käme.
MinPräs. Stock hält die Bildung einer Dienststelle für Kriegsgefangenenfragen erst einmal für das wichtigste. Es wäre sehr wichtig, festzustellen, wieviele Kriegsgefangene überhaupt in der Zone noch nicht zu Hause sind. Die Angaben hierüber seien sehr ungenau.
LR-Bevollm. Schütte [...] teilt mit, daß in Bremen vor einigen Wochen eine derartige Untersuchung angestellt worden sei. Der Bremer Senat befürworte die Errichtung einer solchen Dienststelle auch sehr.
StS Strauß regt an, beim Sekretariat des Länderrats ein besonderes Referat einzurichten, das diese Arbeiten übernehme, um dann später zu einer besonderen Dienststelle überzugehen.
GS Roßmann erwidert hierauf, daß dies praktisch schon durch die Abteilung VII (Preller) erledigt werde, da bereits sehr viele Anfragen eingegangen seien, die beantwortet werden müßten.[30]
Seelos hält ein Herantreten an den Haager Gerichtshof im jetzigen Zeitpunkt für unzweckmäßig.
Nach der Besprechung mit General Clay wird folgendes festgestellt: Die Stelle wird von General Clay genehmigt werden, wenn sie sich nur auf die fürsorgerische Betreuung der entlassenen Kriegsgefangenen beschränkt. Es sei sehr wichtig, eine solche Stelle zu schaffen, damit die entlassenen Kriegsgefangenen sofort wüßten, wohin sie sich mit ihren Nöten zu wenden hätten. Alles, was über diese fürsorgerische Tätigkeit hinausgehe, sei im Augenblick unerwünscht und könnte die weitergehenden Pläne der amerikanischen Militärregierung stören. Es dürfe im Augenblick nichts getan werden, was auf die Entlassung der Gefangenen abziele, ebenso nichts, was nach dem Versuch einer amtlichen Zählung der Kriegsgefangenen aussehe.

---

[28] Das Gutachten (undat. vervielf. Ausf., 5 Seiten in: B 150/307) behandelte die Freilassung der Kriegsgefangenen in völkerrechtlicher Beleuchtung und kam zu dem Ergebnis, daß das weitere Festhalten von Kriegsgefangenen völkerrechtlich nicht zulässig sei, da die Gefangenschaft lediglich eine „Sicherheitshaft" darstelle. Die Autorität des Nürnberger Urteils werde zum großen Teil davon abhängen, ob die Mächte, die das Gericht eingesetzt haben, die im Urteil zu Grunde gelegten Rechtsgrundsätze selbst beachten würden.

[29] Siehe Dok.Nr. 10 C, TOP 2.

[29a] Zum Beschluß der Moskauer Außenministerkonferenz über die Freilassung der Kriegsgefangenen siehe Dok.Nr. 32 A, Anm. 12.

[30] Die Abteilung VII des LR war für Sozialpolitik zuständig.

MinPräs. Stock legt die Erklärungen von General Clay dahingehend aus, daß es den deutschen Stellen nicht gestattet sein soll, über die Grenzen hinaus mit irgendwelchen Institutionen in diesen Fragen in Verbindung zu treten.

Der Länderrat beschließt, das Sekretariat des Länderrats zu beauftragen, mit der praktischen Vorbereitung der Einrichtung dieser Dienststelle zu beginnen.[31]

[11.] Auflösung der Ausschüsse Verkehr und Post- und Fernmeldewesen

Der Länderrat beschließt die Auflösung der Ausschüsse Verkehr[32] und Post- und Fernmeldewesen[33] und des Oberpostdirektoriums in München[34] mit dem Vorbehalt, daß noch gewisse Abwicklungsarbeiten vorgenommen werden müssen. [...]

[12.] Versorgungsnotprogramm

StS Strauß weist darauf hin, daß die Ankündigung des Versorgungsnotprogramms[35] in der Presse großes Interesse gefunden habe. Es müsse auf alle Fälle realisiert werden. Die Vorbereitungen müßten sehr früh einsetzen, denn es handele sich z. B. bei der Kohlenversorgung nicht nur um ein Förderproblem, sondern auch um ein Transportproblem. Es müßten Wege gefunden werden, um zu überwachen, daß den Wünschen der Ministerpräsidenten Genüge getan würde. Die Abteilung Wirtschaft müsse Vorschläge machen, wie man am besten zum Ziele kommen könne. Er fürchte, daß es auf diesem Gebiet, besonders wegen der Versorgung der Bevölkerung mit Schuhen, Strümpfen, Seife, Waschmittel usw., zu einem Konflikt mit dem Punkteprogramm für den Ruhrkohlenbergbau[36] kommen werde, und ebenso mit dem sogenannten Pfennigprogramm.[37] Man habe bewußt gewisse Erwartungen der Bevölkerung erweckt, die erfüllt werden müßten. Er schlage deshalb vor, daß die Abteilung Wirtschaft schnellstens Pläne ausarbeite, wie man an Minden herantreten könne und wie man dieses Programm tatsächlich durchsetzen könne.

Möller erklärt hierauf, daß der Länderrat auf dieser Ebene überhaupt nichts mehr durchführen, beschließen oder veranlassen könne. Die Planung sei vollständig auf Minden übergegangen. Die einzige Möglichkeit wäre die, daß die Wirtschaftsminister der Länder von den Herren Ministerpräsidenten gebeten werden, dieses Programm in Minden mit dem nötigen Nachdruck zu vertreten.

MinPräs Stock ist der Auffassung, daß die Pläne hier im Sekretariat des Länderrats aufgestellt werden müßten, um sie dann den Kabinetten in der englischen und amerikani-

---

[31] Zum Fortgang vgl. Dok.Nr. 14 A, TOP 9.

[32] Unterlagen über die Tätigkeit des Ausschusses für Verkehr beim LR und Protokolle seiner Sitzungen in: Z 1/764, 765.

[33] Unterlagen über die Tätigkeit des Ausschusses für das Post- und Fernmeldewesen (bzw. Nachrichtenwesen) in: Z 1/793.

[34] Unterlagen über das Oberpostdirektorium München in: Z 1/785, 787, 788, 791.

[35] Vgl. Dok.Nr. 8, TOP 4.

[36] Zum Punktsystem für die Bergarbeiter vgl. Dok.Nr. 2, TOP 7 und Dok.Nr. 12, Anm. 10.

[37] Das Pfennigartikelprogramm sah die Produktion von kleinen Dingen, wie Nadeln, Rasierklingen usw. vor. Unterlagen in: Z 8/1633, 1634. Im Informationsdienst Dr. Platow vom 9. 5. 1947, S. 1 (BT PA 1/27) hieß es: „Mit großem Schwung ist bekanntlich Ende vergangenen Jahres das Pfennigartikelprogramm ins Leben gerufen worden. Auch heute noch quält es sich mühsam dahin und scheint nicht leben und nicht sterben zu können. Die einzige programmäßig verlaufene Produktion scheint die Rasierklingenherstellung zu sein."

schen Zone zuzustellen, damit die Ministerpräsidenten und die regierenden Bürgermeister sie über die Wirtschaftsminister im Verwaltungsrat für Wirtschaft durchsetzen.
MinPräs. Maier führt aus, daß sich jetzt zeige, wie schwierig es sei, einen Beschluß eines Gremiums, das nicht einheitlich gewesen sei, in die Tat umzusetzen. Es bleibe die Wahl zwischen dem Vorschlag von Herrn Möller und dem von Staatssekretär Strauß, der von Ministerpräsident Stock wieder aufgenommen worden sei. Er sei im übrigen der Auffassung, daß das Echo in der Bevölkerung nicht so war, daß zu große Erwartungen an das Programm gestellt würden. Er trete aber dafür ein, daß in dieser Angelegenheit unter allen Umständen etwas geschehe, weil man erkannt habe, daß das Programm sehr wichtig sei. Er schlage vor, den Wirtschaftsrat des Länderrats mit der Ausarbeitung des Programms zu beauftragen, der sich dann in Minden für die Annahme einzusetzen habe. Daneben wären die Ministerpräsidenten der britischen Zone zu bitten, sich ebenfalls für dieses Programm einzusetzen. Es gäbe formell keinen anderen Weg.
Möller erwidert, daß man leider hier nicht über die nötigen Unterlagen verfüge. Man könne hier nicht planen, weil man nicht wisse, wie in Minden disponiert worden sei.
Der Länderrat beschließt, die Wirtschaftsminister der Länder der US-Zone zu bitten, für die Durchführung des in der Tagung der Ministerpräsidenten der britischen und amerikanischen Zone am 17. 2. 1947 in Wiesbaden angenommenen Versorgungsnotprogramms beim Verwaltungsrat für Wirtschaft in Minden unter allen Umständen zu sorgen.[38]
Gleichzeitig wird das Sekretariat des Länderrats gebeten, die Ministerpräsidenten der britischen Zone zu verständigen und sie zu gleichem Vorgehen in Minden zu veranlassen.[39]

[13.] Stellungnahme zu dem Vorschlag an OMGUS über die Anerkennung von Problem-Industrien

[Da sich einige Fachministerien der Länder zu der Frage noch nicht geäußert haben, soll sie nochmals in den Kabinetten der Länder und im Direktorium beraten werden.[40]]

---

[38] Das Versorgungsnotprogramm wurde für die Sitzung des VRW vom 20. 3. 1947 auf die TO gesetzt, aber wegen Zeitmangels dann nicht behandelt.
[39] Entwurf des Schreibens vom 11. 3. 1947 an die MinPräs. der brit. Zone und SenPräs. Kaisen in: Z 1/182, Bl. 275.
[40] Ursprünglich sollte ein Vorschlag von OMGUS (Z 1/18, Bl. 53–61) beraten werden, der Lohnerhöhungen für beim Wiederaufbau einer Friedenswirtschaft besonders wichtige Wirtschaftszweige vorsah; denn nach der Kontrollratsdirektive Nr. 14 galt grundsätzlich noch der Lohnstop von 1939. OMGUS hatte selbst folgende Wirtschaftszweige benannt: Bau- und Baunebengewerbe, Baustoffindustrie, Land- und Forstwirtschaft mit Gartenbau und Torfwirtschaft, Bergbau, Textil- und Bekleidungsindustrie und Papiererzeugung. Ein entsprechender Vorschlag des Bayer. StMin. für Arbeit und soziale Fürsorge an die MilReg. von Bayern in: Z 1/970, Bl. 12–19. Die Stellungnahme des LR zum OMGUS-Vorschlag wurde erst wieder auf der 36. Tagung des Direktoriums vom 10. 7. 1947 (Prot. Z 1/157, hier Bl. 26) behandelt und auf der LR-Tagung vom 5. 8. 1947 (Prot. Z 1/189, hier Bl. 252–256) beschlossen. Im Gegensatz zu dem früheren Vorschlag sollte die Papiererzeugung nicht, aber die Reichsbahn als Problemindustrie anerkannt werden. Die Antwort des RGCO vom 24. 9. 1947 (Z 1/216, Bl. 137) besagte, daß für einige der benannten Industrien: Baugewerbe, Baunebengewerbe, Baustoffe, Bergbau, ausgenommen Kohlenbergbau und Textilindustrie inzwischen eine Regelung auf Viermächtebasis gefunden worden sei.

Nr. 10 A 10./11. 3. 1947 Länderrat US-Zone

[14. Stellungnahme zum Entwurf für eine Preisrechtsverordnung und zum Entwurf einer Verordnung über die Energie- und Wasserwirtschaft des VRW Minden]

MinPräs. Ehard schlägt vor, die beiden Verordnungen so zu behandeln, wie es sich aus den Anweisungen der Militärregierungen ergibt.
MinPräs. Maier schließt sich dieser Auffassung an. Es gäbe keine Diskussion hierüber. Ein durch einen Verwaltungsrat erlassenes Gesetz könne nie rechtsgültig sein.
MinPräs. Ehard regt an, die beiden Entwürfe erst einmal der Militärregierung vorzulegen. Sie müßte entscheiden, ob sie die Verordnungen für sich oder zusammen mit der britischen Militärregierung erläßt oder zur Begutachtung dem Länderrat zurückgibt.
StS Strauß ist der Auffassung, daß die Verordnungen nach der Erklärung von General Clay[41] an Minden zurückgehen müßten, von wo aus sie der Bipartite Control Group vorgelegt werden müßten. Die Militärregierungen hätten dann zu entscheiden, welchen Weg sie weiter gehen müßten.
Die Ministerpräsidenten sind sich einig, daß die beiden Verordnungen in ihrer jetzigen Form nicht annehmbar sind, und nehmen folgende Stellung ein:

[*Zur Preisrechtsverordnung*]

1. Der Länderrat kann zu dem Entwurf der Preisrechtsverordnung[41a] an sich keine Stellung nehmen, da nach den neuen von der Militärregierung festgelegten Zuständigkeiten der Verwaltungsrat für Wirtschaft in Minden kein selbständiges Gesetzgebungsrecht hat. Er kann nur Gesetzgebungsvorschläge ausarbeiten und muß diese dem amerikanischen und britischen Oberbefehlshaber zuleiten. Der amerikanische Oberbefehlshaber wird darüber entscheiden, ob der Länderrat zu einer Äußerung zu diesen Vorlagen aufgefordert werden soll oder wie sonst weiter zu verfahren ist.[42]

---

[41] Gemeint sind Gen. Clays Ausführungen auf der Besprechung mit den MinPräs. in Berlin vom 23. 2. 1947 (vgl. Dok.Nr. 9).

[41a] Preisrechtsverordnung, Fassung vom 17. 1. 1947 in: Z 1/182; Bl. 273; vgl. auch Dok.Nr. 2, TOP 13. Materialien und Vorentwürfe in: Z 1/500. Der LR befaßt sich mit der VO, ohne vom RGCO dazu aufgefordert zu sein (Z 1/182, Bl. 217).

[42] Ein neuer, vom Bipartite Economic Panel gebilligter Entwurf lag Mitte April 1947 informatorisch dem LR vor und wurde am 8. 5. 1947 von einer ad hoc gebildeten Kommission beraten (Prot. in: Z 1/500, Bl. 189–191), bevor der LR mit Schreiben vom 19. 5. 1947 offiziell um Stellungnahme gebeten wurde (ebenda, Bl. 127). Daraufhin wurde die VO am 2. /3. 6. 1947 in der Plenarsitzung (Dok.Nr. 28 B II, TOP 1) behandelt. Möller berichtete am 26. 6. 1947 dem Parl. Rat über die Vorgeschichte: „Seit Januar liegt die Preisrechtsverordnung bei der Militärregierung und die verschiedenen Stellen sowohl der britischen als auch der amerikanischen Militärregierung haben sich eingehend mit dieser befaßt. Die Militärregierung beabsichtigt zu gleicher Zeit mit der Verordnung auch eine neue Fassung der Military Government Regulations heraus zu bringen, die mit der Zuständigkeitsabgrenzung und dem sonstigen Inhalt der Preisrechtsverordnung abgestimmt sein sollten. Die Militärregierung hat selbst im Januar eigentlich alle 14 Tage neue Änderungen dieser ursprünglichen vom Verwaltungsrat für Wirtschaft beschlossenen Verordnung vorgebracht und sie mit den zuständigen deutschen Stellen besprochen. [...] Der neue Entwurf ist uns schon Anfang Mai inoffiziell zugeleitet und hier mehrfach geprüft worden. Er hat eine ganze Reihe von Mängeln, die zum Teil nicht sehr grundsätzlicher Natur sind, die nur in der Formulierung begründet liegen, aber er hat darüber hinaus einige sehr wesentliche Mängel, die auch nach unserer süddeutschen Auffassung behoben werden müssen. Der ursprüngliche Entwurf sieht in erster Linie eine Übertragung von Zuständigkeiten und Befugnissen auf dem Gebiet der Preisbildung und Preisüberwachung auf den Verwaltungsrat für Wirtschaft vor. Im Grunde genommen war der ursprüngliche Gedanke der gleiche wie bei der Warenverkehrsordnung, eine Art Ermächtigungsverordnung für den Verwaltungsrat für Wirtschaft" (Z 1/197, Bl. 158).
Der LR beschloß einen Gegenvorschlag (Z 1/500, Bl. 232–234), der im Gegensatz zum Entwurf der MilReg. (ebenda, Bl. 236–238) den Preisbildungsstellen der Länder eine rechtliche Grundlage geben sollte und eine

2. Bei erster Nachprüfung des Entwurfes ist festzustellen, daß an sich eine Neuregelung der Preisrechtsverordnung grundsätzlich erwünscht ist. Der Länderrat vertritt aber die Meinung, daß die vorliegende Verordnung inhaltlich noch einmal genau überprüft werden muß, weil sie in der Form nicht annehmbar erscheint. Z. B. enthält
a) § 1 eine zu weitgehende Generalklausel[43],
b) § 2 ein zu weitgehendes Recht zum Erlaß von Rechts- und Verwaltungsvorschriften,
c) § 5 einen Widerspruch zu den §§ 1 und 3.[44]

[Zur Verordnung über die Energie- und Wasserwirtschaft]
1. [Wie 1. zur Preisrechtsverordnung]
2. Sachlich hat sich zwar der Länderrat mit dieser Frage nicht zu befassen, jedoch erscheint folgende Feststellung angebracht: Die Notwendigkeit einer so weitgehenden Vollmacht, wie sie vorgesehen ist, erscheint dem Länderrat unbegründet. Zudem fehlt eine Abgrenzung der Zuständigkeit und eine zeitliche Begrenzung der Vollmacht.[44a]

[15.] Berichterstattung über die Errichtung eines sechsten bizonalen Verwaltungsrates

StS Strauß erstattet einen ausführlichen Bericht über die bisherigen Verhandlungen wegen der Errichtung eines sechsten bizonalen Verwaltungsrates. Er habe im Januar von den Herren Ministerpräsidenten, nachdem er über die erste Sitzung des vorbereiteten Ausschusses für das Personalwesen der bizonalen Verwaltungen und den Entwurf des Abkommens für den sechsten bizonalen Verwaltungsrat referiert hatte[45], den Auftrag erhalten, den Entwurf ohne Bindung für die Herren Ministerpräsidenten OMGUS zu überreichen. In der Zwischenzeit sei der Ausschuß erneut von der Militärregierung zusammengerufen worden, um ihm noch einige Bemerkungen zu dem Entwurf zu überreichen. Es seien nur wenige Punkte, in denen eine Änderung gewünscht worden sei.[46] Die Änderungen seien inzwischen eingearbeitet worden. Er wollte jetzt nur auf die Punkte hinweisen, die von besonderer Wichtigkeit seien.

Zuständigkeitsabgrenzung zwischen dem VRW, seinem Vorsitzenden und den Länderorganen enthielt. In einer ausführlichen Stellungnahme (ebenda, Bl. 239–243) wurden die Änderungswünsche begründet. In der Plenarsitzung des LR vom 3. 6. 1947 (Z 1/189, hier Bl. 174) betonte MinPräs. Maier die Bedeutung der VO mit dem Hinweis, es seien in der Preisgestaltung zwischen der brit. und amerik. Zone Differenzen entstanden. „Heute ist eine Situation entstanden, daß unsere Güter wegen der Billigkeit und der Einhaltung dieser Preise in großer Gefahr sind, besonders leicht in die brit. Zone abzufließen."
Durch die Schaffung des Wirtschaftsrates wurde das Gesetzesvorhaben nochmals erheblich verzögert, so daß erst am 10. 4. 1948 das Preisgesetz verabschiedet wurde. (Abdr. in: GBl. Vereinigtes Wirtschaftsgebiet 1948, S. 27–28).

[43] Der § 1 der VO in der Fassung vom 17. 1. 1947 sah vor, den Vorsitzenden des VRW zu ermächtigen, „Preise und Entgelte für Güter und Leistungen jeder Art, ausgenommen Löhne, festzusetzen und zu überwachen sowie alle sonstige zur Sicherung volkswirtschaftlich gerechtfertigter Preise und Entgelte erforderlichen Maßnahmen zu treffen."

[44] Der § 5 lautet: „Die geltenden Bestimmungen des Preisrechts und des Preisstrafrechts bleiben in Kraft." Demgegenüber sahen die §§ 1 und 3 für das VA die Möglichkeit vor, Rechts- und Verwaltungsvorschriften zu erlassen, sowie den nachgeordneten Preisbehörden Weisungen zu erteilen.

[44a] Vgl. zum Fortgang Dok. Nr. 12, Anm. 9.

[45] Vgl. Dok.Nr. 3, TOP 8.

[46] Vgl. Prot. über die Sitzung des Ausschusses zur Bildung eines VR für das Personalwesen vom 5. 3. 1947 in Frankfurt (Z 1/28, Bl. 183–185).

Zunächst sei zu bemerken, daß dieses Abkommen als erstes das Stimmrecht für die beiden Hansestädte Hamburg und Bremen berücksichtigt habe. Außerdem sei für den Entwurf die Fassung gewählt worden, daß das Abkommen zwischen den Vertretern der einzelnen Länder (nicht wie bisher in der britischen Zone durch Vertreter der Militärregierung) abgeschlossen werde. Die in der Sitzung anwesenden Vertreter der Militärregierung hätten dieser Fassung vorbehaltlich der Genehmigung durch die höchsten Stellen zugestimmt. Es komme jetzt also hier auf die Entscheidung der beiden Militärgouverneure an. Ein weiterer Punkt, der sowohl der Militärregierung als auch den Ländervertretern am Herzen gelegen habe, sei die Klarstellung der Zuständigkeiten gegenüber dem Finanzrat gewesen. Er habe an einer Sitzung des Finanzrates teilgenommen und diese Fragen mit den Herren des Finanzrates besprochen.[47] Der Finanzrat habe ursprünglich verlangt, daß seine Zustimmung zu allen Beschlüssen des zu bildenden Verwaltungsrates, die von finanzieller Bedeutung seien, eingeholt werden müßte.[48] Man sei jetzt zu einer Kompromißlösung gekommen, von der er recht befriedigt sei. Man habe eine Formulierung gefunden, die besage, daß Beschlüsse des Verwaltungsrates, die Auswirkungen auf finanziellem Gebiet haben, im Einvernehmen mit dem Finanzrat befaßt werden müssen. Dadurch sei man gezwungen, sich vorher zu einigen, und es könnten hinterher keine Verzögerungen dadurch eintreten, daß der Finanzrat Einwendungen mache. Als weiteres sei im Entwurf vorgesehen, daß ein hauptberuflicher Vorsitzender und ein stellv. Vorsitzender vorläufig nicht eingesetzt werden, sondern daß aus der Mitte der Ländervertreter ein Vorsitzender und ein Stellvertreter bestimmt werden, weil die eigentliche Arbeit vorerst nur darin bestehe, daß Arbeitsausschüsse alles Material sammelten, welches für das bizonale Personalwesen benötigt werde. Erst dann könne die Errichtung des gewünschten Personalamtes erfolgen. Die Militärregierung sei damit einverstanden, daß zumindest während dieser Übergangszeit so verfahren werde, wünsche aber, daß nach Errichtung des Personalamtes die Einsetzung eines hauptberuflichen Vorsitzenden erfolge, wobei ihr die Lösung vorschwebe, daß der Leiter des Personalamtes gleichzeitig Vorsitzender im Verwaltungsrat sein solle. Von deutscher Seite hätten dagegen Bedenken bestanden, so daß man den Mittelweg gewählt habe, indem im Abkommen gesagt werde, daß die gegenwärtige Regelung überprüft werde, wenn das Personalamt errichtet werde.
Der nächste Schritt wäre, daß der Entwurf, wenn er von den Ministerpräsidenten gebilligt würde, an OMGUS übersandt würde.[49] Er habe bei seiner Anwesenheit in Berlin mit Herren von OMGUS die Frage erörtert, wie weit die Dinge die Landtage berühren. Man vertrat dort die Auffassung, daß sie als bizonale Angelegenheiten im Sinne der Direktive vom 30. 9. 1946 anzusehen seien. Somit seien die Ministerpräsidenten befugt, das Abkommen durch ihre Vertreter abschließen zu lassen. Er bittet die Herren Ministerpräsidenten, diese Ermächtigung nach Genehmigung des Entwurfs durch sie und

---

[47] Es handelte sich um die 7. Sitzung des Finanzrates vom 3./4. 3. 1947 (Prot. in: Z 28/3).

[48] Auf seiner Sitzung vom 14. 1. 1947 hatte der Finanzrat folgenden Beschluß gefaßt: „Die Regelung der Besoldungsfragen in der öffentlichen Wirtschaft ist von so entscheidender Bedeutung für die öffentliche Finanzwirtschaft, daß in den grundsätzlichen Fragen der Besoldungsordnungen und der Stellenpläne die den Finanzministern zustehende Federführung erhalten bleiben muß" (Prot. in: Z 28/2, TOP 4).

[49] Entwurf eines vorläufigen Abkommens über die Bildung eines Verwaltungsrates für das Personalwesen der gemeinsamen Verwaltungen des amerikanischen und britischen Besatzungsgebietes, Stand 5. 3. 1947 in: Z 1/28.

durch die Militärregierung auszusprechen. Darauf wären die ständigen Vertreter zu ernennen und mit der Arbeit zu beginnen.[50]

[16.] **Errichtung eines Büros für den Friedensvertrag**

StMin. Pfeiffer berichtet ausführlich über die Besprechungen in Düsseldorf zwischen den Vertretern der Länder und Freien Städte der amerikanischen und britischen Zone über die Errichtung der Leitstelle für die Vorbereitungsarbeiten für den Friedensvertrag.[51] Die Vorbereitungen seien jetzt so weit gediehen, daß mit der Arbeit in Frankfurt/Main begonnen werden könne. Min. Pfeiffer stellt den Herren Ministerpräsidenten einen ausführlichen schriftlichen Bericht über diese Besprechungen in Aussicht. Er werde diesen Bericht vor Übersendung an die Herren Ministerpräsidenten dem Direktorium vorlegen und mit ihm besprechen.[52] Er regt an, diesen Bericht über den Generalsekretär auch dem Coordinating Office zuzuleiten. Er bittet die Herren Ministerpräsidenten, die Frage in der internen Sitzung mit General Clay möglichst eingehend zu besprechen und zu versuchen, die Genehmigung zur Errichtung der Dienststelle zu erhalten. Werde die Dienststelle auf bizonaler Ebene nicht genehmigt, so sollte versucht werden, wenigstens die Genehmigung zur Aufnahme der Arbeit auf zonaler Ebene zu erreichen.

GS Roßmann berichtet von einer Unterredung, die er mit Herren des Coordinating Office in dieser Angelegenheit gehabt habe.[53] Die Militärregierung habe aus Zeitungs-

---

[50] Das Abkommen wurde erst am 7. 7. 1947 unterzeichnet und im Hinblick auf die inzwischen fortgeschrittene Entwicklung der bizonalen Verwaltungen nicht mehr durchgeführt. Vgl. Pünder, Interregnum, S. 68 und 168.

[51] Prot. der Besprechung des Verwaltungsrates vom 27. 2. 1947 in Düsseldorf in: Z 35/2, Bl. 58–63. Neben einem Arbeitsplan für das Büro war dort auch über Personalfragen entschieden worden; StS Eberhard sollte Leiter, Prof. Rudolf Laun sein Stellvertreter werden.
Zunächst war Konsul a. D. Henry Bernhard, der ehem. Sekretär Stresemanns, nach 1945 Lizenzträger der Stuttgarter Nachrichten für die Leitung vorgesehen gewesen. Bernhard war „als Mann des Locarno-Paktes" und des „Deutsch-Russischen Paktes" von StS Brill bereits am 17. 2. 1947 in Wiesbaden vorgeschlagen worden (Vermerk Eberhard vom 19. 2. 1947, Z 35/2, Bl. 112), das Parteibüro der SPD hatte sich jedoch gegen Bernhard und für Eberhard entschieden, da ersterer wegen der Herausgabe der Memoiren Stresemanns, in denen die Politik Stresemanns gegenüber Frankreich als Täuschungsmanöver erscheine, angreifbar sei (vgl. Vermerk Roßmann vom 5. 3. 1947 in: Nachl. Roßmann/4, Bl. 42). Von Nordrhein-Westfalen war MinDir. Spiecker (Zentrum) (vgl. Dok.Nr. 4, Anm. 56) favorisiert worden. „Er hatte auch die Zustimmung der Sozialdemokraten dieses Landes gehabt, die Spiecker aus taktischen Gründen befürworteten, weil sie damit hofften, die erstrebte Zersplitterung der CDU in Nordrhein-Westfalen fördern zu können" (ebenda). Legationsrat a. D. Budde (vgl. Dok.Nr. 1 C, Anm. 5) kommentierte die Wahl von Eberhard: „Die Gefahr des SPD-Dilettantismus greift nunmehr auch auf das allerwichtigste Problem Deutschlands: die Außenpolitik über. Die Leitstelle in Frankfurt kann zu einem neuen ‚Büro Erzberger' werden, mit allen verheerenden Folgen, wie sie aus der Zeit nach dem ersten Weltkrieg bekannt sind" (Budde an Adenauer und andere vom 1. 3. 1947, Z 35/2, Bl. 59).
Zu den erarbeiteten Vorschlägen hinsichtlich der Zusammensetzung des politischen Ausschusses vgl. Dok.Nr. 8, Anm. 45. Gegen die Beschlüsse vom 27. 2. 1947 legte MinPräs. Kopf Einspruch ein und behielt sich vor, die Frage auf der nächsten Besprechung der Länderchefs zu verhandeln (Schreiben vom 25. 3. 1947 in: HStA Hannover Nds Z 50 Acc. 32/63, Nr. 45 I).
Die Auseinandersetzung über die Düsseldorfer Beschlüsse lebte nach dem Beendigung der Moskauer Außenministerkonferenz wieder auf, als über die Frage der Erweiterung des Friedensbüros auf bizonaler Basis gesprochen wurde. (Vgl. das sehr aufschlußreiche Prot. vom 17. 7. 1947 über die Sitzung der Regierungsvertreter vom 11. 7. 1947 in: HStA Stuttgart EA 1/11, Bü. 29). Hier prallten die bereits in Düsseldorf und Wiesbaden zutage getretenen Meinungsverschiedenheiten über die Stellung der Ministerpräsidenten und der politischen Parteien mit unverminderter Schärfe aufeinander.

[52] Wegen des Verbots von Gen. Clay (s. u.) geschah das nicht.

[53] Ein Vermerk Roßmanns über diese Unterredung ließ sich nicht ermitteln.

veröffentlichungen entnommen, daß die Schaffung eines Büros für Friedensfragen für die beiden Zonen erwogen werde. Die Herren des Coordinating Office sprachen ihr Bedauern darüber aus, daß sie durch den Länderrat nicht genauestens informiert worden seien, und daß der Länderrat noch keinen Antrag auf Genehmigung des Büros gestellt habe. Er habe darauf geantwortet, daß sich alles noch in einem Vorstadium befinde. Außerdem habe er darauf verwiesen, daß die Frage auch mit General Clay in der internen Sitzung im Dezember[54] besprochen worden sei. In einer zweiten Besprechung mit Herren des Coordinating Office habe man ihm mitgeteilt, daß wenig Aussicht bestehe, daß die amerikanische Militärregierung das Büro für beide Zonen genehmigen werde. Er habe den Herren selbstverständlich auseinandergesetzt, welche Gründe für den Plan maßgebend gewesen seien. Er habe dem Direktorium über die Unterredung berichtet und das Direktorium habe ihn beauftragt, in einem Brief an das Coordinating Office die offizielle Genehmigung zu beantragen. Er habe jedoch davon Abstand genommen, weil ihm inzwischen aus den Besprechungen in Düsseldorf allerlei bekannt geworden war, so daß ihm eine Entscheidung der Herren Ministerpräsidenten in dieser Angelegenheit geboten erschien. Es werde nicht leicht sein, in der heutigen Sitzung die Zustimmung von General Clay zu erhalten.

MinPräs. Maier führt aus, daß die Bildung dieser Leitstelle ja bereits im Anschluß an die Reise in das Ruhrgebiet in Minden[55] beschlossen worden sei und der Militärregierung laufend die Protokolle über die Sitzungen vorgelegt worden seien, eine Unterrichtung dadurch also auf alle Fälle erfolgt sei.

GS Roßmann teilt mit, daß er außerdem in jedem Falle den Herren des Coordinating Office noch einen mündlichen Bericht über die Zusammenkünfte in Minden und Wiesbaden erstattet habe.

MinPräs. Maier nimmt an, daß die Militärregierung nicht mit dem politischen Mitwirkungsrecht einverstanden sei. Bizonales dürfe eben nicht mit Politischem verquickt werden. Die Sammlung von Material sei eine rein technische Tätigkeit, die Auswertung jedoch eine höchst politische.

Nach der internen Sitzung mit General Clay[56] wird festgestellt, daß General Clay der Bildung einer gemeinsamen Stelle für die amerikanische und britische Zone nicht zugestimmt hat. Er habe jedoch nichts einzuwenden, wenn eine solche Stelle für die US-Zone eingerichtet würde. Später könnten dann eventuell Querverbindungen mit ähnlichen Stellen in anderen Zonen hergestellt werden.

StMin. Pfeiffer schlägt vor, daß die Leitstelle, nachdem sie nur für die amerikanische Zone genehmigt worden sei, in München errichtet werde, da dort sowohl Personal als auch Unterbringungsmöglichkeit vorhanden sei. Die Arbeit könne dort sofort aufgenommen werden. Natürlich könnten im Laufe der Zeit auch Kräfte aus den anderen drei Ländern hinzugezogen werden.

MinPräs. Maier ist der Meinung, daß hierüber durch die Ministerpräsidenten keine Entscheidung getroffen werden könne, ohne vorher die an den Verhandlungen bisher maßgeblich beteiligt gewesenen Herren aus den anderen Ländern zu hören.[57] Sie müß-

---

[54] Gemeint ist die Januar-Sitzung vom 8. 1. 1947, vgl. Dok.Nr. 1 C, TOP 3.

[55] Vgl. Dok.Nr. 4, TOP 5.

[56] Vgl. Dok.Nr. 10 C, TOP 1.

[57] Daß dies nicht geschah, wurde in der brit. Zone sehr übel vermerkt, wie GesR. v. Campe in einem Gespräch am 2. 4. 1947 Seelos mitteilte. Die Engländer hätten das gemeinsame Büro für beide Zonen nicht verboten, sondern lediglich empfohlen, noch einige Wochen zu warten. Nachdem man seitens der US-Zone sich für

ten sich zusammensetzen und beraten und dann den Ministerpräsidenten einen gemeinschaftlichen Vorschlag unterbreiten.

MinPräs. Stock unterstützt die Ausführungen von Ministerpräsident Maier, ist aber andererseits der Auffassung, daß, nachdem ein bizonales Amt nicht genehmigt worden sei, das Büro hier beim Länderrat oder mindestens in Stuttgart errichtet werden sollte. Seines Wissens war Staatssekretär Eberhard als Leiter der Stelle vorgesehen. Es wäre also möglich, die Stelle hier in Stuttgart einzurichten.

Angesichts dieser Situation regen die *Herren Ministerpräsidenten* an, daß die Herren der US-Zone, die sich bisher mit dieser Frage befaßt haben ([Pfeiffer, Brill, Eberhard, van Heukulum]), recht bald in Stuttgart zusammenkommen, sich hier über die Sache unterhalten und Vorschläge ausarbeiten, die dann nach Zustimmung durch die Ministerpräsidenten der Militärregierung zur Genehmigung vorgelegt werden müssen.[58]

[17.] **Verschiedenes**

a) *Stellungnahme des Länderrats zum US-Plan zur Aufteilung der Eigentumsrechte am Vermögen des IG-Farben-Konzerns*

Ass. Strauch [...] gibt zunächst nähere Erklärungen zu der den Ministerpräsidenten überreichten Vorlage.[59]

MinPräs. Maier weist darauf hin, daß die Angelegenheit in Württemberg-Baden noch nicht im Kabinett besprochen worden ist, er also von sich aus noch keine Stellung nehmen könne. Die Frage sei nur in Hessen im Kabinett besprochen worden. Er habe nur

---

Stuttgart als Sitz entschieden habe, komme bei einem späteren Zusammengehen der ursprünglich vereinbarte Ort Frankfurt nicht mehr in Frage. Man werde vielmehr auf Celle bestehen (BHStA Abt. II Bayer. Bevollm. Stuttgart 161, Vermerk Seelos vom 2. 4. 1947). In der brit. Zone waren die Bemühungen, die insbes. von Niedersachsen und Hamburg engagiert verfolgt wurden, nach dem vorläufigen Scheitern der bizonalen Lösung eine kleine Leitstelle für die brit. Zone in Celle unter Leitung von Prof. Laun als Übergangslösung zu schaffen, am Einspruch Nordrhein-Westfalens gescheitert (vgl. StA Hamburg, Senatskanzlei II, Az.: 038.20–1; HStA Hannover, Nds Z 50 Acc. 32/63 Nr. 45 I).

[58] Die Unterredung fand am 14. 3. 1947 in München statt. Prot. in: Z 35/2, Bl. 122–125; vgl. auch Dok.Nr. 14 A, TOP 4.

[59] Die Vorlage (Z 1/18, Bl. 20) war ein internes Schreiben von Möller an die Abteilung I des LR vom 6. 3. 1947, in dem der Sachstand referiert wurde. Am 10. 2. 1947 war dem Sekretariat des LR ein Schreiben von Gen. Clay an den Direktor des RGCO vom 28. 1. 1947 übersandt worden, in dem Clay Oberst Dawson bat, dem LR mitzuteilen, daß er „sehr darüber beunruhigt" sei, „daß der LR dem Wunsch der Militärregierung, Kandidaten für die Stellung als Treuhänder der verschiedenen wirtschaftlichen Einheiten, in die das industrielle Eigentum der früheren IG. Farben aufgeteilt wird, zu benennen und einen Plan über die endgültige Aufteilung dieser wirtschaftlichen Einheiten zu erstellen, bis jetzt noch nicht nachgekommen ist. [...] Auf der Viermächtebasis war man sich bis jetzt darüber einig, daß Treuhänder für jede unabhängige Einheit ernannt werden sollen und daß getrennte Gesellschaften sofort organisiert werden sollen, um die Besitzrechte für jede dieser Einheiten zu übernehmen. Diese Entwicklung macht es dringend notwendig, daß der US-I.G. Farben-Kontrolloffizier einen amerikanischen Vorschlag über die Verfügung über die Besitzrechte an diesen Einheiten vorlegt. Es ist sehr enttäuschend für mich, daß dieser Plan vorgelegt werden muß ohne Berücksichtigung der Ansichten des Länderrates in dieser Sache, da ich den US-I.G. Farben-Kontrolloffizier angewiesen hatte, es so weit wie möglich zu vermeiden, amerikanischerseits irgendwelche Bindungen in Bezug auf die Verfügung über die I.G. Farben-Einheiten einzugehen, bevor der Länderrat seine Ansichten geäußert hatte." Der Wirtschaftsrat des LR befaßte sich daraufhin bereits am 19. 2. 1947 mit dem amerikanischen Plan und eine im wesentlichen zustimmende, vorläufige Stellungnahme wurde im Auftrage des Wirtschaftsrates vom Hess. StMin. für Wirtschaft und Verkehr dem Kontrolloffizier der I.G. Farben am 24. 2. 1947 (Z 1/18, Bl. 22) übersandt, die durch den LR nunmehr gebilligt werden sollte. Das RGCO teilte noch am 8. 3. 1947 mit (Z 1/648, Bl. 90), Gen. Clay sei davon informiert worden, daß der LR sich mit der Frage am 11. 3. 1947 beschäftigen werde. Die MinPräs. möchten sich mit dem Problem vertraut machen, da Gen. Clay möglicherweise einige Fragen stellen werde.

davon gehört, daß die Frage behandelt würde. Es sei deshalb für ihn sehr schwer, sich ein klares Bild zu machen.

Ass. Strauch erklärt darauf kurz den amerikanischen Plan. Die Grundzüge dieses Planes seien folgende:

Das ganze Vermögen soll, soweit es sich um flüssige und sofort realisierbare Mittel (Effekten usw.) handelt, zusammengefaßt und zur Befriedigung der in- und ausländischen Gläubiger verwandt werden. Die Bestandteile des IG-Farben-Konzerns werden wieder zu selbständigen Betriebseinheiten zusammengefaßt, wobei man unter Umständen durchaus damit einverstanden sei, daß diese Betriebseinheiten eine gewisse Größe erlangen. (Die Militärregierung habe sich z. B. damit einverstanden erklärt, daß die Höchster Farbwerke als ein geschlossener Betrieb zusammenbleiben.) Diese Betriebsteile werden Treuhändern, die von den Amerikanern auf deutschen Vorschlag eingesetzt werden und nach den Weisungen der Amerikaner arbeiten, zu Eigentum übertragen. Gegen letzteres sei ursprünglich von deutscher Seite Stellung genommen werden, aber es bestehe keine Aussicht, daß die Militärregierung auf eine Änderung eingehe. Die Betriebseinheiten sollen nach deutschen Vorschlägen in neue Gesellschaften überführt werden. Es komme auf die weiteren Verhandlungen an, ob und inwieweit man einen Einfluß auf die künftige Gestaltung der Gesellschaften ausüben könne. Eine damit im Zusammenhang stehende Frage sei noch sehr wichtig: Auf amerikanischer Seite sei die grundsätzliche Haltung zu erkennen, daß ausländisches Kapital für die zu gründenden neuen Gesellschaften nicht in Frage kommt; es sei allenfalls daran gedacht, frühere ausländische Aktionäre des IG-Farben-Konzerns im Rahmen ihres früheren Anteils aus den neuen Aktien zu entschädigen. Darüber hinaus solle kein Erwerb von Aktien durch Ausländer stattfinden.

MinPräs. Ehard faßt die Ausführungen wie folgt zusammen:

Der IG-Farben-Konzern soll grundsätzlich auseinandergerissen werden. Was realisierbar ist, soll zur Befriedigung der Gläubiger verwandt werden. Die einzelnen Betriebsteile sollen wieder zu selbständigen Industriebetrieben werden. Worin weiche nun die Stellungnahme des Wirtschaftsrats (verfaßt vom Hess. Wirtschaftsministerium) von den Plänen der Militärregierung ab?

Ass. Strauch erwidert, daß von deutscher Seite grundsätzlich zugestimmt worden sei. Der wesentlichste Punkt, der abweiche, sei der Punkt 4 a.[60] [...]

MinPräs. Ehard ist gegen Prüfung, ob eine geplante Gesellschaft in Gemeineigentum zu überführen ist, bevor sie gegründet wird. Dies würde in Bayern nicht verstanden werden. Er schlägt vor, bei Gründung der neuen Gesellschaften zu prüfen, ob entsprechend den verschiedenen Bestimmungen der drei Länderverfassungen eine Überführung in Gemeineigentum möglich ist.

Möller und Assessor Strauch werden beauftragt, einen Entwurf der Stellungnahme des Länderrats zu verfassen, der diesem Protokoll als Anlage 2 beiliegt.[61] Im übrigen stellt

---

[60] Punkt 4 a lautete: „Bevor die geplanten Gesellschaften gegründet werden, ist für jede wirtschaftliche Einheit eingehend zu prüfen, ob und in welchem Umfang sie ‚in Gemeineigentum' zu überführen ist. Für jede wirtschaftliche Einheit kommen also vor den bestehenden Formen des geltenden Gesellschaftsrechts (Aktiengesellschaften, Gesellschaften mit beschränkter Haftung, Stiftungen) in erster Linie die Sozialgesellschaften (Gemeineigentum), die auf Grund der zu erwartenden Sozialisierungsgesetzgebung geschaffen werden, in Frage" (Z 1/18, Bl. 22).

[61] Die Stellungnahme in: Z 1/18, Bl. 24, von den MinPräs. und SenPräs. Kaisen paraph. Ausf. Z 1/182, Bl. 276. Der Einwand von MinPräs. Ehard wurde darin berücksichtigt.

der Länderrat fest, daß eine endgültige Stellungnahme erst möglich ist, wenn sich die Kabinette mit der Angelegenheit befaßt haben.[62]

b) *Versicherungsaufsichtsgesetz [Änderung der Präambel*[63]*]*
[...]

c) *Zuziehung der Vertreter von Zoneneinrichtungen der britischen Zone zu den Sitzungen der Unterausschüsse des Finanzrats mit Stimmrecht*

StS Strauß berichtet, daß Vertreter von Zoneneinrichtungen der britischen Zone den Wunsch geäußert haben, zu Sitzungen der Unterausschüsse des Finanzrates mit vollem Stimmrecht herangezogen zu werden.[64] Der Länderrat nimmt hierzu folgende Stellung ein: Stimmrecht besitzen nur die Vertreter der Länder, jedoch nicht als Sachverständige hinzugezogene andere Personen, gleichviel, woher sie kommen.

d) *Stellungnahme der MinPräs. zu dem Schreiben des VR für Verkehr vom 20. 2. 1947 betr. Rechtssetzung im Verkehrswesen*

GS Roßmann teilt mit, daß er ein Telegramm[65] folgenden Inhalts an den Verwaltungsrat für Verkehr in Bielefeld gerichtet habe: „Die in dem Schreiben an die Ministerpräsidenten vom 20. Februar[66] vertretene Rechtsauffassung über die Rechtssetzung im Verkehrswesen widerspricht dem vorläufigen Abkommen. Auch die amerikanische Militärregierung vertritt den Standpunkt, daß jeder Vorschlag für eine Zweizonenanweisung ihren Zweizonenkontrollgruppen und Ausschüssen zur Entscheidung vorge-

---

[62] Eine weitere endgültige Stellungnahme des LR erfolgte nicht, obwohl sich einzelne seiner Ausschüsse mit Fragen der Liquidierung des I.G. Farben-Konzerns noch bis Anfang Jan. 1948 beschäftigten (vgl. Material in: Z 1/648).

[63] Zum Versicherungsaufsichtsgesetz vgl. Dok.Nr. 6, TOP 8. Die Präambel sollte lauten: „Die Länder Bayern, Hessen und Württemberg-Baden schließen einen Vertrag und erlassen folgendes Gesetz ..."

[64] Die Frage wurde auf der 7. Sitzung des Finanzrates vom 3./4. März 1947 behandelt (Prot. in: Z 28/3). Als Ergebnis von Besprechungen der Bipartite Finance Control Group sollten Vertreter der zonalen Dienststellen der brit. Zone (Finanzleitstelle, Reichsbankleitstelle, Zonenhaushaltsamt und Zonenaufsichtsamt für Privatversicherungen) künftig einen stimmberechtigten Sitz in den für ihre Arbeit relevanten Unterausschüssen gewährt werden, wobei dann jeweils ein Land aus der brit. Zone auf seine Stimme verzichten sollte. Die Vertreter der süddeutschen Länder erklärten, zu der Frage nicht Stellung nehmen zu können und wiesen auf etwaige Konsequenzen für andere bizonale Verwaltungsräte hin. Als Kompromiß einigte man sich dahingehend, daß bis zur geplanten Umorganisation der Unterausschüsse die Vertreter der zonalen Dienststellen mit beratender Stimme teilnehmen sollten.

[65] Roßmanns Stellungnahme beruhte auf einem Gutachten des Württemberg-Badischen Justizministeriums vom 27. 2. 1947 (Z 1/761, Bl. 50) und wurde nach Rücksprache mit den LR-Bevollmächtigten abgesandt (ebenda, Bl. 45).

[66] Das Schreiben des VR für Verkehr vom 20. 2. 1947, beim LR erst am 3. 3. 1947 eingegangen (Z 1/761, Bl. 51–52), betraf die Kompetenzen des VR für Verkehr. Nach Art. III, Ziffer 3 des Vorl. Abkommens über die Bildung einer deutschen Verkehrsverwaltung vom 10. 9. 1946 sei es Aufgabe des VR, „für alle beteiligten Länder und Verwaltungseinheiten maßgebende Weisungen auf dem Gebiete des allgemeinen deutschen Verkehrsrechts und gemäß Ziff. 9 einheitliche Vorschriften für den Bau und die Erhaltung von Straßen, die für den Interländer[!]–, interzonalen und internationalen Verkehr erforderlich sind, zu erlassen sowie gemäß Ziffer 10 den Interländer-, interzonalen sowie internationalen Straßenverkehr zu regeln." Dieser Anspruch des VR war nicht neu. Bereits am 4. 2. 1947 hatte der VR für Verkehr ein Rundschreiben (Z 1/249, Bl. 32–33) versandt, in dem es hieß: „Der Verwaltungsrat für Verkehr erläßt innerhalb seiner Zuständigkeiten Weisungen, die für alle beteiligten Länder und Verwaltungseinheiten maßgebend sind."

legt werden muß, wenn die Anweisung gesetzgeberische Maßnahmen in den Ländern auslösen würde oder bereits eine gesetzgeberische Maßnahme darstellen soll.
Gegen die im Schreiben vom 20. Februar geäußerte Rechtsauffassung lege ich formell Protest ein mit dem Ersuchen, nichts zu veranlassen, bis die Ministerpräsidenten Stellung genommen haben." [Unterschrift]
Der Länderrat nimmt folgende Stellung ein: Nach den neuen Weisungen der Militärregierung besteht kein selbständiges Gesetzgebungsrecht für die bizonalen Verwaltungsräte. [...]

e) *Schlichtungsordnung und Verordnung über die beratenden Ausschüsse beim Landesarbeitsamt und bei den Arbeitsämtern*

Hierzu berichtet *StS Strauß*, daß Hessen diese Verordnungen[67] nicht ohne Mitwirkung der Landtage erlassen könne, während die anderen Länder der Auffassung sind, daß nach den zugrundeliegenden Anordnungen des Kontrollrats die Verordnungen ohne die Landtage erlassen werden können.
Der Länderrat nimmt folgende Stellung ein:
Enthält ein Kontrollratsgesetz eine ausdrückliche unzweideutige Ermächtigung zum Erlaß der Durchführungsverordnung durch eine bestimmte Stelle, so kann davon Gebrauch gemacht werden. Es bleibt den Ländern jedoch unbenommen, trotzdem ihre Landtage dazu zu hören, wenn sie es für zweckmäßig halten.

f) *Aufteilung der Tagesordnung des Länderrates in legislative und administrative Angelegenheiten*

[...]
Dieser Anregung wird zugestimmt und das Sekretariat des Länderrats aufgefordert, für die Durchführung Sorge zu tragen.

---

[67] Vgl. Dok.Nr. 6 B II, Anm. 10 und 13.

Länderrat US-Zone 10./11. 3. 1947 Nr. 10B

B Sitzung des Plenums

I BA Z 1/65, Bl. 238–241. Ungez. und undat. Wortprot., im Umdr. vervielf. Ausf.[1]
II BA Z 1/189, Bl. 72–114. Undat. und ungez. Wortprot., maschinenschr. vervielf. Ausf.
TO: Z 1/182, Bl. 162–181, Nachtrags-TO: Ebenda, Bl. 182–252; Kurzprot.: Z 1/182, Bl. 114–119

Anwesend[2]*:* MinPräs. Ehard (Vorsitz), StMin. Pfeiffer, Konsul Seelos, ORegRat v. Elmenau, die Abgg. Dehler, Müller, Horlacher, Hagen, Loritz, Stock, Schwalber (Bayern); SenPräs. Kaisen, Schütte, die Abgg. Böhm, Schulze, Vogelsang (Bremen); MinPräs. Stock, Min. Binder, StS Strauß, Graf v. Wedel, die Abgg. Arnoul, Fisch, Köhler, Stetefeld, Stieler (Hessen); MinPräs. Maier, Min. Beyerle, StS Gögler, StR Wittwer, ORegRat Mühlberger, die Abgg. Andre, Bausch, Haussmann, Heurich, Leibbrand, Witte (Württemberg-Baden); Wutzlhofer, GS Roßmann (Länderrat); Marcuse, Mason (OMGUS); Cremer (RGCO)

I Ansprache des Generals Clay

Mr. Ministers President and members from the state parliaments: I would first like to thank the Ministers President for postponing their meeting from last Tuesday until today.[3] It has made it possible for me to be here and I wanted to be here for the first meeting of the Advisory Parliament.

I feel that the creation of this Advisory Parliament is another step forward in the assumption of governmental responsibility by yourselves for your people. As you know, under your own constitutions you have been given the responsibility for the state government. However, in the absence of a national constitution there are certain types and kinds of laws which must be enacted uniformly throughout the U. S. Zone of occupation. In addition, there will be certain laws that will have to be enacted concurrently in the American and British Zones to carry out the economic policies of the Bizonal Agencies. We believe that it is your wish and it is certainly our purpose to hold such legislation to a minimum, thus leaving to the states as much legislation as is possible.[4] I am sure that in your capacity as an Advisory Parliament acting as a connecting link with the state parliaments, you will be most helpful to the Ministers President in this particular field. Each and every law enacted by the Laenderrat must be examined carefully to be sure that it does not enter into the field of state legislation. Of course, it is equally important that state legislation not be enacted which is in conflict with uniform legislation needed for the zone as a whole. In the absence of a central government the Laenderrat is, of course, charged with enacting uniform legislation throughout the U. S. Zone. In doing this it will now have the benefit of your advice, representing the state parliaments. I am sure that you will always bear in mind that you can serve your state well by looking at every problem for the good of the whole.

When legislation has been adopted by the Laenderrat and has been approved by Military Government, it then may be issued by the Ministers President by legislative decree. The problem of deciding whether a law is to be a state law or a Laenderrat law is a contiuning one and must be reexamined with each proposal. For example, we have been

---

[1] Deutsche Übersetzung Z 1/169, Bl. 69–71.
[2] Anwesenheitsliste mit Unterschriften Z 1/189, Bl. 118–120.
[3] Gen. Clay hatte bereits am 23. 2. 1947 am Schluß seiner Besprechung mit den MinPräs. der US-Zone in Berlin (vgl. Dok. Nr. 9) um eine Verschiebung der nächsten LR-Tagung gebeten.
[4] Gen. Clay referiert hier die Ergebnisse seiner Konferenz vom 23. 2. 1947 mit den MinPräs. der US-Zone in Berlin (vgl. Dok. Nr. 9).

working over a period of months with the Laenderrat for the preparation of a press law.[5] This law has been reexamined in the light of your new constitutions. As a result, and in spite of all the work that has been put upon the law, we have decided that it is not necessary for such a law to be uniform in its details, although obviously, it must be uniform in its principles. We are, therefore, returning this Laenderrat law to the Ministers-President and asking that it be brought up in each of the state parliaments.[6] We hope that in so doing you will follow the principles laid down in the law enacted by the Laenderrat, and we request that state legislation on this subject be enacted by 1 July of this year. I bring this case up purposely to show you the importance we attach to preserving the legislative powers and rights of the several states.

I have one other subject that I would like to discuss briefly with you today. You have been through a very severe winter. Transportation conditions have made it almost impossible to move coal to keep industry going at the rate ist was going last fall. Transportation difficulties have also made it difficult to equalize the distribution of food. This rather warm weather that I find here in Stuttgart after leaving Berlin makes me feel that I can speak in an optimistic vein. During the last two months coal has stockpiled on the ground. Grain has come into Bremen at the rate of 300 000 tons per month. With the opening of the waterways and the improvement of rail transportation which will follow warm weather there should no longer be any problem in the distribution of food; and coal should be available to make a substantial increase in industry over the last several months of bad weather.[7] We must look forward now to planning to stockpile some of this coal to carry us through next winter in case it should prove to be as severe as this one. However, I think I can say with perfect safety that the food and coal situations look better now than at any time since the occupation started. I am sure that you have been through your most severe winter.

In completion I would like to say that it has meant a great deal to me to be here today at the first meeting of the Advisory Parliament. As an advisory parliament you can do much to continue the progress toward democratic government. The Laenderrat will welcome and give careful attention to your advice. I assure you that Military Government will watch your deliberations with great interest. I am equally sure that as an advisory parliament you will point the way to the establishment of a parliament for Germany at a not too distant date. As you conduct yourselves so you will speed the day when you will have parliamentary government for Germany. Thank you very much.

---

[5] Die Vorarbeiten zu einem Pressegesetz und seinen Nebengesetzen, die im wesentlichen bereits im Jahre 1946 geleistet worden waren, sind dokumentiert in: Z 1/680, 1265. Vgl. auch Akten zur Vorgeschichte 1, Stichwort „Pressegesetz".

[6] Dies geschah mit Schreiben des RGCO an den LR vom 15. 3. 1947 (Z 1/76, Bl. 42–43), in dem ausdrücklich auf die obigen Ausführungen Clays hingewiesen wurde.'

[7] Eine extreme Kältewelle, die sich über ca. sechs Wochen bis in die erste Märzwoche 1947 hinzog, hatte sich für die Verkehrlage katastrophal ausgewirkt, da Flüsse und Kanäle zugefroren waren, und auch der Eisenbahnverkehr zeitweise zusammengebrochen war. (Vgl. u. a. die Neue Zeitung, Ausg. vom 7. 3. 1947, S. 2, Artikel „Maßnahmen gegen Tauwetter".) Die Rheinpfalz berichtete in ihrer Ausgabe vom 15. 2. 1947 (S. 5), daß der Rhein auf der Länge von 90 Kilometer eine Eisdecke gebildet habe und daß sich über den Fluß hinweg ein interzonaler illegaler Grenzverkehr sowie ein Tausch von Mangelwaren entwickelt habe.

Länderrat US-Zone 10./11. 3. 1947 Nr. 10 B

II Sitzung des Länderrates
[Beginn: 10. 00 Uhr]

[1. Nachruf auf Oberst Dawson]
[Vor Eintritt in die TO spricht MinPräs. Maier im Beisein von Gen. Clay einen Nachruf auf den verstorbenen Leiter des RGCO, Oberst William Dawson, in dem er dessen Persönlichkeit würdigt und die gemeinsame, stets vertrauensvolle Zusammenarbeit mit ihm darstellt[8]]
[Die Sitzung wird von 12.00 – 15.07 Uhr unterbrochen[8a]]

[2. Erklärung zur Moskauer Außenministerkonferenz]
[...] *Ehard:* [...] Wenn heute die Ministerpräsidenten von Hessen, Württemberg-Baden und Bayern mit dem Senatspräsidenten von Bremen zur 18. Tagung des Länderrats der amerikanischen Zone zusammentreten, liegt ein besonderer Ernst über unserer Sitzung. Alles Denken und Tun im deutschen Volke wird in diesen Tagen überschattet durch die Erwartungen, die sich an die Moskauer Konferenz der Außenminister der vier alliierten Großmächte knüpfen.[9] Die Not der vergangenen Wintermonate hat uns in allen Teilen Deutschlands den tiefen Stand des Elends gezeigt, in dem sich das deutsche Volk in der Auswirkung des verlorenen Krieges befindet. Eine Stimmung der Verzweiflung ist in weiten Kreisen fühlbar. 22 Monate nach der bedingungslosen Kapitulation des Dritten Reiches müssen nun unbedingt feste Grundlagen für neue aufbauende Arbeit zustandekommen, andernfalls müßte die dauernde Verelendung des deutschen Volkes als unvermeidlich angesehen werden und im Herzen Europas wäre ein sozialer und politischer Seuchenherd voller Gefahren für die ganze Umwelt zu befürchten. In dem Deutschland von heute gibt es nichts mehr, was verheimlicht werden könnte. (Sehr richtig!)
Unsere Not und unser Elend liegen offen vor aller Augen. Nun hoffen wir, daß die Außenminister auf der Moskauer Konferenz durch staatsmännische Weisheit und durch den Geist großzügiger Ermutigung gegenüber dem neuen demokratischen Deutschland die Entscheidungen gestalten werden. Die Demokratie kann aber nicht Wurzel schlagen und sich gedeihlich entwickeln in einem Volke, das im Elend vegetieren muß. Demokratie kann nicht gedeihen, wenn sich ein Volk nicht durch Fleiß und demokratische Tugenden seine Zukunft gestalten kann. Darum erhoffen wir von der Moskauer Konferenz die Grundzüge eines Friedens, dessen Bestimmungen nicht durch Rache und Strafe gekennzeichnet sind. Wir erhoffen von Moskau die rasche Herbeiführung von Entscheidungen, da das deutsche Volk moralisch, körperlich und wirtschaftlich am

---

[8] Abdr. bei Maier, Grundstein, S. 350–356, der diesen Band seiner Memoiren dem Gedenken an Dawson widmete. Englische Übersetzung in: Z 1/133, Bl. 168–173. Lebenslauf von Dawson Z 1/131, Bl. 144. Auch der Landtag von Württemberg-Baden gedachte seiner (Verhandlungen, S. 111, Sitzung vom 25. 2. 1947). Dawson, der als Nachfolger von Prof. Pollock die Leitung des RGCO übernommen hatte, war am 11. 2. 1947 gestorben. Die Korrespondenz Roßmanns mit Dawson während seines Krankenlagers und das Kondolenzschreiben an Frau Dawson sind weitere Zeugnisse einer engen Verbundenheit (Z 1/76, Bl. 22, 305, 306, 360). Nachfolger in der Leitung des RGCO wurde Lt.Col. Charles D. Winning.

[8a] Während der Vormittagssitzung hielt Gen. Clay vermutlich auch seine Ansprache. In der Pause fand die interne Besprechung mit Clay statt (vgl. Dok.Nr. 10 C).

[9] Die Moskauer Konferenz hatte am Vortage, den 10. 3. 1947 begonnen.

Ende seiner Kraft steht. Als erste große Entscheidung der Außenministerkonferenz erhoffen wir den Zusammenschluß aller vier Besatzungszonen in Deutschland, damit unsere Pläne und unsere Arbeitswilligkeit eine hinreichende und die einzig mögliche Grundlage finden, die eine Gesundung und die Gestaltung einer gemeinsamen erträglichen Lebensform für das deutsche Volk ermöglichen, wenn die trennenden Zonengrenzen fallen und wir uns in einem deutschen Bundesstaat die vertrauensvolle Zusammenarbeit aller Teile Deutschlands sichern können. Die Staaten der amerikanischen Zone haben bereits ein Vorbild demokratischen Staatsaufbaus gegeben. In ihrem Namen darf ich versichern, daß die demokratisch bestellten Regierungen dieser Staaten alles Erdenkliche tun werden, um einem demokratischen Staatsleben und dem Geist des freundschaftlichen Verstehens mit den andern Völkern Europas und der ganzen Welt zur Herrschaft zu verhelfen. Dabei vertrauen wir darauf, daß uns auch weiterhin das Verständnis und die Hilfsbereitschaft der amerikanischen Militärregierung zur Seite stehen werden, die sich schon bisher so großzügig bewährt hat.[10]

[Bedeutung der heutigen Tagung durch den Beginn der Arbeit des Parlamentarischen Rates, Begrüßung der Parlamentarier]

[3. Erklärung zur Arbeit des Parlamentarischen Rates]

Horlacher: [...] Ich habe mich gestern im internen Kreis, wie wir den Parlamentarischen Rat konstituiert haben, schon zu einigen Punkten geäußert.[11] Ich habe heute, als wir mit Interesse wohl alle den Worten des Herrn General Clay folgten, aus seinen Worten entnommen, daß wir in unserer Zone ein klares Bild von dem, was werden soll, vor uns sehen. Es ist hier schon ein organischer Aufbau festgestellt, und so habe ich mich auch veranlaßt gesehen und glaube in Ihrem Sinn gehandelt zu haben, wenn ich Herrn General Clay für die Ausführungen, die er heute vormittag zur Schaffung des Parlametarischen Rats machte, unseren besonderen Dank ausgesprochen habe.[12] Aus den Ausführungen des Herrn General geht hervor, wie das Funktionieren des Parlamentarischen Rats vor sich gehen kann, und wer sich der Mühe unterzieht, das Länder-

---

[10] MinPräs. Ehard gab anläßlich des Beginns der Moskauer Konferenz am 15. 3. 1947 eine weitere Erklärung heraus, in der er forderte, daß die Deutschen auf der Konferenz selbst gehört werden sollten. „Technische Sachverständige und nüchternes Zahlenmaterial sind gewiß unentbehrlich. Aber wenn es um Leben und Zukunft des deutschen Volkes geht, muß auch seine Seele zu Worte kommen. Und ihr kann nur ein Deutscher Ausdruck geben. Wer bei großen Entscheidungen das Unwägbare außer Acht läßt, der tut wesentlichen Triebkräften alles menschlichen Geschehens zum eigenen Schaden des Ganzen Abbruch." (Vervielf. Ausf. in: Nachl. Kaisen/112). Die Moskauer Konferenz veranlaßte zahlreiche Organisationen und Verbände, Aufrufe und Resolutionen zur Frage eines Friedensvertrages zu veröffentlichen, die vielfach eine deutsche Beteiligung an den Verhandlungen forderten. Unter den Aufrufen seien erwähnt: Allgem. Deutscher Gewerkschaftsbund Straubing, Resolution vom 2. 3. 1947 (Z 35/463, Bl. 243); Deutsche Friedensgesellschaft, Bund der Kriegsgegner, Frankfurt; Entschließung vom 29. 3. .1947 (ebenda, Bl. 234); 4. Interzonenkonferenz der deutschen Gewerkschaften vom 6.–8. Mai 1947 in Garmisch-Partenkirchen (ebenda, Bl. 189); Bundesvorstand der Gewerkschaften der sowjetischen Besatzungszone (Frankfurter Rundschau vom 22. 3. 1947, S. 1); Zentralkomitee der befreiten Juden (Frankfurter Rundschau vom 27. 3. 1947, S. 1); Aktionsgruppe Heidelberg (Neue Zeitung vom 14. 4. 1947, S. 6).

[11] Prot. des Parl. Rates vom 10. 3. 1947 in: Z 1/197, hier Bl. 32–34. Der Vorsitzende, Landtagspräs. Horlacher, wies u. a. daraufhin, daß der Parlamentarische Rat „erstens eine beratende Körperschaft sei und zweitens, daß er absolut nach dem System der Koordinierung arbeiten muß". Daraus ergebe sich von selbst, daß Einstimmigkeit herrschen müßte. Man lebe in einem staatsrechtlichen Übergangsstadium.

[12] Vgl. die Ansprache von Gen. Clay, Dok.Nr. 10 B I.

ratsstatut genau anzusehen, und wer Gelegenheit gehabt hat, das Funktionieren des Länderrats vor seinen Augen abspielen zu sehen, muß doch im allgemeinen feststellen, daß der Länderrat seine Aufgabe in der ganzen Zeit seines Bestehens erfüllt hat. Nun handelt es sich darum, die Verbindung zum parlamentarischen Leben in der US-Zone zu bekommen. Mich hat es besonders gefreut, daß sich Herr General Clay darüber klar ausgesprochen hat, denn da findet sich der Satz, daß der Parlamentarische Rat das verbindende Glied ist zwischen den Ländern und den Ministerpräsidenten. Damit ist eine ganz klare Linie für die Arbeit des Parlamentarischen Rats gegeben. Das bedeutet von dem Juristendeutsch abgesehen und hinübergeführt in die Praxis, daß nunmehr die Tätigkeit des Länderrats in seiner Gesetzgebung bis zu einem gewissen Grade, wenn sie auch nur beratender Natur ist, parlamentarisch untermauert wird, so daß also hier die Verbindungen zu den Parlamenten hergestellt werden. Das ist auch durchaus möglich, und bei der Gelegenheit möchte ich einen Gedanken zum Ausdruck bringen, nachdem wir den Schritt aus dem ordnungsgemäßen und verfassungsmäßig gewählten Länderparlament gewissermaßen in die Weite des sich bildenden deutschen Raumes tun. Wenn wir uns dieser Tragweite bewußt sind, dann lastet auf uns schon ein gewisses Maß von Verantwortung, mag der eine oder andere mit der Konstruktion nicht ganz zufrieden sein, das spielt keine Rolle. Ich glaube, wenn wir unsere Aufgabe nicht richtig hier auffassen würden, dann würden wir eine Bewährungsprobe, die der Demokratie jetzt gestellt ist, aus dem Rahmen der Länder herauszugehen, nicht bestehen. (Sehr richtig!)

Es ist unsere Aufgabe, uns zu lösen von rein parteimäßigen Betrachtungen und uns miteinander im Parlamentarischen Rat zurückzufinden in die staatsrechtlichen Notwendigkeiten, die vor uns liegen. (Sehr gut!)

Wir müssen in dem Augenblick den Mut zur Verantwortung haben, den Mut zur Verantwortung, der oft manche parteimäßige Betrachtung hinter sich läßt. Ich glaube, wenn wir von solchen Gesichtspunkten ausgehen, dann muß es, wie es den Ministerpräsidenten im Länderrat gelungen ist, auch im Parlamentarischen Rat gelingen, zu den Gesetzentwürfen, die über das Gebiet des Landes hinausgehen, eine möglichst einheitliche Stellungnahme herbeizuführen. Ich halte das durchaus nicht für schwierig, denn die Not unseres Volkes ist so groß, das sie das Zusammenarbeiten auf den großen Gebieten des Lebens gebieterisch fordert und damit das Hintersichlassen von kleinlichen Gesichtspunkten, die uns dann und wann vielleicht trennen mögen. Wenn wir von solchen Erwägungen ausgehen, werden wir unsere Aufgabe richtig erfaßt haben und werden dann auch gerne das Maß der Verantwortung übernehmen, das man so nicht vor sich sieht, das aber doch vorhanden ist. Die Ministerpräsidenten sind zwar in der US-Zone nach dem Länderstatut eigentlich niemand verantwortlich, nur im Sinne dessen, was in den statutarischen Bestimmungen des Länderrats enthalten ist, aber in Wirklichkeit sind sie doch die Exponenten des parlamentarischen Lebens in den Ländern. (Sehr richtig!)

Sie sind für die gesamte Politik verantwortlich, und deswegen ist unsere Dazwischenschaltung absolut notwendig, damit wir die Verantwortlichkeit mit den Ministerpräsidenten da übernehmen, wo sie am schwersten wiegt. Das ist unsere Aufgabe, und von diesem Gremium aus müssen wir dann auch die staatsrechtlichen Verbindungen zu den Parlamenten halten.

Meine verehrten Herren, von solchen Gesichtspunkten ausgehend, – das sage ich nicht von ungefähr – haben wir unsere bayerischen Belange zurückgestellt trotz der Größe unseres Landes, die wir ins Feld führen könnten.[13] Wir haben die Wirklichkeit ins Auge gefaßt, was uns alle bewegt, die Sehnsucht nach dem gemeinsamen deutschen Vaterland. (Beifall)

Das hat uns beseelt, und das möchte ich gerade auch von der bayerischen Seite aus betonen, denn hier bestehen manche Mißverständnisse, die unserem bayerischen Herzen außerordentlich weh tun. In dieser Beziehung bitte ich den Parlamentarischen Rat, mit uns dafür zu sorgen, daß diese Mißstimmigkeiten aus dem Wege geräumt werden. Wir wollen das nicht. Was wir wollen, ist eine richtige Konstruktion des neuen Deutschlands, damit wir nicht mehr die Fehler und Verirrungen erleben, die wir miteinander durchmachen mußten. Mag mancher über die Konstruktion Deutschlands verschiedener Auffassung sein, aber in der einen Auffassung seien wir uns einig: Daß, je treuer die Demokratie mit den breiten Massen des Volkes verwurzelt werden kann, es desto besser ist für alle diejenigen, welche sich nun als einzelne Stimmen und Länder im neuen Deutschland fühlen, und desto besser wird es für ganz Deutschland sein [!]. Es liegen die Linien, worauf wir uns vereinigen müssen. Herr General Clay hat diese Linien deutlich aufgezeigt. Es soll der kommende deutsche Bundesstaat sein, an dem wir alle miteinander bauen und arbeiten wollen. Es soll kein Umbau alter Verhältnisse sein, sondern ein wirklicher Neubau, errichtet nach meiner Überzeugung auf der Grundlage der Selbstverwaltung, von unten angefangen mit einem entsprechenden Maß von Verantwortung der Länder und dann auf dieser Basis getragen durch das, was uns gemeinsam innerhalb des deutschen Bundesstaates zu einer Einheit vereinigen muß. Und da sage ich heute wie gestern: Diese Einheit Deutschlands ist für uns so notwendig wie das tägliche Brot, (Sehr richtig!) denn ohne diese Einheit gehen wir zugrunde und können uns nicht mehr aufrichten, und deswegen unterstützen wir vom Parlamentarischen Rat aus die Worte des Herrn Ministerpräsidenten. Ich will dem nichts hinzufügen und nicht abschweifen, aber eines möchte ich sagen, was für uns wichtig ist, wir sind immer dann gehalten, neue Staatsformen auszubilden, wenn wir in außerordentlich großer Not sind. (Sehr richtig!)

Und diesmal ist die Not noch größer, unvergleichlich größer, als es 1918 der Fall gewesen ist. Wir haben einen Zustand vor uns, der kaum zu überwinden ist, und die Schwierigkeiten, die erst noch kommen werden, dürften noch größer sein als diejenigen, die wir schon durchstehen mußten. Wir werden noch mehr zusammenhalten müssen, als das bisher der Fall ist, aber wenn wir unsererseits auch bereit sind, eine neue vertrauensvolle Grundlage für die Zusammenarbeit mit den übrigen Völkern der Erde zu legen, so können wir diese vertrauensvolle Zusammenarbeit nur zu einem guten Ende führen, wenn uns auch die Besatzungsmacht und die gesamte Welt die Möglichkeit gibt, unseren guten Willen wirklich zu beweisen. (Sehr richtig!)

Ich will hier ein praktisches Beispiel anführen: Wir haben das junge Pflänzchen der Demokratie in den Boden gesenkt. Wenn man diesem jungen Pflänzchen nicht die Pflege gibt, die es zum Leben braucht, wird es zugrunde gehen. Es wird die gemeinsame Aufgabe des vertrauensvollen Zusammenarbeitens zwischen uns und der Welt erst ermöglichen, wenn dieses Pflänzchen Wurzel schlagen kann dadurch, daß der Boden bereitet wird, auf dem die neue deutsche Demokratie fernab von den Fehlern und Verirrungen vergangener Zeiten sich zu einem grünen Band und später vielleicht zu einem

---

[13] Zu den bayerischen Bedenken gegen die Parität der Stimmen der einzelnen Länder vgl. Dok. Nr. 7, TOP 3 sowie Dok.Nr. 10 A, TOP 5.

Länderrat US-Zone 10./11. 3. 1947 Nr. 10 B

achtunggebietenden Baum entwickeln kann. Das ist die große Aufgabe, die wir vor uns sehen. Eine sehr schwierige Aufgabe, und, meine verehrten Herren, ich fordere Sie auf, daß wir miteinander unsere ganze Tatkraft und unseren ganzen Mut dareinsetzen, um unser notleidendes deutsches Volk, soweit es durch unsere Mitwirkung möglich ist, zu unterstützen und den Boden zu bereiten, damit wir einen neuen staatlichen Bau bekommen, der den wirklichen Bedürfnissen Deutschlands und der ganzen Welt entspricht. (Lebhafter Beifall und Händeklatschen.)

[*Ehard* dankt]

4. § 15 a des LR-Statuts, Parlamentarischer Rat

[*Ehard:*] Hier liegt vor der Entwurf zur Änderung des Statuts für den Länderrat des amerikanischen Besatzungsgebietes, und zwar in der Form des Entwurfs eines § 15 a zu dem Statut.[14] [...] Man hat aber in Bayern von Seiten des Landtages gewünscht, einen gewissen Vorbehalt zu machen für den Fall, daß eine Änderung in der Konstruktion und in der Tätigkeit vorgenommen werden sollte. Dieser Vorbehalt ist nicht etwa aus einem gewissen Eigensinn heraus gemacht, sondern in dem Bestreben, einer künftigen Konstruktion dieses Bundesstaates keinesfalls durch irgendein Mehrheitsverhältnis vorzugreifen. Dieser Vorbehalt ist einfach zu Protokoll zu nehmen. Es heißt nur, daß in § 15 a die vorgesehene Zusammensetzung des Parlamentarischen Rats beim Länderrat die Zustimmung Bayerns findet mit dem Vorbehalt, daß infolge Änderung des Aufgabengebiets des Parlamentarischen Rats und im Falle seines Zusammenschlusses, bzw. einer engeren Zusammenarbeit mit ähnlichen Körperschaften der britischen Zone eine Revidierung der zahlenmäßigen Zusammensetzung stattzufinden hat.[15] Wünscht einer der Herren dazu noch einmal das Wort zu ergreifen? Wenn nicht, dann darf ich annehmen, daß der vorliegende Entwurf des § 15 a *angenommen* ist.

Fisch: Ich habe zur Eröffnung des Parlamentarischen Rats folgende Erklärung abzugeben:

Im Namen der beiden kommunistischen Abgeordneten, nachdem ich meiner Auffassung bereits in der gestrigen konstituierenden Sitzung des Rats Ausdruck gegeben habe,[16] habe ich folgendes zu erklären:

1. Wir halten den Parlamentarischen Rat für eine Fehlkonstruktion, die nicht geeignet ist, die Autorität der in der US-Zone entstandenen Volksvertretungen zu stärken und die Entwicklung der Demokratie sowie die Verwirklichung der Verfassungen im allgemeinen zu fördern.

2. Der sogenannte „Parlamentarische Rat", der weder nach seiner Zusammensetzung – es fehlt in ihm z. B. die bayrische KPD – noch nach seinem Statut ein parlamentarisches Organ ist, stützt die Tendenz, den Länderrat immer mehr zu einem gesetzgebenden Or-

---

[14] Abdr. in: Dok.Nr. 10 A, Anm 12.

[15] Die 24 Mitglieder des Parl. Rates waren Horlacher (CSU), Hundhammer (CSU), Müller (CSU), Hagen (SPD), Stock (SPD), Dehler (SPD), Loritz (WAV) (Bayern); Köhler (CDU), Stieler (CDU), Witte (SPD), Apel (SPD), Arnoul (SPD), Fisch (KPD), Stetefeld (LPD) (Hessen); Heurich (CDU), Andre (CDU), Bausch (CDU), Keil (SPD), Möller (SPD), Haußmann (DVP), Buchmann (KPD) (Württemberg-Baden); Böhm (SPD), Vogelsang (SPD), Schulze (BDV) (Bremen). Für jedes Mitglied wurde ein Stellvertreter benannt.

[16] Die Ausführungen des Abg. Fisch (KPD) in der konstituierenden Sitzung des Parl. Rates vom 10. 3. 1947 in: Z 1/197, Bl. 10–24.

gan zu machen, eine Tendenz, die wir ablehnen, weil der Länderrat keiner demokratisch gewählten Volksvertretung untersteht.

3. Die Schaffung des Parlamentarischen Rats muß in Verbindung mit bestimmten Vorschlägen der Militärregierung gesehen werden, die darauf hinausgehen, das Gesetzgebungsrecht der Landtage einzuschränken und dafür die gesetzgeberische Tätigkeit solcher zentraler Amtsstellen, wie der bizonalen Verwaltung und des Länderrats zu verstärken. Die KPD wird dem Bestreben bestimmter deutscher reaktionärer Kreise, diesen Umstand zu weitgehender Ausschaltung der gewählten Parlamente auszunützen, aufs entschiedenste entgegentreten.

4. Der gesetzgeberische Vorteil bürokratischer Zentralämter unter Umgehung der Landtage widerspricht Art. 152[17] der hessischen und Art. 106 der württ.-badischen Verfassung[18] und ist darum rechtswidrig.

5. Die nicht erfolgte Abgrenzung der gesetzgeberischen Kompetenzen zwischen Landtagen und Zentralämtern fördert die Verwirrung und die Neigung zur Anwendung bürokratischer Willkür.

6. Statt sich mit dem Aufbau eines zonalen Scheinparlaments zu beschäftigen, das durch seine inneren Widersprüche zur Arbeitsunfähigkeit verurteilt ist, wäre es insbesondere im Hinblick auf die soeben eröffnete Moskauer Konferenz und die schwierige Lage Deutschlands erforderlich, alle Kräfte auf die baldige Schaffung zentraler Verwaltungsorgane für ganz Deutschland zu konzentrieren, der ersten Stufe zu einer vom gesamten deutschen Volke getragenen parlamentarischen Regierung. In der Übergangszeit, die nach unseren Wünschen so kurz wie möglich sein sollte, würden in der US-Zone solche zentralen Organe, die die Gesetzgebung der Länderparlamente lediglich koordinieren, vollauf genügen und sollten nur durch beratende Organe der Parteien ergänzt werden.

7. Die KPD wird sich trotz der angeführten ernsthaften Kritik an den Arbeiten des Parlamentarischen Rats beteiligen, um auch in dieser Körperschaft konsequent für die Rechte der gewählten Volksvertretungen einzutreten.[19]

[*Ehard:*] Wir nehmen diese Erklärung nicht als eine Erklärung irgendeines Landes, sondern als Erklärung von zwei Abgeordneten entgegen. Eine Diskussion darüber würde ich nicht empfehlen. Ich darf nur grundsätzlich das eine bemerken: Es ist schließlich ein demokratischer Grundsatz, auch abweichende Meinungen zu hören. Ich darf Sie einladen, in der Fortsetzung der Tagesordnung weiterzufahren.

---

[17] Artikel 152 der hessischen Verfassung vom 11. 12. 1946 lautete: „Bis zur Bildung einer gesetzgebenden Körperschaft für die deutsche Republik kann die Regierung mit anderen deutschen Regierungen vereinbaren, daß für bestimmte Teile des Rechts eine einheitliche Gesetzgebung geschaffen wird, die der endgültigen gesamtdeutschen Einheit kein Hindernis bereiten darf.
Solche Vereinbarungen bedürfen der Zustimmung des Landtages. Sie müssen vorsehen, daß die gesetzgebende Gewalt auf ein Organ übertragen wird, das mittelbar oder unmittelbar aus demokratischen Wahlen hervorgegangen ist. Gesetze, die von diesen Organen beschlossen werden, binden das Land Hessen nur, wenn sie dieser Verfassung nicht zuwiderlaufen." (Wegener, Neue deutsche Verfassungen, S. 168)

[18] Wortlaut des Artikels 106 der Württemberg-Badischen Verfassung vgl. Dok.Nr. 3, Anm. 9.

[19] Vgl. hierzu die Bemerkung von A. F. Pabsch (RGCO) in seinem Bericht über die 2. Sitzung des Parl. Rates (NA RG 260 OMGUS, 34–1/11, folder Parl. Council): "Members of the Communist Party, in particular the Hesse delegate, Mr. Fisch, constitute a minority. Their recommendations and proposals are usually outvoted immediately. This is partly due to the extremely agressive behavior shown by Mr. Fisch. It must be pointed out, however, that the Communist representatives are well informed on the matters discussed in the meetings, and never fail to offer comments, whereas most of the other members of the PAC appear to read the agenda only when entering the meeting room."

Horlacher: Ich hätte nur gebeten, hier festzustellen, damit in der Öffentlichkeit nicht ein falscher Eindruck entsteht, daß diesem Statut § 15 a die Länder Bayern, Württemberg-Baden, Hessen und Bremen ihre Zustimmung erteilt haben, und daß die Landesgruppen des Parlamentarischen Rats von Württemberg-Baden, Bayern, Hessen und Bremen ebenfalls diese Zustimmung erteilt haben. (Zuruf: Hessen nicht einstimmig!)

Darauf kommt es nicht an, denn es heißt in dem Statut, daß die Landesstimmen einheitlich abgegeben werden. Wie die Landesstimmen in sich aussehen, ist eine besondere Frage. Die kommt zum Zuge, wenn eine oder mehrere Einzelpersonen im Parlamentarischen Rat selber eine Erklärung abgeben, die mit der Haltung der Landesgruppe nichts zu tun hat. Ich muß das noch näher ausführen, denn die Verhältnisse liegen so, daß der Parlamentarische Rat so konstruiert ist, wie es im Länderrat auch der Fall ist. Unsere Konstruktionen sind die Koordinierung und die Einstimmigkeit. Diese Koordinierung muß auch im Parlamentarischen Rat hergestellt werden und deswegen ist es vollständig richtig, daß jedes Land seine Stimme abgibt, daß die Ministerpräsidenten der einzelnen Länder ihre Stimmen abgeben. Das ist maßgebend für das Funktionieren des Parlamentarischen Rats, d. h. mit anderen Worten, er soll nicht nach parteipolitischem Querschnitt urteilen, sondern nach der Stellungnahme, die sich aus den Parlamentsverhältnissen des einzelnen Landes ergibt. Und das ist auch ein gesunder Aufbau, der dem Aufbau des Länderrats als solchem entspricht. Wir sind in Wirklichkeit kein eigenes selbständiges Organ, kein Zonenparlament, sondern wir sind ein Glied innerhalb des Länderrats und geben hier unsere Meinung zu den Gesetzentwürfen und der Rechtsverordnung des Länderrats ab. Also ich glaube das klarzustellen war notwendig, damit in der Presse und Öffentlichkeit kein falscher Eindruck ensteht.

[5. Bildung eines Sonderfonds für Wiedergutmachung[20]]

Ehard: [...] Es handelt sich um folgendes: Das Direktorium hat in seiner Sitzung am 9. 7. 1946 dem damals vorgelegten Entwurf eines Gesetzes über die Bildung eines Sonderfonds zum Zwecke der Wiedergutmachung zugestimmt.[21] Die Militärregierung hat laut Bescheid des Coordinating Office vom 7. 10. 1946 dieses Gesetz genehmigt, aber verschiedene Änderungen oder notwendige Ergänzungen gewünscht, weil diese den Rahmen einer Ausführungsvorschrift überschreiten.[22] Nun hat man sich entschlossen, das Gesetz neu zu fassen und die Vorschriften, die materiell neu sind, in die neue Fassung einzuarbeiten. Es handelt sich bei diesen Neuerungen vor allen Dingen um folgende Dinge: Einmal ist dies eine vorläufige Regelung, ausgedehnt auf die Hinterblie-

---

[20] Entwurf in: Z 1/155, Bl. 149–152, Materialien Z 1/1290, Abdr. LRGS, S. 77–78. Der Sonderfond für Wiedergutmachung sollte aus dem Ertrag der Verwaltung und Veräußerung von Vermögenswerten, die nach dem Gesetz zur Befreiung von Nationalsozialismus und Militarismus vom 5. 3. 1946 eingezogen worden waren und sonstigen Mitteln gebildet werden, um Personen, die durch das NS-Regime Schaden erlitten hatten und sich in Not befanden, vorläufig helfen zu können, bis die Entschädigung durch ein Wiedergutmachungsgesetz geregelt werden würde. Das Gesetz ist im Zusammenhang mit dem Rückerstattungsgesetz (vgl. TOP 14) zu sehen.

[21] Prot. der Sitzung des Direktoriums vom 9. 7. 1946 in: Z 1/150.

[22] RGCO an den LR vom 7. 10. 1946 in: Z 1/1290, Bl. 151–152. Die wichtigsten Änderungsvorschläge waren: 1. Definitionen einzuführen für die im Gesetz verwandten Begriffe „Personen in wirtschaftlichen Notlagen", „Unter der nationalsozialistischen Gewaltherrschaft erlittene Schäden" und „Notstände"; 2. die Leistungen nach dem Gesetz sollten für die Empfänger steuerfrei sein; 3. in jedem Land der US-Zone sollte Vorsorge getroffen werden, daß die zu errichtenden Fonds auch angemessen groß werden würden.

benen, was bisher nicht der Fall war. Dann ist vorgesehen, daß diese Leistungen auf Grund dieses Gesetzes einkommen- und lohnsteuerfrei sind. Dazu ist von Seiten der Finanzministerien geäußert worden, daß es nicht ganz unbedenklich sei, hier eine solche ausdrückliche Einkommens- und Lohnsteuerfreiheit festzulegen, weil man Konsequenzen befürchtet. Immerhin, es ist ein Wunsch der Militärregierung und nachdem es sich um eine Wiedergutmachung handelt, auch um eine vorläufige Regelung, glaube ich nicht, daß man hiergegen eine Erinnerung erheben sollte. Was im übrigen noch dazu gekommen ist, ist eigentlich mehr eine Ausführungsvorschrift. Es handelt sich vor allen Dingen um eine nähere Erläuterung gewisser Begriffe, z. B.: Was sind Personen in wirtschaftlicher Notlage. Was heißt „unter der nationalsozialistischen Gewaltherrschaft erlittene Schäden" und dergleichen mehr.

Diesem Gesetz hat das Direktorium in seiner Sitzung vom 20. Februar zugestimmt und die verfassungsmäßige Behandlung im Länderrat vorbehalten.[23] Soviel ich unterrichtet bin, hat auch der Parlamentarische Rat zu diesem Gesetz schon Stellung genommen und ich glaube annehmen zu dürfen, daß er dem Gesetzentwurf zugestimmt hat.

Horlacher: Die Lage ist so: Der Länderrat muß dieses Gesetz erlassen und der Parlamentarische Rat kann diesem dann die Zustimmung geben.[24]

[...]

[*Beschluß:*] Der Länderrat hält es für angezeigt, das Gesetz einheitlich für die Länder der Zone zu erlassen. Er stimmt dem Entwurf in der vorliegenden Fassung zu und empfiehlt den Ländern, die verfassungsmäßige Beschlußfassung der Landtage darüber herbeizuführen.[25] [...]

[6. Verordnung zur Durchführung des Wohnungsgesetzes]

[*Ehard:*] Dabei handelt es sich um eine Durchführungsverordnung zum Kontrollratsgesetz Nr. 18, das Wohnungsgesetz vom 8. März 1946.[26] Diesem Entwurf hat das Direk-

---

[23] Prot. der internen Sitzung des Direktoriums vom 20. 2. 1947 in: Z 1/20, Bl. 150–154. Vorberatungen hatten stattgefunden im Sonderausschuß Eigentumskontrolle am 17./18. 12. 1946 und 20. 1. 1947 mit Vertretern von OMGUS Berlin und vom RGCO (Prot. in: Z 1/1290).

[24] Prot. des Parl. Rates vom 10. 3. 1947 in: Z 1/197, hier Bl. 53–54.

[25] Die Weiterleitung an die Landtage erfolgte trotz dieses Beschlusses nicht. In einer Besprechung mit Vertretern des RGCO vom 12. 3. 1947 wurde Roßmann bedeutet, die Wiedergutmachung sei eine Frage, die die grundsätzliche Politik der MilReg. berühre. Sie falle somit unter die zonale Gesetzgebung und gehöre nicht vor die Landtage (Winning an Roßmann 12. 3. 1947, Z 1/1290, Bl. 97).
Weitere Abänderungsvorschläge kamen inzwischen von Württemberg-Baden. Sie richteten sich vor allem gegen den Leitgedanken des Gesetzes, wonach jeder in dem Lande entschädigt werden solle, wo das gegen ihn begangene Unrecht begangen worden war. Angesichts der Verkehrsverhältnisse und der Binnenwanderung der Bevölkerung sei dieser Grundsatz in der Praxis kaum aufrecht zu erhalten. Diese Vorschläge wurden in der Sitzung des Direktoriums vom 10. 4. 1946 zwar vorbehaltlich der Zustimmung der MinPräs. gebilligt, Bayern erhob jedoch aus Furcht vor zu hohen finanziellen Folgelasten Einspruch (Z 1/1290, Bl. 84), über den auf der Direktoriumssitzung vom 24. 4. 1947 und in der internen LR-Sitzung vom 5./6. 5. 1947 entschieden wurde. Die Angelegenheit solle ruhen bis zur Stellungnahme der MilReg. zum eingereichten Entwurf (ebenda, Bl. 74–75).
Die MilReg. genehmigte das Gesetz unter dem 23. 5. 1947 und ermächtigte die MinPräs., es gemäß Prokl. Nr. 4 ohne Vorlage bei den Landtagen zu erlassen (Z 1/1290, Bl. 69). Die Änderungsanträge Württemberg-Badens wurden nicht weiter berücksichtigt.

[26] Das Kontrollratsgesetz Nr. 18 (Amtsbl. brit. MilReg., Nr. 8, S. 162) regelte die Wohnraumbewirtschaftung. Entwurf der VO in: Z 1/182, Bl. 172–176, Materialien Z 1/1202, Abdr. LRGS, S. 130–132.

torium in seiner Sitzung vom 20. 2. 1947 zugestimmt[27] und dem Länderrat die Annahme der Verordnung unter dem Vorbehalt der Annahme durch die Landtage empfohlen. Auch mit dieser Verordnung hat sich der Parlamentarische Rat schon befaßt[28] und seinerseits so viel mitgeteilt...
Horlacher: Darf ich dazu bemerken: der Parlamentarische Rat hat sich mit dieser Verordnung zur Durchführung des Wohnungsgesetzes beschäftigt und wünscht hier, daß den Landesregierungen dieser Verordnungsentwurf zugeleitet wird. Wir haben gestern ausdrücklich davon gesprochen, wir wollen uns bei den Landtagen für möglichst rasche Behandlung in den zuständigen Ausschüssen einsetzen. Wenn die zuständigen Ausschüsse der Landtage zu diesem Verordnungsentwurf Stellung genommen haben, werden auch wir im Parlamentarischen Rat versuchen, eine einheitliche Stellungnahme zu erzielen. Dagegen war der Standpunkt bezüglich des Sonderfonds zum Zwecke der Wiedergutmachung ein anderer. Wir haben gedacht, daß der Entwurf vom Länderrat vielleicht verabschiedet werden könnte, aber wir möchten dem nicht vorgreifen, daß die Landtage damit beschäftigt werden können. Unsere Stellungnahme ist allein die, daß wir uns als Landesgruppe des Parlamentarischen Rats geschlossen dafür einsetzen, daß der Entwurf ohne besonderen Widerspruch vom Landtag angenommen wird.
[*Ehard:*] Ich meine, der einfachste Weg wäre folgender, daß man auch hier die Beschlußfassung durch den Landtag vorbehält. Diese Durchführungsverordnung zum Wohnungsgesetz ebenso wie der Gesetzentwurf über die Erfassung von Hausrat sind bereits in der Tagung des Länderrats vom 3. 12. 1946 verhandelt und damals auch angenommen worden.[29] Es war aber damals nicht möglich, eine Zustimmung der Länder Hessen und Württemberg-Baden endgültig auszusprechen deshalb, weil dort die Verfassungen schon in Kraft gewesen sind und die beiden Ministerpräsidenten sich nicht für befugt gehalten haben, eine endgültige Beschlußfassung vorzunehmen. In Bayern ist die Situation insofern anders, als damals die Verfassung noch nicht in Kraft war. Der Ministerrat in Bayern hat sich am 4. 12., also am nächsten Tage noch mit diesen beiden Sachen befaßt, und der Ministerpräsident hat diese Verordnung ebenso wie den Gesetzentwurf über die Erfassung von Hausrat unterzeichnet, weil damals von der bayrischen Militärregierung sehr stark darauf gedrängt worden ist. Die beiden Entwürfe sind dann sofort der Militärregierung in Bayern vorgelegt worden, so daß also, wenn die Genehmigung von Seiten der bayrischen Militärregierung kommt, diese beiden Entwürfe an sich sofort veröffentlicht werden könnten, denn sie sind in Bayern ordnungsgemäß zustandegekommen, unterzeichnet und genehmigt. In den beiden anderen Ländern nicht. [...]
Der Länderrat sagt auch hier: Er hält es für angezeigt, diese Verordnung, bzw. dieses Gesetz einheitlich für die Zone zu erlassen. Dem Gesetzentwurf an sich kann zugestimmt werden. Mit diesem Vorbehalt, für Bayern unter dem Vorbehalt, wenn die Militärregierung nicht etwas anderes vorschlägt, können wir unsere Zustimmung geben.
Horlacher: Wir kommen künftig in Schwierigkeiten, und da[s] ist unsere Meinung, wir müssen den Mut haben, um so viel Verantwortung zu übernehmen, wie wir wahrscheinlich ordnungsgemäß tragen können. Wir tun uns außerordentlich schwer, wenn wir ei-

---

[27] Prot. in: Z 1/155, Bl. 144–148.
[28] Ebenda, Bl. 50–53.
[29] Vgl. Akten zur Vorgeschichte 1, S. 1108. Die Gesetzentwürfe wurden auf der Sitzung vom 3. 12. 1946 zurückgestellt zur Nachprüfung durch die Landtage.

nen Gesetzentwurf durchbringen wollen, ohne daß Änderungen mehr vorgenommen werden können. Das ist für uns eine unmögliche Lage, das bringt der stärkste Mann in Einzelaktionen nicht fertig, denn es gibt nicht bloß Unterschiede unter den Parteien, sondern auch unter den Fraktionen und besonders bei der traditionslosen Demokratie, wie wir sie heute haben. Wir müssen eine neue deutsche demokratische Gemeinschaft erst wieder herstellen, besonders auf dem Gebiete der Tradition. Wir haben zum Ausdruck gebracht, der Länderrat sollte den Landtagen diesen Entwurf zuleiten und wir setzen uns dafür ein, daß er so rasch wie möglich im zuständigen Ausschuß des Landtages zur Beratung gelangt. Wir wollen ihn nicht sofort ans Plenum bringen, weil sonst die Verhältnisse in den einzelnen Ländern unterschiedlich werden und wir dann kein Zonengesetz zustande bringen, sondern wir wollen, wenn man über den Landtag dazu Stellung genommen hat, hier im Länderrat sagen: Wir 24 im Parlamentarischen Rat werden uns bemühen, eine einheitliche Stellungnahme hereinzubringen genau so, wie es die Herren Ministerpräsidenten tun. Haben wir diese einheitliche Stellung auf Grund der Vorbereitungen in den Landtagsausschüssen, dann setzen wir uns für die unveränderte Verabschiedung eines Gesetzes ein. Das können wir dann auch, weil wir gute Gründe haben [...]

[*Ehard:*] Ich habe das Vertrauen, daß der Landtag gar keine Schwierigkeiten machen wird. Es wäre vielleicht der Weg gangbar, daß wir der vorgeschlagenen Beschlußfassung beifügen, daß der Parlamentarische Rat diesen Entwürfen zugestimmt hat. (Rufe: Nein.)

Hat er nicht zugestimmt?

Horlacher: Der Beschluß lautet: Der Parlamentarische Rat schlägt vor, die Durchführungsverordnung zum Wohnungsgesetz den Landesregierungen zu überweisen zur sofortigen Vorlage in den Landtagen und dann wollen wir so prozedieren, wie ich vorhin ausgeführt habe.

Maier: Wir müssen uns noch sehr viel mit Formalien befassen; das wird mit jeder Länderratstagung besser werden, weil sich die Dinge nach und nach vereinfachen. Ich möchte nur sagen, für uns ist in Württemberg-Baden die Sachlage wie in Bayern nicht vorhanden, weil bei der Länderratstagung vom 3. 12. 1946 die württembergisch-badische Verfassung schon in Kraft war, so daß bei uns an und für sich der normale Gesetzgebungsweg vorgeschrieben ist. Wir haben damals im Kabinett diese beiden Gesetze beraten. Das Innenministerium wurde durch Kabinettsbeschluß veranlaßt, die nachgeordneten Behörden anzuweisen, im Hinblick darauf, daß diese Gesetzgebung bevorstehe, nach diesen beiden Gesetzentwürfen vorläufig als Richtlinien zu verfahren.

Stock: [spricht sich dafür aus, das Gesetz direkt an die Landtage zu überweisen]

[*Ehard:*] Ich würde es auch für zweckmäßig halten, die Aussprache im Länderrat über die Verordnung einheitlich zu gestalten, den Entwurf in dieser Form anzunehmen und die Beschlußfassung des Landtages darüber herbeizuführen. Ergibt sich bei den Ausschußberatungen irgend eine wesentliche Differenz, dann wäre immerhin die Möglichkeit gegeben, daß sich der Parlamentarische Rat und der Länderrat mit der Sache noch befaßt. Ich kann mir aber nicht vorstellen, daß so wesentliche Differenzen bestehen, meine Herrn, wenn ein Gesetz uniform für eine Zone oder für die Zonen erlassen werden soll, hat die Militärregierung schon Mittel und Wege, das durchzusetzen, wenn es sich darum handelt, nach grundsätzlicher Übereinstimmung zu beschließen und nur kleine Variationen in der Ausführung zu machen. Meine Herren, das kann nicht hindern, das Gesetz in den Landtagen trotzdem zu behandeln und diese kleinen Länderverschiedenheiten in Kauf zu nehmen. Ich glaube, wir können in dem Falle gleich von vorneherein die Überweisung an den Landtag probieren. Ergeben sich dort Schwierigkeiten, dann kann man immer noch eine Beratung im Länderrat oder Parlamentarischen Rat dazwischenschalten. Man soll doch den Weg vereinfachen, wenn es sich nicht von selbst durch die Umstände kompliziert. Darum würde ich formal vorschlagen, daß der Länderrat diesen beiden Entwürfen in der vorliegenden Fassung zustimmt mit der Hinzufügung, die verfassungsmäßige Beschlußfassung durch die Landtage darüber herbeizuführen. Dann ist immer noch der Weg möglich, den der Herr Vorsitzende des Parlamentarischen Rats vorgeschlagen hat.

Horlacher: Ich widerspreche dieser Auffassung nicht, nur bitte ich, die Verordnung zur Durchführung des Wohnungsgesetzes und den Entwurf eines Gesetzes über die Erfassung von Hausrat jetzt nicht miteinander zu verbinden. (Sehr richtig!)
[...]
[*Ehard:*] Zunächst gilt also unsere Stellung[nahme] der Verordnung zur Durchführung des Wohnungsgesetzes.[30] In Bezug auf die formelle Behandlung würde ich dieselbe vorschlagen, wie sie das Länderratsdirektorium zu dem Gesetz über die Erfassung von Hausrat hinausgegeben hat. Eine andere Sache ist es, wie sich der Parlamentarische Rat dazu stellt.

[**7. Gesetz über die Erfassung von Hausrat**]

Horlacher: Mit dem Entwurf eines Gesetzes über die Erfassung von Hausrat[31] hat sich der Parlamentarische Rat sehr eingehend beschäftigt[32] und es hat sich gezeigt, daß sehr große Meinungsverschiedenheiten bestehen. Einig sind sich die Herren insofern, daß gewisse Vorschriften erlassen werden müssen gegen böswillige Mitbürger und Mitbürgerinnen. Wir waren uns auch weiterhin darüber einig, daß die Notwendigkeit zum Erlaß eines Länderratsgesetzes nicht vorliegt. Ich sehe auch die Gründe nicht ein, warum ein Zonengesetz erlassen werden soll. Die Unterschiede sind je nach der Unterbringungsmöglichkeit für Flüchtlinge usw. schon im Aufbau der Bevölkerung nach Landwirtschaft, Industrie und Gewerbe in den einzelnen Ländern durchaus verschieden. Auch die Aufbauordnung nach reichen Leuten und weniger reichen ist in den einzelnen Ländern durchaus verschieden, so daß hier das Bedürfnis bestehen kann, diesen besonderen Verhältnissen Rechnung zu tragen. Wir haben uns drauf geeinigt, daß die Vorlage über die Erfassung von Hausrat der Landesregierung zugeleitet werden soll und

---

[30] Die DVO zum Wohnungsgesetz gelangte nicht in die Landtage, da die MilReg. unter dem 31. 5. 1947 verfügte (RGCO an den LR, Z 1/1204), die VO solle auf Grund der Befugnisse, die sich die MilReg. gemäß Prokl. Nr. 4 vorbehalten habe, von den MinPräs. ohne Hinzuziehung der Landtage erlassen werden. Als Grund für dieses Verfahren wurde die Eilbedürftigkeit genannt, da es sich um die Durchführung eines Kontrollratsgesetzes handele.

[31] Gesetzentwurf, Fassung vom 2. 12. 1946, in: Z 1/155, Bl. 158–161, Fassung vom 20. 2. 1947 in: Z 1/182, Bl. 177–178. Materialien in: Z 1/1202, 1264. Abdr. LRGS, S. 436–443. Der Gesetzentwurf setzte fest, unter welchen Bedingungen Personen, denen Wohnraum nach dem Wohnraumgesetz zugewiesen wurde, befristet aus dem Besitz der Vermieter Hausrat zur Verfügung zu stellen war.

[32] Prot. vom 10. 3. 1947 in: Z 1/197, hier Bl. 46–50. Mehrere Redner bezeichneten das Gesetz als „absolut undurchführbar" und „unannehmbar" und wiesen daraufhin, daß die heimische Möbelindustrie in Hessen und Württemberg-Baden durch Aufträge der Besatzungsmacht blockiert werde. Roßmann versuchte zu beschwichtigen: „Das Gesetz ist herausgewachsen aus den großen Schwierigkeiten der Wohnungsbehörden. [...] Seien wir uns darüber klar, daß in weitesten Kreisen unseres Volkes eine Hartherzigkeit und ein Egoismus Platz gegriffen hat, denen gegenüber man auch mit scharfen Mitteln durchgreifen muß."

daß dieser Gesetzentwurf gewissermaßen der Landesregierung als Richtlinie dienen soll. Die Landesregierung soll also die Möglichkeit haben, den Entwurf eines solchen beim Länderrat zustandegekommenen Gesetzes dem Landtag zur Beratung zuzuleiten, und der Landtag von sich aus soll dazu Stellung nehmen, was für die einzelnen Länder für besondere Gesetze erlassen werden sollen. (Zustimmung)
Maier: Wir gingen bisher auch davon aus, daß in Württemberg-Baden ein Hausratsgesetz kein Zonengesetz sein soll, sondern daß es vielmehr wünschenswert ist, im wesentlichen übereinzustimmen, daß aber kein Interesse vorliegt, daß hier eine wirkliche zonale Regelung stattfindet.
Kaisen: [...] Wir schließen uns den Wünschen an, die ein solches Gesetz für zweckmäßig halten.
[*Ehard:*] Dann würde ich vorschlagen, wir nehmen den Standpunkt ein, daß der Länderrat es für wünschenswert hält, wenn eine einheitliche Regelung für die Zonen angestrebt wird, daß es aber nicht notwendig erscheint, ein für alle Zonen gleichheitliches Gesetz zu erlassen und daß es der Landesregierung überlassen wird, dem Landtag eine entsprechende Vorlage zu unterbreiten.[33] Sind die Herren in diesem Sinne einverstanden? (Zurufe: Jawohl.)
Es ist beschlossen.

[...]

[8. Verordnung über die Registrierung von Buchhandels- und ähnlichen Betrieben[34]]
[...]

[9. Ausführungsbestimmungen zur Verordnung zur Regelung der Papierzuweisung an Buch- und Zeitschriftenverlage[35]]
[Mit Rücksicht auf die Ausführungen von General Clay[36] werden TOP 8 und 9 von der TO abgesetzt]

[10. Freilassung von Kriegsgefangenen]
[*Ehard:*] Antrag der bayerischen Staatsregierung[37] mit folgendem Wortlaut:
„Der Länderrat bittet die amerikanische Militärregierung, bei den Regierungen Albaniens, Jugoslawiens, Polens, der Sowjet-Union und der Tschechoslowakei Schritte zu Gunsten der Freilassung der deutschen Kriegsgefangenen zu unternehmen. In Anbetracht der besonderen Verhältnisse, die bezüglich der in Gewahrsam der vorgenannten Regierungen befindlichen Kriegsgefangenen herrschen, würde der Länderrat es jedoch auch sehr begrüßen, wenn Vorstellungen dahingehend erhoben werden könnten, daß Zahl und Namen der Kriegsgefangenen bekanntgegeben werden und daß ein regelmäßiger Post- und Paketverkehr mit ihnen möglich wird."

---

[33] Entsprechende Landesgesetze wurden nur von Bremen (25. 2. 1947) und Hessen (1. 8. 1947) erlassen.
[34] Entwurf in: Z 1/182, Bl. 179.
[35] Entwurf in: Z 1/182, Bl. 180.
[36] Vgl. die Ansprache von Gen. Clay vom gleichen Tag, Dok. Nr. 10 B I.
[37] Der Antrag (Z 1/155, Bl. 160–161) war auf der 24. Sitzung des Direktoriums leicht umformuliert worden (Auszug aus dem Prot. in: B 150/340). Die dem Antrag folgenden Ausführungen Ehards beruhen im wesentlichen auf der Begründung (Z 1/155, Bl. 161).

Länderrat US-Zone 10./11. 3. 1947 Nr. 10 B

Dazu ist zur Ergänzung noch folgendes zu sagen: Es ist schon auf der 15. Länderratstagung am 3. 12. 1946[38] ein Antrag gestellt und angenommen worden, an die Militärregierung heranzutreten, daß sie die alliierten Mächte, in deren Gewahrsam sich Kriegsgefangene befinden, ersucht, die deutschen Kriegsgefangenen möglichst bald in ihre Heimat zu entlassen. [...] Wenn wir nun zu Gunsten der anderen Kriegsgefangenen etwas unternehmen wollen, bleibt uns kein anderer Weg, als die Vermittlung der amerikanischen Militärregierung, die ja in dieser Beziehung immer besonders großzügig gewesen ist, in Anspruch zu nehmen und diesen Antrag gutzuheißen. Das Direktorium hat in seiner Sitzung vom 20. 2. 1947[39] beschlossen, dem Länderrat die Annahme dieses Antrages zu empfehlen.

Stock: Ich weiß nicht, warum wir speziell die Länder hier nennen und nicht allgemein von Kriegsgefangenen hier sprechen. Es besteht zwar die Möglichkeit, mit einigen Abteilungen von Kriegsgefangenen in Frankreich in Verbindung zu kommen, aber eine allgemeine Möglichkeit besteht nicht.

Ich möchte das noch einmal ganz deutlich hervorheben, daß in Frankreich große Depots von Kriegsgefangenen nur ganz selten mit ihren Angehörigen in Verbindung treten können. Es ist keine Rede davon, daß wir unsere Kriegsgefangenen ganz allgemein auf französischem Boden mit Lebensmitteln oder Bedarfsgegenständen unterstützen können. Ich würde deshalb nicht sagen, bei den Regierungen Albaniens usw; sondern ganz allgemein die amerikanische Militärregierung bitten, uns zu helfen, daß eine Verbindung mit den Kriegsgefangenen überhaupt ermöglicht wird.

[*Ehard:*] Ich würde nicht empfehlen, das noch mehr auszudehnen, denn erstens ist man an Frankreich auf Grund des ersten Antrags schon herangetreten. Der zweite Antrag bedeutet nur eine Ergänzung, und drittens möchte ich empfehlen, im gegenwärtigen Augenblick, wo die Moskauer Konferenz anläuft und die Frage der Kriegsgefangenen eine besondere Rolle spielt, diese Frage nur gewissermaßen in der Form einer weiteren Ergänzung des ersten Antrags zu behandeln, im übrigen aber die Frage grundsätzlich in dieser Form nicht weiter zu verfolgen. Nach der Erklärung, die wir heute gehört haben, wird man abwarten müssen, was auf der Moskauer Konferenz bezüglich der Kriegsgefangenen in Frankreich geschehen wird, und man sollte diese Verhandlungen nicht in irgendeiner Form stören.

Fisch: Ich möchte mich der Auffassung des hessischen Herrn Ministerpräsidenten anschließen und zwar mit einer sehr deutlichen Begründung. Ich bin absolut dagegen, daß man das Problem der Kriegsgefangenen zu einer Angelegenheit politischer Agitation macht, wie das offensichtlich vielleicht nicht mit Absicht, aber im Ergebnis durch den Antrag der bayerischen Staatsregierung geschieht. Wenn wir einen Wunsch zu äußern haben, der bei allen Mitgliedern besteht und von allen sicherlich geäußert werden muß, daß die Kriegsgefangenen so bald wie möglich nach Hause kommen, so muß dieser Antrag an alle alliierten Regierungen in gleicher Weise gerichtet werden, auch wenn an einzelne Regierungen vielleicht vorher schon entsprechende Gesuche ergangen sind. Zweitens bin ich der Auffassung, daß das außenpolitische...

[*Ehard:*] Darf ich einen Augenblick unterbrechen. Ich möchte vorschlagen, daß wir diesen Punkt von der Tagesordnung *absetzen*. Sind die Herren damit einverstanden, dann ist die Debatte abgebrochen. Ich muß mich dagegen verwahren, daß eine so ernste Fra-

---
[38] Vgl. Akten zur Vorgeschichte 1, S. 1106
[39] Prot. in: Z 1/155, hier Bl. 142–143.

ge, wie die der Kriegsgefangenen als agitatorisch oder etwas ähnliches bezeichnet worden ist.

Horlacher: Der Absetzung von der Tagesordnung stimme auch ich zu, mit Rücksicht darauf, daß der Herr Ministerpräsident die Andeutung gemacht hat, daß heute vormittag in der internen Besprechung[40] diese Frage sehr eingehend behandelt worden ist und zwar nach dem Eindruck, den wir haben, zu Gunsten der Kriegsgefangenen, so daß die Frage schon aus diesen Gründen zurückgestellt werden muß.

[...]

[11. Errichtung einer Leitstelle für die Arbeitslenkung zum Ruhrbergbau]

[*Ehard:*] Die Herren haben die Richtlinien für diese Leitstelle vor sich liegen.[41] Man legt in der britischen wie in der amerikanischen Zone auf Seiten der Besatzungsbehörden besonders Gewicht darauf, daß die Zuführung von Arbeitskräften in das Ruhrgebiet stetig vor sich geht und daß insbesondere die abfließenden Arbeitskräfte in entsprechender Form ersetzt werden. Es ist daran gedacht, in Wiesbaden beim Ministerium für Arbeit eine solche Leitstelle zu errichten und ständige Vertreter der anderen süddeutschen Länder nicht zu bestellen, sondern nur jeweils zu den Sitzungen Vertreter zu entsenden. [Die Richtlinien werden angenommen]

[12. Gesetz zur Ergänzung des Verschollenheitsgesetzes]

[*Ehard:*] Auch dieser Entwurf liegt Ihnen vor.[42] Er ist an sich sehr kurz gefaßt und befaßt sich nur mit einem Punkt in § 4[43], nämlich mit dem Ablauf der Frist, die notwendig ist, um die Todeserklärung aussprechen zu können. Diese Frist soll verlängert werden. Die Gründe dafür sind in einer triftigen Begründung niedergelegt.[44] Es handelt sich darum, daß namentlich in der Ostzone die Nachforschungsmöglichkeiten außerordentlich gering sind.
[Weitere Ausführungen zur Rechtslage]
Der Parlamentarische Rat hat sich, glaube ich, mit diesem Gesetz befaßt und in dieser Form zugestimmt.[45] Ich würde vorschlagen, den Beschluß so zu fassen, wie beim ersten Gesetz, nämlich der Länderrat hält es für angezeigt, das Gesetz einheitlich für die Länder der Zone zu erlassen und stimmt daher dem Entwurf in der vorliegenden Fassung zu. Er empfiehlt den Ländern, die verfassungsmäßige Beschlußnahme der Landtage herbeizuführen. Darf ich dazu die Äußerung der Herren erbitten? (Rufe: Einverstanden.)
Dann darf ich das als Beschluß konstatieren.

---

[40] Vgl. Dok. Nr. 10 C, TOP 3. Der für Kriegsgefangenenfragen zuständige Referent im LR, Bach, vermerkte auf seinem Exemplar des Antrages (B 150/340): „Clay riet ab wegen Moskauer Konferenz."

[41] Richtlinien in: Z 1/182, Bl. 188–189

[42] Entwurf Z 1/182, Bl. 190; Begründung Z 1/155, Bl. 70–71; Materialien Z 1/1244; Abdr. LRGS, S. 7.

[43] Gemeint ist § 4, Abs. 1 des Gesetzes über die Verschollenheit, die Todeserklärung und die Feststellung der Todeszeit vom 4. 7. 1939 (RGBL. I, S. 1186), wonach ein verunglückter oder verschollener Kriegsteilnehmer für tot erklärt werden konnte, wenn seit dem Jahr, in dem der Friede geschlossen oder der Krieg ohne Friedensschluß tatsächlich beendet ist, ein Jahr verstrichen ist.

[44] Z 1/155, Bl. 70–71.

[45] Die Zustimmung erfolgte ohne Aussprache, Prot. vom 10. 3. 1947 in: Z 1/197, hier Bl. 54.

[13. Kulturpolitischer Ausschuß]

[*Ehard:*] Es ist beim Länderrat ein Kulturpolitischer Ausschuß eingerichtet und es wird nun beantragt, die Satzung[46] und folgende Unterausschüsse zu genehmigen, einen solchen für Schulaufbau, einen für Hochschulwesen, einen für Schulbücher und einen für Bibliothekswesen.

An sich sind Kulturfragen typische Fragen, die den Ländern vorbehalten bleiben müssen. Es ist natürlich richtig, daß man sich über gewisse Grundzüge einigt und eine gewisse Angleichung anstrebt. Dazu könnte der Kulturpolitische Ausschuß innerhalb der Zone tätig sein, und er ist es auch bereits geworden. Darüber hinaus aber sollten Unterausschüsse mit bestimmten, von vorneherein abgegrenzten Aufgabengebieten eingerichtet werden. Darüber ist man sich aber keineswegs einig.[47] Im Direktorium haben sich Hessen und Württemberg-Baden mit der Beibehaltung des Kulturpolitischen Ausschusses einverstanden erklärt, haben aber weiter erklärt, daß sie anstelle der Unterausschüsse die Einrichtung von Arbeitsgemeinschaften mit bestimmten Aufgaben vorziehen. Das würde heißen, wenn eine besondere Aufgabe hervortritt, die eine besondere Bearbeitung und Beleuchtung nötig macht, dann können Arbeitsgemeinschaften in zwecksentsprechender Form eingerichtet werden. Bayern hat sich im Direktorium die Stellungnahme vorbehalten. Das bayerische Kabinett hat sich in der Zwischenzeit mit der Sache befaßt und ist dem Standpunkt von Hessen und Württemberg-Baden beigetreten.

Es handelt sich noch darum, die Satzung des Kulturpolitischen Ausschusses zu genehmigen. Hier liegt ein Entwurf ebenfalls vor, mit dem wir uns zu befassen haben.[48] Hier muß ich sagen, daß mir erst gestern noch gewisse Abänderungsvorschläge zugegangen sind. Ich meine, daß wir eine Beschlußfassung über die Satzung heute nicht vorzunehmen brauchen, sondern sie dem Direktorium für seine nächste Sitzung überlassen könnten.[49] Es handelt sich nur darum festzustellen, ob Hessen, Württemberg-Baden und dann auch Bremen mit diesem Inhalt einverstanden sind, was ich jetzt auch für Bayern zusagen kann. (Rufe: Einverstanden)

Ich darf annehmen, daß man sich einig darüber ist, daß der Kulturpolitische Ausschuß in seiner bisherigen Form beim Länderrat beibehalten wird, keine Unterausschüsse

---

[46] Vgl. Anm. 48.
[47] In der Sitzung des Direktoriums vom 30. 1. 1947 verlas StMin. Dr. Kraus eine Grundsatzerklärung, in der nicht nur die Bildung von Unterausschüssen des Kulturpolitischen Ausschuß abgelehnt wurde, sondern sogar seine Auflösung vorgeschlagen wurde. Man solle zur Praxis der Weimarer Zeit zurückkehren und Konferenzen der Kultusminister und der Fachvertreter zur notwendigen Koordinierung der Kulturpolitik organisieren. (BHStA Abt. II MA 130 859, undat. Vermerk von Prof. Glum). Württemberg-Baden und Hessen wollten den Kulturpolitischen Ausschuß zwar nicht auflösen, sie wollten seine Tätigkeit auch nicht durch Unterausschüsse ausweiten und aufwerten. Guradze (RGCO) vertrat die Ansicht, der Ausschuß sei ohne Unterausschüsse sinnlos, und betonte die Bedeutung für die Zusammenarbeit mit der MilReg.
[48] Satzung des Kulturpolitischen Ausschusses, Z 1/155, Bl. 218, Fassung vom 6. 12. 1946, überarbeitete Fassung vom 27. 2. 1947 ebenda, Bl. 133. Die Satzung war in ihrer Fassung vom 6. 12. 1946 nach einem Beschluß der Münchener Kultusministerbesprechung vom 27./28. 9. 1946 von einem Redaktionskomitee unter Vorsitz von Min. Heuss im Beisein von GS Roßmann und Guradze (RGCO) ausgearbeitet worden und mit geringfügigen Änderungen auf der Tagung der Kultusminister vom 6. 12. 1946 genehmigt worden (Z 1/155, Bl. 195, Begründung zum Antrag des Kulturpol. Ausschusses).
[49] Auf der Direktoriumssitzung vom 20. 3. 1947 (Prot. Z 1/155, hier Bl. 3) wurde beschlossen, daß die LR-Bevollmächtigten und GS Roßmann einen neuen Entwurf vorlegen sollten. Dieser wurde auf der Sitzung des Direktoriums vom 27. 3. 1947 nochmals umgearbeitet und vom LR auf seiner Sitzung vom 15. 4. 1947 (vgl. Dok. Nr. 14 A, TOP 1 i) angenommen.(Satzung mit Korrekturen in: Z 1/156, Bl. 275).

eingesetzt werden, daß man aber die Einrichtung von Arbeitsgemeinschaften für bestimmte Aufgaben vorsieht, und daß der Beschluß über die Satzung zunächst einmal dem Direktorium zurückgegeben wird, weil noch einige Änderungen vorgeschlagen werden[...]

[14. Rückerstattungsgesetz]

[*Ehard:*] Meine Herren, der Entwurf liegt Ihnen ja vor.[50] Sie sehen, er ist außerordentlich umfangreich und geht sehr ins Einzelne. Ich kann sagen, es hat viele Monate angestrengter Arbeit und langwieriger Verhandlungen bedurft, bis der Entwurf in dieser Form zustandegekommen ist.[51] Nun handelt es sich darum, was wir zu diesem Entwurf für eine Stellung einnehmen sollen. Das Direktorium hat in seiner Sitzung vom 6. März beschlossen, dem Länderrat die endgültige Stellungnahme zu dem Gesetz zu überlassen, es wird aber empfohlen, auf Grund eines Vorschlages eine besondere Stellungnahme dazu der amerikanischen Militärregierung zu übermitteln.[52] Ich darf zunächst einmal die Bekanntgabe zurückstellen. Zu diesem Rückerstattungsgesetz hat sich nun auch der Parlamentarische Rat geäußert.[53] [...] „Der Parlamentarische Rat erkennt das Gesetz dem Grunde nach an, d. h. er bejaht uneingeschränkt die Notwendigkeit der Wiedergutmachung des den Verfolgten angetanen materiellen Unrechts. Er erachtet jedoch manche wirtschaftlichen und sozialen Auswirkungen des Gesetzes in der vorliegenden Form für bedenklich sowohl für die Rückerstattungsberechtigten und Rückerstattungsverpflichteten und würde es deshalb begrüßen, wenn Möglichkeiten zu Abänderungen eingeräumt würden. Er erachtet es ferner für notwendig, daß das Gesetz auf interzonaler Grundlage durchgeführt wird. Er empfiehlt den Ministerpräsidenten, die Militärregierung zu bitten, diese Erwägungen berücksichtigen zu wollen."

---

[50] Rückerstattungsgesetz, vom Ausschuß für Eigentumskontrolle des LR am 20. 2. 1947 verabschiedeter Entwurf Z 1/182, Bl. 195–249, Vorentwürfe und Materialien Z 1/1291–1293. Eine eingehende Analyse mit Ausführungen über die Vorgeschichte des Entwurfs von RAnw. Küster in: Wirtschaftszeitung vom 4. 7. 1947, S. 11 und 11. 7. 1947, S. 9. Zweck des Gesetzes sollte gemäß § 1 sein, die „Rückerstattung noch feststellbarer Vermögensgegenstände (Sachen, Rechte, Inbegriffe von Sachen und Rechten) an Personen, denen sie in der Zeit vom 30. 1. 1933 – 8. 5. 1945 aus Gründen der Rasse, Religion, Weltanschauung oder politischer Gegnerschaft gegen den Nationalsozialismus entzogen worden sind, in größtmöglichem Umfang" beschleunigt zu bewirken. Es bezog sich demgemäß im überwiegenden Maße auf die Wiedergutmachung gegenüber Juden.

[51] Die vorbereitenden Arbeiten für das Gesetz begannen bereits im Frühsommer 1946; auch einzelne jüdische Interessenvertretungen suchten auf die Gestaltung des Gesetzes Einfluß zu nehmen. Die Hauptarbeit an den Gesetzesentwürfen wurde vom Ausschuß für Eigentumskontrolle beim LR geleistet; dabei beteiligten sich auch intensiv Vertreter des RGCO und vom OMGUS Berlin, die immer wieder auf einen baldigen Abschluß der Arbeiten drängten und auch eigene Entwürfe in die Beratung einbrachten. Ein am 18. 10. 1946 fertig gestellter Entwurf war in Washington abgelehnt worden.

[52] Die Stellungnahme wurde vom Direktorium auf seiner Sitzung vom 27. 2. 1947 beschlossen (Wortlaut in: Z 1/1292, Bl. 81).

[53] Wortlaut der Debatte im Prot. der Sitzung des Parl. Rates vom 10. 3. 1947 (Z 1/197, hier Bl. 39–46). Wenn von den Rednern in der Regel auch eine Wiedergutmachungspflicht grundsätzlich bejaht wurde, so stieß das Gesetz doch überwiegend auf heftige Ablehnung, wobei man sich dessen bewußt war, daß diese aus politischen Gründen und aus Rücksichtnahme gegenüber der MilReg. nicht deutlich ausgesprochen werden konnte. Möller (LR) fürchtete ein Anwachsen des bereits beginnenden Antisemitismus, wenn das Gesetz publiziert werden würde. Nach seiner Auffassung müßten die Bestimmungen wesentlich differenzierter gefaßt werden, und nur die Juden sollten berücksichtigt werden, die beim Verkauf ihres Besitzes unter Zwang gesetzt worden seien, nicht aber die, die „in der ersten Zeit" auswanderten. Allgemein wurde gefordert, daß das Gesetz in allen Zonen gleichlautend erlassen werden müsse, um unterschiedliche Entwicklungen wie sie bei der Entnazifizierung bereits eingetreten seien, zu vermeiden.

Länderrat US-Zone 10./11. 3. 1947 Nr. 10 B

Nun darf ich dazu folgendes sagen: Die Ministerpräsidenten haben sich über eine Äußerung und über eine Stellungnahme zum Entwurf des Rückerstattungsgesetzes unterhalten, es haben sich auch einzelne Ressortministerien zu der Sache bereits geäußert und nun könnte man folgende Stellung einnehmen: Man könnte zu einer Reihe von Einzelvorschriften des Rückerstattungsgesetzes das eine oder andere Bedenken erheben, man könnte zu einer Reihe von Einzelvorschriften eine Reihe von Abänderungsanträgen stellen; nach den Erfahrungen bei den Beratungen der letzen Monate erscheint aber dieses Verfahren ziemlich zwecklos. Aber es wird notwendig sein, das herauszustellen, was besonders bedenklich und besonders wichtig erscheint. Nun würde ich folgende Äußerung vorschlagen, die auf der einen Seite nur auf einige Gesichtspunkte auf den Inhalt des Gesetzes eingeht und auf der anderen Seite Gesichtspunkte stark heraushebt, die entscheidend sind. Es sollte heißen[54]: „Die Ministerpräsidenten bejahen die Notwendigkeit einer unverzüglichen und umfassenden Rückerstattung des aus Gründen der Rasse, Religion und Politik entzogenen Vermögens. Der Entwurf gibt jedoch in verschiedenen, sehr weitreichenden und rechtlich verwickelten Bestimmungen zu Bedenken Anlaß. Dies gilt für die lange Frist zur Anmeldung der Ansprüche der Geschädigten bis 31. 12. 1948, ferner für das sehr weitgehende Anfechtungsrecht zu Gunsten der Geschädigten, das zu Härten gegenüber gutgläubigen und anständigen Erwerbern führen wird. Bei der unübersehbaren Vielfalt der von dem Gesetz zu regelnden Tatbestände ist für die Behandlung des Einzelfalles ein gewisser Spielraum für ein billiges Ermessen erforderlich, den der Entwurf nicht gewährt. Vor allem aber ruft die nur einzonale Geltung des Gesetzes die stärksten Bedenken hervor, zumal die zu behandelnden Fälle sich vielfach über das Gebiet mehrerer Zonen erstrecken. Eine gerechte Regelung der Rückerstattung, die den Regierungen der US-Zone besonders am Herzen liegt, kann nur erreicht werden, wenn für sie in allen Zonen gleiches Recht gilt. Die Militärregierung wird gebeten, vorstehenden Gesichtspunkten Rechnung zu tragen." Die Landtage können sich mit diesem Gesetz nicht befassen, weil sich die Militärregierung die Entscheidung selbst vorbehalten hat.[55] Wir können aber diese grundsätzliche Stellung einnehmen. Dabei habe ich eine Änderung, die gewünscht worden ist, bei der gestrigen internen Besprechung schon vorweggenommen, die aber nicht wesentlich ist.[56] [...] Man kann dieses Gesetz nicht in einer Zone allein zum Gesetz erheben, wenn nicht mindestens eine Wirtschaftseinheit der amerikanischen und britischen Zone besteht und ein Übereinkommen erzielt wird. Wir sehen die großen Schwierigkeiten, die aus der nur zonalen Regelung des Entnazifizierungsgesetzes entstehen, heute deutlich vor uns und wir würden sehr bedauern, wenn aus einer einzonalen Regelung gerade eines so überaus eingreifenden Gesetzes neue Schwierigkeiten wirtschaftlicher Art und gewisse Verstimmungen mit allen möglichen Folgen entstehen würden. Vielleicht darf ich die Herren bitten, zu dem letzten Punkt ihre Meinung zu sagen.
[Stock und Maier stimmen zu]

---

[54] Es handelt sich im folgenden im wesentlichen um den Wortlaut der Stellungnahme des Direktoriums; vgl. Anm. 52

[55] Schreiben des RGCO an den LR vom 7. 2. 1947 (Z 1/1292, Bl. 154). Das RGCO bat, das Rückerstattungsgesetz auf der nächsten LR-Tagung zu behandeln. Im Falle der Zustimmung könne das Gesetz von den Min.-Präs. auf Grund der Befugnisse die Gen. Clay in seiner Rede vor dem LR am 8. 1. 1947 als noch bestehend genannt hatte, in den einzelnen Ländern erlassen werden; andernfalls solle es als VO der MilReg. verkündet werden.

[56] Vgl. Dok.Nr. 10 A, TOP 1 c.

[*Ehard:*] Die Gedankengänge des Beirats sind hier vielleicht noch etwas stark betont.
Horlacher: Es hat zunächst eine andere Entschließung des Direktoriums des Länderrats vorgelegen, sie ist überarbeitet worden.[57] Aber ich muß offen gestehen, nachdem ich die Entschließung des Herrn Ministerpräsidenten gehört habe, wäre ich dafür, daß wir unsere Entschließung zurückziehen und konstatieren [!], das ist viel wirkungsvoller. Es sind darin auch die Gesichtspunkte herausgearbeitet, die von wesentlicher Bedeutung sind und so kann ich erklären, der Parlamentarische Rat stimmt der Stellungnahme des Herrn Ministerpräsidenten zu.

[*Ehard:*] [...] In dieser Form wird also der Beschluß an die Militärregierung weitergegeben.[57a]

[15. Freigabe von Wehrmachtsvermögen zur Bezahlung rückständiger Löhne und Gehälter]

[*Ehard* verliest den Antrag an die MilReg.:]
Der Länderrat bittet die amerikanische Militärregierung, beim Kontrollrat dahin einzuwirken, daß aus den vom Kontrollrat beschlagnahmten Wehrmachtsvermögen für die Länder Hessen, Württemberg-Baden und Bremen jene Beträge freigegeben werden, die notwendig sind, um die Forderungen der zivilen Arbeitskräfte (Arbeiter und Angestellte) auf Auszahlung der für die letzten Monate des Krieges rückständigen Löhne und Gehälter sowie jene Zahlungen erfüllen zu können, auf welche die betreffenden Arbeitnehmer bei Einhaltung der ordnungsgemäßen Kündigungsfrist einen gesetzlichen Anspruch haben.[58]
Gegen den Antrag wird inhaltlich wohl kaum eine Erinnerung zu erheben sein. Ich bitte nur sich zu überlegen und eventuell darüber eine Meinung zu äußern, ob wir diesen Antrag nicht einstweilen mit Bezug auf die Moskauer Tagung auf kurze Zeit zurückstellen sollten.
Stock: [spricht für die Annahme]
Maier: [schließt sich den Ausführungen von MinPräs. Stock an] Wir stehen ja auch heute natürlich erst vor einem Versuch der Durchsetzung dieses Anspruchs, und ich glaube, daß wir wirklich diesen Antrag annehmen sollten.[59]

[Der Antrag wird angenommen]

[16. Gesetz zur Verlängerung der Ergänzungsverordnung über eine vorläufige Regelung der Arbeitslosenunterstützung für den Winter 1946/47]

[*Ehard:*] Der Entwurf liegt vor,[60] es handelt sich darum, eine Ergänzungsverordnung über eine vorläufige Regelung der Arbeitslosenunterstützung für den Winter 1946/47

---

[57] In der ersten Fassung hatte es abweichend von der von MinPräs. Ehard verlesenen Fassung geheißen: „Die kasuistische Regelung des Entwurfs läßt wenig Spielraum für eine individuelle Behandlung des Einzelfalles, die bei der unübersehbaren Vielfalt der Tatbestände dringend notwendig wäre."

[57a] RAnw. Küster (vgl. Anm. 50) meinte, der LR habe den Entwurf vom 11. 3. 1947 „nicht eigentlich gebilligt", sondern lediglich der MilReg. „übermittelt". Nach weiteren, z. T. „dramatischen" Verhandlungen mit dem LR im Nov. 1947 wurde das Gesetz am 10. 11. 1947 durch die MilReg. als Gesetz Nr. 57 erlassen. Abdr. in: Amtsbl. amerik. MilReg., Ausg. G, 10. Nov. 1947, S. 1–30.

[58] Beschluß des Direktoriums vom 6. 3. 1947 (Prot. Z 1/182, hier Bl. 193).

[59] Die MilReg. entschied unter dem 14. 4. 1947 negativ (Z 1/216, Bl. 164). Da der Koordinierungsausschuß zur Zeit die Frage des beschlagnahmten Wehrmachtsvermögens erörterte, halte die MilReg. es nicht für angebracht, dem KR die Freigabe des Wehrmachtsvermögens für die vom LR benannten Zwecke vorzuschlagen.

[60] Entwurf in: Z 1/182, Bl. 251.

bis zum 30. 9. 1947 zu verlängern.[61] Es ist keine Neuregelung, sondern es ist nur eine vorläufige Regelung der Arbeitslosenunterstützung, die bereits besteht, aber formell am 31. März 1947 abläuft. [...] Das Direktorium hat beschlossen, dem Länderrat die Annahme des Gesetzes zu empfehlen.[62] Das Land Bayern hat im Kabinett zugestimmt. In Württemberg-Baden, glaube ich, ist noch irgendein Bedenken aufgetaucht.
Maier: Es handelt sich darum, daß diese Ergänzungsverordnung vorsieht, daß die Mittel der Arbeitslosenversicherung aus dem Reichsstock bezahlt werden. Dieses Gesetz liegt vor, aber tatsächlich fließt der Reichsstock nicht. Wir machen also hier ein Gesetz, daß nur formale Bedeutung hat. Tatsächlich müssen die gegenwärtig hohen Unterstützungen aus Landesmitteln bezahlt werden. Also erst für den Fall, daß der Reichsstock wieder diese Mittel zur Verfügung stellt, wird das Gesetz praktisch, das die Länder entlastet. Vorläufig haben die Länder selbst Verordnungen erlassen, wonach die gegenwärtigen Unterstützungen, hervorgerufen durch die erzwungene Arbeitsruhe, von den Ländern bezahlt werden. Man kann diesem Gesetz ohne weiteres zustimmen.
[*Ehard:*] Um Mißverständnisse auszuschließen, möchte ich sagen: Die Begrenzung bis 30. September 1947 ergibt sich, weil zunächst für den nächsten Winter ein neues und endgültiges Gesetz vorbereitet wird und bis dahin hoffentlich in Kraft gesetzt werden kann.[63]
Der Parlamentarische Rat hat auch zugestimmt.[64] Wir werden also sagen können, auch hier hält es der Länderrat für angezeigt, das Gesetz einheitlich für die Zone zu erlassen. Wir stimmen also dem Entwurf nach dem Vorschlag zu und empfehlen den Ländern die verfassungsmäßige Beschlußnahme des Landtags herbeizuführen.[65]

[**17. Schlußwort**]

[*Ehard* berichtet „der Vollständigkeit halber", daß in der internen LR-Sitzung die Geltung des § 15 des LR-Statuts verlängert worden ist, sowie die Eingliederung Bremens in den LR beschlossen wurde.]
Bei verschiedenen Gesetzen, bei denen wir ja beschließen, daß die Beschlußfassung der Landtage herbeigeführt werden soll, kann natürlich im Gang der Dinge auch folgendes passieren: Es muß das der Militärregierung auch bekanntgegeben werden, denn wir müssen dem Länderrat die Beschlüsse vorlegen und dann kann die Militärregierung jederzeit erklären, wir möchten, beispielsweise das Kabinett oder der Länderrat, das Gesetz in dieser Form erlassen. Das ist dann ein Gesetz auf Grund einer besonderen Vollmacht und das bedarf der Beschlußfassung der Landtage nicht. Von uns besteht jedenfalls keine Veranlassung, das zu dekretieren.
[Dank an die Mitglieder des Parl. Rates, Schließung der Sitzung]
[Schluß: 16. 35 Uhr]

---

[61] Die Ergänzungsverordnung hatte der LR am 8. 10. 1946 genehmigt. Vgl. Akten zur Vorgeschichte 1, S. 950; Abdr. LRGS, S. 147–151.
[62] Beschluß der Sitzung des Direktoriums vom 6. 3. 1947 in: Z 1/182, hier Bl. 194.
[63] Das Gesetz zur Änderung des Gesetzes über die Arbeitsvermittlung und Arbeitslosenversicherung wurde vom LR am 9. 9. 1947 beschlossen. Abdr. in: LRGS, S. 152–160.
[64] Prot. vom 10. 3. 1947 in: Z 1/197, hier Bl. 55.
[65] Abdr. der nur in Bayern erlassenen VO in: LRGS, S. 151. Hessen und Württemberg-Baden arbeiteten sie in die Ergänzungsverordnung selbst mit ein.

Nr. 10C 10./11. 3. 1947   Länderrat US-Zone

C Interne Besprechung der Ministerpräsidenten mit General Clay

BA Nachl. Roßmann/25, Bl. 172–177. Undat. von Roßmann paraph. Prot.[1]

Anwesend: Gen. Clay und einige Mitglieder des RGCO; MinPräs. Ehard, SenPräs. Kaisen, MinPräs. Stock, MinPräs. Maier, Präs. des Parl. Rates Horlacher, GS Roßmann

[1. Büro für Friedensfragen]

MinPräs. Ehard bringt die Angelegenheit des Büros für Friedensfragen zur Sprache.
Gen. Clay erklärt, er habe keine Bedenken, ein solches Büro für die Zone zu errichten. Bis zu welchem Grad das Büro benützt werde, darüber könnten keine Versprechen gegeben werden; es könne sich unter Umständen als hilfreich erweisen. Er möchte aber vorschlagen, die Tätigkeit des Büros aus den öffentlichen Diskussionen herauszulassen.[2]
MinPräs. Ehard: Das Büro habe lediglich den Zweck, Material zu sammeln, um es bereit zu haben für den Fall, daß die Militärregierung Auskünfte wünsche oder deutsche Stellen zu Verhandlungen zugezogen würden. Das Büro habe keine Entscheidung zu treffen über die Verwendung des Materials. Das Büro habe außerdem den Zweck der Zusammenfassung der Arbeiten für Friedensfragen, um zu vermeiden, daß sich allerlei berufene und unberufene Stellen mit den gleichen Angelegenheiten befassen. Man hätte es gerne gesehen, wenn das Büro in dieser bescheidenen Tätigkeit sich auf beide Zonen erstrecken könne, da ja auch die wirtschaftliche Vereinigung beider Zonen bestehe. Er bitte, das zu genehmigen. Das Sekretariat des Länderrats werde noch mit einem schriftlichen Antrag an die Militärregierung herantreten.
Gen. Clay glaubt, es sei besser, wenn zwei getrennte Büros errichtet würden, es bestünden keine Bedenken, bei beiden Büros Verbindungsleute zu unterhalten.
MinPräs. Maier erachtete es als einen großen Vorzug, daß das beiderseitig gesammelte Material aufeinander abgestimmt und ausgetauscht werden könne.[2a]

---

[1] Als „Streng vertraulich! Nur für die Hand des Empfängers" bezeichnet. Von Roßmanns Hand vermerkt „Akte des Sekretariats". Unter der Datumzeile das Diktatzeichen der Stenotypistin Kindler (Ki). Eine Aufzeichnung von SenPräs. Kaisen über die Besprechung mit Clay findet sich innerhalb seines Vermerkes über die Länderratssitzung vom 11. 3. 1947 in: StA Bremen 3-R 1 m Nr. 131 [5] Nr. 18.

[2] In der brit. Zone sprach Gen. MacReady gegenüber MinPräs. Kopf am 13. 3. 1947 eine gleichartige Empfehlung aus (HStA Hannover, Nds Z 50 Acc. 32/63 Nr. 92 I): „Er, Regional Commissioner, habe Auftrag, mit dem MinPräs. über die Sache zu sprechen, und zwar weise die britische MilReg. darauf hin, daß keinerlei Bedenken gegen ein inoffizielles Büro bestünden, das das Material unter Aufsicht der Ministerpräsidenten sammle und in der bisher üblichen Weise an die MilReg. weiterleite. Es würden jedoch angesichts der Lage auf der Moskauer Konferenz Bedenken bestehen, irgendeine formelle Einrichtung zu schaffen, die den Anschein erwecken könne, daß hier eine bizonale Institution für die brit. und amerik. Zone geschaffen werden solle; es müsse alles vermieden werden, das wie der Anfang eines verfassungsmäßigen Aufbaus aussehe. Außerdem sei es erwünscht, möglichst wenig über diese Dinge in die Presse zu geben. In Düsseldorf sei ja leider in dieser Beziehung sehr gesündigt worden." Wie es zu der Entscheidung für ein zonales Büro kam, berichtete StS Brill, der am 1.–3. 3. 1947 zu Gesprächen mit Mitarbeitern von OMGUS in Berlin weilte, in einem Schreiben an Schumacher (Schreiben vom 14. 7. 1947, IfZ, ED 117). Er habe mit Prof. Friedrich eine Unterredung über die Düsseldorfer Beschlüsse (vgl. Dok. Nr. 10 A, Anm. 51) gehabt. „[...] ich [!] einige mich mit ihm dahin, daß General Clay die Genehmigung eines zonalen Friedensbüros als einer German Research Unit empfohlen werden sollte. Wir hatten diese Einigung kaum erzielt, als Friedrich bereits zu den Generälen Keating und Clay gerufen wurde. Als er nach einer Stunde zurückkam, teilte er mir mit, daß beide das Friedensbüro unter dieser Begriffsbestimmung genehmigt hätten und Clay in der Länderratssitzung am darauffolgenden Dienstag eine entsprechende Erklärung abgeben werde."

[2a] MinPräs. Maier kommentierte in einem Gespräch mit StS Eberhard Clays Entscheidung mit den Worten: „Clay will offenbar in der Hand haben, was in der amerikanischen Zone geschieht" (Z 35/2, Bl. 43).

Länderrat US-Zone   10./11. 3. 1947   Nr. 10 C

[2. Kriegsgefangenen-Fürsorgestelle beim Länderrat]

Es kam dann die Frage der Kriegsgefangenen-Fürsorgestelle beim Länderrat zur Sprache.

MinPräs. Ehard erklärte auch hier, die Sammlung des Materials, die Verbindung aller Tatsachen und Aufgaben, die mit Kriegsgefangenen zusammenhängen, an einer Stelle als die Hauptaufgabe der geplanten Einrichtung.

Gen. Clay: Der Antrag des Länderrats liege auf seinem Pult.[3] Obwohl er im allgemeinen nicht viel Zeit brauche, solche Anträge zu entscheiden, liege dieser Antrag schon seit mehreren Wochen dort. Er sei sich nicht klar darüber, ob die Errichtung eines solchen Büros beim Länderrat für die Lösung der Kriegsgefangenenfrage eine Hilfe bedeute. Über die deutschen Kriegsgefangenen, die von amerikanischen Truppen gemacht worden seien, sich aber in der Obhut Frankreichs befänden, schwebten gegenwärtig Verhandlungen in Paris.[4] Diese Gefangenen sollten zum 1. 10. 1947 entlassen werden. Die übrigen Kriegsgefangenen befänden sich fast restlos alle in Rußland. Es sei durchaus möglich, daß diese Angelegenheit jetzt in Moskau verhandelt werde, wenn nicht, dann bestimmt später.[5] Er fürchte nur, daß die Errichtung der Stelle in Stuttgart jetzt mißverstanden werden könne und leicht als eine Propagandastelle in Kriegsgefangenen-Angelegenheiten empfunden werden könne. Das sei vielleicht nicht der beste Weg, die Gefangenen zurückzubekommen. Andere Gründe als die internationalen politischen Beweggründe, dem deutschen Antrag zu widersprechen, beständen nicht. Es sei die feststehende amerikanische Politik, so schnell als möglich die Entlassung aller Kriegsgefangenen zu erreichen, aber er sei sich nicht klar, ob für dieses Ziel im gegenwärtigen Augenblick die Errichtung eines Büros in Stuttgart eine Hilfe bedeute. Eine Entscheidung hierüber könne er nicht vor Moskau treffen.

MinPräs. Stock bringt die Sprache auf die 500 Kriegsgefangenen, die England zusätzlich zu den monatlich 15 000 Gefangenen, die von dort entlassen werden, für alle vier Zonen zu entlassen bereit sei. Auf jede Zone entfielen also 125 Gefangene. Die amerikanische Militärregierung habe sich jedoch nicht bereit erklärt, von diesem Angebot Gebrauch zu machen.

Gen. Clay erklärt, es erscheine ihm taktisch nicht klug, wenn man die Freilassung aller Gefangenen anstrebe, sich für die Freilassung von 125 Menschen einzusetzen, die im Rahmen des Gesamtproblems nicht viel bedeuten.

In der folgenden Diskussion kam zum Ausdruck, daß auch die Entlassung von 125 Gefangenen angesichts der großen Not und der starken Belastung, die das Kriegsgefangenenproblem für die deutschen verantwortlichen Stellen mit sich bringe, eine gewisse Erleichterung in besonders schwer gelagerten Einzelfällen bringen könne.

Gen. Clay entgegnet darauf, daß er glaube, daß die Herren damit recht hätten, wenn aber Amerika an die anderen herantrete, um die Kriegsgefangenen insgesamt freizubekommen, so glaube er, daß Amerika seine Stellung schwäche, wenn es sich für 125 Personen einsetze. Amerika arbeite sehr aktiv im Sinne der Freilassung von Kriegsgefangenen. Das sei den beiden anderen Mächten nur zu wohl bekannt. Daher werde es der

---

[3] Vgl. Dok.Nr. 10 A, TOP 10.
[4] Vgl. Dok.Nr. 14 C, Anm. 16.
[5] Zu den Beschlüssen in Moskau hinsichtlich der Kriegsgefangenen vgl. Dok.Nr. 32 A, Anm. 12.

Militärregierung schwer fallen, eine deutsche Stelle zu genehmigen, die sich mit dieser Frage beschäftige.
Bezüglich der 125 Gefangenen, die von England zusätzlich entlassen werden sollen, erklärte *Gen. Clay,* daß sämtliche Anträge an den Nehmestaat weitergeleitet würden, so daß die Möglichkeit bestehe, im Rahmen des englischen Zugeständnisses Kriegsgefangene in besonders gelagerten Einzelfällen freizubekommen. Was das Büro anbelange, so sei es bis jetzt noch nicht abgelehnt worden, man dürfe aber die Haltung der Besatzungsmacht nicht mißverstehen. Während der Moskauer Konferenz walte eine besonders schwierige psychologische und politische Situation. Man müsse während dieses Zeitraumes viele Dinge unterlassen, die in der Vergangenheit nicht bedenklich erschienen. Die Besatzungsmacht könne es sich nicht leisten, gewissermaßen in den Verdacht zu kommen, daß sie mit den anderen Mächten in einen Wettbewerb um die Zuerkenntnis des guten Willens in dieser Angelegenheit eintreten wolle.

In der weiteren Debatte kam von deutscher Seite zum Ausdruck, daß die Bemühungen der amerikanischen Militärregierung zu Gunsten der Kriegsgefangenen dankbar anerkannt werden und man sehr wohl auch die Gründe zu würdigen wisse, die General Clay vorgetragen habe. Trotzdem wurde auf die Notwendigkeit der Errichtung einer Stelle verwiesen, die sich der wirtschaftlichen, sozialen und personellen Interessen der Kriegsgefangenen annehme und auch im Sinne einer politischen Einwirkung auf die nach Deutschland hereinströmenden Kriegsgefangenen einwirken könne.

Gen. Clay erklärte, daß die Errichtung einer Stelle, die sich auf diese Aufgaben beschränke, von der Militärregierung kaum beanstandet werden würde. Er stelle anheim, den Antrag des Länderrats in entsprechender Weise zu modifizieren,[6] mache aber wiederholt darauf aufmerksam, daß in allen diesen Fragen im gegenwärtigen Zeitpunkt große Vorsicht am Platze sei.

[3. Beschlagnahme von Wohnungen und Hausrat]

MinPräs. Stock fragt General Clay, ob man nicht von der Beschlagnahme von Wohnungen Abstand nehmen könne, die die Besatzungsmacht nicht unbedingt brauche.
Gen. Clay erwidert darauf, daß er die Sorgen in dieser Beziehung wohl verstehe, aber wenn man sich bis zum 1. Mai gedulde, so glaube er, daß man sich über diese Frage dann keine Sorgen mehr zu machen brauche.
MinPräs. Stock kommt in diesem Zusammenhang auch auf die Beschlagnahme von Möbeln durch die Besatzungsmacht zu sprechen. Die deutsche Bevölkerung stelle diese Möbel zwar gezwungen, aber doch gerne zur Verfügung. Aufregung werde aber verursacht, wenn die Eigentümer der Möbel dann einfach eine Quittung erhielten in Höhe des Betrages, zu dem die Möbel geschätzt worden seien. Verkaufen wolle die Bevölkerung die Möbel nicht, sie wolle die Möbel leihweise zur Verfügung stellen, damit sie sie später zurückerhalte.
Gen. Clay erwidert, es handele sich hier leider um eine sehr schwierige Angelegenheit. Die beschlagnahmten Möbel müßten in viele Häuser verteilt werden. Da sei es beinahe unmöglich, jedes Stück zu identifizieren und seinen weiteren Weg zu verfolgen. Keines dieser Möbelstücke werde Deutschland je verlassen. Die Möbel würden eines Tages an die Deutschen zurückgegeben werden, aber es werde nach Lage der Sache wohl kaum

---

[6] Der neugefaßte Antrag lief darauf hinaus, ein „erweitertes Referat" für die Bearbeitung von Kriegsgefangenenfragen einzurichten. (Antrag vom 8. 4. 1947 an das RGCO in: Z 1/77, Bl. 353–356).

möglich sein, jedes Stück an den ursprünglichen Eigentümer zurückzugeben. Im übrigen gelte das, was er über die Wohnungen gesagt habe, auch für die Möbel. Man solle noch sechs Wochen warten und man werde sehen, daß sich das Problem sehr vereinfachen werde.[7] Er betone aber nachdrücklich, daß diese Erklärung nicht für die Öffentlichkeit bestimmt sei.

[4. Statut des Parlamentarischen Rates beim Länderrat]

MinPräs. Ehard fragt General Clay, ob das Statut des Parlamentarischen Rates genehmigt sei und der Rat seine legale Tätigkeit aufnehmen könne.

Gen. Clay erklärt, das Statut sei zwar von ihm noch nicht genehmigt, aber es werde genehmigt, der Rat könne seine Tätigkeit unter der Voraussetzung aufnehmen, daß das Statut Genehmigung finden werde.[8]

[5. Künftige staatsrechtliche Konstruktion Deutschlands]

MinPräs. Ehard bringt die Sprache auf die künftige staatsrechtliche Konstruktion Deutschlands und bittet General Clay um eine Meinungsäußerung, wie nach Ansicht der Besatzungsmacht Deutschland im Rahmen einer friedlichen Welt staatsrechtlich wiederaufgebaut werden solle.[9] Man wisse von der Tendenz der Militärregierung, daß Deutschland von den Ländern aus aufgebaut werden solle und ein allzu starker Zentralismus, der Deutschland zweimal in eine fürchterliche Situation gebracht habe, ausgeschaltet werden müsse. Man sei darüber sehr beglückt. Man beobachte auch bei der Entwicklung der bizonalen Stellen, daß hier der föderalistische Gedanke praktisch gehandhabt werde. Man würde es als eine sehr große Gefahr empfinden, wenn zuerst eine zentrale Gewalt geschaffen und dann erst versucht werde zu dezentralisieren. Eine zentrale Gewalt, gleichviel auf welchem Wege sie geschaffen werde, lasse sich aber, wie die Erfahrung lehre, praktisch nicht mehr aufteilen. Nach seiner Ansicht wäre es richtig, daß beim Aufbau grundsätzlich von den Zuständigkeiten der Länder ausgegangen und entsprechende Befugnisse von ihnen an eine zentrale Bundesregierung abgetreten werden. Wenn die Länder ein gewichtiges Wort beim Aufbau und der Verwaltung des Bundesstaates mitzureden hätten, so werde ihre politische und kulturelle Bedeutung so stark sein, daß militaristische Tendenzen ausgeschaltet werden könnten. Dabei schie-

---

[7] Nach Kaisen (vgl. Anm. 1) teilte Gen. Clay als Grund für die Erleichterung des Problems mit, daß die USA einen sehr starken Truppenabbau vornehmen würden.

[8] Col. Winning (RGCO) hatte bereits am 25. 2. 1947 telefonisch bei OMGUS nachgefragt, ob das Statut des Parl. Rates genehmigt werde. Clay bat daraufhin Parkman, Director von CAD, mit den Worten "Do you believe their proposals ok?" um Stellungnahme. Parkman antwortete: "So far as information is now available, I believe the proposal ok and desirable. The "by-laws" of the Committee will require examination when they are proposed" (NA RG 260 OMGUS, Adj. Gen. Decimal Files 1945–1946, Box 12, 014.1 Special Länderrat Committee). Unterlagen zur Bearbeitung im RGCO in: NA RG 260 OMGUS 34–1/11, folder Parliamentary Council.

[9] SenPräs. Kaisen äußerte sich zu den folgenden Äußerungen von MinPräs. Ehard sehr kritisch (vgl. Anm. 1): „Der Ministerpräsident Ehard entwickelte von sich aus einen Plan über den Aufbau eines deutsch-föderativen Staatswesens mit einer ganz losen Zentralgewalt. Er hatte dazu weder den Auftrag, noch ist es von deutscher Seite angebracht, sich in dieser Form festzulegen. In der öffentlichen Plenarsitzung betonte derselbe Ministerpräsident sehr stark die Notwendigkeit, die vier Zonen zu einem Ganzen zu vereinigen, ohne auf das Problem Bundesstaat besonders einzugehen. Vielleicht mag der Betreffende ein solches Verhalten für taktisch klug ansehen. Es trägt aber dazu bei, zwischen den einzelnen Ländern und vor allem zwischen Norddeutschland und Süddeutschland Differenzen zu schaffen, die in der internen Länderratssitzung sehr stark zum Ausdruck ka[men]."

den selbstverständlich partikularistische oder gar separatistische Tendenzen vollständig aus, noch wolle man, daß irgend ein Land im Rahmen der bundesstaatlichen Konstruktion eine Vormachtstellung erhalte, wie sie Preußen in der Vergangenheit gehabt habe. Er glaube, wenn der Aufbau des deutschen Bundesstaates in der von ihm empfohlenen Weise geschehe, der Frieden besser gesichert sei, als wenn sich andere Tendenzen durchsetzten. Im Rahmen einer bundesstaatlichen Konstruktion Deutschlands könne sich ein gesunder nationaler Gedanke entwickeln und gepflegt werden. Bei einer zentral zusammengeballten Macht laufe jeder nationale Gedanke Gefahr, eine nationalistische Färbung zu erhalten. Leicht entstehe dann die Vorstellung, daß es notwendig sei, ein starkes Deutschland zu entwickeln, das sich gegen die Nachbarn irgendwie wehren müsse. Von da bis zur Entwicklung militaristischer Gedanken und möglicherweise kriegerischer Verwicklungen sei nur ein Schritt. Man wolle aber unter allen Umständen einen friedlichen Ausgleich der Interessen und einen Einbau dieser Interessen in ein friedliches Europa und in die Zusammenfassung der Staaten der Welt. Das sei der tiefe Sinn aller Bestrebungen, die auf einen föderativen Aufbau abzielten. Alles andere sei bewußte oder böswillige Entstellung. Man sei sehr beglückt, in der amerikanischen Zone so viel Verständnis für diese Gedankengänge zu finden, was in dem demokratischen Aufbau der amerikanischen Zone zum Ausdruck komme. Er glaube, dies sagen zu müssen angesichts des Beginns der Moskauer Konferenz, die alle anderen Probleme überschatte.

Präs. Horlacher schließt sich im wesentlichen den Auffassungen an, die Ministerpräsident Ehard zum Ausdruck brachte, und gibt seiner Befriedigung darüber Ausdruck, daß in der US-Zone sich klare Verhältnisse herausgestellt hätten und der parlamentarische Aufbau sich in gutem Fortschreiten befinde. Er sei überzeugt, daß der Parlamentarische Rat, der jetzt zum ersten Mal seine Tätigkeit innerhalb des Länderrats aufgenommen habe, ein wertvolles Bindeglied zwischen den Parlamenten und dem Länderrat sein werde und durch seine Tätigkeit eine Bewährungsprobe für die Demokratie abgeben müsse. Er stelle sich die Errichtung eines neuen Deutschlands in der Form einer Pyramide und nicht umgekehrt vor. Die Demokratie müsse von unten nach oben entwickelt werden. Das erste sei die Selbstverwaltung in den untersten Organen, dann die Selbstverwaltung der Länder, woran sich das Ganze in der Form eines Deutschen Bundesstaates schließen müsse. In jeder anderen Konstruktion sehe er eine Gefahr für die Demokratie. Besondere Sorge machten ihm die Auswirkungen des harten Winters, von dem General Clay in seiner heutigen Rede gesprochen habe. Man müsse mit einer Verschärfung der Ernährungslage rechnen, soweit die Inlands-Produktion in Frage komme. Es müsse festgestellt werden, wieviel Getreidefrucht ausgewintert sei. Die lange Dauer des Winters dränge die Frühjahrsbestellung auf eine ganz kurze Frist zusammen, wobei der Mangel an Arbeitskräften viel stärker in die Erscheinung treten werde als im Vorjahr, wo wir das Glück hatten, ein langes und schönes Frühjahr zu genießen. Viele Kräfte, die in der Landwirtschaft eingesetzt werden könnten, befänden sich noch in der Kriegsgefangenschaft. Alle verantwortlichen Landwirte litten unter der Befürchtung, ob es wohl möglich sei, die schwierige Arbeit in einer so kurzen Zeit mit unzulänglichen Arbeitskräften erfüllen zu können. Er wäre dankbar, wenn die Militärregierung bei ihren Maßnahmen diesen Gesichtspunkten Rechnung tragen könnte.

Gen. Clay entgegnete, die Militärregierung werde selbstverständlich versuchen, so schnell wie möglich alle Kriegsgefangenen freizubekommen. Die Sorgen des Herrn Horlacher seien in dieses Problem eingeschlossen. Gegenüber den Ausführungen des

Herrn Ministerpräsidenten Ehard könne er versichern, daß die amerikanischen Vertreter niemals anders den Aufbau einer Zentralregierung zulassen würden als auf föderativer Grundlage. Andererseits anerkenne die amerikanische Regierung, daß einem 65-Millionen-Volk auf die Dauer keine Regierungsform aufgezwungen werden könne. Aus diesem Grund hoffe die amerikanische Militärregierung gerade so sehr, daß die Art und Weise, wie der demokratische Aufbau in der amerikanischen Zone vollzogen werde, die 65 Millionen Deutschen davon überzeugen werde, daß dies die richtige Regierungsform ist.

[6. Lebensmittelversorgung, Hoover-Plan]

Gen. Clay kommt dann noch auf den Plan des Präsidenten a. D. Hoover zu sprechen, der in einigen Punkten eine Reform der gegenwärtigen Lebensmittelversorgung vorsehe.[10] Der Plan werde gegenwärtig von Minister Dietrich und seinen Leuten bearbeitet. Nach diesem Plan soll eine zusätzliche Speisung der Schulkinder auf sehr breiter Grundlage durchgeführt werden, besonders in den Großstädten, sowie eine Abgabe von Suppen für alte Leute und körperlich behinderte Persönlichkeiten, ferner die Einweisung einer großen Zahl von sogenannten Normalverbrauchern in die Kategorien der Schwerarbeiter und Teilschwerarbeiter. Die organisationsmäßige Durchführung dieses Planes werde große Anstrengungen verursachen, er könne aber versichern, daß die Lebensmittel, die zur Durchführung dieses Planes erforderlich seien, auch bestimmt geliefert werden würden. Er müsse, was den Plan selbst anbelangt, seine Mitteilungen selbstverständlich unter dem Vorbehalt machen, daß eine Entscheidung des amerikanischen Kongresses noch nicht vorliege. Der Plan sei aber so wichtig, daß er den Ministerpräsidenten empfehle, seiner Durchführung schon jetzt die größte Aufmerksamkeit zuzuwenden.

MinPräs. Ehard dankt General Clay für diese außerordentlich wichtigen Mitteilungen und versichert ihm, daß die Ministerpräsidenten schon jetzt dieser Angelegenheit größtes Gewicht und stärkste Aufmerksamkeit zuwenden.

---

[10] Präs. a. D. Herbert Hoover hatte im Frühjahr 1947 auf Veranlassung von Präs. Truman mit einer Delegation von Ernährungsfachleuten und Journalisten Europa bereist, worüber er ausführlich in seinen Memoiren, An American Epic, Bd. 4 berichtet. Vgl. auch das Buch von Louis Lochner, Herbert Hoover und Deutschland, Boppard 1961. Lochner war ein Teilnehmer der Reise. Hoover hatte am 11. 2. 1947 eine Besprechung in Stuttgart mit Beamten des RGCO und den Ministerpräsidenten der US-Zone sowie Vertretern der brit. Zone. (Prot. undat. von der Hand Kaisens in: StA Bremen 3-R 1 m Nr. 125 [14]; Aufzeichnung seitens des RGCO in: Nachl. Pollock/48: "Mr. Hoover said that his officials are often asked why the United States and Great Britain make such great efforts to help the German people? Two answers may be given for this; reply number one concerns the humanitarian instinct of the peoples of both countries; reply number two is the belief that the one hope of retaining a Western Civilisation in Europe is here in Germany. Mr. Hoover emphasised the fact that he said Western Civilisation and not democratic civilisation. It is believed that the Western Civilisation must succeed here in Germany to be successful against the Asiatic tide of influence. (Needless to say the German officials were quite impressed by this statement)." Vgl. zum Hoover-Besuch auch Maier, Grundstein, S. 359–364. Materialien für eine Besprechung Hoovers mit dem Vorsitzenden des VR für Ernährung und Landwirtschaft am 7. 2. 1947 in: Nachl. Dietrich/465.
Die Ergebnisse seiner Reise faßte Hoover in drei Berichten zusammen: 1. Report on Agricultural and Food Requirements, 2. Austrian Agriculture and Food Requirements, 3. The Necessary Steps for Promotion of German Exports, so as to relief American Taxpayers of the burdens of relief and for economic recovery of Europe. (Vgl. Nachl. Pollock/48, Abdr. von Bericht 1 in: Hoover, An American Epic, Bd. 4, S. 230–243; Bericht 3, S. 245–256. Zum Inhalt der Empfehlungen Hoovers vgl. auch Rohrbach, Im Schatten des Hungers, S. 118–122. Zur Entstehung und Wirkung der Hoover-Mission in Washington siehe Gimbel, Marshall-Plan, S. 179–196.

Nr. 11
Besprechung über Verfassungsfragen in der bayerischen Staatskanzlei in München
14. März 1947

BHStA Abt. II MA 130 859, o. Bl., 11 Seiten. Prot. vom 17. 3. 1947, durch v. Gumppenberg gez. Ausf.[1]

Anwesend: Stellv. MinPräs. Hoegner, StMin. Pfeiffer, MinDirig. Glum, MinRat Baer, MinRat v. Knoeringen, RegDir. v. Herwarth,[2] ORegRat v. Elmenau, ORegRat v. Gumppenberg[3] (Bayern); StS Brill (Hessen); StS Eberhard (Büro für Friedensfragen[4])

[...]

StMin. Pfeiffer gab einleitend bekannt, daß General Clay die Errichtung einer Leitstelle für Friedensvorbereitungen für die amerikanische – britische Zone nicht gut geheißen, aber der Errichtung oder Schaffung eines Büros für Friedensfragen in der amerikanischen Zone zugestimmt habe und auch keine Bedenken dagegen hege, wenn eine gewisse Verbindung mit der britischen Zone gehalten werde.[5]
Die Aufgaben des Büros, an dessen Spitze Staatssekretär Eberhard steht, gliedern sich in die Bearbeitung von Fragen der Wirtschaft, der Landwirtschaft, der Entnazifizierung und Demilitarisierung. Besondere Wichtigkeit kommt der außerdem zu errichtenden Rechtsabteilung zu, deren Aufgabengebiet in der Bearbeitung von Fragen des Völkerrechts, der zukünftigen deutschen Verfassung und des internationalen Privatrechts besteht.[6]

Sodann entwickelte *StS Brill* seine Gedanken über die zukünftige deutsche Verfassung unter Hinweis darauf, daß er sich vorher mit dem hessischen Ministerpräsidenten Stock, Justizminister Zinn, sowie mit dem stellv. hessischen Ministerpräsidenten Hilpert von der CDU besprochen und weitgehend geeinigt habe.

Wichtig war die Bemerkung Brills, daß ihm Ministerpräsident Stock wörtlich gesagt habe: „Gehen Sie nach München, denn wir müssen uns in der Verfassungsfrage mit Bayern einigen." *Brill* wies einleitend darauf hin, daß es unmöglich sei, zu den verschie-

---

[1] Auf Blatt 1 handschr. vermerkt „Herrn MinPräs. Dr. Ehard". Die Überschrift des Dok. lautet „Aktennotiz über eine am 14. März 1947 unter dem Vorsitz des Herrn stellv. MinPräs. Dr. Hoegner in der bayerischen Staatskanzlei stattgefundene Sitzung". Parallelüberlieferung: Aufzeichnungen von StS Brill in: Nachl. Brill/10 a, Bl. 1–9, künftig zitiert als „Prot. Brill". Eine kurze Notiz von StS Eberhard über die Unterredung in: Z 35/178, Bl. 119–120. Die Besprechung war bereits seit Ende Jan. 1947 geplant. (Vgl. Vermerk Glum vom 4. 2. 1947 über eine Unterredung mit StS Strauß über den Aufbau eines deutschen Staates, IfZ ED 120/130 a).

[2] v. Herwarth nur im „Prot. Brill" als anwesend aufgeführt.

[3] v. Gumppenberg nahm nach „Prot. Brill" an der Besprechung als persönlicher Referent von MinPräs. Ehard teil, der ursprünglich selbst die Sitzung habe leiten wollen, dann aber plötzlich erkrankt sei.

[4] StS Eberhard weilte zwecks Besprechungen über das Büro für Friedensfragen in München (Z 35/178, Bl. 120).

[5] Vgl. Dok.Nr. 10 C, TOP 1.

[6] Gemäß „Prot. Brill" teilte Pfeiffer ferner mit, daß bei der nunmehrigen Errichtung des Büros auf zonaler Ebene die Bearbeitung der Verfassungsfragen Bayern und Hessen zugeteilt worden sei. Dies komme der Absicht entgegen, zwischen beiden Ländern eine besondere Besprechung dieses Komplexes herbeizuführen, wie das in Düsseldorf schon geplant worden sei.

denen Vorschlägen der Siegermächte in London[7] zu schweigen. Außerdem liege ja bereits ein Verfassungsentwurf der SED[8] vor, dessen Tendenzen nicht scharf genug bekämpft werden könnten. Der Entwurf sei charakterisiert durch völlige Nichtachtung der Menschenrechte, eine gänzlich rechtsstaatfeindliche Einstellung und das Bestreben, den gesamten Staatsaufbau zu sowjetisieren. Die SED versuche, ein einheitliches Deutschland als Instrument der Reparationspolitik der Sowjetunion zu erreichen, dabei verberge sie sich hinter nationalistischen Parolen, auf die das deutsche Volk nur zu leicht geneigt sei hereinzufallen. Die von der SED geforderte Volksabstimmung[8a] könnte im Hinblick auf diese Neigung gefährlich werden. Brill erzählt in diesem Zusammenhang folgendes Beispiel: Auf einer Gewerkschaftstagung in Hessen stellte die KPD den Antrag, einen freien deutschen Gewerkschaftsbund, Landesverband Hessen, zu errichten, während die Gegner dieses Antrags die Formulierung „Hessischer Gewerkschaftsbund" wünschten. Bei der Abstimmung erklärten sich von 250 Delegierten 80 für den Antrag der KPD, obgleich die Kommunisten nur 7 Vertreter hatten. Allerdings wurde dabei mit allem Mitteln der Beeinflussung und Propaganda gearbeitet.[8b] Brill betonte an Hand dieses Beispiels nochmals die Notwendigkeit, jetzt zu handeln.

Stellv. MinPräs. Hoegner führte aus, alles sei sich wohl damit einig, daß 1. die Einheit Deutschlands wiederhergestellt werden müsse und 2. der Neuaufbau Deutschlands nur in bundesstaatlicher Form erfolgen könne.

Er wies auch darauf hin, daß über Bayern systematisch falsche Nachrichten verbreitet würden und vor allem die KPD grundsätzlich jeden Föderalismus als separatistisch verdächtige und dabei leider auch in anderen Kreisen Zustimmung finde.[9]

Stellv. MinPräs. Hoegner erwähnte dann auch die Bremer Beschlüsse,[10] die einen Bun-

---

[7] Vom 14. 1.–25. 2. 1947 hatte in London ein Treffen der Deputies of the Council of Foreign Ministers stattgefunden, auf der die Moskauer Außenministerkonferenz vorbereitet wurde. Vgl. dazu Foreign Relations 1947/II, S. 1–111; Europa Archiv 2 (1947), S. 490–499.

[8] Abdr. in: Wegener, Neue deutsche Verfassungen, S. 301–316 und im Anhang von Otto Grotewohl, Deutsche Verfassungspläne, Berlin 1947, in dem eine erste Auseinandersetzung mit der Diskussion um den Entwurf der SED geführt wird. Dieser Entwurf war unter dem 10. 12. 1946 auch an Politiker der Westzonen versandt worden mit der Bitte um eine gelegentliche Stellungnahme; z. B. an GS Roßmann (Nachl. Roßmann/40), GS Weisser (Z 2/76) und Hoegner (IfZ ED 120/130 a). Eine Analyse des Verfassungsentwurfs von Prof. Friedrich (OMGUS) in: NA RG 260 OMGUS 156-3, folder 11. Sie entstand im Zusammenhang der Vorbereitungen von OMGUS zur Moskauer Außenministerkonferenz. Friedrich kam zu dem Ergebnis: "The preceding points of the analysis show that the SED draft aims at a complete concentration of power in the hands of the majority of the elected parliament. Such a concentration of power is known to be extremely favorable to the establishment and maintenance of a totalitarian dictatorship."

[8a] Die SED hatte am 1. 3. 1947 eine Erklärung zur bevorstehenden Moskauer Außenministerkonferenz herausgegeben, die die Überschrift trug: „Volksentscheid für die Einheit Deutschlands. Für eine gesamtdeutsche demokratische Regierung, Aufstieg durch Wirtschaftsplanung und Außenhandel. Für die Einheit der Arbeiterbewegung in ganz Deutschland." Sie endete mit den Worten: „Darum: Volksentscheid über ein einheitliches Deutschland. Sofortige Einsetzung einer gesamtdeutschen Zentralverwaltung. Baldmögliche Bildung einer zentralen Regierung für Deutschland. Es lebe die deutsche Arbeiterbewegung." (Abdr. in: Geschichte der deutschen Arbeiterbewegung, Bd. 6, S. 434–439).

[8b] Brill meinte hier vermutlich die Konstituierung des Freien Deutschen Gewerkschaftsbundes auf der Hessischen Gewerkschaftstagung in Bergen-Enkheim am 24./25. August 1946.

[9] „Prot. Brill": „Bayern hält fest an der Einheit Deutschlands. Alle entgegengesetzten Behauptungen, insbesondere der Berliner Presse, gehören in das Reich der Erfindung. Kein verantwortlicher und vernünftiger Politiker Bayerns wünscht eine separatistische Absplitterung von Deutschland oder gar eine Auflösung des Reiches."

[10] Vgl. Akten zur Vorgeschichte 1, S. 921.

desrat aus den Ministerpräsidenten vorgesehen hätten, sowie einen sogenannten Nationalrat, der entweder als Reichstag in unmittelbarer Form gewählt werden oder aus den Vertretern der Länderparlamente bestehen sollte.

Brill antwortete, er habe die Bremer Beschlüsse nur als Übergangslösung aufgefaßt. Von entscheidender Bedeutung sei der Abbau der Omnipotenz des Staates in allen noch vorhandenen Resten. Privateigentum dürfe nie durch Fiskaleigentum ersetzt werden. Er wendete sich auch entschieden gegen eine Ersetzung der Staatsomnipotenz durch eine Omnipotenz der Parteien. Für die Kabinettsmitglieder in Hessen seien die Vorstände der Parteiorganisation nicht maßgebend, sondern die Fraktionsvorsitzenden.

Brill stellte sodann die Frage, was als Endlösung dem SED-Entwurf entgegengesetzt werden könnte, und erklärte, daß man sich in Hessen darüber einig sei, einen echten Bundesstaat zu machen mit klarer Scheidung zwischen Bund und Einzelstaaten. Dabei sei die Grundsatz- und Bedarfskompetenz in die Zuständigkeit der Staaten zu verweisen. Bei der Konkurrenz-Kompetenz müsse man sich fragen, was der Zuständigkeit der Staaten überwiesen werden könne. Dabei müsse man ausschließlich die deutschen Verhältnisse zugrunde legen und sich nicht allzu sehr an ausländische Vorbilder halten.

Selbstverständlich müsse die Wirtschaftseinheit wieder hergestellt werden, weshalb der Bund die alleinige Verfügungsgewalt über wirtschaftliche Dinge bekommen müsse, die nur zentral geregelt werden könnten, wie z. B. Innen- und Außenhandel. Auch Arbeits- und Sozialpolitik gehörten in die Zuständigkeit des Bundes, da z. B. lohnpolitische Entscheidungen unmöglich länderweise getroffen werden könnten. Allerdings solle sich der Bund auf diesem Gebiet auf die Gesetzgebung beschränken. Eine eigene bundesstaatliche Verwaltung brauche überhaupt nicht eingerichtet werden, man könne sogar die Ausführungsgesetzgebung den Staaten überlassen. Die bundesstaatliche Finanzverwaltung solle sich mit einer Rahmengesetzgebung für die Verwaltungsbehörden begnügen. Die Einrichtung der Verwaltung sei Sache der Staaten ebenso wie die Gesetzgebung. Ebenso müsse der Schwerpunkt der Beamtenpolitik bei den Staaten liegen, ein besonderes Beamtengesetz halte er für nicht notwendig. Dagegen erfordere auf dem Gebiet der Justiz die gesellschaftliche Sicherheit eine einheitliche Strafgesetzgebung durch den Bund. Dagegen halte er es nicht für unbedingt notwendig, die Einheit des bürgerlichen Rechts aufrecht zu erhalten. Man könnte z. B. das Familien- und Erbrecht in die Zuständigkeit der Staaten verweisen.[11]

Auf alle Fälle müßten die Staaten echte Regierungs- und Gesetzgebungsgewalt haben, weshalb auch dem Bund kein Ministerium des Innern und auch kein Wirtschaftsministerium zuzugestehen sei. Natürlich müsse der Bund gewisse ausschließliche Zuständigkeiten haben, so z. B. die Außenpolitik.

Brill entwickelte sodann seine Gedanken über ein zukünftiges Parlament und sprach sich für ein Zwei-Kammer-System aus, wobei ein Unterhaus dem früheren Reichstag entsprechen soll, während das Oberhaus keine Wiederholung des Reichsrats oder Bundesrats sein, sondern ebenfalls gewählt werden solle. Die Wahl habe ausschließlich auf der Grundlage eines Bundesgesetzes durch das Volk zu erfolgen. Dabei könne man zugestehen, daß die Landesgesetzgebung bestimmen könne, ob die Vertreter von den

---

[11] „Prot. Brill": „jedoch könne man darüber diskutieren, ob bestimmte Teile des BGB, z. B. das gesamte Familienrecht, in die Kompetenz der Staaten zu verweisen wären."

Landtagen oder in Verhältniswahlkreisen zu wählen seien. Verschiedene Wahlmethoden in den einzelnen Staaten halte er für durchaus möglich. Wenn die beiden Häuser gewählt seien, kämen Gesetze durch inhaltsreiche Beschlüsse des Unter- und Oberhauses zustande. Beim Haushaltsplan müsse freilich das Unterhaus das Übergewicht haben. Keinesfalls wolle man aber, daß das Oberhaus eine gesonderte Versammlung oder ein besonderes Gremium der Länder-Vertreter sei.

Die Bundesregierung selbst müsse aus der Versammlung beider Häuser gewählt werden.

Stellv. MinPräs. Hoegner äußerte zu diesen Vorschlägen die Befürchtung, daß das Machtstreben einer durch unmittelbare Wahl gewählten Körperschaft zum Untergang der Einzelstaaten führen werde.

StMin. Pfeiffer schloß sich diesen Befürchtungen Hoegners an mit besonderem Hinweis auf die gemachten historischen Erfahrungen und erklärte sich überrascht darüber, daß kein Länderhaus vorgesehen sei und auch die erste Kammer gewählt werden solle. In diesem Zusammenhang verwies er auf die Vorbilder des amerikanischen Senats und der schweizer Regelung. Daneben drückte er seine Freude darüber aus, daß Brill stets von „Staaten" spreche. Aus der Verschiedenartigkeit der Verfassungen der Staaten der US-Zone könne man im übrigen die föderalistische Grundhaltung des deutschen Volkes ersehen. Außerdem hielt er eine Prüfung und Auslegung der verschiedenen Vorschläge für notwendig.

MinDirig. Glum berichtete sodann über seinen Privatentwurf einer zukünftigen deutschen Verfassung, den er im Auftrag Hoegners ausgearbeitet habe.[12] Der Entwurf stimme bezüglich der Staatlichkeit der Länder weitgehend mit den Vorschlägen von Brill überein, die teilweise sogar noch weitergehend seien. Man dürfe freilich nicht übersehen, daß im weiten Maß das Verständnis für den Föderalismus fehle und insbesondere die jüngere Generation vielfach keinen Sinn mehr für Eigenstaatlichkeit habe. Man sei nur zu leicht geneigt, den Föderalisten den Vorwurf des Separatismus und der Reaktion zu machen. Anschließend entwickelte Prof. Glum die Hauptgedanken seines Entwurfs, in dem vor allem ein Verschwinden der Bedarfs- und Grundsatzkompetenz vorgesehen sei. Die Verwaltung müsse ausschließlich, von wenigen Ausnahmen abgesehen, Sache der Länder sein; auch bei der Finanzverwaltung müßte die Verwaltung der Zölle bei den Staaten liegen. Staatssekretär Brill habe die Frage der Kompetenz-Kompetenz nicht erwähnt, worüber man sich noch aussprechen müsse. Vielleicht könne man dem Bund mehr Kompetenzen auf dem Gebiet der Gesetzgebung einräumen, wenn eine Linie bezüglich der Verschiebung dieser Kompetenzen gezogen werden könnte, die nicht allzu erschwert werden sollte.

Was die Frage des organisatorischen Aufbaues betreffe, so beständen hier starke Meinungsverschiedenheiten. Ein echter Föderalismus, der ja die Vorbedingung für eine wahre Demokratie sei, fordere einen unmittelbaren Einfluß der Einzelstaaten auf die Führung des Bundesstaates. Die geschichtliche Entwicklung habe gezeigt, daß immer wieder alle zweiten Kammern mehr und mehr zurückgedrängt worden seien, so daß er

---

[12] „Prot. Brill" vermerkt, daß der Entwurf zusammen mit Prof. Nawiasky erarbeitet worden sei. Zwei Entwurfsstufen der „Verfassung der Vereinigten Staaten von Deutschland in: Nachl. Brill/10 a, Bl. 121–202. Aus ihnen ist ersichtlich, daß auch Hoegner und Ehard mitgearbeitet hatten. Vgl. auch die allgemeinen Ausführungen Glums über seine verfassungspolitischen Arbeiten in seinen Memoiren: Zwischen Wissenschaft, Wirtschaft und Politik, S. 590–591. Glum und Brill kannten sich aus der Zeit, als beide deutsche Berater bei OMGUS Berlin waren; ebenda, S. 570.

befürchte, eine zukünftige zweite Kammer, an der die Länder beteiligt seien, werde das gleiche Schicksal erfahren. Man habe deshalb eine Art Bundesrat vorgesehen, die[!] aus den Ministerpräsidenten der einzelnen Staaten bestehen sollte und zwar nur als Gremium, das die Richtlinie der Politik bestimmen sollte, also ungefähr an die Stelle des früheren Reichskanzlers zu treten habe. Die Bundesminister sollen Bevollmächtigte der Regierungen der Staaten sein und dann hauptamtliche Verwaltungschefs der einzelnen Bundesämter, wobei an eine schlüsselmäßige Verteilung nach schweizer Vorbild gedacht werden könne. Von Bayern aus lege man großen Wert auf Bundesminister und Bundesrat, so daß man unter Umständen bereit wäre, auf eine zweite Kammer zu verzichten und einem Reichstag zuzustimmen. Auf alle Fälle müßten die einzelnen Staatsregierungen an der Führung maßgebend beteiligt sein, bzw. müßten sie bei wichtigen Entscheidungen eingeschaltet werden. Professor Glum betonte nochmals, daß das Entscheidende der unmittelbare Einfluß sei, da ja die Staatsführung der Einzelstaaten die Verantwortung gegenüber den Parlamenten trage. Dies müsse auch in der zukünftigen Verfassung berücksichtigt werden.

Die Grund-Menschenrechte sollten in der Bundesverfassung festgelegt werden, die daneben keinen Katalog von Grundrechten enthalten solle, da diese in die Verfassungen der einzelnen Staaten gehörten.

StS Brill erklärte daraufhin, in Hessen habe man sich noch nicht über die Frage der Kompetenz-Kompetenz unterhalten, seiner persönlichen Meinung nach liege dafür keine politische Notwendigkeit vor, weshalb sie beim Bund ausgeschlossen werden solle. Man könne einen Staatsgerichtshof oder ein Bundesgericht errichten, um Übergriffe des Bundes zu verhindern. StS Brill sagte weiterhin, bei Einführung eines rein parlamentarischen Systems seien die Bedenken von Professor Glum gerechtfertigt. Wenn aber ein parlamentarisches Regierungssystem nicht eingeführt werde, der Staatspräsident von beiden Kammern zu wählen sei, dann halte er die Gefahr, daß sich Massen-Parteien durchsetzen, nicht für gegeben. In diesem Falle nämlich habe die Bundesregierung einen eigenen verfassungsmäßig gesicherten Rechtskreis, in den die Volksvertretung nicht eingreifen könne. Man könne auch an folgenden Kompromiß denken: Für eine Übergangszeit von etwa 15 bis 25 Jahren soll eine Bundesregierung, zusammengesetzt aus Ministern aller deutscher Staaten, bestehen, wobei Staaten ohne Fachminister einen Minister ohne Portefeuille bekommen sollten. Das Kabinett stelle also immer einen Länderrat dar. Man könne auch daran denken, z. B. einen Bundesminister zum Leiter einer selbständigen Abteilung eines Ministeriums zu machen.

In diesem Zusammenhang sprach StS Brill noch von der Notwendigkeit, Staaten von mindestens vier bis fünf Millionen Einwohner zu machen, Zwerggebilde wie Bremen hätten auf die Dauer keine Berechtigung.[13]

StMin. Pfeiffer äußerte zunächst seine Bedenken über die Entsendung von Ministern ohne Portefeuille, wodurch eine zu umfangreiche und schwerfällige Körperschaft entstehen könne. Er wies sodann darauf hin, daß jetzt 16 Länder bestehen und daß es notwendig werde, zu kleine Gebilde allmählich aufzuheben. Die zukünftigen Staaten müßten unter allen Umständen die Kräfte in sich schließen, die eine Erfüllung der staatlichen Aufgaben möglich machten.

---

[13] Nach „Prot. Brill" wurde anschließend StS Eberhard um seine Meinung gebeten; er erklärte, daß man sich in Württemberg[-Baden] seines Wissens noch niemals mit den Dingen in dieser Ausführlichkeit beschäftigt habe und stimmte Brills Vorschlägen weitgehend zu.

Besprechung über Verfassungsfragen 14. 3. 1947 Nr. 11

StMin. Pfeiffer stellte sodann die Frage, an wieviel Bundesämter Brill gedacht habe.
StS Brill stellte sodann folgende Ämter auf:[14] Präsidialamt, Äußeres, Finanzen, Industrie, Handel, Arbeit, Justiz und evtl. Landwirtschaft.
Ein Verkehrsministerium hielt er nicht für notwendig, da die Gesetzgebung im Industrieministerium gemacht werden könne, und der Verkehr selbst durch Gesellschaften geleitet werden könne.
StMin. Pfeiffer erklärte dazu, die Amerikaner hätten durch die Schaffung der fünf bizonalen Ämter bereits eine Art Bundesministerium vorweg genommen; zu diesen fünf kämen evtl. noch als Nr. sechs und sieben das Flüchtlingswesen und die Außenpolitik. Im Vorschlag von Brill seien eigentlich nur neu Justiz und Arbeit. Er frage, ob nicht die Grundsatzgesetzgebung auf dem Gebiet der Arbeit durch die Justiz wahr genommen werden könne.
StS Brill verneinte die Frage mit dem Hinweis darauf, daß in vielen Fällen sorgfältige Untersuchungen notwendig seien und jedes Ministerium daher eine wissenschaftliche Forschungsabteilung enthalten müsse. Ein besonderes Arbeitsministerium sei schon deshalb notwendig, weil die soziale Frage von unübersichtlicher Komplexheit sei.
MinDirig. Glum erkundigte sich sodann, wie sich Brill das Zustandekommen einer solchen Verfassung denke.
StS Brill erwiderte, die Frage könne er zunächst nicht beantworten. Wahrscheinlich hänge alles von dem zukünftigen Friedensvertrag ab. Wenn überhaupt, so käme man nur Schritt für Schritt zu einem Gesamtdeutschland.
MinDirig. Glum teilte noch mit, früher seien die Amerikaner unbedingt für eine allgemeine Nationalversammlung eingetreten, dieses Prinzip scheine aber allmählich verlassen zu werden. So habe ihm Mr. Pollock neulich in Berlin erklärt, Bayern habe es in allen Fällen in der Hand, ob es zustimmen wolle oder nicht.[15]
StS Brill meinte, vielleicht werde eine Teilung des Friedensvertrags in Statut und Vertrag kommen. Möglich sei auch der Weg der Autonomie. Jedenfalls sollten wir uns die Ratifikation durch Einzelstaaten vorbehalten. Die jetzt entstandenen Staaten befinden sich in einer neuen Position gegenüber dem Staatsfragment, das vom Reich übrig geblieben ist.
StMin. Pfeiffer erinnert daran, daß Außenminister Byrnes seinerzeit in Stuttgart eine Art Nationalversammlung angedeutet habe und zwar zuerst einen Nationalrat, dann eine Nationalversammlung.[16] Jetzt aber, besonders in der amerikanischen Anordnung vom 30. September 1946,[17] werde immer deutlicher davon gesprochen, daß das Staatsvolk seine Vollmachten den Staaten überträgt und der Bund hier wiederum nur die Zuständigkeiten haben solle, die ihm von den Staaten übertragen würden.

---

[14] Nach „Prot. Brill": Bundeskanzlei; Min. für auswärtige Angelegenheiten; Justizmin.; Min. für Industriewirtschaft, das auch den gesamten Verkehr zu regeln habe; Min. für Binnen- und Außenhandel; Arbeitsmin.; Ernährungsmin. für eine Übergangszeit; Finanzmin.
[15] Vgl. Vermerk Glums über Gespräche mit Mitarbeitern von OMGUS in Berlin vom 24.–28. 2. 1947 (BHStA Abt. II MA 130 859): Entgegen früherer Tendenzen der Abteilung CAD lehne man nunmehr eine Nationalversammlung ab. „Vor allem erklärte Pollock, daß Bayern in dieser Frage ein entscheidendes Wort mitzusprechen habe, denn ohne seine Zustimmung könne eine vernünftige Verfassung nicht zustande kommen, wie er überhaupt immer wieder betonte, daß Bayern sich mit Erfolg gegenüber zentralistischen Bestrebungen zur Wehr setzen könne."
[16] Vgl. Akten zur Vorgeschichte 1, S. 770.
[17] Vgl. Dok.Nr. 9, Anm. 10.

Nr. 11   14. 3. 1947   Besprechung über Verfassungsfragen

StS Brill regte sodann an, ein gemeinsames Memorandum für den Länderrat auszuarbeiten.[18]

Stellv. MinPräs. Hoegner wendete sich gegen diesen Vorschlag mit dem Hinweis darauf, daß es dafür noch nicht weit genug sei. Er schlug sodann vor, daß von Staatssekretär Brill und von der Bayerischen Staatskanzlei aus Richtlinien ausgearbeitet werden sollten. Man müsse im übrigen auch auf die französische Zone Rücksicht nehmen, wobei er glaube, daß sich die Franzosen mit einem Bundesstaat abfinden würden unter der Voraussetzung, daß den Einzelstaaten die wichtigsten Zuständigkeiten zugeteilt seien. Auch das französische Memorandum für die Moskauer Konferenz[19] enthalte ja eine Art von Bundesstaat.

Stellv. MinPräs. Hoegner schlug sodann vor, in nicht zu ferner Zeit einen festen Termin für eine neue Zusammenkunft zu bestimmen.

StMin. Pfeiffer erklärte dazu,[20] der nächste Länderrat werde am 15. April stattfinden. Man könne die beiderseitigen Memoranden bis zum 1. April niederlegen und sodann austauschen. Man könnte dann am besten am Mittwoch, den 16. April, also einen Tag nach der Länderratssitzung, eine Besprechung der ganzen Frage abhalten.[21] Württemberg[-Baden], von dem noch kein Entwurf vorliege, könne sich inzwischen an Hand der Niederlegungen äußern. Auch Bremen müßte natürlich eingeladen werden. Der Austausch des hessischen und des bayerischen Entwurfs würde zweckmäßigerweise durch Herrn Staatssekretär Eberhard in Stuttgart vorgenommen.

Mit diesem Vorschlag Staatsministers Pfeiffer erklärten sich alle Beteiligten einverstanden.[22]

---

[18] Dieses Memorandum wurde von StS Brill ausgearbeitet. Abdr. im Anhang von Dok.Nr. 13.
[19] Abdr. in: Documents Français, S. 42–45.
[20] „Prot. Brill": „daß nach seinem Dafürhalten in Anbetracht der gesamten außen- und innenpolitischen Situation, insbesondere auch in Anbetracht der Notwendigkeit, die Verfassungspläne der Sieger nach festen Maßstäben kritisch zu beleuchten, schnell gearbeitet werden müsse. Er halte es für notwendig, daß bereits in der Länderratssitzung am 15. April des Jahres eine Erörterung des gesamten Themas stattfindet."
[21] Die Besprechung fand am 14. 4. 1947 statt, Abdr. des Prot. als Dok.Nr. 13.
[22] Nach „Prot. Brill" besprachen Glum und Brill während des Abendessens noch die Frage der Finanzgewalt. „Die Fragestellung war: Finanzausgleich oder eigenständige Finanzgewalt des Bundes und der Einzelstaaten auf Grund verfassungsrechtlicher, bzw. gesetzlicher Bestimmungen? Die Anwesenden entschieden sich gegen das System des Finanzausgleichs." Zum Fortgang dieser Diskussion vgl. Dok.Nr. 23, TOP 2.

VRW mit Vertretern der BECG 21. 3. 1947 Nr. 12

Nr. 12
Besprechung des Verwaltungsrates für Wirtschaft mit Vertretern der Militärregierungen anläßlich seiner 10. Sitzung in Minden
21. März 1947

BA Z 8/52, Bl. 14–16. Undat. und ungez. Wortprot. Im Umdr. vervielf. Ausf.[1]

Anwesend:[2]

Mitglieder des VRW: Agartz (Vorsitzender), Sen. Borgner, Min. Diekmann, Stadtrat Klingelhöfer,[3] Min. Koch, Min. Kubel, Min. Nölting, Min. Veit, Min. Zorn

Stellvertretende Mitglieder des VRW: Sen. Harmssen, MinDir. Kaufmann, MinDir. Magnus, MinDir. Potthoff, MinDir. Sachse, RegDir. Sureth, Stellv. Stadtrat Wolff, Wrede

Sachverständige der Länder und des Länderrats: Busack, Deissmann, Dörr, Falz, RAnw. Gerke, ORegRat Gerrads, RegDir. Haverbeck, Präs. Klinge, Miersch, RegRat Morgenroth, Möller, RegDir. Stölzl, Ass. Strauch

Als Gast: MinDir. Podeyn

Vom VAW: RAnw. Wolff, Starke, Berenz,[4] MinRat Grimpe, Hoffmann-Bagienski, Keiser, Lemmer, v. Maltzan, Reifferscheidt, Dipl. Ing. Reinauer, Prof. Rittershausen, Landrat a. D. Schmidt, Dr. Schmidt, Ing. Schubart

Militärregierung (US): McComb, Brodnitz, Prof. Bode, Barrows

Militärregierung (Britisch): Brig. Cowley, Fliess, Gen. Grimsdale, Howell

[Beginn: 17.30 Uhr]

[1. Bericht über die Beratungen des VRW:
Ablauf der Sitzungen des VRW, Warenverkehrsordnung, Elektrizitätsbewirtschaftung, Punktsystem für Bergarbeiter, Außenhandelsbeirat, Bewirtschaftung von Leder und Schuhen, Verordnungs- und Gesetzgebungsbefugnis der bizonalen Ämter, Bericht der Arbeitsgruppe Kohle, Kohlenverteilung]

Agartz: Im Namen des Verwaltungsrats heiße ich die Mitglieder der Bipartite Economic Control Group willkommen.

Der Verwaltungsrat hat in seiner letzten Sitzung den Beschluß gefaßt, seine Arbeiten

---

[1] Das Wortprot. ist eine Anlage zum „Sonderbericht über die gemeinsame Sitzung mit Vertretern der Militärregierungen", der dem Prot. der 10. Sitzung des VRW vom 21. 3. 1947 (Z 8/52) beigefügt ist. Der Sonderbericht (ebenda, Bl. 9) führt lediglich die Teilnehmer auf Seiten der MilRegg. und die Reihenfolge der Sprecher auf.

[2] Die Anwesenden der deutschen Seite nach der Aufstellung im Rahmen des Prot. der 10. Sitzung des VRW (Z 8/52, Bl. 1), da ein anderer Nachweis nicht vorliegt.

[3] Auf der 11. Sitzung des VRW (Z 8/53, hier Bl. 6) monierte Württemberg-Baden die Aufführung der Berliner Vertreter als Mitglieder des VRW in der Anwesenheitsliste, und es wurde daraufhin beschlossen, diese künftig gesondert aufzuführen. Vertreter Berlins waren seit der 9. Sitzung des VRW (19./20. 2. 1947) nach einer Anregung der MilReg. in beratender Eigenschaft und ohne Stimmrecht zugelassen worden, soweit die Versorgung und andere wirtschaftliche Interessen des amerik. und brit. Sektors in Berlin behandelt wurden (Z 8/51, Bl. 8), nachdem mit Schreiben der BECG an den VRW vom 6. 2. 1947 (Z 8/21, Bl. 47) befohlen worden war, die beiden Sektoren künftig in die allgemeine Wirtschafts- und Zuteilungsplanung des VRW aufzunehmen.

[4] Die im folgenden genannten Teilnehmer des VAW waren während der Tagung des VRW nur zeitweise anwesend, so daß nicht sicher ist, wann sie präsent waren.

durch eine Aufgliederung der Tagesordnung zu vereinfachen.[5] Die vorbereitenden Arbeiten, insbesondere die Vorbesprechung von Einzelheiten auf dem Gebiete des Verordnungswesens usw. sind in einer gestrigen Tagung durch die Herren Mitarbeiter des Verwaltungsrates vorbereitet worden. Die Mitglieder des Verwaltungsrates hatten in der letzten Sitzung den Wunsch geäußert, daß der eigentliche Sitzungstag nicht durch die Einzelbearbeitung belastet würde, und daß die größeren wirtschaftspolitischen Fragen Gegenstand der Arbeit sein sollten. In der heutigen Sitzung ist über die gestrige Arbeit Bericht erstattet worden und sind die notwendigen Beschlüsse gefaßt worden. Die sehr umfangreiche Warenverkehrsordnung,[6] umfangreich als gesetzgeberische Arbeit, ist durchgearbeitet und mit einigen Abänderungen angenommen worden. Gleichzeitig darf ich in diesem Zusammenhang erwähnen, daß der Verwaltungsrat auch die in den früheren Sitzungen beschlossenen Verordnungen über die Elektrizitätsbewirtschaftung[7] als Empfehlung der Militärregierung zuleiten wird. Dagegen ist seitens eines, bzw. von zwei süddeutschen Ländern Veto eingelegt worden. Das Land Bayern hat zu der Elektrizitätsbewirtschaftungs-Verordnung einen Gegenentwurf der süddeutschen Länder eingereicht mit einer eingehenden Begründung.[8] Der Verwaltungsrat hat zu dieser Frage wie folgt Stellung genommen: [„]Der Verwaltungsrat ist der Meinung, daß er seine Beschlüsse aufrecht erhält und daß damit die beiden Militärregierungen über das Veto bei der Entscheidung über die Verordnung selbst zu befinden haben.[9] Die Verordnung über das Punktsystem für die Bergarbeiter ist an sich von Bipartite-Group grundsätzlich genehmigt worden. Die bayerische Regierung hat jedoch mitgeteilt, daß sie aus verfassungsrechtlichen Gründen eine Veröffentlichung ablehnt, ohne sachlich mit dem Verwaltungsrat in der Durchführung in Widerspruch zu stehen. Der Verwaltungsrat hat daher ebenfalls beschlossen, daß er die Punktverordnung der Bipartite-Group mit der Empfehlung zuleitet, sie ebenfalls als Verordnung der Militärregierung zu erlassen.["][10]

---

[5] Im Prot. der 10. Sitzung des VRW vom 19./20. 2. 1947 (Z 8/51) war ein derartiger Beschluß nicht festgehalten worden. Nachdem von den stellv. Mitgliedern des VRW erstmals am 20. 3. 1947 Beschlüsse des VRW vorberaten worden waren, wurde dieses Verfahren auch für die Zukunft vorgesehen, „um Zeit für die Erörterung der wichtigen Wirtschaftsfragen zu gewinnen" (Z 8/52, hier Bl. 2). Von der 11. Sitzung an wurden auch diese Vorbesprechungen protokolliert.

[6] Dabei wurde ein Entwurf des interzonalen Wirtschaftsrechtsausschusses vom 13./14. 3. 1947 zugrunde gelegt (Z 8/52, Bl. 44–49); eine weitere Fassung, die Anregungen der BECG enthielt und nach der veränderten Rechtslage hinsichtlich des VO-Rechts des VRW erforderlich war, ebenda, Bl. 50–56, Erläuterungen der Unterschiede Bl. 38–43); die in der Sitzung des VRW beschlossenen redaktionellen Änderungen ebenda, Bl. 10.

[7] Die VO über Energie- und Wasserwirtschaft war auf der 9. Sitzung des VRW vom 19./20. 2. 1947 angenommen worden. Mit ihr sollte die Aufsicht über die Energie- und Wasserwirtschaft auf den Vorsitzenden des VAW übertragen werden (Wortlaut in: Z 8/51, Bl. 22). Der bayer. Vertreter hatte sich sein Veto vorbehalten und im nachhinein gegen die VO gestimmt (ebenda, Bl. 10).

[8] Vgl. Dok.Nr. 10 A, TOP 14.

[9] Der VRW nahm auf der 12. Sitzung vom 11.–13. 6. 1947 einen „Beschluß über die Zusammenarbeit zwischen VAW und Ländern in der Energiewirtschaft" an (Z 1/246, Bl. 39), der die Kompetenzen der Länder wesentlich stärker berücksichtigte.

[10] Die VO zur Durchführung des Punktsystems für die Versorgung der Bergarbeiter war auf der 9. Sitzung des VRW vom 19./20. 2. 1947 einstimmig angenommen worden, nachdem das Punktsystem selbst bereits nach Vorarbeiten im Jahre 1946 mit Wirkung vom 16. 1. 1947 eingeführt worden war. Sein Zweck war eine besondere Versorgung der Bergleute mit Lebensmitteln und Konsumgütern zu gewährleisten, um Anreiz zur Steigerung der Kohlenproduktion zu schaffen (Prot. der 9. Sitzung des VRW in: Z 8/51, hier Bl. 4; die VO ebenda, Bl. 20–21; Abdr. in: MittBl. VAW 1947, S. 14. Eingehende Materialien zur Vorbereitung und

VRW mit Vertretern der BECG 21. 3. 1947 Nr. 12

Der Verwaltungsrat hat in früheren Sitzungen[11] den Beschluß gefaßt, einen Außenhandelsbeirat für die Abteilung Außenhandel zu bilden. Grundsätzlich bestehen bei sämtlichen Abteilungen Fachausschüsse der Länder und der wirtschaftlichen Verbände und der Gewerkschaften.[12] Der Verwaltungsrat ist sich jedoch in Übereinstimmung mit einem früheren Beschluß schlüssig geworden, den Beirat für die Abteilung Außenhandel beizubehalten. Der Beirat setzt sich zusammen aus exporterfahrenen Kaufleuten, die wirksam in der Lage sind, die Exportabteilung zu unterstützen.[13]

Sodann ist eine sehr wichtige Anordnung durchgearbeitet und beschlossen worden für die Bewirtschaftung von Leder und Schuhen. Die erste Bewirtschaftungsordnung, die wirklich die wirtschaftliche Einheit in beiden Zonen zu verwirklichen beginnt. Diese Bewirtschaftungsverordnung wäre an sich erst zu erlassen, nachdem die Warenverkehrsordnung durch die Militärregierung genehmigt worden ist. Um jedoch keine Stockungen eintreten zu lassen, werden diese Bewirtschaftungsverordnungen mit aller Dringlichkeit vorbereitet und zunächst im Wege von Richtlinien an die einzelnen Länder weitergegeben.[14]

Der VRW hat sich sodann mit grundsätzlicheren Fragen sachlicher Art beschäftigt. Der Verwaltungsrat hat zunächst Kenntnis genommen von der Anordnung der Militärregierung, die die Verordnungs- und Gesetzgebungsbefugnisse der bizonalen Ämter betrifft.[15] Der Verwaltungsrat ist sich klar darüber, daß übergeordnete politische, vermut-

---

Durchführung Z 8/60, 1637–1639). Danach erhielten die Bergarbeiter Bezugskarten, nach Arbeitskategorien differenziert, und Bezugspunkte, deren Zahl sich nach dem Arbeitsverdienst richtete, also wie dieser von der Leistung abhing. Die für die Kohleproduktion besonders wichtigen Untertage-Gedingearbeiter erhielten z. B. die Bezugskarte A, die ein monatliches Bezugsrecht für 750 Gramm Speck, 500 Gramm Bohnenkaffee, 250 Gramm Zucker, zwei Flaschen Schnaps und 100 Zigaretten vorsah. Die Zahl der Punkte richtete sich nach dem jeweils im Vormonat erzielten Schichtverdienst; gewährt wurden für einen Schichtlohn von 6,12 RM 61 Punkte, für 10,08 RM 101 Punkte, für 13 RM 130 Punkte. Die monatliche Höchstzahl wurde auf 150 Punkte begrenzt, für minderjährige Arbeiter und Angestellte eine Mindestzahl von 50 festgesetzt. Bei willkürlichen Fehlschichten erfolgten Abzüge, bei der ersten der Abzug der Bezugsberechtigung für Tabak und Schnaps, bei der zweiten der für Kaffee und Zucker. Die Liste der zu erwerbenden Konsumgüter enthielt Haushalts- und Gartengeräte, Textilien usw. (Wirtschafts-Zeitung, Ausg. vom 28. 3. 1947, S. 7, Artikel „Die Kohle zuerst"). Nachdem den bizonalen Verwaltungsräten am 12. 3. 1947 (vgl. Anm. 15) die Befugnis, Verordnungen und Gesetze zu erlassen, abgesprochen worden war, fehlte der VO die Rechtsgrundlage, und Bayern weigerte sich infolgedessen, sie zu veröffentlichen (Rechtsabt. des VAW an die BECG vom 26. 3. 1947, Z 8/25, Bl. 258). „Praktisch wird nach der Verordnung gearbeitet und es *muß* auch nach ihr gearbeitet werden" (ebenda). Die BECG antwortete unter dem 9. 4. 1947 dilatorisch, indem sie vorschlug, die VO erst nach dem Erlaß der geplanten VO der MilReg. über die Warenbewirtschaftung (Warenverkehrsordnung) zu verkünden; sie bis dahin bereits ohne Rechtsgrundlage anzuwenden (ebenda, Bl. 260). Auf der 10. Sitzung des VRW vom 21. 3. 1947 war ein Antrag von Nölting gebilligt worden, den § 3 der VO zu ändern, der in seiner alten Fassung vorsah, die Bergarbeiter nach Einführung des Punktsystems von der Versorgung mit bewirtschafteten Waren durch die Wirtschaftsämter auszuschließen.

[11] 4. Sitzung des VRW vom 29./30. 10. 1946 (Prot. Z 1/753, hier Bl. 58) und 6. Sitzung vom 23. 11. 1946 (ebenda, Bl. 19), auf der Min. Erhard der Vorsitz im Beirat übertragen wurde.
[12] Diese Fachausschüsse und die Grundsätze für ihre Bildung waren auf der 9. Sitzung des VRW beschlossen worden (Prot. Z 8/51, Bl. 5–6, die Grundsätze für ihre Bildung und Arbeit ebenda, Bl. 25).
[13] Die Mitglieder sollten von den Ländern vorgeschlagen und vom VRW gewählt werden.
[14] Entwurf der Anordnung in: Z 8/52, Bl. 57–69.
[15] Mit Schreiben vom 12. 3. 1947 war dem VRW mitgeteilt worden:
„1. Als Ergebnis einer kürzlichen Konferenz in Berlin ist jetzt eine Entscheidung über die Stellung der bizonalen Ämter und ihre Rechtsetzungsbefugnisse gefällt worden. Es wird daher gebeten, von folgendem Vormerkung zu nehmen:
2. Es gibt keine deutsche Regierungsstelle, die ein für beide Zonen bindendes Gesetz erlassen kann.

lich außenpolitische Gründe Anlaß dafür gewesen sind, daß eine solche Anordnung ergangen ist. Der Verwaltungsrat würdigt durchaus diese Gesichtspunkte, die Ursachen für diese Anordnung gewesen sind. Andererseits hat jedoch der Verwaltungsrat hinsichtlich der politischen Wirkung dieser Anordnung sein großes Bedauern zum Ausdruck gebracht, weil er in dem Erlassen dieser Anordnung einen wirtschaftspolitischen Rückschritt sieht.

Der Verwaltungsrat ist der Meinung, daß, nachdem der deutschen Öffentlichkeit Mitteilung gemacht worden ist, daß ab 1. Januar die deutschen Behörden über die Exekutive verfügen – und dazu gehört auch ein Verordnungsrecht –, diese Exekutive nunmehr erst dann wirksam wird, wenn nach Erlaß der heute beschlossenen Verordnungen durch die Militärregierungen die darin enthaltenen Vollmachten bestehen. Solange der Verwaltungsrat in seinen Befugnissen beschränkt ist auf Anfertigung von Empfehlungen, und diese Empfehlungen erst durch eine Anordnung der Militärregierung Gesetzeskraft erlangen, ist der Verwaltungsrat der Meinung, daß damit die Verantwortung für diese Gesetzgebung nicht mehr auf deutscher Seite liegen kann.

Der Verwaltungsrat hat dann in seiner heutigen Sitzung einen ausführlichen Bericht der Arbeitgruppe Kohle[16] und einen sehr umfassenden und instruktiven Bericht über das Punktsystem zur Bergarbeiterversorgung[17] zur Kenntnis genommen. Der Verwaltungsrat hat es für seine Pflicht angesehen, der Arbeitsgruppe Kohle unter Leitung des Herrn Ministers Prof. Nölting und seines Geschäftsführers, Herrn Deissmann, den Dank des Verwaltungsrates auszusprechen für die erfolgreiche und vorbildliche Arbeit, die die Arbeitsgruppe Kohle geleistet hat. Der Verwaltungsrat hat einmütig bekundet, daß sämtliche Länder der beiden Zonen sich verpflichtet fühlen, alles zu tun, um diesem Punktsystem zum Erfolg zu verhelfen.

Der Verwaltungsrat hat sich dann ferner beschäftigt mit einem Bericht des Herrn Keiser über die Kohlenplanung für das nächste Jahr. Keiser hat auf Grund der ihm vorliegenden Zahlen die gesamte Problematik der Kohlenversorgung wirksam dargelegt. Die von Herrn Keiser durchgeführte Vorplanung der Kohle zeigt, mit welch schwerwiegenden Engpässen jetzt und im kommenden Winter die Wirtschaft zu rechnen hat. In diesem Zusammenhang ist gleichzeitig die Versorgung der Bevölkerung mit Hausbrand für den kommenden Winter diskutiert worden. Der Verwaltungsrat hat in seinen bishe-

---

3. Deutsche bizonale Verwaltungsräte dürfen Gesetze empfehlen, aber weder erlassen noch andere Stellen ersuchen, sie zu erlassen.
4. Wenn die Beschlüsse bizonaler Verwaltungsräte einen Gesetzgebungsakt erforderlich machen, soll eine Empfehlung für das zu erlassende Gesetz der Militärregierung vorgelegt werden.
5. Wird die Empfehlung eines bizonalen Verwaltungsrats von der Militärregierung angenommen, so soll jede Militärregierung auf ihre Weise vorgehen, um die Veröffentlichung sicherzustellen. [...]" (Z 8/52, Bl. 19; Abdr. bei Vogel, Westdeutschland II, S. 378–379). In der Diskussion im VRW wurde die Entscheidung allgemein bedauert (stenographischer Bericht als Anlage zum Prot. in: Z 8/52, Bl. 17–18, Abdr. bei Vogel, Westdeutschland II, S. 380–383); schließlich hatte der VRW am 31. 1. 1947 festgestellt, daß alle Mitglieder außer dem Vertreter Bayerns der Ansicht seien, daß der VRW die Befugnis habe, Rechtsverordnungen mit Gesetzeskraft zu erlassen (Z 8/51, hier Bl. 49). Auch der interzonale Wirtschaftsrechtsausschuß hatte am 29./30. 1. 1947 (Prot. in: Z 8/1940, hier Bl. 98) festgestellt, „die Auslegung nach dem *Zweck* und *Sinn* des Abkommens muß dazu führen, die Rechtssetzungsbefugnis des VRW zu bejahen. Zweck und Sinn des Abkommens war die Schaffung der Wirtschaftseinheit. Diese ist ohne Einheit des Wirtschaftsrechts und letztere ohne unmittelbare Rechtssetzungsbefugnis des VRW nicht durchführbar."

[16] Der Bericht (Z 8/52, Bl. 21) war verhältnismäßig kurz und summarisch.

[17] Der Bericht, der die Entstehung des Punktsystems eingehend schilderte und im Anhang die wichtigsten Dokumente zu seiner Geschichte wiedergab, in der Druckfassung in: Z 8/1938, Bl. 14–40.

rigen Besprechungen zum Ausdruck gebracht, daß als wesentlicher Bestandteil der Kohlenverplanung die Versorgung der Bevölkerung mit Hausbrand mit an erster Stelle steht. Die Mitglieder des Verwaltungsrates, die sich zu dieser Frage geäußert haben, haben erklärt, daß der gegenwärtige Winter gezeigt habe, daß bei einer nicht geplanten Hausbrandversorgung auch eine Verplanung der Kohle für die Industrie nicht möglich ist. Die Mitglieder des Verwaltungsrats haben zum Ausdruck gebracht, daß bei einer Nichtversorgung der Bevölkerung mit Hausbrand die Kohlenzüge beraubt werden und die Industriewerke dazu übergehen, ihre Belegschaft mit Hausbrand zu versorgen. Gerade diese Vorgänge haben deutlich gemacht, daß eine Nichtberücksichtigung der Hausbrandversorgung die Planung illusorisch macht.[18]

[2. Ansprache von Brig. Cowley: Bedeutung des Exports, Verordnungs- und Gesetzgebungsbefugnis des VRW]

Cowley: Ich möchte dem deutschen Volk gratulieren zu der Tapferkeit, mit der es den vergangenen Winter überstanden hat, und zwar unter den schrecklichen Umständen, unter denen es existieren mußte, wie wir alle wissen.

Obgleich der Winter vorüber ist, ist es zweifellos, daß Deutschland einer Zeit größter Knappheit entgegensieht.[19] Das mag vielleicht viele Jahre so dauern. In Zeiten großer Knappheit ist es wesentlich, die vorhandenen Güter in wirtschaftlicher Weise auf die Bevölkerung zu verteilen und die Produktion lebenswichtiger Güter zu fördern. Zur gleichen Zeit ist es auch nötig, die Produktion von Gütern für den Export zu fördern, aus deren Erlös dann wieder lebenswichtige Güter beschafft werden können. Die Herstellung von Gütern, die nicht lebensnotwendig sind, darf nicht erlaubt werden. Um das zu erreichen, ist es zweifellos nötig, eine starke Organisation zu haben, die die Produktion lenkt und steuert.

Wir sind entschlossen, dafür zu sorgen, daß eine solche Organisation in die Lage versetzt wird, zu arbeiten.

Agartz erwähnte in seiner Ansprache, daß der Verwaltungsrat keine gesetzgebende Körperschaft sei. Das muß so sein, denn ohne Regierung können wir keine gesetzgebende Körperschaft haben. Aber wir wollen Ihnen die Versicherung geben, daß wir dafür sorgen wollen, die Verordnungen, die Sie hier beschlossen haben, schnell durchzubringen. Auf Grund solcher Gesetze wird der Verwaltungsrat in der Lage sein, Vorschriften hinauszugeben, denen gefolgt werden muß. Das sind die Befugnisse des Verwaltungsrats, und sie sind sehr beträchtlich.

Ich will Ihnen heute eine kurze Darstellung der Politik der Militärregierung geben. Es gibt nur zwei Methoden, wie diese bizonalen Ämter erfolgreiche Arbeit leisten können. Die eine ist, diese bizonalen Ämter zu Ämtern der Militärregierung zu machen, wobei die Militärregierung die volle Verantwortung für ihr Handeln übernimmt. Es kann kein

---

[18] Der Verteilungsplan für Kohle für April 1947 in: Z 8/52, Bl. 36–37. Der VRW hatte zu diesem TOP folgenden Beschluß gefaßt (Z 8/52, Bl. 7): „Angesichts der Erfahrungen des letzten Winters erscheint es dem Verwaltungsrat für Wirtschaft erforderlich, schon jetzt ein Programm für die Versorgung der Haushalte mit Kohle im kommenden Winter sicherzustellen. Mit der Bevorratung wird am 1. Mai 1947 begonnen. Es wird dabei angestrebt, daß pro Kopf der Bevölkerung sechs Ztr. Braunkohlenbriketts oder ein entsprechender Gegenwert in Steinkohle gewährt wird."

[19] Zu einer ähnlichen Beurteilung kam man auf deutscher Seite. Der Tätigkeitsbericht des VAW für Febr. 1947 vom 12. 3. 1947 endete in seinen allgemeinen Ausführungen: „Die Gesamtlage scheint am besten ausgedrückt in dem Wort ‚Die Lage ist hoffnungslos, aber wir arbeiten weiter'" (Z 8/67, Bl. 63).

Zweifel darüber sein, daß Sie auf diese Weise vorübergehend erfolgreich arbeiten können. Auf die Dauer aber könnte diese Art einen ungünstigen Einfluß auf die deutsche Verfassung haben und auf die demokratischen Einrichtungen.

Die zweite Möglichkeit ist die, die Einrichtungen, die wir geschaffen haben, arbeitsfähig zu machen. Diese Einrichtungen werden funktionieren, wenn wir große Befugnisse an die bizonalen Ämter geben, und wenn Sie (der VRW) dem Vorsitzenden die nötigen Vollmachten geben, um seine Aufgaben zu erfüllen.

Ich möchte mitteilen, daß die Antwort des bayerischen Ministerpräsidenten, als ihm diese zwei Möglichkeiten vorgelegt wurden, die folgende war: Er würde es begrüßen, wenn der zweite Vorschlag angenommen würde, und er würde gern auf diese Weise mitarbeiten.[20]

[**3. Ansprache von Mr. McComb: Verordnungs- und Gesetzgebungsbefugnis des VRW**]

McComb: Ich möchte zwei oder drei Punkte in meiner Eigenschaft als Vorsitzender der USA-Seite besprechen.

Zunächst einmal war ich einigermaßen erstaunt über die Auffassung, die Agartz als die des Verwaltungsrats über die politische Lage, die zu unseren Entschlüssen geführt habe, vorgetragen hat. Soviel ich weiß, ist kein politischer Hintergrund vorhanden, jedenfalls insoweit nicht, als man darunter einen internationalen und auswärtigen Gesichtspunkt versteht.[21] Es ist allerdings ein spezieller politischer Gesichtspunkt dabei, und es spielen politische Gesichtspunkte dabei eine Rolle, wenn Sie den Ausdruck „Politik" im wissenschaftlichen Sinne verstehen. Ich beziehe mich auf das, was Brigadier Cowley darüber gesagt hat, daß es keine deutsche Regierung oberhalb der Länderebene gibt, und möchte feststellen, daß diese rein zur Arbeit bestimmten Ämter keine Gesetzesbefugnis haben können, da kein deutsches Parlament da ist, um darüber abzustimmen. Deshalb liegt die gesetzgebende Befugnis, soweit vorhanden, bei den gesetzgebenden Körperschaften in der Ländern der US-Zone. Außerdem gibt es gewisse Materien, die oberhalb der Ebene der Länder-Gesetzgebung liegen. Diese sind den Ministerpräsidenten der US-Zone vorbehalten.

In diesem Zusammenhang möchte ich Ihnen zwei Grundsätze der Politik der Militärregierung vorlegen. Sie sind enthalten in der Erklärung der amerikanischen Militärregierung vom 21. Oktober [1946],[22] die einigen von Ihnen bekannt sein dürfte. Diese Direktive ist immer noch in Kraft. Es ist beabsichtigt, daß diese wirtschaftliche Zonenvereinigung durchgeführt wird ohne irgendeine wesentliche Veränderung in den gesetzgebenden Befugnissen. Außerdem aber müssen den bizonalen Ämtern genügend Befugnisse zustehen, um die schnelle und wirksame Durchführung ihrer Aufgaben zu ermöglichen. Während die bizonalen Räte die Befugnisse ausüben, die ihnen von dem Länderrat übertragen worden sind, soll jedes Land ersucht werden, auf gesetzmäßige Weise die Beschlüsse des bizonalen Verwaltungsrates oder der Verwaltungsräte zu verkünden, als wenn es seine eigenen wären. Die Warenverkehrsverordnung ist ein Ermächti-

---

[20] Vgl. Dok. Nr. 9, TOP 1.

[21] Vgl. hierzu Gimbel, Amerikanische Besatzungspolitik, S. 161–163, der zu dem Schluß kommt, die Maßnahme sei letztlich eine Folge der Wahl von Agartz zum Vorsitzenden des VRW und Clay habe damit die Möglichkeiten für eine sozialistische Wirtschaftspolitik einschränken wollen.

[22] Die Anweisung betraf das Verhältnis von Zweizonenvereinigungen und bestehenden Länder- und LR-Organisationen (dt. Übersetzung Z 1/1, Bl. 117–123, Abdr. Härtel, Länderrat, S. 217–218).

gungsgesetz. Die Form, in der die Warenverkehrsordnung Gesetz werden kann, muß entweder die sein des Erlasses durch die Ministerpräsidenten oder durch die Militärregierung.[23] Wenn Sie in dieser Weise verfahren, so werden wir, wie das Brig. Cowley auch zugesagt hat, dafür sorgen, daß die erforderlichen Entscheidungen so schnell wie möglich getroffen werden.[24] Sie werden weitgehende Befugnisse erhalten, soweit diese Ermächtigungsvorschriften in der gesetzlich vorgeschriebenen Weise erlassen sind. Dann ist es Ihre Aufgabe, auf Grund dieser Ermächtigungsvorschrift die Verordnungen selbst herauszugeben oder den Vorsitzenden zu ermächtigen, soweit es erforderlich ist. Von dem Augenblick an, wo Sie im Namen eines solchen Ermächtigungsgesetzes handeln können, brauchen Sie sich nicht mehr an die Militärregierung zu wenden, sondern Sie senden Ihre Verordnung direkt an die Länder zur Durchführung. Die Durchführung demokratischer Grundsätze ist der Schlüssel für dieses alles.

[*Agartz* dankt und schließt die Sitzung]

[Ende: 18.40 Uhr]

---

[23] Zum weiteren Schicksal der Warenverkehrsordnung vgl. Dok.Nr. 14 B II, Anm. 43.
[24] Die Behandlung von Gesetzesvorhaben der bizonalen Verwaltungsräte wurde durch die amerik. MilReg. durch das Staff Memorandum Nr. 16 vom 18. 3. 1947 „Clearance of Legislation Recommended by Bizonal Executive/Joint Committees" im einzelnen festgelegt (Wortlaut Z 1/500, Bl. 218).

Nr. 13
Besprechung über Verfassungsfragen
im Deutschen Büro für Friedensfragen in Stuttgart
14. April 1947

BA Nachl. Brill/10 a, Bl. 10–20. Prot. vom 15. 4. 1947, von StS Eberhard paraph., vervielf. Ausf.[1]

Anwesend: MinPräs. Ehard, stellv. MinPräs. Hoegner, StMin. Pfeiffer, MinDirig. Glum, MinDir. Seelos, MinRat v. Knöringen, ORegRat v. Elmenau (Bayern); Sen. Wenhold, Schütte (Bremen); MinPräs. Stock (Vorsitz), StS Brill, StS Strauß, StR Apel, Graf v. Wedel (zeitweise) (Hessen); MinPräs. Maier, Landtagspräs. Keil (zeitweise), Justizmin. Beyerle, StS Gögler, StS Eberhard, StS Wittwer, Küster, Klaiber (Württemberg-Baden); GS Roßmann (Länderrat)

StS Eberhard eröffnet die Besprechung und gibt nach einleitenden Ausführungen über das Werden des Deutschen Büros für Friedensfragen bekannt, daß zwischen den Vertretern der drei süddeutschen Länder (ein Vertreter Bremens konnte aus Zeitmangel nicht zugezogen werden), nämlich Staatsminister Pfeiffer, Staatssekretär Brill und ihm, eine formlose Vorbesprechung über den künftigen politischen Aufbau Deutschlands in München stattgefunden habe.[2] Staatssekretär Brill habe die jetzt zur Verteilung gelangten Vorschläge für eine Verfassungspolitik ausgearbeitet, die nunmehr als Grundlage zur Besprechung der Verfassungsfragen dienen können.[3] *StS Eberhard* bittet Ministerpräsident Stock den Vorsitz der Sitzung zu übernehmen.

MinPräs. Stock begrüßt die Erschienenen und erteilt Herrn Staatssekretär Brill das Wort.

StS Brill führt aus: Wir befinden uns mitten in einer Verfassungsdiskussion.[3a] Die Militärregierungen hätten zum Teil vage in Moskau[4] ihren Standpunkt dargelegt; alle Versuche von deutscher Seite, sich in Moskau einzuschalten, seien mißlungen. Es existiere

---

[1] Nachträglich auf Bl. 10 oben Mitte maschinenschr. als „vertraulich" bezeichnet. Die Einladung zu der Besprechung erfolgte am 31. 3. 1947 durch StS Eberhard als Thema war ein Gedankenaustausch über Fragen der künftigen deutschen Verfassung benannt worden (Z 35/178, Bl. 117).

[2] Abdr. des Prot. als Dok.Nr. 11.

[3] Im Anhang dieses Dokuments abgedruckt.

[3a] Zu den verfassungspol. Vorstellungen der SPD vgl. Dok.Nr. 8, Anm. 16. Vom verfassungspol. Ausschuß der CDU/CSU war auf der Sitzung vom 10. 3. 1947, an der v. Brentano (Hessen), Kaufmann (Baden), Süsterhenn (Koblenz), Schwalber (München) und Lenz (Berlin) teilgenommen hatten, ein Konzept für eine künftige deutsche Verfassung ausgearbeitet und in einem Memorandum niedergelegt worden, das auch an die Öffentlichkeit gelangte (Memorandum in: Nachl. Kaiser/122; vgl. Neue Zeitung, Ausg. vom 28. 3. 1947, S. 2). Das Memorandum sah einen föderativen Staatsaufbau mit einer aus allgemeinen Wahlen hervorgegangenen Volkskammer und einer Länderkammer vor und lieferte einen Katalog für die Zuständigkeitsverteilung zwischen Bund und Ländern unter Verwendung der Begriffsbestimmungen aus der Weimarer Verfassung. Ein Staatsgerichtshof sollte die Einhaltung der Verfassung überwachen und Streitfälle zwischen Bund und Ländern schlichten. An Ministerien wurden vorgesehen: Bundeskanzlei, Außenministerium, Innenministerium, Justiz- und Verfassungsministerium, Finanzministerium, Wirtschaftsministerium, Ministerium für Ernährung und Landwirtschaft, Arbeits- und Sozialministerium, Verkehrsministerium. Zum Verfassungsentwurf der SED siehe Dok.Nr. 11, Anm. 8.

[4] Zusammenfassend vgl. Europa Archiv 2 (1947), S. 769–771. Zur amerikanischen Haltung Foreign Relations 1947/II, passim. Die Haltung der UdSSR am deutlichsten in der Erklärung Molotows vom 22. 3. 1947 über die zeitweilige politische Organisation Deutschlands (Dokumente zur Deutschlandpolitik der Sowjetunion, S. 70–77).

der bekannte SED-Verfassungsentwurf,[5] der als Versuch einer Sowjetintervention in deutsche innerpolitische Angelegenheiten gewertet werden müsse. Die Länder der amerikanischen Zone seien seiner Meinung nach aus politischen Überlegungen heraus verpflichtet, sich in diese Probleme einzuschalten und zu versuchen, eine interne Einigung über zwei Hauptpunkte zu erzielen:

a) über die Grundlagen der künftigen Verfassung,
b) über die praktischen Wege einer einzuschlagenden Verfassungspolitik.

Zum ersten Punkt führt *Brill* aus, man könne anknüpfen an die Artikel der Länderverfassungen, die – wenn auch in verschieden stark betonter Weise – auf den künftigen deutschen Staat hinweisen. Vorangestellt könne der Diskussion ohne Zweifel ein *klares Bekenntnis* zum *gesamtdeutschen Staat* und zwar zu einem *echten* Bundesstaat unter Ablehnung von Partikularismus und Separatismus, sowie des Hegemonieanspruches eines Landes werden.

StS Brill führt darauf die wichtigsten Punkte der schriftlich fixierten Vorschläge[6] aus, die sowohl die Schwächen der Bismarck'schen, wie auch der Weimarer Verfassung vermeiden und neue Wege für die Staatsorgane finden sollen:

Die Organe des Bundes (Volksrat und Staatsrat) müßten aus dem Willen des Bundesvolkes entspringen. Im echten Bundesstaat sei weder Platz für einen Staatsrat als Gesandtenversammlung im Bismarck'schen Sinne, noch als Versammlung von Länderregierungsvertretern nach Weimarer System. Die Wahl seiner Mitglieder könne durch die Länder durch Landesgesetz geregelt werden. Dem Volksrat soll ein Übergewicht in Fragen des Staatshaushalts, dem Staatsrat dagegen in den Fragen der auswärtigen Politik zuerkannt werden.

Die Eingriffsmöglichkeiten des Weimarer Staates sollen im neuen Bundesstaat beschränkt werden auf die Bundesexekution zur Verhinderung von Rebellion und Sezession. Eine Kompetenz-Kompetenz des Bundesstaates müsse wegfallen und durch eine klare Scheidung der Zuständigkeit zwischen Bund und Ländern ersetzt werden, daher auch Wegfall der konkurrierenden Gesetzgebung, sowie der Bedarfs- und Grundsatzgesetzgebung der Weimarer Republik.

Das Amt des Staats- und Regierungschefs soll in einer Hand vereinigt werden; seine Wahl nicht durch das Volk, sondern durch die Volksvertretung erfolgen. Dann müsse ihm aber freie Hand zur Regierungsbildung ohne parlamentarische Abhängigkeit von der Volksvertretung gewährt werden. Dadurch solle ein Hauptgrund des Versagens der Weimarer Republik, die das Schauspiel monatelanger Regierungskrisen geboten habe, vermieden werden.

Streitigkeiten zwischen Bund und Ländern sollen als Verfassungsstreitigkeiten durch einen Staatsgerichtshof entschieden werden.

Zum zweiten Punkt der Verfassungspolitik erklärte *StS Brill:* Die Berichte aus Moskau über die geplante Schaffung von Zentralinstanzen seien noch unklar. Es scheine, daß man beabsichtige, drei Monate nach Schaffung von Zentralverwaltung für Wirtschaft, Finanzen und Verkehr einen aus Ländervertretern zusammengesetzten Beirat zu schaffen. Erst ein Jahr nach der Konsolidierung des Beirats soll zur Errichtung von politischen Zentralinstanzen geschritten werden. Über diese Probleme wird jedenfalls vor

---

[5] Vgl. Dok.Nr. 11, Anm. 8.
[6] Vgl. den Anhang des Dokumentes.

Ende des Sommers keine Einigung zwischen den Alliierten herbeizuführen sein. In dieser Zeit müsse von deutscher Seite gehandelt werden. Die Länder der amerikanischen Zone seien besonders dazu legitimiert, besonders auch solange kein Parteivorstand das Recht habe, für ganz Deutschland zu sprechen. Wichtig sei auch eine Verständigung unter den Ministerpräsidenten über die Frage, wie diese Aufgabe dem Landtag, den Parteien und dem Volk gegenüber dargestellt werde.

MinPräs. Stock verspricht sich nichts von einer sofortigen Diskussion in diesem großen Kreis, sondern schlägt vor, den Gegenstand des deutschen politischen Aufbaus zuerst in internen Besprechungen weiter zu klären. Auch die Ansicht über die gesamten Friedensfragen, nicht nur über Verfassungsfragen müßten ausgetauscht werden.

StMin. Pfeiffer erwidert: Die Frage des Deutschen Büros für Friedensfragen und dessen Beziehungen zum Länderrat sei der internen Ministerpräsidentenkonferenz des Länderrats vorbehalten. Heute handelt es sich darum, eine Klärung herbeizuführen, ob es möglich sei, die in den Regierungen und im Länderrat vorhandenen politischen Kräfte zu einer einheitlichen Auffassung über den bundesstaatlichen Aufbau Deutschlands zu bringen, um damit ein größeres Gewicht nach außen zu schaffen.

Stellv. MinPräs. Hoegner schlägt vor, sich über vier Grundfragen der Verfassung zu besprechen, nämlich:

1. Bundespräsident, Art der Wahl und Aufgaben.
2. Bundesrat als Funktion der Ländervertretung.
3. Reichstag als Organ des Gesamtvolkes. Frage, ob unmittelbar durch das Volk zu wählen oder indirekt durch die Länderparlamente.
4. Die Abgrenzung der Zuständigkeiten zwischen Bund und Ländern.

Auf eine Frage des *MinPräs. Ehard* über die Entstehungsgeschichte der vorliegenden Vorschläge erklärt *StS Brill,* es handele sich bei diesen Vorschlägen nicht um einen Beschluß oder um eine vollständige Einmütigkeit der Teilnehmer an der Vorbesprechung über den Inhalt, sondern lediglich um eine Diskussionsgrundlage.

GS Roßmann: Die Frage, ob sich der Länderrat mit Fragen der Verfassung beschäftigen soll, sei zu bejahen. Der Länderrat habe sich auch bereits intern mit diesen Fragen befaßt.[7] Er könne ein ideales politisches Gegengewicht gegen unerwünschte Bestrebungen aus anderen Zonen, insbesondere der russischen Zone bilden. Es könne vorteilhaft sein zu wissen, daß die süddeutschen Länder in diesen Fragen konform gehen. Allerdings könnten sich die Ministerpräsidenten wohl nicht verbindlich äußern, bevor die Beschlüsse nicht den einzelnen Kabinetten vorgelegen haben.

MinPräs. Maier mahnt zur Vorsicht bei der Behandlung der so umstrittenen Verfassungsfragen. Man solle am besten die vorliegenden Vorschläge als „Entwurf Brill" bezeichnen, damit klar sei, daß es sich nicht um einen Länderratsentwurf handle. Es sei sehr verdienstvoll, daß Staatssekretär Brill sich die Mühe zur Ausarbeitung der Vorschläge gemacht habe. Aber auch im Hinblick auf die bevorstehenden Wahlen in der britischen Zone[8] müsse man sich über den unverbindlichen Charakter der heutigen Besprechung klar sein. Es dürfe nicht heißen, daß über einen Gegenentwurf zum SED-

---

[7] In einer Besprechung der LR-Bevollmächtigten vom 29. 10. 1946 bei GS Roßmann war beschlossen worden, daß sich die MinPräs. Gedanken über den Inhalt einer Reichsverfassung machen sollten und Richtlinien erstellt werden sollten (Z 1/20, Bl. 239). Erkennbare Folgen hat dieser Beschluß jedoch nicht gezeigt.

[8] Zu den Ergebnissen der Landtagswahlen in der brit. Zone siehe Dok.Nr. 34, Anm. 8a.

Besprechung über Verfassungsfragen 14. 4. 1947 Nr. 13

Entwurf verhandelt worden sei. Die heutige Sitzung dürfe nicht das Resultat haben, daß man in der praktischen Arbeit um Monate zurückgeworfen werde. Unter diesen Voraussetzungen habe er gegen die Besprechung der vom stellv. Ministerpräsident Hoegner vorgeschlagenen Einzelpunkte nichts einzuwenden.

StMin. Pfeiffer stellt fest, daß es sich bei der heutigen Sitzung nicht um eine interne Besprechung des Länderrats handle, sondern um einen Gedankenaustausch von Personen, die anläßlich der Tagung des Länderrats z.Zt. in Stuttgart seien. Es handle sich auch nicht um Vorschläge für eine Verfassungspolitik des Länderrats.[9]

MinPräs. Stock ist der Auffassung, daß man in eine Aussprache der Einzelpunkte heute in diesem Gremium nicht eintreten sollte. Der ganze Stoff sei außerordentlich heikel und könne Gegenstand zur Agitation werden. Die Ministerpräsidenten müßten außerdem zu einer dringenden Besprechung der Ernährungslage jetzt zusammentreten, was jedoch nicht ausschließe, daß die Angelegenheit im verbleibenden Kreise weiter behandelt werde. Die *MinPräs. Ehard* und *Maier* schließen sich dem an und erklären, von den Vorschlägen habe man als einem privaten Entwurf zu den bisher schon vorhandenen Arbeiten über dieses Problem Kenntnis genommen, ohne Stellung zu nehmen.

Nach dem Weggehen der drei Ministerpräsidenten übernimmt *StS Brill* den Vorsitz und schlägt vor, in die Diskussion der vom stellv. Ministerpräsident Hoegner genannten wichtigsten Punkte einzutreten.

StS Strauß hat Bedenken, sofort in die Debatte über Einzelpunkte einzutreten. Vielmehr müsse man sich zuerst über allgemeine Fragen klar werden, z. B. über die gegenwärtige Lage des Verfassungsproblems im allgemeinen, über die Frage, wo eigentlich von wirklichem Leben erfüllte Einzelstaaten vorhanden seien. Viele der jetzigen Länder seien völlig unhistorische künstliche Gebilde. Die Einstellung zum Bundesstaatsproblem sei dort daher völlig anders als in Süddeutschland. Dort spielten auch die Parteien eine andere Rolle als hier. Die Stimmung für den Bundestagsgedanken sei dort wenig günstig und die Einstellung zum Reichsproblem eine andere. Bei der Besprechung über den politischen Aufbau Deutschlands müsse man daher erwägen, wo man voraussichtlich auf Widerstand stoße und wo eine Möglichkeit für Kompromisse vorhanden sei. Bei dieser Sachlage müsse versucht werden, den Bundesstaatsgedanken werbend zu gestalten.

MinDir. Seelos glaubt, daß die Verfasser der vorliegenden Vorschläge diese Erwägungen bereits angestellt hätten. In Moskau werde über den politischen Aufbau bereits verhandelt; deshalb sei es erfreulich, daß in diesem Kreise schon eine Einigkeit über verschiedene Grundprobleme bestehe.

StS Brill schlägt vor, die Anregungen von Staatssekretär Strauß bei der Besprechung der praktischen Verfassungspolitik zu berücksichtigen und vorerst in die Debatte über die Verteilung der Zuständigkeit zwischen Bund und Ländern einzutreten.

StS Strauß: Es ergebe sich dazu die Frage, ob wirklich auf konkurrierende[9a] Gesetzgebung verzichtet werden könne. Auch in den Vereinigten Staaten bestehe zwar eine klare Trennung der Zuständigkeiten, in der Praxis habe sich dies aber nicht bewährt und das Prinzip sei daher durchlöchert worden. Über die Beseitigung der Bedarfs- und Grundsatzgesetzgebung dagegen bestehe sicherlich Einigkeit.

Stellv. MinPräs. Hoegner schlägt vor, die Frage der Verteilung der Zuständigkeiten und

---

[9] So war das Papier von StS Brill benannt worden.
[9a] Vorlage „konkurrierte".

insbesondere die Ausarbeitung des Katalogs der dem Bund zur ausschließlichen Gesetzgebung zu überlassenden Gebiete einer Kommission zu übertragen. Als Mitglieder der Kommission, die zu diesem Zweck zwischen dem 8. und 10. Mai d.J. zusammentreten sollen,[10] werden bestimmt:

Als bayerischer Vertreter: Stellv. MinPräs. *Hoegner,*
als hessischer Vertreter: StS *Brill,*
als württ.-bad. Vertreter: *Küster,*
sowie ein noch zu nominierender Vertreter Bremens.

StS Eberhard stellt abschließend fest, daß es sich bei der heutigen Sitzung um eine rein private Zusammenkunft gehandelt habe.

[Anhang:] **Vorschläge für eine Verfassungspolitik des Länderrats**

Da die Verfassungen der Länder des amerikanischen Besatzungsgebietes sämtliche Hinweise auf die künftige Verfassung eines Gesamtdeutschen Staates enthalten, fühlen sich die Ministerpräsidenten dieser Länder und der Senatspräsident von Bremen verpflichtet, zur Entwicklung der Verfassungsfragen in Deutschland folgende Erklärung abzugeben:[11]

A *Grundlage der künftigen deutschen Verfassung*

1. Der Länderrat des amerikanischen Besatzungsgebietes bekennt sich uneingeschränkt zu einem gesamtdeutschen Staat auf bundesstaatlicher Grundlage. Er lehnt jeden Separatismus und Partikularismus ab.

2. Die Verteilung der Staatsmacht zwischen dem Bundesstaat und den Einzelstaaten muß so erfolgen, daß die Organe des Bundesstaates aus dem unmittelbaren Staatswillen des Bundesvolkes hervortreten, der Staatscharakter der Einzelstaaten jedoch vom Bundesstaat garantiert wird. Eingriffe des Bundesstaates in das Staatsleben der Einzelstaaten sind nur im Wege der Bundesexekution zur Verhinderung von Rebellionen und Sezessionen eines oder mehrerer Einzelstaaten zulässig. Eine Kompetenz-Kompetenz des Bundesstaates wird abgelehnt. Streitigkeiten zwischen Bund und Ländern sind als Verfassungsstreitigkeiten durch einen Staatsgerichtshof zu entscheiden.

3. Die Grundlagen des Staatslebens des Bundes und der Einzelstaaten sind die Menschenrechte. Die Einzelstaaten sollen das Recht haben, sich wie jeder Bürger auf diese Menschenrechte zu berufen, wenn sie die Verfassungsmäßigkeit von Bundesgesetzen vor dem Staatsgerichtshof bestreiten.

4. Eine Aufspaltung der Bundeskompetenz in eine ausschließliche konkurrierende Bedarfs- und Grundsatzkompetenz nach dem Vorgang der Weimarer Verfassung ist abzulehnen und durch eine klare Scheidung der Zuständigkeiten zwischen Bund und Län-

---

[10] Die Kommission trat am 8. 5. 1947 zusammen, vgl. Dok.Nr. 21.

[11] Die hier im Anhang wiedergegebenen Vorschläge von StS Brill für eine Verfassungspolitik des LR, von ihm nachträglich unter dem 15. 4. 1947 paraphiert, sollten als Gesprächsunterlage für diese Besprechung dienen. Eine Stellungnahme des Bremer Sen. für Justiz und Verfassung vom 25. 4. 1947 in: StA Bremen 3–R 1 n, Nr. 1 lautete: Bremen könne den Vorschlägen A 1–3 im Großen und Ganzen zustimmen. Zahlreiche der sonstigen Anregungen seien jedoch bedenklich: a) die Verteilung der Zuständigkeiten zwischen Reich und Einzelstaaten, insbes. die Ablehnung der sogen. Kompetenz-Kompetenz des Bundesstaates, b) unter den Reichsministern fehle ein Handelsministerium, c) die Verteilung der Steuern sei bedenklich, d) die vorgesehene Personalunion von MinPräs. und Reichspräs. sei nicht glücklich, e) der Staatsrat solle, anstatt direkt gewählt zu werden, aus Vertretern der Länder bestehen.

dern zu ersetzen. Dabei sind dem Bund im wesentlichen die Angelegenheiten der Artikel 6 und 7 der Weimarer Verfassung[12] zuzuweisen; es ist jedoch zu prüfen, wie weit die Abgabe von Aufgaben der früheren konkurrierenden Reichskompetenz in die Zuständigkeit der Einzelstaaten des künftigen deutschen Bundesstaates erfolgen kann. Demgemäß sind für den Bund folgende Ministerien einzurichten:

a) Ein deutsches Ministerium für auswärtige Angelegenheiten,
b) ein deutsches Justizministerium,
c) ein deutsches Finanzministerium,
d) ein deutsches Ministerium für Industriewirtschaft,
e) ein deutsches Landwirtschaftsministerium,
f) ein deutsches Ministerium für Binnen- und Außenhandel,
g) ein deutsches Arbeitsministerium,
h) ein deutsches Wiederaufbauministerium.

Die Einrichtung eines Ministeriums des Innern unterbleibt. Verfassungssachen sind in der Bundeskanzlei zu führen. Eisenbahn, Post und Fernmeldewesen sind in autonomen bündischen Gemeinwirtschaftskörpern zu organisieren; die Aufsicht über diese ist dem deutschen Ministerium für Industriewirtschaft zu übertragen. Weiter unterbleibt die Einrichtung eines Ministeriums für Volksbildung (Kultus, Unterricht und Erziehung), eines Ministeriums für Volkswohlfahrt usw.

5. Organe des Deutschen Bundesstaates sollen sein: Die Bundesregierung, der Bundesrat und das Bundesgericht.

6. Die Bundesregierung soll aus einem vom Bundesrat auf die Dauer seiner Legislaturperiode gewählten Bundespräsidenten und den von ihm ernannten Bundesministern bestehen. Zwischen der Bundesregierung und dem Bundesrat soll keine parlamentarische Ministerverantwortlichkeit herrschen. Länder, die in der Bundesregierung nicht durch einen Fachminister vertreten sind, müssen durch einen ebenfalls vom Bundespräsidenten zu ernennenden Bundesminister ohne Geschäftsbereich, der voll berechtigtes Mitglied der Bundesregierung ist, vertreten werden. Solchen Bundesministern können vom Bundespräsidenten besondere Aufgaben übertragen werden.

7. Der Bundesrat soll aus einem Volksrat[13] und aus einem Staatsrat bestehen. Der Volksrat[14] ist nach den Grundsätzen des früheren Reichstagswahlrechtes zu wählen. Wahlkreise für die Wahl zum Staatsrat sind nur die Länder. Durch Bundesgesetz kann bestimmt werden, daß die Länder die Wahl der Mitglieder des Staatsrates durch Landesgesetz regeln. Für dieses gelten die Grundsätze des Bundeswahlrechts. Ständische Wahlen sind ausgeschlossen.

8. Bundesgesetze werden durch inhaltlich übereinstimmende Beschlüsse des Staatsrates und des Volksrates erlassen. Die Institution des Volksbegehrens und Volksentscheides kommt in Wegfall.

Dem Volksrat ist in eigener Zuständigkeit die Feststellung des bündischen Staatshaushaltsplanes zuzuweisen. Einsprüche des Staatsrates gegen den bündischen Staatshaus-

---

[12] Artikel 6 der Weimarer Verfassung regelte, in welchen Bereichen das Reich die ausschließliche Gesetzgebungskompetenz hatte; Artikel 7, in welchen Bereichen es eine konkurrierende Gesetzgebungskompetenz besaß.

[13] Handschr. verbessert aus Bundesrat.

[14] Wie Anm. 13.

haltsplan können vom Volksrat in zweiter und dritter Lesung mit einfacher Mehrheit erledigt werden.

Dem Staatsrat ist in eigener Zuständigkeit die Rechnungsprüfung zuzuweisen. Der Staatsrat erhält das Recht

a) Ausführungsverordnungen der Bundesregierung zu Bundesgesetzen soweit zuzuziehen, als die Bundesgesetze das vorsehen,

b) von der Bundesregierung über den Gang der Bundesverwaltung laufend unterrichtet zu werden,

c) der Bundesregierung für die Führung der auswärtigen Politik laufend Ratschläge zu erteilen und Auskünfte von ihr einzufordern.

9. Die Ausführung der Bundesgesetze erfolgt durch die Regierung und Verwaltung der Länder. Die Bundesgesetze haben zu bestimmen, inwieweit Bundesangelegenheiten den Ländern zur autonomen Verwaltung oder zur Auftragsverwaltung überwiesen werden. Die Schaffung der Einrichtungen für bündische Auftragsverwaltungen ist eine autonome Angelegenheit der Länder.

10. Das System des Finanzausgleichs der Weimarer Verfassung soll beseitigt und durch eine Teilung der Steuerquellen ersetzt werden. Dabei sind den Ländern die Einkommen- und Körperschaftssteuern einschließlich aller einkommensteuerlichen Nebengesetze und die Realsteuern, dem Bund Zölle, Verbrauchssteuern und die Umsatzsteuer zuzuweisen. Der Bund hat den Ertrag der Umsatzsteuer vordringlich für Zwecke der Reparationen, des Wiederaufbaues und der Regulierung des sozialen Lebensstandardes des deutschen Volkes zu verwenden.

11. Der Bund erhält das Recht, auf denjenigen Verwaltungsgebieten, die zur Zuständigkeit der Länder gehören, im Wege des Staatsvertrages mit den Ländern gemeinsame Einrichtungen der Statistik, der Forschung und der Berichterstattung zu schaffen.

12. In der Übergangszeit ist ein aus Vertretern der Bundesregierung und Vertretern der Länder bestehendes Organ (deutsche Staatskommission) zu schaffen, das nach Maßgabe der Bundesverfassung und der Bundesgesetze den Übergang der jetzigen Regierungs- und Verwaltungsbefugnisse von den in den einzelnen Besatzungsgebieten bestehenden Behörden auf die Organe des Bundes und der Länder regelt. Beschwerden gegen die Entscheidungen der deutschen Staaskommission entscheidet der Staatsgerichtshof.

B *Verfassungspolitik*[15]

---

[15] Der Absatz B wurde von Brill nicht ausgeführt.

Länderrat US-Zone 15. 4. 1947 Nr. 14 A

Nr. 14
19. Tagung des Länderrates des amerikanischen Besatzungsgebietes in Stuttgart
15. April 1947

A Interne Sitzung

BA Z 1/19, Bl. 322–330. Prot. vom 15. 4. 1947, von Roßmann im Entw. gez. Ausf.[1]
TO: Z 1/182, Bl. 109–112

Anwesend: MinPräs. Ehard, StMin Pfeiffer, MinDir. Seelos, ORegRat v. Elmenau, Frh. v. Ritter zu Groenesteyn (Bayern); SenPräs. Kaisen[1a], Schütte, Friese (Bremen); MinPräs. Stock (Vorsitz), StS Strauß, Graf v. Wedel, StR Apel, RegRat Dörr (Hessen); MinPräs. Maier, StS Gögler, StR Wittwer, ORegRat Mühlberger (Württemberg-Baden); GS Roßmann, Wutzlhofer (Länderrat); Guradze, Pabsch (RGCO, zeitweise)

[Beginn: 8.30 Uhr]

[1.] Besprechung der Tagesordnung für die ordentliche Länderratssitzung

a) Verordnung über den Warenverkehr in der gewerblichen Wirtschaft[2]

MinPräs. Stock übernimmt den Vorsitz und stellt zunächst die Verordnung über den Warenverkehr in der gewerblichen Wirtschaft zur Debatte.

MinPräs. Ehard führt hierzu folgendes aus:
Zunächst stellt er fest, daß diese Verordnung ihrer ganzen Art nach als ein Gesetz angesehen werden müsse, die bizonalen Räte aber keine Gesetzgebungsbefugnis hätten. Ihm erscheine die Warenverkehrsordnung als eine Zusammenballung einer Gesetzgebungsbefugnis, wie sie schärfer kaum vorstellbar sei. Es handele sich um ein Ermächtigungsgesetz in der schärfsten Form, und zwar nicht nur für den Verwaltungsrat, sondern auch für seinen Vorsitzenden.

MinPräs. Stock weist darauf hin, daß von der Militärregierung eine Stellungnahme der Ministerpräsidenten für den 16. 4. verlangt worden sei, die Angelegenheit also heute erledigt werden müsse. Die Stellungnahme Hessens gehe dahin, daß man das Gesetz für dringend nötig halte, die Vollmachten für den Vorsitzenden aber nur auf die nötigsten Fälle beschränkt sehen wolle. Ohne irgendwelche Vollmachten werde man in dieser Zeit des wirtschaftlichen Aufbaus nicht auskommen. Er bitte, die Formalitäten nicht auf die Spitze zu treiben, sonst könnten die Verwaltungsämter nicht arbeiten. Das Recht der Länder, Einspruch zu erheben, dürfe natürlich nicht beschnitten werden.

MinPräs. Maier schließt sich den Ausführungen von MinPräs. Stock im wesentlichen an. Dadurch, daß man die bizonalen Ämter geschaffen habe, habe man gleichzeitig die Garantie für ihr Funktionieren in dieser schweren Notzeit übernommen. Auch er habe große Bedenken gegen die Generalklausel des § 3.[3] Er widerspreche der Tendenz der

---

[1] Unter der Datumszeile „F[ür] d[ie] R[ichtigkeit], Seidel, Sekretärin," ferner ihr Diktatzeichen „S"; von unbekannter Hand auf Bl. 322 als „vertraulich" bezeichnet. Nachträglich wurden die einzelnen Tagesordnungspunkte handschr. mit Kennzeichen-Ziffern versehen, die auf die entsprechenden Beschlüsse des Direktoriums verweisen. Diese Ziffern wurden beim Abdr. nicht mit berücksichtigt.

[1a] Im Prot. selbst wurde Kaisen mehrfach „Bürgermeister" genannt.

[2] Vgl. hierzu Dok.Nr. 14 B II, TOP 11.

[3] Ebenda.

Verwaltungsvorsitzenden, zu glauben, auf große Vollmachten nicht verzichten zu können. Er halte es für richtiger, die wichtigen Dinge in demokratischer Weise vom Verwaltungsrat selbst regeln zu lassen.

[*SenPräs.*] *Kaisen* erklärt, daß er grundsätzlich der Meinung sei, daß es besser wäre, wenn solche Maßnahmen wie die hier vorliegende überhaupt nicht mehr durchgeführt zu werden brauchten. Er begrüße die vom Direktorium vorgeschlagene Befristung bis zum 31. 12. 1948. Dies solle nicht ausschließen, daß der Verwaltungsrat die Verordnung vorher außer Kraft setzen könne, wenn es die Verhältnisse zuließen. Im übrigen sei er für Beibehaltung des § 3. Man müsse, um ein Funktionieren der Wirtschaft zu gewährleisten, die zentralen Verwaltungsbehörden stärken und nicht schwächen.

Nach längerer Debatte wird das Direktorium beauftragt, eine Stellungnahme unter Berücksichtigung der vorgetragenen Einwände auszuarbeiten.

Diese Stellungnahme wird vom Länderrat in der im Protokoll der ordentlichen Länderratssitzung vom 15. 4. 1947 niedergelegten Form angenommen.[4]

b) Entwurf eines Gesetzes über die Behandlung wiederkehrender Leistungen bei der Zwangsvollstreckung in das unbewegliche Vermögen

Der Länderrat nimmt die Stellungnahme des Parlamentarischen Rates hierzu zur Kenntnis und beschließt, dem Entwurf zuzustimmen.[5]

c) Entwurf eines Gesetzes über die Anerkennung freier Ehen rassisch Verfolgter

Der Länderrat nimmt die Stellungnahme des Parlamentarischen Rates hierzu zur Kenntnis, beschließt aber folgende Abänderung der Empfehlung:

„Der Parlamentarische Rat empfiehlt, den Rechtsausschuß um Prüfung zu bitten, ob ein Bedürfnis vorliegt, ein ähnliches Gesetz für die Anerkennung der freien Ehen politisch und religiös Verfolgter vorzubereiten."

Im übrigen wird beschlossen, dem Entwurf zuzustimmen[6]

d) Entwurf eines Ergänzungsgesetzes zum Gesetz zur Ahndung nationalsozialistischer Straftaten

Der Länderrat nimmt die Stellungnahme des Parlamentarischen Rates zur Kenntnis und beschließt, dem Entwurf zuzustimmen.[7]

e) Entwurf eines Ergänzungsgesetzes zum ersten Gesetz zur Wiedergutmachung nationalsozialistischen Unrechts in der Strafrechtspflege

Der Länderrat nimmt die Stellungnahme des Parlamentarischen Rates zur Kenntnis und beschließt, dem Entwurf zuzustimmen.[8]

---

[4] Ebenda.
[5] Siehe Dok.Nr. 14 B II, TOP 1.
[6] Siehe Dok.Nr. 14 B II, TOP 2.
[7] Siehe Dok.Nr. 14 B II, TOP 3.
[8] Siehe Dok.Nr. 14 B II, TOP 4.

Länderrat US-Zone   15. 4. 1947   Nr. 14A

f) Entwurf eines Gesetzes über die Verwaltung von Personenvereinigungen

Der Länderrat nimmt die Stellungnahme des Parlamentarischen Rates zur Kenntnis.
Der Länderrat ist für Beibehaltung der alten Fassung des § 1, Ziffer 4.
Dem Änderungsvorschlag des Parlamentarischen Rates für § 5, Satz 1, wird zugestimmt. Satz 2 soll nach Streichung des Wortes „spätestens" dem § 6 als Satz 2 angefügt werden. Der Länderrat beschließt, dem Entwurf in dieser Fassung zuzustimmen.[9]

g) Entwurf eines Gesetzes über die Aufhebung und Änderung von Vorschriften der Sozialversicherung

Der Länderrat nimmt die Stellungnahme des Parlamentarischen Rates zur Kenntnis, lehnt aber die Anregung des Parlamentarischen Rates, den § 2 zu streichen, ab.
Der Länderrat beschließt, dem Entwurf in der alten Fassung zuzustimmen.[10]

h) Auflösung der Dienststelle des Generaldirektors des Verkehrswesens in Frankfurt/Main

[Die Auflösung wird beschlossen[11]]

i) Satzung des Sonderausschusses für Kulturpolitik beim Länderrat

Der Länderrat stimmt der Satzung des Sonderausschusses für Kulturpolitik ohne Einwände zu.[12]

k) Entwurf des Arbeitsverpflichtungsgesetzes

Der Länderrat nimmt die Stellungnahme des Parlamentarischen Rates zur Kenntnis.
MinPräs. Stock und *MinPräs. Maier* sprechen sich für baldige Annahme des Gesetzes aus, was auch der Ansicht der beiden Kabinette entspreche.
MinPräs. Ehard teilt mit, daß dieses Gesetz nach seiner und nach der Ansicht des bayerischen Kabinetts eine sehr markante Zwangsmaßnahme sei, deren Erfolg ihm sehr zweifelhaft erscheine.
StR Wittwer führt aus, daß von amerikanischer Seite darauf hingewiesen worden sei, daß es sich um eine Verordnung handele, die einen Schutz der arbeitsverpflichteten Personen darstelle. Einmal lasse die Verordnung eine Verpflichtung nur für bestimmte Notstände zu, und zum anderen schränke sie die an sich mögliche Einsetzung nach dem Kontrollratsbefehl ein und lasse bestimmte Regelungen zum Schutz der Betroffenen zu. *MinPräs. Ehard* teilt weiter mit, daß das bayerische Kabinett dafür eintrete, das Gesetz dem Landtag zur Beschlußfassung zu überlassen, während die anderen Länder den Erlaß auf Zonenbasis für erforderlich halten.
Der Länderrat stimmt, da man zu einer Klärung nicht kommen kann, dem Vertagungsantrag des Parlamentarischen Rates zu.[13]

---

[9] Siehe Dok.Nr. 14 B II, TOP 5.
[10] Siehe Dok.Nr. 14 B II, TOP 6.
[11] Siehe Dok.Nr. 14 B II, TOP 7.
[12] Siehe Dok.Nr. 14 B II, TOP 9.
[13] Siehe Dok.Nr. 14 B II, TOP 8.

l) Entwurf eines Gesetzes zur Änderung und Ergänzung des Gesetzes über die Beschäftigung Schwerbeschädigter

Der Länderrat nimmt die Stellungnahme des Parlamentarischen Rates zur Kenntnis. *MinPräs.Ehard* erklärt, daß Bayern für Erlaß dieses Gesetzes durch die Landtage eintrete, während die anderen Länder den Erlaß auf Zonenbasis für erforderlich halten.

Der Länderrat stimmt dem Vertagungsantrag des Parlamentarischen Rates zu.[14]

[2. Einleitungsformeln für im Länderrat bearbeitete Gesetze]

Es werden folgende Einleitungsformeln für im Länderrat bearbeitete Gesetze gewählt[15]:

1. Für Gesetze, deren Gegenstand eine *Rechtsangleichung* für die US-Zone als erforderlich oder wünschenswert erscheinen läßt, ohne daß eine völlige Übereinstimmung des Gesetzesinhaltes in allen Einzelheiten oder im Wortlaut für erforderlich gehalten wird:

„Der Länderrat hält eine Rechtsangleichung auf diesem Gebiete innerhalb der US-Zone für wünschenswert (für erforderlich); er billigt nach Anhörung des Parlamentarischen Rates den vorgelegten Entwurf und empfiehlt den Ländern, das Gesetz auf dem verfassungsmäßigen Wege zu verabschieden."

2. Für Gesetze, bei denen eine *Rechtsgleichheit* in allen Ländern der US-Zone als erforderlich (als wünschenswert) erscheint:

„Der Länderrat hält eine einheitliche gesetzliche Regelung in der US-Zone für erforderlich und beschließt nach Anhörung des Parlamentarischen Rates das Gesetz in der beiliegenden Fassung."

[3.] Beratung über die mit General Clay in der internen Besprechung zu erörternden Fragen

Dieser Punkt wurde aus Zeitmangel von der Tagesordnung abgesetzt.[16]

[...]

[4.] Büro für Friedensfragen

StMin. Pfeiffer berichtet ausführlich über die geplante Konstruktion des Büros.[17] Die schwierigen Voraussetzungen für eine reibungslose Arbeit stünden außer Zweifel. Man sei durch die Entwicklung der Verhältnisse gezwungen worden, innerhalb der amerikanischen Zone etwas ins Leben zu rufen, was eine gesamtdeutsche Aufgabe sei. Vor allem müsse der Eindruck vermieden werden, daß auf Zonenebene Außenpolitik getrieben werde. Eine weitere Schwierigkeit sei, daß man nicht wisse, ob von deutscher Seite überhaupt die Möglichkeit einer Stellungnahme zum Friedensvertrag bestehe. Trotz-

---

[14] Siehe Dok.Nr. 14 B II, TOP 10.

[15] Zur Verkündungsformel für Gesetze, die durch die MinPräs. erlassen werden, siehe Dok.Nr. 18 A, TOP 8.

[16] Ebenfalls abgesetzt wurde der TOP „Vorschläge über a) ein klar abgegrenztes Mitwirkungsrecht der Länder bei der Ausführung der vom VRW beschlossenen Maßnahmen, b) solche Entscheidungen, die sich der VRW nach Ansicht des LR gegenüber dem VA vorbehalten muß."

[17] Haushaltsplan und Organisationsstruktur des Büros für Friedensfragen waren bereits auf der internen Direktoriumssitzung vom 10. 4. 1947 (Prot. Z 1/20, hier Bl. 114–116) diskutiert worden, nachdem am 14. 3. 1947 über diese Fragen eine Besprechung zwischen StS Brill, StS Eberhard, StMin. Pfeiffer, RegDir. v. Herwarth und MinDir. Seelos in München stattgefunden hatte (Prot. Z 35/2, Bl. 122–125). Roßmann wandte sich im Direktorium vor allem gegen die Tendenz, das Büro nur sehr lose mit dem LR zu verbinden. Die MilReg. habe immer wieder betont, daß zonale Einrichtungen dem LR angegliedert sein müßten; außerdem sprächen Gründe der Kostenersparnis für eine enge Verzahnung mit dem LR (Z 1/20, Bl. 114).

dem müsse eine Reihe von Vorarbeiten auf diesem Gebiet geleistet werden, um bereit zu sein, bei eventuellen Anfragen der Besatzungsmächte Material zur Verfügung stellen zu können. Außerdem sei die Sammlung des Materials wichtig für den Fall, daß autorisierte Vertreter des deutschen Volkes bei den Friedensverhandlungen doch zu Worte kommen würden.

Der Personenkreis, mit dessen Mitarbeit man rechnen könne, sei begrenzt, weil nur vollkommen unbelastete Personen herangezogen werden könnten.

Er betrachte es als eine erfreuliche Tatsache, daß auch Bremen seine Mitarbeit zugesagt habe, und dies besonders aus dem Grunde, weil eine Mitarbeit des Nordens von Deutschland vorläufig noch nicht möglich sei.

Man habe deshalb nur eine lose Verbindung mit dem Länderrat gewählt, weil man nicht den Eindruck erwecken wolle, daß es sich um eine Zoneneinrichtung der US-Zone handele.

StMin. Pfeiffer verliest sodann den Entwurf eines Planes.[18] Er teilt mit, daß der Herr Finanzminister von Württemberg-Baden den vorgesehenen Haushaltsplan beanstandet habe.[19] Er persönlich sei der Ansicht, daß der Finanzminister des Landes, in welchem das Büro sich befinde, kein Recht habe, den Etat zu prüfen. Er halte es für möglich, durch neuerliche Überprüfung des Planes eine Globalabminderung um 10% zu erreichen, aber es sollte dem Leiter des Büros in Verbindung mit den drei Bevollmächtigten, die von den Ländern entsandt werden, möglichst überlassen bleiben, zu entscheiden, wo Einsparungen vorgenommen werden können. Er bitte die Herren Ministerpräsidenten, die Vereinbarung über die Bildung des Büros und den Haushaltsplan zu genehmigen.

Es sei selbstverständlich, daß der Leiter des Büros mit dem Generalsekretär des Länderrats engste freundschaftliche Verbindung halte und der Verkehr mit dem Coordinating Office im Einvernehmen mit ihm geschehe. Man werde, sobald konkrete Pläne vorliegen würden, die Verbindung mit dem Coordinating Office[20] in dieser Angelegenheit aufnehmen.

MinPräs. Stock dankt Staatsminister Pfeiffer für seinen Bericht. Es erhebe sich für ihn

---

[18] Dabei dürfte es sich um das sogen. Statut (von den MinPräs. am 15. 4. 1947 unterz. Ausf. in: Z 35/2, Bl. 99, 116–117 (verheftet!) und um den Haushaltsplan (Z 35/2, Bl. 118–121) gehandelt haben.

[19] Der Haushaltsplan hatte ein Ausgabenvolumen von 642 000 RM, davon waren 43 100 RM einmalige Ausgaben.

[20] Dem RGCO wurde die Vereinbarung der MinPräs. über das Deutsche Büro für Friedensfragen am 28. 4. 1947 überreicht (Vermerk vom 28. 4. 1947 in: Z 35/2, Bl. 21). Dabei meinte Col. Winning, das Büro dürfe sich nicht als ein "disseminating center" (Propagandaministerium) sondern nur als "collecting center" mit der Möglichkeit des Materialaustauschs mit ähnlichen Büros in der britischen Zone betätigen. Kurze Zeit später, am 3. 5. 1947, sprach auch Prof. Friedrich (OMGUS) mit StS Eberhard über Ziele und Aufgaben des Büros (Vermerk vom 12. 5. 1947 in: Z 35/2, Bl. 17–18). Friedrich betonte in der Unterhaltung, daß er großen Wert darauf lege, daß das Friedensbüro Verbindung mit den Büros in der brit. Zone aufnehme. Dem RGCO empfahl er: "It would seem wise to proceed very cautiously so as not to involve our government in any positions Eberhard's office may be taking; either directly or indirectly. [...] We surely must follow what they are doing; but, since the Mil.Gov. has permitted the Germans to organize such an office on a zonal basis, our 'supervision' had perhaps better for the time being taken the form of following what they are doing sufficiently to enable us to stop any activities that might go beyond basic American occupation policies" (Friedrich an das RGCO vom 23. 5. 1947 in: NA RG 260 OMGUS 33–1/11, folder Peace Questions). Einige Wochen zuvor, am 8. 4. 1947, hatte sich Prof. Friedrich bereits über die in Niedersachsen tätigen Arbeitskreise Bad Nenndorf und Göttingen im Verlauf einer Besprechung bei der MilReg. in Göttingen unterrichtet (Prot. vom 9. 4. 1947 in: HStA Hannover Nds Z 50 Acc. 32/63, Nr. 45 I).

die Frage, ob es nötig sei, eine Sonderinstanz neben dem Länderrat zu schaffen, oder ob die Möglichkeit bestünde, zur Verbilligung beizutragen, wenn der hier beim Länderrat eingespielte Apparat mit ausgenützt und verwertet werde.

[SenPräs.] *Kaisen* hält die sachlichen Ausgaben nicht für übertrieben hoch. Bremen habe bei den Anfangsarbeiten auf dem Reparationsgebiet die Erfahrung gemacht, daß man Experten für ganz bestimmte Fragen benötige. Dafür gingen hohe Beträge verloren. Die Ermittlungen müßten von ersten Kräften ausgeführt werden und stichhaltig sein.

Er weist darauf hin, daß auch in der englischen Zone ähnliche Stellen ihre Arbeit begonnen hätten. Er gibt der Hoffnung Ausdruck, daß hier bald eine Zusammenarbeit erfolge.

StMin. *Pfeiffer* erwidert hierauf, daß die Verbindung mit Sachverständigen der britischen Zone auf diesem Gebiet bereits aufgenommen worden sei. General Clay habe hierzu seine Genehmigung erteilt.

MinPräs. *Maier* bestätigt, daß Württemberg-Baden zunächst über die Höhe des angeforderten Betrages erstaunt gewesen sei. Nach eingehender Besprechung mit seinem Finanzminister sei Württemberg-Baden bereit, sich an den Kosten zu beteiligen,[21] wobei aber immer wieder betont werden müsse, daß ein kleiner Apparat außer dem Vorzug der Billigkeit auch den der Wendigkeit und Qualität habe. Bei einem großen Apparat werde man auf durchschnittliche und unterdurchschnittliche Kräfte zurückgreifen müssen.

Bezüglich des Verhältnisses zum Länderrat sei er nicht dafür, daß das Büro für Friedensfragen in einen engen Konnex zum Länderrat trete. Der Länderrat sei nur ein Koordinierungsorgan, während das Büro für Friedensfragen nur einen Sinn haben könne, wenn es eine irgendwie geartete Zusammenfassung erreiche. Die lose Form sei empfehlenswert, weil man die Beschränkung auf die süddeutschen Länder und Bremen am besten überwinden könne, wenn dieses Institut nicht so eng an den Länderrat angegliedert oder gar eine Länderratsorganisation werde. Er halte es aber nicht für richtig, wenn man zum Generalsekretär des Länderrats, der über die beste Kenntnis aller politischen Vorgänge verfüge, nur in einem „freundschaftlichen" Verhältnis stehen wolle. Er müsse mindestens einen Sitz im Ausschuß bekommen. Ein Stimmrecht halte er nicht für unbedingt erforderlich, aber die Verbindung müsse aufrechterhalten bleiben und der Generalsekretär das Recht haben, an den Sitzungen teilzunehmen.

GS *Roßmann* erklärt, daß er in verschiedener Hinsicht von den Darlegungen der Herren abweiche. Er sei für eine engere Verbindung mit dem Länderrat. Dies sei aber eine Angelegenheit, die durch die Herren Ministerpräsidenten zu entscheiden sei. Aber in zwei Punkten werde gewissermaßen in die Kompetenz des Generalsekretärs eingegriffen, einmal bezüglich der Verbindung zum Coordinating Office, die bisher in politischen Fragen das Vorrecht des Generalsekretärs war. Er bitte infolgedessen um Berücksichtigung seines Wunsches, daß Vorstellungen beim Coordinating Office durch ihn oder wenigstens in seiner Begleitung erfolgen. Zum anderen sei auch eine Verbindung zum Parlamentarischen Rat vorgesehen. Der Parlamentarische Rat sei aber eine ausschließliche Einrichtung des Länderrates, deren Geschäftsordnung der Generalsekretär des Länderrates ausübe. Es sei unbedingt notwendig, daß der Generalsekretär hier eingeschaltet werde.

---

[21] Der Verteilungsschlüssel lautete je 32% für Bayern, Hessen und Württemberg-Baden sowie 4% für Bremen (vgl. Artikel 10 des Statuts vom 15. 4. 1947, vgl. Anm. 18).

Länderrat US-Zone 15. 4. 1947 Nr. 14 A

StMin. Pfeiffer entgegnet hierauf, daß die Anregungen des Generalsekretärs in der Geschäftsordnung[22] niedergelegt werden müßten. Sie entsprächen im übrigen durchaus dem Empfinden der Herren, die diesen Plan ausgearbeitet hätten. Daß die Verbindung zum Coordinating Office immer in Gegenwart des Generalsekretärs geschehe, sei ebenso selbstverständlich wie, daß die Verbindung mit dem Parlamentarischen Rat nur über ihn gehe. Sobald grundsätzliche Entscheidungen getroffen seien, könne man diese Dinge in der Geschäftsordnung festlegen.

GS Roßmann führt aus, daß nur die Frage zur Entscheidung stehe, ob diese Angelegenheiten in den Plan selbst aufgenommen oder in die Geschäftsordnung abgeschoben werden sollten. Außerdem habe er noch angeregt, eine Reihe von technischen Aufgaben durch das Sekretariat erledigen zu lassen (Kasse, Personalverwaltung usw.), wodurch auch Geld eingespart werden könnte.

Der Länderrat stimmt dem vorgelegten Entwurf und dem Haushaltsplan zu, bittet aber, noch folgendes zu Protokoll zu nehmen:
1. Der Generalsekretär des Länderrats soll das Recht haben, an den Sitzungen des Büros für Friedensfragen mit beratender Stimme teilzunehmen.
2. Der Verkehr mit dem Coordinating Office erfolgt gemeinschaftlich mit dem Generalsekretär des Länderrats.
3. Der Verkehr mit dem Parlamentarischen Rat erfolgt nur über den Generalsekretär des Länderrats.

[5.] **Verlängerung der Vollmacht für den Beauftragten für Importabnahme**

Die Herren Ministerpräsidenten unterzeichnen die vom Direktorium bis zum 31. 5. 1947 verlängerte Vollmacht für den Beauftragen des Länderrats für Importabnahme.[23]

[6.] **Versorgungsnotprogramm**[24]

Nachdem die Frage des Versorgungsnotprogramms auf der Sitzung des Verwaltungsrats für Wirtschaft in Minden am 20. 3. 1947 aus Zeitmangel nicht mehr hatte besprochen werden können und von der Tagesordnung abgesetzt wurde, werden die Herren Ministerpräsidenten es übernehmen, ihre Wirtschaftsminister erneut darauf hinzuweisen, in dieser Angelegenheit im Sinne der Ministerpräsidenten beim Verwaltungsrat für Wirtschaft in Minden zu wirken.

[7.] **Gesetz zur Verhütung des Mißbrauchs ausländischer Liebesgaben**

Der Länderrat stimmt dem Vorschlag des Direktoriums in dieser Angelegenheit, das Gesetz gemäß MGR 5 – 213.11 zu erlassen, zu.[25]

---

[22] Eine Geschäftsordnung ließ sich nicht ermitteln; jedoch wurde der Weisung der MinPräs. entsprechend verfahren, wie Roßmann in einem Schreiben vom 25. 10. 1947 bemerkte (Nachl. Roßmann/39, Bl. 4). Eine vorläufige Dienstanweisung vom 11. 4. 1947 berücksichtigt o. g. Frage nicht (Z 35/1, Bl. 55–59).

[23] Beauftragter des LR für Importabnahme war Heinrich Arfas. Ab 1. 6. 1947 wurde die Stelle der Hauptabteilung Außen- und Interzonenhandel des VAW eingegliedert. Vgl. Vogel, Westdeutschland II, S. 51.

[24] Vgl. Dok.Nr. 8, TOP 4 und 10 A, TOP 12.

[25] Entwurf in: Z 1/182, Bl. 111; Vorentwürfe und Materialien in: Z 1/1236.

[8.] Gesetzentwurf über die Versicherungsaufsicht

Der Länderrat stimmt dem Vorschlag des Direktoriums in dieser Angelegenheit, das Gesetz gemäß MGR 5 – 213.11 zu erlassen, zu und entscheidet, daß die Versicherungsaufsicht Sache der Finanzministerien ist.[26]

[9.] Einrichtung eines erweiterten Referats für die Bearbeitung von Kriegsgefangenenfragen beim Sekretariat des Länderrats

Der Länderrat stimmt der Empfehlung des Direktoriums[27] zu.

[10.] Teilnahme von Beamten der bizonalen Verwaltungsräte an Sitzungen der Leiter der Zonenämter der britischen Zone

Dieser Punkt wird aus Zeitmangel von der Tagesordnung abgesetzt und soll in der nächsten Sitzung behandelt werden.[28]

[11.] Verschiedenes [Zuständigkeit des VR für Verkehr für die Seehäfen]

[SenPräs.] *Kaisen* berichtet, daß der Verwaltungsrat für Verkehr in Bielefeld die Absicht habe, seinen Wirkungsbereich auch auf die Seehäfen auszudehnen. Merkwürdigerweise wolle Bielefeld auch seinen Einfluß auf die Seehäfentarife geltend machen. Bei dem augenblicklichen schweren Kampf mit Rotterdam und Antwerpen würde dies eine große Gefahr für Bremen bedeuten. Es sei vorgesehen, daß sich der Verwaltungsrat für Verkehr in Kürze mit dieser Angelegenheit beschäftigen werde. Er bitte die Herren Ministerpräsidenten, auf ihre Verkehrsminister einzuwirken, daß sie einen den Wünschen Bremens entsprechenden Standpunkt bei den kommenden Beratungen einnehmen.[29]

Die Ministerpräsidenten erklären hierzu ihr Einverständnis.

[Schluß: 17.20 Uhr[30]]

---

[26] Das Direktorium hatte um die Entscheidung gebeten, ob die Versicherungsaufsicht zum Zuständigkeitsbereich der Finanz- oder der Wirtschaftsministerien gehören solle. (Prot. der internen Sitzung vom 10. 4. 1947 in: Z 1/20, hier Bl. 119; Entwurf des Gesetzes und Materialien in: Z 1/334).

[27] Das Direktorium hatte auf seiner 28. Tagung vom 27. 3. 1947 (Prot. in: Z 1/156, hier Bl. 234) empfohlen, beim Sekretariat ein erweitertes Referat für die Bearbeitung von Kriegsgefangenenfragen zu errichten, bis die Möglichkeit bestehe, eine „Dienststelle für Kriegsgefangenenfragen beim Länderrat" einzurichten. Zur Vorgeschichte vgl. Dok.Nr. 10 C, TOP 2.

[28] Vgl. Dok.Nr. 18 A, TOP 11.

[29] Vgl. Prot. der 10. Sitzung des VR für Verkehr vom 29./30. 4. 1947 (Z 1/765, hier Bl. 74–75). Auf dieser Sitzung wurde die Frage an eine Unterkommission verwiesen, deren Arbeitsergebnisse auf der 11. Sitzung des VR für Verkehr in Rothenburg o. d. Tauber (Prot. ebenda, Bl. 56–70) gebilligt wurden. Die Kompetenzen des VR für Verkehr und der Hauptverwaltung See für das Gebiet der Seehäfen betrafen demnach einige allgemeine Fragen, wie Richtlinien für die Hafenverkehrspolitik, allgemeine Hafentarifpolitik, Sicherheitsprobleme, Zuteilung von Kontingenten für Bau- und Betriebsstoffe.

[30] Es ist nicht ersichtlich, wann die Sitzung unterbrochen und wieder aufgenommen wurde.

Länderrat US-Zone 15. 4. 1947 Nr. 14 B

B Sitzung des Plenums

I BA Z 1/65, Bl. 234–237. Undat. und ungez. Wortprot. im Umdr. vervielf. Ausf.[1]
II BA Z 1/189, Bl. 125–139. Undat. und ungez. Wortprot., maschinenschr. vervielf. Ausf.
TO: Z 1/182, Bl. 67–85, Nachtrags-TO: Z 1/182, Bl. 86–108; Kurzprot. Z 1/182, Bl. 114–117

Anwesend[2]: MinPräs. Ehard, MinDir. Seelos, ORegRat v. Elmenau, die Abgg. Horlacher, Loritz (Bayern); SenPräs. Kaisen (Bremen); MinPräs. Stock (Vorsitz), StS Strauß, die Abgg. Witte, Fisch, Köhler (Hessen); MinPräs. Maier, Justizmin. Beyerle, StS Gögler, StR Wittwer, die Abgg. Andre, Buchmann, Haussmann, Heurich (Württemberg-Baden); v. Arnim, Preller, Wutzlhofer, GS Roßmann (Länderrat); Linnert (als Gast) und andere

I Ansprache des Generals Clay

Mr. Ministers President, Ladies and Gentlemen:
I am very glad to be down here for another monthly meeting of the Laenderrat and particularly under the most favorable weather conditions we have had for some time.

Since the last meeting of the Laenderrat, as you know, I have been away from Germany to Moscow. Very obviously I cannot talk about the Moscow Conference as it is still going on. I would say to you, though, that I would not expect too much from this first conference which is being held by the four Foreign Ministers in an effort to solve the German peace problem.[3] You have been given, I believe, full press coverage with respect to the proceedings of the conference and I think you must also remember that the peace treaties with the smaller countries took many, many months before they were finally resolved. The problems involved in this one are more complex and of greater magnitude. I say that to because I think that I have noted in your papers what I know is a great desire for this problem to be resolved quickly.[4] However, I think that you greatly overemphasize the thought that the problems involved can be solved in a few weeks.

On my return I found that the food situation seemed to be causing more difficulty than for some time. In some ways it is difficult for me to understand why this crisis has developed. Actually, inasfar as the bread ration is concerned, there is enough flour or grain equivalent here in Germany or on the way to Germany to hold the bread ration and I feel reasonably confident that the food authorities will solve the distribution problem comparatively quickly. On the other hand, the collections within Germany have not met quotas and I hear more and more from the various Laender where there is food as to why they should not let that food go elsewhere since they get very little in return. That is your problem – one which you must solve. The United States and the United Kingdom are bringing in approximately three hundred thousand tons of flour or flour equivalent each month. If you yourselves are unwilling to share what you yourselves produce, I do

---

[1] Deutsche Übersetzung Z 1/189, Bl. 122–124.
[2] Für diese Sitzung des LR fehlt die sonst in der Regel vorliegende Anwesenheitsliste; die Aufzählung der Anwesenden zu Beginn des Prot. erscheint sehr unvollständig, insbes. hinsichtlich der Abgeordneten aus dem Parl. Rat.
[3] Vgl. hierzu die eingehende Behandlung der Moskauer Außenministerkonferenz in der internen Besprechung mit den MinPräs (Dok.Nr. 14 C, TOP 1).
[4] Wie die von OMGUS durchgeführten Meinungsumfragen zeigten, sah die öffentliche Meinung in Deutschland der Moskauer Außenministerkonferenz mit sehr großen Hoffnungen entgegen. Obwohl man sich darüber im klaren war, daß Verzögerungen beim Abschluß eines Friedensvertrages vermutlich mildere Bedingungen bedeuten würden, glaubte man mehrheitlich, daß allein die Tatsache eines Friedensvertrages die Lage in Deutschland bereits verbessern würde. Vgl. Merrit, Public Opinion, Bericht Nr. 62 vom 14. 6. 1947 über Umfragen Ende April/Anfang Mai 1947, S. 164–165.

not see how you can expect us to keep that up. If some of the people who talk about patriotism in terms of boundaries would talk about it in terms of sharing with their neighbor your problem would lessen. It seems to me that it is a real test of your devotion to your own country. Riots, strikes and disturbances from lack of food hurt only you.[5]

With the coming of spring and the better transportation that is available there was and is every possibility of a substantial industrial revival in the coming months. If you do not get the coal and raw materials that are necessary for that revival it will not happen. I can only say to you that somehow you have failed to bring the picture home to your own people because I am sure that if they understood that their recovery rests in their own hands you would not have the conditions that exist today. I realize that it is very difficult to make people who have gone through a very severe winter fully understand, but it does seem to me that your greatest step is to get the cooperation of your farmers and your producers to insure this revival before the coming winter. Military Government will help in every way possible. We cannot solve the problem, only you can solve the problem. With this beautiful weather that you are having now it seems to me that you will probably be able to approach it with a new spirit yourselves.

I have only one other subject that I wantet to discuss with you this morning and that is the subject of your own constitutions. Each of your states has adopted constitutions which guarantee democracy within the state. They are magnificent documents, but they are worth no more than their implementation. Progress in the states in passing the legislation to implement the constitution has varied considerably. I would urge your efforts to expedite the progress of constitutional legislation such as the defining of the powers of local government, the establishment of constitutional courts, and similar measures necessary to insure that the provisions of your constitutions are carried out. It seems to me that it is extremely important that you show every effort to develop your constitutions in the spirit in which they were written. I am quite sure it would hasten the march to a constitution for Germany as a whole which would guarantee the democratic freedoms to Germany. It would be the most convincing evidence of your own desire to establish democratic safeguards. I do not want you to take this as a criticism because it is not intended as such. I know that you have been giving a great deal of time to these problems, but something good soon is better than something perfect too late. Thank you very much.

II Sitzung des Länderrates

[Beginn: 15.03 Uhr]

[*Stock* eröffnet die Sitzung und begrüßt die Anwesenden]

[1.] Gesetz über die Behandlung wiederkehrender Leistungen bei der Zwangsvollstreckung in das unbewegliche Vermögen

[Dem Gesetz[6] wird zugestimmt]

---

[5] Zu den Streiks im Ruhrgebiet vgl. Dok.Nr. 14 C, TOP 3.

[6] Entwurf Z 1/182, Bl. 78, Begründung ebenda, Bl. 67–70; Vorentwürfe und Materialien in: Z 1/1258. Abdr. LRGS, S. 70.

Länderrat US-Zone   15. 4. 1947   Nr. 14 B

[2.] Entwurf eines Gesetzes über die Anerkennung freier Ehen rassisch Verfolgter[7]

Witte: Der Parl. Rat empfiehlt dem Länderrat, dem Entwurf mit folgenden Änderungen zuzustimmen[8]:
Ziff. 4 des Gesetzes soll folgende Fassung erhalten: „Der Justizminister regelt die Einzelheiten des Verfahrens".[9] Der Parl. Rat empfiehlt ferner, den Rechtsausschuß zu bitten, einen besonderen Gesetzentwurf über die Anerkennung freier Ehen politisch Verfolgter vorzubereiten.

Roßmann: Der Länderrat hat die Abänderung des § 4, wie sie vom Parl. Rat gewünscht wird, angenommen. Es wird aber vorgeschlagen zu sagen: Der Parl. Rat empfiehlt ferner, den Rechtsausschuß zu bitten, die Notwendigkeit eines Gesetzentwurfs über die Anerkennung freier Ehen politisch und religiös Verfolgter, also das Bedürfnis, zu prüfen.

[Der Entwurf wird einstimmig angenommen]

[3.] Entwurf eines Ergänzungsgesetzes zum Gesetz zur Ahndung nationalsozialistischer Straftaten

Witte: Der Parl. Rat empfiehlt dem Länderrat, dem Ergänzungsgesetz[10] mit folgenden Änderungen zuzustimmen:

a) Am Schluß des § 1[11] soll es anstelle der Worte: „und ein Verbrechen den Gegenstand der Untersuchung bildet" heißen: „und wenn nach dem Ergebnis der Untersuchung ein Verbrechen anzunehmen ist".

b) § 2 Abs. 2 soll folgende Fassung erhalten: „Die Wiederaufnahme des Verfahrens gemäß § 1 ist nur bis zum 31. Dezember 1948 zulässig".[12]

---

[7] Entwurf in: Z 1/182, Bl. 79, Begründung ebenda, Bl. 71; Vorentwürfe und Materialien Z 1/1253. Abdr. LRGS, S. 5.

[8] In der Sitzung des Parl. Rates vom 14. 4. 1947 (Prot. in: Z 1/197, hier Bl. 62–64, 88) referierte StS Strauß über den Gesetzentwurf. Nach Einwendungen des Abg. Fisch (KPD), der die Regelung auf die aus politischen Gründen verfolgten Personen ausgeweitet wissen wollte, wurde der Entwurf in der Nachmittagssitzung angenommen.

[9] Im Entwurf hieß es: „kann die Einzelheiten des Verfahrens regeln."

[10] Zum Inhalt vgl. folgende Anm.; Entwurf in: Z 1/182, Bl. 80, Begründung ebenda, Bl. 72, Nachtrag Bl. 86; Vorentwürfe und Materialien Z 1/1235 a, Abdr. LRGS, S. 11.

[11] Der § 1, der die wichtigsten inhaltlichen Bestimmungen des Gesetzes enthielt, lautete in der beschlossenen Fassung: „Die Wiederaufnahme eines durch rechtskräftiges Urteil geschlossenen Verfahrens zu Ungunsten des Angeklagten findet auch statt, wenn der Angeklagte aus politischen, rassischen oder religionsfeindlichen Gründen freigesprochen oder zu einer unverhältnismäßig milden Strafe verurteilt wurde, und wenn ein Verbrechen den Gegenstand der Untersuchung bildet." In den frühen Entwürfen des Gesetzes zur Ahndung nationalsozialistischer Straftaten war ein entsprechender Passus wie ihn das Ergänzungsgesetz vorsah, bereits geplant gewesen; er wurde fallen gelassen, weil die MilReg. wegen des amerik. Verfassungsgrundsatzes „no person shall be twice put in jeopardy of life or limb for the same offence" Bedenken hatte. Die Strafrechtspflegeordnung, die von der MilReg. ausgearbeitet worden war, sah entgegen diesem Grundsatz die Möglichkeit vor, rechtskräftig geschlossene Verfahren auch zu Ungunsten des Angeklagten wieder aufzunehmen, so daß dieses Ergänzungsgesetz nunmehr möglich wurde (vgl. die Begründung Z 1/182, Bl. 72 und Nachtrag auf Bl. 86).

[12] Im Entwurf hatte es geheißen: „Die Wiederaufnahme des Verfahrens gemäß § 1 ist nur innerhalb eines Jahres nach dem Inkraftsetzen dieses Gesetzes zulässig."

[*Stock:*] Der Länderrat hat beiden Anträgen zugestimmt.
[Der Entwurf wird angenommen[13]]

[4.] Entwurf eines Ergänzungsgesetzes zum ersten Gesetz zur Wiedergutmachung nationalsozialistischen Unrechts in der Strafrechtspflege[14]

Witte: Der Parl. Rat stimmt zu.[15]
[*Stock:*] Der Entwurf ist einstimmig akzeptiert.

[5.] Entwurf eines Gesetzes über die Verwaltung von Personenvereinigungen[16]

[Das Gesetz wird ohne Änderungsvorschläge des Parl. Rates, die darauf abzielten, die Industrie- und Handelskammern einzuschalten[17], angenommen]

[6.] Entwurf des Gesetzes über die Aufhebung und Änderung von Vorschriften der Sozialversicherung[18]

Witte: Der Parl. Rat empfiehlt dem Länderrat: Dem Entwurf des Gesetzes nach Streichung des § 2[19] zuzustimmen.
[*Stock:*] Der Länderrat hat zu der Sache Stellung genommen. Ich bin beauftragt, folgende Erklärung abzugeben:

Der Länderrat ist gegen die Streichung, und zwar aus dem Grunde, weil es nicht angeht, den Versicherungsträgern, das sind hier die Angestellten- und die Invaliden-Versicherung, Beiträge, die der Versicherte zum Schutze seines Lebens bezahlt hat, damit der Versicherungsträger das Risiko trägt, nachher auszubezahlen, wenn das Risiko für den Versicherten nicht mehr besteht. Diese Bestimmung war auch nur in der Angestelltenversicherung, nicht in der Invalidenversicherung in Geltung. Die Angestelltenversicherung wird zur Zeit nach ihrem alten Recht durch die Invalidenversicherung mitverwaltet. Sie würde also einmal hier ein Unrecht gegenüber den Invalidenversicherten schaf-

---

[13] Die vom Parl. Rat eingebrachte Ergänzung des § 1 („und wenn nach dem Ergebnis der Untersuchung ein Verbrechen anzunehmen ist") wurde vom LR am 3. 6. 1947 wieder rückgängig gemacht, da sie sich nicht mit den Vorschriften der Strafprozeßordnung vereinbaren ließ. (Vgl. Kurzprot. der LR-Sitzung vom 3. 6. 1947 in: Z 1/183, hier Bl. 202, Begründung Z 1/183, Bl. 208–209).

[14] Entwurf Z 1/182, Bl. 81, Begründung ebenda, Bl. 72; Vorentwürfe und Materialien in: Z 1/1235. Abdr. LRGS, S. 68. Das Gesetz änderte die §§ 10 und 12 des Ersten Gesetzes zur Wiedergutmachung nationalsozialistischen Unrechts in der Strafrechtspflege und sollte die Möglichkeit geben, Urteile bei Strafbeständen, die im Dritten Recht aus politischen Gründen besonders hart ausgefallen waren, zu revidieren.

[15] Der Parl. Rat hatte auf seiner Sitzung vom 14. 4. 1947 (Prot. in: Z 1/197, hier Bl. 67) ohne Debatte zugestimmt, nachdem v. Arnim, Leiter der Rechtsabteilung des LR, das Gesetz erläutert hatte.

[16] Das Gesetz änderte und ergänzte die Artikel I und II der VO zur Vereinfachung der Verwaltung von Personenvereinigungen vom 8. 1. 1945 (RGBl. 1945 I, S. 5). Entwurf Z 1/182, Bl. 82–83, Begründung ebenda, Bl. 74–76, Vorentwürfe und Materialien in: Z 1/1224. Abdr. LRGS, Bl. 143–144.

[17] Prot. der Sitzung des Parl. Rates vom 14. 4. 1947 in: Z 1/197, hier Bl. 68–72, 90–91.

[18] Entwurf Z 1/188, Bl. 84, Begründung ebenda, Bl. 76. Abdr. LRGS, S. 160. Das Gesetz änderte insbesondere Vorschriften zur versicherungsrechtlichen Stellung von Mitarbeitern der NSDAP, der Wehrmacht, der Waffen-SS und des RAD.

[19] Der § 2 lautete: „Beitragserstattungen gemäß § 1309 RVO und §§ 46 und 47 AVG erfolgen bis auf weiteres nicht" und betraf somit vor allem die Rückerstattung von Beiträgen an weibliche Versicherungsnehmer bei ihrer Verheiratung. Der Parl. Rat hatte sich auf der Sitzung vom 14. 4. 1947 (Prot. in: Z 1/197, hier Bl. 72–73, 91–92) nach Erläuterungen von Prof. Preller, dem Leiter der Sozialpolitischen Abteilung des LR, mit dem Gesetz befaßt. Der Antrag auf Streichung des § 2 ging vom Abg. Wagner (Hessen) aus.

Länderrat US-Zone 15. 4. 1947 Nr. 14B

fen: Bei der Arbeiterversicherung würde es nicht ausbezahlt, bei der Angestelltenversicherung würde es ausbezahlt werden müssen, nämlich die Beträge, die jemand für sich eingezahlt hat bis zum Tage der Verheiratung oder frühen Todes, ohne je eine Rente bezogen zu haben. Die Versicherungsträger ganz allgemein wenden sich dagegen und das Staatsinteresse erfordert es, die Gegenseitigkeit der Versicherung zu wahren, und es ist nicht opportun, diese Bestimmung, die seinerzeit geschaffen wurde, als die Versicherung ihren Eingang in das Volk fand, nunmehr [...] wieder zu ändern, nachdem die Bestimmung seit Monaten ruht. Die Gelder reichen bei den Versicherungen sowieso nicht. Die Angestellten-Versicherung ist mit ihrem Aufkommen wesentlich schlechter gestellt als in ihren guten Zeiten. Die Praxis und das solidarische Interesse der Versicherten bedingen, daß eine Rückzahlung nicht erfolgt. Aus diesen Gründen waren auch die Herren Minister und der Herr Senatspräsident der von mir interpretierten Auffassung. Ich bitte Sie, von dem Vorschlag des Parl. Rates Abstand zu nehmen. [...]

[*Buchmann* und *Linnert* sprechen sich für die Streichung des § 2 aus, *Stock* plädiert nochmals für die Beibehaltung]

Andre [...]: Ich möchte darauf aufmerksam machen, daß diese Abfindung im Falle der Verheiratung in vielen Fällen auch zu großen Mißständen geführt hat. Bei der Verheiratung wurde der Antrag gestellt, auf Rückzahlung der eingezahlten Beträge, soweit sie auf die Arbeitnehmer entfallen. Kaum war das junge Paar verheiratet, dann mußte es wieder ins Geschäft, hatte seine Rentenansprüche an die Angestelltenversicherung verloren, mußte dann erst wieder die Anwartschaft erwerben und inzwischen konnten sie eine Rente überhaupt nicht mehr beziehen. Also, ich bitte, die Sache auch von diesem Standpunkt aus anzusehen; sie hat ihre zwei Seiten. Es ist nicht ein unbedingter Fortschritt, wenn man sie nach dem seitherigen Recht beurteilt. Ich habe selbst früher eine große Praxis in diesen Sachen gehabt und weiß, welche harten Fälle vorgekommen sind, weil sich die Leute bei der Verheiratung ihre Beiträge haben zurückzahlen lassen und nachher hatten sie keine Möglichkeit mehr, die Anwartschaft zu erwerben. Also ich glaube, man kann sehr wohl die Gleichstellung der beiden Versicherungen auf diesem Gebiet befürworten. Im übrigen möchte ich darauf aufmerksam machen, daß auch in der Invalidenversicherung früher die Rückerstattung von Beiträgen im Fall der Verheiratung möglich war; wie auch beim Eintritt in größere Genossenschaften. Dort ist die Bestimmung schon vor Jahren aufgehoben worden, nur bei der Angestelltenversicherung war die Rückzahlung der Beiträge noch möglich. Es geschieht also kein großes Unglück, wenn hier die Gleichstellung eintritt.

[*MinPräs. Stock* unterstützt die Ausführungen des Vorredners nachdrücklich und stellt fest, daß der Änderungsantrag des Parl. Rates abgelehnt wird und damit die alte Vorlage wiederhergestellt ist]

[7.] Auflösung der Dienststelle des Generaldirektors des Verkehrswesens in Frankfurt am Main[20]

[...]

---

[20] Die Auflösung war bereits in der internen LR-Sitzung beschlossen worden (vgl. Dok.Nr. 14 A, TOP 1 h). Die Dienststelle war überflüssig geworden, nachdem auf Anordnung der brit. und amerik. Militärregierung die Hauptverwaltung für Binnenschiffahrt in Bielefeld die Verwaltung der Binnenschiffahrt übernommen hatte. (Vgl. Z 1/182, Bl. 77, Antrag des Direktoriums aus der Sitzung vom 20. 3. 1947).

[8.] Genehmigung der Satzung des Sonderausschuses für Kulturpolitik beim Länderrat

[*Stock:*] Ist auch erledigt.[21]

[9.] Entwurf eines Arbeitsverpflichtungsgesetzes[22]

[*Stock:*] Hier ist beantragt, die Beratung dieses Entwurfs zu vertagen bis zur nächsten Sitzung.[23] Wir haben dem entsprochen, sind aber der Auffassung, daß das der äußerste Termin ist. Damit ist auch dieser Punkt erledigt.

[10. Gesetz zur Änderung und Ergänzung des Gesetzes über die Beschäftigung Schwerbeschädigter]

Witte: Es handelt sich hier um den Entwurf eines Gesetzes zur Änderung und Ergänzung des Gesetzes über die Beschäftigung Schwerbeschädigter.[24] Auch hier hat der Parl. Rat empfohlen, die Beschlußfassung über den Entwurf bis zur nächsten Sitzung zurückzustellen.[25] Begründet wird dieser Antrag damit, daß uns der umfangreiche Entwurf erst jetzt zugegangen ist und obwohl wir wissen, daß wir nur eine beratende Funktion haben, erscheint uns das Gesetz so außerordentlich wichtig, daß wir zunächst einmal daran gehen müssen, das ganze Gesetz gründlich durchzuarbeiten. Aus diesen Gründen möchten wir bitten, die Sache zurückzustellen, um uns Gelegenheit zu geben, in den Landsmannschaften zu dem Entwurf Stellung zu nehmen, und dann in der nächsten Sitzung diesen Punkt zu erledigen. Wir verkennen nicht die Bedeutung und Eile, aber umgekehrt muß auch der Länderrat einsehen, daß es dem Parl. Rat unmöglich ist, eine so umfangreiche Vorlage hier im D-Zug-Tempo erledigen zu können. Das geht über unsere Kraft, und unser Verantwortungsgefühl sagt uns, wir müssen Gelegenheit haben, erst das Gesetz durchzuarbeiten und dann unsere Stellung bekanntzugeben.

[*Stock:*] Der Parl. Rat hat zwei Anträge zur Abänderung des Gesetzes gestellt.[26] Ich kann mitteilen, daß die Herren Minister zugestimmt haben, sie waren aber darüber hin-

---

[21] Der Punkt war ebenfalls bereits ohne Diskussion in der internen Sitzung beschlossen worden (Dok.Nr. 14 A, TOP 1 i). Zur Vorgeschichte vgl. Dok.Nr. 10 B II, TOP 13.

[22] Bei dem Gesetz handelte es sich um die Ausführung des Kontrollratsbefehls Nr. 3 und die hierzu erlassenen Richtlinien der MilReg., die die Registrierung von Arbeitskräften und in diesem Rahmen auch Bestimmungen über Zwangseinweisung in Arbeitsplätze vorsahen. Entwurf Z 1/182, Bl. 90–95, Begründung ebenda, Bl. 87; Materialien Z 1/967, 1239. Abdr. LRGS, S. 629–641.

[23] Die Verschiebung war vom Parl. Rat nach einer eingehenden Debatte am 14. 4. 1947, bei der Prof. Preller das Gesetz erläutert hatte, erbeten worden (Prot. Z 1/197, hier Bl. 73–78, 92–93). Bayern plädierte dafür, das Gesetz den Landtagen vorzulegen, da eine zoneneinheitliche Regelung nicht notwendig sei. Da auf der internen LR-Sitzung vom 15. 4. 1947 wiederum eine Einigung am Widerstand Bayerns scheiterte, war der Vertagung bereits in der internen Sitzung zugestimmt worden. (Prot. Z 1/19, hier Bl. 326; zum Fortgang vgl. Dok.Nr. 18 A, TOP 1 a sowie Dok.Nr. 18 B II, TOP 1).

[24] Entwurf in: Z 1/182, Bl. 96, Begründung ebenda, Bl. 88; Vorentwürfe und Materialien Z 1/1240. Abdr. LRGS, S. 161–163. Das Gesetz änderte und ergänzte Vorschriften über die Beschäftigung Schwerbeschädigter.

[25] Der Antrag auf Vertagung erfolgte nach einer ausgiebigen Diskussion (Prot. der Sitzung vom 14. 4. 1947 in: Z 1/197, hier Bl. 78–85, 94–97), bei der die bayerischen Vertreter, die dem Grundgedanken des Gesetzes durchaus zustimmten, die Ansicht vertraten, die Fragen könnten auch in befriedigender Weise durch die Landtage gesetzlich geregelt werden; eine zonengleiche Regelung sei, insbes. hinsichtlich der Frage der organisatorischen Durchführung der gesetzlichen Bestimmungen, nicht notwendig.

[26] Die Änderungsvorschläge des Parl. Rates sahen vor, den Landesarbeitsämtern in der Zuteilungsquote von zu beschäftigenden Schwerbeschädigten einen größeren Spielraum zu gewähren. (Vgl. Z 1/19, Bl. 285).

aus der Auffassung, daß das Gesetz eigentlich heute hätte erledigt werden sollen. Es ist eine dringende Notwendigkeit und wenn Sie auf Ihrem Standpunkt beharren, fügen wir uns wahrscheinlich nur sehr zögernd. Die Schwerbeschädigtenfrage ist keine Kleinigkeit. Es kommen hier Hunderttausende von Menschen in Betracht, die dadurch betroffen werden. Aus diesen Gründen muß die Angelegenheit von allen Seiten geprüft werden.

Witte: Meine Herren, ich darf dem hinzufügen, daß das Hauptgesetz, nämlich das Leistungsgesetz über die Versehrten in den Landtagen verabschiedet worden ist, wenn auch auf der allgemeinen Grundlage für die ganze anglo-amerikanische Zone. Hier handelt es sich nun um ein Nebengesetz, und die Einheitlichkeit erfordert, daß wir den Landsmannschaften noch einmal Gelegenheit geben, dazu Stellung zu nehmen. Ich betone nochmals, daß der Parl. Rat sich vollkommen einig ist, daß hier eine außerordentlich wichtige Aufgabe vorliegt, hat es aber trotzdem für richtiger gehalten zu bitten, ihm noch einmal Gelegenheit zu geben, darüber zu beraten und ich würde doch empfehlen, wenn die Herren Ministerpräsidenten sich damit einverstanden erklären würden, daß wir auch das in der Sitzung in drei Wochen erledigen.

Maier: Das Gesetz ist von sehr großer Bedeutung. Ich glaube, wir müssen uns bei der Zurückstellung der Beratung vor Augen halten, daß wir nicht am 6. Mai vor der Situation stehen, daß gesagt wird: Gut, wir wollen das Gesetz nun annehmen, aber es herrscht darüber keine Klarheit, daß es ein Zonengesetz sein soll. Nicht der Verlauf von drei Wochen ist schließlich entscheidend, aber es wäre sehr bedauerlich, wenn auch in der Maitagung ein Land erklären würde: Wir sehen das als eine Landesangelegenheit an und verneinen den Charakter als Zonengesetz.[27] Es handelt sich doch hier um die Fortführung der ehemaligen Reichsgesetzgebung, die sich als sehr segensreich erwiesen hat und verbreitert und erweitert werden muß. Wir haben zwar der Vertagung schon zugestimmt, aber ich möchte noch einmal bitten, daß wir am 6. Mai auch zu einer Verabschiedung kommen.[28]

(Sehr gut!)

Witte: Meine Herren, ich möchte ausdrücklich erklären, daß die Auffassung, es handelt sich hier nicht um ein Länder-, sondern um ein zonales Gesetz, durchaus die Zustimmung aller Landsmannschaften gefunden hat. Also in dieser Beziehung bestehen keine Besorgnisse. (Große Unruhe)

Horlacher: Ich möchte bitten, uns den Entwurf möglichst jetzt schon zuzuleiten. Wir werden uns im bayerischen Landtag mit dieser Frage zu beschäftigen haben. Ein abschließendes Urteil werden wir allerdings wohl nicht abgeben.

[*Stock:*] Ich glaube, wir bemühen uns alle, die Sache in Eintracht zu erledigen. Damit ist die Angelegenheit einstweilen erledigt.

Ehard: Um kein Mißverständnis aufkommen zu lassen: Inhaltlich haben wir gegen das Gesetz gar nichts einzuwenden, aber wir sind der Meinung, daß dieses Gesetz auf Länderbasis erlassen werden soll. Ich möchte dazu jetzt endgültig keine Stellung nehmen, aber auch nicht die Meinung aufkommen lassen, als wolle man gegen die Schwerbeschädigten irgendwie Sturm laufen.

[...]

---

[27] Diese Ansicht hatte Bayern bereits in der Sitzung des Direktoriums vom 10. 4. 1947 vertreten (vgl. Z 1/182, Bl. 88; siehe auch Ehards Äußerungen im folgenden).

[28] Das Gesetz wurde am 6. 5. 1947 verabschiedet, vgl. Dok.Nr. 18 A, TOP 1 b.

[11.] Entwurf einer Verordnung über den Warenverkehr in der gewerblichen Wirtschaft[29]

v. Elmenau: Der Länderrat hat folgende Stellung eingenommen[30]: Der Länderrat begrüßt grundsätzlich den ihm vorgelegten Entwurf als einen wesentlichen Schritt zur Durchsetzung der Wirtschaftseinheit und ist bereit, den Erlaß einer Verordnung gemäß MGR 5/213.12 vorzunehmen, *sofern dem im Nachfolgenden unter 1–6 aufgeführten Abänderungsvorschlag Rechnung getragen wird.*

1. § 3 des Entwurfs[31] soll folgende Fassung erhalten:
Der Verwaltungsrat kann in allgemein verbindlichen Anordnungen nach den §§ 1 und 2 seinen Vorsitzenden ermächtigen, die hierzu erforderlichen Ausführungsanordnungen zu erlassen.
Der Entwurf einer Ausführungsanordnung des Vorsitzenden ist den Mitgliedern des Verwaltungsrates vorzulegen. Erhebt ein Mitglied binnen einer Woche nach Empfang des Entwurfs Einspruch, so beschließt der Verwaltungsrat über die Ausführungsanordnung. Die *Begründung* lautet: Es erscheint dem Länderrat mit den Grundsätzen der Demokratie unvereinbar, daß einer politisch nicht kontrollierten Stelle die Befugnis zum Erlaß von Anordnungen, die alle Staatsbürger verpflichten, eingeräumt werden kann. Deshalb soll der Erlaß der grundlegenden Bewirtschaftungsanordnungen ausschließlich dem Verwaltungsrat für Wirtschaft vorbehalten bleiben. Dagegen soll der Verwaltungsrat für Wirtschaft befugt sein, den Erlaß der Ausführungsanordnungen und Durchführungsvorschriften dem Vorsitzenden des Verwaltungsrates für Wirtschaft zu übertragen. Da es sich auch hierbei um Normen handelt, die von weittragen-

---

[29] Die mit 42 Parapraphen sehr umfangreiche VO über den Warenverkehr in der gewerblichen Wirtschaft (= Warenverkehrsordnung) war seit Okt. 1946 durch den VRW beraten worden. Der hier behandelte Entwurf (Z 1/156, Bl. 215–226, Vorentwürfe und Materialien in: Z 1/276, 645) stellte bereits die vierte, vom VRW beschlossene Fassung, dar. Umstritten waren v. a. folgende Fragen: 1. Sollten die Strafbestimmungen (29 von 42 Paragraphen) in die VO mit aufgenommen werden? 2. Sollte der Vorsitzende des VRW oder nur der VR ermächtigt werden, den Warenverkehr zu überwachen und zu regeln? 3. Welche Stellen sollten zum Erlaß von Einzelanordnungen befugt sein; der VR durch seinen Vorsitzenden oder die Landesbehörden? Die wichtigsten ersten drei Paragraphen der VO sollten lauten (Z 1/156, Bl. 215):
„§ 1 Der Verwaltungsrat für Wirtschaft des amerikanischen und britischen Besatzungsgebiets (Verwaltungsrat) ist ermächtigt, für den Bereich der gewerblichen Wirtschaft den Verkehr mit Waren zu überwachen und durch allgemeinverbindliche Anordnungen zu regeln. Diese Anordnungen können insbesondere die Beschaffung, Fertigung, Verteilung, Lagerung, den Absatz und den Verbrauch von Waren betreffen und allgemeine Beschlagnahmen aussprechen.
§ 2 Der Verwaltungsrat ist ermächtigt, soweit er dies für die Überwachung und Regelung des Warenverkehrs für notwendig hält, allgemeinverbindliche Anordnungen über die Aufzeichnung geschäftlicher Vorgänge, namentlich über die Buchführung, zu treffen.
§ 3; 1. Der Verwaltungsrat kann die ihm nach §§ 1 und 2 zustehenden Befugnisse für einzelne Fachgebiete auf seinen Vorsitzenden übertragen.
2. Der Vorsitzende des Verwaltungsrats hat die von ihm erlassenen allgemeinverbindlichen Anordnungen den Mitgliedern des Verwaltungsrats unverzüglich bekanntzugeben."
Zur weiteren Entwicklung vgl. Anm. 43.

[30] Der VO-Entwurf war dem LR vom RGCO offiziell mit Schreiben vom 9. 4. 1947 (Z 1/645) übersandt worden. Als Frist für eine Stellungnahme war der 16. 4. 1947 benannt worden. Das Direktorium behandelte die VO in seiner Sitzung vom 10. 4. 1947 (Prot. in: Z 1/156, Bl. 113–119) auf Grund einer Vorlage der Abteilung Wirtschaft des LR (Z 1/156, Bl. 212–226) und empfahl grundsätzlich die Annahme. An Änderungen wurden vorgeschlagen, den § 3 (vgl. vorige Anm.) fortfallen zu lassen, die Strafvorschriften in einer gesonderten VO zu erlassen und die Gültigkeit bis zum 31. 12. 1948 zu begrenzen. Die im folgenden, von ORegRat v. Elmenau verlesene Stellungnahme war nach der Debatte in der internen Sitzung des LR (vgl. Dok.Nr. 14 A, TOP 1) erarbeitet worden.

[31] Alte Fassung von § 3 vgl. Anm. 29.

der Bedeutung für die Individuen sein können, soll den Mitgliedern des Verwaltungsrates für Wirtschaft ein Einspruchsrecht mit aufschiebender Wirkung eingeräumt werden.

Die 2. Änderung lautet:

§ 5 Abs. 1 Satz 3 soll wegfallen. Abs. 2 von § 5 ist entsprechend zu ändern.[32]

Begründung: Im Sinne des vorläufigen Abkommens zur Bildung einer deutschen Wirtschaftsverwaltung vom 5./11. 9. 1946, Artikel 9 Abs. 1 Satz 2[33] und zur Aufrechterhaltung einer geordneten Verwaltung erscheint es dem Länderrat erforderlich, jede Möglichkeit eines unmittelbaren exekutiven Eingriffes einer außerhalb der Landesverwaltungen stehenden Stelle von vornherein auszuschließen. (Sehr gut!)

3. § 7[34] soll folgende Fassung bekommen:

Der Vorsitzende des Verwaltungsrates hört bei der Ausarbeitung allgemein verbindlicher Anordnungen und Ausführungsanordnungen (§ 3) die beim Verwaltungsrat für Wirtschaft des amerikanischen und britischen Besatzungsgebietes gebildeten Ausschüsse. Das gleiche gilt für Anordnungen des Verwaltungsamts nach § 39 Abs. 2.[35]

Begründung: Die Einschaltung der Ausschüsse beim Verwaltungsamt für Wirtschaft soll nicht nur bei Ausarbeitung allgemein verbindlicher Anordnungen, sondern im Interesse einer reibungslosen Durchführung auch vor Erlaß der Ausführungsanordnungen erfolgen. Im Interesse der wirtschaftlichen Einheit beider Zonen empfiehlt sich diese Handhabung auch bei Ausarbeitung solcher Bestimmungen, die nach § 39 Abs. 2 vor dem 31. März 1948 nur für die britische Zone erlassen werden. Denn solche Anordnungen werden oftmals auch für das amerikanische Besatzungsgebiet von unmittelbarer oder präjudizieller Bedeutung sein.

4. Abänderung: § 8[36] soll lauten.

(1) Allgemein verbindliche Anordnungen des Verwaltungsrats und Ausführungsanordnungen seines Vorsitzenden werden im amerikanischen Besatzungsgebiet durch die Länder und im britischen Besatzungsgebiet in der dort vorgeschriebenen Art und Weise verkündet.

(2) Die Landesregierung ist ermächtigt, anzuordnen, daß die Veröffentlichung im Mitteilungsblatt des Verwaltungsamts für Wirtschaft in Minden als Verkündung gemäß Abs. 1 gilt.

---

[32] Hierbei handelte es sich um die Befugnis, Einzelanordnungen zu erlassen. Der § 5, Abs. 1, Satz 3 lautete: „Der Verwaltungsrat kann im Einzelfall oder für einzelne Fachgebiete auch andere Stellen zum Erlaß von Einzelanordnungen ermächtigen."

[33] „Die Beschlüsse werden von den betreffenden Wirtschaftsbehörden der Länder in der amerikanischen Zone und entsprechend in der britischen Zone ausgeführt" (Wortlaut in: Z 1/15, hier Bl. 138).

[34] Der § 7 lautete im Entwurf: „Der Vorsitzende des Verwaltungsrates hört vor Erlaß allgemeinverbindlicher Anordnungen die beim Verwaltungsamt für Wirtschaft des amerikanischen und britischen Besatzungsgebiets (Verwaltungsamt) gebildeten Ausschüsse."

[35] § 39, Absatz 2 lautete: „Das Verwaltungsamt wird ermächtigt, bis zum 3. März 1948 zur Regelung des Warenverkehrs allgemeinverbindliche Anordnungen im Sinne der §§ 1 und 2 für die britische Zone zu erlassen, wenn eine alsbaldige Regelung erforderlich wird.

[36] Die Fassung des § 8 des vorliegenden Entwurfs lautete: „1. Zur Verkündung von Anordnungen, die eine Ermächtigung des Vorsitzenden des Verwaltungsrats (§ 3) sowie den Widerruf einer solchen enthalten, genügt die Veröffentlichung im Mitteilungsblatt des Verwaltungsamts, Anordnungen, die eine Ermächtigung der oberen Landesbehörde (§ 4, S. 2) oder den Widerruf einer solchen enthalten, werden nach den landesrechtlichen Vorschriften verkündet. 2. Anordnungen, die eine Ermächtigung enthalten, treten eine Woche nach der Verkündung, Anordnungen, die einen Widerruf enthalten, am Tage nach der Verkündung in Kraft; Abweichendes kann bestimmt werden."

Begründung: Die in dem vorgelegten Entwurf der Warenverkehrsordnung vorgesehene Abänderung des vorläufigen Abkommens hinsichtlich der Verkündung von Beschlüssen des Verwaltungsrats für Wirtschaft schien dem Länderrat nicht erforderlich. Bewirtschaftungsanordnungen sind in der US-Zone von den Ländern zu verkünden. Hierbei erschien es angebracht, die Bestimmung des Verkündungsorgans nach Gesichtspunkten der Zweckmäßigkeit den Ländern zu überlassen.

5. Änderung: Sinngemäß wird § 8 Abs. 1 Satz 2 des alten Entwurfs ein eigener § 9. § 9 bisheriger Fassung wird gestrichen.[37]
Dann noch eine mehr redaktionelle Umänderung:
§ 42 soll lauten: Die Verordnung tritt am... in Kraft.[38]
Begründung: Da der Entwurf weitgehende Ermächtigungen vorsieht, ist es unerläßlich, seine Gültigkeit bis zum Ablauf des Jahres 1948 zu befristen.
Der Länderrat *empfiehlt darüber hinaus* die Vornahme folgender Abänderungen:
1. Die Präambel sollte lauten:
1. Auf Grund des Art. 9 Abs. 2 des vorläufigen Abkommens über die Bildung einer deutschen Wirtschaftsverwaltung vom 5./11. 9. 1946 in Verbindung mit den Artikeln II und III der Proklamation der Militärregierung Deutschland, amerikanisches Kontrollgebiet, vom 1. März 1947 wird die folgende *Verordnung* usw. verkündet.
Fußnote zur Präambel: Die Verordnung wird in den Ländern des US- und britischen Besatzungsgebietes gleichlautend erlassen werden.
Begründung hierfür: Die Präambel muß die Rechtsgrundlagen der Verordnung für das amerikanische Besatzungsgebiet klar zum Ausdruck bringen.
[...]
2. Im § 8 neuer Fassung sollte ein Absatz 3 etwa folgenden Wortlauts eingefügt werden:
(3) Der Zeitpunkt des Inkrafttretens hat in allen Ländern übereinzustimmen. Er ist so zu wählen, daß die beteiligten Wirtschaftskreise rechtzeitig von dem Inhalt Kenntnis erhalten können.
Begründung: Insoweit eine Verkündung in verschiedenen Publikationsorganen in Betracht kommt, ist besonders Wert auf einen einheitlichen Zeitpunkt des Inkrafttretens zu legen, für den Sorge zu tragen die Länder verpflichtet werden.
[...]
3. § 41 erster Satz des Entwurfs sollte lauten:
Die folgenden Vorschriften werden für den Bereich der gewerblichen Wirtschaft nicht mehr angewendet.
Begründung dazu: Durch die Änderung von Satz 1 wird klargestellt, daß es sich nur um eine formelle Aufhebung landesgesetzlicher Vorschriften handelt.
[...]
4. § 42 sollte folgenden Absatz 2 enthalten:
Der Verwaltungsrat für Wirtschaft kann diese Verordnung zu einem früheren Zeitpunkt außer Kraft setzen.
Begründung: Es sollte die Möglichkeit geschaffen werden, die Verordnung auch zu ei-

---

[37] Nach dem alten § 9 sollte zur Verkündigung allgemeinverbindlicher Anordnungen des VR oder seines Vorsitzenden die Veröffentlichung im Mitteilungsblatt des Verwaltungsamtes genügen.

[38] Die alte Fassung von § 42 lautete: „Die Verordnung tritt am... in Kraft".

nem früheren Zeitpunkt als dem 31. 12. 1948 außer Kraft zu setzen, wenn die Umstände es erlauben oder erfordern.

[*Stock:*] Dazu darf ich bemerken, das Gesetz anzunehmen oder abzulehnen, ist mit dem heutigen Tage befristet. Eine Verschiebung ist nicht möglich. Das Wort hat nun Herr Köhler.

Köhler: Durch die Bemerkung des Herrn MinPräs. Stock ist die von mir im Auftrag des Parl. Rats vorzutragende Erklärung eigentlich schon ad absurdum geführt. Ich sollte im Namen des Parl. Rats folgendes zum Ausdruck bringen:[39] Wir stimmen mit dem Länderrat darin überein, daß das höchste und wichtigste Ziel aller politischen Arbeit heute darin bestehen muß, die Verwirklichung der wirtschaftlichen Einheit Deutschlands zu fördern. Jede gesetzgeberische Maßnahme, die dieser Zielsetzung dient, ist willkommen und soll durch uns gefördert werden. Im vorliegenden Falle allerdings ist die diesem Zweck dienende gesetzgeberische Maßnahme den meisten Mitgliedern des Parl. Rats erst gestern zu Gesicht gekommen, so daß schon technisch nicht die Möglichkeit bestanden hat, sich mit dem gesamten Inhalt, geschweige denn mit einzelnen Bestimmungen der Verordnung vertraut zu machen. Aus diesem Grunde meint der Parl. Rat, daß es zweckmäßig wäre, seine Stellungnahme bis zur nächsten Sitzung des Länderrats auszusetzen, um in der Zwischenzeit Gelegenheit zu finden, sich über die einzelnen Bestimmungen und deren Tragweite klar zu werden. Ich füge persönlich noch hinzu: Ich weiß nicht, inwieweit ich befugt bin, im Namen einer Reihe von Mitgliedern des Parl. Rats zu sprechen. Das, was das Direktorium ausgearbeitet hat, war eine Reihe von einzelnen Bedenken, die in einer gewissen ersten Diskussion zum Ausdruck gekommen sind und denen bereits Rechnung getragen wurde. Auf der anderen Seite ist aber auch im Länderrat folgender Gesichtspunkt beachtet worden: Es wäre wünschenswert, den Erlaß dieser Verordnung solange hinauszuschieben, bis die gleichen demokratischen und staatsrechtlichen Grundlagen in der britischen Zone vorhanden sind, wie wir sie hier haben, d. h. bis die Wahlen stattgefunden haben und bis aus deren Ergebnis die parlamentarischen Konsequenzen gezogen sind.

Der Parl. Rat möchte die Gelegenheit der Stellungnahme zu der Verordnung über den Warenverkehr nicht vorübergehen lassen, um folgendes hervorzuheben: Der Zweck der Verordnung ist u. a., bei Unregelmäßigkeiten und Störungen im Warenverkehr bei den Beteiligten einzugreifen. Die Unregelmäßigkeiten und Störungen im Bewirtschaftungssystem sind so, daß sie den tatsächlichen wirtschaftlichen Verhältnissen nicht mehr Rechnung tragen. Es wird daher für unbedingt erforderlich angesehen, daß mit Nachdruck und Beschleunigung eine grundlegende Neuordnung des Bewirtschaftungssystems seitens der zuständigen Stellen in Zusammenarbeit mit Vertretern der Unternehmer und Arbeitnehmer in die Wege geleitet wird.

Roßmann: Ich möchte zu der Angelegenheit noch folgendes sagen: Über den zeitlichen Druck, über den Sie sich beklagen, beklagt sich der Länderrat genau so. Wir haben von dieser Verordnung schon am Ostersamstag Kenntnis erhalten. Über die Feiertage konnte die Angelegenheit nicht bearbeitet werden. Es handelt sich hier um einen ersten Fall, in dem wir bei der Verabschiedung bizonaler Gesetze als Länderrat gehört werden. Es kommt nach der Auffassung der Militärregierung sehr darauf an, daß die de-

---

[39] Der Parl. Rat hatte sich zwar in seiner Sitzung vom 14. 4. 1947 mit der VO befaßt, aber seine Entscheidung auf den 15. 4. 1947 vormittags vertagt, um das Ergebnis der Beratungen in der internen LR-Sitzung abzuwarten (Z 1/197, Bl. 85–87, 97).

mokratischen Instanzen des Länderrats und des Parl. Rats sehr rasch arbeiten. Wenn wir zur Kundmachung unserer abweichenden Meinungen zu viel Zeit brauchen, dann glaubt man auf Seiten der Militärregierung, nicht imstande zu sein, dieses große Entgegenkommen auf Dauer aufrechtzuerhalten. Deshalb haben wir den größten Wert darauf gelegt, in diesem ersten Fall zu beweisen, daß wir rasch arbeiten können. Darüber hinaus bitte ich zu bedenken, daß die ganze Verordnung zeitlich begrenzt ist und daß wir wahrscheinlich bald Gelegenheit haben werden, uns erneut mit größerer Muße mit dieser Frage zu befassen.

Maier: Meine Herren, ich glaube, es muß hervorgehoben werden, daß wir mit dieser Verordnung über den Warenverkehr gar kein Gesetz durch den Länderrat beschließen, sondern wir haben lediglich ein Votum abzugeben, denn der Weg der Gesetzgebung ist so, daß der Wirtschaftsrat in Minden diesen Verordnungsentwurf ausarbeitet. Derselbe geht an die amerikanische und britische Militärregierung. Die amerikanische Militärregierung läßt uns diesen Entwurf zugehen, um unsere Meinung darüber zu hören. Deshalb auch diese besonders kurzen Fristen. Mit unserm Votum wird dann die Sache an die amerikanische Militärregierung gehen, von dort an das gemeinschaftliche Amt der beiden Militärregierungen und da wird dann die Entscheidung getroffen, ob diese Verordnung Gesetz wird. Man kann über die Gesetzgebungsarbeit der bizonalen Ämter verschiedener Meinung sein, und wir wissen, daß verschiedene Meinungen bestehen. Es ist klar, daß diese 40 Mill. Menschen der englischen und amerikanischen Zone nicht durch fünf bizonale Ämter wirtschaftlich genügend sorgfältig verwaltet werden können, aber eines steht fest, daß wir vom Standpunkt des Länderrats und der süddeutschen Staaten aus ein großes Interesse daran haben, daß der Wirtschaftsrat in Minden ein Instrument in die Hand bekommt, das es ihm ermöglicht, seiner Aufgabe gerecht zu werden, (Sehr richtig!) denn nur auf diesem Wege haben wir süddeutschen Staaten die Möglichkeit, auch in punkto Eisen und Kohle mitzusprechen. (Sehr richtig!). Deshalb müssen wir uns mit einer sehr wohl abgewogenen Bearbeitung des Länderrats befassen und mitteilen, daß der Parl. Rat in der Zeitkürze rein objektiv verhindert war, sich mit der Sache genügend zu befassen, daß aber seine Ansicht nachgebracht werden wird. (Rufe: Einverstanden!)

Fisch: Ich glaube, daß die Auseinandersetzung über diese Verordnung bei den Beratungen des Parl. Rates sehr viel Zeit in Anspruch genommen hat, und man kann feststellen, daß das Ja und Nein keineswegs durch die Ländergrenzen bedingt ist. Die Bedenken sind außerordentlich stark, und ich glaube, daß sie nicht allein materieller Art sind in bezug auf die einzelnen Artikel, die in der Kürze der Zeit nicht genügend studiert werden können, sondern daß diese Bedenken sehr viel mehr grundsätzlicher Art sind. Der Herr Generalsekretär hat uns gesagt, daß die Militärregierung Wert darauf lege, die Meinung des Länderrats und des Parl. Rats zu hören. Wir begrüßen diese Bereitschaft, aber ich glaube, der Militärregierung kann nicht daran gelegen sein, daß wir nur eine Zustimmung rein formeller Art erteilen, die nicht einer echten Zustimmung gleichkommt. Eine echte Zustimmung kann aus den Gründen, die hier schon erwähnt worden sind, nicht gegeben werden und darum halte ich es im Interesse der Sache und der Sauberkeit für wesentlich, daß die Verkündung der Verordnung unter dem Namen der Militärregierung erfolgt und daß sich der Länderrat, bzw. der Parl. Rat einer Meinungsäußerung dazu enthält, da es ihm in dieser kurzen Zeit nicht möglich gewesen ist, in dieser oder jener Form positiv oder negativ zu entscheiden.

Es geht aber noch um eine zweite Frage: In der ursprünglichen Fassung der Präambel bezieht sich der Verfasser der Verordnung auf das Abkommen vom 5./11. Sept. 1946 über die Kompetenzen der Wirtschaftsverwaltungen der beiden Zonen. Seit diesem Tage sind sieben Monate vergangen. Ich glaube, wenn der bizonale Wirtschaftsrat in Minden die Absicht gehabt hätte, eine wirklich demokratische Regelung zustandezubringen, die sich außerdem auf die Zustimmung der Länder beider Zonen stützt, dann wäre für diese Bemühungen in sieben Monaten Zeit genug gewesen und man hätte dazu nicht bis nach Ostern 1947 zu warten brauchen. In dem Abkommen vom Sept. 1946 wird ausdrücklich darauf hingewiesen, daß der bizonale Wirtschaftsrat das Recht besitzen müsse, Gesetze und Verordnungen zu erlassen, die für die Länder beider Zonen rechtsverbindlich sind, ohne daß die Meinungen der betr. Länder in dieser oder jener Form nachträglich maßgebend sein sollen. Das hat damals schon weitgehende Diskussionen ausgelöst nicht bloß seitens einzelner Länder, sondern auch einzelner Teile der im bizonalen Wirtschaftsrat als unparlamentarisch arbeitenden Institutionen, worin das Recht abgesprochen wird, Gesetze und Verordnungen zu erlassen, die keiner parlamentarischen Kontrolle unterstellt sind. Diese Erörterung hat sieben Monate in Anspruch genommen und ich glaube, es wäre eine Selbstentwürdigung unseres Organs, wenn wir trotzdem heute einfach die Unterschrift unter eine Ausführungsverordnung setzen würden, deren Sinn und Zielrichtung bereits vor sieben Monaten angegeben war, aber bisher in keiner Weise zum Gegenstand verbindlicher Beratungen gemacht worden [ist]. Darum glaube ich, ist es im Interesse einer sauberen Entscheidung besser, wir erklären, wir haben mit der Verkündung dieser Verordnung nicht zu tun.

Witte: Meine Herren, wie ich schon betonte, befindet sich der Parl. Rat in einer sogenannten Zwickmühle. Wir verkennen durchaus nicht die Bedeutung dieser Verordnung und verkennen auch nicht die Eilbedürftigkeit. Der Parl. Rat hält heute seine zweite Sitzung ab und muß sich damit abfinden, Stellung zu nehmen zu Gesetzentwürfen und Verordnungen, die schon lange vorbereitet sind. Es ist sehr schwer für verantwortungsbewußte Politiker, in Rücksicht auf den Wunsch der Militärregierung ihre eigenen Bedenken zurückzustellen. Ich sehe aber in dem Vorschlag des Herrn MinPräs. Maier einen Weg, der diese Verordnung nicht aufhält und doch dem Parl. Rat die Möglichkeit gibt, seine Stellungnahme nachzubringen. Der Vorschlag lautet: Der Länderrat nimmt diese Verordnung an und teilt gleichzeitig mit, daß infolge [der] Kürze der Zeit der Parl. Rat nicht in die Materie weiter hineinsteigen kann, daß er es aber für richtig hält, seine Stellungnahme nachzutragen.[40] Ich möchte vorschlagen, daß der Parl. Rat diesen Vermittlungsvorschlag annimmt.

Horlacher: Meine verehrten Herren, wir haben uns auch vorhin eingehend mit dieser Frage beschäftigt in der Landesgruppe Bayern. Mir fällt ein Satz ein, der für die Beurteilung und Entscheidung der Frage von Wichtigkeit ist: Principiis obsta! In den Anfängen leiste Widerstand. Das Gesetz, das hier gemacht wird, ist zum großen Teil von der Unmöglichkeit beschattet, dazu in sachlicher Weise Stellung zu nehmen. Es handelt sich bei uns allen darum, daß wir die wirtschaftliche Einheit Deutschland so notwendig brauchen wie das tägliche Brot, und daß wir sie fördern müssen. Es handelt sich aber auch darum, daß die Mittel und Wege, um diese wirtschaftliche Einheit zu fördern, solche sein müssen, daß sie die Zustimmung aller beteiligten Kreise finden. Es ist ja ein bedauerlicher Zustand, daß die verwaltungs- und verfassungsmäßige Konstruktion der amerik. und britischen Zone auseinandergehen. Das ist das, worunter wir leiden und

---

[40] Vgl. Anm. 42.

was uns besonders in der Landesgruppe Bayern veranlaßt, am Anfang schon Widerstand zu leisten. Das Gesetz, das hier gemacht wird, ist zum großen Teil von der Unmöglichkeit begleitet, dazu in sachlicher Weise Stellung zu nehmen, und so können wir den Grund wahrhaftig nicht einsehen, warum diese Verordnung gerade jetzt kurz vor der Neuordnung der politischen Verhältnisse der britischen Zone verabschiedet werden muß. Die Rechtsquellen, auf denen die bizonalen Verwaltungs-Einrichtungen beruhen, sind noch keineswegs abgeschlossen. Die Rechtsquellen in der amerikanischen Zone sind klar. Die Rechtsquellen in der britischen Zone sind durch die britische Besatzungsmacht ersetzt. Der verfassungsmäßige Zustand muß erst noch geschaffen werden. (Zuruf: Sind sie überhaupt klar?) Wir können unmöglich einer so weittragenden Verordnung zustimmen, die an eine bizonale Behörde die Richtung gibt, die nach unserer Überzeugung parlamentarisch nicht gründlich unterbaut ist. Das ist der wesentliche Grund, und deswegen sehen wir auch nicht ein, warum das so sehr von heute auf morgen eilt. Es kommt der sachliche Gesichtspunkt hinzu – wir können das in den einzelnen Ländern besonders beurteilen – es handelt sich jetzt darum, die wirtschaftlichen Verhältnisse in Ordnung zu bringen. Dazu haben die einzelnen Länder genügend Befugnisse. Aber es handelt sich auch darum, daß Vollmachten an eine Stelle übertragen werden sollen, wobei wir die Tragweite der Benützung dieser Vollmachten noch gar nicht übersehen. Bei einer so wichtigen Verordnung ist es absolut notwendig, daß man sich im Detail mit der Verordnung beschäftigt. Es ist auch notwendig, daß die Verordnung so aufgebaut wird, daß sie sich in den verwaltungsmäßigen Rahmen des einzelnen Gebietes zwanglos einfügt. Das ist bei dieser Verordnung durchaus nicht der Fall. Die Verordnung stellt in sich ein[en] unklare[n] Kompromiß bezüglich der Kompetenzen dar. Ich darf nur an § 3 erinnern.[41] Es dürfte daher nach meiner Überzeugung nicht mehr als recht und billig sein, daß die Frage zurückgestellt wird, bis der Parl. Rat in seinen einzelnen Landesgruppen zu der Verordnung Stellung genommen hat. Man kann unmöglich jemand[em] zumuten, daß er für eine so weittragende Sache die Verantwortung übernehmen soll, ohne die Konsequenzen überlegen zu können. Es geht das auch aus den Bedenken der Herren Ministerpräsidenten und des Herrn Senatspräsidenten hervor. Diese Bedenken sind auch die unsrigen. Das wird auch durch die Abänderungsvorschläge bestätigt. Es ist notwendig, daß im Parl. Rat die Stimmen laut werden, die das bestätigen, was ich gesagt habe. Ich sehe den Grund wahrhaftig nicht ein, daß die Verordnung am 16. April verabschiedet werden soll, es genügt auch noch eine spätere Verabschiedung. Und wenn schon eine Verordnung verabschiedet wird, dann soll sie auch die Zustimmung aller Beteiligten finden.

Kaisen [betont die Notwendigkeit der Mitarbeit an der VO, die er bei der aktuellen Lage der Wirtschaft für notwendig hält, solange es nicht eine Währungsreform gegeben habe]

[*Stock:*] Ich darf darauf hinweisen, daß wir alle die Anregungen gemeinschaftlich aufgegriffen und zu den Abänderungsvorschlägen vereinigt haben. Wir werden in dieser Frage nur gehört und es ist nicht möglich, daß wir eine formelle Entscheidung treffen. Es ist eine Angelegenheit der bizonalen Verwaltung und Sie erkennen auch aus den Ausführungen des Herrn Senatspräsidenten, wie die Zuständigkeiten auch militärisch verschieden sind. Nachdem wir um unsere Meinung besonders gefragt worden sind und sie herauskristallisiert haben, ist es nicht möglich, auf der anderen Seite dafür einzutre-

---

[41] Vgl. Anm. 29.

Länderrat US-Zone 15. 4. 1947 Nr. 14B

ten, daß wir die Sache bis in den Mai verschieben oder schließlich erklären, wir seien an dieser Angelegenheit desinteressiert. Es ist schon so, wir erledigen heute Arbeiten, die früher nie Arbeiten der Landtage waren, sondern des Reichs. (Sehr richtig!) Ich bitte zu erkennen, daß wir über diese Instanzen hinweg zu den Arbeiten, sagen wir einmal, gedanklich herangezogen werden. Ich bitte zu trennen die Zuständigkeit eines Landtags als Parlament und die Zuständigkeit für eine Exekutive, für die Sie nicht gewählt sind. Wir haben das auseinanderzuhalten.
Loritz: Meine sehr verehrten Herren, es ist jetzt schon einiges über die temporäre Seite der Angelegenheit gesprochen worden, daß wir vor eine sehr kurze Frist gestellt wurden und daß deswegen eine Vertagung dringend erwünscht sei. Ich möchte aber auch auf die materielle Seite der Verordnung abzielen und bitte Sie, sich einmal die genaue Formulierung derselben anzusehen. Die Formulierung des § 1 z. B. bezieht sich auf Anordnungen über die Beschaffung, Fertigung, Verteilung, Lagerung, Absatz, Verbrauch von Waren und deren Beschlagnahme. Das sind Generalklauseln von einer Tragweite und einem Umfang, daß man hier schon allerhand zu der Fassung des § 1 sagen könnte. So geht das durch die ganze Verordnung hindurch. Es sind also nicht bloß temporäre Gründe, die uns hier ein Haar in der Suppe finden lassen, sondern auch inhaltlich scheint diese Verordnung noch nicht in jeder Beziehung genau geprüft worden zu sein, inwieweit sie im Interesse der ganzen Wirtschaft tragbar erscheint. Die Verordnung scheint uns auch materiell in mancher Beziehung viel zu weitgehend zu sein.
[*Stock:*] Wünscht noch jemand das Wort? Wir kommen zur Abstimmung. Es ist vorgeschlagen, die Abänderungsvorschläge zu dem Gesetzentwurf anzunehmen und die Stellungnahme des Parl. Rats nachzuholen.[42] Wer dieser Auffassung ist, den bitte ich dies kundzutun. (*Maier:* Ja!)

---

[42] Die Stellungnahme des Parl. Rates vom 6. 5. 1947 (Z 1/197, Bl. 138–139) lautete:
„Grundbedingung für die Erhaltung der physischen Lebensfähigkeit des deutschen Volkes ist die baldmöglichste Wiederherstellung der wirtschaftlichen Einheit *Gesamt*-Deutschlands. Ein erster Schritt zu diesem Ziel ist die wirtschaftliche Vereinigung der amerikanischen und britischen Zone. Jede Maßnahme, die diese Vereinigung fördert, wird begrüßt und unterstützt, unter der Voraussetzung, daß solche Maßnahmen nach demokratischen Grundsätzen unter parlamentarischer Kontrolle durchgeführt werden.
Der vorliegende Entwurf der Verordnung über den Warenverkehr bedeutet eine Ermächtigung an bestimmte Organe ohne jegliche demokratische Kontrolle unter Außerachtlassung der verfassungsmäßigen Rechte der Länder. Der Parlamentarische Rat kann daher dem Verordnungs-Entwurf nicht zustimmen. Der Parlamentarische Rat nimmt aus diesen grundsätzlichen staatsrechtlichen Erwägungen den Verordnungs-Entwurf zum Anlaß, die Herren Ministerpräsidenten zu ersuchen, bei der Militärregierung dahingehend vorstellig zu werden:
1. Es möge die demokratische Grundlage und Kontrolle der bizonalen Verwaltungseinrichtungen sichergestellt werden;
2. Bezüglich des Entwurfs der Verordnung über den Warenverkehr durch das Verwaltungsamt für Wirtschaft in Minden einen *neuen* Entwurf unter Berücksichtigung der vorgenannten Grundsätze ausarbeiten zu lassen und den Länderregierungen und Landtagen zur Stellungnahme zuzuleiten.
Darüber hinaus wolle mit den Ministerpräsidenten der Länder der britischen Zone und den politischen Faktoren der britischen Zone baldigst in Verhandlungen darüber eingetreten werden, in welcher Form die demokratische Grundlage und Kontrolle bei den Verwaltungseinrichtungen der britischen Zone sowie die gleichzeitige politische Koordinierung auch mit den Ländern der britischen Zone hergestellt werden kann."
Auf Vorschlag des stellv. MinPräs. Hilpert wurden in Abs. 3, Ziff. 2, 5. und 6. Zeile die Worte „den Länderregierungen und Landtagen" ersetzt durch: „dem Länderrat und dem Parlamentarischen Rat des Länderrats".
Die Abgeordneten Fisch (Hessen) und Buchmann (Württemberg-Baden) erklärten sich mit den Sätzen 2 und 3 des Absatzes 1 nicht einverstanden, da diese dem Inhalt des Satzes 1 widersprächen und die in diesen Sätzen, insbesondere in Satz 2, getroffene Feststellung nicht den Tatsachen entspräche.

Ehard: Ich stimme zu, und zwar nur deshalb, weil ich folgende Erwägung anstelle: Die Befristung ist bis heute. Ich muß annehmen, daß diese Befristung auch ernst gemeint ist. Es bleibt also für mich im Augenblick nur die Möglichkeit, entweder zu erklären: Ich sage gar nichts. Dann geschieht etwas, was mir in mancher Beziehung unangenehm und unrichtig erscheint, infolgedessen bin ich genötigt zu sagen: Ich äußere mich, und dann ist es mir lieber, es werden diese Änderungen, die wir ausgearbeitet haben, mit vorgeschlagen. Deshalb stimme ich diesem Antrag zu.
(*Kaisen:* Ja.)
[*Stock:*] Der Beschluß ist folgendermaßen gefaßt: Die Stellungnahme, die Herr OReg-Rat v. Elmenau Ihnen erläutert hat und die Sie schriftlich haben (Rufe: Wir haben sie noch nicht im Wortlaut bekommen. Unruhe) und die mit den Vertretern des Beirats ausgearbeitet worden sind[!] Es ist der Inhalt des Gesetzes, so wie Sie selbst die Sache formuliert haben, und dann die Tatsache, daß die Stellungnahme des Länderbeirats nachgeholt wird. So ist die Verordnung vom Länderrat angenommen.[43] [...]

[Schluß: 16.07 Uhr]

---

[43] Nachdem das RGCO dem LR noch am 21. 5. 1947 (Z 1/645) mitgeteilt hatte, die Warenverkehrsordnung solle durch die MinPräs. erlassen werden, erfolgte am 29. 5. 1947 mündlich die Anweisung, das Gesetz nicht zu verkünden; es werde von der amerikanischen MilReg. in eigener Verantwortung im Anhang „B" zur Prokl. Nr. 5 als Verordnung 14 über Erzeugung, Zuteilung und Verteilung von Waren und Rohstoffen erlassen (vgl. Z 1/645, Abdr. in: Amtsbl. amerik. MilReg. Ausgabe E, Aug. 1947, S. 6–14). Möller kommentierte dieses Vorgehen vor dem Parl. Rat am 2. 6. 1947 folgendermaßen (Z 1/197, Bl. 163):
„Der Beschluß war von den beiden Militärgouverneuren der britischen [und] US-Zone, den Herren Generalen Clay – Robertson, und dieses Board hat auf Grund der verschiedenen Meinungen, insbesondere auf Grund der Unterlagen, die offenbar aus verschiedenen Abteilungen der britischen Militärregierung gekommen waren, eine Warenverkehrsordnung beschlossen, die in ihrem zweiten Teil fast wörtlich übereinstimmt mit der von Minden eingereichten und nicht weiter von uns kritisierten Verordnung. Aber die ersten 4–6 §§, auf die es im Wesentlichen ankam, sind von der Militärregierung vollkommen geändert worden und zwar in einer Art und Weise, die eigentlich von allen Beteiligten für nicht sehr glücklich gehalten wurde, denn diese Änderungen gehen aus von angelsächsischem Rechtsdenken und der Arbeit mit Begriffen und Vorstellungen, die bisher in der deutschen Praxis nicht üblich waren. Sie wissen, daß wir seit 1934 ein langsam gewachsenes Bewirtschaftungsrecht und eine langsam gewachsene Bewirtschaftungspraxis haben und daß bisher jedenfalls noch nicht die Absicht bestand, in förmlicher Hinsicht diese Praxis zu verändern. [...]
Nach dieser Rechtskonstruktion ist es nun den zuständigen Stellen der Wirtschaftsverwaltung in Minden und in den Ländern noch nicht ganz klar, wie man eine einheitliche, wörtlich übereinstimmende Bewirtschaftungsordnung für beide Zonen erlassen kann. Gerade das war aber das Hauptziel, weil nämlich bei verschiedener Formulierung der Bewirtschaftungsanordnung in den Ländern beider Zonen der Verkehr von Waren und Güter von einem Land ins andere erhebliche Schwierigkeiten machen, wenn in jedem Land etwas andere Bestimmungen gelten."

Länderrat US-Zone 15. 4. 1947 Nr. 14 C

C Interne Besprechung der Ministerpräsidenten mit General Clay

BA Nachl. Roßmann/25, Bl. 154–162. Von Roßmann gez. Prot. vom 15. 4. 1947.[1] Einschub ebenda, Bl. 143–145.

Anwesend: Gen. Clay und einige Mitarbeiter des RGCO; MinPräs. Ehard, SenPräs. Kaisen, MinPräs. Maier, MinPräs. Stock, Präs. des Parl. Rates Witte, GS Roßmann

[1. Moskauer Außenministerkonferenz] Prot.

Gen. Clay begann die Unterredung mit einigen „streng vertraulichen" Bemerkungen über die Moskauer Konferenz.[2]

[Er empfehle,] bezüglich der Moskauer Konferenz alles zu tun, um der Bevölkerung keine Aufzeichnung allzu großen Hoffnungen über den Ausgang dieser Konferenz zu machen. Er bitte auch dringend, daß das, was er jetzt sage, nicht aus diesem Kreise hinausdringe.[3] Er glaube nicht, daß etwas Konkretes aus der Konferenz herauskommen werde. Jeder Außenminister kenne jetzt den Standpunkt des anderen. Die Geheimnisse seien weitgehend gelüftet. Die Außenminister hätten jetzt alle das begreifliche Bedürfnis, sich zu Hause in ihren Kabinetten Rückendeckung zu verschaffen, ehe sie berufen würden, aufs Neue zu verhandeln. Es gehe ihnen in dieser Beziehung so, wie es manchmal auch den Ministerpräsidenten des Länderrates gehe, die oft wichtige Angelegenheiten vertagen müßten wegen der mangelnden Fühlungnahme mit ihren Kabinetten.

Eine Tatsache, die auf der Moskauer Konferenz hervorgetreten sei, sei allerdings sehr ermutigend: Die allgemeine Zustimmung zu einer erheblich höheren Industrie-Kapazität, als sie ursprünglich für Deutschland vorgesehen sei.[4] Es sei aber davor zu warnen, diese Tat-

---

[1] Unter der Datumszeile Diktatzeichen der Sekretärin Kindler (Ki). Parallelüberlieferung: Kurze zusammenfassende Wiedergabe der Unterredung im Prot. des Liaison Meeting vom 17. 4. 1947 (Nachl. Pollock/91) sowie in einer Aufzeichnung von SenPräs. Kaisen über die Sitzung des LR vom 15. 4. 1947 (StA Bremen 3–R 1 m Nr. 131 [5] Nr. 17). Kaisen vermerkte, man habe seitens der MinPräs. und des RGCO erwartet, Gen. Clay werde scharfe Kritik an der deutschen Verwaltung bezüglich der Lebensmittelkrise üben und besonders die Tätigkeit der MinPräs. in Hinsicht auf die Sicherung der Ernährung besprechen und ihre Verantwortlichkeit herausstellen. Ferner werde die Entnazifizierung und die Behandlung der Frage der Internierungslager Anlaß zur Kritik geben. „Die Süddeutschen baten darum, diese kritischen Darlegungen – die nicht ohne Erwiderung bleiben würden – am besten in einem internen Kreis zum Ausdruck kommen zu lassen." Roßmann hatte dem RGCO als gewünschte Gesprächsthemen für die Besprechung mit Gen. Clay am 11. 4. 1947 mitgeteilt: 1. Frage der Überführung deutscher Kriegsgefangener in franz. Gefangenschaft in das freie Arbeitsverhältnis, 2. Zahl der Kriegsgefangenen in russischer Gefangenschaft, 3. Büro für Friedensfragen, 4. Kontrollratsbeschluß Nr. 44, wonach 100 Fischdampfer neu gebaut werden sollen; Erteilung der Baugenehmigung (Z 1/1, Bl. 121).

[2] Die folgenden Ausführungen zu dem TOP sind von Roßmann aus Gründen der Geheimhaltung in einer gesonderten, vertraulichen Aufzeichnung festgehalten worden, die hier in das Prot. eingefügt wird (Nachl. Roßmann/25, Bl. 143–145).

[3] Aus diesem Grund hatte Roßmann auch gebeten, seine Aufzeichnung, die er den deutschen Anwesenden der Unterredung übersandt hatte, ihm zurückzuschicken (Nachl. Roßmann/25, Bl. 149, 150).

[4] Zum alten Industrie-Plan vgl. Dok.Nr. 1 B, Anm. 13. In dem Bericht des Coordinating Committee vom 28. 3. 1947 hatte es hinsichtlich des Industrieniveaus für Deutschland geheißen (Foreign Relations 1947/II, S. 421): "The four Delegations agree on the necessity of a revision of the plan for reparations and the level of German post-war economy.
The agreement of the U.S. and U.K. Delegations pertains only to such changes in the proposed removals of capital equipment as may be necessitated by such revision of industry plan as is agreed.
The United Kingdom and French Delegations agree that the guiding principles of this revision should be fixed by the Council of Foreign Ministers.
The Soviet Delegation considers that it is necessary to provide for raising the level of German industry, so that

Nr. 14C   15. 4. 1947   Länderrat US-Zone

Aufzeichnung sache allzu günstig zu beurteilen, denn sie sei durch die Forderung nach großen Reparationen entwertet, die Deutschland auf viele Jahre hinaus schwer belasten würden. Im Lichte dieses Problems scheine es wünschenswert, beinahe alle Industrien in Deutschland zu belassen und sie für viele Jahre für Reparationen arbeiten zu lassen. Nach seiner Ansicht handle es sich hierbei um 10–20% aller Fabriken, die jahrelang für die Reparationen in Aktion bleiben müßten und für die Versorgung des inneren Marktes vollkommen ausfielen, insbesondere auch für die Befriedigung der Verkehrsverhältnisse; auch fürchte er, daß es Deutschland an einer genügenden Anzahl gelernter Arbeitskräfte fehlen werde.

Die Belassung der deutschen Industrie erfolge also in einer Art Schokoladenverpackung, hinter der sich die Reparationsleistung verberge, die eine 20-jährige Beschäftigung ohne jeden Nutzen für die eigene deutsche Wirtschaft bedinge. Dies sei das einzige Problem, das den Fortgang der Moskauer Konferenz entscheidend verzögere. Nach seiner Ansicht könne sich Deutschland jede Regierungsform kaufen, je nach dem Preis, den es dafür zahlen wolle, aber Amerika sei nicht willens, dafür sein Geld einzusetzen.[5]

MinPräs. Stock fragt, wie die Aussichten für eine Einheit der westlichen Zonen, insbesondere im Hinblick auf Frankreich stehen.

Gen. Clay: Die Aussichten hierfür seien, was Frankreich anbelange, keine zu guten. Im Hinblick auf England seien die Aussichten jedoch durchaus gut. Angesichts des Fortgangs der Moskauer Konferenz sei es vielleicht noch zu früh, sich über Einzelheiten ein abschließendes Urteil zu bilden. Er erklärte jedoch, wenn auf der Moskauer Konferenz keine gemeinsame Grundlage erzielt werde, dann würde er die politische Vereinigung der englischen und amerikanischen Zone empfehlen. Er habe nie ein wirkliches Vertrauen in die volle Wirkung einer wirtschaftlichen Vereinigung gesetzt, wenn diese Vereinigung nicht gleichzeitig von der politischen Vereinigung begleitet sei.

Prot. Im Anschluß an diese Bemerkungen erklärte *SenPräs. Kaisen* [...] er habe kein besonderes Vertrauen zum Ausgang der Moskauer Konferenz und würde sich bei einem Fehlschlag nicht enttäuscht fühlen. Die große Frage sei, wie man Deutschland über den toten Punkt hinwegbringe.[5a]

---

the annual production of steel will in the very near future reach ten to twelve million tons. The United Kingdom Delegation considers that annual steel production in Germany should eventually be brought up to ten million tons; and that the limits on the capacity to be left in Germany of other restricted industries shall be subject to upward adjustments; and that the list of prohibited industries shall be reviewed.
The French Delegation considers that the annual capacity of steel production should be fixed at approximately the figure provided for in March, 1946.
The United States Delegation is not in a position to determine the exact figure for steel production for the time being.
The Soviet Delegation feels that this revision should take into account a program of reparations from current production. The United Kingdom and United States Delegation do not agree to this proposal."
Nachdem in der Folgezeit auf Viermächte-Basis eine Einigung nicht erzielt werden konnte, wurde der Industrieplan auf bizonaler Basis revidiert. Abdr. des Planes vom 29. 8. 1947 in: Stolper, die deutsche Wirklichkeit, S. 262–268; Documents on Germany, S. 239–245. Vgl. auch Gimbel, Marshall Plan, S. 220–233.

[5] Nach Kaisens Aufzeichnung sagte Gen. Clay: „Sie können in Moskau jede Regierungsform kaufen gegen Reparationen". Zur Atmosphäre der Moskauer Verhandlungen aus Clays Sicht vgl. auch seine Memoiren, Entscheidung in Deutschland, S. 165–177.

[5a] Eine Analyse der „Ergebnisse der Moskauer Konferenz" wurde Ende Mai 1947 vom Deutschen Büro für Friedensfragen erstellt (Druck, nur für den Dienstgebrauch); sie enthielt eine Synopse über die Haltung der vier Mächte zu den in Moskau behandelten Themen und Ausführungen über die Reaktionen der politischen Öffentlichkeit der beteiligten Länder auf die Ergebnisse der Beratungen.

Länderrat US-Zone 15. 4. 1947 Nr. 14 C

[2. Wirtschaftslage, Exporte]

[*Kaisen:*] Die Arbeitsleistungen der Betriebe bringen nicht das, was sie bringen könnten. In der Landwirtschaft habe man keine Lieferungsverbände mehr, sondern nur noch Lieferungsabwehrverbände. Alle Welt sei davon überzeugt, daß nur die Lösung der Währungsfrage eine Besserung bringen könne. Die Härte des staatlichen Zwanges, mit dem das Dritte Reich seine Probleme zu lösen versucht habe, stehe den demokratischen Regierungen nicht zur Verfügung. Den deutschen Stellen stünden also nur moralische Mittel zur Verfügung, die aber erfahrungsgemäß nicht lange vorhalten. Es müsse ein anderes Mittel kommen: das Geld. In der nächsten Länderratssitzung müsse ein Programm für Deutschland unterbreitet werden. Das deutsche Volk warte auf eine Antwort. *Prot.*

Gen. Clay: Er unterschätze selbstverständlich die große Bedeutung der Währungsfrage nicht, aber das Beispiel des 8-Millionen-Dollar-Kredits zur Förderung von Spezialexporten zeige doch, daß auch abseits von der Währungsfrage bestehende Möglichkeiten für die deutsche Wirtschaft nicht ausgenutzt werden.[6] Bei diesen Exporten sei daran gedacht gewesen, Qualitäts-Porzellane, Kameras und andere Qualitätserzeugnisse auszuführen. Von dem Kredit seien jedoch bis April sage und schreibe nur 300 000 Dollar in Anspruch genommen worden; niemand habe eine Liste zur Verfügung gestellt, die eine Aufstellung des Rohmaterials enthielt, das zur Fertigung dieser Qualitätserzeugnisse erforderlich sei. Nach seiner Ansicht sei aus dem Geschäft ein Gewinn von 15–20 000 Dollar zu erzielen. Die Gewinne könnten für den Einkauf anderer Rohmaterialien Verwendung finden. Auf amerikanischer Seite sei man bereit, das Geld für jedes vernünftige Programm anzusetzen und den Gewinn der allgemeinen deutschen Wirtschaft zugute kommen zu lassen. Gewiß habe man gegenwärtig nicht viel Geld, aber so viel sei immer vorhanden, um den Bedarf für den gedachten Export qualifizierter Güter zu befriedigen. Im Ganzen stünden etwa 100 Millionen Dollar zur Verfügung. Wenn dieser Kredit der allgemeinen Wirtschaft zur Verfügung gestellt würde, so würde er nicht weit reichen. Wenn dieses Kapital aber für das Export-Programm eingesetzt werde, so würden gute Gewinne erzielt werden können, die wiederum der allgemeinen Wirtschaft zugute kämen. Aus irgendwelchen Gründen befinde sich aber die ganze Maschinerie auf einem toten Punkt.

SenPräs. Kaisen meint, die Ursache des Versagens darin sehen zu müssen, daß die Exporteure Devisen verdienen wollten und auch verdienen müßten. Wenn der Exporteur keine Gelegenheit habe, sich Reserven zu bilden, dann könne er bestenfalls zweimal einkaufen und sei dann am Ende.

Gen. Clay: Er verstehe durchaus diese Gedanken. Man müsse andererseits aber auch daran denken, welche Wirkungen die Bevorzugung der Exporteure auf diejenigen ausüben würde, die für die deutsche Gesamtwirtschaft arbeiten. Es sei hier ähnlich wie mit dem Punktsystem für die Bergarbeiter.[7] Das Punktsystem habe sich gut ausgewirkt, aber jetzt meldeten sich alle anderen, um derselben Vorteile teilhaftig zu werden. Das übersteige aber die gegenwärtigen Möglichkeiten. Nach seiner Ansicht könnte auf diesem Gebiete viel durch eine gute öffentliche Propaganda erreicht werden. Man müsse ein solches Programm entwickeln, Rundfunkansprachen organisieren, dem Bauern auseinandersetzen, in welchem Maße seine Arbeit mit der des Bergmanns zusammen-

---

[6] Vgl. hierzu Dok.Nr. 18 C, TOP 3.
[7] Vgl. hierzu Dok.Nr. 2, TOP 7 und Dok.Nr. 12, Anm. 10.

Nr. 14 C 15. 4. 1947 Länderrat US-Zone

Prot. hänge, wie jeder einzelne Dollar der deutschen Wirtschaft zugute komme, wieviel Geld hereinkomme und wie es verwendet werde, kurzum, man müsse ein patriotisches Programm entwickeln für das nächste halbe Jahr.

MinPräs. Ehard anerkennt die Notwendigkeit der Aufklärung, die ja auch täglich laufend vollzogen werde. Aber irgend etwas müsse die Wirtschaft dabei auch verdienen. Das Ausland bezahle die Lieferungen in Reichsmark. Was da für den Unternehmer übrig bleibe, werde ihm weggesteuert. So sei man gezwungen, aus der Substanz zu leben, aber das höre eines Tages natürlich auf, so könne es nicht weitergehen. Der Ernährungssektor und der Wirtschaftssektor stünden einander gegenüber, der Bauer müsse seine Qualitätserzeugnisse hergeben und bekomme dafür schlechtes Geld, für das die Wirtschaft nichts liefere. So habe Bayern bis jetzt für 100 Millionen Mark mehr ausgeführt, als es eingeführt habe.

Gen. Clay meint hierzu: Was sollen dann erst die Vereinigten Staaten dazu sagen, die 300 Millionen Dollar ausgegeben und bis jetzt nichts dafür bekommen hätten?

MinPräs. Ehard meint weiter, es müsse ein Gewinn verbleiben, es dürfe nicht alles weggesteuert werden. Wenn der Unternehmer nicht soviel aus dem Geschäft herausziehen könne, daß er weiterzuarbeiten in der Lage sei, so bestehe die Gefahr, daß das Geld, das Amerika in die deutsche Wirtschaft stecke, versickere und zerfließe. Daher sei es notwendig, eine gewisse Verdienstspanne zu schaffen, die es dem Unternehmer gestatte, zu verdienen und Kredite wieder abzutragen.

Gen. Clay verweist darauf, daß die Währungsreform erst dann praktisch werden könne, wenn eine Einigung für Deutschland als Ganzes vorliege. Der deutschen Bevölkerung müsse klar vor Augen geführt werden, daß sämtliche Exportgewinne in die allgemeine deutsche Wirtschaft zurückströmten. Wenn die Bevölkerung das wisse, werde sie von selbst verlangen, daß mehr produziert werde. Dem Bauern müsse glaubhaft gemacht werden, daß die Förderung der Kohlenproduktion umso mehr Phosphate bringe, je mehr Phosphate, desto mehr Erhöhung der Lebensmittelproduktion, kurzum, wie eines in das andere greife und wie notwendig es sei, daß jeder geduldig seine Arbeit verrichte und durchhalte.

MinPräs. Maier erklärt: In die Geheimnisse des Kohlen-Exportes habe man schwer eindringen können. Man habe nicht gewußt, daß der Kohlenexport keine Reparationsleistung sei.[8] Man müsse unterscheiden zwischen Kohlenexport und Kohlen als Reparationsleistung.

Gen. Clay meint, man sei entweder nicht genügend informiert, oder die Wirtschaftsminister, die im Besitze sämtlicher Angaben seien, hätten die Informationen für die Ministerpräsidenten unterlassen.

MinPräs. Maier erklärt: Die Wirtschaftsminister seien erst informiert, seit sie dem Wirtschaftsrat angehörten. Vorher sei auch ihnen die ganze Kohlenfrage ein Buch mit sieben Siegeln gewesen. Dies sei eine Angelegenheit gewesen, die im wesentlichen die regionale Militärregierung beschäftigt habe. Selbstverständlich müsse man alles tun, um den Export zu fördern und ihn auf Friedensverhältnisse vorzubereiten. Zunächst stehe man noch in einem Widerstreit zwischen den rein wirtschaftlichen und privaten

---

[8] In der deutschen Öffentlichkeit war die Meinung, deutsche Kohle werde als Reparationsbeitrag geliefert, weit verbreitet. Unter dem 14. 3. 1947 veröffentlichte der DPD die Meldung: „Von amtlicher Seite wird erneut festgestellt, daß alle Gerüchte, nach denen Kohlenexporte nach Frankreich hauptsächlich zu Reparationszwecken geliefert werden, jeder Grundlage entbehren". (Die Welt, Ausg. vom 15. 3. 1947, S. 3).

Interessen, wobei der Bauer, der Fabrikant und auch der Arbeiter, jeder für sich, zunächst seine Interessen zu sichern suche.
Gen. Clay: Es sei unsere Pflicht, alles zu tun, um diese Stände zusammenzubringen und auf das Ganze zu konzentrieren. Es bleibe die Tatsache bestehen, daß die Aussicht auf eine industrielle Wiederbelebung noch nie so günstig gewesen sei wie gerade jetzt.
Auch *MinPräs. Maier* gibt der Auffassung Ausdruck, daß die industrielle Situation für die nächsten Monate hoffnungsfroh sei.
Gen. Clay: Merkwürdigerweise scheinen die Unruhen im Ruhrgebiet[9] trotz dieser Tendenz zu beweisen, daß der Verlust „guten Willens" viel größer sei als früher. Die Vorgänge an der Ruhr hätten einen Förderungsverlust von rd. 700 000 t gebracht, was beinahe ausgereicht haben würde, um die ganze Exportindustrie für einen Monat mit Kohlen zu versorgen.
MinPräs. Ehard weist darauf hin, daß der Einfluß, den die deutschen Stellen ausüben könnten, nicht über die amerikanische Zone hinausgehe. In der amerikanischen Zone seien die industriellen Verhältnisse einigermaßen gut; im Hinblick auf die englische Zone scheine es aber am notwendigen Zusammenspiel der wirtschaftlichen Kräfte noch sehr zu mangeln. Er habe den Eindruck, daß dort manches quergestellt würde.
Gen. Clay bestätigt diesen Eindruck; ein Teil der Verantwortung falle aber auch auf die Ministerpräsidenten der amerikanischen und auf die Ministerpräsidenten der englischen Zone.
MinPräs. Maier meint in diesem Zusammenhange, daß man wiederholt den Versuch gemacht habe, im Benehmen mit den Ministerpräsidenten der englischen Zone Einfluß auf diese Dinge zu gewinnen. Das ganze Problem sei aber noch überlagert von der Ungewißheit, ob die bizonalen Stellen über und oder unter uns ständen. Praktisch sei das aber nicht so wichtig, wenn es gelinge, sowohl in dem einen wie auch in dem anderen Falle zu Ergebnissen zu gelangen. Es sei auf diesem Gebiete eine Zusammenarbeit mit den Ministerpräsidenten der britischen Zone geplant gewesen, aber die in Aussicht genommene Sitzung sei von der Militärregierung aus durchaus verständlichen Gründen nicht gebilligt worden.[10] Seither habe keine Möglichkeit mehr bestanden, die Dinge in die Hand zu bekommen.
Gen. Clay: „Ich glaube, daß ich und die Engländer rascher zu Stuhle kommen als Sie mit Ihren Freunden aus der britischen Zone."[10a]

---

[9] Ende März/Anfang April war es in zahlreichen Städten, insbes. des Ruhrgebietes, u. a. in Bochum, Bonn, Braunschweig, Dortmund, Duisburg, Hamm, Iserlohn, Köln, Krefeld, Gelsenkirchen, Leverkusen, Neuss, Mönchengladbach zu Demonstrationen und Streiks gegen die Ernährungslage gekommen. Vgl. „Die Welt", Ausgg. vom 27. 3., 29. 3., 3. 4. 1947; ferner Informationsdienst des ZB Nr. 63 vom 3. 4. 1947 (Z 21/120, Bl. 73). Im Ruhrgebiet waren die Kalorien während der 100. Zuteilungsperiode (31. 3. – 27. 4. 1947) z. T. auf unter 1000 pro Tag für den Normalverbraucher gesunken. (Siehe Wirtschafts-Zeitung, Ausg. vom 23. 5. 1947, S. 7, Artikel „Fiktive und effektive Rationen"). In der 101. Zuteilungsperiode waren sie nochmals geringer geworden (Wirtschafts-Zeitung, Ausg. vom 6. 6. 1947, S. 2, Artikel „863 Kalorien an der Ruhr").

[10] Vgl. Dok.Nr. 9, TOP 3.

[10a] Die Bemerkung bezog sich vermutlich auf die Ergebnisse der Wiesbadener Ministerpräsidentenkonferenz (vgl. Dok.Nr. 8), vielleicht aber auch auf ein Gespräch, das Gen. Parkman und Prof. Friedrich am gleichen Tage mit GS Weisser im Beisein von GS Roßmann über die Frage der politischen Koordinierung der brit. und amerik. Zone führten. Weisser schlug vor, zunächst ein auf drei Monate befristetes provisorisches Organ aus den acht MinPräs. der Länder und führenden politischen Persönlichkeiten beider Zonen zu bilden, mit der Aufgabe, die bizonalen Ämter politisch zu überwachen und ein Programm für die endgültige Organisation der politischen Lenkung der vereinten Zonen auszuarbeiten (BT PA 1/57, Vermerk Weisser vom 18. 4.

Nr. 14 C   15. 4. 1947   Länderrat US-Zone

Prot. *MinPräs. Maier* bemerkt hierzu, daß sich die Ministerpräsidenten vermutlich sehr leicht verständigen würden, aber die Ministerpräsidenten der britischen Zone hätten nicht den Einfluß, den die Ministerpräsidenten der amerikanischen Zone hätten. Vielleicht würden die in Aussicht stehenden Wahlen[11] hierin eine Besserung bringen. Mit Interesse habe man gehört, daß, wenn von Moskau keine Friedensbotschaft komme, der wirtschaftlichen Einheit der beiden Zonen die politische Einheit folgen solle.[11a]

Gen. Clay unterstreicht noch einmal: Die politische Einheit werde nur eine Empfehlung sein, die er machen werde; wie sich die britische Zone dazu stelle, wisse er nicht.[11b]

Zu den Demonstrationen im Ruhrgebiet bemerkte General Clay, daß die Besatzungsmacht selbstverständlich jederzeit in der Lage sei, solche Vorgänge abzustellen, aber mit einem solchen Verbot würden keine Kohlen gefördert. Die Besatzungsmacht könne den Bergarbeitern den Willen zur Förderung nicht eingeben, das sei eine rein

---

1947, Schreiben an Blücher vom 22. 4. 1947). Die amerik. Gesprächspartner äußerten – unterstützt durch GS Roßmann – Bedenken gegen die Mitwirkung politischer Persönlichkeiten. „Friedrich fragte, ob ich glaube, daß die Vertreter der brit. Zone auch mit einer Wahl dieser politischen Persönlichkeiten durch die Landtage einverstanden sein würden. Ich entgegnete, daß dann der Zweck der Beteiligung dieser Persönlichkeiten verfehlt würde. [...] Dem wurde entgegengehalten, daß eine Ernennung der politischen Persönlichkeiten der Parteien auf die gleichen Bedenken stoße, die schon bisher die Bildung von Ausschüssen aus Parteivertretern der amerikanischen MilReg. unannehmbar gemacht haben. Die Parteien können nach amerikanischer Auffassung nicht als solche Regierungsfunktionen übernehmen, und auch die Ausübung einer Kontrolle oder Ausarbeitung von Anregungen seien Regierungsfunktionen."

[11] Die Landtagswahlen in den Ländern der brit. Zone fanden am 20. 4. 1947 statt. Zu den Ergebnissen siehe Dok.Nr. 34, Anm. 8a.

[11a] Gen. Clay hat sich dergestalt nicht nur in dieser Unterredung mit den MinPräs., sondern auch auf der Pressekonferenz am Rande dieser LR-Tagung geäußert. Nach den Aufzeichnungen von Gen. Parkman hatte er etwa gesagt: "Events in Moscow may make it possible to move ahead on political unification but it is too early to say yet. We have never advised other countries of our intention to do so. However, there seems to be less danger now in moving ahead on political unification as a result of all the views of the various Powers being laid on the table at Moscow and the discussions made it evident that the British and U.S. views are fairly close together. I have not recommended it yet and will not do so until the end of the Moscow Conference, but I feel freer to make such a recommendation now than I did before." (NA RG 260 OMGUS 166–3/3, folder 10, Parkman an Litchfield vom 17. 4. 1947).

[11b] Die Abteilung Civil Administration von OMGUS erarbeitete bereits wenig später eine Staff Study (datiert unter dem 26. 4. 1947, NA RG 260 OMGUS 166–3/3, folder 10) über die Schaffung einer politischen Organisation für die Bizone, die u. a. den Entwurf eines Schreibens Clays an Robertson enthielt, in dem die Aufnahme entsprechender Gespräche angeregt wurde. In der Begründung für die Notwendigkeit einer Reorganisation der Bizone wurde auf die Empfehlungen der deutschen MinPräs. zur Koordinierung der bizonalen Verwaltungen, auf ihre unbefriedigende Arbeit und auf die Stimmung in der Bevölkerung nach dem Fehlschlag der Moskauer Konferenz hingewiesen. Es wurde vorgeschlagen, ein deutsches Gremium entweder aus den MinPräs. oder aus ein bis acht von den Landtagen gewählten Vertretern zu errichten, das innerhalb von 30 Tagen den weiteren Zusammenschluß der Bizone vorbereiten sollte. Die zu schaffende Organisation müsse klar als vorläufig gekennzeichnet werden, ihre Aufgaben sich auf die Kompetenzen der bizonalen Ämter beschränken, falls es nicht ausdrücklich anders bestimmt werden würde. Es sei zu erwarten, daß einer der folgenden Vorschläge gemacht würde: 1. Errichtung eines bizonalen Länderrates der acht MinPräs., 2. Schaffung eines bizonalen Parl. Beirates nach dem Vorbild des LR Stuttgart. 3. Gründung eines bizonalen Parlamentes, gewählt aus den Landtagen, das einen bizonalen MinPräs. und ein Kabinett erwählt. 4. Schaffung eines direkt gewählten bizonalen Parlamentes, das einen MinPräs. wählt. "All the above possibilities are reasonably democratic in nature and anyone would improve the present situation and at the same time satisfy occupation concepts of democratic political organization." Clay reichte die Staff Study unter dem 11. 5. 1947 zurück mit der Bemerkung: "Our government ist not ready for us to proceed."

deutsche Aufgabe. Die Besatzungsmacht werde auch weiterhin Geduld üben im Hinblick auf solche Demonstrationen.[11c]

MinPräs. Stock meint: Von der amerikanischen Seite her bestehe kein Einfluß auf diese Dinge (*Gen. Clay:* Doch!). Die Vorgänge selbst würden in der amerikanischen Zone außerordentlich tief bedauert. Es sei nicht ganz klar, ob sich nicht politische Umtriebe hinter diesen Demonstrationen verbergen, vielleicht auch außenpolitische Gedankengänge, oder die Parole einer bestimmten Partei, alles mit dem Ziele und in dem Wunsche, den Aufbau zu stören.[12]

[3. Ernährungskrise]

Die Unterhaltung ging dann auf die augenblickliche Ernährungskrise über. In der Aussprache weist *MinPräs. Stock* anhand entsprechenden Materials die auf Seiten der Besatzungsmacht offensichtliche Meinung zurück, daß deutsche Stellen an der Ernährungskrise schuld seien. Das treffe absolut nicht zu. Hessen habe sein Getreideablieferungssoll am 31. 3. 1947 zu 87% erfüllt gehabt, sein Kartoffelsoll zu 83,8%; die Ernährungsvorräte des Landes reichten nur noch für 12–13 Tage. 93 000 t Getreide seien für das Ruhrgebiet abgezweigt worden. Er müsse jede Schuld zurückweisen. Sein Land bedürfe dringender Hilfe. Bleibe sie aus, dann sei niemand mehr in der Lage, angesichts des schwindenden politischen Kredits die Verantwortung weiterhin zu tragen. Wenn die Lebensmittelfrage nicht gelöst werde, dann hätten alle Debatten über weitere Dinge ihren Sinn verloren.

MinPräs. Ehard: In Bayern müsse man an den verschiedensten Stellen verlagertes Getreide zusammensuchen, um weiterzukommen, aber trotzdem werde Ende April kein Brotgetreide mehr vorhanden sein. Hierbei bestehe lediglich die Möglichkeit, vielleicht noch etwas Vieh abzugeben. Gegenwärtig würden 60–70 000 Stück Vieh pro Periode

---

[11c] Trotz dieser Äußerungen Gen. Clays fielen im Zusammenhang mit der Streikbewegung harte und drohende Worte durch die amerik. MilReg. In einer Rundfunkansprache vom 16. 5. 1947 (Wortlaut in: Frankfurter Rundschau, Ausg. vom 17. 5. 1947, S. 1–2) sagte Dr. Newman, Direktor der MilReg. von Hessen: „General Clay ist gerade von Washington unterrichtet worden, daß im Kongreß eine entschiedene Neigung besteht, sich weiteren Geldbewilligungen für Lebensmittel für Deutschland zu widersetzen. Dies ist zurückzuführen auf die jüngsten Berichte über Streiks, Androhungen von Streiks und einen gewissen Widerstand in der Haltung gegenüber den Richtlinien der Besatzung, der in letzter Zeit zutage getreten ist. Streiks oder andere Umtriebe gegen die Politik der Militärregierung, die in irgendeiner Weise die Forderungen oder Pläne der Besatzungsmacht gefährden könnten, werden in Hessen nicht geduldet werden; dabei spielt es keine Rolle, ob ihr Zweck ein politischer oder ein anderer sein möge. Jede Person oder Gruppe von Personen, die so handelt, wird bestraft werden, und vergessen Sie nicht, daß nach den Gesetzen der Besatzungsarmeen und der Militärregierung die Schuldigen sogar mit der Todesstrafe belegt werden können." Eine Passage in der Ansprache, in der mit der Verhängung des Belagerungszustandes gedroht wurde, war auf Anraten Clays in der Rede gestrichen worden, jedoch in einzelnen Zeitungen abgedruckt worden. (Vgl. Frankfurter Rundschau, Ausg. vom 20. 5. 1947, S. 1, Artikel „Dr. Newmans Rede", in dem auch eine Stellungnahme der Parteien behandelt wurde).

[12] In der Wiedergabe der Unterredung im Prot. des Liaison Meeting vom 17. 4. 1947 (Nachl. Pollock/91) heißt es: "The Ministers President stated that political rather than economic motives were the basis of the recent Ruhr demonstrations and indicated that Communist propaganda had been very active in that area." Im Monthly Report der KK (März 1947, S. 7) hieß es dagegen: "There is a general consensus of opinion that the original trouble was entirely spontaneous. It was the unreasoning reaction of hungry people against a system, the aims and methods of which they do not understand, but which has provided them for months with a steadily shrinking quota of the minimum necessities of life. An important feature of the demonstrations was the manner in which they were canalized by the Trade Unions, so that collisions with the Occupying Power were avoided."

Prot. abgegeben, was bestenfalls sich noch 2–3mal wiederholen könne. Die Lieferungen in das Ruhrgebiet seien um das Fünffache erhöht worden. Schon rein technisch sei es unmöglich, die Lieferungen noch zu erhöhen. Man könne nicht mehr liefern, als produziert werde. Die Fettlieferungen, die Bayern auferlegt seien, stellten das Doppelte dar, was überhaupt produziert werden könne.

Präs. des Parl. Rates Witte unterstützt den Ministerpräsidenten von Hessen. Er weist darauf hin, daß die Kalorienzahl in Hessen unter 1000 gesunken sei und die Frauen überhaupt nicht mehr wüßten, was sie kochen sollten. Vesperbrot an Familienangehörige mitzugeben, sei ganz unmöglich. Seit Wochen lebten viele Familien nur von trockenem Brot. Jede moralische Eroberung für die Demokratie sei unter solchen Umständen unmöglich.

MinPräs. Ehard bittet daran zu denken, daß alle Berechnungen über die Lieferungsverpflichtungen Bayerns aufgebaut seien auf einer Bevölkerungszahl von 6 1/2 Millionen, während Bayern jetzt im eigenen Land über 9 Millionen Menschen zu ernähren habe.

Gen. Clay: Er habe mit Aufmerksamkeit diese Ausführungen gehört, aber alle Beurteiler stimmten darüber überein, daß man in Bayern noch sehr viel besser lebe als in irgend einem anderen Teile Deutschlands. Das drücke sich schon im Gewicht und im Aussehen der Kinder aus. Er könne nicht anerkennen, daß Bayern das getan habe, was es hätte tun müssen, um anderen Teilen Deutschlands zu helfen. Bei der ganzen Krise stehe er vor einem Rätsel. Die zugesagten und berechneten Lebensmittel seien vorhanden oder in der Zufuhr. Darum könne es sich nur um ein Versagen in der Verteilung handeln. Auch schienen ihm die Verhältnisse auf dem Schwarzen Markt schlimmer geworden zu sein als vorher.

Auf eine Frage des *MinPräs. Stock*, ob das Hoover-Programm für die Kinder in Gang komme, erklärt General Clay, daß dies ab 15. 4. 1947 der Fall sein werde. Dagegen werde das Programm für die alten Leute noch nicht in Aktion gesetzt werden können. Herr Präsident Hoover habe eine diesbezügliche Empfehlung gemacht, aber es hätten sich bei der Beschaffung und dem Einkauf der Lebensmittel in Amerika unvorhergesehene Schwierigkeiten eingestellt. Diese Lage habe sich erst in den allerletzten Tagen etwas gebessert, so daß Hoffnung bestehe, daß der Empfehlung des Präsidenten Hoover entsprochen werden könne.[13]

[4. Kriegsgefangenenfrage]

MinPräs. Stock kommt auf die Kriegsgefangenenfrage zu sprechen und meint, daß nach den erschütternden Mitteilungen, die hierüber von der Moskauer Konferenz aus gemacht worden seien[14], jetzt wohl keine Bedenken mehr bestünden, wenn deutscherseits festgestellt werde, wie viele Verluste Deutschland im Osten tatsächlich erlitten habe. Er frage ferner, wie es mit dem Rücktransport der Gefangenen aus Frankreich stehe.[15] Neben der Ernährungsfrage bewege diese Frage die deutsche Bevölkerung am

---

[13] Vgl. Dok.Nr. 10 C, Anm. 10.

[14] Die von der Sowjetunion gemachten Angaben über die Anzahl ihrer deutschen Kriegsgefangenen lag erheblich unter den von deutscher Seite erwarteten Zahlen. Vgl. Dok.Nr. 32 A, Anm. 15.

[15] Auf der 29. Tagung des Direktoriums vom 10. 4. 1947 war ein Antrag des Sekretariats des LR diskutiert worden (Z 1/156, Bl. 204), die MilReg. zu bitten, in Washington anzufragen, ob vor der Ratifizierung des Übereinkommens zwischen den USA und Frankreich in der Frage der deutschen Kriegsgefangenen, die MinPräs. der Länder der US-Zone gehört werden könnten. Das Direktorium hatte beschlossen, die MinPräs. zu bitten, diese Frage mit Gen. Clay zu erörtern (Prot. in: Z 1/156, hier Bl. 182).

Nr. 14C   15. 4. 1947   Länderrat US-Zone

meisten. Der Krieg sei jetzt zwei Jahre zu Ende und es sei nicht mehr zu ertragen, wenn Millionen von Deutschen immer noch ihrer Heimat fernbleiben müßten.   *Prot.*

Gen. Clay erklärt, die Frage des Herrn Ministerpräsidenten Stock sei schwer zu beantworten, da die Verhandlungen mit der französischen Regierung noch nicht abgeschlossen seien.[16] Er könne jedoch sagen, daß die amerikanische Militärregierung darauf bestehe, daß monatlich bis zum Schluß 20 000 deutsche Kriegsgefangene, die sich in der Obhut der französischen Regierung befänden, entlassen werden müßten. Er bitte jedoch, dies noch nicht zu veröffentlichen. Die Zahl soll im Laufe der Zeit erhöht werden, aber darüber seien noch keine Zahlen bekanntgegeben worden.

Zu der Frage der Überführung deutscher Kriegsgefangener in Frankreich in das zivile Arbeitsverhältnis und der Frage der Verhältnisse in den französischen Kriegsgefangenenlagern erklärt *Gen. Clay*, daß die Lager in Frankreich regelmäßig kontrolliert würden vom Internationalen Roten Kreuz. Die Berichte über diese Kontrollen gingen der Militärregierung zu, die im Falle von Beanstandungen sofort genauere Feststellungen treffen lasse durch eigene Bevollmächtigte, die in den Lagern Eingang hätten. Falls sich die Mißstände bestätigten, würde auf Abhilfe gedrängt. Er bitte jedoch, diese Mitteilungen vertraulich zu behandeln.

Das Rekrutierungsprogramm der Franzosen für zivile Facharbeiter müsse nach Ansicht Amerikas auf freiwilliger Basis aufgestellt werden. Dieses Programm dürfe nicht in Verbindung gebracht werden mit der Entlassung der Kriegsgefangenen.[17] Die Franzosen wollten allerdings keine „displaced persons", sondern Deutsche. Aber diese ganze Frage habe, wie gesagt, mit der Rückkehr der Kriegsgefangenen nichts zu tun, sondern müsse nach amerikanischer Ansicht gesondert behandelt werden.

Damit war die Besprechung beendet.

---

[16] Zu den Verhandlungen der USA mit Frankreich über die Freilassung der deutschen Kriegsgefangenen seit Nov. 1946 vgl. Foreign Relations 1947/III, S. 621–639. Siehe auch Zur Geschichte der Deutschen Kriegsgefangenen XIII, S. 127–133. Die amerik.-franz. Verhandlungen hatten zu einem am 11. 3. 1947 unterzeichneten Memorandum geführt (Abdr. ebenda, S. 282–284), in dem eine monatliche Entlassung von 12 000 Gefangenen ab 1. 1. 1947 und 20 000 Gefangenen ab 1. 3. 1947 vereinbart worden war. Bis zum 1. 10. 1947 sollte die Entlassung der den Franzosen von den Amerikanern überlassenen deutschen Kriegsgefangenen abgeschlossen sein. Auf Grund der fast gleichzeitigen Verhandlungen während der Moskauer Außenministerkonferenz (vgl. Dok.Nr. 32 A, Anm. 12) legte Frankreich jedoch einen neuen, wesentlich ungünstigeren Entlassungsplan (Abdr. ebenda, S. 131) vor, nach dem die letzten deutschen Kriegsgefangenen erst Ende 1948 repatriiert werden sollten.

[17] Zur Umwandlung von Kriegsgefangenen in Zivilarbeiter in Frankreich vgl. Zur Geschichte der Deutschen Kriegsgefangenen XIII, S. 133–140. Insgesamt traten ab Juli 1947 nicht weniger als 137 987 Kriegsgefangene in ein ziviles Arbeitsverhältnis (ebenda, S. 139).

Nr. 15
11. Sitzung des Zonenbeirats der britisch besetzten Zone in Hamburg
29./30. April 1947

BA Z 2/57, Bl. 1–14, Anlagen Bl. 15–98. Ungez. und undat. BeschlProt. Im Umdr. vervielf. Ausf. Inserate aus: BT PA 1/255. Ungez. und undat. Wortprot. 205 Bl.

Anwesend:

Politische Vertreter: Meitmann, Henßler (SPD); Adenauer, Otto (CDU); Reimann, Schramm (KPD); Blücher (Vorsitz) (FDP); Hellwege (NLP); Spiecker (Zentrum)

Vertreter der Verwaltung: MinPräs. Amelunxen, MinPräs. Kopf, MinPräs. Steltzer, Bgm. Brauer

Vertreter der Sachgebiete: Berenz (Handel und Industrie); Schlange-Schöningen (Ernährung und Landwirtschaft); Lingemann (Rechtswesen); Schneider (Post, Telegrafie und Telefon); Degkwitz (Gesundheitswesen); Grimme (Erziehung); Schwering (Transportwesen); Andrée (Flüchtlingswesen)

Vertreter der Gewerkschaften: Karl, Schmidt

Vertreter der Genossenschaften: Schlack, Everling

Landtagspräs. Lehr

Deutsches Sekretariat: GS Weisser

Gäste: Vertreter der süddeutschen Länder[1]

Britischer Verbindungsstab[2]: Pares, Winmill, Thonger, Steger, Popper

Vertreter der alliierten und deutschen Presse und des Rundfunks[3]

BeschlProt. [Beginn: 29. 4. 1947, 15.30 Uhr]

250. *Der Vorsitzende* begrüßt die Vertreter der süddeutschen Länder.[4]

[...]

251. Das *Protokoll der 10. Sitzung* wird genehmigt.[5]

252. Mitteilungen des Generalsekretärs[6]:

I. *Stellungnahme der Kontrollkommission zu einer Reihe von Punkten des Protokolls der 9. und 10. Sitzung*

[...]

---

[1] Vgl. Anm. 4.

[2] GenLt. Robertson und GenMaj. Bishop wurden in der Anwesenheitsliste zu Beginn des Prot. nicht aufgeführt, vermutlich weil sie nur am 30. 4. 1947 anwesend waren. Im Monthly Report für April 1947 hieß es (S. 9): "An unusually large number of senior officers of the Control Council attended to take part in the discussions of the Council and its Committees."

[3] Insgesamt waren sieben ausländische Journalisten, die englische, amerikanische und französische Zeitungen und Agenturen vertraten, sowie 10 deutsche anwesend. Namensliste Z 2/57, Bl. 2.

[4] Es waren nach telegraphischer Einladung vom 16. 4. 1947 (BT PA 1/38) erschienen die Landtagspräs. Horlacher, Witte, Keil, Hagedorn; die LR-Bevollm. Seelos, Graf v. Wedel, Schütte; StS Strauß und GS Roßmann. Roßmann berichtete dem RGCO unter dem 4. 5. 1947 über die Sitzung, wobei er der „von Prof. Dr. Pollock eingeführten Tradition" folgend, zu den behandelten Themen seine persönliche Meinung äußerte (Z 1/230, Bl. 24–28; Durschläge auch in: HStA Stuttgart EA 1/2, Nr. 205 sowie BHStA Abt. II MA 130 435). Das RGCO dankte Roßmann für die „wertvollen Informationen", insbes. hinsichtlich seiner Ausführungen über die bizonalen Ämter (TOP 261); man habe darüber eine kurze Besprechung mit Gen. Clay gehabt (Z 1/77, Bl. 145).

[5] Abgedruckt als Dok.Nr. 5.

[6] Die von GS Weisser gemachten Ausführungen werden jeweils bei den einschlägigen TO-Punkten in den Anmerkungen berücksichtigt.

II. Weitere Schreiben der Kontrollkommission

[...]

253. Bericht des Finanzausschusses

1. *Lehr* berichtet über die Ergebnisse der Sitzung des Finanzausschusses vom 29. 4. 1947.[7]

a) Reorganisation des Bankensystems und Kontrolle des Notenumlaufs

Dem Ausschuß habe ein ausführliches von Reichsbankdirektor Hülse, Hamburg, ausgearbeitetes Gutachten (Anlage 5)[8] vorgelegen. Dieses Gutachten empfehle, alle Autarkiebestrebungen im Geld- und Kreditwesen in der Gesetzgebung und Verwaltung zu unterbinden. Es spreche sich weiter für Freizügigkeit im Geld- und Kapitalverkehr innerhalb des deutschen Wirtschaftsgebietes aus. Im einzelnen sei in dem Gutachten die Errichtung einer Notenbankzentrale für das gesamte deutsche Wirtschaftsgebiet und die Erhaltung der Großbanken als überregionale Geldausgleichsstellen für die Finanzierung der Wirtschaft empfohlen worden. Der Ausschuß habe dem Gutachten Hülse zugestimmt. Hinsichtlich der in Ziffer III, 4 angestellten Erwägungen für den Fall einer Dezentralisation der Großbanken habe der Ausschuß beschlossen, sie aus dem Gutachten herauszunehmen und in einem besonderen Anhang für spätere Ausschußberatungen festzuhalten.

Naegel bringt folgenden Zusatzantrag zum Notenbank-Gutachten des Finanzausschusses ein:

„Der Zonenbeirat tritt mit Nachdruck für die Überzeugung ein, daß diese Notenbankpolitik der allein geeignete Weg ist, von der Geld- und Kreditseite her eine gesunde Entwicklung der deutschen Volkswirtschaft sicherzustellen. Es würde nicht ausreichen, lediglich durch eine zentrale Lenkung gewisser Teile der öffentlichen Finanzen dieses Ziel anzustreben. Der Zonenbeirat hält vielmehr eine zentrale Notenbankpolitik in der bisherigen Form für das wichtigere und wirksamere Mittel, um das Geldwesen in einem gesunden Verhältnis zur Wirtschaft und aller ihrer Teile zu halten. Er ist der Meinung, daß eine zentrale Lenkung der Notenbankpolitik die einzige Garantie für die Herstellung und Aufrechterhaltung einer gesunden Währung in Deutschland darstellt. Die Gefahr, daß durch eine abweichende selbständige Wirtschaftspolitik der einzelnen Länder die Volkswirtschaft im ganzen in Krisen verwickelt wird, läßt sich nur auf diesem Wege bannen."

Die Versammlung nimmt das Gutachten Hülse und den Zusatzantrag Naegel an und beschließt, beide an die Kontrollkommission weiterzuleiten.[9]

b) Zinsendienst der Gemeindeanleihen[10]

[...]

---

[7] Prot. der Sitzung des FinA vom 29. 4. 1947 in: BT PA 1/177.

[8] Das Gutachten als Anlage 5 des Prot. in: Z 2/57, Bl. 32–36.

[9] Die KK nahm das Gutachten mit Schreiben vom 9. 6. 1947 zur Kenntnis. Die darin enthaltenen Vorschläge seien jedoch schwerlich eine annehmbare Basis für die Dezentralisierung der Großbanken (Z 2/58, Bl. 37).

[10] Der FinA schlug vor, den Leistungsstop für Schuldverpflichtungen der Gemeinden und Länder mit Ausnahme der Reichsschulden aufzuheben. Zur Vorgeschichte vgl. Dok.Nr. 5, TOP 248; insbes. Anm. 69.

BeschlProt. c) *Zonenfinanzausgleich*
[...]

d) *Eingegangene Schreiben und Eingaben*[11]
[...]

2. *Blücher* berichtet über die Sitzungen vom 17. und 18. März 1947: Den Zonenbeiratsmitgliedern sei das Protokoll der März-Sitzung des Finanzausschusses[12] zugeleitet worden. Im einzelnen lege der Zonenbeirat folgende Empfehlungen des Ausschusses zur Beschlußfassung vor:

a) *Kriegsschäden-Feststellungsbehörden*[13]
[...]

b) *Gutachten zur Verordnung Nr. 60 der Militärregierung über den Finanzausgleich*
[...]

c) *Entschließung über den Zonenfinanzausschuß*[14]
[...]

In dem Gutachten empfehle der Ausschuß die Errichtung des Zonenfinanzausschusses als Kombination aus dem Finanzausschuß des Zonenbeirates und dem Koordinierungsausschuß der Länder. *Die Versammlung* stimmt zu.

d) *Dezentralisierung der deutschen Finanzen*
[...]

Der Ausschuß spreche sich in seinem Gutachten[15] für ein einheitliches deutsches Steuerrecht und eine einheitliche Durchführung der Steuergesetze aus, weise andererseits aber auf die Notwendigkeit einer organisatorischen Verbindung zwischen den Landesfinanzministern und der Reichsfinanzverwaltung hin. Der Ausschuß schlage vor, die Steuerverwaltung in der Länderebene als Auftragsverwaltung der Länder zu gestalten,

---

[11] Diese betrafen die Haftpflicht bei Beraubung von Brennstofftransporten; einen ungedeckten Geldbedarf der Zonenzentrale des Suchdienstes in Höhe von 1 Mill. Mark; eine Ausspielung von Wohlfahrts-, Kultur- und Wiederaufbaulotterien in der brit. Zone und eine Bitte der Evangelisch Lutherischen Kirche Hamburg um Berücksichtigung ihrer Lebensbedürfnisse bei einer Währungsreform (Z 2/57, Bl. 41–44).

[12] Prot. des FinA vom 17./18. 3. 1947 in: Z 2/96.

[13] Der Ausschuß empfahl, sich für die Rechtseinheit in der Handhabung der Requisitionsfragen auszusprechen und plädierte für eine Länderzuständigkeit. Die Ansicht wurde von der KK mit Schreiben vom 9. 6. 1947 zurückgewiesen, „da für Fragen der Besatzungskosten, die zu den der Militärregierung vorbehaltenen Angelegenheiten gehören, die Kriegsschäden-Feststellungsbehörden zuständig sind" (Z 2/58, Bl. 38). Daraufhin wurde die Angelegenheit nochmals an den FinA und den RuVA zu gemeinsamer Beratung mit den Finanzministern der Länder verwiesen (Z 2/58, Bl. 3).

[14] Ein von der KK vorgeschlagener Zonenfinanzausschuß war vom ZB zunächst abgelehnt worden (vgl. TOP 238 der 10. Sitzung, Dok.Nr. 5). In der Debatte des FinA (Wortlaut als Anlage 18 des Prot. in: Z 2/96) wandte sich insbes. MinPräs. Kopf heftig dagegen, die Zuständigkeiten des Ausschusses auf die Kompetenzen der Länder übergreifen zu lassen. „Wir wollen in zonalen und überzonalen Dingen mitwirken, aber wir wollen nicht, daß der Zonenbeirat an Sachen mitwirkt, bei Angelegenheiten, die ausschließlich zur Zugehörigkeit der Länder gehören (ebenda, Bl. 10 der Anlage).

[15] Ebenda, Anlage 5. Mit Schreiben vom 9. 6. 1947 teilte die KK mit, sie sei der Auffassung, daß es im Augenblick nicht angebracht sei, diese Frage wieder aufzunehmen (Z 2/58, Bl. 39).

wenn dabei bestimmte Voraussetzungen erfüllt würden, die es gewährleisten, daß die Einheit der Durchführung der Steuerverwaltung nicht leide.

Menzel beantragt, daß im letzten Absatz c) des Gutachtens in dem Satz „Es muß klargestellt werden, daß die Landesfinanzminister als ihre Vertreter in den bizonalen Ausschüssen auch Vertreter der Finanzverwaltung mit Aufträgen entsenden können" hinter dem Wort „Aufträgen" die Worte „im Rahmen der Landeszuständigkeit" zugefügt werden.

Die Versammlung nimmt das Gutachten über die Dezentralisierung der deutschen Finanzen mit diesem Zusatz an.

e) Beschlußvorschlag für die Währungsdebatte[16]

Der Ausschuß halte sich weiterhin für Erörterungen über die Sanierung des Geldwesens für zuständig, solange die beiden Zonen nur wirtschaftlich und nicht politisch vereinigt seien. Er bitte aber die Militärregierung, eine Übereinstimmung der vier Besatzungsmächte darüber herbeizuführen, daß diese Frage von den berufenen Stellen aller deutschen Besatzungszonen und Berlins gemeinsam erörtert werden dürfen.[17]

Lehr berichtet hierzu, der Ausschuß habe in seiner Sitzung vom 29. April 1947 die Währungsfrage in den Besprechungen mit Mr. Debenham angesprochen und auf die besondere Dringlichkeit der Reform hingewiesen. Der Ausschuß habe Mr. Debenham gegenüber zu Ausdruck gebracht, daß die Teilnahme eines Vertreters der Kontrollkommission bei diesen Erörterungen begrüßt werden würde.

Die Versammlung

a) stimmt dem Vorschlag zu e) zu und
b) beschließt, die Vorlagen des Finanzausschusses zu a–e an die Kontrollkommission weiterzuleiten.

3. Gemeinsame Sitzung der Ausschüsse für Finanzen, Wirtschaftspolitik, Sozialpolitik und Recht und Verfassung am 28. 4. 1947[17a]

[*Lehr* berichtet über ein Arbeitsprogramm, das diskutiert worden sei und Fragen der Preis- und Wirtschaftspolitik betreffe]

254. Bericht des Sozialpolitischen Ausschusses[18]

a) Preisermäßigung der Angestellten-Wochenkarten für die Eisenbahn
[...]

b) Schutz der Frau im Erwerbsleben
[...]

---

[16] Ebenda, Anlage 11.
[17] Die KK hielt eine Zusammenarbeit von Sachverständigen aus den verschiedenen Zonen für verfrüht. Sie hoffe, daß die deutschen Stellen zu gegebener Zeit an der Formulierung von Währungsreform-Plänen beteiligt werden würden (Schreiben vom 5. 6. 1947, Z 2/58, Bl. 39).
[17a] Ein Prot. dieser Sitzung ließ sich nicht ermitteln.
[18] Die hier zur Debatte stehenden Fragen wurden auf den Sitzungen des SpA vom 19./20. 2. 1947 und 28. 4. 1947 behandelt (Prot in: BT PA 1/268).

BeschlProt. c) *Vorlage der Kontrollkommission „Entwurf für eine Verordnung über die Neuorganisation der Arbeitsvermittlung"*[19]

[...]

Spliedt erläutert den Inhalt der Vorlage, die die Errichtung einer „Anstalt für Arbeitsvermittlung und Arbeitslosenversicherung" als Körperschaft des öffentlichen Rechts vorsähe. Ihre Aufgaben sollen umfassen: Arbeitslenkung, Zuerteilung von Vorrechten für die Beschaffung von Arbeitskräften, Arbeitslosenversicherung, Registrierung, Vermittlung, Einsetzung und Beschaffung von Arbeitskräften. Die Exekutivgewalt für diese Aufgabengebiete, die bisher provisorisch von den Ländern ausgeübt worden sei, sollte der Anstalt übertragen werden. Sie gliedere sich in die Hauptstelle, die Landesarbeitsämter und die Arbeitsämter. Als Organe seien vorgesehen:

a) der Vorstand (mit dem Präsidenten der Anstalt als Vorsitzendem und je vier Vertretern der Arbeitgeber und Arbeitnehmer sowie den vier Arbeitsministern als Beisitzern),
b) Verwaltungsausschüsse der Landesarbeitsämter,
c) Verwaltungsausschüsse der Arbeitsämter.

Die von der Militärregierung in einem früheren Entwurf vorgesehene Übertragung „zusätzlicher Befugnisse" auf den Gebieten der Lohnsetzung, Arbeitsgerichtsbarkeit usw. an den Präsidenten sei fallen gelassen worden, nachdem der Ausschuß Einspruch erhoben habe.

Der Ausschuß wäre einmütig der Meinung gewesen, daß die Anstalt ihre Tätigkeit von vornherein mindestens auf die englische *und* amerikanische Zone erstrecken müsse. Die Arbeitsminister der US-Zone ständen ebenfalls auf dem Standpunkt, daß die Aufgaben der Arbeitslenkung und der Arbeitslosenversicherung einer Selbstverwaltungskörperschaft zu übertragen seien. Man wolle sich jedoch in der US-Zone zunächst mit der Errichtung von Landesanstalten begnügen, die zu einer Arbeitsgemeinschaft zusammengefaßt werden sollen. Der Ausschuß hätte nach Kenntnisnahme der Pläne der süddeutschen Zone die unverzügliche Aufnahme von Verhandlungen gefordert mit dem Ziele, für die Neuorganisation der Arbeitsverwaltung eine bizonale Lösung zu finden. Er schlage dem Zonenbeirat die Annahme folgender Entschließung vor:

„1. Die Vorlage entspricht der Auffassung des Zonenbeirates.
2. Der Zonenbeirat ist aber der Meinung, daß bizonale Wirtschaftsführung eine bizonale Arbeitsverwaltung bedingt.
3. Um eine solche zu erreichen, wird das Sekretariat beauftragt, mit dem Süddeutschen Länderrat unverzüglich in Verhandlungen zu treten.

Zum Entwurf selbst stellt der Zonenbeirat fest, daß die Verwaltungskosten der Anstalt nicht aus den Beiträgen zur Arbeitslosenversicherung getragen werden dürfen."
Bedenken gegen die Vorlage werden von *Menzel, Görlinger, Kopf* und *Henßler* geäußert.

Menzel meint, daß die Länder und die großen kommunalen Körperschaften in der geplanten Anstalt nicht genügend berücksichtigt würden. So wichtig eine zentrale bizonale Regelung in dieser Frage sei, so müsse doch die Exekutive den Ländern anvertraut werden. Da es sich um eine sehr wesentliche politische Frage handele, sollte man über-

---

[19] Entwurf als Anlage 11 des Prot. in: Z 2/57, Bl. 44–45; Materialien in: BT PA 1/133.

legen, ob man die ganze Frage nicht dem neuen Zonenbeirat zur Entscheidung überlassen solle. *Beschl Prot.*

Görlinger hält den Neuaufbau unserer Städte nur für möglich, wenn die Städte auf die Verwendung ihrer Arbeitskräfte weitgehenden Einfluß behalten. Er fordert die Anhörung des Städtetages zu dieser Frage.

Kopf hält die Errichtung einer besonderen Anstalt heute nicht für notwendig. Wie die Verteilung der übrigen Güter, müsse die Verteilung der Arbeitskräfte in der öffentlichen Hand liegen. Er beantragt Ablehnung der vorliegenden Entschließung.

Henßler erkennt die Notwendigkeit einer Zentrale an, die den Ländern Weisungen geben könne. Im Rahmen der zentralen Anordnungen müßten aber die Länder die Möglichkeit haben, selbständige Entscheidungen zu fällen. Dem Antrag könne er trotzdem als Basis für weitere Verhandlungen zustimmen. Man müsse eine bizonale Regelung finden.

Zu Gunsten der vorgelegten Entschließung des Ausschusses äußern sich *Karl*, *Spliedt* und *Schlack*.

Karl erklärt, daß nach Auffassung der Gewerkschaften die Neuorganisation der Arbeitsverwaltung nach dem Muster der früheren Reichsanstalt für Arbeitsvermittlung und Arbeitslosenversicherung zweckmäßig sei. In den Ausschüssen hätten die Landesregierungen und öffentlichen Körperschaften genügend Einflußmöglichkeiten. Eine bizonale Regelung müsse aber angestrebt werden.

Spliedt setzt sich für die Teilnahme der Wirtschaft an der Arbeitsverwaltung ein, insbesondere müßten die Gewerkschaften entscheidend mitwirken. Bei der Beschaffung der Arbeitskräfte für den Bergbau hätte sich gezeigt, wie notwendig es ist, daß eine über den Ländern stehende Zentrale Exekutiv-Vollmachten erhielte.

Schlack bezweifelt, daß eine Arbeitsverwaltung auf Länderbasis den notwendigen Ausgleich in der Verteilung der Arbeitskräfte herbeiführen könne und empfiehlt Annahme der Entschließung.

Roßmann, Generalsekretär des Länderrates, erklärt, daß man in der amerikanischen Zone mehr zur Entwicklung von Anstalten auf Länderbasis neige, wobei der Gedanke der Nutzbarmachung der lokalen Instanz für die Aufgaben der Arbeitslenkung eine sehr große Rolle spiele. Der Länderrat sei gern bereit, sich mit dem Zonenbeirat über die Frage einer gemeinsamen Regelung zu unterhalten und das ganze Problem grundsätzlich zu erörtern.[20]

[*Blücher*] faßt das Ergebnis der Aussprache zusammen, die einhellig die Ansicht zum Ausdruck gebracht habe, daß mit größtmöglicher Beschleunigung einer einheitlichen Wirtschaftsverwaltung auch eine einheitliche Arbeitslenkung folgen müsse. Es sei zu überlegen, ob die Angelegenheit nicht noch einmal einer vertieften Überarbeitung zugeführt werden müsse. Er schlägt der Versammlung folgenden Beschluß vor:

„1. Der Zonenbeirat bejaht grundsätzlich den Gedanken einer überzonalen Anstalt für Arbeitsvermittlung und Arbeitslosenversicherung.
2. Er ist der Meinung, daß bizonale Wirtschaftsführung eine bizonale Arbeitsverwal-

---

[20] Bei einer Unterredung in Stuttgart mit Preller (LR) wurde GS Weisser mitgeteilt, eine Anstalt für Arbeitsvermittlung und Arbeitslosenversicherung würden die Süddeutschen nur mitmachen, wenn sie als Dachanstalt so konstruiert würde, daß die Länder selbständige regionale Anstalten unter dieser Dachanstalt bilden könnten (Vermerk Weisser vom 18. 4. 1947 in: BT PA 1/133). Vom LR wurde die Frage am 1. 7. 1947 behandelt (Prot in: Z 1/189, hier Bl. 200–205) und die Bildung von Landesanstalten, die bizonal in einer Arbeitsgemeinschaft zusammengefaßt werden sollten, beschlossen.

BeschlProt. tung bedingt, so daß eine enge Koordinierung beider Verwaltungszweige auf der bizonalen Ebene erforderlich ist.

3. Das Sekretariat wird beauftragt:

a) ein Gutachten des Städtetages und des Landkreistages beizuziehen;[21]

b) die Beratung der Vorlage der Militärregierung der Grundsätze zu 1 und 2 und der Gutachten zu 3 a durch einen Ausschuß herbeizuführen, dem angehören sollen:
   I. die Mitglieder des Sozialpolitischen Ausschusses des Zonenbeirates,
   II. die acht Arbeitsminister der beiden Zonen,
   III. der Sozialpolitische Ausschuß des Länderrates,
   IV. je ein Vertreter des Städtetages und des Landkreistages."

Kopf äußert erneut Bedenken gegen die Errichtung einer „Anstalt".

[*Weisser*] meint, daß die Bezeichnung „Anstalt" sich aus dem Selbstverwaltungscharakter der geplanten Organisation rechtfertige. Auch die Süddeutschen setzten sich für die Selbstverwaltung auf diesem Gebiete ein.

Menzel ist bereit, seinen Vertagungsantrag zurückzuziehen, falls der vorliegende Abänderungsantrag Blücher angenommen wird.

[*Blücher*] stellt den Vertagungsantrag Menzel zur Abstimmung. Der Antrag wird abgelehnt.

[*Blücher*] läßt über seinen Abänderungsantrag abstimmen.

Die Versammlung

a) nimmt den Antrag mit 11 gegen 10 Stimmen an und

b) beschließt, ihn an die Kontrollkommission weiterzuleiten.[22]

255. Bericht des Wirtschaftspolitischen Ausschusses

1. Sitzungen vom 20. und 21. März

Berichterstatter: Everling

Dem Zonenbeirat liegt das Protokoll der Sitzungen des Wirtschaftspolitischen Ausschusses vom 20. und 21. 3. 1947 vor.[23]

a) Erhaltung von 30 Munitionsbunkern der früheren Munitionsanstalt Lockstedterlager zur Einlagerung von Kartoffeln, Steckrüben und anderen Gemüsearten

[...]

b) Verordnung zur Änderung der Vertragshilfe-Verordnung und Erweiterung der Vertragshilfe (Entwurf des Zentral-Justizamts)[24]

[...]

---

[21] Das Gutachten des Deutschen Städtetages und des Deutschen Landkreistages vom 21. 6. 1947 in: BT PA 1/133. Zum Fortgang vgl. Dok.Nr. 34, TOP 279, 1.

[22] Mit Schreiben vom 5. 6. 1947 empfahl die KK die Angelegenheit mit den entsprechenden Behörden der süddeutschen Länder zu besprechen (Z 2/58, Bl. 40).

[23] Prot. mit Anlagen in: Z 21/511.

[24] Umfangreiches Material des Zentraljustizamtes zur Vertragshilfe-Verordnung in: Z 21/510–511.

c) Jetziger Stand der deutschen Küstenmotorschiffahrt und ihre Bedeutung für den Auf-   BeschlProt.
bau der deutschen Wirtschaft

Dem Zonenbeirat liegt eine Eingabe des Verbandes deutscher Küstenschiffer vom 10. 3. 1947 vor.[25]

[...]

d) Gesetz über den Aufbau zerstörter Städte[26] *(Aufbaugesetz Göderitz)*

Der Ausschuß habe sich erneut mit dem Aufbaugesetz befaßt. Er sei der Auffassung, daß auf diesem wichtigen Gebiet die Rechtseinheit zwischen dem britischen und amerikanischen Besatzungsgebiet hergestellt werden müsse, und empfehle daher die Annahme der folgenden Entschließung:

„Gesetz über den Aufbau zerstörter Städte.
Der Zonenbeirat beschließt,
a) das Zentralamt für Arbeit aufzufordern, den kombinierten Redaktionsausschuß von Fachvertretern der Länder in der britischen Zone und des interzonalen Städtetag-Ausschusses, der mit der Abfassung des Gesetzentwurfs beschäftigt ist, durch Vertreter der süddeutschen Länder zu ergänzen.
b) nach Vorlage eines endgültigen Gesetzentwurfs durch diesen so ergänzten Redaktionsausschuß einen Sonderausschuß zu bilden und ihn aus Vertretern folgender Institutionen zusammenzusetzen:
Länderrat, Länder der britischen und amerikanischen Zone, Zentralamt für Arbeit, Abt. Wohnungs- und Siedlungswesen, Interzonaler Städtetag-Ausschuß, Zonenbeirat.
c) bei dem sogenannten Lubahn-Gesetz wie zu b) zu verfahren."

Die Versammlung

nimmt die Entschließung einstimmig an und beschließt, sie an das Zentralamt für Arbeit weiterzuleiten.[27]

2. Gemeinsame Sitzung des Wirtschaftspolitischen und des Finanzausschusses am 29. 4. 1947[28]

Berichterstatter: Blücher

a) Wohnungsbaufinanzierung

Die vereinigten Ausschüsse hätten sich mit den Problemen der Wohnungsbaufinanzierung unter folgenden Gesichtspunkten befaßt:

---

[25] Die Denkschrift (Z 21/511, Bl. 8–10) wies auf die Bedeutung der Küstenschiffahrt hin mit dem Ziel, für Reparaturen und Instandsetzungsarbeiten der Schiffe Material zu fordern und die Notwendigkeit von Neubauten sowie die Rückgabe beschlagnahmter Schiffe zu begründen.

[26] Über das Aufbaugesetz Göderitz und das sogen. Lubahn-Gesetz (zur Beschaffung billigen Bodens und zur Schaffung von Volksheimstätten) war eingehend auf vielen Instanzenebenen während des Jahres 1946 beraten worden. Sehr umfangreiche Überlieferung in: BT PA 1/119, 120. Vgl. auch Akten zur Vorgeschichte 1, S. 628, 982.

[27] In Z 40 ließen sich einschlägige Unterlagen nicht ermitteln. Der umfangreiche Entwurf eines Gesetzes über den Aufbau deutscher Gemeinden (Fassung des ZA für Arbeit vom 12. 8. 1947) wurde auf der 15. Sitzung des ZB gebilligt (Z 2/61, Bl. 11; Wortlaut Bl. 41–50).

[28] Prot. in: Z 2/96.

Nr. 15   29./30. 4. 1947   Zonenbeirat brit. Zone

BeschlProt. Zunächst sei die Frage aufgeworfen worden, ob das Problem der Wohnungsbaufinanzierung für sich betrachtet werden und durch Schaffung von Gefahrengemeinschaften gelöst werden könne oder als ein Teil des großen Fragenkomplexes „Währungssanierung und Schuldenbereinigung" anzusehen sei. Die zweite Frage betreffe die Angleichung der Altbaumieten an die Neubaumieten. Durch diese Maßnahme solle ein einheitlicher Maßstab für die Bemessung des Mietsatzes erzielt werden. Das Finanzierungsproblem werde weiter erschwert durch die fragwürdige Qualität der Neubauten, die z. T. ohne Keller und mit zu geringer Größe der einzelnen Räume ausgeführt werden müßten. Im Ausschuß habe Einmütigkeit darüber geherrscht, daß nur solche Bauten erstellt werden sollten, die den Mindestforderungen an Qualität und Hygiene entsprächen und daher auch normal finanziert werden könnten. In der Frage der Sicherung der zweiten Hypothek bei Wohnungsbauten ergäbe sich entweder die Möglichkeit der Sicherung durch öffentliche Bürgschaften (Landesbürgschaften anstelle der bisherigen Reichsbürgschaft) oder durch Versicherung. Von entscheidender Wichtigkeit werde die Frage sein, ob es wünschenswert und möglich sei, den ausländischen Kapitalmarkt an der Finanzierung zu beteiligen.

Die Versammlung

nimmt Kenntnis.

b) Bizonaler Verwaltungsrat für Aufbau

Im Hinblick auf eine einheitliche Zusammenfassung aller mit dem Bau- und Wohnungswesen zusammenhängenden Verwaltungsaufgaben empfehlen die vereinigten Ausschüsse dem Zonenbeirat die Annahme der folgenden Entschließung über die Bildung eines bizonalen Verwaltungsrates für Aufbau:

„Die vereinigten Ausschüsse nehmen Kenntnis von dem Beschluß der Aufbauminister der britischen Zone betr. Bildung eines bizonalen Verwaltungsrates für Aufbau als Richtlinienstelle. Der Zonenbeirat stimmt diesem Beschluß zu und beschließt die Einberufung eines Ausschusses zur Ausarbeitung der Einzelheiten des Projektes, dem Vertreter des Zonenbeirates, des Länderrates und der Aufbauminister der Länder beider Zonen angehören sollen. Der Ausschuß möge den Verwaltungsrat für Wirtschaft und das Lemgoer Zentralamt für Arbeit hören und dann dem Zonenbeirat und dem Länderrat berichten."

Die Versammlung

nimmt diese Entschließung einstimmig an.[29]

c) Grundsteuer auf kriegszerstörten Grundbesitz, Grundsteuerbeihilfen für Arbeiterwohnstätten
[...]

256. Bericht des Kulturpolitischen Ausschusses[30]

a) *Errichtung von deutschen Stellen für Aufklärung und Kultur in der britischen Zone*
[...]

---

[29] Zum Fortgang vgl. Dok.Nr. 34, TOP 284.
[30] Prot. der Sitzung vom 29. 4. 1947 in: BT PA 1/274.

Zonenbeirat brit. Zone 29./30. 4. 1947 Nr. 15

Die Vorlage der Kontrollkommission[31] sehe die Übernahme der Verantwortung auf dem Gebiete des kulturellen Schaffens, besonders bei der Lizenzierung und Materialverteilung durch deutsche Stellen vor. Sie beabsichtige außerdem eine breite und organisierte Beteiligung der Öffentlichkeit bei der Beurteilung und Lenkung des Presse-, Film-, Theater- und Buchverleihwesens und der bildenden Künste.

BeschlProt.

Bei der Erörterung dieser Vorlage am 22. 3.[32] in Gegenwart der zuständigen Vertreter der Kontrollkommission habe sich ergeben, daß darin das Verhältnis der neu zu schaffenden deutschen Stellen zu den Ministerien und Parlamenten unklar geblieben sei. Der Ausschuß habe die Meinung vertreten, daß diese neuen Stellen für Kultur ohne die Autorität einer staatlichen Behörde nichts erreichen würden, die Vollziehung der von ihnen gefaßten Beschlüsse also den Ministerien übertragen werden müßten. Der Ausschuß sei grundsätzlich der Auffassung gewesen, daß man für die Zukunft danach streben solle, in das Gebiet der kulturellen Betätigung so wenig wie möglich durch staatliche Verordnungen einzugreifen. Deshalb habe man die Kontrollkommission gebeten, die für die Schaffung dieser neuen Stellen notwendigen Verordnungen in Form von befristeten Überleitungsgesetzen zu erlassen.[33]

Die Kontrollkommission habe sich eingehend mit den vom Kulturpolitischen Ausschuß zusammengestellten Gegenvorschlägen befaßt und habe sich in ihrer Stellungnahme[34] dazu bereit erklärt, eine befristete Überleitungsverordnung vor Inkraftsetzung dem Zonenbeirat zur Beratung vorzulegen.

Er schlage dem Zonenbeirat vor, folgendes Schreiben an die Kontrollkommission zu richten:

„Der Zonenbeirat hat von der Absicht der Kontrollkommission, durch Verordnungen den geplanten Kulturausschüssen die gesetzliche Grundlage zu geben, Kenntnis genommen. Wegen des Umfanges des Materials wird gebeten, die Entwürfe so rechtzeitig zuzuleiten, daß eine sorgfältig vorbereitete Beratung möglich ist."

Die Versammlung

beschließt, diese Bitte an die Kontrollkommission zu richten.[35]

b) Denkmalschutz

[Berücksichtigung bei der Bodenreform, Bitte an die KK]

c) Sammlung nationalsozialistischer Dokumente

Um zu verhindern, daß wichtiges Quellenmaterial verloren gehe, empfehle der Kulturpolitische Ausschuß dem Zonenbeirat, das Sekretariat zu beauftragen, die Angelegenheit mit dem Sekretariat des Länderrates zu behandeln und die Kontrollkommission zu

---

[31] Anlage 12 a des Prot. in: Z 2/57, Mitteilung der KK vom 12. 2. 1947. Demnach sollte den Deutschen die „Bearbeitung von Anträgen auf Zulassung zur Durchführung von oder Teilnahme an Betätigungen auf dem Gebiet der Aufklärung und Kultur sowie die Zuteilung der vorhandenen Mengen des wichtigsten Materials" übertragen werden.
[32] Prot. in: BT PA 1/274.
[33] Der ausführliche Vorschlag des kulturpol. Ausschusses als Anlage 12 b in: Z 2/57, Bl. 49–56.
[34] Anlage 12 c des Prot. in: Z 2/57, Bl. 57–58.
[35] Zum Fortgang vgl. Dok.Nr. 34, TOP 282.

BeschlProt. bitten, das in ihren Händen befindliche Material den deutschen Stellen, die sich mit der Sammlung solcher Dokumente beschäftigen, zur Verfügung zu stellen.

Die Versammlung

beauftragt das Sekretariat, entsprechende Schritte zu unternehmen.[36]

d) Bildung eines Beirates beim Nordwestdeutschen Rundfunk[37]

[...]

257. Errichtung eines Zonenausschusses für Flüchtlingsfragen

Bericht über die gemeinsame Sitzung des Flüchtlings-, des Sozialpolitischen, des Wirtschaftspolitischen und des Rechts- und Verfassungsausschusses am 29. 4. 1947.[38]

[...]

Andrée berichtet, die Kontrollkommission habe den Beschluß des Zonenbeirates vom 14. 8. 1946 (Punkt 133, 3 des Protokolls der 6. Sitzung)[39] über Errichtung eines Zentralamtes für Flüchtlingswesen mit einer Vorlage beantwortet, die nicht die Errichtung eines Amtes mit Verwaltungsbefugnissen, sondern lediglich die Einsetzung eines Ausschusses zur Bearbeitung derjenigen Angelegenheiten vorsieht, die über die Zuständigkeit der Länder hinausgehen.[40]

Die vereinigten Ausschüsse hätten diese Vorlage durchberaten und unter folgenden Gesichtspunkten dazu Stellung genommen:[41] Neben dem mit der Willensbildung betrauten Ausschuß, wie ihn die Kontrollkommission vorschlage, sei ein Sekretariat zur Führung der laufenden Geschäfte erforderlich. Die Zusammensetzung des Ausschusses sei so zu gestalten, daß das Stimmrecht bei 10 Vertretern der politischen Parteien und je einem Vertreter der obersten Flüchtlingsbehörden der vier Länder der britischen Zone läge, während die Zentralämter, die Wohlfahrtsverbände und Gewerkschaften Mitglieder mit beratender Stimme in den Ausschuß zu entsenden hätten. Zwei

---

[36] Das Sekretariat richtete unter dem 6. 8. 1947 eine Umfrage an zahlreiche Stadtarchive und Schulen, um „Material für die Geschichtsschreibung der Zeit von 1933–1945" zu erfassen. Als Ziel sei ein „Register" über die Quellen geplant (BT PA 1/96). Freilich waren die Antworten (ebenda) derart nichtssagend, die Fehlanzeigen so zahlreich, daß die Initiative nicht weiter verfolgt wurde. Die KK war bereits unter dem 15. 5. 1947 gebeten worden, das von ihr verwaltete Material zur Verfügung zu stellen. Sie teilte mit Schreiben vom 4. 6. 1947 mit (Z 2/58, Bl. 41), die Aufarbeitung der erbeuteten Akten sei noch im Gange und es wäre verfrüht, den Versuch einer Geschichtsschreibung über das nationalsozialistische Regime zu unternehmen, bevor die Veröffentlichung dieser Dokumente ein weiter fortgeschrittenes Stadium erreicht habe.

[37] Ein „Antrag Meitmann" sah die Schaffung eines politischen Beirates beim Nordwestdeutschen Rundfunk vor (BT PA 1/91, Antrag vom 22. 3. 1947), nachdem der kulturpolitische Ausschuß des ZB festgestellt habe, der NWDR sei als offizielles Sprachorgan in der brit. Zone für die öffentliche Meinungsbildung von entscheidender Bedeutung.
Am 3. 6. 1947 fand darüber im kleinen Kreis eine Besprechung beim ZB mit Vertretern der MilReg. statt (Prot. ebenda), bei der beschlossen wurde, im kulturpol. Ausschuß einen „Rundfunkbeirat" zu bilden, der als Gesprächspartner für den NWDR und die MilReg. in Fragen des Rundfunks dienen sollte. Da der Rundfunk zu den der MilReg. vorbehaltenen Materien gehörte, solle der Ausschuß in diesen Fragen nicht dem Plenum des ZB berichtspflichtig sein. In der Sitzung des kulturpol. Ausschusses vom 22. 6. 1947 wurden die Ergebnisse der Aussprache bestätigt (Prot. in: BT PA 1/88).

[38] Prot. in: BT PA 1/121.

[39] Vgl. Akten zur Vorgeschichte 1, S. 691–692.

[40] Ausarbeitung der KK vom 26. 4. 1947 als Anlage 14 a in: Z 2/57, Bl. 62–64.

[41] Die Stellungnahme der vereinigten Ausschüsse, die im folgenden wiedergegeben wird, in: Z 2/57, Bl. 65–68.

Drittel der stimmberechtigten Mitglieder müßten Flüchtlinge sein. Dadurch solle erreicht werden, daß die Flüchtlinge sich nicht als Objekt von Behördenmaßnahmen fühlten, sondern zur Gestaltung ihres eigenen Schicksals herangezogen würden und damit Interesse an politischer Betätigung gewönnen.

Die Vorlage der Kontrollkommission sehe vor, daß der Flüchtlingsausschuß die Länderregierungen über den Zonen-Wohlfahrtsausschuß, die Kontrollkommission über den Zonenbeirat berate. Da die Aufgaben des Flüchtlingsausschusses nur zu einem Teil Wohlfahrtsangelegenheiten betreffen, sei es nicht ratsam, ihn dem Zonen-Wohlfahrtsausschuß zu unterstellen. Er müsse vielmehr als selbständige Dienststelle errichtet werden. Die vereinigten Ausschüsse schlügen dem Zonenbeirat vor, erneut zum Ausdruck zu bringen, daß die Flüchtlingsfrage nicht im Wege der Koordinierung allein gelöst werden könne. Sie bedürfe in wesentlichen Punkten zentraler Legislative und Exekutive. Der Zonenbeirat halte deshalb seinen Vorschlag auf Errichtung eines Zentralamtes für Flüchtlingswesen nach wie vor für die zweckmäßigste Lösung. Wenn der Zonenbeirat trotzdem seine grundsätzlichen Bedenken gegen die Einsetzung eines ausschließlich beratenden und koordinierenden Organs zurückstelle, so geschehe dies in der Erwägung, daß jede sich bietende Möglichkeit ausgenutzt werden müsse, um in der Lösung des Flüchtlingsproblems so schnell wie möglich voranzukommen.

Die Versammlung

stimmt der Vorlage der vereinigten Ausschüsse zu und beschließt, sie an die Kontrollkommission weiterzuleiten.[42]

258. Rechtliche Stellung der deutschen leitenden Beamten in den verschiedenen Zweizonen-Ämtern

Dem Zonenbeirat liegt die Vorlage der Kontrollkommission [...] vor (Anlage 15).[43]

Roßmann teilt mit, der Stuttgarter Länderrat sei durch ein gleichlautendes Schreiben der amerikanischen Militärregierung aufgefordert worden, einen Beschluß über die Rechtsstellung der Leiter der Zweizonen-Ämter zu fassen. Der Länderrat habe bisher keinen Beschluß gefaßt, da er der Auffassung sei, daß die Lage noch nicht genügend geklärt sei, und er sich andererseits gegenüber den gegenwärtigen Leitern der Ämter volle Freiheit wahren wolle.[44]

[*Blücher*] empfiehlt die Vertagung dieser Angelegenheit.

Die Versammlung

stimmt zu.

---

[42] Die KK wies unter dem 9. 6. 1947 darauf hin, daß ein Ausschuß mit Exekutivvollmachten nur dann sinnvoll sei, wenn er über Haushaltsmittel verfüge. Die Errichtung des Ausschusses sei Sache der Deutschen (Z 2/58, Bl. 41).

[43] Die Vorlage als Anlage 15 in: Z 2/57, Bl. 69. Darin hieß es: „Es wird vorgeschlagen, den Vorsitzenden und stellvertretenden Vorsitzenden des Verwaltungsrates, die beide keine Stimme besitzen, für eine bestimmte Zeit zu wählen und nur aus bestimmten Gründen abzusetzen."

[44] Vgl. Dok.Nr. 6 A, TOP 4.

Nr. 15   29./30. 4. 1947   Zonenbeirat brit. Zone

BeschlProt.   **259. Doppelte Sommerzeit**

[...]

[*Blücher*] empfiehlt dem Zonenbeirat, sich dem Vorgehen der süddeutschen Ministerpräsidenten und des Senatspräsidenten von Bremen[45] mit folgendem Schreiben anzuschließen[46]:

„Der Zonenbeirat bittet die Kontrollkommission, beim Alliierten Kontrollrat wegen des Beschlusses des Koordinierungsausschusses vom 23. 4. 1947 auf Einführung der doppelten Sommerzeit[47] vorstellig zu werden und eine Überprüfung dieser Entschließung anzuregen. Aus sozialen Gründen im Sinne des Schutzes der bereits aufs höchste beanspruchten Arbeitskraft der unterernährten Bevölkerung und aus Gründen der Produktion und Erfassung von Milch und Milchprodukten ist die Verschiebung des natürlichen Tagesrythmus' um zwei Stunden äußerst bedenklich. Aus allen Kreisen der arbeitenden Bevölkerung sind den Regierenden Bitten zugegangen, ihren Einfluß im Sinne einer Revision geltend zu machen und zu beantragen, daß es bei der einfachen Sommerzeit verbleibt."

Die Versammlung

nimmt den Antrag einstimmig an und beschließt, ihn an die Kontrollkommission weiterzuleiten.[48]

[Schluß: 19.20 Uhr; Wiedereröffnung 30. 4. 1947, 10.00 Uhr]

260. [*Blücher*] begrüßt den Stellvertretenden Militärgouverneur, Generalleutnant Sir Brian Robertson, und den Stellvertretenden Chef des Stabes des Militärgouverneurs, Generalmajor Bishop.

261. Ansprache des Stellvertretenden Militärgouverneurs, Generalleutnant Sir Brian Robertson

Anlage   [*Moskauer Konferenz der Außenminister*]

Nachdem ich beinahe sechs Wochen der Moskauer Konferenz selbst beigewohnt habe, werden Sie erwarten, daß ich Ihnen etwas darüber berichte. Die Konferenz ist nun aus. Sie hat nicht viele konkrete Entscheidungen gebracht. Nur sehr wenig ist erreicht worden, was zur unmittelbaren und praktischen Erleichterung der gegenwärtigen Probleme Deutschlands beitragen wird. Sie muß daher eine schwere Enttäuschung für Sie bedeuten. Es wäre jedoch verfehlt, hieraus zu schließen, daß sie nur völlig negative Ergebnisse gezeigt habe. In einigen Angelegenheiten sind erhebliche Fortschritte auf dem Wege zur Erzielung von

---

[45] Die Initiative zu diesem Antrag war von MinPräs. Ehard ausgegangen, der den Bayer. Bevollm. beim LR auch die Zustimmung der übrigen MinPräs. telefonisch einholen ließ und auch veranlaßte, daß der Wortlaut noch am 29. 4. 1947 fernmündlich an den ZB durchgegeben wurde (Z 1/236, Bl. 230–235).

[46] Das Schreiben ist fast identisch mit dem Antrag der MinPräs. der US-Zone.

[47] Der Vorschlag stammte von der brit. MilReg., „um mehr Kohle einzusparen"; er sollte am Sonntag 11. 5 1947 um 3.00 Uhr wirksam werden. (Vgl. HStA Düsseldorf NW 53/398, Vol. II, Bl. 339, Schreiben vom 29. 4. 1947).

[48] Die Proteste gegen die doppelte Sommerzeit, insbes. aus bäuerlichen Kreisen, ließen nicht nach, da sich „das deutsche Rindvieh nicht so leicht nach der Sommerzeit werde richten können" (Zuschrift eines Bauern an MinPräs. Maier, zitiert von Horlacher vor dem LR, Z 1/189, Bl. 159), bis mit Wirkung vom 29. 6. 1947 wieder die einfache Sommerzeit eingeführt wurde (Z 1/77, Bl. 70, RGCO an Roßmann vom 4. 6. 1947).

Zonenbeirat brit. Zone 29./30. 4. 1947 Nr. 15

Anlage

Einigkeit gemacht worden, wo vorher die Ansichten weit auseinandergingen. Das trifft besonders auf die Besprechungen über die zukünftige politische Struktur Deutschlands zu. Die diesbezüglichen Vorschläge Großbritanniens dürften Ihnen bekannt sein.[49] Die Stellungnahme zu diesen Vorschlägen, wie sie in der deutschen Presse und in Erklärungen prominenter Persönlichkeiten zum Ausdruck kam, haben wir mit Interesse verfolgt. Aus diesen Meinungsäußerungen entnehmen wir, daß unsere Vorschläge im großen und ganzen als ein ernsthafter und vernünftiger Versuch, die richtige Lösung zu finden, angesehen werden. Auch in Moskau wurden diese Vorschläge gut aufgenommen und bis zu einem gewissen Grade akzeptiert. Ich glaube, daß wir von nun an von der Voraussetzung ausgehen können, daß Deutschland weder ein hochzentralisiertes Regierungssystem, wie es unter Hitler bestand, haben, noch daß es so zerstückelt werden wird, daß ihm keine Möglichkeit bleibt, jenes Mindestmaß politischer, wirtschaftlicher und finanzieller Einheit zu bewahren, das es für sein zukünftiges Wohlbefinden unbedingt benötigt.

Über die verschiedenen Maßnahmen zur Entwicklung einer Regierungsform bis zu dem Zeitpunkt, wo mit der Einsetzung einer voll verfassungsmäßigen Regierung das Endstadium erreicht ist, herrschte weitgehende Übereinstimmung. Ich weise Sie besonders auf den von allen vier Mächten angenommenen Beschluß hin, innerhalb einer kurzen Zeitspanne nach vollzogener Wirtschaftseinheit einen deutschen Beirat aufzustellen. Die Aufgaben dieses Beirats würden erstens darin bestehen, den Kontrollrat betreffs der Arbeit der zentralen Verwaltungsbehörden zu beraten, und zweitens darin, eine vorläufige Verfassung auszuarbeiten. Über die Zusammensetzung dieses Beirats ist zwar noch keine endgültige Entscheidung getroffen worden, es wurde aber vereinbart, daß er Repräsentanten aller politischen Richtungen enthalten und nicht nur die Mehrheitsparteien in den Ländern vertreten solle. Was mich veranlaßt, Ihre Aufmerksamkeit besonders auf die Besprechungen über diesen Beirat hinzulenken, ist, daß sie unmittelbar mit den Beschlüssen über die Umgestaltung Ihres eigenen Rates zusammenhängen, die ich Ihnen in Kürze bekanntgeben werde.

Die große Enttäuschung der Konferenz ist natürlich, daß über Wirtschaftsfragen keine Übereinstimmung erzielt werden konnte. Wirtschaftseinheit ist die Voraussetzung für Deutschlands Wiederaufbau. Ohne Wirtschaftseinheit kann keine politische Einheit erreicht werden. Deutschland muß wissen, welches Industrieniveau ihm in Zukunft gestattet sein wird. Daß die im März 1946 festgesetzte Produktionshöhe abgeändert werden muß, wurde allgemein anerkannt.[49a] Es herrschte sogar ein gewisses Einvernehmen über die

---

[49] Vgl. Europa Archiv 2 (1947), S. 694–695; Erklärung Außenmin. Bevins vom 21. 3. 1947 über die zukünftige Staatsform Deutschlands sowie die von Bevin in Moskau vorgelegten „Ergänzenden Richtlinien für die Behandlung Deutschlands." Wortlaut in: Europa Archiv 2 (1947), S. 704–707. Sie wurden auch von der Zeitung „Die Welt" am 12. 4. 1947 in einer gesonderten Dokumenten-Beilage veröffentlicht. Eine Stellungnahme des Kabinetts von Nordrhein-Westfalen zu den Vorschlägen Bevins vom 21. 3. 1947 mit einem Minderheitsvotum von Min. Paul (KPD) in: HStA Düsseldorf NW 179/345, Schreiben vom 27. 3. 1947 an die MilReg. Düsseldorf. Die von Menzel in Anlehnung an die verfassungspolitischen Vorstellungen der SPD (vgl. Dok.Nr. 8, Anm. 16) ausgearbeitete Stellungnahme betonte, daß auch eine provisorische Regierung „aus dem Willen des Volksganzen" und nicht nur aus Ländervertretern zu bilden sei. Die Länder dürften gegenüber der Reichsgewalt kein Übergewicht erhalten, da die Jugend nicht provinziell, sondern großräumig denke. Zudem verlange der Wiederaufbau eine ausreichend starke Zentralgewalt. Bei Schaffung einer zweiten Kammer sei zu erwägen, ob die Mitglieder *nur* die Interessen ihrer Länder zu vertreten hätten und nicht in erster Linie das Gesamtinteresse des deutschen Volkes. Davon sei Wirkungsgrad und Stärke eines Vetos abhängig zu machen. Das tragende Organ der deutschen Republik müsse ein Reichstag sein, hervorgerufen aus allgemeinen, gleichen, unmittelbaren und freien Wahlen.

[49a] Vgl. Dok.Nr. 14 C, Anm. 4.

Nr. 15   29./30. 4. 1947   Zonenbeirat brit. Zone

Anlage   Grundsätze, die diese Neufestlegung bestimmen sollen, aber eine endgültige Entscheidung ist noch nicht getroffen worden. Ohne eine derartige Entscheidung kann aber kein vernünftiger Plan für die Wiederaufrichtung der Wirtschaft des Landes gefaßt werden. Es wäre jedoch ganz falsch, anzunehmen, daß das Scheitern des Versuchs, in Moskau zu einer Entscheidung über diesen Punkt zu kommen, endgültig sei. Es wäre auch falsch, anzunehmen, daß die im März 1946 festgesetzte Produktionshöhe unberichtet bestehen bleiben werde. Ebenso falsch wäre es zu glauben, daß in Ermangelung eines Beschlusses alle Einschränkungen entfallen und Deutschland der Verpflichtung zur Ablieferung enthoben werde. Ich glaube nicht, daß ernstdenkende Deutsche dies erwarten oder erhoffen. Solche Menschen sehen ein, daß Industrie-Kapazität, die den Friedensbedarf Deutschlands überschreitet, beseitigt werden muß. Sie nehmen Reparationen als gerecht hin. Verständlicherweise wünschen sie aber eine feste, endgültige und vernünftige Regelung. Hierin haben Sie mein aufrichtiges Mitgefühl.

Von sonstigen Fragen weise ich Sie auf die Annahme von Mr. Bevins Vorschlag hin, alle jetzt noch oder früher in Kriegsgefangenschaft befindlichen Personen bis Ende 1948 nach Deutschland zurückzuschicken.[50] Dies sollte vielen deutschen Familien neue Hoffnung einflößen. Ferner möchte ich erwähnen, daß Einvernehmen darüber bestand, daß die Verantwortung für Entnazifizierung möglichst bald der zuständigen deutschen Behörde übertragen, das Hauptaugenmerk auf die wirklich aktiven Nazis und Militaristen und weniger auf die einfachen Mitläufer der Bewegung gerichtet und ein Versuch gemacht werden solle, einen Termin festzulegen, an dem die Entfernung aller Nazis aus den Ämtern vollendet sein muß. Auf anderen Gebieten, die anzuführen es mir an Zeit fehlt, wurde gleichfalls nützliche Übereinstimmung erzielt.

Wenn die Moskauer Konferenz Enttäuschungen gebracht hat, so liegt dies, glaube ich, hauptsächlich daran, daß viele ihre Erwartungen viel zu hoch gespannt hatten.[51] Das deutsche Problem ist schwierig. Dies ist das erste Mal, daß die Außenminister der vier Mächte es ernsthaft in Angriff genommen haben. Es wäre sehr bemerkenswert gewesen, wenn es ihnen gelungen wäre, gleich beim ersten Versuch eine vollkommene Lösung dieses Problems zu finden. Ich gebe zu, daß die Verhältnisse in Deutschland eine prompte Lösung verlangen. Ich gebe auch zu, daß viele unter den Deutschen ihre letzte Hoffnung auf gewisse Erleichterungen des Elends, das gegenwärtig auf ihnen lastet, auf die Moskauer Konferenz gesetzt hatten. Aber es ist irrig, zu erwarten, daß internationale Verhandlungen dieser Art schnelle und endgültige Entscheidungen über ein so schwieriges Problem herbeiführen könnten. Ich bin jedoch überzeugt, daß die Lösung gefunden werden wird. Ich glaube nicht, daß es der Wille der vier Mächte ist, Deutschland aufzuteilen. Ich weiß, daß meine eigene Regierung dies nicht wünscht. Ich glaube sicher, daß jede einzelne der vier Mächte eine gerechte und endgültige Regelung erstrebt, aus der Deutschland politisch und wirtschaftlich geeinigt hervorgehen und seinen Platz in der Gemeinschaft friedliebender Nationen einnehmen soll. Ich lehne es ab, die Moskauer Konferenz als einen Mißerfolg hinzunehmen und ziehe es vor, in ihr den Auftakt zu einer Regelung zu sehen.[52]

---

[50] Vgl. Dok.Nr. 32 A, Anm. 12.
[51] Vgl. hierzu auch Dok.Nr. 14 C, TOP 1.
[52] Roßmann bemerkt in seinem Bericht an das RGCO (vgl. Anm. 4): „Er versuchte, der Konferenz eine freundlichere Note abzugewinnen, als sie ganz allgemein in der Weltöffentlichkeit gefunden hat" (Z 1/230, Bl. 34).

Zonenbeirat brit. Zone   29./30. 4. 1947   Nr. 15

[Reorganisation des Zonenbeirates]   *Anlage*

Bei der Besprechung, die ich am 14. Februar mit dem gemeinsamen Ausschuß Ihres Beirates hatte[53], habe ich Ihnen gesagt, daß wir bereit waren, Ihre Vorschläge für die Umorganisierung Ihres Beirates anzunehmen. Am 21. Februar hielt Gen. Bishop eine weitere Ansprache, in der er Ihnen mitteilte, daß diese Änderung vorübergehend aufgehalten werden müsse.[54] Dieser Entschluß war für Sie und uns eine Enttäuschung, aber der Grund dafür war, wie Sie wissen, das Problem der zukünftigen politischen Struktur Deutschlands, das gerade zu der Zeit in Moskau von den Außenministern besprochen werden sollte. Es war unerwünscht, gerade direkt vor diesen Besprechungen Änderungen in der politischen Organisation unserer Zone vorzunehmen, die eventuell hätten mißverstanden werden können. Ich freue mich, daß ich Ihnen heute sagen kann, daß wir jetzt bereit sind, den Zonenbeirat umzuorganisieren und auf eine Weise, die Sie bestimmt zufriedenstellend finden werden und die den Prinzipien Ihres Februarvorschlages sehr ähnelt.

Erstens haben wir uns entschlossen, ohne einen Länderrat auszukommen. Wir finden, daß es nicht unsere Angelegenheit ist, einen Koordinierungs-Apparat zu bilden für Fragen, die innerhalb der absoluten Kompetenz der Länder liegen. Wir haben natürlich nichts gegen irgendwelche Schritte, die für diese Zwecke von den Landesregierungen unternommen werden, aber wir wollen solche Schritte nicht selbst einleiten.[55] Andererseits wollen wir die Diskussion solcher Probleme seitens des Beirats nicht verhindern, aber in solchen Fällen müssen die so gefaßten Entschlüsse an die Ministerpräsidenten der Länder weitergereicht werden und nicht an uns. Der Vorschlag für einen Allgemeinen Rat bleibt bis auf geringe Änderungen beim Alten.

Wir haben beim Entschluß über die Struktur des neuen Beirats die Entwicklung der Moskauer Besprechungen in Bezug auf die Zusammensetzung des zukünftigen deutschen Beirats im Auge behalten. Wir schlagen jetzt vor, daß der neue Rat aus 30 Mitgliedern[56] beste-

---

[53] Prot. der Verhandlung des HptA mit Robertson in Berlin in: BT PA 1/261. Teilabdr. siehe Dok.Nr. 5, Anm. 25.

[54] Diese Aussprache wurde anscheinend nicht protokolliert (vgl. Prot. des ZB vom 20. 2. 1947 in: BTPA 1/45, Bl. 27). Dabei wurde vermutlich mitgeteilt, daß die Reorganisation des ZB mit Rücksicht auf die Moskauer Konferenz aufgeschoben werde. Im Monthly Report für Februar 1947 S. 8 hieß es lakonisch: "The meeting of the Zonal Advisory Council which had been called for 20th February 1947 was postponed. The proposals for the Reorganisation of the Zonal Advisory Council at their tenth meeting in January are still under considera tion at the time of the Report." Die Verzögerung wurde zunächst in der brit. Zone auf amerik. Einfluß zurückgeführt, eine Meinung, die von GS Roßmann in Hamburg verbreitet wurde (Vermerk Weisser vom 22. 2. 1947 in: BT PA 1/85). Es wurde auch der Verdacht geäußert, die MinPräs. der US-Zone hätten über die amerik. MilReg. eine „Einwirkung vorgenommen." (Vermerk vom 28. 2. 1947, gez. Elmenau in: BHStA Abtl. II MA 130 435).

[55] Die Gründung eines Länderrates der brit. Zone wurde einen Monat später am 30. 5. 1947 auf einer Konferenz der MinPräs. der Länder der brit. Zone in Hannover beschlossen (Resolution, mit Entwürfen, in: HStA Hannover Z 50 Acc. 32/63, Nr. 64 I).
Als vorläufiger Tagungsort wurde Celle bestimmt, da man zwar aus der „Hamburger Atmosphäre und damit aus dem Zwang der Parteien" heraus wollte, sich aber auf einen der sonstigen vorgeschlagenen Orte (Minden, Bielefeld, Lübeck) nicht einigen konnte (Z 1/230, Bl. 22; HStA Hannover Z 50 Acc. 32/63 Nr. 63, Amelunxen an Kopf vom 2. 5. 1947).

[56] Über die Zusammensetzung des neuen ZB und die Zahl seiner Mitglieder kam es im Nachhinein noch zu längeren Diskussionen, die erst am 12. 5. 1947 bei einer Konferenz der Parteivertreter in Düsseldorf Ergebnisse zeitigten (vgl. Vermerk vom 12. 5. 1947, ungez., in: BT PA 1/34, dort auch weiteres Material). Ein Vorschlag Blüchers vom 8. 5. 1947 hatte zunächst folgende Verteilung vorgesehen: Bei einem Quotienten von 300 000 Stimmen pro Sitz sollten erhalten SPD: 3 140 034 Stimmen = 11 Sitze, CDU: 2 900 111 Stimmen = 10 Sitze, KPD: 964 000 Stimmen = 3 Sitze, Zentrum: 591 000 Stimmen = 2 Sitze, NLP: 442 000 Stimmen =

Anlage hen soll, die die Vertreter der politischen Meinungen und der Bevölkerung der verschiedenen Länder sein sollen. Jeder Landtag wird gebeten werden, eine Anzahl Mitglieder zu ernennen, die ungefähr die politische Meinung des Landes im Vergleich mit der Stimmenanzahl jeder Partei bei den Landtagswahlen vertritt. Die auserwählten Mitglieder brauchen nicht selbst Landtagsmitglieder zu sein. Wenn wir es nur von der Bevölkerungszahl abhängig machen würden, würde Hamburg nur zwei Mitglieder haben und das würde nicht die politischen Richtungen der Hansestadt vertreten. Um darüber hinweg zu kommen und um sicherzustellen, daß alle politischen Meinungen vertreten sind, schlagen wir vor, daß jedes Land mindestens drei Vertreter stellen kann, auf dieser Basis werden die Zahlen wie folgt aussehen:[56a]

Hansestadt Hamburg	= 3
Land Niedersachsen	= 8
Land Schleswig-Holstein	= 4
Land Nordrhein-Westfalen	= 15

Nachdem die Namen ausgesucht worden sind, werden sie vom Ministerpräsidenten an den Gouverneur zur Zusage eingereicht. Darf ich einen Vorschlag machen? Und der ist, daß ein proportioneller Anteil Frauen dazugezogen wird.[57] Es scheint mir, als ob momentan die Frauen viel zu wenig im öffentlichen Leben vertreten sind.

Wir halten es prinzipiell für sehr wichtig, daß der Beirat die politische Meinung der Zone vertreten soll, da dies eine Weise ist, auf die uns die Bevölkerung und die deutschen Verwaltungen beraten können und auf welche sie bei der demokratischen Entwicklung Deutschlands mithelfen können. Es ist aber noch immer nicht unsere Absicht, aus dem Beirat eine gesetzgebende oder exekutive Körperschaft zu machen. Der Beirat bleibt ein beratender, wie der Name auch zeigt.

Es wird die Hauptfunktion des Beirates sein, die MilReg. auf den Gebieten zu beraten, die außerhalb der Kompetenz der Länder stehen. Es werden keine Einschränkungen der Diskussionsthemen gemacht und endgültige Erlaubnis zur Diskussion wird auch nicht benötigt. Die einzigen Ausnahmen sind gewisse Dinge, welche die Interessen der Besatzungsmächte betreffen. Diese Ausnahmen schließen Fragen, die das Verhältnis gegenüber den anderen Mächten betreffen, ein, und auch Änderung der jetzigen Grenzen. Alliierte Politik

---

[1] Sitz, FDP: 696 000 Stimmen = 3 Sitze. Hiergegen erhob die NLP Einspruch, da sie gegenüber der FDP benachteiligt werde. Während die anderen Parteien unter Hinweis auf den regionalen Charakter der NLP dieser nur einen Sitz zukommen lassen wollten, unterstützte die CDU die Ansprüche der NLP (Vermerk vom 8. 5. 1947, ebenda). Auf o.g. Besprechung der Parteien ging man schließlich von einem Faktor von 240 000 Stimmen pro Sitz aus. Reststimmen über 120 000 sollten einen weiteren Sitz ergeben. Damit wären allerdings 37 anstatt der von Robertson benannten 30 Sitze im neuen ZB erforderlich geworden: SPD = 14, CDU = 12, KPD = 4, Zentrum = 2, NLP = 2, FDP = 3. Für diesen Vorschlag wurde in den Besprechungen mit den Engländern auch mit dem Argument operiert, die Zahl der Sitze dürfe wegen der zu leistenden Ausschußarbeit nicht zu gering sein.

[56a] Über die Verteilung der Sitze auf die einzelnen Länder wurde seitens der MilReg. mit deutschen Stellen überhaupt nicht gesprochen, vielmehr teilten die Regional Commissioners den Parteien lediglich die getroffene Entscheidung mit, ohne daß das Sekretariat des ZB entsprechende Informationen erhielt. (Vgl. Prot. des HptA vom 12. 6. 1947, BT PA 1/261, Bl. 2–3 des Prot.) Blücher kommentierte: „Es ist das ein neuer Weg gewesen, daß wir überhaupt nichts erfahren haben" (ebenda). Auf Nordrhein-Westfalen entfielen schließlich 20 Sitze, auf Niedersachsen 10, Schleswig-Holstein 4 und Hamburg 3.

[57] Im neuen ZB waren vier Frauen vertreten: Helene Weber (CDU), Friederike Nadig (SPD), Lisa Korspeter (SPD) und Anni Kranstöver (SPD). (Vgl. Aufstellung der Mitglieder des ZB, neue Zusammensetzung, in: BT PA 1/35).

im Punkte der Entmilitarisierung, Reparationen, auswärtige Kriegsschulden, Besatzungskosten, Wiedergutmachung, gesperrte Eigentümer usw.

Anlage

Sie werden die Erlaubnis haben, Dinge zu besprechen, die unter Bearbeitung des Alliierten Kontrollrats sind, aber Sie müssen verstehen, daß von dieser Konzession mit äußerster Diskretion Gebrauch gemacht werden muß. Ich muß die Warnung, die ich schon in Berlin Ihrem Ausschuß gegenüber ausgesprochen habe, noch einmal wiederholen.[57a] Wir machen eine sehr große Konzession, indem wir dem Beirat diese Diskussionsfreiheit geben. Ich bin sicher, daß das Resultat nützlich sein wird, aber wenn dieses Recht auf irgendeine Weise mißbraucht wird, dann werden die Diskussionseinschränkungen wieder eingesetzt. Dies betrifft besonders Fragen, die zu Verwicklungen mit unseren Alliierten führen können. Im Allgemeinen haben Mitglieder des Beirats gewisse Privilegien, sie unterstehen aber auf jeden Fall dem Kontrollrat Gesetz Nr. 40.[58]

Unter Ihnen herrschte bis jetzt die Meinung, daß Sie nicht genug zu sagen hatten in den Beschlüssen der zonalen und bizonalen Verwaltungen, in dieser Beziehung können wir Ihre Bitte erfüllen. In Zukunft können Sie bei Ihren Sitzungen das Beiwohnen von Mitgliedern der zonalen und bizonalen Verwaltungen verlangen; Informationen von ihnen erhalten, ihre Handlungen besprechen und den beschlossenen Rat an mich weiterreichen. Ich möchte Sie in Bezug auf diese Frage auch auf etwas aufmerksam machen. Die Mitglieder dieser Verwaltungen sind sehr stark beschäftigt und ich hoffe, daß Sie sie nur zu Ihren Ausschuß- und ordentlichen Sitzungen bitten werden, wenn es ausdrücklich notwendig ist. Allgemeine Information über Entscheidungen und Verfahren der Sitzungen wird Ihnen auf Anfrage von den Sekretariaten der Verwaltungen zur Verfügung stehen. Ich muß aber noch einmal wiederholen, daß Ihre Kapazität den Verwaltungen gegenüber nur eine beratende ist, es entspricht nicht unserer Absicht, Ihnen eine politische Kontrolle darüber zu geben. Diese wird fürs Erste von der MilReg. ausgeübt.

Verordnungen der MilReg. werden soweit wie möglich Ihrem Beirat zur Begutachtung vor der Veröffentlichung vorgelegt werden.

Trotzdem ich Ihnen keine Versprechungen machen kann mit Bezug auf Kontrollrat-Gesetze, werde ich es auf mich nehmen, jeden Fall einzeln zu betrachten.

Sie können eine unbegrenzte Anzahl Ausschüsse bilden, um bestimmte Probleme zu bearbeiten und um die Geschäfte der ordentlichen Sitzungen vorzubereiten. Um den Ausschüssen zur Seite zu stehen ist es wünschenswert, Vertreter der Gewerkschaften und anderer Organisationen wenn möglich heranzuziehen. Solche auswärtigen Mitglieder würden natürlich nicht Mitglieder des Ausschusses sein und würden im Ausschuß nicht wahlberechtigt sein.

Beiwohnen der Presse bei Ihren Sitzungen wird laut Ihres Antrages erlaubt.[59] Wir sind jedoch der Meinung, daß die Presse bei Ausschuß-Sitzungen und informellen Sitzungen nicht dabei sein soll, da diese Sitzungen durch ihre ganze Form nicht die Meinung des Beirats vertreten. Das Beiwohnen der Presse sollte in Ihrer Geschäftsordnung stehen.

[57a] Vgl. Dok.Nr. 5, Anm. 25.

[58] Gemeint ist nicht das KRGes. Nr. 40 (Aufhebung des Gesetzes zur Ordnung der Nationalen Arbeit vom 20. 1. 1945), sondern die Direktive Nr. 40 vom 12. 10. 1946 bezüglich der Richtlinien für die deutschen Politiker und die deutsche Presse, die zwar Kommentare über die Politik der Besatzungsmächte in Deutschland erlaubte, aber u. a. verbot, Entscheidungen der Konferenzen oder Entscheidungen des Kontrollrates zu kritisieren.

[59] Vertreter der Presse waren bereits zu dieser Sitzung zugelassen worden, vgl. Anwesenheitsliste.

Nr. 15   29./30. 4. 1947   Zonenbeirat brit. Zone

Anlage Wir haben davon Notiz genommen, daß Sie die Beiwohnung höherer Offiziere der Kontrollkommission bei Ihren Sitzungen und deren Mitwirkung in Debatten willkommen heißen würden. Dies wird für den Zonenbeirat und die MilReg. nützlich sein. Wir müssen jedoch betonen, daß höhere Offiziere der Kontrollkommission nur als Berater beiwohnen und wenn auch ihr Rat die Auslegung unserer Politik ist, ist er nicht verpflichtend, ehe er offiziell bestätigt ist. General Bishop oder ich werden weiterhin an Ihren ordentlichen Sitzungen teilnehmen. Es liegt viel Arbeit vor Ihnen, wenn Ihr Land wieder aufgebaut werden soll. Es liegt an den Deutschen, ob diese Arbeit getan wird oder nicht. Ich glaube, daß die neugewählten Landesregierungen ihre schwere Verantwortung gut tragen werden. Ich hoffe, daß die zonalen und bizonalen Verwaltungen in ihrer Arbeit erfolgreich sein werden.

Die Umorganisierung Ihres Beirates gibt Ihnen eine Möglichkeit, die politische Meinung der Bevölkerung auf diesem Gebiet zu vertreten, und ich hoffe, daß dies in Zukunft eine noch nützlichere Körperschaft sein wird, als sie bis jetzt schon war.[60]

Wortprot. [*Blücher:*] Herr General! Wir haben mit außerordentlicher Aufmerksamkeit Ihre Erklärung entgegengenommen. Wir wissen es besonders dankbar zu würdigen, daß Sie sich der Aufgabe unterzogen haben, zu uns in unserer Sprache zu reden.

Was Sie über das Ergebnis von Moskau sagten, spiegelt einen Teil unserer eigenen Empfindungen wider. Es war für uns besonders wertvoll, auch aus Ihrem Munde das Bekenntnis zu hören, daß das einzig mögliche Endziel die politische und wirtschaftliche Einheit aller vier Zonen sein muß, und daher haben Sie unsere Enttäuschung richtig gewürdigt. Es war für uns auch eine Stärkung, von Ihnen zu hören, mit welch klaren Worten Sie zum Ausdruck brachten, daß für unsere Arbeit Voraussetzung ist die Kenntnis dessen, was wir noch arbei-

---

[60] Die VO Nr. 80 der brit. MilReg., undat., die die Reorganisation des ZB gesetzlich regelte, wurde in Nr. 20 des Amtsbl. der MilReg., Brit. Kontrollgebiet, S. 565 veröffentlicht.
GS Roßmann beurteilte die Reorganisation in seinem Bericht an das RGCO (vgl. Anm. 4) folgendermaßen: „In konstruktiver Hinsicht scheint sich eine Annäherung an die staatspolitischen Verhältnisse in der US-Zone vollzogen zu haben. In der US-Zone war die Absicht, politische Gremien, die Aufgaben der Gesamtheit zu erledigen haben, aus Parteivertretern zusammenzusetzen, die unmittelbar von den Partei-Instanzen vorgeschlagen werden, aus demokratischen Erwägungen stark angefochten worden.
[...] Ein weiterer grundsätzlicher Gegensatz in der staatsrechtlichen Konstruktion der beiden Zonen wurde darin erblickt, daß der bisherige Zonenbeirat von seinen Mitgliedern in Verbindung mit den Zentralämtern der britischen Zone als Treuhänder des Reiches angesehen wurde. Ein solches Mandat, dem eine zentralistische Tendenz innewohnt, wurde in der US-Zone nicht anerkannt. [...] In der Rede des Generals Robertson ist jedoch an keiner Stelle zu erkennen, ob der zwar mit Hilfe der Landtage und der Ministerpräsidenten zustande kommende Zonenbeirat ein aus eigenem Recht tätiges Organ sein soll oder in grundsätzlicher Hinsicht an Weisungen der Länder gebunden sein wird. Die Ministerpräsidenten, also die Organe mit bundesstaatlichem Charakter, sind vollkommen ausgeschieden; jedenfalls ist eine andere Tendenz vorerst nicht zu erkennen. Ist das aber richtig, dann ist der neue Zonenbeirat gerade das, was man im Süden im Interesse einer reibungslosen Herbeiführung der politischen Einheit vermeiden wollte: Ein *Zonenparlament*, das zu selbständiger Behandlung überregionaler Aufgaben berufen ist und seine Entschlüsse nicht im Wege der Koordination der Länder, sondern durch einfache Mehrheit der Mitglieder des Zonenbeirates faßt. Bei scheinbar äußerlicher Angleichung ist also der Gegensatz hier nicht beseitigt, sondern eher vertieft worden. [...] Als Modell für den künftigen Beirat für alle vier Zonen wird der neue Zonenbeirat der britischen Zone in der US-Zone m.E. nur mit sehr gemischten Gefühlen aufgenommen werden. Wird der deutsche Beirat so gebildet, wie jetzt der Zonenbeirat der britischen Zone gestaltet werden soll – also nur als ein beratendes und begutachtendes Organ –, so würden den deutschen Stellen in der amerikanischen Zone wesentliche Zuständigkeiten verloren gehen, die sie durch das Entgegenkommen der Militärregierung schon jetzt besitzen. Wird der deutsche Beirat legislative und administrative Befugnisse haben und so zusammengesetzt sein wie der neue Zonenbeirat, so würde er den in der amerikanischen Zone vertretenen staatsrechtlichen Auffassungen stark widersprechen."
Vgl. auch Roßmanns Ausführungen in der internen LR-Sitzung vom 5./6. 5. 1947, Dok.Nr. 18 A, TOP 11.

Zonenbeirat brit. Zone   29./30. 4. 1947 Nr. 15

ten können. Wenn wir etwas Freundliches aus Moskau gehört haben, so war es die Initiative *Wortprot.*
des Herren englischen Arbeitsministers [!] in der Frage der Kriegsgefangenen. Wir haben
die Hoffnung, daß der in dieser Beziehung gefaßte Beschluß als Beweis einer menschlichen Gesinnung so schnell wie möglich ausgeführt wird, und daß alle die zurückkommen, die wir als Kriegsgefangene betrachten. Die Sorge des deutschen Volkes in dieser Beziehung ist sehr groß.

Daß uns erneut versichert wurde, und zwar von einem Augenzeugen der Moskauer Verhandlungen, daß keiner der Alliierten den Willen zur Aufteilung Deutschlands habe, ist für uns wertvoll.

Was nun die Umgestaltung unseres Zonenbeirates betrifft, so ist es mir selbstverständlich nicht möglich, zu den Einzelheiten ohne eingehende Beratung mit den Vertretern der Parteien etwas zu sagen. Vor allem ist das deshalb schwer, weil die Zusammensetzung des Politischen Beirates sich jetzt doch letzten Endes nach anderen Gesetzen vollziehen wird, als wir bisher vorgeschlagen hatten.[61] Wir sind überzeugt, daß Sie uns Gelegenheit geben werden, sobald wie möglich eine Stellungnahme zu den Einzelregelungen bekanntzugeben.

Ich darf aber feststellen, daß uns der Fortfall einer Einschränkung in der Festsetzung unserer Verhandlungsgegenstände als ein wesentlicher Fortschritt erscheint. Trotz allem Verständnis für die Bestrebungen der Militärregierung glaube ich aber, doch schon aussprechen zu müssen, daß unser Verhältnis zu den zonalen und bizonalen Stellen uns immer noch nicht ausreichend geklärt erscheint. Wir werden von uns aus jedenfalls alles tun, um diese Stellen in die Kenntnis des Willens unserer Bevölkerung zu bringen. Es war das niemals notwendiger als in diesem Augenblicke, in dem wir beinahe mit Verzweiflung in die nächsten Monate hineinsehen. Solche Zeiten lassen sich nur überstehen, wenn das Volk die Gewißheit hat, daß seine Verwaltung Kenntnis von seinen Sorgen und Bedürfnissen hat.

[...]

Ich habe aber die Frage an den Herrn General zu richten, ob er auch bereit sein würde, einige grundsätzliche Fragen, wenn solche von den anwesenden Herren gestellt werden sollten, jetzt zu beantworten. (General *Robertson:* Ja.)

[...]

Henßler: Ich möchte zu dem Bericht über Moskau hier eine Frage kurz anschneiden. Der Herr General sprach davon, daß die deutsche Industriekapazität dem künftigen Friedensbedarf Deutschlands angepaßt werden muß. Auf Grund der bisherigen Erfahrungen habe ich die große Sorge, daß der Begriff „Friedensbedarf Deutschlands" eine viel zu enge Auslegung erfährt. Ich lege Wert auf die Betonung, daß zu dem Friedensbedarf Deutschlands auch die Exporterfordernisse mitberücksichtigt werden müssen. Müssen wir künftig damit rechnen, daß die jetzigen Verwaltungsgrenzen Deutschlands die Grenzen Deutschlands bleiben, wir also insgesamt gesehen ein menschenüberfülltes Land sind, dann ist meine Überzeugung, daß Deutschland künftig industrieller sein muß, als es bisher war, wenn es all seinen Menschen Arbeit geben und damit das Brot sichern soll. Ich glaube also, daß man bei der Frage, wieviel Industrie man künftig dem deutschen Volke gestatten will, davon ausgehen muß, wieviel Arbeitsmöglichkeiten es haben muß, daß es allen seinen Menschen Arbeit geben kann.

---

[61] Vgl. Dok.Nr. 5, TOP 228.

Wortprot. **Robertson:** Auf die Worte von Herrn Blücher möchte ich sagen, daß ich gern bereit bin, Vorschläge zur Änderung der großen Linie, die ich über die Reorganisation des Zonenbeirats gegeben habe, entgegenzunehmen. Hierzu möchte ich zwei Dinge sagen. Das eine ist:

Ich hoffe, daß diese Vorschläge von Änderungen von der jetzigen Sitzung des Beirats ausgehen; und ich hoffe und möchte gern sehen, daß die nächste Sitzung schon auf Grund der Neuorganisation vor sich geht.[62] Zweitens hoffe ich, daß diese Vorschläge keine zu radikalen Änderungen beinhalten, denn die Reorganisation ist so sorgfältig ausgearbeitet worden und wurde sehr vorsichtig mit den Ansichten unseres Außenministers Bevin während der Moskauer Konferenz abgestimmt über die Zusammenfassung des Deutschen Zonenrats.

In Beantwortung der Frage von Herrn Henßler stimme ich mit ihm darin überein, daß bei dem deutschen Industriestufenplan die deutschen Exportnotwendigkeiten entsprechend berücksichtigt werden müssen, damit Deutschland seine Handelsbilanz finden kann. Sie fragen mich, ob man annehmen muß, daß die augenblicklichen Verwaltungsgrenzen Deutschlands dauernde sein werden. Sie stellen da eine Frage, die über meine Kompetenz in der Beantwortung hinausgeht. Wenn Sie aber die Ansicht der Regierung Seiner Majestät kennenlernen wollen, brauchen Sie nur die Berichte über die Moskauer Konferenz zu lesen.[63] Minister Bevin hat die Ansicht der Regierung Seiner Majestät in Moskau mit Bezug auf die zukünftige deutsche Grenze sehr klar dargelegt.[63a] Es würde sich mir nicht geziemen, dem noch etwas hinzuzufügen oder etwas hinwegzunehmen.

Herr Henßler bezog sich auf die Überbevölkerung Deutschlands innerhalb seiner augenblicklichen Grenzen. Von dem, was er gesagt hat, glaube ich verstehen zu können, daß er der Meinung ist, daß er die Tatsache anerkennt, daß die Überbevölkerung ein relativer Begriff ist. [...] Seien Sie versichert, daß unsere Einstellung zu dieser Frage, daß die deutsche Industriestufe auch von der Wichtigkeit, das deutsche Volk mit Arbeitsmöglichkeit zu versehen, abhängig gemacht werden muß. Ich glaube, es ist nur billig, wenn ich hinzufüge, daß jede neu eingeführte Industriestufe notwendigerweise zu Stockungen und Entgleisungen in der deutschen Industrie führen muß und daß die notwendige Folge davon ist, daß eine zeitweilige, und ich hoffe, nur vorübergehende Arbeitslosigkeit davon das Resultat sein wird. In diesem Zusammenhang kann ich sagen, daß wir wohl kaum zu einer endgültigen Stellungnahme kommen werden, ohne eine entsprechende verantwortungsvolle deutsche Meinung gehört zu haben. Es gibt gewisse Prinzipien, die wir ordnen müssen innerhalb dieser Probleme, aber es ist genug Gelegenheit, das deutsche Volk zu befragen. Ich glaube, wir sollten die Mahnung berücksichtigen, so wenig wie möglich und nicht soviel wie möglich Störungen hervorzurufen.

Reimann: Herr General! Sie haben in Ihren Ausführungen den politischen Beirat hervorgehoben, der von Deutschland aus den politischen Parteien gewählt werden soll. Im Interesse eines Anfanges der politischen und wirtschaftlichen Einheit Deutschlands wäre es erfor-

---

[62] Die 12. Sitzung des ZB vom 11./12. 6. 1947 fand bereits in der neuen Zusammensetzung statt, vgl. Dok.Nr. 34.

[63] Die Mitglieder des ZB waren verhältnismäßig intensiv durch den regelmäßig erscheinenden hektographierten Informationsdienst des Deutschen Sekretariats des ZB, der auf Grund der Informationen aus der internationalen Presse über die Konferenz berichtete, über das Geschehen in Moskau informiert worden (BT PA 1/24, Informationsdienst Jan.–Dez. 1947).

[63a] Vgl. Anm. 49.

derlich, daß dieser politische Ausschuß so schnell wie möglich zusammengesetzt wird und *Wortprot.*
zu tagen anfängt. Wenn ich einen Vorschlag machen wollte für die Zusammensetzung eines zukünftigen Zonenbeirates, so dahingehend, daß er nicht zusammengesetzt wird aus den Parlamenten, sondern aus den politischen Parteien und den Gewerkschaften.
Wenn wir verhindern wollen, daß der eiserne Vorhang heruntergelassen wird, so können wir es nicht besser tun, als wenn auch für die britische Zone der kommende Zonenbeirat aus den Vertretern der politischen Parteien und der Gewerkschaften zusammengesetzt wird.[64]

Robertson: Herr Reimann bringt zwei interessante Punkte vor. Ich verstehe ihn soweit, daß er meint, daß der politische Beirat so rasch wie möglich zusammengesetzt werden soll. In diesem Punkte herrschte in Moskau völlige Einstimmigkeit. Es herrschte Einstimmigkeit über das Datum, an dem dieser Beirat zusammengesetzt werden sollte und ebenso über seinen Aufgabenkreis. Es wurde beschlossen, daß dieser deutsche Beirat innerhalb drei Monaten nach der Errichtung einer zentralen Verwaltung, d. h. nach einer wirtschaftlichen Einheit Deutschlands zusammentreten solle. Ich möchte aus meinem Eigenen noch hinzufügen, daß es das wichtigste ist: Bevor man den politischen Beirat aufstellen kann, muß man erst eine wirtschaftliche deutsche Einheit haben.
Ich gebe jetzt meine persönliche Meinung und spreche ganz inoffiziell. Meiner Ansicht nach wäre es möglich, das Stadium zu überspringen, das im Potsdamer Abkommen angegeben wird, daß es wohl eine zentrale Verwaltung, aber keine politische Behörde über ihr gibt. Man kann es sich wohl vorstellen, daß es einen Zeitpunkt geben kann, wo es einen deutschen politischen Beirat und eine Zentralverwaltung nebeneinander geben kann.
Ich möchte noch einmal betonen, wie ich schon einmal gesagt habe, daß über dem Aufgabenkreis dieses Beirats völlige Einstimmigkeit geherrscht hat. Der Aufgabenkreis teilt sich in zwei Teile: Erstens: Zunächst sollte er den Kontrollrat über das Funktionieren der Zentralverwaltung beraten und hier sehen Sie eine direkte Verbindung zwischen dem Aufgabenkreis dieses künftigen Beirats und Ihrem Zonenbeirat. Die zweite Aufgabe dieses deutschen politischen Beirats soll sein, einen zukünftigen deutschen Verfassungsentwurf vorzubereiten. Mit Hinsicht auf den zukünftigen Zonenbeirat muß ich sagen, daß in Moskau viele Unterredungen bezüglich des künftigen deutschen Beirates stattgefunden haben, und die britische Delegation bzw. die britischen Abgeordneten waren bereit, jede Art der Zusammenstellung anzunehmen, vorausgesetzt, daß sie ein faires Bild der politischen Teilung Deutschlands widerspiegelt. Die einzige Zusammensetzung, die wir nicht annehmen wollten, war eine solche, die nur eine Majorität eines jeden Landes widerspiegeln würde. Darüber hinaus haben wir der Einbeziehung der Mitglieder der deutschen Gewerkschaften in diesen Beirat nichts entgegenzusetzen. Wenn es sich aber darum handelt, eine Übereinstimmung zwischen vier Mächten zu erzielen, so müssen auch die Ansichten der andern in Rechnung gezogen werden.
Die britische Delegation hat zuguterletzt einen Zusammensetzungsvorschlag angenommen, der auch von zwei anderen Delegationen angenommen wurde.[65] Die Zusammenset-

---

[64] Diese Forderung deckte sich mit dem von der Sowjetunion auf der Moskauer Außenministerkonferenz vertretenen Standpunkt für die Zusammensetzung des geplanten Deutschen Beirates. Vgl. Informationsdienst des ZB Nr. 63, 3. 4. 1947, „Das aktuelle Thema: Deutscher Beirat" (Z 21/120, hier Bl. 72).

[65] Wortlaut des von Bidault stammenden Vorschlags in: Foreign Relations 1947 II, S. 312 f. in einem Bericht Marshalls vom 5. 4. 1947: "Marshall and Bevin accepted in principle a French proposal that 'The Council shall consist of three representatives from each land appointed either by the government or by the Landtag of the land, and representing democratic public opinion in that land. The Advisory Council may consult the poli-

Wortprot. zung, die ich Ihnen heute früh über unseren eigenen britischen Zonenbeirat vorgelegt habe, ist eng verwandt mit der Zusammensetzung des künftigen deutschen Beirats. Aber in mancher Hinsicht geht er doch etwas weiter. Wenn in Zukunft zwischen den vier Mächten eine Einigung über die Zusammensetzung des deutschen Beirats auf den Linien, wie Herr Reimann sie aufgestellt hat, erzielt würde, bin ich bereit, den Zonenbeirat in demselben Sinne reorganisieren zu lassen.

Ich möchte noch besonders mich hier mit der Frage der Gewerkschaften beschäftigen. Ich glaube, daß das die am schwierigsten zu lösende Frage ist. Wir sind zu einer Lösung gekommen, durch die die Gewerkschaften nicht direkt im Beirat vertreten sind. Es wäre aber der größtmögliche Fehler anzunehmen, daß wir deshalb nicht bereit wären, die Meinung der Gewerkschaften zu diesen Dingen zu hören. Ich habe in meinen Ausführungen ausdrücklich darauf hingewiesen, daß es wünschenswert, ja nötig ist, daß die Gewerkschaften bei der Besprechung dieser schwerwiegenden Angelegenheit gehört werden. Ich gehe so weit, zu sagen, daß, wenn der Zonenbeirat nicht genau die Meinung der Gewerkschaften befragt, werden wir selbst Schritte einleiten, um das zu tun.

Reimann: Meine Herren! Ich mache einen Vorschlag in der Richtung, daß der Zonenbeirat sich zu einer Willenskundgebung entschließt zu den Fragen der wirtschaftlichen und politischen Einheit Deutschlands. Ich schlage vor, daß aus den Mitgliedern des Zonenbeirats eine Redaktionskommission gebildet wird.

[*Blücher:*] Meine Herren! Sie haben den Antrag von Herrn Reimann gehört. Ich würde es nicht für opportun halten, darüber jetzt eine Abstimmung zu veranstalten. Ich bin der Ansicht, daß es sicher ohne weiteres im ganzen Volke bekannt ist, welche Stellung wir zu diesen Fragen einnehmen und daß auch im Laufe dieser Sitzung eine derartige Erklärung der Parteien sich wird vereinbaren lassen, zumal heute nachmittag die Vertreter der Parteien vor der Sitzung zusammentreten. Ich glaube, Herr Reimann ist damit einverstanden.

Reimann: Ich bin der Meinung, daß der Zonenbeirat diese Willenskundgebung fertigstellen soll. Wir tagen jetzt offiziell als Zonenbeirat und ich glaube, daß wir ganz offiziell eine Erklärung in der Richtung abgeben sollten, daß wir der Auffassung sind, daß für Deutschland nur die politische und wirtschaftliche Einheit in Frage kommt.

Henßler: Es wäre schlimm, wenn erst eine solche Erklärung vom Zonenbeirat erfolgen müßte, damit die Welt erfährt, daß die Deutschen die wirtschaftliche und politische Einheit wollen. Dafür ist keine besondere Entschließung notwendig. (Sehr richtig!) Gehen wir aber in die Einzelheiten, dann müßten wir eine Debatte darüber führen, unter welchen Voraussetzungen wir uns diese wirtschaftliche und politische Einheit denken. Und ich glaube, das wollen wir im Augenblick nicht. Im übrigen bin ich der Auffassung, daß dieser Zonenbeirat am Ende seiner Arbeit steht, und was künftig als politische Aufgabe des Zonenbeirats gemacht werden soll, das soll der neue tun.

[*Blücher:*] Wünscht noch eins der Mitglieder des Zonenbeirates im Anschluß an die Erklärung des Herrn Generals Fragen zu stellen oder eine Erklärung abzugeben? – Das ist nicht der Fall, und ich sage dem Herrn General unseren besten Dank.

---

tical parties and the trade unions.' Molotov insisted that the Advisory Council be composed not only of representatives of the Laender, but also of representatives of political parties, trade unions and anti-Nazi organizations. Marshall pointed out that the representatives of the Laender would consult with the other groups mentioned by Molotov. He cited the system of committee hearings used by the US Senate and House as a practical means of obtaining the views of non-governmental groups. In view of the divergent views, the question was referred back to the committee."

Reimann: Über meinen Antrag lassen Sie nicht abstimmen?
Adenauer: Sie hatten selbst erklärt, daß eine Redaktionskommission zusammengesetzt werden soll. Die Führer der Parteien treten heute nachmittag zusammen.[66] Dann können wir den Antrag klären.
Bishop: Herr Vorsitzender, wenn es Ihre Geschäftsordnung zuläßt, möchte ich Sie bitten, jetzt noch einige Worte zur Ernährungsfrage sprechen zu dürfen.
[...]

[262. Erklärung zur Ernährungslage]

Bishop: Die Bedeutung, die der Zonenbeirat der augenblicklichen Ernährungslage beimißt, erweist sich aus einer Anzahl von Anträgen, die zu diesem Thema eingebracht worden sind, sowie aus der Tatsache, daß der Zonenbeirat beabsichtigt, eine besondere Debatte über die Ernährungslage abzuhalten.
Es mag dem Zonenbeirat von Nutzen sein, wenn ich ihm in aller Kürze die heutige Ernährungslage so schildere, wie die Militärregierung sie sieht, und ihm die hauptsächlichsten Faktoren, die diese Lage beeinflussen, vor Augen führe.
Es ist meiner Ansicht nach zweckdienlich, Brot und andere Nahrungsmittel getrennt zu betrachten. Ich will mich zunächst den anderen Nahrungsmittel zuwenden und in wenigen Minuten auf das Brot zu sprechen kommen.
Wie Sie, meine Herren, nur zu wohl wissen, wird die Fleischzuteilung im Augenblick nicht zur Gänze gedeckt. Wenn jedoch das vom Deutschen Exekutivausschuß [Verwaltungsrat] für Ernährung und Landwirtschaft festgelegte Schlachtprogramm in den Ländern zur Durchführung gekommen wäre, so wäre tatsächlich genug Fleisch vorhanden, um jedem Einwohner in den vereinten britisch-amerikanischen Zonen pro Zuteilungsperiode eine Ration von 600 Gramm zu sichern.
Im Augenblick wird auch die Fettzuteilung nicht zur Gänze gedeckt. Die augenblickliche Jahreszeit, der Frühlingsanfang, ist natürlich in der Fettversorgung immer eine schwierige Zeit, denn die im vergangenen Jahr aufgesparten Vorräte gehen zur Neige, und die Milcherzeugung beginnt eben erst wieder ihren Aufschwung. Es ist aber wieder auf Grund unserer Berechnungen kein Grund vorhanden, warum die Fettzuteilung nicht voll gedeckt werden sollte, wenn die Länder, die mehr Fett hatten, als sie zur Deckung ihrer offiziellen Zuteilungsmenge benötigten, es einsammeln und die Ablieferung an andere Länder durchführen würden.
Nach unserem besten Wissen wird die Fischzuteilungsmenge voll gedeckt, und soweit wir sehen können, sollte sich daran auf geraume Zeit nichts ändern.
Ein anderer sehr wichtiger Bestandteil der Rationen, der im Augenblick nicht voll gedeckt wird, ist die Kartoffelmenge. In einigen Gegenden der Vereinten Zonen[67] ist allerdings den dort während des Winters gelagerten Kartoffeln durch die sehr harten Wetterverhältnisse ernster Schaden zugefügt worden. Die Hauptsache jedoch für die Knappheit an Kartoffeln für den Verbraucher liegt, wie wir sehen, bei dem Mißerfolg in der Sammlung und der Verteilung von Kartoffeln.
Die Aussichten der Milchzuteilung sind viel besser, als in der gegenwärtigen Jahreszeit zu erwarten war. Das gleiche trifft für Käse zu. An Gemüsen herrscht, wie Sie wissen, großer

---

[66] Über die Besprechungen der Parteivertreter ließen sich Aufzeichnungen nicht ermitteln.
[67] Vorlage irrtümlich „vereinte Nationen."

Wortprot. Mangel, aber die Militärregierung führt im Augenblick Verhandlungen über die Einführung von Gemüse aus Nachbarländern. Leider kann ich Ihnen heute noch nicht das Ergebnis dieser Verhandlungen mitteilen, weil die Verhandlungen noch nicht zu Ende geführt sind.

Die Zuckerzuteilung, soweit ich weiß, wird gedeckt, und es sollte möglich sein, sie bis zum Herbst dieses Jahres aufrecht zu erhalten. Nach diesem Zeitpunkt sind aber die Aussichten nicht gut, weil die Landwirte zur Zeit mit der Unterzeichnung von Kontrakten mit den Rübenzuckerfabriken zurückhaltend sind. Wenn diese Verträge zwischen den Landwirten und den Zuckerfabriken nicht eingegangen werden, dann wird es nicht möglich sein, die Zuteilungsmenge nach dem Herbst aufrecht zu erhalten.

Ich wende mich jetzt dem Problem des Brotes zu. Die Brotmenge, die aus eingeführtem und aus einheimischem Getreide gewonnen werden kann, wird dafür bestimmend sein, ob die augenblicklichen Zuteilungsstufen bis zur nächsten Ernte aufrecht erhalten werden können oder nicht.

Ich will mich zunächst mit der Erfassung des einheimischen Getreides befassen und dann auf die Einfuhr eingehen. Die Ergebnisse der Einsammlung seit Beginn des Jahres sind, muß ich sagen, äußerst enttäuschend gewesen. Manche Länder in den Vereinten Zonen haben bedeutend besseres geleistet als andere, und in einigen Fällen sind tatsächlich über 90 Prozent der erwarteten Einholung gedeckt worden. In anderen Fällen sind aber noch 25 Prozent des erwarteten Ergebnisses rückständig. Was nach unserer Ansicht besorgniserregend ist, das ist der bedauerliche Mangel an Entschlossenheit, das letzte Körnchen Getreide für die Mühlen einzusammeln. Es scheint fast so, daß diejenigen Länder, die das festgesetzte Ziel nicht erreicht haben, der Meinung sind, daß sie damit ihrer Pflicht Genüge getan hätten, während die, die noch mit 25 Prozent im Rückstand sind, sich mit diesem Mißerfolg abgefunden zu haben scheinen. Ich glaube, Sie werden mit mir darin übereinstimmen, daß es zweifellos in den Vereinten Zonen noch eine Menge Getreide gibt, das eingebracht werden könnte, wenn wir sogar auch in Betracht ziehen, daß beträchtliche Gebiete vielleicht neu gesät werden müssen, und trotzdem viel Getreide, das deutsche Menschen hätte ernähren sollen, während des Winters gesetzeswidrigerweise an den deutschen Viehbestand verfüttert worden ist.

Bezüglich der Einfuhr besteht jede Aussicht, daß diese im Zeitraum von jetzt bis zur nächsten Ernte ausreichend gesichert ist, um die augenblickliche Brotzuteilungsmenge aufrecht zu erhalten, vorausgesetzt, daß das Getreide, das von den Bauernhöfen erwartet wird, sich auch tatsächlich verwirklicht [!]. Ich muß hier jedoch hinzufügen, daß der Vorratsstand eine dauernde, gleichförmige Verteilung nicht garantieren kann, wenn sich während der nächsten kritischen Wochen die Einbringung von den Bauernhöfen nicht wesentlich erhöht.

Noch einige kurze Worte über die Welternährungslage.

[...]

Es ist gänzlich unwahr zu behaupten, daß die britische und amerikanische Militärregierung mehr Lebensmittel für Deutschland bekommen könnten, als im Augenblick der Fall ist. Die britische und amerikanische Militärregierung[en] haben während der letzten zwei Jahre die angestrengtesten Bemühungen gemacht, alle nur möglichen Lebensmitteleinfuhren für Deutschland zu erlangen, und sie fahren mit diesen Bemühungen fort. Das erreichte Ausmaß ist durch die Erhältlichkeit von Gütern und nicht, ich wiederhole, nicht durch Finanzrücksichten beschränkt, trotz der erdrückenden Last, die auf diese Weise dem britischen und amerikanischen Steuerzahler auferlegt wird. Ich muß dem Zonenbeirat in aller

Klarheit sagen, daß die Bemühungen der beiden Militärregierungen gegenwärtig ernstlich behindert werden, weil die für die Zuteilung von Getreide an die hungernde Welt zuständigen Stellen wissen, daß Deutschland weit hinter den Erwartungen für die Einbringung von einheimischem Getreide und in der Tat aller einheimischen Nahrungsmittel zurückgeblieben ist.[68]

Wortprot.

Deutsche und britische Sachverständige sind der Meinung, daß für das laufende Jahr ungefähr 900 Kalorien der Kost für die nicht landwirtschaftliche Bevölkerung aus einheimischen Quellen gedeckt werden könnten und sollten. Es ist berechnet worden, daß angesichts der Welternährungslage das Höchstmaß dessen, was wir an Lebensmitteleinfuhren erhalten können, einen Gegenwert von 850 Kalorien pro Tag ausmacht, oder, in anderen Worten, fast genau die Hälfte des Gesamtverbrauchs der nichtlandwirtschaftlichen Bevölkerung muß aus dem Ausland herbeigeschafft werden. Angesichts dieser Tatsachen wurde die Zuteilung von 1550 Kalorien an den Normalverbraucher festgesetzt, die, wenn man die höheren Zuteilungsstufen für die verschiedenen Grade der Schwerarbeiter in Rechnung zieht, einen Durchschnitt von 1750 Kalorien für die nichtlandwirtschaftliche Bevölkerung ergibt. Wir müssen der Tatsache ins Auge sehen, daß das das beste ist, was in der heutigen Welternährungslage erreicht werden kann, und daß diese Zuteilungsstufe, so niedrig sie sein mag, nur aufrecht erhalten bleiben kann, wenn die Ablieferungen, die von den deutschen Bauernhöfen kommen sollten, sich auch tatsächlich verwirklichen.

Ich weiß, daß der Zonenbeirat sich dessen bewußt ist, daß während des Jahres 1946 1 1/4 Millionen Tonnen Getreide in die britische Zone eingeführt wurden, zusätzlich zu den 180 000 Tonnen Kartoffeln und 60 000 Tonnen Fisch und Fleisch. Ich wiederhole noch einmal: Solche Einfuhren werden fortgesetzt werden.

Ich möchte es dem Zonenbeirat vor Augen führen, daß die wirtschaftliche Verschmelzung der britischen und amerikanischen Zonen aus sich selbst heraus keine nennenswerte Änderung der Nahrungsmittelversorgung hervorrufen kann. Obwohl die südlichen Länder in mancher Hinsicht besser dran sind als der dichtbevölkerte Norden, besonders hinsichtlich der Fleisch- und Fettversorgung, so beläuft sich die Gesamtversorgungsmenge aus einheimischen Quellen in der amerikanischen Zone auf nicht mehr als ungefähr 1000 Kalorien gegenüber den 900 Kalorien in der britischen Zone. Der große Vorteil der Verschmelzung der beiden Zonen liegt natürlich in der gemeinsamen Planung, Zuteilung von Lebensmittelimporten und Verteilung in den beiden Zonen.

Diese Tatsache, die ich soeben vor dem Zonenbeirat zusammengefaßt habe, haben die britische und amerikanische Militärregierung dazu bewogen, und sie tun es noch, dauernd auf die Erzeugung solcher Produkte in den beiden Zonen zu drängen, die der deutschen Bevölkerung den größten Nährwert geben. Wir können um die Tatsache nicht umhin, daß Getreide, das direkt zur menschlichen Nahrung verwendet wird, dem Menschen viermal soviel Kalorien zuführt, wie die gleiche Menge Getreide ergeben würde, wenn sie erst an Vieh verfüttert würde und dann über den Umweg von tierischen Produkten zur menschlichen Nahrung verwendet würde. Der verhältnismäßige Fehlschlag des Schlachtplanes[69] bedeutet nicht nur, daß Fleisch und Fett, das für die menschliche Ernährung hätte erhältlich sein sollen, für diesen Zweck nicht zur Verfügung steht, er bedeutet aber auch, daß es unmöglich ist, das Getreide zu beschaffen, das zur Aufrechterhaltung der Normalverbraucherration auf dem beklagenswert niedrigen Stand von 1550 Kalorien nötig ist.

---

[68] Ähnlich äußerte sich auch Gen. Clay vor dem LR, vgl. Dok.Nr. 18 B I.
[69] Vgl. Dok.Nr. 5, TOP 234.

Nr. 15   29./30. 4. 1947   Zonenbeirat brit. Zone

Wortprot.   Es kann auch kein Zweifel darüber bestehen, daß die Aufrechterhaltung der Zuteilung, besonders in den großen Städten auch sehr durch das Bestehen des Schwarzen Marktes in Lebensmitteln behindert wird. Zu diesem Problem möchte ich nur das eine sagen: Hier sind die Ärmsten die Leidtragenden. Meiner Ansicht nach sollte es Ehrensache eines jeden sein, an der Bekämpfung des Schwarzen Marktes in Eßwaren mit allen zu Gebote stehenden Mitteln teilzunehmen. Dieser Schwarze Markt kann ausgemerzt werden, wenn alle entschlossen sind, ihr Teil dazu beizutragen.

Der Zonenbeirat ist sich wohl bewußt, daß seit dem 1. Januar dieses Jahres der Deutsche Exekutivausschuß [Verwaltungsrat] für Ernährung und Landwirtschaft, der aus den sechs Landesministern und den Senatoren für Hamburg und Bremen besteht, die Verantwortung für die Einbringung der einheimischen Produktion und für die Zuteilung von Einfuhren hat. Die Arbeit der alliierten Militärregierung auf dem Gebiete der Ernährung und Landwirtschaft beschränkt sich auf die Überwachung, Hilfeleistung und das Durchsetzen aller nur erreichbaren Importe.

Seit dem 1. Januar ist der Deutsche Exekutivausschuß [Verwaltungsrat] für Ernährung und Landwirtschaft vor die ungeheuren Probleme gestellt worden, die die Alliierte Militärregierung seit Beginn der Besatzung behandelt hatte. Der allgemeine Mangel an Vorräten läßt keinen Raum für Unerfahrenheit oder für verwaltungstechnische Unzulänglichkeiten irgendwelcher Art. Der Erfolg, den diese zentrale Behörde erzielen kann, hängt gänzlich von der Zusammenarbeit und der Unterstützung der Länderregierungen und der gesamten Bevölkerung in den beiden Zonen ab. Ich möchte vorschlagen, angesichts der schweren Aufgaben, vor denen diese Behörde steht, Kritik konstruktiv zu halten und nicht lediglich destruktive Kritik zu üben. Diese destruktive Kritik und Angriffe gegen Beamte, die nach ihrem besten Vermögen unliebsame und schwere Aufgaben zu lösen versuchen, sind für diese keine Ermutigung. Darüber hinaus behindert diese Art der Kritik das Anwerben anderer erfahrener und tüchtiger Männer, die augenblicklich so dringend benötigt werden, um die zentrale Lebensmittelverwaltung zu verstärken.

Sie werden zweifellos das Telegramm gesehen haben, das Adenauer am 16. April an mich gerichtet hat,[70] und zwar anläßlich des verkürzten Aufrufes in der Brotzuteilung in Nordrhein-Westfalen, und in dem er bei mir anfragt, ob es nicht möglich wäre, Heeresbestände heranzuziehen.

In meiner Antwort an Adenauer teilte ich ihm mit, daß die Verkürzung im Aufruf der Brotzuteilung in diesem Lande für die am 21. April beginnende Woche nicht auf Verlangen der britischen Behörden ergangen sei, sondern gegen ihren Rat, da sie die Lage nicht für ernst genug für eine solche Verzweiflungsmaßnahme erachtete. Ich teilte ihm weiter mit, daß es unrichtig sei zu sagen, daß die alliierten Versprechungen betr. Lebensmitteleinfuhren nicht gehalten worden wären. Es sind keine konkreten Versprechungen gemacht worden, es wurde jedoch erklärt, daß die schon in Sicht befindlichen Importe plus einheimische Einbringung, die innerhalb Deutschlands erfolgen sollte, es ermöglichen sollten, die Zuteilungsmenge aufrecht zu erhalten. Das habe ich auch heute wieder gesagt. Der Vorschlag von Herrn Adenauer, Heeresbestände zu benützen, ist in Erwägung gezogen worden. Ich versichere Sie, daß das kein praktischer Vorschlag ist. Er ist nicht durchführbar, weil, selbst

---

[70] Adenauer bat Gen. Bishop in einem Telegramm vom 16. 4. 1947 „auf das dringlichste um eine umfassende Hilfsaktion für die schwer notleidende Bevölkerung." Aus Gründen der Menschlichkeit müsse aus Armeebeständen Hilfe kommen, die starke Herabsetzung der Brotration zu verhindern. „Die Welt", Ausg. vom 17. 4. 1947, S. 1, Artikel „Brotkrise hält an."

Zonenbeirat brit. Zone 29./30. 4. 1947 Nr. 15

wenn Erlaubnis für den Ankauf erzielt werden könnte, die hier verfügbaren Mengen nur eine ganz unbedeutende Erhöhung der Ration zur Folge haben würden. Wortprot.
Dieses Einsammeln der Lebensmittelvorräte ist großenteils ein organisatorisches Problem. Ich stehe unter dem Eindruck, daß das deutsche Volk von jeher eine besondere Gabe für Organisation gehabt hat, und ich kann nicht glauben, daß dieses organisatorische Problem nicht gelöst werden kann, vorausgesetzt daß aus allen Teilen der Bevölkerung Unterstützung und guter Wille kommt. Die Lösung dieses Problems ist lebenswichtig für die Wohlfahrt, ja, für den Bestand des deutschen Volkes.
[*Blücher:*] Wir danken dem Herrn General für seine Ausführungen. Sie haben allerdings bei uns die schwere Sorge, die wir angesichts der Sicherstellung der Lebensgrundlage unseres Volkes haben, noch verstärkt.
[...]
Ich bin unterrichtet worden, daß der Herr General Wert darauf legt, zunächst die ihm vorliegenden Fragen der Ratsmitglieder zu beantworten. Es ist beabsichtigt, dann unmittelbar anschließend über die Ernährung zu debattieren.
Ich hoffe, daß Sie, Herr General, mit diesen Dispositionen einverstanden sind.
Robertson: Ich werde mit größtem Vergnügen an dieser Debatte teilnehmen, zu der Sie mich eingeladen und meine technischen Berater zur Seite haben.
Ich möchte einen Vorschlag machen, und das ist der, daß sich der Zonenbeirat bitte klar darüber aussprechen soll, was nach seiner Meinung das Minimum der Vorräte ist, das für die britische Zone Deutschlands gebraucht wird, um die Zuteilungsmenge zu garantieren.
[...]

[263. Beantwortung von Fragen der Ratsmitglieder durch GenLt. Robertson[71]] BeschlProt.

[*a) Inventuraufnahmen beim Bochumer Verein*]
Robertson: In der Beantwortung dieser Frage muß ich ganz offen sein und Ihre Aufmerksamkeit auf gewisse Tatsachen lenken. Eine Tatsache ist die, daß, was immer die deutsche zukünftige Industriestufe sein wird, sie eine Reduktion der deutschen Stahlerzeugung beinhalten wird.
Diese Frage wurde übrigens in Moskau besprochen. Es wurde keine endgültige Einstimmigkeit erzielt. Aber die beiden Delegationen, die eine konkrete Meinung äußerten, setzten die Stufe der Stahlerzeugung ungefähr in gleicher Weise fest.
Die Sowjetdelegation schlug eine Stahlerzeugungsstufe zwischen 10 bis 12 Millionen Tonnen pro Jahr vor. Die britische Delegation erklärte ihre Meinung dahingehend, wie sie es schon immer getan hat, und von der sie nie abgegangen ist, daß eine genügende Kapazität vorhanden sein soll, um ungefähr 10 Millionen Tonnen Stahl pro Jahr zu erzeugen.
Um 10 Millionen Tonnen Stahl herzustellen, muß die theoretische Kapazität ungefähr 11 1/2 Millionen Tonnen betragen. Sie sehen daher, daß die Ansichten der britischen und russischen Delegation sich in diesem Falle sehr nahe verwandt sind. Die anderen zwei Delegationen haben zu diesem Punkt keine besondere Erklärung abgegeben. Ich wiederhole also das, was wir am Anfang gesagt haben, daß die Industriestufe, auf die man sich zu guterletzt

---

[71] Der volle Text der Fragen mit Begründung sowie den Antworten als Anlage 18 zum BeschlProt. in: Z 2/57, Bl. 76–81. Die Fragen wurden jeweils von GS Weisser verlesen; sie sind im Wortprot. nicht mit erfaßt worden. Ihre Formulierung nach der Kurzfassung in: Z 2/57, Bl. 76. Die erste Frage stammte von Lehr.

Wortprot. einigen wird, eine Reduktion der Stahlerzeugung beinhalten wird, da die deutsche Stahlkapazität vor dem Kriege ungefähr 20 Millionen Tonnen betragen hat. Ich sehe, daß in dem Text der Frage von der Entfernung moderner Walzwerke zu Gunsten britischer Fabrikanten gesprochen wird. Was immer die Entscheidungen bezüglich der Entfernung von Anlagen und der Demontage sein werden, zu Gunsten britischer Fabrikanten wird so etwas nie geschehen. Unser Verantwortungsgefühl ist viel zu tief, als daß wir in einer so selbstsüchtigen Weise handeln würden.
Was die Werke des Bochumer Vereins anbetrifft, so wird erklärt, daß sie immer eine Proportion von Friedensgütern hergestellt haben. Es ist aber ebenso wohlbekannt, daß sie einen großen Teil des Komplexes der Vereinigten Stahlwerke darstellen, deren Abbau beabsichtigt ist. Die bloße Schließung bereits außer Funktion stehender Anlagen würde selbstredend keineswegs das Ausmaß des Potentials des Bochumer Vereins reduzieren.
Ich muß einwandfrei klarstellen, wenn behauptet wird, daß die Anlagen entweder zu demontieren und als Reparationen fortzuschaffen oder zu vernichten sind, daß das, meine Herren, Phantasie ist. Und das ist die beste Antwort, die ich darauf geben kann.
[...]

[b) Stillegung und Demontage des Werkes Krefeld der Deutschen Edelstahlwerke AG und der Firma Johann Kleinewefers Söhne[72]]
[Die Entscheidung ist noch nicht getroffen]

[c) Versorgung mit dem Herzmittel Strophantin]
[Robertson:] Wir sind bereit, die Möglichkeiten zu erforschen, und wir sind sogar schon dabei. Strophantin ist ein sehr kostspieliges Medikament, an dem ein großer Mangel herrscht.
[...]

[d) Versorgung der Diabetiker in Hamburg mit Insulin]
[Robertson:] Eine Frage dieser Art erweckt natürlich unsere größte Sympathie. Die Insulin-Knappheit beschränkt sich leider nicht auf Deutschland, sondern sie ist in der ganzen Welt bemerkbar.
[Bemühungen um Einfuhren und um einheimische Produktion]

[e) Deutsche Frauen und Mädchen in der Sowjetunion[73]]
[Robertson:] Ich möchte mich hier dem Übereinkommen in Moskau[74] zuwenden, demzufolge alle deutschen Kriegsgefangenen mit Ende des nächsten Jahres nach Deutschland zurückgesandt werden sollen. Dieses Abkommen beinhaltet Frauen oder andere Hilfskräfte.

---

[72] Die Frage enthielt in der Begründung eine Entschließung des Krefelder Stadtrates vom 20. 2. 1947, in der darauf hingewiesen wurde, daß nahezu 5000 Arbeitsplätze durch eine Demontage der Deutschen Edelstahlwerke AG verlorengehen würden (Z 2/57, Bl. 78).

[73] Die Frage, von Amelunxen gestellt, betraf die deutschen Frauen und Mädchen, die als Wehrmachtsgefolge in sowjetische Kriegsgefangenschaft gelangt waren. Ferner wurde um Auskunft gebeten, ob die KK bereit sei, die Sowjetunion um eine Namensliste und einen Termin für die Freilassung zu bitten (Z 2/57, Bl. 80). In der 13. Sitzung des ZB vom 8./9. 7. 1947 folgte ein generell gefaßter Antrag, beim Kontrollrat dahingehend vorstellig zu werden, daß die noch festgehaltenen Frauen und Mädchen nach Deutschland zurückkehren können (TOP 310 der Sitzung vom 8./9. 7. 1947, Z 2/59, Bl. 26).

[74] Vgl. Dok.Nr. 32 A, Anm. 12.

Wir verstehen unter diesem Abkommen nicht nur alle solche, die technisch jetzt Kriegsgefangene sind, sondern auch solche, die als Kriegsgefangene in die Gefangenschaft gekommen sind. Natürlich ist die Rücksendung anderer Deutscher, die nicht Kriegsgefangene gewesen sind, eine Angelegenheit der Sowjetregierung.

Ich glaube, daß es nicht zweckdienlich wäre, eine Namensliste anzufordern. Wir haben von vier Regierungen einschließlich der Sowjetregierung die Zusicherung erhalten, daß sie die Kriegsgefangenen zurücksenden. Ich glaube, wir sollten uns ruhig auf die Eigenschaft dieses Versprechens verlassen.

[*Blücher* dankt und erteilt Robertson das Wort.]

[f) *Reform des Zonenbeirats und künftiger politischer Aufbau Deutschlands*]
[*Robertson:*] Ich möchte nur ein oder zwei kurze Dinge sagen, die, wie ich hoffe, Ihnen als Hintergrund dienen können, wenn Sie über die zukünftige Zusammensetzung des Zonenbeirats debattieren. Und ich sehe hier bereits auch den Vorschlag, den Herr Reimann eingebracht hat, vor Augen.

Ich möchte gerne drei Punkte zur Erwägung stellen, wenn Sie sich mit diesen Dingen beschäftigen.

Der erste Punkt ist, und das ist unsere Ansicht, und ich glaube, das deckt sich auch mit Ihrer Vorstellung, daß die Errichtung politischer Einheit der Errichtung der wirtschaftlichen Einheit nicht vorausgehen kann.

Der zweite Punkt ist der, daß die Entwicklung der politischen Struktur Deutschlands sich in ruhiger Weise ordnungsmäßig vorwärts entwickeln soll. Darüber hinaus möchte ich sagen, daß über die verschiedenen Stadien in dieser Entwicklung in Moskau schon bereits Übereinstimmung erzielt worden ist. Die Ursache für diese Erklärung ist folgende: Es ist wichtig, daß kein Schritt unternommen werden soll, der die richtige Lösung des letzten Schrittes vorwegnimmt. Damit soll nicht gesagt sein, daß jedes Stadium dieselbe Entwicklung haben soll, wie sie das Endstadium haben wird.

Der dritte Punkt ist die öffentlich bekanntgegebene Ansicht der Regierung Seiner Majestät, daß, wenn es dazu kommt, eine deutsche Regierung einzusetzen, diese Regierung das Resultat einer allgemeinen deutschen Wahl sein soll.

Darüber hinaus sind wir der Meinung, daß es möglich sein sollte, eine solche provisorische deutsche Regierung innerhalb eines Jahres nach der Erreichung der wirtschaftlichen Einheit Deutschlands aufzustellen.

Ich möchte Ihnen diesen Punkt hauptsächlich deshalb vor Augen führen, weil ich nicht haben möchte, daß Sie in Ihrem Geiste noch irgend einen Zweifel über die Absichten Seiner Majestät Regierung gegenüber der deutschen politischen Entwicklung haben sollten.

Wenn Sie aber, meine Herren, mehr davon wissen wollen, was wir mit der wirtschaftlichen und politischen Einheit Deutschlands meinen, dann schlage ich vor, daß Sie die sehr umfassenden Erklärungen des Herrn Außenminister Bevin in Moskau zu diesem Punkt studieren sollen. Diese Erklärungen sind in deutscher Sprache verbreitet worden.[75]

[*Blücher:*] Herr General! Wir sind dankbar dafür, daß Sie erneut den Willen der Regierung Seiner Majestät betonten, die politische und wirtschaftliche Einheit als Endziel Ihrer Bemühungen zu erlangen.

Da dieses auch unser Ziel ist, verstehen wir die von Ihnen an zweiter Stelle gemachte Bemerkung, die wohl besagt, daß wir bei unserer Stellungnahme zu den jetzt bekanntgegebenen Vorschlägen den Weg zu einer derartigen Einheit äußerst weit fassen sollen.

---

[75] Vgl. Anm. 49.

Wortprot.	Darf ich das Haus fragen, ob zu den Erklärungen des Herrn Generals für den Augenblick eine Wortmeldung vorliegt?
	Unsere Antwort auf Ihre Vorschläge wird von diesem Willen, nichts für die Zukunft zu verbauen, getragen sein.
	[...]
BeschlProt.	**264. Minister Schlange-Schöningen hält eine eingehende Rede über seine Pläne und Absichten hinsichtlich der Verbesserung der deutschen Ernährungssituation.[76]**
Anlage	*Schlange-Schöningen:* Herr General! Meine Damen und Herren!
	Darf ich zunächst feststellen, daß ich Ihren Ausführungen selbstverständlich mit größtem Interesse gefolgt bin? Ich nehme an, der Herr Vorsitzende hat eben nicht gemeint, daß er mich in meiner Redefreiheit beschränken will, da ich schließlich antworten muß und nachdem ich, Herr General Bishop, über ein Jahr lang, ich glaube in der äußersten Loyalität mit der britischen Militärregierung zusammengearbeitet habe, werden Sie, wie ich annehme, von mir erwarten, daß ich Ihnen mit großer Offenheit antworte.
	Ich darf zunächst ein Wort über die Getreideimporte sagen. Sie haben, Herr General, gesagt, daß Sie dem deutschen Volke nie etwas Festes versprochen hätten.[77] Aber immerhin sind uns Dinge in Aussicht gestellt worden, mit denen die deutsche Verwaltung arbeiten muß. Ich brauche nicht noch einmal zu wiederholen, daß ich als vernünftiger Deutscher mit allen meinen vernünftigen deutschen Volksgenossen dankbar bin, daß Sie uns überhaupt in großzügiger Weise geholfen haben. Aber das enthebt mich nicht der Verpflichtung, mit aller Offenheit auszusprechen, daß es sehr schwer war, mit den uns angegebenen und in Aussicht gestellten Ziffern zu arbeiten.
	Ich bedaure sehr, Sie jetzt einen Augenblick mit einer Anzahl sehr trockener Zahlen behelligen zu müssen. Der Rückstand aus den Monaten Februar und April auf die für beide Zonen allerdings zugesagte Einfuhrziffer betrug 330 000 t. Das Ernteaufkommen aus der eigenen Landwirtschaft, das erwartet werden konnte, betrug noch 242 000 t. Das bedeutet, daß das eigene Aufkommen aus der deutschen Landwirtschaft nicht einmal ausreichte, um das Importloch zu stopfen. In der 100. Zuteilungsperiode[78] wurde an Einfuhren in Aussicht gestellt 300 000 t. Davon sind nicht geliefert worden 150 000 t. In der 101. Zuteilungsperiode[79] werden in den ersten drei Wochen erwartet 242 000 t. Diese würden ausreichen für eine Brotration von 6 kg und 1300 g Nährmittel. Ende Mai, also in der vierten Woche der 101. Zuteilungsperiode, werden noch 118 000 t erwartet. In der 102. Zuteilungsperiode[80] kommt zunächst zum Tragen die restliche Einfuhrerwartung mit 118 000 t, die noch nicht geliefert sind. Weiterhin sind uns in Aussicht gestellt für die Zeit von jetzt bis Mitte Mai 130 000 t. Insgesamt stehen dann an Einfuhren für die 102. Zuteilungsperiode 248 000 t zur Verfügung. Diese Menge reicht auch wieder nur aus für eine Ration von sechs kg Brot

---

[76] Anlage 19 des Prot. in: Z 2/57, Bl. 82–87.

[77] Vgl. hierzu auch entsprechende Äußerungen von StS Passarge in seinem Tagebuch: „Die Engländer und Amerikaner haben nicht annähernd das gehalten, was sie zugesagt haben. Wir erhalten nicht genügend Getreide und Fett, um die Menschen am Leben zu erhalten. [...] Sie haben in *jeder* Frage versagt, wenngleich *ich* ihren guten Willen nicht bezweifle." (Nachl. Passarge/9, Bl. 96, undat. Eintrag, vermutlich von Ende März 1947).

[78] Die 100. Zuteilungsperiode umfaßte den Zeitraum vom 31. 3.–27. 4. 1947.

[79] Die 101. Zuteilungsperiode umfaßte den Zeitraum vom 28. 4.–25. 5. 1947.

[80] Die 102. Zuteilungsperiode umfaßte den Zeitraum vom 26. 5.–22. 6. 1947.

Zonenbeirat brit. Zone 29./30. 4. 1947 Nr. 15

Anlage

und 1500 g Nährmitteln. Außerdem sind uns in Aussicht gestellt 153 000 t, auf die wir hoffen. Meine Herren! Dies sind zum größten Teil Dinge, die uns in Aussicht gestellt sind und auf die wir hoffen können. Im Augenblick sind unsere Häfen so gut wie leer. Ich bin glücklich, Ihnen sagen zu können, daß heute nacht in Hamburg zwei Schiffe eingetroffen sind, so daß wir für die nächsten acht Tage wieder flott sein werden.

Dabei darf ich ein Wort sagen und die Frage beantworten, die Herr General Bishop an uns gestellt hat, nämlich, wie viel wir glaubten, daß wir Vorrat haben müßten, um eine glatte Belieferung herstellen zu können. Ich kann diese Frage ganz außerordentlich klar beantworten und ich berufe mich dabei auf den besten Kronzeugen, den es in der Welt überhaupt gibt. Der britische Ernährungsminister Strachey – ich habe das selbst im Parlamentsbericht gelesen – hat im Unterhaus bei der Einführung der Brotkarte[81] folgendes gesagt: „Wenn ich nicht einen Vorrat von wenigstens acht Wochen in England habe, kann ich eine gleichmäßige Verteilung nicht mehr garantieren." Und das in England mit einer geordneten Verwaltung und einem geordneten intakten Transportsystem. Wie schwer eine solche Verteilung ist, da darf ich, glaube ich, auch an England erinnern mit der großen Kohlennot, die Sie in diesem Winter gehabt haben. Trotzdem Sie Kohlen hatten, hatten Sie Mühe, eine halbwegs vernünftige Verteilung vorzunehmen. Wir haben in Deutschland vielfach nicht einen Vorrat von wenigen Tagen gehabt, und trotzdem ist es mit Mühe gelungen, einigermaßen die Versorgung herzustellen. Ich möchte deswegen in aller Bescheidenheit sagen, daß, was die Verteilung anbetrifft, den deutschen Behörden kein allzu großer Vorwurf gemacht werden kann, denn wir haben hier zu arbeiten mit einer im Augenblick noch völlig ungeordneten Verwaltung und wir haben zu arbeiten mit einem im völligen Verfall befindlichen Transportsystem. Wir brauchen, wie allgemein bekannt ist, pro Periode in den beiden Zonen zusammen 440 000 t. Wenn ich mich also der Meinung von Mr. Strachey anschließe, so müßten wir einen Vorrat von 800 000 Tonnen an Reserven in Deutschland liegen haben. Wenn es mit der Verteilung aus den Häfen in diesem Winter nicht so geklappt hat, wie es hätte klappen können, so hat das zum großen Teil daran gelegen, daß in dieser Winterzeit in Deutschland so wenig wie in England ein geordnetes Transportwesen möglich war. Immerhin ist es uns gelungen, nachdem endlich Tauwetter eingetreten war, eine Transportorganisation auf die Beine zu stellen, die in 14 Tagen die gesamten Häfen leer gefahren hat und die Länder vor dem Schlimmsten bewahrt hat.

Ich sage dies, was ich jetzt ausspreche, namentlich zu meinen deutschen Freunden. Ich glaube, wir werden uns für die nächsten 14 Tage noch durch einen schweren Engpaß hindurchzuwinden haben. Nach dem, was uns in Aussicht gestellt ist, muß man meiner Ansicht nach aber die Hoffnung haben können, daß wir dann wieder auf volle Rationen kommen und die Ernte erreichen. (Reimann: Warum wieder diese Hoffnungen?) Wenn Sie mich zu Ende hören wollen! Sie werden eben die Erklärungen von Herrn General Bishop selbst gehört haben. Ist das nun Optimismus, wenn ich etwas derartiges sage? (Reimann: Natürlich!) Ich kann doch nur auf das bauen, was uns von der Militärregierung in Aussicht gestellt wird. Und wenn diese Schiffe nicht einlaufen, dann kann ich es auch nicht ändern. Das geht dann eben über deutsche Kraft.

Herr Reimann, darf ich einmal an Sie eine persönliche Frage stellen? Glauben Sie, daß es von dem Standpunkt eines Deutschen in meiner Stellung richtig wäre, wenn ich jetzt zu den englischen Herren sagte: „Ich glaube Euch nicht." (Reimann: Das hätten Sie eher sagen

---

[81] Das Brot wurde in England mit Wirkung vom 21. 7. 1946 rationiert, nachdem dies während der Kriegszeit nicht geschehen war.

Anlage sollen und die deutschen Kräfte mobilisieren!) Ich weiß nicht, Herr Reimann, welche Kräfte ich wohl hätte mobilisieren sollen. (Reimann: Nicht die Rittergutsbesitzer!)

[*Blücher:*] Ich bitte im Interesse der Würde des hohen Hauses die Einwendungen, die vielleicht auf die Rede von Herrn Schlange-Schöningen kommen werden, nachher in der Entgegnung auf diese Rede vorzutragen, aber jetzt den üblichen Verhandlungston zu wahren.

Schlange-Schöningen, fortfahrend: Und ich möchte – das muß ich zu Abschluß dieses Zwischenfalls sagen – ich möchte, daß Sie mir die Frage beantworten, gegen wen ich diese Kräfte hätte mobilisieren sollen.

Und nun, meine Herren, darf ich dazu aber zur Verteidigung der deutschen Verwaltung noch einige andere Tatsachen feststellen. Zwei Beispiele. Es sind in Hamburg angekommen zwei Dampfer, von denen der eine 3000 Tonnen Sojabohnen enthielt. Diese Sojabohnen waren zuerst bestimmt für Österreich. Dann wurde die Disposition nach Österreich widerrufen. Dann wurde gesagt, sie würden für die Kinderschulspeisung ausgegeben. Dann wurde das widerrufen. Dann wurde gesagt, die Sojabohnen sollten über die englische und amerikanische Zone verteilt werden, und sechstens und schließlich wurde noch einmal umdisponiert und gesagt, sie wären nur für die britische Zone bestimmt.

Zu gleicher Zeit kam in Hamburg ein Dampfer an mit 5000 Tonnen Hülsenfrüchten. Erste Disposition: für die britische Zone für Kinderspeisung, zweite Disposition: für allgemeinen Konsum auszugeben, drittens: es sollte aufgeteilt werden auf die Länder. Auf diese Verfügung hin wurde der Dampfer zum großen Teil ausgeladen, und dann kam schließlich die Anordnung, daß 2000 Tonnen für Kinderspeisung ausgegeben werden sollten.

Ich wollte damit nur ganz bescheiden die Feststellung treffen, daß es für eine deutsche Verwaltung natürlich ungeheuer schwer ist, bei diesem Hinundherdisponieren vernünftig zu arbeiten.

Und nun darf ich zweitens ein Wort sagen zu der deutschen Erfassung. Ich spreche zunächst vom Getreide. Ich bin mir vollkommen klar darüber, daß, wenn in Deutschland nicht das äußerste geschieht, um die Erfassung in Ordnung zu bringen, man nicht erwarten kann, daß die britische oder amerikanische Regierung ihre Steuerzahler unnötig belasten, und ich werde mich keinen Augenblick scheuen, die Fehler, die in der Erfassung augenblicklich liegen, von mir aus freimütig zuzugeben. Aber ich bedaure, Herr General, Ihren Tadel nicht akzeptieren zu können, den Sie bezüglich der Getreideerfassung ausgesprochen haben.

Ich darf hier einmal vorlesen, was die Länder der britischen Zone an Getreide bisher abgeliefert haben:
Niedersachsen 100 Prozent, nämlich 477 000 Tonnen,
Schleswig-Holstein 92 Prozent, gleich 242 000 Tonnen,
Weser-Ems 90 Prozent, gleich 130 000 Tonnen,
Westfalen 83 Prozent, 270 000 Tonnen,
Nordrhein 79 Prozent mit 180 000 Tonnen.
Daher sind im ganzen abgeliefert 91 Prozent mit 1 390 000 Tonnen, und das Soll beträgt 1 440 000 Tonnen.

Meine Damen und Herren! Sie müssen bedenken, daß die Bauern noch mehrere Wochen Zeit haben, um die 100 Prozent zu erreichen, und Sie wollen bitte weiter daran denken, daß es in Deutschland wochenlang nicht möglich gewesen ist wegen Mangels an Kohle und Elektrizität zu dreschen. Ich würde es geradezu für eine Versündigung am Volke ansehen, wenn ich die Bauern in diesem Augenblick jetzt pressen würde, wo sie die Frühjahrsbestellung machen müssen, denn damit könnte ja die ganze nächstjährige Ernte in Gefahr kommen.

Aber ich muß noch ein besonderes Wort sagen über Rheinland-Westfalen. Rheinland-Westfalen hat die niedrigst liegende Ablieferungsziffer. Ich finde es erstaunlich, daß Rheinland-Westfalen diese Ablieferung bisher überhaupt erreicht hat. Ich muß das offen aussprechen, denn ich wünsche, den Minister für Rheinland-Westfalen,[82] der selbst zu meiner Freude hier anwesend ist, nicht im Stich zu lassen, weil es die Wahrheit ist, daß dort das Menschenmögliche getan [worden] ist, um die Ablieferung zu erzwingen. Aber wenn man durch diese am meisten vom Krieg zerstörte Gegend kommt mit 20 000 in Trümmern liegenden Bauernhöfen, dann kommt man zu der Erkenntnis, daß es erstaunlich ist, daß dieses Resultat überhaupt erreicht worden ist.

Die Erklärung, Herr General, kann ich aber abgeben, daß das äußerste versucht werden wird, selbstverständlich versucht werden wird, um auch das letzte Korn an die Mühlen heranzubringen.

Und nun darf ich ein Wort über die Kartoffelablieferung sagen. Ich kann nicht sagen, auch in diesem Falle nicht, daß hier eine besondere Schuld der Bauern vorliegt. Wir leiden ja hier in Deutschland, genau so wie das in anderen Ländern war, an den furchtbaren Unbilden der Witterung, die unsere Kartoffelbelieferung halb vernichtet hat. Ich will Ihnen aber sagen, daß die Ablieferungsmöglichkeit, die in Aussicht genommen war, 2 380 000 Tonnen betraf und daß davon 2 223 000 Tonnen abgeliefert sind. Das sind 93 Prozent. Es ist klar, daß bei diesen Witterungsverhältnissen die Belieferung, die wir in Aussicht genommen hatten, d. h. die Einkellerung der Bevölkerung [!], nicht glücken konnte, weil uns das Wetter und die Transportschwierigkeiten das unmöglich gemacht haben. Es kommt als weiteres Hindernis hinzu, daß wir jetzt, wo die Belieferung zum Teil schon wieder anläuft, behindert sind durch die Frühjahrsbestellung. Ich bitte gerade die Herren von der englischen Militärregierung, weiter zu bedenken, daß augenblicklich das Land wieder überfallen ist von Hamsterströmen. Das ist so schlimm, daß man in einem Kreise damit rechnet, daß ungefähr 40 bis 50 Prozent aus den Mieten gestohlen worden sind. Es ist außerdem eine Tatsache, daß die Einfuhren, die uns zugesagt wurden, verhältnismäßig spät gekommen sind, zum Teil werden sie vielleicht überhaupt nicht kommen.

Ich darf Ihnen nur eine Ziffer vorlesen. Aus der russischen Zone sind 132 000 Tonnen zugesagt. Die Menge ist bereits jetzt reduziert auf 36 400 Tonnen. Davon sind bis jetzt 2 000 Tonnen in Hamburg angekommen. Die Qualität ist wahrscheinlich durch frühere Frosteinwirkung so schlecht, daß 40 Prozent für die menschliche Ernährung nicht in Frage kommen.

Ich möchte dem Wunsche des Herrn Vorsitzenden folgend nicht sprechen über Zucker und Fisch, weil ich auch glaube, daß die Sache einigermaßen gut abgehen wird.

Ich möchte nur über Milch und Fleisch einige Worte sagen. In beiden Fragen bin ich allerdings der Meinung, daß die Ablieferung bei weitem nicht genügt. Was die Milch betrifft, so liegt es zweifelsfrei mit an den schwierigen Witterungsverhältnissen. Das ist unbedingt eine Entschuldigung für die Bauern. Das Frühjahr ist vier Wochen zu spät eingetreten. Jetzt eben erst kommt das erste Vieh auf die Weiden, und wenn Sie durch das Land fahren, so bitte sehen Sie sich einmal an, wie elend und mager das Vieh aussieht. Aber trotzdem bin ich der Meinung, daß die Milchablieferung, wie sie heute in Deutschland ist, bei weitem

---

[82] Es handelt sich um Min. Lübke, der im Anschluß an Schlange-Schöningen sprach.

Anlage nicht dem entspricht, was geliefert werden könnte. Ich glaube, daß natürlich da manche Dinge mitsprechen, die hindernd wirken. Wir wissen alle, daß das Land und die Landhäuser und die Bauernhäuser überfüllt sind mit Flüchtlingen, die irgendwie mit leben werden [!]. Das ist menschlich verständlich, und wenn ein Bauer an Flüchtlingskinder überhaupt keine Milch geben würde, dann würde man in einer anderen Zeit sagen: „Was ist das doch für ein unsozialer Mann!" Das ist eine Erklärung, aber keine Entschuldigung, und ich bin der Meinung, daß der Bauer, der nicht begreift, daß er heute für die Allgemeinheit auch den letzten Tropfen Milch abzuliefern hat, der ihm zu liefern möglich ist, daß der seine Schuldigkeit nicht tut und zu bestrafen ist.

Es ist von dem Ernährungsrat in Stuttgart zusammen mit den acht Herren Ernährungsministern in der letzten Sitzung[83] beschlossen worden, daß die Milchablieferung unter allen Umständen in jedem Lande um 15 Prozent im Verhältnis zu der Ablieferung des vorigen Jahres gesteigert werden muß. Alle Herren Länderminister haben dabei ihre vollste Unterstützung zugesagt und wir werden den Erfolg abwarten müssen. Aber ich habe eine große Sorge, daß, wenn kein Erfolg eintritt, wir selbst die elenden 200 g Fett nicht werden halten können, und das wäre einer der größten Unglücksfälle, die in Deutschland überhaupt passieren könnten. Ich muß das überhaupt in diesem Kreise noch einmal erörtern und dasselbe ausführen, was ich etwa dem Herrn Präsidenten Hoover neulich[84] in Stuttgart gesagt habe, als er uns sagte, eine Fetteinfuhr vom Auslande sei nicht möglich. Ich sehe mit dem größten Schrecken dem kommenden Herbst und Winter entgegen. Die eine Fettquelle, die Schweine, werden jetzt vernichtet. Ein Eingriff in die Viehbestände, in die Kuhbestände wird gemacht werden müssen. Darüber werde ich noch sprechen. Und die dritte Fettquelle könnte evt. Raps sein. Ich habe neulich vor einigen Tagen in einer Versammlung den Rat gehört, man sollte in Deutschland noch sehr viel mehr Raps anbauen. Leider bin ich bei der Fülle der Fragen, auf die ich antworten mußte, nicht dazu gekommen, etwas dazu zu sagen, was ich hier nachholen will. Als praktischer Landwirt sehne ich den Tag herbei, wo in Deutschland so gut wie gar kein Raps mehr angebaut zu werden braucht. [...] Deswegen richte ich an die Herren der britischen Militärregierung noch einmal die Bitte, diese Fettfrage so ernst zu nehmen, wie sie überhaupt genommen werden kann.

Und nun noch ein Wort zur Fleischfrage. Ich weiß, daß ich jetzt etwas sagen werde, bei dem mir die deutschen Bauern nachsagen werden, ich hätte den vollen Konsumentenstandpunkt bezogen. Die britische Militärregierung und auch die amerikanische verlangen von uns die Abschlachtung von 15 Prozent Vieh. Ich sehe die Sache von einem anderen Standpunkt an. Ich bin der Meinung: Wir müssen so viel Vieh abschlachten, koste es was es wolle, daß wir dem Volke die 600 g-Fleischration erhalten können. Als praktischer Landwirt weiß ich, daß der Eingriff, wenn er richtig gemacht wird, nicht so schwer zu sein braucht, wie es den Anschein hat. Wenn Sie drei Kühe gut füttern, haben Sie mehr Milch, als wenn Sie fünf Kühe schlecht füttern. Aber in erster Linie scheint es mir jetzt darauf anzukommen, daß das deutsche Volk diesen Ernährungsengpaß überwindet. Wenn irgend ein Mensch ins Wasser gefallen ist – um ein Beispiel zu gebrauchen – dann denke ich auch erst daran, wie ich ihn ans Land ziehe, und dann erst, was er zu essen bekommt zum Frühstück. Und wenn Sie nun annehmen, daß es schon ganz wenig Fett gibt, daß die Brotration nicht ganz gesichert ist,

---

[83] Dieser Beschluß wurde auf der 8. Sitzung des VR für Ernährung und Landwirtschaft am 11./12. 3. 1947 gefaßt (Prot. in: Nachl. Dietrich/491, hier Bl. 158). Betriebe, die ihre Milchleistung nicht erbringen würden, sollten gezwungen werden, zusätzlich Kühe als Schlachtvieh abzugeben.

[84] Vgl. Dok.Nr. 10 C, Anm. 10.

irgend etwas müssen die Menschen doch haben, was sie mit Sicherheit bekommen, um arbeiten zu können. Und ich glaube, daß es besser ist, lieber einige Hunderttausend Rinder abzuschlachten, als daß Deutschland in dieser Zeit ertrinkt.

Nun muß ich ein Wort über die Erfassung überhaupt sagen. Ich bin der Überzeugung, daß wir mit dem heutigen Erfassungssystem am Ende sind. Das ist kein Wunder. Wenn ein Volk acht Jahre lang oder noch länger unter Zwangswirtschaft gestanden hat, dann arbeitet sich alles eben mit der Zeit ab. Es kommt dazu, daß die Menschen heute nicht geneigt sind, für Papiermark abzugeben. Das trifft aber nicht [nur] die Bauern, das geht allen Ständen so.

Es kommt drittens hinzu, daß die Gefahr der Verführung durch den grauen Markt zu groß ist. Ich glaube nicht, daß der Schwarze Markt bei den Bauern, wenigstens bei der Masse der Bauern, eine so große Rolle spielt. Wer auf den Schwarzen Markt liefert, ist ein Verbrecher, der aufgehängt werden sollte. Wer auf den grauen Markt liefert, ist ein Verführter. Er läßt sich verführen, weil er auch nicht das geringste mehr von dem Material hat, mit dem er arbeiten soll. Die Menschen haben keine Stiefel mehr, keinen Anzug, keine Egge, keinen Pflug, sie haben nächstens gar nichts mehr. Als Beispiel ist mir vor einigen Tagen erzählt worden, daß eine Handvoll Hufnägel ein Pfund Butter kostet und dieses Pfund Butter kostet auf dem Schwarzen Markt 500 Mark. Was soll der Bauer machen, wenn er keine Pferde mehr beschlagen kann? Er geht auf den grauen Markt. Das ist menschlich. Was macht der Hufnagelhändler? Der sagt: „Gib mir ein Pfund Butter!" Er verführt ihn. Dies ist meiner Meinung eine der entscheidendsten Fragen, weshalb die Ablieferung nicht mehr so funktioniert.

Nun darf ich nebenbei noch sagen, daß diese Ablieferungsvorschriften von hier, vom Zentralamt ausgegeben wurden. Damals ist von den Ländern, von den Städten und Kommunen und von den Landräten gesagt worden: Dieses System geht deshalb nicht so gut, weil es nicht dezentralisiert ist. Heute ist die Erfassung Sache der Landesregierung. (Zuruf des Ministerpräsidenten Kopf.) Ich gebe zu, daß das nicht ganz klar ist. Diese Verwaltung in anderen Ländern, wie in Niedersachsen, ist absolut Landessache. – Aus diesem kleinen Zwischenruf werden Sie entnommen haben, wie notwendig es ist, daß endlich einmal eine vollständige Klarheit in unser Verwaltungssystem kommt. Ich habe jedenfalls das eine zu sagen, daß die bizonale Verwaltungsstelle in Stuttgart auch heute noch nichts weiter tun kann, als koordinieren und anordnen. Und wenn ein Land diese Anordnung nicht ausführen will, dann bitte ich mir einmal die Frage zu beantworten, was wir eigentlich tun sollen, um bei diesem Lande unseren Willen durchzusetzen. Ich möchte dabei ganz klar stellen, daß ich hierbei nicht den leisesten Vorwurf gegen die hier anwesenden Landesminister erhebe, denn die sind absolut gutwillig und helfen uns.

Ich möchte aber hier in Hamburg einmal die Frage stellen: Wenn nun einmal der Konfliktfall mit irgend einem Lande kommt, was soll dann dieses arme bizonale Amt eigentlich tun, um seine Anordnungen durchzuführen?

Meine Herren! Bei der Gelegenheit muß ich nun eine ganz kleine Abschweifung machen. Ich danke Ihnen, verehrter Herr General Bishop, daß Sie vorhin mein Amt und meine Beamten in Schutz genommen haben gegen eine Kritik, die weit über das Ziel hinausschießt. Ich habe in diesem Teil meiner Ausführungen einmal dargelegt, wie außerordentlich groß die Schwierigkeiten sind, mit denen wir zu kämpfen haben. Die Herren des Zonenbeirates wissen alle aus einer früheren Diskussion, die ich mit dem Herrn kommunistischen Abgeordneten Hoffmann hatte,[85] daß die Dinge, die in der Öffentlichkeit von der Seite aus kritisiert

---

[85] Vgl. Akten zur Vorgeschichte 1, S. 1065–1069.

Anlage werden, nicht wahr sind. Mit umso größerem Erstaunen habe ich gestern ein Interview in die Hand bekommen, daß Herr Max Reimann mit einem Herrn der Westfälischen Zeitung hatte. Ich hebe da die drei oder vier schwerwiegenden Dinge heraus. Ich bin also der Hauptschuldige, weil ich jegliche Kontrolle durch Parteien, Gewerkschaften und Verbraucher abgelehnt habe. Ich wundere mich, daß Herr Reimann nicht weiß, daß ich erstens einen Verbraucherrat geschaffen habe, der jeden Monat einmal im Shellhaus zusammentritt. Ich wundere mich, daß Herr Reimann nicht weiß, daß ich von hier aus angeordnet habe, daß dieses Zusammenarbeiten bis in die untersten Stellen gehen sollte. Ich wundere mich, daß Herr Reimann nicht weiß, wie oft ich hier im Zonenbeirat selbst eine parlamentarische Kontrolle gefordert habe.

Zweitens: Wie sagt er? „Wir haben im Zonenbeirat den Antrag eingebracht, in dem wir die alliierten Behörden ersuchen, Herrn Schlange-Schöningen seiner Funktion zu entheben."[86] Weiter wird behauptet, der damalige Präsident Lehr hätte es abgelehnt, über diesen Antrag abstimmen zu lassen. Sie hätten ja viel besser darauf hinweisen können, daß unter dem Vorsitz eines anderen Herrn Präsidenten, ich glaube es war Herr Steltzer, daß also unter dem Vorsitz von Herrn Steltzer über den Antrag abgestimmt worden ist.[86a] (Reimann: Das steht im Protokoll!) Ich bedaure sehr, daß Herr Reimann damit hereingefallen ist.

Das alles ist aber eigentlich seit einigen Tagen überholt. Ich habe es tief, tief empfunden, daß ich Sie nicht auf dem Gewerkschaftskongreß in Bielefeld gesehen habe.[87] Ich beglückwünsche Sie, daß Sie parteipolitisch außerordentlich geschickt jede Maßnahme getroffen hatten, um mich zu ruinieren und ich spreche Ihnen mein herzliches Beileid dafür aus, daß gerade das Gegenteil eingetreten ist. (Heiterkeit). Und als ich vor diesen Männern da gesprochen habe, Herr Reimann, da stellte es sich heraus, daß alle Menschen viel vernünftiger sind, als manche Parteichefs denken.

Wie mir von maßgeblicher Seite gesagt worden ist, ist es das Erstaunlichste gewesen, daß nach meiner Rede mit am stärksten ein Teil der kommunistischen Mitglieder Beifall geklatscht hat. Dann sagten Sie schließlich, Herr Reimann, in diesem schönen Interview, ich hätte keinen landwirtschaftlichen Plan. Herr Reimann, Sie sind etwas hinter Ihrer Zeit zurück. Die Bauern wissen sogar schon für das nächste Jahr, was angebaut werden soll. Aber ich habe ja auf Grund dieses Interviews einen anderen Plan, wie ich nämlich die großen Bauern und die Großgrundbesitzer vor der Aufteilung schützen soll. Es fehlt mir wirklich herzlich das Wort dafür, daß ich vor hätte, die Junker zu schützen. Sie wissen ganz genau, Herr Reimann, welche Haltung ich hier bei dem Bodenreformgesetz gezeigt habe. Sie wissen, daß ich mit der großen Mehrheit hier über den Gang der Dinge einig war, und Sie wissen ebenso gut, daß im Augenblick keine deutsche Stelle damit befaßt ist. Wir warten auf die Entscheidung, die von London aus kommen soll und ich selbst habe als deutscher Landwirt das dringende Interesse daran, daß diese Entscheidung möglichst schnell fällt.[88]

---

[86] Vgl. die Abstimmung zu TOP 266 dieser Sitzung.

[86a] Vgl. Anm. 85.

[87] Schlange-Schöningen erzielte auf dem Gewerkschaftskongreß in Bielefeld mit einer Ansprache zur Ernährungslage einen großen Erfolg, den das Nachrichtenmagazin „Der Spiegel" folgendermaßen kommentierte: „Der Erfolg war sensationell. Die Schlange entwand ihren Beschwörern die Flöte und ließ sie selbst tanzen – nach ganz alten Melodien. Die Mehrzahl der 400 Gewerkschaftsdelegierten klatschten lebhaft nach der Rede des ‚bei den deutschen Arbeitern bestgehaßten Mannes'." StS Passarge notierte in seinem Tagebuch: „Nicht nur ein verblüffendes Ereignis und Ergebnis, sondern vor allem: eine mutige Tat!" Nachl. Passarge/9, Bl. 145). Vgl. auch Rohrbach, Im Schatten des Hungers, S. 131–132.

[88] Zur Bodenreform in der brit. Zone siehe Dok.Nr. 34, TOP 277.

Zonenbeirat brit. Zone 29./30. 4. 1947 Nr. 15

Ich bitte die britische MilReg. in diesem Augenblick vor Ihrer aller Ohren noch einmal um die schnelle Entscheidung. *Anlage*

Ich bin der Meinung, daß endlich von dem deutschen Landmann die Unsicherheit genommen werden muß, in der er im Augenblick schwebt, und nachdem ich diese Feststellungen gemacht habe, darf ich von Herrn Reimann, den ich für einen Wahrheitsfanatiker halte, mit Sicherheit erwarten, daß er morgen oder übermorgen in der Presse eine Berichtigung seiner Ausführungen gibt. Denn sehen Sie mal, Herr Reimann, Sie als alter ehrlicher Demokrat werden doch nicht auf die Wege von Goebbels oder Hitler verfallen wollen, die die Methode hatten, eine Unwahrheit solange zu wiederholen, bis es schließlich Toren im Lande gab, die es glaubten.

Damit verlasse ich Sie für diesen Augenblick und hoffe, wir werden vielleicht heute abend unsere angenehme Unterhaltung fortsetzen können. (Zuruf des Herrn Reimann: Gleich, gleich, nicht heute abend!)

Und nun meine Herren, darf ich wieder zu ernsteren Dingen kommen. Wir sind dabei, seit etwa fünf Monaten in Stuttgart an einem neuen Erfassungssystem zu arbeiten.[89] Ich bin der Meinung, daß dieses Erfassungssystem auf folgenden Punkten beruhen muß:

1. Wir müssen einen Durchschnitt der Ertragsmöglichkeit in den Dörfern feststellen.
2. Daraufhin müssen wir ein Liefersoll festsetzen für jeden Einzelnen, das sich in Getreidewerten ausdrückt.
3. Wir müssen wirklich gut abliefernden, das heißt über dem Niveau Abliefernden, eine Prämie geben.
4. Wir müssen diejenigen, die schlecht abliefern, viel schwerer bestrafen als heute.
5. Wir müssen für die Ablieferung die neu entstehenden Bauernverbände heranziehen.
6. Ich glaube, das steht in dem einen Antrag auch drin, der hier gestellt worden ist, wir müssen die Verbraucherschaft ebenfalls mit bei der Kontrolle heranziehen.

Ich stelle fest, daß dieses Heranziehen der Verbraucherschaft in allen Kreisen bereits stattgefunden hat. Ich glaube, daß mir die Herren der Gewerkschaften aus den meisten Ländern bestätigen werden, daß sie mit herangezogen worden sind.

Was die Bauernverbände anbetrifft, so sind sie jetzt im Entstehen, und ich nehme an, daß damit dann die letzten Reste des sogenannten Reichsnährstandes beseitigt sein werden.
Im übrigen wiederhole ich hier etwas, was ich bereits schon mit Nachdruck gesagt habe und was ich in völliger Übereinstimmung mit dem Vorsitzenden des entstehenden Bauernverbandes[90] ausgeführt habe, nämlich, daß die Gewerkschaften und die Bauernverbände

---

[89] Vgl. hierzu die Protokolle des VR für Ernährung und Landwirtschaft (Nachl. Dietrich/491). Auf der 12. Sitzung wurde eine Empfehlung von Min. Lübke angenommen, die vom Arbeitskreis für Erfassungsreform vorgeschlagene Getreidewert-Methode einzuführen, bzw. sie durch vorbereitende Maßnahmen einzuleiten (ebenda, Bl. 109). Das neue Erfassungssystem, das in Nordrhein-Westfalen bereits ab 1. 7. 1947 angewendet wurde, sah vor, jeden Hektar landwirtschaftlicher Nutzfläche unabhängig vom Können und Wollen des Nutzungsberechtigten nach seiner Ertragsfähigkeit mit einer Ablieferungspflicht zu belasten. Nicht was erzeugt oder angeblich erzeugt wurde, sollte maßgebend sein, sondern was erzeugt werden konnte (vgl. Der Agrardienst, Ausgabe 12. 7. 1947, S. 3 in: Z 6 II/45.)
Diese „Getreidewert-Methode" wurde auf der 13. Sitzung des VR vom 2.–5. 7. 1947 gegen die Stimmen von Bayern und Württemberg-Baden, die jedoch „nach Möglichkeit" danach handeln wollten, beschlossen (ebenda, Bl. 4).

[90] Andreas Hermes (1878–1964) wurde der erste Vorsitzende des am 17. 8. 1947 offiziell gegründeten Deutschen Bauernverbandes e.V. Bereits im Jahre 1947 leitete er die Arbeitsgemeinschaft ländlicher Genossenschaften (Raiffeisen) e.V., deren erste große Tagung am 20./21. 2. 1947 in Neuenkirchen veranstaltet wurde. An ihr nahm auch Schlange-Schöningen teil (Fritz Reichhardt, Andreas Hermes, Neuwied 1953).

Anlage in engste Zusammenarbeit gebracht werden müssen, damit endlich innerhalb Deutschlands zwischen den großen Berufszweigen Friede entsteht.

Ich habe allerdings bei diesem System, das wir ausgearbeitet haben, ein großes Bedenken. Und das ist etwas, was ich Herrn General Bishop auch ganz besonders ans Herz legen möchte. Wenn den Bauern Prämien gegeben werden sollen in Form von Wirtschaftsartikeln und Kleidung, dann muß die Industrie in den Stand gesetzt werden, diese Dinge auch zu liefern.

Und das, meine Herren – ich hoffe, daß hier auch einige Herren aus Süddeutschland heute noch da sind – ist ja doch eben die große Frage von Rhein und Ruhr. Die deutsche landwirtschaftliche Produktion lebt erst dann auf, wenn wir Kohle und Industriewaren haben. Alles andere ist Phantasie. Und deswegen heißt mein oft ausgeführter Gedanke: Kohle und Korn sind die beiden entscheidenden Dinge im heutigen Deutschland. Und darum die große Bitte an alle anderen Länder um Verständnis dafür, daß im Ruhrgebiet die Entscheidung liegt.

Wir müssen die Ruhr satt machen. Das ist die Hauptsache. Das Land verhungert nicht. Hamburg wird auch nicht verhungern, weil es ein großer Hafen ist, dem schnell etwas zugeführt werden kann, wenn Not ist. Aber wenn uns die Ruhr explodiert, dann ist Deutschland am Ende.

Ein kurzes Wort möchte ich noch über ein Agrarprogramm sagen. Ich komme darauf, weil mir hier auf den Tisch ein Antrag gekommen ist, wonach ein sogenannter Planungsausschuß eingesetzt werden soll.[91]

Sie können sich denken, daß ich mit viel größerem Interesse an ein organisches Produzieren als an ein mechanisches Rationalisieren[91a] denken möchte. Das sind auch die Ziele, die eine zukünftige deutsche Landwirtschaft haben muß. Sie müssen allerdings jedem ganz klar sein und sie lassen sich in drei Worten zusammenfassen:

1. Veredelungsproduktion in Stall und Feld,
2. Industrialisierung der Landwirtschaft, das heißt, Industrialisierung im Einzelbetrieb durch die Technik und Industrialisierung, indem man das Land mit kleinen Fabriken, Trocknungen aller Art und dergleichen überzieht und
3. genossenschaftliche Organisation auf dem Land, die in engste Verbindung mit den Konsumgenossenschaften der Verbraucher zu bringen ist. (Zuruf: Sehr wahr!)

Das ist nicht nur ein Agrarprogramm, sondern das ist ein Programm des sozialen Friedens in Deutschland.

Aber wenn Sie etwas anderes von mir verlangen, das heißt, daß ich Bogen mit Zahlen beschreiben soll, die nicht begründet sind, dazu bin ich ein zu praktischer Mensch. Das müssen Sie allein machen. Wir haben derartige Versuche schon in Hamburg und Stuttgart gemacht. Sie sind immer mißglückt.

Sie wissen erstens doch nicht, welche Form der deutsche Boden annehmen wird. Das ist die erste Voraussetzung einer Planung. Zweitens haben Sie keine Ahnung, wie sich die Industrie entwickeln wird, wann sie anlaufen und wie sie anlaufen wird. Ich will Ihnen sagen, wir haben viele andere Sorgen, die viel akuter sind. Ich will nur ein Beispiel anführen. Im Augenblick kämpfen wir darum, die fehlenden neuen 900 000 Milchkannen zu bekommen, die nicht zu beschaffen sind.

---

[91] Vgl. Punkt 3 der im Anschluß an die Debatte verlesenen gemeinsamen Erklärung der sechs Parteien zur Wirtschafts- und Ernährungswirtschaftslage.

[91a] Gemeint ist vermutlich „Rationieren".

Zonenbeirat brit. Zone 29./30. 4. 1947 Nr. 15

Herr General Bishop! Auf den Flugplätzen liegt das Aluminium und wir können trotzdem keine Fabriken in Gang bekommen, um diese 900 000 Kannen zu machen. Das ist eine der ernstesten Unterhaltungen gewesen, die ich vor drei Tagen in Stuttgart noch hatte, weil, wenn wir nun wirklich einen größeren Milchanfall bekommen, wir sie aus den Dörfern nicht mehr heraustransportieren können.[92]

Anlage

Ein anderes Beispiel! Wenn wir diese Kannen haben, dann haben wir keine kleinen Autos mehr, um die Milch in die Molkereien hineinzubekommen, weil die Gummis kaputt sind. Sehen Sie, man hat oft den Eindruck, daß wir in Deutschland ja gar nicht so sehr an den großen Fragen scheitern, aber an den tausend kleinen Hindernissen, über die wir nicht wegkommen und die nicht weiter gehen.

Und wir kämpfen immer wieder darum und wir bekommen immer wieder Zusagen auf Hilfe, aber es geht nicht weiter.

Drittens muß man in Bezug auf das sogenannte Agrarprogramm betonen: Wer von Ihnen will denn sagen, wie in drei Monaten oder gar in drei Jahren dieser Planet aussieht, auf dem wir wohnen. Was wissen Sie denn, wann die Verhandlungen in Moskau z. B. wieder anfangen, welchen Ausgang sie nehmen und in welcher Situation wir dann sind?

Ich bin der Meinung, daß diese wirklich exakte Zukunftsplanung allerdings in dem Augenblick anfangen muß, wo wir wissen, ob Deutschland noch da ist, oder was von Deutschland da ist und unter welchen Verhältnissen es da ist.

Also bitte, wenn Sie planen wollen, dann nehmen Sie Papier und Bleistift und schreiben Sie das teure Papier voll, aber geben Sie es keinem ernsthaften Praktiker in die Hand.

Ich will nur noch über einige Punkte etwas sagen. Herr General Bishop hat uns in mancher Hinsicht zwar Hoffnungen gemacht, und wir sind ihm dankbar dafür. Ich meinerseits muß sagen, daß ich zunächst noch nicht imstande bin, im Augenblick die Situation allzu optimistisch zu anzusehen.

1. Unsere Inlandsernte wird nach menschlichem Ermessen nicht gut. Wir haben viel zu wenig künstlichen Dünger gehabt und wir haben den schrecklichen Winter hinter uns mit seinen Auswinterungsschäden.

Ich glaube, wir können sehr glücklich sein, wenn wir in Deutschland eine Kalorienzahl von etwa 1000 einigermaßen erreichen. Die einzige Hoffnung dabei ist, daß die ausgedehntere Kartoffelfläche uns, wenn die Ernte einigermaßen ist, einige Kartoffeln mehr liefern wird, wobei aber auch wieder jetzt schon manche Schwierigkeiten auftreten, einmal die Frage der Saatkartoffeln, die nicht ausreichen werden, und zweitens die Frage der viel zu großen Kartoffeln, die wir aus Amerika bekommen haben, die so groß sind wie ein Kinderkopf, und die viermal durchgeschnitten werden müssen, um überhaupt gepflanzt werden zu können.

2. Und dann die Frage des Stickstoffs. Wir haben uns darin zweifelsfrei etwas verbessert. Wir werden in diesem Jahre vielleicht 50 Prozent ausliefern können. Aber das wird natürlich nicht ausreichen, um eine wirklich normale Ernte auch nur annähernd herzustellen.

Dann muß ich sagen, bei allem guten Willen, den die Siegermächte uns gegenüber haben, scheinen mir da doch noch zwei oder drei Schwierigkeiten zu liegen.

In Amerika steigen die Preise. Die Farmer, die dort vollkommen frei sind, werden nicht geneigt sein, uns allzu viel zu liefern.

In England hat man einen sehr schweren Winter hinter sich mit großen Auswinterungs-

---

[92] Bishops Antwort siehe Anm. 99.

schäden. In Frankreich sind die Auswinterungsschäden noch größer. Im Osten haben sie eine riesige Dürre gehabt.

Ich bin mir nicht ganz sicher, ob unter diesen Umständen das, was vom Ausland verkauft wird, nicht verwandt werden wird, um zunächst einmal England selbst und die Verbündeten aus ihrer schwierigen Ernährungssituation herauszubringen.

Das jedenfalls zwingt uns dazu, diese Erklärungen noch einmal hier ganz klar abzugeben, daß wir das äußerste werden tun müssen, um erstens zu produzieren und zweitens das, was produziert ist, zu erfassen und dem Verbraucher zuzuführen. Aber ich bitte die Militärregierung darum, daß sie uns einigermaßen die Voraussetzungen gibt, so in den Ämtern zu arbeiten, daß wir uns keine Vorwürfe von Seiten der Militärregierung zuzuziehen haben.

In diesem Zusammenhang komme ich noch einmal auf die Frage der Exekutive zurück. Was ist denn Exekutive? Exekutive kann sein ein Stück Papier, auf dem draufsteht, das bizonale Ernährungsamt oder die Herren Ernährungsminister der Länder haben die und die Vollmachten. Aber, meine Herren, praktisch ist damit noch gar nichts erreicht. Ich meine, wenn nicht irgend eine wirkliche Autorität hinter dieser Exekutivgewalt steht, nützt diese ganze Exekutive nichts.

Ich meine, da wir Deutschen gar nichts zu bestimmen haben und die britische oder amerikanische oder beide Militärregierungen nun einmal im Augenblick die Regierung Deutschlands sind, müßten diese uns auch Kraft ihrer Macht die Autorität geben, eine Exekutive durchzuführen.

Das ist keine Frage des Föderalismus. Im Augenblick kommt es ja auch gar nicht so sehr darauf an, als vielmehr darauf, daß Deutschland leben bleibt. Ich meine, diese richtig verstandene Exekutive gilt ja nicht nur für die bizonalen Ämter, sondern ich erbitte sie auch für die Landesminister.

Und nun, meine Herren, lassen Sie mich zum Schluß noch ein ganz kurzes Wort sagen. Ich glaube, daß die deutsche Lage überhaupt nur noch zu meistern ist, wenn das deutsche Problem großzügig und schnell von allen Seiten angefaßt wird.

Wir sind nur noch fünf Monate von dem nächsten Winter entfernt. Diese Zeit wird ungeheuer schnell vergehen und noch einen solchen Winter [üb]erlebt auch dieses so besonnene Volk nicht. Was dort am Rhein und Ruhr an Demonstrationen gewesen ist, das war gar keine politische Angelegenheit, sondern das war die Explosion hungernder Familien. Wir Deutschen möchten wohl wünschen, wenn die Verhandlungen in Moskau, von denen heute morgen gesprochen wurde, wieder aufgenommen werden, daß wir Deutsche dann das Bild eines geordneten Landes finden können. Ich habe mit Vergnügen und Freude gelesen, daß der neue Minister für die besetzten Gebiete, Lord Pakenham, in nächster Zeit nach Deutschland kommen soll.[93] Ich hoffe, daß er sich zusammen mit den Herren seines Stabes ein Bild von der wirklichen Wirklichkeit in Deutschland machen wird, und daß es eigentlich in Deutschland nur noch zwei Möglichkeiten gibt: entweder eine schnelle und durchgreifende Neuordnung, die dem Volk eine Hoffnung gibt, oder daß das deutsche Volk nicht aus bösem Willen, sondern aus Not heraus jene Grenzen überschreitet, auf deren anderer Seite der Nihilismus der Verzweiflung steht.

---

[93] Der brit. Deutschland-Minister Lord Pakenham war vom 23.–26. 5. 1947 in Deutschland.

Zonenbeirat brit. Zone   29./30. 4. 1947   Nr. 15

265. Der Ernährungsminister des Landes Nordrhein-Westfalen, Lübke, nimmt zu den Ausführungen General Bishops und Schlange-Schöningens Stellung. BeschlProt.

Herr General! Meine Herren! Anlage
Ich möchte nicht nur zu den Ausführungen von Herrn Dr. Schlange-Schöningen sprechen, sondern insbesondere auch zu den Ausführungen des Herrn Generals Bishop von heute vormittag. Die Ausführungen von Herrn General Bishop heute vormittag waren für mich tief enttäuschend. Und zwar deshalb so enttäuschend, weil man daraus sehen kann, daß die bisherige Ernährungspolitik so weiter laufen soll wie bisher.
Diese Ernährungspolitik führt mit völliger Sicherheit den Zusammenbruch unserer Ernährung, den Zusammenbruch unserer Wirtschaft und den Zusammenbruch unseres Volkes herbei. Welches sind die Grundlagen dieser Ernährungspolitik? Das Getreide für die Herstellung von Brot und Nährmitteln wird vom Ausland eingeführt, soweit wir es selbst nicht ernten. Dazu kommen noch gewisse Gemüse- und Fischmengen. Alles übrige soll von uns selbst kommen. Z. B. auch das Fett, bei dem jahrelang und in der Friedenszeit nachgewiesen ist, daß wir es nicht in solcher Menge liefern können, daß es zu einer lebenswürdigen und einer genügenden Ernährung reicht.
[Ausführungen zur Versorgung mit Fleisch, Fett und Getreide]
Die ständigen Behauptungen aber, die auch uns gegenüber in Nordrhein-Westfalen hinsichtlich der Unentschlossenheit der landwirtschaftlichen Verwaltung gemacht werden, sind für uns keine Ermutigung, Herr General.
Nun ein Wort zur Herabsetzung der Brotration. Die Brotration wurde von uns in einem Zeitpunkt nach den Wahlen sehr ungern gekürzt.[94] Herr Zivilgouverneur Ashbury hat mich gebeten, das nicht zu tun. Ich habe ihn gefragt: Herr Gouverneur, was würden Sie tun? Da hat er mir gesagt: Ich würde das Risiko eingehen. Hierauf habe ich gesagt: Dazu kann ich mich nicht entschließen. Sie sehen also, wie richtig das war.
Wir haben aus der 100. Periode[95] eine Fehlmenge von 27 000 t. Wir gehen aus der 101. Periode,[96] – wenn die Liste stimmen würde, was sie leider nicht tut; sie wird weniger bringen, – mit 33 000 t minus heraus.
Da gibt es nur eine Kürzung von 10 Kilo auf 6 kg und ebenfalls eine Kürzung bei den Nährmitteln. Da wir nur noch mit 5 % in dem Augenblick rückständig waren, als Herr Adenauer das Telegramm an Sie, Herr General, abschickte,[97] – das bedeutet also mit 24 000 t –, so hätten wir uns mit diesen 24 000 t, wenn wir sie jetzt hätten, auf etwa 3/4 Woche helfen können. Sie sehen daraus, wie berechtigt diese Kürzung war. Ich darf nun hinsichtlich der Zukunft auf einige Vorschläge kommen. Wir sind in Brotgetreide unbedingt auf eine ganz erhebliche Einfuhr angewiesen, und zwar bedeutet das für die britische Zone wenigstens 2,2 Millionen Tonnen. Ich würde sagen, daß man dazu zweckmäßigerweise noch Futtergetreide in der Höhe von 1,8 Millionen Tonnen hinzunimmt, so daß wir auf vier Millionen Tonnen kommen.
Die beste Zusammenarbeit mit der MilReg. würde sich folgendermaßen ergeben:
Die Sachverständigen schätzen die deutsche Ernte. Der Fehlbetrag wird von den Alliierten

---

[94] Die Brotration wurde in Nordrhein-Westfalen in der 4. Woche der 100. Zuteilungsperiode um 50 % auf 1500 Gramm für den Normalverbraucher gekürzt. „Die Welt", Ausg. vom 15. 4. 1947, S. 5.
[95] Vgl. Anm. 78.
[96] Vgl. Anm. 79.
[97] Vgl. Anm. 70.

Anlage bindend und termingemäß zugesagt, und zwar mit einer Reserve von mindestens acht Wochen, wie Herr Dr. Schlange-Schöningen gefordert hat, die unbedingt notwendig ist, sonst würden wir, wie schon einmal, wieder in Schwierigkeiten kommen.

Ich möchte noch dazu sagen, daß diese Reserve nicht in den Häfen liegen darf, sondern sie muß bei uns in Nordrhein-Westfalen liegen. Wir haben Silos und Lagerhäuser genug, um sie aufzunehmen, und wir hätten damit den Brotgetreide- und Nährmittelsektor ein für alle Mal bereinigt und gesichert.

Zum Fett ist zu sagen: Mit der Fettration, die sich aus unserer Milchproduktion ergibt, kann die Bevölkerung nicht auskommen. Es müssen andere Wege beschritten werden.

Wir haben nun aus Dänemark und Norwegen Angebote. Wir können z. B. mit einer einzigen Tagesförderung an Kohle von Dänemark soviel Fett bekommen, daß wir für ein Jahr die ganzen Punkte des Bergmannes abdecken können.

Warum gestattet uns das die britische MilReg. nicht?

Warum läßt uns die britische MilReg. nicht gegen Ätznatron (Soda) oder Kohle Walfett einführen?

Von Norwegen liegt ein Angebot über 5000 t gehärtetes Walöl und 2000 t gehärtetes Walöl vor. Von Dänemark liegen Angebote von laufend 150 Monatstonnen Schmalz vor.

Dazu besteht folgende weitere Möglichkeit: Deutschland hatte vor dem Kriege einen großen Veredelungsverkehr mit Ölkuchen. Wir haben durchschnittlich pro Jahr 600–700 000 t Ölkuchen veredelt. Diese Ölkuchen haben etwa 9–13% Öl. Wir können diesen Bestand mit deutschen Extraktionsmethoden auf ein Prozent herabmindern.

Das würde für uns bedeuten, daß wir eine allgemeine Erhöhung der Fettration um 150 Gramm durchführen können.

Nun sprach ich vorhin von dem Futtergetreide von 1,8 Millionen Tonnen. Ich halte diese Einfuhr für möglich.

Die USA hat in diesem Jahr eine Winterweizenernte von 27,5 Millionen Tonnen zu erwarten gegen die vorige Rekordernte von 23 Millionen Tonnen.

Dazu ernten die USA etwa 8 Millionen t Mais. Dazu kommt eine Sommerweizenernte von mindestens 7–8 Millionen t. Die USA haben einen eigenen Bedarf von 21 Millionen t, so daß Weizen und Mais zusammen mit etwa rund 20 Millionen t zur Ausfuhr bereitstehen. Dazu kommt dann die kanadische Ernte, dazu kommt die argentinische Ernte und dazu kommt, daß Argentinien heute noch auf einem großen Teil seiner Ernte sitzt. Wenn wir also von Argentinien und den USA etwa 1,8 Millionen t Mais bekämen, dann würde das Fettproblem auch von dieser Seite angefaßt werden können. Dann hätten unsere Bauern wieder Freude am Leben.

Wenn das Ernährungsproblem nicht ganz neu angepackt wird, etwa nach diesen Vorschlägen, oder aber, daß uns ein interzonales Kreditkonto eröffnet wird, oder daß uns Anleihen in denjenigen Ländern eröffnet werden, die Lebensmittelüberschußländer sind, dann geht es in Deutschland mit tödlicher Sicherheit weiter bergab. Die physische und moralische Widerstandskraft unseres Volkes ist schon im Brechen, und muten Sie bitte der jungen Demokratie nicht zu, die Verantwortung für den wirtschaftlichen Niedergang auf sich zu nehmen, [die] ganz allein die MilReg. trägt. Die Militärregierung hat geholfen, die Militärregierung muß aber auch helfen. Die MilReg. hat von uns die bedingungslose Kapitulation verlangt, sie hat die gesamte Verwaltung in die Hand genommen, sie hat die Industrieverwaltung in die Hand genommen, sie hat die Kohle in der Hand, sie hat uns jede Möglichkeit, im Ausland selbst aufzukaufen, genommen. Unter diesen Umständen bleibt es einzig und allein die Verantwortung der MilReg., wenn Deutschland verhungern muß, und

Zonenbeirat brit. Zone   29./30. 4. 1947   Nr. 15

deshalb bin ich der Meinung, wenn die MilReg. es gut mit uns meint, und ich möchte diesem Glauben auch von mir aus persönlich Ausdruck geben, dann setzt sie sich mit den zuständigen deutschen Stellen zusammen, macht die notwendigen Zusicherungen, die erforderlich sind, und dann kann erst die deutsche Politik, die junge demokratische Einrichtung, die Verantwortung übernehmen, die in der Demokratie getragen werden muß.

Anlage

266. [Diskussion über die Ausführungen von Schlange-Schöningen und Lübke]

BeschlProt.

[*Blücher*] betont, für die Mitglieder des Zonenbeirats sei bisher jede Erörterung der Ernährungslage deshalb so niederschlagend gewesen, weil sie immer den Eindruck gehabt hätten, daß man froh sei, sich von einem Tage auf den anderen durchzuhelfen. [...]
Die politischen Parteien sprächen hiermit die Bitte aus, einmal mit dem verantwortlichen Minister für Deutschland die Umrisse eines solchen Gesamtplanes zu erörtern.[98]
Die politischen Parteien seien sich darüber im klaren, daß die erste Voraussetzung für die Aufbesserung der deutschen Arbeitskraft eine andere Ernährung für den arbeitenden Menschen sei. Dazu sei auch eine radikale Änderung der Einstellung der alliierten Sachverständigen über die Notwendigkeit einer ausreichenden Ernährung mit tierischem Eiweiß und Fett erforderlich. Die Möglichkeit, durch ausreichende Einfuhr von Futtergetreide in relativ kurzer Zeit den deutschen Schweinebestand auf eine solche Höhe zu bringen, daß damit die deutsche Fettversorgung wesentlich gebessert werde, sei durchaus gegeben. Jede Besserung der Ernährungslage verbillige auf die Dauer die finanzielle Belastung der Alliierten. Es gehöre nur im Augenblick ein großzügiger Entschluß dazu, zunächst einmal den Aufbau der deutschen Viehwirtschaft zu ermöglichen.
Das Gefühl der völligen Unsicherheit müsse beseitigt werden, das das deutsche Volk jeden Tag überfalle, wenn es die Zwergzahlen der Rationen höre, von deren Vorhandensein oder Nichtvorhandensein das Verhungern oder Nichtverhungern abhänge.
Die Mitglieder des Zonenbeirats seien der Ansicht, daß die Zeit endgültig vorbei sein müsse, in der es genüge, Deutschland über die nächsten 24 Stunden hinwegzuhelfen. Eine Nahrungsmittelreserve, die für mindestens drei Monate ausreiche, sei deshalb unerläßlich.

Bishop: Herr Blücher! Meine Herren! Es tut mir leid, daß ich in Ihre Unterhaltung eingreifen muß, aber ich muß noch im Laufe des heutigen Abends eine weitere Pflicht erfüllen, und daher bin ich veranlaßt, innerhalb der nächsten Viertelstunde wegzugehen.
Ich hoffe, der Vorsitzende wird mir gestatten, daß ich ihm meine besondere Anerkennung ausspreche, wie er und die anderen Herren des Zonenbeirates die Höhe der Debatte aufrechterhalten haben, der beizuwohnen ich heute das Vergnügen habe.
Ich stehe unter dem Eindruck, daß Herr Schlange-Schöningen, Herr Minister Lübke und vielleicht auch der Vorsitzende selbst der Meinung sind, daß ich heute früh etwas zu kritisch gewesen wäre und mich in eine Angriffsstellung begeben hätte. Das war durchaus nicht meine Absicht. Ich wollte Ihnen heute früh nur das Bild vor Augen führen, wie die britische und die amerikanische Militärregierung es sehen. [...]

Wortprot.

---

[98] Ein umfassender, sogenannter „Erster Aufbauplan für die Landwirtschaft für 1948/1949" wurde am 9. 4. 1948 vom Wirtschaftsrat des VWG dem Bipartite Control Office eingereicht; Rohrbach, Im Schatten des Hungers, S. 204–205. Hinsichtlich der erbetenen Diskussion mit Lord Pakenham siehe Anm. 100.

Wortprot. Ich stehe unter dem Eindruck, daß dieser Zonenbeirat im Augenblick als eine Art Staatsrat die deutsche Ernährungslage behandelt. Sie denken dabei an den kleinen Mann, an die Leute, die in schlechten, kleinen Wohnungen in den großen Städten heute leben. Der Zonenbeirat will einerseits der britisch-amerikanischen Militärregierung helfen, ihre Aufgaben zu lösen, andererseits will der Zonenbeirat aber auch der deutschen Ernährungslage helfen. Wie Sie wissen, müssen wir, d. h. die britisch-amerikanische Militärregierung, für Sie in Washington kämpfen, damit die dortigen Lebensmittelbehörden, die die Lebensmittelerzeugung in der Welt lenken, die die Importe und Exporte regeln, das beste für Deutschland hergeben. Ich versichere Sie, daß das ein sehr harter Kampf ist. Aus diesem Grunde bat Herr General Robertson heute früh den Zonenbeirat darum, eine Erklärung hinsichtlich der Vorratsmengen abzugeben, die der Zonenbeirat als unbedingt nötig erachtet. Ich glaube, auf diese Frage ist die Antwort erteilt.

Nun möchte ich ein paar Zahlen über die Lebensmitteleinfuhr sagen. Es ist ein Beispiel dafür, wie schwierig es für uns ist, Ihnen Zahlen anzuführen und uns dann auf einmal in der Lage zu sehen, daß Sie sagen, die Zahlen, die Sie angegeben haben, stimmen nicht, denn sie sind nicht eingehalten worden. Wir haben soeben aus Washington ein Telegramm bekommen, demzufolge man glaubt, daß es möglich sein wird, die folgenden Mengen für den Export nach Deutschland freizubekommen:

Für April und Mai für die beiden Zonen 700 000 t Getreide
für Juni, Juli, August 450 000 t je Monat.

Das ist ein Telegramm, was man glaubt, daß der Regierungsausschuß uns freigeben wird. Wir warten noch immer auf die Bestätigung dieser Angaben seitens des Regierungsausschusses.

Ein sehr interessanter Punkt, den Herr Schlange-Schöningen aufgeworfen hat war der, was die Militärregierung tun wird, wenn die vom Zentralamt für Landwirtschaft und Ernährung gegebenen Anweisungen in den Ländern nicht durchgeführt werden. Ich darf dazu erklären: Die Offiziere der Militärregierung haben sehr viel über dieses Problem nachgedacht. Ich glaube, daß es das Beste wäre, wenn Sie uns mit ziemlich vielen Details angeben würden, was für eine Methode des Vorgehens Sie in diesem Falle vorschlagen würden. Wir würden die wohlerwogene Ansicht des Zonenbeirates zu diesem Problem sehr willkommen heißen.

Wir haben sehr viel über den Schlachtplan bezüglich des Viehbestandes gehört. [...]

Eine andere Frage, der ich mit größtem Interesse zugehört habe, war das Problem der Milchkannen und des Aluminiums, wovon Herr Schlange-Schöningen sprach, das auf den Flugplätzen herumliege. Wenn Sie so liebenswürdig sein würden, mir einen Brief zu schreiben und die Einzelheiten anzugeben über dieses Aluminium und über die Art dieses Aluminiums, dann will ich Ihnen persönlich zusichern, daß ich mich sofort darum kümmern werde.[99]

Es waren noch weitere praktische Fragen, die meiner Ansicht nach von großer Wichtigkeit sind, so z. B., daß Reifen nötig sind, um die Milch an die Molkereien zu bringen, und die Bereitstellung der lebenswichtigen Konsumgüter für die deutschen Bauern. Ich weiß nicht, welche andere Antwort irgendein Beamter der Militärregierung auf diese Frage geben könnte, als die, daß es doch schließlich Sache der deutschen Ämter ist, dem Zentralamt für

---

[99] Am 8. 5. 1947 teilte Bishop mit, Sachverständige hätten ihm berichtet, das Aluminium von abgestürzten Flugzeugen bestehe aus einer Legierung, die für die Herstellung von Milchkannen nicht geeignet sei (BT PA 1/157).

Wirtschaft in Minden klarzumachen, daß Nägel für Hufeisen und Reifen für die Autos usw. *Wortprot.*
benötigt werden, und es diesen Leuten klarzumachen, daß sie dafür sorgen müssen, daß
diese Dinge bereitgestellt werden. Ich weiß, Sie werden antworten, daß das Zentralamt für
Wirtschaft in Minden dazu nicht in der Lage ist, diesen Anforderungen nachzukommen,
weil gewisse Fabriken, die vielleicht imstande wären, diese Dinge zu produzieren, entweder für Reparationszwecke abmontiert oder eingestellt sind, weil sie über das Industrieniveau hinausgehen. [...]

Ich habe mich sehr gefreut, zu hören, und meine Freunde von der Ernährungs- und Landwirtschaft haben sich auch gefreut, zu hören, daß Rückstände, die noch in gewissen Ländern bestehen, gutgemacht werden können.

Herr Minister Lübke hat erklärt, daß die Sollziffern, die für Nordrhein-Westfalen aufgestellt worden sind, zu hoch seien, und ich glaube, die richtige Antwort darauf ist, daß diese Sollziffern für das Land Nordrhein-Westfalen in Stuttgart von deutschen zuständigen Stellen selbst ausgekämpft werden sollten. Ich bin sicher, daß Sie mit mir übereinstimmen werden, daß, wenn wir Ihre Interessen vertreten sollen, um Importe für Deutschland zu bekommen, Sie uns soweit unterstützen müssen, daß im Ausland die volle Überzeugung herrscht, daß die deutschen Erzeuger jedes Körnchen Getreide, das von ihnen erzeugt wird, auch verwerten.

Wir wissen sehr gut, daß weder wir noch Sie in Deutschland eine Demokratie auf leeren Mägen aufbauen können, noch haben wir irgendeine Freude, daran zu denken, wie heute die große Mehrzahl des deutschen Volkes lebt. Ich werde dafür Sorge tragen, daß Ihr Ansuchen, sich mit Lord Pakenham zu treffen, so rasch wie möglich an ihn weitergeleitet wird. Wir haben ihm schon eine Botschaft geschickt, in der wir ihn gebeten haben, wenn möglich einer Sitzung dieses Zonenbeirates beizuwohnen.[100]

Einige der Redner heute nachmittag haben ein schwarzes Bild der Ernährungslage in anderen Ländern Deutschlands gegeben, und ich fürchte, sie haben damit recht. Das Bild ist schwarz. In England haben wir, wie Sie wahrscheinlich wissen, ein Fünftel unseres Schafbestandes verloren. Aber es gibt auch einige lichte Punkte. Die deutschen Ziffern, die uns aus Stuttgart bezüglich der Frostschäden während dieses schrecklichen Winters zugekommen sind, belaufen sich auf 8–9%. Das ist weniger, als wir während einer gewissen Zeit befürchtet haben.

Was den Kunstdünger anbelangt, so ist die Menge an Kunstdünger, die für dieses Jahr zur Verfügung gestellt werden konnte, zwei bis dreimal so groß wie im vorigen Jahr, und wenn Sie daran denken, daß der Krieg noch kaum zwei Jahre vorbei ist, so ist es erstaunlich, wie die Lebensmittelerzeugung in der Welt wieder in Gang gekommen ist. Ich glaube, wir müssen dem Herrgott dankbar sein, daß wir im vorigen Jahr eine Rekordernte in den Vereinigten Staaten gehabt haben. Wenn wir die nicht gehabt hätten, wären Millionen von Menschen nicht nur in Deutschland, sondern auch in Frankreich, England und anderwärts gestorben.

[...]

Ein letzter Punkt. Es wurde Bezug genommen auf eine Entscheidung der Militärregierung

---

[100] Lord Pakenham wohnte einer Sitzung des ZB nicht bei und hat den ZB auch nicht besucht. Pakenham war am 17. 4. 1947 im Rahmen einer Kabinettsumbildung an Stelle von StMin. Hynd mit der Verwaltung der britischen Zonen in Deutschland und Österreich beauftragt worden. Das Kontrollamt wurde dem brit. Außenministerium als „Deutsche Abteilung im brit. Außenministerium" eingegliedert. Seine Eindrücke auf seinen Deutschlandreisen im Frühjahr 1947 schilderte er in seinen Memoiren (Born to believe, S. 171–180).

Wortprot. bezüglich der Landreform. Wir haben ein Telegramm bekommen, in dem steht, daß die Verordnung jetzt schon an uns telegraphiert werden wird, da sie schon in einem Stadium sich befindet, daß sie uns mitgeteilt werden [!]. Es ist bei uns Übereinstimmung, daß wir diese Verordnung dem Zonenbeirat vorlegen werden, und wir werden dann Ihre Ansicht darüber hören. Wir werden diese Verordnung dem Sekretariat übergeben und schlagen vor, sie vielleicht in der nächsten Sitzung zu besprechen.[101]

Ich möchte abschließend noch sagen, daß ich das Privileg, Ihrer Debatte zuhören zu dürfen,[102] sehr zu würdigen weiß. Wir werden das, was Sie hier verhandelt haben, an Herrn General Robertson weiterleiten wie auch an den Oberstkommandierenden. Die von Ihnen vertretenen Ansichten sind eine große Hilfe für uns in dem Kampfe, den wir für Sie führen, in dem Kampfe um die deutschen Importe. (Bravo!)

[*Blücher* dankt, Gen. Bishop verläßt die Versammlung]

BeschlProt. *Henßler* stellt den Antrag, daß dem Zonenbeirat für die nächste Sitzung ein konkreter Plan über die Umgestaltung des früheren Reichsnährstandes vorgelegt werde. Es sei erforderlich, etwas Schriftliches vor sich zu haben, damit die Zonenbeiratsmitglieder entsprechende Änderungsanträge stellen könnten.[103]
Die Versammlung

stimmt zu.

[*Blücher*] verliest die folgende gemeinsame Erklärung der sechs Parteien zur Wirtschafts- und Ernährungswirtschaftslage:[104]

„Die Parteien in der britischen Zone haben in einer gemeinsamen Aussprache am 29. April 1947 in Hamburg zur wirtschaftlichen und ernährungswirtschaftlichen Lage Stellung genommen.

Sie sind übereingekommen,
1. gemeinsame Schritte bei der Regierung Großbritanniens zu unternehmen mit dem Ziel, eine Anleihe für den sofortigen Ankauf der wichtigsten Lebensmittel für die deutsche Bevölkerung zu erlangen;
2. sofort einen Ausschuß aus Vertretern der Parteien und Gewerkschaften zu bilden, der schnellstens einen konstruktiven Plan zum Anlaufen der Friedensbedarf- und Exportwirtschaft ausarbeitet;
3. sofort einen Ausschuß aus den Vertretern der Parteien und demokratischen Bauernorganisationen zusammenzusetzen, der in kürzester Frist einen Plan zur Erfassung aller landwirtschaftlichen Erzeugnisse aufstellt und Vorschläge für einen Landwirtschaftsplan ausarbeitet."[105]

---

[101] Vgl. Dok.Nr. 34, 12. Sitzung des ZB, TOP 277.
[102] Roßmann bemerkte in seinem Bericht an das RGCO (Anm. 4): „Die Auseinandersetzungen über die Ernährungslage, bei denen die Militärregierung durch Gen. Bishop vertreten war, wurden von deutscher Seite in erheblich schärferen Formen geführt als dies in der US-Zone üblich ist. Das gilt insbesondere für die Kritik, die die Militärregierung über sich ergehen ließ" (Z 1/230, Bl. 28).
[103] Die Vorlage eines derartigen Planes erfolgte weder auf der nächsten (12.) noch auf der übernächsten (13.) Sitzung des ZB. Der Reichsnährstand wurde erst am 21. 1. 1948 durch ein Gesetz des Wirtschaftsrates aufgelöst.
[104] Entwurf mit handschr. Korrektur in: BT PA 1/157. Ebenda ein Entwurf für eine „Erklärung zur Ernährungslage", Hannover 29. 4. 1947 (auf ihm mit Rotstift vermerkt „SPD"), der als Begleitschreiben zu einer Erklärung des ZB konzipiert worden war, offensichtlich aber keine Verwendung fand.
[105] Vgl. Anm. 111.

Zonenbeirat brit. Zone				29./30. 4. 1947 Nr. 15

Die Versammlung				BeschlProt.

nimmt zustimmend Kenntnis.

[*Blücher*] schlägt vor, die Anträge Reimann/Hoffmann
„Säuberung des Verwaltungsrates für Ernährung und Landwirtschaft" (Anlage 21 und 13 Punkt 8),[106]
„Gesetz zur Bodenreform" (Anlage 22),[107]
„Bauernausschüsse" (Anlage 23),[108]
„Kontrollausschüsse" (Anlage 24),[109]
„Absetzung des Herrn Dr. Schlange-Schöningen" (Anlage 25 und 13 Punkt 9)[110]
dem gemäß Punkt 3 der Entschließung der Parteien zu bildenden Ausschuß aus den Vertretern der Parteien und demokratischen Bauernorganisationen zur Beratung zu überweisen.[111]

Die Versammlung

stimmt zu.

Reimann gibt eine persönliche Erklärung zu seinem in der Rede des Ministers Schlange-Schöningen kritisierten Interview mit einem Vertreter der Westfälischen Zeitung ab [...][112]

Schlange-Schöningen nimmt zu dieser persönlichen Erklärung Stellung [...][113]

---

[106] In dem Antrag vom 14. 4. 1947 wurde um „Entfernung aller aktiven Nazis und sonstiger aktiven Elemente" und um Besetzung der führenden Positionen mit aktiven Antifaschisten aus den Reihen der politischen Parteien, der Gewerkschaften, der Konsumgenossenschaften und der Klein- und Mittelbauern gebeten (Z 2/57, Bl. 90).

[107] Nach dem Antrag vom 14. 4. 1947 sollte das Thema Bodenreform auf der nächsten, der 12. Sitzung des ZB, behandelt werden (ebenda).

[108] Der Antrag vom 14. 4. 1947 sah vor, auf Dorf-, Kreis- und Landesebene Bauernausschüsse zu wählen, die einen Landwirtschaftsplan erstellen und bei der restlosen Erfassung und Ablieferung der landwirtschaftlichen Erzeugung beteiligt werden sollten. Großgrundbesitzer mit Besitz über 100 ha sollten von der Wahl ausgeschlossen werden (ebenda).

[109] In dem Antrag vom 14. 4. 1947 wurde die Errichtung eines Systems von Kontrollausschüssen gefordert. In den Städten zur Kontrolle der Lebensmittelversorgung, am Sitz der Regierungen zur Erfassung und Verteilung des gesamten Ernährungsgutes; für die Ernährungsämter sollte ein politischer Kontrollausschuß gebildet werden (Z 2/57, Bl. 91).

[110] StS Passarge vermerkte in seinem Tagebuch zu den Anträgen und der vorhergehenden Debatte zwischen Schlange-Schöningen und Reimann: „Der KPD-Führer wurde so völlig niedergeschlagen, daß er nicht mal wagte, seinen Mißtrauensantrag zur Abstimmung zu stellen. Vertagung bis zum Juni ..." und fügte resignierend hinzu: „Indessen, was ist mit solchen Erfolgen sachlich viel genutzt? Die Amerikaner und Engländer sagen wieder mal zu – und halten doch nichts." (Nachl. Passarge/9, Bl. 123. Material zu den Angriffen der KPD gegen Schlange-Schöningen 1946–1947 auch in: Z 6 I/226).

[111] Dieser Sonderausschuß scheint anders als der Sonderausschuß für Agrarreform nicht zustande gekommen zu sein. Nach einer Unterredung mit Schlange-Schöningen vom 19. 5. 1947 teilte GS Weisser den Parteivertretern mit, daß im VR für Ernährung und Landwirtschaft ein umfassender Landwirtschaftsplan, der auch die Frage der Erfassung mit behandele, erarbeitet werde. Es erhebe sich die Frage, ob man nicht mit der Einberufung des Sonderausschusses bis zum Vorliegen dieses Planes warten solle und dann die Aufgabe dem neugebildeten Ausschuß für Ernährung und Landwirtschaft übertragen solle (BT PA 1/157).

[112] In der persönlichen Erklärung beharrte Reimann auf der Richtigkeit seiner Angaben in dem Interview. Die Erklärung als Anlage 26 in: Z 2/57, Bl. 92.

[113] Schlange-Schöningen verwahrte sich nochmals gegen die Behauptung, sein Amt autoritär geführt zu haben. Das Interview Reimanns stimme von Anfang bis zum Ende nicht. Die Erklärung als Anlage 27 in: Z 2/57, Bl. 93.

BeschlProt. **267. Pensionsregelung für Beamte und Pensionäre aus den Ostgebieten**

Dem Zonenbeirat liegt ein Antrag Adenauer/Otto vor.[114]

Die Versammlung

verweist den Antrag an den Rechts- und Verfassungsausschuß zu gemeinsamer Beratung mit dem Hauptausschuß.

268. Auszahlungen an Ostflüchtlinge[115]

[...]

269. Aufhebung des Verbots für die Gründung von Vereinigungen der Ostvertriebenen in der britischen Zone

Dem Zonenbeirat liegt ein Antrag Adenauer/Otto vor.

Anlage
Der Zonenbeirat möge beschließen,
die Kontrollkommission zu bitten, das Verbot der Gründung von Vereinigungen der Ostvertriebenen in der britischen Zone aufzuheben.

Begründung:
Seit dem Monat Mai 1946 ist die Bildung von Vereinigungen der Ostvertriebenen in der brit. Zone untersagt. Dieses Verbot ist nicht vereinbar mit den deutschen Gesetzen und den Anordnungen der Besatzungsmacht. Nach diesen Gesetzen und Anordnungen ist es allen Deutschen gestattet, sich zu unpolitischen Vereinigungen ohne Genehmigung und zu politischen Organisationen mit Genehmigung der MilReg. zusammenzuschließen.
Gründe, welche die Aufrechterhaltung des Verbots rechtfertigen, sind nicht erkennbar. Die wirtschaftliche Lage der Flüchtlinge ist so, daß ein Bedürfnis zur Bildung von Selbsthilfe-Organisationen durchaus anerkannt werden muß. Die Flüchtlinge haben ihr bewegliches und unbewegliches Vermögen verloren. Ihre Sparguthaben werden ihnen nicht ausgezahlt, ihre Wiedereingliederung in das Erwerbsleben ist mit großen Schwierigkeiten verknüpft, die Ruhestandsbeamten erhalten ihre Pensionen zum Teil gar nicht, zum Teil nur gekürzt.
Es ist durchaus verständlich und berechtigt, daß die Vertriebenen den Wunsch haben, an der Besserung ihrer Lage tätig mitzuwirken, und ihr Zusammenschluß in unpolitischen, wirtschaftlich ausgerichteten Verbänden ist durchaus geeignet, einen Beitrag zur Linderung ihrer Not zu erbringen.
Der Einwand, daß die Vertriebenen, sobald sie einen Wohnsitz begründet haben, dieselbe Machtstellung erlangen wie die Einheimischen, hat nur theoretischen Wert. In der Praxis dauert ihre besondere Notlage fort, und es wird nicht nur von der Bevölkerung und den deutschen Behörden, sondern auch von der Besatzungsmacht nach wie vor unterschieden

---

[114] Der Antrag vom 10. 4. 1947 (Anlage 28 in: Z 2/57, Bl. 94) sah vor, die Versorgungsansprüche der aus dem Osten zugewanderten Beamten und Pensionäre gesetzlich zu regeln. Die Behandlung dieser Personen widerspreche den Grundsätzen des deutschen Beamtenrechts und dem Prinzip der Gleichberechtigung der Zugewanderten mit der eingesessenen Bevölkerung.

[115] Der Antrag Adenauer/Otto vom 10. 4. 1947 sah vor, die Behandlung der gesperrten Sparguthaben der Ostvertriebenen bei Sparkassen und Volksbanken zu regeln (Anlage 29 a in: Z 2/57, Bl. 95). Die KK verwies in ihrer Stellungnahme auf die Währungsreform, mit der die Probleme gelöst werden würden. „In der Zwischenzeit ist es bedauerlich, daß es unmöglich ist, von dem in den Westzonen bereits festgelegten Prinzip abzuweichen, das den normalen Bankengepflogenheiten entspricht" (Schreiben vom 25. 4. 1947, Z 2/57, Bl. 96–97).

zwischen Einheimischen und Zugewanderten. In Hamburg besteht z. B. heute noch eine *Anlage*
Anordnung der MilReg., daß Ostflüchtlinge in die städtische Verwaltung nur dann eingestellt werden dürfen, wenn geeignete einheimische Bewerber nicht zur Verfügung stehen.
Die Vertriebenen empfinden das Verbot ihrer Organisation im Hinblick auf ihre besonders schwierige Lage als ein schweres Unrecht, das man ihnen zugefügt hat.

Die Versammlung BeschlProt.
verweist den Antrag an den Flüchtlingsausschuß zu gemeinsamer Beratung mit dem Hauptausschuß.[116]

270. Ersatz der Entnazifizierungsausschüsse durch Spruchkammern[117]
[...]

271. Schlußwort

[*Blücher:*] [...] Es ist nicht mehr die Stimmung im Hause, nach den entsetzlich vielen Reden noch eine Schlußansprache entgegenzunehmen. Ich glaube, wir alle, die wir monatelang hier gesessen und gearbeitet haben, werden mit einem gewissen Bedauern den Abschluß der Arbeiten in der bisherigen Form sehen, weil wir nicht wissen, was dahinter kommt. Aus außerordentlich kümmerlichen Anfängen waren wir von Monat zu Monat in eine sachgemäßere und in die Breite und Tiefe gehende Arbeit gelangt. Wir wollen nur hoffen, daß es einem größeren Teile von uns möglich sein wird, zum Wohle unseres Volkes und vor allen Dingen immer mit Blick auf die Einheit unseres Volkes über die engen Grenzen des örtlichen Bereichs hinaus diese Arbeit im neuen Zonenbeirat fortzusetzen. Wortprot.

In dieser Hoffnung schließe ich die Sitzung mit meinen besten Wünschen für das Wohlergehen und einem Glück auf! für das deutsche Volk.
(Glück auf!)

[Ende: 18.10 Uhr]

---

[116] Im Flüchtlingsausschuß wurde der Antrag zwar mit sechs gegen zwei Stimmen angenommen, auf der 13. Sitzung des ZB die Frage jedoch nochmals an den Ausschuß zurückverwiesen zwecks gemeinsamer Beratung mit dem RuVA und dem FinA. Auf der 14. Sitzung vom 9.–11. 9. 1947 (Prot. Z 2/60, hier Bl. 42) wurde der Antrag modifiziert angenommen. Die KK möge die Gründung von Vereinigungen der Ostvertriebenen zur Wahrung ihrer sozialen Interessen zulassen. Zur Organisation der Vertriebenen- und Flüchtlingsverbände in ihren Anfängen vgl. Kather, Entmachtung I, S. 19–69.

[117] Mit Antrag vom 11. 4. 1947 (Anlage 31 in: Z 2/57, Bl. 98–99) regte Blücher an, den RuVA zu bitten, ggf. Vorschläge auszuarbeiten, nach denen die Entnazifizierung in die Hand von Spruchkammern gelegt werden sollte, die mindestens mit einem Volljuristen zu besetzen wären und deren Verfahren öffentlich sein müßten. Das moralische Ansehen der Entnazifizierung bedürfe dringend der Wiederherstellung. Der RuVA behandelte den Antrag erst am 23. 6. 1947, gab inhaltlich eine Stellungnahme nicht ab, beschloß vielmehr die Bildung eines Unterausschusses für Entnazifizierungsfragen.

Nr. 16
Besprechung des Verwaltungsrates für Wirtschaft mit Vertretern der Militärregierungen anläßlich seiner 11. Sitzung in Minden
2. Mai 1947

BA Z 8/53, Bl. 21–25. Undat. und ungez. Wortprot., im Umdr. vervielf. Ausf.[1]

Anwesend[2]:

Mitglieder des VRW: Agartz (Vorsitzender), Sen. Borgner, Min. Diekmann, Min. Nölting, Min. Veit, Sen. Wolters, Min. Zorn

Stellvertretende Mitglieder des VRW: Straßmann (Stellv. Vorsitzender), Sen. Harmssen, MinDir. Kaufmann, MinDir. Magnus, MinDir. Potthoff, MinDir. Sachse, RegDir. Sureth, Wrede

Vertreter der Wirtschaftsabt. des Magistrats der Stadt Berlin: Stadtrat Klinghöfer, Stellv. Stadtrat Wolff, GenRef. Busack

Sachverständige der Länder und des Länderrats: Deißmann, MinDir. Ewers, Falz, ORegRat Gerrads, RegDir. Haverbeck, Präs. Klinge, RegRat Morgenroth, Möller, RegDir. Wegmann

Vom VAW: Berenz, MinRat Grimpe, Keiser, v. Maltzan, Prentzel, Reifferscheidt, DiplIng. Reinauer, Prof. Rittershausen, Landrat a. D. Schmidt, Schmidt, Schubart, Starke, RAnw. Wolff

Militärregierung (US): Gen. Draper, McComb, Brodnitz, Col. McGiffert, Maj. Hess, O. Taylor

Militärregierung (Britisch): Sir Weir, Brig. Cowley, Angus, Barrows, Fliess, Fink, Grant, Gen. Grimsdale, Col. Marsh-Kellett, Maseng, Lt.Col. v.Fletcher, Col. Emmies

Prot. [Beginn: 17.40 Uhr]

[1. Bericht über die Beratungen des VRW:

Richtlinien für die Zusammenarbeit zwischen VAW und den Ländern, Zuständigkeitsabgrenzung zwischen VAW und VAE, Außenhandelsbeirat, Preisbeirat, Reparaturanlage der Reichsbahn, Beschaffungs-GmbH, Kugellager-Industrie, Konsumgüter für Berlin, Exportmesse Hannover, Dekartellisierungs-Gesetz, Kohlenförderung, Bergarbeiter-Punktsystem, Bericht der Arbeitsgruppe Kohle, Warenverkehrsordnung, Energiewirtschaftsverordnung, Exporte, Kompensationsgeschäfte, Hausbrand]

Agartz: Meine Damen und Herren! Ich begrüße die Vertreter der Militärregierungen im Namen des Verwaltungsrates. Es ist uns heute eine besondere Ehre, auch die Herren General Draper und Sir Cecil Weir in unserem Kreise begrüßen zu dürfen. Ich begrüße ebenfalls besonders herzlich die Vertreter der Militärregierungen in den Ländern, die heute erstmalig in unserem Kreise an der Sitzung des Verwaltungsrates teilnahmen.

Der Verwaltungsrat hat in dreitägiger Sitzung eine außerordentlich umfangreiche Tagesordnung erledigt.[3] Ich möchte mich auf die wichtigsten Punkte beschränken, die in der gegenwärtigen Sitzung behandelt worden sind.

---

[1] Das Wortprot. ist ein Teil des „Sonderberichts über die gemeinsame Sitzung mit Vertretern der Militärregierungen", der sich als Anlage beim Prot. der Sitzung des VRW vom 30. 4./1. 5. 1947 findet.

[2] Die Anwesenheitsliste beruht, soweit sie die deutschen Teilnehmer betrifft, auf den Angaben für das Prot. der 11. Sitzung des VRW (Z 8/53, hier Bl. 2). Lediglich für die Teilnehmer der Militärregierungen liegt eine Aufstellung der Anwesenden vor (ebenda, Bl. 21).

[3] Prot. der vorbereitenden Sitzung zur 11. Sitzung in: Z 8/53, Bl. 29–44, Prot. der 11. Sitzung in: Z 8/53, Bl. 2–27; ebenda, Bl. 52–56 auch Erläuterungen zur TO und zur Nachtrags-TO (Bl. 57–65) sowie Materialien zur Vorbereitung der Sitzung.

VRW mit Vertretern BECG 2. 5. 1947 Nr. 16

Der Verwaltungsrat hat heute Richtlinien über die zukünftige Zusammenarbeit zwi-   *Prot.*
schen dem Verwaltungsamt und den Ländern[4] gebilligt. Es ist dabei Einigkeit über die
Zuständigkeitsfrage erzielt worden.

Weiter wurde in der Sitzung des Verwaltungsrates die Zuständigkeitsabgrenzung zu
dem Verwaltungsamt für Ernährung und Landwirtschaft[5] behandelt.

Der Verwaltungsrat befaßte sich dann mit der Zusammensetzung des Außenhandelsbeirates[6] und des Preisbeirates.[7]

Ausführlich wurden die Reparaturlage bei der Reichsbahn[8] und die Statuten und die
Organisation einer Beschaffungs-Gesellschaft für den Besatzungsbedarf[9] behandelt.

Für die besonderen Verhältnisse in der Kugellager-Industrie wurde eine Regelung getroffen.[10]

Eingehend beschäftigte sich der Verwaltungsrat mit einer Änderung des Verteilungsschlüssels für Konsumgüter zugunsten des britischen und amerikanischen Sektors von
Berlin.

Es lag ferner ein Antrag des Landes Niedersachsen vor hinsichtlich der Durchführung
einer bizonalen Exportmesse in Hannover.[11] Dem Verwaltungsrat ist bekannt, daß zu
der Frage dieser Exportmesse heute seitens der Militärregierung noch Mitteilung gemacht werden soll.[12] Trotzdem hat der Verwaltungsrat es als notwendig erachtet, gerade im Hinblick auf die Darlegung des Vertreters von Niedersachsen zu dieser Frage

---

[4] Die Richtlinien für die Zusammenarbeit des VAW mit den Ländern (Entwurf vom 29. 4. 1947 in: Z 8/53, Bl. 91, verabschiedete Fassung vom 12. 5. 1947 in: Z 8/53, Bl. 17) sahen u. a. vor, daß die Verteilung von Kontingenten durch das VAW an die Länder und nicht an einzelne Betriebe erfolgen sollte. Produktionsauflagen für bestimmte Programme oder Zwecke sollten auf Grund eines Beschlusses des VRW oder nach vorheriger Beratung in den Länderausschüssen bei den Abteilungen des VAW vom VAW oder von den Ländern erteilt werden. Der Verkehr und die Verhandlungen mit der BECG und den anderen bizonalen Verwaltungsräten und -ämtern blieb dem VAW vorbehalten.

[5] Die Zuständigkeitsabgrenzung wurde durch einen Schriftwechsel der Vorsitzenden beider Verwaltungsräte festgelegt (Z 8/53, Bl. 67–68). Ein Koordinierungsausschuß sollte künftig die Zusammenarbeit fördern und strittige Fragen erörtern. Dessen erste Sitzung fand am 29. 5. 1947 statt. Prot. der 1.–4. Besprechung in: Z 8/271.

[6] In einer vertraulichen Sitzung (BeschlProt. in: Z 8/ 53, Bl. 11–12) hatte der VRW lediglich beschlossen, die Mitglieder sollten ihre Personalvorschläge nochmals sorgfältig überprüfen.

[7] Entgegen früherer Beschlüsse wurde entschieden, den Preisbeirat auf 16 Mitglieder zu begrenzen (Z 8/53, Bl. 35).

[8] Grundlage war ein Prot. über eine Besprechung des Arbeitskreises Reichsbahn-Bedarf vom 29. 4. 1947 (Z 8/53, Bl. 39–62), in dem als Resümé festgestellt wurde, „daß ohne grundlegende Maßnahmen der Besatzungsmacht hinsichtlich der Bereitstellung von Eisen, Stahl und Holz ein Zusammenbruch des Verkehrs unausbleiblich sein werde".

[9] Vgl. hierzu Dok.Nr. 2, Top 14; Entwurf des Gesellschaftsvertrages Z 8/53, Bl. 80.

[10] Entwurf einer Anordnung über die Erfassung der Bestände an Wälzlagern und Entwurf einer Anordnung über die Erfassung und Deckung des Bedarfs an Wälzlagern in: Z 8/53, Bl. 81–84; die Anordnungen sollten zum 1. 6. 1947 von den Ländern erlassen werden. Zugleich wurde beschlossen, daß das VAW in Schweinfurt eine „Kontrollstelle Wälzlager" errichtet (ebenda, Bl. 34; vgl. hierzu auch Vogel, Westdeutschland II, S. 193 f.).

[11] WiMin. Kubel hatte am 28. 4. 1947 an die Wirtschaftsminister der brit. und amerik. Zone telegraphiert, daß auf Anordnung der MilReg. (Hauptquartier Berlin) vom 18. 8. – 7. 9. 1947 in Hannover eine bizonale Exportmesse veranstaltet werden solle und um Aufnahme dieses Punktes in die TO gebeten (BHStA Abt. II, Bayer. Bevollm. Stuttgart 182).

[12] Siehe unten die Ausführungen von Mr. Angus.

Nr. 16   2. 5. 1947   VRW mit Vertretern BECG

Prot. Stellung zu nehmen.[13] Es wird nicht möglich sein, bis zu dem festgesetzten Termin, dem 18. August, die Vorbereitungen zu treffen, die für die Durchführung einer Messe notwendig sind. Überdies bittet der Verwaltungsrat die Militärregierungen – falls Exportmessen als notwendig angesehen werden – sie in den Städten abzuhalten, die seit vielen Jahren in Deutschland auf Grund der historischen Entwicklung gesetzlich allein anerkannte Messestädte sind.

Der Verwaltungsrat hat sich ferner mit den Richtlinien für die künftige Eisenkontingentierung beschäftigt.[14]

Zur Frage des Dekartellisierungs-Gesetzes, das ausführlich behandelt worden ist, ist eine Resolution[15] gefaßt worden, die der Bipartie Group noch zugestellt wird.

Zum Bergarbeiter-Punktsystem[16] und zu einem ausführlichen Bericht der Arbeitsgruppe Kohle[17] hat der Verwaltungsrat Stellung genommen. Der Verwaltungsrat ist nach den auch uns zugegangenen[18] Mitteilungen der Ansicht, daß die außerordentlich ungünstige Kohlenförderung im Monat April auf besondere Verhältnisse zurückzuführen ist, die mehr psychologischer Natur sind. Ich hatte heute Vormittag bereits die Ehre, den Herren Sir Cecil Weir und General Draper kurz diese psychologische Situation zu erklären.

Der Verwaltungsrat hat in dieser Frage eine Entschließung gefaßt, die ich wegen der besonderen Wichtigkeit der Kohlenförderung den anwesenden Herren der Militärregierung im Wortlaut zur Kenntnis bringen möchte. Ich möchte Herrn Deißmann bitten, diese gefaßte Entschließung sofort englisch zu verlesen, da sie den deutschen Herren aus der Sitzung bereits bekannt ist:[19] [...]

---

[13] Den genauen Wortlaut des Beschlusses, den Agartz im folgenden paraphrasiert s. u. im Anschluß an die Ausführungen von Mr. Angus.

[14] Das Thema war auf der vorbereitenden Sitzung vom 30. 4./1. 5. 1947 (Z 1/246, hier Bl. 13) behandelt worden. Dabei war einstimmig festgestellt worden, daß möglichst bald auf allen Fachgebieten bizonale Bewirtschaftungsverfahren auf der Grundlage der Endverbraucherkontingentierung durchgeführt werden sollten.

[15] Die Entschließung wurde auf der vorbereitenden Sitzung gefaßt. (Vgl. Prot. in: Z 8/53, Bl. 31, die Entschließung ebenda, Bl. 38). „Die starke Betonung des Strafcharakters in dem Gesetz diskriminiert seine positive Ordnungsidee, deren volle Bejahung das wirkliche Interesse des deutschen Volkes fordert. [...] Das Gesetz trägt in seiner Formulierung den deutschen Bedürfnissen nach klarer Abgrenzung der Tatbestände und dem deutschen Rechtssystem zu wenig Rechnung." Auf der 12. Sitzung des VRW vom 11.–13. 6. 1947 wurde die vorgeschlagene Entschließung als zeitlich bereits überholt verworfen (Z 1/246, Bl. 31).

[16] Zur Debatte stand v.a. die Bereitstellung von Konsumgütern für das Punktsystem (Z 8/53, hier Bl. 34) anhand eines Berichtes der Hauptabteilung B – Planung und Statistik – des VAW vom 22. 4. 1947 (Z 8/53, Bl. 66–67), der erkennen ließ, wie die für das Punktsystem benötigten Waren für den Zeitraum Febr.–April 1947 beschafft worden waren. Der Bericht zeigte, daß der Beitrag der süddeutschen Länder bislang „recht gering" war. In der Aussprache betonten alle Minister ihre Bereitschaft, das Punktsystem mit allen Kräften zu unterstützen (ebenda, Bl. 34).

[17] Der Bericht (Z 8/53, Bl. 18–20) schilderte eindringlich die Auseinandersetzungen mit den Militärregierungen um die Auswirkungen des Streiks vom 3. April auf das Punktsystem, sowie den Zusammenhang zwischen der Ernährungskrise im Ruhrgebiet und der Förderleistung im Kohlenbergbau, um zu dem Schluß zu kommen: „Ein Wiederansteigen der Förderziffern an der Ruhr wird lediglich gewährleistet durch materielle, insbesondere ernährungsmäßige Besserstellung der Bergarbeiter." Vgl. auch Anm. 20.

[18] Handschr. verbessert aus „gewordenen".

[19] Da die engl. Fassung der Entschließung nicht ermittelt werden konnte, wird im folgenden die deutsche Fassung abgedruckt (Z 8/53, Bl. 26).

VRW mit Vertretern BECG 2. 5. 1947 Nr. 16

In seiner 11. Sitzung am 2. Mai 1947 hat sich der Verwaltungsrat für Wirtschaft im Hinblick Anlage
auf die vordringliche Bedeutung einer weiteren Steigerung der Kohleförderung eingehend
mit der Lage im Ruhrkohlenbergbau befaßt.

Mit allen Mitteln muß von den alliierten und deutschen Ernährungsstellen die Ernährungskrise im Ruhrgebiet beseitigt werden. Auch müssen Vorkehrungen getroffen werden, um die Sicherheit der offiziellen Rationen im Ruhrgebiet auch bei zukünftigen deutschen Ernährungskrisen zu gewährleisten. Der Verwaltungsrat bedauert, daß er bei der Beilegung der Meinungsverschiedenheiten über die Auswirkungen des Streiks der Bergarbeiter vom 3. April auf das Punktsystem[20] aus formellen Zuständigkeitsgründen nicht eingeschaltet wurde. Der Verwaltungsrat hätte alles daran gesetzt, im Interesse der Kohlenförderung eine rasche Beruhigung der Bergarbeiter über diese Frage zu erreichen. Die in einer Pressemeldung veröffentlichte Äußerung von Mr. Hynd, daß die Bergarbeiter „für den Streik nicht bestraft werden sollten" mußten die Bergarbeiter so auslegen, daß der Streik ihnen keine Nachteile in ihren Punktberechtigungen bringen würde, da er eine gewerkschaftlich anerkannte Veranstaltung war. Unter diesen Umständen ist der Verwaltungsrat der Ansicht, daß die Berliner Entscheidung der Militärregierung zu dieser Frage, so logisch auch ihre Begründung sein möge, die psychologischen Bedingungen der Lage nicht richtig beurteilt hat.[21] Jedenfalls ist nach Ansicht des Verwaltungsrates diese Entscheidung nicht dazu angetan, das abgesunkene Niveau der Kohlenförderung schnellstens wieder zu heben.

Der Verwaltungsrat bittet BECG, zu prüfen, ob die Entscheidung nicht dahin abgeändert werden kann, daß infolge des Streiks möglichst überhaupt kein Punktverlust stattfindet oder, wenn dies nicht angängig ist, der Punktverlust sich auf einen Abstrich an den Konsumgüterpunkten beschränkt, die Bezugsrechte für Genußmittel aber voll honoriert werden. Der Verwaltungsrat ist der Ansicht, daß eine solche Revision der Entscheidung der Militärregierung die Kohlenförderung steigern würde; er würde sich beim Industrieverband Bergbau dafür einsetzen, daß der Industrieverband und seine Funktionäre auf die Bergar-

---

[20] Zum Entstehen der Auseinandersetzung vgl. den Bericht der Arbeitsgruppe Kohle vom 30. 4. 1947 (Z 8/53, Bl. 18–20). Ende Februar, Anfang März war es zu wilden Streiks gekommen, „die vielfach so zustande kamen, daß erregte Frauen die Zechentore belagerten und die Einfahrt der Männer verhinderten. Die Welle der Erregung griff immer weiter um sich und suchte nach einem Ventil. Die Führer der Bergarbeitergewerkschaft, des Industrieverbandes Bergbau, Bochum, hatten die Absicht, in einer großen zwei Stunden dauernden Demonstration beim Schichtwechsel dieser Erregung einen zusammengefaßten Ausdruck zu geben. In der Funktionärversammlung gingen jedoch bei der allgemeinen Erregung die Wellen des Radikalismus so hoch, daß der Industrieverband zu der Überzeugung kam, nur durch einen 24-stündigen Proteststreik die Bewegung abfangen zu können. Ein weiteres Umsichgreifen und Fortflackern der Teilstreike hätte nach Ansicht des Industrieverbandes mehr Schaden angerichtet als der Versuch, in einer einmaligen Protestaktion diese Dinge abzufangen. Es kam am 3. April unter Führung des Industrieverbandes zu einem 24-stündigen Streik der Bergarbeiter" (ebenda, Bl. 18). Der Monatsbericht der Brit. KK für März 1947 (Monthly Report, Vol. 2, Nr. 3, S. 7) betonte ebenfalls, daß die Streiks aus nicht-politischen Gründen begannen: "There is a general consensus of opinion that the original trouble was entirely spontaneous. It was the unreasoning reaction of hungry people against a system, the aims and methods of which they do not understand, but which has provided them for months with a steady shrinking quota of the minimum necessities of life." U. Schmidt/T. Fichter, Der erzwungene Kapitalismus, S. 24–29, betonen hingegen, die Streiks hätten vor allem eine politische Zielsetzung, die Sozialisierung des Bergbaus, gehabt. In der Folgezeit spitzte sich die Auseinandersetzung mit den Militärregierungen um die Frage, ob der Streik als eine „unentschuldigte Fehlschicht" anzusehen sei, noch zu. Vgl. Anm. 37.

[21] Die Alliierten argumentierten, der Sinn des Punktsystems sei eine Belohnung für regelmäßige Arbeitsleistung. Es sei infolgedessen unmöglich, Streikschichten noch durch die Ausgabe von Genußmitteln zu belohnen (Z 8/53, Bl. 19).

Nr. 16   2. 5. 1947   VRW mit Vertretern BECG

Anlage beiter dahin einwirken, daß diese Erwartung des Verwaltungrats erfüllt wird. Das Verfahren von Sonderschichten, das angesichts der allgemeinen Notlage in absehbarer Zeit dringend erforderlich ist, kann bei der Ernährungs- und Stimmungslage der Bergarbeiter nur dann ernsthaft zur Diskussion gestellt werden, wenn die berechtigte Erbitterung der Bergarbeiter über die Ernährungslage nicht noch durch weitere Verärgerungen vergrößert wird. Auch aus diesem Grunde bittet der Verwaltungsrat – lediglich im Interesse der Erhöhung der Kohlenproduktion – BECG, die Entscheidung nochmals zu überprüfen.[22]

Prot. Der Verwaltungsrat hat sich in seiner Sitzung weiterhin mit den Fragen der Warenverkehrsordnung[23], der Preisrechtsverordnung[24] und der Energiewirtschaftsverordnung[25] beschäftigt und hat fernerhin einen ausführlichen Vortrag über die Exportnotwendigkeiten durch Herrn v. Maltzan entgegengenommen. v.Maltzan hat insbesondere in eindringlicher Weise die Länder gebeten, bei der Durchführung der notwendigen Exporte jede Unterstützung zu gewähren und die Exportfrage als die vordringlichste Aufgabe anzusehen.[26]

Hinsichtlich der Frage der Bewirtschaftung, über die sich der Verwaltungsrat eingehender unterhalten hat, ist ein Beschluß gefaßt worden. Es ist eine allgemeine Erscheinung, daß gegenwärtig die gewerblichen Betriebe eigene Produkte im Kompensationsverkehr austauschen, um die Arbeitsfähigkeit des Betriebes aufrecht zu erhalten.[27] Die Mitglieder des Verwaltungsrates haben gerade im Hinblick auf das Kontrollrats-Gesetz Nr. 50[28] es als notwendig angesehen, die Schwierigkeiten, die sich für die gewerblichen Unternehmungen ergeben, dadurch zu beheben, daß der Kompensationsverkehr auf ein Minimum beschränkt wird. In einem geringen Umfang, bis zur Grenze von 3%, sollen diese Austauschmöglichkeiten zur Beschaffung der Ersatzteile, Zubehörteile usw., die nicht unmittelbar durch die Wirtschaftsverwaltungen beschafft werden können, zu-

---

[22] Zum Fortgang siehe Anm. 37.

[23] Zur Warenverkehrsordnung wurde lediglich ein Bericht über den Sachstand von RAnw. Wolff zur Kenntnis genommen (Z 8/53, Bl. 34).

[24] RAnw. Wolff berichtete über das Schicksal der bereits am 16./17. 1. 1947 beschlossenen VO. Die Einfügung eines Paragraphen 3 über die Zuständigkeitsabgrenzung wurde gebilligt (Z 8/53, Bl. 11, 43–45).

[25] Die vom VRW vorgeschlagene VO (vgl. Dok.Nr. 12, Anm. 7) war von der BECG unter dem 31. 3. 1947 als zu weitgehend abgelehnt worden (Z 8/24, Bl. 22). Zum Fortgang Dok.Nr. 12, Anm. 9.

[26] Zusammenfassung der Ausführungen von v. Maltzan und Agartz zu diesem TOP in: Z 8/53, Bl. 8. In der Aussprache wurde auf die allgemeine Exportmüdigkeit hingewiesen, die ihren Ursprung vor allem in den beschränkten Rohstoffaufkommen habe, das die Ergänzung der von den Betrieben für Exporte eingesetzten Rohstoffe nicht verbürge. Als Ausweg wurde die Bereitstellung von besonderen Exportkontingenten vorgeschlagen. Sonderpreise für Exportgeschäfte wurden als notwendig angesehen.

[27] Die Zulassung von Kompensationsgeschäften war auf der 14. Besprechung der Hauptabteilungsleiter im VAW am 28. 4. 1947 vorberaten worden (Prot. Z 8/1317, Bl. 61–63). Die Meinungen waren dabei sehr geteilt. Von den Befürwortern wurde betont, das derzeitige Chaos könne durch nichts mehr übertroffen werden (Keiser), der Einbruch in die Bewirtschaftung sei bereits erfolgt und werde durch die Zulassung von Kompensationsgeschäften nicht verstärkt (RAnw. Wolff). Dem wurde entgegengehalten, man solle die Bewirtschaftung durch Einführung von Endverbraucherkontingenten und Bezugsscheinen mit damit verbundenen Wiederbezugsrechten wiederherstellen (Schubart) und nur bei einer Aufrechterhaltung der Bewirtschaftung sei auch das Preisgefüge zu halten (Prof. Rittershausen).

[28] Das Kontrollratsgesetz Nr. 50 vom 20. 3. 1947 „Bestrafung bei Diebstahl und gesetzwidrigem Gebrauch rationierter Nahrungsmittel und Zuteilungskarten" sah drakonische Strafen für o.g. Wirtschaftsvergehen vor. Abdr. in: Amtsbl. brit. MilReg., Nr. 18, S. 492.

gelassen werden. Dieser Beschluß ist ausführlich diskutiert worden.[29] Die Abstimmung ergab sieben Stimmen für, eine Stimme (Schleswig-Holstein) gegen den Beschluß.[30] Ich möchte hier in diesem Kreise betonen, daß ich, da ich als Vorsitzender des Verwaltungsrates nicht stimmberechtigt bin, erklärt habe, daß ich mich nicht in Übereinstimmung mit diesem Beschluß befinde, und um Aufnahme einer Ablehnung in das Protokoll gebeten habe. Das gleiche gilt für den stellv. Vorsitzenden Straßmann.[31]

Prot.

Über die heute Vormittag mit der Militärregierung verhandelte Frage[32] der Hausbrandverordnung ist eine Entschließung gefaßt worden. Ich würde Sie, Herr Rechtsanwalt Wolff, bitten, den Wortlaut dieser Entschließung in englischer Sprache vorzutragen.

(Verlesung des für die Presse vorbereiteten Kommuniques durch Rechtsanwalt Wolff auf englisch.)[33]

Das Verwaltungsamt für Wirtschaft in Minden hatte in dem Bewußtsein, daß sich die Kohle-Katastrophe des vergangenen Winters auf keinen Fall wiederholen dürfte, bereits in seiner vorletzten Sitzung eine Brennstoffzuteilung in Aussicht genommen.[34] Da in jüngster Zeit in der Öffentlichkeit Zweifel darüber entstanden sind, ob dieses Versorgungsproblem [!] auch tatsächlich durchgeführt wird, hat der Verwaltungsrat in seiner Sitzung vom 2. 5. 1947 erneut klargestellt, daß für die Monate Mai und Juni eine erste Rate von insge-

Anlage

---

[29] Vgl. Z 8/53, Bl. 8–10. Der Inhalt der Diskussion spiegelte sich in einer Entschließung, die in das Prot. mit aufgenommen wurde, obwohl über sie nicht abgestimmt worden war, wieder:
„Das Versagen des Geldes als Tauschmittel im Wirtschaftsverkehr hat dazu geführt, daß in ständig steigendem Ausmaße im Wirtschaftsleben zum Gütertauschverkehr übergegangen wird. Diesem Vorgehen liegt vielfach das Bestreben zugrunde, die Liefer- und Exportfähigkeit der Unternehmungen und die Arbeitskraft der Belegschaften aufrecht zu erhalten. Die Strafbarkeit, mit der solche Notmaßnahmen bedroht sind, hat zu Anträgen und Anregungen an den Verwaltungsrat geführt, in dem durch die Betriebsbedürfnisse gebotenem Umfange den Tausch von Erzeugnissen, soweit es sich nicht um Rohstoffe handelt, gegen Betriebsbedarfsmittel zuzulassen.
Der Verwaltungsrat für Wirtschaft ist der Auffassung, daß durch die angestrebte Regelung lediglich einer Folgeerscheinung des Währungszusammenbruchs Rechnung getragen werden würde, die wirtschaftliche Ursache aber unbehoben bliebe. Bevor daher Maßnahmen auf dem Gebiete des Tauschverkehrs in Erwägung zu ziehen sind, ist es geboten, auf die beschleunigte Durchführung der Geldreform hinzuwirken. Der Verwaltungsrat beauftragt infolgedessen seinen Vorsitzenden, diese grundsätzliche Auffassung den Militärregierungen zu übermitteln und auf der nächsten Sitzung über den Stand der Frage zu berichten." (Ebenda, Bl. 9–10).

[30] Der Beschluß lautete: „Die Länder sollen bezüglich der Zulassung von Kompensationsgeschäften nach den von Nordrhein-Westfalen aufgestellten Richtlinien verfahren" (ebenda, Bl. 9). Die genannten Richtlinien (Z 8/53, Bl. 27) gestatteten Kompensationsgeschäfte in einem eng begrenzten Rahmen. Sen. Borgner, Min. Nölting und MinDir. Magnus gaben zu Prot., daß Lebensmittel von Kompensationsgeschäften ausgeschlossen bleiben müßten.

[31] Z 8/53, Bl. 9. Die BECG erhob mit Schreiben vom 29. 5. 1947 Bedenken gegen diesen Beschluß (Z 8/27, Bl. 253). Es sei wenig wahrscheinlich, daß die Grenze von 3% eingehalten werde, und da es beträchtliche Schwierigkeiten machen würde, einen Zwang zur Einhaltung dieser Zahl auszuüben, werde der Plan als undurchführbar angesehen. Es scheine auch, daß der Vorschlag den eigenen Empfehlungen über die Warenverkehrsordnung widerspreche. Dennoch wurde auf der 12. Sitzung des VRW vom 11.–13. 6. 1947 wiederum beschlossen, Kompensationsgeschäfte nach eng gefaßten Richtlinien zuzulassen (Z 1/246, hier Bl. 57). Die BECG lehnte jedoch mit Schreiben vom 7. 7. 1947 die Zulassung nochmals ab (Z 1/246, Bl. 16). Zum weiteren Fortgang vgl. Unterlagen in: Z 4/34.

[32] Vgl. Anm. 36.

[33] Die englische Fassung des Kommuniques ließ sich nicht ermitteln.

[34] 9. Sitzung des VRW vom 19./20. 2. 1947, Prot. in: Z 8/51, hier Bl. 3.

Nr. 16   2. 5. 1947   VRW mit Vertretern BECG

Anlage samt einer Mill. t Braunkohlenbriketts aus der Kohleförderung für Kochzwecke und Hausbrand, hauptsächlich für Wintereinkellerung, abgezweigt wird.
Der Verwaltungsrat hat an seinem ursprünglichen Beschluß festgehalten, wiewohl er sich nicht den Bedenken verschließen kann, die angesichts der stark gesunkenen Kohleförderung gegen die Durchführung des geplanten Hausbrandversorgungsprogramms geltend gemacht werden. Dieser Rückgang in der Förderung betrug allein im Monat April gegenüber den bei der ursprünglichen Planung zugrundegelegten Ziffern 700 000 t. Was dem Hausbrand gegeben wird, muß der Industrie genommen werden. Dadurch werden, was besonders bedenklich erscheint, in erster Linie die eisenschaffende Industrie, die chemische und die Baustoff-Industrie, das Wohnungs-Instandsetzungsprogramm, sowie das vordringliche Reparaturprogramm für Eisenbahn und Schiffbau betroffen. Es muß daher erwartet werden, daß wir bereits im Mai eine Tagesförderung von mindestens 250 000 t erreichen, damit die Belieferung des Hausbrands nicht mit Arbeitslosigkeit bezahlt wird. Namentlich muß sich der Bergarbeiter bewußt sein, daß es auf seine Arbeit ankommt, die deutsche Bevölkerung vor den Leiden eines neuen Winters und die deutsche Wirtschaft vor weiterem Verfall zu schützen. Ebenso ist mit allem Nachdruck nunmehr die Forderung zu erheben, daß jede unrechtmäßige Aneignung von Kohle, gegen die in Zukunft in aller Schärfe eingeschritten wird, unterbleibt. Wer sich fortan noch Kohle auf krummen Wegen beschafft, versündigt sich am deutschen Volk.

Prot.   Das wäre in kurzen Worten eine Übersicht über die Arbeit des Verwaltungsrats in seiner dreitätigen Sitzung.

[2. Ansprache von Sir Cecil Weir: Hausbrand, Punktsystem, Kohle für Exportindustrie]
Sir Weir: Herr Agartz! Meine Herren!
Ich möchte Ihnen, Herr Agartz, besonders für den interessanten Bericht über die diesmalige Tagung danken.
Die Zeit ist sehr kurz, und ich möchte deshalb nur ein paar Worte sagen, die sich auf ein oder zwei Punkte erstrecken, die Herr Agartz erwähnt hat.
Zunächst ist es die Frage des Hausbrandes. Ich möchte jedes Mißverständnis in dieser Beziehung vermeiden. Wir haben uns heute nicht mit dem Programm für das ganze Jahr beschäftigt.[35] Dieses ist bisher weder gebilligt noch mißbilligt worden. Wir hatten heute nur mit der Ausgabe von Kohle für Mai und Juni zu tun. Wir haben uns dahin entschieden, den Rat anzunehmen, der uns von Ihrem Vorsitzenden und von den drei Mitgliedern des VRW gegeben wurde.[36] Wir wissen, daß wir strenger Kritik für diese Ent-

---

[35] Dieses Programm wurde durch einen Plan vom 9. 5. 1947 (Z 8/27, Bl. 225–234) fortgeschrieben.
[36] Zu Beginn der 11. Sitzung des VRW waren Sen. Borgner, Min. Nölting und Min. Zorn beauftragt worden, mit der BECG Verhandlungen aufzunehmen, um die vom VRW vorgesehenen Kohlenmengen für die Hausbrandversorgung in dem Verteilungsplan für Mai/Juni 1947 zu sichern. Sie erreichten die Zustimmung der MilReg. unter folgenden Bedingungen (Schreiben im Prot. der 11. Sitzung des VRW, Z 8/53, hier Bl. 5): „Wir haben diese Angelegenheit sorgfältig geprüft und uns entschlossen, den Rat des Verwaltungsrats anzunehmen. Wir stimmen deshalb der vorgeschlagenen Hausbrandzuteilung für Mai und Juni zu. Wir tun das auf Grund Ihrer Versicherung, daß diese Entscheidung zu einer Verbesserung der Arbeitsleistung im allgemeinen und zur Beseitigung des Schwarzmarktes in Kohle und des Kohlendiebstahls führen wird. Wenn die Kohlenförderung, die für den Wiederaufbau der industriellen Produktion entscheidend ist, im Mai nicht auf die von Ihnen vorgesehene Zahl von 250 000 t täglich steigen und wenn Kohlendiebstahl und Kohlenschwarzmarkt sich nicht erheblich verringern sollten, werden wir die Lage zusammen mit dem Verwaltungsrat Anfang Juni erneut prüfen müssen. Die Verantwortung für diese Entscheidung liegt ausschließlich beim Verwaltungsrat, und der Verwaltungsrat muß die Verantwortung für ihre Folgen auf die Industrieproduktion auf sich nehmen."
Mit Schreiben vom 17. 5. 1947 wurde die Entscheidung unter Bezugnahme auf die Gespräche mit Gen. Draper und Sir Cecil Weir von der BECG nochmals dem VRW übermittelt (Z 8/26, Bl. 105).

scheidung ausgesetzt sein werden, aber die Verantwortung ist Ihnen übertragen. Wir wollen, daß Sie sie auch tragen. Denn wenn die Industrie unter dieser Entscheidung leiden sollte, dann wird es das deutsche Volk sein, das darunter am meisten leidet. General Draper und ich sind überzeugt, daß Sie sich das genau überlegt haben, als Sie uns heute morgen diesen Vorschlag machten, und daß Sie alles tun werden, um den deutschen Bergarbeitern die Notwendigkeit größerer Kohlenförderung klarzumachen.

Der zweite Punkt, über den ich sprechen möchte, ist Agartz' Bemerkung zum Punktsystem. Wir haben die Situation sehr sorgfältig geprüft, die sich aus dem einen Tag Arbeitsausfall ergeben hat, welchen die Bergarbeiter mit Bewußtsein haben eintreten lassen. Es bestand nie die Absicht, die Bergarbeiter für diesen Arbeitsausfall zu bestrafen, aber die Versagung der Zuteilung von Punkten an Bergarbeiter, die nicht gearbeitet haben, ist keine Strafe. Es ist die automatische Folge nach den Bestimmungen des Punktsystems. Nach meiner Meinung und der von General Draper würde es ein großer Fehler sein, von diesem, von Ihnen so sorgfältig ausgearbeiteten System abzuweichen. Ich mußte deshalb dem Leiter der Gewerkschaft der Bergarbeiter, Herrn Schmidt, folgendes mitteilen: Die Bergarbeiter könnten nur die Punkte bekommen, die sie verdienen. Je mehr Punkte sie verdienen, um so froher werden wir sein. Ich hoffe, daß Sie uns in dieser Entscheidung unterstützen werden, und daß Sie unter keinen Umständen etwas veröffentlichen werden, was gegen diese Entscheidung spricht.[37]

---

[37] Diese Auseinandersetzung spitzte sich im Mai noch dramatisch zu (vgl. Bericht der Arbeitsgruppe Kohle als Anlage zum Prot. der 12. Sitzung des VRW in: Z 1/246, Bl. 53–54). Auf der Revierkonferenz des Industrieverbandes Bergbau vom 10. 5. 1947 war einstimmig beschlossen worden, die Streikschicht unter Umständen nachzuholen. Die Militärregierungen hatten sich durch eine von Gen. Robertson und Gen. Clay getroffene Entscheidung aber darauf festgelegt, daß das Nachholen dieser Schicht die Voraussetzung für die Ausgabe von Punktwaren für die Streikschicht sei. Mit großen Mühen gelang es schließlich, den Industrieverband dazu zu bewegen, zwei Notschichten zu beschließen.
„Auf dieser Basis haben wir den Versuch einer Vermittlungsaktion bei der Militärregierung unternommen, die Freitag und Sonnabend vor Pfingsten zu außerordentlich schwierigen, ja dramatischen Verhandlungen geführt hat. Der Erfolg dieser Verhandlungen, die am Freitag vor Pfingsten von mir eingeleitet und am Sonnabend von Herrn Deißmann zu Ende geführt wurden, waren bis zur allerletzten Minute dadurch in Frage gestellt, daß General Clay, der zusammen mit Gen. Robertson fortgesetzt von der Villa Hügel aus telefonisch in Berlin über unsere Vorschläge informiert wurde, darauf bestand, daß die Punktwaren für die Streikschicht erst nach einem erfolgreichen Ablauf der Fronleichnams-Schicht ausgegeben werden sollten, während es für den Bergarbeiterverband eine ‚conditio sine qua non' war, die Punktwaren noch an diesem Sonnabend auszugeben. Der Bergarbeiterverband konnte auch gar keine andere Haltung einnehmen, da auf den Zechen die Belegschaften versammelt waren und von Stunde zu Stunde auf die Nachricht von dem erfolgreichen Abschluß der Verhandlungen warteten, um die Waren noch rechtzeitig vor Pfingsten zu empfangen.
Nach einem erneuten negativen Bescheid von General Clay am Sonnabend Mittag um ein Uhr verließen die Führer des Bergarbeiterverbandes die Verhandlungen auf der Villa Hügel und fuhren nach Bochum, um das Scheitern der Verhandlungen den Betriebsräten bekanntzugeben, was zu unabsehbaren Folgen geführt hätte. In letzter Minute gelang es Herrn Deißmann, der auf Villa Hügel verblieben war, des britischen Chefs der Fuel and Power Division aus Berlin, Mr. Harrison habhaft zu werden, der zufällig wegen des bevorstehenden Besuches von Lord Pakenham auf Villa Hügel erschien. In klarer Erkenntnis der wirklichen Lage übernahm dann Mr. Harrison und sein amerikanischer Partner Forester, dem von uns formulierten Kompromißvorschlag in eigener Verantwortung zuzustimmen und diese Entscheidung in Berlin zu vertreten. Herr Deißmann fuhr sofort nach Bochum und erreichte den Vorstand des Industrieverbandes noch, als gerade der Bericht über das Scheitern der Verhandlungen entgegengenommen wurde. Die Mitteilung, daß in letzter Minute eine Einigung erzielt worden sei, wurde mit größter Befriedigung aufgenommen, und es erging sofort von Bochum aus die Anweisung an die Zechen, die Punktwaren noch an diesem Nachmittag auszugeben. Bei der Rückkehr zur Villa Hügel ergab sich nochmals eine dramatische Wendung, indem wir informiert wurden, daß General Clay nicht bereit sei, in dem entscheidenden Punkt nachzugeben. Die beiden hohen Beamten der Militärregierung, die inzwischen ihre Zustimmung in eigener Verantwortung gegeben hatten, waren aber noch am Telefonieren mit Berlin, und während des offiziellen Empfangs bei Lord Pakenham kam

Prot. Der Monat April ist vorbei, und wir beginnen einen neuen Monat. Ich glaube, jeder Bergarbeiter sollte ermuntert werden, so viel Punkte zu verdienen, wie er nur kann. Besonders sollte er aufgefordert werden, hart zu arbeiten und nicht so wenig Kohle zu produzieren, pro Mann, wie das jetzt geschieht. Sie selbst erwarten das; denn es sind in den letzten Wochen viele neue Bergarbeiter eingetreten. Trotzdem ist die Förderleistung pro Mann in den letzten Wochen zurückgegangen.[38]

Wir sind uns über die Bedeutung des Ernährungsproblems in diesem Zusammenhang völlig im Klaren und tun alles, was in unseren Kräften steht, um die Verschiffung von Nahrungsmitteln in der nächsten Zeit, in den Monaten, wo die deutsche Versorgung besonders schlecht ist, aus heimischen Beständen zu vermehren.

Es ist nur noch eine Angelegenheit, über die ich sprechen möchte. Sie betrifft ebenfalls die Kohle. Bei der Kohlenkontingentierung sollten Sie besonderen Wert darauf legen, daß die Exportindustrie die Kohle bekommt, die sie zur Erledigung ihrer Aufgaben braucht. Wir wollen diese Frage gemeinsam besprechen, [um] falls es nötig sein sollte, besondere Maßnahmen zu ergreifen.

Ich glaube, ich sollte zu den Vorschlägen über die Kompensationsgeschäfte nichts sagen. Ich habe das bisher noch nicht mit meinem Kollegen besprochen, aber mein eigener Instinkt ist dagegen.

Ich wünsche Ihnen alles Gute für die von Ihnen unternommene Arbeit; denn Sie sind mitten in einer schweren Krisis. Ich glaube nicht, daß die Probleme jemals größer waren als heute. Sie können nur durch die Fähigkeit Deutscher gelöst werden. Ich glaube, Sie wissen schon, daß wir großen Wert darauf legen, daß die Arbeit von Ihnen geleistet werden soll und nicht von uns. Das hat uns besonders stark bei der Entscheidung beeinflußt, die wir heute morgen in der Kohlenfrage getroffen haben.

General Draper und ich sind im Begriff, eine Reise durch das gesamte vereinigte Besatzungsgebiet zu machen. Wir hoffen, die meisten Wirtschaftsminister in ihren eigenen

---

endlich die erlösende Nachricht, daß eine Einigung erzielt sei." Es gelang schließlich auch, den Kölner Erzbischof, Kardinal Frings, gerade noch rechtzeitig zu bewegen, die Fronleichnamsprozession in den Bergbaubezirken der Diözese Köln auf den folgenden Sonntag zu verschieben, so daß die Kohlenförderung am Fronleichnamstag mit 208 000 t ein normales Ergebnis erbrachte, das von der MilReg. verlangt worden war. Die Schlichtung dieser Auseinandersetzung wurde „zu einem Wendepunkt in der Kohlenförderung nach dem jähen Absturz und der nachfolgenden Stagnation der Förderkurve als Folge der Hungersnot im Frühjahr 1947" (Schlußbericht der Arbeitsgruppe Kohle vom 14. 10. 1947 in: Z 4/58, Heft Kohlenbergbau, allgemein).

[38] Die Schichtleistung pro Kopf der Untertagebelegschaft im Ruhrbergbau, die 1936 bei 2199 kg gelegen hatte, entwickelte sich, nachdem sie im Gesamtschnitt des Jahres 1946 bei 1208 kg gelegen hatte, in den Monaten Jan. – Mai folgendermaßen:
Jan. 1947 : 1240 kg.
Febr. 1947 : 1250 kg.
März 1947 : 1240 kg.
April 1947 : 1180 kg.
Mai 1947 : 1160 kg.
Vgl. Wirtschafts-Zeitung, 1. 8. 1947, S. 6, Artikel „Mehr Kohle mit besserer Ernährung"; ferner die Ausarbeitung von DiplIng. Rauer, Die Entwicklung der Leistung unter Tage und der individuellen Leistung des Bergmannes im Ruhrbergbau in den Jahren 1946 und 1947 in: Z 4/58, Heft „Kohlenbergbau, allgemein". Prof. Bode, Mitarbeiter der BECG, führte die Ursachen der geringen Arbeitseffektivität in einem Gespräch mit Prof. Friedrich (OMGUS) auf folgende Faktoren zurück: „Food – 40 %, Psychological Factors – 20 %, Mining Equipment – 20 %, Lack of Efficiency due to Lack of Business Incentives – 20 % (NA RG 260 OMGUS 166–3/3, folder 9. Memorandum Interviews at Minden, 21. 5. 1947). Siehe auch Abelshauer, Wirtschaft in Westdeutschland, S. 139–142.

Ländern zu treffen und zu sehen, wie die Verwaltung dort arbeitet. Wir legen aber großen Wert darauf, daß die Dinge, die zentral geplant werden müssen, auch zentral geplant werden. Ich freue mich zu hören, daß Sie über diese Frage heute zu einer Einigung gekommen sind.

[3. **Ansprache Gen. Draper: Hausbrand, Exportprogramm und -verfahren, Warenverkehrsordnung**]

Draper: Herr Agartz, meine Herren!
Ich bin in voller Übereinstimmung mit Sir Cecil Weir in Bezug auf das, was er über Kohle gesagt hat, und werde dem nichts weiter hinzufügen. Wir haben heute morgen die Entscheidung hauptsächlich auf der Grundlage gefaßt, daß es Ihre Verantwortung ist, zwischen den verschiedenen Anforderungen an Kohle die Auswahl zu treffen. Auf der anderen Seite haben wir auch eine Verantwortung, insbesondere da unsere beiden Regierungen, wie Sie wissen, sehr erhebliche Geldbeträge in diesem Lande ausgeben. Deswegen haben wir es in der Antwort, die wir heute Ihrer Delegation gaben[39], besonders klargemacht, daß, wenn nicht eine Hebung der Kohlenförderung und eine Verminderung in der Plünderung von Kohlenzügen eintritt, wir Anfang Juni diese Entscheidung noch einmal überprüfen müssen.[40] Es ist von entscheidender Bedeutung, daß die Industrie wieder belebt wird. Wenn die Kohle hierzu von den Bergwerken nicht zur Verfügung gestellt werden kann, dann muß die Hausbrandversorgungsfrage erneut aufgerollt werden. Deswegen möchten wir mit Herrn Agartz noch ein paar Punkte in dem vorbereiteten Presse-Kommunique[41] erörtern, um es klarzumachen, daß es sich nur auf die Monate Mai und Juni bezieht.
Ich möchte auch, ebenso wie Sir Cecil Weir, die Bedeutung der Kohlenzuteilung für Zwecke der Export-Industrie betonen; denn die Exporte sind von erster Priorität, weil nur durch Exporte die notwendigen Importe ermöglicht werden. Ich möchte vorschlagen, daß auch dieser Punkt in dem Presse-Kommunique erwähnt wird.
Im Zusammenhang mit dem Exportprogramm haben wir heute Besprechungen mit den Vertretern der verschiedenen Militärregierungen in den Ländern gehabt. Wir haben ein System ausgearbeitet, wonach die Genehmigung zu Import- und Exportgeschäften in den Zweigstellen der Alliierten Export-Agencies[42] in den Ländern getroffen werden kann, ohne daß eine Vorlage in Minden notwendig ist. Das hat den Aufbau eines genauen Abrechnungssystems in allen Ländern zur Voraussetzung. Ich bitte, daß, wenn die Vertreter der Militärregierung in den Ländern mit den Ländern sprechen, die Länderregierungen Vorschläge für die Einrichtung solcher Abrechnungsstellen machen. Die Zweigstellen in den Ländern werden unmittelbar mit den verschiedenen deutschen

---

[39] Siehe Anm. 36.
[40] Die Zuteilungen für Hausbrandkohle wurden für das 3. Quartal 1947 von der BECG um 100 000 t gekürzt (Schreiben vom 2., 9. und 11. 6. 1947 in: Z 8/27), da die vom VRW gegebene Zusage einer Steigerung der Steinkohlenförderung nicht eingetreten sei. Der VRW nahm die Kürzung hin, bestand aber auf einer Koppelung der Kohlenmengen für Hausbrand mit der Gesamtförderung, da diese Verbindung ein wertvolles Hilfsmittel sei, um die Bergarbeiter zu höheren Leistungen anzuspornen (VRW an das BECG vom 16. 6. 1947 in: Z 8/27, Bl. 27).
[41] Vgl. am Ende von TOP 1.
[42] Vgl. die Richtlinien des VAW zur Anweisung Nr. 1 der Joint Export/Import Agency (JEIA) über das neue Ausfuhrverfahren, 4. 6. 1947; Abdr. in: Mitteilungsblatt VAW 1947, S. 85–86. Bestimmte Ausfuhranträge blieben der JEIA Minden nach wie vor vorbehalten.

Nr. 16   2. 5. 1947   VRW mit Vertretern BECG

Prot. Firmen zu tun haben. Es wird notwendig sein, daß diese Geschäfte abrechnungsmäßig festgelegt werden.

Die Warenverkehrsordnung liegt z. Zt. Sir Cecil Weir und mir vor. Wir studieren sie sorgfältig und werden sie dann mit unserer Stellungnahme den stellvertretenden Militärgouverneuren vorlegen.[43] Wir hatten in diesem Zusammenhang heute Besprechungen mit den Offizieren der Militärregierungen der Länder, und es herrschte Übereinstimmung darüber, daß folgendes Verfahren eingehalten werden soll:

Die allgemeine Planung würde natürlich hier in Minden liegen. Die Kontingentierung der Grundstoffe, Kohle, Eisen usw. würde ebenfalls in Minden liegen, und die allgemeinen Grundsätze über Verteilung sonstiger Waren würden auch hier in Minden aufgestellt werden. Die Durchführung und der Verkehr mit den einzelnen Fabriken würde bei den Länderregierungen liegen. In dem Abkommen über die Errichtung des Verwaltungsrats, das durch die Militärregierung genehmigt worden ist, ist vorgesehen, daß der Verwaltungsrat Weisungen an die Länderregierungen geben kann, die von diesen befolgt werden müssen. Weisungen, die hier ausgegeben werden, müssen von den Länderregierungen befolgt werden, damit das System funktionieren kann. Ich bitte Sie zu bedenken, daß nur durch eine gute Zusammenarbeit zwischen den Zentralbehörden hier und in Stuttgart mit den Ländern die gegenwärtige deutsche Wirtschaftskrise überwunden werden kann. Die Militärregierungen in den verschiedenen Ländern sind bereit zu helfen, daß diese Zusammenarbeit funktioniert.

Ich möchte meine Ausführungen mit einer Bemerkung schließen. In dieser Zeit größter Knappheit und Warenmangels müssen Ihre Entscheidungen Rücksicht nehmen auf das, was für das gesamte vereinigte Gebiet von Nutzen ist, und Sie müssen nicht auf Popularität Rücksicht nehmen. Das ist die Bemerkung, die ich zu Ihrem Vorschlag von heute Morgen zur Haushaltskohle machen wollte. Ich bin der Meinung, daß die Verantwortung nun voll bei Ihnen liegt. Sie müssen dafür sorgen, daß die Bergarbeiter ihre Förderung steigern und daß polizeiliche und sonstige Maßnahmen getroffen werden, um den schwarzen Markt in Kohle und Kohlendiebstähle zu verhindern. Sollte es notwendig sein, die Entscheidung zu revidieren, so müssen Sie sich darüber klar sein, daß es Kohle ist, die die deutsche Industrie zu ihrer Wiederbelebung braucht.

Ich habe mich sehr gefreut, mit Herrn Agartz und dem Verwaltungsrat heute zusammenzutreffen.

Agartz: Ich darf im Namen des Verwaltungsrates beiden Herren für ihre Worte danken. Dann hat Mr. Angus gebeten, über die Hannoversche Messe zu sprechen.

[4. Exportmesse Hannover]

Angus: Die Messe in Hannover ist von dem Panel genehmigt worden unter der Voraussetzung, daß auch die deutsche Seite damit einverstanden ist. Die Messe bildet einen integrierenden Bestandteil des Gesamt-Exportprogrammes für das vereinigte Gebiet. Der Panel hat darauf hingewiesen, daß nur Waren, die einigermaßen für den Export zur Verfügung stehen, ausgestellt werden sollen. Der Panel hat sich damit einverstanden erklärt, daß die Exportmesse in Hannover in der Zeit vom 18. August bis 7. September abgehalten wird. Sie sollte von deutscher Seite mit Hilfe der alliierten Militärregierungen organisiert werden. Diese Entscheidung bedeutet, daß es sich um eine kombinierte

---

[43] Vgl. Dok.Nr. 14 B II, Anm. 43.

Arbeit beider Zonen handeln sollte. Die Organisation und die finanzielle Verantwortung soll von Deutschen getragen werden mit allgemeiner Unterstützung durch die Militärregierungen. Der Panel ist der Meinung, daß die Mitwirkung der Länder aus der US-Zone am besten dadurch erreicht werden könnte, daß die Regierung von Niedersachsen sich offiziell an die Ministerpräsidenten der süddeutschen Länder mit der Bitte um ihre Unterstützung wendet. Ich habe heute Morgen eine Unterredung mit Herrn Minister Kubel gehabt, der großen Wert darauf legt, daß diese Messe *auf breiter Basis* durchgeführt wird. Er lädt die Minister der übrigen sieben Länder zu einer Besprechung am 11. Mai ein. Er schlägt vor, daß ein Messe-Kommitee aus den acht Wirtschaftsministerien gebildet werden soll. Eine deutsche Arbeitsgruppe ist bereits in Hannover an der Arbeit. Herr Kubel hat den Wunsch, diese Arbeitsgruppe durch Hinzuziehung von Vertretern der anderen Länder zu verstärken. Er hat besonders betont, daß die gegenwärtige Arbeitsgruppe bereits an der Arbeit ist und bleiben wird, bis sie durch den Zutritt aus den anderen Ländern verstärkt sein wird. Hannover ist als Ort für die Messe ausgesucht worden, weil dies zweckmäßig erschien. Es gibt dort einen guten Gebäudekomplex, bestehend aus vier mit Dächern versehenen Hallen, die eine Fläche von 24 000 Quadratmeilen [!] bedecken. Das Gelände ist drei Meilen vom Zentrum der Stadt entfernt, für gute Verbindungen ist gesorgt. Es befindet sich dort ein gutes Transitlager, welches die Unterbringung von 1000 ausländischen Besuchern pro Nacht ermöglicht. Das bedeutet praktisch, daß Unterbringung für 3 bis 4000 Besucher geschaffen werden kann, unter der Voraussetzung, daß jeder Besucher nur eine kurze Zeit dort bleibt.

Es ist nun Aufgabe der Deutschen, daran zu arbeiten, daß diese Messe ein voller Erfolg wird. Es ist ferner Aufgabe der Militärregierungen und ihrer regionalen und örtlichen Offiziere, den Deutschen bei dieser Aufgabe zu helfen.

Sir Cecil Weir: Herr Agartz! Ich möchte eine Bemerkung machen. Ich habe Sie dahin verstanden, daß Sie sagten, Niedersachsen habe erklärt, es sei unmöglich, die Messe in der festgesetzten Zeit fertigzustellen. Wenn das zutrifft, dann wäre es erwünscht, daß die Minister und Mr. Angus und seine deutsche Arbeitsgruppe so schnell wie möglich zusammentreten, denn ich bin überzeugt, daß keiner an der Organisation einer Messe mitzuwirken wünscht, die nicht zur Zeit fertig werden kann. Ich bin der Meinung, das sollte sofort geklärt werden.

Sachse: Ich möchte die Ausführungen von Herrn Agartz ergänzen. Die Einladungen an die Ministerpräsidenten und Wirtschaftsminister zum 11. 5. sind bereits ergangen. Da die Messe einen bizonalen Charakter haben soll, habe ich heute Veranlassung genommen, die Herren Wirtschaftsminister persönlich über diese Angelegenheiten zu hören und habe sie um ihre Unterstützung gebeten. Diese Unterstützung haben diese Herren auch zugesagt, jedoch ernste Bedenken geäußert bezüglich der Kürze der Zeit, und zwar deshalb, weil, wenn die Messe veranstaltet wird, sie auch eine erstklassige Messe werden soll. Wir haben außerhalb der Sitzung mit den einzelnen Herren Fühlung genommen und gebeten, uns die vom Herrn Vorredner erwähnten erstklassigen Messeleute zur Verfügung zu stellen. Ob dies möglich sein wird, werden die Herren erst in ihren Ländern klären müssen. Es hat sich aber, wie sich heute früh herausstellte, die Möglichkeit ergeben, aus kleineren, in Süddeutschland bereits veranstalteten Exportschauen, geschlossene Abteilungen nach Hannover überführen lassen. Die Herren befürchten jedoch wegen der Kürze der Zeit, die Messe nicht so ausgestalten zu können, wie es möglich wäre, wenn ein größerer Zeitraum zur Verfügung stünde.

Nr. 16   2. 5. 1947   VRW mit Vertretern BECG

Prot. Ich glaube, wenn es bei dem vorgesehenen Termin bleiben muß, wird die Messe aufgebaut, jedoch wenn der Zeitraum länger wäre, würde sie besser gestaltet werden.
Agartz: Meine Herren! Der Verwaltungsrat hat sich heute nach Vortrag des Herren Vertreters von Niedersachsen auf den Standpunkt gestellt, daß die technische Durchführung der in Hannover beabsichtigten Messe zu dem vorgesehenen Zeitpunkt nicht möglich ist. Der Verwaltungsrat hat einen Beschluß gefaßt. Dieser Beschluß wird im Protokoll über die Sitzung des Verwaltungsrates seine Aufnahme finden, er ist einstimmig von sämtlichen acht Mitgliedern des Verwaltungsrates angenommen worden.
Der nachstehende Beschluß wird verlesen. [...]
Den Militärregierungen wird empfohlen, von der Exportmesse in Hannover abzusehen. Der Verwaltungsrat für Wirtschaft vertritt die Auffassung, daß Exportmessen grundsätzlich nur in historischen deutschen Messestädten, die seit langem gesetzlich festgelegt sind, stattfinden sollten.

Sir Cecil Weir: Es ist ganz klar, daß die Messe nur abgehalten werden kann, wenn Niedersachsen überzeugt ist, daß das technisch möglich ist.[44]
Agartz: Mein Herren! Ich darf dann die 11. Sitzung des Verwaltungsrats mit meinem Dank an die Herren Vertreter der Militärregierungen schließen.

[Ende: 19.00 Uhr]

---

[44] Am 13. 5. 1947 wurde dem VRW von der BECG mitgeteilt, die MilReg. habe bestimmt, daß die Messe in Hannover stattfinden solle. „Angesichts der dringenden Notwendigkeit von Exportgeschäften werden Sie gebeten, Ihr möglichstes zu tun, damit diese ein voller Erfolg wird." (Z 8/26, Bl. 8; ebenda, Bl. 9–12 Rundschreiben des brit. Verbindungsoffiziers für die Messe betr. Organisation, Zuständigkeiten und Zielsetzung der Messe vom 15. 5. 1947). Die Messe wurde sowohl hinsichtlich der Zahl der Besucher aus dem Ausland als auch hinsichtlich der abgeschlossenen Geschäfte ein außerordentlicher Erfolg (vgl. Statistiken in: Z 8/1224, Bl. 16–37).

Nr. 17
Einladung der bayerischen Regierung zu einer Vierzonenkonferenz der deutschen Ministerpräsidenten. Vermerk und Einladungsentwurf
3. Mai 1947

BHStA MA Abgabe 1975 vorl. Nr. 73, o.Bl. 6 Seiten, Vermerk vom 3. 5. 1947, von Seelos gez., maschinenschr. vervielf. Ausf.

Die beiliegende Einladung zu einer gesamtdeutschen Konferenz der Ministerpräsidenten der vier Zonen habe ich aus rein bayerischen Erwägungen vorgeschlagen.[2] Seit zwei Wochen sind bei den alliierten Militärregierungen Besprechungen im Gange über die Einrichtung einer politischen Koordinierung der Westzonen bis zur Errichtung einer westdeutschen Regierung.

Nach den offiziellen Stellungnahmen von Marshall[3] und Bevin[4] zu den Ergebnissen der Moskauer Konferenz nimmt die Presse aller Länder zu diesen Problemen Stellung.

Die Einladung zu einer solchen Konferenz von seiten eines anderen deutschen Landes

---

[1] Das Dokument trägt die Überschrift: „Aufzeichnung für den Ministerpräsidenten", die Worte „für den Ministerpräsidenten" handschr. hinzugefügt. Am Schluß handschr. vermerkt: „Herrn Ministerpräsidenten vorgelegt".
Die Einladung wurde von Seelos unter dem 3. 5. 1947 paraphiert, am Kopf das Datum 7. 5. 1947. Vermutlich handelt es sich bei dieser Ausf. um das Exemplar von Seelos; mit letzter Sicherheit läßt sich das jedoch nicht feststellen, da es sich bei dem Band um eine nachträglich kompilierte Sammlung aus Akten der Staatskanzlei, Handakten Seelos und anderer Unterprovenienzen handelt. Glücklicherweise wurden Ehards Handakten zur Konferenz (BHStA Abt. II MA 130 860) dabei nicht mit erfaßt. Zu den frühen Vorbereitungen der Konferenz enthalten Ehards Handakten allerdings kein Material.

[2] Gebhard Seelos, bayer. Bevollm. beim LR war ein prononcierter Vertreter des bayer. Föderalismus (Lebenslauf Z 1/77, Bl. 255). Bereits im Herbst 1946 plädierte er für eine aktive föderalistische Politik in Verbindung mit den noch jungen Ländern der brit. Zone. In einer programmatischen Aufzeichnung vom 24. 9. 1946 über die interzonale Entwicklung in Deutschland hatte er argumentiert: „Bei den bisherigen Treffen der Regierungschefs der englischen und amerikanischen Zone waren praktische Ergebnisse nicht zu verzeichnen. Vom bayerischen Standpunkt aus war eine gewisse Zurückhaltung deshalb geboten, weil bei diesen Treffen in der Regel Anzapfungen Bayerns wegen Lieferungen von Holz, Kartoffeln und anderen Nahrungsmitteln, wegen der Abschiebung der Evakuierten aus Bayern u. a. erfolgten. Ferner wurde dauernd versucht, durch entsprechende gemeinsame Erklärungen die Entscheidung Bayerns über seine Haltung gegenüber der zukünftigen staatsrechtlichen Entwicklung Deutschlands in zentralistischem Sinne festzulegen. [...]
Es liegt durchaus in unserem Sinn, wenn wir die neuen Ministerpräsidenten der englischen Zone in ihren Bestrebungen stärken und durch gemeinsame Erklärungen der Ministerpräsidenten der englischen und amerikanischen Zone in ihrer staatlichen Entwicklung fördern.
Die bayerische Haltung zu gemeinsamen Treffen muß sich daher grundlegend ändern. Es ist wichtig, daß der bayerische Ministerpräsident in persönlichen Rücksprachen mit Amelunxen, Kopf und Steltzer Bundesgenossen in der Auseinandersetzung um die künftige Gestaltung Deutschlands in föderalistischem Sinn und die Verlagerung des politischen Schwerpunktes in den Süden und Westen gewinnt."
In der bayer. StK. haben offensichtliche Überlegungen, für Jan. 1947 in Fortsetzung der Bremer Konferenz eine Vierzonenkonferenz einzuberufen, stattgefunden. Jedenfalls wurden die technischen Voraussetzungen für eine derartige Konferenz überprüft (BHStA Abt. II MA 130 019, Vermerk vom 15. 10. 1946).

[3] Der amerik. Außenminister Marshall nahm am 29. 4. 1947 zu den Ergebnissen der Moskauer Außenministerkonferenz in einer Rundfunkansprache Stellung (Text in deutscher Übersetzung in: Europa Archiv 2 (1947), S. 748–751, zum Presse-Echo vgl. Die Neue Zeitung, Ausg. vom 2. 5. 1947).

[4] Abdruck der Stellungnahme des brit. Außenministers Bevin vom 13. 5. 1947 vor dem Unterhaus in deutscher Übersetzung in: Europa Archiv 2 (1947), S. 752–758.

oder auf Anregung einer politischen Partei liegt geradezu in der Luft. Es erscheint mir daher richtig, es nicht auf eine Aufforderung der Militärregierung ankommen zu lassen oder zu einer anderen deutschen Einladung ja sagen zu müssen, sondern die Initiative zu nehmen und Bayern von vornherein eine aktive Rolle bei der Gestaltung der größeren deutschen politischen Vereinigung zu sichern. Sofern die Konferenz auf Einladung Bayerns und an einem bayerischen Ort stattfindet, wird es viel leichter sein, die bayerischen föderalistischen Ziele zur Geltung zu bringen. Das Bekenntnis zur deutschen Einheit, das angesichts der außenpolitischen Lage nur Lippenbekenntnis sein kann, wird die dauernde Hetze gegen Bayern künftig zum mindesten recht erschweren.[5] Insbesondere ist nicht anzunehmen, daß Sowjet-Rußland seine Zustimmung zu einer gesamten Beteiligung der Ministerpräsidenten der Ostzone gibt. Rußland wird damit in die unangenehme Lage versetzt, die Teilnahme der Ministerpräsidenten der Ostzone verbieten zu müssen und das Odium auf sich zu nehmen, die gesamtdeutsche Wirtschaftseinheit, die die völlige Verelendung des deutschen Volkes verhindern soll, unmöglich zu machen.

Der Beitritt der französischen Zone ist für Bayern lebenswichtig, wenn wir nicht angesichts der von zentralistischen Elementen beherrschten Zweizonenämter und der unitaristischen Tendenzen der norddeutschen Sozialdemokratie bei der föderalistischen Gestaltung des deutschen Gesamtstaates völlig ins Hintertreffen geraten wollen.

Das Bekenntnis zu einer gesamtdeutschen Wirtschaftseinheit kann auch von Bayern aus gesehen durchaus ernst gemeint werden, da wir nach dem Einströmen von 2 1/2 Millionen Neubürgern den Anschluß an ein größeres Wirtschaftsgebiet brauchen. Die Tatsache, daß Bayern mit der wirtschaftlichen Vereinigung mit der englischen Zone die schlechtesten Erfahrungen gemacht hat, darf nicht dazu führen, den grundsätzlichen Vorteil des Zusammenschlusses mit einem wirtschaftlich viel leistungsfähigeren Gebiet wie dem Ruhrgebiet in normaleren Zeiten zu verkennen.

Eine wirtschaftliche Einheit ohne eine gemeinsame politische Kontrolle würde sich besonders auch nach den Erfahrungen mit den bizonalen Ämtern für den föderalistischen gesamtdeutschen Aufbau als schädlich und geradezu verhängnisvoll erweisen. Ohne politische Kontrolle wären die Leiter der Verwaltungsämter in der Lage, mit dem Schlagwort der Wirtschaftseinheit politische Tatbestände zu schaffen, die später kaum mehr rückgängig gemacht werden können. Eine Bejahung einer entsprechenden politischen Zusammenfassung bedeutet also nicht eine Schädigung, sondern eine Sicherung im künftigen deutschen Gesamtstaat.

[Anhang:]
Einladung der Bayerischen Regierung zu einer Vierzonenkonferenz der deutschen Ministerpräsidenten

Die bayerische Regierung beabsichtigt, die Regierungschefs aller deutscher Länderstaaten zu einer Konferenz Ende Mai nach Garmisch-Partenkirchen zwecks Bespre-

---

[5] Dieser Aspekt wurde auch im nachhinein häufig hervorgehoben, u. a. von Kardinal Faulhaber nach dem Ende der Konferenz. „Ihre staatsmännischen Reden haben sachlich bestimmt und volkstümlich im Stil für lange Zeit hinaus zur deutschen Einheit ein Bekenntnis abgelegt und die Hetze gegen unser Bayernland wenigstens für vernünftige Menschen gestoppt" (BHStA Abt. II MA Abg. 1975 vorl. Nr. 75, Faulhaber an Ehard vom 13. 6. 1947).

Einladung zur Viererkonferenz 3.5.1947 Nr. 17

chung akuter deutscher Fragen einzuladen, sofern die amerikanische Militärregierung die Genehmigung nicht versagt.

Nach dem Fehlschlag der Moskauer Konferenz ist es Pflicht verantwortungsbewußter deutscher Regierungen, die Zeit bis zur Londoner Konferenz Anfang nächsten Winters nicht tatenlos verstreichen zu lassen; denn das deutsche Volk ist physisch nicht mehr fähig, einen neuen Winter mit Hunger, Frieren, um Wohnungselend zerstörter Großstädte, in wirtschaftlicher Aufzehrung und in politischer Hoffnungslosigkeit abzuwarten.[6] Die bayerische Regierung möchte deshalb die Initiative ergreifen, damit die deutschen Regierungschefs den alliierten Militärregierungen Maßnahmen vorschlagen, die ein weiteres Abgleiten des deutschen Volkes in ein rettungsloses wirtschaftliches und politisches Chaos verhindern sollen und dem deutschen Volk die Hoffnung auf eine langsame Besserung seines Schicksals erlauben.

Die bayerische Regierung ist sich ihrer Pflicht gegenüber dem bayerischen und deutschen Volk bewußt, daß das Ziel all dieser Bestrebungen die wirtschaftliche und politische Einheit Deutschlands auf föderalistischer Basis sein muß.

Wenn auch nach dem Verlauf der Moskauer Konferenz der Anschluß der russischen Zone an eine gesamtdeutsche Wirtschaftseinheit noch nicht möglich erscheint, so möchte die bayerische Regierung trotzdem der Hoffnung Ausdruck geben, daß auch die Regierungschefs der russischen Zone an der Konferenz teilnehmen, um ihr grundsätzliches Bekenntnis zur deutschen Einheit darzutun und um den späteren Beitritt der russischen Zone zu erleichtern. Die bayerische Regierung würde es in der Zwischenzeit besonders begrüßen, wenn die französische Zone möglichst bald dem wirtschaftlichen Zusammenschluß der englischen und amerikanischen Zone sich anschließt, um dem einheitlichen deutschen Wirtschaftsgebiet eine möglichst große Ausdehnung zu geben und um die politische Kontrolle der Verwaltungsämter und den künftigen föderalistischen Aufbau Deutschlands sichern zu helfen. Wenn auch nach Auffassung der bayerischen Regierung im Hinblick auf einen künftigen gesamtdeutschen Zusammenschluß die Einrichtung einer Westregierung aus zwei oder drei Zonen vermieden werden soll, so ist es doch für die wirksame Gestaltung der Wirtschaftseinheit notwendig, die gemeinsame Organisation der englischen und amerikanischen Zone weiter zu entwickeln.

Es müssen also sofort die Schritte eingeleitet werden, die die Ministerpräsidenten der US-Zone schon im September 1946 empfohlen haben, nämlich die Einführung einer politischen Kontrolle der gemeinsamen Verwaltungsämter und ihre Zusammenfassung an einem Ort.[7] Ein reibungsloses Zusammenarbeiten der gemeinsamen Verwaltungsämter mit den Länderstaaten erscheint allerdings nur unter der Voraussetzung möglich, daß der politische und verwaltungsmäßige Aufbau der vereinten Zonen gleichmäßig gestaltet wird, daß also den Ländern der britischen bzw. französischen Zone gleiche Rechte wie denen der US-Zone gewährt werden und daß nicht frühere und neue Reichszuständigkeiten schon jetzt in Vorwegnahme einer künftigen Kompetenzaufteilung zwischen deutschen und Länderzuständigkeiten in besonderen Zoneninstanzen zentralisiert werden.

Mit diesem Bekenntnis zur deutschen Einheit und mit dem Vorschlag einer schrittwei-

---

[6] Zur Stimmungskrise in der deutschen Bevölkerung vgl. u. a. Dok.Nr. 20, Anm. 2.
[7] Vgl. die Entschließung über die Grundsätze für den Ausbau der gemeinsamen Einrichtungen für die amerik. und brit. Zone, Akten zur Vorgeschichte 1, S. 876, Anm. 21.

sen Verwirklichung möchte die bayerische Regierung dazu beitragen, eine künftige gesamtdeutsche Lösung vorwärts zu treiben. Die vorgeschlagene Ministerpräsidentenkonferenz soll helfen, das deutsche Volk aus seiner jetzigen Not herauszuführen. Da auch von maßgebender alliierter Seite die Auffassung ausgesprochen worden ist, daß das deutsche Volk am Erliegen ist, und da es nie die Absicht der Alliierten war, das deutsche Volk auszurotten, werden die Militärregierungen einer deutschen Initiative nicht ablehnend gegenüberstehen, die das deutsche Volk wieder hochreißen und ihm ermöglichen will, ein bescheidenes deutsches Haus wieder einzurichten. Erst dann kann das deutsche Volk einen maßgebenden Beitrag für den Wiederaufbau der zerstörten Gebiete Europas leisten, der ihm durch zweijährige Quarantäne nicht erlaubt war.[8]

---

[8] Der Entwurf von Seelos verwendet wesentlich mehr politische Argumente und spricht deutlicher politische Zielsetzungen aus als die endgültige Einladung (vgl. Dok.Nr. 19). Zur Vorgeschichte der Konferenz vgl. Grünewald, Münchener Ministerpräsidentenkonferenz, S. 31–35; Steininger, Zur Geschichte, S. 377–781 (unter Verwendung dieses Dokumentes); sowie Foelz-Schroeter, Föderalistische Politik, S. 105–107. Für die Urheberschaft von Seelos am Konferenzplan auch Glum, Zwischen Wissenschaft, Wirtschaft und Politik, S. 609 und Eschenburg, Erinnerungen, S. 412.

Nr. 18
20. Tagung des Länderrates des amerikanischen Besatzungsgebietes in Stuttgart
5./6. Mai 1947

A Interne Sitzung

BA Z 1/19, Bl. 283–294. Prot. vom 6. 5. 1947, von Roßmann im Entw. gez.[1], maschinenschr. vervielf. Ausf. TO: Z 1/182, Bl. 23–43, Nachtrags-TO: Z 1/182, Bl. 44–51

Anwesend: MinPräs. Ehard, StMin. Pfeiffer (zeitweise), StMin. Hundhammer (6. 5. 1947), MinDir. Seelos, ORegRat v. Elmenau, Frh. v. Ritter zu Groenesteyn (zeitweise) (Bayern); SenPräs. Kaisen (6. 5. 1947), Schütte, stellv. SenSynd. Friese (6. 5. 1947) (Bremen); stellv. MinPräs. Hilpert, StS Strauß, StR Apelt, Graf v. Wedel, RegRat Dörr (Hessen); MinPräs. Maier, StS Gögler, StR Wittwer, ORegRat Mühlberger (Württemberg-Baden); GS Roßmann, Wutzlhofer (Länderrat)

[1.] Besprechung der Tagesordnung für die ordentliche Länderratssitzung

[a)] Arbeitsverpflichtungsgesetz[2]

MinPräs. Maier und *stellv. MinPräs.* Hilpert teilen mit, daß Württemberg-Baden und Hessen dem Gesetz ihre Zustimmung erteilen könnten, während *MinPräs.* Ehard erklärt, daß sowohl der Bayerische Ministerrat als auch der Bayerische Landtag das Gesetz einstimmig abgelehnt hätten.

Da nicht zu erwarten ist, daß es bei der gegenwärtigen Lage zu einer Einigung im Länderrat kommen wird, wird beschlossen, diesen Punkt von der Tagesordnung der ordentlichen Länderratssitzung abzusetzen.

Bremen, Hessen und Württemberg-Baden beschließen, noch in Einzelberatungen einzutreten, um wenigstens eine Teilkoordinierung zu ermöglichen. Die drei vorerwähnten Länder werden dieses Gesetz nach erfolgter Koordinierung über ihre Landtage erlassen. Es wird beschlossen, dies auch dem Parlamentarischen Rat mitzuteilen, der in der ordentlichen Sitzung dazu Stellung nehmen werde.[3]

[b)] Gesetz zur Änderung und Ergänzung des Gesetzes über die Beschäftigung Schwerbeschädigter[4]

[Dem Gesetz wird mit den vom Parl. Rat vorgeschlagenen Änderungen zugestimmt]

---

[1] Unter der Datumszeile der Vermerk „F[ür] d[ie] R[ichtigkeit], Seidel, Sekretärin" und ihr Diktatzeichen „S."; auf Bl. 283 oben links als vertraulich bezeichnet.

[2] Zur Vorgeschichte vgl. Dok.Nr. 14 B II, TOP 8.

[3] Prot. der Sitzung des Parl. Rates vom 5./6. 5. 1947 in: Z 1/197, hier Bl. 102–119, Stellungnahme Bl. 138. Bei dieser Debatte, die sehr langwierig und teilweise recht heftig geführt wurde, da Bayern sich weigerte, die Notwendigkeit eines derartigen Gesetzes anzuerkennen und infolgedessen auch nicht in eine Einzelberatung einwilligen wollte, kamen auch grundsätzliche Fragen der Arbeit des Parl. Rates zur Sprache: Inwieweit war es legitim, wenn einzelne Landesdelegationen „mit gebundener Marschroute" in die Beratung eintreten würden? GS Roßmann griff schließlich vermittelnd ein und wies darauf hin, daß man das Koordinationsprinzip, d. h. die Erfordernis der Übereinstimmung aller Landesgruppen, nur auf die Beschlußfassung und nicht auf die geschäftsordnungsmäßige Behandlung von Gegenständen anwenden solle; andernfalls bestünde die Gefahr, daß der Parl. Rat durch den Willen einer Minderheit zur vollständigen Unfruchtbarkeit verurteilt werde (ebenda, Bl. 116).

[4] Vgl. Dok.Nr. 14 B II, TOP 10.

Nr. 18A 5./6. 5. 1947 Länderrat US-Zone

[c)] Statut und Gebührenordnung der Auftragslenkungsstelle „Glas"

Der Länderrat beschließt, dem Statut[5] und der Gebührenordnung[6] der Auftragslenkungsstelle „Glas" mit den vom Direktorium in seiner Sitzung vom 5. 5. 1947 vorgeschlagenen Änderungen (s. Kurzprotokoll dieser Sitzung)[7] zuzustimmen.

[d)] Zuziehung der Wirtschaftsminister bei der Bearbeitung der Währungsreform [...]

Das Direktorium hatte in seiner Sitzung vom 5. 5. 1947[8] hierzu folgende Stellung eingenommen:
Die Vertreter von Bayern, Bremen und Hessen stimmen dem Antrag zu. Die Vertreter von Württemberg-Baden und Generalsekretär Roßmann halten den Antrag für verfrüht, da gegenwärtig die amerikanische Militärregierung den Kreis derjenigen deutschen Stellen eng beschränken will, denen sie Mitteilungen über die Währungsreform zugehen läßt.
Stellv. MinPräs. Hilpert ist ebenfalls der Ansicht, daß dieser Antrag verfrüht ist. Er regt an, den bizonalen Finanzrat zu bitten, eine rechtzeitige Unterrichtung der Wirtschaftsminister über die Währungsreform zu ermöglichen.
MinPräs. Maier ist ebenfalls der Auffassung, daß man noch etwas zuwarten sollte. Er schlägt vor, daß sich die Ministerpräsidenten mit den Wirtschaftsministern verständigen und sie darauf aufmerksam machen, welche Gesichtspunkte beim Deutschen Finanzrat im Augenblick maßgebend sind und daß ihre Mitwirkung vorläufig nicht zweckmäßig erscheine. Deshalb sei dieser Antrag nicht behandelt worden; die vier Finanzminister seien aber bereit, sich mit den Wirtschaftsministern persönlich auszuspre-
Es wird folgender Beschluß gefaßt:
1. Der Länderrat hält es für unbedingt notwendig, daß die Wirtschaftsminister im Hinblick auf die Fragen des Exports und Imports rechtzeitig bei der Bearbeitung der Währungsreform herangezogen werden.
2. Der Länderrat bittet den Deutschen Finanzrat um Auskunft, ob und inwieweit dies jetzt oder zu einem späteren Zeitpunkt möglich ist.[9]

[e) Bildung eines Ausschusses für Kriegsgefangenenfragen]

Folgender Antrag[10] wurde dem Länderrat zur Beschlußfassung vorgelegt:
Der Länderrat wird gebeten, die Zustimmung zur Bildung eines Ausschusses für Kriegsgefangenenfragen gemäß den Statuten für Länderratsausschüsse zu erteilen.

---

[5] Statut der Auftragslenkungsstelle Glas in: Z 1/182, Bl. 18. Zu Funktion und Aufgaben vgl. auch Vogel, Westdeutschland II, S. 77.

[6] Gebührenordnung in: Z 1/182, Bl. 20.

[7] Kurzprot. der 31. Tagung des Direktoriums vom 5. 5. 1947 in: Z 1/156, Bl. 130–131.

[8] Zugrunde lag ein Antrag des Wirtschaftsrats beim LR, bei der amerik. MilReg. zu erwirken, daß die Wirtschaftsminister bei der Bearbeitung der Währungsreform hinzugezogen werden, soweit deutsche Stellen überhaupt damit befaßt werden würden (Z 1/156, Bl. 123). In der Begründung hieß es, daß die Finanzminister infolge der strengen Geheimhaltungsvorschriften von sich aus nicht die Wirtschaftsminister beteiligen könnten. Die Währungsreform sei jedoch nicht nur eine finanzpolitische und geldtechnische Aufgabe, sondern werfe darüber hinaus allgemeine wirtschaftspolitische Probleme von größter Tragweite auf.

[9] Eine Stellungnahme des Finanzrates ließ sich nicht ermitteln.

[10] Zur Vorgeschichte des von GS Roßmann gestellten Antrages und zu den Bemühungen, beim LR eine Stelle für die Kriegsgefangenenfragen zu errichten, vgl. Dok.Nr. 10 C, TOP 2.

Begründung: Die Regierungsvertreter der Länder der US-Zone für Kriegsgefangenenfragen sind übereinstimmend der Auffassung, daß zur praktischen Durchführung der Aufgaben des erweiterten Referates für Kriegsgefangenenfragen beim Sekretariat des Länderrats einerseits, der Landesarbeitsgemeinschaften für Kriegsgefangenenfragen in den Ländern der US-Zone andererseits die Bildung eines Ausschusses für Kriegsgefangenenfragen beim Länderrat erforderlich ist. Stimmberechtigt sollen die von den Ministerpräsidenten der Länder der US-Zone benannten Regierungsvertreter für Kriegsgefangenenfragen sein. Als Stellvertreter werden die Geschäftsführer der Landesarbeitsgemeinschaften vorgeschlagen. Sachverständige sollen ständig oder von Fall zu Fall zu den Sitzungen des Ausschusses hinzugezogen werden.

Das Direktorium hatte in seiner Sitzung vom 5. 5. 1947[11] beschlossen, dem Länderrat die Annahme des Antrages zu empfehlen. Der Länderrat beschloß, dem Antrag zuzustimmen.

[2.] Beratung über die mit General Clay in der internen Besprechung zu erörternden Fragen[12]

Es wird beschlossen, die Frage der *Auszahlung der Dollarguthaben für Kriegsgefangene*[13] nicht zu behandeln.

Als wichtigster Besprechungspunkt wird die Frage der *Entnazifizierung* angesehen. *MinPräs.* Maier erklärt, daß man bei dieser Frage jetzt an einem sehr kritischen Punkte angelangt sei. Es werde nicht möglich sein, die Entnazifizierung, wie vorgesehen, bis zum März 1948 zu beenden, wenn nicht die Wiesbadener Beschlüsse[14] in Kraft treten.

Als weiterer wichtiger Punkt soll die *Ernährungslage* besprochen werden. Auch hier sei man jetzt in einer außerordentlich schwierigen Lage und es bestehe in nächster Zeit absolut keine Aussicht auf Besserung.

Bezüglich des *Exportprogramms* wird beschlossen, bei einer eventuellen Anfrage von General Clay zu diesem Punkt auf die großen Schwierigkeiten, die der Ausführung des Exportprogramms entgegenstehen, hinzuweisen. Es wird u. a. mitgeteilt, daß 53 Kontrakte mit ausländischen Firmen abgeschlossen und der Militärregierung zur Genehmigung vorgelegt worden seien, von denen bisher nur vier genehmigt worden seien. Es wird angeregt, daß Generalsekretär Roßmann hierüber einen schriftlichen Bericht an das Coordinating Office gibt mit genauen Zahlen.[15] Nur so könnten die bestehenden Schwierigkeiten deutlich dargelegt werden.

Die Frage der Einführung der *doppelten Sommerzeit*[16] soll nicht nochmals mit General Clay besprochen werden, da hierzu der Militärregierung bereits Stellungnahmen der Ministerpräsidenten, der Landtage und des Zonenbeirats zugegangen seien.

---

[11] Prot. in: Z 1/156, hier Bl. 130.
[12] Siehe Dok.Nr. 18 C.
[13] Vgl. hierzu Dok.Nr. 3, TOP 5.
[14] Vgl. Dok.Nr. 18 C, Anm. 3, 4.
[15] Roßmanns Bericht, der ausführliche Zahlenangaben enthält, in: Z 1/78, Bl. 431–442.
[16] Vgl. hierzu Dok.Nr. 15, TOP 259.

Nr. 18 A   5./6. 5. 1947   Länderrat US-Zone

[3.] **Länderratsvertretung Berlin**

[Fünf Anträge[17] werden mit Änderungsvorschlägen des Direktoriums[18] angenommen.]

[4.] **Arbeitermangel in der Textilindustrie**

StS Strauß berichtet, daß man sich im Zusammenhang mit den Besprechungen über die Baumwollabrechnungsstelle in der Sitzung des Direktoriums vom 24. 4. 1947 mit dem Mangel an Arbeitskräften in der Textilindustrie befaßt habe.[19] Es sei darauf hingewiesen worden, daß sich speziell unter den Ausgewiesenen noch sehr viele Arbeitskräfte aus der Textilindustrie befinden, die nicht ihrer Vorbildung entsprechend oder überhaupt noch nicht eingesetzt sind. Sollte es gelingen, diese zu veranlassen, dort eine Arbeit anzunehmen, wo sie benötigt werde, so könnte die Kapazität in der Zone besser ausgenützt werden als bisher.

MinPräs. Maier ist der Ansicht, daß, so notwendig es sei, Fachkräfte für die Textilindustrie zu bekommen, auf diesem Wege kein Erfolg zu erwarten sei. Es sei nicht anzunehmen, daß dieser Beschluß die Lage erleichtere.

Der Länderrat nimmt nach kurzer Debatte folgende Stellung ein:
Von der Entschließung des Direktoriums[20] wird Kenntnis genommen. Im übrigen werden die einzelnen Länder die ihnen geeignet erscheinenden Maßnahmen zur Behebung des Arbeitermangels in der Textilindustrie ergreifen. Eine eventuelle spätere Koordinierung in dieser Frage wird für möglich gehalten.

[5.] **Widerspruch Bayerns gegen die Abänderungsvorschläge zum Gesetz über die Bildung eines Sonderfonds zum Zwecke der Wiedergutmachung**

Die Beratung über den Widerspruch Bayerns gegen die Abänderungsvorschläge zum Gesetz über die Bildung eines Sonderfonds zum Zwecke der Wiedergutmachung[21] wird abgesetzt. Es soll zunächst die Stellungnahme der Militärregierung zu dem bereits eingereichten Entwurf des Gesetzes, welches zoneneinheitlich in Kraft gesetzt werden soll, abgewartet werden.[22]

---

[17] Mit diesen fünf Anträgen (Z 1/182, Bl. 45–51) sollten die Verhältnisse der Vertretung des Wirtschaftsrates des LR in Berlin bis zu ihrem Übergang auf das VAW, der bis zum 1. 8. 1947 erfolgen sollte, geregelt werden. Den Vorschlägen des LR für die Übernahme der Vertretung (Schreiben vom 9. 5. 1947 in: Z 1/43, Bl. 43–44) stimmte das VAW zu, so daß nach einem Beschluß des LR vom 4. 8. 1947 in Berlin nur noch eine kleine Vertretung des Sekretariates des LR mit einem besonderen Statut belassen wurde (vgl. Prot. in: Z 1/19, hier Bl. 240). Die Länder der US-Zone schufen sich wiederum selbständige Verbindungsstellen, aus denen die Vertretung des LR 1946 entstanden war. Die Aufgaben der LR-Vertretung waren u. a. gewesen: Verkehr mit OMGUS Berlin, den deutschen Zentralverwaltungen der sowj. Zone und dem Hauptmagistrat von Berlin, Koordinierung von Maßnahmen in der Wirtschaftspolitik, Erledigung von Aufträgen, insbes. auf den Gebieten des Interzonen- und Außenhandels. Ferner diente sie als Informationsstelle über Verhältnisse und Entwicklungen in der sowj. Zone (vgl. BHStA Abt. II, Bevollm. Stuttgart 167, Aufstellung der Berichte (42!) über die Wirtschaft in der sowj. Zone 1946–1947). Siehe auch Vogel, Westdeutschland II, S. 73.

[18] Vgl. Prot. der internen Sitzung des Direktoriums vom 5. 5. 1947 (Prot. in: Z 1/20, hier Bl. 101). Die vorgeschlagenen Änderungen waren nur geringfügig.

[19] Prot. in: Z 1/156, hier Bl. 151.

[20] Die Entschließung (Z 1/156, Bl. 151) wurde inhaltlich oben von StS Strauß wiedergegeben.

[21] Vgl. Dok.Nr. 10 B II, TOP 5.

[22] Die Stellungnahme der MilReg. erfolgte unter dem 23. 5. 1947 (Z 1/77, Bl. 90) und war bis auf wenige, inhaltlich unwesentliche Änderungswünsche zustimmend.

Länderrat US-Zone 5./6. 5. 1947 Nr. 18 A

[6.] Gesetz über den Nachweis der Ehetauglichkeit vor der Eheschließung[23]

[...]

Eine Beratung dieses Gesetzes erübrigt sich. Es bleibt den einzelnen Ländern überlassen, ob sie ein solches Gesetz auf dem verfassungsmäßig vorgeschriebenen Wege erlassen wollen.

[7. Gesetz über Wirtschaftsprüfer, Bücherrevisoren und Steuerberater; Antrag Württemberg-Badens zum Gesetzgebungsverfahren]

Im Zusammenhang mit der Frage des Gesetzes über Wirtschaftsprüfer, Bücherrevisoren und Steuerberater[24] entspinnt sich eine allgemeine Debatte über die weitere Behandlung der Gesetze, die von der Militärregierung zwar genehmigt, jedoch noch nicht in allen Ländern der Zone erlassen sind.

Während Bremen, Hessen und Württemberg-Baden für Erlaß dieser Gesetze[25] gemäß MGR[26] 5-213.13 eintreten, um hier endlich zu einem Schluß zu kommen, kann sich Bayern nicht dazu entschließen, einer solchen Regelung zuzustimmen.

MinPräs. Ehard vertritt die Ansicht, daß man in Zweifelsfällen immer die Zuständigkeit der Landtage stärker betonen sollte. Was hier notwendig wäre, wäre eine Übergangsvorschrift der Militärregierung, die besage, daß die versehentlich unterbliebene Verkündung jetzt nachgeholt werden könnte.

MinPräs. Maier weist nochmals auf die Notwendigkeit hin, einen Weg zu finden, diese Grenzfälle in Ordnung zu bringen, ohne die Militärregierung besonders dafür in Anspruch zu nehmen, sonst käme man in den Verdacht, mit den eigenen Sachen nicht fertig zu werden.

MinPräs. Ehard erklärt, daß er einer Regelung, in welcher nicht besonders auf MGR 5-213.13 verwiesen werden, zustimmen könne.

StS Gögler erklärt sich bereit, bis zum 6. 5. 1947 morgens einen neuen Antrag[27] zu formulieren. Dieser Antrag wird dem Länderrat in seiner internen Sitzung am 6. 5. vormittags in folgender Fassung vorgelegt:

„*Antrag:* Bremen, Hessen und Württemberg-Baden zum Gesetzgebungsverfahren
Der Länderrat hat vor dem 1. März 1947 eine Anzahl Gesetze und Verordnungen beschlossen, für die Rechtsgleichheit innerhalb der Länder der amerikanischen Zone für notwendig erachtet wird. Sie sind von OMGUS genehmigt, jedoch allgemein oder aber in einzelnen Ländern noch nicht verkündet worden, weil Zweifel darüber bestanden, ob sie nach dem Zusammentreten der verfassungsmäßig gewählten Landtage ohne deren Mitwirkung erlassen werden durften.

---

[23] Vgl. hierzu Dok.Nr. 1 B II, TOP 2 I a.

[24] Das Gesetz über Wirtschaftsprüfer, Bücherrevisoren und Steuerberater war bereits vom LR am 8. 10. 1946 beschlossen worden (Akten zur Vorgeschichte 1, S. 948; Abdr. in: LRGS, S. 141-143), jedoch in den Ländern noch nicht verkündet worden. Inzwischen wünschte Bayern Änderungen des Gesetzes (vgl. interne Direktoriumssitzungen vom 5. 5. 1947, Prot. in: Z 1/20, hier Bl. 105-106).

[25] Aufstellung der fraglichen Gesetze innerhalb des Prot. der internen Direktoriumssitzung vom 5. 5. 1947 (Z 1/20, hier Bl. 98-100).

[26] Vgl. Anm. 28.

[27] Der alte Antrag (in: Z 1/182, Bl. 44) sah vor, daß der LR aus eigener Kompetenz feststellt, daß es sich bei den fraglichen Gesetzen um zonale Gesetze handele, die nach MGR 5-213.13 von den MinPräs. (Kabinetten) zu erlassen und zu verkünden seien.

Nachdem am 1. März 1947 abgeänderte Militärregierungsbestimmungen über das Gesetzgebungsverfahren erlassen worden sind, bittet der Länderrat die Militärregierung, die Ministerpräsidenten zu ermächtigen, diese früheren Gesetze und Verordnungen auf Grund von MGR 5–213.13[28] zu verkünden."

Nach kurzer Debatte beschließt der Länderrat, den Absatz 2 des Antrags wie folgt zu ändern:

„Nachdem am 1. März 1947 abgeänderte Militärregierungsbestimmungen über das Gesetzgebungsverfahren erlassen worden sind, bittet der Länderrat die Militärregierung, die Ministerpräsidenten zu ermächtigen, diese früheren Gesetze und Verordnungen auf Grund der Proklamation Nr. 4 vom 1. März 1947[29] zu verkünden."

Der Antrag soll der Militärregierung in dieser abgeänderten Fassung zugeleitet werden. Das Direktorium wird ermächtigt, im Zusammenwirken mit dem Sekretariat des Länderrats und gegebenenfalls dem Coordinating Office eine genaue Aufstellung der in Frage kommenden Gesetze anzufertigen.[30]

[8.] Einheitliche Verkündungsformel für Gesetze, die durch die Ministerpräsidenten erlassen werden

Der Vorschlag Hessens hierzu lautet wie folgt[31]:

„Auf Grund der Artikel II und III der Proklamation Nr. 4 der amerikanischen Militärregierung vom 1. März 1947 wird das folgende vom Länderrat nach Anhörung des Parlamentarischen Rates am ... beschlossene Gesetz verkündet: ..."

Der Länderrat stimmt diesem Vorschlag für den Normalfall, vorbehaltlich der Festlegung in jedem Einzelfall, zu.

[9.] Organisation der Sonderverwaltung Binnenschiffahrt

ORegRat v. Elmenau erläutert kurz den Bericht der Bauabteilung des Bayerischen Innenministeriums zu dieser Frage.[32]

[...]

Der Länderrat faßt folgenden Beschluß:

---

[28] Die Military Government Regulation (MGR) 5–213.13 lauteten in der Fassung vom 1. 3. 1947 (Z 1/220, Bl. 388–392, folgendes Zitat Bl. 392): „Verkündigung von gesetzlichen Vorschriften, die auf Grund von MGR 5–213.11 [= vom LR eingeleitete Gesetzgebung] und MGR 5–213.12 [= von der MilReg. eingeleitete Gesetzgebung] erlassen werden. Soweit in Militärregierungsgenehmigungen zu Vorschlägen, auf die in MGR 5–213.11 und 5–213.12 Bezug genommen wird, nichts Gegenteiliges festgestellt wird, werden die genehmigten gesetzlichen Vorschriften ohne Vorlage bei der gesetzgebenden Versammlung in jedem Lande durch den Ministerpräsidenten oder das Kabinett auf Veranlassung der Militärregierung verkündet."

[29] Zum Wortlaut der Proklamation Nr. 4 siehe Dok.Nr. 10 A, Anm. 6.

[30] Der Antrag an die MilReg. (Z 1/209, Bl. 50) benannte lediglich drei Gesetze, die noch nicht in allen Ländern verkündet waren: 1. Gesetz zur Abänderung der Strafrechtspflegeordnung 1946, 2. Gesetz zur Verhütung des Mißbrauchs ausländischer Liebesgaben, 3. Gesetz zur Verlängerung der Ergänzungsverordnung über eine vorläufige Regelung der Arbeitslosenunterstützung für den Winter 1946/1947. Das RGCO entschied den Antrag positiv unter dem 18. 8. 1947 (Z 1/214, Bl. 192).

[31] Der folgende Vorschlag war auf der internen Sitzung des Direktoriums vom 24. 4. 1947 (Prot. in: Z 1/20, hier Bl. 106) von StS Strauß eingebracht worden. Zur Verkündungsformel für im LR bearbeitete Gesetze vgl. Dok.Nr. 14 A, TOP 2.

[32] Der Bericht der Bauabteilung des Bayer. StMin. des Innern an den MinPräs. vom 19. 4. 1947 (Z 1/182, Bl. 30–32) wandte sich gegen ein Schreiben des Vorsitzenden des VR für Verkehr vom 11. 3. 1947, in dem ohne vorherige Abstimmung mit dem Verwaltungsrat Vorschläge für die Kompetenzverteilung in der Binnenschiffahrtsverwaltung zwischen VR für Verkehr und den Ländern gemacht worden waren.

Die Bauabteilung des Bayerischen Innenministeriums wird gebeten, den Standpunkt in der Frage der Organisation der Sonderverwaltung Binnenschiffahrt genau zu begründen und die Vorschläge den Ländern zuzuleiten. Insbesondere ist zu betonen, daß Vorschläge des Vorsitzenden des Verwaltungsrats für Verkehr erst nach Prüfung durch den Verwaltungsrat für Verkehr an die Militärregierung weitergegeben werden dürfen und nie direkt.[33]

[10.] Verbindung des Bremer Referats „Reparationen" mit dem Büro für Friedensfragen

[*SenPräs.*] *Kaisen* bittet darum, daß sich die Länder der US-Zone nach Bildung des Büros für Friedensfragen auch an den Kosten für das in Bremen gebildete Referat, das sich mit der Reparationsfrage beschäftige, beteiligen. Die Belastung wäre für Bremen allein zu groß.

Er hebt hervor, daß es sich heute nur um einen prinzipiellen Beschluß handeln solle; eine genaue Aufstellung der Kosten werde von ihm nachgereicht werden, wonach ein endgültiger Beschluß gefaßt werden könne.

MinPräs. Maier erklärt, daß der Voranschlag für den Etat des Büros für Friedensfragen sehr groß geworden sei.[44] Er sei dafür, daß das Büro für Friedensfragen die Kosten für dieses Referat im Rahmen seines Etats mit übernehme, da hier ja ergänzende Arbeit für das Büro für Friedensfragen geleistet werde. So viel ihm bekannt sei, handele es sich auch bei Bremen um erhebliche Kosten.

Stellv. MinPräs. Hilpert schlägt vor, vor einer Stellungnahme zu versuchen, etwas über den Umfang der Arbeit und die voraussichtlich anfallenden Kosten in Erfahrung zu bringen. Für Hessen dürfe er sagen, daß, natürlich unter Anwendung der Grundsätze der Sparsamkeit, keine Bedenken gegen eine Beteiligung bestünden. Die Angelegenheit sei aber noch nicht ganz spruchreif, da man sich über den Umfang noch kein genaues Bild machen könne.

Dieser Auffassung stimmen die Herren Ministerpräsidenten von Bayern und Württemberg-Baden ebenfalls zu. [...][35]

[11.] Teilnahme von Beamten der bizonalen Verwaltungsräte an Sitzungen der Leiter der Zonenämter der brit. Zone, Bericht über die Reform des Zonenbeirats

GS Roßmann: [...] Es habe sich darum gehandelt, daß Leiter der bizonalen Ämter an Sitzungen der Zonenämter der britischen Zone teilgenommen hätten.[36] Dies sei, so weit ihm bekannt geworden sei, beim Verwaltungsrat für Verkehr und beim Verwal-

---

[33] Ein von Ehard gez. Schreiben an den Vorsitzenden des VR für Verkehr vom 10. 5. 1947 (Z 1/772, Bl. 64–67) wurde von MinPräs. Maier und SenPräs. Kaisen mit unterzeichnet und von der Abteilung Verkehr des LR am 21. 5. 1947 mit einem Begleitschreiben und einer gesonderten Stellungnahme Hessens abgesandt. Es wurde gebeten, von einer präjudizierten Feststellung von Zuständigkeiten gegenüber der MilReg. Abstand zu nehmen, bevor der Verwaltungsrat beteiligt worden sei.

[34] Vgl. Dok.Nr. 14 A, TOP 4.

[35] In der internen LR-Sitzung vom 4. 8. 1947 (Prot. in: Z 1/19, hier Bl. 240) beschlossen Bayern, Hessen und Württemberg-Baden, je 10 000 RM als einmaligen Beitrag zur Finanzierung des Bremer Referates „Reparationen" zu leisten.

[36] Diese Frage war in der internen Direktoriumssitzung vom 10. 4. 1947 (Prot. Z 1/20, hier Bl. 117) vorbesprochen worden und bereits für die interne LR-Sitzung vom 15. 4. 1947 vorgesehen gewesen (vgl. Dok.Nr. 14 A, TOP 10). Die Sitzungen der Leiter der Zonenämter fanden auf Initiative, seit April 1947 auch unter der Leitung von GS Weisser im Rahmen der Sitzungen des ZB statt. Protokolle in: BT PA 1/286.

tungsrat für Post- und Fernmeldewesen geschehen. Die süddeutschen Vertreter in den bizonalen Räten hätten dagegen Bedenken geltend gemacht.[37] Im ursprünglichen Entwurf über die Reorganisation des Zonenbeirats sei eine solche Beiziehung vorgesehen gewesen.[38] Der Entwurf wurde ja dann aber, wie bekannt, von der Militärregierung nicht genehmigt. Man habe hier im Süden auf dem Standpunkt gestanden, daß eine einseitige Beeinflussung der bizonalen Verwaltungen unter allen Umständen vermieden werden müsse. Es seien bei solchen Sitzungen sogar, wie ihm mitgeteilt worden sei, politische Resolutionen gefaßt und von den Beamten der bizonalen Verwaltungen mit unterschrieben worden.[39] Nach der Rede von General Robertson vor dem Zonenbeirat am 30. 4.[40] habe sich die Lage hier wesentlich geändert. General Robertson habe mitgeteilt, daß der Zonenbeirat das Recht habe, zu verlangen, daß die Leiter der bizonalen Ämter an den Sitzungen des Zonenbeirats teilnehmen und Informationen geben. Der ursprünglich als Glied des Zonenbeirats geplante Länderrat der britischen Zone, bestehend aus den Ministerpräsidenten und dem Bürgermeister von Hamburg, sei bei der Neubildung des Zonenbeirats vollkommen weggefallen. Wie ihm aber aus Gesprächen mit maßgebenden Persönlichkeiten in der britischen Zone bekannt geworden sei, sei damit zu rechnen, daß trotzdem in der britischen Zone ein Länderrat gebildet würde.[41] Dieser würde natürlich ein ganz anderes Gesicht haben als der Länderrat der amerikanischen Zone. Dort wäre nur eine Koordinierung innerhalb der Zuständigkeiten der Länder der britischen Zone möglich, wobei zu bemerken sei, daß die Zuständigkeiten der Länder der britischen Zone weit hinter denen der amerikanischen Zone zurückbleiben. Es sei aus der Rede von General Robertson nicht zu erkennen gewesen, daß sich ein Länderrat der britischen Zone oder überhaupt die Länder der britischen Zone mit Zonenzuständigkeiten beschäftigen können.

[Bericht über die Ansprache von Gen. Robertson] Wenn man diese Konstruktion durchdenke[41a], so falle außerordentlich ins Auge, daß offenbar versucht worden sei, sich den staatspolitischen Auffassungen des Südens anzunähern, wenn man aber genau hinsehe, so sei es keine Annäherung, sondern eher eine Entfernung. Es wird das, was man im Süden vermeiden wollte und durch die Bildung des Parlamentarischen Rates auch vermieden hat, geschaffen, nämlich ein Zonenparlament, das sich mit den Fragen, die nicht in die Länderzuständigkeiten fallen, befaßt und im Rahmen seiner Befugnisse entscheidet. Das föderative Prinzip ist vollkommen ausgeschaltet.

Bei Abstimmungen im Zonenbeirat wird nach einfacher Stimmenmehrheit entschieden. Es sei in keiner Weise ersichtlich, inwieweit eine bundesstaatliche Konstruktion

---

[37] GS Weisser nutzte seine Anwesenheit bei der Tagung des LR vom 15. 4. 1947, um die Bedenken gegen die Teilnahme von Vertretern der bizonalen Ämter nach Möglichkeit zu zerstreuen. Es handele sich lediglich um Besprechungen, die aus einem praktischen Bedürfnis heraus entstanden seien und rein technische Aufgaben hätten. Bei MinPräs. Maier scheint Weisser Verständnis für seine Argumentation gefunden zu haben. (Vermerk Weisser vom 18. 4. 1947 in: BT PA 1/57).

[38] Vgl. Dok.Nr. 5, TOP 228.

[39] Beispielsweise in der 4. Besprechung vom 28. 1. 1947, auf der eine Resolution zum Ausbau der informellen Besprechungen der Zentralämter zu einem offiziellen Organ für die Koordinierung ihrer Arbeit gefaßt worden war (Prot. in: BT PA 1/250).

[40] Vgl. Dok.Nr. 15, TOP 261. Roßmann referierte im folgenden aus seinem Bericht an das RGCO vom 4. 5. 1947 über die 11. Tagung des ZB (Z 1/230, Bl. 24–28).

[41] Vgl. Dok.Nr. 15, Anm. 55.

[41a] Vgl. zum folgenden auch Roßmanns Bericht an das RGCO, in Auszügen wiedergegeben in: Dok.Nr. 15, Anm. 60.

verankert ist. Die Ministerpräsidenten scheiden, wie bereits erwähnt, vollkommen aus der Konstruktion aus. Es sei nicht zu ersehen, in welcher Weise die Fortentwicklung gedacht sei.

Aus der Rede von General Robertson sei weiter ersichtlich, daß vorläufig offenbar nicht daran gedacht sei, den staatsrechtlichen Organen der Zone eine politische Kontrolle über die bizonalen Verwaltungen zuzugestehen. Der Ruf der Leiter der bizonalen Verwaltungen nach verstärkten Kompetenzen setze voraus, daß sie politisch kontrolliert werden, weil man sonst in die Gefahr gerate, in die Gewalt einer mit diktatorischen Befugnissen ausgestatteten, unkontrollierten Überbürokratie zu kommen.

Wichtig sei auch eine andere Bemerkung von General Robertson, nämlich daß man in Zukunft davon ausgehen könne, daß Deutschland weder ein hochzentralisiertes Land sei, noch so zerstückelt werden würde, daß ihm keine Möglichkeit bleibe, so viel zentrale Befugnisse zu erhalten wie notwendig seien, seine künftigen schweren Aufgaben zu lösen.

GS Roßmann berichtet abschließend, daß in Hamburg die Absicht bestehe, die Herren Ministerpräsidenten zu der konstituierenden Sitzung des neuen Zonenbeirats, die Ende Mai oder Anfang Juni stattfinden werde,[42] einzuladen. Soweit die Zusammenkunft der Herren Ministerpräsidenten mit den Ministerpräsidenten der britischen Zone in Betracht komme, müßten die Regierungsbildungen abgewartet werden.

Stellv. MinPräs. Hilpert dankt GS Roßmann für seine Ausführungen. Er ist nach Lage der Dinge der Ansicht, daß man den Auftrag als überholt nicht weiter behandele. Er bittet zu erwägen, ob man an die Militärregierung ebenfalls mit der Bitte herantreten sollte, die Genehmigung zu erteilen, daß auch der Länderrat und der Parlamentarische Rat das Recht bekommen, zu verlangen, daß die Leiter der bizonalen Verwaltungsämter an den Sitzungen teilnehmen, oder ob man noch etwas warten sollte, bis sich die Dinge noch mehr geklärt haben.

Es wird beschlossen, in der Angelegenheit vorläufig nichts zu tun, die Entwicklung jedoch sorgfältig zu beobachten.[43]

---

[42] Siehe Dok.Nr. 34, Anm. 3.

[43] Roßmann analysierte die Reform des ZB in einem ausführlichen Artikel in der Neuen Zeitung vom 12. 5. 1947 unter der Überschrift Zentralismus oder Föderalismus. (Exemplar mit Unterstreichungen von GS Weisser in: Z 2/66, Bl. 105–107.) Ausgehend von der Entwicklung beider Zonen und dem Bekenntnis zur „Graswurzel-Demokratie", d. h. zu einem demokratischen Aufbau von unten nach oben, kam Roßmann zu dem Ergebnis, die Süddeutschen müßten über die Entwicklung in der brit. Zone, die nicht nur auf das Konto der Besatzungsmacht, sondern auch auf das der deutschen, vorwiegend zentralistisch eingestellten Kreise zurückzuführen sei, enttäuscht sein. „Kein verantwortlicher und ernstzunehmender Politiker in der US-Zone will einen bloßen Staatenbund. Alle bejahen sie den Bundesstaat und als letztes Ziel eine Bundesregierung, die einem unmittelbar vom Volke gewählten Parlament verantwortlich sein soll. Größtes Gewicht wird allerdings auf schärfste Abgrenzung der Kompetenzen zwischen Ländern und Bund gelegt. Um die Kompetenz-Kompetenz dürfte ein hartes Ringen in Aussicht zu nehmen sein." Nicht frei von Schärfe sprach Roßmann von einem „etwas dubiosen Anspruch" des ZB als Zoneninstanz, von Zentralämtern, die – auch in personeller Hinsicht – wie Naturschutzparke der Zentralbehörden des Hitlerreiches wirkten und von sehr geringen Kompetenzen des ZB, die geringer als die des Parl. Rates des LR seien.

GS Weisser mußte sich provoziert fühlen. Er hatte sich mehrfach gegen die Formel „Zentralismus-Förderalismus" ausgesprochen, so z. B. in seinem grundlegenden Vortrag „Reich und Länder. Vom Neuaufbau des deutschen Reiches" (als MS gedr. in: BT PA 1/57, erläuterndes Begleitschr. an Prof. Pollock in: Z 2/57, Bl. 153). Nach einjährigem Bemühen, mit Roßmann zu einer positiven Zusammenarbeit zu kommen, gebe er die Hoffnung nunmehr auf (Weisser an Kriedemann in: Z 2/57, Bl. 213).

In einer vervielf. Ausarbeitung „Staatenbund oder Bundesstaat", die er an zahlreiche Politiker versandte, da er mit Recht daran zweifelte, daß die Neue Zeitung seine Ausführungen abdrucken würde, trat er Roßmanns

[12.] Haushaltsplan des Länderrats für 1947

Der Haushaltsplan[44] wird vom Länderrat nach den Vorschlägen des Finanzausschusses[45] ohne Änderung angenommen.

[13.] Verschiedenes

[a)] *Verlängerung des Statuts für den Beauftragten für Preisbildung und Preisüberwachung*[46]

[Das Statut wird bis zum 31. 7. 1947 verlängert]

[b)] *Warenverkehrsordnung*

Stellv. MinPräs. Hilpert weist darauf hin, daß hierzu in der ordentlichen Länderratssitzung mit der Vorlage einer Entschließung des Parlamentarischen Rates zu rechnen sei.[47] Es werde notwendig sein, darauf hinzuweisen, daß auch der Länderrat die Warenverkehrsordnung unter Vorbehalten im Hinblick auf die Kürze der Zeit mit bestimmten Abänderungsvorschlägen angenommen habe. Das Votum des Parlamentarischen Rates, dem vom Länderrat nicht widersprochen werde, werde nun auf dem gleichen Wege über das Coordinating Office General Clay zugeleitet werden.

Der Länderrat stimmt dieser Anregung zu.

Ausführungen entgegen (Z 8/41, Bl. 53–55). Die brit. Zone zeige in ihrem Aufbau eine Mittelstellung zwischen der zentralistischen sowjetischen Zone und der extrem föderalistischen franz. Zone. Im deutschen Volk seien zentrifugale Kräfte angelegt, die sehr lockere staatenbündlerische Formen für ein Gesamtdeutschland auch für eine Übergangszeit nicht geeignet sein ließen. Der Länderrats-Gedanke habe zwar im Rahmen von drei oder vier Ländern bei einem „vorbildlichen Gemeingeist" funktionieren können, das sei aber bei acht oder mehr Ländern nicht zu erwarten. Dieser Versuch würde unrettbar den sich bereits vollziehenden Verfall Deutschlands besiegeln. Und mahnend schloß er mit den Worten: „Die Entwicklung geht nun weiter. In diesen Wochen entscheidet es sich, in welcher Weise die wirtschaftliche Zusammenarbeit der beiden Zonen staatsrechtlich organisiert werden wird. Man kann nur wünschen, daß dabei nicht Lösungen gewählt werden, die einseitig die Auffassungen nur eines Teiles der Deutschen verwirklichen. Einst haben die preußischen Junker gewaltsam und verständnislos ihre Art allen Deutschen aufgedrängt. Es würde der süddeutschen Wesensart ganz und gar widersprechen, wenn vom Süden her jetzt der umgekehrte Versuch gemacht würde."

[44] Der Haushaltsplan war mit Ausgaben und Einnahmen von jeweils 1 291 265 RM um gut 400 000 RM niedriger angesetzt worden als der des Vorjahres, da einige Abteilungen des LR infolge der Schaffung der bizonalen Verwaltungsämter verkleinert worden waren und die Anschaffung von Einrichtungsgegenständen im wesentlichen abgeschlossen war (Z 1/182, Bl. 37–43).

[45] Der FinA des LR hatte am 18. 4. 1947 über den Haushalt beraten, Prot. in: Z 1/295, hier Bl. 187–189.

[46] Zur Funktion und Organisation der Dienststelle des Beauftragten für Preisbildung und Preisüberwachung vgl. Vogel, Westdeutschland II, S. 52–54.

[47] Wortlaut siehe Dok.Nr. 14 B, Anm. 42.

Länderrat US-Zone 5./6. 5. 1947 Nr. 18 B

B Sitzung des Plenums

I BA Z 1/65, Bl. 230–233. Undat. und ungez. Wortprot., vervielf. Ausf. des RGCO[1]

II BA Z 1/189, Bl. 147–160. Undat. und ungez. Wortprot., maschinenschr. vervielf. Ausf. TO: Z 1/182, Bl. 7–20; Nachtrags-TO: Ebenda, Bl. 21–22; Kurzprot.: Z 1/182, Bl. 4–6

Anwesend:[2] MinPräs. Ehard, StMin. Pfeiffer, ORegRat v. Elmenau, Frh. v. Ritter zu Groenesteyn, MinDir. Seelos, die Abgg. Horlacher, Hundhammer, Probst, Dehler, Meissner, Wutzlhofer (Bayern); SenPräs. Kaisen, Friese, Schütte, der Abg. Stiegler (Bremen); Stellv. MinPräs. Hilpert (Vorsitz), StS Strauß, Graf v. Wedel, StR Apel, die Abgg. Witte, Arnoul, Wagner, Köhler, Stieler, Stetefeld, Fisch (Hessen); MinPräs. Maier, Justizmin. Beyerle, StS Gögler, ORegRat Mühlberger, StR Wittwer, die Abgg. Keil, Möller, Andre, Bausch, Haussmann, Buchmann (Württemberg-Baden); Kerschensteiner, Preller, GS Roßmann (Länderrat)

I Ansprache des Generals Clay

Mr. Ministers President, Ladies and Gentlemen:
We are back again for one of our regular monthly meetings. At this particular time I would like to congratulate you on the functioning of your Parliamentary Advisory Council. It has, as I understand it, already had three meetings and has given helpful advice on nine laws under consideration.[3] It has opened its meetings to the press, which I am sure will prove beneficial.[4]

There is a problem which I would like to bring to the attention of the Laenderrat and that is the promulgation in the several Laender of laws which have been passed by the Laenderrat. During the past year you have adopted twenty-four laws or decrees. However, thirty-seven per cent of these have not yet been promulgated by all of the Laender. One of these, the law for the Misuse of Foreign Relief Supplies, was passed by the Laenderrat last fall[5] and has not been promulgated in any of the Laender. I am sure that the Laenderrat will agree with me that it will have to place into effect a follow-up system to see that these laws are carried out promtly and promulgated in the Laender.[6] I would like to say on behalf of Bavaria, which is sometimes accused of being non-cooperative, that its record is by far the best of all the Laender.

There are two things that I think are extremely important. I do not want you to interpret what I am saying as criticism of the past. I do want you to interpret it as a pointing out of the necessity for greater cooperation than we have yet had.

The first problem, of course, is related to Germany's first major problem – food. I am not convinced nor do I believe you gentlemen of the Laenderrat are convinced that the utmost has yet been done in collecting food stuffs from the farm.[7] Take the question of

---

[1] Deutsche Übersetzung Z 1/189, Bl. 144–146.

[2] Anwesenheitsliste mit Unterschriften Z 1/189, Bl. 163–165.

[3] Es handelt sich um die Sitzungen vom 10. 3., 14. 4. und 5. 5. 1947, Wortprot. in: Z 1/179.

[4] Die Zulassung der Presse wurde auf der 2. Sitzung des Parl. Rates vom 14. 4. 1947 beschlossen (Prot. in: Z 1/197, hier Bl. 60). Die Zahl der teilnehmenden Journalisten war allerdings wegen der beschränkten Räumlichkeiten begrenzt.

[5] Das Gesetz zur Verhütung des Mißbrauchs ausländischer Liebesgaben war am 6. 8. 1946 vom LR beschlossen worden (Akten zur Vorgeschichte 1, S. 650); siehe auch Dok.Nr. 14 A, TOP 7 in diesem Band.

[6] Vgl. Dok.Nr. 18 C, TOP 1.

[7] Nur eine Woche später, am 13. 5. 1947, verteidigte Gen. Clay die Ergebnisse der landwirtschaftlichen Erfassung in einer Teleconference mit Washington (Clay-Papers Bd. 1, Dok. Nr. 222, S. 356): "With respect to collections our record here is a good one in face of the conditions. Unfortunately to make it better we must continually admonish the Germans which is interpreted at home as failure of Germans to do their part. [...] The crises come too thick and fast. If we had received scheduled imports, we could have secured a better distribution which in turn would have protected our collections."

livestock – there is no question that there is a resistance on the part of the farmer to deplete his livestock, which means more to him than money during a period of inflation. Yet it is difficult to understand why there is fat, healthy livestock in such large numbers on the farms when you go into the cities and see the faces of hunger there. You know as well as I know that food which should be going to human beings who need that food is going to feed livestock. I think we both recognize that the availability of consumer goods for the farmer would go far to help this problem. Perhaps in each of the Laender you might give consideration to a program which might help to this end. Very obviously we do not want a police state. Nevertheless, a state cannot be stronger than its ability to see that its own laws are executed. It seems to me that the strengthening of your administrative machinery for the collection and distribution of food is one of the most important problems before you. I think also, that it is extremely important that you make a last-minute drive to get the maximum spring planting and the maximum amount of home gardening started during the next month.

In connection with this problem I want to reiterate that food is still a world problem today and with all of the goodwill in the world we are still having great difficulty in buying the food that is necessary to meet our commitments here. We are having to compete in our bidding for such food against other countries who were our allies during the war and who now have an even lower ration scale than in Germany. In spite of that, I am confident that we shall meet our commitments in grain. We are also trying very hard to buy fat in the world market, although I must admit that we have not yet succeeded.

There is another related problem which I would like to bring to your attention and that is the problem involved in the misuse of production. I realize again that in periods of rigid price control it is very difficult to get the manufacturer into the free market. Nevertheless, we know and you know that a very large number of manufacturers are utilizing a portion of their production to keep their labor or to obtain greater prices through illegal distribution than is possible under the controlled prices which govern the normal distribution. This results in inequitable distribution and uneven utilization of resources to help a privileged few and breaks down the entire structure. I urge you to establish administrative controls which will enable the closing of such plants and to make sure that the production which does come out of such plants is distributed for the benefit of all the German people. Above all, I urge you to work together and not to say that this is the fault of each other, of the bizonal agencies, of the non-cooperation of the several Laender, or of the requirements of Military Government. There is a way out of your present economic condition and the more you cooperate the quicker you will find that way.

I want to repeat that I have not said this in criticism. I know that the problems involved are complicated and difficult of solution. It is the desire of Military Government to help you and cooperate with you in this field in every way it possibly can.

Finally, my last subject is one that is a much a Land as a Laenderrat subject. Having had a reason earlier to express my satisfaction and pride in Bavaria, this time I am afraid I am going to be a little bit the other way in respect to Bavaria. We had asked and received from each of the Laender their proposals for the liberalization of education.[8] The pro-

---

[8] OMGUS hatte mit Schreiben vom 10. 1. 1947 die Grundzüge benannt, nach denen die Erziehungs- und Unterrichtsprogramme gestaltet werden sollten (Z 1/155, Bl. 190): „Die im Erziehungs- und Unterrichtswesen gesteckten Ziele müssen demokratische Lebensformen einschließen, die dadurch zu erreichen sind, daß in allen Schulen dem Studium gesellschaftlicher Formen besondere Beachtung geschenkt wird.

posals of Wuerttemberg-Baden and Greater Hesse would meet, I am sure, with the satisfaction of all liberal educators everywhere.[9] Bavaria prefers to point out its contribution to the culture of the world under the system it has always had.[10] Bavaria can be proud of the contribution which it has made to the culture of the world. Many civilizations which have lived in the past and contributed much to the world because they lived in the past have disappeared. I hope that Bavaria is not revelling in reminiscences of past glory, rather than looking into the future. The future-looking people of the world will never be satisfied with an educational system that does not offer to the poorest child the same opportunity it offers to the more fortunate child. I would particulary urge that the Education Minister of Bavaria attend the educational meetings of the Laenderrat[11] because I believe he would have much to learn from his associates in Hesse and Wuerttemberg-Baden.[12]

Thank you very much.

Schulpflicht für alle Kinder vom 6. bis zum 15. Lebensjahr, stundenweise Schulpflicht für alle Jugendlichen vom 15. bis zum 18. Lebensjahr.

Die Schulen sollen zu einem umfassenden Unterrichtssystem für alle Kinder ausgebaut werden. Doppelgleisige oder sich überschneidende Unterrichtssysteme sollen abgeschafft werden. Grundschulen und höhere Schulen sollen nicht zwei verschiedene Schularten mit unterschiedlicher Leistungsfähigkeit sein, sondern zwei aufeinanderfolgende Schulstufen.

Kindergärten sollen soweit als notwendig ein Teil des regulären Schuldienstes sein. Nicht in Klassen unterteilte Schulen sind nach Möglichkeit zusammenzufassen. Alle Schulen für die Klassen sieben bis zwölf sind höhere Schulen. Die größeren höheren Schulen sollen Berufs- und Universitätslehrgänge in ihrem Lehrplan mit aufnehmen. Im stundenweisen Schulunterricht für die 15–18jährigen sollen in erster Linie Allgemeinwissen, aber auch Kenntnisse in den verschiedenen Berufssparten vermittelt werden.

Die gesundheitliche Überprüfung der Schulkinder und die Unterrichtung im Gesundheitswesen soll gesetzlich festgelegt werden.

Die Ausbildung von Lehrkräften erfolgt nach Abschluß der höheren Schule, und zwar an Universitäten oder gleichwertigen Instituten. Die Gehälter sind je nach Ausbildung zu stufen.

Die Gemeinden sollen sich aktiv an der Schulverwaltung beteiligen. Alle Schulen sind durch allgemeine Steuern zu finanzieren. Die Verwaltung und Überwachung der Schulen soll nur durch das Land und den Kreis erfolgen. Privatschulen können dann zugelassen werden, wenn sie die Hauptziele nicht störend beeinflussen." Während Württemberg-Baden und Hessen sich diesen Grundsätzen gegenüber aufgeschlossen zeigten, lehnte sie Bayern fast ausnahmslos und rigoros ab, wie sich in den Sitzungen des Kulturpolitischen Ausschusses beim LR zeigte, der am 5.–7. 12. 1946 und 23.–24.3.1947 im Beisein von Vertretern der Länder der brit. Zone Fragen der Schulreform beraten hatte (Prot. mit Entwürfen in: Z 1/999, siehe auch Pfeiffer an Hundhammer vom 3. 2. 1947 in: BHStA Abt. II MA 130 859).

[9] Die Vorschläge Württemberg-Badens als Anlage zur Einladung zur Tagung des Sonderausschusses zum Neuaufbau des Schulwesens vom 23.–25. 4. 1947 (Z 1/999, Bl. 63–66). Hessen hatte bereits Ende 1946 in einer Ausarbeitung „Grundlagen für ein deutsches Schulgesetz" sich weitgehend zu den von den Amerikanern gewünschten Reformen bekannt (Z 1/999, Bl. 251–258).

[10] Die ablehnende bayer. Position wird deutlich im Prot. der Tagung des Sonderausschusses für Kulturpolitik vom 23.–25. 4. 1947, Z 1/999, Bl. 75–88. Glum, Zwischen Wissenschaft, Wirtschaft und Politik, S. 604–609 führt die Auseinandersetzung u. a. auch auf den Leiter der Schulabteilung von OMGUS, Prof. Alexander, zurück, der zwar ein menschlich außerordentlich sympathischer, aber auch ein sehr unpraktischer und diplomatisch wenig gewandter Herr gewesen sei (ebenda, S. 606).

[11] Hundhammer war an der Tagung des Sonderausschusses für Kulturpolitik vom 23.–25. 4. 1947 durch eine Sitzung des Bayer. Landtages unabkömmlich gewesen. Er beauftragte StS Pitroff mit seiner Vertretung, der jedoch ebenfalls verhindert war, so daß lediglich der Leiter der Unterrichtsabteilung an der Sitzung teilnahm (vgl. Z 1/1000, Bl. 324 „Zu den Ausführungen von Gen. Clay über den bayerischen Erziehungsplan"). Min. Hundhammer war bereits in der Neuen Zeitung vom 7. 3. 1947 in einem Artikel mit der Überschrift „Dr. Hundhammers zeitgemäße Erziehungsideen" heftig angegriffen worden.

[12] Nach Glum, Zwischen Wissenschaft, Wirtschaft und Politik, S. 608 f. hatte Gen. Clay sogar gedroht, er werde von seinem Recht, einen Minister abzusetzen, Hundhammer gegenüber Gebrauch machen. Glum, der als

Nr. 18B   5./6. 5. 1947   Länderrat US-Zone

II Sitzung des Länderrates

[Beginn: 15.08 Uhr[12a]]

[1.] Entwurf eines Arbeitsverpflichtungsgesetzes

[Beschlußfassung entfällt[13]]

2. Entwurf eines Gesetzes zur Änderung und Ergänzung des Gesetzes über die Beschäftigung Schwerbeschädigter

[Das Gesetz wird angenommen[13a]]

3. Genehmigung des Status und der Gebührenordnung der Auftragslenkungsstelle „Glas"

[Statut und Gebührenordnung werden genehmigt[14]]

4. Warenverkehrsordnung

[Die Stellungnahme des Parl. Rates[15] wird erläutert, diskutiert und mit einer Abänderung zur Weiterleitung an die MilReg. angenommen]

5. Einführung der Sommerzeit[16]

[…]

[Schluß: 15.50 Uhr]

---

ehem. deutscher Berater von OMGUS dort über persönliche Beziehungen verfügte, reiste daraufhin nach Berlin und vermittelte in Gesprächen, u. a. mit Botschafter Murphy, bevor Clay und der Leiter der Schulabteilung Alexander in einer Aussprache mit Ehard und Hundhammer in München das Problem entschärften. Glum berichtete, die Meinungen seien bei OMGUS durchaus geteilt und empfahl, keine Konzessionen zu machen, die man glaubt, nicht vertreten zu können (Vermerk Glum in: BHStA Abt. II MA 130 859). Zur Fortführung der Auseinandersetzungen und zur Schulpolitik nach 1945 in Bayern im allgemeinen vgl. Isa Huelsz, Schulpolitik, sowie unter Verwendung von Überlieferungen der US-Militärregierung Hans-Joachim Thron, Schulreform, S. 90–130.

[12a] Die Ansprache Clays hatte um 9.30 Uhr stattgefunden. Im Anschluß daran war die Sitzung auf 15.00 Uhr vertagt worden (Z 1/189, Bl. 147).

[13] Vgl. Dok.Nr. 18 A, TOP 1 a.

[13a] Vgl. Dok.Nr. 18 A, TOP 1 b.

[14] Vgl. Dok.Nr. 18 A, TOP 1 c.

[15] Abdr. der Stellungnahme in: Dok.Nr. 14 B, Anm. 42.

[16] Der Parl. Rat lehnte die doppelte Sommerzeit ab. Da die MinPräs. bereits Schritte unternommen hatten, wurde der TOP nicht weiter behandelt. Vgl. hierzu Dok.Nr. 15, TOP 259.

Länderrat US-Zone 5./6. 5. 1947 Nr. 18 C

C Interne Besprechung der Ministerpräsidenten mit General Clay

BA Nachl. Roßmann/25, Bl. 135–142. Prot. vom 7. 5. 1947, von Roßmann gez. Ausf.[1]

Anwesend: Gen. Clay und einige Mitarbeiter des RGCO; MinPräs. Ehard, SenPräs. Kaisen, stellv. MinPräs. Hilpert, MinPräs. Maier, Präs. des Parl. Rates Witte, GS Roßmann

[1. Unverkündete Länderratsgesetze, Sicherung der Ernährung]

Stellv. MinPräs. Hilpert [...] bemerkt zu der Rede des Generals Clay in der öffentlichen Sitzung des Länderrats, soweit sie sich mit der Frage der bisher verkündeten Länderratsgesetze befaßt, daß sich der Länderrat in interner Sitzung schon vor Beginn der Rede mit dieser Frage beschäftigt habe und noch heute die Angelegenheit durch Beschluß ordnen werde.[2]

Die zweite Frage, die ihn bewege, sei die Sicherung der Ernährung. Die Sorgen der Regierungen seien hier nach wie vor sehr groß; ihre Bemühungen konzentrierten sich gegenwärtig auf die Anbauförderung, auf die Beseitigung der Spannung zwischen Stadt und Land und auf den Versuch, sie nicht zu vergrößern im Hinblick auf die Tatsache, daß die ländliche Bevölkerung immer noch etwas besser lebe als die städtische. In der Bevölkerung herrsche wegen der Ernährungslage eine niederdrückende Stimmung.

[2. Entnazifizierung]

Diese Stimmung werde durch das Entnazifizierungsgesetz noch verschärft. Gegenwärtig sei man genötigt, eine Fülle von Kassationen rechtsverbindlicher Sprüche durch die Militärregierung hinzunehmen. Diese Maßnahme treffe vorwiegend kleinere Leute, die seit langer Zeit ihren Bescheid in Händen haben und sich beruhigt hätten. Die ideelle Gefahr bestehe darin, daß der Glaube an das Recht, der in der deutschen Bevölkerung erst neu geweckt werden müsse, schon bei diesem ersten Versuch wieder eine Erschütterung erfahre. Die Maßnahme betreffe Leute, die vielfach gar nicht in der Partei gewesen seien, aber, namentlich während der Kriegszeit, genötigt waren, durch Übernahme irgend eines kleineren Amtes als Blockhelfer usw. tätig zu sein und deren Mitläuferschaft nun wegen dieser kleinen Ämter einer erneuten Überprüfung unterzogen werden müsse.

MinPräs. Maier [...] verweist auf die Anordnung der Landesmilitärregierungen, alle Urteile in den Fällen, die auf Mitläuferschaft erkennen, aufzuheben, wenn der Betroffene nur ein kleines Amt bekleidet habe, ganz gleich, ob er in der Partei war oder nicht.[3]

---

[1] Als „streng vertraulich" bezeichnet. Unter der Datumszeile das Diktatzeichen der Sekretärin Kindler („R/Ki"). Parallelüberlieferung: Aufzeichnung von SenPräs. Kaisen über die 20. Länderratssitzung in: StA Bremen 3–R 1 m Nr. 131 [5] Nr. 19.

[2] Vgl. Dok. Nr. 18 A, TOP 7.

[3] Auf der Wiesbadener Sitzung des Entnazifizierungsausschusses des LR vom 11./12. 2. 1947 hatten die Minister eine Anweisung an die öffentlichen Kläger beschlossen, nach der kleine Amtsträger der Partei und ihrer Organisationen als Mitläufer eingestuft werden können, wenn sie sich unter die Zuständigkeit oder Disziplinarkontrolle des Ortsgruppenleiters befanden und weder in die Klasse I fallen noch den Nürnberger Urteilen unterliegen würden (Wortlaut in: Z 1/1280, Bl. 110). Von OMGUS war diese Anweisung jedoch abgelehnt und bestimmt worden, daß nur „in den äußersten Ausnahmefällen die Einstufung als Mitläufer möglich" sei. Das bisherige Verfahren, nach dem die örtlichen Militärregierungen den Landesmilitärregierungen "Delinquency and Error Reports" in Fällen, in denen Amtsträger als Mitläufer eingestuft worden sind, einzureichen hatten, sollte beibehalten werden (Z 1/1280, Bl. 114–116). Vgl. auch Anm. 4.

Nr. 18 C   5./6. 5. 1947   Länderrat US-Zone

In Zukunft soll nach der Weisung der Militärregierung niemand zum Mitläufer erklärt werden, wenn er nur das kleinste Amt hatte. Zwischenfrage von *Gen. Clay:* „Steht das nicht im Gesetz?" *MinPräs. Maier:* „Nein."
Stellv. MinPräs. Hilpert [...] sagt, er sei angesichts seiner Vergangenheit im Dritten Reich wohl davor geschützt, daß er irgendwen beschützen wolle,[3a] aber es müsse darauf gesehen werden, daß man unbedingt gesetzestreu bleibe.
Gen. Clay erklärt, er wisse nichts von diesem Verfahren.
Stellv. MinPräs. Hilpert [...] verweist auf die Wiesbadener Beschlüsse[4] und hätte gerne Auskunft, warum und inwieweit sie nicht durchgeführt werden können.
Gen. Clay erklärt: Er stehe genau so wie die Herren Ministerpräsidenten auf dem Standpunkt, daß nichts verlangt werden dürfe, was nicht im Gesetz selbst seine Begründung finde. Von amerikanischer Seite soll nichts veranlaßt werden, was im Gesetz nicht vorgesehen sei, darauf lege er Wert. Diesen Standpunkt könne er vertreten, weil er auch gegenüber der deutschen Seite darauf bestehen müsse, daß man sich den Forderungen des Gesetzes beuge. Wenn etwas am Verfahren geändert werden müsse, so könne es nur durch eine Änderung des Gesetzes selbst geschehen, nicht aber im Wege der Ausführung dieses Gesetzes. Mit Bezug auf die Wiesbadener Beschlüsse erklärt der General, daß die Änderung des Gesetzes nur erfolgen könne, wenn die Statistik so weit fortgeschritten sei, daß man genau erkenne, wieviel Personen noch tatsächlich unter das Gesetz fallen. Solange man das nicht genau wisse, könne man keine Änderung des Gesetzes ins Auge fassen. Sehr wichtig sei, daß man einsehe, daß ein Gesetz wie dieses, das die Unterstützung und Anerkennung der ganzen Welt gefunden habe, nicht geändert werden dürfe, weil Dinge eingetreten seien, die Ergebnisse eines Versagens seien. Der größte Erfolg bei der Durchführung des Gesetzes sei im letzten November erreicht worden. Es sei ihm von größter Wichtigkeit, daß die Spruchkammern bei der Durchführung des Gesetzes zur gleichen Höhe gelangen wie im November vorigen Jahres,[5] bevor

---

[3a] Hilpert hatte die Jahre 1939–1945 wegen seiner führenden Tätigkeit in der Zentrumspartei im KZ Buchenwald verbracht.

[4] In Wiesbaden war ferner eine Revision der §§ 58 und 33, Abs. 4 des Befreiungsgesetzes vorgeschlagen worden, wonach die Beschäftigungsverbote erheblich gemildert werden sollten und für die Kläger die Möglichkeit geschaffen werden sollte, von der Schuldvermutung des Anhangs zum Befreiungsgesetz abweichen zu dürfen (Z 1/1104, Bl. 156–158; vgl. auch Niethammer, Entnazifizierung, S. 471).
Die MinPräs. stimmten den Änderungsvorschlägen zu und hatten am 18. 2. 1947 bereits ein Schreiben an Gen. Clay unter der Behördenfirma „Länderrat der amerikanischen Besatzungszone, Sekretariat" unterzeichnet, als Min. Kamm telefonisch mitteilte, nach Weisung von Oberstltn. Winning (RGCO) solle die Vorlage an Gen. Clay vorläufig nicht erfolgen. OMGUS habe die Absicht, im Verwaltungswege entgegenzukommen, wodurch derselbe Zweck erreicht werden würde (Vermerk Roßmann vom 18. 2. 1947, ebenda, Bl. 153). Auf Betreiben des bayer. Min. Loritz wurden die Abänderungsvorschläge dennoch als Antrag des LR an das RGCO übersandt (Vermerk vom 21. 1. 1947; ebenda, Bl. 152) mit dem Ergebnis, daß das RGCO in seiner Antwort erneut auf die von OMGUS geplanten verwaltungsmäßigen Änderungen hinwies, zum Inhalt der Vorschläge aber keine Stellung bezog; (RGCO an den LR vom 6. 3. 1947, Z 1/1104, Bl. 143).
Während die deutsche Seite in der Folgezeit vor allem auf die wirtschaftlichen Konsequenzen des Beschäftigungsverbotes (§ 58) hinwies, hielt Clays Entnazifizierungsberater Prof. Dorn diese nach einer Inspektionsfahrt durch die Länder der US-Zone nicht mehr für so bedeutend. Bei der Staatsverwaltung werde der Artikel 58 zwar ziemlich genau durchgeführt, in der privaten Wirtschaft werde er aber ziemlich großzügig ausgeführt; (vgl. Prot. der 22. Sitzung des Entnazifizierungsausschusses beim LR vom 29. 4. 1947, Z 1/1208, hier Bl. 133; siehe auch Aufzeichnungen von Prof. Dorn über seine Inspektionsreise bei Dorn, Inspektionsreisen, S. 102–109).

[5] Nach der scharfen Rede Clays vor dem LR vom 5. 11. 1946 (Akten zur Vorgeschichte 1, S. 1015 ff.) war der Anteil der Sprüche durch die Spruchkammern in der Kategorie I, Hauptschuldige, sprunghaft gestiegen; bereits im Dez. 1946 war der Prozentsatz aber wieder gefallen. Zahlen bei Niethammer, Entnazifizierung, S. 417, Anm. 303.

man an eine Änderung des Gesetzes denken könne. Durch ein solches Ergebnis würde man die Aufrichtigkeit der deutschen Entschlossenheit, dieses Gesetz durchzuführen, vor der ganzen Welt beweisen. Wenn man das Gesetz ohne diesen sichtbaren Erfolg ändere, so würde das als ein Versagen ausgelegt werden. Er glaube, daß bis zum 1. 6. 1947 alle Deutschen in der Zone im Besitz einer Mitteilung sein könnten, daß sie nicht unter das Gesetz fallen, so daß dann eine wirkliche Statistik für diejenigen vorliege, die unter das Gesetz fallen.[6] Sobald der Arbeitsstand vom November wieder erreicht sei, werde die Militärregierung gerne bereit sein, über die Art und Weise zu verhandeln, wie in der Zukunft verfahren werden soll.

Stellv. MinPräs. Hilpert [...] begrüßt die Zusicherung von General Clay, daß nichts geschehen werde, was nicht durch das Gesetz selbst begründet sei. Bei den Wiesbadener Beschlüssen handle es sich nur um eine Änderung des Artikels 58.[7] Er sei überzeugt, daß sämtliche übrigen Dinge beschleunigt zu einem Abschluß gebracht werden können, wenn im Sinne der Wiesbadener Beschlüsse das Beschäftigungsverbot aufgehoben werde.

MinPräs. Ehard [...] bemerkt: Die Statistik sei jetzt insoweit in Ordnung, als die Jugend-Amnestie[8] in Betracht komme.

Gen. Clay bemerkt hierzu, daß dies nur *eine* der Bedingungen für die Veränderung des Verfahrens gewesen sei; die andere Bedingung sei die Wiedererreichung des Standes vom November vorigen Jahres. Man solle nie den großen Gesichtspunkt aus dem Auge verlieren, daß es sich hier um die Möglichkeit handle, eine veränderte Einstellung der Welt Deutschland gegenüber zu erreichen. Man werde aber eine solche veränderte Einstellung nicht erreichen, wenn die Ergebnisse unter dem Höchststand vom November zurückbleiben. Die Unterstützung, die man zur Behebung deutscher Schwierigkeiten von der Welt brauche, hänge mit der befriedigenden Lösung dieser Frage zusammen. Alles, was man zur Erleichterung in Bezug auf Erfüllung von Wünschen brauche, werde gehemmt, wenn sich die Durchführung des Gesetzes auf absteigender Linie bewege. Für seine Person bemerke er, daß er nicht so denke, er glaube, daß die deutsche Seite eine aufrichtige Anstrengung in der Durchführung dieses Gesetzes bewiesen habe, aber er versichere, daß eine Änderung des Gesetzes möglich sein werde unter viel günstigeren Vorzeichen als gegenwärtig.

Stellv. MinPräs. Hilpert [...] verweist darauf, daß die Spruchkammern keine Ermutigung für ihre Arbeit fänden, wenn ihre Urteile wieder aufgehoben würden.

Gen. Clay sagt, von amerikanischer Seite würden keine Urteile aufgehoben; alles, was von amerikanischer Seite getan werde, sei die Übermittlung der amerikanischen Berichte, die die Irrtümer und Fehlerquellen aufdeckten.[9] Er sei aber bereit, die Angelegenheit noch einmal genauestens zu überprüfen.

---

[6] Aus den Zahlen im Anhang eines Berichtes vom 26. 6. 1947 über den Stand der Entnazifizierungsarbeiten von Min. Kamm geht hervor, daß zu dem von Gen. Clay benannten Zeitpunkt in Bayern 12%, in Hessen (Stand 15. 6. 1947) 27% und in Württemberg-Baden 11% der Meldebogen noch nicht bearbeitet worden waren (Z 1/1208, Bl. 158).

[7] Zum Artikel 58 des Befreiungsgesetzes vgl. Anm. 4.

[8] Zur Jugend-Amnestie vgl. Dok.Nr. 6 C, TOP 3.

[9] Das "Delinquency and Error Report-System", durch das die Entscheidungen der Spruchkammern einer materiellen Nachprüfung durch die amerik. MilReg. unterworfen wurden, bedeutete de facto natürlich eine erhebliche Einschränkung der Souveränität der Spruchkammern. Vgl. im einzelnen Niethammer, Entnazifizierung, S. 408–411.

Nr. 18C 5./6. 5. 1947 Länderrat US-Zone

MinPräs. Maier [...] erklärt, daß die Vorschriften der Militärregierungen geeignet seien, die Autorität der Spruchkammern ungemein zu schädigen.
Gen. Clay meint, er sei sicher, daß das nicht geschehen wäre, wenn nicht der Eindruck bestanden hätte, daß bei manchen Spruchkammern keine ernstliche Beachtung der zu ahndenden Vergehen zu beachten gewesen wäre.[10] Er sei aber bereit, auf die Empfehlungen der Berichte zu verzichten, ausgenommen die Klasse I.
MinPräs. Maier [...] erklärt: Die psychologische Belastung der Bevölkerung durch die Behandlung der kleinen Nazis sei fast schlimmer als die Belastung, die die Ernährungslage hervorrufe. Er sei in diesem Gremium noch der einzige Ministerpräsident, der das Gesetz selbst unterschrieben habe[11] und der wiederholt in Versammlungen diesbezüglichen Vorwürfen unterworfen gewesen sei. Demgegenüber habe er stets mit aller Autorität den Standpunkt vertreten, daß das Gesetz unbedingt durchzuführen sei. Es sei auch der unbezweifelbare Wille der Gesamtheit des deutschen Volkes, die schuldigen Nazis zu bestrafen. Der Militärregierung könne es auch nicht entgangen sein, daß dieser Wille durchaus vorhanden sei. Er verweise nur darauf, daß der Württembergische [!] Landtag in der vergangenen Woche das Dienstverpflichtungsgesetz zur Arbeit in den Spruchkammern mit allen fünf Stimmen angenommen habe, wobei aber in einer scharfen Diskussion grundsätzlich von allen Parteien des Landtags die Frage der kleinen Parteigenossen einmütig in dem Sinne behandelt worden sei, wie es hier die Ministerpräsidenten getan hätten.[12] Durch alle Parteien gehe eine Generallinie in diesem Sinne. Er habe den Eindruck, daß den Gesetzesänderungen, die in den Wiesbadener Beschlüssen erbeten würden, keine grundsätzliche Bedeutung zukomme, daß sie aber ein Meisterstück in der Wegfertigung des Mitläuferproblems und geeignet seien, der deutschen Seite die moralische Kraft zu geben, die Schwerschuldigen schnellstens zu bestrafen. Man müsse doch überlegen, daß die Deutschen durch dieses Gesetz in ein völlig unbekanntes Land gegangen seien, als sie es annahmen. Es stand ihnen über dem Umfang der Mitgliedschaften und den Kreis der von dem Gesetz betroffenen Personen keine Statistik zur Verfügung. Heute wisse man, wie die Dinge liegen. Jedes Volk gliedere sich in eine Unter-, Mittel- und Oberschicht; die Betroffenen säßen aber in der Hauptsache weder in der Ober- noch in der Unterschicht, sondern zu 80–90% in der Mittelschicht. Nun mache sich vor allem in der Industrie das Fehlen geeigneter Persönlichkeiten in der gehobenen Arbeiter- und Angestelltenschaft in einer Weise bemerkbar, die die Wirtschaft selbst sehr schädige. Diese Einsicht sei bei allen Parteien vorhanden; sie wünschen, daß diese Gesichtspunkte der Militärregierung noch einmal vorgetragen werden. Das sei auch in den Massen der Bevölkerung populär, bei der man schon davon spreche, daß die Mitläufer der Partei die Partei der Mitläufer geworden sei.[13]

---

[10] Ähnlich auch Clays Entnazifizierungsberater Prof. Dorn vor dem Entnazifizierungsausschuß des LR nach den Erfahrungen seiner Inspektionsreise (Prot. vom 29. 4. 1947 in: Z 1/1280, hier Bl. 133): „Es war ein gewisser Zweifel, der bei vielen von uns auftauchte, ob überall in demselben Maße wirklich ein guter, ernster Wille vorhanden war [...] Bei meiner Reise [...] bekam ich einen erschütternden Eindruck über die Qualifikation der öffentlichen Kläger und Spruchkammervorsitzenden."

[11] Zur Verabschiedung des Gesetzes siehe Akten zur Vorgeschichte 1, S. 328–337.

[12] Maier bezog sich auf die 3. Beratung des Gesetzes Nr. 215 zur Änderung des Gesetzes Nr. 25 über Dienstpflicht aus Anlaß des Befreiungsgesetzes in der 17. Sitzung des Landtages von Württemberg-Baden vom 25. 4. 1947. (Württemberg-Baden, Landtag, Verhandlungen Bd. 1, S. 352–368).

[13] Maiers Ausführungen beruhten auf Darlegungen, die MinDir. Knappstein während der 22. Sitzung des Entnazifizierungsausschusses des LR vom 29. 4. 1947 vorgetragen hatte (Prot. Z 1/1208, hier Bl. 132–133).

Länderrat US-Zone   5./6. 5. 1947   Nr. 18 C

Gen. Clay glaubt, auf eine Angelegenheit von besonderer Bedeutung hinweisen zu müssen. Von Hessen sei gesagt worden, das nach Abzug der unter die Amnestie fallenden Betroffenen noch 500 000 Personen unter das Gesetz fielen. Der hessische Denazifizierungsminister habe hierzu erklärt, daß hiervon 300 000 in die Kategorie der Mitläufer fielen. Zwei Tage später habe jedoch der Stellvertreter des Ministers erklärt, daß von diesen 500 000 400 000 in die Klasse I und II fielen und nur 100 000 Mitläufer sein würden.[14] Solche Widersprüche machten es der Militärregierung unmöglich, das Gesetz genau zu analysieren. Hierzu sei eine zuverlässige Statistik erforderlich. Er hoffe, daß er bis Juni im Besitz einer verläßlichen vollständigen Statistik sein werde. Bis jetzt glaube man, daß im Endergebnis doch mehr Leute in die Klassen I und II fielen als die Zahl, die man gegenwärtig in Betracht ziehen könne. – Ernsthaft geprüft werde auch die Frage, ob man nicht Anklägern das Recht geben könne, jemand von einer hohen Klasse in eine niedere herunterzustufen, wenn nicht genügend Beweise vorliegen. Weiter sei zu erwägen, das Gerichtsverfahren aufzuschieben, sofern nicht der Mann selbst es fordere, weil er ein Amt im öffentlichen Dienst bekleiden wolle. Es sei das Ziel der Militärregierung, die Denazifizierung vollständig und restlos schnellstens zu beendigen, damit diese Frage nicht noch längere Zeit wie ein Damoklesschwert über der ganzen Bevölkerung hänge. Was er gesagt habe, wiederhole er, nämlich, daß er keinerlei Maßnahmen verlange, welche nicht durch die Bestimmungen des Gesetzes gedeckt würden. Er bitte, die Spruchkammern zur Beschleunigung ihrer Arbeit anzumahnen, damit sie ihren Höhepunkt wieder erreichen. Es sei dann gewiß, er versichere es den Herren, daß die Militärregierung durchaus von einer vernünftigen Einstellung ausgehen werde, wenn ihr zuverlässige Statistiken vorlägen.[15] (Zu dieser Frage teilte am Nachmittag bei der Einnahme des Kaffees *Oberstltn. Winning* mit, daß die Militärregierung jetzt gewillt sei, die in den Internierungslagern befindlichen Personen unter gewissen Voraussetzungen und unter Abgabe des Ehrenwortes, daß sie sich von ihrem Wohnsitz nicht entfernen, und unter der Bedingung, daß hierfür der Bürgermeister eine gewisse Garantie übernehme, in ihre Heimatorte zu entlassen, sofern diese örtlich in der US-Zone liegen.)

[3. Deutscher Export und Import, Warenverkehrsordnung]

Stellv. MinPräs. Hilpert [...] kommt auf die in der vorausgegangenen internen Besprechung[16] von General Clay gerügte schleppende Durchführung des Export-Programms zu sprechen. Der Länderrat beabsichtige, der Militärregierung hierüber genaue Unterlagen über das Coordinating Office zuzuleiten.[17] Aus diesen Unterlagen werde ersichtlich sein, daß hier keineswegs ein ausschließliches Verschulden von deutscher Seite vorliege.

---

[14] Auf der 22. Sitzung des Entnazifizierungsausschusses des LR vom 29. 4. 1947 wurden von Hessen folgende Zahlen genannt (Prot. in: Z 1/1208, hier Bl. 132): Von den vier Mill. Einwohnern Hessens seien 760 000 (=27%) vom Befreiungsgesetz betroffen; davon seien nach Wegfall der bislang bearbeiteten oder amnestierten Fälle noch rd. 400 000 Personen übrig, die im wesentlichen unter Klasse II und im normalen Verfahren bearbeitet werden müßten.

[15] Grundlegende Änderungen erfolgten erst nach weiteren längeren und teilweise recht heftigen Auseinandersetzungen mit der MilReg. durch das Gesetz zur Änderung einzelner Bestimmungen des Gesetzes zur Befreiung vom Nationalsozialismus und Militarismus vom 7. 10. 1947. Abdr. in: LRGS, S. 112–113.

[16] Vgl. Dok. Nr. 14 C, TOP 2.

[17] Roßmann an das RGCO vom 4. 7. 1947, Z 1/78, Bl. 431–442.

Gen. Clay bemerkte, er sei bereit, das zuzugeben. Auf amerikanischer Seite werde an der Aufstellung eines Sofortprogramms gearbeitet, das vorsehe, Kapital jedem einzelnen Land zur Verfügung zu stellen, um es in die Lage zu versetzen, die erforderlichen Rohmaterialien direkt einzukaufen.[18]

In der Zeit zwischen der letzten und der heutigen Sitzung, so erklärte *Gen. Clay* weiter, sei er fast zu Tode erschrocken, daß man das Gesetz über den Warenverkehr angenommen habe,[19] wodurch der bizonalen Verwaltung viel mehr Rechte eingeräumt worden seien, als er selbst beabsichtigt habe einzuräumen. Er befinde sich in einer gewissen Schwierigkeit der britischen Militärregierung gegenüber. Vertraulich bemerke er, daß von ungefähr 30 Mill. Dollar Export-Kapazität allein 20 Millionen auf die amerikanische Zone entfallen, was im Vergleich zu der viel größeren Industrie-Kapazität der britischen Zone recht bedeutend sei. Das sei sehr anerkennenswert. Er habe aber nach wie vor den Eindruck, daß die deutsche Bevölkerung noch nicht voll davon überzeugt worden sei, daß diese Mittel zum Wohle und für den Wiederaufbau Deutschlands verwendet würden.

MinPräs. Maier [...] erklärt, daß man sich wegen der Undurchsichtigkeit der Methoden der Verrechnung bisher gescheut habe, diese Zahlen in der Öffentlichkeit zu verbreiten. Präsident Hoover habe bei seinem letzten Besuch in Stuttgart[20] versichert, daß die Kosten des Lebensmittel-Imports für Deutschland nicht auf diese Erträge verrechnet würden; Deutschland werde dafür auf einem besonderen Konto belastet.

MinPräs. Maier sagte weiter: Unklar sehe man bezüglich des Kohlen-Exports, aber er vermute, daß dieses Konto einen sehr hohen Stand haben müsse. Hinzu trete auch der Holz-Export nach England. Für die deutsche Seite läge noch ein gewisses Geheimnis in diesen Dingen. Es sei natürlich sehr schwer, der deutschen Bevölkerung zu sagen, der industrielle Export gehe auf ein besonderes Konto, wenn man mit den Verrechnungsmethoden nicht genau vertraut sei.

Gen. Clay bemerkt, daß das Lebensmittel-Importkonto gegenwärtig ein Defizit zu Lasten Deutschland in Höhe von 548 Mill. Dollar aufweise.

MinPräs. Maier [...] erklärt: Auf deutscher Seite sei man selbstverständlich betroffen über die Höhe dieser Schuld. Wenn man der deutschen Bevölkerung klar machen wolle, daß die industriellen Exporte der deutschen Industrie wieder zugute kämen, so müsse man das mit irgendwelchen Zahlen belegen können. Es werde der deutschen Seite viel damit geholfen, wenn General Clay, nicht heute, sondern gelegentlich sagen könnte, was man nun über diese Konten der deutschen Bevölkerung mitteilen könne.[21]

---

[18] Am 20. 4. 1947 hatte Gen. Clay in einem Bericht an das War Department dargelegt, die bisherigen Ausfuhren seien vor allem durch die Länder der US-Zone und eher „trotz" als „durch Minden" erfolgt. Man solle die geringen zur Verfügung stehenden Mittel für einzelne gezielte Programme verwenden und sie nicht allgemein in die Wirtschaft fließen lassen (Clays-Papers, Bd. 1, S. 339–340).

[19] Vgl. Dok.Nr. 14 B II, TOP 11.

[20] Vgl. Dok.Nr. 10 C, Anm. 10.

[21] Nach Prot. Kaisen berichtete zusätzlich Mr. Dunn, „daß das aus der Einfuhr von Lebensmitteln herrührende Schuldkonto Deutschlands als A-Konto bezeichnet würde, während das Konto, bei dem auf der einen Seite die Ausfuhrguthaben Deutschlands ständen, und auf der anderen Seite für diese Guthaben Rohstoffe zur Exportgüterfabrikation importiert werden sollten, als B-Konto geführt würde; beide Konten würden streng getrennt gehalten. Es wäre also nicht so, daß die deutschen Exportguthaben zur Bezahlung der Lebensmittel verwendet würden. Die Lebensmittelschulden würden erst später abgeglichen werden können, wenn die deutsche Wirtschaft angekurbelt sei und die Ausfuhr einen entsprechenden Umfang und eine entsprechende aktive Bilanz zeigte."

Länderrat US-Zone   5./6. 5. 1947   Nr. 18 C

Die Zahl von rd. 550 Mill. Dollar sei auch für unsere Bevölkerung sehr eindrucksvoll. Um aber den Export populär zu machen, scheine es notwendig zu wissen, wieviel man darüber sagen könne.

Gen. Clay gibt hierüber detaillierte Auskünfte, wonach sich die Lage ergibt, daß nach Abwicklung des amerikanischen Programms etwa 100 Mill. Dollar Kapital zur Verfügung ständen, wobei eine große Versuchung bestehe, das Kapital dafür zu verwenden, das deutsche Wirtschaftssystem als Ganzes wieder aufzubauen. Das würde aber nicht einmal einen besonderen Eindruck machen. Wenn man aber diese 100 Mill. Dollar Exporterlöse im Sinne des Exportprogramms einsetze, so könnte man Erlöse zwischen 400 und 500 Mill. Dollar erzielen, die dann genug Gewicht hätten, um mit ihnen den Versuch eines Aufbaus der deutschen Gesamtwirtschaft zu unternehmen. In diesem Sinne glaube er, daß Deutschland ein weiteres schweres Jahr auf sich nehmen müsse, bis es, auf sich gestellt, dann mit diesen Mitteln in der Lage sei, seine Wirtschaft wieder aufzubauen. Geschehe das, so halte er es für sicher, daß innerhalb eines Jahres der Lebensstandard der deutschen Bevölkerung kein allzuschlechter sein werde. Voraussetzung hierfür sei allerdings, daß die deutsche Bevölkerung ein weiteres schweres Jahr auf sich nehme.

Stellv. MinPräs. Hilpert [...] bemerkt hierzu: Das sei das schwerste Problem des kommenden Winters. Was die Warenverkehrsordnung anbelange, so sei man imstande, die Lage des Herrn General etwas zu erleichtern. Gerade zu dieser Stunde beschäftige sich der Parlamentarische Rat mit dem gleichen Problem. Seine Stellungnahme werde der Militärregierung durch Vermittlung des Länderrats nachgereicht und werde die Stellung des Herrn General gegenüber der britischen Militärregierung unterstützen.[22] Der Beschluß des Länderrats sei zustande gekommen in der Absicht, einen Beweis für die Bereitwilligkeit zu führen, die bizonalen Einrichtungen zu unterstützen, nachdem man gerade Süddeutschland immer den Vorwurf gemacht habe, daß es diese Arbeit hemme.

Zur Exportfrage sei zu sagen, daß unter den gegenwärtigen Umständen das Schwergewicht in der amerikanischen Zone liege, was es notwendig mache, daß die hier liegende Industrie bei der Zuteilung von Rohstoffen entsprechend unterstützt werde.

Gen. Clay glaubt, daß das Zuteilungssystem in kurzer Zeit eine Veränderung erfahren wird.

[4. Reform der bizonalen Verwaltungen, Errichtung des bizonalen Wirtschaftsrates]

Was die Zwei-Zonen-Einrichtungen anbelangt, so sei mit folgenden Änderungen zu rechnen:[23]

1. Eine Zusammenlegung sämtlicher bizonalen Stellen in Frankfurt/M. Die Zusammenlegung an *einem* Platz sei wesentlich für den Erfolg der bizonalen Verwaltungen. Es

---

[22] Wortlaut in: Dok.Nr. 14 B II, Anm. 42.

[23] Zu den Verhandlungen mit den Engländern über die Reorganisation der Bizone vgl. Gimbel, Amerikanische Besatzungspolitik, S. 167–168. Interessante Einzelheiten bieten Dokumente der Clay-Papers Bd. 1, insbes. Dok. Nr. 209, 213, 215, 216, 221, 224. Unterlagen über die Verhandlungen im Bipartite Board in: NA RG 260 OMGUS, 166–3/3, folder 9, 10.

Clay sah seine Verhandlungsposition dadurch geschwächt, daß man in Washington allzu deutlich erkennen ließ, daß man eine Einigung wünsche. Eine Woche vor dieser Unterredung mit den Ministerpräsidenten hatte er am 29. 4. 1947 an Gen. Noce berichtet (Clay-Papers Bd. 1, Dok. 224):

"Full political fusion of the two zones would eliminate many of our present difficulties without destroying the

werde jetzt daran gegangen, die Vorbereitungen für die Zusammenlegung in Frankfurt/M. zu treffen, er bitte aber, in der Öffentlichkeit nichts weiter darüber zu sagen, als daß diese Zusammenlegung erwogen werde.[23a] Vertraulich bemerkte er jedoch, daß die Zusammenlegung in Frankfurt/M. bereits beschlossen sei.

2. Der zweite Schritt bestehe in der Errichtung eines Wirtschaftsrats, etwa dergestalt, daß zwei bis drei Vertreter jedes Landtags in diesen Wirtschaftsrat entsandt würden. Dieser Rat würde Machtbefugnisse auf dem Gebiet der Wirtschaft erhalten. Eine Entscheidung hierüber sei jedoch noch nicht erfolgt. Man sei sich noch nicht einig über den Grad der Verantwortung dieses Rates. Man denke nicht an einen Länderausschuß, sondern an einen Rat, der wirklich Verantwortung übernehme. Bezüglich der Erteilung solcher Befugnisse habe die britische Militärregierung Bedenken, ebenso ein Teil seiner eigenen Mitarbeiter.[24] Diese Bedenken bestünden in der Befürchtung, daß ein solcher Rat Auswirkungen haben könnte auf die Arbeit der Außenminister. Vor einer endgültigen Entscheidung werde der Länderrat noch um seine Meinung befragt werden.[25]

Präs. des Parl. Rates Witte erklärt, der Parlamentarische Rat würde es begrüßen, wenn

---

political gains, and particularly the strong feeling of States' rights which have developed in encouraging fashion in the American zone. A half-way measure will not resolve the political differences existing in Germany and will not satisfy the German people. It will develop as much Soviet propaganda and opposition as an all-out political fusion. In my own view if we are going to take a half-way measure, we might better proceed to full political fusion of the two zones. I believe the latter is now desirable and justified. However, in the interests of a better economic integration, I would be prepared to compromise in accepting a half-way measure except for the inherent risk to our national policy.

The British proposal (wisely conceived in their political interest) would create an economic council for both zones which, based on equal State representation, would have a substantial SPD (Social Democratic Party) majority. At present, the SPD is headed by Dr.[Kurt] Schumacher, who works in close collaboration with the British Labour Party and consequently could be expected to dictate the majority views in this council. Dr. Schumacher has already expressed himself as in favor of the immediate socialization of Germany, the nationalization of industry, a highly centralized controlled economy, and in fact a strong central government. His views are, of course, diametrically opposed to our policies of decentralization and federalization.[...] With every desire to make economic fusion work, we must compromise. However, if we cannot secure reasonable compromises, we must realize that if we accept the British proposal, the results are almost certain to be a strongly socialized German government with much more central power than we desire. Such a control as contemplated by the British given to the Bizonal Council would almost certainly be opposed by the French and might even make tripartite agreement impossible. What we would like is assurance from our Government that its desire to make economic fusion work does not make it willing to accept a highly centralized economic control, which will be utilized in the hands of the SPD with the support of British military government, to extend the socialist influence. With such assurance, we should be able to insist on compromise solutions here which will, at least protect in some degree our policy of decentralization, and also a reasonable degree of free enterprise and initiative."

[23a] Die Öffentlichkeit erfuhr von der bevorstehenden Zusammenlegung der Zwei-Zonen-Verwaltung in Frankfurt durch Presseartikel vom 9. 5. 1947 (vgl. Neue Zeitung, Ausg. vom 9. 5. 1947, S. 1). Bereits am 19. 5. 1947 berichtete die Neue Zeitung in einem Leitartikel unter der Überschrift „Fortschritte der Zwei-Zonen-Planung" über Einzelheiten der beabsichtigten Reorganisation der Bizone.

[24] Clay berichtete am 28. 4. 1947 an Gen. Noce (Clay-Papers, Bd. 1, Dok. 215, S. 342) über Besprechungen mit Robertson, daß Draper und er den brit. Vorstellungen so weit wie möglich entgegengekommen seien. "However, we could not agree in principle the establishment of a rigid centrally responsibility. Such control is inconsistent with our desires for decentralization and if established would destroy the political gains which have been made in our own zone. It looks like a direct effort to introduce socialistic controls which would pave the way to the complete socialisation of the Bizonal area."

[25] Dies geschah zu einem Zeitpunkt, als ein Spielraum für Veränderungen der Proklamation Nr. 5 kaum noch gegeben war. Siehe Dok.Nr. 28 C, Anm. 8.

die Verwaltungen zusammengelegt würden. Er habe sich gerade gestern und heute morgen mit ähnlichen Fragen beschäftigt.[26]
Die Entschließung über die Warenverkehrsordnung werde so klar und deutlich sein als möglich.[27]
Gen. Clay bittet, in der Entschließung des Parlamentarischen Rates nichts über die Frage Frankfurt/M. zu erwähnen.
Stellv. MinPräs. Hilpert [...] sichert zu, daß die Entschließung auf der Linie liegen werde, die General Clay vorschwebe. Zu bemängeln sei, daß große Verwaltungen wie die Reichsbahn und die Reichspost ohne jede Kontrolle vollkommen selbstherrlich, auch in finanzieller Beziehung, arbeiteten. Das sei auf die Dauer eine Unmöglichkeit; für die Etatgebarung sei der Finanzrat zuständig.
Gen. Clay sichert zu, zur nächsten Sitzung einen Finanzmann mitzubringen.[28]
SenPräs. Kaisen [...] meint, man dürfe bei aller Kritik gegenüber Reichsbahn und -post nicht übersehen, daß gerade die beiden kritisierten Verwaltungen bewunderungswürdige Leistungen vollbracht hätten. Man solle daher Maßnahmen gegen sie vermeiden, die zur Verminderung der Energie dieser Verwaltungen, zu Auflösungserscheinungen und zum Auseinanderarbeiten führen könnten.
Stellv. MinPräs. Hilpert [...] sichert zu, man sei sich in der Ansicht einig, daß man ein hemmendes Dreinreden vermeiden wolle, aber jedes Budget müsse einer Kontrolle unterworfen werden.
Gen. Clay: „Was Sie brauchen, ist eine Regierung, und ich weiß ebenso genau wie Sie, was das Fehlen einer solchen Regierung bedeutet." Die Militärregierung sei eifrig bemüht, die Probleme zu meistern, sie werde den deutschen Stellen jedwede Unterstützung leihen. Aber die Deutschen dürften nicht vergessen, daß es nicht die Probleme der Besatzungsmacht, sondern ihre eigenen Probleme seien.

---

[26] Innerhalb der Diskussion über die Stellungnahme zur VO über den Warenverkehr in der gewerblichen Wirtschaft (Prot. in: Z 1/189, hier Bl. 149–159).
[27] Vgl. Dok.Nr. 14 B II, Anm. 42.
[28] Das geschah nicht. Vgl. Dok.Nr. 28 C.

Nr. 19
Einladung des bayerischen Ministerpräsidenten zu einer Ministerpräsidentenkonferenz für alle vier Zonen
7. Mai 1947

BHStA Abt. II MA Abg. 1975 vorl. Nr. 73, o.Bl., 1 Seite, von Ehard unter dem 7. 5. 1947 gez. Ausf.[1]

Im Namen der bayerischen Staatsregierung lade ich die Ministerpräsidenten aller Länder der vier Besatzungszonen zu einer Besprechung nach München ein.

Ich schlage Freitag, den 6., und Sonnabend, den 7. Juni, vor. Gegenstand der Konferenz soll die Beratung von Maßnahmen sein, die von den verantwortlichen Ministerpräsidenten den alliierten Militärregierungen in Vorlage gebracht werden sollen, um ein weiteres Abgleiten des deutschen Volkes in ein rettungslos wirtschaftliches und politi-

---

[1] Mit Vermerk von Ehards Hand „abgeg[angen] M[ün]ch[en] 7. 5. [19]47". Ebenda Entwurf von Ehard mit dem Zusatz „Erster" versehen, künftig als „Erster Entwurf" zitiert. Abdr. in: Ministerpräsidentenkonferenz, S. 10, mit der nicht richtigen Behauptung, die Einladung sei am 7. 5. 1947 auch an den OB der Stadt Berlin und den Präs. der Reg.Kommission des Saargebietes gegangen. Vgl. hierzu Grünewald, Münchener Ministerpräsidentenkonferenz, S. 36–38. Zur Vorgeschichte siehe auch Steininger, Zur Geschichte, S. 378–379, 381–382, der mit der bereits von Gimbel (Amerikanische Besatzungspolitik, S. 183–184) kritisierten Behauptung aufräumt, die TO sei durch Gen. Clay beeinflußt worden. Vgl. auch Grünewald, Münchener Ministerpräsidentenkonferenz, S. 73–75. Zur Haltung Clays vgl. im übrigen Dok.Nr. 24, Anm. 15.
Am 5. 5. 1947 war diese Einladung bereits zur Information an das OMG Bavaria mit dem Bemerken gesandt worden, die Einladungstelegramme würden abgeschickt, „sobald Herr General Lucius D. Clay seine Zustimmung erteilt hat" (BHStA Abt. II MA Abg. 1975 vorl. Nr. 73, Schreiben vom 5. 5. 1947). Über die Besprechung Ehards mit Clay am Rande der LR-Tagung vom 6. 5. 1947 ließ sich keine Aufzeichnung ermitteln. Im bayer. Ministerrat vom 12. 5. 1947 berichtete Ehard lediglich, daß Clay „nichts dagegen habe, wenn der bayer. Ministerpräsident die Ministerpräsidenten der übrigen deutschen Länder zu einer Konferenz einladen wolle" (Steininger, Zur Geschichte, S. 382). Als Ehards Einladung am 10. 5. 1947 in der OMGUS-Staff Conference zur Sprache kam, war ebenfalls nicht die Rede von amerikanischen Bedingungen zur Gestaltung der TO. Vielmehr wurde lediglich das Presseecho in der SBZ erwähnt und die Haltung Schumachers diskutiert. Litchfield wies darauf hin, daß Schumacher die Zusammenarbeit mit der SED abgelehnt habe. "I think it is more of a test of Dr. Schumacher than anything else." Während Clay meinte, die MinPräs. der US-Zone würden unabhängig davon, was Schumacher sage, an der Konferenz teilnehmen und Murphy äußerte, er sähe keinen Grund dafür, daß Schumacher gegen eine Teilnahme der MinPräs. Stellung nehme, da seine persönliche Stellung in der Partei dadurch überhaupt nicht berührt werde, ja sogar in Bayern gestärkt würde, betonte Litchfield, daß nach seinen Informationen Schumacher erwäge, die Teilnahme der der SPD angehörenden MinPräs. abzulehnen (IfZ Fg. 12). Auch über die Gespräche Ehards mit den anderen MinPräs. der US-Zone und SenPräs. Kaisen am Rande der LR-Tagung ließen sich Aufzeichnungen nicht ermitteln; man wird aber mit Sicherheit davon ausgehen können, daß die bayer. Initiative mit ihnen abgesprochen worden war. In Maiers Erklärung vom 9. 5. 1947 vor dem Württemb.-Badischen Landtag über die Annahme der bayer. Einladung klingt das an: „Wir sind mit der bayerischen Regierung und mit den Regierungen von Hessen und Bremen der Meinung, daß man das Risiko, daß vielleicht nicht alle 16 Länder ihr Erscheinen werden zusagen dürfen, in einer der allerschwersten Krisen unserer Geschichte wird auf sich nehmen müssen" (Württemberg-Baden, Landtag, Verhandlungen, S. 414). StS Brill sprach in einem Schreiben vom 14. 7. 1947 an Schumacher (IfZ, ED 117) sogar von einem „Beschluß" des LR zur Einberufung der Konferenz.
Am 8. 5. 1947 wurde die Einladung und die Verlautbarung zur Einladung auch an das brit. und amerik. Konsulat in München, an das schweizerische Generalkonsulat und an die franz. Verbindungsmission beim OMG Bavaria abgesandt (BHStA MA Abt. II Abg. 1975 vorl. Nr. 73).
Am 15. 5. 1947 richtete Ehard ein weiteres Telegramm an die MinPräs., in dem er die zeitliche Planung des Konferenzablaufs mitteilte, sonstige Informationen über die inhaltliche Gestaltung des Programms aber unterließ (StA Freiburg A 2 (provis.) Nr. 2245, Bl. 29–31).

sches Chaos zu verhindern. Das deutsche Volk ist physisch und seelisch nicht mehr fähig, einen neuen Winter mit Hunger und Frieren im Wohnungselend zerstörter Großstädte, in wirtschaftlicher Auszehrung und in politischer Hoffnungslosigkeit abzuwarten.

Darum müssen wir gemeinsam dem deutschen Volk die Hoffnung auf eine langsame Besserung seines Schicksals zu geben uns bemühen. Im Bewußtsein ihrer Pflicht gegenüber dem eigenen bayerischen Volk und gegenüber der Gesamtheit des deutschen Volkes schlägt die bayerische Regierung vor, durch diese Tagung den Weg zu ebnen für eine Zusammenarbeit aller Länder Deutschlands im Sinne wirtschaftlicher Einheit und künftiger politischer Zusammenfassung.[2]

Die bayerische Regierung hofft, daß die Ministerpräsidenten der Länder in allen vier Zonen an den Beratungen teilnehmen, um ihr grundsätzliches Bekenntnis zur Zusammengehörigkeit aller Teile Deutschlands darzutun und den Willen zum gemeinsamen Aufbau einer neuen staatlichen Form.

---

[2] „Erster Entwurf": „für eine Zusammenarbeit aller Länderstaaten Deutschlands im Sinne wirtschaftlicher Einheit und künftiger bundesstaatlicher [von Ehards Hand verbessert aus politischer] Zusammenfassung."

Nr. 20
Verlautbarung der bayerischen Staatsregierung zur Einladung an die Ministerpräsidenten der deutschen Länder zu einer Vierzonenkonferenz in München
7. 5. 1947

BHStA Abt. II MA Abg. 1975 vorl. Nr. 73, o. Bl., 2 Seiten. Von Ehard gez. und durch v. Herwarth paraph. Entw.[1]

Die Pressestelle gibt bekannt:

Der bayerische Ministerpräsident, Hans *Ehard,* hat am 7. Mai 1947 im Namen der bayerischen Staatsregierung die Ministerpräsidenten aller Länder der vier Besatzungszonen für Anfang Juni zu einer Zusammenkunft nach München eingeladen. Das Ergebnis der Moskauer Konferenz der vier Außenminister der Großmächte wird vom ganzen deutschen Volk als Fehlschlag empfunden. Das deutsche Volk ist physisch und seelisch nicht mehr fähig, einen neuen Winter mit Hunger und Frieren, im Wohnungselend zerstörter Großstädte, in wirtschaftlicher Auszehrung und in politischer Hoffnungslosigkeit abzuwarten. Darum ist es die Pflicht verantwortungsbewußter deutscher Regierungen, die Zeit bis zur Londoner Konferenz, die im Anfang des nächsten Winters stattfinden soll, nicht in tatenlosem Abwarten verstreichen zu lassen.[2]

Aus dieser Überlegung heraus hat die bayerische Staatsregierung die Initiative für eine Zusammenkunft aller deutschen Ministerpräsidenten ergriffen, damit Maßnahmen beraten werden können, die ein weiteres Abgleiten des deutschen Volkes in ein rettungsloses wirtschaftliches und politisches Chaos verhindern sollen und deren Ausführung den alliierten Militärregierungen vorzuschlagen ist.[3] So glaubt man dem deutschen Volk die Hoffnung auf eine langsame Besserung seines Schicksals geben zu können, wenn alle Teile Deutschlands sich einträchtig um Überwindung der Not bemühen.

---

[1] Vervielf. Ausf. in: BHStA Abt. II MA 138060. Abdr. in: Ministerpräsidentenkonferenz, S. 9, sowie Bayerische Staatszeitung, 2. Jahrgang Nr. 19, 10. 5. 1947.

[2] Zum Stimmungstief in der deutschen Bevölkerung nach dem Scheitern der Moskauer Konferenz vgl. auch Dok. Nr. 15, TOP 261. Botschafter Murphy, Political Advisor for Germany bei OMGUS, berichtete an das State Department am 11. 5. 1947 unter Bezugnahme auf Besprechungen mit den MinPräs. der US-Zone in der Vorwoche über eine allgemein herrschende Niedergeschlagenheit: "Except for the immediate post-combat period in 1945 when Germans were stunned by events I have not found German morale any lower than it is today." Er brachte die geplante Konferenz in einen direkten Zusammenhang mit diesem Stimmungstief: "There is evident a growing hopelessness based on inadequate diet, acute commodity, scarcity, crowded housing conditions and uncertainty. Bavaria's invitation, extended with our approval to all German Ministers President to meet at Munich June 6 stems from desire expressed by Ministers President US Zone to improve morale by demonstrating German initiative to cope with practical economic and social problems. [...]. The keynote of this invitation is determination to improve conditions because 'the German people physically and psychologically will be unable to stand another winter of hunger and cold under miserable housing conditions in destroyed cities and in economic and political hopelessness' " (Foreign Relations 1947/II, S. 867).

[3] Ähnlich auch Ehard in einem ausführlichen Artikel in der Neuen Zeitung vom 12. 5. 1947 unter dem Titel „Es geht um die Überwindung der Not". Hinsichtlich der Programmgestaltung äußerte er sich: „Zwar werden die Beratungen in erster Linie um wirtschaftliche Fragestellungen gehen, rein wirtschaftlich werden sie jedoch auch nicht gesehen werden können. Bei der Besprechung der engeren Zusammenarbeit zwischen den einzelnen Ländern und Zonen wird man notwendigerweise auch zu einer Prüfung der politischen Zusammenfassung gelangen, soweit sie nötig und möglich ist." In einer Rundfunkansprache über die geplante Konferenz

Verlautbarung der bayer. Regierung 7. 5. 1947 Nr. 20

Die bayerische Regierung ist sich ihrer Pflicht nicht nur gegenüber dem bayerischen, sondern gegenüber dem gesamten deutschen Volk bewußt. Sie ist von der Überzeugung durchdrungen, daß das Ziel all dieser Bestrebungen sein muß, rechtzeitig alle Maßnahmen zu ergreifen, die notwendig sind, daß wir dem nächsten Winter nach Kräften gerüstet entgegensehen und ihn erträglich überstehen können.

Es wird in Deutschland als ein schwerer Schlag empfunden, daß die Moskauer Konferenz den Zusammenschluß der vier Zonen zur Wirtschaftseinheit nicht gebracht und erst recht die Aussicht auf Schaffung eines politischen Oberbaus wieder weiter hinausgeschoben hat. Um so mehr hoffen wir nun in Bayern, daß zu der für Anfang Juni geplanten Zusammenkunft in München auch die Regierungschefs der sowjetischen und der französischen Zone erscheinen werden. Ein Gedankenaustausch zwischen den berufenen Vertretern aus Nord und Süd, aus dem Osten und Westen Deutschlands kann zur Klärung der Auffassungen beitragen und fruchtbar werden für die Zukunft von ganz Deutschland.

---

vom 14. 5. 1947 (Manuskript mit Redezeichen in: BHStA Abt. II MA 130860, Abdr. in: Ministerpräsidentenkonferenz, S. 10–14) wurde diese Thematik jedoch nochmals abgeschwächt: „Das Ziel dieses Treffens soll sein, die Fragen der wirtschaftlichen Not, die uns am stärksten bedrängen, gemeinsam zu erörtern und nach Mitteln zu suchen, um den Ring des Elends, der uns umgibt, zu sprengen. [...] Ich glaube nicht, daß die Münchener Zusammenkunft dazu berufen sein kann, Fragen der deutschen Innenpolitik zum Austrag zu bringen."

Nr. 21
Erste Besprechung über Verfassungsfragen im Deutschen Büro für Friedensfragen in Ruit
8. Mai 1947

BA Nachl. Brill/10 a, Bl. 23–25. Prot. vom 8. 5. 1947, von Eschenburg gez.[1], maschinenschr. vervielf. Ausf.[2]

Anwesend: Stellv. MinPräs. Hoegner, MinDirig. Glum (Bayern); Schütte (Bremen); RAnw. Küster (Württemberg-Baden); StS Brill (Hessen); StR Schmid, MinRat Eschenburg (Württemberg-Hohenzollern)[3]; StS Eberhard (Büro für Friedensfragen).

[Zuständigkeitsabgrenzung zwischen Bund und Ländern]

Minister Hoegner legte einen Entwurf vor[4], der beraten, stellenweise abgeändert und ergänzt wurde. Dieser Entwurf lautete wie folgt:

Art. A
Die deutschen Länder sind Träger eigener Staatsgewalt, soweit diese nicht durch die Bundesverfassung beschränkt ist und üben alle Rechte aus, die darin nicht ausdrücklich der Bundesrepublik vorbehalten[5] sind.

Art. B
Die Bundesrepublik hat die ausschließliche Gesetzgebung über
1. die Beziehungen zum Ausland,
2. die Staatszugehörigkeit, die Freizügigkeit, die Ein- und Auswanderung und die Auslieferung,
3. die Währung und das Geldwesen[6],

---

[1] Maschinenschr. gez. Dr. Eschenburg. Rechts oben auf Bl. 23 Tagebuchnummer und Az. der hessischen StK., als vertraulich bezeichnet. In der Überschrift die Ziffer „1." [Besprechung] korrigiert aus „2." [Besprechung]. Die Unterredungen in München (Dok.Nr. 11) und Stuttgart (Dok.Nr. 13) wurden offensichtlich nachträglich zu Vorbesprechungen deklariert. Zur Vorgeschichte und zur Konstituierung dieser Gesprächsrunde vgl. Dok.Nr. 13. Brill bezeichnete sie später einmal als Ausschuß für Staats- und Völkerrecht zur Vorbereitung des Friedensvertrages (Nachl. Brill/10 a, Bl. 77, Schreiben vom 21. 6. 1947), doch wurde während der Sitzungen und auch sonst mehrfach ausdrücklich festgestellt, daß die Ergebnisse der Beratungen nicht Ausarbeitungen des Deutschen Büros für Friedensfragen darstellen würden und daß es sich lediglich um eine Gesprächsrunde von Experten handele.

[2] Entwurf des Prot. sowie Versendungsschreiben in: Z 35/178, Bl. 101–104. Parallelüberlieferung: Bericht des LR-Bevollm. Schütte vom 10. 5. 1947, künftig zitiert als „Bericht Schütte", StA Bremen 3-R 1 n Nr. 1.

[3] Das Prot. von Eschenburg nennt weder Vertreter Württemberg-Hohenzollerns noch StS Eberhard, die der „Bericht Schütte" als anwesend aufführt.

[4] Der von Hoegner und Glum vorgelegte Entwurf mit den in der Sitzung erarbeiteten Korrekturen in: Nachl. Brill/10 a, Bl. 26–28. Der ursprüngliche Entwurf künftig zitiert als „Entwurf Hoegner". Das hier abgedr. Prot. gibt die bereits überarbeitete Fassung des Hoegnerschen Entwurfs wieder. Hoegner hatte seiner Ausarbeitung zweifellos den in Art. 6 (Ausschließliche Gesetzgebung) und 7 (Konkurrierende Gesetzgebung) der Weimarer Verfassung benannten Aufgabenkatalog zugrundegelegt. Seine Vorschläge wichen nur geringfügig von den genannten Artikeln der Weimarer Verfassung ab.

[5] „Entwurf Hoegner": „übertragen". „Bericht Schütte": „Die Frage lautet „Wie entsteht der neue deutsche Bundesstaat? Im „Vertragswege" oder „durch Akt des deutschen Volkes?" Da diese Frage offen bleiben muß, hat man bei Art. A das Wort „vorbehalten" gewählt."

[6] „Entwurf Hoegner": das Münzwesen und die Währung.

4. die Zölle und Verbrauchssteuern der Bundesrepublik,
5. das Post- und Fernmeldewesen.

Art. C
Die Bundesrepublik hat die Gesetzgebung über
1. das bürgerliche Recht und Strafrecht, einschließlich des gerichtlichen Verfahrens,
2. die Amtshilfe zwischen Behörden,
3. das Paßwesen und die Fremdenpolizei,
4. das Presse- und Parteiwesen[7],
5. die Bekämpfung von Seuchen bei Menschen und Tieren, den Schutz der Pflanzen gegen Krankheiten und Schädlinge, sowie den Schutz [der Gesundheit][7a] beim Verkehr mit Lebensmitteln,
6. das Arbeitsrecht, die Sozialversicherung und den Schutz der Arbeiter und Angestellten, sowie die Arbeitslenkung,
7. Grundsätze des Fürsorgewesens,
8. a) die Berufsverbände,
   b) die Wirtschaftsvereinigungen,
9. die Regelung der Kriegsschäden und die Fürsorge für die Kriegsteilnehmer und ihre Hinterbliebenen,
10. die Vergesellschaftung von Naturschätzen, Kraftquellen und wirtschaftlichen Unternehmen,
11. die Erzeugung, Herstellung, Verteilung und Preisgestaltung wirtschaftlicher Güter[8],
12. das Maß- und Gewichtswesen, das Bank- und Börsenwesen,
13. das Boden- und das Wohnungsrecht,
14. Handel, Handwerk, Industrie und Bergbau[9],
15. das Versicherungswesen,
16. die Seeschiffahrt, die Hochsee- und die Küstenfischerei,
17. die Eisenbahn, die Binnenschiffahrt und den Verkehr mit Kraftfahrzeugen zu Lande, zu Wasser und in der Luft,
18. die Enteignung zu Gunsten der Bundesrepublik oder der Gemeinwirtschaft der Bundesrepublik.[10]

---

[7] „Entwurf Hoegner": Presse-, Vereins-und Versammlungswesen.
[7a] Einfügung nach handschr. Korrektur in: Z 35/178, Bl. 102 und Z 35/388, Bl. 91.
[8] Im „Entwurf Hoegner" folgte: für die Gemeinwirtschaft.
[9] Im „Entwurf Hoegner": das Gewerbe und der Bergbau.
[10] Die weiteren Artikel im „Entwurf Hoegner" lauteten:
[noch Art. C]
„18. die einheitliche Regelung der von den Bundesstaaten zu erhebenden Verkehrssteuern einschließlich der Erbschaftssteuer (sowie der Einkommensteuer), die Bewertung des Vermögens bei der Erhebung von Personal- und Realsteuern durch die Bundesstaaten und die Vermeidung oder Beseitigung von Doppelbesteuerungen,
19. den Belastungsausgleich zwischen den Bundesstaaten und die Vergütung der Verwaltungskosten bei der Ausführung der Bundesgesetze.
Art. D
Solang und soweit der Bund von seinem Gesetzgebungsrecht keinen Gebrauch macht, behalten die Bundesstaaten das Recht der Gesetzgebung. Dies gilt nicht für die ausschließliche Gesetzgebung des Bundes.
Art. E
1. Die Bundesgesetze werden in den Fällen des Art. B Nr. 1, 3 und 7 von Bundesbehörden, in allen übrigen

Anmerkungen zum Entwurf:

Zu Art. A:
Herr Küster schlug aus Gründen der Tradition die Beibehaltung der Bezeichnung „Deutsches Reich", Staatssekretär Brill im Hinblick auf die künftige diplomatische Bedeutung der Wiener Bundesakte „Deutscher Bund" vor. Als vorläufige Bezeichnung wurde „Deutsche Bundesrepublik"[11] gewählt.

Zu Art. B:
1. Die Frage der Bundesverwaltung wird zurückgestellt.
2. Die Position der Wehrerfassung wurde gestrichen.[12]
3. Staatssekretär Brill empfahl Überprüfung der Agenden im Hinblick einer den neuzeitlichen Verhältnissen entsprechenden Terminologie.
4. Küster hat Bedenken gegen die Bezeichnung Geldwesen und empfahl, statt dessen gesetzliche Zahlungsmittel. Die Bezeichnung der Ziffer 3 soll von sachkundiger Seite nochmals überprüft werden.
5. Die Position „die Einheit des Zoll- und Handelsgebiets und die Freizügigkeit des Warenverkehrs" im ursprünglichen Entwurf wurde gestrichen.[13] Ein besonderer Art. mit folgendem Text wurde vorgesehen:
„Deutschland ist ein einheitliches Zoll- und Handelsgebiet, in dem die Freizügigkeit des Warenverkehrs gewährleistet ist. Das Nähere bestimmt ein Bundesgesetz."
In diesem Zusammenhang wurde festgestellt, daß der Außenhandel unter die Ziffer 1 „Beziehungen zum Ausland" fällt.

Fällen des Art. B und in allen Fällen des Art. C mit Ausnahme der dem allgemeinen Verkehr dienenden Eisenbahnen von den Behörden der Bundesstaaten ausgeführt.
In den Fällen des Art. B Nr. 3 und 7 und C Nr. 16 sind Gruppenverwaltungen bei den bundesstaatlichen Regierungen einzurichten.
2. Der Bund trifft durch Gesetz Vorschriften über die Einrichtung der Abgabenverwaltung der Bundesstaaten, soweit es die einheitliche und gleichmäßige Durchführung der Bundesabgabengesetze erfordert.
Art. F
Der Bund übt die Aufsicht in den Angelegenheiten aus, in denen ihm das Recht der Gesetzgebung zusteht, jedoch nur soweit als der Bund die Gesetze erlassen hat.
Soweit die Bundesgesetze von den Behörden der Bundesstaaten auszuführen sind, kann der Bund allgemeine Anweisungen erlassen.
Die Regierungen der Bundesstaaten sind verpflichtet, auf Ersuchen des Bundes Mängel, die bei der Ausführung der Bundesgesetze hervorgetreten sind, zu beseitigen. Bei Meinungsverschiedenheiten kann sowohl der Bund als der Bundesstaat die Entscheidung des Bundesverfassungsgerichtshofes anrufen, falls nicht durch Bundesgesetze ein anderes Gericht bestimmt ist.
Art. G
Der Bund bestreitet seine Ausgaben mit
1. den Einnahmen der Bundesstaaten aus den Zöllen und den Verbrauchssteuern des Bundes nach Abzug der Erhebungs- und Verwaltungskosten,
2. den Überschüssen aus den Bundesbahnen, der Bundespost und des Fernmeldewesens und
3. seinen Verwaltungseinnahmen.
(2)[!] Soweit die Einnahmen des Bundes seine Ausgaben übersteigen, sind sie den Bundesstaaten nach Maßgabe ihrer Bevölkerung zu überweisen. Soweit die Ausgaben durch die Einnahmen nicht gedeckt werden, sind sie durch Beiträge der Bundesstaaten nach Maßgabe des Aufkommens an Umsatzsteuer zu decken.
(3) Andere als die in Abs. 1 Nr. 1 aufgeführten Abgaben dürfen für den Bund nicht erhoben werden".

[11] Nach „Bericht Schütte" stammte der Vorschlag von StR Schmid. Im „Entwurf Hoegner" war die Bezeichnung „Bund" verwandt worden.
[12] Im „Entwurf Hoegner" als Art. B 3. Nach „Bericht Schütte" wurde die Position auf Vorschlag von StR Schmid gestrichen.
[13] Im „Entwurf Hoegner" als Art. B 5.

6. Auf Vorschlag von Herrn Ministerialdirigent Glum wurde die Behandlung der Finanzgesetze zurückgestellt, so daß die Ziffer 4 „Zölle und Verbrauchssteuern" erneut behandelt werden muß.
7. Ministerialdirigent Glum wies darauf hin, daß das Fernmeldewesen die einheitliche Bezeichnung des Telegraphen- und Fernsprechwesens darstellt, während der Rundfunk nicht darunter zu verstehen ist.

Zu Art. C:
1. Staatssekretär Brill schlug vor, Wasserrecht, Bergrecht, Wegerecht, Jagdrecht und Fischereirecht den Ländern zu überlassen.
2. Mit der Abwandlung der ursprünglichen Formulierung in Ziffer 3 des Presse-, Vereins- und Versammlungswesens in Presse- und Parteiwesen war Herr Küster einverstanden unter der Voraussetzung, daß die Vereins- und Versammlungsfreiheit unter dem Abschnitt über die Grundrechte grundsätzlich festgelegt wird. Der Erlaß eines besonderen Parteigesetzes wurde allgemein als notwendig bezeichnet.
3. Die Position „Handel, Handwerk, Industrie und Bergbau" ist von sachkundiger Seite zu überprüfen, ob sie alle Bereiche der „gewerblichen Wirtschaft" ausnahmslos erfaßt, mit Ausnahme der Landwirtschaft.

Nächste Sitzung:
Dienstag den 20. Mai 1947, 10 Uhr in Ruit.[14] Die Beratung ist für den ganzen Tag in Aussicht genommen.
Thema: Finanzfragen.
Den Teilnehmern wurde anheimgestellt, einen Finanzsachverständigen mitzubringen.

---

[14] Vgl. Dok.Nr. 23.

Nr. 22
Rundreise des bayerischen Bevollmächtigten beim Länderrat, MinDir. Seelos zur Vorbereitung der Münchener Ministerpräsidentenkonferenz
15.–18. Mai 1947[1]

I Unterredung mit dem hessischen Ministerpräsidenten Christian Stock in Bad Orb am 15.5.1947

BHStA Abt. II MA Abg. 1975 vorl. Nr. 73, o.Bl., 2 Seiten. Vermerk vom 19.5.1947, ungez. maschinenschr. vervielf. Ausf.

Ministerpräsident Stock begann die Besprechung mit dem Bekenntnis, daß er die Konferenz zunächst für eine „Schnapsidee" gehalten habe. Auf meinen Einwand, daß die Reaktion in der Öffentlichkeit und bei den politischen Parteien[2] wohl in der Zwischen-

---

[1] Ursprünglich waren folgende Gespräche vorgesehen: 15. 5. 1947 MinPräs. Stock und Min. Hilpert; 16. 5. 1947 MinPräs. Boden, Adenauer, Budde, Pünder; 17. 5. 1947 SenPräs. Kaisen, Bgm. Brauer, MinPräs. Lüdemann; 18.5.1947 MinPräs. Kopf (BHStA Abt. II MA Abg. 1975 vorl. Nr. 77). Über die Unterredungen mit MinPräs. Boden, Budde und Pünder ließen sich Unterlagen nicht ermitteln, Kaisen wurde aus Termingründen nicht besucht (vgl. Grünewald, Münchener Ministerpräsidentenkonferenz, S. 135). Am 15. 5. 1947 abends sprach Seelos mit dem Gutsbesitzer Egon v. Ritter in Kiedrich, der über „ausgezeichnete Verbindungen zu maßgebenden Herren der franz. MilReg." verfüge, seit Jahrzehnten ein enges politisches Zusammengehen mit Frankreich vertrete und zusagte, sich beim Militärgouverneur in Mainz und seinem politischen Berater für die Beteiligung der MinPräs. aus der franz. Zone einzusetzen. (Vermerk vom 19. 5. 1947 BHStA Abt. II MA Abg. 1975 vorl. Nr. 73). In Düsseldorf versuchte Seelos, MinPräs. Amelunxen unangemeldet aufzusuchen; er konnte jedoch „nur" mit dem stellv. MinPräs. Arnold sprechen, „der im Rahmen des Möglichen Unterstützung zusagte" (Vermerk von Seelos, ungez. vom 19. 5. 1947, ebenda). Gesprächspartner in Hamburg war in Abwesenheit von Bgm. Brauer der stellv. Bgm. Harder (ebenda, Vermerk, ungez. vom 19. 5. 1947; Parallelüberlieferung: Vermerk von Harder vom 17. 5. 1947 in: StA Hamburg, Senatskanzlei II, Az.: 000.21-11, Bd. 2). Nach diesem Vermerk argumentierte Seelos, man befürchte, daß die SPD den Versuch machen werde, die Konferenz als unwichtig darzustellen. Bei einem Scheitern bestehe die Gefahr, daß die extrem föderalistischen Tendenzen in Bayern endgültig die Oberhand gewinnen würden. Die Konferenz solle in Permanenz erklärt werden, so daß in etwa acht Wochen eine weitere Konferenz stattfinden könne, um auf diese Weise eine ständige verwaltungsmäßige Zusammenarbeit aller Länder zu erzielen.
Die größten Vorbehalte gegen die Konferenz äußerte MinPräs. Lüdemann, der zwar begrüßte, daß die Konferenz gerade von Bayern angeregt werde, aber zugleich betonte, seine Zustimmung nicht bedingt geben können, da die ganze Konferenz für ihn nur einen Sinn habe, wenn das Lebensproblem Schleswig-Holsteins, die Flüchtlingsfrage, als Hauptthema außer der Ernährungsfrage behandelt werde. Da Seelos dieses nicht zusichern konnte, hatte er erhebliche Mühe, das Gespräch mit Lüdemann zu einem positiven Ende zu bringen, indem er auf die Möglichkeit hinwies, an der Vorbereitung der TO mitzuwirken und die Flüchtlingsfrage durch eine Sonderkonferenz behandeln zu lassen. (Ebenda, ungez. Vermerk von Seelos vom 19. 5. 1947.) Lüdemann lud wenige Tage später zu einer Besprechung nach Kiel ein, um in Vorbereitung der Münchener Konferenz über die dortige Flüchtlingslage zu informieren. (Vgl. Neue Zeitung, Ausg. vom 23. 5. 1947, S. 1.)
In den Rahmen dieser Vorbereitungsgespräche gehört ferner eine Unterredung mit StR Schmid in Tübingen vom 14. 5. 1947 (Prot. in: BHStA Abt. II MA Abg. 1975 vorl. Nr. 73, Abdr. bei Grünewald, Münchener Ministerpräsidentenkonferenz, S. 505). Schmid teilte mit, daß eine Entscheidung der franz. MilReg. hinsichtlich der Teilnahme noch nicht gefallen sei, und vertrat „erneut die Auffassung, daß die Konferenz nur gelingen kann, wenn klare Resolutionen vorbereitet würden. [...] Am meisten lag ihm am Herzen das Verlangen nach einem Besatzungsstatut." Die hier benannten Vermerke von Seelos konnten erstmals von Foelz-Schroeter, Föderalistische Politik, S. 103–108 und von Steininger, Zur Geschichte, S. 384–393 ausgewertet werden.

[2] Zu der Stellungnahme der Parteien vgl. Grünewald, Münchener Ministerpräsidentenkonferenz, S. 121–129; zur SPD siehe Dok.Nr. 31, Anm. 16.

zeit das Gegenteil bewiesen hätten, gab er zu, daß er seine Meinung inzwischen geändert habe und durchaus bereit sei, an der Konferenz positiv mitzuwirken.
Für ihn sei bedeutsam, daß die Konferenz nicht nur mit allgemeinen Resolutionen ende, sondern daß ein konstruktives Programm beschlossen werde, wozu er bereits ausgearbeitete Vorschläge mitbringen werde. Es sei zweckmäßig, daß sich die Ministerpräsidenten bei der Erörterung in der Öffentlichkeit sehr beschränken und daß die einzelnen Probleme in Arbeitskommissionen behandelt würden.
Ministerpräsident Stock wies noch darauf hin, daß nach seiner Auffassung die politische Gestaltung von den Parteien getragen werden müßte. Um die Auffassung der SPD zu der Konferenz zu klären, habe er zusammen mit dem Parteivorstand am 31. Mai und 1. Juni 1947 ein Treffen des Parteivorstandes und führender SPD-Leute in einem Ort bei Frankfurt veranlaßt.[3] Ich sagte Herrn Stock, daß sich seine Auffassung über die Durchführung des Münchener Treffens im wesentlichen mit den bayerischen Plänen decke. Auch wir seien der Auffassung, daß die Konferenz straff geführt werden müßte, daß Resolutionen und konstruktive Programme zur weiteren Behandlung durch eine Redaktionskommission der Delegierten vorbereitet werden müßten. Die bayerische Initiative werde auch keineswegs die Parteien ausschalten, denen als Träger der politischen Willensbildung eine entscheidende Aufgabe zufalle. Zur Zeit handle es sich aber vor allem darum, ein praktisches Wirtschaftsprogramm aufzustellen, das nur die Exekutive durchführen könne. Stock erklärte sich damit einverstanden, daß der Leiter der Planungsabteilung in Minden, Herr Keiser[4] oder der frühere Leiter des bizonalen Wirtschaftsamtes, Mueller[5], das Referat halte, wobei letzterer natürlich von jeder Spitze gegen Minden absehen müßte.
Auf meine Ausführungen über den geplanten Antrag auf ein Besatzungsstatut ließ sich Herr Stock zunächst erklären, was man darunter verstehe und welche Hauptpunkte es enthalten solle, worauf er sich mit dem Gedanken durchaus einverstanden erklärte. Auch zu den anderen Referaten, u. a. auch „Entnazifizierung", gab er seine Zustimmung. Herr Stock sagte schließlich zu, das von ihm geplante konstruktive Wirtschaftsprogramm rechtzeitig nach München zu geben.[6]
Zum Schluß der Unterredung setzte Herr Stock noch seine Ideen über den künftigen deutschen Staatsaufbau auseinander. Danach müsse Deutschland in lebensfähige größere Bundesstaaten geteilt werden, wobei selbstverständlich die Pfalz zu Hessen kommen müsse, da sie zum hessischen Wirtschaftsraum gehöre.

---

[3] Vgl. Dok.Nr. 31, Anm. 16.

[4] Seelos hatte vor seiner Abfahrt noch am 14. 5. 1947 in Stuttgart mit Keiser vom VAW wegen der Übernahme eines Referats über die wirtschaftliche Lage und das zu beschließende Notprogramm verhandelt (BHStA Abt. II MA Abg. 1975 vorl. Nr. 73, Vermerk von Seelos, ungez. vom 14. 5. 1947). Dieser erklärte sich grundsätzlich dazu bereit, falls Agartz, der Leiter des Mindener Wirtschaftsamts, zustimmen würde, und schlug seinerseits den parteilosen Rudolf Mueller vor.

[5] Zur Person Muellers vgl. Dok.Nr. 2.

[6] Dieses Wirtschaftsprogramm ließ sich nicht ermitteln.

Nr. 22   15.–18. 5. 1947   Rundreise Seelos

II Unterredung mit dem hessischen Finanzminister Werner Hilpert in Oberursel am 15.5.1947

BHStA Abt. II MA Abg. 1975 vorl. Nr. 73, o.Bl., 2 Seiten, Vermerk vom 19. 5. 1947, ungez., maschinenschr. vervielf. Ausf.

Nachdem ich Herrn Hilpert die Ziele und die technische Durchführung der Konferenz auseinandergesetzt hatte, führte er folgendes aus. Es sei unbedingt nötig, daß auf der Konferenz eine deutliche Sprache geführt werde. Man solle darüber hinaus schon auf der Konferenz zu einer gesamten deutschen Vertretung kommen, dem Staatenrat und dem Volksrat. Wir stünden am Wendepunkt, ob wir weiterhin in einem kolonialen Status niedrigster Art lebten oder nicht. Bisher seien uns nur die Verantwortungen in schwierigen Situationen zugeschoben worden. Wir wollen unser Schicksal in unsere Hand nehmen, wir wollen zu einer Gemeinschaft und einem staatlichen Unterbau kommen, der von dem politischen Willen der Parteien getragen wird. Die Militärregierung solle sich darauf beschränken, nur objections gegen deutsche Maßnahmen zu erheben, dafür aber nicht immer nach Belieben eingreifen. Es müßten völlig klare Zuständigkeiten zwischen Militärregierung und deutscher Regierung geschaffen werden. Zur Zeit sei die deutsche Regierung nur der Prügelknabe für die Militärregierung und Freiwild für deutsche Lumpen. Herr Hilpert wies auf die Stimmenthaltung von 35 % der Wähler bei den Wahlen in der britischen Zone hin[7], die die Parteien bereits ablehnten. Es gehe darum, daß die Wähler nicht völlig zum Kommunismus abschwimmen. Wegen der technischen Vorbereitung des Programms wies er darauf hin, daß für das wirtschaftliche Sofort-Programm auch der Wirtschaftsminister von Rheinland-Westfalen, Nölting[8], in Frage komme. Als Unterlage könne der Gesundungsplan für die deutsche Wirtschaft[9] dienen, den Mueller im Dezember 1946 ausgearbeitet habe und der nur entsprechend der Weiterentwicklung ausgestaltet werden müßte.

Streng vertraulich teilte er noch mit, daß Staatssekretär Brill seinen Krankheitsurlaub ab 19. 5. 1947 in München verbringen werde, um mit Minister Pfeiffer sich zu besprechen und um die Vorbereitung der Münchener Konferenz zu fördern.[10] Brill handele durchaus in seinem Einverständnis. Hilpert erklärte sich bereit, das Steuerreferat zu übernehmen.[11] Für das Ernährungsreferat empfahl er vor allem Herrn Dietz.[12] Die Materialsammlung über die deutschen Opfer des Faschismus werde er nach Möglichkeit in Absprache mit Herrn Kogon fördern.[13] Mit den anderen Referaten erklärte er

---

[7] In Niedersachsen, Nordrhein-Westfalen und Schleswig-Holstein waren am 20. 4. 1947 die Landtage gewählt worden. Zu den Ergebnissen vgl. Dok.Nr. 34, Anm. 8a.

[8] Prof. Nölting wurde dann auch für ein Referat über die deutsche Wirtschaftslage und das Wirtschaftsnotprogramm vorgesehen; er sagte aber am 22. 5. 1947 ab (BHStA Abt. II MA Abg. 1975 vorl. Nr. 73, Vermerk vom 23.5.1947).

[9] Abdr. in: Akten zur Vorgeschichte 1, S. 1070–1071.

[10] In Hessens offizieller Delegation befanden sich MinPräs. Stock, Min. Binder und Min. Hilpert. StS Brill war auch anwesend, er ist in einer korrigierten Namensliste der Arbeitskommission zur Vorbereitung der Resolution über das Besatzungsstatut aufgeführt (BHStA Abt. II MA 130 860). Zu seinen Aktivitäten bei der Vorbereitung vgl. auch Dok.Nr. 23.

[11] Abdr. in: Dok.Nr. 32 A, TOP 9.

[12] MinRat Dietz, Hess. Min. für Ernährung und Landwirtschaft, Präs. des Landesernährungsamtes.

[13] Eugen Kogon war durch sein Buch über den SS-Staat und als Herausgeber der Frankfurter Hefte (seit 1946) bekannt geworden. Er kommentierte die Münchener Ministerpräsidentenkonferenz in Heft 7 der genannten Zeitschrift, in dem auch ein Beitrag von FinMin. Hilpert, den er von einer gemeinsam im KZ verbrachten Zeit her kannte, zu finden ist.

sich durchaus einverstanden. Herr Hilpert sprach sich aus politischen Gründen gegen die Betrauung von Mueller[14] mit dem Vortrag über die wirtschaftliche Lage aus, weil dadurch sofort Gegensätze zur SPD ausgelöst würden.

III Unterredung mit Konrad Adenauer, Vorsitzender der CDU in der britischen Zone, in Köln am 16.5.1947

BHStA Abt. II MA Abg. 1975 vorl. Nr. 73, o.Bl., 2 Seiten. Vermerk vom 19. 5. 1947, ungez. maschinenschr. vervielf. Ausf.

[Regierungsbildung in Rheinland-Westfalen]
Adenauer begrüßte den bayerischen Schritt aufs Wärmste, da dadurch Bayern und Ministerpräsident Ehard mehr in den Vordergrund kämen.

Er sei durchaus für eine Initiative der deutschen Staaten auf diesem Gebiet und nicht der Parteien, deren Aufgaben woanders lägen. Er glaube, daß man das Programm möglichst beschränken solle auf das Wirtschaftsnotprogramm und das Besatzungsstatut. Bayern und sein Ministerpräsident dürfen es sich nicht nehmen lassen, den Antrag wegen des Besatzungsstatuts selbst zu stellen. An der Ausarbeitung könne ja auch Budde[15] teilnehmen, der bereits viele Vorarbeiten geleistet habe. Für das Ernährungsreferat hält er den Ernährungsminister von Rheinland-Westfalen, Lübke[16], am besten.

Im übrigen erhofft er nach der Rede von Bevin, die doch sehr enttäuschend für Deutschland sei und die erneut beweise, daß England seinen labilen Standpunkt zwischen Amerika und Rußland weiter erhalten wolle, alles von den Vereinigten Staaten.[17] Gerade auch deshalb sei es am richtigsten, daß Bayern als der größte Staat der US-Zone die Führung und Initiative im jetzigen Augenblick übernommen habe. Auf meine Frage, ob ich auch bei Amelunxen vorsprechen solle, empfahl er mir dringend, das zu tun. Den stellvertretenden Ministerpräsidenten Arnold bezeichnete er vertraulich als viel zu zurückhaltend in politischen Dingen. Herr Adenauer versprach, an der Schöneberger Tagung der CDU[18] am 31. Mai und 1. Juni teilzunehmen, er müsse aber als Bedingung stellen, daß er ein Einzelzimmer bekomme, da er an großer Schlaflosigkeit leide.

---

[14] Vgl. Dok.Nr. 2.

[15] Zur Person von Budde vgl. Dok.Nr. 1 C, Anm. 5. Zunächst war als Referent über das Besatzungsstatut auch an StS a.D. Pünder, OB von Köln, gedacht worden (vgl. ungez. Vermerk vom 14.5.1947, BHStA Abt. II MA Abg. 1975 vorl. Nr. 73). Im Nachl. Pünder ließen sich Unterlagen über ein Gespräch Pünders mit Seelos nicht ermitteln.

[16] Das Referat von Min. Lübke abgedr. in: Dok.Nr. 32 A, TOP 4.

[17] Gemeint ist vermutlich die Ansprache Bevins vor dem Unterhaus vom 13.5.1947 über die Moskauer Außenministerkonferenz. Wortlaut in: Europa Archiv 2 (1947), S. 752–758. Zu Adenauers außenpolitischer Konzeption nach 1945 siehe Morsey, Der politische Aufstieg, S. 22–24.

[18] Eine Tagung der CDU vom 31.5./1.6.1947 ließ sich nicht nachweisen. Vom 28.–31.5.1947 fand zwar in Berlin die zweite Deutschlandtagung der Jungen Union statt, es ist aber zu vermuten, daß Seelos die Tagung der Arbeitsgemeinschaft der CDU/CSU in Würzburg (2./3.6.1947) meinte, an der Adenauer nach kurzfristiger vorheriger Absage nicht teilnahm. Siehe Conze, Jakob Kaiser, S. 145.

Nr. 22   15.–18. 5. 1947

IV Unterredung mit dem niedersächsischen Ministerpräsidenten Hinrich Wilhelm Kopf in Hannover am 16.5.1947

BHStA Abt. II MA Abg. 1975 vorl. Nr. 73, o.Bl., 1 Seite. Vermerk vom 19. 5. 1947, ungez. maschinenschr. vervielf. Ausf.

Herr Kopf sagte mir zunächst, daß er eine Zusage für die Münchener Konferenz nur deshalb nicht geben konnte, weil er zunächst die Kabinettsbildung abschließen müsse, womit er in den nächsten zwei oder drei Tagen rechnen könne.[19]
[Schwierigkeiten der Regierungsbildung]
Grundsätzlich stehe er der Münchener Konferenz sehr sympatisch gegenüber. Zu den Einzelheiten brauche er nicht viel zu sagen, denn man kenne ja zur Genüge in München seinen föderalistischen Standpunkt, den er immer vertreten habe und den er nie ändern werde. Ministerpräsident Kopf wird an der Besprechung der SPD-Führer in Frankfurt am 31. Mai und 1. Juni teilnehmen.[20] Ministerpräsident Kopf legte schließlich größten Wert darauf, daß auf der Konferenz nicht bloß allgemeine Reden geführt würden, sondern daß konkrete Anträge und Resolutionen vorbereitet würden.[21]

---

[19] Zur Kabinettsbildung in Niedersachsen vgl. Vogelsang, H.W. Kopf, S. 90–94. Kopf sagte am 24. 5. 1947 seine Teilnahme an der Konferenz zu.

[20] Vgl. Dok.Nr. 31, Anm. 16.

[21] Am späten Abend des 16. 5. 1947 sprach Seelos auch noch mit GesRat v. Campe (Vermerk Seelos, ungez. vom 19. 5. 1947, BHStA Abt. II Abg. 1975 vorl. Nr. 73).
In Hannover war man bereits durch SenPräs. Kaisen und Stier tom Moehlen über das Konferenzvorhaben unterrichtet worden (vgl. Dok.Nr. 27, Anm. 1). Ferner war Landgerichtsdir. Loehning, der sich dienstlich in Süddeutschland aufgehalten hatte, beauftragt worden, weitere Informationen über die Konferenz einzuholen. In Unterredungen mit StS Eberhard in Stuttgart am 16. 5. 1947 (HStA Hannover Nds Z 50 Acc. 32/63, Nr. 64 I, Schreiben vom 17. 5. 1947) und Min. Pfeiffer in München am 21. 5. 1947 (Vermerk vom 26. 5. 1947 ebenda) wurde ihm als Hauptzweck der Konferenz benannt, „daß erstmalig überhaupt eine gemeinsame Besprechung der Ministerpräsidenten der Länder stattfindet, wobei eine gewisse ‚Permanenz' durch Ausschüsse gegeben ist. [...] Weitere künftige gemeinsame Besprechungen sind in Aussicht genommen (Vertraulich)."

Nr. 23
Zweite Besprechung über Verfassungsfragen im Deutschen Büro für Friedensfragen in Ruit
20. Mai 1947

StA Bremen 3-R 1 n Nr. 1, o.Bl., 9 Seiten. Von OFinPräs. Heinemann gez. Schreiben vom 24.5.1947 an den Sen. für Justiz und Verfassung, behändigte Ausf.[1]

Anwesend: Stellv. MinPräs. Hoegner, MinDirig. Ringelmann (Bayern); OFinPräs. Heinemann, Schütte (Bremen); RAnw. Küster, Klaiber (Württemberg-Baden); StS Brill, MinDir. Troeger (Hessen); StR Schmid, Eschenburg (Württemberg-Hohenzollern); StS Eberhard, Hartmann (Büro für Friedensfragen)[2]

[1. Entwurf eines Vertrages über die Bildung eines Verbandes Deutscher Länder]

Die Sitzung wurde von Herrn Minister Hoegner eröffnet. Nach nicht weiter interessierenden Ausführungen einiger Teilnehmer ergriff Brill das Wort und führte aus, daß es an der Zeit sei, ja die dringende Notwendigkeit bestehe, das deutsche Volk vor dem drohenden moralischen Verfall zu bewahren. Es solle nun in München demnächst eine Besprechung der Ministerpräsidenten aller vier Zonen stattfinden. Für diese Besprechung solle man, und zwar als Vorschlag der heutigen Versammlung, den von ihm, Brill, hier in Abschrift als Anlage 1 beigefügten Entwurf eines Vertrages über die Bildung einer deutschen Staatengemeinschaft vorlegen. Dieser Entwurf Anlage 1 wurde in Ruit im einzelnen beraten und in die Fassung Anlage 2 gebracht. Der Entwurf Anlage 1 war zunächst (vgl. Artikel 1) zugeschnitten nur auf die drei westlichen Besatzungszonen und die Stadt Berlin, soweit die Interessen der drei westlichen Besatzungsmächte des Berliner Stadtgebietes in Frage kommen. Veranlaßt durch eine Bemerkung von Herrn Schütte, ob man nicht im Text der Ostzone gedenken oder sie einladen solle, brachte ich zum Ausdruck, daß ich die Beschränkung des Artikels 1 auf die drei Westzonen für bedenklich halte, da hierin eine Absonderung der Westzonen und damit eine Gefahr für den Zusammenschluß aller vier Zonen gefunden werden könne: „Westreich" meinte zustimmend einer der Teilnehmer. Mir wurde zunächst erwidert, daß der Entwurf Anlage 1 der Tatsache Rechnung trage, daß die Ostzone de facto bereits ein Teil Rußlands sei, worauf ich erklärte, daß es umso gefährlicher sei, wenn sich nun auch die westlichen Zonen absonderten; auch wenn der Entwurf Anlage 1 das nicht beabsichtige, könne man eine derartige Absonderung „in ihn hineininterpretieren". Das Ergebnis war, daß im Artikel 1 des Entwurfes Anlage 1 die Beschränkung auf die drei Westzonen gestrichen, und daß der Artikel 1 der Fassung Anlage 2 nur von „Ländern" (nämlich aller vier Zonen) spricht. Im einzelnen wurde noch weiter ausgeführt, es sei an der Zeit, daß auf das strikteste auch nach außen für ein einheitliches Deutschland eingetreten werde, „die Stimme der Deutschen" müsse zur Geltung gebracht, und es müsse u. a. wieder Ordnung in die Gesetzgebung gebracht werden, da das Nebeneinander all der zahlreichen Stellen der Militärregierungen auf die Dauer unerträglich sei. Um dem Abkom-

---

[1] Oben rechts Eingangsstempel vom 31.5.1947 mit Journal-Nummer. Der Bericht gelangte auf nicht erkennbare Weise auch an den Parteivorstand der SPD in Hannover (ASD, Bestand Schumacher, Verfassungsfragen nach 1945 (Sammlung Ollenhauer) Reg.-Nr. J 99). Parallelüberlieferung: Das offizielle Prot. von Eschenburg (Z 35/178, Bl. 94), künftig als „Prot. Eschenburg" zitiert. Stenographische Notizen von der Hand Hoegners über die Sitzung in: IfZ ED 120/130a.

[2] „Prot. Eschenburg" benennt keine Vertreter Württemberg-Hohenzollerns.

men eine tragfähige Grundlage zu geben, müßten sich die CDU und die SPD über eine einheitliche Wirtschaftspolitik verständigen. Der Wiederaufbau und die Währungsfragen müßten zu Zentralproblemen werden.

Die staatsrechtliche Lage des Reichs wurde dahin charakterisiert, daß das Staatsgebiet noch bestehe, und zwar einschließlich der von den Polen besetzten Gebiete. Die Zonengrenzen seien nur militärische Demarkationslinien, allerdings seien die Organe des Weimarer Staates entwertet und erloschen. Man müsse daher dem Reich wieder einen Kopf geben und da die Weimarer Verfassung die Bildung einer Staatengemeinschaft erlaube, sei der angestrebte Vertrag statthaft. Dieser Vertrag schaffe kein Vorreich und auch keinen politischen, sondern einen Zweckverband, der der russischen Zone nicht den Beitritt verbaue. Es handle sich nicht um einen ersten Akt der „Werdung eines neuen Reiches", sondern um die Ausfüllung einer Lücke zwischen dieser „Werdung" und dem „Heute". Einer der Teilnehmer erinnerte an den Zollverein des 19. Jahrhunderts, der in Artikel 4 der Anlage 1 vorgesehene Volksrat sei nicht der Reichstag des Bundes, sondern der „Zollvereinstag".[3]

Gründer des Verbandes seien die Regierungen, nicht die Parteien (Ablehnung der These von Schumacher, wonach die Gründung des neuen Reiches Sache der Parteien sei), die Parteien (sei es eine, seien es mehrere) als Gründer des neuen Reichs zu bezeichnen, sei eine faschistische Nachwirkung. Der Verband werde ernsthafte Regierungsarbeit leisten müssen, und zwar im wesentlichen durch die Staatssekretäre der Länder, die stellvertretende Mitglieder des im Artikel 5 vorgesehenen Staatenrates werden, jedoch häufig mit ihren Landesministern, d. h. den ordentlichen Mitgliedern des Staatenrates lt. Artikel 5 beraten müßten. Die Organe des Verbandes seien nicht an die Instruktionen der Regierungen gebunden. Im Staatenrat solle das Mehrheitsprinzip gelten. Die bizonalen Ämter müßten dem Staatenrat unterstellt werden. Man könne vielleicht – etwa bei Post und Eisenbahn, nicht aber bei Industrie, Finanzen und Wirtschaft – einen board zwischenschalten.

Mit der Verlesung und Neufassung der hier als Anlagen 1 und 2 beigefügten Entwürfe schloß die Vormittagssitzung am 20. Mai des Jahres.[4]

---

[3] Nach „Prot. Eschenburg" führte StS Brill dieses Beispiel an.

[4] Nach „Prot. Eschenburg" wollte es Hoegner übernehmen, Ehard von diesem Vorschlag zu unterrichten. Eine Stellungnahme Ehards ließ sich nicht ermitteln, der für Verfassungsfragen zuständige MinDirig. Glum schlug in Einzelheiten Korrekturen vor (Abdr. seiner Stellungnahme vom 29. 5. 1947 bei Grünewald, Münchener Ministerpräsidentenkonferenz, S. 502–503). Noch am 3. 6. 1947 wurde in Stuttgart, vermutlich im Büro für Friedensfragen, eine Präambel erstellt (Z 35/25, Bl. 24); behandelt wurde das Projekt in München dann offensichtlich nicht. Der Öffentlichkeit blieb das Projekt so gut wie ganz verborgen. Lediglich Henry Bernhard erwähnte es in einem Artikel ‚Die Konferenz der verpaßten Gelegenheiten' über die Münchener Ministerpräsidentenkonferenz (Stuttgarter Rundschau, Juni 1947, S. 1–2): „Es ist bekannt geworden, daß einige der Delegierten einen gerade vom französischen Standpunkt aus ganz verständigen Entwurf für einen ‚Verband der deutschen Länder' in der Tasche hatten. Es war als Provisorium gedacht, aber das Endgültige kann sich nur aus Versuch und Irrtum bilden. Hier wäre vielleicht etwas weniger Geheimdiplomatie am Platz gewesen. Man hätte solche Gedanken vor der Konferenz in die Öffentlichkeit lancieren können. Sie hätten die internationale Lage, besonders nach Frankreich hin, nur erleichtert. Auch diese Gelegenheit wurde verpaßt. Leider." Über Brills Initiative wurde im verfassungspol. Ausschuß der SPD am 27.6.1947 in seiner Abwesenheit – sein Mitfahrer hatte verschlafen – zu Gericht gesessen. Prot. in: ADS, Bestand Schumacher, Verfassungsfragen nach 1945, (Sammlung Ollenhauer Reg.Nr. J 99). Hoegner erklärte, der Entwurf sei für die Münchener Konferenz vorgesehen gewesen, falls es dort zu einer Erörterung der Einheit Deutschlands gekommen wäre; auf Grund der Frankfurter Konferenz der SPD (vgl. Dok.Nr. 31, Anm. 16) seien die Dokumente zurückgezogen worden. Schumacher konstatierte: 1. Der Entwurf über die Bildung eines Verbandes Deutscher Län-

[2. Kompetenzverteilung zwischen Bund und Ländern in der Steuergesetzgebung]

In der Nachmittagssitzung wurde die Beratung des von Herrn Schütte in seinem Brief vom 10.5.1947 übersandten Verfassungsentwurfs[5], und zwar des Artikels Ziffer C 18 fortgesetzt. Es ging um folgende Fragen:
1. Sollen die Steuergesetze Reichsgesetze sein?
2. Wie sollen die Steuereinnahmen zwischen Reich, Ländern und Gemeinden verteilt werden?

In der Verhandlung über diese beiden Fragen schieden sich, wie Herr Hoegner zusammenfassend ausführte, die Geister vornehmlich darüber, ob die Einkommensteuer in die Bundesgesetzgebung einbezogen werden solle oder nicht. Dies wurde von Hessen, Südwürttemberg und Bremen bejaht, von Bayern verneint. Bayern will dem Reich lediglich die Gesetzgebung über die Verbrauchssteuern und Zölle übertragen. Darüber hinaus will Bayern dem „Bund" auch nur das Aufkommen aus Umsatz- und Verbrauchssteuern sowie aus Zöllen zukommen lassen. Es will im übrigen den Bund auf Matrikularbeiträge verweisen. Hessen übergab eine Ausarbeitung „Die Finanzen von Reich und Bund" vgl. Anlage 3.[6]

---

der widerspreche den verfassungspolitischen Richtlinien der Partei, über die der Parteitag zu entscheiden haben werde. 2. Die fünf sozialdemokratischen Minsterpräsidenten seien auf Grund der Frankfurter Konferenz vom 30. 5. 1947 in Übereinstimmung mit dem Parteivorstand nach München mit der Einstellung gegangen, daß nicht ein durch die Länder geschaffenes Organ über die Länder gesetzt werden dürfe. 3. Es sei unmöglich, die Partei bei diesen Fragen außer acht zu lassen und durch Ausnutzung bürokratischer Positionen einen Gegensatz der Inhaber dieser bürokratischen Positionen zur Gesamtpartei zu schaffen. 4. Durch die Schaffung des Wirtschaftsrates sei der „Satzungsentwurf überholt". Er stellte ferner die Frage, wie es zu der „politischen Autonomie" kommen konnte, die der Entwurf zeige.
Brill legte in einem ebenso ausführlichen wie scharfen Schreiben vom 14.7.1947 an Schumacher die Hintergründe seines Entwurfes dar (IfZ, ED 117, Bd. 59). Die Bildung von Verwaltungsgemeinschaften habe er in mehreren Gesprächen mit Prof. Friedrich (OMGUS) bereits seit Anfang 1947 als Möglichkeit dargelegt, um die Probleme der unkoordinierten Zweizonenverwaltungen zu lösen. Nach der Moskauer Konferenz habe er die Frage wieder aufgegriffen und nach Gesprächen mit StS Strauß und StR Apel auch MinPräs. Stock vorgetragen, der ihn beauftragt habe, seine Gedanken zu Papier zu bringen. Daraufhin sei das Papier vom 23.4.1947 entstanden (vgl. Anm. 7). Nachdem Stock erkrankt sei, habe er die Dokumente StS Eberhard und Frau RegRat Bayer zur Kenntnis gegeben; letztere habe Ollenhauer und Heine aus Anlaß der Wiedereröffnung des Geburtshauses von Karl Marx in Trier [4.5.1947] informiert. Am 20. 5. 1947 habe StS Eberhard ihn bei der Sitzung des Ausschusses für Staats- und Völkerrecht überraschend aufgefordert, seinen Entwurf zu beraten. Niemand habe daran gedacht, den Verband von einem Gegenstand der Münchener Konferenz zu machen. Auf der Zusammenkunft der SPD in Frankfurt am 1. 6. 1947 habe StS Eberhard den Entwurf völlig aus eigener Initiative an Schumacher weitergegeben. Er, Brill, habe sofort erklärt, die Sache sei völlig erledigt, da die Prokl. Nr. 5 in wenigen Stunden zu erwarten sei und der Entwurf für München keine Bedeutung haben könne, „es sei denn, daß es zur offenen Schlacht mit den Ministerpräsidenten der sowjetischen Besatzungszone komme und man ihrer Forderung eines ‚Einheitsstaates' einen anderen konkreten Vorschlag, nicht für die Verfassung, sondern für ein praktisches Teilziel entgegenstellen müsse."

[5] Es handelte sich nicht um einen Verfassungsentwurf, sondern um die Ausarbeitung über die Abgrenzung der Zuständigkeiten zwischen Bund und Ländern. Vgl. Dok.Nr. 21, Anm. 4. Den Wortlaut von Art. C 18 siehe Dok.Nr. 21, Anm. 10.

[6] Nach „Prot. Eschenburg" wurde eine vom Deutschen Büro für Friedensfragen erarbeitete Denkschrift über die Finanzen von Reich und Bund ausgeteilt (Ausf. für StS Brill, gez. Richard Taras in: Nachl. Brill/10 a, Bl. 47–57). StS Brill übergab Aufstellungen über die Einwohnerzahlen in den Ländern nach der Volkszählung vom 29.10.1946 und Wahlstatistiken (vgl. Schütte an den Senat vom 22.5.1947 in: StA Bremen 3-R 1 n Nr. 1).

Da die Einigung nicht erzielt wurde, ist die neue Sitzung auf den 14. Juni 1947 in Ruit wieder unter Einbeziehung der Finanzvertreter anberaumt.⁶ᵃ

[Bitte um Rückgabe der Akten]

Anlage 1
Entwurf eines Vertrages über die Bildung einer Deutschen Staatengemeinschaft⁷

Art. 1

Die Länder Bayern, Württemberg-Baden, Hessen, Bremen des amerikanischen Besatzungsgebietes, Nordrhein-Westfalen, Niedersachsen, Schleswig-Holstein, Hamburg des britischen Besatzungsgebietes, die Stadt Berlin, soweit die Interessen des amerikanischen, britischen und französischen Sektors des Berliner Stadtgebietes in Frage kommen⁸, die Länder Südwürttemberg, Südbaden und Rheinpfalz des französischen Besatzungsgebietes vereinigten sich zu einer Gemeinschaft mit dem Zwecke, auf den Gebieten der Industrie-Wirtschaft, des Handels, der Landwirtschaft und Ernährung, des Verkehrs, der Post und des Fernmeldewesens, der Finanzen und der Arbeit ge-

---

⁶ᵃ RAnw. Küster faßte seine Stellungnahme am 22. 5. 1947 in einem Schreiben an StS Brill noch einmal zusammen, da sie nicht zu Protokoll genommen worden sei (IfZ ED 120/130 a):
„1. *Gesetzgebung* – Der Bund hat die Gesetzgebung über Zölle und Verbrauchssteuern, über Verkehrssteuern einschließlich der Erbschaftssteuern, über die Bewertung der Steuergegenstände und über die Vermeidung von Doppelbesteuerung.
2. *Kostenverteilung* – Der Bund trägt im Verhältnis zu den Ländern lediglich die Kosten seines eigenen Verwaltungsapparates, dagegen schon nicht mehr die Kosten der Ausführung der Bundesgesetze durch die Länder.
3. *Sozialisierung* – Der Bund hat zwar die Sozialisierungsgesetzgebung, die auch eine Gesetzgebung für den Einzelfall sein kann, wie immer im Enteignungsrecht. Es muß aber in der Verfassung bestimmt werden, daß nicht zugunsten des Bundes, sondern nur durch den Bund zugunsten von Ländern, Gemeinden, Stiftungen, Produktionsgenossenschaften usw. sozialisiert werden kann.
Ergänzend kommt eine Sozialisierung zugunsten eines Zweckverbandes der Länder in Betracht, wenn es notwendig ist, alle Länder am Ertrag oder am Risiko zu beteiligen. Ließe man eine Sozialisierung zugunsten des Bundes zu, so würde von hier aus der Finanzausgleich aus den Angeln gehoben.
4. *Einnahmeverteilung* – Der Bund erhält im Verhältnis zu den Ländern den Ertrag der Zölle und Verbrauchssteuern. Ein etwaiger Mehrbedarf wird durch Beiträge der Länder aufgebracht. Gesetze sind verfassungsmäßig zulässig, die weitere Ausgaben als zu Punkt 2 erwähnt auf den Bund übernehmen."

⁷ Wörtlich übereinstimmende Fassung auch in: Nachl. Brill/ 10 a, Bl. 35–37 mit einer Begründung für MinPräs. Stock vom 23.2.1947 (ebenda, Bl. 38–41). Brill führte darin aus, nach dem Scheitern der Moskauer Außenministerkonferenz und den jüngsten Entwicklungen der amerik. Außenpolitik könne mit Sicherheit davon ausgegangen werden, daß in der allernächsten Zeit die amerik. MilReg. Schritte für eine politische Zusammenfassung zumindestens der Länder der amerik. und brit. Besatzungszone einleiten werde. Nach Abschluß eines Kohlenabkommens mit Frankreich und nachdem die wirtschaftliche Angliederung des Saargebietes an Frankreich vollzogen sei, erscheine eine Beteiligung der Länder der franz. Zone als möglich. „Bei dieser Lage sind wir wieder in Gefahr, nur als Objekt behandelt zu werden." Die Errichtung der Zweizonenverwaltung sei nutzlos gewesen, es herrsche ein Durcheinander an Zuständigkeiten. „Die Staatengemeinschaft soll keine Teilung Deutschlands herbeiführen. Ihr Zweck soll deshalb auf diejenigen Aufgaben beschränkt werden, deren Lösung unbedingt notwendig ist, wenn das deutsche Volk in den nächsten zwei bis drei Jahren weiterleben will. Juristisch soll die Staatengemeinschaft keinen neuen Staat, insbesondere keinen Bundesstaat, sondern eine Realunion bilden."

⁸ Nach „Prot. Eschenburg" wies MinDir. Troeger auf die Schwierigkeiten hin, die durch die Beteiligung des brit., amerik. und franz. Sektors von Berlin entstehen würden. StS Brill habe darauf geantwortet, dem Norddeutschen Bund habe auch nur Hessen rechts des Rheines angehört.

meinsame Regelungen so lange zu schaffen, als nicht die Bildung einer gesamtdeutschen Staatseinheit[9] möglich ist.

Art. 2

Die Deutsche Staatengemeinschaft ist ermächtigt, sämtliche Einzelstaaten für den in Art. 1 ausgesprochenen Zweck gegenüber dem Alliierten Kontrollrat, den Besatzungsmächten sowie allen öffentlichen und privaten Vertragspartnern zu vertreten.

Art. 3

Die Kosten der Deutschen Staatengemeinschaft werden durch Matrikularbeiträge aufgebracht, deren Höhe und Verteilung durch Gesetz bestimmt werden.

Art. 4

Organe der Deutschen Staatengemeinschaft sind die Gemeinschaftsvertretung (Volksrat) und der Verwaltungsrat (Staatenrat). Die gesetzgebende Gewalt innerhalb der Deutschen Staatengemeinschaft wird durch den Volksrat ausgeübt. Der Volksrat ist das oberste Organ der Deutschen Staatengemeinschaft. Er setzt sich aus Abgeordneten der Einzelstaaten zusammen, die von den Landtagen der Einzelstaaten gewählt werden. Auf je 40 000 bei den Landtagswahlen gültig abgegebene Stimmen entfällt ein Abgeordneter.[10] Der Volksrat der Deutschen Staatengemeinschaft muß bis zum 1. Juli 1947 gebildet sein.

Art. 5

Die laufende Geschäftsführung der Deutschen Staatengemeinschaft, die Vorbereitung und Vollziehung der Gemeinschaftsgesetze und Gemeinschaftsbeschlüsse obliegen dem Staatenrat.[11] Der Staatenrat besteht aus Vertretern der Regierungen der Einzelstaaten. Auf je zwei Millionen Einwohner entfällt ein stimmberechtigter Vertreter. Die Bezeichnung der Regierungsvertreter hat bis zum 15. Juni 1947 bei dem Generalsekretär des Länderrats des amerikanischen Besatzungsgebietes zu erfolgen.

Art. 6

Alle Behörden der Einzelstaaten sind verpflichtet, den innerhalb ihrer Zuständigkeit gegebenen Gesetzen und Anordnungen der Gemeinschaftsordnung Folge zu leisten. Die Gemeinschaftsgesetze und Verordnungen haben verbindliche Kraft für das gesamte Gebiet aller Einzelstaaten, sie gehen den Landesgesetzen dieser Staaten vor.

Art. 7

Zur Wahrnehmung der Geschäfte werden Gemeinschaftsämter für Industrie und Han-

---

[9] Nach „Prot. Eschenburg" wäre hier „Staatsgewalt" zwar die rechtlich richtige Bezeichnung, man habe aber, um Mißverständnisse bei der amerik. MilReg. zu vermeiden, in der beschlossenen Fassung die Bezeichnung „Staatsleitung" gewählt.

[10] „Prot. Eschenburg": „Es wurde auch die Frage erörtert, ob auf je 60 000 oder auf je 40 000 gültig abgegebene Stimmen ein Abgeordneter fallen solle. Um eine möglichst breite Basis zu schaffen und über ausreichende Mitglieder bei den zu bildenden Ausschüssen zu verfügen, wurde der Zahl 40 000 der Vorzug gegeben."

[11] „Prot. Eschenburg": „Nach Ausführungen von StS Brill ist der Staatenrat nicht von einem Vertrauens- oder Mißtrauensvotum des Volksrats abhängig. Der Staatenrat wie Volksrat entscheiden mit Mehrheit. Hauptamtliche Mitglieder des Staatenrates werden voraussichtlich Ministerpräsidenten sein, deren Stellvertreter Staatssekretäre. Der Staatenrat ist als eine permanente Regierungsinstitution gedacht."

del, Landwirtschaft und Ernährung, Post- und Fernmeldewesen, Verkehr, Finanzen und Arbeit errichtet.[12]

Die Gemeinschaftsämer werden von Büros des Staatenrates geleitet. Die Mitglieder dieser Büros werden vom Staatenrat ernannt. Die Verwaltung der Gemeinschaftsämter kann nur auf Grund von Gemeinschaftsgesetzen geführt werden. Verwaltungsakte der Gemeinschaftsämter können im Verwaltungsstreitverfahren vor den Verwaltungsgerichten der Länder angefochten werden.

Art. 8

Dieser Gemeinschaftsvertrag ist[12a] nicht nach den Vorschriften der Landesverfassung als Gesetz zu erlassen. Anstelle der Ratifikationen legt die Regierung eines jeden Einzelstaates ein Stück des nach Maßgabe der Landesverfassung rechtsgültig ausgefertigten Gesetzes beim Generalsekretär des Länderrats des amerikanischen Besatzungsgebietes in Stuttgart nieder.

Sollte ein Staat des amerikanischen, britischen und französischen Besatzungsgebietes oder die Stadt Berlin für den amerikanischen, britischen und französischen Sektor des Berliner Stadtgebietes diesem Gemeinschaftsvertrag nicht zustimmen, so ist die Zustimmung der übrigen Staaten trotzdem rechtsverbindlich und gilt die Gemeinschaft unter den übrigen Staaten als abgeschlossen.

23.4.1947 gez. Dr. H. L. Brill

Anlage 2
Entwurf eines Vertrages über die Bildung eines Verbandes deutscher Länder[13]

Art. 1

Die deutschen Länder ... vereinigen sich zu einem öffentlich-rechtlichen Verband mit dem Zwecke, auf den Gebieten der gewerblichen Wirtschaft, der Landwirtschaft und Ernährung, des Verkehrs, der Post und des Fernmeldewesens, der Finanzen und der Arbeit gemeinsame Regelungen so lange zu schaffen, als nicht die Wiederherstellung einer gesamtdeutschen Staatsgewalt möglich ist.

Art. 2

Der deutsche Länderverband ist ermächtigt, die vertragsschließenden Länder in den durch Art. 1 bestimmten Verbandsangelegenheiten gegenüber dem Alliierten Kontrollrat, den Besatzungsmächten sowie allen öffentlichen Stellen und Privaten zu vertreten.

---

[12] „Prot. Eschenburg": „StS Brill gab zu überlegen, daß für die einzelnen Ämter ein besonderer Beirat oder Ausschuß (Board) je nach Bedarf eingeführt werden kann."

[12a] Am Rande handschr. „ist" eingefügt; hinter „nicht" ein handschr. Fragezeichen. Es muß, wie sich aus dem folgenden ergibt, heißen: „Dieser Gemeinschaftsvertrag ist nach den Vorschriften der"

[13] Abdr. bei Grünewald, Münchener Ministerpräsidentenkonferenz, S. 500–501. Dieser Entwurf findet sich nicht nur in den Überlieferungen der Länder der US-Zone (z. B. BHStA Abt. II MA 130 021, HStA Stuttgart EA 1/11, Nr. 43); er gelangte auch in die Hände von GS Weisser (Z 2/75, Bl. 205–207), der darauf handschr. vermerkte: „Kein Separatismus. Bayern tritt in ‚Bundesstaat' ein. Provisorium-Problem. Zentralist[ischer] Machtstaat wird nicht durch extreme Gegenvorschläge verhütet. Eid und Parteipflicht bindet Personen". (Interpunktion vom Bearb.) Beide Fassungen des Entwurfes wurden als vertraulich bezeichnet.

Art. 3

Organe des Verbandes sind die Verbandsvertretung (Volksrat) und der Verwaltungsrat (Staatenrat).

Art. 4

Die gesetzgebende Gewalt innerhalb des Verbandes wird durch den Volksrat ausgeübt. Er setzt sich aus Abgeordneten zusammen, die von den Landtagen der vertragsschließenden Länder gewählt werden. Auf je 40 000 bei den Landtagswahlen gültig abgegebene Stimmen entfällt ein Abgeordneter. Der Volksrat muß bis zum … gebildet sein.

Art. 5

Die laufende Geschäftsführung des Verbands, die Vorbereitung und Vollziehung der Verbandsgesetze und Verbandsbeschlüsse obliegen dem Staatenrat. Der Staatenrat besteht aus Vertretern der Regierungen der vertragschließenden Länder. Auf je zwei volle Millionen Einwohner oder ein überschießende Million Einwohner entfällt ein Vertreter; jedoch mindestens ein Vertreter auf jedes Land. Die Regierungsvertreter sind bis zum … dem Generalsekretär des Länderrats des amerikanischen Besatzungsgebietes zu benennen.

Art. 6

Die Verbandsgesetze gehen den Landesgesetzen vor. Alle Behörden der vertragschließenden Länder sind verpflichtet, den Anordnungen der Verbandsorgane Folge zu leisten.

Art. 7

Zur Durchführung der Aufgaben des Verbandes werden Ämter für gewerbliche Wirtschaft, Landwirtschaft und Ernährung, Post und Fernmeldewesen, Verkehr, Finanzen und Arbeit errichtet. Sie unterstehen dem Staatenrat und führen die Verwaltung gemäß den Verbandsgesetzen. Verwaltungsakte der Ämter können im Verwaltungsstreitverfahren angefochten werden. Das Nähere bestimmt ein Verbandsgesetz.

Art. 8

Die Kosten des Verbands werden durch Beiträge aufgebracht, deren Höhe und Verteilung durch Verbandsgesetz bestimmt werden.

Art. 9

Dieser Vertrag ist nach den Vorschriften der Landesverfassung als Gesetz erlassen. Die Regierung eines jeden vertragschließenden Landes legt ein Stück des nach Maßgabe der Landesverfassung rechtsgültig ausgefertigten Gesetzes beim Generalsekretär des Länderrats des amerikanischen Besatzungsgebietes in Stuttgart nieder.

Der Vertrag wird rechtswirksam, wenn die Länder zweier Besatzungszonen das Gesetz über den Abschluß dieses Verbandsvertrages gemäß Abs. 1 dieses Artikels niedergelegt haben.

Ruit, den 20. Mai 1947

Nr. 24
Bericht von Generalsekretär Roßmann über seine Reise in die sowjetische Zone vom 15. – 20. Mai 1947 zur Vorbereitung der Münchener Ministerpräsidentenkonferenz 27. Mai 1947

BA Nachl. Roßmann/30, Bl. 110-121. Von Roßmann gez. Ausf.[1] vom 27. 5. 1947

Im Zusammenhang mit der geplanten Konferenz der Ministerpräsidenten aller deutschen Länder in München wurde aus den Kreisen der Beteiligten die Anregung an mich herangetragen, meine Beziehungen zu einflußreichen Kreisen der Ostzone zugunsten der Beteiligung der Ministerpräsidenten der Ostzone an der Konferenz auszuwerten. Ich entschloß mich daher zu einer Reise in die Ostzone, die ich am 15. Mai im Pkw antrat.[2] Etwa 25 km vor Stein bei Nürnberg wurde ich einer Kontrolle der MP unterworfen, die, obwohl ich den amtlichen Charakter meiner Reise deutlich nachwies, in geradezu empörenden Formen durchgeführt wurde. Das gesamte Gepäck des Wagens wurde durchwühlt. Die Koffer mußten teilweise auf offener Straße geöffnet werden. Die bescheidenen Lebensmittelvorräte, mit denen ich mich im Hinblick auf die Schwierigkeiten, die die Ernährung in der russischen Zone verursacht, vorsorglich ausgestattet hatte, wurden beanstandet; wegen zweier Gegenstände amerikanischen Ursprungs (ein

---

[1] Auf Blatt 110 rechts oben als „Streng vertraulich! Nur für die Hand des Empfängers!" bezeichnet; mit Rotstift unterstrichen. Links oben: „Nr. 1 z[u] d[en] A[kten] des Sekretariates des Länderrats." Auf den einzelnen Blättern von Bl. 110-115 jeweils oben links vermerkt „Nr. 1." Auf Bl. 121 ein Verteiler, nach dem weitere, von 2-6 numerierte Exemplare des Vermerkes für die MinPräs. Ehard, Maier, Stock, SenPräs. Kaisen und die Handakten von Roßmann bestimmt waren. Über dem Verteiler und unter der Datumszeile das Diktatzeichen der Sekretärinnen Seidel (S) und Kindler (Ki). Abdr. bei Overesch, Die Reise, S. 458-466. Roßmann sprach über seine Reiseeindrücke auch kurz auf der 12. Sitzung des ZB (vgl. Dok.Nr. 34, TOP 276).

[2] Roßmann hatte am 10. 5. 1947 das RGCO von seinem Vorhaben unterrichtet und um Genehmigung dieser Fahrt gebeten (Nachl. Roßmann/30, Bl. 136). Sie wurde mit Schreiben vom 13. 5. 1947 erteilt. Zugleich bat er die MinPräs. der Länder der sowj. Zone fernschr. um einen Gesprächstermin in der Zeit vom 16.-26. 5. 1947 (ebenda, Bl. 140). Unter dem gleichen Datum informierte Roßmann „privat [und] inoffiziell" den Parteivorstand der SPD in Hannover und die Ländersekretariate der SPD in der US-Zone: „Die Konferenz wird sich mit der Lage Deutschlands nach der Moskauer Konferenz und mit der für kommenden Winter erneut drohenden Katastrophe beschäftigen und konkrete deutsche Anregungen an die Alliierten machen. Die gesamte in- und ausländische Presse wird auf die Konferenz besonders aufmerksam gemacht werden. Es wird keine Anstrengung gescheut werden, um die Teilnahme der Ministerpräsidenten aus allen Zonen zu ermöglichen. Für den Fall, daß dies nicht gelingt, wird die Konferenz in der möglichen Zusammensetzung, auf jeden Fall aber als zweizonale Konferenz über die Bühne gehen.
In einer informellen Besprechung habe ich darauf aufmerksam gemacht, daß die politischen Parteien wahrscheinlich das Bedürfnis haben würden, an der Konferenz teilzunehmen. Es wurde jedoch aus gewissen Erwägungen heraus die Meinung vertreten, die Konferenz auf die Ministerpräsidenten zu beschränken. Es wird jedoch anheimgestellt und nicht ungern gesehen, wenn die politischen Parteien für sich eine ähnliche Aktion ins Auge fassen. Es würde auch sehr begrüßt werden, wenn die politischen Parteien Anregungen für die Tagesordnung der Konferenz geben könnten. Ich stelle anheim, mir solche Anregungen zu übermitteln. Das müßte jedoch möglichst bald geschehen." (Nachl. Roßmann/30, Bl. 139).
Als politische Marschroute Roßmanns für die Gespräche in der sowj. Zone ist eine Aufzeichnung „Gesichtspunkte für die Münchener Konferenz" anzusehen; sie stellt vermutlich das Ergebnis der o. g. informellen Besprechung dar (Nachl. Roßmann/30, Bl. 141-143, undat., jedoch hinter den Fernschreiben an die MinPräs. der sowj. Zone abgelegt).

Päckchen Zigaretten und ein Stück Seife), die aus Care-Paketen amerikanischer Freunde stammten, wurde ich heftig zur Rede gestellt.

Im Gegensatz hierzu verlief die zweite amerikanische Kontrolle kurz vor der Zonengrenze bei Probstzella in angenehmen Formen. Die gleich darauf folgende russische Kontrolle war betont höflich und zurückhaltend. Bei der Rückkehr in die amerikanische Zone, die sich am gleichen Übergang vollzog, ging die russische und amerikanische Kontrolle in derselben höflichen Form vor sich wie bei der Einreise. Der kontrollierende russische Major behielt für sich allerdings ein kleines pyramidenförmiges Prisma, der als Briefbeschwerer dienen sollte und mir von dem mir befreundeten Direktor der Zeiss-Werke als Andenken an meinen Besuch geschenkt worden war.

Ein bitteres Gefühl bewegte mich, daß ich meine thüringische Heimat[3] unter Beobachtung solcher Fomalitäten betreten und verlassen mußte. Es stärkte meinen Entschluß, alles aufzubieten, um im Rahmen meiner bescheidenen Kräfte zum Fallen der Zonengrenzen beizutragen. Dieser Aufgabe galt meine Reise. Sie war nicht leicht zu erfüllen. In Stuttgart hatten mich nur die Zusagen des MinPräs. *Hübener,* Halle, und des Oberbürgermeisters von Berlin erreicht.[4] Für die ersten zwei Tage hatte ich mein Standquartier in Pößneck – meiner Vaterstadt – aufgeschlagen. Von dort aus versuchte ich, Tag und Stunde zu ermitteln, die den Ministerpräsidenten für meinen Besuch angenehm waren. Die Telefonverbindung funktionierte jedoch so mangelhaft, daß Blitzgespräche sechs bis acht Stunden nach ihrer Anmeldung nicht zustande kamen.

Ich entschloß mich am 17. Mai, aufs Geratewohl nach Weimar zu fahren, und hatte das Glück, von MinPräs. *Paul* sofort empfangen zu werden und von MinPräs. *Hübener* von Sachsen-Anhalt die Bereitwilligkeit zu einer Unterredung am gleichen Tage zu erfahren.

Bei meinem Eintreffen in Thüringen war die politische Atmosphäre der Münchener Konferenz nicht günstig. Es war bereits durchgedrungen, daß die SPD von Hannover aus sich quergelegt und den Ministerpräsidenten das Recht abgesprochen hatte, Deutschland in den Fragen des Friedens und der Außenpolitik zu vertreten.[5] Im weiteren Verlauf meiner Reise gewann ich jedoch den Eindruck, daß gerade diese Haltung führender Kreise der SPD dazu beitrug, die pessimistische, ja mancherorts eisige und vorurteilsvolle Einstellung in der Ostzone gegenüber der Münchener Konferenz aufzulockern. Die SED, die anfangs eine ähnlich schroffe Ablehnung an den Tag gelegt hatte wie die SPD, hatte auf der Konferenz in Schierke im Harz eine offenkundige Schwen-

---

[3] Roßmann war am 10. 1. 1884 in Pößneck geboren worden und hatte dort die Schule besucht. Vgl. Unterlagen in: Nachl. Roßmann/ 1 und 5.

[4] Fernschreiben von MinPräs. Hübener, am 12. 5. 1947 eingegangen; Fernschreiben von Louise Schroeder, Oberbürgermeister i. V., eingeg. am 13. 5. 1947; in: Nachl. Roßmann/ 30, Bl. 131-132.

[5] Die erste Stellungnahme des Parteivorstandes der SPD vom 10. 5. 1947 zur bayer. Einladung war entschieden ablehnend gewesen:
„Es hat schon einmal eine Einladung zu einer Ministerpräsidentenkonferenz gegeben, die auch an dem Einspruch einer Besatzungsmacht gescheitert ist. Wir nehmen an, daß auch die jetzt vorgeschlagene Ministerpräsidentenkonferenz nicht zustande kommen wird. Sie würde nicht repräsentativ für Deutschland sein, denn die Ministerpräsidenten sind Sprecher ihrer Länder, während die Parteien Sprecher für Deutschland sind. Die Ministerpräsidentenkonferenz könnte schon deshalb nicht repräsentativ für Deutschland sein, weil darin fünf Ministerpräsidenten aus der Ostzone wären, die nur einen ganz kleinen Teil der dort vorhandenen 17 Millionen Menschen vertreten." Zitiert nach „Der Telegraf", 11. 5. 1947. Zur weiteren Haltung der SPD vgl. Dok.Nr. 31, Anm. 16.

kung im Sinne der Beteiligung an der Konferenz vorgenommen.[6] Zwar bezeichnete sie die Konferenz im Vergleich zu anderen Fragen als zweitrangig, stellte jedoch die unmittelbare Beantwortung der Einladung in das Ermessen der Ministerpräsidenten. In Weimar wirkte noch die gegen die Konferenz gerichtete Erklärung des stellv. MinPräs. *Eggerath*[7] nach. Diese Erklärung verlor jedoch viel von ihrem negativen Gewicht durch die Tatsache, daß unmittelbar nach ihrer Abgabe sich eine bedeutsame Veränderung in der Zusammensetzung des thüringischen Kabinetts vollzogen hatte. MinPräs. *Paul*, mit dessen Rückkehr nach monatelanger Abwesenheit wegen Krankheit aus politischen Gründen niemand mehr gerechnet hatte – sein nächster Mitarbeiter, Präsidialdir. *Staas*, war während der Abwesenheit von *Paul* entlassen worden – wurde jetzt plötzlich wieder in sein Amt eingesetzt. Gleichzeitig wurden die Min. *Busse* (früher KPD) und *Wolf* (früher KPD) ihrer Ämter enthoben und sollten durch frühere SPD-Persönlichkeiten ersetzt werden. Als ein weiteres Faktum, das einen Stimmungsumschlag einleitete, verdient die Einstellung der Bevölkerung zur Münchener Konferenz vermerkt zu werden. Ich hatte schon in den ersten Tagen meines Aufenthalts in der russischen Zone Gelegenheit, mit zahlreichen mir bekannten Persönlichkeiten aus allen Kreisen der Bevölkerung zu sprechen – auch mit Mitgliedern der SED –, die mir durchaus den tiefen Eindruck bestätigten, den die Einladung der Bayerischen Regierung in der Öffentlichkeit gemacht hat. In einer Situation der Verzweiflung und Resignation hat die Einladung wie ein wohltuender Hoffnungsstrahl gewirkt.

Ich fand bei MinPräs. *Paul,* Weimar, eine überraschende Aufgeschlossenheit gegenüber der Konferenz, ihren Aufgaben und Zielen.[8] Diese erfreuliche Tatsache führte ich darauf zurück, daß Paul durch seine vorjährige Reise nach Stuttgart[9] und durch die häufigen Aussprachen, die er mit politischen Persönlichkeiten aus dem Westen[10] (besonders aus Hessen) hatte, weniger Vorurteile gegen den Westen hegt, als ich sie sonst an-

---

[6] Auf der Konferenz in Schierke hatten die Mitglieder des Zentralsekretariates der SED, die Landesvorsitzenden der SED, die Landtags- und die MinPräs. bereits am 10./11. 5. 1947 beschlossen, die Teilnahme an der Münchener Konferenz der Entscheidung der MinPräs. zu überlassen. Vgl. hierzu Gniffke, Jahre mit Ulbricht S. 236-237, dessen Memoiren neben den verschiedenen Äußerungen von MinPräs. Paul die wesentliche Quelle für die ostzonale Seite darstellt. Siehe auch Grünewald, Ministerpräsidentenkonferenz, S. 145-151.

[7] Der Stellv. MinPräs. Eggerath hatte zu Ehards Einladung bereits am 8. 5. 1947 Stellung genommen und erklärt, daß der vorgeschlagene Weg einer Ministerpräsidentenkonferenz von vornherein bedenklich erscheine, da verschiedene Landesregierungen in den Westzonen nicht über die notwendige Selbständigkeit verfügten, um ernste Vorschläge zu machen und Forderungen zu erheben. „Zweckmäßiger wäre es, wenn die politischen Parteien Gesamtdeutschlands zu einer Beratung zusammentreten und ihre Beschlüsse, Vorschläge und Forderungen den einzelnen Regierungen zuleiten würden." Zitiert nach „Neues Deutschland" vom 9. 5. 1947.

[8] Ehard war über die bei Paul zu erwartende Haltung gegenüber der Konferenz bereits durch einen Besuch von MinRat Biedermann von der Thüringischen Wirtschaftsverwaltung unterrichtet. Dieser hatte zu dem Konferenzplan gemeint, „wenn innerhalb der Alliierten keine politischen Schwierigkeiten bestehen, werde der Thüringische Ministerpräsident sicher mit einem kleinen Stab dazu kommen, weil der Thüringische Ministerpräsident schon lange das Bedürfnis habe, sich mit seinem bayerischen Kollegen eingehender zu unterhalten." (BHStA Abt. II MA Abg. 1975 vorl. Nr. 73, Vermerk von Pfeiffer vom 9. 5. 1947).

[9] Paul hatte an der 9. Tagung des LR vom 4. 6. 1946 teilgenommen. Siehe Akten zur Vorgeschichte 1, S. 546, Anm. 12.

[10] Beispielsweise wechselte MinPräs. Paul zu Neujahr 1947 auch mit MinPräs. Amelunxen Neujahrsglückwünsche (HStA Düsseldorf NW 179/366); SenPräs. Kaisen hatte Thüringen 1946 einen Besuch abgestattet (vgl. Kaisen, Meine Arbeit, S. 246-254); auch mit MinPräs. Geiler hatte es einen Besuchsaustausch gegeben (Akten zur Vorgeschichte 1, S. 1003, Anm. 25).

getroffen habe. Schon in der Unterredung mit Paul sind die Tatbestände hervorgetreten, denen ich im weiteren Verlauf meiner Reise bei allen Besprechungen begegnet bin, und zwar[:]

I. Die Tatsache, daß die Konferenz auf eine bayerische Initiative zurückgeht, hat in gewissen politischen Kreisen der Ostzone starkes Mißtrauen erregt. Dieses Mißtrauen wird verstärkt durch die Wahl des Tagungsortes. Man glaubt nicht an die Ehrlichkeit der bayerischen Versicherung, daß man für die Einheit des Reiches sei. Bayern sei der Hort des Partikularismus und Separatismus. Vielfach vermutet man hinter der Konferenz ein Komplott, das möglicherweise von *Bevin* oder *Marshall* gegen Rußland angezettelt sein könnte, die sich Bayerns nur zur Förderung ihrer besonderen politischen Ziele bedienten.[11] Soweit Bayern selbst in Betracht komme, bestehe der Verdacht, daß es aus einem wahrscheinlichen Scheitern der Konferenz die Legitimation ableiten wolle, nun seine partikularistischen und separatistischen Ziele selbständig zu verfolgen. Alle diese Ressentiments, bei deren Erwähnung die Ministerpräsidenten offenließen, inwieweit sie sie sich persönlich zueigen machen, wurden auf den Nenner gebracht: Vorstoß der von USA unterstützten kapitalistischen Reaktion des Westens gegen die in einer sozialistischen und wahrhaft demokratischen Entwicklung befindliche Ostzone.

Dieser Einstellung bin ich überall, wo sie mir begegnete, höflich aber mit aller Energie mit der Bemerkung entgegengetreten, daß keinerlei Grund bestehe, an der absoluten Loyalität der gegenwärtigen Bayerischen Regierung, insbesondere ihres Ministerpräsidenten, zu zweifeln. Die Anwesenheit der bayerischen Sozialdemokratie in der Regierung bürge dafür, daß weder an der Ehrlichkeit der Erklärung hinsichtlich der Einheit des Reiches noch an der Abwesenheit von partikularistischen oder gar separatistischen Hintergedanken zu zweifeln sei. Die Tatsache, daß sich die Ministerpräsidenten von Württemberg-Baden und Hessen und der Senatspräsident von Bremen der geplanten Aktion als erste angeschlossen hätten, sei ein weiterer Beweis für die Abwesenheit von Nebengedanken. Der Einfluß dieser Länder, die unbedingte Anhänger der Reichseinheit seien, sei groß genug, um solchen Tendenzen vom Süden her wirksam zu begegnen. Wenn ein solches Mißtrauen, das ich für unberechtigt hielte, unüberwindbar sei, dann sei es um so notwendiger, auf der Konferenz zu erscheinen, um alle gegen Separatismus und Partikularismus wirkenden Kräfte in Deutschland zu vereinen. In Süddeutschland habe man – im Gegensatz zu der in der russischen Zone vielfach vertretenen Auffassung – die Tatsache, daß gerade von Bayern ein solcher Schritt erfolgte, als ein erfreuliches Symptom für die innerliche Verbundenheit des gesamten deutschen Volkes empfunden. Ich setzte weiter auseinander, daß es nicht geleugnet werde, daß partikularistische und separatistische Strömungen in Bayern zu beobachten seien – auch anderwärts, z. B. in Südbaden –, aber es handele sich um hoffnungslose kleine Minderheiten, die nur dann einen gewissen Auftrieb erhalten könnten, wenn die Konferenz bewußt zum Scheitern gebracht werde. Die Reaktion, die hierauf zu erwarten sei, würde möglicherweise sehr schwere Folgen für Gesamtdeutschland haben. Die verantwortlichen politischen Kreise Bayerns seien sich des unlöslichen Zusammenhangs ihres Landes mit dem Reich durchaus bewußt. Natürlich erhoffe Bayern die Erfüllung gewisser Wünsche bezüglich der künftigen staatsrechtlichen Konstruktion Deutschlands, aber ich sähe hier keine unlösbaren Widersprüche.

---

[11] Vgl. hierzu auch die bei Gniffke, Jahre mit Ulbricht, S. 236, 240-241, wiedergegebenen Ausführungen von Walter Ulbricht, die sich inhaltlich mit Roßmanns Darlegungen in großen Zügen decken.

Ich bemerke hier vorweg, daß sich alle Ministerpräsidenten der russischen Zone bei der Unterhaltung über diese Frage als Anhänger einer mehr oder weniger föderativen Form der künftigen Verfassung bekannten. Sie machten mich mit einer Reihe von Vorgängen vertraut, bei deren Abwicklung sowohl sie selbst als auch die Landtage, die eifersüchtig über ihre Kompetenzen wachten, ihre Zuständigkeiten gegenüber den Zentralstellen verteidigt hätten. In diesem Kampf hätten sie übrigens vielfach die regionale SMA[12] auf ihrer Seite gehabt. In den Gedanken, die die Ministerpräsidenten zu dieser Frage entwickelten, gingen die Begriffe Föderalismus und Zentralismus häufig ineinander über. Gefordert wird eine scharfe Abgrenzung der gegenseitigen Kompetenzen. Die Landtagspräsidenten von Thüringen, Sachsen und Brandenburg, mit denen ich sprechen konnte,[13] vertraten die gleichen Auffassungen. Sie alle betonten zugleich, daß die Beiziehung der Landtagspräsidenten zur Münchener Konferenz notwendig sei, schon wegen der viel stärkeren Stellung, die die Landtage der Ostzone nach den dort angenommenen Verfassungen gegenüber den Regierungen hätten als vergleichsweise der Landtag in Bayern. Ich bestritt diese Auffassung und wies nach, daß auch in der US-Zone die Landtage die oberste politische Instanz seien und in der britischen Zone die Entwicklung in der gleichen Richtung verlaufe. MinPräs. *Paul* verwies in diesem Zusammenhang auf die Haltung *Molotows* auf der Moskauer Konferenz, in der sich dieser deutlich von dem reinen Zentralismus der SED entfernt und die Weimarer Verfassung als Diskussionsgrundlage empfohlen habe.[14] Molotow habe in vielen Fragen Anhaltspunkte gegeben, deren man sich aus psychologisch politischen Gründen bedienen sollte. Tue man das, so sei der Erfolg der Konferenz so gut wie sicher.

Ich selbst betonte im übrigen mit allem Nachdruck, daß die Konferenz ausschließlich der Initiative der Bayerischen Regierung entsprungen und in keiner Weise von der Militärregierung angeregt worden sei. Diese stehe, wie ich bestimmt versichern könne, der Konferenz mit absoluter Neutralität gegenüber. Sie habe sich von Anbeginn den deutschen Wünschen auf Abhaltung solcher Konferenzen wohlwollend gezeigt und aus dieser Grundstellung heraus auch der Münchener Konferenz nicht widersprochen.[15] Der

---

[12] SMA = Sowjetische Militär Administration.

[13] Landtagspräs. von Thüringen war August Fröhlich, 1877-1966; von Sachsen Otto Buchwitz, 1879–1964; von Brandenburg Friedrich Ebert, geb. 1894.

[14] Molotow hatte mehrfach auf die Weimarer Verfassung Bezug genommen; vgl. beispielsweise den Antrag der Delegation der UdSSR vom 2. 4. 1947, in dem es u. a. hieß: „Die politische Struktur Deutschlands muß demokratischen Charakter tragen, und die Machtorgane müssen auf Grund demokratischer Wahlen geschaffen werden, ähnlich wie das in der Weimarer Verfassung vorgesehen war." (Dokumente zur Deutschlandpolitik der Sowjetunion, S. 86. Vgl. auch Europa Archiv 2, (1947), S. 716).

[15] Vgl. Punkt 1 der „Gesichtspunkte" (vgl. Anm. 2) „Es ist zu betonen, daß die Konferenz ausschließlich der Initiative der bayerischen Regierung entspringt, nicht von der amerikanischen Militärregierung angeregt und vor allem keine CDU-Angelegenheit ist."
Zur Haltung der US-MilReg. vgl. auch Dok. Nr. 19, Anm. 1. Am 31. 5. 1947 war die Münchener Konferenz Gegenstand der OMGUS-Staff Conference, Prot. in: IfZ Fg. 12. Gen. Parkman, der kurz zuvor in München mit Min. Pfeiffer über die Konferenz gesprochen hatte, berichtete über den Telegrammwechsel mit den MinPräs. der Ostzone und den Stand der Vorbereitungen: „Very little preparation and thought, I think, have been given to planning of this conference." Auch der Zeitpunkt der Konferenz sei nicht glücklich wegen der bevorstehenden bizonalen Reorganisation. Gen. Clays Stellungnahme lautete: „Well, I don't see any harm to come from it at all. I don't think it will accomplish any good, but have always taken the position these Ministers President had the right to meet together whenever they wanted to discuss anything they wanted.
Parkman: Yes, but at times when you suggested it was better at a particular moment than another one, as when it came before the Moscow Conference.
Gen. Clay: Yes, but it was again just a suggestion. I am all in favor of this particular conference. I think we

wahre Einberufer der Konferenz, so sagte ich, sei die grauenvolle Not des deutschen Volkes, die sich ins Unerträgliche zu steigern drohe, wenn nicht zwischen Moskau und London etwas Entscheidendes geschehe. In diesem Zusammenhang wies ich auch darauf hin, daß die deutschen politischen Kreise des Westens infolge zweijähriger Nichterfüllung des Potsdamer Protokolls sich unter Umständen der Gewalt einer wirtschaftlichen und politischen Entwicklung gegenübergestellt sehen könnten, der sie sich nicht erwehren dürfen, die aber eine Gefahr für die Einheit des Reiches in sich schließe.[16] Diese Gefahr zu bannen und laut in die Welt hinauszurufen: „Wir gehören zusammen und wollen zusammen bleiben!" sei eine der wesentlichsten Aufgaben der Konferenz.

II. Meine Reise hat mich fast durch die gesamte Ostzone geführt. In allen Städten – auch in kleineren – begegnet man an öffentlichen Gebäuden, Fabrikeingängen oder über die Straße gespannt riesigen Transparenten mit der Aufschrift: „Wir kämpfen für die Einheit der Arbeiterklasse, für die Einheit des Reiches, für die Demokratie und für den Sozialismus." Niemand kann diesem enormen agitatorischen Aufwand für die genannten Ziele entgehen. Demgegenüber besteht in einem großen Teil der Bevölkerung die durch die SED-Presse genährte Auffassung, daß man im Westen die Ostzone bereits abgeschrieben habe, und zwar treffe dies nicht nur für die amerikanische Regierung, sondern auch für die deutsche Seite in den Westzonen zu. Man beruft sich zur Begründung dieser Auffassung z. B. auf die wirtschaftliche Vereinigung der Westzonen und auf Äußerungen gewisser deutscher Politiker, z. B. des Herrn Euler[17] in Frankfurt a. M. Im Lichte dieser völlig schiefen Auffassung erscheint die plötzliche Einberufung der Münchener Konferenz vielen Menschen in der Ostzone als ein Mysterium, hinter dem der Versuch zu erblicken sei, die Verantwortung für eine eventuelle Teilung Deutschlands in eine westliche und östliche Sphäre nach Osten abzuschieben.

Es war selbst Ministerpräsidenten und Landtagspräsidenten gegenüber nicht ganz leicht, den absoluten Irrtum einer solchen Auffassung nachzuweisen. Natürlich standen die Unterhaltungen hierüber auch unter dem Motto: „Wenn zwei dasselbe sagen, so ist es nicht dasselbe." Es wäre verhängnisvoll, sich darüber zu täuschen. Jede Seite spricht von der Einheit, und jede versteht im konkreten Fall etwas anderes darunter. Hier brach die Wirkung der grundverschiedenen Ideologien mit aller Gewalt durch. Ich glaube, es müßte eine Aufgabe der Münchener Konferenz sein, genau festzustellen, inwieweit man sich wirklich einig ist. Auf der so gewonnenen Plattform müßte aufgebaut werden, ehe sich die Sonderentwicklung in der Ostzone in verhängnisvoller Weise fortsetzt. Diese Sonderentwicklung hat bereits einen so tiefen Graben gezogen, daß es aller diplomatischen und politischen Kunst bedarf, um im Interesse der Erhaltung der Einheit Deutschlands eine Brücke über ihn zu bauen. Es ist vielleicht nicht uninteressant,

---

ought to keep our own connection with it very remote. We actually have nothing whatsoever to do with this conference. While our Soviet friends will not believe that, the Germans will. They know very well it is not American. If it turns into something other than a conference of Ministers President, then we will have to step in."

Diese Ausführungen Clays zugunsten einer Politik des „hand-off" wurde auch der US MilReg. in Bayern zur Kenntnis gegeben (Vermerk von Litchfield vom 4. 6. 1947 über die TO der Münchener Ministerpräsidentenkonferenz in: NA RG 260 OMGUS 156-3/3, folder 11).

[16] Roßmann spielt auf die sich abzeichnende Reorganisation der Bizone und die Schaffung des Wirtschaftsrates an.

[17] August Martin Euler, 1908–1966, 1. Vorsitzender der FDP in Hessen, Herausgeber der Zeitschrift „Die Brücke."

hier zu bemerken, daß eine der Persönlichkeiten, mit denen ich sprach und die politisch nicht zur SED gehört, der Meinung Ausdruck gab, daß man, wenn die Konferenz erfolgreich sein solle, der SED eine Möglichkeit bieten sollte, zu hoffen, daß sie innerhalb der wirtschaftlichen und politischen Einheit ihre Ziele verfechten und verwirklichen könne.[18] Das sei gewiß eine große Geste, die Mut erfordere, zugleich erfordere sie aber auch Vertrauen, daß das deutsche Volk immun genug sei, neuen Fehlentwicklungen in seiner politischen und wirtschaftlichen Geschichte nicht mehr zu erliegen.

Das Entstehen so grober Irrtümer wie in der Stellung der Westzonen zur wirtschaftlichen und politischen Einheit wird begünstigt durch die gegenseitige Absperrung der Presse und das durch mangelnde persönliche gegenseitige Fühlungnahme begünstigte Auseinanderleben der politischen Kräfte. Der Anregung, der SED in den Westzonen eine Chance zu geben, bin ich sofort mit der Forderung begegnet, daß der SPD in der Ostzone dieselbe Chance durch ihre garantierte und geschützte Zulassung gegeben werden müsse. Niemand könne bestreiten, daß durch die Abwesenheit der SPD in der Ostzone das politische Bild, das diese gegenwärtig darbiete, nicht echt sei. Die Zulassung der SPD nach Beseitigung der Zonengrenzen wurde mir gegenüber durchweg als selbstverständlich bezeichnet. Eine Stelle freilich verheimlichte mir nicht, daß eine solche Zulassung vom objektiven Standpunkt aus gesehen als unerfreulich hingenommen werde, weil sie die politische Einheit der Arbeiterschaft in der Ostzone, die sich so segensreich ausgewirkt habe, wieder in Frage stelle.

Beiläufig sei bemerkt, daß die Furcht vor einer endgültigen Abspaltung der Ostzone in der Bevölkerung, besonders in der Bevölkerung von Berlin, geradezu pathologische Züge angenommen hat. Ich bin kaum einem Menschen begegnet, der eine irgendwie hervortretende Rolle im wirtschaftlichen Leben der russischen Zone einnimmt, der nicht im Geheimen mit dem Gedanken spielt, bei passender Gelegenheit in die Westzone hinüberzuwechseln; viele haben in der Westzone irgendwo einen Pfahl eingeschlagen, an dem sie eine bescheidene Existenz anzubinden hoffen. Die Westzonen wären aber gar nicht imstande, eine Invasion aufzunehmen, die mit Sicherheit eintreten würde, wenn es zur Teilung Deutschlands kommt. Die Ausblutung der Ostzone, die damit droht, muß vom Standpunkt Gesamtdeutschlands aus gesehen geradezu als eine Katastrophe empfunden werden. Hier winkt der Münchener Konferenz die große Aufgabe, durch geschickte Verhandlungen und kluge Beschlüsse zu einer Beruhigung in der Ostzone beizutragen.

III. Neben den bereits geschilderten Einwänden gegen die Münchener Konferenz wurden, je weiter ich nach Norden kam, stärker in den Vordergrund gestellt die Frage der Zuziehung der Landtagspräsidenten und der Vertreter der Parteien und der Gewerkschaften sowie die unvermittelte Einladung ohne den Versuch einer vorherigen Verständigung über Zeit und Ort der Konferenz. MinPräs. *Steinhoff* in Potsdam erklärte mir z. B., er glaube, daß es ihm ohne Konzessionen zugunsten dieser Einwände kaum möglich sein werde, nach München zu gehen. Wenn Bayern zwar auch eingeladen, aber als Tagungsort beispielsweise Berlin vorgeschlagen hätte, so würde dies als eine große psychologische Geste im Norden den günstigsten Eindruck hervorgerufen haben. Bedenken dieser Art kamen nicht nur von Seiten der SED, sondern auch von Frau OB *Schröder,* dem Berliner Stadtverordnetenvorsteher

---

[18] Vielleicht handelte es sich hierbei um MinPräs. Hübener, der als einziger MinPräs. der sowj. Zone nicht der SED angehörte.

Suhr und dem Herausgeber des „Telegraf" Paul *Löbe*.[19] Mit allen diesen Persönlichkeiten habe ich die Einwände durchgesprochen. Ich sichere zu, geäußerte Bedenken der Bayerischen Regierung zur Kenntnis zu bringen. Die Eile, mit der die Konferenz einberufen worden sei, werde durch die Not entschuldigt, die rasches Handeln gebiete. Es sei aber zu hoffen, daß dieser Konferenz bald eine weitere folgen werde. Der Wunsch, eine zweite Konferenz in Berlin stattfinden zu lassen, könne dann vielleicht erfüllt werden.[20] Ich sagte dies ohne jede Verbindlichkeit, lediglich als meine persönliche Meinung. Den Streit darüber, ob in der Frage der Repräsentanz des Reiches den Parteien oder den Ministerpräsidenten der Vorrang gebühre, hielte ich für theoretisch. Die Ministerpräsidenten seien aktionsfähig, die Parteien seien es leider im Augenblick noch nicht; die Ministerpräsidenten stünden auf einer anderen Ebene als die Parteien. Die SPD habe vollkommen recht, wenn sie erkläre, sie könne sich mit der SED solange nicht an einen Tisch setzen, als die Freiheit ihrer Freunde in der Ostzone mißachtet und sie als Partei nicht zugelassen sei. Bis zur Klärung dieser schwerwiegenden Differenzen könne aber mit der deutschen Initiative nicht gewartet werden.

Von besonderem Interesse war meine Unterredung mit MinPräs. *Hübener* von Sachsen-Anhalt. Hübener ist der einzige Ministerpräsident der Ostzone, der nicht der SED angehört. Seine Einstellung zur Konferenz war unbedingt positiv. Er erklärte, er werde unbeschadet der Stellungnahme der Parteien oder seiner Kollegen zur Konferenz gehen, es sei denn, daß ihm die Teilnahme direkt verboten werde.[21] Er riet dringend,[22] die wirtschaftlichen Schwierigkeiten und die Lösungsversuche in den Vordergrund der Konferenz zu stellen. Nach seiner Meinung sei es jedoch unmöglich, konstruktiven Fragen auszuweichen. Die Notwendigkeit, wieder ein völkerrechtliches Subjekt zu werden, sei zu betonen. Dazu sei notwendig, daß man die Grundsätze einer Staatskonstruktion entwerfe. Geschehe das, so schließe es alle Fragen, die sich um den

---

[19] Paul Löbe äußerte sich am 30. 5. 1947 im Telegraf grundsätzlich zum Konferenzvorhaben. Dabei wies er die ostzonalen Vorschläge, den Teilnehmerkreis um Gewerkschaftsvertreter und Politiker zu erweitern ebenso zurück wie die Forderung, Berlin als Tagungsort zu wählen.

[20] Eine weitere Tagung in Berlin wurde von Ehard in seinem Antworttelegramm an die MinPräs. der Ostzone als durchaus möglich bezeichnet (vgl. Dok.Nr. 25, Anm. 3) und sie wurde in München auch beschlossen (vgl. Dok.Nr. 32 B, Anm. 21).

[21] Aus dem Tagebuch des Parteivorsitzenden der LPD, Külz, geht hervor, daß Hübener am 2. 6. 1947 nach einem Gespräch mit Marschall Sokolowski, in dem dieser ihm nahelegte, sich an der Münchener Konferenz nicht zu beteiligen, sogar an seinen Rücktritt dachte. Sokolowski hatte ihm mitgeteilt, daß die SED-MinPräs. auf einer Konferenz am folgenden Tage beschließen würden, die Einladung nicht anzunehmen. „Er hatte dem Drängen Sokolowskis gegenüber kurz und bündig erwidert, daß er sein Amt als Ministerpräsident niederlegen würde, wenn man ihm die Genehmigung nicht geben würde. Er wollte dies heute noch tun, hielt es aber für seine Parteipflicht, vorher mit mir darüber zu sprechen. Ich erklärte ihm, daß ich seine Stellung achtete, daß ich aber vor Beendigung der Ministerkonferenz von morgen eine Niederlegung des Amtes für verfrüht hielte, denn es könnte evt. doch noch eine Entwicklung eintreten, die einen Besuch der Konferenz durch ihn ermögliche. Hübener sah das ein, blieb aber fest in dem Entschluß, auf sein Amt zu verzichten, sofern die der SED angehörigen Ministerpräsidenten der Zone die Fahrt nach München ablehnen würden. Hübener handelte also durchaus charaktervoll und zeigt, daß keineswegs alle Leute von uns auf sowjetischen Wink einschwenken. [...] Die SED-Präsidenten der Ostzone werden auf diese Weise mit der Verantwortung des Scheiterns der Münchener Konferenz belastet, und diese Belastung wirkt sich natürlich auch in der Stimmung der Bevölkerung gegenüber der Sowjetmacht aus." (Aufzeichnung vom 2. 6. 1947, Nachl. Külz/146, Bl. 111). In dieser Sitzung kam es dann noch nicht zu einem ablehnenden Beschluß (vgl. Gniffke, Jahre mit Ulbricht, S. 239–241).

[22] Hübeners Anregungen wurden von Roßmann in einer gesonderten Aufzeichnung stichwortartig vermerkt (Nachl. Roßmann/30, Bl. 125 und 127), auf der die sich anschließenden Ausführungen beruhen.

Begriff des Besatzungsstatuts gruppierten, das als Stichwort bedenklich sei, mit ein. Die positive Forderung nach Wiedererlangung völkerrechtlicher Selbständigkeit schließe ein Vertragsverhältnis zu den Besatzungsmächten notwendig ein.
Die Notwendigkeit, die Entnazifizierung zu erörtern, bejahte er, wies aber darauf hin, daß es ein gefährliches Thema sei.[23]
Zu begrüßen sei die Absicht, einen Überblick über die gesundheitliche Lage zu geben, besonders auch deshalb, weil die Zuständigkeit und die Sachkunde der Ministerpräsidenten auf diesem Gebiet besonders existent sei. Dasselbe gelte für die Flüchtlingsfrage. Bei einer Darstellung der Größe der Opfer, die der Nazismus Deutschland auferlegt habe, müsse man versuchen, als Referenten einen der besten Männer aus der Organisation der rassisch und politisch Verfolgten zu gewinnen.
Mit großer Vorsicht sei die Reparationsfrage zu behandeln. Der Versuch einer exakten Feststellung des Geschehenen würde nach seiner Ansicht geradezu Gefahren heraufbeschwören. Bei aller Bedeutung, die den Grenzfragen zukomme, halte er sie für weniger wichtig als die Frage, was in den nächsten Jahrzehnten in dem Raume zwischen der Oder und der Maaß geschehe. Die Frage sei für die Ostzone ein schwieriges Thema. Hübener hielt auch eine breitere Erörterung der Lage von Japan, Italien usw.[24] als stark verfrüht. Eine Erörterung würde voraussetzen, daß wir völkerrechtlich existent seien. Bezüglich der Aussichten der Beteiligung der Ministerpräsidenten der Ostzone an der Münchener Konferenz machte mir Hübener die Mitteilung, daß Ministerpräsident Friedrichs – Sachsen – der federführende Ministerpräsident in Sachen der Münchener Konferenz sei. Die Ministerpräsidenten hätten bereits den Entwurf einer Kollektiv-Antwort signiert.[25] Er sei allerdings nicht berechtigt, mir den Inhalt der geplanten Antwort mitzuteilen. Ich entnahm jedoch seinen Bemerkungen, daß die Antwort wenn nicht ablehnend, so doch hinhaltend gedacht war. Ich bat Herrn Hübener am späten Abend des 17. Mai, Herrn Friedrichs durch dringendes Staatsgespräch zu veranlassen, die Absendung der Antwort aufzuschieben, bis er mich am 19. Mai selbst gesprochen habe[26]. Hübener hat meiner Bitte sofort entsprochen. Ich hatte in diesem Augenblick das Gefühl, daß die Beteiligung der Ministerpräsidenten der Ostzone an einem seidenen Faden hing.
MinPräs. Friedrichs, den ich Nachmittag des 19. Mai in Dresden sprechen konnte, zeigte die gleiche grundsätzliche Bereitwilligkeit, wie die Herren, die ich bisher gesprochen hatte. Er stimmte fast allen Punkten, bei denen eine Aussprache in München in Aussicht genommen war, zu, vertrat aber z. B. in der Reparationsfrage einen stark abweichenden Standpunkt. Wenn die Reparationsfrage klar und folgerichtig behandelt werde, könne sie nach seiner Ansicht sogar eine Brücke zur Verständigung

---

[23] Hübener begründete das mit dem Argument, daß die Denazifizierung in der Ostzone vielfach ein Vorwand für Bolschewisierung sei (ebenda).

[24] Das Deutsche Büro für Friedensfragen hatte eine Ausarbeitung zur Frage „Japan nach dem Zusammenbruch" vorbereitet (Druck, Stuttgart, 27. 5. 1947), die auf der Konferenz in München verteilt wurde.

[25] Dieses Schreiben erwähnt Gniffke, Jahre mit Ulbricht nicht. Nach der Darstellung Pauls verfälschte es den Schierker Beschluß (vgl. Grünewald, Münchener Ministerpräsidentenkonferenz, S. 152).

[26] Paul nahm das Verdienst, das Treffen Ehard-Friedrichs durch einen Anruf bei Friedrichs in die Wege geleitet zu haben, später für sich in Anspruch. Vgl. Grünewald, Münchener Ministerpräsidentenkonferenz, S. 152 sowie Roßmanns Randbemerkung „Das war ich" an einem Artikel im Tagesspiegel vom 30. 12. 1947 mit einer Darstellung Pauls über die Vorgänge vor der Münchener Konferenz im Zusammenhang einer Darlegung seiner Fluchtmotive; Nachl. Roßmann/30, Bl. 2.

werden. Er halte die Reparationen für eine Hoffnung für Deutschland, weil sie den wirtschaftlichen Wiederaufbau zur unerläßlichen Voraussetzung haben.

Die Währungsfrage sei für die Ostzone eine Frage sekundärer Art, da das Einfrieren der Konten ab 8. Mai 1945 in der Ostzone den Geldüberhang weitestgehend beseitigt und den Regierungen die vollkommene Herrschaft über den Kapitalmarkt garantiert habe. Ich stellte in Aussicht, daß man bei etwaigen Wünschen bezüglich der Fragen, die auf der Konferenz Gegenstand der Verhandlungen werden sollen, auf die Situation in der Ostzone weitgehend Rücksicht nehmen werde. Friedrichs gab zu verstehen, daß er eine Aussprache mit dem bayerischen MinPräs. Ehard für sehr erwünscht halte, bevor die endgültige Entscheidung über die Beteiligung seiner Kollegen falle. Ich sagte zu, daß ich mit allen Kräften versuchen würde, eine solche Zusammenkunft zustande zu bringen; ich schlug Hof oder Plauen als Ort der Zusammenkunft vor. Friedrichs meinte, es würde einen sehr günstigen Eindruck machen, wenn MinPräs. Ehard sich zu einem Besuch in Dresden entschließen könnte. Ich versprach, auch diesen Wunsch zu fördern.[27] Friedrichs erklärte mir, daß er beabsichtige, am nächsten Morgen nach Berlin zu fahren, um eine letzte Information zu erlangen, aber ich könne schon jetzt mit höchster Wahrscheinlichkeit mit der Teilnahme der Ministerpräsidenten der Ostzone an der Münchener Konferenz rechnen. Er werde mich über die Länderratsvertretung in Berlin informieren. Die Zusammenkunft zwischen Herrn Friedrichs und Herrn Ehard hat dann in Hof stattgefunden.[28] In Berlin erfuhr ich leider weder Ort noch Zeit der Zusammenkunft, an der ich mich gerne beteiligt hätte. Allerdings hatte mich ein Wagendefekt und eine persönliche Unpäßlichkeit während zweier Tage stark gehemmt, so daß ich den geplanten Besuch in Schwerin aufgeben mußte. Ich habe jedoch das Notwendige in einem persönlichen Schreiben an den Ministerpräsidenten von Mecklenburg-Schwerin[29] niedergelegt und dieses Schreiben in der Länderratsvertretung nach Schwerin telefonieren lassen. Alsbald nach meinem Eintreffen in Berlin am 20. 5. erfuhr ich von informierter Seite, daß die SMA den Ministerpräsidenten freigestellt habe, sich an der Münchener Konferenz zu beteiligen. Auch sei nicht beabsichtigt, den Herren Spezial-Instruktionen mitzugeben.

---

[27] Die Bitte um ein Treffen Ehards mit Friedrichs wurde am 20. 5. 1947 telefonisch um 16.50 von Roßmanns Sekretärin und Mitarbeiterin Frl. Busch aus Berlin an Wutzlhofer (LR Stuttgart) weitergeleitet (BHStA Abtl. II MA Abg. 1975 vorl. Nr. 73, ungez. Vermerk vom 20. 5. 1947). Daraufhin verhandelte Min. Pfeiffer noch in der Nacht telefonisch mit MinPräs. Friedrichs und teilte ihm die Bereitschaft Ehards zu einer Aussprache mit, die entweder in Hof oder in Plauen stattfinden sollte (Vermerk vom 21. 5. 1947 von Holzhausen in: Nachl. Roßmann/30, Bl. 124). Roßmann setzte sich am 21. 5. 1947 vormittags noch einmal mit Seelos in Verbindung und erfuhr von ihm, daß Ehard wegen der bevorstehenden LR-Sitzung und der Vorbereitung der Konferenz nicht nach Dresden fahren könne, sondern allenfalls einen halben Tag nach Hof oder Coburg. Roßmann nahm das mit Bedauern zur Kenntnis „weil dadurch evtl. die Teilnahme der Ministerpräsidenten der russischen Zone in Frage gestellt sei. Es spielten hier Prestigegründe und andere Imponderabilien mit, über die er telefonisch nicht weiter berichten könne" (BHStA Abt. II MA Abg. 1975 vorl. Nr. 73, Vermerk Seelos vom 21. 5. 1947).

[28] Eine Aufzeichnung über den Verlauf dieses Treffens am 23. 5. 1947 ließ sich nicht ermitteln. Das Pressekommunique war außerordentlich nichtssagend (Abdr. Ministerpräsidentenkonferenz, S. 14). Der Inhalt des Gesprächs klingt an im Telegramm der MinPräs. der sowj. Zone an Ehard vom 28. 5. 1947 (Dok.Nr. 25); Ehard kam ferner während der Chefbesprechung am Abend des 5. 6. 1947 darauf zurück (vgl. Dok.Nr. 31). Die Neue Zeitung berichtete (Ausg. vom 26. 5. 1947, S. 1), die Zusammenkunft sei in „freundschaftlichem Geist" verlaufen. Von Schumacher wurde sie in einer Rede auf der Reichskonferenz der Jungsozialisten in Gelsenkirchen scharf kritisiert als ein Versuch, die SPD in der Frage der nationalen Repräsentation zu überspielen (ebenda).

[29] Der Entwurf dieses Schreibens an MinPräs. Höcker ließ sich nicht ermitteln.

Ich hatte Gelegenheit, durch Vermittlung einer einflußreichen französischen Persönlichkeit[30] die Fühler zur französischen Militärregierung in Frohnau auszustrecken. Mein Vertrauensmann hat mir mitgeteilt, daß die Teilnahme der Ministerpräsidenten der französischen Zone gesichert sei. Eine amtliche Mitteilung hierüber sei unmittelbar nach Pfingsten zu erwarten.[31]

Auf Grund meiner Eindrücke, die ich im allgemeinen und im speziellen während meiner Reise durch die russische Zone empfangen habe, glaube ich, der bayerischen Regierung empfehlen zu müssen, alle Fragen – insbesondere die wirtschaftliche Not –, in denen keine oder nur geringe Meinungsverschiedenheiten vorliegen, an erster Stelle auf das Programm der Münchener Konferenz zu setzen, damit die Konferenz nicht von vornherein an einer Frage, wie z. B. der Grenzfrage, scheitert, bei der grundsätzliche Verschiedenheiten in der Auffassung kaum oder nur schwer zu überbrücken sind.[32]

---

[30] Dabei dürfte es sich um Oberst Dechamps, stellv. Leiter der Abt. für Arbeit bei der franz. MilReg. gehandelt haben, mit dem Roßmann seit 1924 gut befreundet war und mit dem er bereits im Dez. 1946 bei einem Besuch in Berlin Kontakt aufgenommen hatte. (Vgl. Nachl. Roßmann/29, Bl. 29, Tagebuchaufzeichnung vom 8. 12. 1946).

[31] Vgl. hierzu Dok.Nr. 26.

[32] Ehard dankte Roßmann nach dem Ende der Münchener Ministerpräsidentenkonferenz für die Bemühungen um die Teilnahme der ostzonalen Ministerpräsidenten mit einer Kopie der Renaissance-Bavaria aus der Nymphenburger Porzellanmanufaktur. „Es ist vor allem Ihnen zu verdanken, wenn es gelungen ist, die Regierungschefs aus der russischen Zone überhaupt nach München zu bekommen" (Nachl. Roßmann/30, Bl. 108, Schreiben vom 9. 6. 1947).

Nr. 25
Die Ministerpräsidenten der sowjetischen Zone an den bayerischen Ministerpräsidenten Ehard über die geplante Ministerpräsidentenkonferenz in München
28. Mai 1947

BHStA Abt. II MA Abg. 1975 vorl. Nr. 73, o. Bl., 9 Seiten Telegrammformular,[1] gez. von den MinPräs. Friedrichs, Hübener, Hoecker, Paul und Steinhoff

Sehr geehrter Herr Ministerpräsident!
Das Zusammentreffen des Sächsischen MinPräs. Dr. h. c. Friedrichs mit Ihnen in Hof[2] hatte den Zweck, auf Grund Ihrer Einladung die Beratung gesamtdeutscher Fragen vorzubereiten und deren erfolgreiche Durchführung anzustreben. In der Erkenntnis der Not unseres Volkes sind wir bereit, jeden Weg zu gehen, welcher der Behebung dieser Not dient. Mit Bedauern entnehmen wir aus dem Bericht des Sächsischen Ministerpräsidenten, daß Sie unserem Vorschlage, die Beratung der gesamtdeutschen Frage auf breiteste, demokratische Grundlage zu stellen, nicht zugestimmt haben. Die Probleme, deren Lösung wir gemeinsam anstreben, betreffen das ganze deutsche Volk und gehen über den Rahmen der einzelnen Länder weit hinaus. Bei ihrer Größe und ihrer Bedeutung sind sie nur durch Mitwirkung des gesamten Volkes und seiner berufenen Vertreter zu lösen. Bis zum Zustandekommen einer gesamtdeutschen Volksvertretung halten wir in erster Linie auch die Parteien und Gewerkschaften für die berufenen Vertreter gesamtdeutscher Interessen.

Wir sind der Auffassung, daß der in der Hofer Besprechung gemachte Vorschlag, Parteivertreter oder Landtagspräsidenten lediglich als Begleiter der Ministerpräsidenten mitzubringen, diesen Erfordernissen nicht gerecht wird. Eine Konferenz, die ausschließlich von Ländervertretern beschickt ist, schließt nach den Erfahrungen der deutschen Geschichte die Gefahr des Vorwärtstreibens partikularer Länderinteressen und damit einer Aufspaltung unseres Volkes in sich. Die Not unseres Volkes verlangt gebieterisch, alles zu unterlassen, was geeignet ist, den Einheitswillen zu gefährden.

In unserem Bestreben, die Not der Bevölkerung zu mildern und an allem mitzuwirken, was gesamtdeutsche Fragen im Rahmen der wirtschaftlichen und politischen Einheit Deutschlands zu lösen in der Lage ist, betonen wir unsere Bereitschaft zur Teilnahme an einer Beratung, die der Lösung dieser Fragen dient. Wir wissen uns mit Ihnen in dem Bestreben einig, nur erfolgversprechende Lösungen anzustreben und Wege zu vermeiden, welche Hoffnungen erwecken, die dann nicht erfüllt werden können. Eine der entscheidensten Voraussetzungen zur Behebung der wirtschaftlichen Not unseres Volkes ist die möglichst rasche Bildung einer zentralen Verwaltung für Deutschland und die Verwirklichung seiner wirtschaftlichen und politischen Einheit. Eine Konferenz, welche es sich zum Ziele setzt, die Lösung dieser Aufgaben vorzubereiten, kann als wirksames Mittel zur Bekämpfung der Not unseres Volkes angesehen werden.

---
[1] In München aufgenommen wurde das Fernschreiben am 29. 5. 1947, 11.24 Uhr, ein Präsentatum-Stempel der StK. von 29. 5. 1947 auf der ersten Seite. An gleicher Stelle befindet sich in den Akten eine maschinenschr. Abschrift des Telegramms. Abdr. in: Ministerpräsidentenkonferenz, S. 14-15. Zur Vorgeschichte vgl. Gniffke, Jahre mit Ulbricht, S. 506.
[2] Zur Vorbereitung dieses Treffens vgl. Dok.Nr. 24.

Nr. 25   28. 5. 1947   MinPräs. der sowj. Zone an Ehard

Deshalb schlagen wir Ihnen vor:

1. Nochmals ernstlich zu prüfen, die Konferenz unter Einbeziehung der Vertreter der Parteien und Gewerkschaften einzuberufen. Das um so mehr, als Aussicht besteht, daß sich die Parteien in Bälde über eine gesamtdeutsche Beratung und die Schaffung einer nationalen Repräsentation verständigen werden.
2. In den Mittelpunkt der Tagesordnung die Schaffung der wirtschaftlichen und politischen Einheit Deutschlands zu stellen, da nur durch sie den Nöten der Länder und des deutschen Volkes mit Aussicht auf Erfolg begegnet werden kann.
3. In Anbetracht des gesamtdeutschen Interesses den Tagungsort nach Berlin, der Hauptstadt Deutschlands, zu verlegen, die zudem Sitz der vier Besatzungsmächte und des Kontrollrats ist.

Die ernste Lage unseres Vaterlandes erfordert, alles Trennende beiseite zu stellen und nur ein Ziel zu sehen: Milderung der Not unseres Volkes und Herbeiführung der Einheit Deutschlands. Wir würden es begrüßen, wenn Sie, sehr geehrter Herr Ministerpräsident, Ihre Stellungnahme im Sinne unserer Vorschläge einer nochmaligen Prüfung unterziehen würden. Wir bitten Sie, uns das Ergebnis bald mitteilen zu wollen, damit eine etwa erforderlich werdende Verzögerung tunlichst kurz ausfällt.[3]

---

[3] Ehard antwortete mit Fernschreiben vom 30. 5. 1947. (Von Ehard korrigierter Entwurf, der in etwa die letzte Fassung darstellt in: BHStA Abt. II MA Abg. 1975 vorl. Nr. 73; Abdr. in: Ministerpräsidentenkonferenz, S. 16-17). Er wies darauf hin, daß die Einladungen an die Regierungschefs gerichtet gewesen seien, diese aus den anderen Zonen auch bereits zugesagt hätten. Das Echo zeige, daß die Regierungen und die Bevölkerung in allen Zonen die Erwartungen und Hoffnungen teilen, die Münchener Besprechungen möchten einen Anfang für weitere und engere Zusammenarbeit bilden. „Die Festsetzung der endgültigen Tagesordnung für die Arbeitssitzungen würde zweckmäßigerweise in der Besprechung der Regierungschefs am 5. Juni abends erfolgen, wobei auch der in Ziffer 2 Ihres Telegramms enthaltene Vorschlag beraten werden sollte. Die Einberufung weiterer Konferenzen und die Festlegung ihres Rahmens kann auf der kommenden Konferenz zur Sprache gebracht werden, wobei die bayerische Regierung auch eine spätere Tagung in Berlin durchaus begrüßen würde."

Franz. MilReg. an Wohleb 29. 5. 1947 Nr. 26

Nr. 26
Der Oberste Delegierte für die badische Militärregierung Pène an den Präsidenten des badischen Staatssekretariats Wohleb über dessen Teilnahme an der Ministerpräsidentenkonferenz in München
29. Mai 1947

StA Freiburg A 2 (provis.) Nr. 2245, Bl. 16–17. Von Pène gez.[1] Ausf. vom 29. 5. 1947[2]

Objet: Conférence des Présidents des *Länder* à Munich. (Confirmation de notre entretien du 29 Mai 1947)[3]

Je vous confirme, en réponse à votre lettre du 20 Mai courant (Nr. 3798)[4] que le Gouvernement français, saisi directement par le premier Ministre de Bavière, a autorisé les Présidents des *Länder* de la Zone Française d'Occupation à répondre à l'invitation qui leur a été adressée et à se rendre à la conférence qui doit réunir à Munich du 5 au 7 Juin 1947 les Présidents des Gouvernements allemands[5], les apaisements nécessaires ayant

---

[1] Die Überschrift der Vorlage lautet „Note pour Monsieur le Président du Secrétariat d'Etat Badois". Rechts oben von der Hand Wohlebs „Konferenz in München", blau unterstrichen, auf dem linken Seitenrand handschr. das Az. des Absenders No. 10/RES; links unten Z.d.A.-Vermerk von Wohleb vom 11. 6. 1947. In der Mitte oben Präsentatum der Bad. StK. Links unten von unbekannter Hand vermerkt „Tagung".
Die zwei Blätter zeigen die typischen Gebrauchsspuren von Papier, das längere Zeit in einer Brieftasche mitgeführt worden ist; die Knickfalten sind leicht angefasert. Vieles spricht dafür, daß es sich bei dem Dokument um die „genau ausgearbeitete schriftliche Anweisung" der franz. MilReg. handelt, von der SenPräs. Kaisen in seinem Vermerk über die Münchener Konferenz spricht (StA Bremen 3-B 10 d Nr. 45, Akte II). Der Wortlaut der Teilnahmegenehmigung für MinPräs. Boden, Rheinland-Pfalz, vom 28. 5. 1947 in Form einer „Note Verbale" in: LHA Koblenz, Nachl. Boden, Bestand 700,155 Bd. 1, künftig zitiert als „Genehmigung Boden".

[2] Links neben der Unterschrift der Amtsstempel des Délégué Supérieur pour le Gouvernement Militaire pour le Pays de Bade.

[3] Über diese Unterredung ließ sich eine Aufzeichnung nicht ermitteln.

[4] StA Freiburg A 2 (provis.) Nr. 2245, Bl. 176. In diesem Schreiben bat MinPräs. Wohleb um die Genehmigung zur Teilnahme an der Konferenz.

[5] Das franz. Außenministerium teilte die Entscheidung der Öffentlichkeit am 30. 5. 1947 in einer Pressekonferenz mit. In dieser Verlautbarung wurde von einem auf die Überwindung der Wirtschafts- und Ernährungsnot beschränkten Konferenzzweck ausgegangen.
„L'objet de cette réunion est de discuter de la situation économique dans les quatre zones d'occupation et en particulier de la situation ravitaillement. Le Gouvernement français ayant toujours accepté que l'Allemagne soit traitée comme une unité économique en attendant la filiation définitive de ses frontières et d'autre part s'agissant d'une réunion organisée dans le cadre des Länder qui doivent être la base du régime constitutionnel allemand le commandement en chef français en Allemagne à titre exceptionnel autorise les Présidents des Etats de la zone française de se rendre à cette réunion. Cette autorisation n'est pas bien entendu valable pour le gouvernement de la Sarre." (Grünewald, Münchener Ministerpräsidentenkonferenz, S. 96. Ebenda, S. 97, Erläuterungen des Pressesprechers, die darauf abheben, daß die Genehmigung nur für diese eine Konferenz gelte. Die Rheinpfalz (Ausg. vom 31. 5. 1947, S. 1) bemerkte in einem Bericht aus Baden Baden: „Die Zusammenkunft der Ministerpräsidenten der deutschen Staaten, die in München am 6. und 7. Juni stattfinden soll, um Wirtschaftsfragen zu erörtern, wird an zuständiger Pariser Stelle sehr beifällig begrüßt. Man verweist darauf, daß jeder der Ministerpräsidenten von der Militärregierung seiner Zone abhänge, weshalb man nicht einsehen kann, welches Ergebnis nach dem Scheitern der Moskauer Konferenz die Münchener Erörterung haben könnte. Auf keinen Fall wird es Frankreich zulassen, daß die Ministerpräsidenten politische Fragen besprechen. Sollte die Absicht bestehen, andere als wirtschaftliche Fragen zu behandeln, so würde die Ermächtigung zur Teilnahme [...] annulliert werden."

été données au Commandant en Chef et au Gouvernement français par Monsieur *Ehard*.[6]

Il ressort en effet des indications fournies par ce dernier, que lors de cette manifestation qui se déroulera sous un signe nettement fédéraliste, les principes suivants seront développés et défendus[7]:
- les Etats membres de la Confédération sont *seuls* souverains;
- la Constitution de la Confédération est établie à la suite d'accords intervenus entre les Etats-Membres, et non par une Assemblée Constituante;
- il est prévu une seule Chambre des Etats, composée de représentants de chacun d'eux, et non une Assemblée Nationale sortie d'élections générales.

J'ai pris acte de votre engagement formel de défendre ces principes fédéralistes auxquels vous avez souscrit publiquement à de nombreuses reprises, les considérant comme les seuls susceptibles de permettre la réorganisation de l'Allemagne.[8]

---

[6] Der Inhalt der von Ehard gemachten Zusicherungen läßt sich ebenfalls aus der „Genehmigung Boden" ersehen. Ehard habe mitgeteilt, er werde den Gedanken der Unabhängigkeit der Staaten gegen den der Konföderation verteidigen und er glaube, die Verfassung des föderativen Deutschlands müsse durch gegenseitige Übereinkommen der Staaten und nicht durch eine durch politische Parteien oder Gewerkschaften gewählte verfassungsgebende Versammlung aufgestellt werden. Für das föderative Deutschland dürfe es nur eine Staatenkammer und nicht eine auf Grund von allgemeinen Wahlen gebildete Nationalversammlung geben.
Über die Verhandlungen Ehards mit der französischen MilReg. ließen sich Unterlagen nicht ermitteln. Fest steht, daß bereits die Einladung zur Konferenz an die franz. Verbindungsmission beim Amt der MilReg. für Bayern gesandt wurde. Ferner sind indirekt Gespräche mit dem franz. Generalkonsul in München nachweisbar, in denen darauf hingewiesen wurde, „daß bei einem Nichterscheinen der Regierungschefs der französischen Zone die zentralistischen Tendenzen auf dieser Konferenz so stark in Erscheinung treten könnten, daß eine Richtung festgelegt würde, die auch bei einem späteren Hinzutreten der französischen Zone nicht mehr geändert werden könne" (Vermerk vom 14. 5. 1947 über ein Gespräch mit StR Schmid, BHStA Abt. II MA Abg. 1975 vorl.Nr. 7).

[7] Die folgenden Richtlinien setzten voraus, daß in München über den künftigen Staatsaufbau Deutschlands, bzw. über eine Konföderation der deutschen Länder (vgl. Dok.Nr. 23) diskutiert werden würde. Auch StR Schmid nahm das in seinem Schreiben an Ehard vom 28. 5. 1947, mit dem er sein Kommen zusagte, noch an! Er hoffe, „daß Vereinbarungen der verantwortlichen Ländervertreter zustande kommen werden, die es ermöglichen können, vor der Regelung der Verfassungsfrage einen Verband der deutschen Länder zur gemeinsamen Überwindung der gegenwärtigen Schwierigkeiten zu schaffen" (StA Sigmaringen, Wü. 2 acc. 53/1959, Nr. 200). Vgl. auch seinen Bericht vor dem Württemb.-Badischen Kabinett vom 29. 5. 1947: Die MilReg. „würde wohl gegen eine allgemeine Resolution über ein Zweckverbandsstatut für die Zeit, da die Verfassungsfrage noch nicht geregelt ist, kein Veto einlegen" (HStA Stuttgart, EA 1/20, Az.: C 1/32, 1947, 19. Sitzung des StMin. vom 29. 5. 1947).

[8] Wohleb sagte seine Teilnahme an der Konferenz mit Schreiben vom 31. 5. 1947 zu, das er dem Obersten Delegierten der MilReg. zur „ergebensten Nachricht" gab. Unter Berufung auf Art. 50 und 52 der badischen Verfassung legte er darin seine Ansichten zum künftigen Staatsaufbau Deutschlands dar: „Die Bundesstaaten der neuen Gemeinschaft sollten souverän im Sinne des Artikel 50 der badischen Verfassung sein. Die Bundesverfassung sollte eine Folge von Abkommen der beteiligten Bundesmitglieder sein, nicht aber von einer verfassungsgebenden Versammlung den einzelnen Ländern auferlegt werden. Ein einziges Staatenhaus, nicht aus unmittelbaren Wahlen hervorgehend, sondern als Vertretung der Landesregierungen soll geschaffen werden." Von Boden, dem die MilReg. ebenfalls nahegelegt hatte, seine Auffassungen zur Verfassungsfrage Ehard bereits summarisch mitzuteilen (vgl. „Genehmigung Boden"), ließ sich ein entsprechendes Schreiben nicht ermitteln.
Die franz. Vorstellungen über den künftigen deutschen Staatsaufbau im Frühjahr 1947 vor und während der Moskauer Außenministerkonferenz am deutlichsten in zwei franz. Memoranden an die Alliierten vom 17. 1. 1947, Abdr. in: Documents Français, S. 42–56. Vgl. dazu auch Foreign Relations 1947/II, S. 154–155; F. Roy Willis, The French in Germany, S. 41–44. Zusammenfassend auch H.-P. Schwarz, Vom Reich zur Bundesrepublik, S. 179–193.

Nr. 27
Beschlüsse der Ministerpräsidenten der britischen Zone in Hannover zur Tagesordnung der Münchener Ministerpräsidentenkonferenz
30. Mai 1947

BA Z 35/25, Bl. 10–11. Undat., ungez., im Umdr. vervielf. Ausf.[1]

I Es wird gebeten, die Tagesordnung der Münchener Konferenz unter allen Umständen von rein politischen Themen zu entlasten, so z. B. nicht die Frage des Burgfriedens[2] zu behandeln. Diese ist Angelegenheit der Parteien.

---

[1] Vorlage für dieses Dokument war vermutlich ein Aktenvermerk über die Besprechung der Länderchefs der brit. Zone und SenPräs. Kaisens vom 30. 5. 1947 in: HStA Hannover Nds Z 50 Acc. 32/63, Nr. 64 I; dort auch korrigierter Entwurf des Vermerkes künftig zitiert als „Aktenvermerk." (Abschr. auch in: HStA Düsseldorf NW 030 Blaue Serie, Teil I, rote Nr. 43). Die Anregung zu dieser Konferenz vom 30. 5. 1947, auf der auch die Errichtung eines LR der brit. Zone beschlossen wurde, ging von Niedersachsen aus, nachdem SenPräs. Kaisen und Stier tom Moehlen die Hannoversche StK. über das Münchener Konferenzvorhaben eingehend informiert hatten. v. Campe schlug daraufhin vor (Vermerk, undat., jedoch vor dem 20. 5. 1947 verfaßt, ebenda), die Ansichten der MinPräs. der brit. Zone zu koordinieren.
Als Themen für München waren von Kaisen und Stier tom Moehlen Vorschläge an die MilReg. für Maßnahmen zur Besserung der wirtschaftlichen Lage und Schutz gegen die Not des Winters benannt worden. „Und zwar soll anscheinend von der Einstellung der Militärregierung zu diesen Vorschlägen ein weiteres Verbleiben der Länderregierungen in ihrem Amt abhängig gemacht werden." Hinsichtlich der Frage des Aufbaues des Reiches würden konkrete Vorschläge aufgestellt, so u. a. von StS Brill, „der die Richtlinien für den künftigen Reichsaufbau – vermutlich im Sinne des dezentralisierten Bundesstaates – festlegt." Bei einer weiteren Verschärfung der Gegensätze unter den Alliierten könnte die Trennungslinie zwischen der östlichen und westlichen Welt eines Tages mitten durch Deutschland gehen. „Angesichts dieser Situation wollen die Einberufer der Konferenz in München deutscherseits alles tun, um diese Entwicklung zu verhindern – soweit es überhaupt in unserer Macht steht. Die Länderregierungen wollen im Bewußtsein ihrer Verantwortung vor dem deutschen Volke mit dieser Konferenz von deutscher Seite aus den äußersten Beitrag zur Vereinigung der Zonen und für die Wiedergewinnung der deutschen Einheit versuchen. Auf dem Programm der Konferenz wird dieser letzte Punkt vermutlich nicht gesondert und ausdrücklich hervorgehoben werden." (Zitate aus o.g. „Vermerk").
Es ist zu vermuten, daß der Termin bewußt vor die Frankfurter Konferenz der SPD gelegt wurde, um den Anschein zu vermeiden, daß die MinPräs. in ihren Beschlüssen von der SPD, der sie mit Ausnahme von MinPräs. Amelunxen alle angehörten, abhängig wären. Nicht klären ließ sich, ob und inwieweit die Beschlüsse auf einen direkten Einfluß der SPD zurückzuführen sind. Die Reduktion der Thematik auf ‚unpolitische Fragen' lag jedoch bereits ganz auf der Linie der Frankfurter Beschlüsse (vgl. Dok. Nr. 31, Anm. 16). Über die Diskussionen auf der Konferenz vom 30. 5. 1947 ließen sich Aufzeichnungen nicht ermitteln.
Die für MinPräs. Kopf durch v. Campe zusammengestellten Stichworte für die Begrüßung lauteten: „Hinweis auf die Gefährlichkeit der Lage; Erfordernis, alles in gemeinsamer Zusammenarbeit zur Rettung zu tun; Ruf aus München nach Fehlschlag der Moskauer Konferenz überall auf Zustimmung gestoßen; Zitat aus Aufsatz von Reichstagspräsidenten Löbe: ‚An uns ist es, den richtigen Weg zu zeigen und keinen Zweifel darüber zu lassen, daß wir Deutschen selbst gewillt sind fest zuzupacken und unsere Pflicht zu erfüllen.' Hierzu ist gemeinsames Auftreten erforderlich. Süddeutsche sind uns überlegen durch schnellere politische Entwicklung zur Selbstverwaltung. Länderrat in Stuttgart eingespieltes Organ zur Bildung einer geschlossenen süddeutschen Meinung. Auch in der englischen Zone Zusammenarbeit und Koordinierung erforderlich: Wichtigstes zunächst Einrichtung eines Länderrats" (ebenda).

[2] Für dieses Thema war GS Roßmann als Sprecher vorgesehen.

II Es wird gebeten, auf die Tagesordnung folgende Fragen zu setzen:

1. Ernährungsfragen,
   Resolutionsvorschlag hierzu erfolgt von Hannover[3],
2. Kohlenfrage, insbesondere Produktionssteigerung, Hausbrandversorgung, Bergarbeiterfragen,
   Vorschlag zur Resolution erfolgt von Rheinland-Westfalen[4],
3. Wirtschaftsfragen,
   a) Ankurbelung der Industrieproduktion,
   b) Außenhandel und Rohstoffkredite,
   Resolutionsvorschlag zu 3 b erfolgt von Hamburg[5],
4. Flüchtlingsfragen,
   Resolutionsvorschlag erfolgt von Ministerpräsident Lüdemann[6] (Schleswig-Holstein),
5. Volksgesundheit,
6. Währungsreform, Steuerermäßigung, Lastenausgleich, zu diesen Punkten die Frage: Ist die Erörterung zugelassen?
7. Wirtschaftliche Einheit, ungehinderter Personen- und Güterverkehr[7],
8. Besatzungsstatut.

III Außerdem wird gebeten, ohne Erörterung in der Vollkonferenz folgende Fragen in die amtliche Verlautbarung aufzunehmen:

9. Denazifizierung (Beseitigung der Nazis und Militaristen aus Schlüsselstellungen, geordnetes einheitliches Verfahren, schnelle Beendigung, nicht rückwärts, sondern vorwärts schauen),
10. Kriegsgefangenenfragen[8], Entwurf des Bürgermeisters Kaisen.
11. Bekenntnis zur Atlantik-Charta.[9]

---

[3] Resolutionsentwurf mit zahlreichen Korrekturen in: HStA Hannover Nds Z 50 Acc. 32/63, Nr. 64 I. Zum Inhalt vgl. Dok.Nr. 32 B, Anm. 24.

[4] „Aktenvermerk" richtig: Nordrhein-Westfalen.

[5] Entwurf in: StA Hamburg Senatskanzlei II, Az.: 000.21–11, Bd. 2.

[6] Entwurf in: HStA Hannover Nds Z 50 Acc. 32/63, Nr. 64 I. Zum Inhalt vgl. Dok.Nr. 32 B, Anm. 15.

[7] „Aktenvermerk": „ungehinderte Personen-, Post- und Güterverkehr zwischen den Zonen."

[8] „Aktenvermerk": Begrüßung der geplanten Rückführung, Angabe der Zahl der Gefangenen, Erleichterung im Verkehr mit Kriegsgefangenen, Gruß an die Kriegsgefangenen und ihre Angehörigen.

[9] „Aktenvermerk": „(6. Punkt evtl. wörtlich erwähnen)". Punkt 6 der von Roosevelt und Churchill am 14. 8. 1941 beschlossenen Charta, die zu einem der Grunddokumente der UNO wurde, lautete: „Sie hoffen, daß nach endgültiger Zerstörung der Nazityrannei ein Friede geschaffen wird, der allen Nationen die Möglichkeit gibt, in Sicherheit innerhalb ihrer eigenen Grenzen zu leben, und der Gewähr dafür bietet, daß alle Menschen in allen Ländern der Welt ihr Leben frei von Furcht und Mangel leben können." (Abdr. in: H. Kraus, K. Heinze, Völkerrechtliche Urkunden, Dok. 6, Anm. 8).

Nr. 28
21. Tagung des Länderrates des amerikanischen Besatzungsgebietes in Stuttgart
2./3. Juni 1947

A Interne Sitzung

BA Z 1/19, Bl. 265–270. Prot. vom 3. 6. 1947, von Roßmann im Entw. gez. Ausf.[1]
TO: Z 1/183, Bl. 238–249

Anwesend: MinPräs. Ehard, MinDir. Seelos, ORegRat v. Elmenau, Frh. v. Ritter zu Groenesteyn (Bayern); SenPräs. Kaisen, Schütte (Bremen); MinPräs. Stock, StS Strauß, StR Apel, Graf v. Wedel, MinRat Engler (zeitweise) RegRat Dörr (Hessen); MinPräs. Maier, StS Gögler, StR Wittwer, ORegRat Mühlberger (Württemberg-Baden); GS Roßmann, Wutzlhofer (Länderrat)

[1.] Besprechung der Tagesordnung für die ordentliche Länderratssitzung

Die Tagesordnung für die ordentliche Länderratssitzung wird nur auszugsweise besprochen. Beschlüsse werden keine gefaßt.

[2.] Beratung über die mit General Clay in der internen Besprechung zu erörternden Fragen

Der Länderrat beschließt, die Frage der Bezahlung der zur Durchführung des Jugendprogramms von der amerikanischen Besatzungsarmee zu übergebenden Sportgeräte in der internen Sitzung mit General Clay zu besprechen, wie vom Direktorium in seiner Sitzung vom 22. 5. 1947 vorgeschlagen worden war.[2]

[3.] Weiterführung des UNRRA-Suchdienstes auf Zonenbasis durch den Länderrat[3]

Der Länderrat stimmt dem Beschluß des Direktoriums aus seiner internen Sitzung vom 22. 5. 1947 [...] grundsätzlich zu.[4] Im übrigen soll das Ergebnis der Besprechungen am

---

[1] Unter der Datumszeile „F[ür] d[ie] R[ichtigkeit], Seidel, Sekretärin", ferner ihr Diktatzeichen „S". Auf Bl. 265 oben von unbekannter Hand vermerkt „GenSekr. Roßmann" und „Vertraulich"; undat. Z.d.A.-Vermerk Roßmanns.

[2] Prot. der Direktoriumssitzung vom 22. 5. 1947 in: Z 1/156, hier Bl. 4. Zur Besprechung der Frage mit Gen. Clay vgl. Dok.Nr. 28 C, TOP 1.

[3] Die Suchdienststelle der UNRRA, die für die vermißten Angehörigen aus Staaten, die den Vereinten Nationen angehörten, zuständig war, sollte am 30. 6. 1947 ihre Tätigkeit in Deutschland einstellen und von der US-MilReg. übernommen werden. Das Direktorium hatte auf Grund einer inoffiziellen Anfrage des RGCO auf seiner internen Sitzung vom 10. 4. 1947 (Prot. in: Z 1/20, hier Bl. 118) festgestellt: „Es ist anzunehmen, daß die Zentralstelle für den Suchdienst in München bereit ist, auch Nachforschungen nach Angehörigen der Vereinten Nationen, die bisher von der UNRRA durchgeführt wurden, nach deren Auflösung zu übernehmen." Mit Schreiben vom 14. 5. 1947 bat das RGCO den LR, mit der MilReg. Pläne für die Weiterführung der bislang von der UNRRA durchgeführten Aufgaben durch eine neue Dienststelle auszuarbeiten (Z 1/183, Bl. 239, Material für die Planungen B 150/325).

[4] Prot. der internen Sitzung des Direktoriums vom 22. 5. 1947 in: Z 1/20, hier Bl. 75. Der Beschluß des Direktoriums sah u. a. vor, dem LR die Übernahme der Funktionen des UNRRA-Suchdienstes für die US-Zone dergestalt zu empfehlen, daß die Einzelarbeit von den Dienststellen der Länder übernommen wird und daß, soweit nötig, eine koordinierende Zusammenfassung der Arbeit unter der Aufsicht des LR erfolgen soll. Nach der grundlegenden Direktive vom 6. 1. 1946 über die Durchführung von Nachforschungen über Angehörige der Vereinten Nationen durch deutsche Dienststellen waren die Aufstellungen, Berichte und Materialien, auf Grund deren die Dienststelle arbeiten konnte, ohnehin von den Ländern zu liefern (Direktive in: B 150/325).

4. 6. 1947 in Frankfurt/Main, in denen die Einzelheiten der Übernahme von amerikanischer Seite dargelegt werden sollen, abgewartet werden.[5]

[4.] Stellungnahme der Arbeitsminister der US-Zone zum Vorschlag der Manpower Division OMGUS zur Errichtung eines bizonalen Verbindungsausschusses für Arbeitsfragen

Der Länderrat stimmt nach kurzer Debatte der Bildung einer „Ständigen bizonalen Konferenz der Arbeitsminister für Arbeitsfragen", wie sie in Anlage 4 zur Tagesordnung[6] näher beschrieben ist, zu.
[...]

[5.] Exportmesse Hannover[7]

StR Wittwer teilt mit, daß Württemberg-Baden seine Zusage zur Teilnahme gegeben habe, und zwar weil es die Erfahrung gemacht hat, daß trotz der gut organisierten Exportausstellung in Stuttgart[8] nicht alle Personen, die die Einreise nach Deutschland erhalten und hier Verhandlungen mit deutschen Firmen führen, hierher kommen können, da es ihnen an Zeit mangelt. Man wollte im Interesse des Exports nichts unversucht lassen, um den Export zu fördern.

MinPräs. Stock erklärt, daß Hessen auf Frankfurt eingewirkt habe, alle Pläne auf Abhaltung einer Messe zurückzustellen, da es die augenblickliche Notzeit nicht zuläßt, solche Ausstellungen vorzunehmen. Aus den gleichen Gründen habe Hessen es abgelehnt, sich an der Exportmesse in Hannover zu beteiligen.[9]

MinDir. Seelos führt aus, daß Bayern ähnliche Bedenken habe. Außerdem habe Bayern die Absicht, etwa zur gleichen Zeit in München eine sogenannte „Südmesse" abzuhalten. Es werde schwierig sein, allein *diese* Ausstellung zu beschicken. Die bayerischen Firmen würden nicht verstehen, wenn Bayern gleichzeitig noch eine andere Messe unterstützen würde, und sei es auch nur durch Hergabe des Namens des Herrn Ministerpräsidenten. Ministerpräsident Ehard habe deshalb auch nicht die Absicht, sich an dem Ehrenkommitee zu beteiligen. Außerdem weist er darauf hin, daß Hannover bisher

---

[5] Prot. dieser Besprechungen in Frankfurt vom 3. 4. 1947 in: Z 1/91, Bl. 176; sie wurden am 17. 6. 1947 fortgesetzt (Prot. ebenda, Bl. 174–175). Dabei ging es vor allem um technische Fragen der Arbeitsorganisation. Die Funktionen der UNRRA-Suchdienststelle wurden schließlich nicht dem Zonalen Suchdienst, sondern der IRO (International Refugee Organization) übertragen.

[6] Anlage 4 in: Z 1/183, Bl. 245–246. Die Arbeitsminister der US-Zone stimmten in ihrer Stellungnahme dem Vorschlag der Manpower Division von OMGUS (Z 1/907, Bl. 236) zu, eine ständige bizonale Konferenz der Arbeitsminister für Arbeitsfragen zu bilden. Sie sollte Gesetze und Verordnungen, deren einheitlicher Erlaß und gemeinsame Anwendung im Interesse beider Zonen erforderlich oder erwünscht erschienen, sowie entsprechende Verwaltungsmaßnahmen besprechen und koordinieren. Als Leitungsorgan sollte ein kleines Sekretariat mit Sitz in Stuttgart geschaffen werden. Die Stellungnahme deckte sich mit den Ergebnissen einer Besprechung der Arbeitsminister der brit. und US-Zone vom 17. 5. 1947 in Stuttgart (Prot. in: Z 1/907, Bl. 221–236). Darüber hinaus sollten auf Länderebene Selbstverwaltungskörperschaften, die durch einen losen Zusammenschluß koordiniert werden könnten, errichtet werden. Zum Fortgang vgl. Pünder, Interregnum, S. 157–158.

[7] Zur Vorgeschichte siehe Dok.Nr. 16, TOP 1 und 4.

[8] In Stuttgart hatte im Spätherbst 1946 eine Exportschau stattgefunden, die in einer erweiterten Fassung ab Dez. 1946 unter dem Motto „Export schafft Brot" weitergeführt worden war (Z 8/1701, Bl. 50).

[9] Vgl. Beschlußprot. der Kabinettssitzung vom 17. 5. 1947 (HStA Wiesbaden, Abt. 528, Zug. 7/49, Nr. 3). Demnach wurde die Teilnahme abgelehnt, weil die Messe „unwirtschaftlich und unzweckmäßig [sei], besonders auch im Hinblick auf die Pläne für eine Exportmesse in Frankfurt, für welche die Vorarbeiten schon seit einem Jahr im Gange sind."

keine Messestadt gewesen sei, im Gegensatz zu Leipzig, Frankfurt und auch München. Dies könne gewichtige Folgen für die Zukunft haben. *SenPräs. Kaisen* teilt mit, daß Bremen beschlossen habe, sich an der Messe zu beteiligen. Er verstehe aber z. B. die Auffassung von Hessen vollkommen, daß er an der Messe in Hannover nicht teilnehmen könne, nachdem er die Abhaltung einer Messe in Frankfurt für unerwünscht erklärt habe.

Da eine einheitliche Stellungnahme des Länderrats in dieser Frage nicht zustande kommt, wird beschlossen, daß die Entscheidung darüber, ob die Länder teilnehmen oder nicht, den einzelnen Ländern selbst überlassen werden soll.

[6.] **Nachtragshaushalt des Länderrates**

Der Nachtragshaushalt des Länderrates (Anlage 7 zur Tagesordnung)[10] wird vom Länderrat, vorbehaltlich der Zustimmung des Finanzausschusses, einstimmig angenommen.

[7.] **Verschiedenes**

a) *Leitstelle für Freiwillige für den Ruhrbergbau in Frankfurt/Main*[11]

GS Roßmann berichtet, daß ein Schreiben von OMGUS eingegangen sei, in welchem die Ergebnisse dieser Leitstelle als ungenügend bezeichnet würden.[12] Da es sich um eine Einrichtung des Länderrats handele, tauche die Möglichkeit auf, daß die Herren Ministerpräsidenten dafür verantwortlich gemacht werden.
MinRat Engler vom hess. Arbeitsministerium, der zugleich der Leiter dieser Leitstelle ist, berichtet ausführlich über die Arbeit dieser Stelle seit ihrer Gründung bis jetzt. Er legt dar, daß aus den verschiedensten Gründen (Unterbringungsschwierigkeiten, Fehlen eines Arztes usw.) erst jetzt mit einer intensiven Arbeit und Werbetätigkeit begonnen werden könne. Die von amerikanischer Seite geforderte Quote von 1000 Freiwilligen in der Woche könne aber auch jetzt auf keinen Fall erreicht werden, einmal weil eine so große Zahl in Frankfurt nicht durchgeschleust werden könnte, und zum anderen, weil das Ruhrgebiet, wie ihm von dem Arbeitsminister des Landes Nordrhein-Westfalen telegrafisch mitgeteilt worden sei, nicht mehr als 400 in der Woche aufnehmen könne. Er sei der Ansicht, daß die Militärregierung den deutschen Stellen keine Vorwürfe machen könne. Die Schwierigkeiten seien zu groß gewesen, als daß sie früher hätten überwunden werden können.

Die Ministerpräsidenten erklären, daß eine Steigerung der Quote auf alle Fälle erreicht werden müsse und es so wie bisher nicht weitergehen könne, denn es handele sich nicht nur um den Ruhrbergbau, sondern um all das, was damit zusammenhängt.

Es wird festgestellt, daß eine weitere Besprechung erst möglich ist, wenn bestimmte Auflagen gemacht werden, über die dann zu beraten ist.[13]

---

[10] Der Nachtragshaushalt (Z 1/183, Bl. 249) betraf den Personalbedarf des neugeschaffenen erweiterten Referates für Kriegsgefangenenfragen beim LR.
[11] Zur Vorgeschichte der Leitstelle vgl. Dok.Nr. 10 B II, TOP 11.
[12] Das Schreiben von OMGUS war vom RGCO unter dem 19. 5. 1947 an den LR gesandt worden (Z 1/77, Bl. 122). Trotz der Kritik in dem Schreiben war – vermutlich aus propagandistischen Gründen – die Verabschiedung des 1000. Ruhrfreiwilligen mit einer Feierstunde in Frankfurt begangen worden, über die Presse und Wochenschau ausführlich berichteten (Neue Zeitung, Ausg. vom 13. 6. 1947, S. 2; Welt im Film Nr. 108).
[13] Roßmann berichtete dem RGCO mit Schreiben vom 27. 6. 1947 (Z 1/77, Bl. 13–15) ausführlich über die Entwicklung der Leitstelle und ihre Erfolge seit dem Beginn ihrer Arbeit am 25. 3. 1947.

Nr. 28A 2./3. 6. 1947 Länderrat US-Zone

b) Verteilung von Asbest

Auf die Vorwürfe von Seiten Hessens in der Direktoriumssitzung vom 29. 5. 1947[14] gegen die im Protokoll der Sitzung des Arbeitsausschusses „Kautschuk und Asbest"[15] niedergelegte Einstellung des Vertreters des Bayerischen Wirtschaftsministeriums zu der Frage der Abgabe von in Bayern lagerndem Asbest an die Firma Kind in Frankfurt/Main nahm Bayern wie folgt Stellung:

Von den 150 Tonnen in Frage kommenden, in Bayern lagernden Beständen an Asbest sind 100 Tonnen von der Militärregierung beschlagnahmt, mit deren Freigabe nicht zu rechnen ist, vielmehr habe die Militärregierung für Bayern dem Wirtschaftsministerium gegenüber angedeutet, daß diese Bestände in Kürze in ihre Ursprungsländer (Tschechoslowakei und Italien) zurückgesandt werden würden. Von den verbleibenden 50 Tonnen seien 30 Tonnen am 20. 5. 1947 an die Firma Kind in Frankfurt abdisponiert worden. Es könne also in keiner Weise davon die Rede sein, daß es sich so verhalte, wie es im Protokoll dargestellt sei.

Möller vom Sekretariat des Länderrats macht darauf aufmerksam, daß in dieser Angelegenheit soeben ein Schreiben von OMGUS beim Coordinating Office eingegangen sei, nach dem die zur Rückgabe an die Ursprungsländer vorgesehenen Bestände freigegeben sind und nicht zurückerstattet werden müssen.[16] Der Länderrat werde gebeten, sofort die notwendigen Maßnahmen zu ergreifen, um die Freigabe des Materials durch das Bayerische Wirtschaftsministerium zu erwirken.

c) Arbeitsgerichtsgesetz

StS Strauß bittet um Klärung der Frage, ob das Arbeitsgerichtsgesetz[17], das bisher nur in Bayern erlassen worden ist, mit auf die Liste der vom Länderrat genehmigten, jedoch noch nicht in allen Ländern der US-Zone verkündeten Gesetze gesetzt werden soll[18], zu denen die Militärregierung um die Genehmigung gebeten werden soll, sie zoneneinheitlich erlassen zu dürfen.

Es wird beschlossen, das Arbeitsgerichtsgesetz nicht in die Liste aufzunehmen, sondern den Erlaß den einzelnen Ländern zu überlassen.

---

[14] Prot. in: Z 1/157, hier Bl. 137. „Hessen wies auf die Lage hin, die durch die Zurückhaltung von Asbest durch das Bayerische Wirtschaftsministerium entstanden ist." Diese Frage war unter dem Stichwort „Bayerischer Wirtschaftspartikularismus" gut eine Woche vorher, am 21. 4. 1947, im Hessischen Kabinett behandelt worden (HStA Wiesbaden Abt. 528, Zug. 7/49, Nr. 3, BeschlProt., Bl. 9): „Der Herr Ministerpräsident teilt mit, daß im Winter auf dem Gebiet der Eisenbahn die Situation kritisch gewesen sei, weil das für die Instandsetzung der Lokomotiven erforderliche Asbest nicht vorhanden war. Die amerikanische Militärregierung hat in dieser Situation dadurch geholfen, daß sie auf dem Luftwege Asbest aus Amerika hergeschafft und zur Verfügung gestellt hat. Nunmehr hat sich herausgestellt, daß in Bayern größere Mengen Asbest (ca. 150 t) vorhanden gewesen sind, das noch im Kriege dorthin verlagert worden war. Bayern habe sich, obwohl es von der Notlage unterrichtet war, nicht gerührt.
Der Herr Minister für Wirtschaft und Verkehr ergänzt, daß die Asbest-Versorgung vor kurzem bei Wirtschaftsverhandlungen mit Bayern zur Sprache gekommen sei und daß sich auch dabei Bayern kategorisch geweigert habe, Asbest nach anderen deutschen Ländern zur Verfügung zu stellen. Im Anschluß daran kamen auch die entsprechenden Verhältnisse bei der Belieferung der anderen deutschen Länder durch Bayern mit Vieh und Fleisch zur Sprache."

[15] Das Prot. ließ sich nicht ermitteln.

[16] RGCO an den LR vom 2. 6. 1947 in: Z 1/463, Bl. 230.

[17] Vgl. Akten zur Vorgeschichte 1, S. 785.

[18] Liste in: Z 1/156, Bl. 40–42.

d) *Verkehrslage*

GS Roßmann weist auf die ernste Verkehrslage hin, die besonders bei der Reichsbahn dadurch entstanden sei, daß über 16 000 Waggons aus der russischen Zone nicht zurückgekommen seien[19] und die Reparatur der täglich ausfallenden Wagen nicht in dem Umfange erfolgen könne, wie sie ausfielen. Er weist auf den besonderen Ernst dieser Lage hin, die noch verschärft werde, sobald die Ernte befördert werden müßte.

Möller vom Sekretariat des Länderrats teilt mit, daß im Ruhrgebiet die Lage so sei, daß noch nicht einmal die geförderte Kohle abtransportiert werden könne. Vom Verwaltungsrat für Wirtschaft und vom Verwaltungsamt für Wirtschaft in Minden aus sei man wiederholt an den Verwaltungsrat für Verkehr und an die Verkehrsbehörden in Bielefeld herangetreten, aber man habe den Eindruck, daß der Apparat in Bielefeld zu schwerfällig sei und dort nicht schnell genug Maßnahmen zur Abstellung der Mängel ergriffen würden. Deshalb habe er den Herren Ministerpräsidenten diese Frage vorgetragen.

Es wird beschlossen, die Angelegenheit weiter im Auge zu behalten.

e) *Teilnahme des Länderrats an der konstituierenden Sitzung des Zonenbeirats in Hamburg am 11. und 12. 6. 1947*[20]

Es wird festgestellt, daß SenPräs. Kaisen an der Sitzung teilnehmen wird, daß es dagegen den Herren Ministerpräsidenten der anderen Länder der US-Zone aus Zeitmangel nicht möglich sein wird. GS Roßmann wird gebeten, den Länderrat bei der konstituierenden Sitzung zu vertreten, was von ihm zugesagt wird.

f) *Form der internen Länderratssitzungen*

GS Roßmann berichtet von einer Besprechung, die er vor etwa 14 Tagen mit Oberstleutnant Winning und Mr. Linde vom Coordinating Office hatte und in deren Verlauf ihm von den Herren mitgeteilt worden sei, daß die Ausdehnung der internen Sitzungen nicht mehr dem entspreche, was seinerzeit im Statut[21] niedergelegt worden sei. Ursprünglich seien nur wirklich interne Angelegenheiten und Fragen des Haushalts zur Behandlung in der internen Sitzung vorgesehen gewesen. Das Coordinating Office sei mit einer Vorbesprechung der in der ordentlichen Sitzung zur Debatte stehenden Fragen durchaus einverstanden, aber die Beschlußfassung müsse in der ordentlichen Sit-

---

[19] Es ließ sich nicht ermitteln, woher Roßmanns Zahlenangaben stammten. Nach Clays Informationen waren sie nicht richtig, bzw. handelte es sich überhaupt nur um ein momentanes Defizit (vgl. Dok.Nr. 28 C, TOP 1, insbes. Anm. 4a). Im Prot. der 10. Sitzung des VR für Verkehr vom 29. 4. 1947 (Prot. in: Z 1/765, hier Bl. 76) wurden folgende Zahlen genannt: „Seit dem vorigen Jahr hat die Reichsbahn 56 000 Wagen verloren, meist durch Abgabe an das Ausland. Die ins Ausland verkehrenden Wagen – zum Teil handelt es sich dabei um Fremdwagen – kommen nicht wieder zurück. Es werden aber auch die noch im Ausland befindlichen deutschen Wagen nicht wieder zurückgegeben. In den letzten Wochen hat die Reichsbahn auf diese Weise 9000 Wagen verloren. Sie hat jetzt einen Umlaufbestand von 182 000 Wagen; das sind 25% weniger als im April 1946. Gegen diesen Wagenschwund ist die Reichsbahn machtlos, ebenso die Kontrollbehörde, obgleich sie dieser Angelegenheit außerordentliche Aufmerksamkeit zuwendet."

[20] Vgl. Dok.Nr. 34.

[21] Der § 7 des LR-Statuts lautete: „Zur Erledigung interner Angelegenheiten (Personal- und Organisationsfragen, Haushaltsplan, technische Angelegenheiten des Generalsekretariats u. a.) können interne Länderratssitzungen stattfinden."

zung erfolgen. Er habe darauf aufmerksam gemacht, daß die Entwicklung im Länderrat Formen angenommen habe, denen das Statut nicht mehr gerecht werde. Die Länderratssitzungen hätten den Charakter von Kabinettssitzungen angenommen.

SenPräs. Kaisen ist der Ansicht, daß es gut wäre, den in der öffentlichen Sitzung Anwesenden durch eine Debatte über die einzelnen Punkte Einblick in die Arbeit des Länderrat zu geben. Damit würde sicher auch den Wünschen des Coordinating Office Rechnung getragen.[22]

Es wird beschlossen, künftig nach den vom Coordinating Office Herrn Generalsekretär Roßmann gegenüber dargelegten Wünschen zu verfahren.

---

[22] In einer Unterredung mit Roßmann vom 4. 6. 1947 kam das RGCO nochmals auf die Gestaltung der LR-Tagungen zurück (Vermerk Roßmann in: Nachl. Roßmann/25, Bl. 128–130): „Es sei festgestellt worden, daß die Länderratssitzungen von März, April und Mai nicht länger als 30 Minuten gedauert hätten. Das komme nach seinem Eindruck daher, daß die wichtigsten Tagesordnungspunkte auf die Tagesordnung der internen Sitzung gesetzt worden seien. Es scheine aber, als ob gewisse Dinge, die in der internen Sitzung behandelt würden, ein großes Interesse für die Öffentlichkeit hätten. Er stelle die Frage, ob nicht ein Teil dieser Gegenstände, ohne irgendwelchen Schaden zu verursachen, in aller Öffentlichkeit behandelt werden könnte. Er wolle durchaus nicht etwa vorschlagen, daß dem Publikum ein Theater vorgespielt werde, aber es komme ihm doch so vor, daß, wenn die Ministerpräsidenten oder der Generalsekretär in den Sitzungen des Länderrats mehr öffentlich zum Publikum sprechen würden, das Interesse am Länderrat stark wachsen würde. Er glaube, daß man alles tun sollte, das Interesse des Publikums am Länderrat zu fördern."

Länderrat US-Zone 2./3. 6. 1947 Nr. 28 B

B Sitzung des Plenums

I BA Z 1/65, Bl. 223–226. Undat. und ungez. Wortprot., vervielf. Ausf.[1]
II BA Z 1/189, Bl. 169–187. Undat. und ungez. Wortprot., maschinenschr. vervielf. Ausf.
TO: Z 1/183, Bl. 204–220, Nachtrags-TO: Z 1/183, Bl. 221–237; Kurzprot. Z 1/183, Bl. 201–203

Anwesend:[2] MinPräs. Ehard, Min. Pfeiffer, ORegRat v. Elmenau, Frh. v. Ritter zu Groenesteyn, MinDir. Seelos, die Abgg. Horlacher, Hundhammer, Wutzlhofer, Stock, Meissner (Bayern); SenPräs. Kaisen, Friese, Schütte, die Abgg. Bote, Hagedorn, Stockhinger (Bremen); MinPräs. Stock (Vorsitz), StS Strauß, StR Apel, RegRat Dörr, Graf v. Wedel, die Abgg. Witte, Arnoul, Wagner, Köhler, Stieler, Stefeld, Fisch (Hessen); MinPräs. Maier, StS Gögler, ORegRat Mühlberger, StR Wittwer, die Abgg. Keil, Möller, Andre, Bausch, Hausmann, Buchmann, (Württemberg-Baden); GS Roßmann, Preller, Kerschensteiner (Länderrat)

I Ansprache des Generals Clay

Mr. Ministers President, Ladies and Gentlemen:
I am very glad to be down here today for the regular monthly meeting of the Laenderrat. Last week I sent by special messenger to the Ministers President a copy of an agreement for the further integration of the American and British Zones worked out by the American and British Military Governments.[3] With some minor modifications in the document as you saw it, it has been approved and is now an agreement between the British and American Military Governments.[4]

As you know, both you and ourselves have been conscious of the difficulty in obtaining economic integration without political integration. Nevertheless, we have not been willing to unify the American and British Zones politically in the fear that it might be harmful to the early unification of Germany as a whole. Thus, the agreement which we have reached still does not provide for political unification of the American and British Zones. On the other hand, within the field of economics, and under strictly defined powers, it does provide an arrangement where the views of the German people can be given to the American and British Military Governments on the economic policies to be followed by the two governments.

There is established an Economic Council which is composed of representatives elected by the Landtage of the several Laender on the basis of one representative to each 750 000 persons, with a minimum, of course, of one representative from each land of lesser population. To the extent possible within each Land the representatives of the Economic Council will be proportioned to the political party strengths at the last election. The Economic Council will be charged with the enactment of policies and ordinances within the field of economics, subject, of course, to the approval of the British and American Military Governments.

In addition to the Economic Council and to assure coordination among the bizonal economic agencies there is also established an Executive Committee. This Executive Committee will be composed of one representative from each of the Laender. It will nominate the heads of the Executive Agencies for confirmation by the Economic Coun-

---

[1] Deutsche Übersetzung Z 1/189, Bl. 166–168.
[2] Anwesenheitsliste mit Unterschriften Z 1/189, Bl. 192–193.
[3] Vgl. Dok.Nr. 28 C, Anm. 8.
[4] Es handelt sich um die Proklamation Nr. 5, Wirtschaftsrat, deren Inhalt Gen. Clay im folgenden resümiert. Abdr. in: Amtsbl. MilReg. (US), Ausgabe E, S. 1–15; ferner Germany under Occupation, S. 229–234 (ohne Anhang B).

cil. It will be authorized to issue implementing regulations under the policies and laws of the Economic Council. It will sit continuously and will be responsible for the coordination and supervision of the several economic agencies. As an Executive Agency it must operate under the policies and ordinances of the Economic Council. However, it is not subordinate to the Economic Council and it is charged with coordination and supervision of economic agencies in its own right. There will, of course, be reporting to this Executive Committee, the Executive Directors of the several economic agencies whose duties and functions will be roughly comparable to that of State Secretaries. The law will become effective on the tenth of June in the hope that both the Economic Council and the Executive Committee will be selected by the Laender and will be ready to work without delay.[5] I know that you may ask yourselves what the effect of this law will be on the Laenderrat. As you know, many of these functions have been transferred by your own legislation to the existing executive committees. Moreover, the Economic Council is not a political body and its powers are limited. The Laenderrat, on the other hand, is a political body and subject to the approval of Military Government, its activities cover the full range of government. The Laenderrat has been a most effective organization since the day it was formed and it has been particularly helpful to Military Government in presenting the views of the German people.[6] In a personal way it has been most helpful to me in helping me in the discharge of my responsiblities. I hope that you will agree with me, therefore, that it is most desirable for the Laenderrat to continue in the remaining fields of government until Germany's political unification.[7] That includes the continuance of our monthly meetings.

I would now like to say just a few words on the subject of food. First, I would like to congratulate the Ministers President on the improvements which have been made in the methods of collecting the food.[8] These methods, if continued and improved as I am sure you will continue and improve them, will do much to better the collection record from the coming harvests. The results to-date, particularly in meat collections in Bavaria, have been excellent. At our last meeting of the Laenderrat[9] I think I told you that you were at a low ebb in food stocks; that the food situation would get no worse and would slowly improve. I know that it is dangerous to talk in generalities with respect to food, particularly with a low stock position as call-ups against the ration will vary from locality to locality. However, I am certainly under the impression that the call-ups against the ration are improving in many localities and the arrival of imports is constantly increasing.

---

[5] Die erste Sitzung des Wirtschaftsrates in Frankfurt fand am 25. 6. 1947 statt.

[6] Roßmann meinte hierzu, die Worte der Anerkennung würden „in manchen deutschen Kreisen im Sinne des alten Wortes ausgelegt, daß man einem Toten nichts Schlechtes nachreden dürfe". (Vermerk Roßmanns über eine Besprechung mit Winning (RGCO) vom 4. 6. 1947, Nachl. Roßmann/25, Bl. 128).

[7] Daß durch die Schaffung des Wirtschaftsrates der LR überflüssig werden könnte, wurde bereits während der Vorinformation der MinPräs. über den Inhalt der Prokl. Nr. 5 (vgl. Dok. Nr. 28 C, Anm. 8) sowohl von deutscher Seite als auch von Mitarbeitern des RGCO geäußert. "At the Stuttgart meeting there was a little interchange between Col. Winning and Col. Edwards about the future of the Laenderrat, with Edwards stating rather frankly his views as to the necessity for its immediate abolition. Since it is not your desire to immediately liquidate the Laenderrat, I tried to soft pedal this discussion especially in the presence of the German officials. However, it is true that in Hesse and in Bremen the same point of view was expressed." (NA RG 260 OMGUS 166-3/3 folder 9. Vermerk von Litchfield vom 28. 5. 1947).

[8] Zur Reorganisation des Erfassungssystems vgl. Dok.Nr. 15, Anm. 89.

[9] Vgl. Dok.Nr. 18 B I.

We had promised an import program of over 300 000 tons of flour equivalent for May. During the month we attempted urgently to get the consent of other countries for the temporary divergence of ships where the stock position of the other countries were better than that in Germany. However, we could not get an agreement to such an arrangement. The United States is shipping approximately 1 400 000 tons of wheat to various countries each month. It is a terrific strain on rail, port and shipping facilities. It was rather widely reported on the radio on 31 May that shipments for May aggregated only 276 000 tons, which was less than we had promised to bring into Germany. While this story was factually correct it does not give the true picture. Five additional ships arrived in Bremen on Sunday with an additional 33 000 tons; an additional ship arrived yesterday and two additional ships are on the ocean now. Although they have arrived and will arrive two or three days after the month, they are a part of the May allocation and their aggregate will result in having brought in some 340 000 tons under the May allocation. Much of this grain or grain equivalent is in flour and will, therefore, reach the distribution lines quickly. I think, therefore, that I can say that what I told you a month ago was correct: That you were then facing your lowest situation in food and that the situation is improving.

Thank you very much.

II Sitzung des Länderrates

[Beginn: 12.03 Uhr]

[1. Stellungnahme des Länderrats zum Entwurf einer Preisrechtsverordnung]

[Die Vorlage[9a] wird angenommen]

[2. Entwurf eines Gesetzes zur Aufhebung des Gesetzes zur Verhütung mißbräuchlicher Ausnutzung von Vollstreckungsmöglichkeiten]

[Das Gesetz[10] wird angenommen]

[3. Gesetz zur Aufhebung des Gesetzes über die Bereinigung alter Schulden]

[Das Gesetz wird angenommen[11]]

[4. Gesetz zur Aufhebung des Gesetzes über die Mitwirkung des Staatsanwalts in bürgerlichen Rechtssachen]

[Das Gesetz wird angenommen[12]]

[9a] Vgl. Dok.Nr. 10 A, Anm. 42.

[10] Damit wurde das Gesetz zur Verhütung mißbräuchlicher Ausnutzung von Vollstreckungsmöglichkeiten vom 13. 12. 1934 (RGBl. I, S. 1234) aufgehoben. Materialien in: Z 1/1259, Abdr. in: LRGS, S. 71.

[11] Hiermit wurde das Gesetz über eine Bereinigung alter Schulden vom 3. 9. 1940 (RGBl. I, S. 1209) und die VO zur Ergänzung des Gesetzes ... (RGBl. I, S. 798) aufgehoben. Material in: Z 1/1259, Abdr. in: LRGS, S. 72.

[12] Hiermit wurde das gleichnamige Gesetz vom 15. 7. 1941 (RGBl. I, S. 383) und die VO über Wiederaufnahme rechtskräftig entschiedener Abstammungsklagen vom 27. 1. 1944 (RGBl. I, S. 52) aufgehoben. Materialien in: Z 1/1259, Abdr. in: LRGS, S. 72.

[5. Entwurf eines zweiten Abänderungsgesetzes zum Strafgerichtsverfassungsgesetz 1946]

[Das Gesetz wird angenommen[13]]

[6. Ergänzungsgesetz zum Gesetz zur Ahndung nationalsozialistischer Straftaten]

[Das Gesetz wird angenommen[14]]

[7. Außerkraftsetzung der Erlasse des Reichsministers der Finanzen betr. Angestellte über 65 Jahre]

[Die Beschlußfassung wird zurückgestellt[15]]

[8. Errichtung des Landwirtschaftlichen Forschungs- und Beratungs-Ausschusses beim Länderrat]

[Der Errichtung des Ausschusses wird zugestimmt[16]]

[9. Satzungsänderung des Zentralausschusses für die Verteilung ausländischer Liebesgaben beim Länderrat]

[Der Satzungsänderung wird zugestimmt[17]]

[10. Neufassung des Statuts der Baumwollabrechnungsstelle für die US-Zone]

[Den Änderungen des Statuts wird zugestimmt.[18]]

[11. Errichtung eines Hauptausschusses für Wohnungswesen]

[Der Errichtung wird zugestimmt[19]]

[Schluß: 12.57 Uhr]

---

[13] Das Gesetz sollte die Landesjustizverwaltungen ermächtigen, auch Strafkammern unter Hinzuziehung von Schöffen zu besetzen. Formal wurde § 76 des Strafgerichtsverfassungsgesetzes von 1946 ergänzt. Material in: Z 1/1282, Abdr. in: LRGS, S. 60.

[14] Zur Vorgeschichte vgl. Dok.Nr. 14 B II, Anm. 13.

[15] Die Erlasse des Reichsfinanzministers vom 7. 4. 1939 (RBBl. 1939, S. 90, Nr. 3102) und vom 8. 1. 1941 (RBBl. 1941, S. 60, Nr. 3634), die die Kürzung von Bezügen von Mitarbeitern im Alter über 65 Jahre aussetzten, sollten, soweit sie sich auf Angestellte bezogen, aufgehoben werden.

[16] Satzungsentwurf Z 1/183, Bl. 218–220. Der Ausschuß wurde auf Betreiben der MilReg. gebildet und sollte Verbindungen zu ähnlichen Einrichtungen und Organisationen im In- und Ausland anknüpfen. Prot. der Sitzungen in engl. Sprache Z 1/102.

[17] Der Vorsitz sollte künftig halbjährlich zwischen Caritas-Verband, Arbeiter-Wohlfahrt, Rot-Kreuz-Verbänden und dem Hilfswerk der EKD wechseln.

[18] Zur Baumwoll-Abrechnungsstelle vgl. Vogel, Westdeutschland II, S. 71–73. Es handelte sich lediglich um formale Bedenken gegen die Fassung des Statuts, die von der MilReg. erhoben wurden.

[19] Bis zu diesem Zeitpunkt hatte es lediglich einen Unterausschuß Wohnungswesen, der dem sozialpolitischen Ausschuß zugeordnet war, gegeben. Prot. des Ausschusses und Materialien aus seiner Tätigkeit Z 1/1200–1206.

Länderrat US-Zone 2./3. 6. 1947 Nr. 28 C

C Interne Besprechung der Ministerpräsidenten mit General Clay

BA Nachl. Roßmann/25, Bl. 131–134, Prot. vom 3. 6. 1947, von Roßmann gez.,[1] maschinenschr. vervielf. Ausf.[2]

Anwesend: Gen. Clay, Botschafter Murphy[3], MinPräs. Ehard, SenPräs. Kaisen, MinPräs. Stock, MinPräs. Maier, Präs. des Parl. Rates Witte, GS Roßmann

[Verkehrslage, Holzeinschlag der Engländer, Sportgeräte aus amerik. Heeresbeständen, Schaffung des Wirtschaftsrates]

MinPräs. Stock bespricht die ernste Verkehrslage, die in Verbindung mit der Kohlenlage gegenwärtig entstanden ist. Die Förderung im Ruhrgebiet sei zurückgegangen,[4] aber selbst diese zurückgegangene Produktion müsse auf Halden geschüttet werden, weil nicht genügend Verkehrsmittel zur Verfügung ständen, sie abzufahren. 16 000 Waggons seien in die Ostzone gegangen und von dort nicht zurückgekehrt.

Gen. Clay meint, daß dies nicht stimmen könne. Gewiß könne eine Stichprobe im Augenblick dieses Defizit feststellen, aber die Wagen kämen tatsächlich zurück.[4a]

MinPräs. Stock bringt dann die Sprache auf die Holzlieferung nach England und auf die Abgabe von Sportgeräten aus amerikanischem Heeresgut im Werte von 1 1/2 Millionen Reichsmark.[5] Schließlich kommt *MinPräs. Stock* noch auf die Frage des Exekutivausschusses zurück, der nicht die Form angenommen habe, die man sich ursprünglich vorgestellt habe. Man habe sich vorgestellt, daß die Länderchefs diesen Exekutivausschuß darstellen und in der laufenden Arbeit durch Experten vertreten werden.

Gen. Clay sagt in seiner Antwort, daß er die schwierige Lage im Verkehrswesen durchaus anerkenne. Diese Lage könnte jedoch von deutscher Seite sehr verbessert werden. So bedürften z. B. die Reparaturwerkstätten des Holzes, das nicht herbeigeschafft werden könne. Das zweite Problem sei das Problem der fehlenden Arbeitskräfte und des Verlustes von Arbeitskräften. Die Militärregierung tue alles, um die Leistung der Re-

---

[1] Von Roßmann nicht eigenh. vollzogen, lediglich maschinenschr. „gez. Roßmann, Generalsekretär."

[2] Unter der Datumszeile das Diktatzeichen der Sekretärin Seidel „R/S". Auf Bl. 131 rechts oben handschr. von Roßmann vermerkt „Frl. Busch".

[3] Roßmann nennt unter den anwesenden Amerikanern neben Gen. Clay und Botschafter Murphy ausnahmsweise keine Mitarbeiter des RGCO; es ist aber anzunehmen, daß einige von ihnen wie auch sonst bei den Gesprächen anwesend waren.

[4] Vgl. hierzu die Aufstellung über die Entwicklung der Steinkohlenförderung Dok. Nr. 4, Anm. 22a. Die schwierige Lage der Eisenbahn wurde auf der 11. Sitzung des VR für Verkehr vom 30./31. 5. 1947 behandelt. Dabei wurde festgestellt, daß es an Betriebskohle mangle, die Reparaturleistungen durch Knappheit der Ersatzteile beeinträchtigt würden und die Räumung der Bahnhöfe wegen der Lage im Straßenverkehr mangelhaft wäre (Prot. Z 1/765, hier Bl. 57).

[4a] In der OMGUS-Staff Conference vom 7. 6. 1947 kam Murphy auf diese Frage unter Berufung auf die Besprechung mit den MinPräs. zurück. Ihm wurde bestätigt, daß die genannte Zahl von 16 000 Wagen völlig falsch sei. Bei einer Besprechung mit den Sowjets vor 14 Tagen sei man vielmehr zu dem Ergebnis gekommen, daß man den Sowjets 800 Wagen schulde (IfZ Fg. 12).

[5] Bei diesen Sportgeräten handelte es sich um Überschußmaterial aus dem Besitz des amerikanischen Heeres, die den Deutschen durch die Rüstungsgut GmbH gegen Aufrechnung von Dollarbeträgen zur Verfügung gestellt werden sollten. Versuche, unter Hinweis auf die fehlenden Devisen eine andere Zahlungsweise zu erzielen, waren fehlgeschlagen, so daß die MinPräs. hier diese Angelegenheit im Einvernehmen mit dem VAW Minden und auf Rat von Major Mahder (RGCO) Gen. Clay vortrugen, nachdem das Direktorium am 22. 5. 1947 die Frage vorberaten hatte. Vgl. Aktenvermerk vom 16. 4. 1947 in: Z 1/1000, Bl. 106; weitere Unterlagen ebenda.

paraturwerkstätten zu erhöhen, aber sie brauche dazu die deutsche Unterstützung. Man müsse sich auch entschließen, den Reparaturwerkstätten eine größere Zuteilung von Baumaterial zu geben. Notwendig sei, die Reparaturwerkstätten noch vor Eintritt des Winters herzustellen, da die unzulänglichen Werkstätten im Winter stark dem Einfluß der Witterung ausgesetzt seien, wodurch ihre Leistungsfähigkeit sehr herabgemindert werde.[6] Was den Holzeinschlag in den deutschen Wäldern anbelange, so seien die amerikanischen Sachverständigen der Ansicht, daß ein Einschlag von 200 % des jährlichen Wachstums noch für zwei bis drei Jahre zu rechtfertigen sei. Angesichts der großen Zerstörungen in der Welt seien diese Anforderungen gerechtfertigt. Darüber hinaus könne man aber den übermäßigen Holzeinschlag nicht fortsetzen. Er verweise darauf, daß in Großbritannien während des Krieges der Holzeinschlag vier- bis fünfmal stärker gewesen sei als in normalen Zeiten, während er in Deutschland nur zwei- bis dreimal stärker gewesen sei. Das erkläre den englischen Standpunkt auf Zuteilung größerer Holzmengen.[7]

Die Mittel, die für die Abgabe von Sportgeräten aus amerikanischen Heeresbeständen aufzuwenden seien, seien nicht sofort zu ersetzen. Es werde ein besonderes Konto dafür gebildet, dessen Abdeckung einer fernen Zukunft überlassen werden solle. Eine Belastung der Exportgewinne werde dadurch auf keinen Fall eintreten.

Der General sprach dann über die Konstruktion des Wirtschaftsrats.[8] Die Bestellung der Vertreter im Exekutivausschuß könne sowohl den Ministerpräsidenten überlassen werden als auch unter Mitwirkung der Parlamente geschehen. Es könne jedes Land für sich selbst bestimmen. Augenscheinlich sei es nicht möglich, eine exekutive Körperschaft in Deutschland aufzurichten, bevor eine politische Körperschaft bestehe. Der Exekutivrat habe Aufsichts- und Entscheidungsbefugnisse innerhalb seiner Kompetenzen gegenüber den fünf Abteilungen. Als Beispiel führte *Gen. Clay* an, wenn beim

---

[6] Clays Forderungen deckten sich mit einer Entschließung, die der VR für Verkehr am 30./31. 5. 1947 gefaßt hatte (Z 1/765, Bl. 57).

[7] Die Holzentnahmen aus der brit. Zone spielten auch bei den Verhandlungen um die Reorganisation der Bizone eine Rolle. Die Engländer forderten nicht weniger als 1 3/4 Mill. t Holz, eine Menge, die Clay eine wirtschaftliche Schwächung der Bizone fürchten ließ, zumal das Fällen der Bäume nach den Vorstellungen der Engländer überwiegend von dänischen Arbeitern vorgenommen werden sollte. Damit würde zwar dem englisch-dänischen Handel geholfen, für Deutschland, dessen wertvollstes Kapital aber die Arbeitskraft sei, sei das kein Geschäft. (Vgl. Clay-Papers Bd. 1, Dok. 224, Clay an Noce 24. 5. 1947, S. 365–367).

[8] Zur Proklamation Nr. 5 vgl. Dok. Nr. 28 B, Anm. 4. Den süddeutschen MinPräs. war ihr Inhalt kurz vor ihrer Verkündigung durch Direktor Litchfield (CAD/OMGUS) am 27. 5. 1947 bekannt gemacht worden, ohne daß zu diesem Zeitpunkt noch wesentliche Änderungsmöglichkeiten bestanden hätten. (Vgl. Bericht vom 28. 5. 1947 Discussion with MinPraes. regarding Bizonal Organization in: NA RG 260 OMGUS 166-3/3, folder 9; ebenda auch Material über die Entstehung der Proklamation Nr. 5). Litchfield berichtete über die Stellungnahme der Deutschen: Kaisen "was probably the most enthusiastic about the proposal. [...] He emphasized the importance of releasing the Agreement in such a way as to have a maximum impact upon the German people. He pointed out that this could do more to improve morale in the two Zones than any other recent development." MinPräs. Stock "was also highly pleased with this agreement." Es enthalte zahlreiche der von den MinPräs. früher gegebenen Anregungen und sichere die Interessen der Länder. Über Ehards Reaktion wurde vermerkt: "As might be expected the plan was received rather less enthusiastically in Bavaria than any place else. Dr. Ehard several times indicated his constant suspicion that the Economic Council would completely subordinate the Laender. [...] He also expressed some fear that by having election of the Council members from the Landtag, the Ministers President in the Laender were losing some of their controls. [...] Summarizing the reaction, I would say that with the exceptions of the Instances noted above, the reaction was very favorable and all individuals appreciated the opportunities to review prior to its publication."

Vorhandensein eines Engpasses auf dem Verkehrssektor zu entscheiden sei, ob beim Transport die Lebensmittel oder die Kohle bevorzugt werden solle, habe der Exekutivausschuß die Entscheidung zu treffen, was zu geschehen habe. Diese Aufgaben bedingen eine ständige Zusammenarbeit und ein ständiges Beisammensein der Mitglieder. Sie müßten stets über den Gang der Dinge in allen Abteilungen informiert sein. Aus diesem Grunde könne sich der Exekutivausschuß nicht aus den Ministerpräsidenten selbst zusammensetzen. Er gebe zu, daß diese Regelung ein weiterer Prüfstein der Regierungsfähigkeit der deutschen Regierungen sein werde. Tatsächlich handele es sich hier um einen ernsten Versuch, für beide Zonen eine politische Autorität zu gewinnen, auch wenn dies nicht ausdrücklich ausgesprochen werde. In der praktischen Arbeit dürften jedoch nur die wirtschaftlichen Aufgaben in den Vordergrund treten.

MinPräs. Ehard: Nach seiner Meinung habe der Exekutivausschuß drei Aufgaben:
1. Vorarbeit zu leisten für die Gesetzgebung des Wirtschaftsrats,
2. den Erlaß von Durchführungsverordnungen,
3. die Koordinierung und die Aufsicht.

Er frage: Was solle der Exekutivausschuß für eine Aufsicht ausüben? Solle er ein unmittelbares Weisungsrecht gegenüber den einzelnen Behörden der Länder haben oder sollte dies nicht der Fall sein?

Gen. Clay: Grundsätzlich werde dieser Exekutivausschuß innerhalb seines begrenzten Tätigkeitsfeldes diejenigen Funktionen ausüben, welche die Ministerpräsidenten auszuüben hätten, wenn sie zu einer Ministerpräsidentenkonferenz der beiden Zonen zusammenkommen würden. Der Ausschuß sei also zu einem sehr starken Teil ein Regierungsausschuß. Es sei aber nicht vorgesehen, daß er dem Parlament verantwortlich sei. Er könne keine Gesetze aus eigener Machtvollkommenheit machen. Er müsse innerhalb der Regeln, die für den Wirtschaftsrat gelten, handeln. Wenn sich dieser Exekutivausschuß innerhalb der Gesetze bewege, denen er unterliege, so sei seine Autorität stärker als die Autorität der Ministerpräsidenten. In dieser Begrenzung seien seine Machtbefugnisse weitgehend.

MinPräs. Ehard meint, die Dinge lägen aber doch wohl so, daß der Wirtschaftsrat nicht nur ein gesetzgeberisches Organ, sondern auch ein administratives Organ sein solle.

Gen. Clay erklärt, der Wirtschaftsrat sei nur ein gesetzgebendes Organ. Die Durchführung der Gesetze liege beim Exekutivausschuß.

MinPräs. Ehard wirft die Frage auf, inwieweit der Exekutivausschuß dem Wirtschaftsrat verantwortlich sei.

Gen. Clay: Der Exekutivausschuß sei dem Wirtschaftsrat nur insoweit verantwortlich als ihn der Wirtschaftsrat zur Verantwortung ziehen könne, wenn er sich außerhalb seiner Befugnisse bewege. Was die tatsächliche grundsätzliche Verantwortung des Exekutivrates angehe, so sei das für jedes einzelne Mitglied eine kritische Angelegenheit. Das einzelne Mitglied sei nur seinem Lande verantwortlich. Nur jedes einzelne Land vermöge festzustellen, wie weit der Vertreter seine Pflicht tue und sich seiner Verantwortung entledige. Dies sei eine Abwandlung der parlamentarischen Verantwortung, der die Ministerpräsidenten unterliegen, ausgenommen allerdings Bayern, das seinen Ministerpräsidenten auf vier Jahre fest gewählt habe.

Gen. Clay bemerkt vertraulich, daß er die Hoffnung hätte, daß sich der Exekutivausschuß allmählich zu einer Art Oberhaus entwickle, jedenfalls hoffe er, daß, wenn die neue Einrichtung ihre Aufgaben gut erledige, auch die künftige Regierungsform von diesem Geiste getragen sein werde.

SenPräs. Kaisen meint, daß die Mitglieder des Exekutivausschusses praktisch die Vertreter der Ministerpräsidenten sein würden, und daß die Ministerpräsidenten bei wichtigen Entscheidungen selbst in Aktion treten könnten. Der Exekutivausschuß sei also gewissermaßen wohl der Kopf der Einrichtung.
Gen. Clay erklärt, diese Frage sei zu bejahen.
SenPräs. Kaisen erklärt noch einmal, nach seiner Ansicht würden die acht Vertreter die Befugnis haben, alle Aufgaben des Wirtschaftsrats zu überwachen, an die ausführenden Stellen Weisungen zu erteilen, und in dieser Rolle bestimmt seien, die Ministerpräsidenten zu vertreten.
Gen. Clay glaubt seinerseits auch, daß sie eine Art von stellvertretenden Ministerpräsidenten sein würden.[8a]
MinPräs. Maier begrüßt die getroffene Regelung, weil die Verantwortlichkeiten sehr klar herausgeschält worden seien. Es bestehe jetzt praktisch tatsächlich eine demokratische Kontrolle. Das Fehlen einer solchen Kontrolle sei bisher Gegenstand der Kritik gegenüber den bizonalen Ämtern, insbesondere gegenüber dem Wirtschaftsamt gewesen. Auf der anderen Seite sei auch der föderative Gedanke durchaus im Exekutivausschuß zum Durchbruch gelangt, und zwar in einer Weise, bei der man sagen könne, dieser Exekutivausschuß werde durchaus arbeitsfähig sein, wenn er nicht unter die Verantwortlichkeit des Wirtschaftsrats falle.
Gen. Clay bemerkt noch einmal, er lehne es ab, daß der Wirtschaftsrat als eine politische Körperschaft angesprochen werde.
MinPräs. Maier meint, der Name allein tue es selbstverständlich nicht, aber man verstehe durchaus die Gründe, die zu einer solchen Beschränkung seiner Aufgabe führten.
Gen. Clay meint weiter, es bestehe eine Stelle, die eine besondere Garantie für die Interessen der Länder darstelle, und das sei er selbst.

Im weiteren Verlauf der Aussprache kommt *Präs. Witte* noch einmal auf das Wagendefizit bei der Reichsbahn zu sprechen, wobei er im Hinblick auf eine Bemerkung von *Gen. Clay,* daß für Reparaturzwecke mehr Holz zur Verfügung gestellt werden müsse, auf die gefährliche Situation hinweist, in die die deutschen Wälder infolge des großen Holzeinschlags gekommen seien. Der Holzeinschlag habe bereits seinen Einfluß auf die Wasserversorgung der Großstädte geltend gemacht, wie dies z. B. in Wiesbaden und Frankfurt der Fall sei.
Gen. Clay erwidert darauf, daß nach der Ansicht der wissenschaftlichen Sachverständigen der USA ein vorübergehender 200 %iger Holzeinschlag keinerlei Auswirkungen auf den Wasserstand habe. Diese Feststellung bezöge sich allerdings auf das gesamtdeutsche Gebiet. Wenn an einzelnen Stellen solche Gefahren aufgetreten seien, so sei es Aufgabe der Forstverwaltung, den erforderlichen Ausgleich, der solche Gefahren abwende, im Holzeinschlag herbeizuführen.

[8a] Über die wesentliche Frage der Funktion und Stellung der Mitglieder des Exekutivrates wurde zunächst ohne konkretes Ergebnis in einer Besprechung außerhalb der TO der Münchener Konferenz der Ministerpräsidenten am 8. 6. 1947 beraten (vgl. Dok. Nr. 32 B, Anm. 51). Auf der Konferenz der Ministerpräsidenten in Wiesbaden vom 15./16. 6. 1947 wurde das Thema wieder aufgenommen (Prot. in: StK. Wiesbaden Az.: 1 a 08 Nr. 6 Bd. 1 und 2). Vgl. Bd. 3 der Edition Akten zur Vorgeschichte.

Zum Schluß stellt *MinPräs. Maier* [...] die Frage nach der Entlassung eines bekannten Stuttgarter Industriellen.[9]

Gen. Clay gibt hierüber ausführlichen Aufschluß und glaubt, daß innerhalb der nächsten zwei bis drei Wochen der Fall seiner endgültigen Klärung entgegengeführt werden könne.

---

[9] Dabei handelt es sich um Hans Walz (1883–1974), Vorstandsmitglied der Robert Bosch GmbH, den die Amerikaner internierten, obwohl er zum Freundes- und Widerstandskreis von Goerdeler gehört hatte (Auskunft des HStA Stuttgart vom 20. 5. 1976). In der internen Besprechung der MinPräs. mit Gen. Clay vom 9. 9. 1947 (Prot. in: Nachl. Roßmann/25, hier Bl. 100) übergab Maier eine Denkschrift einiger Freunde von Walz. Clay wunderte sich, daß Walz noch nicht zu Hause sei, da er vor zwei Wochen seine Freilassung verfügt habe mit der Maßgabe, daß sein Fall vor der Stuttgarter Spruchkammer entschieden werden solle.

Nr. 29
Erste Vorbesprechung zur Münchener Ministerpräsidentenkonferenz in München
4. Juni 1947

BA Z 35/25, Bl. 29–38. Undat. und ungez. Prot., im Umdr. vervielf. Ausf. mit einigen nachträglichen maschinenschr. Korrekturen

Anwesend: Stellv. MinPräs. Hoegner, StMin. Pfeiffer (Vorsitz), StS Jaenicke, MinDir. Seelos (Bayern); SenPräs. Kaisen, Stellv. SenSynd. Friese (Bremen); SenSynd. Sieveking (Hamburg); StS Strauß (Hessen); GesRat a. D. v. Campe (Niedersachsen); MinDir. Wandersleb, ORegRat Maus (Nordrhein-Westfalen); Landesdir. Lauritzen (Schleswig-Holstein); StS Gögler, StS Eberhard (Württemberg-Baden); MinRat Eschenburg (Württemberg-Hohenzollern); AbtL. Vogel (Büro für Friedensfragen)

[Beginn: 10.00 Uhr]

Die Sitzung wurde durch *StMin. Pfeiffer* eröffnet, der die Gäste in München begrüßte. Hinsichtlich der Ministerpräsidentenkonferenz stellte StMin. Pfeiffer generell fest, daß dieselbe in zwei Abschnitte zerfalle, nämlich

1. in eine Vorkonferenz und
2. in die Hauptkonferenz.

Die Vorkonferenz solle in die z. Zt. stattfindende Vorbesprechung und die für den 5. Juni angesetzte Besprechung der Ministerpräsidenten[1] geteilt werden. Aufgabe der Vorkonferenz sei, eine Festlegung und Gliederung der Konferenzthemen vorzunehmen. Der von der bayerischen Staatskanzlei vorbereitete Entwurf zu einer Tagesordnung[2] sei ausschließlich als Diskussionsgrundlage gedacht, um die Aussprache zu erleichtern. Im übrigen stehe es jeder Delegation vollkommen frei, abweichende Vorschläge zu machen. StMin. Pfeiffer äußerte sich weiterhin zu der Notwendigkeit der Themenbegrenzung, wie sie etwa in der Vorbemerkung zu dem Entwurf der Tagesordnung[3] bereits niedergelegt worden sei.

Im Anschluß an den Entwurf zur Tagesordnung besprach *MinDir. Seelos* die einzelnen Themen der Konferenz. Er betonte besonders, daß nach Lage der Verhältnisse nicht die bayerische Staatsregierung als verantwortlich für die einzelnen Referate angesehen werden könne, sondern die Verantwortung hierfür von den einzelnen Referenten getragen werden müsse.

---

[1] Abdr. der Besprechung der MinPräs. als Dok.Nr. 31.

[2] Dieser Entwurf (Z 35/15–16) beruhte wohl im wesentlichen auf den Ergebnissen einer Vorbesprechung vom 28. 5. 1947, an der, soweit sich aus dem Prot., das eine Anwesenheitsliste nicht enthält, erkennen läßt, Seelos, Pfeiffer, Roßmann und Strauß teilgenommen hatten (Prot. von Mohr vom Büro für Friedensfragen in: Z 35/25, Bl. 19–20). In dieser Vorbesprechung hatte Seelos über den Stand der Planungen für die Besetzung der einzelnen Referate berichtet (vgl. hierzu auch seinen Vermerk vom 23. 5. 1947, mit Nachträgen, in: BHStA Abt. II MA Abg. 1975 vorl. Nr. 73). Roßmann hatte über seine Reise in die SBZ referiert und Strauß einige Anregungen für die Referate geäußert. Zu diesem Zeitpunkt war noch geplant, daß Ehard die Konferenz „in Permanenz" erklären und daß Roßmann einen Appell an die deutsche Bevölkerung zur Einigkeit und eine Aufforderung zu einem Burgfrieden vortragen werde (Z 35/25, Bl. 19).

[3] In der Vorbemerkung zum Entwurf einer Gliederung der Arbeitsstoffe wurde darauf hingewiesen, daß die Zeit für die Besprechungen beschränkt sei und daß es notwendig sei, Themen auszuwählen, die alle Besatzungszonen berühren und bei denen eine Übereinstimmung im Rahmen der Konferenz erreichbar erscheine (Z 35/25, Bl. 7).

Bezüglich der Übernahme von Referaten ergaben sich keine wesentlichen Abweichungen gegenüber dem bisherigen Plan;[4] nur das zusammenfassende Referat über die dringendsten Wirtschaftsprobleme mußte von Senator Borgner (Hamburg) übernommen werden, da Keiser, Leiter der Planungsabteilung in Minden, wegen Überarbeitung als Referent ausfallen muß. Das Material hat Keiser im Rohentwurf Senator Borgner zur Verfügung gestellt.

Anhand eines Vorschlages wurden unter Berücksichtigung der Vertreter der teilnehmenden Länder die Teilnehmer an den Arbeitskommissionen bestimmt. (Liste ist beigefügt).[5]

MinDir. Wandersleb betonte, daß angesichts der großen Erwartungen, mit denen die Bevölkerung der Ministerpräsidentenkonferenz entgegensieht, alles getan werden müsse, um nicht das Gefühl der Enttäuschung aufkommen zu lassen. Es müsse ganz klar herausgestellt werden, daß von deutscher Seite das äußerste getan werde, um der Not Herr zu werden. Hierbei sei die Beweislast gegenüber den Besatzungsmächten eindeutig festzulegen. Außerdem solle sorgfältig vermieden werden, die politischen Parteien zu verletzen. MinDir. Wandersleb schlug weiterhin vor, sich schon jetzt schlüssig zu werden über die Einsetzung eines Arbeitsausschusses, der kommende Tagungen in ähnlichem Rahmen vorzubereiten hätte.

Auf Anfrage von *StS Strauß* stellte *StMin. Pfeiffer* fest, daß möglichst vermieden werden solle, während der Tagung die Zoneneinteilung zu betonen. Nach Möglichkeit sollten die Delegationen als Ländervertretungen, nicht als Zonenvertretungen, in Erscheinung treten.

MinDir. Wandersleb schlug vor, eine klare Rahmenentschließung schon vor Beginn der Tagung vorzubereiten, auch um die Ministerpräsidenten von der Arbeit zu entlasten. Für diese Aufgabe verwies *StMin. Pfeiffer* auf Ministerialdirektor Seelos, der als Generalsekretär für die gesamte Konferenz gedacht sei.

StMin. Pfeiffer ging nun zur Festlegung der Reihenfolge der Tagesordnung über. Es bestand Einigkeit darüber, daß das Bekenntnis zur Zusammengehörigkeit aller deutschen Länder den Schluß der Begrüßungsrede des bayerischen Ministerpräsidenten Ehard bilden, zusätzlich aber auch in der Rahmenentschließung aufgenommen werden solle.[6]

Ebenfalls kamen die Konferenzteilnehmer dahin überein, daß der Gruß an die deutschen Kriegsgefangenen nicht an das Ende, sondern mit an den Anfang der Tagesordnung zu stellen sei.[7] Für den Gesamtauftakt zur Ministerpräsidentenkonferenz wurden etwa 40 Minuten vorgesehen.

Für die Reihenfolge der Hauptthemen wurde auf Vorschlag von *MinDir. Wandersleb*[8] die Ernährungsfrage an den Anfang gestellt. *StMin. Pfeiffer* stellte fest, daß der gesamte Fragenkomplex „Ernährung" am 4. Juni unter Teilnahme der zuständigen Vertreter

---

[4] Vgl. Anm. 2.
[5] BHStA Abt. II MA 130 860; dort auch Ehards Ausfertigung mit seinen handschr. Einträgen der Veränderungen, die die Arbeitskommissionen noch erfuhren. Diese endgültige Liste auch in: Z 35/25, Bl. 9. Die Zusammensetzung der Kommissionen wird jeweils bei den Resolutionen in den Anmerkungen aufgeführt (vgl. Dok.Nr. 32 B, TOP 4).
[6] Abdr. der Begrüßungsrede Dok.Nr. 32 A, TOP 1, die Rahmenentschließung Dok.Nr. 32 B, TOP 4a.
[7] Dok.Nr. 32 A, TOP 2.
[8] Maschinenschr. nachträglich verbessert aus: Stellv. MinPräs. Hoegner.

([Min.] Dietrich, StMin. Baumgartner) in Stuttgart vorbereitet werde.[9]

Unter Hinweis von *MinDir. Seelos* auf die Zeitbegrenzung, die sich in der Bremer Tagung[10] bereits gut bewährt habe, wurden folgende Zeiten für die einzelnen Referate und anschließenden Diskussionen festgelegt:

Referat *Ernährung* (LandwMin. Lübke, Nordrhein-Westfalen)	30 Minuten
anschließende Diskussion	45 Minuten
Gefahren des Holzeinschlages (StMin. Baumgartner)	10 Minuten
(keine Debatte zum Thema Holzeinschlag)	
	=85 Minuten

Die weitere Erörterung der Ernährungsfrage und der Frage des Holzeinschlages soll anschließend an einen Arbeitsausschuß verwiesen werden.
Als nächster Punkt der Tagesordnung wird die Volksgesundheit besprochen:
Referat *Volksgesundheit* mit Dank an die internationalen caritativen Institutionen
(Frau Schröder, stellv. OB Berlin) 15 Minuten
Als nächstes Thema, voraussichtlich für Freitag Nachmittag (6. Juni), wurde das Wirtschaftsreferat vorgesehen.

Wirtschaftsreferat (Sen. Borgner, Hamburg)	60 Minuten
Anschließend *Finanzreferat* (Hilpert, stellv. MinPräs., Hessen)	10 Minuten
Diskussion über das Wirtschafts- und Finanzreferat bis zum Ende der Sitzung am Freitag Nachmittag ca.	110 Minuten

Nach kurzer Aussprache wurde für Samstag Vormittag die Besprechung folgender Themen vorgeschlagen:
Referat *Entnazifizierung* (Min. Binder, Hessen) 15 Minuten
(*StS Strauß* teilte zur Information mit, daß StR Binder zur Vereinfachung den Konferenzteilnehmern schon *vor* dem Referat schriftliches Material übergeben werde.)[11]
Referat *Besatzungsrecht* (StR C. Schmid,[12] Württ.-Hohenzollern) 15 Minuten.
Flüchtlingsfragen
(Referate MinPräs. Lüdemann,[13] Schleswig-Holstein und StS Jaenike, Bayern und anschl. Disk[ussion]) ca. 150 Minuten.
Nach Möglichkeit sollen also alle Sachreferate bereits am Samstag Mittag beendet sein.
StMin. Pfeiffer schlug vor, in der Vorbesprechung der Ministerpräsidenten am 5. Juni abends[14] zur Diskussion zu stellen, daß die Ausschüsse zur Vorbereitung der Diskus-

---

[9] Unterlagen über diese Besprechung, die vermutlich im VA für Ernährung stattfand, ließen sich nicht ermitteln. Am Tag zuvor, am 3. 6. 1947, hatte am Rande der LR-Tagung in Stuttgart eine wichtige Unterredung über Ernährungsfragen zwischen Dietrich, Schlange-Schöningen und Gen. Clay, Gen. Draper sowie Assistant Secretary of War Petersen stattgefunden. Unterlagen zur Vorbereitung in: Nachl. Dietrich/474.

[10] Vgl. Akten zur Vorgeschichte 1, Dok.Nr. 36, S. 878 ff.

[11] Dabei handelte es sich um eine Ausarbeitung „Stand und Problematik der Denazifizierung" vom 3. 6. 1947. Überliefert in: BHStA Abt. II MA Abg. 1975 vorl. Nr. 73.

[12] In der Besprechung vom 28. 5. 1947 (vgl. Anm. 2) hatte man noch eine umfassendere Themenstellung vorgesehen: Es sollte die völkerrechtliche Lage Deutschlands behandelt werden. Prof. Kaufmann sollte nach Zusammenarbeit mit StR Schmid referieren, letzterer sollte das Verlangen nach einem Besatzungsstatut vorbringen.

[13] Am 28. 5. 1947 war als Hauptreferent noch ausschließlich der bayer. StS Jaenicke vorgesehen gewesen.

[14] Abdr. als Dok.Nr. 31.

sionen und Resolutionen bereits vor Abhaltung der betreffenden Referate zusammentreten sollen.

Für den Samstag-Nachmittag wurden noch folgende Beratungsgegenstände vorgesehen:

Aufruf an die durch das dritte Reich vertriebenen Deutschen zur Heimkehr und Mitarbeit durch Bgm. Brauer, Hamburg, endgültige Festlegung der *Resolutionen* durch die Ministerpräsidenten,

Schlußrede des bayerischen MinPräs. Ehard mit Aufforderung an alle Deutschen, unter Zurückstellung der innerpolitischen Gegensätze ihre Anstrengungen zur Behebung der Not zu vereinigen.

StS Strauß gab zum Ernährungsproblem noch folgende Hinweise, die beide mit dem Fettproblem im Zusammenhang stehen:[15]

1. Vorschlag: Eine Resolution vorzubereiten, die auf die Wichtigkeit des Walfanges hinweisen würde, von dem die deutschen Länder gegenwärtig vollständig ausgeschlossen sind. Eine Wiederzulassung würde die bestehende Fettlücke ganz erheblich schließen.

2. Vorschlag: In einer weiteren Resolution solle auf die Notwendigkeit hingewiesen werden, die Tonnage der Fischdampfer aus der jetzigen scharfen Begrenzung zu lösen, um durch die dadurch gewonnene Kapazität des Fischfanges die Ernährungsgrundlage zu erweitern. Beide Punkte seien vom Kontrollrat bislang unter ausschließlicher Beachtung von Konkurrenzrücksichten behandelt.

StMin. Pfeiffer bat Staatssekretär Strauß, seine Vorschläge schriftlich niederzulegen, um sie an Staatsminister Baumgartner weitergeben zu können.

Als zusätzlichen Punkt zur Tagesordnung erwähnte *StS Strauß* die Frage der Rechtseinheit. Er verwies auf die etwa gleichzeitig mit der Ministerpräsidentenkonferenz stattfindende interzonale Tagung der Justizminister in Konstanz[16] und erwähnte, daß in der britischen Zone die Tendenz bestehe, ein überzonales oberstes Zivil- und Strafgericht einzurichten. Er würde es begrüßen, wenn die Notwendigkeit zur Rechtseinheit in einer besonderen Resolution betont würde.

MinDir. Wandersleb führte aus, daß das Thema „Rechtseinheit" vor seiner ausführlichen Behandlung in der Ministerpräsidentenkonferenz einer eingehenden Vorbereitung durch die verschiedenen Justizminister bedürfe, daß er es aber ebenfalls sehr begrüßen würde, wenn die Rechtseinheit als Stichwort bereits in der jetzigen Ministerpräsidentenkonferenz erwähnt würde.

StMin. Pfeiffer bat wiederum um schriftliche Vormerkung von StS Strauß über das Thema „Rechtseinheit".

StS Strauß verwies nunmehr auf die Notwendigkeit der Wirtschaftseinheit, die das Kernproblem für die gesamte Ministerpräsidentenkonferenz darstelle. Die Wichtigkeit

---

[15] Die Anregungen wurden in der Entschließung zum Ernährungsproblem berücksichtigt (vgl. Dok.Nr. 32 B, TOP 4b).

[16] Der auf Veranlassung der franz. MilReg. veranstaltete und von ihr geleitete interzonale Juristentag in Konstanz fand am 1.–5. 6. 1947 in einem internationalen Rahmen statt. Texte der Referate und Berichte eines Vertreters der brit. MilReg. in: Z 21/1230. Die Verhandlungen wurden im Druck hrsg. von der Generaljustizdirektion der Militärregierung des franz. Besatzungsgebietes in Deutschland, Tübingen 1947. Abdr. von Teilen der Ansprache von StR Schmid über die Unteilbarkeit der Rechtsordnung in: Deutsche Rechts-Zeitschrift 2. Jahrgang, Heft 7, S. 205–208.

des Themas mache eine eingehende Vorbereitung auch durch die Ministerpräsidenten schon vor der öffentlichen Aussprache notwendig.

StMin. Pfeiffer erbat wiederum eine schriftliche Vormerkung.

SenSynd. Sieveking äußerte sich zu der Gesamtwirkung der Ministerpräsidentenkonferenz und warnte namentlich vor einer Verwässerung und der Gleichstellung dieser Konferenz mit anderen Tagungen. Es müsse ganz besonderer Wert darauf gelegt werden, das Neue und Erstmalige dieser Ministerpräsidentenkonferenz herauszuheben, um den Eindruck in der Bevölkerung zu vermeiden, daß wiederum nur papierne Resolutionen ohne praktischen Wert gefaßt würden. Ohne sich in Details zu verlieren, sei in einer klaren Resolution der Grundgedanke der Konferenz, zu der die Not aller deutschen Länder nach zwei Jahren der Besatzungspolitik getrieben habe, herauszustellen.

StMin. Pfeiffer erklärte hierzu, daß, soweit ihm bekannt sei, ein Vorschlag zu einer derartigen Resolution bereits in der Rede des bayerischen Ministerpräsidenten Ehard enthalten sei.[17]

StMin. Pfeiffer äußerte sich anschließend zu der Frage, in welcher Weise das Ergebnis der Münchner Ministerpräsidentenkonferenz praktisch auszuwerten sei, und schlug vor, daß jeder der teilnehmenden Ministerpräsidenten für sich nach seiner Rückkehr die zuständige Militärregierung von den einzelnen Resolutionen unterrichten möge, und daß evtl. außerdem eine Gesamtunterrichtung des Kontrollrats vorzunehmen sei. Es sei die Möglichkeit zu erwägen, daß der bayerische Ministerpräsident diese Gesamtunterrichtung des Kontrollrats im Auftrage der übrigen teilnehmenden Ministerpräsidenten über OMGUS übernehmen würde.

GesRat a. D. von Campe stellte zur Erwägung, die Rahmenresolution „die Magna Charta von München", als feierliche Erklärung von allen Ministerpräsidenten unterschreiben zu lassen, um sie von etwa drei bis vier Ministerpräsidenten beim Kontrollrat vortragen zu lassen.

SenPräs. Kaisen wies darauf hin, daß möglichst in der Begrüßungsrede des bayerischen Ministerpräsidenten auf die Tatsache zurückzugreifen sei, daß die Münchner Ministerpräsidentenkonferenz sich als eine Art Fortsetzung der Bremer Konferenz darstelle.[18] Die letztere sei der erste Versuch gewesen, alle vier Zonen an einem Verhandlungstisch zusammenzubringen. Bereits diese Konferenz sei an dem Fernbleiben der Ostzone gescheitert. Im übrigen seien keinesfalls die in Bremen gefaßten Beschlüsse bisher durchgeführt. Der weitere Leidensweg der Deutschen habe zu der Münchener Ministerpräsidentenkonferenz geführt. Um jegliche Möglichkeit auszuwerten, die Münchener Tagung nicht wieder an der Absage der Ostzone scheitern zu lassen, schlug Senatspräsident Kaisen vor, auf alle Fälle die Tagung so zu gestalten, als ob auch die russische Zone anwesend sei.

MinDir. Wandersleb gab zur Erwägung, als letzte Ausschöpfung aller Möglichkeiten sich mit den gefaßten Resolutionen nach Berlin zu begeben, um dort die Ministerpräsidenten der russischen Zone zum Anschluß aufzufordern.

AbtL. Vogel hob hervor, daß durch die Tatsache der Annahme einer Resolution aller deutschen Ministerpräsidenten durch den Kontrollrat, falls eine solche stattfinde, eine vollkommen neue Rechtssituation zwischen den deutschen Ländern und dem Kontroll-

---

[17] Vgl. die Eröffnungsansprache Ehards, Dok.Nr. 32 A, TOP 1.
[18] Dieser Anregung wurde nicht entsprochen.

rat geschaffen sei. Zum ersten Male werde dann eine deutsche Konferenz als Sprachrohr vom Kontrollrat anerkannt, der sich bisher gegenüber jeglicher Stellungnahme von deutscher Seite abgeschlossen habe.
StMin. Pfeiffer bat in Übereinstimmung mit den übrigen Teilnehmern der Konferenz die folgenden Herren, sich zur Vorbereitung der Rahmenresolution zusammenzufinden: SenSynd. Sieveking, GesRat a. D. v. Campe, MinDir. Seelos, AbtL. Vogel.
StMin. Pfeiffer stellte weiterhin die Übereinstimmung der Teilnehmer der Vorbesprechung über die Notwendigkeit der Einrichtung eines Ausschusses zur Vorbereitung einer weiteren Ministerpräsidentenkonferenz fest. Er betonte die Bereitwilligkeit Bayerns in jeder Beziehung, seine Einrichtungen und die Erfahrungen der vorbereitenden Mitarbeiter an der gegenwärtigen Konferenz zur Verfügung zu stellen und gab der Hoffnung Ausdruck, daß dieser Wille der bayerischen Staatsregierung nicht als Tendenz zum Separatismus aufgefaßt werde.
GesRat a. D. von Campe schlug München als Standort für den zu bildenden Ausschuß vor, unabhängig von dem späteren Tagungsort. Zur technischen Durchführung der Konferenz erwähnte *StMin. Pfeiffer* noch folgende Einzelheiten:
Die Diskussion werde wörtlich im Stenogramm festgehalten, während die Referate bereits vor der eigentlichen Sitzung schriftlich vorliegen werden. Das mitstenographierte Protokoll werde jeder Delegation in zwei Exemplaren noch im Laufe der Münchener Konferenz überreicht, und es werde gebeten, etwa notwendige Korrekturen möglichst bald dem Konferenzbüro zur Kenntnis zu geben.[19]
Bei der Festlegung der einzelnen Arbeitskommissionen sei darauf zu achten, daß die Gesamtkonferenz kein „Fest ohne Teilnehmer" werde. Es müsse sich daher jede Delegation eine weise Beschränkung bei der Entsendung von Teilnehmern in die Arbeitskommission auferlegen.
Hinsichtlich des Ausschusses für die Vorbereitung der Rahmenresolution schlug *StMin. Pfeiffer* als zusätzlichen Mitarbeiter Rechtsanwalt Seuffert[20] vor.
Zur Teilnahme an der Vorbesprechung der Ministerpräsidenten[21] bezeichnete *StMin. Pfeiffer* als wünschenswert, einen Berichterstatter über die gegenwärtige Vorbesprechung aus der britischen Zone aufzustellen. (Gemeinsamer Vorschlag MinDir. Wandersleb). Im übrigen würden an der Vorbesprechung der Ministerpräsidenten noch folgende Herren aus Bayern teilnehmen: Staatsmin. Pfeiffer, MinDir. Seelos, RegDir. von Herwarth. Die übrigen Sitzungsteilnehmer stimmten dieser Aufstellung zu.
Um die Vorbesprechung der Ministerpräsidenten zu entlasten, wurde übereinstimmend eine nochmalige Vorbesprechung der Ländervertreter auf den 5. Juni 1947, nachmittags 15 Uhr, festgesetzt.[22]

---

[19] Die stenographischen Mitschriften und etwaige Änderungswünsche des Prot. ließen sich nicht ermitteln.
[20] Walter Seuffert, geb. 1907, war 1947 vorübergehend in der bayer. StK. tätig. Vor 1933 war er Assistent bei dem Münchener Staatsrechtler Prof. Nawiasky gewesen.
[21] Abdr. als Dok.Nr. 31.
[22] Vgl. folgendes Dokument.

Nr. 30
Zweite Vorbesprechung zur Münchener Ministerpräsidentenkonferenz in München
5. Juni 1947

BHStA Abt. II MA Abg. 1975 vorl. Nr.73, o.Bl., 5 Seiten. Undat. und ungez. Prot., im Umdr. vervielf. Ausf.

Anwesend: Stellv. MinPräs. Hoegner, StMin. Pfeiffer (Vorsitz), MinDir. Seelos (Bayern); Bgm. Acker (Berlin); SenSynd. Sieveking (Hamburg); StS Strauß (Hessen); GesRat a.D. v. Campe (Niedersachsen); MinDir. Wandersleb, ORegRat Maus (Nordrhein-Westfalen); LandesDir. Lauritzen (Schleswig-Holstein); StS Gögler, StS Eberhard (Württemberg-Baden); MinDir. Müller, MinRat Eschenburg (Württemberg-Hohenzollern).

[Beginn:] 15.30 Uhr

StMin. Pfeiffer eröffnet die zweite Vorkonferenz und stellt fest, daß nunmehr die Vertreter aus der Ostzone sich bereits auf dem Weg nach München befänden.[1] Dadurch, daß noch kein Vertreter aus der Ostzone anwesend sei, müsse sich diese zweite Vorbesprechung lediglich auf eine weitere Vorbereitung der technischen Faktoren und sachlichen Entwürfe beschränken, die so weitgehend sei, daß es der Ostzone möglichst erleichtert werde, bei ihrer Ankunft zu den Einzelheiten Stellung zu nehmen.
Anschließend berichtet *MinDir. Seelos* über den Fortgang der Vorbereitungen.
MinDir. Seelos verliest den Entwurf a[2] zu einer Gesamtresolution, der von einer Kommission, bestehend aus GesRat a.D. v. Campe, MinDir. Seelos, AbtL. Vogel und SenSynd. Sieveking zusammengestellt war.
Der Wortlaut eines zweiten Entwurfes b[3] wird ebenfalls vorgetragen. *MinDir. Wandersleb* bemerkt, daß der zweite Entwurf b im Unterschied zu dem ersten auch außenpolitische Momente enthält. Es wird deshalb von *StS Eberhard* vorgeschlagen, beide Entwürfe zu einem einzigen verarbeiten zu lassen, um alle Gedankengänge zu verwerten.
MinDir. Seelos legt großen Wert darauf, daß die endgültige Gesamtresolution in ihrer Gesamtlänge nicht diejenige des Entwurfes a übersteige (etwa 1 $^1/_2$ Schreibmaschinenseiten), da sonst die Gefahr bestehe, daß sie nicht mehr in ihrem vollen Wortlaut von der Presse übernommen werde.
StMin. Pfeiffer bittet in Übereinstimmung mit den Teilnehmern der Vorbesprechung GesRat a.D. v. Campe und AbtL. Vogel, die redaktionelle Überarbeitung des Entwur-

---

[1] Die bayer. StK. hatte von dem Kommen der ostzonalen MinPräs. erst durch einen Anruf der thüringischen StK. um 10.30 Uhr Kenntnis erhalten. Dabei wurde mitgeteilt, daß neben den MinPräs. weitere Delegationsmitglieder nicht erscheinen würden. (Ungez. Vermerk vom 5. 6. 1947 in: BHStA Abt. II MA Abg. 1975 vorl. Nr. 73). Um 11.45 Uhr erfolgte ein weiterer Anruf aus Potsdam, in dem angekündigt wurde, daß MinPräs. Steinhoff jetzt von Potsdam abgereist sei (ungez. Vermerk vom 5. 6. 1947 ebenda). Steinhoff führte die verspätete Abfahrt auf eine „technische Panne" zurück (vgl. Grünewald, Münchener Ministerpräsidentenkonferenz, S. 200).

[2] Die Entwürfe wurden ansonsten immer mit Großbuchstaben „A" und „B" bezeichnet. Entwurf „A" vielfach überliefert, u. a. StA Freiburg A 2/2245, Bl. 47–48; vgl. hierzu im einzelnen Dok.Nr. 32 B, Anm. 42.

[3] Entwurf „B" zweifach als maschinenschr. Vervielf. in: Z 35/28, ein Exemplar als „B" bezeichnet und mit Korrekturen versehen, das andere trägt den Vermerk „Entwurf Kordt"; er dürfte demnach von Theodor Kordt, einem ehem. Angehörigen des diplomatischen Dienstes stammen, der 1947 einen Lehrauftrag an der Universität Bonn für die Praxis der Völkerrechts und der Diplomatie erhalten hatte. Als abgezogene Vervielf. Entwurf „B" auch in: BHStA Abt.II MA 130.860. Zum Inhalt vgl. Dok.Nr. 32 B, Anm. 42.

fes a sofort zu übernehmen, um die vervielfältigten Exemplare möglichst am Abend bereits zur Hand zu haben.

Es wird geplant, am 6. Juni bereits möglichst früh eine Arbeitskommission mit der Weiterbearbeitung des Entwurfes zu betrauen. *MinDir. Seelos* teilt mit, daß das zusammenfassende Wirtschaftsreferat von Keiser nunmehr eingetroffen sei und nach kurzer Überarbeitung durch Möller (Länderrat)[4] sich in den Händen des Sen. Borgner befinde, der sich mit dem Inhalt vertraut und über die Art und Weise der Vorbereitung schlüssig mache.

Weiterhin teilt *MinDir. Seelos* mit, daß die Sachbearbeiter für Ernährungsfragen von ihrer Konferenz in Stuttgart[5] noch nicht angekommen seien; ebenso seien die Delegierten für die Finanzfragen noch nicht anwesend. Auch Min. Binder, der über die Entnazifizierung berichten werde, sei mit seinem Referat noch nicht eingetroffen. Bezüglich der übrigen Hauptthemen sei zu sagen, daß sich die Referenten über das Flüchtlingsproblem bereits verständigten, während die Behandlung der Fragen über das Besatzungsrecht gegenwärtig von Staatsrat Schmid mit den Herren Prof. Kaufmann, Budde und Seuffert besprochen werde.

StMin. Pfeiffer teilt zum technischen Ablauf der Sitzung mit, daß die Entschließungen jeweils erst nach ihrem Verlesen zur Verteilung kommen.

MinDir. Seelos schlägt hinsichtlich der Zusammensetzung der Arbeitskommissionen[6] vor, dieselben noch etwas mehr einzuschränken, um nicht der Vollkonferenz zuviel Delegierte zu entziehen.

In einer eingehenden Diskussion dieser Frage stellt sich heraus, daß eine weitere Einschränkung sich erübrigt, da lediglich von der Arbeitskommission für Wirtschaftsfragen eine längere Sitzung zu erwarten ist, während die Vorbereitungen für die übrigen Entschließungen bereits soweit gediehen sind, daß nur noch mit einer kurzen Sitzungsdauer der Arbeitskommission zu rechnen sein wird.

StMin. Pfeiffer erörtert das Problem der Beschickung der Arbeitskommissionen durch die Ostzone und betont die besondere Schwierigkeit, die dadurch entsteht, daß die Ministerpräsidenten der Ostzone keinerlei Vertreter mitbringen werden, so daß nichts anderes übrig bleibt, als daß sich die Ministerpräsidenten von der Vollversammlung entfernen, wenn [sie][7] an den Arbeitskommissionen teilnehmen wollen.

MinDir. Wandersleb betont die Notwendigkeit, den Ministerpräsidenten aus der Ostzone die Teilnahme an der Tagung trotz ihrer Abwesenheit während der Vorbesprechungen weitgehend zu erleichtern und ihnen deshalb auch das bereits vorliegende Material für die einzelnen Themen möglichst umgehend nach ihrem Eintreffen vorzulegen.

StMin. Pfeiffer stellt die Zustimmung aller Sitzungsteilnehmer zu folgendem Plan für die weiteren Vorbereitungen fest: Am Abend des 5. Juni wird den Ministerpräsidenten aus allen Ländern anläßlich ihrer Vorbesprechung die Aufstellung der Arbeitskommissionen überreicht mit dem Vorschlag, daß jedes Land berechtigt sein soll, in jede Kommission je zwei Mitglieder zu entsenden. Es soll jeder Delegation dann freistehen,

---

[4] Hans Möller war Leiter der Abteilung IV, Gewerbliche Wirtschaft, beim LR.
[5] Vgl. Dok.Nr. 29, Anm. 9.
[6] Vgl. Dok.Nr. 29, Anm. 5.
[7] In der Vorlage eine Lücke, bedingt durch mangelhafte Vervielfältigung.

welche Delegierten sie tatsächlich mit der Teilnahme an den Arbeitskommissionen beauftragt, bzw. welcher der Ministerpräsidenten selbst sich zur Teilnahme an den Arbeitskommissionen entschließt. Da für das Tagesprogramm des 6. Juni eine Mittagspause von ca. 2 $^3/_4$ Stunden vorgesehen wurde, ergibt sich auch außerhalb der eigentlichen Sitzungen bereits die Möglichkeit, unter Abkürzung dieser Pause schon zur Beratung, insbesondere z. B. für das Wirtschaftsreferat, zusammenzutreten, um den Ablauf des Tagungsprogramms so reibungslos wie möglich zu gestalten. Die Sitzungsteilnehmer waren sich darüber einig, daß die Bestimmung der Vorsitze in den einzelnen Arbeitskommissionen diesen selber überlassen bleiben solle.

Nr. 31
Vorbesprechung der Ministerpräsidenten über die Tagesordnung der Münchener Ministerpräsidentenkonferenz 5./6. Juni 1947

BHStA Abt. II MA Abg. 1975 vorl. Nr. 76, 42 Bl. Ungez. und undat. Prot.[1]

Anwesend[2]: Präs. des Staatssekretariats Wohleb, StS Leibbrandt (Baden); MinPräs. Ehard [Vorsitz], Stellv. MinPräs. Hoegner, StMin. Pfeiffer, MinDir. Seelos, RegDir. v. Herwarth (Bayern); Stellv. OBgm. Schroeder (Berlin); SenPräs. Kaisen (Bremen); Bgm. Brauer (Hamburg); MinPräs. Stock (Hessen); MinPräs. Steinhoff (Mark Brandenburg); MinPräs. Höcker (Mecklenburg); MinPräs. Kopf (Niedersachsen); MinPräs. Amelunxen, MinDir. Wandersleb (Nordrhein-Westfalen); MinPräs. Boden (Rheinland-Pfalz); MinPräs. Hübener (Sachsen-Anhalt); MinPräs. Lüdemann (Schleswig-Holstein); MinPräs. Paul (Thüringen); MinPräs. Maier (Württemberg-Baden); StR Schmid (Württemberg-Hohenzollern); GS Roßmann (Länderrat)

---

[1] Abdr. bei Steininger, Zur Geschichte, S. 420–453. Laut Vermerk von Landgerichtsdirektor Erber, der für die Verfertigung des Prot. zuständig war, wurde das Prot. zunächst in einer Urschrift mit vier Durchschlägen hergestellt (Vermerk vom 11. 6. 1947 in: BHStA Abt. II MA Abg. 1975 vorl. Nr. 76; ebenda liegen die Urschrift und zwei Durchschriften vor). Die Blattzählung ist ab S. 6 handschr. nachgetragen worden, jedes Blatt trägt oben und unten rechts einen Stempel „Geheim", der durchgestrichen ist. Auf Bl. 1 die Stempel „Bayerische Staatskanzlei Anlage 1 (42 Blatt) zu Nr. 73/64 geh." sowie „Bayerische Staatskanzlei (42 Blatt) Anlage 1 zu Nr. 13/66 geh."; ferner der Vermerk „Offen ab 13. 5. 1975, gez. Lindner".
Gemäß Vermerk von Seelos vom 10. 6. 1947 (ebenda) sollten an zwei Stellen Streichungen von Ausführungen von StR Schmid und MinPräs. Boden vorgenommen werden (vgl. Anmerkungen im Text). Die MinPräs. der brit. Zone sollten je ein Exemplar persönlich und streng vertraulich mit eingeschriebener Dienstpost erhalten. Den Länderchefs der amerik. Zone und StR Schmid sollte ein Exemplar über den Weg der Kurierpost nach Stuttgart zugehen. Nach Koblenz und Freiburg sollte lediglich ein Schreiben ergehen, daß die Protokolle in München zur Verfügung ständen. Möglicherweise wurde die Versendung nicht durchgeführt; so Steininger, Zur Geschichte, S. 419 unter Berufung auf Gespräche mit Ehard und Seelos.
Parallelüberlieferung: Stichworte, z. T. stenograph. von Roßmann über den Verlauf der Sitzung in: Nachl. Roßmann/30, Bl. 72–78. Stenograph. Notizen von der Hand Hoegners in: IfZ, ED 120/135.

[2] Die Anwesenheitsliste wurde konsequent nach dem Alphabet der Länder eingerichtet. In der Vorlage ist sie nur in Ansätzen alphabetisch geordnet.

[3] Der Sitzung, die eigentlich bereits um 21.15 Uhr beginnen sollte, war ein offizielles gemeinsames Abendessen im „Bayer. Hof" vorausgegangen, bei dem MinPräs. Ehard die Gäste begrüßte. Sein Sprechzettel mit Stichworten für die Tischrede in: BHStA Abtl. II MA 130 860, auf DIN A 8-Seiten mit Bleistift. „Besuch in die amerikanische-britische-französische-russische Zone ist für die Bewohner anderer Zonen so, wie früher eine Reise in ein fremdes Land, einen anderen Erdteil. Schlimmer noch ist, daß auch die Bewohner der einzelnen Zonen sich auseinander gelebt haben. Deutschland immer schon weltanschaulich – poli.-sozi. – wirtschaftlich. Gegensätze. Heute die gesamte Geisteshaltung in vier Zonen zerrissen.
Und nun einen Augenblick der Besinnung einschalten: Heute setzen sich zum ersten Mal seit dem Ende des schrecklichen Krieges und zwei Jahre nach Kapitulation die Regierungschefs aller deutscher Länder an einen Tisch. Hoffentlich zu erfolgreicher Aussprache. Bei der Verabschiedung wollen wir uns die Hände reichen nicht mit Lebewohl, sondern auf Wiedersehen. Zonengrenzen keine Schlagbäume und Drahtverhaue, hinter denen Waffen stehen wie gegen Feindesland, sondern lassen Sie uns die Grenzen betrachten wie einen Gartenzaun, der unser Teil vom Nachbarn mehr verbindet als trennt. Trauliches Gespräch hin und her. Wenn die Mü. Konf. nur die beiden Dinge bringen würde: Alle an einem Tisch gewesen – nicht heimlich, sondern ganz offiziell und nur noch ein Gartenzaun, dann schon ein Erfolg. Hoffentlich größerer Erfolg. Willkommen." Geantwortet hat für die MinPräs. der Ostzone Paul, der in seiner Rundfunkansprache vom 6. 6. 1947 (Text in: Nachl. Roßmann/30, Bl. 31–33, Abdr. Grünewald, Münchener Ministerpräsidentenkonferenz, S. 519–521) aus seiner Tischansprache den Schlußsatz zitierte: „Ich bin heute morgen in Weimar von zuhause abgefahren und bin heute abend zuhause in München angekommen." Nach Friedensburg (Es ging um Deutschlands Einheit, S. 165) pries Paul München als die allen Deutschen gefühlsmäßig vertraute Stadt, die eigentlich für jeden Deutschen eine zweite Heimat bedeute, und schloß mit dem Dank für die Veranstaltung, die er als große nationale Stunde von geschichtlicher Bedeutung bezeichnete, und mit einem Hoch auf das bayerische Volk und seinen MinPräs. Ehard.

Nr. 31   5./6. 6. 1947   Chefbesprechung über TO der Münch. Konf.

[Beginn: 21.55 Uhr³]

MinPräs. Ehard eröffnet die Sitzung, spricht einleitende Begrüßungsworte⁴ und schlägt vor, zunächst die Präsenz festzustellen. Er habe MinDir. Seelos gebeten, eine Art Generalsekretärstätigkeit zu übernehmen, RegDir. v. Herwarth solle die Tätigkeit eines Chefs des Protokolls ausüben.⁵ Wenn Wünsche oder Zweifel bestünden, bittet er die Konferenzteilnehmer, sich an diese beiden Herren zu wenden. Auf Vorschlag von StMin. Pfeiffer verliest *MinDir. Seelos* die Liste der Teilnehmer⁶ und stellt die Anwesenheit der Teilnehmer dieser Besprechung und die Zusammensetzung der einzelnen Delegationen für die Hauptkonferenz fest.

MinPräs. Ehard erklärt, daß man es absichtlich vermieden habe, ein festes Programm vorzulegen. Dies sollte der Ministerpräsidentenkonferenz vorbehalten werden. Man habe durch Bevollmächtigte Vorbesprechungen⁷ abgehalten, über die er MinDir. Wandersleb zu berichten bitte.

MinDir. Wandersleb führt aus, es hätten solche Vorbesprechungen stattgefunden, die besonders der Übersicht über die Tagesordnung gegolten hätten; die Gestaltung der Tagesordnung selbst sei aber dieser Chefkonferenz vorbehalten worden. Das Land Bayern habe alles, was zum formalen Rahmen gehöre, gestaltet; sachlich habe aber alles ganz elastisch bleiben sollen bis zur Entscheidung der Chefs heute abend. Die Themen, die genannt worden seien, seien eingefügt in die Tagesordnung, die sich in vier Sitzungen abspielen solle. Diese werde gerade vervielfältigt und noch verteilt werden. Er wolle nun den Gang der Besprechungen einmal wiederholen: Als Auftakt ergebe sich selbstverständlich die Begrüßung und Eröffnung durch den Einberufer MinPräs. Ehard. Daran solle kurz anschließen ein Bekenntnis zur Zusammengehörigkeit der deutschen Länder, das noch zu formulieren sei. Daran solle sich anschließen der Gruß an die deutschen Kriegsgefangenen, den Herr SenPräs. Kaisen übernehme. In der Vor-

---

Nach Eschenburg, Erinnerungen, S. 415, sprachen ferner Frau Schroeder, Schmid und Lüdemann, so daß für jede Zone und für Berlin ein Redner das Wort ergriffen hätte. Zur Stimmung vermerkt Eschenburg (ebenda): „Keiner der Redner vermochte sich der Rührung zu erwehren. Immer wieder mußten sie sich unterbrechen, um die Tränen hinunterzuschlucken."

⁴ Sprechzettel Ehards mit Stichworten auf vier DIN A 8-Blättern von Ehards Hand in: BHStA Abt. II MA 130 860: „Einladung im Auftrage der bayerischen Staatsregierung. Begrüßung. *Ziel:* Fragen der wirtschaftlichen Not, die uns am stärksten bedrängen, gemeinsam *erörtern* und nach *Mitteln suchen,* um den Ring des Elends, der uns umgibt, zu sprengen. Unsere Not ist so groß geworden und die daraus resultierende Niedergeschlagenheit so lähmend, daß es uns darauf ankommt, *neue Hoffnung* in die Herzen unserer Männer und Frauen zu pflanzen und ihnen den Glauben an eine bessere Zukunft wiederzugeben. *Keine Hintergedanken. Nicht* Fragen der deutschen *Innenpolitik* auszutragen[.] Deutsche Innenpolitik[,] Deutscher Staatsaufbau brennende Probleme . [...] Fragen der Außenpolitik überschatten unsere Konferenz[.] Vieles ließe sich dazu sagen: bes. Selbstbestimmungsrecht[.]
Was soll sein: *Bilanz*[.] Wo stehen wir? Was können wir tun? Wo sind unsere Grenzen? Ausland! Alles Trennende zurückstellen! Zusammenarbeiten! Keine Politik! Nur zwei Dinge: a. Tatsache des Zusammentreffens! b. Bekenntnis zur deutschen Schicksalsgemeinschaft."

⁵ Ihm stand „zur Betreuung der Gäste" Frau Pappritz zur Seite. (Siehe Arbeitsverteilungsplan in: BHStA Abt. II MA 130 860). Vgl. Glums bissige Bemerkung: „Auch Frau Pappritz hatte man sich verschrieben" (Zwischen Wissenschaft, Wirtschaft und Politik, S. 609).

⁶ Die Teilnehmer hatten eine entsprechende Liste offensichtlich vor sich. Das Exemplar Roßmanns in dem die Namen der zur Konferenz Erschienenen abgehakt und Veränderungen in der Zusammensetzung der Delegationen vermerkt sind, in: Nachl. Roßmann/30, Bl. 94–95. Teilnehmerliste mit Parteizugehörigkeit der Delegationsführer in: BHStA Abt. II MA 130 860.

⁷ Abdr. des Prot. als Dok.Nr. 29 und 30.

besprechung sei kurz darauf hingewiesen worden, daß nicht nur das deutsche Volk, sondern auch die gesamte Weltöffentlichkeit an dieser Konferenz großes Interesse habe. Man erwarte von der Konferenz, daß sie nicht nur einige dringend erscheinende Themen behandle, sondern daß dieser Tagung noch ein stärkerer Akzent gegeben werde. Es sei deshalb in der Vorkonferenz der Vorschlag gemacht worden, über die Einzelentschließung[en] hinaus eine Rahmenentschließung zu fassen, d. h. der Öffentlichkeit eine Art Münchner Deklaration zu übergeben, die kurz und prägnant sich über die uns besonders bedrückenden Dinge äußere, insbesondere über unsere Verantwortung und das Maß der Verantwortung, das auf den anderen ruhe. Es seien schon zwei Entschließungsentwürfe[8], A und B, die eine gewisse Vorarbeit nach dieser Richtung bedeuten könnten, ausgearbeitet worden. Diese Rahmenentschließung solle als Anlagen die Resolutionen zu den einzelnen Tagesordnungspunkten erhalten. Es werde zu erwägen sein, ob diese Entschließung nicht nur den einzelnen Militärregierungen in den Ländern überreicht werden sollen, sondern daß man aus dem Kreis der Länderchefs mehrere Herren bestimmen solle, die diese Deklarationen dem Kontrollrat überreichen und gegebenenfalls mündliche Erklärungen dazu geben sollten. Vielleicht glücke es erstmalig, die kleineren Ringe zu durchbrechen und an den Kontrollrat selbst heranzukommen. Dies könne die Bedeutung dieser Tage nur unterstreichen. Es sei weiter daran gedacht, daß man sich überlege, in welcher Form über diese Tagung hinaus ein loser Zusammenhalt möglich sei, den man vielleicht schon aus Vorsichtsgründen in die Form eines Arbeitsausschusses zur Vorbereitung einer nächsten Tagung kleiden könne. Es sei zweckmäßig, diesen Schlußpunkt von vornherein im Auge zu behalten.[9]

MinPräs. Ehard regt an, ein Telegramm an den erkrankten MinPräs. Friedrichs in Dresden[10] zu senden und ebenso an den infolge Autounfalls verhinderten MinPräs. v. Brentano.[11]

MinDir. Wandersleb führt hierauf fort, er wolle schnell zum Programm noch ein paar Stichworte sagen:

Man habe vorgesehen, daß Ausschüsse zur Bearbeitung von Einzelfragen eingesetzt werden sollen. Die personelle Besetzung sei auch schon vorbereitet worden.[12]

Die Vormittagssitzung am Freitag [6. 6.] solle sich noch befassen mit der deutschen Ernährungsnot. Es sollten Ausführungen von Min. Lübke und RMin. a.D. Dietrich entgegengenommen werden. Anschließend sei vorgesehen ein Bericht StMin. Baumgartner über die Notlage des deutschen Waldes und ein Bericht von Frau OBgm. Schroeder über die Auswirkung der Unterernährung auf die Volksgesundheit. Daran solle sich

---

[8] Vgl. hierzu Dok.Nr. 32 B, Anm. 42.

[9] Vgl. hierzu den Wortlaut des Einladungsschreibens (Dok.Nr. 19). Noch in den späteren Entwürfen zur TO hieß es „Die Konferenz erklärt sich in Permanenz – sie soll in acht Wochen erneut stattfinden. Ein vorläufiges Sekretariat in München soll die Geschäftsführung bis zur Errichtung der Reichshauptstadt übernehmen (BHStA Abt. II MA Abg. 1975 vorl. Nr. 73, ungez. und undat. Programm für die Münchener Konferenz). Eine andere, ebenfalls undat. Fassung (vermutlich von Ende Mai 1947) der „voraussichtlichen Tagesordnung" führte ebenfalls als Thema des Schlußwortes von Ehard den Vorschlag an, „ein ständiges Büro der Konferenz zur Erledigung der laufenden Fragen, rein zur Koordinierung der Ansichten einzurichten."

[10] Der sächs. MinPräs. Friedrichs, Gesprächspartner Ehards bei der Vorbereitung der Konferenz, war an einer Angina Pectoris, an der er bereits kurze Zeit später, am 14. 6. 1947 verstarb, erkrankt. GS Roßmann nahm an der Beerdigung im Auftrag der MinPräs. der amerik. Zone teil (Nachl. Roßmann/7, Bl. 35. Roßmann an die Redaktion von "Stars and Stripes" vom 30. 4. 1948). Der Stellv. MinPräs. Fischer vertrat Friedrichs.

[11] MinDir. Clemens v. Brentano, 1886–1965, Leiter der Badischen Staatskanzlei.

[12] Vgl. Dok.Nr. 29.

eine Aussprache anschließen. Man habe für diese ganzen Dinge einen Zeitplan vorgesehen und komme so zu einer dreistündigen Vormittagssitzung.
Der Nachmittag solle ganz gewidmet sein einem Bericht über die Not und Sorgen der deutschen Wirtschaft. Da der stellv. Vorsitzende des Verwaltungsrates in Minden, Herr Keiser, schwer erkrankt sei, habe er seine Unterlagen an Sen. Borgner übergeben, der das Referat halten werde. Zu den Wirtschaftsfragen gehöre nicht nur die Kohlenfrage, die Frage des Exports, der Zonengrenzen usw. Daran solle sich anschließen ein kurzer Bericht von Min. Hilpert über Finanz- und Steuerfragen. Diskussionen hierüber werden dann den Rest des Nachmittags füllen.
Der Samstag [7. 6.] Vormittag solle eingeleitet werden durch zwei ganz kurze Referate, eines von StMin. Binder über Entnazifizierung. Über dieses Referat solle keine Diskussion stattfinden, sondern es solle nur in einem Ausschuß eine Entschließung gefaßt werden. Hierauf werde StR Schmid über die Schaffung eines Besatzungsrechts referieren. Auch hier solle keine größere Aussprache stattfinden. Ein Ausschuß habe auf diesem Gebiete bereits vorgearbeitet.
Im wesentlichen werde der Vormittag daher gewidmet werden können den Flüchtlingsfragen. Es sei daran gedacht, daß StS Jaenicke das Referat und MinPräs. Lüdemann das Korreferat übernehme. Auch hier sei bereits weitgehend vorgearbeitet worden. Ein Resolutionsentwurf sei schon in Vorbereitung. An diese Referate solle sich eine Aussprache anschließen, um der Öffentlichkeit zu zeigen, wie sehr uns diese Fragen am Herzen liegen.
Dadurch werde der Samstag Nachmittag ziemlich entlastet. Dort solle Herr Bgm. Brauer eine Aufforderung an die Deutschen, die durch das Dritte Reich ihre Heimat verloren haben, richten, zurückzukehren. Hierauf solle über die von den Ausschüssen vorbereiteten Resolutionen abgestimmt werden. Dann folge noch die Schlußansprache von Ministerpräsident Ehard. Es sei überlegt worden, inwieweit man der Atlantik-Charta, besonders in Verbindung mit dem Besatzungsrecht in der Schlußansprache Raum geben solle. Dies sei ein Punkt, der auch erwogen werden müsse bei der Frage der Rahmenentschließung oder der so zu nennenden Münchner Deklaration. Ob man diese außenpolitischen Punkte berühren solle, sei noch zu erwägen. Dazu gehöre auch ein Hinweis auf die Potsdamer Beschlüsse; die Entscheidung über die Fragen solle aber den Länderchefs vorbehalten bleiben.
Der Sonntag [8. 6.] solle dann für Besichtigungsfahrten[13] frei sein. Es sei vorgesehen, für entsprechende Hauptgruppen der Fragen, die die Tagesordnung beherrschten, besondere Ausschüsse zu bilden; einen Ausschuß für Wirtschaft, Ernährung, Finanz-, Flüchtlingsfragen, Entnazifizierung und für ein Besatzungsstatut. Es sei vorgesehen, daß in jedem dieser Ausschüsse Vertreter aus jeder Zone beteiligt seien. Hier könne man von Zonen sprechen, sonst solle bei der Gesamtkonferenz vermieden werden, von verschiedenen Zonen zu sprechen. Die Konferenz solle vielmehr als Einheit in Erscheinung treten. Hier müsse nun eine Frage noch heute abend hinzugefügt werden, nämlich, wie weit die Herren aus dem Osten sich noch eingliedern könnten, wobei eine Schwierigkeit dadurch entstehen könne, daß sie ohne besonderen Arbeitsstab erschienen seien und infolgedessen gegebenenfalls die Zeit finden müßten, selbst an diesen Kommissionen teilzunehmen, ohne daß sie der Vollversammlung zu sehr entzogen

---

[13] Laut Programm (BHStA Abt. II MA 130 860) war für den 8. 6. 1947 für 11.00 Uhr ein Empfang der Presse durch die Delegationsführer und um 16.00 Uhr ein Tee-Empfang durch OB Scharnagl im Schloß Nymphenburg vorgesehen, der jedoch auf 17.00 Uhr verschoben wurde.

würden. Andererseits sollten die Entschließungen der Ausschüsse doch auch ihren Wünschen entsprechen. Er schlage daher vor, den Plenarsitzungen Zeit abzuknapsen und die Entschließungsentwürfe ihr schon im rohen Zustand zu unterbreiten.

MinPräs. Ehard bemerkt hierzu, er bedaure es, daß man mit den Herren aus der Ostzone nicht die Verbindung gehabt habe wie mit den andern. Er habe sie von vornherein gebeten, daß sie an den Vorbesprechungen teilnehmen sollten. Man habe auch darum gebeten und ihnen Vorschläge über die Beteiligung an den Referaten gemacht. Nachdem dies nicht möglich gewesen sei, sei es besonders wünschenswert, daß sie sich an der Arbeit der Ausschüsse und dem Zustandekommen der Resolutionen möglichst beteiligten. Das wolle er besonders unterstreichen. Inzwischen seien ja nun die Vorschläge der Tagesordnung verteilt worden und er schlage vor, zunächst einmal grundsätzlich dazu Stellung zu nehmen.

MinPräs. Höcker führt aus, die Ministerpräsidenten der Ostzone hätten MinPräs. Friedrichs beauftragt, mit MinPräs. Ehard über die Tagesordnung zu sprechen.[14] Dies sei auch geschehen. Friedrichs habe ihre Wünsche und Vorschläge unterbreitet. Diese seien aber leider nicht berücksichtigt worden. Wenn sie aber trotzdem an der ersten Beratung der Ministerpräsidenten aus ganz Deutschland teilnehmen, dann möge man daraus entnehmen, mit welchem Ernst sie diese ganze Angelegenheit geprüft hätten und betrachteten. Sie hätten vor allen Dingen einen Wunsch gehabt, daß in den Mittelpunkt gestellt werde die Frage der wirtschaftlichen und politischen Einheit Deutschlands, weil sie die Ursache unserer ganzen wirtschaftlichen Not in erster Linie darin sähen, daß Deutschland zerrissen sei in verschiedene Zonen. Er glaube, daß man ihm recht geben werde, daß ein großer Teil, vielleicht der größte Teil unserer wirtschaftlichen Nöte, die wir alle hätten, darauf zurückzuführen sei. Deshalb hätten sie es mit vollem Ernst vertreten, daß man, wenn schon die Ministerpräsidenten zusammenkämen, diese Frage als Hauptpunkt behandeln müsse. Sie seien nicht der Meinung, daß man auf dieser Konferenz nicht über die Zonen sprechen solle. Im Gegenteil, sie seien der Meinung, daß man dem deutschen Volk sagen müsse, worin unsere wirtschaftliche Notlage begründet sei. Wenn wir weiter nichts tun und nichts anderes erreichen könnten, als daß wir endlich einmal die deutschen Parteien und Gewerkschaften durch die Initiative der Ministerpräsidenten dazu brächten, zu dieser wichtigen Frage Stellung zu nehmen, dann habe diese Konferenz einen großen Erfolg gehabt. Das sei ihre Meinung. Wenn wir das nicht täten, wenn wir nur über die Schwierigkeiten und Nöte redeten – dazu sei sicher die Möglichkeit, bei den verschiedensten Punkten darauf einzugehen –, aber das deutsche Volk erwarte von dieser ersten Konferenz etwas; nämlich nicht, daß wir hier redeten und Entschließungen faßten, nicht nur das deutsche Volk, darüber hinaus das Ausland blicke auf diese Konferenz [!]. Wir dürften hier nicht auseinandergehen, ohne daß wir zu dieser Kernfrage ernstlich Stellung genommen und unsere Meinung dem Volk und den Besatzungsmächten kundgegeben hätten. Die Einheit Deutschlands: dafür brauche er keine Begründung mehr zu geben. Aus den Begrüßungsworten,[15] die heute Abend gesprochen worden seien, spreche die Erkenntnis, daß man diese Einheit endlich wieder schaffen müsse. Er selbst und Lüdemann kämen aus dem Norden, er aus Mecklenburg, Lüdemann aus Schleswig-Holstein. Er sei heute durch ganz Deutschland gefahren. Er sei aber nicht durch Deutschland gefahren, sondern durch einzelne Länder. Wo sei

---

[14] Vgl. Dok.Nr. 24, Anm. 28.
[15] Vgl. Anm. 3.

Deutschland heute? Bayern, Sachsen, Brandenburg, das sei nicht Deutschland. Die Ministerpräsidenten müßten als erste ihre Stimme erheben auf dieser Konferenz und die Einheit des deutschen Vaterlandes in den Vordergrund stellen, mit voller Betonung und mit vollem Ernst. Deswegen sei man hierher gekommen. Er bitte den Vorschlag, den man abgelehnt habe, weil er vielleicht nicht in den Plan dieser Konferenz gepaßt habe, doch mit aufzunehmen und zwar als Hauptpunkt der ganzen Tagesordnung. Sie als Ministerpräsidenten der Ostzone beantragten, als entscheidende Voraussetzung für die Verhandlungen der Konferenz folgenden ersten Punkt auf die Tagesordnung zu setzen:

Bildung einer deutschen Zentralverwaltung durch Verständigung der demokratischen Parteien und Gewerkschaften zur Schaffung eines deutschen Einheitsstaates.

Er bitte, diesen Antrag anzunehmen, und diesen ersten Punkt auf die Tagesordnung zu setzen nach der Begrüßung und dem Gruß an die Kriegsgefangenen. Er glaube, wenn man zu diesem Problem ernst Stellung nehme, dann werde es seine Wirkung weder auf die Parteien noch auf die Besatzungsmächte verfehlen. Das sei sein Antrag, den er ganz kurz habe begründen wollen.

SenPräs. Kaisen erwidert, dieser Punkt komme für diese Konferenz zu früh. Die Sache liege so, daß die Besatzungsmächte beschlossen hätten, eine zentrale Verwaltung zu schaffen. Praktisch sei dies jedoch auch in Moskau nicht geschehen. Nun wolle man mit Hilfe der Parteien eine solche Zentralverwaltung schaffen, die auch eine zentrale politische Spitze haben müsse. Dem stünden aber vorläufig noch die Gesetze der Besatzungsmacht entgegen. Auch die Parteien seien damit nicht einverstanden. In der Ostzone seien die Parteien mit diesem Konzept wohl einverstanden, in der Westzone [!] aber nicht, weil sie befürchten müßten, daß in dem Augenblick der Schaffung einer deutschen Zentralregierung der letzte Rest von Substanz sich auch noch verflüchtige. Daher sei es erforderlich, daß dieses Problem zunächst einmal von den Parteien angefaßt würde, auch in der Westzone. Die Parteien bestünden darauf, daß *sie* das prae in diesen politischen Konzeptionen hätten, sie hielten die Ministerpräsidenten nicht für befugt, in diese entscheidende Frage jetzt einzugreifen. So wie die Ministerpräsidenten der Sowjetzone von ihren Parteien getrieben würden, so würden die Ministerpräsidenten der westlichen Zone von ihren Parteien gehindert.[16] Die Lage sei äußerst prekär.

---

[16] Kaisen spielte hier vor allem auf die Haltung seiner Partei, der SPD, an, die auf einer Konferenz in Frankfurt am 31. 5./1. 6. 1947 festgelegt worden war. Vgl. hierzu Grünewald, Münchener Ministerpräsidentenkonferenz, S. 139–147; Foelz-Schroeter, Föderalistische Politik, S. 114–115; Steininger, Zur Geschichte, S. 402–405. Auf der Konferenz, über die sich ein Prot. leider nicht ermitteln ließ, wurden folgende Richtlinien, die den Verhandlungsspielraum der der SPD angehörenden MinPräs. beträchtlich einengten, beschlossen: Die TO sollte sich auf unpolitische Themen beschränken, der Beschluß der MinPräs. der brit. Zone vom 30. 5. 1947 (vgl. Dok.Nr. 27) war also bekräftigt worden. Hinsichtlich der verfassungsrechtlichen Diskussion war vereinbart worden, daß „nicht ein durch die Länder geschaffenes Organ über die Länder gesetzt würde" (vgl. Dok.Nr. 23, Anm. 4).
Schumacher erklärte die Haltung der SPD im Nachhinein öffentlich (Sozialdemokratischer Pressedienst vom 29. 6. 1947): „Die Sozialdemokratische Partei kann als Partei die SEP [!] nicht sanktionieren, solange gleichzeitig von der SEP die Sozialdemokraten in der Ostzone verfolgt, und ihrer Freiheit, ihres Eigentums und in manchen Fällen ihres Lebens beraubt werden. Das ist der Standpunkt der Sozialdemokraten.
Bei der Münchener Ministerpräsidentenkonferenz habe es sich um ein Zusammentreffen der obersten Verwaltungsgewalt in den deutschen Ländern gehandelt. Um praktische Möglichkeiten für das deutsche Volk lebendig werden zu lassen, haben wir den prinzipiellen Standpunkt der Sozialdemokratischen Partei nicht in seiner vollen Wirksamkeit auf die Haltung der sozialdemokratischen Ministerpräsidenten verlagert, sondern

Man habe deswegen unter Zurücksetzung vieler anderer Bedenken davon abgesehen, zu tun, was man wünsche. Man habe einer Konferenz zugestimmt, die sich mit der Behebung der wirtschaftlichen Schwierigkeiten befasse. Die nächste Konferenz könne dann einen Schritt weiter gehen. Die jetzige Konferenz würde sonst zu sehr belastet sein und nicht vorwärts kommen.

MinPräs. Paul erklärt, es sei keine Prinzipienreiterei, und sie seien auch keine getriebenen Jockeys der Parteien, wenn sie diesen Antrag hier und mit diesem Nachdruck stellten. Er kenne genau die Grenzen, die einem Regierungschef gesteckt seien, und er wisse, wie weit unsere Möglichkeiten gingen, die Not des Volkes zu beheben. MinPräs. Ehard habe vor kurzem eine ausgezeichnete Rede über die Lage des Landes Bayern gehalten.[17] Jeder von ihnen könne eine solche Rede für sein Land halten. Das wollten sie mit ihrem Antrag: Man sehe, daß die deutschen Parteien, die erklärten, daß sie die einzig legitimierten Willensträger zusammen mit den Gewerkschaften seien, es bisher nicht fertig gebracht hätten, sich an einen Tisch zu setzen. Die Not steige aber wie ein Hochwasser und werde in kurzer Zeit große Massen unseres Volkes erfaßt haben. Man wolle daher mit diesem Antrag einen moralischen Druck auf die Parteien und Gewerkschaften ausüben, daß sie sich nun nicht mehr länger bedenken, sich zusammenzusetzen, sondern daß diese kleinen unbedeutenden Dinge des Alltags hinter großen Fragen zurücktreten müßten. Das ganze Volk blicke auf sie. Aus diesem Grunde müßten die Parteien und Gewerkschaften sich zusammenfinden. Er frage, was vergebe man sich, wenn man in dieser Sitzung zum Ausdruck bringe, daß die Ministerpräsidenten es für geboten hielten, daß die Parteien und die Gewerkschaften sich baldmöglichst zusammenfänden und zwar zusammenfänden, mit dem Ziele einer Schaffung einer zentralen Verwaltung, später einmal Wahlen oder ein deutsches Reich vorzubereiten.[18] Einmal müsse man den Anfang machen. Einmal müsse man aus den Eiertänzen der Paragraphen-Juristen herauskommen. Man müsse an die Probleme herantreten, die Zeit des Abwartens sei vorbei. Er stehe auf dem Standpunkt, daß sich durch die Annahme eines solchen Antrags, daß sich die Parteien in Berlin zusammenfinden möchten, die Konfe-

---

die sozialdemokratischen Ministerpräsidenten waren mit unserem Parteivorstand ganz aus sich heraus der Meinung, daß die Ministerpräsidenten der Ostzone keine demokratische Legitimation hatten, daß man aber in den praktischen Dingen mit ihnen zusammenwirken gewillt sei, um die praktische Behebung der Nöte ein Stück vorwärts zu bringen. [...] Der praktischen Zusammenarbeit stand nichts im Wege. Es war nur die rein reservate Erklärung: Nach den Grundsätzen der Demokratie würde zwar keiner von euch im Amt sein, wenn demokratische Wahlen stattgefunden hätten, aber wir diskutieren dieses Problem nicht, sondern wir wünschen die Konferenz praktisch auf die aktuellen Nöte des Volkes konzentriert zu sehen."

An anderer Stelle (Sozialdemokratischer Pressedienst vom 13. 6. 1947) hatte es geheißen: „Niemals jedoch sind von Dr. Schumacher, wie es Berliner Zeitungen der SED behaupten, den sozialdemokratischen Ministerpräsidenten Anweisungen gegeben worden, sich mit ‚SED-Leuten nicht an einen Tisch zu setzen.' Im Gegenteil, die zunächst angekündigte Teilnahme und das endliche Erscheinen der Regierungschefs der Ostzone in München ist von der SPD angenommen worden; nur bei einer Ausweitung der Tagesordnung über den bewußt eng gehaltenen Rahmen hinaus auf grundsätzliche politische Fragen wäre ein weiteres Verbleiben der sozialdemokratischen Ministerpräsidenten auf der Konferenz nicht möglich gewesen; denn ehe nicht die SPD in *allen* Teilen Deutschlands als Vertreterin weiter Volkskreise im Chore der anderen Parteien die ihr gebührende Stimme miterheben kann, wird sie sich nicht mit Vertretern der SED an einen Tisch setzen können, um über die deutsche Einheit und Repräsentation zu sprechen."

Diese Haltung der SPD fand in einer Erklärung der sozialdemokratischen Ministerpräsidenten und Bürgermeister zur Konferenz ihren Niederschlag, die dann jedoch nicht verwendet wurde (vgl. Anm. 49).

[17] Gemeint ist vielleicht die Rede Ehards vom 4. 5. 1947 in Ingolstadt, vgl. Donaukurier vom 6. 5. 1947 und Süddeutsche Zeitung vom 6. 5. 1947.

[18] Vgl. hierzu auch Roßmanns Analyse des Geschehens in: Dok.Nr. 33.

renz nicht nur nichts vergebe, sondern im Gegenteil auf dem Wege zur Schaffung eines wirtschaftlich und politisch einheitlichen Deutschlands selbst einen Schritt gehen und nicht nur über diesen Schritt reden solle. Aus diesem Grunde bitte er, entsprechend dem Antrag morgen über diesen Punkt zu reden. Es werde dies nicht mehr als 15 bis 20 Minuten erfordern. Damit werde die Angelegenheit erledigt sein.

MinPräs. Maier erklärt, wenn er sich die Tagesordnung überlege, wie sie vorgeschlagen sei, so glaube er ein Wort der Kritik üben zu müssen, obwohl auch die Herren von Württemberg-Baden mitgewirkt hätten. Er habe den Eindruck, daß sich die Ministerpräsidenten morgen bei dieser Sitzung, die doch eine ganz große Bedeutung habe, selbst mundtot machten. Das sei eine zu sehr gesteuerte Demokratie, wenn man diese Tagesordnung annehme. Das sei nicht der Sinn, wenn die Herren aus ganz Deutschland zusammenkämen, daß man sich diesem zufälligen Ablauf unterordne, der gegeben sei durch Redezeiten und ganz bestimmte Tagesordnungspunkte. Man solle von dem reden, was uns innerlich bewege und zwar diejenigen Männer, die verantwortlich seien. Deshalb rege er an, insbesondere wegen der auseinanderklaffenden Meinung, daß man sich[19] doch sehr gut aus diesen ganzen Schwierigkeiten ziehen könnte, wenn man den Ministerpräsidenten zum Hauptpunkt dessen, warum man zusammengekommen sei, nämlich einer Wiederannäherung der einzelnen Standpunkte, einen großen Spielraum geben würde. Vom demokratischen Standpunkt aus müsse er gegen die morgige Tagesordnung Bedenken erheben. Nach der Begrüßungsansprache von MinPräs. Ehard sollten die Ministerpräsidenten sagen, was sie von Deutschland hielten und was unsere Pflicht sei. In Bremen[20] habe man schon gesagt, was man von der Einheit Deutschlands halte.

Er schlage daher vor, daß der morgige Vormittag ausgefüllt werde mit den Erklärungen der einzelnen Ministerpräsidenten darüber, warum sie gekommen seien und was sie von ihren Pflichten hielten.

MinPräs. Kopf sagt, wenn er das Programm ansehe, so sei vorgesehen, daß MinPräs. Ehard in seiner morgigen Rede eine Erklärung zur Einheit Deutschlands abgeben werde. Er glaube, daß man um alle Schwierigkeiten herumkomme, wenn man sich über die Form und den Inhalt dieser Erklärung jetzt einige.

MinPräs. Hübener führt aus, wenn er die Erklärungen von Höcker, Maier und Kopf betrachte, sei er der Meinung, daß es doch ein Leichtes sein müsse, eine Einigung zu finden. Er sei auch der Meinung, daß das Programm das deutsche Volk nicht befriedigen werde. Es sei zu fleißig und erfordere viel Arbeit. Es werde aber von uns gefordert, daß man der Verzweiflungsstimmung im deutschen Volke steuere, daß man wieder Hoffnung aufrichte, daß man positive Ziele zeige. Die Schwierigkeiten seien zweifellos sehr groß. Der eine Einwand sei, daß man von der Besatzungsmacht abhängig sei, der andere Einwand sei, daß die Parteien und Gewerkschaften die Meinung verträten, daß die Ministerpräsidenten nicht das Recht hätten, zur Einheit Deutschlands zu sprechen. Man wolle den Parteien ja dieses Recht nicht schmälern, aber die Tatsache bestehe doch, daß von diesem Recht bisher kein Gebrauch gemacht worden sei und daß wohl auch kein Gebrauch gemacht werde, wenn nicht der energische Wille des deutschen Volkes dahinter trete.[21] Was die Besatzungsmacht anbelange, so habe er das bestimmte

---

[19] Handschr. geändert aus „wir uns", ebenso das folgende „man" aus „wir".
[20] Siehe Akten zur Vorgeschichte 1, Dok.Nr. 36, S. 878 ff.
[21] Gestrichen: „stehe".

Gefühl, daß sie darauf warte, daß wir uns nicht mehr als Objekt fühlen. Das sei ja der tiefere Grund, daß wir seit zwei Jahren aufgehört hätten, völkerrechtlich Subjekt zu sein. Wir müßten wieder danach streben, wieder Subjekt zu werden. Er wisse, daß die Juristen darüber streiten, welche Rechtslage für uns jetzt bestehe. Das sei aber gleichgültig. Tatsache sei, daß wir Objekt seien. Dabei habe sich aber niemand wohl gefühlt, auch die Besatzungsmächte nicht. Wir müßten deshalb streben, wieder Subjekt zu werden. Dieser Weg sei möglich. Wir müßten wieder völkerrechtlich existent werden. Das sei nur möglich, wenn wir wieder zu einer einheitlichen Verwaltung und Regierung kämen. Wir müßten als Sprachrohr des Willens des ganzen Volkes unseren Parteien und der Besatzung sagen, daß wir zwei Jahre gebüßt hätten und jetzt wieder unser Schicksal in unsere eigene Hand nehmen müßten. Er habe die Hoffnung, daß das, was MinPräs. Ehard morgen sagen werde, im Grunde auf der gleichen Linie liege.

Bgm. Brauer führt aus, er sei überzeugt, daß auf dieser Konferenz niemand sei, der sich nicht aus vollem Herzen zur deutschen Einheit bekenne. Er schlage aber doch vor, so zu verfahren, daß man zunächst MinPräs. Ehard sein Bekenntnis zur Zusammengehörigkeit aller deutschen Länder sprechen lasse,[22] ohne diese Einführungsrede zur Debatte zu stellen. Am Schluß der Konferenz sei ja vorgesehen, daß die Schlußrede des bayerischen Ministerpräsidenten die Aufforderung zur Überbrückung aller Gegensätze enthalte. Bevor dieses Schlußwort gehalten werde, halte er es für gegeben, daß die Ministerpräsidenten der einzelnen Länder Gelegenheit bekämen, zur Frage der deutschen Einheit und der demokratischen Entwicklung Deutschlands sich zu äußern. Er würde das, was MinPräs. Maier vorgeschlagen habe, an das Ende der Tagung, die doch eine Arbeitstagung sein solle, stellen. Weiter würde er bitten, daß man diesem Gedanken folge und sich vorher über eine gemeinsame Entschließung verständige. Man müsse die Konferenz aber nicht dazu benützen, die staatsrechtliche Frage der deutschen Einheit zu ihrem Gegenstand zu machen. Das sei nicht das, worauf die Bevölkerung warte, sondern auf die Hebung der Produktion, die Sicherung vor Kälte, die Bereitstellung von Nahrungsmitteln. Wenn das alles erledigt sei, könne man durchaus dem Gedanken von MinPräs. Maier folgen und damit auch den anderen Herren gerecht werden, daß nämlich die Tagung in Reden der Ministerpräsidenten der Länder ausklinge.

MinPräs. Ehard erklärt, er habe sich natürlich diese Dinge auch überlegt. Man könne zwei Wege gehen. Entweder man mache eine politische Demonstration[23] aus dieser Konferenz, oder man mache eine nüchterne Arbeitstagung, die aufzeige, wo wir stehen, was wir tun könnten und wozu wir die Hilfe der Besatzungsmächte bräuchten. Wenn wir die Frage der Einheit Deutschlands vorwegnehmen, dann bestehe die Gefahr, daß die Aufgabe der Konferenz gefährdet werde. Wenn wir die Konferenz zu einer politischen Demonstration machen, dann bestehe von vorneherein eine ganz große Gefahr, daß wir die Einheit nicht erreichten, sondern daß die innerpolitischen Gegensätze sie auffräßen. Wir seien noch nicht so weit, daß wir auf die Besatzungsmächte einwirken könnten. Wenn wir als Ministerpräsidenten erklären, daß wir ein gemeinsames deutsches Volk wollten, die Parteien hätten es aber nicht fertig gebracht, dann würde das deutsche Volk tatsächlich darauf hingewiesen werden, daß die Parteien es nicht fertig gebracht hätten. Was könnten jedoch die Ministerpräsidenten tun? Sie könnten es auch

---
[22] Siehe Dok.Nr. 32 A, TOP 1.
[23] Vgl. hierzu den aggressiven Entwurf der Eröffnungsansprache von Seelos, Dok.Nr. 32 A, Anm. 5.

nicht, sie könnten nur mahnen, daß die anderen es tun sollen. Sie könnten nur ein Bekenntnis zur Einheit Deutschlands abgeben, eine Erklärung, die an die Spitze der Konferenz gehöre. Das sei etwas, worauf die Welt höre. Und dann könnten wir das tun, was in unserer Macht stehe. Das Volk stelle die Frage, was wir tun könnten, um die Ernährung zu verbessern, um Kohlen zu beschaffen usw. Gewiß, man könne auch hier nicht viel tun, aber ein geschicktes Referat könne aufzeigen, was wir selbst tun könnten und welche Grenzen uns gezogen seien. Dabei werde man darauf hinweisen können, daß wir mehr tun könnten, wenn die Zonen nicht wären. Hier sei dann der Platz, wo auf die Beseitigung der Zonen verwiesen werden könne. In der Beschränkung zeige sich erst der Meister. Man solle nicht die Resolutionen unterschätzen und man solle auch nicht den mangelnden Willen der Deutschen unterschätzen. Die Parteien stellen ihr Programm höher als die Einheit Deutschlands. Man könne durchaus sagen,[24] daß bei vielen Dingen nur etwas erreicht werden könne, wenn alle vier Zonen zusammenarbeiteten. Dann könne uns niemand den Vorwurf machen, daß wir etwas täten, was uns nicht zustehe. Glaube man denn, daß die Parteien auf uns hören würden? Sie würden viel besser unter dem Druck der Not handeln.

Es sei auch nicht so, daß man mit der Erklärung der Einheit auch etwas erreicht habe. Es würden sich dann sofort die verschiedenen Meinungen aufzeigen. Man sei sich wohl einig über das Ziel, aber nicht über den Weg. Deshalb müsse man sich bewußt auf dieses Programm der Konferenz beschränken. Innerhalb dieses Programms würde sich Gelegenheit geben, vieles zu sagen, ohne daß man befürchten müsse, daß uns gesagt werde, das gehe uns nichts an. Augenblicklich bestünden politische Schwierigkeiten, und diese Schwierigkeiten könnten die Ministerpräsidenten nicht beseitigen. Sie müßten dazu erst wieder die Parteien fragen. Es gebe in dieser Konferenz nur ein paar Punkte, die rein politisch seien und die ausgesprochen werden müßten. Das eine sei ein politisches Faktum, nämlich die Tatsache, daß man sich überhaupt an einem Tisch zusammensetze. Ein zweiter sei das Bekenntnis zur schicksalhaften Zusammengehörigkeit, und wie Bgm. Brauer angeregt habe, ein Bekenntnis zur Demokratie. Das könne aber am besten an den Schluß der Konferenz gestellt werden. An den Anfang gestellt würde es dazu führen, daß man sich politisch zerrede. Es würde dann heißen „da setzen sie sich zusammen und halten wieder politische Reden". Das Volk erwarte, daß man eine Bilanz aus den gegebenen Tatsachen ziehe, daß man aufzeige, was wir selbst leisten könnten, wo unsere Grenzen seien und was wir von den anderen erwarten müßten. Eine Diskussion politischer Art würde dazu führen, daß man sich auseinanderrede.

Er sei der Meinung, daß der von ihm vorgeschlagene Weg der richtige sei, wenn man etwas erreichen wolle. Man müsse diesen Weg gehen und sich nicht verleiten lassen, sich auf einen politischen Abweg zu begeben. Er könne sich deshalb nicht davon überzeugen, daß man mit dem vorgeschlagenen Programm auf dem falschen Weg sei.

Stellv. MinPräs. Fischer führt aus, aus den Reden, die heute während des Abendessens[25] gehalten worden seien, habe er geglaubt entnehmen zu dürfen, daß es in diesem Kreise keinerlei Meinungsverschiedenheit gäbe über die Notwendigkeit der Schaffung der Einheit Deutschlands. Man wisse, daß das ganze deutsche Volk auf diese Zusammenkunft der Verwaltungschefs der Länder und Provinzen schaue voller Hoffnung. Welches seien die Hoffnungen? Sie konzentrierten sich auf den einen Punkt: Wie werde

---

[24] Handschr. korrigiert aus „daraus sehen".
[25] Vgl. Anm. 3.

Chefbesprechung über TO der Münch. Konf. 5./6. 6. 1947 Nr. 31

es mit der Zukunft unseres Vaterlandes? Wie werde es mit der Schaffung der Einheit Deutschlands? Das sei die Frage, die vor jedem Deutschen stehe, die in allen Zonen und Ländern diskutiert werde. Hier werde brennend auf eine Antwort vor allem von dieser Konferenz gehofft. Wenn man diese Frage ans Ende, und wenn auch als feierlichen Ausklang stellen würde, werde dies, was man vermeiden wolle, eine leere politische Demonstration. Wenn er sich das Programm ansehe, gebe er MinPräs. Maier recht, daß dies zu sehr organisierte Demokratie sei. Über alle diese Punkte zu diskutieren, um darüber Resolutionen zu entwerfen, auch eine Münchener Deklaration zu schreiben, so seien dies alles nur Palliative, das Grundübel müsse angegriffen werden. Wie könne man die Erörterung der Ernährungsnot, der Not des Waldes, der Not der Wirtschaft auch nur ändern, wenn man nicht mutig angreife das Problem, das die Voraussetzung für die Veränderung jeglicher Not sei, nämlich das Problem der Schaffung der Einheit Deutschlands. Dies sei das Primäre. Wenn man nur an Teilfragen herangehe, heiße das nur Illusionen erwecken und um das Problem selbst herumgehen. Wenn MinPräs. Ehard gesagt habe, was könnten die Ministerpräsidenten zu diesem Punkte tun, so gebe er zu, daß sie nicht sehr viel tun könnten. Sie könnten aber eines tun, nämlich ganz offen und zu allererst sagen, daß wir so viel wie gar nichts tun könnten, wenn nicht die Voraussetzung geschaffen sei, durch Schaffung der wirtschaftlichen und politischen Einheit. Deshalb bitte er, diese Frage als primärste Frage, als ersten Punkt auf die Tagesordnung zu setzen und dies dem Volke offen zu sagen. Das erwarte das Volk von uns, deshalb wolle er den Antrag von MinPräs. Höcker unterstützen.

MinPräs. Lüdemann erklärt, er stimme mit MinPräs. Maier überein, daß die Tagesordnung zu sehr aufgeteilt sei. Es sei dabei erreicht worden, daß man 14 Programmpunkte habe und daß die Flüchtlingsfrage[26] dabei an 11. Stelle geraten sei. Er glaube nicht, daß eine solche Tagesordnung verstanden werde. Die Vertreter der britischen Zone seien übereingekommen,[27] daß die Tagesordnung heißen müsse:

1. Ernährungsnot
2. Wirtschaftsnot
3. Flüchtlingsnot

Dabei könne man Unterabteilungen machen, aber er glaube, daß es so gemacht werden müsse.

Nun sei da viel gesprochen worden über die deutsche Einheit. Er möchte meinen, daß das Zustandekommen dieser Konferenz schon ein Bekenntnis zur Einheit der Deutschen sei. Er möchte auch meinen, daß die Beratungen dazu führen würden, daß bei jedem Punkt immer wieder durchklingen werde, daß man eine Einheit Deutschlands brauche. Er könnte sich jedenfalls eine Lösung der Ernährungsnot, der Flüchtlingsnot usw. nicht vorstellen, ohne daß man dabei zur Einheit Deutschlands Stellung nehme. Wenn hier von den Vertretern der Ostzone von der Einheit Deutschlands gesprochen werde, so könne er sich damit nicht so ohne weiteres befreunden. Der Weg, der hier gezeigt worden sei, scheine ihm doch wenig gangbar zu sein. Die Herren von der Ostzone sprächen von einem Zusammengehen der politischen Parteien. Er wisse nicht, ob sie sich das richtig durchgedacht hätten. Es würden dadurch doch selbstverständlich gegensätzliche Meinungen herausgefordert. Er müßte für seine Partei dabei darauf hinwei-

---

[26] Lüdemann hatte seine Teilnahme an der Konferenz davon abhängig gemacht, daß die Flüchtlingsfrage als zentrales Thema behandelt werde. Vgl. Dok.Nr. 22, Anm. 1.

[27] Abdr. der Beschlüsse der MinPräs. der brit. Zone als Dok.Nr. 27.

sen, daß zunächst einmal alle großen Parteien überall müßten arbeiten können, vor allem die Sozialdemokratische Partei. Über diese Frage könne man sich auf der morgigen Konferenz nicht einigen. Es komme auch dazu, daß die Ministerpräsidenten dafür gar nicht zuständig seien. Man könne nicht die Aufgaben der Parteien übernehmen und könne diesen auch nicht etwas auftragen. Er habe schon erwähnt, daß man bei allen Fragen der Tagesordnung nicht umhin könne, zur Einheit Deutschlands zu sprechen. Er würde es für richtig halten, wenn zu jedem Punkt das Notwendigste zur Einheit Deutschlands gesagt werde und daß am Schluß Ministerpräsident Ehard zusammenfasse, daß bei jeder Gelegenheit für die Einheit Deutschlands gesprochen worden sei und daß er dies ausdrücklich zusammenfasse.

MinPräs. Boden führt aus, er wolle Gesagtes nicht wiederholen. Zwei Meinungen stünden sich gegenüber. Die eine bezeichne als primär die Frage der politischen Einheit Deutschlands, die andere sehe die Ernährung, die Wirtschaft, die Flüchtlingsfrage als das Wichtigste an. Er stehe rückhaltlos zu dem, was MinPräs. Ehard in weit ausgreifender Begründung zu dem letzteren gesagt habe und er wolle sich, was die politischen Fragen anlange, auf das beschränken, was schon von MinPräs. Kopf gesagt worden sei, daß nämlich der Leiter der Verhandlungen es morgen in der Hand habe, in seiner Begrüßungsansprache auf die Frage der politischen Einheit Deutschlands zu kommen. Er dürfe dazu wohl auch im Namen seiner Kollegen aus der französischen Zone ausdrücklich bemerken, daß sie nur die Genehmigung zur Teilnahme[28] erhalten hätten, um die wirtschaftlichen Fragen zu erörtern. Durch eine Debatte über die anderen Fragen würden sie in eine schwierige Lage gebracht. Trotzdem oder gerade deshalb würden sie es begrüßen, wenn diese seine Meinung so berührende Frage durch MinPräs. Ehard in einer Form erledigt werde, die eine Debatte überflüssig mache.

SenPräs. Kaisen erklärt, daß man die Ansichten gehört habe. Er frage, ob man sich nicht auf folgender Basis einigen könne, daß nach der Ansprache des MinPräs. Ehard je ein Sprecher der einzelnen Zonen über die Sorgen und Wünsche ihrer Zonen sich äußere. Diskutiert solle aber nicht werden. Dann solle man in die Tagesordnung eintreten. Nachher, bei den verschiedenen Resolutionen habe man die Möglichkeit, auf besondere Wünsche Rücksicht zu nehmen. Es werde niemand der Mund verbunden. Jeder könne reden, und man sei über diese Schwierigkeiten hinweg. Anders wäre es, wenn man über politische Fragen in die Debatte eintreten müsse. Man solle sich davon fernhalten, die Parteien hereinzuziehen. Man könne empfehlen, daß beim Kontrollrat deutsche Organe geschaffen werden, die gehört werden müßten. Man könne auch empfehlen, den Wirtschaftsrat[29] auszudehnen auf alle vier Zonen. Er wisse nicht, wie weit die Herren der Ostzone darauf eingehen würden, auf dem Rechtsweg des Ausbaues der bestehenden Verwaltungsorgane zu einheitlichen Verwaltungsstellen zu kommen.[30] Seiner Meinung nach gebe es aber nur diese zwei Wege.

MinPräs. Paul führt aus, er sei in einen Kreis von Demokraten gegangen. Er überlasse es dem Urteil der Anwesenden, ob eine Schuld bei ihnen (den Vertretern der Sowjetzone) liege, oder nicht, da sie erst heute gekommen seien. Nun hätten sie eine Tagesordnung von 14 Punkten vorgefunden. Er spreche für die ganze russische Zone, für 20

---

[28] Zur Teilnahme der Vertreter aus der franz. Zone siehe Dok.Nr. 26.

[29] Die Proklamation Nr. 5 über die Schaffung des Wirtschaftsrates war wenige Tage zuvor, am 2. 6. 1947, verkündet worden und sollte am 10. 6. 1947 in Kraft treten. Vgl. Dok.Nr. 28 B, Anm. 4.

[30] Handschr. korrigiert aus „ernennen".

Millionen Menschen und stelle den Antrag, *einen* Punkt auf die Tagesordnung zu setzen. Nun sollten diese 20 Millionen Menschen nicht zu Wort kommen. Er frage, sei das Demokratie? Er frage, welche Stellung nähmen sie als Ministerpräsidenten der Ostzone auf dieser Konferenz ein? Die anderen hätten Themen, Ausschüsse, und sie sollten nicht einmal gehört werden. Er sei zu einer einzigen Konzession bereit, sonst müsse er Schlüsse ziehen: Nach der Ansprache des MinPräs. Ehard sollten Vertretern jeder Zone Gelegenheit gegeben werden, über den Begriff der künftigen Einheit Deutschlands zu sprechen. Man solle es ihnen überlassen und er glaube dafür Gewähr bieten zu können, daß es nicht das werde, was man hier erwarte, eine politische Demonstration.

MinPräs. Ehard erwidert, er glaube, wenn er die Diskussion richtig verstanden habe, sei nicht gewollt, daß dieser Punkt nicht auf die Tagesordnung komme. Es werde nur nicht gewünscht, daß er in dieser Form auf die Tagesordnung komme. Daß er irgendwie im Zusammenhang mit anderen Dingen erörtert werden könne, darüber sei kein Zweifel gelassen worden. Es sei angeregt, daß am Schluß seiner Begrüßungsworte eine Aussprache stattfinde. Wenn hier nun die Ostzone komme, habe man die Notwendigkeit, daß auch die anderen Zonen zu dieser Frage das Wort ergriffen. Dann hätten wir das, was wir nicht wollten, daß wir nämlich als zonenzerrissene Ministerpräsidenten aufträten. Könne man denn das nicht vermeiden und sich lieber auf eine Tagesordnung einigen und zwar auf eine sachliche Tagesordnung? Das übrige könne man doch in der Diskussion über die einzelnen Themen und bei den Resolutionen berücksichtigen, während durch eine politische Demonstration nur die Zerreißung in Zonen betont würde. Es könne bei den einzelnen Themen zur Einheit Deutschlands gesprochen werden, und er werde dieses Ergebnis dann zusammenfassen. Er glaube, daß dieser Weg der richtige sei.

Bgm. Brauer erklärt, er nehme den Vorwurf, daß man es mit der Demokratie nicht ernst nehme, sehr ernst. Wie sei es aber tatsächlich? Man berate und entscheide darüber, wie die Tagesordnung aussehen werde und zwar durch Mehrheitsbeschluß. Es sei schon betont worden, daß der Punkt der deutschen Einheit nicht einfach negiert werden solle, daß er am Anfang und Ende stehen solle. Er glaube, daß man mehr nicht tun solle und auch nicht tun könne. Etwas Eindruck hätten doch auch die Ausführungen des Vertreters der französischen Zone machen müssen. Dann sei noch die Frage, ob jeder Ministerpräsident im Anschluß an die Erklärung des Präsidenten der Konferenz eine Rede halten solle. Er wisse nicht, wie man dann das Programm erledigen solle. Wenn man die deutsche Einheit demonstrieren wolle, dann müsse dies *ein Sprecher* am Anfang tun, alles andere heiße die Einheit zerreden. Er bitte dringend davon abzusehen, in Erwägung zu ziehen, an die Ausführungen des Leiters der Konferenz jedem Ministerpräsidenten Gelegenheit zu geben, sich seine Sorgen vom Hals zu reden. Wohin komme man, wenn jeder von seinen Nöten erzähle; er könne allein einen ganzen Vormittag und Nachmittag von den Nöten Hamburgs erzählen. Wenn behauptet werde, es handle sich um eine organisierte Tagesordnung, so müsse er demgegenüber sagen, daß man es anders gar nicht machen könne. Die Auffassung, daß die einzelnen zu Worte kommen müßten, sei vollkommen richtig, nur müsse dies im gegebenen Augenblick und zu den gegebenen Punkten geschehen; es werde niemand[em] ein Maulkorb angelegt werden. Er bitte doch zuzustimmen, daß man es bei dem Vorschlag der vorläufigen Tagesordnung belasse und eintrete in die unmittelbare Beratung der deutschen Not und sich rechtzeitig morgen schlüssig würde, wie in den Unterausschüssen die Resolutionen formuliert werden sollen. An den Schluß müsse dann das Bekenntnis zur demokratischen Einheit gestellt werden.

MinPräs. Ehard wirft ein, daß er dazu sachlich sagen wolle, daß er das am Schluß seiner Rede sagen wollte; außerdem werde dies in den Resolutionen zum Ausdruck gebracht werden.

MinPräs. Höcker führt aus, daß er nochmals bitte, den Punkt auf die Tagesordnung zu setzen. Sie (die Vertreter der Sowjetzone) wollten bei der Beratung dieses Punktes der Tagesordnung ausgehen von der Not des deutschen Volkes und begründen, worin die Ursachen dieser Not lägen, und aufzeigen, daß es notwendig sei, zu dem Schluß zu kommen, daß die Einheit Deutschlands erforderlich sei. Das könne man aber nicht am Schluß der Tagung und nicht so nebenbei machen. Auch aus anderen Gründen scheine es ihnen notwendig, diese Frage der deutschen Einheit zu besprechen. Gerade die Vertreter der französischen Zone würden dies verstehen. Man könne bei dieser Frage ganz vorsichtig operieren, aber nach ihrer Überzeugung müsse diese Frage als primäre gestellt werden. Er müsse also die Frage stellen, ob Einverständnis damit bestehe, daß man, wenn der Punkt für die Tagesordnung abgelehnt werde, einen Vertreter der Ostzone nach der Rede des MinPräs. Ehard zu dieser Frage sprechen lasse.

MinPräs. Maier führt aus, die Schwierigkeit der Lage sei doch darin begründet, wenn man die Erklärung der Herren der Westzone mitangehört habe, mit denen man rein nachbarschaftlich sehr bekannt und durch die Entwicklungen der letzten Tage[31] besonders verbunden sei, und wenn man die Erklärungen der Herren der Ostzone mit anhöre, und wenn man sich seine eigene Meinung bilde, daß unter politischer und wirtschaftlicher Einheit sehr Verschiedenes verstanden werde. Er glaube, man dürfe morgen nicht den Fehler begehen, daß man, indem man sich auf einen ganz bestimmten Einheitsbegriff festlege, diese Konferenz als solche gefährde. Das habe die zwingend logische Folge, daß die einzelnen Herren darüber reden dürfen und das sagen was sie bewege, und deshalb sei er dafür, daß sie auf die Rede von MinPräs. Ehard entweder am morgigen Tag oder aufgebaut auf die Referate der deutschen Einheit in einem gewissen crescendo ihre Erklärungen am Samstag [7.6.] abgeben sollten. Darüber könne man verschiedener Ansicht sein, wie man das machen solle. Dann glaube er, daß die Herren der britischen und amerikanischen Zone direkt die Verpflichtung hätten, nachdem in dieser Woche das Statut über den Wirtschaftsrat erlassen worden sei, zu sagen, diese Zentralinstanzen seien das Minimum, das wir für ganz Deutschland bräuchten.[31] Man solle sich auch im klaren sein, daß wenn die materiellen Voraussetzungen nicht vorlägen, auch mit dem Wirtschaftsrat die Dinge in der britischen und amerikanischen Zone nicht gemeistert werden könnten. Zu diesem Punkte müsse man unbedingt etwas sagen, schon, damit man nicht die Verantwortung übernehme. Dadurch, daß nun der Wirtschaftsrat geboren sei, sei nicht alle Not und alles Elend beseitigt. Das Minimum sei vielmehr, daß wirtschaftliche Zentralinstanzen für ganz Deutschland geschaffen werden müßten im Sinne der Potsdamer Beschlüsse. Er halte den Moment für gekommen, daß man sich über die Tagesordnung verständigen könne. Nach der Erklärung von MinPräs. Ehard sollten Darlegungen über die drei verschiedenartigen Nöte kommen, über die Ernährungsnot, Wirtschaftsnot und Flüchtlingsnot. Am

---

[31] Maier spielte hier auf die durch die Proklamation Nr. 5 erfolgte Reorganisation der Bizone an. In der 19. Sitzung des StMin. vom 29. 5. 1947 hatte er von einem „Pronunziamento" gesprochen, über dessen Schockwirkung man in München erst hinwegkommen müsse (HStA Stuttgart EA 1/2, Bü. 227). Auf der Konferenz sprach MinPräs. Stock über die Proklamation Nr. 5. Vgl. Dok.Nr. 32 A, TOP 10 h.

Samstag solle man zu einer Zusammenfassung aller dieser Dinge kommen, wo jeder Einzelne das sage, was ihm besonders am Herzen liege und jeder seine Ansicht äußern könne. Bei der verschiedenartigen Auffassung der Besatzungsmächte könne man nicht so weit kommen, daß man sich zu einer Einheitlichkeit zusammenfinden könne, wenn wir die Klugheit walten ließen.

MinPräs. Ehard fragt, ob man also meine, die Tagesordnung mit gewissen Modulationen ablaufen zu lassen und im Anschluß an die einzelnen Referate die einzelnen Ministerpräsidenten ihre Meinung sagen lassen solle. An die Vertreter der Ostzone gewandt, fährt er fort, wenn er sie richtig verstanden hat, hätten sie den Antrag gestellt, die Bildung einer Zentralverwaltung durch die Parteien und Gewerkschaften zu schaffen.

MinPräs. Paul erwidert, wenn dieser Antrag abgelehnt werde, nämlich daß sie darüber sprechen könnten, daß sie den Standpunkt verträten,[32] sie begrüßten außerordentlich das Zusammentreten der Ministerpräsidenten als ersten Schritt zur Einheit, darüber hinaus den Standpunkt, daß entscheidender Träger für den Aufbau Deutschlands und zur Lösung der Not das Volk in seiner Gesamtheit, repräsentiert durch die Parteien und Gewerkschaften, sei, ferner, daß eine Entschließung – nicht mehr – gefaßt werden solle, wobei nicht über den Staat als solchen, der entstehe, diskutiert werden solle, sondern nur eine Empfehlung von den Ministerpräsidenten in Betracht komme, die an die Parteien und Gewerkschaften gerichtet sei, daß sie (die Ministerpräsidenten)[33] in Erkenntnis der Notlage des Volkes es für geboten hielten, daß die Parteien sich zwecks Bildung einer zentralen Verwaltung zusammensetzen; mehr verlangten sie nicht und könnten sie nicht verlangen. Das, was hier im Rahmen der Debatte hereingebracht worden sei, sei nicht Inhalt dessen, was sie vorschlügen. Sie wollten keine Zentralverwaltung einsetzen lassen, auch kein Statut erlassen. Sie wollten auch nicht sagen, was sie unter dem zukünftigen Aufbau Deutschlands verständen. Gewiß schwebe ihnen eine Art Weimarer Verfassung und nicht ein Staatenbund vor, aber keiner der Konferenzteilnehmer dürfte bei ihnen eine hundertprozentige Taktlosigkeit voraussetzen, auch wenn sie aus der russischen Zone kämen.

MinPräs. Ehard bittet, doch nicht diese Schärfe und persönlichen Angriffe in die Diskussion hineinzubringen. Dies sei bisher von keiner Seite geschehen.

MinPräs. Paul erwidert, dies habe darin seinen Grund, daß sie seit drei Wochen immer nur ein Nein hörten. Er halte es daher für geboten, daß er sich mit den anderen Vertretern der Ostzone kurz zurückziehe.

Daraufhin ziehen sich die Vertreter der Ostzone zur internen Besprechung in einen Nebenraum zurück.

MinPräs. Lüdemann schlägt vor, den Vertretern der Sowjetzone einen Boten nachzuschicken, der sie ersuchen solle, auch darüber nachzudenken, wie sie mit der Beseitigung der Zonengrenzen beginnen könnten.

MinPräs. Stock meint, so komme man nicht weiter. Es sei nötig, schnell zu überprüfen,

---

[32] Hier folgt in der Vorlage eine Auslassung von 1 1/2 Zeilen; durch einen Verbindungsstrich wurde der folgende Satz, in dem viel handschr. korrigiert wurde, um ihn verständlich werden zu lassen, angeschlossen. Nach Steininger, Zur Geschichte, S. 437, Anm. 219, der sich auf ein Gespräch mit Paul bezieht, schlug an dieser Stelle Paul mit der Faust auf den Tisch und erklärte, er sei kein „Sandsack mit Ohren". Siehe auch die ebenfalls auf Paul beruhende Darstellung bei Grünewald, Münchener Ministerpräsidentenkonferenz, S. 234. Die Version wird bestätigt durch einen Bericht der Täglichen Rundschau, Ausg. vom 8. 6. 1947 über eine Erklärung von Paul zum Verlauf der Konferenz.

[33] Handschr. eingefügt.

welche Tagesordnungspunkte überhaupt nicht behandelt werden sollen und wir man die Themata auf drei oder vier Hauptpunkte zusammenlegen könne. Im übrigen solle jeder Referent seine Entschließung vorlegen, woraus man den Inhalt der Rede und ihren Extrakt erkennen könne.
Das sei erforderlich, ehe man in eine Aussprache eintreten könne, die in der Öffentlichkeit stattfinde. Er mache darauf aufmerksam, daß man politische Auseinandersetzungen dort nicht brauchen könne.
MinPräs. Ehard bittet sodann MinDir. Seelos, sich zur Tagesordnung weiter zu äußern.
MinDir. Seelos führt aus, daß dann Diskussionen über die Ernährungsnot, die Wirtschaftsnot und die Flüchtlingsnot folgen sollten. Man habe der Flüchtlingsnot die längste Zeit eingeräumt; dies gehe aus der Tagesordnung hervor. Im übrigen bemerke er zur Tagesordnung Punkt I, Kriegsgefangenenfrage, es solle nur eine bereits vorbereitete Entschließung durch SenPräs. Kaisen verlesen werden.
SenPräs. Kaisen bemerkt hierzu, daß in dieser Entschließung ein Punkt sei, den er noch besprechen müsse.[34]
MinPräs. Lüdemann erklärt, dies sei jetzt nicht so wichtig. Man müsse jetzt besprechen, wie man sich zu dem eigenartig geschlossenen Vorgehen der Herren aus der Ostzone verhalten solle.
MinPräs. Boden führt aus, jetzt, wo der Exodus aus [!] der russischen Zone erfolgt sei, könne er ganz klar sagen, worum es gehe. Zunächst müsse er MinPräs. Höcker dafür danken, daß er für die Situation der französischen Zone Verständnis gehabt habe. Dagegen könne er nicht mit der von MinPräs. Paul vorgeschlagenen Form einverstanden sein. Er bitte, doch folgende zu erwägen:
Wenn nach den Worten von MinPräs. Ehard von jeder Zone auch nur ein Vertreter sprechen sollte, könne sich aus der französischen Zone niemand beteiligen. Jeder werde sich aber dann die Frage vorlegen, warum die französische Zone sich nicht äußere. Man werde dadurch von vornherein aller Welt deutlich deklarieren, daß keine Übereinstimmung herrsche. Er bitte, seine Worte nicht mißzuverstehen. Sie dächten das Gleiche; man müsse aber auch dafür Verständnis haben, daß sie sich an die Vorschriften ihrer Besatzungsmacht[35] zu halten hätten. Wenn die Art von MinPräs. Paul auch nur in die Öffentlichkeit komme, müßten sie befürchten, daß sie telegrafisch abberufen würden.[36] Sie hätten die Genehmigung zur Teilnahme nur zur Erörterung der wirtschaftlichen Fragen bekommen; er sehe auch nicht ein, was die Herren der russischen Zone wollten, ihre Anträge könnten doch bei jedem Punkt der Tagesordnung berücksichtigt werden, zumal bei dem Lüdemannschen Vorschlag, daß man sich auf drei Hauptpunkte beschränken solle. Schon beim ersten Punkt, der Ernährungsnot, könne dies gesagt werden. Man könne keinem der Debatteredner den Mund verbieten. Schon bei der Ernährungsnot könne also der Gedanke der Einheit hervorgehoben werden. Dann seien sie nicht betroffen, aber sobald er als besonderer Punkt auf die Tagesordnung komme oder sobald die Delegationsvertreter zonenmäßig zu Worte kämen, seien sie gehandikapt, und das könne sich nur ungünstig auswirken. Er bitte, daß man geschlossen dagegen auftrete.
MinPräs. Lüdemann erklärt, das hätte er den Vertretern der Sowjetzone sagen sollen.

---

[34] Die Frage wurde gegen Ende der Sitzung wieder aufgenommen.
[35] Vgl. Dok.Nr. 26.

Chefbesprechung über TO der Münch. Konf.   5. 6. 1947   Nr. 31

MinPräs. Boden erwidert, er habe das sagen wollen, diese seien aber vorher weggegangen.
MinPräs. Ehard bemerkt, er habe dies alles vorausgesehen, wenn man sich nüchtern und sachlich auf das Programm beschränke, das sich sehr wohl verwirklichen lasse [!]. Die Zusammenfassung in drei Hauptthemen lasse sich sofort machen, wenn man die Themen zusammenziehe; es seien ja gar keine so großen Punkte.
MinPräs. Maier erklärt, das Programm mache tatsächlich den Eindruck, als ob die Dinge in ein bestimmtes Schema gepreßt werden sollten. Ihm wäre es lieber, wenn morgen ein Wort falle, das eine Dissonanz ergebe, aber er sei gegen eine solche Kästchendemokratie.
MinPräs. Ehard erwidert, daß man doch eine bestimmte Aufteilung der Themen brauche. Es könne dabei doch jeder sagen, was er dazu sagen wolle. Er habe die Erfahrung gemacht, daß eine Diskussion, die über eine bestimmte Zeit hinausgehe, sich bloß wiederhole. Bei der Diskussion könne jeder etwas Besonderes aufzeigen, aber man könne doch nicht immer so frisch-fröhlich drauf losgehen. Es sei kein Zufall, daß der Herr Vertreter der französischen Zone auf die Gefahren hinweise, die sich ergeben könnten. Die Gefahren seien zwar für die Vertreter der britischen und amerikanischen Zone nicht so groß, aber sie bestünden vielleicht auch für sie.
Frau OB Schroeder bemerkt: Auch die Vertreter der Sowjetzone hätten einen Herrn zu den Vorbesprechungen schicken können.
MinPräs. Kopf kommt auf den Vorschlag zurück, den er zuerst gemacht habe. Könne man sich denn nicht auf eine Resolution über die Einheit Deutschlands einigen, die Ehard bekanntgeben könne und dann könne man so verfahren, wie Ministerpräsident Boden vorgeschlagen habe.
MinPräs. Ehard erklärt sodann, daß er am Schluß seiner Rede folgendes vorgesehen habe: „Vor allen Beratungen und Erwägungen aber wollen wir gemeinsam das Bekenntnis ablegen, in welchem sich die Herzensüberzeugung und die glühende Sehnsucht aller Teile Deutschlands zu Worten formen: Alle deutschen Länder sollen untrennbar verbunden sein und gemeinsam wollen wir den Weg bauen für eine bessere Zukunft des deutschen Volkes."
StR Schmid[37] möchte den Standpunkt der Vertreter der französischen Zone präzisieren. Bei der Gefährlichkeit handle es sich nicht darum, daß ein solcher Verlauf der Konferenz ihre persönliche Sicherheit gefährden würde. Wenn dies der Fall wäre, würden sie das auf sich nehmen. Ein solcher Verlauf wäre gefährlich dafür, daß die französische Zone überhaupt nicht mehr an einer solchen Konferenz teilnehmen könne. Es würde ein für allemal ein absolutes Veto der französischen Militärregierung erfolgen und das würde bedeuten, daß die Länder der französischen Zone für eine sehr lange Zeit von allen gesamtdeutschen Dingen[38] ausgeschlossen würden. Das sei der Grund, warum er sich dem Antrag des Ministerpräsidenten von Rheinland-Pfalz anschließen möchte. Die französische Zone habe es vielleicht am notwendigsten, so rasch als möglich einen Zusammenschluß herbeizuführen. In ihr sei die Not am brennendsten. Wenn er sich überspitzt ausdrücken dürfe, müsse er sagen, daß jede Steigerung des Verlaufs der Konferenz automatisch die Franzosen darin bestärke, ihre Zone überhaupt abzuschnüren.

---

[36] Von „man – würden" sollte im Prot. nach Empfehlung von Seelos gestrichen werden. Vgl. Anm. 1.
[37] Die folgenden Ausführungen von Schmid sollten auf seine Bitte hin im Prot. gestrichen werden. Vgl. Anm. 1.
[38] „Dingen", handschr. nachgetragen; denkbar wäre auch „Konferenzen".

Nr. 31   5./6. 6. 1947   Chefbesprechung über TO der Münch. Konf.

MinPräs. Ehard bezeichnet dies als ganz klar. Wenn man wirklich etwas für die Einheit Deutschlands erreichen wolle, müsse man von Anfang an eine sehr starke Beschränkung üben und sehr sachlich[39] sein. Wenn man gleich mit einer politischen Demonstration ins Gesicht springe, dann reize man nur gewisse Widerstände der Besatzungsmächte. Das sei seine feste Überzeugung. Auf unser eigenes Volk machten sie aber gar keinen Eindruck.

StPräs. Wohleb tritt ebenfalls dafür ein, sich unbedingt auf den Boden der Wirklichkeit zu stellen. Unser Volk sei ohnehin übersättigt mit deklamatorischen Demonstrationen. Er verstehe nicht, daß man alle Verantwortung an die Parteien abgeben solle. Die Ministerpräsidenten seien doch selber Vertreter der Partei[en]. Weiterhin müsse man sich darüber klar sein, ob man das Einigende oder das Trennende in den Vordergrund stellen wolle. Wenn man so das Trennende in den Vordergrund stelle, gebe man den Besatzungsmächten nur Mittel in die Hand, zu erklären, daß das deutsche Volk sich nicht selbst regieren könne. Es habe gar keinen Sinn, daß wir eine Deklamation machen. Er als Vertreter des badischen Volkes sei der Auffassung, daß das Grundübel keineswegs in einer formalen Organisation liegen könne. Einheit sei ein Begriff, über den man sich selbst erst klar werden müsse. Für das badische Volk bedeute es jedenfalls nicht das, was die Herren der Ostzone darunter verstünden. Es habe keinen Sinn, diesen Gegensatz verkleinern zu wollen. Wenn man ihn unbedingt in den Vordergrund stellen wolle, dann hätten die Besatzungsmächte recht, wenn sie sagten, daß wir unser Schicksal nicht selbst meistern können.

MinPräs. Ehard erklärt, man habe auch erwogen, ob seine Begrüßungsworte eine Fanfare sein sollten,[40] oder ob sie nüchtern sein sollten. Er sei der Auffassung, es könne nur der letztere Weg der richtige sein. Man müsse sachlich sein. Es ergebe sich ja bei der einen oder anderen Gelegenheit die Möglichkeit, eine Kritik zu üben. Man strebe doch an, daß wir an Friedensverhandlungen oder ähnlichen beteiligt werden. Wenn man gleich bei der ersten Zusammenkunft mit einer solchen Sache komme, dann würden die Leute sagen, das seien ja lauter leere Demonstrationen. Man mache ja gar keinen Versuch zu etwas Positivem.

Hier wird MinPräs. Ehard durch MinPräs. Hübener zu den Vertretern der Ostzone gebeten. In den Verhandlungen tritt eine *Pause* ein.[41]

---

[39] Handschr. korrigiert aus rechtlich.
[40] Siehe Dok.Nr. 32 A, Anm. 5.
[41] Über die Gespräche Ehards mit den MinPräs. der Ostzone, die ca. 20 Minuten dauerten, liegen Aufzeichnungen nicht vor. Ebensowenig über die vermutlich fortgeführte Diskussion der MinPräs. aus den Westzonen, über die MinPräs. Maier, Grundstein, S. 370, lediglich berichtete: „In der Pause verfocht ich noch eindringlicher, die Gegensätze in aller Öffentlichkeit ausbrechen und aussprechen zu lassen, auch auf das Risiko des Scheiterns."
Vgl. auch Steininger, Zur Geschichte, S. 436, Anm. 222. Demnach ist davon auszugehen, daß es beim Gespräch Ehards mit den ostzonalen MinPräs. im wesentlichen nur zu einem erneuten Austausch der bereits bekannten Argumente kam. Ehard antwortete auf der Pressekonferenz vom 8. 6. 1947 auf die Frage nach dem Inhalt der Besprechung: „Ich bin gefragt worden nach dem Zweck der Konferenz, und man hat mich zu überzeugen versucht, daß man diesen Zweck ändern könne. Ich war der Meinung, daß man ihn nicht ändern soll. Aus." (Prot. des Presseempfangs, S. 28 in: StA Freiburg, A 2 prov. Nr. 2245). Paul erklärte am 6. 6. 1947 über Radio Leipzig: „Um nichts unversucht zu lassen, zogen wir uns zurück und baten Ehard im Sinne einer vermittelnden Besprechung zu uns. Er blieb beharrlich bei seinen Ablehnungen und erklärte uns auf unsere weitere Frage, ob wir wenigstens am ersten Sitzungstage eine schriftlich formulierte Erklärung abgeben könnten, daß er auch das ablehnen müsse (Text in: Nachl. Roßmann/30, Bl. 31–33, Zitat Bl. 33, Abdr. Grünewald, Münchener Ministerpräsidentenkonferenz, S. 519–521).

Nach der Rückkehr des MinPräs. Ehard[42] fährt *MinDir. Seelos* in seinem Bericht über das Programm fort und weist darauf hin, daß man das Programm auf die drei Punkte Ernährungsnot, Wirtschaftsnot und Flüchtlingsnot zusammenziehen könne. Bei der Entnazifizierung sei es fraglich, ob ein Referat gehalten werden solle, oder ob nur eine Entschließung ergehen solle.

Bgm. Brauer spricht sich dafür aus, daß nur eine Resolution ergehen solle. Dieser Vorschlag wird angenommen.

Hierauf kehren die Vertreter der Sowjetzone zurück, mit ihnen auch der Ministerpräsident der Mark Brandenburg, Steinhoff, der inszwischen eingetroffen war.[43]

MinPräs. Steinhoff erklärt, er sei später erschienen, habe die Debatte nicht genau verfolgen können und habe sich darüber erst berichten lassen müssen. Die Vertreter der Sowjetzone hätten einen Punkt auf die Tagesordnung zu setzen gewünscht, der ja bekannt sei. Weil sie den Inhalt dieses Antrages für einen entscheidenden hielten und zwar als entscheidenden Ausgangspunkt für die Erörterung aller Fragen, die mit der deutschen Not und zwar sowohl der politischen wie der wirtschaftlichen zusammenhingen, hätten sie gebeten, diesen Punkt als ersten der Tagesordnung erörtern zu dürfen. Er glaube nicht, daß das Verlangen, einen Punkt, den eine Delegation als entscheidend ansehe, an entsprechender Stelle der Tagesordnung erörtern zu dürfen, unbescheiden genannt werden könne. Es solle niemand[em] hier irgendeine Meinung aufgezwungen werden. Es solle nach demokratischen Prinzipien seine [!] Meinung vertreten werden können. Sie könnten aber absolut nicht einsehen und man könne es vielleicht überhaupt nur verstehen, wenn man davon ausgehe, daß diese Konferenz schon mit ganz bestimmten vorgefaßten Entscheidungen einberufen worden sei, daß man um diesen Punkt herumgehe. Zu ihrem Bedauern hätten sie feststellen müssen, daß sämtliche Konferenzteilnehmer sich negativ geäußert hätten, was umso unbegreiflicher erscheine, als er nicht annehmen dürfe, daß in diesem Kreis irgend jemand vertreten sei, der nicht für die sofortige und wenn möglich noch heutige Bildung einer deutschen Zentralverwaltung, die selbstverständlich eine Verständigung der demokratischen Parteien und Gewerkschaften zur Schaffung eines deutschen Einheitsstaates mit dezentralisierter Selbstverwaltung beinhalte, eintrete. Es sei nicht seine Aufgabe, einen politischen und wirtschaftlichen Vortrag hier zu halten, weil jedes Wort sich selbst begründe. Er habe auch nicht die Motive zu untersuchen, welche die Delegationsmitglieder dazu geführt hätten, diesen Antrag abzulehnen. Wenn sie der Meinung seien, daß ohne diesen Punkt die Konferenz ein ersprießliches Ergebnis zum Wohle des deutschen Volkes – und das sei ja der ausgesprochene Sinn der Konferenz, wie sie im Telegramm von MinPräs. Ehard[44] zum Ausdruck gekommen sei – nicht haben könne, sähen sie sich zu ihrem Bedauern gezwungen, eine Teilnahme an der weiteren Konferenz ablehnen zu müssen. Sie bedauerten dies aber umso mehr, als sie geglaubt hätten, in dem Antworttelegramm von MinPräs. Ehard[45] einen Anhaltspunkt dafür ersehen zu können, daß bei der Besprechung der Tagesordnung am 5. Juni durch die Regierungschefs auch die Möglichkeit gegeben sei, auch über den Punkt 2 ihres Antworttelegramms[46] sprechen zu kön-

---

[42] „Rückkehr des MinPräs. Ehard" handschr. eingefügt; gestrichen „Pause".
[43] Der Relativsatz handschr. eingefügt. Zur Verspätung Steinhoffs siehe Dok.Nr. 30, Anm. 1.
[44] Vgl. Dok.Nr. 19.
[45] Siehe Dok.Nr. 25, Anm. 3.
[46] Im Wortlaut abgedruckt als Dok.Nr. 25.

nen. Daß sie sich hierin getäuscht hätten, müsse er mit Bedauern feststellen und könne daher leider namens der fünf Vertreter der östlichen Zone keine andere Erklärung abgeben, als die, die er eben zu formulieren die Ehre gehabt habe.

MinPräs. Ehard erwidert, er müsse zunächst einmal eine Richtigstellung vornehmen. Er glaube, die Frage, ob dieser Punkt, der von den Herren der Ostzone gewünscht wurde, überhaupt erörtert werden solle oder nicht, sei durch die heutige Diskussion beantwortet worden. Er meine, man habe ihn ausgiebig erörtert. Wenn eine demokratische Erörterung einen Sinn habe, dann genüge eine solche ausführliche Erörterung und eine Beschlußfassung, die füglich durch Mehrheit zustande komme. Dann müsse er aber noch eines zurückweisen, nämlich die Behauptung oder den Verdacht, daß diese Konferenz mit vorgefaßten Entscheidungen einberufen sei. Dieser Vorwurf richte sich gegen ihn persönlich. Er glaube, er habe keinen Anlaß gegeben anzunehmen, daß seine Worte dazu da seien, seine Taten zu verhüllen. Er habe keine Hintergedanken gehabt und klar und eindeutig erklärt, warum er es für zweckmäßig und notwendig halte, eine solche Konferenz zustande zu bringen. Er glaube auch sagen zu müssen, was die Bemerkungen über die Motive der anderen Länder anbelange, daß die Motive bei jedem durch sachliche Erwägungen und nicht durch unsachliche oder persönliche Momente beeinflußt worden seien. Er wolle noch die Hoffnung aussprechen, daß die Herren ihren Entschluß noch ändern und daß sie nicht dieses sehr traurige Beispiel des Auseinanderfallens deutscher Verwaltungsstellen und deutscher Spitzenvertreter vor der Weltöffentlichkeit gäben. Er bitte um Mitteilung, ob hierzu noch das Wort gewünscht werde.

Nachdem sich niemand zum Wort meldet, verabschieden sich die Vertreter der Ostzone von MinPräs. Ehard und verlassen den Saal.

MinPräs. Ehard erklärt hierauf, daß dieser Vorfall die Spaltung Deutschlands bedeute.

StPräs. Wohleb stellt fest, daß die Vertreter der Sowjetzone es nicht für notwendig gehalten hätten, sich von den anderen Delegationschefs zu verabschieden.

MinPräs. Lüdemann äußert, was sich hier abgespielt habe, sei für die deutsche Entwicklung von sehr großer Bedeutung. Die Herren hätten von Anfang an gewußt, warum sie keine Sachbearbeiter mitgebracht hätten. Man müsse jetzt sofort ein Communiqué an die Presse geben, man dürfe nicht warten, daß diese Herren zuvor kommen.[47] Man müsse dabei feststellen, daß noch gar keine Entscheidung über die Tagesordnung gefallen sei, als diese gegangen seien, und ferner, daß jeder der hier anwesenden Herren immer erklärt habe, daß die Einheit Deutschlands geschaffen werden müsse, daß es nur eine Frage sei, wie dies zu machen sei.

Bgm. Brauer gibt davon Kenntnis, was ihm ein Pressevertreter heute abend vorgelegt habe, nämlich einen aus den Fingern gesogenen Bericht über Umtriebe, die er gemacht haben solle, um die Konferenz zu sprengen.[48]

MinPräs. Lüdemann setzt hinzu, vor dem Spatenhaus, dem Standquartier der Journalisten, habe jemand gesagt, Lüdemann und Kopf von der SPD wollten morgen die Konferenz sprengen.

---

[47] Vgl. Anm. 64.

[48] Dabei handelte es sich um das Gerücht, Schumacher habe die Konferenz sprengen wollen, indem die SPD-Ministerpräsidenten oder einige von ihnen erklären sollten, die MinPräs. der Ostzone seien nicht demokratisch legitimiert. Vgl. hierzu Foelz-Schroeter, Föderalistische Politik, S. 115–117, sowie Anm. 82; ferner Eschenburg, Erinnerungen, S. 414–415.

MinPräs. Ehard erklärt, da er gewußt habe, daß Schwierigkeiten kämen, habe er die Herren der SPD aus den Westzonen eindringlich gebeten entgegenzukommen.[49] Er müsse anerkennen, daß sie dies sehr wohl getan hätten und man sich so zusammengesprochen habe, daß diese Schwierigkeiten vorläufig beseitigt worden seien. Nun hätten die Herren der Ostzone ein Ultimatum gestellt; die Herren aus der Westzone [!] hätten das auch machen können. Er sei sehr dankbar, daß es nicht so gekommen sei. Er schlage weiter vor, die Tagesordnung erst fertig zu machen und dann das Communiqué für die Presse auszuarbeiten und zwar in kleinerem Kreis.

MinDir. Seelos bemerkt, die Tagesordnung sei eigentlich schon fast festgelegt. Am Freitag [6. 6.] vormittag solle über die Ernährungsnot gesprochen werden, am Nachmittag über die Wirtschaftsnot, am Samstag über Flüchtlingsfragen. Punkt 9 der vorläufigen Tagesordnung[50] solle wegfallen und nur in Form einer Resolution gebracht werden.

MinPräs. Lüdemann wiederholt, daß die drei großen Fragen herausgestellt und die Spezialfragen nur als Unterartikel bezeichnet werden sollen.

MinDir. Seelos erwidert, das werde gemacht werden. Punkt 10, die Schaffung eines Besatzungsrechts, komme dann am Schluß. Zuletzt müßten die Beschlüsse angenommen werden; hierfür brauche man aber keinen besonderen Punkt der Tagesordnung. Das Programm laute also folgendermaßen:

1. Begrüßung und Eröffnung durch den Vorsitzenden.

MinPräs. Ehard wirft hierzu folgende Frage auf: Er habe sich bis jetzt die Freiheit genommen, die Leitung zu haben, bitte aber um Äußerung, ob andere Wünsche bestünden. Der Vorschlag von *Bgm. Brauer,* es so wie bisher zu belassen, wird einstimmig angenommen.

MinDir. Seelos fährt fort, es komme dann die Adresse an die deutschen Kriegsgefangenen.

SenPräs. Kaisen verliest hierzu die von ihm ausgearbeitete Adresse.[51] Er bemerkt hierzu, er frage sich, ob man jetzt noch eine Zentralstelle beim Kontrollrat fordern solle.

---

[49] Nach Eschenburg, Erinnerungen, hatte „um die Mittagszeit" des 5. 6. 1947 eine Sondersitzung mit den sozialdemokratischen Regierungschefs stattgefunden. Eine Aufzeichnung hierüber ließ sich nicht feststellen. Man wird jedoch davon ausgehen dürfen, daß dabei die auf der Frankfurter Konferenz beschlossene Marschroute für die der SPD angehörenden MinPräs. besprochen wurde (Vgl. hierzu Anm. 16). Möglicherweise erreichte Ehard in diesem Gespräch, daß eine Erklärung der sozialdemokratischen MinPräs. und Bürgermeister, die wahrscheinlich auf der Frankfurter Konferenz der SPD gefaßt worden war (vgl. Anm. 16), nicht veröffentlicht wurde. (Im Umdr. vervielf. Ausf., undat. und ungez. in: IfZ ED 120/135). In dieser Erklärung wurde bedauert, daß die Zonenaufteilung Deutschlands unter vier Besatzungsmächte zu scharf divergierenden politischen Entwicklungen in den einzelnen Zonen geführt habe, und anschließend, wenn auch nur indirekt, die Legitimation der ostzonalen MinPräs. angesprochen. „Die Autorität und die Wirkungsmöglichkeit dieser Konferenz würde wesentlich stärker sein, wenn die Regierungen der Länder in jedem Fall aus gleichen Wahlen hervorgegangen wären, an denen sich alle Parteien in voller Freiheit hätten beteiligen können. Dadurch, daß eine solche freie demokratische Willensbildung in großen Teilen Deutschlands bis heute nicht möglich war, sind Hemmnisse entstanden, die auch auf die Arbeit dieser Konferenz ihren Schatten werfen.
Sie hoffen, daß alle deutschen Kreise sich bald in dem Willen vereinigen werden, für alle deutschen Länder gleiche demokratische Grundrechte zur Geltung zu bringen. Dadurch allein würde die Grundlage zu einer auf eigenem Recht basierenden deutschen Verwaltung gelegt werden, die in der Lage wäre, die wirklich einheitliche Durchführung aller hier zu fassenden Beschlüsse zu garantieren."

[50] Punkt 9 der vorl. TO: Die Reinigung Deutschlands vom Nationalsozialismus. Die Resolution „Politische Befreiung" siehe Dok.Nr. 32 B, TOP 4 i.

[51] Siehe Dok.Nr. 32 A, TOP 2.

Seiner Ansicht nach sei es ein sehr großer Fortschritt, wenn eine deutsche Zentralstelle geschaffen werde. Rechtlich liege die Sache in der Hand der Besatzungsmächte und zwar beim Kontrollrat. Direkt sei man mit dem Kontrollrat aber nicht verbunden. Es sei dabei aber schon sehr viel gewonnen, wenn der Kontrollrat eine solche Zentralstelle anerkenne. Er wisse nicht, ob man das aber nach dem Ausscheiden der Vertreter der Sowjetzone noch tun könne.

MinPräs. Ehard meint, darauf brauche man gar keine Rücksicht zu nehmen.

Frau Stellv. OB Schroeder erwidert, der Kontrollrat werde dies bestimmt nicht genehmigen. Die Russen würden es jedenfalls hinauszögern. Sie schlage vor, den Kontrollrat nicht einzuschalten, sondern zu sagen[:] eine „deutsche Zentralstelle".

SenPräs. Kaisen meint, dann müßten wir bei den einzelnen Militärregierungen anfangen. Eine Verbindung mit dem Kontrollrat werde nicht mehr möglich sein. Man müsse die Erklärungen an die einzelnen Militärregierungen schicken; im übrigen sei eine Diskussion über diese Erklärung nicht mehr erforderlich.

MinDir. Wandersleb berichtet, er habe den ihm seit Jahrzehnten bekannten MinPräs. Hübener hinunterbegleitet und ihn gefragt, ob gar nichts mehr zu retten sei. Dieser habe erwidert, daß er es den andern nicht verübeln könne, wenn nicht irgendwie eine Erklärung von den anderen Herren entgegengenommen werde, die man auch in die Resolutionen hineinflicken könnte. Im übrigen seien sie noch bis morgen im „Schottenhamel".[52] Er habe sich dafür eingesetzt, daß sie überhaupt gekommen seien.[53] Sie könnten nichts tun, ohne eine Erlaubnis zu erhalten. Es liege hier eine Parallele mit der französischen Besatzungsmacht vor. Er glaube, man solle die Hoffnung nicht ganz aufgeben und überlegen, ob man nicht irgendwie einen kleinen Auslauf geben könne. Zusammen mit RegDir. v. Herwarth habe er sich weiter von MinPräs. Paul verabschiedet; dieser habe gesagt, sie seien doch nicht so taktlos, um die anderen in Schwierigkeiten zu bringen. Sie hätten sonst doch eine ganze Reihe Einzeldinge sagen können zur Ernährungsfrage, Wirtschaftsfrage usw., die eine propagandistische Wirkung gehabt hätten.

Er habe nun vorhin die Bedenken gegen den Kompromißvorschlag von Ministerpräsident Paul so verstanden, daß, wenn von den Vertretern der russischen Zone nach der Begrüßung durch MinPräs. Ehard eine Erklärung abgegeben werde, dies nicht schweigend hingenommen werden könne. Er glaube aber, man könne doch diese Sache auf ihren Brandherd beschränken, wenn man die Vertreter der Ostzone eine politische Erklärung abgeben lasse, worauf dann die Vertreter der französischen Zone erklären könnten, daß sie zu politischen Fragen keine Stellung nehmen könnten. Die Vertreter der britischen und amerikanischen Zone bräuchten dann überhaupt keine Erklärung dazu zu geben, und die Sache wäre dann als politischer Vorstoß erkannt. Es sei die Frage, ob man an diesem, letzten Endes rein politischen Punkt die ganze, große Konferenz scheitern lassen müsse und den Weg für künftig ganz versperren. Die russische Zone sei nicht so einheitlich eingestellt wie es aussehe.

Bgm. Brauer erwidert, wir hätten die Angelegenheit zu Ende gebracht, sie sei eingehend besprochen worden. Jetzt müsse Schluß sein. Wenn die Vertreter der Sowjetzone

---

[52] Im Hotel Schottenhamel waren außer den MinPräs. aus der sowj. Zone untergebracht Hauptref. Lasson (Berlin), StS Eberhard, Budde, Vogel, Mohr (vgl. Quartierliste in: Nachl. Roßmann/30, Bl. 152–154).

[53] Vgl. Dok.Nr. 24, Anm. 21. Hübener bemühte sich auch nach dem Scheitern der Münchener Konferenz darum, die Verbindung zu den MinPräs. der Westzonen nicht abreißen zu lassen. Er telegraphierte am 9. 6. 1947 an Ehard: „Tief ergriffen hörte ich im Rundfunk Ihre Schlußansprache und entbiete Ihnen Dank und Gruß" (BHStA Abt. II MA Abg. 1975 vorl. Nr. 74, Telegramm vom 9. 6. 1947).

ihren Standpunkt korrigierten, sollten sie kommen; daß man ihnen noch nachlaufe, gehe zu weit. Etwas Selbstachtung müsse man doch auch haben.
MinPräs. Ehard stimmt dem zu. Er habe den Anwesenden aber diese Erklärung von MinDir. Wandersleb nicht vorenthalten wollen.
StPräs. Wohleb fragt, ob die heutige und die morgige Sitzung öffentlich oder vertraulich sei, ob Pressevertreter anwesend seien und ob ein Communiqué herausgegeben werde.
MinPräs. Ehard erwidert, ob die heutige Sitzung vertraulich sei, hänge von einem Beschluß ab; Pressevertreter seien nicht anwesend. Über den Vorfall werde ein Communiqué[54] herausgegeben werden. Die morgige Sitzung sei dagegen öffentlich.
StPräs. Wohleb fragt, ob nun die heutige Sitzung für streng vertaulich erklärt werde, damit sich die einzelnen Anwesenden bei etwaigen Presseanfragen hierauf berufen können und sollen.
StMin. Pfeiffer berichtet, die russischen Herren hätten Journalisten mit in ihr Hotel genommen.[55]

---

[54] Vgl. Anm. 64.

[55] Die MinPräs. der sowj. Zone verfaßten in ihrem Hotel umgehend eine umfangreiche Presseverlautbarung unter Verwendung eines bereits vorgefertigten Textes (vgl. Grünewald, Münchener Ministerpräsidentenkonferenz, S. 273–277, Abdr. der Verlautbarung S. 510–513).
In ihr wurde zunächst der Verlauf der Chefbesprechung aus ihrer Sicht dargelegt und im folgenden Vorstellungen zum künftigen Staatsaufbau Deutschlands sowie eine Reihe wirtschaftlicher Maßnahmen propagiert: „In der Ablehnung unserer Vorschläge sehen wir den Versuch, fertige Tatsachen in bezug auf eine Vertretung der Bundesstaaten zu schaffen und damit eine bundesstaatliche Ordnung zu verankern. Auf Grund der bisherigen Erfahrungen der deutschen Geschichte sind wir der Überzeugung, daß die bundesstaatliche Zergliederung Deutschlands die einzelnen Staaten oder Gruppen von Bundesstaaten in die Abhängigkeit von Kräften des westdeutschen und ausländischen Monopolkapitals bringt. Wir sind der Meinung, daß nicht durch eine Ministerpräsidentenkonferenz, sondern nur durch eine Volksabstimmung des gesamten deutschen Volkes über die Struktur Deutschlands, die Rolle der zentralen deutschen Regierung und die Funktionen im Rahmen einer einheitlichen Deutschlands entschieden werden kann. Ohne uns auf den Inhalt der Weimarer Verfassung festzulegen, glauben wir doch, daß die in dieser Verfassung enthaltene Regelung der Aufgabe der deutschen Zentralregierung und der Vollmachten der Länder einen geeigneten Ausgangspunkt für die zukünftige Gestaltung Deutschlands abgibt. [...]
Die Hauptursache der wachsenden Not unseres Volkes erblicken wir in der weitgehenden Duldung von Nazielementen in leitenden Wirtschaftsorganen und in dem Fortbestehen großer Konzerne und der Herrschaft der Großgrundbesitzer in weiten Teilen Deutschlands. Diese verhindern aus egoistischen Klasseninteressen den Neuaufbau. Es entspricht dem tiefen nationalen Einheitswillen unseres Volkes, wenn wir vorschlagen, daß die Besprechungen zwischen den großen deutschen Parteien und den Gewerkschaften zur Bildung einer zentralen deutschen Verwaltung unmittelbar als Vorbereitung einer künftigen Regierung aufgenommen werden. Diese Verwaltung ist allein imstande, durch eine einheitliche Wirtschaftsplanung und einen umfassenden Export- und Importplan die Entwicklung der deutschen Wirtschaft so zu fördern, daß in möglichst kurzer Frist das deutsche Volk einen höheren Lebensstandard auch bei Berücksichtigung der Wiedergutmachungsverpflichtungen gegenüber den anderen Völkern erreicht. [...]
Damit die Zeit bis zur Londoner Konferenz zum Schaden des deutschen Volkes nicht ungenutzt verstreicht, halten wir es für notwendig, daß unbeachtet der Zonengrenzen zwischen den zentralen wirtschaftlichen Verwaltungen der Zonen Vereinbarungen über den erhöhten Warenverkehr und erleichterte Bedingungen zu dessen Durchführung getroffen werden. Wir halten die Hereinnahme von Rohstoffen und Lebensmittelkrediten aus dem Ausland für notwendig. Das darf aber nicht unter Preisgabe der nationalen Zukunft unseres Volkes geschehen. Deshalb glauben wir, im Namen des ganzen Volkes zu sprechen, wenn wir fordern, daß eine klare Wirtschaftsrechung unter maßgeblicher Mitwirkung der deutschen zentralen Verwaltung und der späteren Regierung gemacht wird. Dabei möchten wir zum Ausdruck bringen, daß durch die Hereinnahme ausländischer Kredite die wirtschaftliche und politische Selbständigkeit der deutschen Wirtschaft nicht gefährdet werden darf. Wir sehen mit Besorgnis, daß ausländische Kreditgeber die Notlage unseres Volkes ausnützen, um den deutschen Außenhandel in ihre Hände zu bekommen und politischen Einfluß auszuüben. [...] Der Schlüssel zur Behebung der Not liegt in der Schaffung der deutschen zentralen Verwaltung und in der vollen Entfaltung der Volkskontrolle der deutschen Wirtschaft."

Nr. 31   5./6. 6. 1947   Chefbesprechung über TO der Münch. Konf.

MinPräs. Lüdemann empfiehlt, daß das, was MinPräs. Ehard über die deutsche Einheit sagen wolle, etwas intensiver und umfangreicher gestaltet werden solle, damit der Exodus der Vertreter der Sowjetzone pariert werde und damit die objektive Presse berichten könne, daß man sich für die Einheit ausgesprochen habe und die anderen ins Unrecht gesetzt würden.
MinPräs. Maier fügt hinzu, es müsse auch zum Ausdruck gebracht werden, daß der Wirtschaftsrat der britisch-amerikanischen Zone nicht ausreiche, die Not des Winters einzudämmen, sondern daß etwas Ähnliches für ganz Deutschland geschaffen werden müsse. Es müsse weiter gesagt werden, daß auch der Anschluß der Ostzone nicht ausreichen würde, die Not des Volkes zu beheben, sondern daß wir trotzdem noch vor großen Schwierigkeiten stehen würden. Es müsse ferner zum Ausdruck kommen, daß die Vertreter der Ostzone gar nicht vor ein Nein gestellt worden seien, da ja über die Tagesordnung noch gar nicht abgestimmt gewesen sei.
MinPräs. Lüdemann schlägt aus Zeitersparnisgründen vor, daß zwei Herren eine Äußerung entwerfen sollen über das, was sachlich vorgegangen sei, und was ergänzend und politisch dazu zu sagen sei. Dies müsse so schnell wie möglich an die Presse gegeben werden.
SenPräs. Kaisen schlägt vor, daß auch Ministerpräsident Ehard bei der Eröffnung der Konferenz eine Erklärung über die Vorgänge abgeben solle. Es habe sich um ein Ultimatum eines Herren gehandelt, der eben jetzt in die Konferenz gekommen war. Es [!] habe den Eindruck, als ob die Herren ganz bestimmte Weisungen gehabt hätten, die sie befolgen müssen [!].[56]
MinPräs. Ehard erklärt sich damit einverstanden, daß man zu dieser Sache etwas sagen müsse.
MinDir. Seelos fährt fort im Aufzählen der Programmpunkte:
2. Ernährungsnot, 3. Wirtschaftsnot, 4. Flüchtlingsnot.
SenPräs. Kaisen schlägt vor, wenn die Sitzung nun als Drei-Zonentagung (Zwischenruf *Frau OBSchroeder:* Vier-Zonentagung! Berlin sei ja noch da.) stattfinden müsse, bei der Eröffnungsrede zum Ausdruck zu bringen, daß man trotz des Verhaltens dieser Herren aus der Sowjetzone der Meinung sei, daß man auch für die Deutschen dieser Zone mitspreche und auch auf deren Not Rücksicht nehme.
MinPräs. Ehard erklärt sich hiermit einverstanden.
MinPräs. Lüdemann schlägt vor, den Unterpunkt „Notlage des deutschen Waldes" wegzulassen.
MinPräs. Maier unterstützt diesen Vorschlag. General Clay habe bei der letzten Besprechung[57] diese ganze Sache mit einer Handbewegung abgetan und gesagt, die Sachverständigen hätten behauptet, der verstärkte Holzeinschlag könne noch zwei bis drei Jahre so weitergehen. Es handle sich wirklich nur um eine Spezialfrage, die im Rahmen des anderen Programms mit einigen Worten angedeutet werden könne.
Bgm. Brauer glaubt, daß diese Sache vielleicht bei der Wirtschaftsnot erörtert werden könne.

---

[56] Auch Ehard mußte dieses im Nachhinein annehmen, nachdem ihm ein Journalist von einem Gespräch zwischen den MinPräs. Paul, Steinhoff und Hübener vom 6. 6. 1947 berichtete, in dem der Satz gefallen sein soll: „Aber wir haben es doch tun müssen; wir hatten ja die Weisung, es so zu machen" (Prot. des Bayer. Ministerrates vom 13. 6. 1947, zitiert nach Steininger, Zur Geschichte, S. 444).
[57] Vgl. Dok.Nr. 28 C.

Chefbesprechung über TO der Münch. Konf.   5./6. 6. 1947 Nr. 31

MinPräs. Lüdemann schlägt vor, diesen Punkt überhaupt zu streichen.
Hiermit herrscht allgemeines Einverständnis.[58]
MinDir. Seelos fährt weiter, als Punkt 5 folge nun die Schaffung eines Besatzungsrechts und als Punkt 6 die Schlußansprache des Vorsitzenden. Die Adresse an die Deutschen, die durch das Dritte Reich ihre Heimat verloren haben, erfordere keinen besonderen Tagesordnungs-Punkt.
Bgm. Brauer erklärt sich hiermit einverstanden. Sie könne als Resolution erscheinen.
MinDir. Seelos bemerkt hierzu, auch Punkt 13 der vorläufigen Tagesordnung[59] müsse nicht ausdrücklich auf die Tagesordnung gesetzt werden. Die Tagesordnung sei damit festgelegt.
StPräs. Wohleb fragt an, ob in den Begrüßungsworten auch der Toten des Krieges, der Kriegsopfer, der Hinterbliebenen und der Ausgebomten gedacht werde.
Frau OB Schroeder ergänzt dies dahin, daß wohl auch die Opfer des Nationalsozialismus zu erwähnen seien.
MinPräs. Lüdemann verlangt eine Ergänzung bezüglich der Opfer der Heimatvertriebenen.
MinPräs. Maier wünscht eine Feststellung, daß Berlin nicht aufgegeben werde. Das werde unter den gegebenen Umständen von allen erwartet.[59a]
MinPräs. Ehard sichert zu, diesen Anregungen, soweit ihnen nicht ohnehin schon Rechnung getragen sei, zu entsprechen.
Stellv. MinPräs. Hoegner hält gerade wegen des Weggangs der Vertreter der Ostzone eine solche Erklärung bezüglich Berlins für nötig.
MinPräs. Ehard kommt noch einmal auf seine Besprechung mit MinPräs. Friedrichs in Hof zu sprechen.[59b] Die Forderung von Friedrichs habe ganz anders gelautet. Friedrichs habe ihn veranlassen wollen, den Kreis der Teilnehmer zu erweitern. Es sollten alle Parteiführer und die Gewerkschaftsführer zugezogen werden. Er habe erwidert, dann müßten auch die Bauernverbände und ähnliche Organisationen eingeladen werden. Die Konferenz werde dadurch aber völlig verändert. Es ergebe sich ein absolut politisches Bild. Niemand wisse dann, wer die Führung haben solle, die Ministerpräsidenten oder die politischen Parteien. Es erfolge eine völlige Verwischung des Ganzen. Es sei keine politische Aufgabe, wenn man sich bemühe, die Not zu überbrücken. Dies sei eine typische Sache der Exekutive. Er wisse genau, daß die Einheit notwendig sei, könne sie aber nicht schaffen. Dazu seien die Ministerpräsidenten nicht berufen. Sie könnten nur darauf hinweisen.
GS Roßmann erklärt, er habe mit allen Ministerpräsidenten der Ostzone verhandelt.[60] Diese hätten alle auch grundsätzlich den Gedanken der Zusammenkunft begrüßt. Jeder habe aber so am Rande erklärt, es wäre doch sehr zu überlegen, wenn [!] die Konferenz nach Berlin verlegt würde und die Landtagspräsidenten, die politischen Parteien und Gewerkschaften zugezogen würden. Nur MinPräs. Steinhoff hätte klipp und klar erklärt, es sei ihm unmöglich teizunehmen, wenn nicht eine Konzession auf Zuziehung

---

[58] Die Frage wurde dennoch in der Form eines Diskussionsbeitrags behandelt, vgl. Dok.Nr. 32 A, TOP 10 b.
[59] Punkt 13 lautete: Abstimmung über die von den Ausschüssen vorgelegten Beschlüsse.
[59a] Die Vertreter Berlins wurden in Ehards Begrüßungsansprache besonders hervorgehoben (vgl. Dok.Nr. 32 A, TOP 1).
[59b] Vgl. Dok.Nr. 24, Anm. 28.
[60] Siehe den Abdr. seines Reiseberichtes als Dok.Nr. 24.

der Parteien und Gewerkschaften ergehe. Deshalb habe er (Roßmann), als Steinhoff nachträglich hereingekommen sei, schon das Unheil gewittert. Mit Paul wäre man wahrscheinlich zu einem besseren Ergebnis gekommen.[61]

MinPräs. Lüdemann gibt zu erwägen, ob man nicht morgen schon eine Pressekonferenz machen solle.

MinPräs. Ehard stimmt dem zu, wenn dies sehr konzentriert geschehe. Allenfalls könne man sie am Vormittag oder frühen Nachmittag einschieben.

MinPräs. Lüdemann meint, man solle die Vormittagssitzung eine Stunde früher beenden. Diese Sache sei viel wichtiger als alles andere.

MinPräs. Ehard stellt fest, man solle dann morgen Vormittag eine Pressekonferenz[62] ins Auge fassen, in der aber nur zu dieser Frage, dem Auszug der Vertreter der Sowjetzone, gesprochen werden solle.

SenPräs. Kaisen fragt, ob man Auskunft geben könne, wenn man vorher interviewt werde.

MinPräs. Lüdemann bezeichnet dies als selbstverständlich.

MinPräs. Ehard verliest sodann die Veränderungen seiner Begrüßungsrede,[63] die durch den Weggang der Vertreter der Ostzone veranlaßt wurden.

Diese werden einstimmig gebilligt.

Hierauf wird der Entwurf eines Presse-Communiqués verlesen und zur endgültigen Fassung dieses Communiqués[64] wird eine Kommission eingesetzt, die aus [stellv.] MinPräs. Hoegner und StR. Schmid besteht.

[Schluß: 6. 6. 1947, 2.05 Uhr]

---

[61] Zur Einstellung von Paul zur Konferenz siehe auch Dok.Nr. 24, insbes. Anm. 8. MinPräs. Paul muß sich auf der Konferenz in einer zwiespältigen Lage befunden haben, da anzunehmen ist, daß er bereits zu diesem Zeitpunkt mit dem Gedanken an ein Verlassen der sowj. Zone spielte. Er floh am 1. Sept. 1947, nachdem er „einige Wochen" vorher seine Flucht durch Kontakte zu Mitarbeitern des CIC bereits vorbereitet hatte. (Vgl. Murphy an den Secretary of State vom 6. 9. 1947 in: Foreign Relations 1947/II, S. 887). Friedensburg, Es ging um Deutschlands Einheit, S. 81, bezeichnet Paul als einen „energischen klugen und sicherlich gesamtdeutsch empfindenden Regierungschef." Paul sei jedoch nach seinem Übertritt von der liberaldemokratischen Partei zur SED isoliert gewesen. Vernichtend jedoch das Urteil Schlange-Schöningens nach einem Besuch Thüringens im Mai 1946 (Z 6 I/198, Bl. 36): „Seine Regierung, die im größten Stil aufgezogen ist, als wenn er ein Reich von 100 Millionen Menschen regierte, ist eine Versammlung entweder gescheiterter Existenzen oder wilder kommunistischer Fanatiker, die zum Teil ihre Regierungsfähigkeiten allein durch ihre Anwesenheit im Konzentrationslager unter Beweis gestellt haben" (ebenda, Bl. 19).

[62] Diese Pressekonferenz fand am 6. 6. 1947 unter Vorsitz von MinPräs. Lüdemann statt. (Vgl. Grünewald, Münchener Ministerpräsidentenkonferenz, S. 282–285).

[63] Vgl. Dok.Nr. 32 A, TOP 1.

[64] Der Kommuniqué mit der Überschrift „Versuch der Sprengung der Ministerpräsidentenkonferenz durch die Länderchefs der Sowjetzone" in: StA Freiburg A 2, Bd. 2245, Bl. 40; Abdr. bei Grünewald, Münchener Ministerpräsidentenkonferenz, S. 513, kommentiert S. 278–279. Im Rahmen der Konferenz wurde es am folgenden Tag verlesen, vgl. Dok.Nr. 32 A, TOP 7.
Daß nicht alle MinPräs. die Schärfe der Überschrift für richtig hielten, geht aus einem Blatt in den Handakten Ehards zur Konferenz hervor (BHStA Abt. II MA 130 860); auf einem Wortmeldungs-Formular steht auf der Rückseite von unbekannter Hand geschrieben: „Versuch der Sprengung? Zu hart? Macht denen, die hierbleiben wollen, große Schwierigkeit".

Ministerpräsidentenkonferenz München 6./7. 6. 1947 Nr. 32 A

Nr. 32
Ministerpräsidentenkonferenz in München
6./7. Juni 1947

A Erster Sitzungstag. 6. Juni 1947

BA Z 35/27, Bl. 2-58. Undat. und ungez. Wortprot.[1], im Umdr. vervielf. Ausf.[2]

Anwesend[3]: Präs. des Staatssekretariats Wohleb, StS Leibbrandt, Kommerzienrat Sichler (Baden); MinPräs. Ehard (Vorsitz), Stellv. MinPräs. Hoegner, StMin. Pfeiffer, MinDir. Seelos als GS (Bayern); Stellv. OB Schroeder, Bgm. Friedensburg, Bgm. Acker (Berlin); SenPräs. Kaisen, Stellv. SenSynd. Friese (Bremen); Bgm. Brauer, SenSynd. Sieveking, Sen. Borgner (Hamburg); MinPräs. Stock, StMin. Binder, StS Hilpert (Hessen), MinPräs. Kopf, StS Skiba, GesRat a. D. v. Campe (Niedersachsen); MinPräs. Amelunxen, LandwMin. Lübke, MinDir. Wandersleb (Nordrhein-Westfalen); MinPräs. Boden, WiMin Haberer (Rheinland-Pfalz[3a]); MinPräs. Lüdemann, Min. Arp, Min. Schenk (Schleswig-Holstein); MinPräs. Maier, Stellv. MinPräs. Köhler, ArbMin. Kohl (Württemberg-Baden); StR Prof. Schmid, MinDir. Müller, MinRat Eschenburg (Württemberg-Hohenzollern); GS Roßmann, RMin. a. D. Dietrich, Matz[4]

---

[1] Zur Protokollierung vgl. die Ausführungen von StMin. Pfeiffer gegen Ende von Dok.Nr. 29.

[2] Die Sitzungsberichte finden sich vielfach in den Überlieferungen der Staatsarchive, jedoch häufig nur in Form der vom Konferenz-Pressebüro herausgegebenen „Konferenznachrichten", die in einer Auflage von 350 Exemplaren vervielfältigt wurden (vgl. Tätigkeitsbericht des Konferenz-Pressebüros in: BHStA Abt. II MA 130 860). Die Verhandlungen des ersten Tages sind abgedruckt in: Ministerpräsidentenkonferenz, S. 28-81; dabei wurden vereinzelt Beiträge redigiert, am stärksten der Diskussionsbeitrag von StR Schmid über die Ernährungslage in der franz. Zone (TOP 6). Bei anderen Beiträgen wurden vielfach in der Druckfassung Absätze neu gebildet und einzelne Worte gesperrt gesetzt, um die Lesbarkeit zu verbessern.
Ohne daß es im Prot. vermerkt wurde, zogen sich die Delegationsleiter für eine kurze Zeit während der Vormittagssitzung zurück, um über einen Vermittlungsversuch von Bgm. Friedensburg, der nach Rücksprache mit den noch in München verbliebenen MinPräs. Paul, Steinhoff und Hübener die Rückkehr der ostzonalen MinPräs. an den Konferenztisch ermöglichen sollte, zu beraten. Vgl. hierzu Grünewald, Münchener Ministerpräsidentenkonferenz, S. 247-255; Friedensburg, Deutschlands Einheit, S. 165-173. An diesen Gesprächen beteiligte sich auch SenPräs. Kaisen; Maier, der die Aktion angeregt haben will (Grundstein, S. 370), verhielt sich in der entscheidenden Diskussion passiv.

[3] Unterlagen darüber, wer an den beiden Konferenztagen jeweils bei den Plenarsitzungen anwesend war, liegen nicht vor. Wie sich aus der Berichterstattung in der Wochenschau (Welt im Film Nr. 107) erkennen läßt, saßen die Delegationen während der Plenarsitzungen an Tischen, die in der Form des griechischen Buchstaben Pi aufgestellt waren. Journalisten und sonstige Teilnehmer saßen in Stuhlreihen. Insgesamt kann man die Zahl der Anwesenden auf über 200 Personen schätzen. Die hier abgedruckte Aufstellung ist die offizielle Teilnehmerliste, Abdr. in: Ministerpräsidentenkonferenz, S. 122-123. Darüber hinaus waren nach einer anderen Teilnehmerliste (Nachl. Roßmann/30, Bl. 94-96) und der Quartierliste (ebenda, Bl. 152-154) ferner an der Konferenz beteiligt: v. Ritter zu Groenesteyn (Bayern); Hauptref. Lasson (Berlin); StS Strauß, StS Brill, MinDir. Knappstein, Graf v. Wedel, ORegRat Schmidt (Hessen); ORegRat Maus, RegRat Hundt (Nordrhein-Westfalen); MinDir. Dick, Landesdir. Lauritzen (Schleswig-Holstein); StS Eberhard, StS Gögler, StR Wittwer (Württemberg-Baden); MinRat Müller (Württemberg-Hohenzollern); Möller (Länderrat); Vogel, Mohr (Büro für Friedensfragen); Budde (Deutscher Städtetag); Prof. Kaufmann.

[3a] Rheinland-Pfalz war nur durch zwei Persönlichkeiten vertreten. Generalgouverneur de Boislambert hatte Boden telefonisch mitgeteilt, die französische MilReg. wünsche, daß nur Haberer ihn (Boden) nach München begleite. Justizmin. Süsterhenn, dessen Teilnahme vorgesehen war und der in der offiziellen Teilnehmerliste (vgl. Ministerpräsidentenkonferenz S. 122-123) aufgeführt ist, blieb infolgedessen zu Hause (LHA Koblenz, Nachl. Boden, Bestand 700, 155 Bd. 1. Vermerk Boden auf Telegramm an Ehard vom 3.6.1947).

[4] GS Weisser wurde noch am 30.5.1947 telegraphisch eingeladen, er sagte jedoch ab (Z 2/75, Bl. 220) und ließ sich durch Dr. Matz vertreten. In der offiziellen Teilnehmerliste (vgl. Anm. 3) hieß es lediglich „ein Vertreter des Zonenbeirats", ohne daß ein Name aufgeführt wurde.

Nr. 32 A   6./7. 6. 1947   Ministerpräsidentenkonferenz München

[Beginn: 9.35 Uhr]

[1. Begrüßungsansprache von MinPräs. Ehard][5]

[...]

Ehard: Meine Damen und Herren! Im Namen der bayerischen Staatsregierung heiße ich die Herren Regierungschefs und Delegierten der deutschen Länder, die meiner Einladung gefolgt sind, in München herzlich willkommen. Besonders begrüße ich in unserer Mitte Frau Oberbürgermeister Louise Schroeder als Vertreterin Berlins, der größten deutschen Stadt, deren heroische Bemühungen um den Wiederaufbau wir alle mit aufrichtiger Bewunderung begleiten. (Beifall.)

Das bayerische Volk betrachtet es als eine Ehre, daß die erste Tagung der deutschen Ministerpräsidenten in der bayerischen Hauptstadt abgehalten wird. Wir erstrebten diese Zusammenkunft als einen sinnfälligen Beweis, daß das Gefühl der Zusammengehörigkeit in den deutschen Ländern trotz Not und Elend unversehrt geblieben ist. Wir erhofften aus den Zusagen eine neue Bestätigung dieser Gewißheit und damit vertieftes Vertrauen und verstärkte Hoffnung für die Zukunft.

Gerade aus dem Gefühl der herzlichen Verbundenheit heraus bedauerten wir es lebhaft, daß die Bevölkerung des Saargebietes heute hier nicht vertreten sein kann.[6]

Als geradezu tragisch aber empfinden wir es – und mit uns sicher das ganze deutsche Volk –, daß die Vertreter der Länder im Osten Deutschlands – nämlich die Ministerpräsidenten der Mark Brandenburg, der Länder Mecklenburg, Sachsen, Sachsen-Anhalt und Thüringen, nachdem sie erst im allerletzten Abschnitt der umfangreichen Vorarbeiten erschienen waren, ihre Mitarbeit schon wieder versagten, als bei der gemeinsamen Erarbeitung der Tagesordnung eine von ihnen ausgesprochene kategorische Forderung von den anderen Konferenzteilnehmern nicht in der vorgeschlagenen Form angenommen werden konnte.

Es war nämlich die allgemeine Auffassung, daß eine Politisierung der Aussprache der Erfüllung des erstrebten Zweckes nicht förderlich sein könnte. Eine Durchsprache der vorgeschlagenen Punkte hatte ergeben, daß Wünsche, die der Sache nach allgemein als berechtigt anerkannt wurden, bei verschiedenen Punkten des vorgelegten Entwurfes

---

[5] Hierzu Manuskript, maschinenschr. mit Vortragszeichen in: BHStA Abt. II MA Abg. 1975, vorl.Nr. 73, sowie ebenda Vorentwurf, gefertigt zu einem Zeitpunkt, als mit dem Kommen der MinPräs. aus der Ostzone nicht gerechnet wurde; ferner Entwurf von Seelos vom 30.5.1947, 11 Seiten, mit starken außenpolitischen Akzenten und scharfen Angriffen gegen die Besatzungsmächte: „Es ist auch völkerrechtlich nicht mehr tragbar, das deutsche Volk im dritten Jahr nach Kriegsende in einem völkerrechtlichen Vakuum zu lassen. Natürlich ist es für jede Besatzungsmacht angenehm, das für den Besiegten anzuwendende Völkerrecht allein auszulegen. Das deutsche Volk, das in zwölf Willkürjahren zu schweigen gelernt hat, ist bis jetzt stumm geblieben. Es kommt aber die Zeit, wo die Vorgänge der Besatzungszeit offen erörtert werden können" (ebenda, S. 6). „Tatsächlich ist es zur Zeit so, daß die Furcht vor dem Nazi-Regime in mancher Hinsicht abgelöst worden ist durch die Furcht vor der Besatzung" (ebenda, S. 7). Weiterer Entwurf der Rede Ehards in: BHStA Abt. II MA 130 860, in dem die Ausführungen über die Abwesenheit der MinPräs. der Ostzone und der Vertreter des Saarlandes und das „Bekenntnis zur Einheit" noch fehlen. Verfasser der Ansprache dürfte StMin. Pfeiffer gewesen sein (vgl. Grünewald, Münchener Ministerpräsidentenkonferenz, S. 256).

[6] Die Verwaltungskommission des Saargebietes hatte die Einladung zur Konferenz erst am 6. 6. 1947 telegrafisch beantwortet und die Teilnahme mit der Begründung abgesagt, die saarländische Wirtschaft sei bereits nach Frankreich orientiert und werde sich immer mehr dorthin entwickeln (BHStA Abt. II MA Abg. 1975, vorl. Nr. 73, Abdr. Ministerpräsidentenkonferenz, S. 25). In einem von Seelos konzipierten Antworttelegramm wurde die Absage mit dem Hinweis bedauert, die Münchener Konferenz stelle, abgesehen von den wirtschaftlichen Beratungen, ein Bekenntnis zur deutschen Schicksalsgemeinschaft dar (ebenda).

einer Tagesordnung behandelt werden könnten und sollten. Aber noch ehe die Konferenz eine Abstimmung über die Formung der Tagesordnung gefällt hatte, verließen die genannten fünf Herren Ministerpräsidenten zu unserem größten Bedauern unsere Vorbesprechung. Ein Ultimatum anzunehmen, war unsere Konferenz nicht in der Lage, da sie klar und eindeutig darauf bestand, daß die Tagesordnung vollständig im Einklang mit dem Wortlaut der von mir erlassenen Einladung[7] gehalten werden müsse.

Wegen der Einzelheiten darf ich auf das Pressekommuniqué verweisen, das heute Nacht über diesen Vorfall ausgegeben wurde.[8] Wir empfinden diese Entwicklung als sehr schmerzlich. Wir fühlen aber unsere eigene Verpflichtung dadurch nur noch erhöht, nachdem die berufenen Vertreter von fünf Ländern überhaupt keinen Versuch machten, an der sachlichen Beratung der brennend notwendigen Maßnahmen zur Linderung der uns drohenden Wintersnot mitzuwirken.

Wir werden tagen und beraten in dem Gefühl, daß wir nun auch Sachwalter jener Teile Deutschlands sein wollen, deren Vertreter hier nun fehlen. (Sehr gut!) Jetzt bekennen wir uns erst recht zur Gesamtverantwortung, erwachsen aus tiefem und ehrlichem demokratischem Empfinden und freuen uns doppelt, daß die Vertreterin der Stadt Berlin an unseren Arbeiten teilnimmt. Was uns heute hier zusammengeführt hat, ist die gemeinsame Not, der Wille, ihrer Herr zu werden, und die Überzeugung, daß wir sie gemeinsam leichter überwinden.

Daß wir zusammenstehen müssen, um überhaupt leben zu können, das dürften diese zwei Jahre auch dem Oberflächlichsten und Eigensüchtigsten zum Bewußtsein gebracht haben. Jede Tonne Kohle, die der Bergmann an der Ruhr nicht mehr fördern kann, geht ganz Deutschland verloren. Jede Maschine, die weggenommen wird, sei es im Süden, im Norden, im Osten oder im Westen, geht ganz Deutschland verloren. Was die Abtrennung der Ostgebiete auch wirtschaftlich bedeutet, bekommt jeder einzelne täglich zu spüren.

Angesichts dieser Not müssen Parteirücksichten und Sonderinteressen schweigen. Wir sollten uns auch nicht von Land zu Land unsere Beiträge vorrechnen, sondern gemeinsam nach Auswegen aus der Not suchen.

Als Gegenstand unserer Konferenz habe ich deshalb in meiner Einladung bezeichnet: „Die Beratung von Maßnahmen, um ein weiteres Abgleiten des deutschen Volkes in ein rettungsloses wirtschaftliches und politisches Chaos zu verhindern."[9]

Ich möchte die Aufgabe heute noch kürzer formulieren. Wir sollten eine Antwort finden auf die drängende Frage: Wie kommen wir über den nächsten Winter?

Wir sind uns alle im klaren, daß diese Aufgabe nur einen Ausschnitt aus der großen Zahl ungelöster deutscher Probleme darstellt, aber wir wissen auch, daß sie am vordringlichsten ist. So sehr uns auch die anderen großen Fragen wie der staatsrechtliche Aufbau Deutschlands, die Heimkehr der Kriegsgefangenen, die Friedensfragen, am Herzen liegen und so sehr sie nach einer Aussprache rufen, so müssen wir es uns doch versagen, in dieser ersten Tagung irgendein Problem aufzugreifen, das nicht in unmit-

---

[7] Wortlaut abgedruckt als Dok.Nr. 19.

[8] Es wurde am Ende der Vormittagssitzung verlesen (TOP 7). Zur Erarbeitung vgl. auch Dok.Nr. 31, Anm. 64.

[9] Vgl. den vollständigen Wortlaut in: Dok.Nr. 19. Den dort benannten weiteren Zweck, „durch die Tagung den Weg zu ebnen für eine Zusammenarbeit aller Länder Deutschlands im Sinne wirtschaftlicher Einheit und künftiger politischer Zusammenfassung", unterschlug Ehard hier.

telbarem Zusammenhang mit der Linderung der jetzigen Notlage steht. Wir müssen vielmehr alles ausschalten, was nach menschlichem Ermessen und nach unserer praktischen Erfahrung nicht vor dem Winter und während des Winters durchgeführt werden kann.

Von großzügigen Plänen allein wird das Volk nicht satt, und weitfliegende Träume wärmen vielleicht das Herz, aber nicht das Haus. Uns nützt jetzt nur, was sich mit gutem Willen aller Beteiligten und in enger Zusammenarbeit aller Länder und vor allem bei verständnisvoller Unterstützung durch die Besatzungsmächte tatsächlich in Bälde durchführen läßt.

Aus diesen Feststellungen ergibt sich, daß unsere Tagung keinesfalls eine deutsche Parallele der Konferenz der Alliierten in Moskau sein kann und will.[10] Gewiß, wir bedauern es auf das lebhafteste, daß die Moskauer Konferenz sich nicht über die Grundlagen für einen Frieden mit Deutschland hat einigen können. Wir empfinden es für unsere jetzige Tagung insbesonders als schmerzlich, daß auch die wirtschaftliche Einheit Deutschlands, die grundsätzlich von allen Deutschen und von allen Besatzungsmächten als unbedingt notwendig anerkannt worden ist, nicht verwirklicht wurde. Aber unser Gremium kann nicht die mangelnde Einigkeit der Großmächte ersetzen.

Selbst wenn in Moskau die entscheidenden Fragen einer Lösung nahegebracht worden wären, so würde die Durchführung doch so lange Zeit in Anspruch nehmen, daß zur Vorbereitung auf den drohenden Winter wahrscheinlich auch dann eine Tagung gleich der heute eröffneten notwendig gewesen wäre.

Nach dem Abschluß der Moskauer Konferenz leben wir nach wie vor in der gleichen Ungewißheit über alle großen Fragen. Gewiß ist nur das eine, daß in spätestens sechs Monaten wieder ein Winter hereinbricht und daß das deutsche Volk ihn nur dann ohne folgenschwere Schädigungen überstehen kann, wenn wir besser gerüstet sind, als für den letzten Winter. Auf die Organisation allein dürfen wir keine übertriebenen Hoffnungen mehr setzen. Die Referate werden mit unerbittlicher Klarheit zeigen, wie es um uns steht. Sie werden beweisen, daß wir auf vielen Gebieten bald am Ende sind mit der Substanz. Im substanzlosen Raum aber wird jede Organisation sinnlos.

Das deutsche Volk ruft nach wirksamen Maßnahmen. – Wir müssen diesem Ruf antworten. Man hat hie und da die Frage aufgeworfen, ob die deutschen Ministerpräsidenten überhaupt zuständig seien für die Beratung solcher Maßnahmen für ganz Deutschland. Ich möchte die Gegenfrage stellen: Wer anders sollte denn zuständig sein als die auf Grund demokratischer Wahlen verfassungsmäßig zur Verantwortung berufenen Mandatare des Volkes, die zugleich Exponenten der Volksvertretungen und der großen Parteien sind?

Verantwortung aber kann sich nicht erschöpfen im Geschehenlassen und Geschobenwerden, sondern sie verlangt Voraussicht und Tat. Wenn das Wort „Regierung" noch seinen Sinn behalten soll, dann muß den Regierungen der Länder, insbesondere so lange es noch keine gemeinsame deutsche Volksvertretung und keine deutsche Regierung gibt, nicht nur das Recht, sondern die Pflicht zugesprochen werden, im Kampf ge-

---

[10] Jakob Kaiser meinte in einer Rede vor der Berliner Stadtverordnetenversammlung vom 19. 6. 1947, in der er auf die Münchener Konferenz einging, ein Spötter habe ihm gesagt, „man habe kleine Molotows und kleine Marshalls wahrgenommen" (Auszug in: Nachl. Kaiser/76), um daran anknüpfend davor zu warnen, daß sich die Deutschen als Exponenten der Auseinandersetzung der Weltmächte begegnen. Vgl. auch Conze, Jakob Kaiser, S. 152.

gen die Not Wege zu suchen und zu weisen. Könnten wir es vor dem Volke verantworten, mit dem Beginn eines gemeinsamen Kampfes gegen die Not bis zur Bildung einer nationalen Vertretung zu warten, deren Zustandekommen nicht nur von uns abhängt und noch in unbestimmter Ferne liegt.
Wir sind in unserem Beginnen Sachwalter unseres Volkes. Wir sind Sachwalter unserer Kriegsgefangenen, die ihr hartes Los nur dann geduldig ertragen können, wenn die Heimat geduldig wie sie für Gegenwart und Zukunft unseres Volkes arbeitet. Wir sind Sachwalter auch der Toten, die als Opfer eines entsetzlichen Krieges und im Kampf gegen die Gewaltherrschaft gestorben sind, damit eine bessere Welt entsteht.
Wir weichen der uns übertragenen Verantwortung nicht aus. Auch gegenüber den Besatzungsmächten übernehmen wir gerne jedes Maß von Verantwortung, das sie uns überlassen. Aber es muß Klarheit darüber bestehen, wo unsere Verantwortung anfängt und wo sie aufhört. Auch für uns gilt der Grundsatz „ultra posse nemo obligatur" – „niemand kann zu mehr verpflichtet werden, als er billigerweise leisten kann."
Wir wollen hierzu nur nüchtern feststellen, daß auf unserem verkleinerten Territorium etwa 70 Millionen Menschen leben werden. Mehr als zwölf Millionen Deutsche haben ihre bisherigen Wohnsitze verlassen müssen oder stehen vor der Zwangsdeportation. Sie werden in ein Gebiet hineingepreßt, das schon vorher keine ausreichende landwirtschaftliche Basis besaß.
Daß wir 25 Monate nach dem Ende der Feindseligkeiten noch dem Kriegszustand mit seinen schädlichen Einwirkungen unterworfen sind, kann nicht dem deutschen Volke zur Last gelegt werden. Die Anwesenheit der alliierten Besatzungstruppen, die mit ihren Angehörigen ungefähr eine Million Menschen umfassen, bringt Lasten mit sich, die für ein ausgeblutetes Land außerordentlich drückend sind. Die Lasten sind nicht berechenbar. Es besteht keine einheitliche Regelung für das Verhältnis zwischen Besatzungsmacht und Länderregierung. Es entspricht nicht den Geboten der Billigkeit, sondern auch rechtlichen Verpflichtungen, daß die Beziehungen zwischen Besatzungsmacht und den besetzten Ländern auf eine klare und bindende Rechtsgrundlage gestellt werden.
Dies alles sind Tatsachen, die wesentlich zur Entstehung oder Verschärfung unserer Notlage beigetragen haben. Es sind Tatsachen, die nicht von uns geschaffen wurden und deren Meisterung nicht ausschließlich von unserer Verantwortungsfreudigkeit abhängt.
Wir müssen somit bei unseren Beratungen Klarheit gewinnen über unsere eigenen Möglichkeiten, über die Maßnahmen, deren Billigung durch die Besatzungsmächte wir erbitten wollen und schließlich über diejenigen Fragen, die gänzlich außerhalb unseres eigenen Einflußbereiches liegen und für die wir nur an die Gerechtigkeit, die Einsicht, die Humanität und die Großmut der Sieger appellieren können.
Dieses Vorgehen scheint mir auch der zuverlässigste Ausdruck unserer Loyalität gegenüber den Besatzungsmächten zu sein. Wir sind nicht blind für die Schwierigkeiten, mit denen die Alliierten in Deutschland und anderswo zu kämpfen haben. Wir sind nicht unempfindlich gegen ihre Bemühungen um das Verständnis der deutschen Lage. Wir wissen auch, daß die Not nicht vor politischen Grenzen und militärischen Demarkationslinien haltmacht. Gerade deshalb müssen wir die Besatzungsmächte mit praktischen Vorschlägen unterstützen. Es müssen Vorschläge sein, die nach unserer ehrlichen Überzeugung durchführbar sind, wenn für die genau angegebenen Zwecke die sorgfältig berechneten Mittel beschafft werden. Dabei müssen wir die Gewähr haben, daß die Durchführung in dem vorgeschlagenen Rahmen und Zeitraum ohne Eingriffe von au-

ßen uns selbst überlassen wird. Damit glauben wir auch unseren ersten Beitrag zur Überwindung der Not in der ganzen Welt leisten zu können.

Unserer Arbeitstagung, die wir nunmehr beginnen wollen, möchte ich drei Leitsätze voranstellen.

Der erste Leitsatz soll lauten: Wir brauchen Klarheit und Wahrheit.

Klarheit zunächst in der eigenen Erkenntnis. Ohne falsche Selbstbemitleidung müssen wir nüchtern sehen, wo wir stehen, was wir noch zu tun vermögen und wo unsere eigene Kraft nichts mehr vermag. Wir müssen uns der ungeheuren Verantwortung bewußt sein, die uns auferlegt ist. Wir wollen die Verantwortung bis zum äußersten übernehmen; wir wollen aber auch die innere Freiheit behalten und den Mut haben, die Grenze der Verantwortung aufzuzeigen.

Wir brauchen Klarheit und Wahrheit gegenüber unserem eigenen Volk. Das Volk hat ein Recht darauf, die Wahrheit zu erfahren, und das Volk will die Wahrheit hören, auch wenn sie bitter ist; es will nicht mit Prophezeiungen und mit Versprechungen abgespeist werden.

Wir brauchen endlich Klarheit auch gegenüber den Besatzungsmächten und gegenüber dem Ausland. Wir müssen den Besatzungsmächten bei allem schuldigen Respekt mit allem Ernst sagen dürfen, was wahr ist und was gesagt werden muß. Und wir erbitten herzlich, daß das Ausland auch durch Deutsche hört, wie es bei uns heute wirklich aussieht.

Ein zweiter Leitsatz möge heißen: In der Beschränkung zeigt sich erst der Meister. In einer selbst gewählten notwendigen Selbstbeschränkung, die verbunden sein soll mit dem eisernen Willen, das Ziel nicht aus dem Auge zu verlieren, dem wir zustreben müssen.

Und damit komme ich zum dritten Leitsatz, der in die drängende Frage gelegt ist: Wie kommen wir durch den nächsten Winter? Diese Frage soll beherrschend im Mittelpunkt unserer Besprechungen stehen.

Und nun wollen wir ohne Bitterkeit und ohne Gefühlsüberschwang an die Arbeit gehen. Das deutsche Volk wird unsere Tagung nicht beurteilen nach unseren Reden, sondern danach, ob es in den nächsten harten Monaten weniger hungern und weniger frieren muß als im vergangenen Winter. (Lebhafter Beifall.)

Ehe wir nun in unsere Tagesordnung eintreten, habe ich das Bedürfnis, Ihnen noch ein Bekenntnis vorzulegen, und Sie zu bitten, diesem Bekenntnis zuzustimmen.

Trotz der Aufspaltung Deutschlands in vier Zonen geben wir keinen Teil unseres deutschen Vaterlandes auf. (Lebhafter Beifall.)

Trotz des Weggangs der Ministerpräsidenten der Ostzone bleiben wir auch diesem Teile Deutschlands zutiefst verbunden. (Beifall.) Den deutschen Osten und Berlin betrachten wir als lebenswichtige Bestandteile Deutschlands. (Erneute laute Zustimmung.)

Vor allen Beratungen und Erwägungen wollen wir gemeinsam das Bekenntnis ablegen, in welchem sich die Herzensüberzeugung und die glühende Sehnsucht aller Teile Deutschlands zu Worten formen:

Alle deutschen Länder sollen untrennbar verbunden sein, und gemeinsam wollen wir den Weg bauen für eine bessere Zukunft des einen deutschen Volkes.
(Allgemeiner Beifall.)

Meine Damen und Herren! Ich darf aus Ihrem Beifall entnehmen, daß Sie dem Bekenntnis in dieser Formulierung zustimmen.

Ministerpräsidentenkonferenz München 6./7. 6. 1947 Nr. 32 A

[2. Kundgebung für die Kriegsgefangenen[11]]

Kaisen: Herr Präsident! Meine Damen und Herren! Ehe wir in die eigentlichen Verhandlungen eintreten, wollen wir einer Frage gedenken, die uns alle tagtäglich bewegt: Wie helfen wir unseren Kriegsgefangenen?

Es wird von der gesamten deutschen Bevölkerung immer wieder der dringende Wunsch zum Ausdruck gebracht, daß unsere Kriegsgefangenen endlich wieder in die Heimat zurückkehren möchten. Die einzelnen Länder und der Länderrat haben daher schon des öfteren an die Militärregierungen diese Wünsche weitergegeben. Es wurde ihnen in Aussicht gestellt, daß auf der Moskauer Konferenz die Kriegsgefangenenfrage besprochen werden soll. Das Ergebnis ist bekannt: Es wurde beschlossen, die Entlassung der Kriegsgefangenen bis Ende 1948 durchzuführen.[12] Ferner gaben die Außenminister am 14. März offizielle Zahlen über die Kriegsgefangenen bekannt, die noch nicht entlassen sind.[13] Nach diesen letzten offiziellen Ziffern befinden sich noch 2 1/4 Millionen deutscher Männer und auch Frauen zwei Jahre nach Beendigung des Krieges in Kriegsgefangenschaft und verzehren sich vor Heimweh. Ein offizieller Plan, nach dem die Entlassungen vorgenommen werden, ist nicht bekannt. Eine Übersicht über die laufend vorgenommenen Entlassungen ergibt, daß zur Zeit monatlich insgesamt rund 60 bis 65 000 Kriegsgefangene entlassen werden. Die Ziffer verteilt sich auf alle Mächte. Es ergibt sich nach der vorliegenden Übersicht, daß die Kriegsgefangenen in der Hand der USA bald entlassen sein werden, daß ferner die Gefangenen aus Holland, Belgien und Luxemburg noch im Laufe dieses Jahres zurückkehren. Auch aus britischem Gewahrsam würden die Kriegsgefangenen nach dem jetzigen Entlassungssystem innerhalb der vorgesehenen Frist entlassen sein. Aber für Frankreich, Rußland und die übrigen Länder sind viel höhere monatliche Quoten erforderlich, um den festgesetzten Termin von Ende 1948 einzuhalten.

Ich empfehle daher der Konferenz der Ministerpräsidenten, die Militärregierungen erneut zu bitten, sich des brennenden Anliegens des deutschen Volkes anzunehmen und sich für einen Entlassungsplan einzusetzen, der die Heimkehr der Gefangenen beschleunigt. Den Regierungen der deutschen Länder ist keine rechtliche Möglichkeit gegeben, über das Los ihrer Kriegsgefangenen mit den einzelnen Großmächten zu verhandeln. Die Proklamation Nr. 2 vom 10. 10. [19]45[14] bestimmt, daß alle Beziehungen zwischen Deutschland und den anderen Mächten ausschließlich durch die Besatzungsmächte geregelt werden. Hierunter fallen auch alle Verpflichtungen Deutschland gegenüber aus der Haager Landkriegsordnung, der Genfer Konvention und aus anderen internationalen Abkommen. Die Besatzungsmächte sind auf Grund der Proklamation Nr. 2 die Treuhänder Deutschlands. Da von alliierter Seite der Kontrollrat für Kriegs-

---

[11] Die in der Ansprache von SenPräs. Kaisen enthaltenen Sachinformationen finden sich in einer vermutlich aus der Bayer. StK. stammenden, undat. Aufstellung „Die deutschen Kriegsgefangenen. Punkte für die Ministerpräsidentenkonferenz"; dabei auch bereits ein „Versuch einer Resolution" (B 150/307).

[12] Der Beschluß des 42. Treffens des Rates der Außenminister in Moskau lautete: "1. German prisoners of war located in the territory of the Allied Powers and all other territories will be returned to Germany by December 31, 1948. 2. The repatriation of German prisoners of war will be carried out in accordance with a plan which will be worked out by the Control Council not later than July 1st of the year." (Foreign Relations 1947/II, S. 382, Anm. 27).

[13] Vgl. zu diesen, im folgenden von Kaisen benannten Zahlen Europa Archiv 2 (1947), S. 679-680.

[14] Proklamation Nr. 2 bez. der zusätzlich an Deutschland gestellten Forderungen vom 20. 10. 1945, Wortlaut in: Amtsbl. KR Nr. 1, S. 8-19.

gefangenenfragen als zuständig erklärt worden ist, bleibt uns heute kein anderer Weg, als die deutschen Wünsche erneut den Militärregierungen zu unterbreiten.

In dem internationalen Recht kommt der grundlegende Gedanke zum Ausdruck, daß die Kriegsgefangenschaft weder Rache noch Strafe und auch nicht Zwangsarbeit sein soll. Wenn nichtdeutsche Kreise argumentieren, daß das deutsche Volk infolge der Verbrechen seiner früheren Machthaber alle völkerrechtlichen Rechte verloren habe und es ihm oder seinen Vertretern nicht zustehe, irgendein Recht gegenüber den Siegermächten geltend zu machen, so muß doch der Welt zugerufen werden, daß eine solche Argumentation geradezu tödlich auf das gesamte Völkerrecht wirken und damit fortzeugend Unrecht gebären wird. Auch das wirtschaftliche Argument der zwangsläufigen Notwendigkeit, die deutschen Kriegsgefangenen für den Wiederaufbau der von Deutschland zerstörten Gebiete zu verwenden, ist rechtlich nicht haltbar. Es steht den betreffenden Mächten durchaus frei, freie deutsche Arbeitskräfte zu menschlichen Bedingungen für den Wiederaufbau anwerben zu lassen.

Wenn wir heute erneut unseren dringenden Ruf nach Freilassung der Kriegsgefangenen erheben, so deshalb, weil nach den bisherigen Ermittlungen die Rückkehrer vielfach bis zu 87 Prozent arbeitsunfähig und krank sind. Wenn wir unseren dringenden Ruf erheben, so deshalb, weil die ermittelte Gesamtzahl von 2 1/4 Millionen auf der von Rußland offiziell mit 890 000 bekanntgegebenen Zahl begründet ist und nicht die Differenz zu klären vermag zwischen dieser Zahl und der Mindestzahl von zwei Millionen, die sich nach deutschen und internationalen Schätzungen allein noch in Rußland befinden müssen.[15]

Die Konferenz muß daher dafür eintreten, daß die Erlaubnis gegeben wird, eine deutsche Zentralstelle zu schaffen, die sich ganz besonders der Kriegsgefangenenfrage annimmt und sich bemüht, eine namentliche Erfassung der Kriegsgefangenen und der verschleppten Zivilpersonen – Männer und Frauen – durchzuführen. Die bisherigen Bemühungen der verschiedenen privaten und staatlichen Stellen haben schon dankenswerte Vorarbeit geleistet. Zu den weiteren Aufgaben gehörte, die Verbindungen zwischen den Gefangenen und der Heimat zu verbessern, ihre Rechtsbelange zu klären und zu fördern, sie zu beraten und ihnen auch nach der Entlassung mit Rat und Tat zur Seite zu stehen. In einer Entschließung, die ich zur Annahme empfehle, sind die dringendsten Aufgaben zusammengefaßt.

Herr Präsident! Meine Damen und Herren! Ich habe in ganz kurzen Umrissen in einer Frage zu Ihnen gesprochen, die uns alle auf das innerlichste bewegt. Wir alle verstehen, was es heißt, rechtlos und schutzlos zu sein, keinen Anwalt zu haben, keinen anderen Trost finden zu können als den starken Glauben an das Recht, das sich doch wieder erheben wird, weil es sich erheben muß, wenn die Menschheit weiter existieren will. Wir können uns voll und ganz in die Lage der Hunderttausende von Männern und Frauen versetzen, die nun bereits über Jahre hinweg in dem trostlosen Einerlei der Gefangenschaft die besten Jahre ihres Lebens geopfert haben. Sie alle sollen wissen, daß wir sie nicht vergessen haben und auch nicht vergessen werden. Wir senden ihnen unsere herzlichsten Grüße und versichern ihnen, daß wir immer wieder unsere Stimmen vereinigen

---

[15] Von der Sowjetunion waren 890 532 Mann benannt worden, eine Zahl, die in der deutschen Öffentlichkeit als wesentlich zu niedrig angesehen wurde. Gegen entsprechende Presseveröffentlichungen, z. B. einen Artikel im „Abend" unter dem Titel „Zwei Millionen weniger" protestierten die Sowjets energisch im Alliierten KR (NA RG 260 OMGUS 1/5, folder 31).

werden in dem Ruf: Gebt die Kriegsgefangenen frei! Gebt sie frei um der Menschenrechte willen, die endlich auch in Deutschland wieder aufgerichtet werden müssen, wenn es Frieden werden soll! (Lebhafter Beifall.)

[3. Die deutsche Ernährungsnot, Referat von RMin. a. D. Dietrich]

Dietrich: Herr Ministerpräsident! Meine Damen und Herren! Dem Deutschen Reiche, das im Jahre 1871 eine Bevölkerung von 41 Millionen Einwohnern zählte, ist es gelungen, seine landwirtschaftliche Produktion vor den beiden Kriegen so weit zu steigern, daß es die auf fast 70 Millionen angewachsene Bevölkerung in guten Jahren mit den wichtigsten Lebensmitteln, abgesehen von Fett und Futtermitteln, fast ganz selbst versorgen konnte. Der Verlust großer Gebiete des Ostens an Polen infolge des ersten Krieges änderte nur vorübergehend diese Lage. Eine neue Agrarpolitik, die in den zwanziger Jahren einsetzte, die Anwendung des künstlichen Stickstoffs sowie neue Arbeits- und Erzeugungsmethoden setzten das übervölkerte Deutschland in den Stand, sich in den Jahren nach 1928 bis zu Beginn der Hitlerschen Gewaltherrschaft in der Hauptsache aus der eigenen Produktion zu versorgen und durch Einfuhr von Futtermitteln seine eigene Fettproduktion gewaltig zu steigern. Dies alles hat der zweite große Krieg zerstört, aber nicht etwa der Krieg selbst, sondern die nach dem Krieg oder am Schlusse des Krieges getroffenen Maßnahmen der Siegermächte.

Zwei Vorgänge sind hier verhängnisvoll gewesen. Der eine war die Überlassung der agrarischen Gebiete des Ostens, insbesondere Ostpreußens, Hinterpommerns, Ostbrandenburgs und Niederschlesiens an Polen, der andere die Zerrissenheit Restdeutschlands in vier Besatzungszonen, die gegeneinander bald mehr, bald weniger streng abgesperrt sind und die nach ganz verschiedenen Grundsätzen politisch und wirtschaftlich organisiert und regiert werden. Während eine Angleichung der drei westlichen Zonen, insbesondere der beiden angelsächsischen, zur Zeit in Gang ist, wächst der Unterschied zwischen den russisch-polnischen Gebieten und den Westzonen in beängstigendem Maße. Die polnischen Gebiete sind der direkten Politik der Besatzungsmächte entzogen. Ihre agrarwirtschaftliche Produktion, deren Umfang sehr ungünstig beurteilt wird, kommt für Restdeutschland überhaupt nicht in Frage. In den vier Besatzungszonen aber ist keine einheitliche Agrarpolitik und dadurch auch keine einheitliche Ernährungswirtschaft möglich. Die beiden Zonen Englands und Amerikas versuchen neuerdings eine einheitliche Produktion und Verteilung der landwirtschaftlichen Erzeugnisse zu ermöglichen.

Seit der tatsächlichen Beendigung des Krieges ist aber nicht nur das jetzt polnisch besetzte Gebiet der gesamtdeutschen Agrar- und Ernährungswirtschaft verloren gegangen, sondern es sind aus den polnisch besetzten Gebieten, aus Polen, aus der Tschechoslowakei und den sonstigen Südoststaaten mehr als zehn Millionen Menschen in die von den Alliierten besetzten Gebiete hineingepreßt worden, deren ohnehin unzulänglicher Nahrungsmittelspielraum dadurch unerträglich verringert worden ist. Die These, wir sollen uns selbst helfen, ist eine Behauptung, die für jeden Sachkenner einen unmöglichen Gedanken ausspricht. Schon mit den jetzt polnisch besetzten Gebieten, die vielleicht 15 Prozent der Bevölkerung des Reichsgebietes umfaßten, aber 25 Prozent der landwirtschaftlichen Produktion hervorbrachten, und mit einem voll intakten, auf den höchsten Stand der Leistungsfähigkeit gebrachten landwirtschaftlichen Apparat war es Deutschland nicht möglich, vor dem Krieg ohne Zufuhren auszukommen. Wie soll das jetzt in vier Teile zerrissene Deutschland sich selbst helfen, nachdem die Überschußgebiete an Polen gefallen sind und die vier Besatzungszonen nach verschiedenen wirtschaftlichen und politischen Zielen verwaltet und regiert werden, nachdem die Bodenpolitik, in Sonderheit die Behandlung des Großgrundbesitzes, in allen vier Zonen verschieden ist, nachdem die Produktion dadurch Not gelitten hat, daß sie früher über das ganze Reich je nach der Eignung des Landes und des Klimas verteilt war, wobei insbesondere Saatgut im Osten gebaut und nach dem Westen geliefert wurde, während alle hierzu gehörigen Einrichtungen, die im Osten verlorengegangen sind, jetzt im Westen neu aufgebaut und für den Ersatz Ausgaben gemacht werden müssen, die schwer aufzubringen und außerdem unzulänglich sind, nachdem die Restgebiete von Millionen heimatloser Leute überflutet sind, die eine normale Verwaltung und einen geregelten Wiederaufbau erschweren, und nachdem schließlich der Kohlenmangel zur Folge hat, daß nur die Hälfte der erforderlichen Düngemittel und fast gar nichts an Maschinen und Geräten beschafft werden kann? Die Hauptbevölkerung Deutschlands ist zur Zeit in den Besatzungsgebieten der Engländer und Amerikaner massiert. Ohne deren Anteil an Berlin sitzen mehr als 40 Millionen Menschen auf einer Fläche von nur 205 000 qkm zusammengedrängt. Wieweit die russische und die französische Zone ihre Bevölkerung zu ernähren, insbesondere mit Brot und Nährmitteln, den grundlegenden Lebensmitteln, zu versorgen in der Lage sind, können wir im einzelnen nicht feststellen. Dagegen stehen uns die Zahlen für die beiden angelsächsischen Gebiete nunmehr restlos zur Verfügung. In der Zeit von 1. Juli 1946 bis Ende Juni 1947 hatten wir, bzw. haben wir zu verbrauchen 4,862 Millionen Tonnen Mehl zur Herstellung von Brot und Nährmitteln, davon etwas über 2,3 Millionen Tonnen aus inländischen Produkten und 2,5 Millionen Tonnen aus den Einfuhren der Besatzungsmächte. Seit Beginn der Zusammenlegung der beiden Zonen sollte die Bevölkerung 1550 Kalorien pro Kopf und Tag erhalten. Einen Hauptteil davon stellten Brot und Nährmittel und zwar 10 000 Gramm Brot pro Periode und 1250 Gramm Nährmittel in der gleichen Zeit, das bedeutete eine Leistung von 1031 Kalorien am Tag oder von 2/3 dessen, was im ganzen geleistet werden sollte. Erforderlich sind, um die vorgenannte Ration auszuhalten, 440 000 Tonnen Mehl pro Monat, also in 12 Monaten 5,5 Millionen Tonnen. Schon diese Zahl besagt deutlich, daß mit einem Aufbringen von insgesamt 4,86 Millionen Tonnen die vorgesehene Ration nicht geleistet werden kann. Daß sie auch nicht geleistet werden konnte in der Zeit von Januar bis Juni dieses Jahres, ergeben die zahlenmäßigen Ablieferungen aus dem Inland und die Importe aus dem Ausland.

Die Öffentlichkeit hat einen Anspruch darauf zu erfahren, woraus die Schwierigkeiten der Brotversorgung der letzten Monate herrühren und auch woraus die besonders unangenehm empfundenen Schwankungen in den einzelnen Perioden zurückzuführen sind. Zwei Momente sind hier entscheidend gewesen: Im Februar, März und April wurden an Importen gegen 300 000 Tonnen weniger geliefert, als vorgesehen war, und das Hinzukommen der englischen zu der amerikanischen Zone bedeutet, daß die Vorräte und die Zufuhren der amerikanischen Zone in den letzten Perioden ständig verringert werden mußten, um der englischen Zone zu Hilfe zu kommen. Dies hatte zur Folge, daß die Versorgungsdecke so dünn wurde, daß sie an der einen oder anderen Stelle zu zerbrechen drohte und auch tatsächlich da und dort zerbrochen ist. Zu Vorwürfen besonderer Art, wie sie auch im Ausland erhoben worden sind, liegt also kein Grund vor. Mit den Minderanlieferungen konnten wir nicht rechnen. Wir waren darauf eingestellt, daß wir in sechs Monaten 180 000 Tonnen Mehl bekommen sollten. Die Minderlieferungen haben aber jede Disposition über den Haufen geworfen. Die Reserven, die noch im Lande vermutet wurden und die vielleicht Anlaß dazu gegeben haben, sich auf den

Standpunkt zu stellen, die Deutschen werden schon durchkommen können, waren nicht mehr da. Es steht heute fest, daß über 90 Prozent des Solls an Brotgetreide und Gerste abgeliefert ist, daß also auch die Meinung, man könnte im Lande noch etwas auftreiben, im wesentlichen irrig ist. Im Monat Juni sind Importe in Höhe von 472 000 Tonnen gemeldet. Schiffe, die kommen sollen, sind schon bezeichnet. Aus diesen 472 000 Tonnen wird nicht nur die Junirate mit 300 000 Tonnen abgedeckt, sondern auch ein Teil der Defizite aus den Monaten Februar, März und April wieder aufgeholt werden können. Allerdings wird nicht das ganze Defizit abgedeckt werden. Es werden vielmehr immer noch etwa 100 000 Tonnen an Einfuhren fehlen. Wenn man sehr scharf rechnet und alles in den deutschen Ländern heranzieht, was man heranziehen kann, fehlen da vielleicht 200 000 Tonnen. Aus diesem Manko von im ganzen etwa 300 000 Tonnen sind also alle Schwierigkeiten entstanden, aber nicht allein aus dem Manko als solchem, sondern insbesondere auch daraus, daß der Umfang und die Auswirkungen dieses Mankos im einzelnen nicht völlig übersehen werden konnten. Zur Versorgung mit den neben dem Brot wichtigsten Lebensmitteln, die bislang fast ausschließlich aus dem Inland kamen, wird sodann Herr *Lübke* sprechen. Für die Frage aber, wie weit wir uns selbst helfen können, wie weit wir also neben dem, was wir im Inland produzieren, uns durch Einfuhr helfen können, muß die Überlegung und Feststellung in den Vordergrund gestellt werden, daß wir einen Start brauchen. Dies bedeutet, daß jetzt nach der Ernte die industrielle und gewerbliche Bevölkerung so weitgehend mit Nahrungsmitteln ausgestattet werden muß, daß ihr zugemutet werden kann, mit voller Kraft zu arbeiten und so die deutsche Wirtschaft auf der ganzen Linie anzukurbeln. Hierfür müssen zwei grundlegende Voraussetzungen geschaffen werden: Die eine ist die Vorsorge für genügend Brot und Nährmittel, zur einen Hälfte aus Inlandsgetreide und zur anderen Hälfte aus Einfuhr. Dabei brauchen wir nicht ausschließlich Brotgetreide zu importieren, wir können vielmehr auch andere Dinge brauchen, vor allem die, auf die wir uns mit den Amerikanern schon im vorigen Jahre verständigt hatten. Ohne schlechtes Brot zu haben, können wir zehn Prozent Maismehl beimengen und für diesen Zweck und zur Herstellung von Nährmitteln 1 000 000 Tonnen Mais brauchen.[15a] Auch Gerste und Hafer kann herangezogen werden, so daß von den 3 000 000 Tonnen etwa, die wir bei einer normalen Ernte an Mehlzufuhr notwendig haben, der eigentlich Anteil des Mehles aus Brotgetreide wesentlich verringert wird.

Was sodann aber notwendig ist, ist die Einschaltung Deutschlands in die Weltwirtschaft, damit wir in der Lage sind, aus der Inlandsproduktion so viel an das Ausland zu verkaufen, daß wir daraus die Kosten für das bezahlen können, was wir unumgänglich nötig haben. Ein Blick auf die Zahlen über unseren früheren Handelsverkehr mit den umliegenden Staaten, von Norwegen und Schweden angefangen bis hinunter nach Italien, zeigt mit aller Deutlichkeit, daß diese Staaten Deutschland ebenso benötigen, wie Deutschland sie benötigt. Sie haben früher doppelt so viel von Deutschland bezogen, wie sie an Deutschland geliefert haben. Der Saldo zu Gunsten Deutschlands war ebenso groß wie die Summe, die Deutschland zur Zahlung seiner Einfuhr aufbringen mußte. Schon eine Wiederingangsetzung des Verkehrs mit diesen Ländern würde bedeuten,

---

[15a] Die Beimischung von Maismehl hatte zeitweise bis zu 90% betragen. "The result is a rather unpalatable loaf which is not very polular with the population" (Monthly Report, März 1947, S. 62). Die Wirtschafts-Zeitung kommentierte: „Das volle Maisbrot scheint zunächst der Vergangenheit anzugehören. Es war offensichtlich dem Volkshumor bekömmlicher als der Verdauung, und daß selbst Goethe dies schon bemerkte (wie eine Zeitung aus der ‚Italienischen Reise' zitierte), bot wohl höchstens dem Literaturbeflissenen Trost." (Ausg. vom 23. 5. 1947, S. 7, Artikel „Fiktive und effektive Rationen").

daß auf der einen Seite aus ihnen eine Menge agrarischer Produkte bezogen werden
könnte, die sie anderweitig gar nicht absetzen können, und daß sie mit dem Erlös eine
Menge Dinge aus Deutschland beziehen könnten, die sie unbedingt brauchen. Es
würde darüber hinaus aber bedeuten, daß ein sehr erheblicher Betrag übrig bliebe, um
das Geschäft mit der ganzen übrigen Welt aufzunehmen und Importe zu bezahlen.
Beide Teile sind ja aufeinander angewiesen. Deutschland kann nicht aufstehen, ohne
die alten Geschäftsbeziehungen mit diesen Ländern wieder aufzunehmen und diese
können nicht gedeihen, ohne ihre alten Lieferungen aus Deutschland zu bekommen.
Infolgedessen muß man uns den Weg in die Weltwirtschaft, der allein durch den Kaufmann
mit Erfolg betreten werden kann, wieder aufmachen. Dies bedeutet, daß unser
Export auf der ganzen Linie, zunächst bescheiden, dann aber in steigendem Maße, wieder
arbeiten und eine Menge Dinge beschaffen wird, die der deutschen Bevölkerung
und insbesondere dem deutschen Arbeiter ein erträgliches Leben ermöglichen und auf
der anderen Seite, daß das übrige Europa seine Wirtschaft allmählich wieder aufbauen
kann. Man wird dabei auch daran denken müssen, Kreditmöglichkeiten zu schaffen. Ich
denke hier an Lösungen, wie sie nach dem ersten Weltkrieg erfolgt sind, als man den sogenannten
Holland-Kredit[16] aufnahm, der ein sogenannter revolvierender Kredit war,
von 1920–1937 immer wieder umgeschlagen wurde und zu keinerlei Verlusten oder
Schwierigkeiten, wohl aber zu einer weitgehenden wirtschaftlichen Belebung zwischen
Deutschland und den anderen Ländern geführt hat.

Nur jetzt nach der Ernte kann der Start versucht werden; daß wir zunächst über genügende
Vorräte verfügen, um die ausreichende Ernährung und Arbeitsfähigkeit der Bevölkerung
zu gewährleisten. Er setzt weiter voraus, daß wir zur Aufnahme unserer alten
weltwirtschaftlichen Beziehungen instandgesetzt werden und daß uns notfalls hierfür
auch Kredite zur Verfügung stehen. Nur wenn diese Voraussetzungen erfüllt sind und
wenn als dritte Bedingung hinzukommt, daß die Grenzen zwischen den Zonen fallen,
kann man sagen, man läßt uns arbeiten. Gelingt dieser Start nicht jetzt nach der Ernte,
so wird im kommenden Jahr dieselbe Quälerei eintreten, wie wir sie im vergangenen Jahr
gehabt haben und wir werden am Ende des Erntejahres genau da stehen, wo wir jetzt
stehen, vielleicht sogar noch schlechter als jetzt.

Zwei Jahre nach dem Niederbruch Deutschlands befinden wir uns in einer scheinbar
hoffnungslosen Lage. Unser Export ist belanglos, der Handel unter den verschiedenen
Besatzungsgebieten ist noch unbedeutender und die wenigen Geschäfte, die gemacht
wurden, haben sich nur unter den größten Schwierigkeiten durchführen lassen. Das
deutsche Volk ist verzweifelt und verhungert. Trotzdem schreit es nach Arbeit und Betätigung.
Zwei Gedanken gehen zur Zeit durch das deutsche Volk und ringen miteinander.
Das eine ist das Gefühl der Verzweiflung, der Gedanke, man will uns zugrunde gehen
lassen und es hat wenig Wert, noch Hand anzulegen, weil wir uns doch nicht werden
helfen können. Gegen diesen Gedanken muß man mit aller Entschiedenheit auftreten

---

[16] Das holländisch-deutsche Kreditabkommen vom 11. 5. 1920 (RGBl. 1921, S. 56-74) sah vor, daß die Niederlande für einen Zehnjahreskredit in Höhe von 200 Mill. Gulden u. a. 90 000 Tonnen Steinkohle abgabenfrei erhielten. Vgl. hierzu die Edition Akten der Reichskanzlei, Kabinett Müller I, bearb. von Martin Vogt, Boppard 1971, S. 136-137.

[17] Zum Beispiel in einer Ansprache im Rundfunk vom 14. 4. 1947 (Nachl. Dietrich/495, Bl. 25-38, hier Bl. 37). Dieser Gedanke war in der Bevölkerung weit verbreitet. StS Passarge, stellv. Leiter des ZA für Ernährung, vermerkte im Febr. 1947 in seinem Tagebuch: „Sie [die Engländer] sind schwerfällig, umständlich, geizig. Aber sie wollen Deutschland nicht umkommen lassen. So denke ich, so denkt kaum jemand. Die große Masse ist überzeugt: Dies ist die beabsichtigte Ausrottung des deutschen Konkurrenten" (Nachl. Passarge/9. Bl. 19). Vgl. auch die Argumentation im Einladungs-Entwurf von Seelos (Dok.Nr. 17).

und ich für meinen Teil habe schon an anderer Stelle dagegen Front gemacht.[17]
Der andere Gedanke aber, von dem ich hoffe, daß er siegen wird, ist der Glaube der Deutschen an sich selbst und an ihre Arbeitsleistung. Überall kann man hören: Warum läßt man uns nicht arbeiten? Es sind die besten Kreise unseres Volkes, die an ihre Arbeitskraft und ihre Zukunft glauben und die bereit sind, den letzten Atemzug einzusetzen, um so viel zu produzieren, daß für das Inland gesorgt und bei dem Verkehr mit dem Ausland so viel gekauft und eingetauscht werden kann, daß wir unsere Ernährung und unsere Rohstoffe selbst bezahlen können. Aber die Voraussetzungen dafür sind zur Zeit nicht gegeben. Die erste ist die Wiederherstellung der deutschen Wirtschaftseinheit, die zweite ist die Einschaltung Deutschlands in die Weltwirtschaft. Ohne diese wird Deutschland ein Land des Elends und des Hungers und ein Herd von Unruhe bleiben. Der Schwarzhandel und die damit notwendig verbundene Demoralisierung wird fortschreiten. Der soziale, wirtschaftliche und politische Aufbau wird erschwert werden. Die Besatzungsmächte werden genötigt sein, fortlaufend Unterstützungen zu leisten und mit den Kosten ihre Steuerzahler zu belasten. Aber auch die angrenzenden europäischen Staaten werden unser Schicksal in gewissem Umfang teilen und den Weg zur Neuentwicklung und Blüte nicht finden, von den unglückseligen Folgen für die Weltwirtschaft gar nicht zu reden.[18] (Beifall.)

Ehard: Ich danke Herrn Reichsminister Dietrich für seine überzeugenden Ausführungen. Eine allgemeine Bemerkung möchte ich anfügen: Im Laufe der Debatte und im Verlauf der Referate wird wiederholt die Notwendigkeit auftreten, von der Abtrennung der Ostzone oder der östlichen Teile Deutschlands zu sprechen. Ich bitte Sie, meine Damen und Herren, hören und lesen Sie dabei immer *ein* Wort zuvor: *vorläufige* Abtrennung! (Beifall.)
Man wird allmählich sehr vorsichtig, und ich möchte nicht, daß aus einer solchen Bemerkung, die an sich durchaus in den Rahmen des Ganzen paßt, unzweckmäßige Schlüsse gezogen werden.
[Min. Lübke erhält das Wort]

[4. Korreferat von Min. Lübke über die deutsche Ernährungsnot]

Lübke: Herr Präsident, meine Damen und Herren! Wer trägt die Verantwortung für die sich immer wiederholenden Hungerkrisen in Deutschland? Jedenfalls besteht darüber Einigkeit, daß alle Teile, sowohl die Besatzungsmächte als auch der deutsche Bauer wie die deutsche Ernährungsverwaltung und auch das mangelhafte Zusammenstehen der deutschen Länder etwas Schuld daran haben. Es ist nicht so, daß man dem einen oder anderen Teil allein die Schuld in die Schuhe schieben kann. Wenn z. B. von den Besatzungsmächten nur die deutsche Seite und von der deutschen Seite nur die Besatzungsmächte genannt werden, muß man das als einseitig empfinden. Mag dieser Streit ausgehen, wie er will, soweit die Besatzungsmächte in Frage kommen, hat Herr Minister Dr. Dietrich bereits gesagt, in welchem Umfang sie für das Manko der vergangenen Monate die Verantwortung haben. Jedenfalls müssen wir die Schlußfolgerung ziehen, daß wir Deutsche in erster Linie allmählich aus eigener Kraft sowohl in der Erzeugung als auch in der Erfassung heranholen müssen, was uns nur möglich ist.

---

[18] Zur Durchsetzung dieser These, die auch in anderen Referaten der Münchener Konferenz immer wieder durchscheint, und zunehmend in der deutschen politischen Argumentation gegenüber den Besatzungsmächten verwendet wurde, vgl. u. a. Balabkins, Germany under direct controls, passim; Gimbel, Marshall Plan, passim.

Nr. 32 A   6./7. 6. 1947   Ministerpräsidentenkonferenz München

Was können wir also selbst tun? Wir wollen mit aller Kraft anstreben, die Friedensernte zu erreichen. Das wäre möglich, das wäre sogar in greifbarer Nähe, wenn wir die dazu notwendigen Voraussetzungen gegeben bekämen. Wir brauchen nicht nur Kunstdünger, mindestens im Friedensausmaß, wenn nicht noch mehr, wir brauchen Maschinen, Geräte, Ersatzteile, Versorgungsmaterial aller Art, wie z. B. Bindegarn, Verpackungsmaterial und eine der Hauptvoraussetzungen zur Erreichung von Friedensernten ist und bleibt ein entsprechender Viehbestand auf den Bauernhöfen, sowie die Versorgung mit geeigneten Arbeitskräften. Diese erforderlichen Produktionsmittel könnten geliefert werden, wenn man die deutsche Landwirtschaft, die doch zur Zeit am Hebelarm der deutschen Wirtschaft sitzt, auf die gleiche Ebene stellen würde wie den deutschen Bergmann. Der Bauer und der Bergmann stehen in ihrer volkswirtschaftlichen Bedeutung zweifellos an der Spitze in Deutschland. Wir haben durch das Punktsystem für die Bergleute[19] gezeigt, welche Wichtigkeit wir der Kohle beimessen. Wenn man sich die Leistung des Bergmanns auf einer graphischen Kurve aufgezeigt vorstellt, so bekommt diese Kurve jedesmal einen entscheidenden Einschnitt, wenn in Nordrhein-Westfalen kein Brot mehr da ist. Die agrarischen Überschußländer Deutschlands müssen sich darüber klar sein, ohne Brot gibt es keine Kohle. Auch das Punktsystem versagt, wenn der Bergmann seine Familie, seine Frau und Kinder, hungern sieht. Wir waren in der Kohlenproduktion auf einem Höchststand von täglich 237 000 Tonnen angelangt, da setzte die Hungerkrise ein und die Produktion sank von Stufe zu Stufe bis auf einen Ertrag von nur 200 000 Tonnen und wird sich zur alten Höhe nicht wieder erheben, wenn nicht eine bessere Verpflegung eintritt. Nun will ich kurz zu diesen einzelnen Fragen Stellung nehmen.

Die Kunstdüngerversorgung war völlig unzureichend. Im Wirtschaftsjahr 1945/46 war die Versorgung der deutschen Getreide- und Hackfruchtanbauflächen mit vielleicht 10 Prozent des erforderlichen Stickstoffes und 30 bis 40 Prozent Phosphor- und Kalidüngemitteln gegeben. Im Jahre 1946/47 sind bisher etwa 25 Prozent der erforderlichen Stickstoffmengen ausgeliefert. Auch die Phosphor- und Kalidüngemittel haben keinen besseren Stand erreicht als im Vorjahre, so daß auch in diesem Herbst nicht mit Friedensernten gerechnet werden kann, sondern vorauszusehen ist, daß kaum zwei Drittel der Friedenserzeugung erreicht werden. Wenn allerdings das Werk Oppau[20] in der französischen Zone instandgesetzt wird und für alle Länder liefert, wird die Stickstofferzeugung und -versorgung noch verbessert werden. Die Einfuhren von Phosphaten reichen beinahe aus, um die deutschen Verarbeitungsmöglichkeiten auszuschöpfen. Die Versorgung mit Kali hängt wesentlich ab von der Versorgung der Werke mit Kohle und von der Bereitstellung von Transportmitteln, so daß wir diese Voraussetzungen aller Wahrscheinlichkeit nach im nächsten Jahre erreichen werden.

Bei der Versorgung mit Betriebsmitteln ist leider festzustellen, daß der Landwirt in der heutigen Zeit ohne Kompensation, ohne Stalldevisen[21], überhaupt nichts bekommen kann. Diese Lage läßt sich nur ändern, wenn mehr Stahl an die einschlägige Industrie für die Erzeugung von landwirtschaftlichen Betriebsmitteln ausgegeben wird. Diesen Anträgen ist man bisher im Zweizonenamt in Minden ohne jegliches Verständnis gegenübergestanden. Hätten wir da die Priorität erlangt, wie sie der Bergbau hat, so hätte

---

[19] Zum Punktsystem vgl. Dok.Nr. 2, TOP 7, sowie Dok.Nr. 12, Anm. 10.
[20] Oppau bei Ludwigshafen am Rhein.
[21] Ministerpräsidentenkonferenz, S. 39: Stahldevisen, richtig aber „Stalldevisen".
[22] Vgl. hierzu Dok.Nr. 6 C, Anm. 13.

die Versorgung der Landwirtschaft im wesentlich höheren Umfang durchgeführt werden können. Für das übrige Versorgungsmaterial wie Bindegarn, Verpackungsmaterial usw. trifft das gleiche zu. Wenn wir in Nordrhein-Westfalen von den Überschußländern kaum Eier bekommen können, so liegt das daran, daß wir kein Verpackungsmaterial schicken können. Millionen von Kisten, die dazu gehören, sind im Kriege verbrannt und heute nicht mehr vorhanden.

Ein Punkt, der immer zwischen den Besatzungsmächten und dem deutschen Bauern und dem Ernährungsamt ein Gegenstand des Streites ist, betrifft den Viehbestand. Die Besatzungsmächte verlangen von uns einen sehr radikalen Eingriff in die Viehbestände.[22] Die sehr hohen deutschen Friedensernten waren nur darauf zurückzuführen, daß wir verhältnismäßig hohe Viehbestände hatten. Man muß sich darüber klar sein, daß Ackerwirtschaft und Viehwirtschaft wie kommunizierende Röhren zusammenhängen. Wenn wir diese radikalen Eingriffe in unsere Viehbestände durchführen, wird der Ertrag der Ackerwirtschaft automatisch sinken und die Einfuhrquote steigen. Diese Politik der radikalen Viehminderung ist also eine für Deutschland und die Besatzungsmächte sehr kostspielige Politik.

Wegen der Arbeitskräfte wird darauf hingewiesen, daß bei dem großen Flüchtlingsstrom genügend Arbeitskräfte auf dem Lande vorhanden sein müßten. Das ist ein Irrtum; denn es handelt sich im wesentlichen um Frauen, Kinder und Greise, die die schwere Arbeit auf dem Lande nicht leisten können. Sie werden nur deswegen häufig als landwirtschaftliche Arbeitskräfte in unserer Statistik geführt, weil sie die Selbstversorgerrationen bekommen. Das, was der Landwirt an Arbeitskräften braucht, hat er damit nicht. Im Gegenteil, er kann deswegen keine Arbeitskräfte bekommen, weil er die Werkwohnungen, die er hat, oder den sonstigen Platz auf seinem Hof, der voll von Flüchtlingen ist, nicht freimachen kann. So bekommt der Landwirt keine neuen Arbeitskräfte herein, und es besteht leider jedenfalls bei uns keine Möglichkeit, aus produktionstechnischen Gründen eine derartige Umsetzung vorzunehmen.

Dasselbe trifft z. B. für das Saatgut zu. Es wird so viel geklagt über mangelnde Produktion an Milch. Wir haben in unserem Bezirk kein Saatgut für Leguminosen[23], Klee, Luzerne usw. Wir bekommen es nicht rechtzeitig herein. Die wenigen Bauern, die es haben, haben es aus der französischen Zone durch Kompensationen herübergeschmuggelt. Dasselbe gilt für große Teile des Gemüsesaatgutes.

Alle diese Voraussetzungen müßten erst gegeben sein, wenn wir an wirkliche Friedensernten denken wollen. Sie würden ganz greifbar nahe vor unseren Augen stehen, wenn wir diese Voraussetzungen schaffen könnten und wenn wir ferner dem Bauern für seine Produkte gutes Geld geben könnten. Das fällt heute aus. Weil wir heute noch nicht so weit sind, weil wir dem Bauern seine Produkte herausziehen müssen, ohne ihm gutes Geld bieten zu können und ohne ihm Betriebsmittel geben zu können, ist die ganze Lage problematisch. Deshalb sollte man sich bei den Regierungen der einzelnen Länder sowohl wie auch von seiten der Besatzungsmächte aus hüten, psychologische Fehler bei der Behandlung der Bauern zu machen. Man kann nicht vom Bauern immer verlangen, Produkte zu Friedenspreisen abzuliefern, die vor vierzehn Jahren von den Nazis

---

[23] Leguminose = Hülsenfrüchte.

[24] Gemeint sind vermutlich die Bestimmungen des Gesetzes über den vorläufigen Aufbau des Reichsnährstandes und Maßnahmen zur Markt- und Preisregelung für landwirtschaftliche Erzeugnisse vom 12. Sept. 1933, RGBl. I, S. 626-627, das u. a. die Grundlagen für Preisfestsetzungen im Agrarbereich regelte.

[25] Dietrich sprach in seinem Referat von 90%.

festgesetzt wurden[24], während nicht dieselben Bestimmungen für die Industrie gelten. Man kann vom Bauern nicht verlangen, er soll alles hergeben, wenn er seinerseits nur gegen Stalldevisen etwas bekommen kann. Alle diese Punkte sind zu berücksichtigen. Solange dieser gestörte Kreislauf zwischen Produktion und Erneuerung des Produktionsapparates besteht, werden wir diese Klagen haben. Denken Sie daran, wenn Sie von Herrn Dietrich gehört haben, daß die Getreideerfassung zu 95 Prozent[25] geglückt ist, daß der Bauer in hervorragendem Maße seine Pflicht getan hat. Hätten wir nun die Friedensernten erreicht, könnten wir dann auch Friedensernährung bieten? Das ist für lange Jahre vorbei. Wenn wir auch Friedensernten bekommen, so brauchen wir immer noch Einfuhren. Wir haben uns nie allein ernähren können. Wir müssen unter allen Umständen die Einfuhr einschränken, weil wir zu arm sind, uns eine Friedensernährung zu leisten. Selbst wenn wir im Durchschnitt pro Hektar eine Produktion von 20 bis 22 Doppelzentnern, das ist unsere Friedenserzeugung, unterstellen würden, müßten wir sehen, damit [!] die Einfuhr aus dem Ausland ein wenig einzuschränken auf Brot- und Futtergetreide, Hülsenfrüchte, Gemüse, pflanzliches Fett und Fisch. Wir sind zu arm, uns dieses Ausmaß an tierischer Ernährung zu leisten, das wir vor dem Kriege hatten. Von den 3000 Kalorien, die wir vor dem Kriege verbrauchen konnten, bestanden etwa 30 Prozent aus Kalorien tierischer Herkunft. Wir hatten z. B. je Kopf und Woche einen Fleischverbrauch von einem Kilogramm und zwei Drittel dieser Fleischration bestand aus Schweinefleisch. Wir hatten im Jahr einen Verbrauch von 24 Kilogramm Fett pro Kopf der Bevölkerung, während wir heute nicht einmal fünf Kilogramm bekommen. Daß wir diese Mengen nicht halten können, liegt auf der Hand. Wir werden voraussichtlich, das wird nur stufenweise zu erreichen sein, zurückgehen müssen auf 23 Prozent statt 30 Prozent Kalorien tierischer Herkunft. Die dadurch weniger verfügbaren Kalorien tierischer Herkunft müssen aus solchen pflanzlicher Herkunft und durch Kohlehydrate enthaltende pflanzliche Nahrung, Brot, Nährmittel, Kartoffeln und Hülsenfrüchte ersetzt werden. An Zucker hatten wir im Frieden rund 25 Kilogramm pro Kopf und müssen diesen Verbrauch von 14 Kilogramm auf 16 bis 20 Kilogramm zu bringen versuchen, was geht, wenn wir in allen deutschen Ländern einschließlich der Länder der Ostzone zusammenstehen. Bei der Frage der Fette liegen die Dinge so, daß wir ohne Einfuhr nicht zurecht kommen können. Wir werden auf dem Weltmarkt, dessen Preis bis auf das Siebenfache des Friedenspreises hinaufging, es in diesen Wochen und Monaten erleben, daß ein Umschwung der Preise eintritt. Wenn hier die politische oder wirtschaftliche Vernunft der Besatzungsmächte nicht ausreichen sollte, Deutschland eine etwas höhere Fettration zu geben, wird die Macht der ökonomischen Tatsachen von selbst dazu drängen, daß Deutschland besser mit Fett beliefert wird. Wir haben in den letzten Wochen eine Unmasse von Fettangeboten auf dem Weltmarkt bekommen und es Ende April zum erstenmal erlebt, daß an der New Yorker Börse die Preise für Fett um 10 Prozent und zum Teil bis zu 20 Prozent gesunken sind. Das ist ein Beweis dafür, daß das Fettangebot größer ist als die augenblickliche Nachfrage. Die Fettkonvention in Washington beschäftigt sich deshalb auch mit der Frage, in welchem Umfang Fett nach Deutschland ausgeführt werden soll. Es ist natürlich für die Besatzungsmächte eine sehr schwierige Frage. Es ist selbstverständlich, daß diesen Ländern die deutsche Frage finanziell schwer im Magen liegt. Es ist für England eine außerordentliche Belastung bei seiner nicht ausgeglichenen Devisenbilanz. Deshalb müssen wir unsererseits überlegen, wie wir entgegenkommen und die Devisenbilanz dieser Länder entlasten können. Ich bin der Meinung, daß Dänemark, Norwegen, Schweden, Holland, alle die Länder, die diese Angebote machen, von uns Waren haben wollen. Man soll uns deshalb mit diesen Ländern in direkte Verbindung treten lassen. Wir konnten z. B. vor dem Kriege auf dem Weltmarkt 1000 Kalorien in Walöl für 2,2 Pfennig und 100 Kalorien in Weizen für 3,7 Pfennig kaufen. Wenn wir diesen Umbruch der Preise bekommen und mit dem Weltmarkt in Verbindung stehen, so ist es außer Zweifel, daß wir uns dann die besten Möglichkeiten selbst aussuchen könnten.

Wir werden die deutsche Bevölkerung auch schon in der Zwischenzeit, wenn wir nicht geradezu Mißernten bekommen, ausreichend mit Kartoffeln versorgen können. Bei ausreichender Kunstdüngerversorgung und Saatgutwechsel werden wir der deutschen Bevölkerung voraussichtlich im Laufe des Jahres pro Kopf einen Doppelzentner geben können und wenn wir etwas weiter sind, auch drei Zentner pro Kopf, das würde bedeuten, daß die Massennahrung wenigstens da ist, und damit wären wir schon einen erheblichen Schritt weiter. Die Friedenserträge in der Milchwirtschaft zu erreichen, ist außerordentlich schwer. Unser Grünland hat seit vielen Jahren keinen Kunstdünger bekommen. Wir haben seit Jahren uns nicht imstande gesehen, eine Verbesserung der Weiden und Wiesen mit Saatgut vorzunehmen. Wegen teilweiser Verminderung und Verschlechterung des Viehbestandes ist mit einer vorläufigen Erreichung der Friedenserträge daher nicht zu rechnen. Wir würden bei Friedenserträgen und verhältnismäßig geringen Einfuhren – ich will Sie mit Zahlen nicht belasten – eine ausreichende Ernährung von im volkswirtschaftlichen Durchschnitt 2700 Kalorien bekommen können, wobei wir statt Brot und statt Kartoffeln ausreichend Fett und Fleisch haben würden. Das würde absolut möglich und in verhältnismäßig kurzer Zeit bei Zusammenstehen der deutschen Länder und der Besatzungsmächte erreichbar sein. Solange dieser Zustand nicht da ist, – Herr Ministerpräsident Ehard wünscht festzustellen, was wir für diesen Winter brauchen – damit quälen wir uns in Nordrhein-Westfalen am allermeisten bei einer Bevölkerung von 12 Millionen Normalverbrauchern, – bleibt nichts anderes übrig, als nach Festsetzung der deutschen Ernte den Anteil festzulegen, den die Besatzungsmächte einführen, und die Brotration auf 10 000 Gramm und die Nährmittelration auf 1500 Gramm festzulegen, damit dieser wichtige Sektor außerhalb jeden Risikos bleibt. Weiter wollen wir gar nichts, als daß uns der Weltmarkt zum Einkauf von Fetten freigegeben wird. Wir würden für die gesamten Westzonen 12 bis 15 000 Tonnen im Monat kaufen müssen. Das würde eine erhebliche Verbesserung darstellen. Wir wären dann in der Lage, nicht nur den berühmten Bergmannspeck zu liefern, sondern auch ihre Familien besser zu versorgen und auch die Männer der eisenschaffenden Industrie besser zu verpflegen. Damit hätten wir den Ausgangspunkt für eine Steigerung der Produktion gewonnen und könnten dann unsere Einfuhren im steigenden Maße selbst bezahlen. Wenn dieser Start, den auch Dietrich verlangt hat, nicht kommt, sehe ich den ernährungsmäßigen und wirtschaftlichen Zusammenbruch in diesem Herbst und Winter mit aller Sicherheit vor Augen. Ich glaube überhaupt nicht, daß es möglich ist, in unserem hungernden Volk dann auch nur einigermaßen Ordnung zu halten. Der Hunger bricht alle Dämme. Da gibt es keine moralischen und sonstigen Gesetze, die irgendwie eine Schranke aufrecht erhalten könnten. Das besiegte deutsche Volk hat ein Lebensrecht wie alle anderen Völker auch. Es ist von den Besatzungsmächten immer gesagt worden, daß unser Volk die politische und wirtschaftliche Einheit bekommen und einen menschenwürdigen Lebensstandard haben soll. Wir haben zur Zeit die Kornkammern des Ostens nicht zur Verfügung gemäß dem Potsdamer Abkommen, und wenn dazu unser gesamter Export abgedrosselt wird, so weiß jeder Mensch, daß wir uns allein nicht ernähren können. Wenn man das weiß, und eine menschliche Politik machen will und auch eine weitsichtige Politik für ganz Europa, muß man sich darüber klar sein, daß daraus die Konsequenz die ist, man gebe dem deutschen Volk so lange sein Brot, bis es sich selbst helfen kann.

[**5. Auswirkungen der Unterernährung auf die Volksgesundheit**]

[Frau *Schroeder* berichtet über die Auswirkungen der Ernährungsnot auf die Volksgesundheit. Anhand Berliner Statistiken zeigt sie, wie erschreckend hoch die Säuglingssterblichkeit[26] ist und wie die Gesundheit der Jugend gefährdet ist. Sie dankt für die Hilfe, die von karitativen Organisationen geleistet wird und von Menschen aus England, USA, der Schweiz, Irland und Dänemark den Deutschen zuteil wird[27]]

[**6. Die Ernährungslage in der französischen Zone**[28]]

Schmid: Herr Ministerpräsident! Meine Damen und Herren! Gestatten Sie mir, daß ich im Namen meiner Kollegen aus der französischen Zone Ihnen in wenigen Worten eine Skizze der dortigen Ernährungslage gebe. Sie gewinnen am besten dadurch ein Bild, wenn ich Ihnen mitteile, daß in der französischen Zone vom 1. Juni ab täglich 125 Gramm Brot gegeben werden können. Wir wissen nicht, wie lange wir diesen Satz noch durchzuhalten vermögen. Ich möchte Ihnen noch weiter sagen, daß wir in der französischen Zone auf dem Ernährungsgebiet schon ein Jahr lang unter Verhältnissen gelebt haben, wie sie heute auch die anderen Zonen so schwer treffen. Die Substanzreserven unserer Bevölkerung sind höchstwahrscheinlich wesentlich geringer als in der britischen oder amerikanischen Zone, und das alles, obwohl unsere Landwirtschaft in rühmenswerter Weise ihre Auflagen so gut wie voll aufgebracht hat. Ich glaube, daß die Ablieferungssolls in der französischen Zone besonders scharf kalkuliert worden sind. Woher kommt das? Auf der einen Seite ist zu sagen, daß die Länder der französischen Zone immer Zuschußgebiet gewesen sind. Dazu kommt aber weiter, daß von dem Aufbringen der französischen Zone ein gewisser, nicht unerheblicher[29] Teil für die Ernäh-

---

[26] Nachdem im Prot. stand, sie sei in Berlin bis auf 80% und in Teilen der sowj. Zone bis auf 100% gestiegen, bat Frau Schroeder mit Schreiben vom 12. 6. 1947 um eine Korrektur, nach der diese Zahlen für die schlimmsten Monate des Jahres 1945 zu gelten hätten (BHStA Abt. II MA Abg. 1975 vorl.Nr. 75).

[27] Eine Dokumentation hierzu liegt vor von Hans-Josef Wollasch, Humanitäre Auslandshilfe (siehe Literaturverzeichnis).

[28] Schmids Ausführungen wurden vor der Drucklegung, vermutlich von ihm selbst erheblich redigiert mit dem Ziel, die Aussagen abzuschwächen. Die Veränderungen in der Druckfassung, künftig zitiert als „Druck", (Ministerpräsidentenkonferenz, S. 47–49) werden, soweit sie wichtig sind und sich auf den Inhalt beziehen, in den Anmerkungen wiedergegeben. Er begründet seine Ausführungen in seinem Bericht über die Münchener Ministerpräsidentenkonferenz vor seinem Landtag damit, daß Min. Dietrich nur die Verhältnisse in der amerik. Zone und Min. Lübke nur über die der brit. Zone haben sprechen können. „Damit auch unsere Zone zum Worte kam und die Teilnehmer der Konferenz auch wüßten, wie es in unserer Zone ernährungsmäßig aussieht, habe ich, obwohl ich nicht als Referent i. o. S. vorgesehen war, mich in der Diskussion gemeldet und im Einverständnis mit meinen beiden anderen Kollegen in wenigen Worten ein Bild der Ernährungslage in der französischen Zone gegeben. Ich habe auf die Besonderheiten unserer Situation hingewiesen und einige Dinge aufgezeigt, die meinem Dafürhalten nach geändert werden müßten, wenn sich in unserer Lage eine fühlbare Besserung einstellen soll". (Württemberg-Hohenzollern, Landtagsprotokolle, 2. Sitzung, 12. 6. 1947, S. 4–5).

[29] „Druck": „nicht unerheblicher" fehlt.

[30] „Druck": „wilden" fehlt.

[31] „Druck": der Relativsatz „die – haben" fehlt.

[32] Im „Druck" folgt „bisher".

[33] Im „Druck" lediglich: „Dazu kommt, daß bei uns im Sommer französische Ferienkinder untergebracht werden".

rung der Besatzungstruppen abgegeben werden muß. Es handelt sich dabei nicht nur um die wilden[30] Requisitionen der ersten Monate der Besatzung, die uns in Württemberg einen großen Teil unserer Schafherden usw. gekostet haben[31], sondern um Entnahmen, die[32] laufend weitergehen. Dazu kommt, daß in der französischen Zone Zehntausende von französischen Ferienkindern Monate hindurch untergebracht werden; ich kenne diese Zahlen nicht für die ganze Zone, aber in Baden beträgt diese Ziffer allein 50 000 Kinder auf 1,1 Millionen Einwohner.[33] Ein weiterer Grund für den Stand der Ernährungslage ist, daß uns in der französischen Zone in ganz besonderem Maße Arbeitskräfte fehlen. Es ist bei uns so wie überall, daß zwar auf dem Lande noch gearbeitet wird. Wenn man über die Felder geht und Menschen sieht, meint man, daß immer noch so viele Leute herumwimmeln wie in den guten Zeiten. Schaut man aber genauer hin, so sieht man, daß es Kinder und Greise und Greisinnen sind, die noch arbeiten. Das kommt davon her, daß bei uns in der französischen Zone der Prozentsatz gerade der ländlichen Kriegsgefangenen besonders groß ist, was von der besonderen Art der Gefangennahme durch die französischen Truppen herrühren mag.[34] Dazu kommt, daß wir in der französischen Zone noch keine Flüchtlinge haben. Vielleicht werden Sie denken: Das ist ja ein Vorteil für Euch! Vielleicht denken das auch manche meiner engeren Landsleute. Ich denke nicht so. Ich glaube, daß wir dadurch, zumindest was die landwirtschaftliche Produktion anbelangt, gegenüber anderen Zonen benachteiligt sind. Es ist uns bisher nicht möglich gewesen zu erreichen, daß uns Flüchtlinge zugewiesen werden.

Weiter ist bei uns es so, daß in besonderem Umfange Zugtiere entnommen worden sind, so daß in manchen ländlichen Gemeinden der Bauer einfach nicht mehr in genügendem Umfange zu Acker fahren kann. Wir haben weiter in unseren Nutzviehbestand, also in unser Produktionskapital, schwere Eingriffe vornehmen müssen und werden das uns auferlegte Ablieferungssoll in Fleisch in der Höhe, die uns noch bekanntgegeben wird, durchführen müssen. Wenn dieses beibehalten wird, sehen wir keine Möglichkeit, im Laufe der nächsten Jahre unseren Viehbestand auch nur einigermaßen wieder aufzubauen. Wir haben praktisch nur noch Kälber und überaltertes Vieh.

Wir leiden in der französischen Zone auch in ausgesprochenem Maße unter Saatgutmangel. Die Kartoffelernte des letzten Jahres war bei uns deshalb so katastrophal, weil schon jahrelang kein Saatgutwechsel vorgenommen werden kann. Ich kenne eine Reihe von Gemeinden bei uns in Württemberg, in denen Bauern nicht einmal das geerntet haben, was sie gesät haben. Wenn uns hier von den anderen Zonen nicht geholfen wird, dann ist der Kartoffelanbau bei uns eines der schwersten Probleme, die sich überhaupt ausdenken lassen. Es fehlt uns ferner an Düngemitteln. Ich weiß, es fehlt daran überall, aber bei uns wohl in ganz besonderem Maße. Sie wissen, daß in Südwestdeutschland die Milchwirtschaft geradezu das Rückgrat der landwirtschaftlichen Produktion ist. Unsere Wiesen im Allgäu und im Oberland haben seit vielen Jahren kein Kilo[35] Stickstoff mehr bekommen. Das Futter wird allmählich so schlecht, daß der Milchertrag des besten Herdbuchviehes in einem Maß zurückgeht, wie man sich das früher nicht hätte vorstellen können.

Es fehlt uns aber auch ganz besonders an Arbeitsgeräten. Ich will Sie hier nicht mit Zah-

---

[34] Der Relativsatz fehlt im „Druck".
[35] „Druck": „keine ausreichende Stickstoffzufuhr".
[36] Im „Druck" fehlt der Satz.
[37] „Druck": „mit Hanftauen".

len langweilen und nur eines zur Illustration der Sachlage sagen: Wir sprechen bei uns zu Lande von einer Hufnagelkatastrophe. In den Dörfern ist es nicht mehr möglich, die Pferde zu beschlagen. Die Kinder sammeln auf der Landstraße rostige Nägel und bringen sie dem Schmied. Nur dann, wenn das gebracht werden kann, besteht eine Chance, daß beschlagen wird.[36] Das gilt nicht nur für Hufnägel, das gilt für alles. Ich habe bei uns in Dörfern Gespanne gesehen, wo die Pferde nicht mehr mit Halftern[37] eingespannt werden, sondern mit Telefonkabeln. Sie können sich vorstellen, wie das dem Pferd tut.

Eine besondere Katastrophe ist bei uns der absolute Mangel an Arbeitsschuhen für die ländliche Bevölkerung. Es ist so, daß Bauern nicht auf das Feld gehen können, weil sie kein Schuhwerk mehr anzuziehen haben.

Das alles muß geändert werden, wenn die französische Zone nicht verhungern soll.[38] Aber auch die besten Maßnahmen auf diesem Gebiete würden nicht ausreichen. Wir können diese Zone nur ernähren, wenn sie ihre Importe bekommt. Wir können in der französischen Zone von Frankreich nicht diejenige Hilfeleistung erwarten, wie sie die britische und die amerikanische von Großbritannien und den Vereinigten Staaten erwarten können. Frankreich ist selbst ernährungsmäßig in einer schwere Krise. Wir können Importe nur dadurch bekommen, daß wir sie durch unsere Exporte eintauschen. Unsere ganze Industrie arbeitet ausschließlich[39] für den Export; die Produkte der gewerblichen Industrie kommen nur in ganz geringem[40] Umfang unserer Bevölkerung zugute, in einem geringen Prozentsatz, den Sie mir kaum glauben würden, wenn ich ihn Ihnen hier nenne.[41] Trotzdem scheint es[42] – wir kennen natürlich nicht den Gegenwert, den man uns gutgeschrieben hat –, daß für unsere Exporte nicht alles an Lebensmitteln importiert wird. Ich weiß es nicht, was für diese Exporte hätte eingekauft werden können; vielleicht hat es nicht importiert werden können. Wir kennen die Gründe nicht, wir kennen die Art und Weise nicht, in der dieser Export-Import erfolgt, wir kennen die Verrechnungskurse nicht, wir sind über diese Fragen im Dunkeln. Wir können uns keinen anderen Weg der Besserung vorstellen als den, daß man das ganze Export-Import-Geschäft in deutsche Hände legt. Mit dem bisherigen System der Monopole der alliierten Außenhandelsstellen wird es jedenfalls in unserer Zone eine Besserung nicht geben können. Wenn man sich zu dieser Maßnahme nicht entschließen kann, bleibt uns nur festzustellen, daß[43] die alleinige Verantwortung für den Ernährungszustand, für eine etwaige Ernährungskatastrophe in den Händen derer liegt, die es unternommen haben, unseren Export und Import nach ihren Vorstellungen und durch ihre Organe zu regulieren. (Beifall)

Ehard [dankt und erteilt Seelos das Wort zur Verlesung des Pressekommuniques]

---

[38] „Druck": „wenn die französische Zone nicht schwer leiden soll".

[39] „Druck": „weiterhin".

[40] „Druck": „in beschränktem Umfang".

[41] Im „Druck" fehlt der Satz „in einem geringen Prozentsatz – nenne".

[42] „Druck": „Es scheint aber – wir kennen allerdings die Gutschriften nicht – daß unsere Exporte nicht ganz in Lebensmittelimporte umgesetzt werden können. Wir kennen die Gründe nicht, denn wir kennen die Art und Weise nicht des Näheren, in der dieser Export-Import erfolgt."

[43] Im „Druck" lautet der Schlußsatz: „daß die Verantwortung für die Beseitigung der Ernährungsnot in den Händen derer liegt, die es unternehmen, unseren Export und Import zu regulieren."

[7. Verlesung des Pressekommuniques betr. den Auszug der Ministerpräsidenten der sowjetischen Zone]

Seelos: Kommuniqué. Versuch der Sprengung der Ministerpräsidentenkonferenz durch die Länderchefs der Sowjetzone.[44]

In der Vorbesprechung vom 6. Juni der deutschen Länderchefs über die Tagesordnung der zur Behebung der deutschen Wirtschaftsnot einberufenen Ministerpräsidentenkonferenz stellten überraschenderweise die Ministerpräsidenten der Ostzone folgenden Antrag:

„Wir beantragen als entscheidende Voraussetzung für die Verhandlungen der Konferenz als ersten Punkt auf die Tagesordnung zu setzen:
Bildung einer deutschen Zentralverwaltung durch Verständigung der demokratischen deutschen Parteien und Gewerkschaften zur Schaffung eines deutschen Einheitsstaates."

In den vorausgegangenen ausführlichen und wiederholten Kommissionsbesprechungen, zu welchen die Vertreter der Ostzone trotz Einladung nicht erschienen waren, hatte Ministerpräsident Ehard ein ausdrückliches und feierliches Bekenntnis zur deutschen Einheit angekündigt. Darauf machte er die Vertreter der Ostzone sofort aufmerksam. Auch die übrigen Länderchefs brachten übereinstimmend zum Ausdruck, daß im Rahmen der Konferenz die Notwendigkeit der deutschen Einheit bei allen Punkten der Tagesordnung nachdrücklich betont werden müsse. Die Meinungen gingen nur darüber auseinander, ob dies außerdem als besonderer Punkt der Tagesordnung und in Form einer Aufforderung an die demokratischen Parteien geschehen solle. Noch während dieser mit einer einzigen Ausnahme von allen Beteiligten sachlich geführten Aussprache zogen sich die Länderchefs der russischen Zone zu einer mehr als einstündigen Sonderberatung zurück. Nach ihrer Beendigung ließen sie durch den Mund des inzwischen noch erschienenen Ministerpräsidenten von Brandenburg, *Steinhoff,* erklären, daß, nachdem in der vorausgegangenen Debatte (bei der er übrigens nicht anwesend war) die meisten Teilnehmer sich zu ihrem Verlangen geäußert hätten, sie sich gezwungen sähen, die Teilnahme an der weiteren Konferenz abzulehnen. Hierauf verließen die Herren den Sitzungssaal. Die übrigen Regierungschefs setzten ihre Beratungen fort und einigten sich über die Tagesordnung, bei der die Ernährungsnot, die Wirtschaftsnot und die Flüchtlingsnot im Vordergrund stehen.

Ehard [schließt die Sitzung]
[Pause von 12.10 – 15.37 Uhr]

[8. Die deutsche Wirtschaftsnot]

[*Ehard* erteilt Sen. Borgner das Wort]

Borgner: Meine Damen und Herren! Erst vor 48 Stunden habe ich die Aufgabe erhalten, heute zu diesem Thema hier zu sprechen. Ich fand als Material nur einige Unterla-

---

[44] Zur Entstehung vgl. Dok.Nr. 31, insbes. Anm. 64.
[45] Das Referat von Keiser scheint weitgehend ausformuliert vorgelegen zu haben. Eine in vielen Passagen mit den Ausführungen von Borgner wörtlich übereinstimmende Ausarbeitung von Keiser mit der Überschrift „Die deutsche Wirtschaftsnot"; dat. unter dem 18. 6. 1947, in: Z 8/1326, Bl. 11–17; Abdr. in: MittBl. VAW 1947, S. 202-206. In einer gemeinsamen Sitzung des VRW und des VRE am 3.7.1947 (Prot. in Nachl. Dietrich/469) wurde Keisers Ausarbeitung diskutiert und mit einem von den Ministern beider Verwaltungsräte unterzeichneten Schreiben an das Bipartite Board übersandt (Abdr. in: MittBl. VAW 1947, S. 181–182).

gen vor, die vom Leiter des Planungsamts in Minden zusammengestellt sind. Der für dieses Referat vorgesehene Keiser ist an Mangelerscheinungen und Überarbeitung plötzlich zusammengebrochen, so daß er dieses Referat nicht übernehmen konnte. Sie werden es daher verständlich finden, wenn ich mir selbst nicht viel Arbeit gemacht, sondern weitgehend das vorliegende Material benutzt habe.[45]

Mir ist die Aufgabe gestellt worden, über die deutsche Wirtschaftsnot zu berichten. Es gibt heute in Deutschland niemanden, der diese Aufgabe befriedigend lösen könnte; denn wir Deutschen leben heute nicht mehr in Deutschland, sondern in irgendwelchen Zonen und wissen, selbst wenn wir an verantwortlicher Stelle stehen, kaum, was jenseits der Zonengrenzen geschieht. So kann auch ich das Bild, das ich zeichnen soll, nur aus der Perspektive der Zone heraus entwerfen, in der ich selber lebe.

Die deutsche Wirtschaft befindet sich seit dem Zweiten Weltkrieg in einem verzweifelten Zustand. Kaum ein Winkel des Landes ist von den verheerenden Folgen des Luftkrieges oder der Kampfhandlungen verschont geblieben. Was der Krieg von der deutschen Wirtschaft übrig gelassen hatte, wurde durch Demontagen oder befohlene Stillegung nochmals aufs schwerste beschnitten. Noch wissen wir nicht genau, was an industrieller Kapazität heute wirklich übrig geblieben ist. Man schätzt in Fachkreisen jedoch, daß durch Kriegsverluste, Demontagen und unterbliebene Erneuerung fast die Hälfte der Leistungsfähigkeit von 1936 verloren ging. Weite, für die Ernährung und Grundstofferzeugung lebenswichtige Teile des Reiches wurden abgetrennt. In den 1936 deutschen Gebieten östlich der Oder-Neiße-Linie lagen mehr als ein Viertel der nutzbaren Fläche Deutschlands und seiner Kartoffel- und Brotgetreideernte, mehr als ein Fünftel des Schweine- und Rindviehbestandes, mehr als ein Zehntel der Bergbauförderung, der Produktion an Steinen und Erden, der Sägewerke usw. Millionen von Flüchtlingen und Vertriebenen wurden in den verbliebenen Restraum zusammengepfercht und der innere Zusammenhang dieses Restraumes durch die Zonenspaltung zerrissen. In den vier Zonen und Berlin leben heute über 66 Millionen Menschen, d. h. über 10 Prozent mehr als 1939 bei heute erheblich verminderten Produktionsmöglichkeiten. Trotz dieser erschütternden Startbedingungen ging die deutsche Wirtschaft – wenn ich hier von deutscher Wirtschaft spreche, meine ich nicht nur die Unternehmer, sondern auch die Arbeiter und Verbraucher – im letzten Jahr mit Mut und Hoffnung an den Wiederaufbau heran. Der Wegfall der Kriegs- und Rüstungsproduktion, die zuletzt 70 bis 80 Prozent des Sozialprodukts beansprucht hatte, legte die Erwartung nahe, daß es trotz der Schwächung der Produktionskräfte möglich sein müsse, allmählich eine lebensfähige Friedenswirtschaft aufzubauen. Und in der Tat schien das vergangene Jahr diesen Hoffnungen Recht zu geben. Die industrielle Produktion stieg in allen Zonen merklich an; von rund 20 bis 25 Prozent des Standes von 1936 auf 35 bis 40 Prozent. Dann allerdings kam der furchtbare Rückschlag des vergangenen harten Winters, der die Produktion in den vereinigten Westzonen fast wieder auf den Ausgangsstand von 1946 zurückwarf. Der Frühling brachte neuen Anlaß zur Hoffnung, als es mit Hilfe des Bergarbeiter-Punktsystems[46] gelang, die arbeitstägliche Kohlenförderung von 200 000 Tonnen im Dezember auf 238 000 Tonnen Ende März zu steigern. Der plötzliche Ausbruch der Ernährungskrise an der Ruhr machte dann rasch diese Hoffnung zuschanden. Die Kohlenerzeugung fiel auf 215 000 Tonnen zurück – ein Stand, den sie seit Wochen nur gerade behauptet – und die wiederangelaufene industrielle Produktion geriet überall erneut ins Stocken.[46a]

---

[46] Zum Punktsystem vgl. Dok.Nr. 2, TOP 7 und Dok.Nr. 12, Anm. 10.
[46a] Vgl. die Angaben zur arbeitstäglichen Kohlenproduktion für 1946/1947 in: Dok.Nr. 4, Anm. 22a.

Heute muß wohl in erster Linie folgende Frage beantwortet werden: Handelt es sich bei dieser neuerlichen Produktionskrise nur um eine vorübergehende, überwindbare Störung? Läßt sich also wenigstens der Anschluß an den im vorigen Herbst erreichten Stand der Produktion, der ja kaum die dringendsten Bedürfnisse der Wirtschaft deckte, bald wieder erreichen, und kann die deutsche Wirtschaft wenigstens an den "Level of Industry" herangebracht werden, wie er den Besatzungsmächten vorschwebt? Es ist heute nur noch möglich, diese Frage mit einem eindeutigen Nein zu beantworten und als Ergebnis einer nüchternen und vorurteilsfreien Untersuchung festzustellen, daß die deutsche Wirtschaft unter dem Gesetz eines Niedergangs und Kräfteschwundes steht, den sie aus eigener Kraft nicht aufzuhalten vermag. Das Blut der Wirtschaft ist die Kohle. Von der zur Verfügung stehenden Menge hängt der Umfang der möglichen Produktion an Grundstoffen, insbesondere Eisen, NE-Metallen[47], Chemikalien, Baustoffen, Papier usw. und hängt damit auch der Umfang der möglichen industriellen Fertigerzeugung ab. Aus der Kohlenmenge, über die wir disponieren können, muß aber nach übereinstimmender Meinung aller verantwortlichen Kreise in diesem Jahre der Hausbrand mit Vorrang versorgt werden. Bei meinem Vorgehen in Minden hat man mir den Vorwurf gemacht, daß ich den Weg des geringsten Widerstandes ginge; ich opfere die Wiederbelebung der Wirtschaft lediglich der Popularität. Gegen diesen Vorwurf muß ich mich mit aller Entschiedenheit verwahren. Keine deutsche Regierung und keine deutsche Partei kann die Verantwortung dafür übernehmen, das ausgehungerte und gesundheitlich so sehr geschwächte Volk noch einmal einen Winter ohne geregelte Hausbrandversorgung zu lassen. Jede Planung, die das versuchen sollte, wäre von vorneherein zum Scheitern verurteilt, weil die Selbsthilfe der Bevölkerung, Diebstahl, Beraubung und Schwarzbezug, Grauer Markt usw. jeden Verteilungsplan über den Haufen werfen würde. Bei dem jetzigen Stand der Kohleerzeugung und der Exportauflagen ist es aber eine völlig unlösbare Aufgabe, den Hausbrand ausreichend zu versorgen und gleichzeitig der Industrie und dem Verkehr die für eine Produktionssteigerung unerläßlichen Kohlenmengen zur Verfügung zu stellen. Bereits die Abzweigung der geringen Menge von 500 000 Tonnen Kohle im Monat für die Winterbevorratung des Hausbrandes hat uns in den vereinigten Westzonen in diesem Sommer gezwungen, die Kohlenzuteilung für die Industrie auf rund 80 Prozent des Verbrauchsstandes vom Herbst des Vorjahrs herunterzusetzen. Genaue Berechnungen haben ergeben, daß im kommenden Winterhalbjahr selbst bei einer zu erwartenden Steigerung der Kohlenerzeugung an der Ruhr auf 250 000[47a] Tonnen arbeitstäglich bei bescheidenster Versorgung des Hausbrandes und bei Aufrechterhaltung der jetzigen Exportsätze für die Industrie unzureichende Kohlenmengen übrig bleiben werden. Nach genauen Vorausschätzungen der neben einer minimalen Hausbrandversorgung möglichen Kohlenzuteilung an die Industrie wird die damit herstellbare Industrie-Erzeugung bis zum 1. April 1948 den bisherigen Höchststand vom Oktober 1946 nicht erreichen. Während des kommenden Winters wird die Industrieproduktion nur rund 25 bis 30 Prozent der Erzeugung von 1936 betragen können. Im Osten Deutschlands liegen die Verhältnisse nicht viel anders. Die 60 Prozent der Brikettproduktion, die früher in den Hausbrand flossen, dienen heute dort der Aufrechterhaltung des Verkehrs und der Stromerzeugung und können auf keine Weise anderweitig ersetzt werden.

Man kann einwenden, daß dieses hoffnungslose Bild dann nicht mehr zutreffen würde,

---

[47] Ministerpräsidentenkonferenz, S. 51, nur „Metalle".
[47a] Vorlage irrtümlich 25 000 Tonnen.

wenn es gelänge, die Kohlenproduktion zu steigern. Was den Osten Deutschlands angeht, so scheint nach den vorliegenden Unterlagen die Grenze für eine mögliche Steigerung der Produktion der Braunkohlengruben bereits weitgehendst erreicht zu sein. Für die Ruhr dagegen ist in der Tat die Hoffnung nicht unbegründet, daß bei Wiederherstellung einer normalen Nahrungsmittelversorgung des gesamten Ruhrgebiets das Punktsystem wieder zum Tragen kommt und die Produktion sich steigern ließe. Demgegenüber muß aber befürchtet werden, daß die Transportschwierigkeiten diese Hoffnungen auf eine bessere Kohlenversorgung weitgehend zunichte machen werden.[48] Selbst heute, in der günstigen Verkehrszeit, ist die Reichsbahn nicht imstande, die geringe Kohlenerzeugung reibungslos in die revierfernen Gebiete zu befördern. Überall im vereinigten Gebiet stauen sich trotz des Tiefstandes der Produktion die nicht abtransportierbaren Massengütern. Die Kohlenhalden wachsen,[48a] in Zementfabriken wartet der Zement auf Abtransport. Allein bei den Hüttenwerken an der Ruhr liegen noch vom Winter her 150 000 Tonnen Eisen, die nicht ihren Weg in die leeren Läger der Verbraucher finden können. Der Wagenpark der Reichsbahn ist durch die Winterschäden und den ständigen Abfluß ins Ausland um 25 Prozent niedriger als im April 1946. Die Reparaturmöglichkeiten sind durch den Tiefstand der Erzeugung an allen erforderlichen Produktions-Hilfsmitteln so begrenzt, daß die Hoffnung, den Verkehrsapparat in diesen wenigen Monaten bis zum Einsetzen des großen Herbst- und Winterverkehrs voll leistungsfähig zu machen, nur gering veranschlagt werden kann. Kohlenkrise und Transportkrise werden also in unglückseligem Zusammenwirken auf absehbare Zeit den Spielraum der deutschen Wirtschaft aufs schärfste einengen und begrenzen.

Obwohl jede auch nur geringfügige Besserung für diese beiden Engpässe der deutschen Wirtschaft mit allen Mitteln angestrebt werden muß, können isolierte Hilfsmaßnahmen die Krise höchstens mildern, nicht aber eine wirkliche Wiedergesundung einleiten. Hinter diesen alarmierenden Symptomen sind die tieferen Ursachen darin zu suchen, daß die deutsche Wirtschaft aus einer Krise in die andere taumelt und sich aus ihrer tiefgreifenden Lähmung nicht erholen kann. Dabei ist zunächst festzustellen, daß das Gleichgewicht innerhalb der Produktion, mit dem eine so differenzierte arbeitsteilige Wirtschaft wie die deutsche steht und fällt, heute völlig gestört ist. Der Luftkrieg und die Demontagen haben die einzelnen Glieder und Zweige der Wirtschaft ganz ungleich getroffen. Es sind gerade die wichtigsten, die Schlüsselindustrien, am stärksten beeinträchtigt worden. So wie das schwächste Glied in der Kette ihre Haltbarkeit bestimmt, so ist in einer arbeitsteiligen Wirtschaft der niedrigste Produktionsstand auf einem einzelnen Gebiet für das erreichbare Produktionsniveau der gesamten Wirtschaft maßgebend. Das mag bei einem Produktionsindex von 30 Prozent des Normalstandes noch nicht überall durchschlagen, wird sich aber bei jedem kleineren Anstieg sofort bemerkbar machen. Diese Disproportionalität im inneren Gefüge der Wirtschaft, wie sie aus den Kriegsfolgen resultiert, wird nun noch gesteigert durch die Abschnürung der deutschen Wirtschaft vom Weltmarkt und die Zerreißung Deutschlands in getrennte Wirtschaftsgebiete durch die Zonengrenzen, und weiter durch die selbständige Wirtschaftspolitik, wie sie heute selbst innerhalb der Zonen die einzelnen Länder als zwangsweisen Ausfluß ihrer neugewonnenen politischen Selbständigkeit betreiben. Der Verkehr über die Zonengrenzen ist heute auf rund fünf Prozent des Normalstandes zurückge-

---

[48] Vgl. „Die Krise in der Verkehrswirtschaft. Eine Stellungnahme der Gewerkschaften der britischen Zone." Hrsg. vom Wirtschaftswissenschaftlichen Institut der Gewerkschaften, Köln (1947) (BA ZSg. 1-31/1 (53)). Ferner, Emminger, Wirtschaftsplanung, S. 156-157.

[48a] Zahlen zur Entwicklung der Kohlenhalden für 1946/1947 in: Monthly Report, Dez. 1947, Appendix 2 f.

gangen[48b], mit dem Ergebnis, daß überall rechts und links der Zonengrenze Kapazitäten lahmliegen oder kostspielige Produktions-, Transport- und Versorgungsumwege beschritten werden müssen. Die Einfuhr ausländischer Rohstoffe und Produktionsmittel ist auf einen Tiefstand zurückgegangen, der sich in Prozentsätzen überhaupt kaum ausdrücken läßt. Die unglückselige Autarkiepolitik des Nationalsozialismus – damals immerhin für einen Großraum gedacht – wird uns damit für den verbliebenen und überdies zerstörten Kleinraum unserer Wirtschaft aufgezwungen mit all ihren bekannten Erscheinungen der Unwirtschaftlichkeit, der Fehlinvestition usw. Darüber hinaus macht in weiten Teilen Deutschlands der beträchtliche Einsatz von deutschen Wirtschaftskräften für fremde Rechnung es praktisch unmöglich, aus dem verbliebenen Rest an Produktionskräften einen funktionierenden wirtschaftlichen Organismus wieder herzustellen. Diese Beanspruchungen wirken naturgemäß auch auf die Gebiete zurück, die von solchen Eingriffen nicht unmittelbar betroffen sind, indem sie ein Wiederanlaufen der früheren Austauschbeziehungen unmöglich machen.

All diese Disproportionalitäten im Produktionsgefüge sind deswegen so schwerwiegend, weil der deutschen Wirtschaft jede Anpassungsfähigkeit verlorengegangen ist. Der entscheidende Produktionsfaktor, die Arbeit, ist unter den gegenwärtigen Lebensbedingungen in Deutschland praktisch nicht zu verlagern. So liegen die Flüchtlingsmassen in Schleswig-Holstein, Bayern oder Mecklenburg für die Wirtschaft weitgehend brach, während die Grundstoffindustrie an der Ruhr oder die Textilfabriken in Westdeutschland oder die Häfen Hamburg und Bremen mangels Arbeitskräften ihre Produktion nicht steigern können.

Vor allem aber wird die innere Elastizität der Wirtschaft dadurch immer geringer, daß an allen Stellen die Produktionsreserven ihrem Ende entgegengehen. Wenn die Wirtschaft sich im vorigen Jahr scheinbar verhältnismäßig schnell erholen konnte, so nur deswegen, weil in allen Stufen noch auf beträchtliche Bestände zurückgegriffen werden konnte. Heute sind diese Vorräte fast vollständig erschöpft. Die schweren Produktionsausfälle dieses Winters haben dazu den Nachschub überall unterbrochen. Eine Wirtschaft, die in allem und jedem von der Hand in den Mund lebt, ist aber dauernden Störungen ausgesetzt. Immer wieder erleben wir es, wie kleinste Versorgungslücken große Produktionen lahmlegen, womit dann weiterwirkend wieder an anderer Stelle neue Lücken aufgerissen werden. Diese Ausblutung der Wirtschaft an allen Reserven kann gar nicht schwer genug beurteilt werden; denn sie wirkt wie eine Schraube ohne Ende. Die Produktion hat einen Tiefstand erreicht, bei dem es praktisch nicht mehr möglich ist, wenigstens ein „Gleichgewicht des Mangels" herzustellen. Bei der tausendfältigen inneren Abhängigkeit aller Produktionsgänge voneinander führt aber jede, auch nur vorübergehende, ungenügende Produktion an einer Stelle, wenn keine Reserven zur Überbrückung mehr vorhanden sind, sofort zu Produktionshemmungen und Rückgängen an anderer Stelle u. s. f.

Was für den Produktionssektor der Wirtschaft gilt, gilt in gleicher Weise für den Verbrauchssektor. Auch hier konnte die arbeitende Bevölkerung bislang noch weitgehend von Verbrauchsgutreserven zehren. Jetzt sind die Reserven – Schuhe, Arbeitskleidung usw. – weitgehend aufgebraucht und das Fehlen jeglichen Nachschubs aus der laufenden Produktion und Verteilung schlägt sich nunmehr unmittelbar in rückläufiger Arbeitsfähigkeit und Arbeitswilligkeit nieder. Auch hier also das gleiche Bild: weil die Produktion unzureichend ist, wird sie immer unzureichender. Aus diesen Zusammen-

---

[48b] Zur Entwicklung des Interzonenhandels vgl. Kapitel I 2 der Einleitung.

hängen folgt zwangsläufig, daß jede Hilfe und Besserung zunächst scheinbar nutzlos verpuffen muß, insbesondere wenn sie nur in kleinen Dosen gegeben wird. Eine wirkliche Gesundung erfordert überall in der Wirtschaft minimale Reserven und Polster, die künftig erst wieder aufgebaut werden müssen, ehe die Versorgung der Bevölkerung oder die Ausfuhr nachhaltig vermehrt werden kann.
Der Gesundungsprozeß wird umso langwieriger und kostspieliger, je länger er hinausgezögert wird.
Das Tragische ist, daß von einem bestimmten Tiefstand der Erzeugung an jede Möglichkeit schwindet, durch planmäßige Konzentration der Produktivkräfte auf die entscheidenden Engpässe die Wirtschaft aus der Lähmungskrise herauszureißen. Es ist dann einfach keine Masse mehr da zum Umdisponieren. Wenn die Produktion erst einmal ein gewisses Minimum unterschritten hat, dann ist alles, was überhaupt produziert wird, gleich lebenswichtig. Es ist hier heute morgen schon von der Priorität der Ernährungswirtschaft gesprochen und eine berechtigte Forderung aufgestellt worden. Bitte, meine Herren Ministerpräsidenten, fragen Sie einmal Ihre Wirtschaftsminister, wer eine erste Priorität haben müßte! Sie werden wahrscheinlich über die lange Liste erstaunt sein und zu der Überzeugung gelangen, daß man noch Prioritäten der Priorität schaffen müßte und selbst dann noch nicht zurecht käme. Jede Heraushebung von Prioritäten versagt bei einer solchen Sachlage oder führt nur dazu, daß neue Lücken entstehen, die bei der inneren Abhängigkeit aller Produktionsgänge voneinander ihrerseits wieder die Verwirklichung der beabsichtigten Prioritäten gefährden. Ein sehr drastisches Beispiel für diese Zusammenhänge: Wir sind beim Verwaltungsrat für Wirtschaft in Minden entschlossen, der Reichsbahn für die Beschleunigung der Waggon-Reparaturen, von der schlechterdings die Abwehr der drohenden Verkehrskatastrophe in diesem Winter abhängt, jede Menge Eisen verfügbar zu machen, die sie für diesen Zweck benötigt. Dies scheitert jedoch am Tiefstand der Eisenproduktion; denn bei der jetzigen geringen Produktion ist es ohne einen ständigen Wechsel der Walzprogramme einfach unmöglich, alle von der Reichsbahn benötigten Sorten und Qualitäten fristgerecht bereitzustellen. Ich erinnere mich sehr gut, daß mein Vater vor vielen Jahren sehr häufig den Ausdruck gebrauchte: Die Armut kommt von der pauvreté. Ich habe ihn damals und lange Zeit nicht verstanden. Heute verstehe ich ihn. Der Satz: die Armut kommt von der pauvreté tritt auch in anderer nicht minder verhängnisvoller Weise im deutschen Wirtschaftsschicksal unserer Tage in Erscheinung. Der Tiefstand der Produktion auf allen Gebieten mit der daraus resultierenden minimalen Ausnutzung der vorhandenen Kapazitäten führt zwangsläufig zu einer denkbar unrationellen Verwendung unserer knappsten Grundstoffe. Das tritt besonders kraß bei der Kohle in Erscheinung. Die einfache Gegenüberstellung, daß wir heute mit 60 Prozent der Kohle von 1936 nur 30 bis 35 Prozent der Produktion von 1936 erzeugen, macht klar, worum es hier geht. Um es doch im einzelnen zu illustrieren: Der Selbstverbrauch der Zechen, der 1936 ca. 84 kg je geförderte Tonne Kohle betrug, stellt sich heute auf 204 kg, also auf das 2 1/2-fache. Die Reichsbahn verbraucht heute je 1000 Lok-Kilometer 24 Tonnen gegenüber 14 Tonnen Kohle 1936. Für die Herstellung von 1000 Stück Ziegeln wurden 1936 im Durchschnitt 250 kg Kohle und heute 560 kg verbraucht; für 1 kg Leder heute 1,5 kg Kohle, früher 1 kg usw. Die Ursachen liegen einmal in der einfachen Tatsache, daß jeder Betrieb für die laufende Aufrechterhaltung ganz unabhängig von dem Ausmaß der Produktion eine gewisse Grundlast an Dampfkraft und Heizung braucht, zum anderen liegen sie in der schlechten technischen Verfassung der Feuerungseinrichtungen. Was für die Kohle gilt, trifft, wenn auch nicht ganz so kraß, auch für die anderen Grundstoffe zu.

Der Zwang des Mangels führt auch noch zu anderen, wirtschaftlich sinnlosen Verschwendungsvorgängen. Es ist wirtschaftlich unsinnig, Braunkohlenbriketts in Dampflokomotiven zu verwenden oder Steinkohlen-Kraftwerke mit Braunkohlen zu betreiben, wie es heute im Osten geschieht. Es ist ebenso unsinnig Millionen von Kubikmetern nasses Holz in Kachel- und Steinkohlenöfen zu verbrennen, mit der sicheren Aussicht, in wenigen Jahren kein Gruben-, Faser- und Bauholz mehr zur Verfügung zu haben. Und es geschieht doch, weil es aus der Not des Tages heraus geschehen muß.

Was schließlich den Produktionsfaktor Mensch angeht, so liegen die Verhältnisse nicht minder tragisch. Einmal fehlen der deutschen Wirtschaft heute die Millionen bester Arbeitskräfte, die der Krieg verschlungen oder noch nicht wieder herausgegeben hat, und für die Flüchtlinge kein Ersatz sind. Vor allem aber ist die Arbeitsfähigkeit durch die lang anhaltende Unterernährung in ständigem Absinken. Die Stundenleistung liegt heute überall da, wo sie nicht weitgehend von der Maschine bestimmt ist, unter 50 Prozent, für Hamburg habe ich festgestellt, daß sie bei 35 Prozent liegt. So hat der Gewerkschaftsbund unlängst festgestellt, daß für die Erstellung von einem Kubikmeter Mauerwerk früher zwei Maurer und ein Handlanger eine Stunde gearbeitet haben, heute dagegen mehr als die doppelte Anzahl dieselbe Zeit arbeiten muß. Daneben haben sich die Stundenausfälle durch höhere Krankheits- und Feierschichten beträchtlich erhöht. Wenn man dann noch die innerbetrieblich bedingten, vor allem durch die Unregelmäßigkeit des Materialzuflusses, durch die Mängel in der Qualität der Grundstoffe, durch Maschinenstörungen usw. verursachten Ausfälle von Arbeitsstunden hinzurechnet, so wird die groteske Situation erklärlich, daß trotz annähernd gehaltener Beschäftigungszahl die Produktion heute – wenigstens in den vereinigten Westzonen – nur bei einem Drittel von 1936 liegt, und in vielen Sparten trotzdem über Mangel an Arbeitskräften geklagt wird. Dieses Mißverhältnis illustriert schreiend den ungeheuren Leerlauf der heutigen Wirtschaft und ist durch nichts anderes zu beheben, als durch eine ausreichende Ernährung der arbeitenden Bevölkerung. Genauso wie eine Dampfmaschine nur so viel Leistung hergibt, wie ihr an Wärmeeinheiten zugeführt werden kann, so kann auf die Dauer auch der Mensch und die menschliche Gesellschaft nur so viel arbeiten, wie ihr an Kalorien über den reinen Erhaltungsbedarf hinaus zur Verfügung stehen.

Es soll freilich nicht übersehen werden, daß neben der rein physischen Arbeitsunfähigkeit auch der Arbeitswille als Produktionsfaktor eine große Rolle spielt. Dieser Arbeitswille ist heute im langsamen Erlöschen. Das kann nicht überraschen: Nach dem ungeheuren Kräfteverschleiß, nach all den Opfern und Verzichten, die Aufrüstung und Krieg von den arbeitenden Menschen verlangt haben, nach zwei Jahren vergeblicher Hoffnung auf eine Besserung ist heute die psychologische Grenze erreicht, wo von einfachen Menschen nicht mehr erwartet werden kann, daß er das Restchen Arbeitskraft, das ihm verblieben ist, ohne besondere Not noch hergibt. Hoffnungslosigkeit und Verbitterung haben nach all den traurigen Erfahrungen ein tragisches Ausmaß erreicht und töten heute den letzten Rest von Arbeitsfreude und Arbeitswilligkeit.

Was für den einzelnen Arbeiter und Angestellten gilt, trifft in gleicher Weise auch für den Unternehmer zu. Der tägliche erbitterte Kampf um fehlende Roh- und Hilfsstoffe, versagende Maschinen, ausbleibende Energie, der Papierkrieg mit den Behörden und vieles andere absorbieren die besten Kräfte des Unternehmens und lähmen allmählich jede Initiative. Die Unmöglichkeit, den laufenden Verschleiß der Maschinen und Anlagen zu ersetzen, führt zu der verständlichen Reaktion, daß der Unternehmer, um die

Lebensfähigkeit seines Betriebes möglichst in die Länge zu ziehen und seine Substanz zu erhalten, an einer Produktionssteigerung einfach nicht mehr interessiert ist. Auch hier erleben wir wieder die unheimliche Progression des Negativen: Weil nicht genügend produziert wird, wird immer weniger produziert.

Diese Entwicklung wird noch ins Unerträgliche gesteigert durch zwei entscheidende Faktoren: die geltende Steuergesetzgebung und ihre verheerenden Wirkungen und durch die Geldordnung. Die Steuergesetzgebung lähmt jeden Anreiz zur Mehrarbeit, zur Mehrproduktion und, was besonders schwerwiegend ist, zur rationellen Betriebsführung. Die Kapitalbildung, die Voraussetzung für die dringend notwendigen Wiederherstellungs- und Anpassungsinvestitionen, wird praktisch völlig ausgeschlossen. Wenn trotzdem die Produktion noch weiterläuft, so nur dank der großen Geldreserven, die das Erbe des Krieges sind und insoweit die damalige Kreditschöpfung immer wieder erneuern. Die negativen Folgen dieses Geldüberhanges wiegen freilich bedeutend schwerer. Ich kann auf diese Frage aus sehr naheliegenden Gründen hier nur andeutungsweise eingehen.

Nach all dem kann es nicht überraschen, daß die Wirtschaft zunehmend dem lenkenden Einfluß der staatlichen Verwaltung zu entgleiten droht. Es ist ein längst erkanntes Gesetz, daß die Verteilung umso schlechter funktioniert, je niedriger der Versorgungsstand ist. Kann der einzelne oder der Betrieb sein Existenzminimum nicht mehr auf Grund der staatlichen Zuteilungen decken, so nimmt er sich das Recht der Selbsthilfe, im extremen Fall bis zum Diebstahl. Diese „Moral der tausend Kalorien", wie sie Agartz treffend genannt hat, ist letztens stärker als jede staatliche Gewalt. Sie hat dazu geführt, daß ein immer größerer Strom der Produktion seinen Weg außerhalb der regulierten Kanäle der Bewirtschaftung gesucht und gefunden hat, und daß damit die staatliche Wirtschaftsapparatur immer mehr die Möglichkeit verliert, auf den wirtschaftlichen Ablauf überhaupt noch gestaltend Einfluß zu nehmen. Auch hier gilt wieder das gleiche Gesetz von der Progression des Negativen: je mehr Ware der Bewirtschaftung entgleitet, umso ungleichmäßiger wird die Versorgung, umso geringer wird die Normalzuteilung, umso größer wird der Kreis derjenigen, die zur nackten Behauptung der Existenz zur Selbsthilfe greifen und greifen müssen.

Der Vorwurf, den die Besatzungsmächte der deutschen Verwaltung machen, daß sie ihrerseits nicht imstande wäre, durch richtige Bewirtschaftung und lückenlose Erfassung der einreißenden Anarchie Herr zu werden und die Versorgungskatastrophen aufzufangen, ist im tiefsten völlig unberechtigt. Keine Verwaltung der Welt wäre imstande, mit demokratisch vertretbaren Methoden bei dem jetzigen Tiefstand der Versorgung Deutschlands mit Lebensmitteln, Konsumgütern, Rohstoffen und Betriebsmitteln die Strenge des Gesetzes aufrecht zu erhalten. Für den Tiefstand unserer Wirtschaft kann die gegenwärtige deutsche Verwaltung wirklich nicht verantwortlich gemacht werden. Die industrielle Produktion reicht – das ist das Ergebnis unserer Analyse – wenigstens im vereinigten Gebiet, gerade aus, um die Ernährungswirtschaft, die öffentlichen Versorgungsbetriebe und die Verkehrswirtschaft am Leben zu erhalten. Was die Grundstoff- und Fertigindustrien erzeugen, ist nicht viel mehr, als diese drei Wirtschaftszweige zu ihrer Erhaltung benötigen. Wir sind darüber hinaus nicht nennenswert imstande, die schlimmsten Kriegsschäden zu beheben oder den laufenden Verschleiß zu ersetzen, und wir sind noch weniger imstande, Konsumgüter für die Versorgung unserer Bevölkerung in nennenswertem Umfang zu erzeugen.

Ministerpräsidentenkonferenz München 6./7. 6. 1947 Nr. 32 A

Dieser Tatbestand eines reinen Vegetativstadiums unserer Wirtschaft wird deutlich illustriert durch den Stand der Eisenversorgung. 1936 – also bei noch unbedeutender Rüstungsproduktion – wurden im Altreich fast 20 Millionen Tonnen Rohstahl erzeugt, heute dagegen drei Millionen Tonnen im Jahr. Wir können also höchstens den sechsten Teil einer Normalversorgung an Eisen aus der heutigen Produktion befriedigen. Was das bedeutet, zeigen am besten zwei Ziffern; die Reichsbahn, die noch mitten im Kriege in den beiden Westzonen im Jahr 350 000 Tonnen Eisen und Stahl zugeteilt erhalten hat, kann heute trotz der Vordringlichkeit ihrer Reparaturansprüche nur 70 000 Tonnen erhalten. Für die Versorgung des privaten Verbrauchs an Eisenwaren – Haushaltsgeräte, Betten, Öfen, Fahrrädern, Nähmaschinen usw. – stehen für eine Bevölkerung von 40 Millionen – darunter reichlich die Hälfte Flüchtlinge und Ausgebombte – ganze 7 000 Tonnen im Quartal zur Verfügung, eine Menge, wie sie früher eine größere Stadt für sich allein gebraucht hat. Unsere Absicht, wenigstens den dringendsten Bedarf an den Kleinartikeln des täglichen Gebrauchs durch ein Pfennigartikelprogramm[49] zu befriedigen, hat sich trotz aller Bemühungen bis heute nur in den Ansätzen verwirklichen lassen.

Die Ministerpräsidenten der vereinigten Zonen haben vor einiger Zeit ein Versorgungsnotprogramm[50] entworfen, um die lebenswichtige Mindestversorgung der Bevölkerung sicherzustellen. In diesem Programm wird neben einer ausreichenden Hausbrandversorgung die Versorgung der arbeitenden Bevölkerung, der Flüchtlinge und Ausgebombten und der Kinder mit Schuhwerk, Bekleidung, Hausrat, Seife und Waschmitteln gefordert und diesem Notprogramm der Vorrang vor allen anderen wirtschaftlichen Aufgaben gegeben. Wie ich eben dargestellt habe, schließt bei dem jetzigen Stand der Kohlenförderung und der Verkehrslage allein eine ausreichende Hausbrandversorgung praktisch jede nennenswerte industrielle Produktion für andere Zwecke als Ernährung, Verkehr und Versorgungsbetriebe aus. Für die Aufrechterhaltung der Seifenerzeugung durch synthetische Fettsäuregewinnung sind allein eine Million Tonnen Kohle im Jahr zusätzlich notwendig. Um Schuhe und Textilien zusätzlich bereitstellen zu können, was nur aus importierten Rohstoffen möglich ist, müßten für unsere Exportindustrien Hunderttausende Tonnen Kohle direkt oder indirekt freigemacht werden. Solange wir bei dem jetzigen Stand der Kohlenversorgung selbst unserer Düngemittellindustrie nur 50 Prozent des Bedarfs zuteilen können und damit unsere zukünftige Nahrungsmittelversorgung entsprechend beschneiden müssen, besteht keine Hoffnung, die Herstellung von Konsumgütern zu steigern.

Die deutsche Wirtschaft befindet sich in einer tiefgreifenden Lähmungskrise. Wenn ihre Lebensbedingungen nicht sehr rasch und sehr einschneidend geändert werden, ist eine fortschreitende Schrumpfung unaufhaltsam. Selbst der heutige Tiefstand der Wirtschaft wird nur gehalten durch ein ständiges Leben von der Substanz, gleichgültig, ob es sich dabei um die Produktionsanlagen, die letzten Vorräte, den Wald, den Konsumgutbestand oder die Arbeitskraft der Bevölkerung handelt. Dieser Raubbau hat einmal ein Ende. Er führt vor allem dazu, daß die Produktionsbedingungen von Monat zu Monat schlechter werden, weil immer mehr Kapazitäten mangels Ersatz ausfallen. Mit Recht

---

[49] Zum Pfennigartikel-Programm vgl. Dok.Nr. 10 A, Anm. 17.
[50] Das Versorgungsnotprogramm war auf der Ministerkonferenz in Wiesbaden beschlossen worden. Vgl. Dok.Nr. 8.

Nr. 32 A   6./7. 6. 1947   Ministerpräsidentenkonferenz München

hat der bekannte Betriebswirtschaftler Professor Röpke[51] in Genf unlängst betont, daß die Kosten der wirtschaftlichen Wiederbelebung Deutschlands in geometrischer Progression wachsen, je weitere Fortschritte die Ausblutung macht und je länger man mit einer durchgreifenden Hilfe wartet.

Keine deutsche Verwaltung kann zur Zeit mehr tun als diesen Auszehrungsprozeß verlangsamen; einen wirklichen Wandel schaffen kann sie nicht. Alle die Ursachen, die die deutsche Wirtschaftsnot bedingen – der Hunger, die fehlenden Rohstoffzufuhren, die wirtschaftstötende Steuergesetzgebung, die wirtschaftliche Unsicherheit im Hinblick auf Demontagen, Reparationen usw. können nur durch die Besatzungsmächte abgestellt werden und erst dann, wenn das geschehen ist, kann die deutsche Verwaltung wieder mit Verantwortung und Planmäßigkeit handeln.

Meine Damen und Herren! Ich habe von der deutschen Wirtschaftsnot berichtet. Was ist Deutschland? Deutschland ist heute nicht mehr als ein historisch geographischer Begriff, nichts anderes als ein einziges grausiges Trümmerfeld, dem nichts mehr gemeinsam ist als die Not. Dieses Trümmerfeld aber ist das Herz Europas, nach wie vor, und dieses Europa war einmal ein lebendiger Organismus, durch tausend Fäden der Geschichte, der Kultur und der Wirtschaft unlösbar, glücklich-unglücklich verbunden. Wir fragen: Wie soll Europa gesunden, wenn sein Herz schwer krank bleibt, wenn es nicht geschont wird, und wenn man ihm nicht die Injektionsspritzen gibt, die es braucht, um wieder kräftiger zu schlagen? Die Zeit ist vorbei, wo Europa der Welt die Ordnung gab. Aber auch die neuen Mächte, die heute den Gang der Geschichte bestimmen, können die Ordnung der Welt nicht sichern, wenn sie nicht Europa in Ordnung halten. Europa aber in Ordnung halten, heißt: Deutschland am Leben erhalten! (Beifall.)

[*Ehard* dankt und erteilt Min. Hilpert das Wort]

[9. Finanz- und Steuerfragen]

Hilpert: Herr Präsident, meine Damen und Herren! Auch auf dem Gebiete der öffentlichen Finanzen fordert die Not unseres ganzen Volkes schnell durchgreifende Maßnahmen. Man soll sich durch die hier und da auch veröffentlichten Bestände in den öffentlichen Kassen nicht täuschen lassen. Bei allen finanzpolitischen Maßnahmen müssen wir bereits jetzt, wo wir uns noch im Schaumbad der Millionen bewegen, versuchen, den Blick hinter den Vorhang zu werfen, der einmal reißt und uns dann zeigt, daß wir unnachsichtig auf den dürren, steinigen Boden unserer Armut geworfen sind. Deshalb erscheint es notwendig, bei allen finanzpolitischen Maßnahmen zwischen Dingen zu unterscheiden, die wohl sofort geändert werden müßten, wenn wir uns moralisch und materiell für den kommenden Winter vorbereiten wollen, und solchen Fragen, die zweifellos noch einer längeren Erörterung bedürfen.

---

[51] Prof. Wilhelm Röpke, 1899–1966, Volkswirtschaftler, vielfach als „Vater der sozialen Marktwirtschaft" bezeichnet, analysierte in vielbeachteten Zeitungsartikeln in der Neuen Zürcher Zeitung und in wissenschaftlichen Publikationen die politische und wirtschaftliche Lage Deutschlands nach 1945. Sen. Borgner dürfte sich hier auf Röpkes Aufsatz „Deutschlands Zukunft" beziehen, der zunächst in der Neuen Zürcher Zeitung und dann in dem Buch The Solution of the German Problem, New York 1947, erschien. Abdr. auch in: Wilhelm Röpke, Gegen die Brandung, Zeugnisse eines Gelehrtenlebens unserer Zeit. Gesammelt und hrsg. von Albert Hunold, Zürich und Stuttgart 1959, S. 173–187.
Zu Röpkes Bedeutung für die politische Meinungsbildung in der Nachkriegszeit vgl. auch Schwarz, Vom Reich zur Bundesrepublik, S. 393–401.

Seit dem 1. Januar 1946 sind die sog. Kontrollratsgesetze[52] in Kraft. Diese Kontrollratsgesetze haben – und das ist angesichts der Zerrissenheit, die wir auf vielen anderen Gebieten feststellen müssen, doch wertvoll, festgehalten zu werden, – eine Einheitlichkeit in der Grundsatzsteuergesetzgebung festgelegt. Nichts wäre gefährlicher, als wenn etwa jetzt zu allem anderen noch Steueroasen und Steuerwüsteneien das Bild der Zerrissenheit unseres deutschen Vaterlandes kennzeichnen würden.

Diese grundsätzliche Einheitlichkeit findet aber – das müssen wir mit Bedauern feststellen – in praxi keineswegs überall auch einen einheitlichen Ausdruck. Ich erinnere nur an die so ominösen Fragen des Lohnsteuerabzugs der 39 Mark,[52a] an den Abzug der Vermögenssteuer, an die sehr bedenkliche, immer mehr um sich greifende Regelung der Besteuerung zonenmäßig getrennter Betriebe nach dem Territorialprinzip, was dazu führen kann – und das ist bei dem gegenwärtigen Steuerdruck unerträglich – daß unter Umständen ganze Betriebseinheiten nicht in der notwendigen Form zur Besteuerung herangezogen werden. Ich erinnere nur an diese Fälle, um zu zeigen, wie groß trotz der Einheitlichkeit in der Grundsatzgesetzgebung immer und immer wieder die Gefahr ist, daß sich auch hier zonenmäßige Eigentümlichkeiten herausbilden.

Diese Kontrollratsgesetze waren von Anfang an – das geht aus der Präambel hervor –, dazu bestimmt, durch eine wesentliche Erhöhung der Steuern – in einem Ausmaß, daß man oft im Zweifel sein kann, ob man das noch als Steuern bezeichnen kann – den Ausgleich der öffentlichen Etats als einer wesentlichen Grundlage für eine künftige Währungsreform herbeizuführen und die überschüssige Kaufkraft, das vagabundierende Geld in etwa abzusaugen. Das erste Ziel eines gewissen Ausgleichs der Haushalte darf, soweit ich die Dinge innerhalb der Zone, der ich angehöre, übersehen kann, wohl als erfüllt angesehen werden. Allerdings muß dabei wohl auch bei dieser Gelegenheit zum Ausdruck gebracht werden, daß der Ausgleich der Etats als Voraussetzung für eine Währungsreform nur eine sehr, sehr relative Bedeutung hat, weil wir ja gar nicht wissen, wie unsere öffentliche Etatgestaltung sich vollziehen soll, wenn einmal die Währungsreform da ist, weil wir nicht wissen, welche Notwendigkeiten uns dann begegnen. Es sollte aber darüber hinaus eine Interimslösung sein. Sie sollte einen sehr beschränkten relativen Ewigkeitswert haben.

In der Zwischenzeit sind diese Steuersätze seit nunmehr eineinhalb Jahren in Kraft. Sie haben eigentlich folgendes ergeben: Das zweite Ziel der Verminderung des Überhangs an vagabundierendem Geld scheint mir nicht erreicht zu sein. Man hat geglaubt, die Kaufkraft dadurch absaugen zu können, daß man den werktätigen Menschen, der unter dem vollen Druck dieser Steuern steht, in zunehmendem Maße belastet hat, ohne daß es gelungen ist, in irgendwelchem nennenswerten Maße – ich möchte einmal sagen – das Kapital des Schwarzen Marktes zu treffen. Die außerordentlich überhöhten Steuer-

---

[52] Gemeint sind: Gesetz Nr. 12, Änderung der Gesetzgebung in bezug auf Einkommenssteuer, Körperschaftssteuer und Gewinnabführung vom 11. 2. 1946, Amtsbl. KR Nr. 4, S. 60–71; Gesetz Nr. 13, Änderung der Vermögenssteuer vom 11. 2. 1946, ebendort, S. 71–72; Gesetz Nr. 14, Änderung der Kraftfahrzeugsteuergesetze vom 11. 2. 1946, ebenda, S. 73–76.

[52a] Nach den Lohnsteuertabellen aufgrund des KR-Gesetzes Nr. 12 zahlten Lohnsteuerpflichtige höhere Steuern als die zur Einkommenssteuer Veranlagten. Deshalb wurde den Lohnsteuerpflichtigen in den Ländern der amerikanischen Zone (Hessen ab 1. 7. 1946, Bayern und Württ.-Baden ab 1. 10. 1946) entsprechend einer Regelung in der brit. Zone ein Pauschbetrag von 39 RM monatlich zugestanden. Diese Regelung wurde in der amerik. Zone von der MilReg. jedoch mit Wirkung vom 1. 4. 1947 außer Kraft gesetzt (vgl. Wirtschafts-Zeitung, Ausg. vom 4. 4. 1947, S. 11).

sätze haben aber weiter – das hat Herr Senator Borgner bereits in vorzüglicher Form angeführt – bewirkt, daß der Arbeitswille der werktätigen Bevölkerung und die Initiative des verantwortlichen Unternehmers aufs schwerste gelähmt worden sind, daß die Restsubstanzen unserer Unternehmungen angegriffen werden und daß – das scheint mir überhaupt ein Symptom unserer gegenwärtigen Verhältnisse zu sein – die Moral auch auf dem Gebiete der Steuern aufs schwerste erschüttert worden ist.
Deshalb will mir scheinen, daß wir schon mit Rücksicht auf die außerordentliche, absolute Belastung des arbeitenden Menschen, vor dessen Berufsheroismus wir alle mit größter Hochachtung stehen müssen, hier auf dieser Konferenz klar zum Ausdruck bringen müssen, daß die Steuersätze und insbesondere auch ganz bestimmte Steuervorschriften – ich erinnere an die Besteuerung des Weges zwischen der Arbeitsstätte und der Wohnung – entsprechend abgeändert werden, um dem arbeitenden Menschen, gleichgültig, ob er Arbeitnehmer oder Arbeitgeber ist, wirklich wieder einen Anreiz zu höchster wirtschaftlicher Leistung zu bieten.
Es wird da oft entgegengehalten, die Verminderung des Steueraufkommens durch derartige Maßnahmen sei doch eine große Gefahr. Nun, hier wird wohl für die öffentliche Finanzgebarung der Zukunft das Wort meines verehrten Freundes, des Herrn Ministers Köhler von Württemberg-Baden, Geltung haben müssen, daß der Staat hart am Rande des Defizits hinwirtschaften muß. Es ist aber weiter auch eine allgemeine Erfahrung, daß durch eine Dosierung der steuerlichen Belastung die Produktionsleistung erhöht werden kann und daß in dem Falle auch eine gewisse Besserung der Steuermoral eintritt. Beides zusammen dürfte die Befürchtungen für eine zu starke Verminderung des Steueraufkommens zu einem wesentlichen Teile illusorisch machen. Die zweite, uns alle bewegende Frage ist neben dem Sofortprogramm der Forderung der Ermäßigung der Steuersätze in dem von mir angegebenen Rahmen die Gestaltung unserer öffentlichen Etats. Wir werden ja gezwungen sein, möglichst hohe Leistungen für die derzeitigen Notwendigkeiten der Allgemeinheit aufzubringen. Wir werden uns daher schon jetzt, wo vielleicht für den oberflächlichen Beschauer der Anlaß noch gar nicht vorzuliegen scheint, mit allgemeinen Grundsätzen befreunden müssen; denn alles, was wir jetzt tun, kann sinnvoller und organischer entwickelt werden, als wenn wir eines schönen Tages, wenn der Vorhang zerrissen ist, plötzlich vor Sofortnotwendigkeiten gestellt werden, die sich dann meistens – das wissen wir ja schon aus früheren Zeiten – keineswegs durch allzu viel Sinnvolles ihrer Maßnahmen auszuzeichnen pflegen. Wir werden also – eine Binsenwahrheit – mit den Grundsätzen größter Sparsamkeit operieren müssen. Diese Sparsamkeit werden wir, soweit ich die Situation in den einzelnen Ländern kenne, nur verwirklichen können, wenn wir uns raschest mit der Frage einer weitgehenden und sinnvollen Vereinfachung unserer Verwaltung befassen; denn wir müssen ja auch sehen, dort, wo wir selbst eine gewisse Initialzündung hervorbringen können, diese auch in die Tat umzusetzen.

Meine Damen und Herren! Wir freuen uns ja, daß in den überwiegenden Teilen Deutschlands die Reichsbahn noch mehrgleisig fährt. Jeder aber wird mir zustimmen, daß es für eine Verwaltung nur dann gut ist, wenn sie eingleisig ist, wenn eine Doppelgleisigkeit bei der Erledigung dieser und jener Aufgaben durch doppelte Organisationen vermieden wird, soweit das überhaupt möglich ist. Nur dann können wir die Mittel für die Erfüllung der dem Staat in dieser noch lange andauernden Notzeit obliegenden Aufgaben einigermaßen bereitstellen.
Dazu gehört weiter noch folgendes: Wir können die Beträge für die Besatzungskosten

und alle anderen Leistungen an die Alliierten nur im Rahmen der tatsächlichen Leistungsfähigkeit des deutschen Volkes aufbringen.[53] Wir müssen nach dem jahrelangen Zustand der Ungewißheit und der Unklarheit verlangen, daß die Anforderungen der Besatzung mit dem Sozialprodukt in Einklang gebracht werden. Es will mir scheinen, als ob der Art. 56 der nach meiner Kenntnis bis heute noch nicht aufgehobenen Haager Landkriegsordnung[54] insoweit wohl einen außerordentlich wertvollen Ansatzpunkt für eine Klarstellung dieser eminent wichtigen Frage bieten könnte. Ich bin weit davon entfernt und eigentlich viel zu stark politischer Mensch, als daß ich nicht dafür Verständnis hätte, daß diejenigen, die in den zwölf Jahren von 1933 bis 1945 für das Schicksal des deutschen Volkes bestimmend waren, zweifellos sehr viel getan haben, man wäre manchmal versucht zu sagen, beinahe alles getan haben, um die derzeitigen Grundsätze des Völkerrechts mit Füßen zu treten. Ich glaube aber, wenn wir zu einer Fortentwicklung der Menschheit, zu etwas Besserem kommen wollen, wenn wir uns freimachen wollen von der Theorie des Ausgleichs vergangenen Unrechts durch eine Häufung des gleichen Unrechts, dann wird es wohl nachher noch eine Aufgabe der Konferenz sein, die in den Rahmen der Ausführungen über die Frage des Besatzungsrechts fällt, diesem Gesichtspunkt, die Anforderungen der Besatzungsmacht mit dem Sozialprodukt in Einklang zu bringen, eine ganz besondere Bedeutung beizumessen.

Bei den Finanzierungsaufgaben, die wir dann darüber hinaus zu beachten haben, erscheint es mir notwendig, dem Wiederaufbau, soweit es sich um innenpolitische und innenfinanzpolitische Maßnahmen handelt, einen besondern Vorrang zu geben. Darunter verstehe ich nicht bloß die Wiederherstellung der zerstörten Gebäude, nicht bloß die Eingliederung der Neubürger in das volkswirtschaftliche Leben, nicht bloß den dringend notwendigen inneren Lastenausgleich, der die Differenzierung zwischen den einzelnen Bürgern, die der sinnlose Krieg gebracht hat, beseitigen soll, sondern da denke ich auch an alle meine vielen Kameraden, die vom Nationalsozialismus verfolgt wurden, bei denen wir wohl auch aus der Proklamation der Wiedergutmachung zu einer tatsächlichen Wiedergutmachung in zunehmendem Maße übergehen müssen.

Meine Damen und Herren, der nachhaltige Erfolg aller finanzpolitischen Maßnahmen, wie ich sie mir kurz anzudeuten erlaubt habe, hängt natürlich von einer Neuordnung unseres Geld- und Währungswesens ab. Wir erleben es zur Zeit in einer durch die tatsächlichen Verhältnisse nicht begründeten Überspitzung, daß hier und da die Mark sehr stark zerredet wird. Ich möchte da persönlich sagen: Nichts ist falscher als das, nichts stimmt auch mit den Tatsachen so wenig überein, weil wir zwar eine gewisse Schrumpfung der Funktionen des Geldes feststellen müssen, auf vielen Gebieten aber noch eine absolute Wirksamkeit des Geldes feststellen können.

Das zweite, was ich in diesem Zusammenhang sagen möchte, ist folgendes. Zur Zeit besteht wohl eigentlich beinahe bis zur Gewißheit die Tatsache, daß diese so eminent wichtige Frage der Geld- und Währungsreform überwiegend eine Angelegenheit des Kontrollrats ist. Nun ist aber doch die Regelung unseres Geld- und Währungswesens

---

[53] Vgl. hierzu das im Druck erschienene, eingehende Gutachten von Sen. Harmssen, Reparationen, Sozialprodukt, Lebensstandard; siehe Literaturverzeichnis.

[54] Gemeint ist vermutlich nicht Artikel 56 der Haager Landkriegsordnung vom 18.10.1907 (RGBl. 1910, S. 107–151), der sich auf Eigentum der Gemeinden und der Gottesdienste, der Wohltätigkeit, dem Unterricht, der Kunst und der Wissenschaft gewidmeten Anstalten bezieht, sondern 52, der die Leistungen an Besatzungsheere in ein Verhältnis mit den Hilfsquellen des Landes setzt. (Zitiert von Min. Baumgartner am Ende seiner Ausführungen siehe TOP 10 b.)

für unsere ganze deutsche Zukunft in allererster Linie eine Frage wirtschaftlicher und sozialer, das heißt also innenpolitischer Art. Der Währungstechniker, der reine Währungsfachmann erscheint mir nur, wenn die wirtschaftlichen und politischen Notwendigkeiten eindeutig festgelegt sind, dazu berufen, diesen Dingen die währungstechnische Gestalt zu geben; denn eine gerechte und gleichmäßige Belastung des Sach- und Geldbesitzes erscheint mir für unsere ganze weitere politische Existenz unbedingt notwendig zu sein.

Nun dauert die Frage, wann wird das Geld- und Währungswesen geordnet, in ihrer Erledigung noch an, ganz abgesehen davon, daß darin die große Gefahr liegt, wie Sie ja in Ihrem täglichen Leben feststellen können, daß allmählich Ursache und Wirkung verwechselt werden. Da all das, was dem deutschen Volk bei einer Geld- und Währungsreform auferlegt werden muß, nicht mehr so restlos in seiner letzten Ursache in den wirklichen Urhebern festgestellt wird, möchte ich persönlich der Auffassung sein, daß man doch in einem von uns vorzuschlagenden Ausschuß nochmals ernsthaft die Frage prüft, inwieweit man nicht eine gewisse Zweiteilung vornehmen sollte, inwieweit man nicht doch sich zunächst bei der Ordnung unseres Geldwesens dem wirklichen Absaugen des vagabundierenden Geldes zuwenden sollte, weil die weiteren Fragen einer wirklichen Gestaltung einer Währung in den Gesichtspunkten, wie ich sie skizziert habe, doch entscheidend davon abhängen, daß wir als Volk zunächst einmal das Ausmaß, das Mindestausmaß einer wirklichen wirtschaftlichen Betätigung gesichert erhalten. Sie wissen ja, wie die Dinge in Österreich gelaufen sind.[55] Ich bezeichne das immer als eine Reform der Währung im luftleeren Raum und nichts wäre gefährlicher, als etwa jetzt, ohne daß diese wirtschaftlichen Mindestvoraussetzungen erfüllt sind, bereits eine erste Reform zu machen, der, wie das Beispiel von Österreich zeigt, dann eine zweite folgen müßte.

Ich habe mir erlaubt, angesichts der mir zur Verfügung stehenden Zeit in aller Kürze und mit aller Präzision eine Reihe von Fragen, die uns auf dem Gebiete der öffentlichen Finanzwirtschaft beschäftigen sollten, herauszuheben, und es würde mich freuen, wenn die Herren Regierungschefs auf der Basis dieser Grundgedanken, die noch in einer Resolution[56] vorgelegt werden, sich entschließen könnten, durch Einsatz eines besonderen Ausschusses[57] dafür zu sorgen, daß diese so wichtigen Fragen von jetzt ab unablässig weiterbearbeitet werden. (Beifall.)

[**10. Diskussion über die Referate zur deutschen Wirtschaftsnot**]

[a) *Eröffnung der Diskussion*]

[*Ehard* dankt Min. Hilpert für dessen Ausführungen und eröffnet die Diskussion, indem er einige Fragen anreißt: U. a. eine Beteiligung deutscher Seeleute an der Schiffahrt, Kredite, eine Vereinheitlichung der Statistiken. Schließlich erteilt er Min. Baumgartner das Wort]

---

[55] Mit Wirkung vom 21.12.1945 war in Österreich die Währung von Reichsmark auf Schilling im Verhältnis 1:1 umgestellt worden (vgl. Keesings Archiv 1945, S. 547). Dabei wurde die westliche an die östliche Zone in kreditpolitischer Hinsicht angeglichen, d. h. 60% der Geldmenge wurden endgültig blockiert, 28% unter Einschränkungen und 12% ohne Bedingungen freigegeben. Vgl. Wirtschafts-Zeitung, Ausg. vom 23. 5. 1947, S. 5, Artikel „Schwierige Geldneuordnung in Europa".

[56] Siehe Dok.Nr. 32 B, TOP 4 g.

[57] Der Ausschuß wurde nicht eingesetzt, vgl. Dok.Nr. 32 B, Anm. 21.

[b) Wald- und Holzfrage]

Baumgartner[58]: Meine Herren Ministerpräsidenten, meine Damen und Herren! Lassen Sie mich einige Minuten Ihre Aufmerksamkeit im engsten Zusammenhang mit den bisherigen Referaten auf das Sterben der deutschen Wälder richten, das eine deutsche und europäische Gefahr von allergrößtem Ausmaße bedeutet. Nicht nur unsere gesamte Bodenbewirtschaftung und damit unsere Ernährungswirtschaft, sondern auch die Struktur unserer ganzen Wirtschaft wird sich durch die Vernichtung unserer Wälder in ganz kurzer Zeit so geändert haben, daß vieles, was wir hier beraten, überholt sein wird.

Wenn die Wälder sterben, müssen die Völker verderben. Der Hunger wird vergehen, die Wirtschaftskrise, die heute in so deutlichem Ausmaß geschildert wurde, kann und muß überwunden werden, unsere Wunden werden langsam heilen, die schweren Probleme von heute werden morgen gelöst sein oder in ein paar Jahren ein besseres Gesicht zeigen und aus den Ruinen wird sich langsam wieder ein neues Leben erheben. Die Abschlachtung der deutschen Wälder aber, die Vernichtung riesiger Forstgebiete und der Raubbau an den seit Jahrzehnten gepflegten Holzbeständen, das ist die wirkliche Katastrophe, das ist die Wirtschaftragödie, das ist ein Problem erster Ordnung, meine Herren Ministerpräsidenten, das die Vertreter aller hier versammelten deutschen Länder zu lösen haben. Das Sterben der deutschen Wälder muß uns hier alle erschauern lassen, weil damit eine buchstäbliche Tragödie von noch unabsehbarem Ausmaß ihren Anfang nimmt, ein Tragödie in wirtschaftlicher und klimatischer Hinsicht, die nicht nur Deutschland, sondern ganz Europa berührt.

Wenn längst niemand mehr sprechen wird darüber, was die Herren Ministerpräsidenten der deutschen Länder in diesen Tagen in München beraten haben, dann werden Ihre Namen, meine Herren Ministerpräsidenten, die Namen der verantwortlichen Männer Deutschlands von heute, von unseren Kindern und Kindeskindern und von späteren Generationen noch gebenedeit oder verflucht werden, je nachdem, was Sie in dieser historischen Stunde Deutschlands für die Rettung des sterbenden Waldes getan oder unterlassen haben. Lassen wir schöne Worte! Werfen wir einen Blick zurück in die Wirtschaftsgeschichte! Die versteppten Gebiete Spaniens, die verödeten Ländereien Italiens und verkarsteten Abhänge Griechenlands, Mesopotamiens, Palästinas und Nordafrikas sind uns ein beredtes Mahnmal aus früheren Zeiten und Jahrhunderten, wie durch die Entwaldung ganze Völker verarmt sind. Auch im Mittelalter sind Steppen und Wüsten durch Abholzung entstanden, in Asien, in Südrußland und in Ungarn.

Während Sie, meine Herren Ministerpräsidenten, hier beraten, krachen die deutschen Wälder zusammen. Nichts von Ihren Beratungsgegenständen kann an Bedeutung wichtiger sein, als die Erhaltung des deutschen Waldes. Was, meine Herren Ministerpräsidenten, sind Ihre persönlichen Opfer, die Sie täglich für eine bessere Zukunft unserer Kinder bringen, wert, was nützt Ihnen der Aufwand Ihrer ganzen Lebenskraft und Ihrer Gesundheit um den Aufbau unserer deutschen Wirtschaft, wenn es Ihnen nicht gelingt, unsere Waldungen und Forsten zu retten und damit die nachfolgenden Geschlechter

---

[58] Die folgenden Ausführungen von Min. Baumgartner sind einer Rede, die er vor dem Bayer. Landtag am 28. 5. 1947 gehalten hatte, sehr ähnlich. Manuskript in: Z 1/236, Bl. 211-219. Die inhaltlichen Angaben entstammen vermutlich einem Bericht der Abteilung C, Forsten, des Bayer. StMin. für Ernährung, Landwirtschaft und Forsten vom 27. Mai 1947: „Die Lage der deutschen Forstwirtschaft", Druckfassung in: Nachl. Dietrich/461, Bl. 358-365.

Nr. 32 A 6./7. 6. 1947 Ministerpräsidentenkonferenz München

vor einer unabsehbaren Verelendung zu bewahren, im Vergleich zu der unsere jetzige Lage ein goldenes Zeitalter darstellt. Sie sind die Männer, die die Verantwortung dafür tragen, wenn Deutschland eine Wüste, eine Steppe wird und wenn damit nicht nur das deutsche, sondern das europäische Wirtschaftsgefüge und die klimatische Struktur so verändert wird, daß Millionen Menschen verelenden. Europa und Vorderasien ertragen keine weitere Entwaldung mehr. Die Vernichtung des deutschen Waldes bedeutet europäische Wassernot.

Ersparen Sie mir viele Worte! Lassen Sie mich in ganz kurzen Zügen die Lage der deutschen Forstwirtschaft aufzeigen! Deutschland hat heute westlich der Oder-Neiße-Linie nur mehr einen Waldbestand von 9,8 Millionen Hektar. Weder die Deutschen noch die Siegermächte dürfen sich hinsichtlich unseres Waldbestandes einer gefährlichen Selbsttäuschung hingeben. Deutschland ist in Friedenszeiten bei 15 Millionen Festmetern jährlicher Holzeinfuhr eines der größten Holzimportländer Europas gewesen. Selbst wenn wir keine Städte zu bauen hätten, wenn wir keine Wohnungen, keine Siedlungen und keine Möbel für 10 Millionen Flüchtlinge herzustellen hätten, könnten die deutschen Länder bei ihrem jetzigen armseligen Waldbestand von nur durchschnittlich 0,14 Hektar Waldfläche pro Kopf der Bevölkerung nicht einmal mehr die Hälfte des eigenen Holzbedarfes der Bevölkerung befriedigen. Erfahrungsgemäß brauchen die mitteleuropäischen Länder zur Deckung ihres eigenen Holzbedarfs pro Kopf der Bevölkerung, um einen Festmeter durchschnittlich jährlich geben zu können, 0,3 Hektar Waldbestand. Das allein ist eine Feststellung, die alle verantwortlichen Männer Deutschlands in höchste Alarmbereitschaft versetzen muß und die jede Holzverwirtschaftung oder gar jede Holzausfuhr von selbst als unwirtschaftlich bezeichnen muß. Seit dem Jahre 1934 haben die Nationalsozialisten einen verantwortungslosen Raubbau an unseren Wäldern betrieben. Diesen Raubbau müssen wir jetzt in allen Ländern Deutschlands täglich weiter treiben in einem Ausmaße, daß beispielsweise im holzreichen Bayern schon nach sechs Jahren und in anderen Ländern noch viel früher der gesamte schlagbare Wald in brutaler Weise völlig vernichtet ist. Millionen Festmeter bestes Bauholz und Nutzholz werden jährlich allein mangels Hausbrandkohle durch die Kamine gejagt. Die Länder der britischen Zone haben im Jahre 1946 allein 11 Prozent des gesamten Waldbestandes umgelegt. Bayern zum Beispiel hat einen jährlichen Holzeinschlag von 240 Prozent des tatsächlichen Zuwachses zu leisten. Ähnlich und noch viel schlechter liegen die Dinge in allen anderen Ländern. Nachrichten aus anderen Ländern Deutschlands, wie aus Baden und Thüringen, ergeben überall das gleiche Bild.

Eine totale Lähmung unserer ganzen Wirtschaft und eine Verarmung des ganzen Volkes von einem Ausmaß, wie wir es uns noch nicht vorstellen können, wird die Folge dieser Waldvernichtung sein. Die Waldschlächterei hat ein Ausmaß angenommen, daß sich nicht nur die führenden Männer Deutschlands, sondern auch die verantwortlichen Offiziere der Besatzungsmächte umgehend damit befassen müssen. Wir können auch nicht einen Tag länger zusehen und die Dinge so weitertreiben lassen. Wir müssen handeln und zwar sofort und gründlich. Es ist unmöglich, daß wir im nächsten Winter in Deutschland noch einmal Millionen und Abermillionen Festmeter Nutzholz und Bauholz in die Öfen verfeuern, wenn wir mit einigen Tagen Ruhrkohlenproduktion riesige Waldbestände retten können. Die Frage, die von dem Herrn Vorredner bereits berührt wurde, die der Beschaffung von Hausbrandkohle, muß daher an erster Stelle geklärt werden. Was liegt daran, wenn irgend ein Industrie- oder Gewerbezweig durch Ausfall von Kohle erst später anlaufen kann, wenn wir dadurch große Teile des deutschen

Ministerpräsidentenkonferenz München 6./7. 6. 1947 Nr. 32A

Waldbestandes vor der völligen Vernichtung retten! Die Zerstörung unserer Waldungen würde aber nicht nur die Lähmung der deutschen Wirtschaft und die Verminderung und Unmöglichmachung eines Wiederaufbaues zur Folge haben, sondern zusätzlich noch undenkbare Folgen für die klimatische Struktur unserer Landeskultur und unserer Wasserwirtschaft.

Zur Erhaltung unseres Waldes müssen gleichzeitig von allen Ländern gemeinsam unverzüglich mehrere Maßnahmen in die Wege geleitet werden. Als wichtigste Maßnahmen schlage ich folgende vor:

1. Die Versorgung der deutschen Bevölkerung mit Hausbrandkohle muß mit den lebenswichtigen Betrieben die Priorität bei der Kohlenverteilung erhalten.
2. Alle deutschen Länder ergreifen einheitliche und scharfe Maßnahmen zur Holzersparnis durch strenge Kontrolle der holzverarbeitenden Industrie und des Gewerbes.
3. Die Holzverteilung ist nach dem natürlichen Zuwachs vorzunehmen und nicht nach dem Bedarf, genau so wie sich unsere tägliche Brotmenge nach der tatsächlichen Ernte und nicht nach dem Bedarf richten kann.
4. Eine neue Marktordnung ist in den Ländern zu erlassen, die der ernsten Gefahr unserer Holzwirtschaft angepaßt ist. Die Hortung von Holz, wie sie jetzt in Deutschland in großem Umfange vorgenommen wird, ist sofort zu überprüfen und strengstens zu ahnden.
5. Die noch nicht wieder aufgeforsteten großen Kahlflächen, die in Deutschland mindestens 20 Prozent der gesamten Waldfläche ausmachen, sind nach einheitlichen Plänen so rasch wie möglich wieder aufzuforsten.
6. Der bisher von den Besatzungsmächten betriebene oder verlangte Holzeinschlag in den deutschen Wäldern des privaten und staatlichen Eigentums, sowie der befohlene Zwangsexport von Holz sind gemeinsam mit den Besatzungsmächten nach den Artikeln 46, 52, 55 und 56 der Haager Landkriegsordnung zu überprüfen. Nachdem die wirtschaftlichen Einwendungen der deutschen Stellen bezüglich der unermeßlich großen Gefahr durch den Raubbau am deutschen Wald bisher nur geringen Erfolg hatten, ist es nötig, daß sich, solange keine Reichsregierung vorhanden ist, die einzelnen Regierungschefs der Länder mit den Besatzungsmächten und ihren Sachverständigen auf der Basis der für Sieger und Besiegte einwandfrei in Geltung befindlichen Haager Konvention verständigen. Die Frage der berechtigten Forderung der Alliierten nach Reparationen steht dabei nicht zur Debatte. Einseitig genommene Reparationen, sowie befohlener Zwangsexport von Holz sind dem Völkerrecht als Rechtsform unbekannt. Nach Artikel 46 der Haager Landkriegsordnung darf in die private Sphäre der fremden Bevölkerung von der Besatzungsmacht nur eingegriffen werden, wenn die militärische Notwendigkeit dies verlangt.

Artikel 52 der Konvention bestimmt folgendes: Naturalleistungen und Dienstleistungen können von Gemeinden oder Einwohnern nur für die Bedürfnisse des Besatzungsheeres gefordert werden. Sie müssen im Verhältnis zu den Hilfsquellen des Landes stehen.

Meine Herren Ministerpräsidenten! Das ist in kurzen Zügen die furchtbar ernste Lage, in der wir uns hinsichtlich unserer Forstwirtschaft in Deutschland befinden. Wir müssen uns der großen Aufgabe für die Zukunft und der schweren Verantwortung bewußt sein, die angesichts der Gefährdung unseres Waldbestandes auf jedem einzelnen von uns lastet. Es ist die heilige Pflicht der gegenwärtig regierenden Männer Deutschlands, den deutschen Forst zu retten, und es ist Ihre Aufgabe, meine Herren Ministerpräsidenten,

Nr. 32 A   6./7. 6. 1947   Ministerpräsidentenkonferenz München

Deutschland vor der Verarmung, vor der Holzarmut und vor der Verkarstung sowie der Verödung zu bewahren. Seit vielen Jahrhunderten unserer deutschen Geschichte hat es noch keinen Zeitpunkt gegeben, der so ernst war, wie der jetzige vor der völligen Zerstörung unseres gesamten Waldbestandes. Dieser deutsche Waldbestand, dessen wirtschaftliche und klimatische Bedeutung jedem von uns in jeder Minute klar sein muß, muß unter allen Umständen erhalten werden. „Und ewig rauschen seine Wälder", heißt ein schönes Wort. Mögen in zukünftigen Zeiten, meine Herren Ministerpräsidenten, durch Ihre Verantwortung und Mithilfe unsere deutschen Wälder weiterrauschen zum Segen unserer Nachkommen und zum Ruhme dessen, der sie geschaffen hat. (Beifall.)

[*Ehard* erteilt Bgm. Friedensburg das Wort]

[*c*) *Kohlenfrage*]

Friedensburg[59]: Meine Damen und Herren! Gestatten Sie, daß ich, der Aufforderung des Herrn Ministerpräsidenten Ehard folgend, ein Licht aufsetze auf einige Einzelpunkte, die mir unserer besonderen Aufmerksamkeit wert erscheinen. Unter der großen Fülle, der Überfülle von Sorgen, mit denen belastet wir hierher gekommen sind, heben sich einige Sonderfragen heraus, die in unserem Kreis unter allen Umständen erörtert, und soweit möglich, einer Lösung entgegengeführt werden sollten. Ich gehe dabei davon aus, daß wir unsere Anstrengung in allererster Linie darauf richten sollten, was wir selbst zur Lösung dieser Nöte beizutragen vermögen. Gewiß gibt diese Konferenz die sehr erwünschte Gelegenheit, den Besatzungsmächten unsere Sorgen vorzutragen und von ihnen Abhilfe zu erwarten und zu erbitten, wenn unsere Kraft hierfür nicht ausreicht. Ich glaube aber, daß wir einen Fehler machen würden, wenn wir das ganze Gewicht unserer Beratungen und Entschließungen gar zu sehr nach außen richten wollten. Es wird uns umso leichter sein, Unterstützung zu finden, je mehr man bei den Besatzungsmächten erkennt, daß wir alle Mittel ausschöpfen, die uns selbst in die Hand gegeben sind, wenn wir uns die gehörige Mühe gegeben haben.

Zu den wichtigsten Sorgen gehört das Kohlenproblem, von dem der Herr Senator Borgner in so zutreffender Weise bereits gesprochen hat und zu dem ich mich auf Grund besonderer Sachkunde mit einigen Bemerkungen auch selbst äußern will. Hier scheint mir in der Tat ein besonders großes Feld für den Einsatz der deutschen Verwaltungen gegeben zu sein. Ich glaube, daß die Konferenz alles tun müßte, um denjenigen Verwaltungschefs, in deren Gebiet die Kohlenreviere liegen, diejenige Hilfe zuzusichern, die sie brauchen um zu diesem Kernproblem der Wiederaufrichtung der Wirtschaft erfolgreich einen Beitrag zur Lösung zu geben. Ich spreche nicht so sehr von den großen politischen Zusammenhängen, die ja mit dem Kohlenbergbau verknüpft sind. Es ist ja eine bemerkenswerte Tatsache, daß die Entwicklung der Kohlenförderung, von der das deutsche Leben so unmittelbar abhängt, in den verschiedenen deutschen Gebieten, in den Revieren und den verschiedenen Zonen sich recht verschieden gestaltet hat. Ich sehe davon ab, diese Unterschiede miteinander zu kontrastieren, weil man

---

[59] Bgm. Friedensburg war von Aug. 1945 - Sept. 1946 Präs. der Deutschen Zentralverwaltung der Brennstoffindustrie in der sowj. Besatzungszone gewesen. Vgl. seine Memoiren „Es ging um Deutschlands Einheit", S. 60–101. Ferner leitete er nach 1945 das Deutsche Institut für Wirtschaftsforschung, in dessen Sammelband „Die Deutsche Wirtschaft zwei Jahre nach dem Zusammenbruch, Tatsachen und Probleme" (Juni 1947) er einen Beitrag über die Kohle lieferte, der insbes. Fragen der Kohlenförderung und -verteilung behandelte.

dabei leicht zu gewissen Schlußfolgerungen gelangen kann. Jedenfalls obliegt mir die Feststellung, daß im Osten die Kohlenförderung eine verhältnismäßig günstige Entwicklung genommen hat, und ich glaube, es ist nicht ganz unnütz festzustellen, daß diese verhältnismäßig günstige Entwicklung auch darauf zurückzuführen ist, daß man dort in der rechtlichen Gestaltung des Kohlenbergbaues und hinsichtlich der Bestimmung der Kohlenförderung etwas klarere und definitivere Entscheidung getroffen hat, als das im übrigen Deutschland der Fall war. Ich habe selbst einige persönliche Erfahrung mit deutschen Bergleuten in meinem Leben machen können, um die außerordentlich wichtige Frage beurteilen zu können.[60] Wir müssen den deutschen Bergleuten zeigen können, wohin ihre Kohle geht und was mit der Kohle geschieht. Wir werden jedenfalls in allen deutschen Gebieten versuchen müssen, denjenigen Kohlenrevieren, die heute noch nicht über genügend Arbeiter verfügen, durch Einsatz der deutschen Verwaltungen mehr Bergleute zuzuführen. Dazu gehört in erster Linie unser Ruhrrevier. Es kann nicht allein von der Initiative der Besatzungsmächte abhängen, wie dies bisher wohl teilweise der Fall gewesen ist, sondern ich glaube, es ist Aufgabe der deutschen Verwaltungen selbst, dem Ruhrrevier, bzw. dem Land Nordrhein-Westfalen in der Gewinnung ausreichender tüchtiger junger Leute zu helfen. Ferner sollte man, und dahin geht wohl auch der Wunsch des Herrn Ministerpräsidenten Amelunxen, dem Ruhrkohlenrevier helfen, die berechtigten Wünsche der Bergleute zu erfüllen.

Wir werden Ihnen von der Wirtschaftskommission[61] eine Entschließung vorlegen, die Ihnen auf diesem Gebiete ganz bestimmte Empfehlungen unterbreitet. [Ausführungen über die Bedeutung des Punktsystems[62], Konsequenzen aus dem fehlenden freien Austausch zwischen den Revieren und den Verbrauchergebieten] Ein Teil dieser Probleme könnte auch von den deutschen Verwaltungen gelöst werden. Ich hoffe, daß die Konferenz hier den neuen Anfangspunkt für eine neue deutsche Innenpolitik abgeben wird, mit der wir solche Probleme wirklich miteinander lösen werden.

Damit komme ich noch zu den allgemeinen Punkten dieser Konferenz. Ich würde es bedauern, wenn wir hier auseinandergehen würden, nachdem wir eine Reihe von vorzüglichen Referaten gehört und einige schöne Entschließungen gefaßt und das Gefühl haben, daß wir unsere Pflicht getan haben. Wir sollten nicht auseinandergehen, ohne daß wir in einigen bestimmten konkreten politischen Fragen auch dann wirklich hier etwas leisten. Und ich schlage deshalb vor, daß wir für diese besonders dringenden, konkreten Einzelfragen schon jetzt, heute und morgen, kleine Sachverständigenausschüsse einsetzen, die permanent tagen und die den Kern abgeben für die zukünftige deutsche Bewirtschaftung auf diesem Gebiete. Ich habe Entschließungen gesehen, in denen wir die Besatzungsmächte bitten, Kommissionen dieser Art zusammenzusetzen. Ich glaube, daß wir auf eine solche Initiative der Besatzungsmacht nicht zu warten brauchen. Ich sehe völkerrechtlich und staatsrechtlich keinen Grund, warum wir uns über die Einsetzung solcher kleiner Studienkommissionen nicht einigen sollten. Selbstverständlich ist es uns verwehrt, diesen Studienkommissionen irgend einen politischen Sinn zu geben. Es wird uns auch verwehrt sein, sie zusammenzufassen. Das wird gar nicht unser Ehrgeiz sein. Wir wollen nur auf einigen bestimmten Einzelgebieten solche

---

[60] Friedenburgs Berufsziel war die preußische Bergverwaltung gewesen, in die er wegen einer Kriegsverletzung aus dem 1. Weltkrieg dann jedoch nicht eintreten konnte.

[61] Vgl. die Entschließung zur Kohlenfrage, Dok.Nr. 32 B, TOP 4 e.

[62] Vgl. Dok.Nr. 2, TOP 7 sowie Dok.Nr. 12, Anm. 10.

kleinen Ausschüsse bilden, die zunächst zwei Aufgaben haben: Erstens sollen sie uns unterrichten; denn es war doch bisher ein Jammer, daß wir viel zu wenig Kenntnis voneinander hatten, vielfach gar nicht das Material haben, um die Beratung dieser Fragen mit einiger Sachkunde in Angriff nehmen zu können; denn die Zonengrenzen verhindern nicht nur den Eisenbahn- und Reiseverkehr, sondern wir wissen nicht einmal als Behörde so viel voneinander, um irgend eine wichtige Frage sachkundig in Angriff zu nehmen. Zweitens würden diese Studienkommissionen die Aufgabe haben, die deutschen und alliierten Dienststellen zu unterrichten und bei der Lösung der dringenden Fragen, die uns bevorstehen, zu beraten: Kohlenfrage, Lebensmittelfrage, Währungsfrage, Flüchtlingsfrage – vier außerordentlich wichtige Gebiete – und ich glaube, daß wir dann noch vielleicht die Statistik als ein Sonderproblem nehmen könnten. Es handelt sich nicht darum, eine bestimmte Aufgabe zu lösen, sondern die Unterlage für alle zu schaffen. In den Orten, wo besonders gute Sachverständige zur Verfügung stehen, können wir solche Kommissionen einsetzen und ihnen die Aufgabe geben, jedenfalls bis zur Schaffung der zentralen Verwaltung die Vorarbeiten beizubringen. Dann sind wir nicht umsonst hier zusammengekommen, sondern haben etwas getan, was den Menschen Mut macht.[63]

Ehard: Wir können uns darüber unterhalten. Jetzt würde ich vorschlagen, eine Pause von zehn Minuten eintreten zu lassen.

[*Ehard* teilt mit, daß aus Anlaß der Konferenz ein Sonderstempel der Post ausgegeben wird; er regt an, in der Diskussion über den Wirtschaftsrat zu sprechen und erteilt Amelunxen das Wort]

[d) Bergarbeiterfrage]

Amelunxen: Meine sehr verehrten Damen und Herren! Gestatten Sie mir zu der Kohlenfrage ein ganz kurzes Wort des Dankes an unsere Bergarbeiter und ein ganz kurzes Wort der Bitte an alle Konferenzmitglieder. Wir alle wissen, daß die Zukunft der deutschen Wirtschaft, das Gelingen unserer demokratischen Aufbauarbeit und damit die Zukunft Deutschlands und Europas, letzten Endes von den Bergarbeitern an der Ruhr im Herzen Europas abhängig ist. Nachdem es uns durch die Einführung des Punktsystems für die Bergarbeiter gelungen war, vom Dezember des vergangenen Jahres bis zum 21. März d.J., dem Tag der Höchstleistung an der Ruhr, die Kohlenproduktion von rd. 200 000 Tonnen auf rd. 240 000 Tonnen zu steigern, ist seitdem die Kohlenförderung infolge der katastrophalen Ernährungslage leider wieder abgesunken. Die Arbeitskraft und Arbeitslust unserer Bergarbeiter ist aber in den letzten Wochen und Monaten nicht nur durch die Ernährungslage, sondern auch durch den Streit über die Streikschicht, besser gesagt die Demonstrationsschicht, des 3. April gelähmt worden. Es handelte sich um die Frage, ob die Bergarbeiter mit Rücksicht auf den 3. April in den Genuß des Punktesystems für den Monat April kommen sollten. Dieser Streit, der sehr lähmend gewirkt hat, ist vor einigen Tagen dadurch beigelegt worden, daß der Industrieverband Bergbau und unsere Bergarbeiter sich bereit erklärt haben, gewisse Überschichten, Notschichten, zu verfahren.[64] Infolgedessen haben wir die Hoffnung, daß das vorgesehene Programm für Hausbrand besser anläuft und daß die Kohlenproduktion

---

[63] Die von Friedensburg vorgeschlagenen Kommissionen wurden nicht eingesetzt.
[64] Vgl. zu der Auseinandersetzung Dok.Nr. 16, Anm. 37.

sich jetzt langsam wieder erhöht; wobei wir das Ziel haben, bis zum Herbst dieses Jahres auf 270 000 Tonnen zu kommen.[64a]

Unseren Bergarbeitern an dieser Stelle für ihre Bereitwilligkeit herzlichst zu danken, liegt mir sehr am Herzen, hier in diesem Kreis der Ministerpräsidenten, gleichzeitig aber auch vor der gesamten in- und ausländischen Presse. Weil ich weiß, daß ich in Ihrer aller Namen spreche, wenn ich diesen Dank hier abstatte, darum möchte ich Sie alle bitten, diesen Dank umzuformen in den Entschluß, daß alle beteiligten Länder gemeinsame Anstrengungen unternehmen, damit unser Ruhrbergbau und unsere Bergarbeiter in die Lage versetzt werden, die wichtige Funktion im Wirtschaftsleben Deutschlands und in der europäischen Zusammenarbeit zu erfüllen. (Beifall.)

Ehard: Meine Damen und Herren! Wir sehr das Kohlenproblem mit dem Ernährungsproblem, dem Verkehrsproblem usw. zusammenhängt, dafür bin ich in der Lage, Ihnen ein Beispiel aus einer Mitteilung zu sagen, die mir soeben auf den Tisch gelegt worden ist: Die Kalkstickstoffwerke in Trostberg[65] mit einer Produktion von Düngemitteln in Höhe von 180 bis 200 000 Tonnen, die erforderlich sind, um die Landwirtschaft in der US-Zone damit zu versorgen – diese Menge ist die derzeit erreichbare Produktionskapazität, die das Mindeste darstellt, um die Versorgung der Landwirtschaft mit Kalkstickstoff zu garantieren - sind mit dem heutigen Tage stillgelegt worden, weil sie keine Kohlenzufuhr mehr haben.[65a] Die Kohlen kommen erstens nicht; zweitens ist es nicht möglich, die Leerzüge wieder an die Zechen zurückzubringen. Von den leeren Waggons verschwinden soundsoviele unterwegs. Die Transportmöglichkeit ist nicht vorhanden und die notwendige Menge ist nicht vorhanden. Ich brauche in diesem Kreise nicht auszuführen, was das bedeutet.

[Kaisen erhält das Wort]

[e) Produktionsfragen]

[*Kaisen* betont die Notwendigkeit, die Produktion der Wirtschaft durch Rohstoffkredite zu steigern. Bremen habe konkrete Vorschläge gemacht.[66] Er empfiehlt eine Intensivierung des Interzonenhandels und rät, die Ostzone zu besuchen.[67] Eine Deutsche Winterkommission 1947/48 solle die Erfassung und Verteilung von Mangelwaren untersuchen und ein Programm entwerfen, wie die Fragen des Austausches gefördert werden könnten]

[64a] Dieses Ziel wurde im Nov. 1947 erreicht. Vgl. die Aufstellung über die Entwicklung der Steinkohlenförderung in: Dok.Nr. 4, Anm. 22a.

[65] Trostberg, Kr. Traunstein, Oberbayern.

[65a] In der OMGUS-Staff Conference vom 21. 6. 1947 brachte Gen. Clay die Stillegung der Fabrik, bzw. ihre nur zu 60 – 65% vorgesehene Kapazitätsauslastung zur Sprache, da er dem Werk volle Priorität gegeben habe. "I think it is criminal to use coal for export and with the food situation in Germany that plant operating 60 – 65%". Die Hinweise seiner Mitarbeiter auf die deutsche Verantwortlichkeit für Zuweisung und Verteilung von Kohle beiseite wischend verlangte er: "I do want that plant filled with coal if we have to take it from any part of German economy. One thing the people in the US would never understand – with the food situation as it is, we give only enough coal to the fertilizer plant to run 60%. I wish you would take steps to see coal is made available no matter where you have to take it" (IfZ Fg. 12).

[66] Die Bremer Vorschläge konnten nicht ermittelt werden. Sie dürften von Sen. Harmssen stammen, der die für eine Wiederbelebung der deutschen Wirtschaft erforderlichen Kredite in seinem Reparationsgutachten auf 15 Milliarden RM bezifferte (Harmssen, Reparationen, Sozialprodukt, Lebensstandard, Heft 4, S. 10).

[67] Kaisen hatte Thüringen im Jahre 1946 besucht. Vgl. Kaisen, Meine Arbeit, S. 246-254.

Ich fasse zusammen: Wir haben die Pläne, die uns weiterbringen, im großen und ganzen vor uns liegen.
Es sind das Konzeptionen, die dem deutschen Volk nicht so bekannt sind, wie sie es sein müßten. Wir bedürfen daher schärfster eigener Initiative und vor allen Dingen auch der Aufklärung der Bevölkerung, daß es eine Konzeption gibt, die eine Rettung bringen kann. Ferner muß der Austausch zwischen den deutschen Zonen in breiten Fluß kommen. Die politischen Differenzen dürfen uns davon nicht abhalten, diesem Austausch unsere größte Initiative zuzuwenden und zu versuchen, die hier vorliegenden Schwierigkeiten zu überwinden. Weiter müssen wir eine erhöhte Einfuhr von Lebensmitteln bekommen, um unsere Kalorien auf wenigstens 2 400 zu erhöhen.
Mit 1 500 Kalorien können Sie keine deutsche Wirtschaft ankurbeln. Die Alliierten werden bei 1 500 Kalorien mehr zahlen müssen, als wenn sie in großzügiger Weise die Kredite erweitern und sich die Ankurbelung der deutschen Produktion zum Ziele setzen. Wir brauchen dazu auch Rohstoffe, um die Ankurbelung der Industrie in Bezug auf die Produktionsstoffe zu erreichen. In der Fischerei brauchen wir den Aufbau einer Fischereiflotte in kürzester Zeit und die weitere Überlassung ehemaliger Kriegsfahrzeuge zwecks Umbau, dazu die Freigabe des Walfangs. Wir brauchen ferner die Möglichkeit, Schiffe zu chartern und durch deutsche Seeleute selbst befahren zu lassen. Dadurch sparen wir enorme Devisen und können unsere Bilanz verbessern. So gibt es von Bremen aus gesehen Möglichkeiten, die durchaus realisierbar sind. Ich möchte bitten, in unseren Entschließungen diese Gedanken zu berücksichtigen und zu fordern, daß die Möglichkeiten, die uns gegeben sind, endlich durchgeführt werden. (Beifall)

[f) *Interzonenhandel*]

Leibbrandt: Meine Herren Ministerpräsidenten! Meine Damen und Herren! Gestatten Sie mir, daß ich Sie in kurzen Worten auf ein Problem aufmerksam mache, das uns in der französischen Zone mit großer Sorge erfüllt. Dieses Problem heißt: Interzonenhandel und Export. Wir sind rohstoffarme Länder, wenn man vom Holz absieht. Wir haben zahlreiche Industrien, insbesondere Kleinindustrien, die auf die Zufuhr von Rohmaterial angewiesen sind. Bisher haben wir versucht, uns dieses Rohmaterial recht und schlecht im Interzonenhandel zu verschaffen. Wenn ich einige Zahlen nenne, so greife ich auf badische Zahlen zurück, die mir im Augenblick gegenwärtig sind. Die Entwicklung des Interzonenhandels hat gezeigt, daß eine ausreichende Versorgung mit Rohmaterial aus den anderen Zonen heute nicht mehr möglich ist. Der Interzonenhandel stieg in seinem gesamten Volumen von wenigen Millionen zu Beginn des Jahres 1946 auf etwa 30 Millionen Ende des Jahres an, um dann schnell und konstant zur heutigen Höhe von etwa 10 Millionen abzusinken.
Wir werden alle Anstrengungen unternehmen, um dieser rückläufigen Bewegung Einhalt zu gebieten. Ich möchte Sie bitten, uns bei diesen Anstrengungen zu unterstützen. Aber, wie gesagt, der Interzonenhandel allein kann uns nicht helfen. Wir sind auf den Export im weitesten Umfange angewiesen.
Als wir die bedrohliche Lage erkannten, haben wir den Landeswirtschaftsrat unseres Landes Baden mit diesem Problem befaßt. Er hat einstimmig seine Zustimmung zu Anregungen gegeben, die wir der Militär-Regierung unterbreitet haben.
Zur Förderung des Exports ist es notwendig:
1. daß zwischen Exporteur und Importeur direkte Beziehungen hergestellt werden. Man kann wohl monopolartig Eisen und Kohle verkaufen, nicht aber die Tausende von

Artikeln, die in unseren Kleinbetrieben hergestellt werden und die von Mode und Geschmack des betreffenden Landes und von der Arbeitsmethode usw. abhängen.,
2. muß ein Anreiz für den Unternehmer geschaffen werden, ein Anreiz der heute selbstverständlich nicht in Form einer Devisenprämie gegeben werden kann, wohl aber in Form einer Rohmaterialienprämie;
3. haben wir den Vorschlag eines gemischten Gremiums zur Verwendung der anfallenden Devisen gemacht.
Wir haben auf diese Vorschläge bisher keine Antwort bekommen; aber sie werden, wie uns versichert wird, von den Besatzungsmächten wohlwollend geprüft werden.
Wir sind überzeugt, daß nur auf diese Weise ein Auslaufen der Wirtschaft in der französischen Zone verhindert werden kann. Ich möchte Sie nochmals bitten, uns in unserem Bemühen hier zu unterstützen. Diese Einordnung in die Weltwirtschaft wird von uns besonders auch im Hinblick auf den Gedanken der wirtschaftlichen Vorbereitung für die politische Entwicklung zu den Vereinigten Staaten von Europa in den Vordergrund gestellt. (Beifall)

[g) Preisfrage]

Zorn: [...] Mit den von Herrn Senator Borgner aufgezeigten Störungen scheint mir der Umfang des gesamten Krankheitsherdes unserer Wirtschaft noch nicht völlig erschöpfend aufgeführt zu sein. Der Hintergrund, auf dem sich die Wirtschaftskatastrophe abspielte, ist auch gekennzeichnet durch das im Lauf des Krieges sich immer mehr verschärfende Mißverhältnis von Einkommensbildung und Güterangebot. Hierdurch ist der Preismechanismus weitgehend außer Funktion geraten. Die staatliche Preisbildung, die aus der Konkursmasse der Nazis übernommen werden mußte, verdeckt daher heute weit größere Spannungen; denn dem Übermaß an umlaufenden Geldmitteln steht vielleicht nur eine 25- bis 30prozentige Güterproduktion gegenüber. Damit ist das Preisgefüge völlig zerfallen. Käufer und Verkäufer haben in der Wirtschaft für ihre Marktdispositionen den Kompaß verloren. Preise, Löhne, Mieten, Pachten und Frachten stehen in keiner echten Relation mehr zueinander, da die staatliche Preispolitik sich nicht nach den wirtschaftlichen Gegebenheiten orientiert, sondern vom Zwang zum Preisstop bestimmt wird, damit ein Abgleiten in eine unkontrollierbare Inflation verhindert wird.
Dabei wird in Kauf genommen, daß die erheblichen Kostensteigerungen in einzelnen Industriezweigen durch die Verkaufserlöse nicht mehr gedeckt werden. Hierdurch wird naturgemäß die Unternehmerinitiative weitgehend gelähmt. Soweit aber unter dem Druck der Verhältnisse unvermeidbare Preiserhöhungen entstanden sind, haben sie zum Teil ein bedenkliches Mißverhältnis zwischen Preisen und Löhnen ausgelöst. Der in dem Verhältnis von Preisen und Kosten liegende Produktionsanreiz ist weitgehend geschwunden, so daß die Wirtschaft zweifellos an einem Blutunterdruck krankt. Solange die Gütererzeugung keine Belebung von der Roh- und Hilfsstoffseite her erfährt, wird entweder die angespannte Kostenlage und damit die Lähmung der Unternehmerinitiative anhalten oder die Diskrepanz zwischen Kosten und Preisen wird durch Preiserhöhungen gelöst bzw. gemildert werden müssen. Beide Folgen aber stören zweifellos den wirtschaftlichen Wiederaufbau.
Der Überhang an Umlaufmitteln trägt nun das seine dazu bei, das bestehende Preissystem ständig zu unterhöhlen. Von einer Währung kann heute kaum noch die Rede sein, wo das Geld seine drei Funktionen, nämlich als Tauschmittel, als Wertbewahrer und als

Verrechnungsmittel weitgehend eingebüßt hat und eigentlich neben den sehr viel mehr geschätzten Marken und Spezialbezugsscheinen nur noch die Rolle eines bei Käufen unvermeidlichen Generalbezugsscheins hat. Durch den mehr und mehr überhand nehmenden Kompensationsverkehr gleitet die Wirtschaft immer weiter in eine Natural-Austauschwirtschaft ab. Der Übergang zum Kompensationsverkehr stellt aber, im ganzen betrachtet, eine schwerwiegende Störung der erkrankten Wirtschaft dar, weil sich die Kompensation erfahrungsgemäß nicht auf die Fälle beschränkt, die volkswirtschaftlich als vertretbar bezeichnet werden können.

Im ganzen muß festgestellt werden, daß bedenkliche Anzeichen ausgesprochener Marktzersetzung sich immer stärker fühlbar machen und daß diese Entwicklung weitere rapide Fortschritte machen wird, wenn es nicht in Bälde gelingt, durch eine Währungsreform den Geldüberhang zu beseitigen und das Geldwesen auf eine neue und dauerhafte Grundlage zu stellen. Hierzu müssen jedoch nicht nur von der Geldseite, sondern auch von der Güterseite her die Vorbedingungen geschaffen werden.

Wenn sich auch in den letzten Wochen nach den schweren Rückschlägen, die der harte und lähmende Winter der Produktion gebracht hat, leichte Anzeichen eines Aufflakkerns in der Produktion gezeigt haben, so kann leider dieser Erscheinung keine symptomatische Bedeutung beigemessen werden. Die unerhört schwierige Kohlensituation, wie sie Ihnen heute von verschiedenen Seiten geschildert wurde, in Verbindung mit der Notwendigkeit, zum kommenden Winter für die Hausbrandversorgung Sorge zu tragen, läßt unschwer erkennen, daß wir einen weiteren, vom Standpunkt der Produktion noch schwereren Winter zu erwarten haben als den hinter uns liegenden. Wir müssen damit rechnen, daß aus Mangel an Kohle ein großer Teil der Industrie stillgelegt werden muß, wenn wir die Bevölkerung nicht wiederum den Unbilden eines neuen Winters unversorgt aussetzen wollen.

Meine Damen und Herren! Ich darf noch auf folgendes aufmerksam machen. Eine Überwindung des furchbaren Notstandes des deutschen Volkes kann zweifellos nicht erreicht werden durch Anwendung nur eines einzigen Heilmittels, wie etwa der Währungsreform. Erforderlich ist, daß neben der Währungsreform gleichzeitig die Aufhebung der Zonengrenzen, die Zubilligung eines Kohlenmoratoriums und die Gewährung von Auslandskrediten für Rohstoffe und Ernährung erfolgt. Nur in diesem Falle ist auch die tiefe psychologische Depression, die sich aus der scheinbaren Hoffnungslosigkeit der Lage ergeben hat, zu überwinden. Man möge dem deutschen Volk eine Chance geben – es wird sie diesmal sicherlich zu nutzen wissen, ohne wieder in die Fehler der Vergangenheit zu verfallen. Diesmal hat es sicher aus ihnen gelernt und wird des ihm entgegenzubringenden Vertrauens würdig sein. (Beifall)

[h] *Wirtschaftsrat*]

Stock: Meine Damen und Herren! Inmitten des Dramas unserer Ernährungs- und Wirtschaftslage und auf der Suche nach Wegen, um aus diesem Engpaß herauszukommen, möchte ich auf ein Gesetz hinweisen, das dieser Tage durch Proklamation[68] der amerikanischen und englischen Regierung erlassen wurde und das eine Verbesserung der Organisation der wirtschaftlichen Verhältnisse in beiden Zonen herbeiführen soll. Die Arbeiten des Kontrollrats auf dem Weg von Verhandlungen haben Deutschland nicht befriedigt. Der schleppende Gang der Behandlung des Stoffes und die Gegensätz-

---

[68] Zur Proklamation Nr. 5 vgl. Dok.Nr. 28 B, Anm. 4.

lichkeit der Auffassungen haben gehindert, daß Deutschland seinen wirtschaftlichen Aufbau durchführen kann. Die Worte, daß Deutschland wirtschaftlich und politisch zusammengehört und zusammenbleiben soll, sind Worte geblieben, denen die Taten fehlten. Gegenüber diesem Zustand ist es ein Vorteil gewesen, daß die amerikanische und die britische Regierung sich, um den wirtschaftlichen Notstand in ihren Zonen zu beheben, bereit fanden, bizonale Ämter bestimmter Verwaltungen der Wirtschaft zu schaffen. Dadurch haben wir nun seit erstem Januar eine bizonale Verwaltung für Verkehr, Wirtschaft, Post, Finanzen und Ernährung. Diese Einrichtungen haben bei ihrer Tätigkeit recht bald gezeigt, daß sie einer Koordinierung bedürfen. Diese Koordinierung haben bereits Anfang Februar die Ministerpräsidenten der beiden Zonen beraten.[69] Infolge internationaler Verwicklungen und Verhandlungen war es damals nicht möglich, diese Koordinierung durch- und fortzusetzen.

Nunmehr wurde uns nicht allein diese Koordinierung, sondern in verbesserter Auflage eine Proklamation zuteil, die einerseits die Wirtschaftsorganisationen zusammenfaßt, ohne die Länder ihrer Rechte zu berauben, und andererseits den Volksvertretungen die Möglichkeit gibt, Vertreter zu wählen, die zur Festlegung des ganzen Wirtschaftsumfanges entsprechende Gesetze beschließen.

Mit Wirkung vom 10. Juni ist die neue Proklamation Gesetz geworden. Die Regierungen der beiden Zonen haben nun den Auftrag, einen Wirtschaftsrat zu wählen, die Organisation zu schaffen, die eine Volksvertretung aus den Parlamenten selbst darstellt. Die Regierungen ihrerseits werden den Exekutivausschuß bilden. Dadurch, daß dieser Exekutivausschuß auf Grund der Satzung der Organisation dem Wirtschaftsrat nicht unterstellt und nicht verantwortlich ist – wenn auch die Tätigkeit beider gegenseitig verpflichtet –, bleibt in diesen Fragen die Selbständigkeit der Länderauffassungen erhalten. Das bedeutet eine Koordinierung der Auffassungen zwischen den gewählten Volksvertretern und denjenigen, die die Aufsicht über die Verwaltung inne haben, wie sie in dieser Form wohl neu ist, aber nach Lage der Sache besser nicht gedacht werden kann.

Die Kompetenzen für beide Instanzen sind sehr groß, sehr wichtig und umfangreich. Der Apparat als solcher ist dadurch verkleinert, verengert und entschlußreifer gestaltet, so daß die Bürokratie nicht in der Lage ist, Entscheidungen lange hinauszuzögern, deren Erfolg für die Gesamtheit von Vorteil ist.[69a] Wir beschäftigen uns zur Zeit mit Fragen der täglichen Not, bei denen jetzt ein Gesetz akut wird, das uns die Möglichkeit gibt, von Grund auf die Wirtschaft der beiden Zonen und damit auch Deutschlands aufzubauen. Ich nehme daher von hier aus Veranlassung, den Regierungen der Vereinigten Staaten und Großbritanniens für diese Tat, die erkennen läßt, daß sie mit den Maßnahmen des Kontrollrats auf diesem Gebiet nicht einverstanden sind, unseren Dank auszusprechen.

Wir sind aber gleichzeitig der Auffassung, daß es mit diesen Maßnahmen nicht sein Bewenden haben darf. Wir halten es für selbstverständlich, daß auch Berlin recht bald in

---

[69] Vgl. das Prot. der Ministerpräsidentenkonferenz in Wiesbaden, Dok.Nr. 8.

[69a] Nach Gesprächen im VA für Wirtschaft Minden mit Brodnitz (BECG) schlug Prof. Friedrich (OMGUS) folgende beträchtliche Verkleinerung des deutschen Mitarbeiterstabes im Rahmen des Umzuges nach Frankfurt vor: "Actually there is a total of 2 100. Of these 600 are laborers who would stay behind; and of the remaining thousand odd, about 300 to 400 should be eliminated anyhow and their positions abolished. Another 200 to 300 should be replaced by better men available in the American Zone who could not be induced to come to Minden." (NA RG 260 OMGUS 166-3/3, folder 9, Vermerk von Friedrich vom 21.5.1947).

diese Verwaltung mit eingeschlossen wird.[69b] Es ist unser sehnlichster Wunsch, daß auch die westliche [französische] und die östliche [sowjetische] Zone bald in diese wirtschaftliche Vereinigung einbezogen werden. (Bravo!) Ich möchte aussprechen, daß die Tore offen stehen und daß die westliche und die östliche Zone nicht gehindert sind, in diesen Wirtschaftsaspekt eingeschlossen zu werden und selbst mitzuhandeln, um damit den Aufbau ganz Deutschlands zu fördern. Wir nehmen an, daß diesem wirtschaftlichen Aufbau ganz selbstverständlich auch der politische Aufbau Deutschlands folgen wird.

Meine Damen und Herren, der Weg zur Erlangung der wirtschaftlichen und politischen Selbständigkeit ist schwer, unendlich schwer. Wir wollen unsererseits alles beraten und tun, um uns aus uns selbst heraus zu helfen, und nicht nur in ein Lamento verfallen. Wir glauben, in diesem neuen Gesetz über die Schaffung eines Wirtschaftsrates einen Sonnenstrahl des Aufbaues in unserer wirtschaftlichen Finsternis erblicken zu können. Hoffen wir, daß dieses Gesetz in seiner Anwendung durch uns Erfolg finden möge im Interesse Deutschlands und damit auch im Interesse der ganzen Welt! (Beifall.)

Ehard: Meine Damen und Herren, damit sind wir am Ende unseres heutigen Arbeitsprogramms. Ich glaube, der heutige Verlauf unserer Arbeitstagung hat gezeigt, was wir mit unserer Zusammenkunft erreichen wollen. Er hat vor allen Dingen erkennen lassen, daß es uns darum zu tun ist, bei dem Thema, das der Konferenz gestellt ist, absolut zu bleiben. Ich glaube auch, alle Ausführungen waren wirklich sachlich auf dieses Thema abgestellt. Von sachkundiger Seite wurde in sehr konzentrierter Form alles vorgetragen, was hierzu zu sagen ist.

Ich möchte das besonders deshalb betonen, weil diese Konferenz immer wieder und auch jetzt Mißdeutungen ausgesetzt ist. Es muß ja nicht immer so sein, daß die Sprache dazu da ist, die Gedanken zu verhüllen. Auch in der Politik, im Staatsleben und im öffentlichen Leben ist es vielmehr zuweilen richtig, das, was man will, ganz nüchtern zu sagen, wenn dies allerdings auch nicht in der Regel der Fall ist. Daß wir keine Hintergedanken haben, daß wir keine politische Demonstration beabsichtigen, weil wir sie für sinnlos halten, das hat, glaube ich, der Verlauf der heutigen Tagung bewiesen.

Es ist – am Rande – pikant zu hören, was man aus unserer Konferenz macht. Es wird mir eben eine Mitteilung[70] überbracht, in der es heißt, ach, diese Konferenz habe einen ganz besonderen Zweck. Es seien auch Leute, die bestimmten Kreisen nahestehen, schon dahintergekommen, welcher Zweck dies sein solle, nämlich lediglich der, hier eine politische Kundgebung zu organisieren mit dem alleinigen Ziel – hören und staunen Sie –, einen Separatfrieden mit den Westzonen vorzubereiten. (Heiterkeit.) Ich glaube, ich brauche dieser Mitteilung nichts weiter hinzuzufügen. Ich meine, wir sind vielleicht doch auf dem rechten Weg, soweit man nach menschlichem Irren von einem solchen überhaupt reden kann; meistens zeigt sich ja erst hinterher, ob der eingeschlagene Weg der richtige war. Ich würde mit Nachdruck vorschlagen, daß wir diesen Weg auch bei unserer morgigen Arbeitstagung weitergehen.

Damit darf ich den heutigen Tag unserer Tagung schließen. (Lebhafter Beifall.)
[Schluß: 16.25 Uhr]

[69b] Zur Berücksichtigung Berlins im VR für Wirtschaft siehe Dok.Nr. 12, Anm. 3.
[70] Undat., mit Bleistift beschriebenes Blatt, gez. Konstantin, (BHStA Abt. II MA 130 860): „Es wurde eben von einer der SED nahestehenden Persönlichkeit die Behauptung aufgestellt, daß diese Konferenz lediglich eine Kundgebung sei mit dem Ziel, einen Separatfrieden mit den Westzonen vorzubereiten. Dementi?"

Ministerpräsidentenkonferenz München   6./7. 6. 1947   Nr. 32 B

B Zweiter Sitzungstag. 7. Juni 1947

BA Z 35/29, Bl. 2–37. Undat. und ungez. Wortprot., im Umdr. vervielf. Ausf.[1]

[Beginn: 10.00 Uhr]

[1. Die deutsche Flüchtlingsnot, Referat von StS Jaenicke[2]]

[*Ehard* erteilt StS Jaenicke das Wort]

Jaenicke: Meine Damen und Herren! Als Erbschaft einer Wahnsinnspolitik, die unser Vaterland nicht nur in die größte Katastrophe seiner Geschichte, sondern in die größte Katastrophe geführt hat, die jemals in der historisch bekannten Zeit ein Volk erlebt hat, als Erbe dieser Politik hat unsere Generation und die unserer Kinder eine Massenverpflanzung zu erdulden, wie sie in dieser Art in der menschlichen Geschichte zum ersten Male vorkommt; denn das, was wir als Folge des Einbruches der asiatischen Welle um 400 n. Chr. als die Erscheinung der Völkerwanderung kennen, ist ziffermäßig mit dem heutigen Geschehen überhaupt nicht zu vergleichen.

[...]

Und nun brechen diese Millionen, nach Churchills Wort 14 an der Zahl, in ein Land ein, das selbst unter den furchtbaren Folgen des Krieges an allem und jedem Mangel leidet. Aber es ist nicht eine Masse, die – wie damals – in Familieneinheiten und sozial geschlossen mit Hab und Gut sich über den Westen ergießt, sondern es sind Hunderttausende von Familien, die durcheinandergewirbelt, auseinandergerissen, sozial entwurzelt über das zerrissene Deutschland zerstreut sind. Und aus diesem Grunde wogt eine zweite Völkerwanderung unaufhörlich und ohne abzureißen zwischen den vier Zonen Deutschlands und innerhalb der Zonen zwischen den deutschen Ländern hin und her, alle bestehenden Schwierigkeiten ins Ungemessene steigernd. Die ungeheure Aufgabe, die uns auferlegt ist, ist nun die, diese Menschen, die ihre Heimat verlassen mußten, aufzunehmen, einzugliedern und in irgendeiner Weise durch Arbeit und Seßhaftmachung davor zu bewahren, ein asoziales oder revolutionierendes Element in unserem Lande zu werden.

Die Erkenntnis aber ist noch nicht überall durchgedrungen, daß es sich hier um eines der schwerstwiegenden Probleme handelt, dem sich Deutschland in seiner Geschichte gegenübergestellt sieht, um ein Problem, gegenüber dem die anderen, der Ernährung, der Wirtschaft, der Währung, der Entnazifizierung und der staatlichen Neugestaltung deshalb zurücktreten, weil sie alle nicht so tief wie dieses an den Wesenskern unseres Vaterlandes rühren, nämlich an eine völlige Änderung seiner durch ein Jahrtausend hindurch entwickelten Struktur in wirtschaftlicher, sozialer und politischer Hinsicht.

---

[1] Zur Protokollierung vgl. die Ausführungen von StMin. Pfeiffer gegen Ende des Dok.Nr. 29. Abdr. in: Ministerpräsidentenkonferenz, S. 82 – 105. In der Broschüre wurden die Resolutionen gesondert abgedruckt, d. h. nach dem Referat von StR Schmid über die Schaffung des Besatzungsrechtes folgt unmittelbar die Schlußansprache von Ehard.

[2] Eine vervielf. Fassung des Referates mit unwesentlichen Abweichungen in: BHStA Abt. II MA Abg. 1975 vorl. Nr. 74. Der Referent, StS Wolfgang Jaenicke, war von 1919 – 1930 RegPräs. in Breslau gewesen, ab Jan. 1947 im bayer. Kabinett. Die statistischen Angaben des Referates beruhen – sofern sie Bayern betreffen – teilweise auf der Druckschrift: Amtliches Zahlenmaterial zum Flüchtlingsproblem in Bayern, 2. Folge, im Auftrag des StS Wolfgang Jaenicke bearb. von Martin Kornrumpf, München, Jan. 1947, im übrigen auch auf dem Entwurf des Berichtes des Flüchtlingsausschusses des LR „Das Flüchtlingsproblem in der amerikanischen Besatzungszone" (vgl. Dok.Nr. 6 B I, Anm. 4).

Und nun zur Aufgabe selbst: Die Ausweisung der Deutschen aus der Tschechoslowakei, aus Ungarn, Jugoslawien und Rumänien geht auf Artikel 13 der sogenannten Potsdamer Beschlüsse zurück. Die Potsdamer Beschlüsse enthielten keine zahlenmäßigen Angaben über die Zahl der durch Art. 13 betroffenen Deutschen.[3] Präsident Truman hat aber in seinem Bericht an die amerikanische Nation vom 12. 8. 1945 von 1,5 Millionen Deutschen gesprochen, die auszuweisen wären, und zwar aus Polen.[4] Der auf Grund des Art. 13 später aufgestellte Ausweisungsplan des Alliierten Kontrollrats vom November 1945 sah die Ausweisung von 6,65 Millionen Deutschen aus Polen, aus der Tschechoslowakei, aus Ungarn und Österreich vor.[4a] Diese Zahl wurde aber durch die Aussiedlung fast der gesamten deutschen Bevölkerung aus den unter polnische Verwaltung gestellten Gebiete bei weitem überschritten. Wesentlich ist bei diesen Ausgewiesenen, daß sie weder Minderheitsgruppen im Ausland waren, noch Siedler, die von Hitler gesandt waren, eroberte Gebiete zu bevölkern, sondern eine einheimische Bevölkerung darstellten, die zum größten Teil 700 Jahre, d. h. 250 Jahre vor der Entdeckung Amerikas, in diesen Gebieten ansässig waren.

Nach den bisherigen Feststellungen sind in den vier Zonen Deutschlands etwa 10 060 000 Flüchtlinge und Ausgewiesene aufgenommen worden. Die Aussiedlung ist noch nicht endgültig eingestellt, sondern nur infolge Erschöpfung der Aufnahmefähigkeit durch die Besatzungsmächte der westlichen Zonen zur Zeit abgestoppt worden.

Bayern hatte nach dem Ausweisungsplan 1 125 000 Menschen aufzunehmen, es hat jedoch nach dem Stand vom 15. 5. 1947 diese Zahl tatsächlich schon weit überschritten. Es hat aus der Tschechoslowakei, aus Ungarn, Rumänien, Jugoslawien, Österreich und anderen Ländern rund 1 182 000 Menschen aufgenommen, wozu aus den deutschen Gebieten östlich der Oder und Neiße noch rund 569 000 Menschen kommen, so daß also insgesamt rund 1 751 000 Flüchtlinge und Ausgewiesene in Bayern Aufnahme fanden. Dabei lebten in Bayern überdies schon 284 000 Evakuierte aus anderen Zonen und 335 000 Evakuierte aus bayerischen Städten. Dazu kommen noch rund 375 000 Ausländer, fast die Hälfte aller Ausländer in den beiden westlichen Zonen. Die Gesamtbevölkerung von 9 070 000 setzt sich also zusammen aus 6 660 000 Einheimischen und 2 410 000 Zugewanderten, so daß wir also 26,6 Prozent Ortsfremde in Bayern haben.

Ich will Ihnen nun diese von der Bevölkerung unter dem Gesamtbegriff Flüchtlinge empfundenen, in Wahrheit aber unendlich verschiedenen Menschengruppen kurz charakterisieren.

Das sind zuerst die Evakuierten, die an sich in drei Gruppen zerfallen.

Die erste Gruppe pflege ich die sogenannten „Sünder" zu nennen. Es sind das die Menschen, die sich bald nach Beginn des Krieges in die bayerischen Sommerfrischen zurückzogen, um hier unter günstigen Ernährungsverhältnissen ein vom Krieg möglichst ungestörtes Leben zu führen, und deren ganzes Verhalten sehr wesentlich zu der Abneigung beitrug, die ein Teil der einheimischen Bevölkerung später den wirklichen Flüchtlingen entgegenbrachte.[5]

---

[3] Wortlaut von Artikel XIII der Potsdamer Beschlüsse siehe Faust, Potsdamer Abkommen, S. 384 – 385.

[4] Jaenicke hatte diese Informationen vermutlich aus der Broschüre "Land of the Dead" (vgl. Anm. 14). Auszüge aus ihr waren am 22. 5. 1947 dem Direktorium des LR zur Kenntnis gegeben worden (vgl. Z 1/156, Bl. 87 – 91.

[4a] Abdr. des Ausweisungsplanes in: Germany under Occupation, S. 45–46.

[5] Vgl. hierzu die Ansprache von Gen. Clay vor dem LR vom 4. 2. 1947. Dok.Nr. 6 B, Anm. 3.

Die zweite Gruppe umfaßt die zwangsweise von der Nazi-Regierung während des Krieges und bei der Annäherung der feindlichen Armee[n] aus Königsberg, Breslau, Hamburg, Düsseldorf, Köln, die zu sogenannten Festungen gemacht worden waren, gegen ihren Willen hierher Geschickten, und die dritte Gruppe sind die Ausgebombten, und zwar auch aus den bayerischen Städten. Die zweite Gruppe umfaßt die auf Grund des Potsdamer Abkommens Ausgewiesenen, die Sudetendeutschen, die Volksdeutschen aus Rumänien, Jugoslawien, Ungarn und Österreich.

Anfänglich sandte uns die Tschechoslowakei in den Transporten nur elf Prozent arbeitsfähige Männer, alles übrige waren Frauen, Kranke, Greise und Kinder. Erst allmählich ist die Zahl der Arbeitsfähigen auf 20 Prozent gestiegen, während noch immer zahlreiche Ernährer der ankommenden Familien in der Tschechoslowakei zurückbehalten wurden.

Nach dem Vertrage zwischen den Alliierten und der tschechoslowakischen Regierung durften diese Menschen als ihr gesamtes Hab und Gut von allem, was sie besaßen, 50 Kilogramm Gepäck und eine Ausweisungssumme von 500 Mark mit sich führen. Ausgenommen waren nur 120 000 Antifaschisten, denen es gestattet wurde, Möbel und Hausrat mitzunehmen. Das gesamte übrige Vermögen, ob beweglich oder unbeweglich, ob Bank- oder Sparguthaben oder irgendwelche Wertpapiere, hat der tschechoslowakische Staat beschlagnahmt. Ich strebe augenblicklich an, bei der Militärregierung die Genehmigung zu erreichen, daß ich ein ausführliches Vermögensformular ausgeben darf, das die ungeheuren Werte feststellt, die die Tschechoslowakei und Polen auf diese Weise beschlagnahmt haben.

Und nun komme ich zu der dritten Gruppe der heimatlosen Vertriebenen, zu den Deutschen aus den deutschen Gebieten östlich der Oder und Neiße. Es kann keinem Zweifel unterliegen, daß sie das härteste Geschick von uns allen tragen; denn sie kamen daher ohne jedes Gepäck und ohne jedes Geld, in einer Weise ausgeplündert, daß ich noch in den letzten Tagen Leute getroffen habe, die ohne Hemd hierhergekommen sind, weil ihnen selbst das Hemd weggenommen war, als sie die Grenze überschritten. Und welches entsetzliche Geschick diese Menschen durchgemacht haben und bis zum heutigen Tage durchmachen, darüber lassen Sie mich hier nur zwei Dokumente unantastbarer Zuverlässigkeit erwähnen!

Das erste ist der Hirtenbrief des Jahres 1946 des Erzbischofs von Freiburg[6], der vom Anfang des vorigen Jahres stammt und in dem in erschütternder Weise das Elend der Vertriebenen und die ungeheuren Härten, unter denen die Ausweisungen vor sich gingen, geschildert werden.

Das zweite ist ein Tatsachenbericht aus der in Hannover erscheinenden Wochenzeitung „Der Spiegel", der in der „Neuen Zeitung", der großen amerikanischen Zeitung vom 31. Januar 1947 [zitiert wurde], über Vorgänge, wegen derer die britische Regierung den schärfsten Protest bei der polnischen erhob, als bei einem einzigen Transport in diesem Winter 65 Tote in Hannover ankamen.[7]

---

[6] Dabei handelt es sich nach Auskunft des Erzbischöflichen Archivs in Freiburg vom 9. 7. 1976 um den Fastenhirtenbrief von Erzbischof Conrad Gröber vom 22. 2. 1946. (Erzbischöfliches Archiv Freiburg, Nachl. Gröber, Fasz. Nr. 85).

[7] Nach dem in der Neuen Zeitung vom 31. 1. 1947 zitierten Spiegel-Bericht waren im Dez. 1946 bei einem Transport von 1543 ausgewiesenen Deutschen, der in ungeheizten Viehwagen erfolgte, 35 Personen an Erfrierungen gestorben, 30 starben noch an den Folgen in Krankenhäusern der brit. Zone. Ein Antrag, den Vorfall im ZB zu behandeln, war von der KK abgewiesen worden (vgl. Dok.Nr. 5, Anm. 5).

Nr. 32B   6./7. 6. 1947   Ministerpräsidentenkonferenz München

Aber auch maßgebende amerikanische Stimmen haben sich über diese Zustände erhoben. So schreibt die bekannte Publizistin Anne O'Hare Mc. Cormick in der „New York Times" vom 23. Oktober 1946: „Das Ausmaß dieser Umsiedlung, die Bedingungen, unter denen sie Platz greift, sind ohne Beispiel in der Geschichte. Niemand, der diese Schrecken selbst gesehen hat, kann daran zweifeln, daß es ein Verbrechen gegen die Menschlichkeit ist, für die die Geschichte eine schreckliche Vergeltung fordern wird."

Und nun lassen Sie mich bei dem Problem der unter polnischer Verwaltung gestellten deutschen Gebiete wegen der wirtschaftspolitischen Bedeutung für Bayern und seine Flüchtlinge noch einen Augenblick länger verweilen.

Bayern ist zur Zeit die Hauptenährerin des nordwestlichen Deutschlands. Immer tiefer sinkt durch die übermäßigen Abgaben der Lebensstandard unserer Bauern. Schon ist der Wegfall des flüssigen Brotes, des Biers, angeordnet,[8] unsere Wälder werden in katastrophaler Weise abgeholzt, um der Ruhr ihre Weiterarbeit zu ermöglichen, und auf der anderen Seite haben wir eine Kohlenkatastrophe gehabt, die unser ganzes wirtschaftliches Leben fast zum Erliegen bringt. Warum? Weil alle diese kostbaren Gebiete östlich der Oder uns Neiße ihre enormen Überschüsse nicht mehr an das hungernde Westdeutschland geben können. Ich möchte Ihnen nur für die einzige Provinz Schlesien einige Zahlen nennen. Unter Zugrundelegung der Sätze in der 90. Lebensmittelperiode[9], die in der britischen Zone galten, könnte Schlesien nach den Durchschnittserträgnissen der Jahre 1934 bis 1938 folgendes liefern:

An Brot   für 16,8 Millionen Menschen,
an Kartoffeln   für 31,7 Millionen Menschen,
an Zucker   für 35,7 Millionen Menschen,
an Fleisch   für 48,5 Millionen Menschen.

Ich entnehme diese Zahlen einem ausgezeichneten Atlas, der jetzt erschien und den westlichen Mächten auch in den Verhandlungen in Moskau zur Grundlage gedient hat.[10]

Und was lieferte nicht alles in verschwenderischer Fülle dieses eine Land nach West- und Süddeutschland! In sechs Jahren ist die britische Zone mit ihrem gesamten schlagfähigen Holzbestand für das Ruhrgebiet zu Ende. In Schlesien allein betragen die Kieferbestände das Vielfache der gesamten britischen Zone. Diese eine Provinz ist nach dem Wort des berühmten Geographen Volz[11] in Leipzig das einzige, völlig autarke Land Europas. Schlesien besitzt schwarze und braune Kohlen, die zu den größten Vorkommen Europas gehören, es hat nach Amerika die größten Zinklager der Welt. Es hat die höchstentwickelte Landwirtschaft, den kostbarsten Boden, die größte Edelfischzucht Deutschlands, Blei, Erz, Chrom, Zink, Zement, Radiumerze, Gold in nicht uner-

---

[8] Der VR für Ernährungs- und Landwirtschaft, ermächtigte in seiner 12. Sitzung am 6. 6. 1947 den Stellv. Vorsitzenden, bei der MilReg. die Herstellung eines „Notersatzgetränkes mit 0,6% Stammwürzgehalt" zu beantragen (Prot. in Nachl. Dietrich/491, hier Bl. 83).

[9] Die 90. Lebensmittelperiode umfaßte den Zeitraum 24. 6. – 21. 7. 1946.

[10] Dabei dürfte es sich um eine Ausarbeitung von H. v. Dewitz und Gräfin Dönhoff handeln: "The Importance of the East German Territories across the Oder-Neisse Linie for the Food Supply of Germany", die im Rahmen der Forschungsgemeinschaft für ernährungswissenschaftliche Fragen entstanden war (vgl. Z 35/104, Bl. 389).

[11] Wilhelm Volz, 1870 – 1958, verfaßte u. a. die Werke „Der ostdeutsche Volksboden", 1926; „Die deutsche Ostgrenze", 1939; und „Die ostdeutsche Wirtschaft", 1930.

heblichem Maße – in meiner Breslauer Regierungspräsidentenzeit[12] wurden für 780 000 M Gold in jedem Jahr in den Reichensteiner Werken erzeugt – Silber, Kupfer, Nickel, die größten Stein- und Marmorbrüche der Welt, größer noch als die schwedischen. Es ist der größte Saatguterzeuger Deutschlands gewesen, der Saatgut nach Südafrika, Südamerika und Britisch-Indien lieferte. Von diesem Land sagt der Bischofsbrief aus Freiburg: „Die Felder sind zur Steppe geworden, die Fabriken stehen still, die Handwerksstuben sind verlassen."[13]

Und in der von mir erwähnten Broschüre, von der ich Ihnen einen Auszug zur Verteilung bringen werde[13a] und die ich Sie bitte zu lesen und nicht beiseite zu legen, herausgegeben von einer großen Anzahl bekannter amerikanischer Publizisten, „Das Land des Todes"[14], Studien über die Ausweisung aus Ostdeutschland, heißt es wörtlich:

„Als Folge dieser Ausweisungspolitik werden ganze Provinzen in der Größe manches amerikanischen Staates entvölkert. Zur Zeit größten Mangels und größter Zerstörung werden reiche landwirtschaftliche Gebiete auf den Zustand unproduktiver Steppen und einstmals geschäftige Industriestädte in Geisterstädte zurückverwandelt. Auf der anderen Seite werden in den westlichen und in der Sowjetzone Deutschlands, wo diese Ausgewiesenen wieder angesiedelt werden müssen, beängstigende Übervölkerungsverhältnisse geschaffen. Die daraus resultierende Nahrungs- und Wohnungsnot verursacht Krankheit, Unfrieden und ein gefährliches Abgleiten aller Moral."

Dies ist der Wortlaut der Schilderung in dieser Broschüre über die Zustände in unseren deutschen Ostgebieten.

Die Städte veröden, und wie weit diese Verödung geht, ergibt sich aus einer Propaganda-Veröffentlichung der polnischen Botschaft in Washington „Polen von heute" vom Mai 1946, wonach die Bevölkerung von Breslau von 630 000 auf 168 000, die von Danzig von 235 000 auf 118 000, die von Stettin von 242 000 auf 70 000 Einwohner zurückgegangen ist.

Und da fahren die Kaiser-Schiffe[14a] tagein tagaus von Amerika und bringen uns Lebensmittel, und Hoover speist in großartiger Weise die deutschen Kinder, und die Bevölkerung in Amerika und in England legt sich tatsächlich Einschränkungen auf um die hungernden Länder Europas zu befriedigen. Und bei uns in unserem Land liegen die reichsten Provinzen unbestellt! Die Rückgabe dieser Provinzen ist daher nicht nur eine deutsche Frage, sie ist auch nicht nur eine europäische Frage, sie ist schlechthin der Kernpunkt einer zukünftigen Weltfriedenspolitik, denn es ist auf die Dauer unmöglich, daß Bayern allein Westdeutschland erhält. Und ein ewig hungerndes, ewig unruhiges Restdeutschland als Herz Europas würde jede wirkliche Befriedigung der Welt verhindern.

---

[12] Vgl. Anm. 2.

[13] Vgl. Anm. 6. Im Hirtenbrief ebenfalls als Zitat gekennzeichnet.

[13a] Der Auszug, im Umdr. vervielf. Ausf. im Umfang von 13 Seiten, als „für den Dienstgebrauch" bezeichnet, unter dem 19. 5. 1947 datiert, in: IfZ ED 120/135.

[14] Die Broschüre "Land of the Dead" wurde von einem in New York ansässigen Committee against Mass Expulsions herausgegeben und enthielt u. a. eine Reihe von Zitaten aus Ansprachen alliierter Politiker zum Problem der Flüchtlinge und der Ostgebiete, die im deutschen Interesse verwendet werden konnten.

[14a] Die Schiffe wurden benannt nach dem amerikanischen Industriellen Henry Kaiser (1882–1967), der während des Zweiten Weltkrieges in großem Maßstab industrielle vorgefertigte Schiffe baute, die sogenannten „Liberty-Schiffe", die nach Kriegsende vereinzelt auch für Lebensmitteltransporte eingesetzt wurden (vgl. auch Wirtschafts-Zeitung, Ausg. 11. 4. 1947, S. 7).

Und nun komme ich zu der dritten großen Gruppe der Flüchtlinge. Das sind die Kriegsgefangenen, die nicht mehr in ihre Heimat zurückkehren können, und die Flüchtlinge, die als Einzelgänger zu Tausenden über die grüne Grenze aus der russischen Zone kommen. Endlich die Ausländer, von denen sich in Bayern 375 000 befinden, das ist fast die Hälfte aller Ausländer in den vereinigten Westzonen.

Alle diese Menschen in ihrer ungeheuren Verschiedenheit in einem Lande unterzubringen, dessen Städte zerstört sind und in dem jedes normale Bau- und Wirtschaftsleben erloschen ist, stellt eine Aufgabe dar, die mit unseren Kräften in befriedigender Weise zu lösen außerhalb jeder Möglichkeit liegt.

Der Mangel und die Not, unter denen diese Menschen heute zu leben gezwungen sind, läßt sich am besten an folgenden Zahlen veranschaulichen. [...] Es konnten für je hundert Flüchtlinge nur beschafft werden:

	in Bayern	in Hessen	in Württ.-Baden
An Betten	28	31	52
Matratzen und Strohsäcken	6,4	5,8	9,8
Tischen	0,46	1,5	1
Herden und Öfen	2,8	14,6	5,1
Wolldecken	18	4,5	12,9
Textilien	1,55	6,7	6,9
Schuhen	57	14	14

Zu der Zahl der von Hessen aufgebrachten Herde und Öfen ist zu bemerken, daß Hessen über gewisse Fabriken verfügt. Ein ganz katastrophaler Punkt sind die Schuhe. Hunderttausende können nicht arbeiten und Hunderttausende von Kindern können nicht in die Schule gehen, weil sie keine Schuhe haben. (Hört, hört!)

Neben diesen schweren Problemen der Unterbringung und der Versorgung der Flüchtlinge mit den notwendigsten Einrichtungen und Bedarfsgegenständen steht als großes drittes Problem ihre Eingliederung in den Arbeitsprozeß.

Als unbedingte Grundlage hierfür ist die Aufstellung eines Industrieverteilungsplanes für ganz Deutschland notwendig, da nur durch sie eine vernünftige Arbeitslenkung denkbar ist. Wir müssen also zunächst die bei dem enormen Tempo des Einströmens und Einschleusens der Flüchtlinge im Jahre 1946 – es kamen zum Teil täglich drei Züge – nur provisorisch untergebrachten Menschen auf Grund eines solchen Verteilungsplanes umsiedeln.

Des weiteren sind an Aufgaben, die uns jetzt brennend bevorstehen, folgende zu nennen: der Einbau der Flüchtlingsarbeiter in bereits vorhandene industrielle und gewerbliche Betriebe, die Schaffung von neuen Arbeitsmöglichkeiten durch Gründung neuer Betriebe und durch Bereitstellung von Gewerberäumen, die Bildung von Genossenschaften, die den Mangel an Produktionsmitteln und Spezialwerkzeugen durch den gemeinsamen Einkauf von Rohstoffen, durch einheitliche kaufmännische und technische Leitung, durch Übernahme von Großaufträgen und einheitliche Exportlenkung überwinden sollen, die Unterbringung der Jugendlichen in geeigneten Lehrplätzen und Berufsschulen, die Schaffung von Fachschulen für den Nachwuchs, die bäuerliche Siedlung für Landwirte, die Einschulung der Kinder, die Regelung der Pensionen und Renten, die jetzt endlich in die Wege geleitet ist, die Regelung der Versicherungen, die Ausgabe von Kredithilfen, besonders für kleine Gewerbetreibende.

Neben diesen materiellen Dingen steht aber als mindestens ebenso wichtig die kulturelle und seelische Betreuung dieser entwurzelten Menschen, die kein einziges Buch ihr eigen nennen und die sich in einer seelischen Zerrissenheit sondergleichen befinden. Hier ist eine gewaltige Aufgabe für alle Kirchen und die karitativen Verbände, mit denen uns vom ersten Tage unserer Tätigkeit an eine vorzügliche Arbeit verbunden hat. Ich möchte an dieser Stelle ohne jede Spur von Liebedienerei noch erwähnen, daß wir in Süddeutschland auf dem Gebiete des Flüchtlingswesens mit den Militärregierungen von Bayern und Württemberg-Baden in ausgezeichneter Weise zusammenarbeiten, und daß die Herren, die diese Ressorts dort vertreten, ein wirklich warmherziges und volles Verständnis für dieses Problem haben und uns in jeder Weise unterstützen.
[Ausführungen über die Bedeutung der Familienzusammenführung]
Aber alle diese Pläne, von denen ich Ihnen gesprochen habe, stehen und fallen mit der Möglichkeit des Bauens. Und das ist der Punkt, wo wir uns immer wieder an das Ausland wenden müssen. Wir wissen, daß die Welt auf Deutschland blickt, und aus der Art und Weise, in der wir Deutsche das Flüchtlingsproblem zu lösen versuchen, ihre Schlüsse zu ziehen gewillt ist. Wir wissen, daß wir alles tun müssen, um dieses Problem, so gut es mit dem wenigen, was uns geblieben ist, möglich ist, zur Lösung zu bringen, und wir wissen, daß das Flüchtlingsproblem als ein deutsches Problem betrachtet wird. Aber gerade, weil wir uns alles dessen und auch der tiefen Verantwortung bewußt sind, ist es unsere Pflicht, klar und deutlich auszusprechen, daß eine menschenwürdige und einigermaßen befriedigende Lösung weder mit den Mitteln der einzelnen Länder noch der einzelnen Zonen möglich ist, sondern daß eine solche Lösung nur mit internationaler Hilfe erreicht werden kann.

Hinzu kommt, daß innerhalb Deutschlands die Flüchtlinge so ungleichmäßig verteilt sind, daß z. B. in Schleswig-Holstein auf 1,4 Millionen einheimische Bevölkerung 1,2 Millionen Ortsfremde kommen, während eine ganze Zone weniger als ein Prozent ihrer Stammbevölkerung an Flüchtlingen aufzunehmen brauchte, die französische Zone. Die Stellung, die Schleswig-Holstein in der britischen Zone einnimmt, hat Bayern in etwas abgeschwächter Form in der US-Zone.

Unter der Voraussetzung, daß der Appell an die Alliierten, keine weiteren Ausweisungen vornehmen zu lassen, Erfolg hat, erscheint daher dem Flüchtlingsausschuß unserer heutigen Konferenz der Zeitpunkt gekommen, eine gleichmäßige Verteilung der Ausgewiesenen innerhalb Deutschlands vorzuschlagen.

Ich habe daher die Ehre, der Ministerpräsidentenkonferenz die folgende Flüchtlingsresolution[15] vorzulegen:

Die Ausweisung von Millionen Deutscher aus ihren bisherigen Siedlungsgebieten hat zu einer Überbevölkerung weiter Gebiete des restlichen Deutschlands geführt. Die Verhältnisse, unter denen diese armen Menschen ohne ihr Verschulden in den überbevölkerten Gebieten leben müssen, sind menschenunwürdig und unerträglich. Die Überbevölkerung dieser Gebiete macht es unmöglich, hier Maßnahmen zur Belebung

---

[15] Die Kommission zur Ausarbeitung dieser Resolution bestand aus Min. Arp, Landesdir. Lauritzen (Vertreter), StS Jaenicke, MinRat Eschenburg, StS Skiba, StR Wittwer, Sekretär war Landrat Middelmann. Die Resolution beruhte weitgehend auf einem von den MinPräs. der brit. Zone am 30. 5. 1947 (vgl. Dok.Nr. 27) angenommenen Entwurf (HStA Hannover Nds Z 50 Acc. 32/63 Nr. 64 I), in dem lediglich die dritte Forderung nach einem Gremium der Länder mit einem gemeinsamen Sekretariat fehlte. Ein während der Konferenz erstellter Entwurf mit unwesentlichen stilistischen Korrekturen in: StA Sigmaringen, Wü. 2 acc. 32/1969 Nr. 8018.

der Wirtschaft durchzuführen, da kein Raum mehr vorhanden ist, um Umsetzungen vorzunehmen.

Es wird daher an die Alliierten der dringende Appell gerichtet, das Hereinströmen weiterer Flüchtlinge in diese Gebiete sofort und für immer zu unterbinden.

Um aber ein menschenwürdiges Dasein und eine mit der eingesessenen Bevölkerung gleiche Behandlung für die Flüchtlinge zu ermöglichen, muß im Wege eines allgemeinen Ausgleichs eine gleichmäßige Verteilung der Flüchtlinge, die nicht in ihre Heimat zurückkehren können, auf ganz Deutschland durchgeführt werden. Dabei ist von den in den einzelnen Ländern vorhandenen Arbeits- und Wohnmöglichkeiten auszugehen.

Zur Durchführung dieser Grundsätze im einzelnen wird folgendes beschlossen:

1. Gleichmäßige Verteilung der Flüchtlinge auf ganz Deutschland, gegebenenfalls mit gleichzeitigem Ernährungsausgleich. Diese Verteilung wird auf Grund exakt vergleichbarer statistischer Unterlagen zunächst nach der Wohnraumlage vorgenommen. Die Berücksichtigung der Arbeitslage, sowie gegebenenfalls weiterer genau festzustellender Vergleichsmerkmale der betreffenden Gebiete wird vorgesehen.

2. Zur beschleunigten Familienzusammenführung sollen in allen Ländern Zuzugsgenehmigungen an nächste Familienangehörige (Ehegatten, unversorgte Kinder, Eltern in bedrängter Lage) soweit hierdurch kein besonderer Wohnraum in Anspruch genommen wird, zum Wohnsitz des Ernährers erteilt werden.

3. Zur Sammlung, Beratung und Ausarbeitung des statistischen Materials und zur unerläßlichen Vereinheitlichung gesetzgeberischer Maßnahmen wird ein Gremium der Ländern mit einem gemeinsamen Sekretariat gebildet.[15a] Dieses Gremium wird auch die zur gleichmäßigen zahlenmäßigen Erfassung der Bevölkerungsbewegung zum Zwecke des Spitzenausgleichs erforderlichen Maßnahmen vorbereiten.

Ohne das Thema meines Vortrages, dieses ungeheure Problem, annähernd erschöpft zu haben, komme ich zum Schluß. Wir alle haben den Krieg verloren, schuldig oder unschuldig. Aber diese Menschen tragen am härtesten von uns, mehr auch als alle Evakuierten und Ausgebombten; denn sie haben das verloren, was durch nichts in der Welt ersetzt werden kann, was tausendfältig im Herzen eines Menschen wiederklingt, ihre Heimat! Die haben sie hergeben müssen für uns! Für uns! Welch eine ungeheure Verantwortung erwächst uns aus diesen beiden kleinen Worten. Ihnen dafür zu danken und zu versuchen, sie ihnen zu ersetzen, ist unsere heilige Pflicht.

Zwölf Jahre lang hat ein satanischer Mensch Haß genährt, Haß gesät und Haß geerntet. Wir aber müssen uns mit aller Macht und unserem ganzen Wollen dem wieder zuwenden, was ein Höherer in die Welt gebracht hat, der Menschenliebe. Und gerade im Flüchtlingswesen muß unsere Arbeit getragen sein von dem ewigen Wort:

[15a] Die Flüchtlingsminister der Länder trafen sich daraufhin am 24./25. 7. 1947 in Bad Segeberg und schufen eine Arbeitsgemeinschaft der deutschen Flüchtlingsverwaltungen, die jedoch nur die Länder der brit. und amerik. Zone umfaßte, da den Ländern der franz. Zone eine Teilnahme nicht gestattet wurde. Deren Bemühungen um einen Ausgleich der Flüchtlingszahlen zugunsten des überlasteten Schleswig-Holsteins, der in der Münchener Resolution ausdrücklich gefordert worden war, hatte bis zum Jahre 1949 nur einen sehr bescheidenen Erfolg. Vgl. Middelmann, Entstehung und Aufgaben der Flüchtlingsverwaltung in: Vertriebene in Westdeutschland I, S. 291–292, ferner G. Müller, H. Simon. Aufnahme und Unterbringung, ebenda, S. 391–393.

Ministerpräsidentenkonferenz München   6./7. 6. 1947   Nr. 32B

Und wenn ich mit tausend Zungen redete und hätte der Liebe nicht, so wäre ich ein tönendes Erz und eine klingende Schelle.[16]
(Beifall)

[*Ehard* dankt und erteilt MinPräs. Lüdemann das Wort]

[2. Korreferat von Ministerpräsident Lüdemann]

Lüdemann: Meine Damen und Herren! Das deutsche Flüchtlingsproblem ist dadurch gekennzeichnet, daß wir seine Größe nicht kennen. Wir wissen nur, daß es die größte Massenbewegung der neueren Geschichte ist, die vorgekommen ist. Diese vollzieht sich in einem Lande, das sich in vollständiger Auflösung und Zerrissenheit befindet, und die Bewältigung dieses ungeheuren Problems ist uns gestellt in einer Zeit, da wir der staatsrechtlichen Zusammenfassung und der zentralen Führung und Leitung der deutschen Geschichte entbehren müssen.

Die Flüchtlinge sind über unser deutsches Land deshalb so ungleichmäßig verteilt worden, weil eine zentrale Lenkung durch deutsche Behörden nicht hat stattfinden können. Die Verteilung der Flüchtlinge ist durch die alliierten Besatzungsmächte veranlaßt worden. Wir wissen nicht, welche Maßstäbe dabei angewendet worden sind. Wir erkennen nur allmählich immer klarer, daß die Verteilung außerordentlich ungleichmäßig stattgefunden hat, und es ist ganz natürlich, daß alle Schäden und alle beklagenswerten Folgen dieser Flüchtlingsbewegung sich umso stärker auswirken müssen, wenn die Verteilung ungleichmäßig ist und in einzelnen Bezirken sich Zusammenballungen entwickelt haben.

Ich möchte gerade nach dieser Richtung hin die Ausführungen des Herrn Vorredners ein wenig ergänzen, indem ich als Vertreter desjenigen Landes zu Ihnen spreche, das am stärksten in ganz Deutschland mit Flüchtlingen belegt ist. Ich will dazu einige nüchterne Zahlen und Tatsachen bringen.

Im Vergleich zu anderen deutschen Ländern liegen die Dinge so: Der Bevölkerungszuwachs durch reine Flüchtlinge beträgt in der britischen Zone 20 Prozent, in der amerikanischen Zone 20 Prozent, dagegen in Schleswig-Holstein 62,2 Prozent. Gemessen am Wohnraum darf ich feststellen: In Schleswig-Holstein leben in einem Wohnraum durchschnittlich 1,5 Personen; das ist mehr als in der Großstadt Hamburg, wo es nur 1,2 Personen sind; das ist mehr als im Durchschnitt der ganzen britischen Zone, wo es nur 1,1 Personen sind. Wollte man in Schleswig-Holstein nach dem Durchschnitt der britischen Zone nur 1,1 Personen pro Wohnraum unterbringen, dann müßten zu diesem Zwecke 600 000 Menschen aus Schleswig-Holstein herausgenommen werden. Da aber die Zahl der Flüchtlinge im Ganzen 1,2 Millionen beträgt, so heißt das: uns müßte die Hälfte aller Flüchtlinge genommen werden, um zu einer gleichmäßigen Verteilung innerhalb der britischen Zone zu kommen. An diesen Zahlen können Sie ermessen, wie groß die Überfüllung Schleswig-Holsteins mit Flüchtlingen ist.

Nun besteht die Masse, namentlich der Ostflüchtlinge, ganz überwiegend aus alten, siechen, kranken Menschen. Die Folge ist, daß die Erwerbsfähigkeit der Bevölkerung in Schleswig-Holstein außerordentlich herabgesetzt ist, und die Mittel zur öffentlichen Unterstützung in beispielloser Weise in Anspruch genommen werden. Im Monat März

---

[16] Zitat nach 1. Korinther 13, Vers 1: „Wenn ich mit Menschen- und mit Engelszungen redete und hätte der Liebe nicht, so wäre ich ein tönend Erz oder eine klingende Schelle."

mußten aus öffentlichen Mitteln 432 146 Personen unterstützt werden, das sind 16,3 Prozent der Gesamtbevölkerung. Dazu kommen 206 000 Rentner. Insgesamt werden regelmäßig 24 Prozent der schleswig-holsteinischen Bevölkerung durch öffentliche Unterstützungen unterhalten; ein Viertel unserer Bevölkerung ist im wahrsten Sinne des Wortes Almosenempfänger. Welche Rückwirkungen das auf den seelischen Zustand der Bevölkerung haben muß, wird jeder einzelne von Ihnen sich vorstellen können.

Wir hatten im Jahre 1933 in Schleswig-Holstein einen Anteil der erwerbsfähigen Bevölkerung von 55 Prozent. Dieser Anteil ist durch den Zuwachs durch die Flüchtlinge auf nur 35 Prozent herabgesetzt worden. Sie können daraus ermessen, wie schwer das Wirtschaftsleben durch diesen Zuwachs an Flüchtlingen bei uns geschädigt ist.

Zusammenfassend darf ich feststellen, daß also Schleswig-Holstein in ganz Deutschland den höchsten Anteil an Flüchtlingen im Vergleich zur Gesamtbevölkerung hat, daß in Schleswig-Holstein der geringste Wohnraum je Kopf der Bevölkerung zur Verfügung steht, daß Schleswig-Holstein eine untragbar hohe Belastung durch Fürsorgeabgaben hat, daß eine außerordentlich ungünstige Entwicklung des Anteils der erwerbsfähigen Bevölkerung besteht, daß wir im Zonendurchschnitt einen mehr als doppelt so hohen Anteil von Arbeitsunfähigen haben und daß wir nicht in der Lage sind, die Flüchtlinge in unserem Lande voll in den Arbeitsprozeß einzugliedern.

Für uns ergibt sich daraus die dringende Forderung, daß eine gerechte Verteilung der Flüchtlinge stattfinden muß, weil dadurch unser Land entlastet und nur durch gerechte Verteilung der Flüchtlinge die bestmögliche Fürsorge für die Flüchtlinge erreicht werden kann.

Herr Staatssekretär Jaenicke hat hier außerordentlich ergreifende Zahlen über die Versorgung der Flüchtlinge in Bayern gebracht. Er hat festgestellt, in welch unzulänglichem Maße Betten, Matratzen und Strohsäcke für die Flüchtlinge in Bayern zur Verfügung stehen. Bayern befindet sich ja innerhalb der süddeutschen Zone in einer ähnlichen Lage wie Schleswig-Holstein in der britischen Zone. Bayern hat 26,6 Prozent Flüchtlinge, und Sie haben gehört, welche Wirkungen das auf die Lebensverhältnisse der Flüchtlinge hat.

Nun darf ich dahinter die Bemerkung stellen, daß Schleswig-Holstein einen dreimal so hohen Prozentsatz an Flüchtlingen hat. Daraus können Sie ermessen, welche Zustände bei uns herrschen müssen. Ich darf der schleswig-holsteinischen Bevölkerung hier das Zeugnis ausstellen, daß sie im großen und ganzen sich den Flüchtlingen gegenüber ausgezeichnet verhalten und sie in bestmöglicher Weise aufgenommen hat. Aber die Aufnahmemöglichkeit ist ja begrenzt und ist in Schleswig-Holstein weit überschritten. Zehntausende von Flüchtlingen haben bei uns gar nicht die Möglichkeit, überhaupt in Wohnungen zu leben. Wir sind gezwungen, sie in großen Flüchtlingslagern, zum Teil in unzulänglichen Baracken, in Wagenremisen usw. unterzubringen. Die Lebensverhältnisse dieser Flüchtlinge sind wirklich nicht zu schildern, und wir sind nicht imstande, sie mit unseren Kräften zu bessern oder zu beseitigen.

Dazu kommt für Schleswig-Holstein, was ich besonders zu beachten bitte: Wir haben dort ein sehr wichtiges Grenzproblem. Für unser Grenzproblem spielt das Flüchtlingsproblem eine bedeutende Rolle; denn die Flüchtlinge nehmen dort nicht nur den deutsch Gesinnten den Wohnraum weg und schmälern ihre Nahrung und ihre Kost, sondern sie nehmen diese auch den dänisch Gesinnten weg, und die machen daraus ein Mittel für ihre Propaganda. Ich bitte, sich vorzustellen: Wir nehmen den Einheimischen

Wohnraum und Nahrung, die Dänen versorgen sie mit Speck und Butter! Daraus können Sie sich ein Bild davon machen, wie sich die Flüchtlingsfrage in Nordschleswig zu Ungunsten Deutschlands auswirken muß. Für uns ist daher die Flüchtlingsfrage zugleich ein wichtiges nationalpolitisches Problem, und wir müssen Sie bitten, auch dazu beizutragen, daß wir in dieser Hinsicht entlastet werden und die Gefahr vermindert wird, daß von unserem nördlichen Schleswig-Holstein auch nur ein Streifen Landes abgenommen werden könnte. Wir sind entschlossen, der dänischen Minderheit die freieste kulturelle Entwicklung zu ermöglichen, aber wir verteidigen das deutsche Volk, wir weigern uns, irgendeinen Streifen deutschen Bodens preiszugeben, der für das deutsche Volk dringend gebraucht wird. Das gilt für uns, aber nicht nur für den Norden unseres schleswig-holstein'schen Landes, dies gilt für ganz Deutschland, dies gilt, wie für den Norden, so auch für den Westen und den Osten Deutschlands. Für uns beinhaltet das Wort der deutschen Einheit auch den Begriff der geographischen Einheit, und ich bedaure in diesem Augenblick, daß in unserer Mitte die Vertreter der deutschen Ostzone fehlen, um sich mit uns zusammen auch zu dieser geographischen Einheit Deutschlands bekennen zu können. Durch die Rückkehr der zur Zeit von den Polen besetzten Ostgebiete zu Deutschland würde die Möglichkeit geschaffen werden, Millionen deutsche Ostflüchtlinge in ihre Heimatgebiete zurückzuführen. Das würde auch uns in Schleswig-Holstein eine bedeutsame Entlastung von Flüchtlingen verschaffen. Für diejenigen aber, die nicht in ihre Heimatgebiete zurückkehren können, muß so rasch wie möglich erreicht werden, daß sie besser als in der gegenwärtigen Zeit zu leben vermögen. Zu diesem Zwecke appellieren wir an die Chefs aller deutschen Länder, dazu beizutragen, daß wir zu einem Flüchtlingsausgleich in Deutschland kommen, der eine gerechte Verteilung unter Berücksichtigung der Wohnmöglichkeiten und der Arbeitsmöglichkeiten herbeiführt.
Meine Damen und Herren! Das Flüchtlingsproblem Deutschlands ist vielleicht der stärkste Ausdruck für die deutsche Not und Schicksalsgemeinschaft. Ich habe das Vertrauen, daß diese Ministerpräsidentenkonferenz in Würdigung dieses Umstandes bereit sein wird, der deutschen Flüchtlingsnot entgegenzuwirken, und ich rechne mit der einmütigen Annahme der Entschließung, deren Wortlaut Ihnen vorhin vorgetragen worden ist. (Beifall)
[*Ehard* dankt dem Vortragenden; fragt, ob eine Diskussion gewünscht wird und stellt fest, daß die Resolution angenommen worden ist. Er erteilt StR Schmid das Wort]

[3. Schaffung eines Besatzungsrechtes[17]]

Schmid: Herr Präsident, meine Damen und Herren! Die Ausübung der Gebietshoheit durch die Besatzungsmächte bedeutet rechtlich gesehen, daß sich zwei Rechtsordnun-

---

[17] Schmids Ausführungen sind in der Vorlage gelegentlich mit Bleistiftunterstreichungen versehen worden, die bei der Wiedergabe nicht berücksichtigt wurden.
Ein Vorentwurf eines unbekannten Verfassers mit der Überschrift „Grundsätzliches zur Problematik eines Besatzungsrechts", der in der Gedankenführung und in einigen Formulierungen der Endfassung bereits ähnlich ist, in: B 120/vorl. 344. Die darin von Schmoller angebrachten Korrekturen wurden offensichtlich von Schmid nicht übernommen. Schmoller hat zwar dem genannten Aktenheft am 7. 8. 1950 einen Vermerk hinzugefügt, nach dem die anliegenden Ausarbeitungen die von ihm angefertigten Entwürfe für das Referat von Schmid darstellen, aber diese Darstellung ist zu bezweifeln.
In dem genannten Aktenheft befindet sich auch eine Ausarbeitung, vermutlich von Schmoller, „Die Forderung nach einem Besatzungsstatut" mit dem Vermerk „am 5. 6. 1947 Schmid gegeben", die Schmids Referat jedoch, soweit erkennbar, nicht mehr beeinflußte. Schmid hatte die Frage des Besatzungsrechts wenige Tage zuvor am 2. 6. 1947 bereits auf dem Konstanzer Juristentag angesprochen (vgl. Dok.Nr. 29, Anm. 16).

gen und zwei Staatsgewalten ineinanderschieben. Soll bei der Abgrenzung der Konkurrenz dieser beiden Ordnungen nicht schließlich das bloße Recht des Stärkeren das Maßgebende sein, so müssen beide Ordnungen zueinander in ein rechtliches Verhältnis gestellt werden. Nur wenn dies erreicht werden kann, sind wir in den deutschen Ländern in der Lage, überhaupt Rechtsstaaten im vollen Sinne des Wortes zu schaffen. Nur dann werden wir in der Lage sein, den Verfassungen, die wir uns schufen, ein wahres Leben zu verleihen; denn wenn der Staat selbst nicht in das Recht – und das heißt hier das Völkerrecht – eingebettet ist, vermag er nach den Worten Immanuel Kants selber nicht das Leben seiner Bürger ganz auf das Recht zu stellen. Dies ist der eine Grund; der nächste: Das praktische technische Bedürfnis erfordert es, daß genauso Abgrenzungen der Kompetenzen der Organe der Besatzungsmacht gegenüber denen der landeseigenen Stellen erfolgen, weil diese nur dann in der Lage sind, planmäßig und selbstverantwortlich zu verwalten. Schließlich müssen die durch das Dasein der Besatzungstruppen und Besatzungsorgane und durch die Durchführung des Besatzungszwecks notwendig werdenden Leistungen des besetzten Landes so genau bestimmt sein, daß eine zuverlässige Haushaltführung, eine zuverlässige Planung und Lenkung der Wirtschaft und eine sichere Versorgung der Bevölkerung möglich wird. Ich bin davon überzeugt, daß die Besatzungsmächte die Geltung dieser allgemeinsten Grundsätze nicht bestreiten werden.

Sie werden sicherlich auch für ihren internen Gebrauch Zusammenstellungen von Rechtsregeln geschaffen haben, nach denen sie ihr Handeln einrichten. Ich verweise hier auf verschiedene Ordonnanzen, die die einzelnen Besatzungsmächte erlassen haben, und auch auf die Proklamation Nr. 4 der amerikanischen Militärregierung vom 1. März d. J.[18] Aber ich glaube, daß dieses Verfahren für sich allein nicht ausreichen wird, um den Zustand herzustellen, der notwendig und bald hergestellt werden muß, wenn administrative Verwirrung vermieden werden soll. Allgemeinheiten genügen nach allen Erfahrungen des Lebens hier nicht; es müssen vielfach ins einzelne gehende Bestimmungen geschaffen werden, die so gefaßt sind, daß auch das besetzte Land sich auf sie berufen kann, um von dieser Stelle, die etwas von ihm fordert, im einzelnen den Nachweis eines Rechtstitels verlangen zu können. Solange dieser Zustand nicht erreicht ist, erfolgt letzten Endes die Durchführung eines jeglichen Besatzungsregimes nur „via facti" und mit einer Vermutung zu Gunsten der Unbegrenztheit der Eingriffsrechte der Besatzungsorgane, was meinem Dafürhalten nach für keinen der Beteiligten ein gesunder Zustand ist; während im Falle der Schaffung einer detaillierten Rechtsregelung, sei sie nun einseitig oder zweiseitig, die Vermutung in anderer Richtung wirken müßte, was – und das halte ich für außerordentlich wichtig – eine größere Berechenbarkeit aller Möglichkeiten und Zustände zur Folge haben würde, also gerade das bewirken müßte, was bestehen muß, wenn überhaupt ordnungsgemäß verwaltet werden soll.

Nach diesen allgemeinen Ausführungen möchte ich einige Gesichtspunkte zu ihrer Durchführung andeuten. Ich will von vorneherein aus dieser Betrachtung alles ausgeschaltet lassen, was vom Wesen aus zu den Materien gehört, die der Friedensregelung notwendig vorbehalten bleiben müssen, wie z. B. das Reparationswesen, die Feststellung des deutschen Wirtschaftspotentials usw. Ich beziehe in meine Darstellung nur ein, was durch die Tatsache der Besetzung und durch die Ausübung von Besatzungsgewalt überhaupt determiniert ist. Aus der Tatsache der Besetzung ergeben sich wesensmä-

---

[18] Zur Proklamation Nr. 4 vgl. Dok.Nr. 10 A, Anm. 6.

ßige Beschränkungen der den landeseigenen Organen normalerweise zustehenden Befugnisse. Die eine dieser Begrenzungen ist Funktion des Besatzungszweckes, dessen Durchführung sich die Besatzungsmächte naturgemäß nicht aus der Hand nehmen lassen können. Und was die Bestimmung des Besatzungszweckes anlangt, so ist ihnen diese durch die bedingungslose Kapitulation und was ihr an Proklamation vorausgegangen ist, in die Hand gegeben worden. Man muß das vollkommen klar erkennen und einsehen.

Was ist nun dieser Besatzungszweck? Er ist trotz der Worte, die ich soeben ausgesprochen habe, trotz der bedingungslosen Kapitulation der deutschen Wehrmacht also, nach alliierter Feststellung selbst begrenzt und wird – das ist wichtig zu erkennen – teils im eigenen Interesse der Besatzungsmächte, teils aber in einer Art von Treuhänderstellung durchgeführt. Ich kann hier keine Aufstellung im einzelnen geben und möchte mich darauf beschränken, vier Grundelemente zu nennen, die zusammen diesen Besatzungszweck ergeben: Militärische, wirtschaftliche und moralische Demilitarisierung Deutschlands, Sicherung und Reparationsleistungen, Denazifizierung, Demokratisierung.

Die andere notwendige automatische Beschränkung der den landeseigenen Organen normalerweise zustehenden Befugnisse folgt aus der bloßen Tatsache des Aufenthalts von Truppen und Behörden der Besatzungsmächte auf dem Gebiete eines besetzten Landes. Daraus folgt, daß Unterhalt, Sicherheit und Befriedigung der sonstigen Bedürfnisse dieser Besatzungstruppen und Besatzungsbehörden durch diese selbst gewährleistet werden muß. Die Besatzungsmächte – das folgt aus diesen einleitenden Ausführungen – müssen also alle Zuständigkeiten haben, die mit diesen Grundtatsachen korrespondieren.

Der Sinn einer rechtlichen Einzelregelung des Besatzungsverhältnisses ist die Schaffung eines sinnvollen Ausgleiches und einer klaren Abgrenzung. Ausgleich und Abgrenzung muß erfolgen zwischen den Rechten, die der Besatzungsmacht notwendig zustehen müssen, und den Befugnissen der Organe der besetzten Länder, die nicht nur nach den allgemein anerkannten völkerrechtlichen Grundsätzen, sondern schon vom praktischen Bedürfnis her über das dadurch unbedingt erforderte Maß nicht eingeschränkt werden sollten. Weiter ist auszugleichen und abzugrenzen auf dem Gebiet bestimmter Leistungen. Es ist die Herstellung einer gerechten Relation der Besatzungslasten einschließlich aller Sach- und Dienstleistungen zu den finanziellen, wirtschaftlichen und sozialen Möglichkeiten des besetzten Gebietes zu schaffen.

Ich möchte nun die verschiedenen Gebiete kurz durchgehen, auf denen sich diese Grundsätze auswirken sollten, und weiter versuchen, einen Weg zu zeigen, wie hier über alle deutschen Länder hinweg etwas einigermaßen Einheitliches geschaffen werden könnte. Es ist klar, daß den Besatzungsmächten nicht gleichgültig sein kann, was für ein Recht im besetzten Gebiet gesetzt wird. Es ist klar, daß sie sich vorbehalten müssen, selber Recht zu setzen, und daß sie sich nicht damit begnügen können, zu warten, was für ein Recht die Gesetzgeber der besetzten Länder sich setzen wollen. Aber, was die Setzung von Recht anlangt, so sollten die Besatzungsmächte, meine ich, sich darauf [beschränken], eigene gesetzgeberische Tätigkeit nur in beschränktem Umfang zu entfalten.

Was unsere deutschen Verhältnisse heute anlangt, so glaube ich, daß sie das nur dort tun sollten, wo

Nr. 32B   6./7. 6. 1947   Ministerpräsidentenkonferenz München

1. bei Vorliegen eines alle vier Zonen betreffenden deutschen Bedürfnisses der Mangel einer zentralen deutschen Legislative die treuhänderische Gesetzgebung des Kontrollrates erforderlich macht;
2. eine Gesetzgebung durch die Besatzungsmächte für Zwecke der Sicherheit und des Unterhalts der Besatzungstruppen erforderlich ist;
3. die Verwirklichung des Besatzungszweckes deutschen Gesetzgebern entweder nicht anvertraut oder nicht zugemutet werden kann.

Überall sonst sollten sich die Besatzungsmächte darauf beschränken, auf dem Gebiet der Gesetzgebung ihre Treuhänderfunktion grundsätzlich durch interne Anweisungen an die zuständigen deutschen Stellen auszuüben. Die Kontrolle deutscher Gesetze und Verordnungen sollte sich auf die Feststellung beschränken, ob durch sie der Besatzungszweck oder die Sicherheit der Besatzungstruppen usw. gefährdet wird. Man sollte darauf verzichten, aus Meinungsverschiedenheiten rein technischer Art Veto einzulegen. Es wird wohl immer so sein, daß, insbesondere wenn die Beteiligten aus verschiedenen Rechtstraditionen kommen, Meinungsverschiedenheiten über die Zweckmäßigkeit rechtlicher Anordnungen von Gesetzen anderer Art bestehen. Hier sollte man den Deutschen das Risiko überlassen, sich getäuscht zu haben.

Die Rechtssprechung: Es ist ganz klar, daß jede Besatzungsmacht sich das Recht vorbehalten muß, über die Einwohner des von ihr besetzten Gebietes zu Gericht sitzen zu können. Es empfiehlt sich aber, auf diesem Gebiet besonders klar abzugrenzen und die Justizhoheit der besetzten Länder nicht über Gebühr einzuschränken. Es empfiehlt sich weiter, nicht eine zu weitgehende Konkurrenz beider Rechtssprechungen zu schaffen. Die Justizhoheit der deutschen Länder sollte sich auf alle auf ihrem Gebiet begangenen strafbaren Handlungen erstrecken können, gleichgültig ob der Täter ein Deutscher oder ein nicht zu den Besatzungstruppen und ihrem Gefolge gehörender Ausländer ist. Das sollte als allgemeiner Grundsatz festgesetzt werden. Dagegen sollte die Militärgerichtsbarkeit sich erstrecken einmal auf alle Straftaten, die Angehörige von Besatzungstruppen und ihres Gefolges etwa begehen sollten, weiter auf deutsche Staatsangehörige und in Deutschland sich aufhaltende Ausländer, die sich eines Verbrechens oder Vergehens gegen Personen und Eigentum im Bereich der Besatzungsmächte oder gegen Rechtsvorschriften der Besatzungsbehörden schuldig gemacht haben, schließlich auf Kriegsverbrecher im eigentlichen Sinne des Wortes. Schließlich sollte dafür Sorge getragen werden, daß überall dort, wo durch die Besatzungsbehörden Verhaftungen vorgenommen werden müssen, diese und die Namen der Betroffenen grundsätzlich unverzüglich den deutschen Regierungsstellen mitgeteilt werden.

Was nun die Verwaltungen anbetrifft, so sollen auch hier Eingriffe und auch unmittelbare Ausübung eigener Verwaltung der Besatzungsbehörden durch den strikten Besatzungszweck begrenzt sein. Eigene Interessen der Besatzungsmächte sollten, im Grundsatz wenigstens, durch Vorstellungen bei den zuständigen deutschen Behörden wahrgenommen werden. Nur wenn eine Einigung nicht zustande kommen sollte, sollten eigene Verwaltungsmaßnahmen und Verwaltungseingriffe durch die Organe der Besatzungsmächte Platz greifen.

Die militärische Demilitarisierung kann naturgemäß dem direkten Eingriff der Besatzungsmächte nicht entzogen werden. Es versteht sich hier von selbst, daß die Besatzungsmächte es aber selber sein wollen, die in ausschließlicher Zuständigkeit prüfen, wo Anlagen zerstört werden müssen, die als rein militärisch angesprochen werden müssen. Es ist auch klar, daß sie zumindest die dafür erforderlichen Anordnungen unmittelbar müssen geben können. Anders sehe ich das Problem bei der sogenannten wirtschaftlichen Demilitarisierung. Anlagen, die, wenngleich sie auch während des Krieges zur Herstellung von Kriegsgerät gedient haben mögen, ihrer Struktur nach prinzipiell auch für die Friedensproduktion da sind, werden, wenn sie vernichtet werden, notwendig das allgemeine deutsche Friedenspotential betreffen. Wenn diese Anlagen nun einseitig durch unmittelbare Anordnungen der Besatzungsmächte zerstört oder sonst unbrauchbar gemacht werden, so wird damit gleichzeitig die allgemeine deutsche Wirtschaftsplanung betroffen. Im Interesse einer geordneten Feststellung der praktischen Kapazität der deutschen Friedenserzeugung, im Interesse insbesondere des nicht nur für uns, sondern für alle lebensnotwendigen deutschen Exports sollte hier ein ausgleichendes Verfahren geschaffen werden, in das deutsche Organe eingeschaltet werden. Ich glaube, daß auf diese Weise bessere Resultate, als durch mehr oder weniger ausschließliche Anwendung der indirekten Methode erwartet werden könnten. Auf das Sachgebiet der Reparationen bezügliche Maßnahmen sollten nur auf Sicherstellung der Reparationsansprüche und auf Vorwegnahme schon jetzt ihrem Wesen nach notwendig zu leistender Reparationen beschränkt bleiben. Ich meine, daß andere Verfahren notwendig die Friedensregelung präjudizieren müßten.

Was nun die Denazifizierung anlangt, so wissen wir, daß ihre Durchführung eines der Hauptanliegen der Besatzungsmächte ist, genau so wie sie eines der Hauptanliegen der sich für die deutsche Zukunft verantwortlich fühlenden Deutschen sein sollte. Die Alliierten haben uns die Möglichkeit gegeben, wenigstens in den meisten deutschen Ländern eigene Rechtsvorschriften einzurichten, deren Aufgabe es ist, die politische Säuberung durchzuführen. Diese Rechtsvorschriften und diese Stellen sind von den Besatzungsmächten genehmigt worden. Ich meine, daß sich daraus die Konsequenz ergeben sollte, daß die Entscheidungen, die von diesen genehmigten Stellen auf Grund einer genehmigten Rechtssprechung getroffen werden, von den Besatzungsmächten unter allen Umständen anerkannt und respektiert werden sollten. Das erfordert schon die Rücksicht auf die Autorität der deutschen Länder selbst. Die Besatzungsmächte sollten sich auf die Kontrolle der allgemeinen Rechtmäßigkeit der von diesen Stellen entfalteten Tätigkeit beschränken.

Was nun das vierte Element des allgemeinen Besatzungszweckes anlangt, die Demokratisierung, so glaube ich, daß auf diesem Gebiete besonders unmittelbare Maßnahmen der Besatzungsmächte sich zum mindesten nicht sehr vorteilhaft auswirken müssen. Man sollte hier bei der Demokratisierung des deutschen öffentlichen Lebens sich darauf beschränken, den obersten deutschen Regierungsstellen Anweisungen zu geben. Im übrigen sollte man sich, was unmittelbare Eingriffe anlangt, auf die Beanstandung leitender Persönlichkeiten beschränken. Es ist selbstverständlich, daß auch dann, wenn eine ins einzelne gehende Regelung geschaffen werden sollte, sich die Besatzungsmächte eine Generalklausel vorbehalten müssen, die dahin gehen wird, Akte der deutschen Verwaltung allgemein daraufhin zu kontrollieren, ob sie die Sicherheit und den Unterhalt der Besatzungstruppen oder die Durchführung des Besatzungszweckes gefährden. Aber man sollte auch hier zu klaren Begriffsbestimmungen kommen; denn, wenn man nicht zu solchen kommen sollte, dann würde es möglich sein, daß diese Generalklausel gewissermaßen durch eine Hintertür wieder zu einer zu weitgehenden und schädlichen direkten Verwaltung führen könnte. Jede Besatzungsmacht muß von dem besetzten Gebiete Sach- und Dienstleistungen zum Unterhalt der Besatzungstruppen genauso wie zur Verwirklichung des Besatzungszweckes fordern können. Man sollte aber die Generalklausel, die das allgemeine Völkerrecht als Schranke aufstellte, im Hinweis auf die Berücksichtigung der Hilfsquellen der Bevölkerung des besetzten Gebietes mit konkretem Inhalt füllen. Nur dann wird auf diesem für uns besonders wichtigen Gebiet der Zustand der Berechenbarkeit eintreten, von dem ich eingangs sagte, daß er die absolute Voraussetzung für die Möglichkeit zu verwalten überhaupt sei. Ich möchte hier zuerst von den Besatzungskosten sprechen. Eine Besatzungsmacht wird immer von dem besetzten Gebiet, teilweise oder ganz, die Kosten für den Unterhalt der Besatzungstruppen verlangen. Man sollte aber nach meinem Dafürhalten hier zu einer anderen Methode übergehen, als der, die heute im Schwange ist. Die Besatzungskosten sollten nämlich für längere Zeiträume in Pauschalbeträgen festgesetzt werden. Jede Entnahme für die Truppen oder für die Verwaltung sollte zu Lasten dieses Pauschals gehen. Jede Sach- und jede Dienstleistung, für die keine Ausnahme rechtlich begründet worden ist, sollte auf diese Pauschale angerechnet werden.

Nur dann glaube ich, können wir die Voraussetzungen dafür schaffen, daß ein bestimmter Rahmen nicht überschritten wird. Ein solcher Rahmen ist aber unter allen Umständen notwendig. Dieses Besatzungspauschal sollte nicht ohne Rücksicht auf die Finanzkraft der einzelnen Länder festgesetzt werden. Es sollte nicht ausschließlich vom Bedürfnis der Truppe aus kalkuliert werden, sondern es sollte in eine ganz bestimmte und gesunde Relation zur Finanzkraft der besetzten Länder gestellt werden. Ich denke dabei etwa an Vorschläge, die die Militärregierung der Vereinigten Staaten in Wien für die Festsetzung der österreichischen Besatzungskosten gemacht hat.[18a]

Der nächste Punkt soll das Problem der Ernährung der Besatzungstruppen betrachten. Es ist im allgemeinen üblich, daß die Truppe aus dem Lande lebt. Nur sind die Verhältnisse bei uns in Deutschland heute so, daß diese alte Soldatenregel wohl nicht mehr durchgeführt werden kann. Wo es sich aber doch nicht umgehen läßt, sollte man darüber übereinkommen können, daß für die Versorgung der Besatzungstruppen nur so viel Lebensmittel aus dem besetzten Land entnommen werden dürfen, daß ein bestimmter Mindestkaloriensatz für die Versorgung der deutschen Zivilbevölkerung gewährleistet bleibt. Sollten trotzdem Entnahmen stattfinden müssen, so sollte eine Art Rücklieferung durch andere Lebensmittel entsprechenden Kalorienwertes erfolgen, wenigstens für den Regelfall. Außerdem sollte unterbleiben, daß die bei den Besatzungsmächten etwa beschäftigten deutschen Staatsangehörigen auf Kosten der allgemeinen Lebensmittelerzeugung privilegiert behandelt werden.

Die Sachleistungen allgemeiner Art, für die kein besonderer Rechtstitel gegeben ist, sollten entsprechend dem in Art. 52 der Haager Landkriegsordnung[19] enthaltenen Grundsatz nur für Bedürfnisse der Truppen und Behörden der Besatzungsmächte gefordert werden dürfen. Auch hierbei sollte auf die Beschränktheit der Hilfsquellen des Landes im Sinne einer absoluten Schranke Rücksicht genommen werden.

Eine besondere Bedeutung haben bei einer, sehr lange Zeit anhaltenden Besatzung, die Quartierleistungen, insbesondere in einem Lande, dessen Wohnraum durch die Kriegsereignisse so erheblich eingeschränkt worden ist, wie das in fast allen deutschen Ländern der Fall ist. Man müßte den Umfang der Quartierleistungen in ein bestimmtes Verhältnis zu der Größe der Bevölkerung einerseits und der Kopfzahl der Besatzung

---

[18a] Vgl. Foreign Relations. 1947 II, S. 1180–1181.

[19] Vgl. RGBl. 1910, S. 149. Der Artikel wurde von Min. Baumgartner gegen Ende seines Diskussionsbeitrages (vgl. Dok.Nr. 32 A, TOP 10 b) zitiert.

andererseits in fest umrissener Weise bringen. Eine für beide Teile verbindliche und Ansprüche begründende Quartierleistungsordnung wäre heute eines der wichtigsten Instrumente zur Sanierung der deutschen Lebensverhältnisse. Auf alle Fälle müßten gewisse Mindestbedürfnisse der deutschen Zivilbevölkerung unter allen Umständen gesichert bleiben. Vielleicht wäre es gut, wenn auf diesem Gebiete durch die alliierten Besatzungsmächte ein gewisser Wechsel der Zuständigkeiten eintreten würde. Ich hielte es schon für einen großen Fortschritt, wenn auf diesem Gebiete nicht das Truppenkommando, sondern die Militärregierung die letzte Zuständigkeit hätte.

Eine besondere Rolle spielt die Requisition von Wohngeräten für die Bedürfnisse der Besatzungstruppe. Das ist, wie jeder weiß, besonders heute ein sehr hart empfundener Eingriff in die Lebenssphäre des einzelnen. Man sollte sich hier darüber einigen können, wenigstens im Regelfalle solche Entnahmen nur aus der laufenden deutschen Produktion vorzunehmen und sie von vorneherein auf bestimmte Zeiträume festzusetzen. Man sollte den Privatbesitz der deutschen Zivilbevölkerung gerade hier schonen, sei es auch nur deswegen, daß wir von uns aus mehr für die Unterbringung und Versorgung der Flüchtlinge tun können.

Die Besatzungsmächte müssen naturgemäß, wie ich eingangs ausführte, Dienstleistungen verlangen können. Der Umfang, in dem das geschehen ist, ist in unseren Landen wahrlich nicht sehr bekannt. Ich möchte hier keine Zahlen nennen, sondern nur darauf hinweisen, daß, wenn man einige Zonen zusammennimmt, sich sehr hochstellige Ziffern ergeben. Die deutschen Arbeitskräfte, die unmittelbar für die Besatzungsmächte tätig sind, gehen in die mehreren Hunderttausende.[20] Bei der angespannten Arbeitslage in verschiedenen Teilen Deutschlands werden dadurch Zustände geschaffen, die wir nicht für wünschenswert halten können. Man sollte hier einen Modus finden, der für die Inanspruchnahme von Arbeitskräften so etwas wie Höchstgrenzen festsetzt. Diese Höchstgrenzen sollten in vernünftiger Abwägung der Interessen der Besatzungsmächte und der des besetzten Landes gefunden werden. Ich glaube, daß auf diesem Gebiet schon durch Schaffung besonderer Verfahren und Organisationsformen mit Leichtigkeit höchst beträchtliche Einsparungen erfolgen könnten.

Es ist aber klar, daß es, falls es zur Schaffung einer solchen rechtlichen Regelung der Besatzungsverhältnisse kommen sollte, zwischen den Ländern und den Besatzungsmächten notwendigerweise zu Auslegungsstreitigkeiten und auch zu Streitigkeiten über die Anwendung im einzelnen kommen wird. Wenn auch klar ist und klar bleiben sollte, daß die Besatzungsmächte auf den weiten Gebieten allein müssen bestimmen können, wo sie die Grenze ihres eigenen Rechtes setzen, so schiene es mir doch nützlich zu sein, wenigstens für grundsätzliche Auslegungsfragen so etwas wie schiedsgerichtliche Zuständigkeiten zu schaffen. Überall dort, wo die Beteiligten über ein Recht im Streite sind, ist ja die Möglichkeit gegeben, daß ein Unparteiischer entscheidet, wem das Recht nun wirklich zusteht. Und überall dort, wo die Beteiligten sich über sachliche Anwendungsfragen streiten, müßte es möglich sein, durch eine Art von Vergleichskommissionen die richtige Entscheidung zu finden.

---

[20] Nach einer Aufstellung des Deutschen Büros für Friedensfragen vom 4. 6. 1947 (Z 35/151, Bl. 238 – 239) arbeiteten in der US-Zone 6,2% aller Beschäftigten (= 271 000) und in der brit. Zone 4,1% (= 274 000) bei den Besatzungsmächten. Zahlenangaben für die amerik. Armee auch bei Bruce H. Siemon, Roland E. Wagberg, The Employement of Local Nationals by the U. S. Army in Europe (1945–1966), H. Q. U. S. Army, Europe and Seventh Army. Office of the Deputy Chief of Staff, Operations Military History Branch 1968.

Nr. 32B 6./7. 6. 1947 Ministerpräsidentenkonferenz München

Was ich Ihnen, meine Damen und Herren, hier dargestellt habe, sind nüchterne, praktische und oft nur kleine Anregungen. Sie sind doch nur ein Ideal. Es ist mir klar, daß wir es auch nicht annähernd auf einmal verwirklicht bekommen. Wir werden auch auf diesen, wie heute auf allen Gebieten in Deutschland nur schrittweise vorankommen können, und wir würden uns durch nichts mehr schaden, als wenn wir versuchten, einen notwendigen Schritt zu überspringen. Wir sollten uns daher, wenn wir in dieser Frage vorwärts kommen wollen, ausschließlich auf Erwägung, Durchdenkung und Verarbeitung praktischer Möglichkeiten beschränken. Ich bin der Meinung, daß wir schon sehr sehr weit gekommen sein werden, wenn es einmal gelingen sollte, eine bindende Regelung auf dem Gebiet der Quartier- und Sachleistungen und die Schaffung eines Pauschals für die Besatzungskosten zu erreichen. (Bravo-Rufe)

[Pause von 12.00 – 16.15 Uhr]

[4. Entschließungen und Resolutionen]

Ehard: Meine Damen und Herren! Wir kommen zur Schlußsitzung. In den Arbeitstagungen sind durch Sonderbesprechungen und Beratungen der Regierungschefs[21] der Delegationen eine Reihe von Resolutionen gefaßt und beschlossen worden.[22] Diese Resolutionen sollen jetzt bekanntgegeben werden.
Ich bitte Herrn Ministerialdirektor Seelos, die Resolutionen zu verlesen.[22a]

---

[21] Protokolle liegen über diese Beratungen nicht vor. Aus einer Aufzeichnung von SenPräs. Kaisen geht hervor, daß die endgültige Fassung der Entschließungen von den MinPräs. und ihren „nächsten Referenten" am Morgen des 7. 6. 1947 um 9.00 Uhr in einer internen Besprechung beschlossen wurde (StA Bremen 3-B 10 d Nr. 45 Akte II, ungez. Vermerk von Kaisen). Hierbei wurde auch vereinbart, „daß die weitere Verfolgung der Ziele der Konferenz, insbesondere des Gedankens weiterer Konferenzen der deutschen Ministerpräsidenten, in den Händen des bayerischen Ministerpräsidenten Ehard und der bayerischen Staatskanzlei liegen solle. Aus politischen Gründen wurde festgestellt, daß kein besonderes Büro und keine besondere Institution irgendwelcher Art geschaffen werden soll. Es bestand Übereinstimmung darüber, daß die nächste Besprechung in Berlin stattfinden solle, wozu Frau Louise Schroeder, stellv. OB von Berlin, eingeladen hatte." Zur Verabschiedung der Resolutionen vermerkte Kaisen: „Bei der Abfassung der Entschließungen mußten ständig die Bedenken der Herren der französischen Zone berücksichtigt werden, die ständig befürchten mußten, auf Grund gewisser Formulierungen durch die französische Militärregierung von weiteren Tagungen ausgeschlossen zu werden."

[22] Die Beschlüsse der Konferenz wurden im nachhinein in einer systematischen Zusammenstellung erfaßt (Z 4/128, Bl. 34 – 36), um ihre Realisierung durch die Fachverwaltungen zu vereinfachen. Nachdem der Empfang der MinPräs. durch den KR nicht zustande gekommen war, bat der Exekutivrat mit Schreiben vom 28. 8. 1947 die fünf Direktoren, sich mit der Durchführung der Beschlüsse zu befassen und zu berichten, welche Maßnahmen in der Zwischenzeit bereits getroffen worden seien (ebenda, Bl. 33). Wenn man auch bis in das Jahr 1948 in der politischen Diskussion vereinzelt Berufungen auf die Münchener Resolutionen zu finden vermag, so blieben sie insgesamt mit Ausnahme der Resolution zum Besatzungsrecht ziemlich folgenlos. Alfred Gerigk, der Jakob Kaiser über die Konferenz berichtete, charakterisierte sie zutreffend: „Von der Konferenz bleibt das Gefühl einer starken Neigung zum Abstrakten übrig. Die Resolutionen sind in ihrem Inhalt allgemein gebilligt worden, ohne daß dabei die besonderen Verhältnisse der Ostzone beachtet wurden; dadurch ist ihre Durchführbarkeit stark beeinträchtigt. Fragen nach der Realisierung des Resolutionsinhalts ließen erkennen, daß diese Frage im Einzelnen nicht genau überprüft wurde, sondern daß die Haupterwartungen auf die geplante Fühlungnahme mit dem Kontrollrat gesetzt werden" (Nachl. Kaiser/76).

[22a] Nicht mit verlesen wurde von Seelos die Flüchtlingsresolution, die von StS Jaenicke am Ende seines Referates (vgl. Dok.Nr. 32 B, TOP 1) vorgetragen worden war.

Ministerpräsidentenkonferenz München 6./7. 6. 1947 Nr. 32 B

[a] *Erklärung über die beängstigende Lage des deutschen Volkes und die Dringlichkeit raschen Handelns*[23]]

Die in München versammelten Regierungschefs der deutschen Länder geben folgende feierliche Erklärung ab:

Seit zwei Jahren wartet das deutsche Volk vergeblich auf eine Klärung seines Schicksals. Alle Versuche, sie herbeizuführen, sind bisher gescheitert. Abgeschlossen von der Welt, in vier Zonen zerrissen, in Unkenntnis seiner politischen Zukunft, ohne unmittelbare Verbindung zu der in Deutschland zur Zeit verantwortlichen Regierung der Alliierten, ohne den lebensnotwendigen Außenhandel und daher auch ohne die erforderlichen Rohstoffe für seine Industrie, ohne sichere Basis, außerstande, über den Ertrag seiner wichtigsten landwirtschaftlichen Gebiete zu verfügen, sinkt das deutsche Volk in wirtschaftlicher Selbstaufzehrung von Monat zu Monat in immer größere Verelendung und Not.

Die Ministerpräsidenten haben sich daher in München zusammengefunden, um klar und nüchtern festzustellen, unter welchen Bedingungen der völlige Zusammenbruch verhindert und eine Wandlung zum Besseren herbeigeführt werden kann. Die Ministerpräsidenten fühlen sich vor ihrem Gewissen verpflichtet, rückhaltlos die Gründe der jüngsten Entwicklung aufzuzeigen, um ihrer Verantwortung vor dem deutschen Volke zu genügen.

Wenn es gegen das Völkerrecht war, daß Hitler die Welt mit einem verbrecherischen Krieg überzog, so widerspricht es ebenso den gültigen Grundsätzen des Völkerrechts, einem demokratischen Deutschland Frieden und ausreichende Lebensmöglichkeit zu versagen. Das zerstörte und abgerüstete Deutschland ist keine Gefahr für die Welt, wohl aber ein Deutschland, das verelendet, zu einem Seuchenherd für alle anliegenden

---

[23] Die Überschrift nach der Druckfassung (Ministerpräsidentenkonferenz, S. 106). Diese Resolution war als eine Art von Rahmenschließung von Wandersleb angeregt worden (vgl. Dok.Nr. 29), und durch v. Campe, Seelos, Sieveking und Vogel erarbeitet worden. Auf der 2. Vorbesprechung (vgl. Dok.Nr. 30) lagen zwei Fassungen vor, die ineinander gearbeitet werden sollten. Das geschah jedoch nicht, denn die Entwurfsfassung „A" wurde fast unverändert übernommen (vgl. korrigierter Entwurf in StA Freiburg A 2/2245, Bl. 82–83). Fassung „B" (zur Herkunft siehe Dok.Nr. 30) argumentierte stärker außenpolitisch: Unter Berufung auf den Briand-Kellog-Pakt und die Atlantik-Charta wurde mit ihr eine Friedensregelung für Deutschland gefordert. „Die Ministerpräsidenten müssen aber mit allem Ernst darauf hinweisen, daß alle Anstrengungen der Besatzungsbehörden wie der deutschen Länder vergeblich sein werden, wenn dem deutschen Volke nicht die wirtschaftliche und politische Einheit und die freie Verfügung über die industrielle Friedensproduktion eingeräumt werden" (Z 35/28, Bl. 11). Eine vermutlich von Seelos stammende Ausarbeitung vom 9. 5. 1947, die bereits eine Art Gesamtresolution darstellt, war wesentlich agressiver im Ton (BHStA Abt. II MA Abg. 1975 Vorl. Nr. 73). Hier wurden massive Forderungen gestellt: 1. Bekanntgabe der Regeln des Völkerrechts, nach denen das deutsche Volk behandelt wird; 2. Festlegung des staatsrechtlichen Status von Deutschland; 3. Klärung der Kompetenzen der Besatzungsbehörden gegenüber den deutschen Regierungen; 4. Festlegung der persönlichen Rechte und persönlichen Sicherheit der Deutschen; 5. Freigabe des Austausches kultureller Güter und des Informationswesens. Bei Nichterfüllung dieser Forderungen wurde mit dem Rücktritt der MinPräs. gedroht.
Ein anderer Vorentwurf stammte vermutlich aus dem Deutschen Büro für Friedensfragen (ungez., datiert 9. 5. 1947 in: Z 35/446, Bl. 256–260, leicht abgeänderte Fassung, datiert „im Mai 1947" in: Z 35/25, Bl. 2–5). Hierin wurde ein Memorandum konzipiert, das gleichlautend von den Landesregierungen der jeweiligen Besatzungsmacht überreicht werden sollte. In einem allgemeinen Teil sollte außer dem Hinweis auf die Unhaltbarkeit der Lage auch ein Bekenntnis zu positiver Mitarbeit an gänzlich neuen Lösungen im Sinne einer europäischen Föderation enthalten sein. Ein spezieller Teil sollte die Gravamina auf politischem, wirtschaftlichem, sozialem und moralischem Gebiet enthalten, so daß das Ganze als eine in der Form konziliante in der Sache aber unmißverständliche "Petition of Rights" erscheinen könne.

Völker wird, und damit den Wiederaufbau Europas gefährdet. Darum muß die deutsche Frage unverzüglich geregelt werden.

Die Ministerpräsidenten haben Vorschläge ausgearbeitet, die sie den Militärregierungen überreichen. Eine Delegation von vier Länderchefs ist beauftragt, dem Kontrollrat nähere Erklärungen und Erläuterungen mündlich vorzutragen.

Die Ministerpräsidenten rufen das deutsche Volk auf, unter Anspannung aller Kräfte ihren Versuch, eine Wendung zum Besseren herbeizuführen, zu unterstützen und unter Zurückstellung aller Gegensätze gemeinsam an der Wiederherstellung eines friedlichen demokratischen Deutschland zu arbeiten.

[b)] *Entschließung zum Ernährungsproblem*[24]

Die Ernährungskrise in Deutschland hat ein Ausmaß erreicht, das Leben und Wirtschaft an den Rand der Auflösung gebracht hat. Die in München versammelten Chefs der deutschen Länderregierungen haben sich deshalb in erster Linie mit der Ernährungslage befaßt und ihre Auffassung in folgenden Punkten niedergelegt:

1. Zur Behebung der Hungerkrise ist vor allem notwendig die Steigerung der einheimischen Erzeugung. Durch Zuführung von geeigneten Arbeitskräften, Belieferung mit Saatgut, notwendigen Hilfsstoffen, insbesondere durch die Erhaltung der Viehbestände ist die baldige Erzielung von Friedenserträgen zu erwirken.

2. Die Erfassung und Verteilung der Nahrungsmittel muß einwandfrei und gerecht erfolgen. Alle deutschen Länder sind zur Lieferung ihrer Überschüsse heranzuziehen, um einen einheitlichen Versorgungsstand für Deutschland zu erreichen. Die Länderregierungen sind vorbehaltlos bereit, die von den zentralen Verwaltungsstellen gegebenen Anweisungen loyal zu erfüllen.

3. Da auch bei schärfster Intensivierung der Landwirtschaft und bei einwandfreier Erfassung die Versorgung der Bevölkerung nicht gesichert ist, ergibt sich unausweichlich die Notwendigkeit ausreichender Einfuhren, insbesondere an Getreide und Fett, und zwar in einem Ausmaß, daß Getreidereserven für zwei Monate geschaffen werden und eine Fettration ausgegeben werden kann, die eine ausreichende Leistungskraft der Bevölkerung sichert.

4. Dem deutschen Fischfang müssen die gleichen Möglichkeiten offen stehen, wie allen übrigen Fischereiflotten der Welt. Das gilt auch für den Walfang. Der Bau und die Instandsetzung von Fischdampfern, Fangbooten und Mutterschiffen muß im entsprechenden Umfang und in notwendiger Größe gestattet werden.

---

[24] In der Arbeitskommission zur Vorbereitung dieser Resolution saßen Min. Lübke, Min. Arp, Min. Baumgartner, Bgm. Acker, RMin. a. D. Dietrich, MinPräs. Wohleb; Sekretär war StR Niklas. Ein Resolutionsentwurf mit zehn Forderungen war von den MinPräs. der brit. Zone bereits am 30. 5. 1947 (vgl. Dok.Nr. 27) verabschiedet worden, von dem einige Elemente in die verabschiedete Fassung übernommen wurden, wie z. B. der Dank an das Ausland und der Schlußabsatz (HStA Hannover, Nds Z 50 Acc. 32/63 Nr. 64 I, dort auch ein stark korrigierter Vorentwurf). Nicht in die Entschließung aufgenommen wurden folgende Forderungen des Entwurfs: 1. Mit aller Schärfe den Schleichhandel und den Schwarzmarkt zu bekämpfen und auszumerzen; 2. die landwirtschaftlichen Überschußgebiete im Osten zur Versorgung wieder mit heranzuziehen; 3. die Verteilung der Nahrungsmittel einheitlich zu lenken; der bizonale Ernährungsrat müsse daher seine Exekutivbefugnisse tatsächlich ausüben; 4. der Lebensstandart dürfe in den einzelnen Ländern nicht unterschiedlich sein. Mindestens 2500 Kalorien täglich für den Normalverbraucher seien als Mindestmaß zu fordern. In dem von der Arbeitskommission entwickelten Resolutionsentwurf wurde ein Punkt ersatzlos gestrichen, der sich auf die Entnahmen von Nahrungsmitteln für die Besatzungsmacht und ihre Angehörigen in Ländern außerhalb der brit. und amerik. Zone bezog (vgl. Punkt 6 im Entwurf in: HStA Stuttgart EA 1/2, Bü. 227).

5. Zwecks Steigerung der Kohlenerzeugung soll den Bergleuten und ihren Familien, den Arbeitern der Schwerindustrie, insbesondere am Rhein und Ruhr sowie in Hamburg und Berlin eine verbesserte Ernährung gesichert werden zum Zwecke der schnellen Ankurbelung der Wirtschaft und der Schaffung von Handelsbeziehungen mit der Welt.

6. Um durch eine starke Verdichtung der ländlichen Bevölkerung auch eine Steigerung der Erzeugung zu gewährleisten, soll die Bodenreform beschleunigt in Gang gesetzt und durchgeführt werden.

Die vorstehenden Forderungen sollen nicht erhoben werden, ohne mit Dank der großzügigen Hilfe zu gedenken, die das deutsche Volk sowohl von staatlichen wie privaten Organisationen und von vielen Einzelpersönlichkeiten des Auslandes in den vergangenen schweren Monaten erfahren hat und täglich neu erfährt. Ohne diese Hilfe hätten viele Tausende den letzten Winter nicht überstehen können.

Die Landesregierungen sind entschlossen, ihrerseits alle Kräfte für eine Steigerung der Produktion, restlose Erfassung und gerechte Verteilung einzusetzen. Sie betonen aber, daß ihre Bemühungen ohne nachdrückliche Unterstützung durch alle Stellen der Militärregierungen und gesicherte hinreichende Einfuhren fruchtlos bleiben müssen.

[c)] *Entschließung zu den Grundsatzfragen der Wirtschaft*[25]

I. In Erkenntnis der ständig wachsenden wirtschaftlichen Not in Deutschland sind die in München versammelten Chefs der Länderregierungen fest entschlossen, die gegenwärtige und noch zu erwartende Not mit allen zur Verfügung stehenden Mitteln zu bekämpfen. Sie erklären sich jedoch außerstande, die fortschreitende Auszehrung und den damit verbundenen Verfall der deutschen Wirtschaft wirksam aufzuhalten und eine volkswirtschaftliche Gesundung herbeizuführen. Denn die gegenwärtige Krise ist auf Ursachen zurückzuführen, die von den deutschen Regierungen auch bei allergrößter Anstrengung der verantwortlichen Stellen und des ganzen Volkes nicht beseitigt werden können.

II. Die in München versammelten Chefs der deutschen Länderregierungen bitten deshalb die Besatzungsmächte angesichts des Ernstes der Lage inständig, möglichst schnell die nachstehenden Voraussetzungen für eine wirkliche Wiedergesundung der deutschen Wirtschaft – auch im Interesse der Alliierten selbst und der europäischen Nachbarvölker – zu schaffen:

1. Verwirklichung der auf der Potsdamer Konferenz Juli 1945 beschlossenen gesamtdeutschen Wirtschaftseinheit[26];
2. ausreichende Anlaufkredite für die Einfuhr von Nahrungsmitteln, Rohstoffen und ebenfalls dringend benötigten Produktionsmitteln;
3. Zulassung zu den Weltmärkten unter normalen geschäftlichen Bedingungen und unter weitgehender Eigenverantwortlichkeit der Deutschen;

---

[25] Die Arbeitskommission bestand aus Sen. Borgner, SenSynd. Sieveking, StS Strauß, Min. Haberer, MinDir. Wandersleb, Min. Zorn; Sekretär war Möller.
Von den MinPräs. der brit. Zone war am 30. 5. 1947 beschlossen worden, daß Hamburg Vorschläge für eine Resolution erarbeiten solle. Ein Vorentwurf in: StA Hamburg, Senatskanzlei II, Az.: 000.21-11, Bd. 2. In: Z 35/28, Bl. 25 liegt ein Entwurf der Kommission („Neue Fassung") vor, der nur noch geringe Korrekturen erfuhr.

[26] Im Entwurf „Neue Fassung" folgt „mit deutschen Zentralverwaltungen".

4. Regelung der Geld- und Währungsfrage;
5. Revision der unsozial wirkenden und produktionshemmenden Steuergesetze;
6. Belassung der für den friedlichen Wiederaufbau geeigneten Industrieanlagen und der Eigenproduktion in einem für das wirtschaftliche Existenzminimum erforderlichen Umfang;
7. Erleichterung der laufenden Besatzungslasten.

III. Die in München versammelten Chefs der deutschen Länderregierungen empfehlen bis zur Herstellung der deutschen Wirtschaftseinheit die Bildung eines Länderausschusses aus allen deutschen Gebieten zur ständigen Unterrichtung und Beratung des Alliierten Kontrollrates in wirtschaftlichen Fragen.

[d)] *Zweite Wirtschaftsresolution – Einzel- und Sofortmaßnahmen*[27]

I. Die Voraussetzungen für eine wirtschaftliche Vereinigung und nachhaltige Gesundung Deutschlands können erst in langwieriger Kleinarbeit geschaffen werden. Um den unvermeidlichen Zeitverlust möglichst abzukürzen und den Gesundungsprozeß zu beschleunigen, müssen eine Reihe von Sofortmaßnahmen getroffen werden.

II. Die in München versammelten Chefs der deutschen Länderregierungen[28] bitten deshalb die Besatzungsmächte, den zuständigen deutschen Stellen die Möglichkeit zu geben, nachstehende Vorschläge zu verwirklichen:

1. Sofortige Revision des Industrieplanes für Deutschland unter ständiger Hinzuziehung von deutschen Sachverständigen aus allen Zonen.
2. Übertragung aller Verantwortung im Interzonenhandel auf deutsche Verwaltungsstellen mit dem Ziel der Erleichterung und Belebung des Interzonenhandels.
3. Wiederherstellung der Freizügigkeit zwischen den Zonen durch Beseitigung aller Hindernisse im Verkehr von Personen, Nachrichten (Zeitungen und Literatur) über die Zonengrenzen.
4. Unterstützung der Sofortpläne der deutschen Regierungen auf Förderung der Transportmittelindustrie, um den drohenden Zusammenbruch des Verkehrswesens zu verhüten; Verhinderung eines weiteren Abflusses von Güterwagen in das Ausland.
5. Förderung des Außenhandels durch wesentliche Vereinfachung des Verfahrens, Reiseerlaubnis für deutsche Kaufleute ins Ausland, verantwortliche Einschaltung deutscher Kaufleute in das Einfuhrgeschäft, Schaffung eines wirksamen Anreizes für die deutsche Ausfuhr.
6. Freigabe und kurzfristige monatliche bzw. vierteljährliche regelmäßige Veröffentlichung der statistischen Zahlen über Erzeugung, Vorräte und Verbrauch an den wichtigsten landwirtschaftlichen und gewerblichen Erzeugnissen.
7. Errichtung eines statistischen Zentralbüros für alle vier Zonen und Berlin zwecks sofortiger Sammlung und Vorbereitung der Planungsunterlagen für die gesamtdeutsche wirtschaftliche Lenkung nach Wiederherstellung der Wirtschaftseinheit.[29]

---

[27] Entwurf mit handschr. Korrekturen in: Z 35/28, Bl. 29 – 30. Im folgenden zitiert als „Entwurf".
[28] Entwurf: „Die Regierungschefs aller Länder der drei Westzonen".
[29] Im Entwurf folgt: „Die in München versammelten Chefs der deutschen Länderegierungen beschließen die sofortige Bildung einer deutschen Studienkommission zur Vorbereitung der Arbeiten des statistischen Zentralbüros".

Ministerpräsidentenkonferenz München 6./7. 6. 1947 Nr. 32B

[e)] Entschließung zur Kohlenfrage[30]

Um die für die deutsche Gesamtwirtschaft unerläßliche Steigerung der Kohlenförderung herbeizuführen, erklären die in München versammelten Chefs der deutschen Länderregierungen, alle Kräfte dafür einsetzen zu wollen, damit die zur ausreichenden Nahrungsmittelversorgung der Bergleute und zur vollen Belieferung des Punktsystems erforderlichen Lebensmittel und Konsumgüter bereitgestellt sowie leistungsfähige junge Arbeitskräfte für den Bergbau gewonnen werden.

Die in München versammelten Chefs der deutschen Länderregierungen halten es weiter für erforderlich, die Verteilung der knappen Kohlenförderung zweckmäßiger zu gestalten, damit die bisherige Vergeudung von Kohle durch sorten- und qualitätsmäßige Fehlleitungen vermieden wird.

Die Kohlenausfuhr muß in den Grenzen gehalten werden, die den deutschen Lebensinteressen Rechnung tragen.

Der deutschen Bevölkerung muß im kommenden Winter ein Mindestmaß an Kohle für die Hausbrandversorgung gewährleistet werden, um zu verhüten, daß die Not des letzten Winters sich wiederholt.

Die in München versammelten Chefs der deutschen Länderregierungen beschließen[31], das einschlägige Material zu sammeln und die deutschen und die Dienststellen der Besatzungsmächte im Sinne einer zweckmäßigen und einheitlichen deutschen Kohlenwirtschaft zu beraten.

[f)] Entschließung zur Erhaltung des deutschen Waldes[32]

Die in München versammelten Chefs der deutschen Länderregierungen weisen die Besatzungsmächte mit ernster Sorge auf den fortschreitenden Raubbau am deutschen Wald und die damit verbundenen Gefahren für die deutsche Wasser- und Ernährungswirtschaft hin. Sie bitten die Militärregierungen, die künftigen Holzeinschläge für die Besatzungsmächte und die Ausfuhr dieses wichtigen Rohstoffes auf ein für Deutschland erträgliches Maß zu beschränken.

Die Regierungschefs beschließen, geeignete Maßnahmen gegen die Verschwendung und Hortung von Holz zu ergreifen, die Aufforstung der Kahlflächen sofort und planmäßig in Angriff zu nehmen und die Methoden der Holzbewirtschaftung der Versorgungslage besser anzupassen.

[g)] Entschließung zur Finanzpolitik[33]

1. Die Not des deutschen Volkes erfordert auch auf dem Gebiet der öffentlichen Finanzen schnelle durchgreifende Maßnahmen.

---

[30] Gemäß Beschluß der MinPräs. der brit. Zone vom 30. 5. 1947 (vgl. Dok.Nr. 27) sollte diese Resolution von Nordrhein-Westfalen vorbereitet werden. Ein Entwurf in: Z 35/28, Bl. 33–35, vermutlich als Grundlage für die Diskussion im Arbeitsausschuß; er war beträchtlich umfangreicher, da er noch zahlreiche Sachinformationen über die Probleme des Kohlenbergbaus enthielt, während die Endfassung der Resolution sich auf Willenskundgebungen und Forderungen beschränkte (Z 35/28, Bl. 32, Entwurf der Endfassung mit Korrekturen).

[31] Im Entwurf (Z 35/28, Bl. 28) folgt „einen Sachverständigenausschuß einzusetzen, der ...".

[32] Entwürfe zu dieser Resolution ließen sich nicht ermitteln.

[33] Die Arbeitskommission bestand aus Min. Hilpert, Min. Köhler, Min. Schenk, StS Leibbrandt; Sekretär war MinDirig. Hartmann. Entwurf mit Korrekturen in: Z 35/28, Bl. 23–24.

2. Dazu gehört in erster Linie eine Neugestaltung der Steuergesetzgebung unter Herabsetzung der seit Anfang 1946 geltenden überhohen Steuersätze, durch die eine Verminderung des Überhangs an vagabundierendem Geld nicht erreicht werden kann. Durch die überhöhte Besteuerung ist der Arbeitswille der werktätigen Bevölkerung und die Unternehmer-Initiative gelähmt; die Substanz der Unternehmen[34] angegriffen, während das Kapital des Schwarzen Marktes unberührt blieb; die Steuermoral schwer erschüttert.

Eine vernünftige Steuerreform ist deshalb dringend notwendig. Grundsätzlich sind die Steuersätze und die Vorschriften dahin abzuändern, daß dem arbeitenden Menschen, gleichgültig ob Arbeiter oder Unternehmer, ein Anreiz zu höchster wirtschaftlicher Leistung gegeben wird. Eine Verminderung des Steueraufkommens ist dabei nicht zu befürchten, weil die damit verbundene erhöhte Produktionsleistung und die Besserung der Steuermoral einen natürlichen Ausgleich bringen.

3. Die öffentlichen Haushalte müssen auf die Dauer im Gleichgewicht gehalten werden unter Aufbringung möglichst hoher Leistungen für die Notwendigkeiten der Allgemeinheit. Dabei ist folgendes zu beachten:

a) Allein durch Anwendung strengster Sparsamkeit und weitgehende, sinnvolle Vereinfachung der Verwaltung können die Mittel für die Erfüllung der in der jetzigen Notzeit dem Staat obliegenden Aufgaben bereitgestellt werden.

b) Die Beträge der Besatzungskosten und für andere Leistungen an die Alliierten können nur im Rahmen der tatsächlichen Leistungsfähigkeit des deutschen Volkes aufgebracht werden. Insbesondere müssen die Anforderungen der Besatzung mit dem Sozialprodukt in Einklang gebracht werden (Art. 52 der Haager Landkriegsordnung).[35]

c) Unter allen Finanzierungsaufgaben ist dem Wiederaufbau der Vorrang zu geben, insbesondere der Wiederherstellung der zerstörten Gebäude, der Eingliederung der Neubürger in die deutsche Volkswirtschaft, dem Ausgleich der Kriegsschäden, der Wiedergutmachung an den vom Nationalsozialismus Verfolgten.

4. Der nachhaltige Erfolg aller finanzpolitischen Maßnahmen ist abhängig von einer baldigen Geld- und Währungsreform. Dabei ist die gerechte und gleichmäßige Belastung des Sachwert- und Geldbesitzes eine unerläßliche wirtschaftliche und politische Voraussetzung. Darüber hinaus hängt die Wirksamkeit der Geld- und Währungsreform davon ab[36], daß dem deutschen Volk die Verfügungsgewalt über seine Wirtschaftsquellen und eine erhebliche Steigerung seiner gegenwärtigen Produktion gesichert ist.

---

[34] Im Entwurf korrigiert aus „des Unternehmers".

[35] Vgl. Anm. 19.

[36] Im Entwurf folgte, „daß ein Mindestvolumen wirtschaftlicher Betätigung dem deutschen Volke gesichert ist.
5. Die in München versammelten Chefs der deutschen Länderregierungen beschließen deshalb, einen Arbeitsausschuß aus Bevollmächtigten eines jeden Landes einzusetzen. Dieser hat beschleunigt die vorstehenden Leitsätze im Einzelnen auszuarbeiten und das Ergebnis tunlichst bald zuzuleiten."

[h)] *Entschließung über die Regelung des Besatzungsrechts*[37]

Die in München versammelten Chefs der deutschen Länderregierungen stellen fest, daß es im dringenden Interesse der deutschen Bevölkerung und der Förderung des demokratischen Rechtsgedankens liegt, das Verhältnis zu den Besatzungsmächten in formulierten Rechtssätzen niederzulegen, wie sie sich gemäß dem Vorspruch der Haager Landkriegsordnung „aus den unter gesitteten Staaten geltenden Gebräuchen, aus den Gesetzen der Menschlichkeit und aus den Forderungen des öffentlichen Gewissens" ergeben.[38]

Demgemäß beschließen die in München versammelten Chefs der deutschen Länderregierungen entsprechende Vorschläge auszuarbeiten und den Militärregierungen vorzulegen.[39]

---

[37] In der Arbeitskommission waren tätig StS Brill, StS Eberhard, MinRat Eschenburg, v. Campe, SenSynd. Sieveking, als Sachverständige Prof. Kaufmann, Budde, Seuffert, als Sekretär Mohr. Entwurf mit Korrekturen in: Z 35/28, Bl. 18; mit fast identischen Korrekturen in StA Sigmaringen Wü. 2 acc. 32/1969. Ein Vorentwurf „Ungefährer Wortlaut einer Resolution" von Budde (ungez. mit Rotstift datiert 31. 5. 1947 in: BHStA Abt. II MA Abg. 1975 vorl. Nr. 73): „Nachdem bereits der amerikanische Außenminister Marshall auf der Moskauer Konferenz die Schaffung ausdrücklicher Garantien für die Sicherung der bürgerlichen Rechte und Freiheiten gefordert und die Notwendigkeit der Rechtssicherheit als Voraussetzung der Demokratisierung des deutschen Volkes stark betont hat, stellen die Ministerpräsidenten aller deutschen Länder den dringlichen Antrag, bereits vor einem völkerrechtlichen Frieden mit Deutschland im Zusammenwirken mit den deutschen Ländern ein Besatzungsstatut festzulegen, in welchem die gegenseitigen Rechte und Pflichten zwischen den Besatzungsmächten und dem besetzten Land mit seiner [Lücke] auf der Basis eines einheitlichen Völkerrechts zwischen Siegern und Besiegten genauestens abgegrenzt werden." Dieser Entwurf, um einen weiteren Absatz mit einem langen Zitat aus der Präambel der Haager Konvention erweitert, auch in: StA Hamburg, Senatskanzlei II, Az.: 000.21-11, Bd. 3. Ein weiterer Entwurf Buddes in: Z 35/151, Bl. 235 – 236.

[38] Wortlaut der Haager Landkriegsordnung siehe RGBl. 1910, S. 109. Demnach sollten die Bevölkerung und die Kriegführenden „unter dem Schutze und der Herrschaft der Grundsätze des Völkerrechts bleiben, wie sie sich ergeben aus den unter gesitteten Völkern bestehenden Gebräuchen, aus den Gesetzen der Menschlichkeit und aus den Forderungen des öffentlichen Gewissens".

[39] Im Entwurf stand ursprünglich (Z 35/28, Bl. 18): „Demgemäß bestellen die in München versammelten Chefs der deutschen Länderregierungen einen Sachverständigenausschuß, der Vorschläge ausarbeiten und vorlegen wird." Obwohl in der Schlußfassung diese Bestimmung gestrichen wurde, trat ein Ausschuß unter Leitung von StS Brill am 18./19. 7. 1947 in Wiesbaden zusammen (Prot. vom 29. 10. [!] 1947 in: Z 35/146, Bl. 5 – 17; das Exemplar für StR Schmid in: B 120/vorl. 345). An der Besprechung waren beteiligt StS Brill, Budde, SenPräs. v. d. Decken, MinRat Eschenburg, Prof. Friesenhahn, A. v. Holtum, Prof. Kaufmann, StR Schmid und RAnw. Seuffert. Behandelt wurde Schmids Münchener Referat und eine Reihe sich daraus ergebender Fragen; inwieweit ein Besatzungsstatut für Gesamtdeutschland zu sehen sei, und wie die Begrenzung der Leistungen an die Besatzungsmächte zu erreichen sei. Es ist nicht recht ersichtlich, warum dieser Ausschuß nur das eine Mal tagte. Schmid blieb die treibende Kraft in der Diskussion um das Besatzungsstatut. Auf dem Parteitag der SPD in Nürnberg Ende Juni 1947 hielt er ein viel beachtetes Referat über das Thema (vgl. Prot. der Verhandlungen der SPD vom 29. 6. – 2. 7. 1947 in Nürnberg, Hamburg 1947, S. 138 – 142), er veranlaßte die Regierung von Württemberg-Hohenzollern, ein völkerrechtliches Gutachten von Prof. Grewe (Wortlaut in: B 120/vorl. 30) einzuholen und er referierte als Sachverständiger vor dem RuVA des ZB, als dieser sich am 14. 10. 1947 mit dem Besatzungsstatut befaßte (Prot. in: BT PA 1/263). Ihm ist auch eine Initiative der SPD zuzuschreiben, die am 22. 12. 1947 dem KR Vorschläge über die Fixierung des Besatzungsrechts unterbreitete, die sich an seine Ausführungen in München anlehnten (vgl. der gegenwärtige Stand der Frage des Besatzungsstatuts, Ausarbeitung von Schmoller, S. 1 in: B 120/vorl. 344; Wortlaut des Schreibens der SPD in: B 120/vorl. 362). Ab März 1948 wurden die Vorarbeiten für ein Besatzungsstatut im Deutschen Büro für Friedensfragen durch einen Rechtsausschuß, bestehend aus je zwei Vertretern der Länder der US-Zone und StR Schmid fortgeführt (Materialien in: Z 35/151). Vgl. auch Christine van Wylick, Das Besatzungsstatut, S. 54 – 61.

Nr. 32B   6./7. 6. 1947   Ministerpräsidentenkonferenz München

[i)] Entschließung zur politischen Befreiung[40]

1. Die Denazifizierung ist eine Aufgabe der Selbstreinigung des deutschen Volkes von Nationalsozialismus und Militarismus. Der Prozeß der inneren politischen Befreiung muß deshalb vom deutschen Volk in eigener Verantwortung durchgeführt werden. Im Interesse der Rechtssicherheit und Befriedung müssen rechtskräftige Entscheidungen der berufenen deutschen Organe endgültig sein und in allen Zonen anerkannt werden. Die Kontrolle der Besatzungsmächte sollte sich auf eine grundsätzliche Überwachung der deutschen Behördentätigkeit beschränken.

2. Die politische Befreiung muß in allen Zonen so vorgenommen werden, daß überall die gleiche Wirkung erzielt und Unterschiede zwischen den Zonen vermieden werden.

3. Die innere politische Beruhigung, der Wiederaufbau der Wirtschaft und Gründe der Menschlichkeit erfordern eine möglichst rasche Beendigung der politischen Säuberung. Dazu ist rascheste und summarische Bereinigung der Mitläuferfälle in einem vereinfachten Verfahren unter Aufhebung gesetzlicher Schuldvermutungen und automatischer Beschäftigungsverbote unumgänglich notwendig.

4. Das Ziel der politischen Befreiung wird durch die bloße Entfernung aktiver Nationalsozialisten und Militaristen aus führenden Stellungen und ihre Heranziehung zu Wiedergutmachungsleistungen allein noch nicht erreicht. Hinzukommen muß die innere Abkehr vom Ungeist und den Methoden des Nationalsozialismus durch Erziehung des Volkes im Geiste der Demokratie, Humanität und gegenseitigen Duldung.

[j)] Entschließung zur Kriegsgefangenenfrage[41]

Die Heimkehr der deutschen Kriegsgefangenen ist einer der dringendsten Wünsche des ganzen deutschen Volkes. Zwei Jahre nach Kriegsschluß befinden sich immer noch über zwei Millionen deutsche Männer und auch Frauen in harter Gefangenschaft und gehen vielfach an Hunger, Erschöpfung und Heimweh zugrunde. In der Heimat harren die Mütter auf ihre Söhne, die Frauen auf ihre Männer und die Kinder auf ihre Väter und flehen die deutschen amtlichen Stellen verzweifelt um Hilfe an. Die in München versammelten Chefs der deutschen Länderregierungen sind sich bewußt, daß die ehemaligen deutschen Machthaber durch den vorsätzlichen Bruch des Völkerrechts eine Atmosphäre schufen, die es den deutschen Stellen sehr erschwert, an das Weltgewissen zu appellieren. Die Vergeltung geschehenen Unrechts durch neues Unrecht kann jedoch nie die von der gesamten Welt ersehnte Wiederherstellung des Rechts und der Gebote der Menschlichkeit begründen.

Die in München versammelten Chefs der deutschen Länderregierungen fühlen sich daher verpflichtet, das begründete Verlangen der deutschen Bevölkerung nach schnellster Freigabe der Kriegsgefangenen mit allem Nachdruck zu unterstützen.

---

[40] In der Arbeitskommission Entnazifizierung wirkten mit Min. Binder, MinDir. Müller, StS Gögler; Sekretär war LandgerDir. Erber. Die Grundzüge der Entschließung finden sich bereits am Ende eines „Kurzberichtes" von Min. Binder über den Stand und Problematik der Denazifizierung vom 3. 6. 1947 (Nachl. Roßmann/30, Bl. 99 – 104), dem ursprünglich für die Konferenz vorgesehenen Referat über die Entnazifizierung. Entwurf der Entschließung mit unwesentlichen Veränderungen in: Z 35/28, Bl. 21.

[41] Die Entschließung beruhte auf einem bremer und einem bayer. Entwurf, aus denen am 4. 6. 1947 nachmittags von SenPräs. Kaisen und Frau RegRätin Bitter (Bayer. StK.) eine neue Fassung erarbeitet wurde (vgl. Vermerk Kaisen in: StA Bremen 3-B 10 d Nr. 45, Akte II; ebenda weitere Materialien zum Entwurf). Zum bayer. Vorentwurf siehe Dok.Nr. 32 A, Anm. 11.

Da die deutschen Landesregierungen rechtlich nicht in der Lage sind, mit den einzelnen Mächten die Kriegsgefangenenfrage zu besprechen, rufen sie den Kontrollrat als die dafür zuständige Stelle an, um sein Einverständnis zu erlangen zu der Schaffung einer deutschen Zentralstelle, die beauftragt wird, die Kriegsgefangenenfrage zu bearbeiten und Vorschläge zu machen, um das Los der Kriegsgefangenen zu erleichtern. Insbesondere wird gewünscht, daß alle Mächte sich bereit erklären möchten, in begründeten Fällen Gesuche um Einzelentlassungen zu berücksichtigen. Ferner wäre es zur Beruhigung der Bevölkerung erwünscht, daß alle die Kriegsgefangenen betreffenden Nachrichten, insbesondere aber die Pläne, nach denen künftig innerhalb der festgesetzten Frist die Heimsendung erfolgen soll, einer deutschen Zentralstelle durch Vermittlung des Kontrollrats offiziell mitgeteilt werden. Ebenso wäre es erforderlich, den deutschen Stellen die Schaffung einer namentlichen Übersicht der Gefangenen, Internierten und Vermißten zu ermöglichen, sowie sie bei der Schaffung von Übereinkommen betreffend Verbesserung des Postverkehrs mit den Kriegsgefangenen usw. einzuschalten.

Die in München versammelten Chefs der deutschen Länderregierungen senden ihre wärmsten Grüße an alle deutschen Kriegsgefangenen und Internierten und versichern Ihnen, daß sich die deutsche Bevölkerung mit ihnen verbunden fühlt und ihnen jede denkbare Hilfe gewähren möchte. Sie gedenken in Dankbarkeit aller jener, die in der Gefangenschaft die Heimat nicht vergessen haben und den Augenblick herbeisehnen, beim Aufbau der Heimat mitzuwirken.

[k)] *Aufruf an die deutsche Emigration*[42]

Die in München versammelten Chefs der deutschen Länderregierungen richten an alle Deutschen, die durch den Nationalsozialismus aus ihrem Vaterland vertrieben wurden, den herzlichen Ruf, in ihre Heimat zurückzukehren. Ein tiefes Gefühl der Verantwortung erfüllt uns ihnen gegenüber. Wir haben sie schweren Herzens scheiden sehen und werden uns ihrer Rückkehr freuen. Ihrer Aufnahme in unserem übervölkerten und unwirtlich gewordenen Lande stehen zwar große Schwierigkeiten entgegen. Wir werden aber alles tun, um gerade ihnen ein neues Heim zu schaffen.

Jene Emigranten, die Deutschland liebten[43] und unsere Wirrsal in ihrer geistigen und historischen Tiefe kennen, sind besonders berufen, Mittler zwischen uns und der übrigen Welt zu sein. Sie, die sich deutscher Sprache und Kultur noch verpflichtet wissen, mögen sich hier davon überzeugen, daß unser Volk auch heute noch in seinem Kern gesund ist und daß seine überwältigende Mehrheit keinen anderen Wunsch hat, als friedlich und arbeitsam im Kreise der übrigen Völker zu leben. An einen wirklichen Neubeginn unseres Lebens ist aber nicht zu denken ohne die Hilfe der übrigen Welt, ganz besonders nicht ohne die Deutschen, die heute außerhalb unserer Grenzen weilen. Deshalb rufen wir sie auf, mit uns ein besseres Deutschland aufzubauen.

---

[42] Vorentwurf vom 2. 5. 1947, ungez. mit Überschrift „Aufruf der Bayerischen Staatsregierung an das andere Deutschland jenseits unserer Grenzen", in dem sich bereits die wesentlichen Momente der Entschließung finden, in: BHStA Abt. II MA Abg. 1975 vorl. Nr. 74; Vorentwurf auf der Rückseite des Programms der Konferenz von der Hand Brauers in: StA Hamburg, Senatskanzlei II, Az.: 000.21-11 Bd. 2. Entwurf, der fast die letzte Fassung darstellt, mit wenigen stilistischen Korrekturen in: Z 35/28, Bl. 43.

[43] Im Entwurf verbessert aus „geliebt haben".

Nr. 32B   6./7. 6. 1947   Ministerpräsidentenkonferenz München

[*l*) *Erklärung zur deutschen Einheit*]

Ehard: Und nun, meine Damen und Herren, habe ich Ihnen noch folgende Erklärung bekannt zu geben:[44]

Die in München versammelten Chefs der deutschen Länderregierungen können ihre Beratungen zur Steuerung der unmittelbaren Not des deutschen Volkes im kommenden Winter nicht schließen, ohne vor der ganzen Welt das große Ziel der wirtschaftlichen und politischen Einheit Deutschlands[45] aufzustellen und den Willen zu friedlicher Zusammenarbeit mit allen Völkern[46] ausdrücklich zu bekunden.

Der Neuaufbau unseres staatlichen Lebens kann aber nur auf dem Wege echter Demokratie verwirklicht werden, in der alle Grundrechte menschlicher Freiheit gewährleistet sind.

Nur wenn sich die Maßnahmen des Staates ausschließlich auf den in freien Wahlen festgestellten Willen des Volkes berufen können[47], besteht Aussicht, das hohe Ziel der friedlichen Völkergemeinschaft, der Freiheit von Furcht und des wahren sozialen Fortschrittes zu erreichen.

[**5. Schlußansprache von Ministerpräsident Ehard**]

Und nun, meine Damen und Herren, unsere Arbeit ist getan. Möge nun, was wir nach bestem Willen und Vermögen hier begonnen, bei den entscheidenden Männern verständnisvolle Aufnahme finden und mit Gottes Hilfe zum erwünschten Erfolg geführt werden!

Ihnen allen, meine Damen und Herren, danke ich von ganzem Herzen, daß Sie Ihre Sachkenntnis, Ihre Erfahrung und Ihren Einfluß unseren Beratungen zur Verfügung gestellt haben. Besonders bin ich Ihnen dafür verbunden, daß Sie die Besprechungen so leidenschaftslos geführt haben. Ich weiß wohl, daß gerade diese Kühle und Sachlichkeit uns allen schwer geworden ist. Denn unser Herz brennt in uns beim Anblick der Not, die uns überall umgibt. Es kostet Überwindung, in nüchternen Zahlen und Worten von dem zu reden, was uns die Seele im Tiefsten ergreift. Wenn wir von unserer Not reden, so ist das wahrlich keine jammernde Selbstbespiegelung, wie man es manchmal dargestellt hat. Das deutsche Volk hat zwei Jahre hindurch geschwiegen und wir schweigen auch heute noch zu unendlich vielem, was uns bewegt und bekümmert. Es ist auch nicht Teilnahmslosigkeit an fremdem Leid, wenn wir heute von unseren eigenen Nöten sprechen. Wissen wir denn überhaupt genügend von dem Schicksal der anderen kriegsbetroffenen Länder und Völker?

---

[44] Von der folgenden Erklärung liegt mehrfach ein Entwurf vor, an dessen Korrekturen sich erkennen läßt, wie schwierig eine Einigung über den Wortlaut zu erzielen war. Zwei Fassungen in StA Bremen 3-B 10 d Nr. 45 Akte I (zitiert „Entwurf Bremen I" und „Bremen II") mit Korrekturen von der Hand Kaisens. StA Freiburg A 2 (provis.) 2245, Bl. 32 (zitiert „Entwurf Baden"); ferner Z 35/28, Bl. 41.

[45] „Entwurf Baden": „Einheit Deutschlands" gestrichen und korrigiert in „Verbindung der deutschen Länder".

[46] In allen Entwürfen korrigiert aus „gesamteuropäischer Zusammenarbeit".

[47] Um diese Passage wurde am heftigsten gerungen. Lüdemann hatte folgende Formulierung gefordert: „Nur wenn der Neuaufbau des Staates sich auf Grund einer gewählten deutschen Nationalversammlung geschieht" („Entwurf Bremen II"). „Bremen I" vermerkt: „Nur wenn sich die Gestaltung des neuen Deutschlands und die Maßnahmen des Staates ausschließlich auf den in freien Wahlen festgestellten Willen des ganzen Volkes berufen können". (Vgl. dazu auch Grünewald, Münchener Ministerpräsidentenkonferenz, S. 262). Die Meinungsverschiedenheiten wurden durch eine gesonderte Besprechung der MinPräs. der brit. Zone ausgeräumt, wie Kaisen berichtet (StA Bremen 3-B 10 d Nr. 45 Akte II).

Wäre es nicht wunderlich, wenn wir uns der Gemeinsamkeit des Leidens nicht völlig bewußt wären, da uns ja auch sonst jede Gemeinsamkeit mit anderen Völkern verwehrt ist?

Seit bald acht Jahren ist das deutsche Volk von anderen Völkern abgeschnürt. Vor nunmehr zwei Jahren wurden auch die letzten zarten Nervenstränge, die uns noch mit dem pulsierenden Leben der Welt verbanden, mit einem Male jäh abgehackt und im Innern Deutschlands wurden empfindliche Nervenbahnen gelähmt. Selbst in der Erkenntnis der gesamtdeutschen Not sind wir bis zum heutigen Tag gehemmt und können mit Sicherheit nur beurteilen, was unmittelbar um uns selbst vorgeht.

Wie können wir da vorurteilsfrei beurteilen, was bei anderen Völkern vorgeht! Das Wissen um die Welt wird uns seit zwei Jahren in kargen Gaben zugemessen, die uns kaum etwas von der Fülle des Lebens ahnen lassen. Von dem fruchtbaren Streit der Meinungen, von dem Forschen der Wissenschaften, von den Errungenschaften der Technik und Kultur sind wir fast ganz ausgeschlossen.

Nicht nur unser materielles Hab und Gut im In- und Ausland ist völlig in der Hand der Siegermächte. Auch die Frucht jahrzehntelanger geistiger Arbeit auf dem Gebiete der Technik, alle deutschen Patente und Erfindungen, die Ergebnisse höchstentwickelter Forschertätigkeit, sind völlig in die Hände des Auslands übergegangen und uns ist oft nicht nur die Benutzung, sondern sogar die Forschung verwehrt. Das elementarste Streben des menschlichen Geistes nach Wissen und Erkenntnis bleibt für den Deutschen auf vielen Gebieten grausam und zum Schaden nicht nur des eigenen Volkes ungestillt.

Unser eigenes Schicksal und unsere eigene Lage dürfen wir anderen Völkern nicht darstellen. Nur fremde Augen sehen auf unser Los und schildern es in fremder Zunge. Manches Bild des heutigen Deutschlands, das uns gelegentlich aus anderen Ländern übermittelt wird, erscheint uns nur als ein Zerrbild unseres Wesens und unseres Schicksals, ein Zerrbild, in dem wir uns selbst kaum erkennen. Von den sicherlich zahlreichen Bekundungen des Verständnisses und edelster menschlicher Anteilnahme dringen auch nur sorgfältig ausgewählte oder durch Zufall verwehte Stimmen an unser Ohr. Sie sind uns Trost und Ermutigung und ein Ansporn, das Vertrauen, das sich in ihnen ausspricht, nicht zu enttäuschen.

Aber haben wir denn wenigstens bei uns selbst die Möglichkeit, das deutsche Wesen neu auszuprägen? Können wir die Eigenschaften, die zu allen Zeiten den Deutschen nachgerühmt wurden und die uns immer noch geblieben sind: den Fleiß, die Ehrlichkeit, den Forschergeist – und kostbarer als alles dies – den deutschen Idealismus wirken lassen? Wir können es nicht! Man sagt uns, daß wir zu wenig darauf achten, was im Ausland vor sich geht. Aber weiß denn das Ausland, wie es bei uns aussieht? Die Zurückbehaltung unserer Kriegsgefangenen ist eine schwärende Wunde, die Körper und Seele unseres Volkes gleichermaßen quält. Unsere Dome sind geborsten; unsere Wohnungen sind zerstört; in die Hörsäle unserer Universitäten strömt der Regen und der Schnee. Weiß man im Ausland, daß in unzähligen deutschen Städten die Kinder selbst im strengsten Winter barfuß zur Schule kommen, wenn sie nicht so abgezehrt und schwach sind, daß sie nicht mehr gehen können? Hat einer der Beobachter unter den deutschen Studenten unserer Zeit gelebt? Hat er bemerkt, daß ein harter Zug sich schon in viele junge Gesichter graben will? Weiß er, daß diesen jungen Männern, die um ihre beste Jugend betrogen und in ihren edelsten Idealen enttäuscht worden sind, schon allzufrüh die bittere Pilatusfrage auf den Lippen liegt: „Was ist Wahrheit?" Dringt ins Ausland das Hämmern aus den unterirdischen Wohnungen unserer zerbombten Großstädte, wo der Deutsche unermüdlich sich mit den armseligen Mitteln wieder eine Behausung schafft? Weiß der Fremde, was die deutschen Frauen im Lebenskampf für Mann und Kinder leisten? Kennt er die Armut der Wohnungen und empfindet er den Reichtum des Gemütes, der allein in dieser Armut noch Hoffnung und Zuversicht gedeihen läßt? Weiß er, was es heißt, Flüchtling zu sein?

Man sagt uns manchmal, daß wir uns im Vergleich zu anderen selbst zu wichtig nehmen. Wenn es um Sein oder Nichtsein geht, sind Vergleiche unfruchtbar. Es nützt wenig, wenn man dem Ertrinkenden im reißenden Strom kühl zuruft: „Nimm Dich nicht so wichtig, es sind schon zahlreiche andere und bessere als du ertrunken!" Wir haben geschwiegen, weil der tiefste Schmerz keine Worte hat. Aber auch für uns gilt einmal das Wort des Dichters:[48]

„Wenn der Menschheit Leiden euch umfangen,
Wenn Laokoon der Schlangen
Sich erwehrt mit namenlosem Schmerz,
Da empöre sich der Mensch! Es schlage
An des Himmels Wölbung seine Klage
Und zerreiße euer fühlend Herz!"

Diese Klage ist nicht Ausdruck des Mitleids mit uns selbst. Wir wollen keineswegs ewig unser eigenes Leid anstarren wie ein Medusenantlitz, das unsere besten Kräfte lähmt. Wir glauben, daß diese Leidenszeit eine Prüfung unseres Volkes auf seine besten Gaben ist und daß aus der Erprobung uns neue Kraft erwächst. Schon fühlen wir, daß in den Kellerwohnungen und in den Werkstätten wie in den Hörsälen der Universitäten und in den Studierstuben ein neuer Geist die Schwingen breiten will. Über die Grenzen hinweg wollen sich die Hände strecken zur Mitarbeit am gemeinsamen Schicksal. Wir wissen, daß wir zu dem Bau einer neuen Welt Wesentliches beizutragen haben. Es wäre der entsetzlichste Verlust, wenn auch diese neuen Ansätze in Hunger und Not verkümmern müßten. Nicht für uns allein, nein für die Gemeinschaft aller Völker wollen wir unser Können und Streben einsetzen. Wir empfinden die Ausschaltung des deutschen Volkes von der tätigen Anteilnahme am internationalen Leben um so tragischer und verhängnisvoller, als wir im tiefsten überzeugt sind, daß alle wesentlichen Probleme, welche die heutige Welt und Europa bewegen, mit gutem Willen lösbar sind. Das gilt von der elementaren Frage des deutschen Staatsaufbaus wie von der Sicherheitsfrage, von der Grenzfrage, von der Wirtschaft und selbst von den Reparationen.

Aber man kann eine deutsche Frage nicht lösen ohne Deutschland. Wenn man uns hören will, können wir – das möchte ich mit tiefstem Ernst aussprechen – zu allen Fragen eine Lösung wenigstens aufzeigen. Schicksal und Geschichte haben das deutsche Volk in die Mitte Europas gestellt. Es kann nicht der Sinn der Geschichte sein, daß wir zur Trennungslinie werden, zum Zankapfel Europas, zum Schauplatz furchtbarer Auseinandersetzungen zwischen Ost und West. Wir wollen nicht trennen, wir wollen verbinden. Wir wollen in der Mitte Europas ein Hort des Friedens und der Sicherheit, ein Hort

---

[48] Das folgende Zitat aus Friedrich Schiller, Das Ideal und das Leben, Strophe 12. Werke in drei Bänden unter Mitwirkung von Gerhard Fricke, hrsg. von Herbert G. Göpfert, Bd. 2, München 1966, S. 702.

Ministerpräsidentenkonferenz München 6./7. 6. 1947 Nr. 32 B

des Rechtes und der Menschlichkeit werden. Ein Deutschland soll werden, das wir und alle Menschen guten Willens auf der ganzen Welt anrufen dürfen mit den Worten Hölderlins:[49] „O heilig Herz der Völker, o Vaterland!" (Beifall)

[*Frau Schroeder* dankt[50] namens der Teilnehmer dem Gastgeber und seinen Mitarbeitern.

Ehard schließt die Konferenz[51]]

[Schluß: 7. 6. 1947, 17.07 Uhr]

---

[49] Zitat aus „Gesang der Deutschen" von Hölderlin. Sämtliche Werke hrsg. von Friedrich Beissner, Bd. 2.1, Stuttgart 1951, S. 3–5.

[50] Schriftlich sprachen ihren persönlichen Dank an Ehard aus MinPräs. Amelunxen (9. 6. 1947), SenPräs. Kaisen (10. 6. 1947), StR Schmid (11. 6. 1947) und MinPräs. Boden (16. 6. 1947) (BHStA Abt. II MA Abg. 1975 vorl. Nr. 75, das Schreiben von StR Schmid vorl. Nr. 74). Lediglich Kaisen ging dabei inhaltlich auf die Konferenz ein: „Durch Ihre Initiative kam die Konferenz der Ministerpräsidenten zustande. Es kommt auch Ihnen ein wesentliches Verdienst für ihren erfolgreichen Verlauf zu, daran ändert auch nichts die Sezession der Vertreter der Ostzone. Es war eine Panne der SED und keine Panne der Konferenz."

[51] Am Sonntag, 8. 6. 1947, fand um 9.00 Uhr in der Staatskanzlei eine kurze Aussprache über die Proklamation Nr. 5 (Errichtung des Wirtschaftsrates) statt. Dabei ging es vor allem um die Stellung der Vertreter im Exekutivrat (Prot. in: BHStA Abt. II MA 130 438). Anschließend fand von 10.15–12.00 Uhr seine Pressekonferenz statt. (Wortprot. im Umfang von 50 Seiten als „27. Konferenz-Nachricht" u. a. in: StA Bremen 3-B 10 d Nr. 45 Akte I). Die in- und ausländische Presse war mit nicht weniger als 184 Korrespondenten, darunter 30 Vertretern ausländischer Zeitungen, auf der Münchener Konferenz stark vertreten gewesen. (Vgl. Tätigkeits- und Erfahrungsbericht des Konferenzpressebüros vom 12. 6. 1947, BHStA Abt. II MA 130 860).

Nr. 33
Bericht von Generalsekretär Roßmann an Oberstleutnant Winning (RGCO) über die Münchener Ministerpräsidentenkonferenz
9. Juni 1947

BA Nachl. Roßmann/30, Bl. 49–52.[1] Von Roßmann unter dem 9. 6. 1947 gez. maschinenschr. vervielf. Ausf.

Sehr geehrter Herr Oberstleutnant!
Ihrem Wunsche gemäß erstatte ich über den Verlauf der Münchener Konferenz nachfolgenden Bericht:
In den Besprechungen, die ich mit den Ministerpräsidenten der russisch besetzten Zone Deutschlands in der Zeit vom 16. bis 24. 5. wegen ihrer Teilnahme an der von der bayerischen Regierung für 5. bis 8. 6. einberufenen Konferenz der deutschen Ministerpräsidenten führte[2], gewann ich den Eindruck, daß eine hohe Wahrscheinlichkeit für die Teilnahme sprach. Diese Bereitschaft führte ich im wesentlichen auf drei Gründe zurück:

---

[1] Der Bericht ist in drei Durchschlägen überliefert; in englischer Übersetzung in: Z 1/77, Bl. 60 – 63, ferner Nachl. Pollock/103. Weitere Quellen zur zeitgenössischen Beurteilung des Geschehens der Münchener Konferenz insbes. in der Memoirenliteratur: Hoegner, Außenseiter, S. 290 – 297; Kaisen, Meine Arbeit, S. 243 – 245; Amelunxen, Ehrenmänner, S. 174 – 175; Maier, Grundstein, S. 368 – 374; Friedensburg, Es ging um Deutschlands Einheit, S. 160 – 175. Auf persönlichem Erleben beruhend auch: Eschenburg, Erinnerungen. Eschenburg kommentierte die Konferenz in „historischer Perspektive" auch in der Stuttgarter Rundschau (Ausg. Juni 1947, S. 2 – 4).
Das publizistische Echo belegt in: Nachl. Kaiser/76, insbes. hinsichtlich der Berliner und sowjetzonalen Presse. Ebenda auch eine vertrauliche Aufzeichnung des Journalisten Alfred Gerigk, eines politischen Freundes und Mitarbeiters in presse- und außenpolitischen Fragen von Jakob Kaiser, der als Vertreter der Schweizer Presseagentur Konti-Dienst an der Konferenz teilgenommen hatte.
Eine Rundfunkerklärung von MinPräs. Paul in: Nachl. Roßmann/30, Bl. 31 – 33; eine Erklärung des stellv. MinPräs. von Sachsen, Fischer in: BHStA Abt. II MA Abg. 1975 vorl. Nr. 74. Ehard nahm am 14. 6. 1947 im Rundfunk zu den Ergebnissen der Konferenz Stellung (Manuskript mit Korrekturen und Redezeichen in: BHStA Abt. II MA 130 860, Abdr. in: Ministerpräsidentenkonferenz, S. 116 – 121).
Die Berichte der Regierungschefs vor ihren Parlamenten sind mit Ausnahme der Ausführungen von MinPräs. Maier und StR Schmid insgesamt verhältnismäßig unergiebig:
Bayern, Landtag Verhandlungen, S. 559 – 562. Württemberg-Baden, Landtag Verhandlungen, S. 577 – 580, auch Abdr. in: Nr. 2 des Staatsanzeigers vom 21. 6. 1947. Württemberg-Hohenzollern, Landtag Verhandlungen, S. 5. Schleswig-Holstein, Landtag Wortprotokoll, S. 6 – 9. Hamburg, Bericht an Senat und Bürgerschaft von SenSynd. Sieveking in: StA Hamburg, Senatskanzlei II, Az.: 000. 21–11, Bd. 4. Rheinland-Pfalz, Landtag, Stenographische Protokolle, S. 15 – 19.
In der sowj. Zone gab die Arbeitsgemeinschaft der SED-KPD eine Broschüre unter dem Titel „Warum mußte die Münchener Konferenz scheitern" heraus, Berlin 1947, in der u. a. eine Erklärung der Arbeitsgemeinschaft zum Geschehen in München, die Ansprachen Ulbrichts und Eberts auf einer Kundgebung vor der Münchener Feldherrnhalle vom 9. 6. 1947 und eine Pressekonferenz mit einigen ostzonalen MinPräs. veröffentlicht wurde. Die Kommentare der Presse in der Ostzone wiesen insbes. darauf hin, daß sich die These, daß vor allem die Parteien und Gewerkschaften für die nationalen Fragen legitimiert seien, bestätigt hätte. Die MinPräs. hätten sich als von ihren Militärregierungen und Parteien unabhängig erwiesen.
Die bayer. StK. veröffentlichte Konferenzprotokolle und mit der Konferenz zusammenhängende Dokumente bereits Anfang August 1947 in einer Broschüre (vgl. Literaturverzeichnis unter „Ministerpräsidentenkonferenz") in einer Auflage von 5000 Stück, von denen 2000 Exemplare in den Buchhandel gelangten, der Rest an Parlamente, Dienststellen usw. verteilt wurde (BHStA Abt. II. MA Abg. 1975 vorl. Nr. 77).

[2] Abdr. seines Berichtes als Dok.Nr. 24

1. Der Gedanke einer Konferenz der Ministerpräsidenten aller vier Zonen war in der Bevölkerung der Ostzone auf sehr fruchtbaren Boden gefallen. Eine Negierung dieser Stimmung durch eine Ablehnung a priori schien politisch unklug.

2. Die Konferenz bot die Möglichkeit, die besondere Ideologie zu vertreten, die von der in der Ostzone herrschenden politischen Partei (SED) hinsichtlich der staatsrechtlichen Konstruktion eines künftigen wiedervereinigten Deutschland vertreten wird. Man spricht hüben wie drüben von Einheit, aber bei näherer Prüfung ergibt sich, daß jede Seite etwas anderes darunter versteht.

3. Das Ringen um die künftige Struktur Deutschlands wird von den politischen Parteien der Westzonen als ihr Reservat angesehen. Das gilt auch für die sogenannte „Nationale Repräsentation"[3] Deutschlands in den Fragen des künftigen Friedens. In dieser *grundsätzlichen* Einstellung stimmen übrigens die politischen Parteien der Ostzone mit denen der Westzone [!] überein. Die *praktische* Betätigung dieser einheitlichen Einstellung stößt jedoch in der gegenwärtigen geschichtlichen Situation auf den Widerstand der stärksten Partei des Westens, der SPD, die die demokratische Legitimation der Vertreter der Ostzone bestreitet und erklärt, daß die von der russischen Besatzungsmacht mehr oder weniger erzwungene Vereinigung von SPD und KPD in der SED das politische Bild der Ostzone und die wahre Meinung der Bevölkerung verfälsche und es ihre außerdem unmöglich mache, mit Vertretern der SED an einem Tisch zu sitzen.

Praktisch bedeutet dies auf der Seite der Parteien ein[en] zeitliche[n] Verzicht auf *gemeinsame* Aktivität auf dem Gebiete der Gestaltung eines künftigen Deutschlands und der Friedensregelung. Es bedeutet ferner, daß die Zulassung der SPD in der Ostzone vorweg entschieden werden müßte, ehe eine solche Aktivität praktisch werden könnte. Die notwendigen Garantien für eine ungehinderte demokratische Entfaltung in der Ostzone können meines Erachtens aber nur durch die Einheit der Alliierten gegeben werden. Das ist ein circulus vitiosus, dessen Auflösung den Parteien das Problem entziehen würde, um dessen Lösung sie sich gerade vom gesamtdeutschen Standpunkt aus bemühen wollen. Die Ministerpräsidenten sind demgegenüber in einer anderen Lage. Sie sind an sich aktionsfähig und könnten sich mit den Problemen der künftigen Struktur Deutschlands und der nationalen Repräsentation beschäftigen, wenn sie nicht durch schwerwiegende Erwägungen daran gehindert würden. Den Besatzungsmächten – das gilt besonders gegenüber der französischen Militärregierung – sind sie selbstverständliche Rücksichten schuldig. Die Parteien würden aber eine solche Haltung als einen Eingriff in ihre Rechte und als einen Vorgriff auf den künftigen staatsrechtlichen Aufbau Deutschlands betrachten.

---

[3] Zu den Bemühungen der Parteien um eine „Nationale Repräsentation" vgl. zuletzt Foelz-Schroeter, Föderalistische Politik, S. 108 – 114 und Conze, Jakob Kaiser, S. 133 – 149. Materialien in: Nachl. Kaiser/83. Auf der ersten Sitzung der Arbeitsgemeinschaft der CDU/CSU in Berlin vom 13.–15. 3. 1947 (Prot. ebenda) war beschlossen worden, die SPD, die Arbeitsgemeinschaft der SED und KPD und die LPD zu Gesprächen einzuladen, „um die erste Stufe einer gesamtdeutschen Vertretung des Volkes vorzubereiten und diese Vertretung bis zu ihrer Verwirklichung zu repräsentieren." Diese Initiative, von Adenauer und der rheinischen CDU nur mit Vorbehalt gefördert, scheiterte an der Weigerung Schumachers, an den Gesprächen teilzunehmen. Schumachers letztes Gespräch mit Kaiser, Lemmer, Holzapfel und Müller in dieser Frage hatte wenige Tage vor Beginn der Münchener Konferenz am 28. 5. 1947 in Hannover stattgefunden. Daß diese Vorgänge in der bayer. StK. mit Interesse verfolgt wurden, zeigt ein Vermerk des persönlichen Referenten Ehard's, v. Gumppenberg, vom 24. 3. 1947 „Zusammenstellung über den Vorschlag der CDU vom 17. 3. 1947 und seine Wirkungen" in: BHStA Abt. II MA 130 859, der mit der Feststellung endete, „daß die Berliner Aktion reichlich überstürzt und ohne genügende Vorbereitung und Fühlungnahme mit maßgebenden Persönlichkeiten der einzelnen Parteien erfolgt ist."

Es mußte vermutet werden, daß gerade diese Lage die Ministerpräsidenten der Ostzone – soweit sie der SED angehören, und das sind außer einer Persönlichkeit alle[4] – veranlassen konnte, auf der Konferenz einen Vorstoß im Sinne der zentralistischen SED-Politik zu unternehmen. Davon konnten sie sich entweder einen politischen oder – im Falle des Versagens – insofern einen agitatorischen Erfolg versprechen, als sie sich als die alleinigen und aufrichtigen Verfechter der politischen und wirtschaftlichen Einheit Deutschlands empfehlen könnten. Das Volk verfügt nicht über den Scharfsinn der politischen Taktiker und fällt leicht dem bloßen Schlagwort zum Opfer. Der fast vollkommene Mangel an publizistischen Möglichkeiten des Westens in der Ostzone verspricht dieser Agitation eine erhöhte Wirkung. Vielleicht hat auch die ursprünglich sehr ablehnende Haltung der SPD[5] gegenüber der Konferenz den Anreiz bei den Ministerpräsidenten der Ostzone zur Teilnahme an der Konferenz erhöht.

Auf Grund meiner Eindrücke während meines Aufenthalts in der Ostzone hatte ich der bayerischen Regierung dringend empfohlen, auf ihrer grundsätzlichen Linie zu beharren, nur Fragen der wirtschaftlichen Not des deutschen Volkes auf der Münchener Konferenz zu besprechen und keine Frage in den Vordergrund der Tagesordnung zu stellen, deren Problematik offenkundig war, da ein solcher Eingriff leicht zur Sprengung der Konferenz führen könnte. Durfte man auf Grund meiner Eindrücke der Teilnahme der Ministerpräsidenten der Ostzone an der Konferenz wohl ziemlich sicher sein, so stand man dem Ereignis jedoch wie einer liegengebliebenen Mine gegenüber, von der niemand recht weiß, wann und nach welcher Seite sie losgeht.[5a]

In der Tat hatten sich die Ministerpräsidenten der Ostzone auch das Überraschungsmoment gesichert. Die Frage ihrer Teilnahme blieb bis zum 4. Juni offen. An diesem Tage verbreitete Dena 16.20 Uhr die Nachricht, es sei Fernbleiben beschlossen.[6] Überraschenderweise erschienen die Ministerpräsidenten der Ostzone dann trotzdem am 5. Juni in München. Ministerpräsident Hübener von Sachsen-Anhalt, den ich wegen dieses Widerspruchs um Auskunft bat, erklärte mir, am 4. Juni sei um die angegebene Zeit die Nachricht der Dena der Wahrheit sehr nahe gekommen.[7] Danach wäre die Entscheidung zugunsten der Teilnahme erst in letzter Minute getroffen worden. Die Ministerpräsidenten der russischen Zone kamen ohne eigentliche Delegation.[8] Das verstärkt die Vermutung, daß eine Mitarbeit an den sachlichen Aufgaben der Konferenz

---

[4] Hübener, MinPräs. von Sachsen-Anhalt, gehörte der LDP an.

[5] Siehe Dok.Nr. 24, Anm. 5.

[5a] Daß die MinPräs. der sowjet. Zone die Frage der künftigen staatsrechtlichen Gestaltung Deutschlands und die Schaffung einer Zentralverwaltung durch Parteien und Gewerkschaften auf die TO bringen würden, mußte zu Beginn der Konferenz bereits klar gewesen sein. Diese Forderung war nicht nur im Telegramm an Ehard (vgl. Dok.Nr. 25) gestellt worden, sondern sie wurde bereits in Zeitungs- und Rundfunkinterviews unmittelbar nach der Ankunft der ostzonalen MinPräs. in München offen geäußert. (Vgl. Süddeutsche Zeitung vom 7. 6. 1947, S. 3, Artikel „Was erwarten Sie von der Konferenz?"; ferner Sendemanuskript von Radio München, „Worte der Ministerpräsidenten in München", gesendet am 5. 6. 1947, 22.15–22.30 Uhr, in: StA Freiburg A 2/provisor. Nr. 2245).

[6] Vgl. Vermerk. gez. v. Herwarth vom 4. 6. 1947 in: BHStA Abt. II MA Abg. 1975 vorl. Nr. 73: „Dena München teilte mit, daß sie soeben einen Funkspruch erhalten habe, wonach die deutschen Ministerpräsidenten aus der sowjetischen Zone die Einladung zur Ministerpräsidentenkonferenz nach München nicht angenommen haben."

[7] Vgl. hierzu Dok.Nr. 24, Anm. 21.

[8] Glum, Zwischen Wissenschaft, Wirtschaft und Politik, S. 610, kolportiert unter Berufung auf Unterhaltungen der Fahrer, die MinPräs. hätten nicht einmal Nachtgepäck mitgenommen, da eine Übernachtung nicht vorgesehen gewesen sei.

von vornherein nicht beabsichtigt war. Obwohl von mir persönlich als auch von Ministerpräsident Ehard auf der Konferenz in Hof[8a] gebeten worden war, Vorschläge für die Tagesordnung zu unterbreiten und sich rechtzeitig an der Programmgestaltung zu beteiligen, unterblieb eine solche Mitarbeit. Ob diese Haltung beabsichtigt war oder eingenommen wurde, um der *einen* Forderung, die in der Konferenz gestellt wurde, um so stärkeren Nachdruck zu verleihen, läßt sich nicht mit Sicherheit entscheiden. Jedenfalls wurde die vom deutschen Standpunkt aus berechtigte Freude über die erreichte Totalität der Konferenz rasch getrübt durch die Einbringung eines Antrags der Ministerpräsidenten der Ostzone, den ich diesem Bericht als Anlage 1 beifüge.[9] Die Ministerpräsidenten der amerikanischen, britischen und französischen Zone konnten aus den Erwägungen heraus, die ich in Ziffer 1 bis 3 dieses Berichts angestellt habe, die Aufnahme dieses Antrags in die Tagesordnung der Konferenz nicht befürworten. Sie hätten damit den Sinn der Konferenz völlig verändert, ihre Loyalität gegenüber ihren Militärregierungen in Zweifel gesetzt[10] und sich in gegenwärtig völlig unfruchtbare Differenzen mit ihren Parteien gestürzt. Das war vielleicht von den eigentlichen Urhebern des Antrags gewollt. Aber selbst bei der Annahme, daß die Ministerpräsidenten der Ostzone vielleicht nur eine ideologische Verbeugung vor ihrer Besatzungsmacht machen wollten und ihnen eine Sprengung der Konferenz fernlag, zeigt ihre Haltung zum mindesten die bedauerliche Abwesenheit jedes psychologisch-politischen Verständnisses für die Lage ihrer Partner. Offen bleibt die Frage, ob nicht hätte versucht werden können, die Auseinandersetzung, die sich hinter verschlossenen Türen vollzog, in das volle Licht der Öffentlichkeit zu verlegen. Die Anwesenheit von Persönlichkeiten in München bzw. Bayern wie Pieck, Ulbricht und Fritz Ebert, die noch am Abend des Konferenzschlusses diese zum Gegenstand einer Auseinandersetzung in öffentlicher Versammlung machten[11], läßt darauf schließen, daß der Vorstoß gegen die Konferenz sorgfältig und planmäßig vorbereitet war.

Die Ministerpräsidenten der Westzonen hatten gehofft, daß eine gemeinsame Arbeit der Ministerpräsidenten aller Zonen auf den Gebieten der unmittelbarsten Not sie fähig machen würde, auch in die großen politischen Probleme in weitestgehender Einmütigkeit hineinzuwachsen und die hier bestehenden Gegensätze zu überwinden.[12] Der

---

[8a] Vgl. Dok.Nr. 24, Anm. 28.
[9] Der Antrag abgedr. in: Dok.Nr. 31.
[10] Während der Moskauer Außenministerkonferenz waren Vorschläge der Sowjetunion, den zu schaffenden deutschen Beirat insbes. aus Vertretern der Parteien, Gewerkschaften und antifaschistischen Organisationen zu bilden, von Franzosen, Engländern und Amerikanern abgelehnt worden (vgl. Dok.Nr. 15, Anm. 65).
[11] Gniffke, Jahre mit Ulbricht, S. 243, betont, daß Walter Ulbricht und Fritz Ebert erst nach dem Auseinanderbrechen der Konferenz nach München fuhren.
Bericht über die Kundgebung der KPD Bayerns vor der Feldherrnhalle mit Ansprachen Eberts und Ulbrichts in: „Neues Deutschland" vom 10. 6. 1947. Abdr. ihrer Ansprachen in: Warum mußte die Münchener Konferenz scheitern? S. 20 – 37.
[12] Zur ursprünglichen Konzeption vgl. insbes. Dok.Nr. 22. Schumacher kommentierte diese in einem Interview vom Ende Juni 1947 (Sozialdemokratischer Pressedienst 29. 6. 1947): „Wir wollen uns doch nichts vormachen. München war von einigen Entrepreneuren dieses Unternehmens ursprünglich etwas anders akzentuiert, aber ich glaube, die Sozialdemokratische Partei kann in gewissem Rahmen für sich das Verdienst in Anspruch nehmen, daß in München der Gegensatz zwischen betont partikularen Auffassungen über die deutsche Zukunft und einem primitiven Zentralismus nicht zum Austrag gekommen ist, und der Wert von München beruht ja darin, daß die Ministerpräsidenten eine weise Selbstbeschränkung auf die Probleme gezeigt haben, die jetzt wirklich dem ganzen deutschen Volke auf den Nägeln brennen und für die es reale und reelle Mittel zur Überwindung gibt."

Exodus der Ministerpräsidenten der russischen Zone hat diese Hoffnung zunichte gemacht. Der Vorfall hat gezeigt, daß die Zeit noch nicht gekommen zu sein scheint, in der Deutschland als Gesamtheit einen einheitlichen Willen gegenüber den Besatzungsmächten bekunden kann. Daß der Wille zur Einheit jedoch sehr lebendig ist, hat die Münchener Tagung eindrucksvoll gezeigt. Aus den Vorgängen in München muß ferner die Lehre gezogen werden, daß ein neuerlicher Versuch, zu einer Vierzonen-Konferenz zu kommen, noch schwerer durchzuführen sein wird als der Münchener Versuch. Von einer höheren Warte aus gesehen, braucht der Vorgang jedoch keine Entmutigung zu bedeuten. Die Probe mußte einmal gemacht werden. Ihr Ablauf kann ein notwendiges Glied in der Entwicklung zur Einheit sein. Um Klarheit zu gewinnen, ist es unvermeidlich, daß zunächst auch sehr unangenehme Dinge durchexerziert werden müssen.

Die Ministerpräsidenten der amerikanischen, britischen und französischen Zone haben sich streng an das von vornherein beabsichtigte Programm der Konferenz gehalten. Das zeigen die Ergebnisse, die in Form von Entschließungen vorliegen, die ich als Anlagen 2 bis 13 diesem Bericht beifüge.[13]

Die Konferenz hat beschlossen, je einen Delegierten aus den drei Westzonen[14] und der Stadt Berlin zu beauftragen, beim Kontrollrat vorstellig zu werden mit der Bitte, diese Entschließungen vorlegen und sie mit mündlichen Ergänzungen versehen zu dürfen.[15]

---

[13] Anlagen 2–13 in: Nachl. Roßmann/30, Bl. 168–180. Die Entschließungen sind innerhalb der Dok.Nr. 32 B, TOP 4 abgedruckt.

[14] Für die amerik. Zone sollte MinPräs. Ehard reisen, für die franz. Zone MinPräs. Altmeier (vgl. Altmeier an Ehard vom 4. 8. 1947 in: BHStA Abt. II MA Abg. 1975 vorl. Nr. 75). Um die Vertretung der brit. Zone kam es zu einem politischen Tauschhandel zwischen MinPräs. Kopf und Bgm. Brauer. Kopf hatte unmittelbar nach seiner Rückkehr aus München der SPD-Parteileitung über den Konferenzverlauf berichtet und für seine Ansicht, die Vertretung müsse von einem der beiden großen Länder der brit. Zone übernommen werden, Zustimmung gefunden. Nachdem MinPräs. Amelunxen verzichtet hatte, wollte er nunmehr nicht für Hamburg, das von Schleswig-Holstein unterstützt wurde, stimmen, zumal er in anderen Dingen (z. B. Celle als Sitz des Länderrates der brit. Zone) auf den Widerstand Hamburgs gestoßen war. Es wurde schließlich vereinbart, daß ein formelles Junktim zwischen dem Sitz des LR in der brit. Zone und der Vertretung in der Kommission zwar nicht hergestellt werden solle, aber Hamburg sicherte zu, seine Einwände gegen Celle fallen zu lassen. Daraufhin sah Kopf „unter diesen Umständen" keine Bedenken mehr gegen die Entsendung von Bgm. Brauer. (Vermerk vom 12. 6. 1947 in: HStA Hannover, Nds Z 50 Acc. 32/63 Nr. 63).

[15] Zum weiteren Verfahren vgl. Materialien in: BHStA Abt. II MA Abg. 1975 vorl. Nr. 74 und 75. Nachdem auch die MinPräs. der Ostzone um einen Empfang beim Kontrollrat gebeten hatten, kam dort eine Einigung über das gegenüber den Deutschen einzuschlagende Verfahren nicht zustande. Vgl. auch Grünewald, Münchener Ministerpräsidentenkonferenz, S. 466–478. So recht hatte man wohl von vornherein nicht an die Möglichkeit geglaubt, beim KR vorstellig werden zu können. Kaisen beendete seinen Vermerk über die Münchener Konferenz mit den Worten: „Es wurde festgestellt, daß trotz der zu erwartenden Ablehnung dieses Gesuches durch den Kontrollrat ein positiver Plan entwickelt worden ist" (StA Bremen 3-B 10 d Nr. 45 Akte II).

Nr. 34
12. Sitzung des Zonenbeirats der britisch besetzten Zone in Hamburg
11./12. Juni 1947

BA Z 2/58, Bl. 1–10, Anlagen Bl. 11–59. Undat. und ungez. BeschlProt., im Umdr. vervielf. Ausf. Inserate aus: BT PA 1/255. Ungez. und undat. Wortprot., 130 Bl.

Anwesend:
SPD: Albrecht, Böhm, Borowski, Groß, Görlinger, Höcker, Jacobi, Karl, Korspeter, Kranstöver, Kriedemann, Meitmann, Menzel, Nadig,
CDU: Blank, Luster-Haggeney, Karl Müller, Otto, Pagel, Petersen, Schlack, Schröter, Siemer, Sträter, Weber
KPD: Agatz, Kurt Müller, Paul, Reimann
FDP: Blücher (Vorsitz), Knoop, Schäfer
DP: Bode, Hellwege
Zentrum: Spiecker, Stricker
Britischer Verbindungsstab: Pares, Winmill, Thonger, Steger, Popper
Vertreter von Presse und Rundfunk [1]

[Beginn: 11. 6. 1947, 9.00 Uhr[2]]

272. [Eröffnung und Begrüßung] BeschlProt.

Blücher eröffnete die Sitzung und begrüßt als Gäste Bgm Brauer, Hamburg, Min. Schlange-Schöningen, Stuttgart, Präs. Kiesselbach, Hamburg, und GS Roßmann, Länderrat Stuttgart.[3]
Meine Damen und Herren! Im Einvernehmen mit den Vertretern der einzelnen Parteien übernehme ich auch in dieser Tagung, der ersten Tagung des Zonenbeirates in der neuen Form, den Vorsitz. Ich habe die Ehre und das Vergnügen, Sie alle hier herzlich zu begrüßen, und darf wohl den Wunsch äußern, daß die demnächstige Beschränkung der Tätigkeit dieses Zonenbeirates auf im wesentlichen politische Fragen ihm eine sehr viel

---

[1] Anwesend waren 20 Journalisten, darunter ein Ausländer (Vertreter des Daily Telegraph). Namensaufstellung Z 2/58, Bl. 1.

[2] Die Plenarsitzungen der 12. Tagung des ZB liefen zeitlich folgendermaßen ab: 11. 6. 1947 von 9.00 – 13.15 Uhr; 17.00 – 18.45 Uhr; 12. 6. 1947 von 15.00 – 16.50 Uhr. Das BeschlProt. spiegelt den Ablauf der Sitzungen nur bedingt wieder. Tagesordnungspunkte wie z. B. die Mitteilungen des GS, die sich über mehrere Sitzungen erstreckten, wurden zusammengefaßt, die Reihenfolge der Themen insbes. in der letzten Sitzung wurde ziemlich stark verändert.

[3] Nach dem Wortprot. erfolgte die Begrüßung der Gäste erst nach den einleitenden Worten Blüchers, die für das BeschlProt. nachträglich stilistisch überarbeitet wurden. Roßmann erschien verspätet während der Mitteilungen des GS und wurde vom Vorsitzenden „mit besonderer Freude im Zeichen des Zusammenwachsens der Zonen und der Überwindung der Zonengrenzen" begrüßt. Mit Schreiben vom 29. 4. 1947 (BT PA 1/67) hatte die KK es als nicht erwünscht bezeichnet, Mitglieder des LR in „geschlossener Formation" einzuladen; gegen ein oder zwei Gäste des LR bei jeder Sitzung sei dagegen nichts einzuwenden. Zugleich wurde anheimgestellt, entsprechende Einladungen an die MinPräs. der sowj. und franz. Zone zu senden. Ob dies geschah, ließ sich nicht ermitteln. Die Vertretung des LR an der Eröffnungssitzung des ZB in seiner neuen Form war auf der internen Sitzung des LR vom 2./3.6.1947 (Dok. Nr. 28 A, TOP 7 d) beschlossen worden, nachdem bereits Anfang Mai durch eine Umfrage von Roßmann festgestellt worden war, wer von den MinPräs. der US-Zone an einem Besuch interessiert wäre (vgl. StA Bremen 3–R 1 m Nr. 132, Roßmann an die LR-Bevollm. vom 8. 5. 1947). Die Anwesenheit der Mitglieder des ZB wurde durch Namensaufruf festgestellt.

BeschlProt. größere Durchschlagskraft geben wird, als das solange der Fall war, als wir uns um eine zu große Vielheit von Dingen bekümmern mußten, die bei weitem unsere technischen und Arbeitsmöglichkeiten sprengten. Der Katalog von Aufgaben, der uns verbleibt, ist auch ohnedies für diesen kleinen Rahmen noch reichlich groß. Immer wieder, wenn wir uns von einer Sitzung auf die andere verabschiedeten, haben wir geglaubt, es würde endlich in der Welt die Einsicht deutlicher werden. Wir haben geglaubt, es würde nach so langer Unterbrechung wie zwischen der letzten Sitzung und dem heutigen Tage vielleicht doch auf uns nicht der Albdruck einer so namenlosen Not lasten, wie sie uns in der letzten Sitzung überschüttete. Diese Hoffnung ist wieder einmal enttäuscht worden, nicht nur zum Schaden Deutschlands, sondern zum Schaden der ganzen Welt. Möge uns in unserer Arbeit das ein Antrieb zum größten Ernst sein. Es ist mein Wunsch, daß dieses Haus durch die Art seiner Arbeit und seiner Verhandlungsführung, durch die Disziplin, die es selbst beweist, dem Volke den Eindruck vermittelt, daß wir zu allererst an das Ganze denken. Möge die Form, in der wir arbeiten, vorbildlich sein, damit Parlamentarismus und Demokratie nicht nur Worte, über die man lächelt, bleiben, sondern damit sie wirklich Inhalt bekommen zum Wohle unseres Landes.

Ich brauche nicht darauf hinzuweisen, daß gerade diese Sitzung, die als erste Sitzung auch öffentlich ist, den Beginn einer neuen Möglichkeit darstellt, deutsche Interessen vor einer größeren Öffentlichkeit zu vertreten. Auch die Aufgaben sind nach wie vor außerordentlich umfangreich, wenn Sie nur einmal die aus dem Gesetz Nr. 57 und seinen Anlagen sich ergebenden Arbeitsgebiete überblicken.[4] Es ist ein bunter Katalog von Aufgaben, der zu behandeln noch immer übrig bleibt. Ich will keineswegs alle erwähnen, aber nehmen Sie nur einmal aus dem Anhang A zur Verordnung Nr. 57 die außerordentlich wichtigen Fragen der Auslieferung, aus Anhang B Statistik, die Grundlage für jede vernünftige Bevölkerungspolitik, für die Wirtschaftspolitik, für die Preis- und Lohnpolitik, Rundfunk, die sozialen Fragen, die ja jetzt wieder in ein entscheidendes Stadium eintreten werden, wenn die Kontrollkommission zu der sehr eingehenden Denkschrift des Zonenbeirates aus dem letzten Sitzungsabschnitt Stellung genommen hat, dann die Flüchtlingsfragen, aus dem Anhang C die Bodenreformfrage, Presse, Buchwesen, aus dem Anhang D das Vereins- und Versammlungswesen, das Wahlrecht, die kirchlichen Angelegenheiten, dann vor allen Dingen Wohnungswesen und Stadtplanung. Weitere Zuständigkeiten des Zonenbeirates ergeben sich daraus, daß gewisse Fragen und Aufgaben ihrem Wesen nach zentral erörtert werden müssen, wie z. B. Berufsberatung der Jugendlichen, das ganze Verfassungs- und Verwaltungsrecht, die Behördenorganisation, soweit es die Zone betrifft, die Kriegsgefangenenfrage, das Besatzungsstatut. Wir müssen endlich daran gehen, auch von uns aus dazu beizutragen, daß die Rechte und Pflichten der Deutschen während der Besetzung, die Rechte der Besatzungsmacht und der Deutschen endgültig abgegrenzt werden. Es wird ferner unsere Aufgabe sein, im Denken an die Einheit des Reiches die Zusammenarbeit mit der Länderkonferenz und darüberhinaus die freundschaftliche Zusammenarbeit mit dem Länderrat vorzubereiten und durchzuführen.[5]

---

[4] Zur VO Nr. 57 siehe Dok.Nr. 9, Anm. 11
[5] Nach diesen Ausführungen wurde eine Pause von 10 Minuten eingelegt.

Zonenbeirat brit. Zone 11./12. 6. 1947 Nr. 34

273. Mitteilungen des Generalsekretärs BeschlProt.

I. *Eingabe Meitmann/Petersen: Demontage von Blohm & Voß.*[6]

Der *Generalsekretär* erklärt hierzu: Wenn wirtschaftliche Fragen auch in Zukunft dem Wirtschaftsrat in Frankfurt zuzuweisen seien, so empfehle er doch dem Zonenbeirat, die Eingabe Meitmann/Petersen zum Antrag zu erheben. Eine beschleunigte Erledigung sei erforderlich, wenn nicht einige 1000 Arbeiter brotlos werden und wichtigste Aufträge von Versorgungsbetrieben unerledigt bleiben sollten. Unter diesen Gesichtspunkten sei die Eingabe keineswegs rein wirtschaftlich sondern habe politischen Charakter.

Die Versammlung

a) erhebt die Eingabe Meitmann/Petersen zum Antrag.
b) nimmt diesen einstimmig an und
c) beschließt, ihn an die Kontrollkommission weiterzuleiten.[7]

II. Der Generalsekretär gibt die Stellungnahme der *Kontrollkommission* zu einer Reihe von Punkten der Protokolle der 10. und 11. Sitzung bekannt:[8][...]

274. Erklärung des Stellvertretenden Militärgouverneurs, Generalleutnant Sir Brian H. Robertson, über die Aufgaben des Zonenbeirates in seiner neuen Form.

[*Blücher* begrüßt Gen. Robertson und erteilt ihm das Wort]

Robertson: Meine Damen und Herren! Anlage
Es ist leider bis zu einer endgültigen Entscheidung über die endgültige Gestaltung dieses Rates eine lange Zeit vergangen. Der ursprüngliche Zonenbeirat war eine ernannte Körperschaft. Während seiner Lebensdauer hatte er eine vorzügliche Arbeit geleistet. Er hat uns in vielen wichtigen Fragen in hohem Maße mit Ratschlägen geholfen. Durch seinen Einfluß gelang es ihm zweifellos, uns in einer Reihe von Angelegenheiten zu Handlungen zu veranlassen, die uns nicht eingefallen wären. Es war nach den Länderwahlen klar, daß der Zonenbeirat neu gestaltet werden müsse, um durch seine Zusammensetzung die Verteilung der politischen Meinung, wie sie die Wahlen offenbarten, widerzuspiegeln.[8a] Unsere Pläne

---

[8a] Die Landtagswahlen vom 20. 4. 1947 zeigten bei einem gegenüber den Gemeindewahlen vom Sept. 1946 beträchtlichen Rückgang der Wahlbeteiligung folgendes Ergebnis (Angaben in Prozent der abgegebenen Stimmen):

	Nordrhein-Westfalen	Niedersachsen	Schleswig-Holstein
CDU	37,5	19,9	34,0
SPD	32,0	43,3	43,8
KPD	14,0	5,6	4,7
Zentrum	9,8	4,1	–
FDP	5,9	8,8	5,0
NLP	–	17,9	–
SSV	–	–	9,3

Die Ergebnisse wurden zusammengestellt nach Schachtner, Nachkriegswahlen.

[6] Der Antrag sah vor, den Betrieb der Werft von Blohm und Voss in einem gewissen Umfang aufrechtzuerhalten (Anlage 1 des Prot. in: Z 2/57, Bl. 34).

[7] Die KK wies in ihrer Antwort vom 2. 7. 1947 auf das Potsdamer Abkommen hin, in dem der Bau seegehender Schiffe verboten sei und lehnte den Antrag ab (Z 2/59, Bl. 41).

[8] Die von GS Weisser wiedergegebenen Stellungnahmen der KK wurden bei den betreffenden Tagesordnungspunkten in den Anmerkungen berücksichtigt.

Anlage zur Neugestaltung lagen schon im Februar vollständig bereit. Es wurde jedoch damals klar, daß es unklug wäre, am Vorabend der Moskauer Konferenz mit der Durchführung der Neugestaltung anzufangen. Das bedeutete eine weitere Verzögerung. Am 30. April trat der ehemalige Zonenbeirat abermals zusammen,[9] und ich teilte ihm unsere Pläne zu seiner Neugestaltung mit, und diese Pläne waren im wesentlichen die gleichen wie die im Februar vorbereiteten, wurden aber ein wenig geändert, um mit den Entscheidungen der Moskauer Konferenz im Einklang zu stehen. Bei jener Sitzung wurde uns der Vorschlag gemacht, die Zahl der Ratsmitglieder etwas zu erhöhen. Wir hatten 30 Mitglieder vorgeschlagen. Der Rat empfahl, die Zahl auf 37 zu erhöhen.[10] Wir haben diesen Vorschlag angenommen. Ich hoffe, daß Sie nun die Zusammenstellung des Rates als zufriedenstellend und als eine freie Vertretung der politischen Meinung der britischen Zone betrachten werden.[11]

Zur Zeit der letzten Sitzung des Rates waren bereits Verhandlungen mit unseren amerikanischen Alliierten im Gange zwecks einer besseren wirtschaftlichen Ergänzung der amerikanischen und britischen Zone. Die Verhandlungen befanden sich damals in einem Anfangsstadium. Ich nehme nicht an, daß Sie von mir eine Erklärung oder Entschuldigung erwarten für die Tatsache, daß es mir nicht möglich war, mit dem Rat über diese Verhandlungen zu sprechen. Wie Sie nun wissen, sind die Verhandlungen erfolgreich gewesen. Eine Entscheidung wurde getroffen, die bizonalen Stellen in Frankfurt zu konzentrieren und sie einem die verschiedenen Meinungen vertretenden Wirtschaftsrat unterzuordnen.[12] Der Zonenbeirat betonte mir gegenüber wiederholt die Notwendigkeit, die Verwaltungsstellen einer demokratischen Kontrolle unterzuordnen. Das ist nun erreicht worden. Ich glaube, Sie werden diese neue Einrichtung als einen großen Schritt vorwärts betrachten.

Dem Wirtschaftsrat selbst sind legislative Befugnisse, die von der Zustimmung der amerikanischen und britischen Militärregierung abhängig sind, gegeben worden. Das bedeutet die Übertragung einer weit höheren Verantwortung an Deutsche in den beiden Zonen in der Verwaltung ihrer eigenen Angelegenheiten. Die Schaffung dieses Wirtschaftsrates muß natürlich eine Veränderung für die Rolle des Zonenbeirates bedeuten. Mir liegt sehr viel daran, daß der Wirtschaftsrat wirklich bizonal sein soll. Welche Meinungsverschiedenheiten sich auch daraus ergeben würden, begreiflicherweise wird es deren zahlreiche geben, so hoffe ich doch, daß diese keine zonale Spaltung bedeuten werden. Vom wirtschaftlichen Standpunkt aus gibt es nicht mehr zwei Zonen, sondern ein Gebiet. Aus diesem Grunde möchte ich nicht, daß die Männer, die aus der britischen Zone als Vertreter des Wirtschaftsrates entsandt werden, eine auf Gemeinde- oder Zoneninteressen begrenzte Haltung einnehmen. Ich glaube, daß es sich daraus ergibt, daß Angelegenheiten, die nun zur Zuständigkeit des Wirtschaftsrates gehören, nicht mehr zu Besprechungen auf einer Zonenbasis geeignet sind. Ich will keine starren Regeln aufstellen bezüglich dessen, was Sie besprechen oder nicht besprechen dürfen. Aber ich muß Ihnen sagen, daß Sie mich in

---

[9] Abdr. des Prot. als Dok.Nr. 15.
[10] Vgl. hierzu Dok.Nr. 15, Anm. 56.
[11] Die Reorganisation des ZB wurde rechtskräftig verkündet als VO Nr. 80 Zonenbeirat, undat.; Abdr. in: Amtsbl. brit. MilReg. Nr. 20, S. 565. Sie wurde rückwirkend zum 10. 6. 1947 in Kraft gesetzt.
[12] Die Bestimmungen der Prokl. Nr. 5 der amerik. MilReg. wurden von der brit. MilReg. als VO Nr. 88 erlassen. Abdr. in: Amtsbl. brit. MilReg. Nr. 19, S. 528 – 532.

Zonenbeirat brit. Zone 11./12. 6. 1947   Nr. 34

Verlegenheit setzen würden, falls Sie Fragen besprechen, die vom Wirtschaftsrat zu entscheiden sind. *Anlage*

Ich gehe noch einen Schritt weiter, indem ich sage, daß ich mich unter den neuen Umständen in wirtschaftlichen Angelegenheiten von den Meinungen des Wirtschaftsrates lenken lassen muß und nicht von der Meinung einer zonalen Körperschaft. Ich gebe zu, daß dies eine beträchtliche Herabsetzung Ihrer Verantwortung bedeutet.

Ihnen bleibt jedoch ein wichtiges Betätigungsfeld offen. Wir brauchen noch Ihre Wegweisung in allen Angelegenheiten, die außerhalb des wirtschaftlichen Rahmens stehen. Diese umfassen politische und juristische Fragen, von denen sehr viele sehr wichtig sind. Es ist möglich, daß der Rat angesichts der Verminderung seiner Tätigkeit nicht mehr so häufig wie früher zusammentreten will. Ich hoffe aber, daß zwischen den Sitzungen nicht zu lange Zeit vergehen wird. Ich hoffe auch, daß Sie Ihre Ausschüsse, welche politische und soziale Fragen bearbeiten, aufrecht erhalten werden. Wir werden von Ihnen von Zeit zu Zeit eine Meinungsäußerung brauchen, besonders in Bezug auf die vorgeschlagenen Verordnungen. In dringenden Fällen wird es vielleicht ratsam sein, solche Verordnungen dem zuständigen Ausschuß zuzuweisen, falls der Rat nicht kurz danach zusammentritt.

Ich glaube, daß es angebracht wäre, wenn der Rat vorläufig weiter in Hamburg zusammentritt. Sollten Sie jedoch in dieser Hinsicht eine Verlegung vorschlagen wollen, so wäre ich bereit, diese in Erwägung zu ziehen.

Während der kommenden Monate werden manche wichtige politische Fragen zur Entscheidung vorliegen. Der Rat der Außenminister soll im November in London wieder zusammentreten. Die zukünftige politische Struktur Deutschlands wird einer der Hauptpunkte auf der Tagesordnung sein. Die Stellvertreter der Außenminister sollen dieses Problem in der Zwischenzeit studieren. Zweifellos werden wir Ihren Rat benötigen, ehe wir über die dort von uns einzunehmende Haltung eine Entscheidung treffen.

Deshalb hoffe ich, daß Sie das Empfinden haben, daß Ihnen trotz der Herabsetzung Ihrer Verantwortung infolge der Bildung des Wirtschaftsrates wichtige Arbeiten bevorstehen. Die besten Resultate für diese Arbeit werden in der Zusammenarbeit mit uns erzielt werden.

Zum Schluß möchte ich mich noch entschuldigen, daß ich Sie mit so kurzer Warnung zusammenberufen habe. Ich wollte Sie vor der ersten Sitzung des Wirtschaftsrates sprechen.[13] Mir wurde gesagt, daß mehrere von Ihnen nächste Woche nicht kommen könnten. Der Wirtschaftsrat wird hoffentlich in der folgenden Woche zusammentreten. Es war deshalb notwendig, diese Sitzung in dieser Woche abzuhalten.

[275. Entgegnung von Blücher, Aussprache] *Anlage*

[*Blücher*]: Herr General! Wir danken Ihnen für Ihre Mitteilung und ich möchte zunächst BeschlProt. gern bestätigen, daß die Erhöhung der Zahl der Ratsmitglieder eine gerechtere Verteilung der Sitze nach Parteien und Ländern gestattet.[14] Es ist richtig, daß eine unserer wesentlichen Forderungen die Kontrolle der zonalen und bizonalen Einrichtungen gewesen ist. Wir

---

[14] Vgl. Dok. Nr. 15, Anm. 56.
[13] Der Wirtschaftsrat hielt seine erste Sitzung am 25. 6. 1947 ab.

Anlage begrüßen daher die Möglichkeit einer demokratischen Kontrolle der bizonalen Ämter durch den Wirtschaftsrat, aber wir gestatten uns, schon jetzt den Herrn General auf etwas aufmerksam zu machen: Es handelt sich darum, daß die Kontrolle nicht genügt, wenn die ausreichende starke Exekutive für die Durchführung bizonaler Anordnungen nicht gesichert ist. Der Herr General weiß zweifellos, weshalb ich auch an dieser Stelle die Notwendigkeit einer Durchführung von Beschlüssen betone. Deutsche Verantwortung ist ein schönes Wort. Es muß sich aber diese Verantwortung auch auswirken können. Im ganzen darf ich zu der Frage des Wirtschaftsrates sagen, daß sie uns deswegen besonders berührt, weil wir darin einen weiteren Schritt auf dem Wege zur Herstellung der Einheit von Gesamtdeutschland sehen. Deswegen klang das Wort des Herrn Generals „nicht zwei Zonen, sondern ein Gebiet" besonders schön für unsere Ohren. Wir hoffen, daß dieses eine Gebiet durch die erfolgreiche politische Arbeit bald ein größeres sein wird. Wir begrüßen ebenso die erneute Feststellung, daß die Mitglieder des Wirtschaftsrates nicht Beauftragte kleiner örtlicher oder Landesverbände sind.

Ich möchte wegen der Arbeiten des Wirtschaftsrates und des Zonenbeirates ein paar Worte sagen. Es liegt uns daran, daß keine unnütze Doppelarbeit geleistet wird, aus der nur Streit entstehen könnte. Aber wir halten es doch für richtig, daß die große Menge angefangener Arbeit, die hier noch liegt, aufgearbeitet und als Material dem Wirtschaftsrat übergeben wird. Ich hoffe, daß damit wertvolle Arbeit gerettet und die Arbeit des Wirtschaftsrates verbessert wird.

Was nun die zukünftige Arbeit dieses Rates betrifft, so hat der Herr General seine wichtigste Arbeit in diesem Sommer an letzter Stelle genannt. Der Herr General sprach von der politischen Struktur Deutschlands. Es wird unser Bemühen sein, gerade auf diesem Gebiete mit aller Kraft Material zusammenzutragen und die Stellung des Volkes in der britischen Zone zu dem Aufbau eines neuen Gesamtdeutschlands zu erforschen und der englischen Militärregierung mitzuteilen. Allein diese Aufgabe würde die Existenz dieses Rates rechtfertigen.[15] Aber daneben hat der Herr General schon ganz allgemein darauf hingewiesen, daß die politischen, juristischen und ich möchte hinzufügen verwaltungsorganisatorischen Arbeiten, die wir bisher geleistet haben, noch anwachsen werden und unsere Arbeitskraft erfordern werden. Ich möchte mit meiner kurzen Antwort den Worten meiner Kollegen aus diesem Rate nicht vorgreifen. Ich möchte nur sagen, daß gerade die Ausführungen des Herrn Generals zu den Punkten, die ich erwähnte, für uns wertvoll waren und daß wir nur das eine hoffen: in immer steigendem Maße rechtzeitig über neue und wichtige Gesetzesvorlagen unterrichtet zu werden, damit wir zu ihnen Stellung nehmen können. Der Herr General weiß, daß wir glauben, hier sehr häufig Anlaß zu berechtigter Klage zu haben. Wir glauben: es ist wichtig, daß wir das mit aller Offenheit aussprechen, denn nur eine solche Offenheit gibt eine saubere Atmosphäre für eine gegenseitige vertrauensvolle Arbeit. Ich bitte jetzt um die Erlaubnis, die Herren von den Parteien zu fragen, ob sie nach einer kurzen Pause von sich aus noch einiges auf die Ausführungen des Herrn Generals antworten wollen. Ich würde es in ganz kurzer Zeit dem Herrn General mitteilen. Ich unterbreche die Sitzung für fünf Minuten, damit die Herren sich beraten können. –

---

[15] Die Arbeit des ZB auf dem Gebiet der Verfassungspolitik mündete, nachdem Menzel auf der 13. Sitzung des ZB (Z 2/59, hier Bl. 12) unter Berufung auf die Rede Robertsons beantragt hatte, den RuVA zu ersuchen, dem Plenum alsbald Vorschläge und Richtlinien für die künftige Reichsverfassung vorzulegen, in der Denkschrift „Der Zonenbeirat zur Verfassungspolitik", Hamburg 1948. Sie wurde auf der letzten Sitzung des RuVA vom 29./30. 7. 1948 verabschiedet.

Zonenbeirat brit. Zone 11./12. 6. 1947 Nr. 34

Herr General! Meine Damen und Herren! Die Mitglieder des Zonenbeirates glauben, in diesem Augenblick zu dem nichts mehr beifügen zu sollen, was ich in der ersten Antwort dem Herrn General zu seiner Erklärung gesagt habe.[16] Ich würde aber sehr dankbar sein, wenn der Herr General einige der von mir angeschnittenen Fragen beantworten würde.

Robertson: Meine Damen und Herren! Ich werde versuchen, kurz die hauptsächlichen Punkte, die Herr Blücher aufgeworfen hat, zu besprechen. Zunächst hat er die Notwendigkeit betont, daß die Exekutivbefugnis eine wirkliche sein muß. Das kann man nun von zwei Seiten betrachten. Zunächst wollen Sie natürlich sicher darin sein, daß, wenn wir Ihnen Exekutivbefugnisse zusprechen, wir Sie Ihnen auch tatsächlich erteilen. Was das anbelangt, möchte ich sagen, daß die Alliiertenkontrolle des Wirtschaftsrates auf der Stufe des Wirtschaftsrates durchgeführt wird und auf keiner niedrigeren Stufe. Die einzelnen Organe selbst werden eine gewisse Anzahl alliierter Offiziere als Mitarbeiter haben. Es wird die Aufgabe dieser alliierten Offiziere zunächst einmal sein, uns auf dem Laufenden zu halten, was vor sich geht, und zweitens dem Wirtschaftsrat zu helfen, aber sie werden keine Befugnis haben, Befehle zu erteilen. Der zweite Gesichtspunkt, unter dem man das ansehen kann, wird der sein, daß die Befugnisse wirklich sicher sind von der deutschen Seite aus, und damit meine ich, daß, wenn von einem dieser Organe ein Befehl oder eine Verordnung erlassen wird, es klar sein muß, daß es eine wirkliche Verordnung ist und sie auch befolgt werden muß. Mit Hinsicht darauf hoffe ich, daß Sie die Verordnung, die sich auf diesen Exekutivausschuß und auf den Wirtschaftsrat bezieht,[17] gut durchgelesen haben. Eine ähnliche Verordnung wird jetzt vorbereitet, um dem Exekutivausschuß für die Landwirtschaft auch Wirksamkeit[18] zu verleihen. Ich erwarte, daß einer der ersten Schritte, die der Wirtschaftsrat unternehmen wird, der sein wird, daß er sich diese Verordnung genau ansieht. Wenn der Wirtschaftsrat der Meinung ist, daß diese Verordnungen nicht stark genug sind, wird es dem Wirtschaftsrat obliegen, eine Beratung abzuhalten und uns andere Vorschläge zu unserer Erwägung vorzulegen.

Es wird Ihnen natürlich klar sein, daß in der Zusammensetzung und im Aufbau des Wirtschaftsrates und seiner Exekutivausschüsse eine Anzahl von Kompromissen gemacht werden müssen. Darüber brauchen Sie, glaube ich, in keiner Weise erstaunt zu sein. Meine eigene Ansicht, die Sie, wie ich hoffe, teilen werden, ist die, daß diese neue Körperschaft eine solche ist, daß sie ihrer neuen Eigenschaft völlig gewachsen ist. Aber es wird natürlich viel von den Mitgliedern des Wirtschaftsrates selber abhängen. Wenn diese wirklich entschlossen sind, bin ich sicher, daß sie keinen unüberwindlichen Widerstand finden werden. In meinen eröffnenden Worten habe ich Wert darauf gelegt, klarzumachen, daß ich keine festen Regeln setzen werde, was Sie besprechen sollen und was nicht. Es ist mir ganz klar, daß es wohl kaum irgendein Problem gibt, das zu Sprache kommen würde, das nicht auch eine wirtschaftliche Seite hätte. Es ist aber natürlich ebenso offensichtlich, daß wir keine Doppelarbeit geleistet sehen wollen und daß hier keine Dinge diskutiert werden, die in Frankfurt schon diskutiert werden oder zur Diskussion vorliegen.

---

[16] Blücher sagte am folgenden Tag im HptA.: „Wenn ich gestern in der Antwort auf die Rede von General Robertson etwas nicht ausgesprochen habe, was wesentlich gewesen wäre, so habe ich das deshalb nicht getan, damit nicht politisch sofort wieder gerufen wäre: Haltet den Dieb." (BT PA 1/261, Prot. des HptA. vom 12. 6. 1947, Bl. 12).

[17] Zur VO Nr. 88 vgl. Anm. 12.

[18] In der Vorlage „Wirksamkeit" handschr. in eine Lücke nachgetragen. Die angekündigte VO erschien nicht.

Nr. 34   11./12. 6. 1947   Zonenbeirat brit. Zone

Anlage   Ich stimme mit Ihnen ganz darin überein, daß die Fragen, die Sie zur Bearbeitung noch vor sich haben, bearbeitet werden und dem Wirtschaftsrat zu weiterer Erledigung übergeben werden sollen. Was ich vermieden sehen möchte, ist, daß Probleme hier vom britischen Zonenstandpunkt aus debattiert und besprochen werden, und eine Reihe Herren nach Frankfurt gehen, die von den Ansichten der britischen Zone durchdrungen sind. Es ist ganz offensichtlich, daß sich die Meinungen im Wirtschaftsrat nach gewissen Trennungslinien immer scheiden werden. Es kann z. B. nach den Parteien eine gewisse Scheidung stattfinden oder nach den Zonen oder nach den Ländern. Ich hoffe, daß diese Trennung der Meinungen an die Parteien gebunden bleiben wird oder an die wirkliche Trennung in der öffentlichen Meinung. Die beste Lösung ist natürlich die, daß jedes Problem nach seinen eigenen Vorteilen und Nachteilen beurteilt wird.
Ich bin mir darüber im klaren, daß Herr Blücher nicht unrecht hätte, wenn er sich darüber beschweren würde, daß gelegentlich die Zeit zu kurz war, um Verordnungen zu besprechen.
Ich möchte einige Worte im Zusammenhang mit der Verordnung sagen, die Ihnen über die Landreform vorgelegt worden ist. Sie müssen zugeben, daß dies nicht die erste Gelegenheit ist, bei der wir Sie wegen der Landreform zu Rate gezogen haben. Die Angelegenheit wurde Ihnen vor längerer Zeit vorgelegt.[19] Sie haben sie sehr genau studiert. – Wenn ich Sie sage, so meine ich damit Ihre Vorgänger.
Ich glaube, Sie werden mir auch recht geben, wenn ich sage, daß wir mit einer soliden einstimmigen Antwort gerechnet haben, sie uns aber von Ihnen nicht zugekommen ist. In einer solchen Lage muß man zu einem Entschluß kommen oder wir kommen überhaupt zu keiner Landreform. Dementsprechend sind wir dann zu einem Entschluß gekommen.
Ich will damit nicht gesagt haben, daß das, was wir Ihnen vorgelegt haben, absolut keine Änderung mehr erfahren soll. Ich will sogar so weit gehen, zu sagen, daß, wenn Sie mir jetzt eine einstimmige Meinungsäußerung geben könnten, wir sicherlich bereit wären, sie sehr genau in Erwägung zu ziehen. Sollte sie sich im wesentlichen von dem unterscheiden, würden wir sie vielleicht sogar trotzdem annehmen.
Wenn wir praktisch vorgehen wollen, dann müssen wir uns damit abfinden, daß wir und meine Regierung der Meinung sind, daß in dieser Angelegenheit die Entscheidung fallen muß. Eine erhebliche Zeit ist erforderlich, um eine solche Angelegenheit dieser Art in Erwägung zu ziehen, bevor irgendwelche Entscheidungen getroffen werden können.
Sollten grundlegende Veränderungen vorgeschlagen werden, dann müßten sie wieder der Regierung vorgelegt werden, und man muß wieder mit einem langen Zeitverlust rechnen.
Meiner Ansicht nach ist die Frage der Landreform eine dringende. Ich glaube, es wäre falsch von uns, jetzt noch einen weiteren langen Zeitverlust zu riskieren in der Hoffnung, nur das Gute mit dem Besseren zu vertauschen.
Ein altes Sprichwort sagt zwar, daß das Bessere der Feind des Guten sei. Aber ich lege Wert darauf, daß Sie sich diese Verordnung[20] durchlesen mit dem Auge darauf, daß wir irgendwelche Maßnahmen vorgeschlagen haben, die Sie als praktisch undurchführbar betrachten. Wenn Sie mir Abänderungen dieser Natur, die von einer großen Majorität wenigstens getragen werden, vorlegen könnten, sind wir gern bereit, sie sehr sorgfältig in Erwägung zu

---

[19] Siehe Akten zur Vorgeschichte 1, S. 849–851 sowie die Ausführungen über die Bodenreform in der Einleitung (S. 72–79). Zur Diskussion im ZB im Jahre 1946 vgl. auch die eingehenden Ausführungen bei Trittel, Bodenreform, S. 25–50.
[20] Auszüge aus dem Wortlaut der VO vgl. Anm. 28.

ziehen. Was den Zeitraum anbelangt, den ich für die Erwägung dieser Frage einräumen *Anlage* kann, möchte ich gern wissen, welche Zeit Sie dafür beanspruchen. Aber ich will eine Verordnung über die Landreform bald veröffentlicht sehen.[21]
Wir sind während der Außenministerkonferenz die Verbindlichkeit eingegangen, daß dieses Problem noch in diesem Jahre erledigt werden soll. Vergessen Sie nicht, daß die Verordnung, die wir veröffentlichen werden, nur einen ersten Schritt darstellt. Die Durchführung dieser Verordnung wird natürlich den Ländern obliegen, und das alles wird Zeit in Anspruch nehmen, so daß wir wirklich uns in diesem Falle rasch bewegen müssen.
[*Blücher*]: Ich danke dem Herrn General für seine Ausführungen und ich hoffe nur, daß der Exekutivmacht auf dem Papier nicht nur eine nachhaltige Unterstützung von Seiten der Länder, sondern auch von Seiten der Militärregierung in dem Sinne zuteil wird, daß alle Stellen der Militärregierung auch unter sich einheitlich handeln. Wir wissen, daß es auf der Welt nichts Vollkommenes gibt, aber wir begegnen dem Auseinanderlaufen der Maßnahmen nicht nur auf der deutschen Seite, und die verschiedenen Dienststellen und Sektoren müssen dann auf alliierter Seite ebenso zu einer Einheit des Handelns zusammengefaßt werden, wie wir anerkennen, daß das auf deutscher Seite noch geschehen muß.
Es dürfen das nicht Worte bleiben, sondern es wird unsere Pflicht sein, die Kontrollkommission auf Unebenheiten aufmerksam zu machen. Ich wiederhole, auch wir haben da außerordentlich viel zu tun.
Ich möchte jetzt bitten, in diesem Augenblick davon abzusehen, daß ich sofort auf das antworte, was der Herr General über die Landreform gesagt hat. Es ist mir nämlich in der Zwischenzeit eine Anfrage des Abgeordneten Kriedemann zugegangen, die unmittelbar in das bisher behandelte Thema hineinführt.
Ich bitte Herrn Kriedemann, das Wort zu nehmen.
Kriedemann: Herr General! In der letzten Nummer der Zeitung „Die Welt" fand sich im Rahmen eines Berichtes über die Ernährungslage die Mitteilung, daß Sir Sholto Douglas einen Ernährungsrat angekündigt hat, der etwa nach dem Muster des Wirtschaftsrates eingerichtet werden soll.[22]
Diese Mitteilung hat meine Freunde und mich einigermaßen erschüttert, denn wir sehen tatsächlich in der Errichtung des Wirtschaftsrates in Frankfurt eine neue Hoffnung dafür, daß wir die deutschen Dinge unter stärkerer Einschaltung der Deutschen in Ordnung bringen könnten.
Wenn aber nun der Wirtschaftsrat in seinem Zusammenhang wieder zerrissen und der innere Zusammenhang aller wirtschaftlichen Fragen gefährdet werden würde durch die Schaffung eines besonderen Ernährungsrates, dann sehen wir die Möglichkeiten des Wirtschaftsrates schon wieder wesentlich gefährdet.
Wir wären dem Herrn General für eine Antwort in dieser Frage sehr dankbar.
Robertson: Ich habe diesen Bericht in der „Welt" nicht gelesen. Es ist aber ganz offensichtlich ein falscher Bericht. Ich war bei der Pressekonferenz, die Sir Sholto Douglas abgehalten hat, mit zugegen. Was er gesagt hat, war, daß eine Verordnung vorbereitet wird, die dem

---

[21] Die VO über die Landreform Nr. 103 wurde am 4. 9. 1947 unterzeichnet und am 11. 9. 1947 veröffentlicht, vgl. Trittel, Bodenreform, S. 100.
[22] „Die Welt", Ausgabe vom 10. 6. 1947, S. 1, Artikel „Douglas kündigt Ernährungsrat an". Trotz dieser Überschrift wurde in den Ausführungen des Artikels auf einen Ernährungsrat nicht eingegangen.

Nr. 34 11./12. 6. 1947 Zonenbeirat brit. Zone

Anlage Exekutivausschuß für Ernährung und Landwirtschaft dieselben Befugnisse einräumt wie sie dem Exekutivausschuß für Wirtschaft schon durch eine Verordnung eingeräumt worden sind. Es besteht absolut keine Absicht, etwa einen Ernährungsrat einzusetzen.
Das augenblickliche Organ für Ernährung und Landwirtschaft in Stuttgart soll so rasch wie möglich nach Frankfurt übersiedeln.[23] Es wird der Kontrolle des Wirtschaftsrates von dem Tage, an dem er in Erscheinung tritt, untergeordnet werden.
Ich werde darauf achten, daß in der Zeitung „Die Welt" eine Korrektur dieses Berichtes veröffentlicht wird.
[*Blücher*]: Damit ist Herr Kriedemann hinsichtlich seiner Anfrage zufriedengestellt.
Ich würde nun bitten, Herr General, daß Sie uns noch Gelegenheit geben, vor der Mittagszeit einiges über die Agrarreform zu sagen. Wir legen Wert darauf, Ihnen diese Äußerungen persönlich vortragen zu dürfen.
[...]

BeschlProt. [**276. Grüße des Länderrates der US-Zone**]

Anlage *Roßmann:* [...] Der Länderrat will damit, daß ich ihn auf dieser Tagung vertrete, die unzertrennliche Verbundenheit mit dem Volksteil, der hier in der britischen Zone lebt, zum Ausdruck bringen.
Es gibt kein wirksameres Mittel in der öffentlichen Tätigkeit als die persönliche Fühlungnahme unter den Verantwortlichen, die diese Arbeit zu leisten haben. Besonders meine persönlichen Erfahrungen aus der jüngsten Vergangenheit sprechen dafür, diese Verbindung noch enger zu gestalten, als das bisher der Fall gewesen ist.
Ich komme fast unmittelbar von einer zehntägigen Reise in die russische Zone zurück.[24] Was ich dort in persönlichen Besprechungen mit allen Kreisen der Bevölkerung und in Verhandlungen mit führenden Politikern erlebt habe, gehört zu den – ich kann sagen – beinahe niederschmetterndsten Eindrücken meines ganzen politischen Lebens. Sie können sich, wenn Sie die Verhältnisse nicht kennen, kaum eine Vorstellung davon machen, in welcher Weise dort Gerüchte, Mißtrauen und Mißverständnisse wuchern, Dinge also, die ihrer Natur nach geeignet sind, den Graben zwischen Osten und Westen so weit und so tief zu machen, daß es der politischen und diplomatischen Kunst der fähigsten Menschen bedarf, um hierüber noch eine Brücke zu schlagen.
Wir sind im Süden von der absoluten Überzeugung durchdrungen, daß diese Brücke unter allen Umständen geschlagen werden muß. Die Mißverständnisse sind – ich möchte sagen – beinahe zu 75% ausschließlich darauf zurückzuführen, daß es an persönlicher und sachlicher Fühlungnahme und an dem Austausch gegenseitiger Meinung fehlt. Das Schlimmste ist die geistige Absperrung von Osten und Westen und die Unmöglichkeit, die literarischen und journalistischen Erzeugnisse gegenseitig auszutauschen. Es würde schon einen ungeheuren Erfolg bedeuten, wenn diese Mauer endlich durchstoßen werden könnte. Diese Erfahrungen geben uns die Lehre, wenigstens in den Westzonen das Zusammenarbeiten immer enger zu gestalten.
Wir haben im Süden die Errichtung des Wirtschaftsrates als einen sehr bedeutsamen Fort-

---

[23] Wegen des Mangels an Wohnraum und Büros in Frankfurt dauerte die Umsiedlung vom Juli bis Sept. 1947. Vgl. Rohrbach, Im Schatten des Hungers, S. 160.

[24] Der Bericht Roßmanns über seine Reise abgedruckt als Dok.Nr. 24.

schritt empfunden. Das wird eine gute Grundlage zu gemeinsamer Zusammenarbeit ergeben. Eine unserer Hauptsorgen nämlich, daß sich die Leiter der bizonalen Ämter zu Diktatoren auf großen bedeutsamen Gebieten ohne politische parlamentarische Kontrolle entwickeln könnten, ist behoben worden. Damit dürfte meines Erachtens auch manche Spezialsorge des Südens verschwinden, die uns bisher veranlaßt hat, besondere Sicherungen gegen diese bizonalen Ämter zur Wahrung unserer Interessen zu fordern.
Die Neukonstruktion wird sich hoffentlich auch als wirkungsvoller erweisen. Und was wir vom Süden zum Erfolg dieser neuen bizonalen Einrichtung beitragen können, das wird mit allen Kräften geschehen.
Wir sind mit Ihnen davon durchdrungen, daß die Frage des Erfolges des Wirtschaftsrates eine Frage von eminent deutscher Bedeutung sein wird.
Die Herren Ministerpräsidenten der amerikanischen Zone haben im Anschluß an die Münchener Konferenz am letzten Sonntag [8.6.] beschlossen, in aller Kürze eine Sonderkonferenz von Beauftragten einzuberufen, die sich mit allen Spezialfragen des Wirtschaftsrates befassen wird.[25] (Zuruf des Herrn Reimann: Das kann Ihnen so passen!)
Ja, meine Herren, das wird Ihnen nicht nur passen, sondern das ist Ihre Pflicht.
Die Ministerpräsidenten haben ja die Aufgabe, die Mitglieder des Exekutivausschusses zu ernennen, und bevor diese Ernennungen erfolgen, muß volle Klarheit über die Konsequenzen geschaffen werden.
Robertson: Darf ich die Frage stellen, was die Ministerpräsidenten beschlossen haben?
Roßmann: Die Herren Ministerpräsidenten haben beschlossen, sofort eine Kommission einzusetzen, die sich mit den Einzelheiten des Wirtschaftsrates befaßt, Klarheit über alle Fragen schafft, um die Entschlüsse der Herren Ministerpräsidenten bezüglich der Beschickung des Exekutivausschusses so schnell wie möglich herbeizuführen.
Ich will damit nur zum Ausdruck bringen, wie ernst wir die rasche Ingangsetzung des Wirtschaftsrates nehmen. Auch innerhalb des Länderrates wirkt natürlich die Existenz des Wirtschaftsrates einschränkend hinsichtlich seiner Befugnisse. Wir nehmen diese Einschränkung jedoch gern entgegen; denn wir haben unsere Tätigkeit immer als eine provisorische aufgefaßt, die immer bereit ist, in einem größeren wirkungsvolleren Ganzen aufzugehen.
Wir sind aber der Überzeugung, daß sich die Bedeutung des Länderrates und des Parlamentarischen Rates in einer gewissen provisorischen Übergangszeit trotz der Entstehung des Wirtschaftsrates nicht vermindert, sondern eher verstärkt; denn der politische Charakter dieser Institutionen ist damit nur noch schärfer unterstrichen als bisher.
Ich will auf Einzelheiten hier nicht eingehen. Es wird sich wahrscheinlich Gelegenheit ergeben, sich hinsichtlich einer Reihe bedeutender grundsätzlicher politischer Fragen einmal mit ihnen zu beschäftigen.
Wir sind auch hierbei entschlossen, alle diese Fragen im engsten Zusammenwirken mit der politischen Vertretung der britischen Zone zu lösen. Dabei will ich nur nebenbei erwähnen, daß der Länderrat ja eine andere Konstruktion als der Zonenbeirat aufweist, weil wir ja die Koordination der Länder auch innerhalb des Länderrates vollziehen.
Ich möchte mit der Versicherung schließen, daß wir, meine Damen und Herren, jederzeit Ihre Arbeiten mit dem allergrößten Interesse verfolgen werden, und das Bemühen, in allen

---

[25] Vgl. Dok.Nr. 32 B, Anm. 51. Die Besprechung der Beauftragten fand am 15. 6. 1947 in Wiesbaden statt (Prot. in: StK. Wiesbaden, Az: 1 a 08 Nr. 6 Bd. I).

Anlage entscheidenden Fragen Deutschlands mit Ihnen konform zu gehen, wird unser oberster Leitstern sein.

Wir bitten Sie, auch unseren Arbeiten ein gleiches Interesse entgegenzubringen. In diesem Sinne entbiete ich Ihnen, meine Damen und Herren, die herzlichsten Grüße der Herren Ministerpräsidenten der amerikanischen Zone und wünsche Ihren Arbeiten den allerbesten Erfolg.

[*Blücher* dankt]

BeschlProt. **[277. Bodenreform]**

Anlage [*Blücher:*] Herr General! Sie haben mit vollem Recht erwähnt, daß wir im Jahre 1946 Gelegenheit hatten, ausführlich zu der Frage der Landreform Stellung zu nehmen.[26] Es ist nicht weniger richtig, daß wir zu einer Einheitlichkeit der Vorschläge nicht gekommen sind. Ich spreche nicht als Vorsitzender des Zonenbeirates, sondern als Privatmann, wenn ich bemerke, daß wir sehr wenig charaktervolle Leute sein müßten, wenn wir über eine solche Frage eine Einigung erzielen könnten.

Denn es ist dies eine Frage, die die nächsten Jahrzehnte entscheidet, umsomehr fühle ich mich verpflichtet, sehr offen zu sprechen. Es ist auf unser damaliges Gutachten hingewiesen worden. Wir finden von ihm in dem uns vorliegenden Entwurf herzlich wenig wieder. Und gerade deswegen ist es so schwer, nachdem die Übersetzung jetzt seit vielleicht 48 Stunden vorliegt, schon etwas Abschließendes von den verschiedenen Seiten zu sagen. Damit will ich selbst keineswegs einer langen Verzögerung unserer Bearbeitung das Wort reden. Jeder Schritt ist eilig, der dazu beiträgt, endgültige Rechtszustände auf irgendeinem Gebiet zu schaffen. Aber es muß den Mitgliedern des Hauses und ihren Sachverständigen doch die Gelegenheit gegeben werden, ein solches Gesetz, das in seiner Bedeutung weit über andere Gesetzeswerke hinausgeht, noch einmal von Grund auf zu beraten.

Ich brauche nicht darauf hinzuweisen, daß dieses Gesetz eines der beiden Gebiete berührt, deren Ordnung, wenn sie einmal nach einer bestimmten Richtung geschehen ist, nicht mehr umgeworfen werden kann. Daher ist es der Wunsch, wie ich annehmen darf, aller Parteien des Hauses, bereits morgen mit einer vertieften Ausschußarbeit zu beginnen, in etwa zwei bis drei Wochen eine erneute und große Ausschuß-Sitzung wegen dieser Frage zu halten und für die nächste Tagung des Plenums, die wir in einem kleinen Kreise etwa für die zweite Juliwoche vorgesehen haben, noch einmal Ausschußberatung und Beratung im Plenum vorzunehmen.

Ich halte den Gegenstand für so wichtig, daß doch versucht werden sollte, wenn jetzt die Vertreter der einzelnen Parteien eine grundsätzliche Bemerkung zu dem Entwurf machen, und ich würde bitten, daß vielleicht die Vertreter der SPD damit beginnen.

Kriedemann: Herr General! Meine Damen und Herren! Wir, und mit uns ein paar Millionen Deutsche, die durch den Hitlerkrieg und seine Folgen für das deutsche Volk ihrer Existenzgrundlage weitgehend beraubt sind, haben der Stellungnahme der MilReg. zur Frage der Bodenreform mit großer Spannung entgegengesehen. Die große Bedeutung, die eine vernünftige Bodenreform für Deutschland hat, ist auch in dem Interesse weitester Kreise zum Ausdruck gekommen, und diese Bedeutung der Frage hat auch die gründliche Arbeit des damaligen Bodenreformausschusses vollauf gerechtfertigt.

Der damalige Ausschuß war unserer Meinung nach nicht zweckmäßig zusammengesetzt,

---

[26] Vgl. Anm. 19

denn unbeschadet aller technischen Seiten des Problems ist das im letzten Effekt doch *Anlage* eine politische Angelegenheit.[27] Und in dem Ausschuß waren die Vertreter der Politik in der Minderheit. So konnte es gar nicht anders sein, als daß der Ausschuß Mehrheits- und Minderheitsgutachten abgab, und dementsprechend hatte der Ausschuß insbesondere dann Wert darauf gelegt, daß bei der endgültigen Ausarbeitung eines Bodenreformgesetzentwurfes deutsche Stellen eingeschaltet sein sollten und daß man diesen Entwurf deutscher Amtsstellen dann auch einmal im Zonenbeirat zur Beratung vorlegen sollte.

Das alles zusammengenommen, bedeutet für uns die jetzt erfolgte Vorlage[28] eine ausgesprochene Enttäuschung. Und ich habe das bittere Gefühl, daß ebenso, wie wir enttäuscht sind, auch die vielen enttäuscht sein werden, die aus der Bodenreform eine wirkliche Hilfe für sich erwartet haben.

Und noch bitterer stimmt mich die Gewißheit, daß der kleine Kreis, der einer echten gründlichen Bodenreform mit Angst und Schrecken entgegengesehen hat, weil eine solche Bodenreform ihm die Grundlage für die Fortsetzung seiner verderblichen Rolle in der deutschen Geschichte entzogen hätte, nach Kenntnisnahme dieser Vorlage befriedigt sein wird.

Ich will hier nicht auf technische Details eingehen. Aber das, was sich aus dem ersten Überblick über die Vorlage ergibt, läßt klar erkennen, daß das Ergebnis so wenig an Bodenreform sein wird, daß man vielleicht besser von keiner Bodenreform sprechen wird. Das gilt sowohl für die Größenordnung, bei der die Bodenreform anfängt – 150 ha – als auch für die Form, in der diese Betriebe herangezogen werden sollen, indem man ihnen den sogenannten Resthof beläßt und nur das Überschießende abschneidet. Insbesondere stimmt es dann bedenklich, daß man die letzte Entscheidung über die Durchführung dieser Bodenreform in die Hände von – man muß schon sagen – Interessentenausschüssen legt.[29] In die Hände von Ausschüssen, von denen Parlamentarier und Regierungsvertreter ausdrücklich ausgeschlossen sind. Ich bedaure sehr, angesichts der Dringlichkeit der Erledigung der Bodenreform für meine politischen Freunde und für mich zu dieser Vorlage eben nur Nein sagen zu können. Wir wissen, daß die Deutschen eine Bodenreform im Rahmen einer Agrarreform unbedingt gebrauchen.

Diese Notwendigkeit ergibt sich nicht nur aus der gegenwärtigen Situation unseres Volkes hinsichtlich der Ernährung oder hinsichtlich des nach dem Kriege notwendig gewordenen Lastenausgleichs, sondern sie ergibt sich vor allen Dingen aus dem Gang der deutschen

---

[27] Dem Sonderausschuß des ZB für Agrarreform hatten 23 Mitglieder angehört: Je zwei Vertreter der Parteien (= 8); der Direktor des ZEL; die Länderchefs (= 4); je ein Vertreter der Gewerkschaften, der Landarbeiter, der Flüchtlinge; zwei Vertreter der Verbraucherverbände sowie die Leiter der Landesbauernschaften (= 5).

[28] Der VO-Entwurf über Bodenreform, „mit dem ZA für Ernährung und Landwirtschaft abgestimmte Übersetzung", als Anlage 25 des Prot. in: Z 2/58, Bl. 11–13. Die wesentliche Bestimmung des Art. I über die Begrenzung der Größe von Einzelgütern lautete: „Soweit nicht nachfolgend anders bestimmt ist, darf keine Person in der britischen Zone Deutschlands mehr Land zu Eigentum besitzen als
a) eine Grundfläche von 150 Hektar oder
b) eine Grundfläche, die am Tage des Inkrafttretens dieser Verordnung einen Einheitswert von RM 200 000,– ohne Gebäudeanteil hat, auch wenn die Grundfläche flächenmäßig größer ist
[...] Falls eine Person etwas mehr Land als die zugelassene Hektargröße zu Eigentum besitzt, kann ihr das Eigentum an dem gesamten Land weiterhin verbleiben, vorausgesetzt, daß die Mehrfläche nicht 10 Hektar übersteigt."
Zur Analyse der Bestimmungen der VO siehe Trittel, Bodenreform, S. 57–77.

[29] Nach Art. III des Entwurfes sollten die Durchführungen der Bodenreform in den Händen von Landkommissionen liegen, in denen „Mitglieder mit praktischen Erfahrungen in der Landwirtschaft, Gutswirtschaft, Bewirtschaftung bäuerlicher Betriebe oder der Bodenbewertung vertreten" sein sollten.

Nr. 34   11./12. 6. 1947   Zonenbeirat brit. Zone

Anlage   Geschichte, in der es niemals eine vernünftige Agrarreform oder eine Agrarrevolution gegeben hat.
Wir sind uns darüber klar, daß aller gute Wille und alle Einzelmaßnahmen nicht ausreichen werden, wenn nicht grundlegende fundamentale Veränderungen durchgesetzt werden. Das ist in ganz besonderem Maße auf dem Gebiete der Landwirtschaft und dem, was damit zusammenhängt, dem Bodenbesitz, der Fall. Wenn auch in dieser Situation nach dem völligen Zusammenbruch aller alten Ordnungen hier kein Ventil genügend weit geöffnet werden wird, dann werden sich die Gegensätze und die Widersprüche gewaltsam Luft schaffen.
Wir möchten eine solche katastrophale Lösung unter allen Umständen vermeiden und wollen deshalb die Mittel, die zur Vermeidung einer solchen katastrophalen Lösung notwendig sind. Dazu gehört in erster Linie eine Bodenreform von genügendem Umfange. Es sind nicht zuletzt die ihr Land selbst bearbeitenden Bauern, in deren Interesse wir eine solche vernünftige Bodenreform wünschen; denn wir fürchten, daß sie die ersten Opfer einer Katastrophe sein würden. Wir können die moralische Substanz, die gerade im arbeitenden, im echten Bauern liegt, für die Neuformung des deutschen Landes nicht entbehren. Wir sind deshalb gern bereit, mit allen unseren Kräften an der Lösung dieser Frage mitzuarbeiten.
Wir sind auch dafür, daß man diese Dinge so schnell wie möglich zu einer Entscheidung bringt, und wir hoffen deshalb, daß der Ausschuß schnell an die Arbeit kommt und der Zonenbeirat so schnell wie möglich in dieser Frage eine politische Stellung einnimmt.
[*Blücher*]: Herr Müller hat das Wort.
Karl Müller: Meine Damen und Herren! Die Vorlage zur Bodenreform ist uns vor 48 Stunden zugegangen. Ich bin nicht in der Lage, auch keiner meiner Freunde, zu dieser Vorlage wie der Herr Vorredner ein Nein zu sagen. Es mag sein, daß uns die Gabe der Einsicht nicht so stark gegeben ist (Heiterkeit). Wir betrachten aber diese Vorlage als eine Grundlage der Arbeit, die wir zu vollziehen haben.
Nach welcher Richtung wir nun die Arbeit auf dem Boden dieser Vorlage vorantreiben müssen, darüber kann erst gesprochen werden, wenn wir die Vorlage in all ihren Konsequenzen eingehend durchsucht haben. Denn es handelt sich hier um ein Gesetz, das für die Agrarreform Deutschlands von säkularer Bedeutung ist. Nur einen Gedanken darf ich in diesem Kreise aussprechen, der von meinen Freunden und mir auch in dem Sachverständigenausschuß auf das schärfste herausgestellt worden ist. Wir haben in dieser Zone, in der die Menschen zusammengedrängt und die Städte und Dörfer zerstört worden sind, eine große soziale Aufgabe zu lösen in der Aufsplitterung des Wohnungsraumes, in Stadtansiedlungen zum Aufbau der Städte und um auf dem Lande zahlreich lebenden, nicht landwirtschaftlich tätigen Menschen etwas Land zu geben, daß sie ihre Existenz sichern können.
Diese Grundsätze, die wir in dem vorbereitenden Ausschuß stark herausgestellt haben, vermissen wir in jeder Form in der Vorlage. Wir werden uns an der positiven Gestaltung dieser Frage mit allen Kräften beteiligen, sind aber der Auffassung, daß die Gründlichkeit der Arbeit nicht durch eine überstürzte Hast gestört oder in Frage gestellt wird.
[*Blücher*]: Das Wort hat der Herr Abgeordnete Reimann.
Reimann: Herr General! Meine Damen und Herren! Keiner wird bestreiten, daß eine Bodenreform für die britische Zone so schnell wie möglich durchgeführt werden muß. Sie haben recht, Herr General, wenn Sie kritisieren, daß die Arbeiten dieses Ausschusses nicht darauf eingestellt waren. Aber wir halten dem entgegen, daß dieser Ausschuß nicht so zusammengesetzt war, daß er eine Gewähr bot, um ein Gesetz zur Durchführung der Bodenre-

form durchzuführen. Wäre dieser Ausschuß von den politischen Parteien in Verbindung mit den Gewerkschaften unter Hinzuziehung von kleinen und mittleren Bauern zusammengesetzt gewesen, dann wäre es auch einem solchen Ausschuß möglich gewesen, eine Gesetzesvorlage zu schaffen. Es wird heute und morgen an uns liegen, den Ernährungsausschuß, der diese Gesetzesvorlage ausarbeiten soll, so zusammenzusetzen, und wir sind davon überzeugt, daß, obwohl Meinungsverschiedenheiten zwischen den einzelnen politischen Parteien in dieser Frage vorhanden sind, dieser Ausschuß eine Möglichkeit finden wird, um ein anderes Gesetz als dieses Gesetz auszuarbeiten.

Anlage

Schon das Überfliegen dieses Gesetzes zeigt, daß man eine Bodenreform vom grünen Tisch aus, und besonders von London aus,[30] wirklich nicht machen kann. Wir sind der Auffassung, daß die Bodenreform vom deutschen Volke selbst durchgeführt werden soll, und hierbei zielen wir auf eine ganz besondere Schicht der Großbauern hin.

Ich vermisse in dieser Verordnung ganz die entschädigungslose Enteignung der Kriegsverbrecher und Naziaktivisten auf dem Lande. Wir sind der Meinung, daß diesen Kriegsverbrechern auch nicht ein einziger Morgen Land übrig bleiben soll. Es ist nicht so, daß wir solche Herren in unserer Zone nicht haben. Ich erinnere nur in diesem Zusammenhang an alle Grafen und Barone, die schon früher dem deutschen Generalstabe die Offiziere gegeben haben. Sie sind nicht nur verantwortlich für den letzten Krieg, sondern sie sind von deutscher Seite aus auch für die früheren Kriege verantwortlich. Es würde kein Mensch in Deutschland und auch kein Demokrat im Auslande verstehen, wenn wir nicht durch eine Bodenreform diese Kriegsverbrecher entmachten würden.

Schauen Sie, Herr General, hier ist nicht ein einziges Wort davon enthalten. In der Verordnung Art. IV heißt es z. B., daß die, denen etwas von ihrem Grund und Boden abgeschnitten wird, sich noch aussuchen können, welchen Boden sie behalten wollen. Ich nehme ein anderes Beispiel heraus: Auf Seite 3 unter 7 steht, daß bei der Enteignung von Eigentum Staatsangehöriger alliierter oder neutraler Länder der Entschädigungsbetrag von der Zustimmung der Militärregierung abhängt.

Ich werfe in diesem Zusammenhange die Frage auf: Was wird mit unserem Schwerindustriellen Thyssen, der reichlich Land in Deutschland hat, jetzt aber im Besitz der belgischen Staatsangehörigkeit ist? Sollen wir etwa die belgische Regierung oder die Militärregierung fragen, daß er hier enteignet und evtl. noch entschädigt werden soll als jetziger Nichtdeutscher?

Das sind so einige Dinge, die ich herausgegriffen habe, weil wir gestern abend erst die Verordnung erhalten haben. Auch von uns ein Nein zu dieser Vorlage!

Knoop: Herr General! Meine Damen und Herren! Ich habe leider erst beim Betreten dieses Saales die Vorlage der britischen Militärregierung in die Hand bekommen. Ich kann deshalb zu den Einzelheiten überhaupt keine Stellung nehmen. Ich möchte aber auf das hinweisen, was in der Präambel gesagt ist:

Es ist zweckmäßig, die dem Grundbesitz anhaftende politische und wirtschaftliche Macht durch Begrenzung der einem einzelnen Eigentümer zustehenden Bodenfläche einzuschränken usw.[31]

---

[30] In: Z 2/58, Bl. 55, vermutlich richtig korrigiert aus von „den Ländern aus" in „von London aus".

[31] In der Präambel heißt es in Fortsetzung des Zitates: „... und außerdem einen größerem Teil der Bevölkerung Gelegenheit zur landwirtschaftlichen Siedlung und Betätigung zu geben" (Z 2/58, Bl. 11).

Anlage Ich glaube, mit dieser Präambel ist den Herren, die schon gesprochen haben, doch der Weg zur Bejahung dieses Vorschlages leichter gemacht worden. Wir haben uns in dem Sonderausschuß für die Bodenreform sehr eingehend darüber unterhalten, ob man politische Gründe für die Bodenreform anführen könnte. Es ist nicht zu bestreiten, daß in den Kreisen der Großgrundbesitzer sehr weitgehend eine reaktionäre und undemokratische Haltung durch die Jahrzehnte erwiesen worden ist, aber es gibt auch Großgrundbesitzer, die in schärfster Weise das Gegenteil bewiesen haben. Es gibt auch Großgrundbesitzer, die sich gegen Militarismus und Nationalsozialismus ausgesprochen haben. Es sollte deshalb dieser Grundsatz, daß aus politischen Gründen eine Bodenreform vorgenommen werden muß, nicht von allgemein gültiger Bedeutung sein.

Wir haben in unseren Entschließungen, die wir der britischen Militärregierung eingereicht haben, klar zum Ausdruck gebracht, daß wir die Enteignung des Grundbesitzes der Nationalisten und Kriegsverbrecher durchaus befürworten. Aber eine politische Gesinnung sitzt nicht im Grund und Boden, sondern die sitzt im Kopfe (sehr richtig!). Das dürfte m.E. kein Maßstab sein, an dem man die Notwendigkeit einer Bodenreform, also eines Abschneidens von überschüssigem Grundbesitz beginnen kann.

Was ich als den Hauptgrund einer notwendigen Bodenreform ansehe, ist, daß wir den Enteigneten, d. h. den durch die Kriegsereignisse Enteigneten und von Haus und Hof Vertriebenen in weitestem Umfange eine Existenzmöglichkeit und eine Unterkunftsmöglichkeit geben müssen, daß wir den Einheimischen, die über einen zu geringen Grundbesitz verfügen, um darauf existieren zu können, Landzuteilung machen müssen. Aber was m.E. nahezu sinnlos ist, ist, daß diese größten Güter zerschlagen werden, daß das Land aufgeteilt wird und dann keine Wohnungen da sind für die, die dieses Land bekommen sollen.

Eine Bodenreform oder eine Landreform kann nur in Verbindung mit einer Siedlungsbewegung durchgeführt werden, und wir wissen alle, eine Siedlung kann nur durchgeführt werden, wenn wir endlich die Möglichkeit bekommen, den Leuten das nötige Baumaterial zu schaffen und den Siedlern zur Verfügung zu stellen. Wenn wir heute der Bevölkerung die fata morgana einer weitgehenden Landreform vorspiegeln, erwecken wir in ihr Hoffnungen, die zum großen Teile nicht erfüllt werden. Deshalb ist es, so gut die Absicht gemeint ist, m.E. verfrüht, schon jetzt die Landreform dadurch lösen zu wollen, daß man sie übers Knie bricht. Unsere Stellung zur Enteignung der Kriegsverbrecher habe ich dargelegt. Für die anderen Landwirte und Grundbesitzer, denen man ihren Besitz beschneiden will, halte ich es für selbstverständlich, daß man ihnen eine entsprechende Entschädigung zu geben hat.

Spiecker: Herr General! Meine Damen und Herren! Ich versage es mir, auf Einzelheiten der Verordnung einzugehen, zumal wir alle davon ausgehen, daß wir die Vorlage noch nicht genügend haben prüfen können. Meine Freunde begrüßen indessen die Inangriffnahme einer Boden- und Landreform, weil wir lange darauf gewartet haben und wir die Neuregelung der Eigentumsordnung als dringend notwendig betrachten.

Wir begrüßen insbesondere, daß in der Vorlage der kleinere und mittlere Bauernbesitz geschont werden soll. Wenn wir in der Boden- und Landreform in erster Linie eine politische Frage erblicken wollen, wie es gesagt worden ist, dann sehen wir das daran, daß das Allgemeinwohl geschützt und ihm Rechnung getragen werden muß. Darum glauben wir, daß es heute darauf ankommt, daß der selbständige Bauer so weit wie möglich geschützt wird und daß darüber hinaus nicht nur die Seßhaftmachung neuer Bauern, sondern auch die Erhöhung des Bodenertrages und die bessere Ernährung Ziel jeder Gesetzgebung sein muß.

Der Herr General hat betont, daß die Vorlage der erste Schritt sein soll und daß im übrigen

Anlage

die Länder die Durchführung zu beschließen haben. Ich glaube, daraus folgern zu sollen, daß es sich in der Grundlinie um ein Rahmengesetz handelt. Ich glaube, daß ein Urteil über die Vorlage erst dann überhaupt angängig ist, wenn aus der Vorlage der Berechnungen klar wird, wieviel Land in der britischen Zone frei wird, wenn diese Verordnung auf der Grundlage von 150 ha durchgeführt wird.

Die Frage der Kriegs- und Naziverbrecher scheint uns eine Angelegenheit zu sein, die außerhalb jedes Einzelgesetzes vom Deutschen Volke selbst zu regeln ist und nicht in jeder neuen Vorlage wiederzukehren braucht.

Meine Freunde haben die Hoffnung, daß auf Grund dieser Vorlagenverordnung ein Ergebnis erzielt werden kann, das unseren Bedürfnissen Rechnung trägt.

Bode: Herr General! Meine Damen und Herren! Wir sind grundsätzlich Gegner einer Bodenreform dieser Art und zwar aus folgenden Gründen:

Sie stellt einen unseres Erachtens unnötig scharfen Eingriff in das Privateigentum dar, dann ist sie nicht geeignet, jetzt zu einer Erhöhung, sondern zu einer Verminderung von dem abgabepflichtigen Teil der Erzeugung zu führen, und weiter sind wir der Meinung, daß die Versorgung der Flüchtlinge mit Land und die ländliche Siedlung in einer weniger störenden Weise durchgeführt werden soll. Wir nehmen aber davon Kenntnis, daß aus Gründen der hohen Politik eine solche Bodenreform durchgeführt werden soll und werden an dem Entwurfe positiv mitarbeiten, um die Nachteile für die Ernährung abzuschwächen und die Auswirkungen auf sozialem Gebiete zu fördern.

Im einzelnen möchte ich noch folgende Bemerkungen machen: Das Ergebnis der Bodenreform nach dem jetzigen Entwurfe würde sein, daß wir zweierlei Bodenrecht in der Westzone hätten, ein amerikanisches und ein britisches. Wir würden es daher begrüßen, wenn der britische Entwurf mehr dem amerikanischen[31a] angenähert würde, insbesondere auch bezüglich der Begründung, die im amerikanischen Entwurf sozial ist, während im britischen Entwurf von Entmachtung die Rede ist.

Wir sind ferner der Meinung, daß die Entschädigungsfrage vor einer Währungsreform nicht gelöst werden kann. Wir begrüßen in dem Entwurfe aber die Tatsache, daß der Schutz der Produktion in den Vordergrund gestellt ist.

[*Blücher*]: Damit haben die verschiedenen Parteien ihre ersten, naturgemäß sehr groben Eindrücke über das vorliegende Papier und ihre grundsätzliche Stellungnahme zu dieser Frage umrissen. Ich möchte es für zweckmäßig halten, daß wir nunmehr, wie ich das schon gesagt habe und wie das auch einer der Herren Redner ausführte, bereits morgen bei der Arbeit sind. Wenn hier gesagt wurde, zu allererst handele es sich um eine politische Frage, dann doch in dem Sinne, daß der großen Zahl derer, die durch den Krieg völlig enterbt sind, Sicherheit über ihr Schicksal gegeben werden soll.

Die Sicherheit soll unter Anlegung der Maßstäbe allgemeiner sozialer Gerechtigkeit gefunden werden. In diesem Sinne muß jede derartige Lösung eine politische sein.

Ich weiß nicht, ob der Herr General zu dieser vorgerückten Stunde noch eine Antwort geben möchte.

Robertson: Meine Damen und Herren! Wenn das deutsche Volk einmal seine eigene gewählte Regierung, sein eigenes gewähltes Parlament hat, dann kann es und wird es zweifellos auch in dieser Angelegenheit selbst entscheiden. Unter den augenblicklichen Umständen jedoch kann ein Gesetz oder eine Verordnung, die die ganze Zone betrifft, nur durch die britische Militärregierung erlassen werden. Das bedeutet, daß wir eine Verant-

---

[31a] Vgl. Akten zur Vorgeschichte 1, Dok.Nr. 4, S. 149; ferner S. 73–78 der Einleitung.

Anlage wortung haben, der wir uns nicht entziehen können, es ist aber recht und billig, daß wir den Rat derer einholen, die dazu am besten befähigt sind, und soweit wie möglich die politische Meinung der Bevölkerung verkörpern, und wenn wir uns an Sie wenden, dann ist das der Grund. Aber selbst, nachdem wir Ihren Rat angehört haben, können wir uns der Tatsache nicht entziehen, daß diese Verordnung unsere Verordnung sein wird und daß wir daher für sie auch die Verantwortung tragen müssen.

Auf Grund dieser Auffassung haben wir das Gefühl, daß wir nicht etwas ein für alle Male zerstören dürfen, was das deutsche Volk in seiner Gesamtheit vielleicht nicht zerstört sehen will. Ich gebe Ihnen jetzt eine Gelegenheit, die Sie, wie ich hoffe, als ausreichend betrachten werden, diese Vorschläge zu prüfen und Ihre Meinung uns darüber zugehen zu lassen. Ich glaube aber, daß ich Ihnen viel Zeit ersparen kann, wenn ich jetzt schon gewisse Dinge anführe, die wir nicht anzunehmen gedenken.

Zunächst ist es unwahrscheinlich, daß wir irgendwelche Abänderungen der Präambel[32] annehmen werden. Der Grund dafür ist, daß ja die Präambel unser Ziel beinhaltet. Das ist das Ziel, das zu erreichen wir uns gesteckt haben, und wir haben im Augenblick nicht die Absicht, uns ein anderes Ziel zu stecken.

Zum anderen werden wir nicht irgendwelche Vorschläge annehmen, die nach unserer Ansicht die Lebensmittelerzeugung stören. In der augenblicklichen Lage muß die Nahrungsmittelversorgung in den beiden Zonen durch Importe gedeckt werden, durch Importe, die die britischen und amerikanischen Steuerzahler zahlen, und wir werden nicht irgendwelche Vorschläge annehmen, die nach unserer Meinung sicherlich dazu angetan sind, die Last für unsere Steuerzahler zu erhöhen.

Der dritte Punkt ist, daß wir darauf bestehen werden, die Frage des Eigentums von Ausländern unserer eigenen Entscheidung zu reservieren. Ich glaube nicht, daß ich mich mit dem besonderen Falle, den Herr Reimann angeführt hat, befassen muß. Wenn ein solcher besonderer Fall auftritt, ist es klar, daß wir uns mit ihm zu seiner Zeit beschäftigen werden.

Der vierte Punkt ist der, daß wir nicht die Absicht haben, in diese Verordnung das Problem der Nazis und der Militaristen hineinzubringen. Das ist unserer Meinung nach ein spezielles Thema. Wir haben eine solche Verordnung über die Entnazifizierung erlassen, und in dieser Verordnung sind Vorkehrungen getroffen, nach denen ein Mann unter gewissen Umständen nicht nur seines Landes für verlustig erklärt werden kann, sondern[auch] seines sonstigen Eigentums. Was die Militaristen anbelangt, so haben wir auch da eine Verordnung vorbereitet, die jetzt beinahe fertig ist, so daß wir sie Ihnen vorlegen können.

Ich weiß nicht, ob es auf Ihre Vorschläge zurückzuführen ist, aber jedenfalls ist es auf Vorschläge, die uns von deutscher Seite zugegangen sind, zurückzuführen, daß wir uns entschlossen haben, das Problem der Militaristen von dem der Nazis getrennt zu halten. Wenn Sie diese Verordnung,[33] die sich mit den Militaristen befaßt, vor Augen bekommen werden, werden Sie sehen, daß Vorkehrungen getroffen sind, daß ein Mann nicht nur seines Landes, sondern seines ganzen Vermögens verlustig erklärt werden kann, sobald er in eine gewisse Kategorie fällt. Weder Herr Reimann noch sonst jemand braucht zu befürchten, daß die Absicht besteht, Kriegsverbrecher und Nationalisten ihren Besitz an Land zu belassen. Wir sind aber überzeugt, daß das kein Thema ist, das mit Landreform verquickt werden sollte.

---

[32] Vgl. den von Knoop zitierten Wortlaut, ferner Anm. 31.
[33] Eine derartige VO wurde nicht erlassen.

Zonenbeirat brit. Zone 11./12. 6. 1947 Nr. 34

Was nun den Zeitraum anbelangt, um diese Angelegenheiten zu besprechen, so liegen gewisse Gründe vor, die gute Gründe sind, die mich veranlassen, zu erklären, daß diese Angelegenheit sehr rasch zu Ende geführt wird. Ich wollte sehr gern, daß diese Angelegenheit vor Ende dieses Monats zu Ende gebracht wird, jedoch auf Grund der sehr schwerwiegenden Worte, die Sie an mich gerichtet haben, will ich sagen, daß, wenn Sie mir innerhalb eines Monats vom heutigen Tage ab gerechnet Ihre Vorschläge unterbreiten, ich bereit bin, diese Konzession zu machen.[34]

Anlage

[*Blücher* dankt Robertson für seine Ausführungen.] Wenn Sie auf die mangelnde Einstimmigkeit der Entschließung des vorigen Jahres hinweisen, so kann man diesen Hinweis insofern verstehen, wenn man an die Zusammensetzung des alten Zonenbeirates denkt. Eine Nichteinstimmigkeit in diesem Augenblick würde dagegen keineswegs ein ausreichender Grund sein, das Gutachten als nicht vorhanden zu betrachten. Wir sind jetzt aber nach den Spielregeln der Demokratie ein kleines Parlament, und die Beurteilungsmaßstäbe, die an unsere Äußerungen anzulegen sind, sind andere geworden.

Ein zweites, und damit möchte ich den Vormittag schließen:
Herr General! Meinen Dank für Ihr Erscheinen habe ich bereits ausgesprochen. Es war für uns sehr wertvoll, Ihre beiden Erläuterungen zu den großen Tagesthemen zu hören, ich möchte Ihnen nur eines sagen: Wir sind uns durchaus darüber im klaren, was es bedeutet und daß es sehr viel bedeutet, in dieser Zone in solcher Freiheit des Geistes eine derartige Debatte führen zu können.[35] [...]

278. Einsetzung der Ausschüsse und Wahl ihrer Mitglieder

BeschlProt.

Auf Vorschlag des Vorsitzenden beschließt die Versammlung, folgende Ausschüsse zu bestellen:
Hauptausschuß,
Rechts- und Verfassungsausschuß,
Finanzausschuß,
Kriegsgefangenenausschuß,
Sozialpolitischer Ausschuß,
Kulturpolitischer Ausschuß,
Ausschuß für Wohnungswesen,
Sonderausschuß für Agrarreform.

Jeder Ausschuß soll aus 11 Mitglieder bestehen, von denen
3 durch die SPD,
3 durch die CDU,
2 durch die KPD,
1 durch die FDP,
1 durch das Zentrum,
1 durch die DP (NLP) zu benennen sind.

---

[34] Über eine Stellungnahme des ZB wurde auf der 13. Sitzung vom 9. 7. 1947 (Z 2/59, Bl. 26 – 32) diskutiert und abgestimmt, nachdem in den Beratungen im Sonderausschuß für Agrarreform ein Kompromiß nicht erzielt werden konnte. Vgl. im einzelnen Trittel, Bodenreform, S. 78 – 91.

[35] Zum Fortgang der Diskussion über die Bodenreform während dieser Tagung des ZB vgl. TOP 281.

Nr. 34   11./12. 6. 1947   Zonenbeirat brit. Zone

BeschlProt.   Die Versammlung wählt die Vorsitzenden und Mitglieder der Ausschüsse. Soweit die Mitglieder der einzelnen Ausschüsse nicht sofort gewählt werden können, da die Fraktionen sich über Vorschläge noch nicht schlüssig geworden sind, sollen die Parteien ihre Vertreter dem Sekretariat melden. Der Ältestenrat wird dann auf Grund der ihm vom Plenum erteilten Vollmacht die Wahl vornehmen.

Hauptausschuß:
Vorsitz: Henßler   (SPD)
             Kriedemann   (SPD)
             Meitmann   (SPD)
             Adenauer   (CDU)
             Holzapfel   (CDU)
             Schröter   (CDU)
             Reimann   (KPD)
             Müller   (KPD)
             Blücher   (FDP)
             Spiecker   (Zentrum)
             Hellwege   (DP)

Agrarausschuß:
Vorsitz: Henßler   (SPD)
             Karl   (SPD)
             Kriedemann   (SPD)
             Müller   (CDU)
             Siemer   (CDU)
             Schröter   (CDU)
             Reimann   (KPD)
             Paul   (KPD)
             Knoop   (FDP)
             Stricker   (Zentrum)
             Bode   (DP)

Rechts- und Verfassungsausschuß:
Vorsitz: Lehr   (CDU)
             Menzel   (SPD)
             Henßler   (SPD)
             Meitmann   (SPD)
             Adenauer[36]   (CDU)
             Otto   (CDU)
             Reimann   (KPD)
             Paul   (KPD)
             Schäfer   (FDP)
             Spiecker   (Zentrum)
             Bode   (DP)

---

[36] Die Vertreter der CDU in diesem und in den folgenden Ausschüssen wurden nachträglich benannt, ihre Namen sind in das bereits vervielf. Prot. teils maschinenschr. teils handschr. eingetragen worden. Der Grund dafür lag darin, daß die Einladungen zu der Sitzung sehr kurzfristig erfolgten, da einige Mitglieder des ZB erst unmittelbar vor der Sitzung von ihren Landtagen bestimmt worden waren (vgl. Wortprot., Bl. 73).

Finanzausschuß:
Vorsitz: Blücher   (FDP)
           Görlinger   (SPD)
           Kriedemann   (SPD)
           Gnoss   (SPD)
           Otto   (CDU)
           Siemer   (CDU)
           Lehr   (CDU)
           Reimann   (KPD)
           Paul   (KPD)
           Stricker   (Zentrum)
           Bode   (DP)

Flüchtlingsausschuß:
Vorsitz: Müller   (KPD)
           Kranstöver   (SPD)
           Nadig   (SPD)
           Höcker   (SPD)
           Holzapfel   (CDU)
           Pagel   (CDU)
           Luster-Haggeney (CDU)
           Agatz   (KPD)
           Knoop   (FDP)
           Stricker   (Zentrum)
           Hellwege   (DP)

Kriegsgefangenenausschuß:
Vorsitz: Spiecker   (Zentrum)
           Henßler   (SPD)
           Nadig   (SPD)
           Karl   (SPD)
           Blank   (CDU)
           Schlack   (CDU)
           Weber   (CDU)
           Müller   (KDP)
           Agatz   (KPD)
           Schäfer   (FDP)
           Hellwege   (DP)

Sozialpolitischer Ausschuß:
Vorsitz: Karl   (SPD)
           Böhm   (SPD)
           Korspeter   (SPD)
           Blank   (CDU)
           Otto   (CDU)
           Schröter   (CDU)
           Agatz   (KPD)
           Müller   (KPD)

Beschl Prot.

Schäfer	(FDP)
Stricker	(Zentrum)
Hellwege	(DP)

Kulturpolitischer Ausschuß:
Vorsitz:

Weber	(CDU)
Gnoss	(SPD)
Albrecht	(SPD)
Görlinger	(SPD)
Adenauer	(CDU)
Lehr	(CDU)
Agatz[36a]	(KPD)
Paul	(KPD)
Schäfer	(FDP)
Spiecker	(Zentrum)
Bode	(DP)

Ausschuß für Wohnungswesen:
Vorsitz: (noch nicht gewählt)[37]

Borowski	(SPD)
Meitmann	(SPD)
Görlinger	(SPD)
Siemer	(CDU)
Luster-Haggeney	(CDU)
Pagel	(CDU)
Paul	(KPD)
Reimann	(KPD)
Blücher	(FDP)
Stricker	(Zentrum)
Bode	(DP)

279. Bericht des Sozialpolitischen Ausschusses[38]

1. *Errichtung eines bizonalen Amtes für Arbeit und einer bizonalen Anstalt für Arbeitsvermittlung und Arbeitslosenversicherung*

Karl: Dem Ausschuß habe folgender Antrag Karl, Menzel, Böhm, Korspeter vorgelegen:

„Der Zonenbeirat möge beschließen, die Kontrollkommission zu ersuchen, unverzüglich die notwendigen Maßnahmen einzuleiten, um ein bizonales Amt für Arbeit und

---

[36a] Mit Schreiben vom 26. 6. 1947 wurde den Mitgliedern des ZB mitgeteilt, daß Hugo Paul und Kurt Müller (nicht Willi Agatz) die KPD im Kulturpolitischen Ausschuß vertreten würden (Z 8/41, Bl. 15).

[37] Der Vorsitz im Ausschuß für Wohnungswesen war der DP angeboten worden, die jedoch zunächst zugunsten der CDU verzichten wollte. Auf den Protest Blüchers hin, daß damit „eine totale Kräfteverschiebung eintrete" (Wortprot. S. 77), nahm Bode von der DP den Vorsitz doch an (Wortprot. S. 127).

[38] Prot. der Sitzung vom 12. 6. 1947 in: BT PA 1/268.

eine bizonale Anstalt für Arbeitsvermittlung und Arbeitslosenversicherung zu errichten, die ebenso wie die übrigen bizonalen Ämter dem Wirtschaftsrat zu unterstellen sind. Dem bizonalen Amt für Arbeit werden sämtliche Aufgaben auf den Gebieten Arbeitsrecht und Sozialversicherung übertragen. Die bizonale Anstalt für Arbeitsvermittlung und Arbeitslosenversicherung, deren innerer Aufbau insbesondere hinsichtlich der unteren und mittleren Instanzen vorbehalten bleibt, übernimmt als Körperschaft des öffentlichen Rechts die Aufgaben der früheren Reichsanstalt. Der Beschluß des Zonenbeirates auf seiner 11. Sitzung (254 c)[39] wird durch diesen Antrag nicht berührt."

Der Ausschuß habe diesen Antrag eingehend erörtert und gegen eine Stimme, die sich grundsätzlich gegen bizonale Regelungen auf jedem Gebiet ausgesprochen habe,[40] beschlossen, dem Zonenbeirat die Annahme zu empfehlen.

Paul: Eine bizonale Regelung müsse die Entwicklung zu einer einheitlichen Behandlung der Probleme der Arbeit für ganz Deutschland erschweren. Es handele sich hier um eine Aufgabe, die von den Gewerkschaften aller Zonen beraten werden müsse. Die Gewerkschaften hätten auch bereits dazu Stellung genommen. Der Antrag bedeute einen Übergriff in das Arbeitsgebiet der Gewerkschaften. Da die dringend notwendige einheitliche Regelung für ganz Deutschland auf diesem Wege nicht erreicht werden könne, empfehle er, den Antrag abzulehnen.

Die Versammlung

a) nimmt den Antrag mit 19 gegen 2 Stimmen an und
b) beschließt, ihn an die Kontrollkommission weiterzuleiten.[41]

2. Neuregelung der Arbeitslosenversicherung

Das Zentralamt für Arbeit in Lemgo habe dem Zonenbeirat einen Verordnungsentwurf über Neuregelung der Arbeitslosenversicherung[42] zur Kenntnisnahme zugeleitet. Er bitte, diesen Entwurf an den sozialpolitischen Ausschuß zur Beratung auf seiner nächsten Sitzung zu verweisen.[43]

Die Versammlung stimmt zu.

3. Benennung ständiger Sachverständiger für den Sozialpolitischen Ausschuß

[...]

---

[39] Vgl. Dok.Nr. 15, TOP 254 c.

[40] Dabei handelt es sich um Agatz (KPD), der den Inhalt der Entschließung zwar billigte, aber aus grundsätzlichen Erwägungen sie dennoch ablehnte. „Wir betrachten die ganze Bizonalität als uns aufgezwungen. Wir können uns nicht bereitfinden, dazu ohne weiteres ja zu sagen." (Vgl. Anm. 38).

[41] Die KK verwies in ihrer Antwort vom 3. 7. 1947 auf die am gleichen Tage stattfindende Tagung des SpA mit Vertretern beider Zonen (Prot. BT PA 1/268) und meinte, daß diese Frage später vom Wirtschaftsrat behandelt werden würde. Zum Fortgang vgl. Pünder, Interregnum, S. 157–158.

[42] Der VO-Entwurf über die Wiedereinführung der Arbeitslosenversicherung wurde vom ZA für Arbeit unter dem 31. 5. 1947 an einen Kreis interessierter Verbände und Stellen versandt (vgl. Z 40/46; dort auch weiteres Material einschließlich der VO Nr. 111 der brit. MilReg. „Arbeitslosenversicherung und Kurzarbeiterunterstützung").

[43] Der Entwurf wurde auf der 14. Sitzung des SpA vom 6. 7. 1947 nur ganz kurz besprochen, da sich inzwischen

BeschlProt. **280. Bericht des Hauptausschusses**[44]

[*Blücher*]: Der Hauptausschuß habe die Mitglieder folgender drei Unterausschüsse bestimmt:

Ältestenrat:
Kriedemann	(SPD)
Adenauer	(CDU)
Reimann	(KPD)
Blücher	(FDP)
Spiecker	(Zentrum)
Hellwege	(DP)

Geschäftsordnungs-Unterausschuß:
Henßler	(SPD)
Adenauer	(CDU)
Hellwege	(DP)

Haushalts-Unterausschuß:
Henßler	(SPD)
Lehr	(CDU)
Blücher	(FDP)

Unterausschuß für staatsbürgerliche Bildung:
Henßler	(SPD)
Schröter	(CDU)
Müller	(KPD)
Blücher	(FDP)
Spiecker	(Zentrum)
Hellwege	(DP)

Der Ausschuß habe sich weiterhin mit der Abgrenzung der künftigen Aufgaben des Zonenbeirates und ihrer Abgrenzung von denen des Wirtschaftsrates in Frankfurt befaßt. Es sei u. a. besonders darauf hingewiesen worden, daß die von der Kontrollkommission gewährte Freiheit in der Wahl der Verhandlungsgegenstände dem Zonenbeirat das Recht und daher auch die Pflicht gebe, in der Beratung der Kontrollkommission selbst Vorschläge für die Gesetzgebung auf den Gebieten der Verfassung, der Verwaltung und der Sozialpolitik zu machen.[45]

Die Versammlung nimmt Kenntnis.

---

herausgestellt hatte, daß es sich lediglich um einen Referentenentwurf handelte (Prot. in: BT PA 1/268).

[44] Prot. der Sitzung vom 12. 6. 1947 in: BT PA 1/261.

[45] GS Weisser hatte in der Sitzung des HptA. in einem ausführlichen Exposé die Arbeitsgebiete aufgeführt, die dem ZB zwischen den Kompetenzen der Länder und denen des Wirtschaftsrates verblieben und dabei u. a. gesagt:
„Die Aufgaben ergeben sich dadurch, daß der Zonenbeirat in der Mitte steht zwischen einerseits der bizonalen Frankfurter Einrichtung und andererseits dem Koordinierungsorgan der Länder der britischen Zone, der Länderkonferenz, die nunmehr formal gegründet ist, aber praktisch die älteste Einrichtung der Zone ist und

Zonenbeirat brit. Zone 11./12. 6. 1947 Nr. 34

281. Bericht des Sonderausschusses für Agrarreform[46]

[*Blücher*] berichtet: Bei der Lesung des Verordnungsentwurfes der Kontrollkommission über Bodenreform[47] sei der Ausschuß zu der Überzeugung gekommen, daß der Entwurf Widersprüche in sich enthalte, und daß die Gegensätzlichkeit der deutschen und der englischen Rechtsauffassung es fraglich erscheinen lasse, ob die Anwendung dieser Verordnung auf deutsche Verhältnisse möglich sei. Dem deutschen Rechtsempfinden widerspreche es z. B., daß das Eigentum an dem enteigneten Land auf Landkommissionen übergehen solle, deren Rechtsform nicht klar sei. Die Arbeitsfähigkeit dieser Kommissionen müsse notwendig erschwert werden durch die Bestimmung, daß Beamte nicht zu Mitgliedern dieser Kommissionen gewählt werden dürften.

Sehr große Schwierigkeiten ergäben sich ferner aus der Tatsache, daß die englische Juristensprache von der englischen Gemeinsprache abweiche und daß daher der englische Text des Entwurfs nur mit Hilfe seiner Verfasser erklärt werden könne. Der Ausschuß habe zunächst das Zentralamt für Ernährung und Landwirtschaft um die beschleunigte Herstellung einer juristisch und sachlich einwandfreien Übersetzung gebeten.[48] Er habe ferner vom Zentralamt für Ernährung und Landwirtschaft die Zusicherung erhalten, daß statistische Unterlagen zur Beratung folgender Fragen geliefert würden:

Wieviel Land wird nach den Vorschriften des Verordnungsentwurfes in der britischen Zone durch die Enteignung frei?
In welchen Teilen der Zone ist das freiwerdende Land gelegen?
Wieviel Wald wird durch die Enteignungsbestimmungen frei und in welchen Gebieten?

Das Sekretariat sei beauftragt worden, die vom Zentralamt für Ernährung und Landwirtschaft bereitgestellten Unterlagen den Mitgliedern des Sonderausschusses rechtzeitig vor der nächsten Sitzung des Ausschusses am 22. und 23.6. zuzuleiten.[49]

Die Versammlung nimmt Kenntnis.

---

bereits im September 1945 mit der Tätigkeit unseres Ausschusses der Landesfinanzminister begonnen hat. [...] Was Frankfurt anbelangt, so bitte ich eins sagen zu dürfen: Frankfurt ist Wirtschaft und hier ist Politik." Die Zuständigkeiten des ZB seien die Dinge, die weder den Ländern noch Frankfurt gehörten, es seien die "reserved objects" der MilReg. (BT PA 1/261, Bl. 6 – 7).

[46] Prot. der Sitzung des Sonderausschusses für Agrarreform vom 12. 6. 1947 in: BT PA 1/281.
[47] Vgl. Anm. 28.
[48] Neue, mit dem ZA für Ernährung und Landwirtschaft abgestimmte Übersetzung in: BT PA 1/162, Bl. 105 – 107.
[49] Das Sekretariat versandte die statistischen Materialien unter dem 13. 6. 1947; es handelte sich um eine Übersicht über die Eigentümergruppen des land- und forstwirtschaftlichen Grundeigentums in der brit. Zone; eine Aufstellung über Zahl und Fläche der land- und forstwirtschaftlichen Betriebe in der brit. Zone; eine Zusammenstellung der Einheitswerte des land- und forstwirtschaftlichen Vermögens (BT PA 1/162, Bl. 25 – 32). Mit Schreiben vom 19. 6. 1947 gab das ZA für Ernährung außerdem eine Stellungnahme zum VO-Entwurf ab, in der die „rechtlichen und sonstigen Unklarheiten" aufgeführt wurden (ebenda). Vgl. zu den weiteren Beratungen des Ausschusses auch Trittel, Bodenreform, S. 81.

BeschlProt. **282. Bericht des Kulturpolitischen Ausschusses**[50]

Frau Weber: Der Ausschuß habe sich unter Hinzuziehung von Sachverständigen mit den *Vorlagen der Kontrollkommission* [...] befaßt:[51]

Beratende Ausschüsse für das Pressewesen in den Ländern,
Beratende Ausschüsse für das Theater- und Musikwesen in den Ländern,
Beratende Ausschüsse für das Buchverlagswesen,
Beratende Ausschüsse für die Filmindustrie.

Von Seiten der Sachverständigen seien Bedenken geäußert worden, daß für die Einsetzung dieser Ausschüsse eine rechtliche Grundlage nicht gegeben sei. Die dem Kulturpolitischen Ausschuß angehörenden Zonenbeiratsmitglieder hatten sich dagegen gewendet, daß den Parteien die Entsendung von Vertretern in diese Beratenden Ausschüsse verwehrt sei.[52]

Der Ausschuß habe die Sachverständigen[53] um beschleunigte Stellungnahme zu den Verordnungsentwürfen gebeten.

Ein Gegenvorschlag zu den Verordnungsentwürfen der MilReg.[54] sei von den der SPD angehörenden Mitgliedern des Ausschusses vorgelegt worden, der in der nächsten Sitzung des Ausschusses erörtert werden solle. Dasselbe gelte für den Antrag Meitmann wegen Einsetzung eines Beirates für den Nordwestdeutschen Rundfunk.[55]

Die Versammlung nimmt Kenntnis.

283. Volkswirtschaftliche Planung und Bauplanung

Dem Zonenbeirat liegt ein Vorschlag des Generalsekretärs vor.[56]

Die Versammlung verweist den Vorschlag an den Rechts- und Verfassungsausschuß.

---

[50] Prot. der Sitzung des Kulturpol. Ausschusses vom 12. 6. 1947 in: BT PA 1/274. Die Frage war bereits eingehend auf der Sitzung vom 21. 3. 1947 besprochen worden. Prot. und Materialien in: BT PA 1/88.

[51] Die Vorlagen der KK (Anlagen 26 a, b, c, d des Prot. in: Z 2/58, Bl. 14 – 24) sahen vor, beratende Ausschüsse von 12 – 20 Mitgliedern für Fragen der Lizenzierung im kulturellen Bereich zu schaffen, an denen Vertreter der einschlägigen Berufsverbände und des „allgemeinen Publikums" beteiligt sein sollten.

[52] In den Vorlagen hieß es jeweils: „Kein Mitglied des Beratenden Ausschusses darf als Vertreter einer politischen Partei ernannt oder gewählt werden." Die KK zeigte sich in dieser Frage insofern kompromißbereit, als sie sich damit einverstanden erklärte, daß die vorgesehenen Vertreter aus dem „Publikum" aus Angehörigen der Parteien bestünden. Diese sollten allerdings nicht von den Parteien benannt, sondern von den Fachministern der Länder bestellt werden (Z 2/59, hier Bl. 22). Der Wortlaut der Verordnungen in: Amtsbl. brit. MilReg. 1948, S. 601 – 606.

[53] Die Gutachten der Sachverständigen, u. a. von Friedrich Bauer (Verband nordwestdeutscher Filmverleiher i. Gr.), Schmidt (Nordwestdeutscher Zeitungsverlegerverein e.V.), Erich Klabunde (Nordwestdeutscher Journalistenverband), Max Christian Wegner und Kurt Runge; Peter Krüger (Deutscher Bühnenverein) als Anlagen zum Prot. der Sitzung des kulturpol. Ausschusses vom 22. 6. 1947 (BT PA 1/88).

[54] Anlage 26 e des Prot. in: Z 2/58, Bl. 24 – 25. Der Vorschlag sah vor, für die Bereiche, für die die Länder zuständig waren, einen Koordinierungsausschuß im Rahmen der Länderkonferenz der brit. Zone zu schaffen, der durch „Vertreter der Stände" und Konsumenten ergänzt werden sollte. Noch ratsamer sei nach den deutschen Verwaltungserfahrungen ein besonderer beratender Ausschuß aus den ständigen Vertretern neben dem Länderausschuß.

[55] Vgl. Dok.Nr. 15, TOP 256 d.

[56] Als Anlage 27 des Prot. in: Z 2/58, Bl. 26 – 29. Der sehr ausführlich begründete Antrag sah vor, die Frage des Zusammenwirkens der volkswirtschaftlichen Planung mit der Bauplanung im ZB zu erörtern.

284. Bizonales Amt für Aufbau BeschlProt.

Dem Zonenbeirat liegt folgender Antrag Blücher vor:
„Der Zonenbeirat erinnert aus Anlaß des Vorschlages, eine bizonale Arbeitsverwaltung zu schaffen, an seinen Beschluß, in einer Sitzung mit dem Länderrat und den Ländern unter Beteiligung des Zentralamtes für Arbeit, die Bildung eines bizonalen Amtes für Aufbau vorzuschlagen.[57] Die Fragen des Aufbaues sind insofern schon jetzt dringlich, als der Aufbau langfristig vorausschauend geplant werden müsse. Diese Fragen sind weder ausschließlich sozialpolitischer Art noch ausschließlich ökonomischer Art. Vielmehr müssen bei der Lenkung des Aufbaues wirtschaftliche, städtebauliche und landesplanerische, technische und sozialpolitische Gesichtspunkte gewahrt werden. Deshalb muß ein selbständiges Amt geschaffen werden. Das Schwergewicht der Aufbauplanung muß zwar bei den Gemeinden und Ländern liegen. Da jedoch die Art des Aufbaues die Lebensformen des deutschen Volkes auf Jahrhunderte hinaus festlegt, müssen generelle Richtlinien und Grundsätze zentral und also zunächst bizonal durch ein dafür zu bildendes Amt ausgearbeitet werden."

Blücher: Der Bau von Arbeiterwohnstätten könne ohne Unterstützung durch die öffentliche Hand nicht durchgeführt werden. Unter den heutigen Umständen sei es besonders wichtig, die Fragen des Wohnungsbaues in die Überlegungen über den Aufbau der deutschen Wirtschaft einzubeziehen, damit im Rahmen der zentralen Planung Mindestforderungen an kulturelle und hygienische Leistungen erfüllt und die Regelung der Standortfragen erzielt werden könnte. Es sei wesentlich, schnelle Entschlüsse zu fassen, da vor dem Baubeginn mit einer zweijährigen Vorbereitungszeit gerechnet werden müsse.

Paul empfiehlt, diese Anregung der Abteilung Wohnen und Siedlung des Zentralamtes für Arbeit zuzuleiten, damit sie einer gemeinsamen Konferenz aller beteiligten Stellen unterbreitet werden könne.

Blücher: [...] Bei der völligen Umschichtung aller sozialen Gegebenheiten müsse vielmehr ein Zusammenwirken aller beteiligten Kreise von einer hauptamtlich damit betrauten Stelle aus angestrebt werden. Er verweise auf die Tatsache, daß in einem Meinungsaustausch zwischen den Städten Stuttgart, Frankfurt, Köln und Hamburg die Notwendigkeit einheitlicher Richtlinien erkannt worden sei. Auch die Kreditbeschaffung müsse von einer zentralen Stelle unablässig gefördert werden.

Die Versammlung

a) nimmt den Antrag einstimmig an und
b) beschließt, ihn an die Kontrollkommission weiterzuleiten.[58]

---

[57] Vgl. Dok.Nr. 15, TOP 255, 2 b.

[58] Am 23. 6. 1947 lud GS Weisser zu einer Länderkonferenz für Aufbaufragen ein, die am 7. 7. 1947 in Hamburg ein Rahmengesetz für den Aufbau und die Bildung eines bizonalen Amtes für Aufbau behandeln sollte. Er traf jedoch bei den süddeutschen Ländern auf koordinierte Ablehnung, da diese Themen nach dortiger Ansicht in die Zuständigkeit des neuen Wirtschaftsrats gehörten (BHStA Abt. II MA 130 435). Dennoch fand die Konferenz statt und nahm eine Entschließung an, nach der den Kabinetten der Länder die Bildung eines bizonalen Amtes für Aufbau als „Direktorat" im Frankfurter Wirtschaftsrat vorgeschlagen wurde. (Wortlaut der Entschließung in: Z 2/59, Bl. 15–16). Die KK hatte sich bei ihrer Stellungnahme damit begnügt, darauf hinzuweisen, daß die wirtschaftliche Seite des Wiederaufbaus wahrscheinlich demnächst im Wirtschaftsrat besprochen werden würde (Z 2/59, Bl. 42).

285. Gemischte Deputationen

Dem Zonenbeirat liegt der Vorschlag des Generalsekretärs vor.[59]

Anlage
Der Zonenbeirat wolle bei seinen Stellungnahmen zu verwaltungsorganisatorischen Entwürfen der Militärregierung auf die in Deutschland bewährte Form der Lenkung und Kontrollierung der Verwaltung durch „gemischte Deputationen" aufmerksam machen, in denen Vertreter des zuständigen Parlaments (bzw. der Stadtverordnetenversammlung usw.) mit Vertretern der an dem betreffenden Verwaltungszweig interessierten Volkskreise und mit den Leitern der zuständigen Behörden zusammenarbeiten.
Begründung: [...]

BeschlProt. *Die Versammlung*
verweist den Vorschlag an den Rechts- und Verfassungsausschuß.

286. Haushaltsplan der zonalen Zentralämter

Kriedemann unterbreitet dem Zonenbeirat folgenden Antrag:

„Der Zonenbeirat wolle die Militärregierung bitten, das Zonale Haushaltsamt zu beauftragen, dem Zonenbeirat die Haushaltspläne der zonalen Zentralämter zur Stellungnahme vorzulegen."

Blücher weist darauf hin, daß z.Zt. die Länder, das Zentrale Haushaltsamt und Beamte der Militärregierung über die Haushaltspläne der zonalen Zentralämter verhandelten. Es sei daher angezeigt, das Ergebnis dieser Besprechung abzuwarten.
Görlinger: Nach der Weimarer Reichsverfassung sei es nicht möglich gewesen, daß die Länder den Reichshaushalt prüften.
Der *Generalsekretär* empfiehlt, der Zonenbeirat möge grundsätzlich seiner Absicht Ausdruck verleihen, die Haushaltspläne der zonalen Zentralämter zu prüfen.
Die Versammlung
verweist den Antrag an den Finanzausschuß.[60]

287. Aufhebung der Beschlagnahme von 2000 Morgen Ackerland für militärische Zwecke der Besatzungsmacht

[...]

288. Ausgleich für nicht gelieferte Kartoffeln durch Brot und Nährmittel

Kriedemann legt dem Zonenbeirat folgenden Antrag vor:

„Der Zonenbeirat bittet die britische Militärregierung, sich bei der Control Group des Ernährungs- und Landwirtschaftsrates für eine Genehmigung des Beschlusses des Er-

---

[59] Die sehr ausführliche Ausarbeitung von GS Weisser als Anlage 28 des Prot. in: Z 2/58, Bl. 26 – 29.
[60] Der FinA berichtete auf der 14. Sitzung des ZB und beantragte die KK zu bitten, die zonalen Haushaltspläne dem ZB zur Stellungnahme zuzuleiten (Z 2/60, hier Bl. 4). Die KK erklärte sich unter dem 11. 10. 1947 bereit, sie für 1948/1949 dem ZB vorzulegen (Z 2/61, Bl. 26).

nährungs- und Landwirtschaftsrates einzusetzen, wonach Verbraucher ohne Bezugs- *BeschlProt.*
möglichkeit für Kartoffeln einen Ausgleich der Ernährungsdifferenz durch Brot und
Nährmittel erhalten sollen."[60a] [...]

Die Versammlung

a) nimmt den Antrag ohne Erörterung einstimmig an und
b) beschließt, ihn an die Kontrollkommission weiterzuleiten.[61]

289. Fürsorge-Richtsätze

Der *Generalsekretär* verliest ein Schreiben der Konferenz der Fürsorgedezernenten der
britischen Zone vom 10. 5. 1947[62] [...] Er weist auf die Fragen der Zuständigkeit hin,
die sich aus diesem Schreiben ergeben. Die Vereinheitlichung der Richtsätze gehöre
vor das Koordinationsorgan der Länder. In dem Schreiben werde darauf hingewiesen,
daß die Erhöhung der Richtsätze mit der Lohn- und Preisfrage zusammenhänge. Solange es ein zonales Amt für Arbeit gebe, könne der Zonenbeirat das Zentralamt für
Arbeit in Lemgo zur Stellungnahme auffordern und seinerseits zu dieser Frage Vorschläge machen.
Da das Lohnproblem aber unlösbar mit dem Preisproblem verbunden sei, sei die Frage
eine wirtschaftliche und falle insoweit in die Zuständigkeit des Frankfurter Wirtschaftsrates.
Der Fürsorge-Lastenausgleich schließlich sei eine Sache aller deutschen Länder und
somit eine Vier-Mächte-Angelegenheit. So sei diese Eingabe ein Bild der Verwirrung,
die im heutigen deutschen Staats- und Verfassungsrecht herrsche.
Er schlage im einzelnen folgendes Verfahren vor:
Die Vereinheitlichung der Richtsätze werde vom Koordinierungsorgan der Länder
selbständig weiter behandelt werden. Die Erhöhung der Richtsätze und die Auswirkung auf das Lohn- und Preisproblem werde am besten durch den Sozialpolitischen
Ausschuß des Zonenbeirates in einer Sitzung erörtert, zu der die Wohlfahrts- und Arbeitsminister der Länder und das Zentralamt für Arbeit einzuladen seien. Auf die Teilnahme von Gästen aus Süddeutschland müsse Wert gelegt werden.
In der Frage des Fürsorge-Lastenausgleiches unter allen deutschen Ländern ergebe
sich für den Zonenbeirat zum ersten Male die Gelegenheit, die Initiative zu einem Kontrollratsgesetz zu ergreifen und nach Erörterung durch den Sozialpolitischen Ausschuß
eine entsprechende Vorlage an die Kontrollkommission zu leiten. [...]

[60a] Der VR für Ernährung und Landwirtschaft hatte auf der 11. Sitzung am 21./22. 5. 1947 beschlossen (Prot. in: Nachl. Dietrich/491, hier Bl. 111) die nicht belieferten Kartoffelmarken ersatzweise mit Brot, Nährmitteln oder Mehl zu beliefern. Nachdem diese Entscheidung von der Bipartite Food and Agriculture Control Group abgelehnt worden war (ebenda, Bl. 92) wiederholte der VR auf seiner 12. Sitzung sein Votum (Prot. ebenda, hier Bl. 77), indem er darauf hinwies, daß dieser Ausgleich möglich sei und bei einer Ablehnung eine weitere „Verantwortung für die Beratung und Beschlußfassung über Fragen der Rationierung" nicht länger tragen könne (Wortlaut der Resolution ebenda, Bl. 100). Der Aufruf von 500 g Brot als Ersatz für Kartoffeln wurde daraufhin gestattet (ebenda, Bl. 101).

[61] Die KK wies mit Schreiben vom 1. 7. 1947 darauf hin, daß in der 103. Zuteilungsperiode für jeden Kartoffelabschnitt im Wert von 5 kg Kartoffeln 500 g Brot geliefert werden sollten.

[62] In dem Schreiben wurde vor allem eine Vereinheitlichung der Richtsätze der Fürsorgeunterstützung gefordert. Ferner sei beschleunigt ein Fürsorge-Lastenausgleich unter allen deutschen Ländern herbeizuführen. Anlage 29 des Prot., Z 2/58, Bl. 31.

290. Papierzuweisung an den Zonenbeirat

[...]

291. Termine

[*Blücher*] gibt eine Anregung der Fraktionsführer bekannt, wonach die Zonenbeiratsmitglieder, die gleichzeitig Landtagsmitglieder seien, darauf hinwirken sollten, daß die Landtage der britischen Zone und die Hamburger Bürgerschaft ihre Sitzungen einheitlich in der ersten Woche eines jeden Monats abhalten möchten. Es sei sonst unmöglich, für die Zonenbeiratssitzungen einen allen Mitgliedern passenden Termin festzulegen.
[...]
[Ende: 12. 6. 1947, 16.50 Uhr]

Besprechung über Verfassungsfragen 14. 6. 1947 Nr. 35

Nr. 35
Dritte Besprechung über Verfassungsfragen im Deutschen Büro für Friedensfragen in Ruit
14. Juni 1947

StA Bremen 3-R 1 n Nr. 1, o.Bl., 4 Seiten. Von OFinPräs. Heinemann gez. Schreiben vom 16. 6. 1947 an den Sen. für Justiz und Verfassung, behändigte Ausf.[1]

Anwesend: Stellv. MinPräs. Hoegner, MinDirig. Ringelmann, MinDirig. Glum (Bayern); OFinPräs. Heinemann, Schütte (Bremen); MinDir. Troeger (Hessen); RAnw. Küster, Klaiber (Württemberg-Baden); StR Schmid, MinRat Eschenburg (Württemberg-Hohenzollern)[2]; StS Eberhard, Hartmann, Müller-Payer[3] (Büro für Friedensfragen)

[Zuständigkeitsabgrenzung zwischen Bund und Ländern hinsichtlich der Steuergesetzgebung, Verteilung des Steueraufkommens]

An schriftlichen Unterlagen wurden den Teilnehmern überreicht:

1. eine Zusammenfassung aus Theo Rody: „Preußen und Österreich im Ringen um die deutsche Seele"[4]
2. eine Abschrift aus dem Staatslexikon über Frantz[5]
3. eine Ausarbeitung des Ministerialdirektors Troeger vom 8. Juni 1947 über „Finanzausgleich Reich und Länder"[6]
4. eine Aufstellung der regionalen Verteilung des Umsatzsteueraufkommens 1929.[7]

Die Anlagen 1. – 4. sind diesem Bericht beigefügt.[8]

Die Sitzung befaßte sich vorwiegend mit den Artikeln C Ziff. 18, E Abs. 2, der gestrichen wurde, und G des hier ebenfalls anliegenden Entwurfs mit der Überschrift „Vor-

---

[1] Präsentationsstempel mit Eingangsvermerk vom 18. 6. 1947 und Journal-Nr. 952/47 oben rechts. Parallelüberlieferung: Prot. von MinRat Eschenburg in: Nachl. Brill/10 a, Bl. 71, künftig als „Prot. Eschenburg" zitiert. Hierbei handelt es sich um das offizielle Prot.; es ist sehr summarisch und enthält keinerlei Informationen über den Verlauf der Besprechung mit der Begründung, die Ergebnisse über die bisherigen Beratungen würden in einer gesonderten Aufstellung zusammengefaßt werden (Aufstellung, die die Art. A–C und G umfaßt in: Z 35/178, Bl. 77–78). Bericht von MinDir. Troeger an Brill vom 16. 6. 1947, Nachl. Brill/10 a, Bl. 74–75, künftig zitiert als „Bericht Troeger". Brill dankte unter 21. 6. 1947 und stimmte den erreichten Ergebnissen grundsätzlich zu (ebenda, Bl. 77). Stenographische Notizen von der Hand Hoegners in: IfZ ED 120/130 a.

[2] „Prot. Eschenburg" benennt keine Vertreter Württemberg-Hohenzollerns.

[3] Müller-Payer als Teilnehmer nur im „Prot. Eschenburg" erwähnt.

[4] Diese Zusammenfassung, gez. Wanner, Wiesbaden, 3. 6. 1947, hat mit dem Thema der Besprechung nichts zu tun und wurde im „Prot. Eschenburg" und im „Bericht Troeger" auch nicht erwähnt.

[5] Konstantin Frantz, Staatsphilosoph, 1817–1891, hatte das Buch geschrieben: Der Föderalismus als das leitende Prinzip für die soziale, staatliche und internationale Organisation, unter besonderer Bezugnahme auf Deutschland, kritisch nachgewiesen und constructiv dargestellt, Mainz 1879. Der Auszug aus: Staatslexikon im Auftrag der Görres-Gesellschaft hrsg. von Hermann Sacher, 5.A., 2. Bd., Freiburg 1927.

[6] Die umfangreiche Ausarbeitung (Nachl. Brill/10 a, Bl. 58–67), die sich auch mit Vorstellungen Württemberg-Badens (Württemberg-Badisches Justizmin. vom 22. 5. 1947, StA Bremen 3-R 1 n Nr. 1) auseinandersetzte, kam zu dem Ergebnis, daß es finanzpolitisch darauf ankomme, die Länder finanziell selbständig zu machen; das Reich solle auf die Zahlung von Matrikularbeiträgen durch die Länder angewiesen sein. Die Einkommensteuer müsse daher den Ländern zufließen.

[7] Diese Aufstellung (Z 35/178, Bl. 75) war vom Deutschen Büro für Friedensfragen erstellt worden.

[8] Die Anlagen werden hier nicht mit abgedruckt.

schläge über eine Regelung der Zuständigkeitsverteilung zwischen Bund und Staaten".[9] Bei der Erörterung des Entwurfs traten die gegensätzlichen Auffassungen recht scharf hervor. Bayern, und zwar besonders die Herren Ringelmann und Glum – Herr Hoegner hielt sich etwas zurück –, vertrat unter scharfer Betonung der föderalistischen Anschauungen die Auffassung, daß grundsätzlich die Gesetzgebung in Steuersachen bei den Ländern liegen müsse, und daß von den Steuerquellen dem Reich nur verbleiben dürfe der Ertrag aus Zöllen und Verbrauchssteuern – Herr Hoegner fügte später den Ertrag aus der Umsatzsteuer hinzu – sowie die Überschüsse aus den Bundesbahnen, der Bundespost, des Fernmeldewesens und den sonstigen Erwerbsunternehmungen. Bei Mehrbedarf sei der Bund auf Matrikularbeiträge der Länder zu verweisen. Im Gegensatz hierzu vertraten Südwürttemberg, Hessen und ich – wenn auch mit Abweichungen untereinander – den Standpunkt, daß im großen und ganzen das Reich die Steuergesetzgebung haben und daß man dem Reich, abgesehen von den ihm durch Bayern zugestandenen Steuerquellen, auch noch weitere Steuern überlassen müsse. Für Südwürttemberg hob Herr Carlo Schmid besonders eindringlich hervor, daß zwei Orkane die Verhältnisse vor 1914 hinweggefegt hätten und daß man die frühere Biedermeierzeit mit Mätzchen nicht wiederherstellen könne. Den Krieg verloren habe das Reich, dieses werde als Schuldner vom Auslande herangezogen, und man werde ihm dafür die erforderlichen Mittel zur Verfügung stellen müssen. Da das Reich den Krieg verloren haben, sei der Wiederaufbau seine Sache. Nur das Reich könne Geber der für den Wiederaufbau benötigten ungeheuren Kapitalien sein. Die vom Auslande zu erwartenden Beschränkungen der deutschen Industrie erforderten eine Industrieplanung, die wiederum auch nur Sache des Reichs sein könne. Gestützt hierauf habe ich die Auffassung vertreten, daß man dem Reich die Einkommenssteuer überlassen müsse. Für die nächste Zeit brauchten wir innerpolitische Ruhe, die aber durch das Matrikularverfahren fortgesetzt gestört werden würde, da dieses Verfahren zu laufenden Kämpfen zwischen Reich und Ländern führen würde. Zu bedenken sei weiter, daß die Veranlagung der Einkommensteuer schon wegen der Progression der Tarife das Einkommen als Einheit ergreifen müsse, auch wenn die Einkommensquellen in verschiedenen Ländern lägen. Es werde daher bei einer Zuweisung der Einkommensteuer an die Länder eine schwierige Zerlegung erforderlich sein; vgl. den in der Akte liegenden Aufsatz von Höpker-Aschoff über die Finanzhoheit im künftigen Staat[9a] am Schluß. Auf meine Ausführungen geriet Herr Hoegner in Harnisch; er sagte, solange die bayerischen Berge ständen, würde Bayern die Einkommensteuer für sich beanspruchen, ein abweichender Standpunkt werde auf Granit beißen. Man einigte sich schließlich in den beiden Fragen der steuerlichen Gesetzgebung und in der Verteilung der Steuerquellen auf einer mittleren Linie.

Artikel C, Ziff. 18, erhielt folgende Fassung:[10]
„Der Bund hat die Gesetzgebung über...
18) die einheitliche Regelung der von den Bundesstaaten zu erhebenden Verkehrs-

---

[9] Abdr. in: Dok.Nr. 21, Anm. 10.

[9a] Der Aufsatz aus „Die Zeit", Ausg. vom 1. 5. 1947, S. 1. Höpker-Aschoff äußerte sich auch in der Folgezeit mehrfach zu diesem Fragenkomplex im Rahmen der Debatte um die entsprechenden Artikel im Grundgesetz. Vgl. die Sammlung seiner Aufsätze und Artikel in: Nachl. Höpker-Aschoff/8 und 9.

[10] Troeger berichtete hierzu („Bericht Troeger"): „Dieser Vorschlag ist ein Kompromiß, dem ich zugestimmt habe, um zu einer Einigung zu kommen. Die bayerischen Vertreter haben nach sehr langen Bemühungen zu-

Besprechung über Verfassungsfragen   14. 6. 1947   Nr. 35

steuern einschl. der Erbschaftssteuer, über die gleichmäßige Besteuerung des Einkommens und des Vermögens durch die Länder, die Regelung des Besteuerungsverfahrens, der steuerlichen Bewertung und der Vermeidung und Beseitigung von Doppelbesteuerung."

Artikel G erhielt folgende Fassung:
„Der Bund bestreitet seine Ausgaben mit
1. den Einnahmen der Länder aus den Zöllen und Verbrauchssteuern des Bundes einschl. Umsatzsteuer nach Abzug der Erhebungs- und Verwaltungskosten,
2. den Überschüssen aus den Bundesbahnen, der Bundespost, des Fernmeldewesens und den sonstigen Erwerbsunternehmungen,
3. seinen Verwaltungseinnahmen.

Soweit die Ausgaben durch die Einnahmen nicht gedeckt werden, sind sie durch Beiträge nach Maßgabe der Leistungsfähigkeit der Länder zu decken. Zur Feststellung der Leistungsfähigkeit sind vor allem das Aufkommen an Umsatzsteuern und die Realsteuerkraft heranzuziehen. Das Nähere regelt ein Bundesgesetz. Soweit die Einnahmen des Bundes seine Ausgaben übersteigen, sind sie den Bundesstaaten nach den gleichen Grundsätzen zu überweisen."[11]

Auf einen Entwurf von mir erklärte Herr Hoegner mit Zustimmung der übrigen Beteiligten, daß die in der Sitzung zum Ausdruck gebrachten Auffassungen nicht als solche der Länder, sondern lediglich als solche der Sitzungsteilnehmer gelten.

Die nächste Sitzung in Ruit findet statt am 14. Juli 1947. Die Finanzverwaltungen werden an dieser und den folgenden Sitzungen nicht mehr teilnehmen.

---

gegeben, daß das Reich durch gesetzgeberische Maßnahmen für die gleichmäßige Besteuerung des Einkommens und des Vermögens zu sorgen hat. Es wurde dabei ausdrücklich vorbehalten, daß Unterschiede in der Steuerprogression und der Steuerhöhe zwischen den Ländern möglich sein sollen. Fällt den Ländern der Ertrag aus der Einkommen- und Körperschaftssteuer zu, dann kann man ihnen auch eine gewisse Bewegungsfreiheit im Steuertarif einräumen. Daß der Ertrag der Vermögenssteuer den Ländern verbleiben soll, scheint mir finanziell von geringer Bedeutung zu sein. Bei der Beseitigung von Doppelbesteuerung ist sowohl an das Verhältnis zum auswärtigen Staate, wie auch an das Verhältnis von Land zu Land gedacht. Es bestand darüber Einvernehmen, daß das Wort „Besteuerungsverfahren" im weitesten Sinne zu verstehen ist, so daß auch die allgemeinen Grundsätze des Steuerrechts darunter fallen; was bisher in der Reichsabgabenordnung und im Steueranpassungsgesetz geregelt war, soll zur gesetzgeberischen Zuständigkeit des Reiches auch in Zukunft gehören."

[11] „Bericht Troeger": „Bei der Formulierung dieses Abschnittes habe ich den Widerspruch von Hessen dadurch angemeldet, daß die Verkehrssteuern den Ländern zufließen sollen. Wegen der Gesetzgebung ist vereinbart worden, daß das Reich das Gesetzgebungsrecht für die Verkehrssteuern hat. Nachdem die Umsatzsteuer begrifflich den Verbrauchsabgaben zugerechnet worden war, spielt das Aufkommen an den Verkehrssteuern keine große Rolle. Es ging den Vertretern von Bayern nur darum zu verhindern, daß das Reich seinen Erfindergeist auf dem Gebiete der Verkehrssteuern in Zukunft betätigt, um sich weitere Einnahmen zu verschaffen. Ich habe trotzdem Widerspruch erhoben.

Nach dieser Regelung fällt auch die Erbschaftssteuer den Ländern zu. Sie ist heute keine große Einnahmequelle und daher für die Auseinandersetzung von geringerer Bedeutung. Wichtig ist, daß die einheitliche Gesetzgebung für die Erbschaftssteuer ebenso wie für alle anderen Verkehrssteuern dem Reiche übertragen ist, so daß etwa eine Anlehnung an das englische Erbschaftssteuerrecht durch Reichsgesetzgebung herbeigeführt werden könnte.

Wegen der Berechnung der Matrikularbeiträge gab es eine längere Auseinandersetzung, indem Bayern das Aufkommen an Umsatzsteuer als maßgeblich ansehen wollte. Ich habe darauf hingewiesen, daß die Leistungsfähigkeit entscheidend sein müßte und am besten in der Einkommensteuer zum Ausdruck käme. Von anderer Seite wurde für zweckmäßig gehalten, Gewerbeertrag und Gewerbekapital sowie das Grundvermögen als weniger konjunkturempfindliche Faktoren in Rechnung zu stellen. Das Ergebnis der Verhandlung war, daß man sich lediglich auf den Grundsatz der Leistungsfähigkeit festgelegt hat und daß eine wünschenswerte Möglichkeit ihrer Feststellung auf das Aufkommen an Umsatzsteuer und die Grundlage der Realsteuern verwies."

Quellen- und Literaturverzeichnis

In den Anmerkungen sind bei bibliographischen Angaben nur Kurztitel und bei Archiven Abkürzungen verwendet worden. Diese Abkürzungen und Kurztitel werden im folgenden in Klammern und Kursivschrift angegeben.
Bei den Beständen des Bundesarchivs ist auf die Nennung des Bundesarchivs als Aufbewahrungsort in den Anmerkungen verzichtet worden.

UNGEDRUCKTE QUELLEN

Bundesarchiv (BA)

Z 1 Länderrat (US-Zone)
Z 2 Zonenbeirat (Brit. Zone)
Z 4 Länderrat des Vereinigten Wirtschaftsgebietes
Z 6 I Verwaltung für Ernährung und Landwirtschaft
Z 8 Zentralamt für Wirtschaft in der brit. Zone und Verwaltung für Wirtschaft des Vereinigten Wirtschaftsgebietes
Z 10 Zentralhaushaltsamt für die britische Zone
Z 21 Zentraljustizamt für die britische Zone
Z 28 Gemeinsamer Deutscher Finanzrat/Verwaltung für Finanzen
Z 35 Deutsches Büro für Friedensfragen
Z 40 Zentralamt für Arbeit in der brit. Zone und Verwaltung für Arbeit des Vereinigten Wirtschaftsgebietes
B 120 Institut für Besatzungsfragen
B 150 Bundesministerium für Vertriebene, Flüchtlinge und Kriegsgeschädigte (Vorakten aus dem Länderrat)
Kl. Erw. Kleine Erwerbungen 147, 336, 633
Nachlaß Brill
Nachlaß Dietrich
Nachlaß Hoepker-Aschoff
Nachlaß Kaiser
Nachlaß Külz
Nachlaß Passarge
Nachlaß Pollock (Kopien aus der Michigan Historical Collection)
Nachlaß Pünder
Nachlaß Roßmann

Parlamentsarchiv des Deutschen Bundestages (BT PA)

1 Zonenbeirat (Brit. Zone)

Hauptstaatsarchiv München (BHStA Abt. II)

MA Staatskanzlei
Bev. Stuttgart Der Bayer. Bevollmächtigte beim Länderrat in Stuttgart

Staatsarchiv Bremen (StA)

3-R Senatskanzlei

Landesarchiv Freiburg

A 2 Badische Staatskanzlei

Hauptstaatsarchiv Düsseldorf (HStA)

NW 53, NW 179 Staatskanzlei, Ministerpräsident

Hauptstaatsarchiv Hannover (HStA)

Nds Z 50 Niedersächsischer Ministerpräsident/Staatskanzlei

Staatsarchiv Hamburg (StA)

Senatskanzlei II

Landeshauptarchiv Koblenz

Nachlaß Boden, Bestand 700,155

Hauptstaatsarchiv Wiesbaden (HStA)

Nachlaß Geiler Abt. 1126

Hessische Staatskanzlei Wiesbaden (Büro der MinPräsKonf.)

Akten zum Az.: 1 a 08

Archiv der sozialen Demokratie der Friedrich-Ebert-Stiftung (FESt/ASD)

Nachlaß Schumacher

Quellen

Hauptstaatsarchiv Stuttgart (HStA)

EA 1/2 Staatsministerium, Vertretung Württemb.-Badens beim Länderrat
EA 1/3 Staatsminsterium, Vertretung Württemb.-Badens bei der Verwaltung für Wirtschaft
EA 1/11 Staatsministerium, Deutsches Büro für Friedensfragen

National Archives Washington DC (NA)

RG 260 OMGUS

Archiv des Instituts für Zeitgeschichte (IfZ)

ED 117 Nachlaß Eberhard
ED 120 Nachlaß Hoegner
Fg. 12 Kopien der OMGUS-Staff conferences, Sammlung nach Vorlagen aus NA RG 260 OMGUS
ED 125/3 Tagebuch Spitta

Staatsarchiv Sigmaringen

Wü. 2 Staatskanzlei Württemberg-Hohenzollern

GEDRUCKTE QUELLEN

a) Presse

Frankfurter Rundschau 3 (1947)
Die Neue Zeitung 4 (1947)
Die Rheinpfalz 3 (1947)
Wirtschafts-Zeitung 2 (1947)

b) Andere Periodika

Europa Archiv 2 (1947)
Keesings Archiv der Gegenwart 15 (1947), 16/17 (1946/1947)

c) Dokumentensammlungen

Akten zur Vorgeschichte der Bundesrepublik Deutschland 1945–1949. Hrsg. vom Bundesarchiv und vom Institut für Zeitgeschichte, München, Wien. Bd. 1 September 1945– Dezember 1946. Bearb. von Walter Vogel und Christoph Weisz. München, Wien 1976. *(Akten zur Vorgeschichte 1)*

The Papers of General Lucius D. *Clay.* Germany 1945–1949. Ed. by Jean Edward Smith, Bloomington, [usw.] 1974 Vol. 1.2. *(Clay-Papers)*

Documents français relatifs à l'Allemagne, 1945-1947. Paris 1947. *(Documents français)*

Documents on Germany under occupation 1945–1954. Selected and edited by Beate Ruhm von Oppen. London 1955. *(Documents on Germany)*

Dokumente der deutschen Politik und Geschichte von 1848 bis zur Gegenwart. Bd. 6: Deutschland nach dem Zusammenbruch 1945. Bearb. von Klaus Hohlfeld, Berlin 1951. *(Deutschland nach dem Zusammenbruch)*

Dokumente zur Deutschlandpolitik der Sowjetunion. Hrsg. vom Deutschen Institut für Zeitgeschichte Berlin. Bd. 1: Vom Potsdamer Abkommen am 2. August 1945 bis zur Erklärung über die Herstellung der Souveränität der DDR am 25. März 1954. Berlin (Ost) 1957. *(Deutschlandpolitik der Sowjetunion)*

Dokumente zur Geschichte von Staat und Gesellschaft in Bayern. Hrsg. von Karl Bosl. Abteilung III: Bayern im 19. und 20. Jahrhundert, Bd. 9: Die Regierungen 1945–1962. Bearb. von Fritz Baer, München 1977. *(Die Regierungen 1945–1962)*

Flechtheim, Ossip K. [Bearb. und Hrsg.]: Dokumente zur parteipolitischen Entwicklung in Deutschland seit 1945. Bd. 1–9. Berlin 1961/1972. *(Dokumente I usw.)*

Entnazifizierung in Nordrhein-Westfalen. Richtlinien, Anweisungen, Organisation. Bearb. von Irmgard Lange, Siegburg 1976. Veröffentlichungen der Staatlichen Archive des Landes Nordrhein-Westfalen. Reihe C: Quellen und Forschungen, Bd. 2. *(Entnazifizierung in Nordrhein-Westfalen)*

Cornides, Wilhelm; *Volle,* Hermann: Um den *Frieden* mit Deutschland, Dokumente und Berichte des Europa Archivs, Bd. 6, Oberursel 1948. *(Frieden mit Deutschland)*

Pollock, James K., James H. *Meisel* [und] Henry L. *Bretton:* Germany under occupation. Illustrative materials and documents. Rev. ed. Ann Arbor 1949. *(Germany under occupation)*

Germany 1947–1949. The story in documents. Edited by the Department of State. Washington 1950. *(Germany 1947–1949)*

Die Deutsche *Ministerpräsidenten-Konferenz* in München vom 6. bis 8. Juni 1947. Hrsg. Bayerische Staatskanzlei. München 1947 [2. Aufl. Augsburg 1965. Zitiert wird nach der 1. Auflage] *(Ministerpräsidentenkonferenz)*

Warum mußte die Münchner *Ministerpräsidentenkonferenz* scheitern? Hrsg. vom Zentralsekretariat der SED. Berlin 1947.

Foreign *Relations* of the United States. Diplomatic Papers. 1947. Vol. II: Council of Foreign Ministers; Germany and Austria. Washington 1972. *(Foreign Relations 1947/II)*. 1947. Vol. III: The Commonwealth; Europe. Washington 1972. *(Foreign Relations 1947/III)*

Protokoll der Verhandlungen des Parteitages der Sozialdemokratischen Partei Deutschlands vom 29. Juni bis 2. Juli in Nürnberg, Hamburg o.J. (1947). *(Protokoll Parteitag der SPD)*

Völkerrechtliche *Urkunden* zur europäischen Friedensordnung seit 1945. Hrsg.: Institut für Völkerrecht an der Universität Göttingen von Herbert Kraus und Kurt Heinze. Bonn (1953). *(Völkerrechtliche Urkunden)*

Die neuen deutschen *Verfassungen*. Zusammengestellt und mit einer Einführung von Dr. jur. Wilhelm Wegener. Essen/Kettwig 1947. *(Neue deutsche Verfassungen)*

d) Kontrollrat

Amtsblatt des Alliierten Kontrollrats in Deutschland. 1945/47. *(Amtsbl. KR)*

e) Amerikanische Zone

Military Government Gazette Germany, US Zone. Amtsblatt der Militärregierung Deutschland, Amerikanische Zone, Ausgabe A. 1945/47. *(Amtsbl. amerik. MilReg.)*

Sammlung der Länderratsgesetze. Düsseldorf 1949. *(LRGS)*

Die deutsche Wirtschaft seit Potsdam. Ein Arbeitsbericht der Wirtschaftsabteilung der amerikanischen Militärregierung. Hrsg. von Arthur Settel. Oberursel 1947. *(Wirtschaft seit Potsdam)*

f) Britische Zone

Military Government Gazette Germany, British Zone of Control. Amtsblatt der Militärregierung Deutschland, Britisches Kontrollgebiet. 1945/47. *(Amtsbl. brit. MilReg.)*

Monthly Report of the Control Commission for Germany (British Element). Vol. 2 No. 1 (Jan. 1947) ff. *(Monthly Report)*

Verordnungsblatt für die Britische Zone. Amtliches Organ zur Verkündung von Rechtsverordnungen der Zentralverwaltungen 1947. *(VOBl. brit Zone)*

Arbeitsblatt für die britische Zone 1 (1947). *(ArbBl. brit. Zone)*

Der Zonenbeirat zur Verfassungspolitik. Als Manuskript gedruckt. Hamburg 1948.

g) Vereinigtes Wirtschaftsgebiet

Mitteilungsblatt des Verwaltungsamtes für Wirtschaft 1947. *(MittBl. VAW)*

Gesetz- und Verordnungsblatt des Wirtschaftsrates des Vereinigten Wirtschaftsgebietes 1947–1949. *(GVBl. Vereinigtes Wirtschaftsgebiet)*

Food and Agriculture, U.S.-U.K. Zones of Germany. Prepared by U.S.-British Bipartite Food and Agriculture Panel. Berlin, Februar 1947. *(Food and Agriculture)*

h) Deutsche Länder

Bayerisches Gesetz- und Verordnungsblatt. 1947. *(Bayer. GVBl.)*
Gesetz- und Verordnungsblatt für Hessen. 1947. *(GVBl. Hessen)*
Regierungsblatt der Regierung Württemberg-Baden. 1947. *(RegBl. Württemberg-Baden)*
Verhandlungen des württemberg-badischen Landtags. Wahlperiode 1946–1950. Bd. 1. Stuttgart 1948. *(Württemberg-Baden, Verhandlungen, Landtag)*

Stenographische Protokolle des Landtags von Rheinland-Pfalz, 1. Wahlperiode 1947–1951. *(Rheinland-Pfalz, Landtag, Stenographische Protokolle)*

Wortprotokoll der 2. Sitzung des ersten gewählten Schleswig-Holsteinischen Landtages am 13. 6. 1947. (Kiel 1947). *(Schleswig-Holstein, Landtag, Wortprotokoll)*

Verhandlungen des Landtages von Württemberg-Hohenzollern. Tübingen 1947 ff. *(Württemberg-Hohenzollern, Landtag, Verhandlungen)*

Verhandlungen des Bayerischen Landtages. Wahlperiode 1946–1950. Bd. 1, München 1948. *(Bayern, Landtag, Verhandlungen)*

Literatur

Abelshauser, Werner: Wirtschaft in Westdeutschland 1945–1948. Rekonstruktion und Wachstumsbedingungen in der amerikanischen und britischen Zone. Stuttgart 1975. *(Wirtschaft in Westdeutschland)*

Adenauer, Konrad: Erinnerungen 1945–1953. Stuttgart 1965. *(Erinnerungen)*

Ambrosius, Gerold: Die Durchsetzung der sozialen Marktwirtschaft in Westdeutschland 1945–1949. Stuttgart 1977. *(Soziale Marktwirtschaft)*

Amelunxen, Rolf: Ehrenmänner und Hexenmeister. Erlebnisse und Betrachtungen. München 1960. *(Ehrenmänner)*

Badstübner, Rolf; *Thomas,* Siegfried: Die Spaltung Deutschlands 1945–1949. Berlin 1966. *(Die Spaltung Deutschlands)*

Balabkins, Nicholas: Germany under direct Controls: Economic Aspects of Industrial Disarmament, 1945–1948. New Brunswick 1964. *(Germany under direct Controls)*

Balfour, Michael: Vier-Mächte-Kontrolle in Deutschland 1945–1946. Düsseldorf 1959. *(Viermächtekontrolle)*

Böhme, Kurt, W.: Die deutschen Kriegsgefangenen in französischer Hand. Zur Geschichte der Deutschen Kriegsgefangenen im 2. Weltkrieg Bd. XIII. München 1971. *(Kriegsgefangene in französischer Hand)*

Budde, Peter: Gibt es noch eine deutsche Außenpolitik? Betrachtungen zu Politik und Diplomatie eines geschlagenen Staates, Hamburg 1947. *(Deutsche Außenpolitik)*

Bungenstab, Karl-Ernst: Umerziehung zur Demokratie. Düsseldorf 1970. *(Umerziehung)*

Clay, Lucius D.: Entscheidung in Deutschland, Frankfurt a.M. 1950. *(Entscheidung)*

Conze, Werner: Jakob Kaiser, Politiker zwischen Ost und West 1945–1949. Stuttgart 1969. *(Jakob Kaiser)*

Deuerlein, Ernst: Die Einheit Deutschlands. Band I: Die Erörterungen und Entscheidungen der Kriegs- und Nachkriegskonferenzen 1941–1949. Darstellung und Dokumente. 2. Aufl. Frankfurt a.M. und Berlin 1961. *(Einheit Deutschlands)*

Deuerlein, Ernst: Das erste gesamtdeutsche Gespräch. Zur Beurteilung der Ministerpräsidenten-Konferenz in München 6./7. Juni 1947. In: Aus Politik und Zeitgeschehen, Beilage zum Parlament, Jhrg. 17, 1967, Heft 23, S. 3–22. *(Gesamtdeutsches Gespräch)*

Dorendorf, Annelies: Der Zonenbeirat der britisch besetzen Zone. Ein Rückblick auf seine Tätigkeit. Göttingen 1953. *(Zonenbeirat)*

Dorn, Walter L.: Inspektionsreisen in der US-Zone. Notizen, Denkschriften und Erinnerungen. Aus dem Nachlaß übersetzt und hrsg. von Lutz Niethammer. Stuttgart 1973. *(Inspektionsreisen)*

Edinger, Lewis J.: Kurt Schumacher, Persönlichkeit und politisches Verhalten. Köln und Oplanden 1967. *(Kurt Schumacher)*

Emminger, Otmar: Wirtschaftsplanung in der Bizone. In: Deutsches Institut für Wirtschaftsforschung (Hrsg.): Wirtschaftsprobleme der Besatzungszeit, Berlin 1948. S. 143–178. *(Wirtschaftsplanung)*

Eschenburg, Theodor: Erinnerungen an die Münchener Ministerpräsidentenkonferenz 1947. In: VjH. Zeigesch. 20 (1972), S. 411–417. *(Erinnerungen)*

Faust, Fritz: Das Potsdamer Abkommen und seine völkerrechtliche Bedeutung. Frankfurt 4. Aufl. 1969. *(Potsdamer Abkommen)*

Foelz-Schroeter, Marie Elise: Föderalistische Politik und nationale Repräsentation 1945–1947. Westdeutsche Länderregierungen, zonale Bürokratie und politische Parteien im Widerstreit. Stuttgart 1974. *(Föderalistische Politik)*

Literatur

Först, Walter: Geschichte Nordrhein-Westfalens. Bd. 1: 1945–1949. Köln 1970. *(Geschichte Nordrhein-Westfalens I)*

Friedensburg, Ferdinand: Es ging um Deutschlands Einheit, Rückschau eines Berliners auf die Jahre nach 1945. Berlin 1971. *(Es ging um Deutschlands Einheit)*

Fürstenau, Justus: Entnazifizierung. Ein Kapitel deutscher Nachkriegspolitik. Neuwied 1969. *(Entnazifizierung)*

Die *Gewerkschaftsbewegung* in der britischen Besatzungszone. Geschäftsbericht des Deutschen Gewerkschafts-Bundes (britische Besatzungszone) 1947–1949. Köln 1949. *(Gewerkschaftsbewegung)*

Gimbel, John: Die Konferenzen der deutschen Ministerpräsidenten 1945–1949. In: Aus Politik und Zeitgeschichte 21 (1971). *(Konferenzen)*

Gimbel, John: Amerikanische Besatzungspolitik in Deutschland 1945–1949. Frankfurt a.M. 1971. *(Amerikanische Besatzungspolitik)*

Gimbel, John: The Origins of the Marshall Plan. Stanford 1976. *(Marshall Plan)*

Girndt, Ilse: Zentralismus in der britischen Zone. Entwicklungen und Bestrebungen beim Wiederaufbau der staatlichen Verwaltungsorganisation auf der Ebene oberhalb der Länder 1945–1948. Phil. Diss. Bonn 1971. *(Zentralismus)*

Glum, Friedrich: Zwischen Wissenschaft, Wirtschaft und Politik, Erlebtes und Erdachtes in vier Reichen. Bonn 1964. *(Zwischen Wissenschaft, Wirtschaft und Politik)*

Gniffke, Erich W.: Jahre mit Ulbricht. Köln 1966. *(Jahre mit Ulbricht)*

Grünewald, Wilhard: Die Münchener Ministerpräsidentenkonferenz 1947. Anlaß und Scheitern eines gesamtdeutschen Unternehmens. Meisenheim am Glan 1971. *(Münchener Ministerpräsidentenkonferenz)*

Härtel, Lia: Der Länderrat des amerikanischen Besatzungsgebietes. Stuttgart 1951. *(Länderrat)*

Harmssen, Gustav W.: Reparationen, Sozialprodukt, Lebensstandard. Versuch einer Wirtschaftsbilanz. Heft 1–4. Bremen, 2. Aufl. 1948. *(Reparationen)*

Hoegner, Wilhelm: Der schwierige Außenseiter. Erinnerungen eines Abgeordneten, Emigranten und Ministerpräsidenten. München 1959. *(Außenseiter)*

Hoover, Herbert: An American Epic: The Guns Cease Killing and the Saving of Life from Famine Begins 1939–1963. Vol. IV. Chicago 1964. *(An American Epic)*

Huelsz, Isa: Schulpolitik in Bayern zwischen Demokratisierung und Restauration in den Jahren 1945–1949. Hamburg 1970. *(Schulpolitik in Bayern)*

Hüttenberger, Peter: Nordrhein-Westfalen und die Entstehung seiner parlamentarischen Demokratie. Siegburg 1973. *(Nordrhein-Westfalen)*

Hurwitz, Harald: Die Stunde Null der deutschen Presse. Die amerikanische Pressepolitik in Deutschland 1945–1949. Köln 1972. *(Stunde Null)*

Huster, Ernst-Ulrich; *Kraiker;* Gerhard u. a.: Determinanten der westdeutschen Restauration, Frankfurt 1972. *(Determinanten)*

Institut für Marxismus-Leninismus beim Zentralkomitee der SED: Geschichte der Deutschen Arbeiterbewegung Bd. 6, Von Mai 1945–1949. Berlin 1966. *(Geschichte der Deutschen Arbeiterbewegung Bd. 6)*

Deutsches *Institut* für Wirtschaftsforschung Institut für Konjunkturforschung: Die deutsche Wirtschaft zwei Jahre nach dem Zusammenbruch. Tatsachen und Probleme. Berlin 1947. *(Deutsche Wirtschaft zwei Jahre nach dem Zusammenbruch)*

Kaisen, Wilhelm: Bereitschaft und Zuversicht. Reden. Bremen 1947. *(Bereitschaft)*

Kaisen, Wilhelm: Meine Arbeit, mein Leben. München 1967. *(Meine Arbeit)*

Kather, Linus: Die Entmachtung der Vertriebenen. Bd. 1: Die entscheidenden Jahre. München 1964. *(Entmachtung I)*

Kleßmann, Christoph; *Friedemann,* Peter: Streiks und Hungermärsche im Ruhrgebiet 1946–1948. Frankfurt 1977. *(Streiks und Hungermärsche)*

Krautkrämer, Elmar: Der innerdeutsche Konflikt um die Ministerpräsidentenkonferenz in München 1947. In: Vjh. Zeitgesch. 20 (1972), S. 154–174. *(Der innerdeutsche Konflikt)*

Krautkrämer, Elmar: Ergänzende Bemerkungen zur Münchener Ministerpräsidentenkonferenz 1947. In: Vjh. Zeitgesch. 20 (1972), S. 418–421. *(Ergänzende Bemerkungen)*

Latour, Conrad F. und Thilo *Vogelsang:* Okkupation und Wiederaufbau. Die Tätigkeit der Militärregierung in der amerikanischen Besatzungszone Deutschlands 1944–1947. Stuttgart 1973. *(Okkupation und Wiederaufbau)*

Lemmer, Ernst: Manches war doch anders. Erinnerungen eines Demokraten. Frankfurt (1968). *(Erinnerungen eines Demokraten)*

Leusser, Claus: Ministerpräsidentenkonferenzen seit 1945. In: Festschrift zum 70. Geburtstag von Dr. Hans Ehard, München 1957. *(Ministerpräsidentenkonferenzen)*

Litchfield, Edward H. [u. a.]: Governing postwar Germany. Ithaca 1953. *(Governing postwar Germany)*

Maier, Reinhold: Ein Grundstein wird gelegt. Die Jahre 1945–1947. Tübingen 1964. *(Grundstein)*

Maier, Reinhold: Erinnerungen 1948–1953. Tübingen 1966. *(Erinnerungen)*

Marienfeld, Wolfgang: Konferenzen über Deutschland. Die alliierte Deutschlandplanung und -politik 1941–1949. Hannover 1962. *(Konferenzen)*

Merrit, Anna J.; *Merrit,* Richard L. (Hrsg.): Public Opinion in occupied Germany. The OMGUS Surveys 1945–1949. Urbana 1970. *(Public Opinion)*

Miller, Robert William: The South German Länderrat. The origins of postwar German federalism. Phil. Diss. Ann Arbor 1960. *(South German Länderrat)*

Möller, Hans [Hrsg.]: Zur Vorgeschichte der Deutschen Mark. Basel und Tübingen 1961. *(Deutsche Mark)*

Morsey, Rudolf: Der politische Aufstieg Konrad Adenauers 1945–1949. In: Adenauer-Studien I. Hrsg. von Rudolf Morsey und Konrad Repgen, S. 20–57. Mainz 1971. *(Der politische Aufstieg)*

Morsey, Rudolf: Entscheidung für den Westen. Die Rolle der Ministerpräsidenten in den drei Westzonen im Vorfeld der Bundesrepublik Deutschland 1947–1949. In: Westfälische Forschungen Bd. 26, 1974, S. 1–24. *(Entscheidung für den Westen)*

Niethammer, Lutz: Entnazifizierung in Bayern. Säuberung und Rehabilitierung unter amerikanischer Besatzung. Frankfurt a.M. 1972. *(Entnazifizierung in Bayern)*

Overesch, Manfred: Die Reise des Generalsekretärs des Länderrats Roßmann in die Ostzone vom 15. bis 18. März 1947. In: Vjh. Zeitgesch. 23 (1975), S. 454–466. *(Die Reise)*

Pakenham, Lord: Born to Believe. An Autobiography. London 1953. *(Born to Believe)*

Pfeiffer, Anton: Der Länderrat der amerikanischen Zone. Seine Geschichte und staatsrechtliche Würdigung. Jur. Diss. München 1948. (Masch.) *(Länderrat)*

Pikart, Eberhard, Auf dem Weg zum Grundgesetz. In: Löwenthal, Richard, Schwarz, Hans-Peter (Hrsg.), Die Zweite Republik. 25 Jahre Bundesrepublik Deutschland – eine Bilanz. S. 149–176. Stuttgart 1974. *(Auf dem Weg zum Grundgesetz)*

Piontkowitz, Heribert, Anfänge westdeutscher Außenpolitik 1946–1949. Das Deutsche Büro für Friedensfragen. Stuttgart 1978. *(Das Deutsche Büro für Friedensfragen)*

Pünder, Tilman: Das bizonale Interregnum. Die Geschichte des Vereinigten Wirtschaftsgebietes 1946–1949. Rastatt 1966. *(Interregnum)*

Reichelt, Paul: Deutsche Chronik 1945–1970. Daten und Fakten aus beiden Teilen Deutschlands. Bd. 1: 1945–1957. Freudenstadt 1970. *(Deutsche Chronik I)*

Literatur

Rohrbach, Justus [Bearb.]: Im Schatten des Hungers. Dokumentarisches zur Ernährungspolitik und Ernährungswirtschaft in den Jahren 1945–1949. Hrsg. von Hans Schlange-Schöningen. Hamburg und Berlin 1955. *(Im Schatten des Hungers)*

Rudzio, Wolfgang: Die Neuordnung des Kommunalwesens in der Britischen Zone. Stuttgart 1968. *(Neuordnung)*

Schachtner, Richard: Die deutschen Nachkriegswahlen. Wahlergebnisse in der Bundesrepublik Deutschland, in den deutschen Bundesländern, in West-Berlin, im Saarland und in der Sowjetzone (DDR) 1945–1956. München 1956. *(Nachkriegswahlen)*

Schmidt, Eberhard: Die verhinderte Neuordnung 1945–1952. Zur Auseinandersetzung um die Demokratisierung der Wirtschaft in den westlichen Besatzungszonen und in der Bundesrepublik Deutschland. Frankfurt a.M. 1970. *(Verhinderte Neuordnung)*

Schmidt, Ute; *Fichter,* Tilman: Der erzwungene Kapitalismus. Klassenkämpfe in den Westzonen 1945–1948. Berlin 1971. *(Der erzwungene Kapitalismus)*

Schumacher, Kurt: Reden und Schriften. Hrsg. von Arno Scholz und Walther Georg Oschilewski. Berlin 1962. *(Reden und Schriften)*

Schwarz, Hans-Peter: Vom Reich zur Bundesrepublik. Deutschland im Widerstreit der außenpolitischen Konzeptionen in den Jahren der Besatzungsherrschaft 1945-1949. Neuwied und Berlin 1966. *(Vom Reich zur Bundesrepublik)*

Sörgel, Werner, Konsensus und Interessen. Eine Studie zur Entstehung des Grundgesetzes für die Bundesrepublik Deutschland. Stuttgart 1969. *(Konsensus und Interessen)*

Steininger, Rolf: Zur Geschichte der Münchener Ministerpräsidenten-Konferenz. In: Vjh. Zeitgesch. 23 (1975), S. 375–453. *(Zur Geschichte)*

Stolper, Gustav: Die deutsche Wirklichkeit. Hamburg (1949). *(Deutsche Wirklichkeit)*

Storbeck, Anna Christine: Die Regierungen des Bundes und der Länder seit 1945. München und Wien 1970. *(Regierungen des Bundes und der Länder)*

Strauß, Walter: Die gesamtdeutsche Aufgabe der Ministerpräsidenten während des Interregnums 1945 bis 1949. In: Festschrift zum 70. Geburtstag von Dr. Hans Ehard, München 1957. *(Gesamtdeutsche Aufgabe)*

Thron, Hans-Joachim: Schulreform im besiegten Deutschland. Die Bildungspolitik der amerikanischen Militärregierung nach dem Zweiten Weltkrieg. Diss. München 1972. *(Schulreform)*

Trittel, Günter J.: Die Bodenreform in der Britischen Zone 1945–1949. Stuttgart 1975. *(Bodenreform)*

Die *Vertriebenen* in Westdeutschland. Ihre Eingliederung und ihr Einfluß auf Gesellschaft, Wirtschaft, Politik und Geistesleben. Hrsg. von Eugen Lemberg und Friedrich Edding in Verb. mit Max Hildebert Boehm. Bd. 1–3, Kiel 1959. *(Vertriebene in Westdeutschland I usw.)*

Vogel, Walter: Westdeutschland 1945–1950. Der Aufbau von Verfassungs- und Verwaltungseinrichtungen über den Ländern der drei westlichen Besatzungszonen. T. 1.2. Boppard 1956/1964. *(Westdeutschland I, Westdeutschland II)*

Vogelsang, Thilo: Hinrich Wilhelm Kopf und Niedersachsen. Hannover 1963. *(Kopf und Niedersachsen)*

Vogelsang, Thilo: Die Bemühungen um eine deutsche Zentralverwaltung 1945/46. In: Vjh. Zeitgesch. 18 (1970). *(Zentralverwaltung)*

Weisser, Gerhard: Reich und Länder. Vom Neubau des deutschen Staates. Vortrag. 2., unveränd. Aufl. Hamburg 1947. *(Reich und Länder)*

Weisz, Christoph: Organisation und Ideologie der Landwirtschaft 1945–1949. In: Vjh. Zeitgesch. 21 (1973). *(Organisation und Ideologie)*

Westdeutschlands Weg zur Bundesrepublik 1945–1949. Beiträge von Mitarbeitern des Instituts für Zeitgeschichte. München 1976. *(Westdeutschlands Weg)*

Willis, F. Roy: The French in Germany 1945–1949. Stanford 1962. *(The French in Germany)*

Wollasch, Hans Josef: Humanitäre Auslandshilfe für Deutschland nach dem Zweiten Weltkrieg. Darstellung und Dokumentation kirchlicher und nichtkirchlicher Hilfen. Hrsg. vom Deutsche Caritasverband Freiburg 1976. *(Humanitäre Auslandshilfe)*

Wylick, Christine v.: Das Besatzungsstatut. Entstehung, Revision, Wandel und Ablösung des Besatzungsstatus. Diss. Köln 1956. *(Besatzungsstatut)*

PERSONENREGISTER

Acker, Heinrich 482, 511, 576
Adenauer, Konrad 52, 133, 141, 150, 153f., 156–158, 165, 167, 170, 334, 360, 375, 432, 435, 589, 612, 614, 616
Agartz, Viktor 53, 104–107, 109, 115, 122, 124, 141f., 144f., 150, 211, 287, 291, 293, 384, 386, 390f., 393–396, 433
Agatz, Willi 593, 613–615
Albrecht, Karl 593, 614
Alexander, Thomas 413f.
Altmeier, Peter 592
Amelunxen, Rudolf 30, 134–137, 140f., 145, 147, 165, 170, 175, 205, 208–210, 212f., 334, 362, 397, 432, 435, 446, 459, 485, 511, 549f., 587, 592
Andre, Joseph 128, 253, 309, 313, 411, 467
Andrée, Ernst 150, 170, 334, 344
Andresen, Thomas 216
Angus (brit. MilReg.) 384, 386, 394
Ankermüller, Willi 125
Apel, Wilhelm 294, 301, 401, 411, 439, 461, 467
Arfas, Heinrich 132, 307
Arndgen, Josef 134
Arnim, Henning von 186, 309
Arnold, Karl 432, 435
Arnoul, Wilhelm 253, 411, 467
Arp, Erich 134, 563, 576
Ashbury, William 137, 375

Baer, Fritz 280
Barrows (brit. Vertreter bei BECG) 287, 384
Bartsch, Fritz 205
Bauer, Friedrich 618
Bauer, Walter 77, 104, 120, 132
Baumgartner, Josef 478, 487, 544f., 576
Bausch, Paul 253, 411, 467
Bayer (RegRätin) 439
Berenz, Horst 287, 334, 384
Bernhard, Henry 247, 438
Bevin, Ernest 7, 347f., 354, 363, 397, 435, 447
Beyerle, Josef 83, 93, 186, 253, 294, 309, 411
Bidault, Georges 7
Biedermann (MinRat) 446
Binder, Gottlob 83, 186, 192, 253, 478, 483, 488, 511, 582

Bishop, Henry Alexander 23, 134, 172, 174, 346, 349, 352, 357, 364f., 369, 373, 380
Bitter, Margarete 582
Blank, Theodor 593, 613
Blücher, Franz 150, 155, 170, 334, 336, 339f., 345f., 352, 354, 356, 361, 363, 366, 377, 380f., 383, 593, 595, 598f., 602, 606, 609, 611–614, 616, 619f.
Bode, Karl F. 26, 144, 287
Bode, Wolfgang 593, 609, 612–614
Boden, Wilhelm 41, 432, 485, 496, 500f., 511, 587
Böckler, Hans 138
Böhm, Franz 77, 253
Böhm, Josef 593, 613
Bolz, Eugen 100
Borgner, Otto 104f., 119, 123, 134, 287, 384, 389f., 477f., 483, 511, 531, 540, 577
Borowski, Richard 593, 614
Bote, Albert 467
Brauer, Max 30, 134–136, 140–142, 144f., 147f., 150, 161, 334, 432, 479, 485, 488, 493f., 497, 503, 505f., 508f., 511, 592f.
Brentano, Clemens von 487
Brentano, Heinrich von 294
Brill, Hermann Louis 39, 46f., 49, 75, 83, 178, 186, 205, 211f., 216, 247, 249, 274, 280, 282–286, 294–298, 424, 428, 430f., 434, 437, 439, 440–442, 479, 511, 581
Brodnitz, Otto W. 121, 142, 287, 384
Buchmann, Albert 309, 313, 323, 411, 467
Buchwitz, Otto 448
Budde, Eugen 79, 98, 212, 247, 432, 435, 483, 511, 581
Busack, Otto 384
Busch, Irmgard 75, 178, 453, 471
Busse (Min., Thüringen) 446
Byrnes, James F. 285

Campe, Carl Rudolf von 38, 134, 140, 205f., 436, 459, 476, 480–482, 511, 575, 581
Clay, Lucius D. 10, 12, 14, 16, 18–21, 26f., 29, 32–37, 41, 47, 52, 76–79, 81–84, 86, 96–103, 122, 124, 132, 134, 137–139, 181, 184, 186, 191–196, 199, 218, 222–232, 240f., 247f., 255–258, 274–279, 304, 309, 325–334, 391, 403, 410f., 413–421, 423f., 448, 461, 467, 471–475, 478

Cowley, J. G. (BECG) 121f., 287, 291–293, 384
Cremer, E. (RGCO) 253

Dawson, William W. 83, 179, 249, 255
Debenham (brit. MilReg.) 337
Dechamps (Oberst, franz. MilReg.) 454
Decken, Hans von der 581
Degkwitz, Rudolf 150, 166, 173, 334
Dehler, Thomas 253, 411
Deissmann, Ernst 287, 290, 384, 386, 391
Dick (MinDir.) 511
Diekmann, Bruno 104f., 121, 134, 287, 384
Dietrich, Hermann 187, 196, 478, 487, 511, 519, 523, 525, 527f., 576
Dietz, Fritz 434
Dirksen, Herbert von 98, 100, 212
Doerr, Wilhelm 104, 287, 301, 401, 461, 467
Dorn, Walter L. 416, 418
Douglas, Sholto 601f.
Drake, Heinrich 134
Draper, William H. 134, 141, 143, 384, 386, 390–393, 422, 478
Dunn, Thomas F. 420

Eberhard, Fritz 46f., 125, 140, 178, 186, 205, 211, 216, 247, 249, 274, 280, 284, 286, 294, 298, 304, 428, 436f., 439, 476, 482, 511, 581, 623
Ebert, Friedrich 448, 588, 591
Edwards, E. L. (OMGUS) 218, 228, 468
Eggerath, Werner 446
Ehard, Hans 7, 19, 25, 30, 33, 37–40, 42f., 47, 75f., 78, 80, 82f., 88, 92f., 95, 100, 102f., 125–131, 133–137, 140–142, 144f., 147f., 178, 180, 182–184, 191, 193–195, 197f., 200–202, 205, 206f., 209f., 212f., 218, 222f., 225, 228–230, 232, 237–239, 244, 250, 253, 256, 259f., 262–266, 268–270, 272–275, 277, 279, 283, 294, 296f., 301, 303, 309, 315, 324f., 328f., 331f., 401, 411, 414f., 417, 426, 435, 438, 444, 453f., 456, 458, 461, 467, 471–473, 479, 485–489, 491–493, 495–512, 523, 527, 530f., 540, 544, 548, 550f., 564, 567, 574, 584, 587, 591f.
Ellinghaus, Wilhelm 216
Elmenau, Johannes von 75, 125, 134, 140f., 178, 186, 205, 232, 253, 280, 294, 301, 309, 316, 401, 406, 411, 461, 467
Emmies (Col., brit. MilReg.) 384
Engler (MinRat) 461, 463
Erber, Peter 582

Erhard, Ludwig 77
Eschenburg, Theodor 47, 428, 437, 476, 482, 486, 511, 563, 581, 623
Euler, August Martin 449
Everling, Henry 150, 167, 170f., 334
Ewers, Carl 134, 384

Falz (Sachverständiger, VAW) 287, 384
Faulhaber, Michael 398
Fink, G. T. (brit. MilReg. Niedersachsen) 384
Fisch, Walter 234, 253, 259, 309, 311, 320, 323, 411, 467
Fischer, Eugen 83
Fischer, Kurt 487, 494
Flanders, Alan 120
Fletcher, M. von (brit. MilReg.) 384
Fliess, Walter 121, 287, 384
Florian, Ludwig 179
Forester, Max H. 391
Friedensburg, Ferdinand 511, 548
Friedrich, Carl J. 29, 31, 39, 99, 101, 203, 274, 305, 329
Friedrichs, Rudolph 42, 452f., 455, 487, 489, 509
Friese, Curt 301, 401, 411, 467, 476, 511
Friesenhahn, Ernst 581
Frings, Joseph Kardinal 392
Fröhlich, August 448

Geiger, Hugo 104
Geiler, Karl 75, 78, 80f., 83, 93, 446
Gerigk, Alfred 574, 588
Gerke, RAnw. (Sachverständiger, VAW) 104, 287
Gerrads, Walter 104, 287, 384
Gilman (Brigadier, brit. MilReg.) 111
Gisevius, Hans Bernd 173
Gläser, Ernst 159
Glum, Friedrich 46–49, 125, 197, 231, 280, 283–286, 294, 414, 428, 431, 623f.
Gnoß, Ernst 593, 613f.
Goebbels, Joseph 139
Gögler, Hermann 75, 83, 125, 134, 137, 140, 144, 178f., 186, 197, 205, 232, 253, 295, 301, 309, 411, 461, 467, 476, 482, 511, 582
Göring, Emmy 139
Görlinger, Robert 338f., 593, 613f., 620
Goldschmidt (MinRat.) 186
Grant, K. C. (BECG) 384
Grewe, Wilhelm 581
Grimme, Adolf 334

Personenregister

Grimpe, Viktor 287, 384
Grimsdale, G. E. (BECG) 287, 384
Gröber, Conrad 559
Groenesteyn siehe Ritter zu –
Groth, Hubert 150, 166, 173
Grothewohl, Otto 82
Gülich, Wilhelm 212
Gumppenberg, Karl Hildebrand Frhr. von 197, 280, 589
Guradze, Heinz 91, 269, 301

Haberer, Hanns 511, 577
Hagedorn, August 334, 467
Hagen, Georg 253
Halbfell, August 134, 139
Harder, Hans 432
Harmssen, Gustav Wilhelm 99, 104–106, 134, 139–142, 144, 147f., 212, 287, 384
Harrison (brit. MilReg.) 391
Hartmann, Alfred 437, 579, 623
Haußmann, Wolfgang 253, 309, 411, 467
Haverbeck, Edgar 104, 287, 384
Hawkins, Phillips 120
Hays, George 21
Heile, Wilhelm 150, 158
Heine, Fritz 439
Heinemann, Ernst 623
Hellwege, Heinrich 150, 155, 176, 334, 593, 612–614, 616
Henßler, Fritz 150, 152, 171f., 175, 334, 338f., 353f., 356, 380, 612f., 616
Hermes, Andreas 391
Herwarth, Hans-Heinrich von 125, 141, 186, 206, 212f., 280, 304, 485f., 506
Hess (Major, US-MilReg. Württemberg-Baden) 384
Heukulum, Gerhard van 216, 249
Heurich, Fridolin 253, 309
Heuss, Theodor 196, 269
Hilpert, Werner 75, 77–80, 82, 130, 205, 213, 401f., 407, 409, 411, 415–417, 421, 423, 432, 434, 478, 488, 511, 540, 544, 579
Höcker, Wilhelm 453, 455, 485, 489, 492, 495, 498, 500, 593, 613
Hoegner, Wilhelm 39, 47–49, 75, 83, 125, 129, 206, 280f., 283, 286, 294, 296–298, 428, 437f., 476f., 482, 485, 509–511, 623–625
Höpker-Aschoff, Hermann 624
Hof, Karl 83
Hoffmann, Erich 150, 369
Hoffmann-Bagienski, Hans Ludwig 287

Holtum, Albrecht von 581
Holzapfel, Friedrich 589, 612f.
Hoover, Herbert 10, 279, 332, 368
Horlacher, Michael 182, 197, 204, 234, 253, 256, 261–265, 268, 272, 274, 278, 309, 315, 321, 411, 467
Howell, H. W. (brit. MilReg.) 287
Hübener, Erhard 43, 445, 451f., 455, 485, 492, 502, 506, 508, 511, 590
Hülse, Ernst 335
Hundhammer, Alois 401, 411, 413f., 467
Hundt, Josef 511
Hynd, John 379, 386

Jacobi, Werner 593
Jänicke, Wolfgang 476, 478, 488, 557, 563, 566
Josten, Paul 77, 133

Kästner, Erich 159
Kaisen, Wilhelm 37f., 43, 75, 80, 82f., 97, 99, 101f., 178, 183f., 186, 191, 197f., 203–205, 208, 213f., 218, 226, 232, 236f., 253, 266, 274, 277, 301f., 306, 309, 322, 324–327, 401, 407, 411, 415, 420, 423f., 432, 436, 444, 446, 459–461, 463, 466f., 471f., 474, 476, 480, 485f., 490, 496, 500, 505f., 508, 510f., 517, 551, 574, 582, 584, 587, 592
Kaiser, Jakob 8, 514, 574, 589
Kamm, Gottlob 83, 192, 416
Karl, Albin 150, 162, 173f., 334, 339, 593, 612–615
Kaufmann, Edmund 104, 287, 294, 384
Kaufmann, Erich 241, 478, 483, 511, 581
Keating, Frank A. 84, 142
Keil, Wilhelm 178, 182, 197, 201, 294, 334, 411, 467
Keiser, Günter 104, 113, 142, 287, 290, 384, 433, 477, 531
Kerschensteiner, Anton 411, 467
Kiesselbach, Wilhelm Arnold 593
Kindler, Helmut 415, 444
Kittel, Theodor 185
Klabunde, Erich 618
Klaiber, Manfred 294, 437, 623
Klett, Arnulf 79
Klinge, Karl August 287, 384
Klingelhöfer, Gustav 105, 287, 384
Knappstein, Karl Heinrich 428, 511
Knoeringen, Waldemar Frhr. von 280, 294
Knoop, Hugo 593, 607, 612f.

Koch, Harald 75, 83, 104f., 134, 139, 143f., 287
Köhler, Heinrich 125, 128, 134, 140, 142, 143–145, 147f., 178, 253, 309, 319, 411, 467, 511, 542, 579
Könnecker, Wilhelm 232
Kogon, Eugen 159, 434
Kohl, Rudolf 125, 134, 511
Kopf, Hinrich Wilhelm 30, 32, 99, 101, 134–136, 140–145, 147, 150, 152, 158, 181, 205, 208–210, 212f., 247, 274, 334, 338–340, 369, 397, 432, 459, 485, 492, 496, 501, 504, 511, 592
Kordt, Theodor 482
Korspeter, Lisa 350, 593, 613
Kranstöver, Anni 350, 593
Kraus, Hans 269
Kriedemann, Herbert 105, 593, 601f., 612f., 616, 620
Krüger, Peter 618
Kubel, Alfred 104–106, 109, 114, 116, 119, 121, 134, 139, 144, 287, 305
Kühnau, Joachim 164
Külz, Wilhelm 451
Küster, Otto 47, 49, 270, 272, 294, 298, 428, 430, 437, 623
Kuhnert (Landesdir., Sachverständiger VAW) 104

Lasson (Hauptref., Berlin) 511
Laun, Rudolf 249
Lauritzen, Lauritz 476, 482, 511, 563
Lehr, Robert 150, 160, 171, 334f., 337, 612–614, 616
Leibbrand, Robert 253
Leibbrandt, Friedrich 485, 511, 552, 579
Lemmer, Ernst 589
Lemmer, Friedrich 104, 142, 287
Lenz, Otto 294
Lichtfield, Edward H. 424, 472
Lingemann, Heinrich 150, 334
Linnert, Fritz 309, 313
Löbe, Paul 451, 459
Löhning, H. (LandgerDir. Hannover) 436
Loritz, Alfred 192, 253, 309, 323, 416
Luce, Henry 141
Lübke, Heinrich 367, 375, 377, 379, 435, 478, 487, 511, 521, 523, 528, 576
Lüdemann, Hermann 432, 478, 485f., 488f., 495, 499f., 504f., 508–511, 554, 564, 584
Lütkens, Gerhard 147
Luster-Haggeney, Franz 593, 613
Lukaschek, Hans 140, 147

Macready, Gordon 274
Magnus, Kurt 104, 287, 384, 389
Mahder, Carl C. 77, 122, 471
Maier, Franz K. 195
Maier, Reinhold 75, 78, 83, 93, 98–100, 102, 125, 127f., 130, 133, 178, 181f., 184, 186, 191, 194f., 196f., 200–202, 204f., 208f., 212, 218, 224f., 230–232, 236–238, 243f., 248f., 255, 264, 266, 271–274, 294, 296f., 301, 303, 306, 309, 315, 320, 323, 325, 328–330, 401–404, 407, 411, 415f., 418, 420, 444, 461, 467, 471, 474f., 485, 492f., 495, 498, 501, 508f., 511, 588
Maltzan, Frhr. Vollraht von 142, 287, 384, 388
Mann, Leonore 104
Marcuse, Herbert 253
Marsh-Kellet (Col., brit. MilReg. Nordrhein-Westfalen) 384
Marshall, George C. 7, 9, 29, 230, 356, 397, 447
Maseng, O. (brit. MilReg. Hamburg) 384
Mason, Irwin, G. 253
Math, Werner 511
Maus, Rudolf 476, 482, 511
McCormick, Anne O'Hare 560
McComb, M. S. (BECG) 121, 287, 292, 384
McGiffert, S. Y. (US-MilReg. Bayern) 384
McNarney, Joseph T. 87
Meissner, Karl 411, 467
Meitmann, Karl 150, 334, 593, 612, 614, 619
Menzel, Walter 32, 150, 154, 197, 205f., 209f., 213, 216, 337f., 340, 347, 593, 612
Meyer, Erwin 183
Middelmann, Werner 563
Miersch (Sachverständiger VAW) 104, 287
Moehlen, Adolf Stier tom 125, 130, 133–136, 141, 145, 178, 205, 211, 436, 459
Moeller, Alex 411, 467
Möller, Hans 104, 232, 242f., 250, 270, 287, 324, 384, 483, 511, 577
Mohr, Ernst-Günter 511, 581
Molotow, Wjatscheslaw 9, 294, 356
Mommer, Karl 240f.
Morgenroth (RegRat) 287, 384
Mühlberger, Siegfried 83, 125, 186, 232, 253, 301, 401, 411, 461, 467
Müller, Gebhard 482, 511, 582
Müller, Herbert F. 113
Müller, Josef 145, 589
Müller, Karl 593

Personenregister

Müller, Kurt 593, 612f., 616
Mueller, Rudolf 28, 30, 104–110, 114f., 117–121, 123f., 136, 253, 433–435
Müller-Payer, Hans Georg 623
Murphy, Robert D. 79, 99f., 103, 213, 215, 414, 426, 471

Nadig, Friederike 350, 593, 613
Naegel, Wilhelm 150, 335
Nansen, „LegRat"[1] 205
Nawiasky, Hans 46, 283, 481
Newman, James R. 214, 331
Niklas, Wilhelm 576
Nölting, Erik 104–107, 110f., 116, 119f., 123, 134, 139, 287, 290, 384, 389f., 434

Obst, Erich 213
Ollenhauer, Erich 439
Otto, Paul 170, 334, 593, 612f.

Pabsch, Anton F. 134, 301
Pagel, Paul 593, 613f.
Pakenham, Francis A. 374, 379, 391
Pappritz, Erica 486
Pares (brit. MilReg.) 150, 334, 593
Parkman, Henry 31, 218, 223, 231, 277, 329, 448
Passarge, Karl 29, 381, 522
Paul, Hugo 347, 593
Paul, Rudolf 43, 445f., 448, 455, 485, 491, 496, 499f., 502, 506, 510f., 612–614, 619
Péne (franz. MilReg. Baden) 457
Petersen, Rudolf 150, 166, 172, 593
Pfeiffer, Anton 75, 79, 83, 216, 232, 234, 247–249, 253, 280, 283–286, 294, 296f., 301, 304–307, 401, 411, 434, 436, 453, 467, 476–483, 485, 507, 511f.
Pieck, Wilhelm 591
Pitroff, Klaus 413
Podeyn, Hans Carl 287
Pollock, James K. 197, 200f., 255, 285
Popper (brit. MilReg.) 150, 334, 593
Potthoff, Heinrich 104, 287, 384
Power (brit. MilReg.) 172
Praetorius, Wolfgang Friedrich 205
Preller, Ludwig 83, 186, 309, 339, 411, 467
Prentzel, Felix 384
Probst, Maria 411
Pünder, Hermann 432

Randolph (US Care-Vertretung) 232

---
[1] Betrüger namens Zech-Nentwich

Rasch, Harold 104, 108, 119

Reifferscheidt, Adolph 287, 384
Reimann, Max 174, 334, 354–357, 363, 365f., 370f., 381, 593, 603, 610, 612–614, 616
Rein, Hermann 164
Reinauer, Aloys 104, 113, 287, 384
Ringelmann, Richard 437, 623f.
Ritter, Egon von 432
Ritter zu Groenesteyn, Elmar Karl von 125, 197, 232, 301, 401, 411, 461, 511
Rittershausen, Heinrich 287, 384, 388
Robertson, Brian Hubert 10, 23, 33–35, 41, 84, 134, 137–139, 142, 158, 177, 207, 209, 221, 227, 346, 353–355, 361–363, 391, 408f., 422, 595, 599, 601, 603, 609, 611
Römer, Walter 125, 132
Röpke, Wilhelm 540
Roßhaupter, Albert 134
Roßmann, Erich, 19, 21, 24, 42, 52, 75–78, 80–83, 92, 101, 121, 125, 128, 131–134, 140f., 144f., 150, 156f., 178–182, 186, 191, 197, 200, 202, 205f., 210, 232–234, 238, 241, 247f., 251, 253, 262, 269, 274, 294, 296, 301, 304, 306f., 309, 311, 319, 325, 329, 334, 339, 345, 352, 380, 401f., 407, 409, 411, 415, 444, 449, 453f., 459, 461, 463, 466f., 471, 485, 487, 509–511, 588, 593, 602f.
Runge, Kurt 618

Sachse, Rudolf 287, 384, 395
Schäfer, Hermann 593, 612–614
Scharnagl, Karl 488
Schenk, Richard 511, 579
Schlack, Peter 150, 334, 339, 593, 613
Schlange-Schöningen, Hans 16, 150, 157, 167, 334, 364, 366, 370f., 375–378, 381, 478, 593
Schmid, Carlo 40, 48f., 428, 430, 432, 437, 478f., 483, 485, 488, 501, 510f., 528, 567, 581, 587f., 623f.
Schmidt, August 137, 334, 391
Schmidt, Gerhard 287, 384
Schmidt, Hanno 618
Schmidt, Oscar 287, 384
Schmoller, Gustav von 567
Schneider, Karl 150, 334
Schramm, Heinrich 150, 158, 168, 174, 334
Schroeder, Gerhard 205

Schroeder, Louise 445, 450, 478, 485–487, 501, 506, 508f., 511f., 527, 574, 587
Schroeter, Carl 593, 612f., 616
Schubart, Werner 119, 287, 384, 388
Schürhoff, Valentin 138
Schütte, Hermann G. 47, 125, 205, 232, 241, 253, 294, 301, 334, 401, 411, 428, 437, 461, 467, 623
Schulze, Friedrich 253
Schumacher, Kurt 28, 30, 34, 40, 42, 99, 104f., 107, 122, 124, 136f., 209, 422, 424, 438f., 453, 490f., 504, 589, 591
Schwalber, Josef 253, 294
Schweizer, Albert G. 218
Schwering, Leo 150, 334
Seebohm, Hans-Christoph 134
Seelos, Gebhard 38f., 83, 125, 134, 140, 178, 186, 205, 211, 232, 238, 241, 253, 294, 297, 301, 304, 209, 334, 397, 400f., 411, 432f., 461f., 467, 476, 478, 481–483, 485f., 500, 503, 505, 508f., 511, 550, 575
Seibold (Arbeitsgemeinschaft Kohle) 112
Seidel, Marianne 197, 232, 301, 444, 461
Seuffert, Walter 481, 483, 581
Sichler (Kommerzienrat) 104, 511
Siemer, Hermann 593, 612–614
Sieveking, Kurt 476, 480–482, 511, 575, 577, 581
Simpfendörfer, Wilhelm 83, 195f.
Skiba, Richard 511, 563
Sokolovski, Wassili 9, 227, 451
Speer, Albert 149
Spiecker, Carl 140, 147, 150, 212, 247, 334, 593, 608, 612–614, 616
Spliedt, Franz 150, 152, 338f.
Staas (PräsDir., Thüringen) 446
Starke, Heinz 287, 484
Steger (brit. MilReg.) 150, 334, 593
Steinhoff, Karl 450, 455, 482, 485, 503, 508–511
Steinmayer, Otto 83, 178
Steltzer, Theodor 22, 32, 134, 139–142, 144f., 147f., 150, 153, 156–158, 166, 176f., 181, 205, 207, 209, 213, 334, 370, 397
Stetefeld, Georg 253, 411, 467
Stiegler, Anna 411
Stieler, Georg 253, 411, 467
Stock, Christian 75f., 78, 83, 101–103, 126f., 131, 133–135, 139f., 142–145, 147f., 178, 182, 184, 186, 191–193, 195, 197, 200–202, 204f., 213, 219, 223, 227, 230, 232, 238, 241f., 249, 253, 264, 271f., 274–276, 280, 294, 296f., 301, 303, 305, 309f., 312, 314f., 319, 322–326, 331–333, 432f., 439, 444, 461f., 467, 471f.
Stock, Jean 253, 467, 485, 511, 554
Stockhinger, Karl 467
Stölzl (Sachverständiger VAW) 287
Strachey, John 365
Straeter, Artur 593
Straßmann, Ernst 384, 389
Strauch, Karl 78, 232, 249f., 287
Strauß, Walter 75, 83, 130, 133f., 178, 180, 183–186, 208, 210, 217, 232, 241f., 244f., 251–253, 297, 301, 309, 311, 334, 401, 404, 406, 411, 439, 461, 467, 476f., 479, 482, 511, 577
Stricker, Fritz 593, 612–614
Süskind, Wilhelm Emanuel 159
Suesterhenn, Adolf 294, 511
Suhr, Otto 451
Sureth, Fritz 104, 287, 384

Tantzen, Theodor 150
Taylor, O. (US-MilReg. Bremen) 384
Thiess, Frank 159
Thonger (brit. MilReg.) 150, 334, 593
Troeger, Heinrich 437, 440, 623
Truman, Harry S. 9f., 279

Ulbricht, Walter 588, 591
Ulrich, Fritz 83

Veit, Hermann 83, 104–106, 125, 128, 134, 143
Vogel, Rudolf 476, 480–482, 511, 575
Vogelsang, Bernhard 253
Volz, Wilhelm 560

Wagner, Albert 467
Walz, Hans 475
Wandersleb, Hermann 145, 476f., 479–483, 485–487, 506f., 511, 577
Weber, Helene 350, 593, 613f., 618
Wedel, Emil Graf von 75, 83, 134, 140, 178, 197, 205, 232, 253, 294, 301, 334, 401, 411, 461, 467, 511
Wegmann, Bernhard 83, 104, 384
Wegner, Max Christian 618
Weir, Cecil 111, 134, 141, 143, 384, 386, 390, 393–396
Weisser, Gerhard 22, 24, 31, 52, 81, 120, 136, 141, 150, 153f., 178, 181–184, 186, 205, 329, 334, 339f., 409, 442, 511, 595, 619

Personenregister

Wenhold, Hermann 294
Werkmeister, Karl 107
Werts, Leo R. 141
Wiechert, Ernst 159
Winmill (brit. MilReg.) 150, 334, 593
Winning, Charles 97, 134, 179, 238, 255, 277, 416, 419, 468
Witte, Otto 197, 206, 253, 309, 311f., 314f., 321, 325, 332, 334, 411, 415, 422, 467, 471, 474
Wittwer, Konrad, 75, 83, 125, 178, 197f., 201, 232, 253, 294, 301, 303, 309, 401, 411, 461f., 467, 511, 563

Wohleb, Leo 41, 457, 485, 502, 504, 507, 509, 511, 576
Wolf, Friedrich 446
Wolff, Bernhard 104, 115, 117, 287, 384, 388
Wolters, Hermann 134, 384
Wrede, Viktor 287, 384
Wutzlhofer, Hans 75, 83, 125, 178, 187, 197, 232, 253, 301, 309, 401, 411, 453, 461, 467

Zinn, Georg August 205, 280
Zorn, Rudolf 104–106, 119, 134, 287, 384, 390, 553, 577

SACHREGISTER

Aktionsgruppe Heidelberg 256
Amerikanische Besatzungszone (siehe auch Länder US-Zone; Länderrat US-Zone; Ministerpräsidenten US-Zone) 130f., 197–203, 221, 225f., 233, 253f., 405
Angestellte im Alter über 65, Bezüge 470
Antwerpen 12, 308
Arbeit (siehe auch Sozialversicherung; Streiks; Kohlewirtschaft)
– Anstalt für Arbeitslosenversicherung 338f., 615
– Arbeitsämter, beratende Ausschüsse 189
– Arbeitsgerichtsgesetz 189, 464
– Arbeitskräfte für die Besatzungsmächte 573
– Arbeitskraft/Arbeitsleistung 217, 327, 377, 537
– Arbeitslosenunterstützung 272f.
– Arbeitsvermittlung, Neuorganisation 338–340, 615
– Arbeitsverpflichtungsgesetz 303, 314, 401, 414
– Arbeitsverwaltung 338f.
– Betriebsräte, Wahlordnung 189
– Betriebsrätegesetz
  – Durchführungsverordnungen 173f., 189, 201
  – Gültigkeit **174**
– Bizonaler Verbindungsausschuß für Arbeitsfragen 462
– Bizonales Amt für Arbeit 615
– Lohnerhöhungen in „Problem-Industrien" 243
– Mangel an Arbeitskräften 404, 535, 537
– Schlichtungsordnung 188, 201, 252
Arnsberg, Evakuierungen 175
Atlantik-Charta 88f., 460, 575
Auswanderung 133
– Auswanderungsstelle Bremen 214

Bad Nenndorf, Arbeitskreis 98, 305
Bayern
– Flüchtlinge 558, 562–565
– Kritik an bayer. Schulpolitik 413f.
– Landtagswahlergebnisse 84
– Lieferung agrarischer Produkte 17, 29, 168, 331f., 397, 464
– Separatismus 29, 442, 447, 481

– Stellung im Parl. Rat des LR 20, 182, 204, 234, 259
– Verfassung 88
– Zurückhaltung von Asbest 464
– und bizonale Verwaltungen 29f., 211
Beamtenfragen
– bizonaler Ausschuß/VR für das Personalwesen 108, 133, 163, 183, 245f.
– Pensionsregelung für Beamte aus den dt. Ostgebieten 382
Belgien 12, 103
Berlin
– Erklärung der Münchener Ministerpräsidentenkonferenz 509, 516
– Tagungsort einer Ministerpräsidentenkonferenz 450f., 456, 574
– Versorgung mit Konsumgütern 385
– Vertretung des Länderrates siehe Länderrat
– Vertretung des Verwaltungsamtes für Wirtschaft siehe Verwaltungsamt für Wirtschaft
– Vertretung des Zonenbeirats siehe Zonenbeirat
– und Verband deutscher Länder 440, 442
– und Verwaltungsrat für Wirtschaft 287
– und Wirtschaftsrat 555
Besatzungskosten 515, 542f., 572–574, 578, 580
Besatzungsmächte
– deutsche Arbeitskräfte 573
– Werksspionage 176
Besatzungsstatut 44, 432, 435, 452, 460, 515, 567–574, 581, 594
– Resolution der Münchener Ministerpräsidentenkonferenz 581
Beschaffungs-GmbH für Besatzungsbedarf 118, 385
Beschlagnahmungen 160, 573
– Ackerland 621
– Wohnungen und Hausrat 276f.
Bielefeld 349, 370
Bildende Künste 343
Bizone (siehe auch einzelne bizonale Verwaltungen; franz. Zone; Bayern; Bremen; Hamburg)
– Bizonale Abkommen vom Herbst 1946 25f., 116, 128–130, 148, 199
– Bizonale Verwaltungen (siehe auch

Sachregister

    Landwirtschaft, Verkehr, Wirtschaft)
- Abstimmungsverhältnisse 236–238
- Anstellung von politisch Belasteten 192f., 229f.
- Entnazifizierung 192f., 222, 229f.
- Gesetzgebungsbefugnis 18, 25f., 80, 85, 116, 125–131, 207, 221–226, 289–292
- Rechtsstellung der leitenden Beamten 345
- Koordination
    - Allgemein 80, 135–137, 141f., 146, 180f., 184, 194, 207–211, 214f., 223, 323, 330, 399, 409
    - durch Ministerpräsidenten 9, 19, 22, 30–33, 36f., 39, 130f., 144, 148, 156f., 209f., 227f., 329, 555
    - durch das VAW und die Vorsitzenden der Verwaltungsräte 30, 108, 144, 156, 180
- Personal 28, 183, 187, 193
- Reorganisation
    - Allgemein 8, 10, 25, 27–38, 41
    - durch US/brit. MilReg. (siehe auch Wirtschaftsrat) 10, 14, 27, 32–34, 41, 329, 421–423, 440, 467f., 472
- Stellung der Mitglieder der Verwaltungsräte 27, 126, 128–130, 136, 143, 156, 180, 190, 193, 208, 220f.
- Vertretung in Berlin 110
- und Länder 26, 28, 80, 85, 136, 210, 215, 218, 230f., 399
- Bizonaler Länderrat/bizonaler Rat der Ministerpräsidenten/bizonaler Koordinationsausschuß 32, 136f., 141f., 148, 209, 227f., 330
- „Politische Vereinigung" 10, 32, 34f., 38, 81, 151, 226–228, 326, 329f., 397f., 421f., 440, 467

Bochum 329
Bodenreform siehe Landwirtschaft
Bonn 329
Braunschweig 329
Bremen
- Auswanderungsstelle 214
- Hafen 12, 308, 535
- Land der US-Zone 21, 97, 186, 222, 284
- und bizonale Verwaltungsräte 27, 126, 222, 236–239
- und Gemeinsamer Deutscher Finanzrat 236
- und Länderrat 97, 182f., 235f.
- und Verwaltungsrat für Wirtschaft 28, 108f.

Bremer Konferenz der Ministerpräsidenten (Okt. 1946) 44, 281f., 478, 480, 492
Britische Besatzungszone (siehe auch Länder brit. Zone; Ministerpräsidenten brit. Zone; Zonenbeirat) 80, 131, 136, 141, 158, 184, 330, 398, 409
- Gesetzgebungsverfahren 221f.
- wirtschaftliches Übergewicht in der Bizone 238, 398

Bücherrevisoren, Gesetz über 405
Bundesverfassung siehe Verfassung
Byrnes-Bevin-Abkommen 10f., 74

Celle 249, 349, 592

Dänemark 35, 376, 528
Demontage (siehe auch Reparationen) 109, 154, 171–173, 340, 532
- Blohm & Voß 595
- Bochumer Verein 109, 261
- Deutsche Edelstahlwerke AG 362
- Gutehoffnungshütte A. G. 173
- Henckels-Zwillingswerke Solingen 173
- Hoesch AG 109
- Johann Kleinewefers Söhne 362
- Wagner & Co 171f.

Denkmalschutz 343
Deutsche Einheit (siehe auch Zonengrenzen; Wirtschaftseinheit) 38, 127, 258, 281, 298, 347f., 354, 356, 363, 398f., 425, 438, 449, 455, 459, 489f., 492–497, 501f., 504, 508f., 512, 589f., 598
- Resolution der Münchener Ministerpräsidentenkonferenz 516, 531, 584

Deutsche Friedensgesellschaft 256
Deutsche Staatengemeinschaft siehe Konföderation deutscher Länder
Deutscher Beirat 9, 23, 295, 347, 349, 352, 354–356, 591
Deutsches Büro für Friedensfragen
- Gründung (bizonal) 8f., 37, 78f., 98–101, 140f., 146f., 211–216, 247, 274
- Gründung (brit. Zone) 249, 274
- Gründung (US-Zone) 21, 37, 248f., 274, 304–307
- Haushaltsplan 305, 407
- Mitwirkung der Parteien 37, 140, 147, 211, 213, 216, 247

644

- Personalfragen 140, 147, 211, 216, 247, 249, 305
- Vorbereitungsarbeiten in den Ländern 211f.
- und Bremer Referat „Reparationen" 407

Displaced Persons 333
Dortmund 329
- Materialprüfungsamt 119

Düsseldorf 164, 212
Duisburg 329

Eherecht
- Anerkennung freier Ehen von rassisch Verfolgten 302, 311
- Ehetauglichkeit 91, 189, 405
- Nichtigkeit nachträglicher Eheschließungen 189

Emigranten, deutsche; Aufruf der Münchener Ministerpräsidentenkonferenz 583
Entnazifizierung 34, 87, 191–193, 325, 348, 403, 415–419, 433, 452, 460, 571
- brit. Zone 229, 383
- französische Zone 192
- Jugendamnestie 87, 191, 417
- Personal für Spruchkammern 187f., 192
- Resolution der Münchener Ministerpräsidentenkonferenz 582
- Weihnachtsamnestie 132, 192
- durch Spruchkammern in der brit. Zone 383
- in bizonalen Ämtern 192f., 222, 229f.

Ernährung (siehe auch Ostgebiete; Landwirtschaft; Schiffahrt)
- Bier, Brauverbot 560
- Ernährungslage (siehe auch franz. Zone) 10f., 14–17, 24f., 146, 154, 175, 194, 254, 309, 325, 331f., 357–361, 364–381, 387f., 403, 412, 415, 460, 468, 519–530
    - Resolution der Münchener Ministerpräsidentenkonferenz 576f.
- Ernährungsrat 601
- Fettversorgung 17, 164, 167–169, 357, 368, 376f., 479
- Forschungsgemeinschaft für ernährungswissensch. Fragen 79
- Normalverbraucher, Zuteilung 11, 15, 329, 359, 576
- Schulspeisung 162, 279

Erziehungs- und Unterrichtswesen 412f.

Europa 12, 89f., 96, 255, 278, 400, 522f., 527, 540, 550f., 553, 561, 576f., 586
Export siehe Ausfuhr unter Handel

Film
- Beratende Ausschüsse der Filmindustrie 618
- Lenkung des Filmwesens 343

Finanzen (siehe auch Wiedergutmachung)
- Bankensystem, Reorganisation 335
- Deutsche Reichsbank (US-Zone) 232
- Dezentralisation 160
- Finanzpolitik 540–544
    - Resolution der Münchener Ministerpräsidentenkonferenz 579f.
- Gesperrte Vermögen 160
- Gewerbesteuer für freie Berufe 161
- Kredite 380, 507, 522, 544, 551, 554, 577
    - durch die USA 9, 34, 219, 221, 227, 327, 421
- Notenumlauf, Kontrolle 335
- Schulden, Bereinigung alter 469
- Schuldendienst der Gemeinden 170f., 335
- Schuldenverwaltung brit. Zone 160
- Steuerberater, Gesetz über 405
- Steuergesetze 48, 439, 538, 541f., 578, 580, 624–626
- Steuerrecht, Einheit 336, 541
- Steuerverwaltung 336f.
- Währungsreform/Währungsfrage 322, 327f., 336f., 389, 402, 438, 453, 460, 541, 543f., 554, 579
- Wohnungsbaufinanzierung siehe Wohnungsbau
- Zonenfinanzausschuß (brit. Zone) 164f., 336

Föderalismus (siehe auch Verfassung des „Bundes"/Reiches) 28, 38, 41, 46f., 90, 120, 144, 283, 374, 408f., 448, 458

Forstwesen
- Abholzung 154, 164, 175, 474, 545–548, 579
- Holzausfuhr siehe Ausfuhr unter Handel
- Pappelholz aus dem RegBez. Düsseldorf 164
- Resolution der Münchener Ministerpräsidentenkonferenz zur Erhaltung des deutschen Waldes 579
- Wildschaden 162

Sachregister

Frankfurt/Main
- Messe 462
- Sitz des Deutschen Büros für Friedensfragen 213, 249
- Standort der bizonalen Verwaltungen 33, 422

Frankreich (siehe auch Kriegsgefangene) 34, 43, 103, 124, 286, 422, 438, 440, 458
- verfassungspolitische Vorstellungen für Deutschland 9, 40, 286, 458
- und Einheit der Westzonen 326

Flüchtlinge (siehe auch franz. Besatzungszone) 186f., 386, 452, 460, 529, 535, 557–567
- Arbeitsgemeinschaft der Flüchtlingsverwaltungen 565
- Aufnahme durch die einheimische Bevölkerung 186
- Ausweisungsplan des Kontrollrates 558
- Finanzierung der Flüchtlingshilfe 170
- Flüchtlingskinder 162
- Resolution der Münchener Ministerpräsidentenkonferenz 563f.
- Vereinigungsverbot 382f.
- Verteilung auf Zonen und Länder 563–565
- Zonenausschuß (brit. Zone) für Flüchtlingsfragen 344f.
- in Bayern 558, 562–565
- in Schleswig-Holstein 563–566

Französische Besatzungszone (siehe auch Entnazifizierung)
- Ernährungslage 528–530
- Flüchtlinge 529, 564
- Teilnahme an der Verfassungsdiskussion 45, 47f., 286
- und Bizone 13, 34, 38, 43, 130, 326, 398f., 422, 440, 458, 556
- und Gesamtdeutschland 43, 529, 564

Frauenfragen
- Frauen im Zonenbeirat 350
- Schutz der Frau im Erwerbsleben 337

Friedensvertrag 8, 10, 98, 101, 140, 228, 309, 356

Fürsorge-Richtsätze 621

Garmisch-Partenkirchen 181, 398
Geld siehe Finanzen
Gelsenkirchen 329
Gesundheit
- Ehetauglichkeit siehe Eherecht
- Gesundheitsstand 217, 527
- Insulin, Versorgung 166

- Leitstelle für öffentliche Gesundheit 166
- Strophantin, Herzmittel 362
- Verbandstoffe, Versorgung 170

Gewerkschaften (siehe auch Münchener Ministerpräsidentenkonferenz) 331, 370f., 380, 615
- Bergarbeitergewerkschaft 387, 391
- Beteiligung am Deutschen Beirat 355–357
- Beteiligung am Preisbeirat 117
- Beteiligung am Zonenbeirat 351, 355
- brit. Besatzungszone 331
- Hessische Gewerkschaftstagung 281
- Interzonenkonferenz 256
- sowj. Besatzungszone 212, 256
- Zusammenarbeit mit dem VAW 115

Göttingen 212
- Arbeitskreis 98, 305

Großbritannien 326, 365, 435
- Deutschlandpolitik 363, 347

Haager Landeskriegsordnung 543, 547, 572, 580f.

Hamburg
- Hafen 12, 535
- Vertretung im Zonenbeirat 350
- als Tagungsort des Zonenbeirats 597
- und bizonale Verwaltungsräte 27, 126, 236f.
- und Gemeinsamer Deutscher Finanzrat 236
- und Verwaltungsrat für Wirtschaft 28, 108f., 136

Hamm 329
Handel (siehe auch Wirtschaft)
- Ausfuhr 11f., 34, 169, 220, 232, 291, 327f., 380, 388, 394, 402f., 419–421, 462, 507, 522, 530, 552f., 575, 578
- Ausfuhrverfahren 12, 393, 530, 578
- Außenhandelsbeirat der Abteilung Außenhandel des VAW 289, 385
- Elektrizität 171, 175
- Holz 12, 35, 139, 420, 471, 547, 579
- Kohle 12, 139, 168, 171, 174f., 328, 420, 533, 535, 579
- Messen siehe Hannover, Stuttgart
- Baumwollabrechnungsstelle 470
- Bevollmächtigter/Beauftragter für Importabnahme 132, 307
- Einfuhr 102, 112, 124, 221, 402, 522, 530
- Fett 17, 368, 376, 412, 526f., 576

646

Sachregister

- Futtermittel 169
- Getreide 175, 309, 358, 364f., 375f., 378, 520f., 576
- Lebensmittel 12, 175, 219, 332, 358–360, 378, 380, 420, 520, 552, 577
- Papier 173, 195
- Schwedenerze 151
- Vieh und Fleisch 169, 359
- Geschäftlicher Briefverkehr mit dem Ausland 109
- Interzonenhandel (siehe auch Wirtschaft, Zweizonenfachkommissionen) 13, 404, 551–553, 578
- Warenabkommen Nr. 1 und 2 13
- Joint Export-Import Agency (JEIA) 11f., 84, 393
- Kohlenhandel siehe Kohlewirtschaft
- Kompensationshandel 13, 15, 169, 388f., 524, 554
- Konsumvereine 92
- Kredite siehe Finanzen
- Schwarzer Markt 11, 13f., 17, 168f., 332, 360, 369, 523, 541, 576, 580
- Welthandel, Einschaltung Deutschlands 521–523, 577

Hannover 140
- Exportmesse 385f., 394–396, 462f.

Haushaltsamt (brit. Zone) 160
Hausrat, Erfassung 265f.
Heren/Ems 175
Hessen
- Flüchtlinge 562
- Landtagswahlergebnisse 84
- Ressentiments gegen den Länderrat US-Zone 203
- Zugehörigkeit der Pfalz zu Hessen 433

IG-Farben-Konzern, Aufteilung 249–251
Import siehe Einfuhr unter Handel
Indien 171
Internationales Rotes Kreuz 76, 333
Irland 528
Iserlohn 329

Jugendprogramm, Sportgeräte 461, 471f.
Justiz
- Arbeitsgerichtsgesetz 189, 464
- Bürgerliche Rechtssachen, Mitwirkung des Staatsanwaltes 469
- Friedensgerichte/Friedensrichter 91
- Nationalsozialistische Straftaten, Ahndung 302, 311, 470
- Nationalsozialistisches Unrecht in der Strafrechtspflege siehe Wiedergutmachung
- Rechtseinheit 479
- Einheit im Steuerrecht siehe Finanzen
- Strafgerichtsverfassungsgesetz 470

Köln 329
- Sender 165

Kohlewirtschaft (siehe auch Sozialisierung)
- Arbeitsgemeinschaft / Arbeitsgruppe Kohle 14, 110–113, 290, 386f.
- Arbeitsstab Kohle 239
- Braunkohlenzentrale 132
- Kohleförderung 14, 101f., 110–113, 134, 137f., 174, 188, 191, 328, 386f., 391–393, 513, 524, 532, 548f., 550f., 577, 579
  - deutsche Verantwortung, 14, 102, 119, 138
- Bergarbeiter 102, 110, 134, 550f., 579
  - Gewinnung (siehe auch Leitstelle für Freiwillige ...) 14, 102, 113f., 134, 138, 141, 188, 460, 463, 549
  - Punktsystem 14, 110–113, 134, 137, 168, 188, 242, 288–290, 327, 386f., 391, 524, 532, 549, 579
  - Knappschaftsrenten siehe Sozialversicherung
  - Kriegsgefangene 76, 102, 137–139
  - Schichtleistung 392, 524
- Deutsche Kohlebergbauleitung 14, 138
- Kohlenhandel, süddeutscher 120
- Kohleverteilung 110f., 113f., 141, 290f., 390, 392f., 533, 579
  - Hausbrand 111, 114, 174, 217, 290f., 389f., 393f., 460, 533, 539, 546f., 550, 554, 579
- Leitstelle für Freiwillige im Ruhrbergbau 188, 268, 463
- North German Coal Control Group (NGCC) 14, 137f., 143
- Zwangsarbeit im Bergbau 134

Konföderation der Länder 32, 39, 209, 434, 437–439, 440–443, 458
Konsultativrat, deutscher siehe Deutscher Beirat
Kontrollrat 9f., 97f., 220, 227
- Ausweisungsplan 558
- Beschluß Nr. 44 325
- Direktive Nr. 14 243
- Direktive Nr. 40 351
- Gesetz Nr. 12–14 541

647

Sachregister

- Gesetz Nr. 18 262
- Gesetz Nr. 22 174, 189
- Gesetz Nr. 50 388
- Gesetz Nr. 52 188
- Gesetzgebung 86f., 126f., 154f.
- Proklamation Nr. 25 17

Kredite siehe Finanzen

Krefeld 329

Kriegsgefangene (siehe auch Bergarbeiter) 75f., 88, 102f., 137–139, 146, 240, 266–268, 275, 278, 325, 332f., 353, 362f., 460, 486, 513, 517–519, 562, 594
- Deutsche Zentralstelle beim KR 505f., 518, 583
- Dienststelle/Referat beim Länderrat siehe Länderrat
- Dollarguthaben in den USA 132f., 141, 232, 403
- Resolution der Münchener Ministerpräsidentenkonferenz 505f., 582f.
- in Frankreich 12, 103, 267, 275, 325, 332f., 517
- in der Sowjetunion 76, 266, 275, 325, 332, 362f., 517f.

Kriegsschäden-Feststellungsbehörden 336

Länder (brit. Zone) Befugnisse 30, 131, 183, 223, 408

Länder (US-Zone)
- Gesetzgebungsbefugnis (siehe auch Landtage US-Zone) 85–87, 126, 178f., 198, 203, 220, 253
- Verfassungen 18, 85, 228, 233, 310

Länderrat, brit. Zone 22f., 151–153, 159, 181, 206f., 209, 349, 408, 459

Länderrat, US-Zone (siehe auch Landtage US-Zone, Ministerpräsidenten US-Zone)
- Ausschüsse
  - Hauptausschuß für Wohnungswesen 470
  - Kulturpolitischer Ausschuß 21, 94, 269f., 303, 314
  - Post- und Fernmeldewesen 242
  - Verkehrsausschuß 242
- Dienststelle/Referat für Kriegsgefangene 21, 75–77, 102f., 239–242, 275f., 308, 402f., 463
- Direktorium 75, 125, 202, 233, 273
- Forschungsgemeinschaft für ernährungswissenschaftliche Fragen siehe Ernährung
- Gesetzgebungsbefugnis 18f., 79–83, 85–87, 96f., 179, 198–203, 224–226

- unverkündete Länderratsgesetze 411, 415
- Gesetzgebungsverfahren 93f., 225, 233, 304, 405
- Haushalt 410, 463
- Interne Sitzungen, Form 20, 465f.
- Kritik am Länderrat/Länderratsgedanken 203, 410
- Parlamentarischer Rat
  - Errichtung 20, 125–132, 182f., 191, 203, 234f., 253f., 259–261, 277, 401, 411
  - Funktionen 87, 127, 234f., 254, 257–261, 278
  - Mitglieder 259
  - Zusammensetzung 20, 127, 131, 182f., 204, 234
- Statut 75, 132, 234, 365f.
- Vertretung in Berlin 101, 110, 155, 404
- Wirtschaftsrat des LR 239
- und bizonale Verwaltungen 18, 83, 85, 125–130
- und Bremen 97, 182f., 235f.
- und Länderparlamente 20, 75, 80f., 83, 96, 125, 178f., 220, 233, 257
- und Zonenbeirat 80, 83

Landtage (US-Zone) 86, 178, 224f., 260
- Gesetzgebungsbefugnis 18f., 125, 127, 178, 198–203, 405

Landtagswahlen
- brit. Zone 36, 434, 596
- US-Zone 84

Landwirtschaft (siehe auch Ernährung)
- Ablieferungs- und Erfassungssystem 16f., 167f., 309, 327, 331, 358–360, 366f., 369, 371f., 379f., 411, 468, 576f.
- Aufbauplan 377, 380f.
- Bodenreform 17, 82, 343, 370, 380f., 577, 600f., 604–611, 617
- Düngemittelversorgung 17, 151, 194, 373, 379, 524, 529, 539, 551
- Landwirtschaftlicher Forschungs- und Beratungs-Ausschuß beim LR 470
- Milchkannen, Aluminium für 373, 378
- Reichsnährstand, Umgestaltung 371, 380
- Schlachtprogramm 17, 167, 169f., 187, 194f., 357, 359, 368, 378, 412, 524f.
- Verwaltung für Ernährung und Landwirtschaft
  - Exekutivgewalt 369, 374, 378, 576
  - Kritik an der – 360, 369f., 523

– Zuständigkeitsabgrenzung zum VAW 385
Lastenausgleich 460
Legislation Review Board siehe Verfassungsgerichtshof
Leitstelle für öffentliches Wohlfahrtswesen 170
Leverkusen 329
Liebesgaben, ausländische 307, 411, 470
Literatur (siehe auch Papierzuteilung)
– beratende Ausschüsse für das Buchverlagswesen 618
Lizenzierung im Kulturbereich 334, 618
Londoner Außenministerkonferenz vom Herbst 1947 34, 399, 426, 507, 597
Lübeck 349

Mainz, Universität 192
Marshall-Plan siehe Wirtschaft
Materialprüfungsamt Dortmund 119
Militärregierung, amerikanische (siehe auch Verfassungsgerichtshof)
– Direktive vom 30. September 1946 18, 89f., 220, 223, 246
– Gesetzgebungsbefugnis 18f., 85f., 126, 178, 199, 201f., 220, 223–226
– Proklamation Nr. 2 18f., 218, 224
– Proklamation Nr. 3 21, 97
– Proklamation Nr. 4 218, 224, 233f., 238, 568
– Proklamation Nr. 5 33, 35, 40f., 324, 467f., 472, 554, 587
Militärregierung, britische
– Finanzverordnungen Nr. 56–63 160
– Kritik an der – 16, 24, 81, 110, 364, 376, 380, 522f.
– Ordinance Nr. 52 109
– Verordnung Nr. 57 22, 36, 223, 594
– Verordnung Nr. 80 352, 596
– Verordnung Nr. 88 35, 596
Militärregierung, sowjetische siehe Sowjetische Militäradministration Deutschlands
Minden 349
Ministerpräsidenten (brit. Zone) siehe auch Zonenbeirat, Länder (brit. Zone) 36, 43, 130f.
Ministerpräsidenten (US-Zone) (siehe auch Länderrat US-Zone, Landtage US-Zone)
– Gesetzgebungsbefugnis 18f., 36, 85f., 126, 198–200, 224–226, 253
– Verkündigungsformel für Gesetze 406

Ministerpräsidentenkonferenz, Errichtung siehe Münchener Ministerpräsidentenkonferenz, bizonaler Länderrat
Mönchengladbach 329
Moskauer Außenministerkonferenz (siehe auch Deutscher Beirat) 7–10, 23, 27, 32, 36f., 39, 45, 98, 101, 141, 181, 203, 206, 212f., 226, 231, 260, 267f., 276, 278, 281, 286, 297, 309, 325f., 330, 346–348, 354f., 374, 397, 399, 426f., 440, 448, 514, 517, 581, 591, 596, 601
– Deutsche Stellungnahmen 7, 255f., 281, 326, 352f.
– Stellungnahmen der brit. MilReg. 346–348
– Stellungnahmen der US MilReg. 309, 325f.
München 248
– Südmesse 462
Münchener Ministerpräsidentenkonferenz
– Beteiligung der Parteien 42, 433, 444, 450, 455f.
– „Bildung einer deutschen Zentralverwaltung" 42, 455f., 490, 498f., 503, 531, 590f.
– Einbeziehung von Gewerkschaften und Parteiführern 42, 455f., 509
– Errichtung einer ständigen Ministerpräsidentenkonferenz 39, 43, 432, 436, 449, 476, 487, 574
– Haltung der SPD 40–42, 424, 432f., 438, 444f., 453, 459, 490f., 504f., 590f.
– Haltung der US MilReg. 43, 424, 426, 448
– Kommunique zum Auszug der sowjetzonalen Ministerpräsidenten 504, 507, 510, 513, 530
– Protokollierung 481, 485
– Rahmenresolution 480–482, 487, 575f.
– Resolutionen siehe Berlin, Besatzungsstatut, Deutsche Einheit, Entnazifizierung, Ernährung, Finanzen, Flüchtlinge, Forsten, Kriegsgefangene, Wirtschaft
– Unterrichtung des KR 44, 480f., 487, 576, 592
– Teilnahme der franz. Zone 41–43, 398f., 427, 432, 454, 457f., 496, 500f., 506, 574
– Teilnahme der sowj. Zone 38, 42f., 398f., 427, 445f., 451–453, 455f., 480, 482, 488, 502f., 506, 511f., 531, 587, 590–592

Sachregister

Nationale Repräsentation 8, 41f., 44, 451, 453, 456, 589
Nationalsozialistische Kriegsverbrecher, Enteignung 82
Nationalsozialistische Straftaten siehe Justiz
Nationalsozialistisches Schriftgut, Sammlung 343f.
Neuss 329
Niederlande 12, 124
Niedersachsen
– Bauprogramm 165
– Getreideerfassung 366
– Landtagswahlergebnisse 595
– Vertretung im Zonenbeirat 350
Nordrhein-Westfalen
– Kürzung der Brotration 360, 375
– Landtagswahlergebnisse 595
– Vertretung im Zonenbeirat 350
Nordschleswig 567
Norwegen 376
Nürnberger Prozeßmaterial 159

Oder-Neiße-Linie, Gebiete jenseits (siehe auch Ostgebiete) 8f., 16, 519, 532, 558f.
Österreich 100, 572
– Währungsreform 544
Ostgebiete, deutsche (siehe auch Oder-Neiße-Linie) 98, 513, 516, 567
– Bedeutung für die Ernährung 16, 213, 519, 560f., 576
Ostvertriebene (siehe Flüchtlinge)

Parlamentarischer Rat der Länderrats US-Zone siehe Länderrat US-Zone
Parteien (siehe auch Deutsches Büro für Friedensfragen; Münchener Ministerpräsidentenkonferenz; Nationale Repräsentation) 7f., 36, 44, 81, 282, 445f., 490–494, 589
– Christlich Demokratische Union (CDU) 23, 120
– Vertretung im Zonenbeirat 349f.
– Christlich Demokratische Union Christlich Soziale Union 34, 589
– Verfassungspolitische Vorstellungen 46, 294
– Freie Demokratische Partei (FDP) 23
– Vertreter im Zonenbeirat 350
– Kommunistische Partei Deutschlands (KPD) 8, 23, 41, 281, 589
– Beteiligung am Deutschen Büro für Friedensfragen 37, 211

– Kritik am Parl. Rat des Länderrats 259f.
– Propaganda im Ruhrgebiet 331
– Vertreter im Zonenbeirat 331
– Liberaldemokratische Partei Deutschlands (LDPD) 34, 589
– Niedersächsische Landpartei (NLP) 23
– Vertreter im Zonenbeirat 350
– Sozialdemokratische Partei Deutschlands (SPD) 23, 34, 40–44, 49, 120, 124
– Kölner Beschlüsse 104, 124
– Parteitag in Nürnberg 581
– Unterdrückung in der sowj. Zone 8, 450f., 490, 496, 589
– Verfassungspolitische Vorstellungen 32, 34, 38, 45, 209, 439
– Vertreter im Zonenbeirat 349f.
– Wirtschaftspolitik 27f., 34, 124, 422
– und Labour Party 422
– Sozialistische Einheitspartei Deutschlands (SED) 8, 41f., 44, 281, 589
– Verfassungsentwurf 45, 281f., 295f.
– Zentralismus 448, 590
– Zulassung in den Westzonen 450
– Zentrum 23
Personalwesen siehe Beamtenfragen
Pfalz, Zugehörigkeit zu Hessen 433
Post (siehe auch Länderrat US-Zone)
– Geschäftlicher Briefverkehr mit dem Ausland 109
– Post- und Fernmeldewesen, bizonales Amt 183
– Postsparkasse 161
– Reichspost 423
Potsdamer Abkommen/Protokoll 7, 9, 77, 85, 172, 219, 227, 355, 449, 498, 527, 558f., 577
Preise
– Beauftragter für Preisbildung und Preisüberwachung 410
– Preisbeirat 117f., 385
– Preiskontrolle/Preispolitik 412, 553f.
– Preisrechtsverordnung 116f., 244, 388, 469
Presse 195f.
– beratende Ausschüsse 618
– Freizügigkeit zwischen den Zonen 578, 602
– Parteipresse 195
– Pressefreiheit 88
– Pressegesetz 254
– Presselenkung 343
Punktsystem siehe Bergarbeiter

Rat der Ministerpräsidenten siehe bizonaler Länderrat
Rechnungshof (brit. Zone) 160
Reichsbahn 243, 423, 465, 534
- Angestellten-Wochenkarten 164, 337
- Kohlenverbrauch 114, 471, 536
- Ladesperre 185
- Reparaturlage 385, 390, 471f., 536, 539
Reichsverfassung siehe Verfassung; Weimarer Verfassung
Reparationen (siehe auch Demontage) 7, 9, 15, 109, 171, 227, 281, 326, 340, 348, 362, 452f., 547, 568, 571
- Bearbeitung der Reparationsfrage in Bremen 99, 147, 306, 407
- Kohle 139, 141, 175, 328
Rotterdam 12, 308
Ruhrgebiet (siehe auch Ernährung, Kohlewirtschaft)
- Ernährungskrise 14f., 329, 372, 374, 386f., 532
- Gefahren durch Abholzung 175
- sowjetische Beteiligung 227
- Unruhen siehe Streiks
Rundfunk
- Nordwestdeutscher Rundfunk 165, 344, 619
- Radioapparate 170
- Sender Köln 165

Saargebiet 440, 457, 512
Schiffahrt
- eteiligung deutscher Seeleute 544, 552
- Binnenschiffahrt, Sonderverwaltung 406
- Fischdampfer, Bau 325, 479, 552, 576
- Handelsflotte, Beschränkung 175f.
- Küstenschiffahrt 341
- Schiffsmakler, deutsche 176
- Seehäfen, Zuständigkeit für 308
- Walfang, deutsche Beteiligung 17, 479, 552, 576
Schlesien, Provinz 560f.
Schleswig-Holstein
- Erfassung von Getreide 366
- Flüchtlinge 432, 563–567
- Landtagswahlergebnisse 595
- Vertretung im Zonenbeirat 350
Schwarzer Markt siehe Handel
Schweinfurt 385
Schweiz 528

Schwerbeschädigte
- Begünstigung im Personenverkehr 94
- Beschäftigung 304, 314, 401, 414
Sommerzeit 346, 403, 414
Sowjetische Besatzungszone (siehe auch Gewerkschaften, Münchener Ministerpräsidentenkonferenz)
- Handelsaustausch 13
- Reisebericht von GS Roßmann 444–454, 602
- verfassungspolitische Vorstellungen (siehe auch SED) 45
- und Bizone 130, 227, 556
- und „Verband Deutscher Länder" 437f.
Sowjetische Militäradministration Deutschlands 448, 453
Sowjetunion (siehe auch Kriegsgefangene) 7, 10, 34, 38, 97, 294, 398, 422, 435
- Beteiligung am Ruhrgebiet 227
- Reparationspolitik 281
- verfassungspolitische Vorstellungen für Deutschland 9, 97, 281, 294
Sozialisierung 13, 28, 33f., 82, 121f., 124, 250, 292, 422, 440, 507
- im Bergbau 15, 34, 387
Sozialversicherung (siehe auch Arbeit)
- Invaliden- und Angestelltenversicherung 164
- Knappschaftsrenten 110, 113, 137
- Sozialversicherungsvorschriften 303, 312
Statistik, bizonale Organisation 94
Statistisches Zentralbüro 578
Streiks 15, 29, 310, 329f., 331, 374, 386f., 391, 550
Stuttgart 212, 249
- Exportausstellung 462
Suchdienst siehe United Nations Relief and Rehabilitation Administration

Theaterwesen
- beratende Ausschüsse 618
- Lenkung 343
Trostberg, Kreis Traunstein 551
Truman-Doktrin 10
Tschechoslowakei 12

United Nations Relief and Rehabilitation Administration (UNRRA) 170
- Suchdienst 461f.

Sachregister

Vereinigte Staaten von Amerika (siehe auch Kredite) 10, 43, 97, 422, 435, 440)
- und deutsche Regierungsreform 45, 326, 422

Verband deutscher Länder siehe Konföderation

Verbrauchergenossenschaften 92

Verbraucherrat 370

Verfassung des „Bundes"/Reiches (siehe auch Föderalismus; Parteien; Weimarer Verfassung)
- Allgemein 7, 89, 586
- „Deutsche Bundesrepublik" 48, 430
- Diskussion im Länderrat US-Zone 46f., 286, 296–298
- Diskussion im Zonenbeirat 49, 598
- Künftige staatsrechtliche Konstruktion/gesamtdeutscher Aufbau 8f., 32, 38, 40, 45–49, 90, 96, 144, 204, 206, 209, 212, 220, 236, 256, 259, 277–286, 294–300, 326, 347, 349, 355, 363, 397–399, 409, 422, 433, 447f., 458f., 499, 507, 597f.
- Weg zur „Bundes"-/Reichsgewalt 90, 97, 203, 206, 285, 363, 428, 439f., 458
- Zentralismus-Föderalismus 8f., 36, 44f., 81, 409, 448
- Zuständigkeitsabgrenzung „Bund" / Reich-Länder 46, 48, 90, 96f., 137, 160, 282–286, 294, 296–300, 428–431, 439f., 623–625

Verfassungsgerichtshof der US Militärregierung 19, 86, 228

Verkehr (siehe auch Schiffahrt)
- Eisenbahn siehe Reichsbahn
- Generaldirektor des Verkehrswesens 303, 313
- Verkehrsausschuß beim Länderrat siehe Länderrat
- Verkehrslage 16, 164, 175, 184, 188, 191, 194, 310, 365, 385, 465, 471, 534, 578
- Verwaltung für Verkehr, Zuständigkeiten 251, 308
- Wasserstraßenverwaltung, bizonale 141f., 148f.

Verschollenheitsgesetz 268

Versicherungsaufsicht 189, 251, 308

Vertragshilfe-Verordnung 340

Vertriebene siehe Flüchtlinge

Verwaltungen, bizonale siehe Landwirtschaft, Verkehr, Wirtschaft

Vollstreckungsmöglichkeiten, mißbräuchliche 469

Wald, deutscher siehe Forstwesen

Wehrmachtsangehörige, Pensionszahlungen 162f.

Wehrmachtsvermögen, Freigabe 272

Weimarer Verfassung 9, 295, 298–300, 428, 438, 448, 499, 507

Wiederaufbau 177, 438, 580, 624
- Aufbaugesetz Göderitz 341
- Bizonales Amt/Verwaltungsrat für Aufbau 342, 619f.
- Lubahn-Gesetz 341
- Finanzierung 543, 580. 624
  Wiedergutmachung 93, 543, 580
- nationalsozialistischen Unrechts in der Strafrechtspflege 302, 312
- Rückerstattungsgesetz 132, 232, 270–272
- Sonderfonds 261f., 404

Wirtschaft (siehe auch Handel; Demontage; Kohlewirtschaft; Preise; Reparationen; Sozialisierung)
- Asbest, Verteilung 464
- Auftragslenkungsstelle Glas 403, 414
- Bewirtschaftung (siehe auch Warenverkehrsordnung) 15, 319, 324, 386, 388, 394, 412, 538
- Dekartellisationsgesetz 77f., 120, 386
- Dezentralisation 29, 34
- Eisen und Stahl
  - Bewirtschaftung 116, 386, 539
  - Erzeugung 538f.
- Energieversorgung (Bizone) 113
- Energie- und Wasserwirtschaft, Verordnung 245, 288, 388
- Gesundungsplan für die deutsche Wirtschaft 109, 434
- Industriekapazität, deutsche 349, 353
- Industrieplan 89, 325, 354, 578
- Industrie- und Handelskammern 119
- Kartelle, Auflösung 171
- Kontrollstelle Wälzlager (des VAW) 385
- Kugellager-Industrie 385
- Leder, Bewirtschaftung 289
- Lohnerhöhungen in „Problem-Industrien" siehe Arbeit
- Marshall-Plan 17
- Papierzuteilung 173, 266, 622
- Pfennigartikelprogramm 242, 539

Sachregister

- Rohstoffe/Rohstoffversorgung 11–13, 139, 388, 420f., 534, 539, 554, 575
- Schuhe, Bewirtschaftung 289
- Stahlkapazität, deutsche 79, 361f.
- Tabakernte, Verteilung 110
- Textilindustrie 243
  - Arbeitermangel 404, 535
- Treuhändergesetz 92, 179f., 189
- Versorgungsnotprogramm 214, 217, 242, 307, 539
- Verwaltungsamt für Wirtschaft
  - Außenhandelsbeirat der Abt. Außenhandel 289, 385
  - Kontrollstelle Wälzlager 385
  - Mitteilungsblatt 119
  - Öffentlicher Anzeiger 121
  - Vertretung in Berlin 110
  - Zuständigkeitsabgrenzung zum VA für Ernährung und Landwirtschaft 385
- und Länder 115, 385
- Vorläufiges Abkommen zur Bildung einer deutschen Wirtschaftsverwaltung 108, 129, 321
- Verwaltungsrat für Wirtschaft 26, 116, 128, 144, 290f., 321
  - Arbeitsgemeinschaft Kohle siehe Kohlewirtschaft
  - Beteiligung von Berlin 287
  - Gesetzgebungsbefugnis 26, 116, 128, 144, 290f., 321
  - Stellung der Mitglieder 143f., 191, 220
  - Wechsel im Vorsitz 28, 104–107, 119f., 121f., 130
  - und Hansestädte siehe Bremen, Hamburg
- Walzwerkerzeugnisse, Produktion und Verteilung 110
- Warenverkehrsordnung 27, 35, 39, 115f., 207, 288f., 292f., 301f., 316–324, 388, 394, 410, 420f.
  - Wortlaut der Stellungnahme des Parl. Rates 323
- Werksspionage siehe Besatzungsmächte
- Wirtschaftslage, Allgemein 10–14, 148, 326, 380, 531–540
  - Resolutionen der Münchener Ministerpräsidentenkonferenz 577f.
- Wirtschaftslenkung/Wirtschaftspolitik (siehe auch Parteien) 29, 33, 507
  - Einigung von CDU und SPD 438
- Wirtschaftsprüfer, Gesetz über 405
- Wirtschaftsrat (Frankfurt) siehe Wirtschaftsrat
- Wirtschaftsrat beim Länderrat siehe Länderrat US-Zone
- Zentralamt für Wirtschaft, Zuständigkeiten 109
- Zweizonenfachkommissionen/bizonale Fachkommissionen 114f.

Wirtschaftseinheit 219, 290, 321, 323, 352, 355f., 363, 398f., 425, 427, 455f., 489, 577f., 590

Wirtschaftsrat, bizonaler (Frankfurt) 21, 34–36, 41, 421f., 467, 472–474, 496, 498, 508, 554–556, 587, 596–599, 603
- Exekutivausschuß 35, 467f., 471–474, 555, 587, 599, 603

Wohnungsbau/Wohnungswesen (siehe auch Länderrat US-Zone)
- Arbeiterwohnungen
  - Bau 112, 619
  - Grundsteuerbeihilfen 160, 342
- Wohnungsbau 390
- Finanzierung 341f.
- Wohnungsgesetz 262–265

Württemberg-Baden
- Flüchtlinge 562
- Landtagswahlergebnisse 84
- Verfassung 128, 260

Zentralämter (brit. Zone) siehe auch Zonenbeirat) 24
- Haushaltsplan 620
Zentralamt für Inneres 166
Zentralismus siehe Verfassung des „Bundes"/Reiches
Zentralverwaltung(en) (siehe auch Münchener Ministerpräsidentenkonferenz) 9, 85, 355, 455
Zonenbeirat brit. Zone (siehe auch Länderrat brit. Zone)
- Ausschüsse und ihre Besetzung 611–614, 616
- Ausschuß „nach Art des Reichswirtschaftsrats" 22, 24, 153, 157–159
- Generalsekretär 23, 159
- Informationsdienst 354
- Öffentlichkeit der Verhandlungen 24f., 155, 158f., 351
- Reorganisation 21–23, 151–159, 177, 206f., 349–356, 363, 408f., 596f.
- Sonderausschuß für Agrarreform 381, 605, 611, 617

Sachregister

- Vertretung in Berlin 155, 159
- Zuständigkeiten 22, 24f., 152–155, 159, 177, 207, 350f., 593f., 596f.
- und bizonale Verwaltungen 24, 136, 154, 159, 181, 333, 408, 598
- und Gewerkschaften 152, 157f., 355f.
- und Länderrat US-Zone 24, 156, 210, 594, 603
- und Ministerpräsidenten 22, 136, 141, 151f., 155, 206
- und Parteien 22, 151f., 355
- und Wirtschaftsrat 25, 596f.
- und Zentralämter der brit. Zone 22–24, 152f., 159, 352f.

Zonengrenzen/Zonenteilung 13, 202, 254, 438, 489, 499, 516, 534, 554, 578, 593
Zwangsvollstreckung 302, 310

Die Vorgeschichte der Bundesrepublik Deutschland

Wörtliche Berichte und Drucksachen des Wirtschaftsrates des Vereinigten Wirtschaftsgebietes 1947–1949

5 Bände mit einem Erschließungsband

Herausgegeben vom Institut für Zeitgeschichte und dem Deutschen Bundestag, Wissenschaftliche Dienste
Bearbeitet von Christoph Weisz und Hans Woller
1977. 4910 Seiten, DM 660,–
ISBN 3-486-44721-1
Das Werk wird nur geschlossen abgegeben.

Der Nachdruck der längst vergriffenen Wörtlichen Berichte und Drucksachen des Wirtschaftsrates ist eine notwendige Ergänzung der „Akten zur Vorgeschichte der Bundesrepublik Deutschland 1945 – 1949". Der dem Werk beigegebene Erschließungsband ermöglicht wissenschaftliches Arbeiten mit den bisher nicht erschlossenen Materialien. Er enthält ein Personenregister, eine alphabetische Inhaltsübersicht, ein Verzeichnis der Sitzungen und der Tagesordnungen und ein Drucksachenverzeichnis. Auch die rechtlichen Grundlagen für die Arbeit der Organe sind hier abgedruckt.

Oldenbourg

Andreas Hillgruber

Europa in der Weltpolitik der Nachkriegszeit 1945-1963

Oldenbourg
Grundriß der Geschichte

Die große Studien- und Lehrbuchreihe zur Geschichte Europas. Neuartig in der Dreiergliederung: Zusammenfassende Darstellung. Ausführlicher Bericht über Stand und Probleme der Forschung. Ausgewählte, thematisch gegliederte Bibliographie.

Herausgegeben von Jochen Bleicken, Lothar Gall, Hermann Jakobs, Johannes Kunisch.

Der erste Titel der 20-bändigen Reihe ist jetzt lieferbar:

Leinen DM 43.--   ISBN 3-486-48931-3
brosch. DM 28.--   ISBN 3-486-491o1-6

Oldenbourg